J.T. Beck

Vorlesungen über christliche Ethik

outlook

J.T. Beck

Vorlesungen über christliche Ethik

Unveränderter Nachdruck der Originalausgabe von 1882.

1. Auflage 2022 | ISBN: 978-3-36844-178-4

Verlag: Outlook Verlag GmbH, Zeilweg 44, 60439 Frankfurt, Deutschland
Vertretungsberechtigt: E. Roepke, Zeilweg 44, 60439 Frankfurt, Deutschland
Druck: Books on Demand GmbH, In de Tarpen 42, 22848 Norderstedt, Deutschland

Vorlesungen über Christliche Ethik.

Von

Dr. J. T. Beck,
weil. ord. Professor der Theologie in Tübingen.

Herausgegeben

von

Jul. Lindenmeyer.

Erster Band.
Die genetische Anlage des christlichen Lebens.

Gütersloh.
Druck und Verlag von C. Bertelsmann.
1882.

Die genetische Anlage

des

christlichen Lebens.

Von

Dr. J. T. Beck,
weil. ord. Professor der Theologie in Tübingen.

Herausgegeben

von

Jul. Lindenmeyer.

Gütersloh.
Druck und Verlag von C. Bertelsmann.
1882.

Vorwort.

Wenn ich mit gegenwärtigem erstem Hauptstück, dem die zwei weiteren von gleichem Umfange in geeigneten Fristen folgen sollen, dem verewigten Theologen für seine Vorlesungen über christliche Ethik das Wort vermittle, so geschieht es in der Erkenntniß, daß gerade dieses Werk von den Kennern seiner Forschung am sehnlichsten erwartet wird, und daß es nächst seiner Erklärung des Römerbriefes am meisten dazu angethan ist, die schriftmäßige Erkenntniß zu wecken und das theologische Denken segensreich zu beeinflussen. Wird ja hier eine Ethik geboten, die ihre Vor- und Grundbegriffe weder einer philosophischen Schule, noch einer kirchlichen Dogmatik, noch der christlichen Speculation, noch auch allen dreien entlehnt, sondern sie aus dem eigenthümlichen Lebenssystem der heiligen Schrift selbst erhoben hat. Grundlegend sind in dieser Beziehung des Autors „Biblische Seelenlehre" seine „Einleitung in das System der christlichen Lehre (Propädeutik)" und seine „Christliche Lehrwissenschaft, erster Theil, die Logik der christlichen Lehre". Sofern nun die Ethik den zweiten Theil, jedoch in selbständiger und dem akademischen Bedürfnisse angepaßter Weise, vertritt, jenes 1840 erstmals erschienene Werk aber seiner überaus gedrängten Fülle und Tiefe wegen die Faßlichkeit nicht gewährt, wie die noch unveröffentlichten Vorlesungen über Dogmatik, hätte mancher Leser vielleicht gewünscht, in diesen zuerst sich orientiren zu können. Allein die theologischen Voraussetzungen, soweit sie auf die Dogmatik zurückgehen, sind in nachstehendem Werk so ausgiebig dargelegt, zum Theil auch im „Leitfaden der christlichen Glaubenslehre" so klar entwickelt, daß in Verbindung damit die Vergleichung der Lehrwissenschaft keine erheblichen Schwierigkeiten mehr bereiten kann. Es blieben daher oben erwähnte Gründe ausschlaggebend, doch soll die Veröffentlichung der Vorlesungen über Dogmatik, auf welche Beck vielfach verweist, darum nicht unterlassen werden.

Beck las die Ethik zum ersten Male 1842 in Basel und dann, stets sie bereichernd und klärend, achtzehnmal in Tübingen. Treffliche Erläuterungen datiren noch aus seinem Todesjahr (1878).

Indem Beck schon früh die falsch-sacramentale Auffassung, von der unsere kirchliche Doctrin nie gänzlich losgekommen ist, überwunden hatte, bekam er Raum das Echt=Pneumatische der Gnade immer voller zu erkennen, bleibt daher nicht hängen an einer bald magischen, bald bloß psychologischen Wirkung derselben, und entgeht folgerichtig auch einer Auffassung des sittlichen Factors, die denselben da verkennt und dort überschätzt und überspannt. Seine biblisch=psychologische Erkenntniß endlich von der ursprünglichen Stellung und Bedeutung des Pneuma im Menschen enthüllt ihm das Naturgemäße und das Wachsthümliche in der Anlage, Ausbildung und Erscheinung des neuen Lebens. So bietet er christliche Ethik im wahren Sinne des Wortes.

Möchte darum nicht stets wiederkehren, was jeden im echten Geiste Forschenden betrüben muß, und den Seligen oft geschmerzt hat, daß Andere seine Resultate stillschweigend oder auch unter dem Mantel einer gesuchten Polemik ihrem ursprünglichen Geist und Sinn entfremden und in ihr Eigenes verwerthen.

Schluchtern in Baden, den 31. Okt. 1881.

Jul. Lindenmeyer.

Inhalts-Verzeichniß
des ersten Bandes.

	Seite
Einleitung	1 ff.
I. Geschichtlicher Ueberblick der ethischen Bearbeitungen .	1—74.
II. Begriff und Anlage der christlichen Ethik	75—98.
III. Eintheilung der christlichen Ethik	99—102.
IV. Methode der christlichen Ethik	103—105.

Erstes Hauptstück.
Die genetische Anlage der christlichen Lebensbildung.

I. Die Principien der neuen Lebensanlage	106 ff.
Vorbemerkung	106 f.

§ 1.
Christus mit seinem Geist und Wort . . .	108 ff.
I. Von Christus	112—121.
II. Die principielle Stellung des Geistes	122—137.
III. Das Wort	137 f.

§ 2.
II. Die Grundordnung der neuen Lebensbildung	139 ff.
1) Die göttliche Prothese	139—145.
2) Die zeitliche Ausführung der Prothese . . .	146—148.
3) Die Gerechtigkeit Gottes gegenüber den temporär Ausgeschlossenen	149—152.
4) Die erwählende Gnade und die sittliche Würdigkeit oder Unwürdigkeit	153—159.
III. Die Grundakte der neuen Lebensbildung	160 ff.

§ 3.
1) Die objectiven Gnadenakte selbst, Berufung, Rechtfertigung und Verklärung	160—163.
2) Das subjective Verhalten dazu	164.

§ 4.
1) Die Berufung mit Glauben und Unglauben im Allgemeinen.

a) Inhalt und Zweck der Berufung . . . . . 165 f.
 b) Berufungsakt und Mittel . . . . 167 f.
 c) Wirkung der Berufung . . . . 169—172.
2) Das subjective Verhalten gegenüber der Berufung,
 der Unglaube bis zur Sünde wider den h. Geist 173—186.
3) Das Glaubensverhältniß zur göttl. Berufung 187 ff.
 a) Der Glaube als das allgemeine Verhältniß zum
 Göttlichen . . . . 187 f.
 b) Der Glaube in seiner christlichen Bestimmtheit,
 als Produkt und als Organ der Gnade . . . 189 f.
 c) Der Glaube als subjective Bestimmtheit gegenüber der Gnade, seine receptive und reproduktive
 Selbstthätigkeit . . . . 191—196.

§ 5.

Der rechtfertigende und verklärende (heiligende)
 Glaube und seine Bedingung, die μετανοια 197 ff.
 I. Die μετανοια im Allgemeinen . . . . 199 ff.
 1) Die Buße des natürlichen Menschen. Das Gewissen
 und der νους. Die Freiheit . . . . . 202—221.
 2) Die Gesetzesbuße . . . . 222—227.
 II. Die Entwicklung der μετανοια vom Evangelium aus 228—231.
 III. Der rechtfertigende und verklärende Erlösungsglaube
 mit der ihm entsprechenden μετανοια . . . . . 232 ff.
 1) Die specifisch christliche Buße . . . . . . 232—241.
 2) Die Bekehrung . . . . 242 ff.
 a) Die psychologische Seite der Bekehrung . . 242—244.
 b) Die Bekehrung als besonderer Akt . . . . 245—247.
 c) Die Wirkung des Bekehrungsglaubens. Die
 Wiedergeburt. Die neutestamentliche Rechtfertigung.
 Die Heiligung und Verklärung. Die Erneuerung 248—273.
 Zusatz. Zeit und Kennzeichen der Bekehrung . 274—284.

§ 6.

Die sacramentale Gemeinschaft mit Christus . 285 ff.
 1) Die Bedeutung von Taufe und Abendmahl im Allgemeinen . . . . 288 f.
 2) Die geistige Kraft und Bedeutung für den Glauben 289 ff.
 a) Die Eigenthümlichkeit der neutestamentlichen Heilsökonomie und das entsprechende Verhältniß von
 Geist und Leiblichkeit . . . . 291—296.
 b) Der biblische Begriff des Glaubens . . . . 297—299.

3) Die Möglichkeit der realen Präsenz Christi . . . 300 ff.
   a) Christus das Wort des Weltanfanges . . . . 300—302.
   b) Christus das Mensch gewordene Wort . . . 303—310.

§ 7.

Die Taufe . . . . 311 ff.
   1) Die biblisch-geschichtliche Vorbereitung . . . . 312—316.
   2) Begriff und Wirkung der sacramentalen Taufe . 317—320.
   3) Die objective Voraussetzung derselben . . . . 321—325.
   4) Vermittlung des Geistes mit dem Wasser und Vermittlung der persönlichen Aneignung Christi in der Taufe. Apostolische Praxis. Die Kindertaufe . . 326—345.
   5) Zulässigkeit und Bedeutung der Kindertaufe. Confirmation . . . . 346—354.

§ 8.

Das Abendmahl . . . . 355 ff.
   1) Die Einsetzungsworte bei den Synoptikern und Paulus 361—368.
   2) Verhältniß der Speisung im Abendmahl zu der Persönlichkeit Christi . . . . 369—381.
   3) Verhältniß der Speisung zu den Elementen . . . 382—387.
     Zusatz. Calvinische und Lutherische Abendmahlslehre 388—397.
   4) Die Bedingungen des heiligen Mahles . . . . 398—407.

Einleitung.

Der Begriff einer Sittenlehre, Moral, Ethik, wie man den Gegenstand unserer Vorlesung gewöhnlich bezeichnet, hat seinen Ursprung in der Philosophie des Alterthums. Diese theilte sich in Dialektik, Physik und Ethik. Die erste umfaßte die Bestimmungen des reflektirenden Denkens; die zweite gab die Lehre vom Sein der Dinge mit Einschluß des göttlichen Seins; die Ethik war die Wissenschaft von der Verwirklichung der praktischen Vernunftgesetze und der darin liegenden Idee des Guten durch den menschlichen Willen. Zu der wesentlichen Form der Ethik wird meistens gerechnet, daß man den Begriff des Guten theils als Norm des Willens betrachtet oder als Gesetz, theils als Beschaffenheit des Willens oder als Tugend, theils als realisirtes Sein oder als höchstes Gut. In dieser Form glaubt man nun auch das Christenthum wissenschaftlich behandeln zu können, und die Möglichkeit einer solchen Behandlung im Allgemeinen ist allerdings nicht zu leugnen. Auch das Christenthum kennt das Gute als Gesetz, als Tugend und als höchstes Gut; aber es läßt sich auch nicht verkennen, daß diese Begriffe ihrem Inhalt nach im Christenthum nicht zusammenfallen mit den rein philosophischen Begriffen davon, und es fragt sich, woher kommt diese Verschiedenheit und wie weit geht dieselbe? Gewöhnlich setzt man nur eine graduelle Verschiedenheit voraus zwischen Philosophie und Christenthum, eine Verschiedenheit wie zwischen Höherem und Niederem, und dies sogar in ganz entgegengesetztem Sinn, je nachdem man dem philosophischen oder dem theologischen Standpunkt den Vorzug gibt.

Gefällt es den Theologen, eben die christliche Ethik als das Höhere und Vollendende dem Allgemeinen der Philosophie gegenüber zu stellen, so faßt umgekehrt die Philosophie ihre Allgemeinheit gern so, daß das Christenthum nur als untergeordneter Theil des Vernunftgebiets übrig bleibt.

Daß nun aber das Christenthum selbst in kein solches Abhängigkeitsverhältniß zu der menschlichen Vernunft und ihren Erzeugnissen sich setzt, ist nicht erst zu beweisen. Wird jedoch das Christenthum auch als das Höhere, als die Vollendung der philosophischen Ethik angenommen, so ist doch damit sein Verhältniß noch nicht hinreichend bestimmt.

Die philosophische Ethik nimmt allerdings die reine Vernunft zu ihrer Voraussetzung und Quelle. Damit ist sie aber einmal nicht selber die explicirte reine Vernunft, sondern die Philosophie ist nur eine individuelle Abstraktion aus der menschlichen Natur und Geschichte; eine reine Vernunftdarstellung mag als stetiges wissenschaftliches Problem gelten, ist aber nicht vollendete Thatsache und wird es auch nie. Das Christenthum namentlich setzt als das Thatsächliche in der menschlichen Natur und Geschichte durchaus nicht eine reine Vernunft voraus, sondern eine mit unvernünftigen Bestandtheilen gemischte, eine getrübte und gebundene Vernunft, und daß es sich wirklich so verhält, zeigt nicht nur die allgemeine Weltgeschichte in den grellsten Thatsachen, sondern auch die ganze Entwicklungsgeschichte der Philosophie selbst durch ihre fortlaufende Bewegung in einander widersprechenden Begriffen und Systemen. Auf diese Verderbtheit der menschlichen Natur und Geschichte, auch in ihrer höchsten Erscheinung im Vernunftleben, reflektirt nun aber die philosophische Moral vermöge ihrer abstrakten Allgemeinheit wenigstens nicht mit der gebührenden Consequenz. Sie muß daher in ihren materiellen und formellen Bestimmungen einen wesentlich andern Charakter haben als das Christenthum, das umgekehrt gerade die sündhafte Natur und Geschichte des Menschen und der menschlichen Vernunft zur Grundlage hat, dies namentlich bei seiner Lehre von der Verwirklichung des Guten. Die Folge dieser dem Christenthum wesentlichen Voraussetzung ist, daß dasselbe seinem Begriff von dem Guten vor allem einen andern Entstehungsgrund gibt als die gewöhnliche Ethik. Es ist nicht die bloße sittliche Naturanlage, aus welcher sich das Christenthum eine sittliche Willensnorm deducirt, sondern seinen Begriff des Guten führt es zurück auf einen Akt der Wiedergeburt durch die erlösende Gnade, also auf eine neue Naturanlage. Dies ist der Grund und Boden des sittlichen Lebens im christlichen Sinn und darin liegen, wie sich zeigen wird, ganz andere Principien, als die philosophische Ethik sie kennt. Das Gute in objectiver Beziehung, nicht als bloße Willensnorm, sondern als neuer reeller Lebensfaktor der Menschen, als Geist, und zwar als specifischer Geist, wie er dem natürlichen, dem nicht wiedergebornen Menschen gar nicht zukommt; ferner das Gute in subjectiver Beziehung, nicht als bloße Willensbeschaffenheit im Verhältniß zum Gesetz, sondern als neue Personbeschaffenheit mit eigenthümlich realer Lebensbeziehung zu Gott, als persönliche Gottesgemeinschaft, wie sie dem Subject der philosophischen Ethik unbekannt und unmöglich ist; eine solche eigenthümliche Persönlichkeit ist dann eben daher auch eigenthümlich wirksam im Denken, Wollen und Handeln.

Es ist nun wohl wahr, daß das christliche Leben einen wesentlichen Zusammenhang hat mit dem allgemein Sittlichen. Das Christenthum schärft das allgemeine Sittengesetz mit verstärkter Kraft ein; es erweckt und respectirt die Richtung des Willens auf das Gesetz, das Streben nach Gerechtigkeit oder den Tugendsinn; dies Alles dient im Christenthum jedoch nur, um im Subject die sittlichen Bedürfnisse und die Empfänglichkeit für die specifische Gabe des Christenthums hervorzurufen und zu steigern, nicht aber, um daraus das eigene ethische Leben des Christenthums und somit auch seine eigenthümliche ethische Lehre zu construiren.

Der Zusammenhang des Christenthums mit der allgemeinen Ethik ist in Kürze dadurch bezeichnend ausgedrückt, daß es sich selbst nicht überhaupt nur als höheres Sittengesetz darstellt, sondern als die Erfüllung des Gesetzes, als $\pi\lambda\eta\rho\omega\sigma\iota\varsigma$, als das vollendende Ziel desselben, als $\tau\epsilon\lambda o\varsigma$.

Aber eben damit erklärt es die allgemeine sittliche Norm und Beschaffenheit, das bloße Gesetz mit seiner Tugend oder Gerechtigkeit für ungenügend, das höchste Gut für nicht realisirt und ohne seine, ohne des Christenthums Vermittlung nicht realisirbar; und den Grund hievon findet das Christenthum nicht nur in der Trägheit des menschlichen Willens und im Mangel an ethischem Wissen, sondern die noch vorhandene sittliche Anlage selbst, das sittliche Natur-Kapital, der darauf beruhende Gesetzesbegriff und die darauf eingehende Willenskraft gilt ihm als unzureichend für den vollen und reinen Begriff des Guten. Wir dürfen also, wenn wir nicht von vornherein das Christenthum in seinen Grundlagen verstümmeln und verfälschen wollen, nicht mit einem schon fertigen Begriff des Ethischen oder der Ethik an das Christenthum herankommen, sei derselbe nun historisch gebildet oder speculativ. Die Ethik, wenn sie christliche Disciplin sein soll in wahrhaftem Sinn, muß uns aus dem originalen Christenthum herauskommen; Begriff und Anlage der Ethik müssen wir aus dem eigenen Organismus der christlichen Lehre mit innerer Nothwendigkeit gewinnen, so gewiß als eine platonische Ethik dem Lehrsystem Platos rein zu entnehmen ist. Ehe wir nun daran gehen, schicken wir voraus

I. einen geschichtlichen Ueberblick der bisherigen ethischen Bearbeitungen des Christenthums.

De Wette gibt eine allgemeine Geschichte im 2. Theil seiner christlichen Sittenlehre, und Schleiermacher, in seiner Kritik der Sittenlehre, weist an den allgemeinen Sittenlehren das wissenschaftlich Unbefriedigende nach in Bezug auf Principien, specielle Begriffe und systematische Verbindung. Vgl. auch Harleß, Theologische Encyklopädie, welche im Folgenden mehrfach berücksichtigt ist.

Fassen wir 1) die vorscholastische Periode ins Auge, so beginnt die ethische Bearbeitung des Christenthums embryonisch als Zusammenstellung einer Spruchmoral, Behandlung einzelner Materien u. dgl., so bei Basilius, Cyprian, Lactanz. Die ersten wissenschaftlichen Bestrebungen (Clemens von Alexandrien, Ambrosius) nehmen die heidnischen Moralphilosophen zum Vorbild. Das Evangelium tritt überall nur als potenzirtes Gesetz auf.

Ein bedeutungsvoller Fortschritt tritt in Augustin hervor, der speciell in seinem Enchiridion die pietas unter den Kategorien von fides, spes und caritas behandelt. Zwar treten damit nur die sittlichen Grundzüge des christlichen Lebens hervor, aber gerade Augustin bringt den Unterschied zwischen Gnade und Gesetz zur bestimmten Erkenntnis und zersetzt die übertriebenen Vorstellungen der früheren, namentlich der griechischen Kirchenlehrer von der Güte der menschlichen Natur durch die Schärfe des biblischen Sündenbegriffs, schreitet aber hierin wieder bis zur Einseitigkeit fort. Das principielle Verhältniß des Glaubens zum sittlichen Handeln hebt er besonders hervor in der Schrift: de fide et operibus (cap. 14) und in der Schrift: de spiritu et litera. Der wahre Glaube ist ihm die Bedingung der wahren Tugend und Seligkeit. De civit. Dei 19, 25. Die Tugenden, die der Mensch zu haben scheine, sagt er, seien ohne Beziehung auf Gott eher Fehler als Tugenden, weil, wo Gott nicht den Geist beherrsche als sein natürlicher Herr, auch der Geist nicht in Wahrheit den Leib und die Fehler beherrschen könne. So ist ihm nun die Liebe zu Gott die Seele und die Summa des christlichen Handelns. De doct. christ. I, cap. 26. 35. 39. — de fide et op. cap. 14. Auch als Erkenntnißprincip macht er die gläubige Liebe geltend in dem Satz: tantum Deus cognoscitur, quantum diligitur, was jeder erfahren kann. Das Princip dieser Liebe zu Gott ist ihm aber die Gnade. Vgl. die Schrift: de continentia, cap. 3. Das Verhältniß der freimachenden Gnade zur freien Thätigkeit des Menschen bestimmt er in der Schrift de peccatorum meritis et remissione 2, 5, 6. Wir haben jedenfalls an Augustin einen Geist, der nicht nur seine Zeit, sondern auch die spätern Jahrhunderte überragt. Später nämlich unter den öffentlichen Streitigkeiten und unter den steigenden kirchlichen Veräußerlichungen kommt es nur zu erweiternden Umschreibungen der sittlichen Dogmen und zu encyklopädischen Zusammenstellungen aus Schrift, Vätern und Profanscribenten, aber nicht zur innern Ausbildung der Augustinischen Ideen, so bei Isidor von Sevilla, Joh. Damascenus im 7. und 8. Jahrhundert.

Mit der nun folgenden zweiten Periode, im Zeitalter der Scholastik, geht die Theologie an die principiellen Fragen und es beginnt eine systematische Bearbeitung auch der sittlichen Elemente des Christenthums. Als Princip der theologischen Wissenschaft tritt nun allerdings der Glaube auf, auch für das Ethische; aber man sah im Glauben nur ein cum assensione cogitare, ein Fürwahrhalten und seinen Inhalt bildete vorherrschend die Offenbarung Gottes im Allgemeinen, daher galt der Glaube nur als unvollkommener Anfang, der zum Wissen erst durch Denken scientifisch sollte ausgebildet werden, so wie ethisch erst formirt durch die Liebe. Statt also wirklich das innerlich bestimmende Princip zu sein, der reale Faktor für Erkennen und Leben, ist der Glaube das formlose Object, das für beides erst durch anderweitige Bestimmungen seine Bedeutung erhalten muß. In dieser Richtung arbeiten Abälard, Petrus Lombardus, Thomas von Aquino, welcher aristotelische Dialektik mit neuplatonischer Mystik zu vereinigen sucht.

Herrschende Sitte ist es die vier Cardinaltugenden der Alten: prudentia, justitia, fortitudo und temperantia, die schon Ambrosius aufgenommen hatte, zu verbinden mit den drei sogenannten theologischen Tugenden Glaube, Liebe, Hoffnung, in welche schon Augustin die christliche pietas zerlegte; als Anhang findet sich dann mit Anlehnung an Jes. 11, 2 die weitere Classification in die septem virtutes spiritus sancti, deren jede einer Untugend entgegengesetzt wird. Diese Darstellungsweise bildete lange die Grundlage der dogmatischen und der ethischen Werke.

In thesi ist nun zwar von der Scholastik die Selbständigkeit der Theologie mit Entschiedenheit ausgesprochen, dies gegenüber den andern Wissenschaften, nicht aber gegenüber der Kirche. Die Theologie gilt der Scholastik als die Herrin aller Wissenschaft, die speculativ und praktisch zugleich sei, dies vermöge ihres Princips der gläubigen Erkenntniß der geoffenbarten Wahrheit und vermöge ihres Ziels, die Wissenschaft des Göttlichen zur Frömmigkeit zu verwirklichen. Allein diesen Behauptungen entsprach die Wirklichkeit immer weniger, besonders das Verhältniß der Theologie zur Offenbarungsquelle, zur Schrift, blieb bei der herrschenden Ansicht von der Kirche ein durchaus verkümmertes.

Der theologischen Construktion fehlte es durchaus an der exegetischen Begründung und Entwicklung, was dann theils die kirchliche Autorität ersetzen sollte, theils eine dialektische Argumentation aus rationellen Gründen, ob man gleich anfangs den letztern keine beweisende Bedeutung einräumen wollte, sondern nur eine erklärende. Daraus ergibt sich die Gestalt der scholastischen Darstellung, wie sie in der schulmäßigen Entwicklung des Christenthums immer wiederkehrt:

ein Vermischen von Biblischem und Traditionellem, wobei rationelle oder philosophische Begriffe (damals aristotelische) das eigentlich Bestimmende und Maßgebende sind. An Klagen und an einzelnen Reactionen gegen das hieraus sich entwickelnde scholastische Unwesen fehlte es von frühe an nicht, so von Seiten Bernhards von Clairvaux, der dem bloß durch Denken producirten Wissen die durch Heiligung vermittelte Erleuchtung gegenüber stellte. Als entschiedener Gegner der theoretischen und praktischen Zeitverirrungen erhob sich ferner Johannes von Salisbury († 1180) in Schriften, deren Titel schon bezeichnend sind: de nugis curialium et vestigiis philosophorum; Metalogicus, worin er (2, 8) die Anklage erhebt: omnem excutiunt syllabum et litteram, dubitantes ad omnia, quaerentes semper et nunquam ad scientiam pervenientes, tandemque convertuntur ad vaniloquiam ac errores condunt novos. Besonders ausgezeichnet durch geniale Kraft wie durch universelle Kenntnisse ist der schwer verfolgte Roger Baco im 13. Jahrhundert, † 1294. Er drang der einseitigen Dialectik und Mystik gegenüber auf Umgestaltung der ganzen wissenschaftlichen Bildung durch immer tieferes Eindringen in Natur und Schrift, und vertrat freimüthig die Autorität der Schrift gegen alle andern Autoritäten.*)

Ebenso gehört hierher Robert aus Sorbonne, Stifter des theologischen Collegs der Sorbonne in Paris, 1252.

---

*) Ausführliche Auszüge aus seinen seltenen Werken vgl. in der Sammlung von merkwürdigen Lebensbeschreibungen, unter Aufsicht von Baumgarten herausgegeben, 4 Theile, Halle 1757. pag. 616—709. Eingehender ist Baco erst neuerdings behandelt in der Schrift von Siebert: Roger Baco, sein Leben und seine Schriften. 1864.

Er erhebt gegen die Theologie seiner Zeit die Klage, die jetzt noch gilt: „Viele wissen vieles, nur sich selbst kennen sie nicht, sie suchen Gott in äußeren Dingen und sind in ihrem eigenen Innern nicht zu Haus."

Nach zwei Seiten kam schon jenem Zeitalter, wenn wir absehen von den einzelnen Männern, das Mangelhafte der scholastischen Methode zum Bewußtsein, einmal nach der Seite des praktischen Lebens, in welcher Beziehung die kasuistischen Bearbeitungen hervorgerufen wurden, was nur wieder ein neuer Abweg war; dann nach der Seite des innern Lebens. Der philosophische Begriffsdeterminismus der Scholastik reicht nämlich ebensowenig hin, in die ethische Innerlichkeit des christlichen Lebens sich zu vertiefen, als die ethische Verständigkeit und Thatkraft zu bilden für das praktische Leben und für seine concreten Fälle; also das esoterische Moment und das pädagogische Moment, wie beides gerade dem sittlichen Gehalt des Christenthums eigen ist, bleibt unbefriedigt. Diesen beiden Momenten und damit den Bedürfnissen des innern und des äußern Lebens zugleich suchte die Mystik zu genügen in ihrer theils mehr contemplativen, theils mehr ascetischen Richtung. Der Glaube wurde nicht nur überhaupt als Grundlage der christlichen Erkenntniß und Sittlichkeit geltend gemacht, zum Theil in biblischer Einfachheit, wie dies auch die Scholastik in ihrer bessern Richtung thut, sondern es wurde besonders die innere Seite des Glaubens hervorgehoben, seine unmittelbare Beziehung zu Gott und zur Persönlichkeit des Menschen; in seiner Umwandlungskraft mittelst innerer Aneignung des Göttlichen und mittelst äußerer Ascese, darin fand man die Verwirklichung christlicher Sittlichkeit. Auf diesem Standpunkt mußten die ethischen Begriffe und Grundsätze gewinnen an christlicher Lauterkeit, an Lebens-Tiefe und Fruchtbarkeit. So bei dem schon genannten Bernhard, bei Hugo und Richard a St. Vict., bei Bonaventura, Tauler u. A.*)

In Bernhard stellt sich diese Richtung mehr in direkten Gegensatz gegen die damalige Wissenschaft, während Hugo und Richard, später Bonaventura die Dialektik als Vorstufe mit der Mystik zu vereinigen suchen. Statt den Glauben bloß als Denkprincip zu behandeln fürs theoretische und praktische Wissen, statt dessen premirt Bernhard, wie schon erwähnt, im Glauben die Heiligung und die Erleuchtung als Bedingung aller wahren Theologie. Hugo's, des alter Augustinus, Grundsatz war: tantum de veritate quisque potest videre, quantum ipse est, was sich immer bestätigt, wie das Augustinische: tantum Deus cognoscitur, quantum diligitur. Richards Grundsatz war: quantum habes gratiae, tantum habes potentiae. Bonaventura will auf Grund der allgemeinen Wissenschaften, der Kirchenlehre und

---

*) Schon die Titel der hierhergehörigen Werke deuten dies an. So haben wir von Bernhard 5 Bücher de consideratione sui, ferner die Schrift de contemptu mundi, de diligendo Deo, de gradibus humilitatis et superbiae, ferner Hugo a St. Vict., gest. 1141, de vanitate mundi, de arrha animae; Richard, gest. 1173 ebenfalls im Kloster von St. Victor: de statu interioris homiuis, de eruditione interioris hominis, de praeparatione animi ad contemplationem, de gratia contemplationis. Walther, ebendort, contra quatuor labyrinthos Galliae. Bonaventura, gest. 1274: de institutione vitae christ., stimulus amoris divini, itinerarium mentis in Deum, speculum animi cet. Tauler, gest. 1361: medulla animae; „Nachfolge des armen Lebens Christi" und Anderes. Eine kleine Sammlung aus solchen Schriften, fürs Praktische eingerichtet, ist: „Geistliche Stimmen aus dem Mittelalter", Halle 1841. Eine größere spätere von Hamberger.

der heiligen Schrift in Verbindung mit sittlicher Heiligung ein die Hülle durchdringendes θεωρειν oder Anschauen des Göttlichen entwickeln unter dem Titel einer reductio artium ad theologiam. Bei Tauler war Grundgedanke das individuelle Reproduciren des innern Selbstlebens der trinitarischen Gottheit, sowie der Incarnation unter dem Sinken des Menschen in sein Nichts, damit er vergottet werde; bei ihm und bei Thomas von Kempis (gest. 1471), welchem die Schrift de imitatione Christi beigelegt wird, prägt sich mehr die Innerlichkeit und der ascetische Ernst des christlichen Lebens aus, wiewohl mit Auswüchsen und Übertreibungen, wie sie namentlich schon in Taulers Grundgedanken liegen und wovon auch die Schrift de imitatione Christi nicht frei ist; bei Joh. Ruysbroek vollends († 1381) tritt Phantasie und Ekstase an die Stelle des Ethischen.

Die praktischen Interessen des Christenthums nach außen machen sich bei manchen Vorläufern der Reformation geltend mit einer die Vereinfachung des Glaubens anstrebenden Stärke, so Wicliffe, namentlich in seinen dialogorum libri IV, wovon das 3. Buch einen kurzen Inbegriff der Moral enthält, das 4. Bestreitung des religiösen Aberglaubens. Ferner gehört hierher außer andern Savonarola, namentlich mit seiner Schrift de simplicitate vitae christianae; „durch Thomas v. Aquino war er auf Augustin und durch diesen auf die heilige Schrift geführt worden." (Niedner.)

Diese praktischen Interessen veräußerlichen sich aber mehr und mehr in den Moralisten, welche die humanistische Richtung mit ihrer platonischen Färbung aufbieten gegen die hergebrachte aristotelisch gebildete Scholastik. Zwar die

Bessern unter diesen humanistischen Moralisten fassen ihre Wissenschaft nicht bloß gesetzlich oder dogmatisch auf, sondern mehr pädagogisch, als Anweisung zur Lebensweisheit, so Petrarca: de vera sapientia, de remediis utriusque fortunae, de contemptu mundi; vgl. Müllers Bekenntnisse merkwürdiger Männer, im I. Theil.

Allmählich aber verliert sich immermehr das Bewußtsein des specifischen Unterschieds von christlicher und paganischer Ethik, und die Behandlung verläuft sich mehr und mehr ins declamatorische, so bei Marsilius Ficinus: de relig. christ. et fidei pietate, bei Ludwig von Vives: introductio ad sapientiam bis herab auf Erasmus: enchiridion militis christ., declamatio de morte, oratio de virtute amplectenda.

Auf der andern Seite hatte das esoterische Moment des Christenthums in der Mystik allerdings das richtige Princip gewonnen für Erkenntniß und Tugend, und zwar in realer Potenz, nämlich den Glauben als das innerlich Umwandelnde, und in dieser Beziehung bietet die Mystik einen Schatz dar, wie keine andere Richtung; der Irrthum über die Natur des Glaubens und namentlich über seinen Inhalt war freilich damit noch nicht ausgeschlossen. Dafür fehlte es eben wieder an der exegetischen Basis und Methode, zumal theilweise die Schrift dem individuellen Geist der Wiedergeburt mehr oder weniger untergeordnet wurde.

Besonders der genetische Zusammenhang des Glaubens mit der Versöhnungsgnade trat zurück und verlor sich allmählich mehr und mehr; die Versöhnungsgnade als objectiver Inhalt und als reales Princip des umwandelnden Glaubens, oder anders ausgedrückt, die in Jesus

Christus als dem Gekreuzigten und Auferstandenen sich vollziehende Rechtfertigung als primitive und stetig nothwendige Vermittlung des Glaubenslebens, dies wurde verkannt, indem der subjective Glaube in eine so unmittelbare Beziehung zu Gott gesetzt wurde, daß er eine Einsenkung des Göttlichen in seinem innern trinitarischen Selbstleben bewirken sollte, oder eine Wiederholung der Incarnation, eine Verebenbildlichung Gottes, wodurch, wie die deutsche Theologie sich ausdrückt, „Gott selbst der Mensch wird, also daß da nichts mehr ist, das nicht Gott oder Gottes ist."

So bildete sich denn einerseits in der übertriebenen Werthschätzung der contemplatio nicht nur eine pantheisirende Speculation oder Gnosis, sondern auch eine ins Pantheistische streifende Vergottung in der Liebe, wogegen die Welt oder die Creatur ins Nichts verschwinden soll. Dies ist also die Ausartung der mystischen Contemplation. Auf der andern Seite, aus der mystischen Ascese bildete, sich wie aus der scholastischen Unterscheidung zwischen praecepta und consilia, eine Werkheiligkeit, die noch über das Gebotene hinausgehen wollte. Diese beiden Auffassungen, der schwärmerische Begriff von der Liebe Gottes und eine werkheilige Ascese corrumpirten die moralischen Principien der Mystik und bildeten dann, wo sie präponderirten, den Mysticismus.

Wie gestaltet sich nun die ethische Auffassung des Christenthums in der dritten Periode, in der Periode der Reformation?

Wir bestimmen zuerst das Eigenthümliche des geistigen Standpunkts der Reformation im Allgemeinen, noch abgesehen von der speciellen Beziehung auf die Ethik. Das Glaubensprincip war, wie wir fanden, schon früher in thesi anerkannt; die Reformation machte es nun aber auch in der Wirklichkeit allseitig geltend, und bestimmte es seinem Wesen und Inhalt nach reiner und voller. Die Offenbarungswahrheit hatte ihre geschichtliche und didaktische Selbständigkeit verloren, und zwar im Mysticismus an eine unmittelbare subjective Verinnerlichung in contemplativer und ascetischer Form, in der Scholastik an eine traditionelle Veräußerlichung in wissenschaftlicher und kirchlicher Form; im Gegensatz zu diesen beiden Einseitigkeiten des individuellen und traditionellen Subjectivismus wird der Offenbarung durch die Reformation ihre objective Selbständigkeit vindicirt im unmittelbaren Schriftwort, so daß alle individuelle Unmittelbarkeit, alle geschichtliche Entwicklung und Lehr-Tradition eben aus und nach dem Schriftwort der allgemeinen freien Prüfung und Entscheidung anheim fällt.

Durch dies Schriftprincip wird der Offenbarung ihre objective Reinheit in einem selbständigen Organ vindicirt und reservirt, und damit ist auch ihre reinigende Autorität festgestellt gegenüber von aller subjectiven Verunreinigung, wie sich dieselbe nicht nur den Individuen anhängt, sondern auch in den ebenfalls sündhaften Corporationen in der Kirche und in der Schule oder Wissenschaft nothwendig sich ansetzt und immer angesetzt hat. Allein durch diese Objectivirung der Offenbarungswahrheit im Schriftwort wurde dieselbe keineswegs in ein nur äußerliches, unvermitteltes Verhältniß zum Subject gestellt, vielmehr nur in kein der menschlichen Subjectivität unterworfenes. Nicht der subjective Geist, der menschliche, sondern der göttliche Geist der Wahrheit ist das vermittelnde Princip zwischen Schriftwort und Subject, und zwar der Geist nicht als bloße in der Schrift zum

Ausdruck gekommene Idee der Schriftsteller oder aus ihr gewonnene Idee der Leser und Erklärer, sondern der Geist als selbständiges, von den Menschen unabhängiges Lebensprinzip in und aus Gott, das in den Menschen einwirkt und bedingungsweise eingeht. Dieser objective göttliche Geist ist aber allerdings auch dem Schriftwort selbst nicht äußerlich, sondern wird dem Schriftwort zugleich immanent gedacht, dies aber eben nicht als bloßer Sinn und Gedanke des Worts oder des Schriftstellers, nicht als bloß idealer Geist, sondern zugleich als der absolut selbständige reale Urheber des Schriftworts und Dolmetscher desselben. Dieser Geist der Offenbarung ist also das göttliche Princip, in welchem sich die objective Wahrheit selber umsetzt in ein schriftlich fixirtes Wort der Offenbarung, und eben durch das Medium dieses Schriftworts sich mit dem geistig empfänglichen Subject vermittelt, namentlich mit dem geschreckten Gewissen, was die Reformatoren premiren. Denn das Gewissen im Allgemeinen ist der im Menschen noch vorhandene Centralpunkt göttlicher Innenbestimmungen und ein geschrecktes Gewissen ist das in seiner Sündigkeit Gott subjicirte Individuum. Der Vermittlungsakt aber ist der Glaube als Einigung menschlicher Empfänglichkeit und göttlicher Thätigkeit, als Verbindung des subjectiven Geistesaktes mit dem objectiven, mit dem im Wort wirksamen göttlichen Geistesakt.

Nur durch die Vermittlung eines aus dem Gewissen hervorgehenden Glaubens wird die göttliche Wahrheit selbst dem Subject zugänglich und ihm immanent, und Wahrheitsbedeutung hat der subjective Glaube nur, sofern und soweit er das Schriftwort nicht nur in seinem buchstäblichen Ausdruck, sondern in seiner eigenen heiligen Geisteskraft sich aneignet und nach seiner Norm Denken und Handeln bildet. Also die Schrift als göttliche Offenbarung in ihrem eigenen Wort und Geist gläubig empfangen und verarbeitet, dies constituirt und regulirt alle christlich wahre Erkenntniß und Lehre und so auch alles wahrhaft christliche Leben. Dazu kommt nun aber noch eine specielle Bestimmung; sofern nemlich der Glaube ein seligmachender sein soll, fides salvifica, d. h. wahrhaft lebendig und belebend in Gott, wird als specifischer Inhalt des Glaubens hervorgehoben die objective Versöhnungsgnade in Jesus Christus, dem Gekreuzigten. Denn die Sündhaftigkeit des Menschen ist es, was die Reformation, wenigstens dem Wesentlichen nach in Uebereinstimmung mit dem Schrift-Christenthum premirt. Der Glaube an den Christus für uns und die darin sich vollziehende Rechtfertigung der Sünder gilt so als die nothwendige Voraussetzung alles specifisch christlichen Wesens und Lebens. Darin liegt auch der Gegensatz gegen den Mysticismus, der wie schon bemerkt wurde, mehr oder weniger von der Rechtfertigung in dem Christus für uns abstrahirt durch die Unmittelbarkeit des Christus in uns, und der den innern Lebensproceß, also die subjective Zuständlichkeit und Entwicklung, mehr oder weniger zu seiner unmittelbaren Grundlage macht. So fixirt also der reformatorische Protestantismus das christliche Leben primitiv in seinen objectiven Principien, nämlich in dem Christus für uns, wie er im Wort und Geist der Schrift sich stetig vermittelt mit der empfänglichen Individualität, und in dem dadurch bewirkten Glauben als Christus in uns sich eingestaltet.

Bei dieser Betonung der ἀρχαι des christlichen Lebens namentlich in ihrer objectiven Bedeutung konnte es nun allerdings leicht geschehen, daß die dogmatische Behandlung des Christenthums, welcher gerade die objective Seite überwiegend zufällt, im Protestantismus vorherrschte, und die ethische Behandlung zurücktrat, wie dies auch gekommen ist. Es lag dies um so näher, da der Protestantismus sich immer zugleich gegenüber hatte eine Idealisirung der menschlichen Natur und Selbstthätigkeit und zwar in schwärmerischer, in wissenschaftlicher und in kirchlicher Form, eine Verkennung ihrer innersten Depravation und im Zusammenhang damit eine Veräußerlichung der ethischen Begriffe in Werkheiligkeit und Werkseligkeit.

Um so mehr betonte der Protestantismus als Gegengewicht die Lehre von der menschlichen Sünde und von der Rechtfertigung, oder eine Gerechtigkeit durch die geglaubte Versöhnungsgnade im Gegensatz zu einer Gerechtigkeit der Natur und der Werke.

Diese Grundanschauung von Glaubensgerechtigkeit wurde allerdings in Theorie und Praxis vielfach einseitig durchgeführt, d. h. ohne Einigung, ja theilweise im Widerspruch mit den biblisch-ethischen Voraussetzungen, Postulaten und Wirkungen des Christenthums; jedoch in thesi gab es der Protestantismus nie auf, daß der rechtfertigende Glaube persönliche Bekehrung voraussetzt und mit innerer Nothwendigkeit eine persönliche Umänderung des Sünders mit sich führt durch Wiedergeburt und Heiligung und davon aus eine werkthätige Gerechtigkeit, eine sogenannte Lebensgerechtigkeit.

Es gilt jedoch, völlig schriftgemäß, diese persönliche Umänderung und praktische Gerechtigkeit als eine stets noch unvollkommene, nie durch sich selbst Gott genügend, d. h. nie entsprechend der absoluten Lebensidee, der Grundbestimmung und Endbestimmung von Welt und Mensch; immer bedarf daher die subjective Gerechtigkeit oder Tugend der Rechtfertigung durch den Versöhnungsglauben, sowie der Normirung durch ein göttliches Gesetz oder Vorbild. Nur wird theilweise wieder diese sittliche Unvollkommenheit verewigt, indem der sittliche Vollendungsbegriff des Christenthums, eine gottähnliche persönliche Heiligkeit als Endresultat, wenn auch im Allgemeinen behauptet, doch im Einzelnen seine ethische Kraft und Reinheit verliert in fortwährender Betonung einer sogenannten zugerechneten Gerechtigkeit. Immerhin aber sind im Protestantismus für eine wahrhaft christliche Ethik die Grundlagen gewonnen und zwar selbständiger, gründlicher und umfassender als irgendwo anders, wenn auch die Form, in welcher sie aufgefaßt und zum Ausdruck gebracht sind, öfters mangelhaft ist. Denn

a) während die ethischen Arbeiten der früheren Zeiten mehr und mehr zu einer unkritischen Mischung von philosophischer, patristischer, kirchlicher Tradition, individueller Speculation und Frömmigkeit sich gestalteten, wobei man dies vielgestaltige Menschenwort, wie Niedner in seiner Kirchengeschichte sich gut ausdrückt, „am heiligen Schriftwort des ursprünglichen Geistes zu messen unterließ", macht letzteres die Reformation zum Ausgangspunkt, und das christliche Leben wird so auf seine eigenthümlichen Prinzipien gewiesen, eben im Glauben an Jesu Christi Versöhnung, Geist und Wort, Principien, die specifisch verschieden sind von jeder andern religiösen oder philosophischen Ethik. Eine Verbindung letzterer mit der christlichen Ethik ist daher vom protestantischen Standpunkt aus ein Abfall von der Selbständigkeit, und bei der Verschiedenheit der beiderseitigen Principien ein schädlicher Synkretismus; es wird principiell disparates durcheinander gemengt, einerseits das, was dem sündlich getrübten und gebundenen Vernunftwillen des Menschengeistes angehört, andrerseits was dem Geist und Gesetz eines den Menschen rechtfertigenden und erneuernden Glaubens angehört.

Eine christliche Ethik in echt protestantischem Sinn muß also selbständig auf ihren eigenen Principien stehen und diese liegen für sie:

b) primitiv und specifisch in dem objectiven Inhalt des Christenthums, wie sich dasselbe in der gegenseitigen Immanenz seines eigenthümlichen Worts und eigenthümlichen Geistes selbständig bezeugt und wie es in der Versöhnungsgnade Christi seine stetige Grundvermittlung hat mit den Sündern. Die Principien einer christlichen Ethik im protestantischen Sinn liegen also, wenn der Ausdruck nicht mißverstanden wird, durchaus in der neutestamentlichen Dogmatik. Diese objectiven Principien concentriren sich nun aber

c) für das subjective Leben in Einem Grundprincip. Dies ist der Glaube, Glaube aber nicht in unbestimmtem Sinn, sondern eben im Zusammenschluß mit den objectiven Principien, d. h. das einheitliche Grundprincip ist der Glaube, wie er der Versöhnungsgnade Christi kraft seines Wortes und Geistes inne haftet; eben dadurch begründet und entwickelt er im Sünder ein vorher noch nicht vorhandenes inneres Leben, das sich wieder bethätigt in einer eigenthümlichen Gesinnung und Wirksamkeit, immer aber so, daß die christliche Entwicklung an den objectiven Principien ihre stetige Quelle und Norm behält, ihre Ergänzung und Vollendung darin findet.

Diese völlig schriftgemäßen Grundgedanken des Protestantismus wurden nun aber leider in den ethischen Bearbeitungen der christlichen Lehre nur vereinzelt und unvollständig berücksichtigt, nicht principiell festgehalten, nicht systematisch verarbeitet; daher folgten bald Rückschritte; den schöpferischen Grundgedanken und Grundgesetzen der Reformatoren entsprach nicht die Arbeit concreter Entwicklung.

Gesondert wurde die Ethik in der Reformationszeit selbst noch nicht behandelt.*) Luther hat gelegentlich manche ethische Gegenstände, wie Gebet, Ehe, Erziehung, Obrigkeit u. s. w. praktisch behandelt und dies mit evangelisch principieller Schärfe und Tiefe, und mit lebendiger Fruchtbarkeit, wie kein anderer, allein weder auf dem praktischen noch auf dem wissenschaftlichen Gebiet wurde in seinem Geist fortgearbeitet. An die Stelle der scholastischen Sententiae und Summae traten nun die Loci und Institutiones; in ihnen wurden wieder die ethischen Lehrpunkte mit den dogmatischen behandelt und dies mehrentheils nach der scholastischen Grundeintheilung. Die ethischen Elemente wurden nämlich vertheilt in den Dekalog, in Glaube, Liebe, Hoffnung und in die

---

*) Melanchthons Elements ethicae aristotelic. 1550 berichtigen nur die scholastischen Erklärungen der aristotelischen Grundsätze und haben, wie auch seine Philosophia moralis 1539, keine theologische Bedeutung.

Lehre von der Kirche. Melanchthon betrat anfangs in seinen aus dem Römerbrief entstandenen Loci mit entschiedener Verwerfung der scholastischen Formen und Begriffe den Weg einer gründlichen Vertiefung in die originalen Schriftbegriffe und eines den Grundbedürfnissen der menschlichen Natur dienenden Verfahrens. Auch seine übrigen Commentare, wie zu den Korinther- und Pastoralbriefen, bieten eine Fülle von praktischen Auseinandersetzungen; er behandelte dabei auch die ethischen Materien in der Lehre vom Gesetz und von der christlichen Freiheit, von der Sünde und den guten Werken, von der Ehe u. s. w. Formell einheitlicher und genetischer als Melanchthon entwickelte Calvin in seinen Institutiones, im 3. Buch, Kap. 6—10 aus der Wiedergeburt die Pflanzung der Liebe zu Gott und die Normen des sittlichen Lebens. Die spätere gesonderte Behandlung der Ethik zuerst durch den Reformirten Danäus, 1577, dann durch Keckermann und Calixt im 17. Jahrhundert gingen nicht hervor aus einer Einsicht in ihre innere Nothwendigkeit, und man kam über den inneren Zusammenhang beider Disciplinen, der Dogmatik und der Ethik nicht in's Klare, und bis heute noch führt daher die Dogmatik die hergebrachten ethischen Elemente des Christenthums mit sich.

Statt daß die protestantische Theologie zu einer wesentlichen Fortbildung es gebracht hätte, verlor sich vielmehr der von der Reformation errungene Standpunkt mit seinen schöpferischen Grundgedanken mehr und mehr in starrer Polemik und in einem scholastischen Begriffsformalismus. Dieser protestantische Scholasticismus behandelte gleich dem alten die Dogmen, wie sie symbolisch fixirt waren, als vollendeten Abschluß, nicht als Grundlage weiterer Entwicklung und Verbesserung aus der Fülle und Originalität der Schrift; vielmehr verknöcherte und verknechtete sich die Theologie wieder in aristotelischen oder sonstigen philosophischen Schulformen. Auch eine neue Casuistik bildete sich aus wie bei der alten Scholastik. Bezeichnend ist in dieser Beziehung das Erscheinen eines eigenen Thesaurus consiliorum et decisionum 1673 von Dedekenn. Als Beleg, wie äußerlich und mechanisch am Ende die philosophischen Bestimmungen angewendet wurden, kann ein Schematismus von König dienen über die conversio.*)

Bittere Klagen über diese neue Scholastik erhoben sich vielfach wie gegenüber der alten. Man vergleiche Valentin Andreä's, Abt in Bebenhausen seit 1650, Selbstbiographie bei dem Jahr 1636; auch sonst trat in mehreren Schriften der eben so fromme als gründlich gebildete Theologe gegen diese Scholastik auf mit christlichem Ernste und geistreicher Satire.**)

---

*) Die Schilderung dieser Zeit, welche man bei Arnold in seiner Kirchen- und Ketzerhistorie, im 2. Theil im 17. Buch, Kap. 5 aus mehrfachen Schriften zusammengestellt findet, ist im Wesentlichen unleugbar treu und wahr.

**) Ein Verzeichniß der Schriften Andreä's findet sich bei Arnold, und eine Skizzirung derselben in Niedner's Kirchengeschichte I. Ausg. pag. 740—742. Ins ethische Gebiet gehören namentlich Heraclis christ. facta. 1615. Reipublicae christianopolitanae descriptio. 1619. Civis christ. 1619. Abriß eines rechtschaffenen und thätigen Christenthums. Eine Hauptschrift ist: Theophilus, Sive consilium de christ. religione sanctius colenda, vita temperantius instituenda et literatura rationabilius docenda. 1649. Einen Auszug aus seiner merkwürdigen Selbstbiographie mit Urtheilen über seine Zeit gibt Weismann, Professor in Tübingen: Memorabilia ecclesiastica historiae

Als praktisches Gegengift gegen die Scholastik wirkten außer dem in Lehre und Leben tief eingreifenden „wahren Christenthum" von Arndt auch zwei Schriften von Johann Gerhard, dem berühmten Verfasser der Loci theologici, nämlich seine in fast alle Sprachen übersetzten Meditationes sacrae ad veram pietatem excitandam et interioris hominis profectum promovendum accommodatae, 1606, und seine Schola pietatis, womit er beweisen wollte, daß auch ohne Mysticismus die heilige Schrift allein für die Frömmigkeit alles leiste.

Auf dem wissenschaftlich-ethischen Gebiet erhob sich einige **Reaktion** gegen den aristotelischen Dogmatismus und Schematismus **zunächst von Seiten der praktischen Philosophie**, namentlich durch **Grotius**, und durch **Puffendorf**, auf die christliche Ethik angewandt von **Schomer**. Selbständiger noch gegenüber der hergebrachten aristotelischen Form trat **Christian Thomasius** auf: er war bemüht seine philophische Sittenlehre an die christliche anzuschließen, indem er die letztere als die Führerin zur wahren Tugend und Glückseligkeit betrachtete, so in seinen Schriften: Institutiones jurisprudentiae divinae, 1693—1696. „Die Kunst vernünftig und tugendhaft zu leben" oder Einleitung zur Sittenlehre, 1692 und 1715 ꝛc. Vergl. Stahl, „Philosophie des Rechts" über Thomasius, Puffendorf und Grotius.

Allein durch diese philosophische Opposition kamen die

---

sacrae N. T. ad juvandam notitiam regni Dei et satanae cordisque humani salutarem Halle 1745, im 2. Theil pag. 932 ff. Andreäs Schriften sind, wie Niedner gut sagt, Ein von 1614 bis 1654 geführter vierzigjähriger Krieg wider die noch größern innern als äußern Uebel einer von eigenem und fremdem Katholicismus niedergedrückten Kirche und Zeit.

theologisch-principiellen Fragen nicht zur Erörterung, viel weniger zur Entscheidung. Bedeutender waren die Reaktionen, welche vom praktisch christlichen Standpunkt ausgingen, theils vom einfach biblischen, theils vom mystischen durch Männer, wie außer den schon erwähnten Val. Andreä, Johann Gerhard und Arndt in seinem tief eingreifenden, "wahren Christenthum", Spener, Arnold, Francke u. A.*)

Allein diese von reformatorischen Gedanken beseelten Männer verzichteten unter dem starren Widerstand bald auf die Leitung der theologischen Wissenschaft in überwiegendem Streben nach Förderung der erbaulichen Interessen, und in letzterer Beziehung bieten ihre Schriften vieles Gediegene dar: man suchte das Heil mehr durch eine Scheidung zwischen gelehrt wissenschaftlicher Thätigkeit und zwischen praktisch lebendigem Christenthum, und durch eine bloße Reinigung der ersteren von ihren grellsten Auswüchsen, statt durch eine Umbildung derselben zu einer, Wissenschaft und Leben vereinigenden Wahrheitserkenntniß von durchgreifenden christlichen Principien aus und durch eine selbständige biblische Theologie. Vgl. Spener in seinen Pia desideria, besonders den Schluß.

---

*) Zur näheren Kenntniß dienen die Monographien von Hoßbach: Val. Andreä und sein Zeitalter, Berlin 1829, und Spener und seine Zeit 1827. August Hermann Francke, eine Denkschrift von Guericke. Halle 1827. Spener, Pia desideria, neuaufgelegt Leipzig 1841. Wichtig für die praktische Moral sind Speners "theologische Bedenken" in einer zeitgemäßen Auswahl bearbeitet, die nur zu kurz ist, von Hennike. 1838. In diesen Bedenken tritt nicht eine spitzfindige Casuistik auf, sondern hervorgerufen durch wirkliche Fälle des Lebens sind sie reich an Beobachtungen christlicher Weisheit und an praktischen Rathschlägen. Ferner Knapp: Leben und Charakter einiger frommer und gelehrter Männer des vorigen Jahrhunderts. Halle 1829.

Es wurden zwar von Einzelnen auch Versuche gemacht das biblisch und lebendig Christliche zu verbinden mit theologischer Wissenschaft. So schon von Pifer, 1681, Aretologia christ., praeeunte potissimum s. scr. adornata mit einer Vorrede von Spener über das Verhältniß der Philosophie zur christlichen Ethik. Ferner Buddeus, Instit. theol. moralis, 1712 und ihm nach von Jäger, Rambach, Pfaff, Berno. Auch Weismanns Institutiones theologiae exegeticodogmaticae 1739 sind nach ihrer ethischen Seite hierherzurechnen. Von bedeutendem Einfluß für längere Zeit auf ethischem Gebiet war Mosheims umfassendes Werk: Sittenlehre der heiligen Schrift in 5 Bänden, 1735; später fortgesetzt von Joh. Peter Miller 1753—1770 bis zu neun Bänden.*)

Die genannten, zwischen theologischer Schule und christlichem Leben vermittelnden Männer gewannen nun wohl im Einzelnen mehr Biblisches und Lebendiges, und ihre Werke bieten auch jetzt noch manches Schätzenswerthe für die

---

*) Mosheim, ein reichgebildeter Geist, gründlicher Kenner und Bearbeiter der Kirchen- und Dogmengeschichte, hat über den Zeitrichtungen (Orthodoxie, Philosophie, Pietismus) eine zwar etwas schüchterne aber entschiedene, sittlichernste und warme Stellung in der heiligen Schrift eingenommen; er ist zwar nicht bis zu den genuinen Begriffen derselben durchgedrungen, giebt aber eine sehr schätzbare Zusammenstellung und Erklärung der Schriftaussprüche in reicher, praktischer Ausführung mit seltenem Lebensverständniß in klarer und für seine Zeit meisterhafter Sprache. Auch seine Predigten zeichnen sich durch die genannte Eigenschaft aus. Seine Behandlungsweise im Ganzen ist eine mehr digressive Beschreibung der Gegenstände, als eine von präcisen Grundbegriffen fortschreitende Entwicklung. Bei seiner philologischen und historischen Bildung sind um so bemerkenswerther einige seiner Aeußerungen in dem Artikel über ihn in Herzogs Real-Encyklopädie Heft 91. und 92. S. 76. Gellerts Urtheil über ihn ebend. S. 74 f.

Theologie, aber es kam zu keiner organischen Durchbildung, und auch sie selbst wußten sich nicht immer frei zu machen von dem äußerlichen Schematisiren und Dogmatisiren. Der theologische Gewinn aus dieser wissenschaftlich vermittelnden Richtung verringerte sich hauptsächlich dadurch, daß die Vertreter derselben die beiden Grundfehler der herrschenden Richtung nicht erkannten oder nicht abstellten, diese bestanden nämlich darin:

1) Daß das Christliche nur stoffartig nach bloß äußeren Ordnungsgesetzen geformt wurde, statt daß man auf dem ethischen Gebiet aus der wirklichen Ordnung der christlichen Lebensgenesis die entsprechende Form schöpfte, wie sich diese später uns ergeben wird.

2) Daß das Christliche nicht principiell aus seinen eigenen Grundbegriffen entwickelt wurde, sondern von den hergebrachten allgemeinen Begriffen aus bestimmt oder als Supplement damit verbunden wurde. Jene Männer traten daher der herrschenden Behandlung mehr limitirend gegenüber und mehr moderirend, als reformirend, und sie hatten dabei nur noch Bereicherung aus der Schrift und praktische Anwendung im Auge.*)

Alle Anerkennung aber verdient der christlich=sittliche Ernst, womit sie das Schulverderben aufdeckten und auf eine Behandlung der Theologie drangen, wodurch dieselbe einerseits wenigstens in ein näheres Verhältniß zur Schrift gebracht würde, andrerseits ihrem hohen Beruf mehr ent=

---

*) So spricht sich eben Buddeus aus in der Vorrede zu seinen dogmatischen Institutionen. Harleß, theologische Encyklopädie S. 205.

spräche: bildend und befruchtend zu sein für die höchste Aufgabe des menschlichen Lebens.*)

Dabei bestritt die von Spener wie die von Andreä angeregte Reaktion nicht nur das Sterile des **philosophischen und scholastischen** Formalismus, sondern auch den ihm zur Seite gehenden **kirchlich symbolischen Formalismus**; obgleich mit dem wesentlichen Inhalt der Symbole entschieden einverstanden, wollten jene Theologen die Schrift nicht den Symbolen dienstbar gemacht haben, sondern die Symbole der Schrift. So sagt Spener, die Symbole seien kein vollkommenes theologisches System, und wenn er ihnen Glauben schenke, geschehe es nicht wegen ihres eigenen Ansehens, sondern allein wegen der in ihnen enthaltenen göttlichen Wahrheit, daher er auch, wenn er etwas der himmlischen Wahrheit Widersprechendes in ihnen finden würde, dergleichen nicht vertheidigen würde. „Wir strafen an den Papisten, daß sie die Autorität der Schrift suspendiren ab autoritate ecclesiae und daß sie dieselbe nicht anders erklärt wissen wollen, als wie die Kirche befiehlt. Der Herr bewahre uns gnädig vor dem schrecklichen Abfall, nach welchem fast einige lüstern sind, daß wir auch von unserm Princip der heiligen Schrift abweichen und es dahin kommen lassen wollen, nichts aus derselben gelten lassen zu wollen, als was gerade iisdem verbis in unsern libris symbolicis (welcher Autorität und Nutzen in den von ihnen selbst gesetzten Schranken dankbar erkenne) und gemeiner Lehre befindlich ist, ja nicht diese aus der Schrift, sondern die Schrift aus ihnen und nach ihrer Norm zu erklären; so nunmehr das rechte

---

*) Vgl. bei Harleß Pfaffs Aeußerung S. 206, ibidem Weismanns.

Papstthum mitten in unsrer Kirche sein würde." Theol. Bedenken III. 478. Vgl. den Ausspruch von Hutter (Harleß a. a. O. S. 164.) und Johann Gerhard: Loci, Band I. § 126. ib. S. 175.

Selbst auf katholischem Gebiet rafft sich eine Reaktion auf, es stellte der auf Augustin zurückgehende Jansenismus in Pascal tiefgehende und fruchtbare Ideen christlicher Ethik auf, wußte sich aber im Ganzen von dem Princip und von manchen Vorurtheilen seiner Kirche nicht frei zu machen. Dies zeigt sich sogar in den aus der Tiefe christlicher Lebenserfahrung geschöpften trefflichen Anmerkungen zum Neuen Testament von Paschasius Quesnel.*)

Einer der edelsten und lautersten Repräsentanten der Mystik, welcher Innigkeit und Geist mit praktischer Klarheit und Fruchtbarkeit verbindet, ist Fénélon.**)

In der protestantischen Kirche trat allmählich eine Ausartung des Pietismus ein, welche mit dem Spenerschen nicht zu verwechseln ist. Dem starren Dogmatismus setzte sich nämlich ein unbestimmter Gefühlssubjectivismus entgegen, mit Verachtung der Erkenntniß und mit Kunstadditamenten von frommen Werken, die den Mangel an innerem sittlichem Ernst decken sollten. Der Spenersche Pietismus dagegen verband biblisch=didaktische Gründlichkeit mit

---

*) Die Anmerkungen zu Lukas sind neuerdings ins Deutsche übersetzt von Wunderlich.

**) Zu empfehlen sind Fénélons Schriften religiösen Inhalts, übersetzt von Matthias Claudius; ein für die Erbauung eingerichteter Auszug hieraus über die wichtigsten Materien erschien München 1817. Uebrigens erinnere ich noch einmal: nur was man verdauen kann und verdaut, nährt, nicht das Unverdaute und Unverdauliche. Also Lesen mit Auswahl, und das Ausgewählte mit Weile!

innerlich praktischem Ernst, mit persönlicher Heiligung, nicht mit bloßen Wort-Exercitien. Eine eingehende klare und lehrreiche Beleuchtung der Spenerschen Lehren giebt Niedner K. G. S. 747—752. Auch die Brüdergemeinde besitzt in Spangenbergs Idea fidei fratrum einen im Wesentlichen durch Biblicität und schlichte Frömmigkeit sich auszeichnenden Inbegriff der Glaubens- und Sittenlehre und wirkt durch eine gewisse Verinnigung des Christenthums namentlich im Gegensatz zu der kirchlichen und theologischen Veräußerlichung auf dem praktischen Gebiet vielfach anregend und wohlthuend. Aber es setzten sich in ihr auf dem ethischen wie auf dem dogmatischen Gebiet Auswüchse an, die den Widerspruch unparteiischer und echt frommer Theologen hervorriefen, wie namentlich den Bengels in seinem „Abriß der Brüdergemeinde", eine in ihrem wesentlichen Inhalt immer noch sehr zu beachtende Schrift, da die gerügten Fehler ihrem Wesen nach auch im modernen Pietismus sich fortpflanzten; so die Geringschätzung des Gesetzes und der christlichen Erkenntniß, die Verstümmlung des Evangeliums im Interesse gewisser Lieblingsideen, namentlich die Reducirung der Totalität Christi auf den Jesus am Kreuz und des Christenthums auf ein pathologisches Verhältniß zu diesem Jesus, die Autorisirung des subjectiven Gefühls und in der Praxis eine mehr oder weniger laxe Accomodation besonders gegenüber von Macht, Reichthum und Ansehen.*)

---

*) Sehr lesenswerth ist Bengels Vorrede zu J. Christian Storrs Predigten über die Episteln, neu abgedruckt in dem Schriftchen: Worte von Roos, Hartmann und Bengel für unsre Zeit, Tübingen 1875. Er behandelt darin die rechte Weise mit göttlichen Dingen umzugehen mit reifster Sachkenntniß und unparteiischem Scharfblick gegenüber den gläubigen und ungläubigen Abwegen, namentlich § 21—23, wo er den fal-

Bei den entgegengesetzten Parteien der **Arminianer** und **Socinianer** reißt sich die sogenannte christliche Moral mehr und mehr los von der biblischen und protestantischen Grundlage und wird zu einer dürren Legalität ohne Einsicht in die Sünde und in den Unterschied von **Gesetz und Evangelium**. Diese Erscheinungen bilden schon den Uebergang zur

vierten Periode. Dies ist die neuere Zeit, die Periode des Subjectivismus mit radicalen Gegensätzen und mit falschen Vermittlungen. Gerade die soeben erwähnte rationalistische Denkweise durchdrang allmählich die Theologie in mancherlei Entwicklungsformen. Wenn unter der dogmatischen und kirchlichen Erstarrung viele innigere Seelen sich mit ihrem Glauben in den schon genannten **frommen Gefühlssubjectivismus** flüchteten, so bildete sich daneben **auf dem wissenschaftlichen Gebiet ein intellectualistischer Subjectivismus**, welcher sich den allgemein christlichen und speciell protestantischen Principien immer mehr entfremdete, und dies mit der Anmaßung sich selbst für echtes Christenthum und für echten Protestantismus auszugeben.

Das sogenannte Vernunftmäßige, d. h. in die Wirklichkeit übersetzt, die Vernunft und Unvernunft des Subjects sollte **das absolute Kriterium** sein für die Wahrheit der Offenbarung und der ausschließliche Maßstab des Christlichen. Die sogenannte natürliche Theologie übernahm die Vormundschaft über das, was noch Offenbarung heißen sollte.

---

schen Gnadenruhm mit seinem Herzensdünkel auf der einen Seite, und auf der andern die Erhebung der Naturkräfte mit ihrem Vernunftdünkel in kerniger Weise bespricht.

Auch dies geschah Anfangs noch mit der Miene ihres Vertheidigers und Anwalts, bei manchen auch in der redlichen Meinung eines solchen. Bald aber schaltete von hier aus die Subjectivität immer freier. So suchte **englischer Deismus und Naturalismus** mit seinem sinnlich empirischen Raisonnement eine **zeitgemäße Religion**, wie man es nannte, oder auch die angebliche Urreligion zu eruiren aus der angeblich lokalen und temporären Gestalt des Christenthums.

Es verband sich mit dem **rationalen Princip** als Bundesgenosse auch ein sogenanntes **historisches**, dessen eigentlicher Sinn war, daß nichts gelten sollte, was wesentlich über die allgemeine Welthistorie hinausreicht. Beides, das sogenannte rationelle und historische Princip, führte zu einer mehr und mehr negirenden Kritik. Unter dem Titel der Perfectionirung der Offenbarung und des Christenthums brachte man es mit dem Begriff der Vollkommenheit gerade soweit, daß in der Lehre von Gott noch die Idee einer moralischen Weltordnung übrig blieb, in der Christologie noch ein Tugendlehrer. **Das Klare und das Nützliche** machte man zur Richtschnur der Wahrheit; Natur und Vernunft oder sogenannter **gesunder Menschenverstand** galt als die Quelle der Wahrheit auch in Sachen des Christenthums. Das eigentliche Element aber unter diesen Titeln waren theils empiristische Räsonnements, theils intellectualistische Abstraktionen, individuelle Meinungen oder herrschende Zeitmeinungen. „Sie glauben, sagt Jakobi in letzterer Beziehung treffend, daß ihre Meinung die Vernunft und die Vernunft ihre Meinung sei."*)

---

*) Eine treffliche noch in unsern Tagen lehrreiche Schilderung dieser theologischen Richtung und ihrer Methode aus jener Zeit selbst findet sich

Aus diesem Boden wucherte nun eine Masse theologischer Schriften hervor, die der Strom der Zeit größtentheils wieder begraben hat. Wir wollen sie im Grabe ihrer Unsterblichkeit ihre wohlverdiente Ruhe genießen lassen.

Aber auch die Gegenstrebung von Seiten des sogenannten **Supranaturalismus** wurde von der Zeitkrankheit mehr oder weniger inficirt, obgleich derselbe dem Christenthum einen die Vernunft übersteigenden Charakter wahren wollte, die Bedeutung einer Offenbarung übernatürlicher Wahrheiten. **Das Supranaturale** verblieb ihm aber nur in **Einzelheiten**, wie Wunder, Weissagung, und das Christenthum schrumpfte auch da **mehr und mehr** zusammen zu einer **verstandesmäßigen Summe von Lehren und Erkenntnissen**, statt erfaßt zu werden als ein lebendiges System selbständiger, überweltlicher Realitäten und Kräfte.

In letzterer Beziehung machte nur eine Schule eine Ausnahme, die befruchtend für die Zukunft wurde; sie zeichnete sich vor Allen durch unmittelbares, principielles Ausgehen von der Schrift, verbunden mit Gründlichkeit und christlich geistreichem Charakter aus; dies ist **die Bengelsche Schule**. Ihr Werk wurde aber für die damalige Zeit theils auf dem wissenschaftlichen Gebiet nicht acceptirt, theils beschränkte es selbst sich auf den stillen Boden des praktischen Lebens.*)

---

im II. Jahrgang der „neuesten Religionsbegebenheiten mit unparteiischen Anmerkungen". 1779. Unter der Ueberschrift: Neuere Reformatoren vgl. man S. 18 ff.

*) Bengel selbst drängte über den Pietismus hinaus, indem er ihn für zu kurz gerathen erklärte, und die praktische wie die theoretische Auffassung des Christenthums auf die biblischen Realbegriffe zurückgeführt haben wollte. Eine reiche Sammlung der bedeutsamsten Anschauungen und

Sein Verhältniß zur Kirchenlehre aber gibt Kahnis (der innere Gang des d. Prot. S. 71) bündig an: „War das Verhältniß der Orthodoxen zur Schrift durch die Kirchenlehre vermittelt, so Bengels Verhältniß zur Kirchenlehre durch die Schrift." Dies das Allgemeine.

Was nun die christliche Ethik insbesondere betrifft, so begann sie schon bei denen, die zwischen Christenthum und wolfischer Philosophie vermitteln wollten, immer mehr zu einer bloßen verstandesmäßigen Sittenlehre zu werden, deren verpflichtende Kraft aus dem Naturgesetz abgeleitet wurde, verstärkt durch das Vervollkommnungsprincip; so S. Baumgarten, Canz, Rausch, Stapfer u. A.

Nur partiell war die Bekämpfung dieser Richtung durch den philosophisch und theologisch gebildeten, der Bengelschen Richtung verwandten Christian August Crusius in Leipzig in seiner Schrift: Kurzer Begriff der Moraltheologie, 1772, 2 Theile, die jedoch immer noch zu den besten Sittenlehren gehört, ausgezeichnet nicht nur durch relative Biblicität, sondern auch durch Schärfe der Begriffe, durch klare Entwicklung und praktische Einsicht. Weniger biblischen, schon mehr rationalen Supranaturalismus vertreten Johann Peter Miller und Gellert.*)

Grundsätze von Bengel, besonders auch in ethischer Beziehung enthalten die beiden Biographien desselben von Burk und Wächter.

*) Mit welchem sittlichen Ernst diese Männer immerhin auch bei ihrer beschränkten Erkenntniß von Christus die religiösen Interessen und die Autorität der Offenbarung vertraten, zeigt sich namentlich an Gellert z. B. in der Vorerinnerung an die Zuhörer seiner Vorträge über Moral (Reutlingen 1776. B. 8, S. 4) und in den Drei Vorlesungen über den Vorzug der heutigen Moral vor der der alten Philosophie S. 72—78. Vgl. auch die Empfehlung der täglichen Erbauung S. 247 f., sowie den Schluß der 15. Vorlesung S. 366—368.

Des letzteren Vorlesungen über die Moral enthalten übrigens einen Schatz praktisch fruchtbarer Wahrheit. Das Vervollkommnungsprincip wurde von dieser vermittelnden Richtung religiös bestimmt durch Beziehung auf den göttlichen Willen, und gemäß dieser Combination ruht denn ihre Sittenlehre auf dem Princip der Vervollkommnung aus Gehorsam gegen den göttlichen Willen. Reuß (Elementa theol. moralis, 1767) machte wieder die Schriftlehre zur Norm einer christlichen Ethik, die Gnade zur Grundlage des sittlichen Lebens, das göttliche Wohlgefallen, also innerliche Liebesbeziehung zur principiellen Aufgabe statt bloßer Vervollkommnung aus Gehorsam. Er verlor aber seine reformirende Kraft durch den nicht überwundenen Schulschematismus. Alle die bisher erwähnten Versuche zwischen den vorhandenen Extremen durch bloße Einschränkungen und Ergänzungen eine höhere Einheit zu vermitteln, statt die höchste göttliche Einheit als ein selbständig entwickeltes Ganzes aus der Schrift immer vollkommener zu gewinnen, hatten, wie immer wieder die gleichen Vermittlungsversuche, nur die Folge, daß sie fürs erste die reine Consequenz und die wirksame Entwicklung des Echten gerade niederhalten, dann aber, daß sie auch bald den Umschlag ins Schlimmere nach sich ziehen und den Krebsschaden immer weiter fressen lassen, das Heruntermarkten am Göttlichen, Christlichen, Biblischen, um es Schul- und Zeit-Ansichten anzupassen.

So mußte sich denn die theologische Moral bald wieder einem neu auftauchenden Zeitprincip bequemen, das schon wieder niederer stand als das anfängliche Vervollkommnungsprincip, nämlich dem aus England importirten*)

---

*) Supranaturalistische Theologen selbst hatten es in ihrem apologe-

Glückseligkeitsprincip, durch Leß, Tillmann, Mo=
rus christlich temperirt, und später dem Nützlichkeits=
princip, wodurch die sogenannte Vernunft mehr und
mehr zum populären Hausverstand wurde, z. B. bei J.
Dav. Michaelis, und antichristlich bei dem berüchtigten
Bahrdt.

Gegen die Fäulniß nun des französisch-englischen Eudä=
monismus, der nachgerade sich zum Ekel machte, raffte sich
das moralische Selbstgefühl, das noch im deutschen Geiste
übrig war, auf in der Kantischen Philosophie, aber nicht
ohne sogleich wieder auf eine andere Seite zu fallen. Auf
dem Weg sittlicher Speculation stellte diese Philosophie das
natürliche Sittengesetz des Menschen in der Form des kate=
gorischen Imperativs hervor: „Handle als Vernunftwesen"
und machte gegen die Glückseligkeitslehre mit Energie und mit
strenger Wissenschaftlichkeit die Erhabenheit der Tugend gel=
tend; dabei will Kant nicht den Gegensatz zum Positiven im
Christenthum wie der Naturalismus, sondern einen dem
Christenthum sich anschließenden Vernunftglauben, den Ratio=
nalismus. Durch die Autonomie der Vernunft fand sich
aber bald auch der moralische Stolz aufs beste geschmeichelt;
dem naturalistischen Egoismus der früheren Pe=
riode tritt ein moralisirender gegenüber und das
Christenthum mußte sich wieder umdeuten lassen in eine all=
gemeine Moralreligion. In dieser Philosophie suchte denn
auch die herabgekommene Theologie, die persona miserabilis,
wie die Juristen reden, neuen Kredit und Aufschwung, sie

---

tischen Diensteifer durch Uebersetzung englischer Moralisten auf deutschen
Boden verpflanzt; namentlich bildete Göttingen, das politisch mit England verbunden war, den Uebergang.

entlehnte nur die Autonomie der Vernunft und das reine Soll als Princip auch für die theologische Sittenlehre. Unter den Theologen aller Kirchen trat nun eine Menge Kantianer auf, welche die Autonomie der Vernunft mit mehr oder weniger christlicher Umkleidung als Princip auch für die theologische Sittenlehre übertrugen: so J. Wilh. Schmid, Stäudlin, Ammon, Vogel,*) der Katholik Mutschelle u. s. w. Im Allgemeinen ist den kantisirenden Theologen Gründlichkeit und Feinheit besonders in anthropologischen Beobachtungen und Bestimmungen nicht abzusprechen, auch nicht eine gewisse moralische wie wissenschaftliche Strenge besonders gegenüber der eudämonistischen und empiristischen Richtung, indem sie die Heiligkeit des Pflichtbegriffs hervorhoben; das christliche Element aber wird in ihren Sittenlehren theils negirt, theils verstümmelt, theils nur äußerlich als Accidens hinzugefügt, und für Jesus wußte man immer noch keinen höhern Ruhm als den eines Tugendlehrers, dessen Moral gemischt sei aus mancherlei Principien, übrigens wenigstens sich gut anwenden lasse. Bei dieser Ansicht von

---

*) Stäudlin, Ammon und Vogel emancipiren sich allerdings in ihren späteren Schriften, die in das jetzige Jahrhundert fielen, von jener philosophischen Abhängigkeit, und gewannen dadurch wieder mehr christlichen und praktischen Gehalt, ohne aber für die Interessen christlicher Wissenschaft etwas Bedeutendes zu leisten. Doch zeichnen sich Vogels spätere Schriften durch Gründlichkeit, Präcision und Klarheit in formeller Hinsicht aus, namentlich aber auch in sittlicher Hinsicht durch eine seltene Wahrheitsliebe, die selbst den Widerruf und die Widerlegung der eigenen früheren Ansichten nicht scheute. Seine zwei bedeutendsten Schriften sind: Ueber das Philosophische und Christliche in der christlichen Moral in 2 Abtheilungen, 1823 und 1825, und Compendium der christlichen Moral. 2. Ausgabe 1824.

Sittenlehre und Christenthum verkehrte sich auch völlig das Verhältniß zur Dogmatik. Dies spricht Schmid so aus: „Die Moral ist das eigentliche Fundament der Dogmatik, die christliche Sittenlehre zeigt, was geschehen soll, die Dogmatik dagegen, was wir alsdann, wenn dieses geschehen ist, von dem obersten Gesetzgeber und Richter zu hoffen haben. Die Moral ist ohne Religion keineswegs auf Sand gebaut, sie ruht auf der Freiheit des Willens und der Heiligkeit des Gesetzes." Aber auch abgesehen vom Christlichen verzehrt sich allmählich sogar jeder echt religiöse Charakter in der Selbstgenügsamkeit einer Autonomie, die keine Abhängigkeit von einem selbständigen Gesetzgeber, von einer höchsten ethischen Macht mehr zu begreifen wußte, so daß ihr allmählich ein göttlicher Wille nicht nur als ethisch bedeutungslos erschien, sondern sogar als ethisch schädlich. Stäudlin: „Das Princip des Willens Gottes (— früher noch mit dem Vervollkommnungsprincip verbunden —) ist an sich ohne Inhalt und Sinn; es beschränkt Freiheit, Selbstgesetzgebung und reine Sittlichkeit." Nicht einmal die menschliche Freiheit, die so betont wurde, kommt streng genommen in der kantischen Philosophie zu ihrem Recht, indem dieselbe nur auf eine erste intelligible That beschränkt wird, und durch diese so das weitere Handeln prädeterminirt ist. Die trotzdem geforderte Umkehr des Sünders erscheint als eine Inconsequenz und die sittliche Entwicklung schwebt neben dem Begriff eines radicalen Bösen in der Luft. Im kategorischen Imperativ, dessen bestimmter Ausdruck ist: „handle so, daß die Maxime deines Willens jederzeit als Princip einer allgemeinen Gesetzgebung gelten könne" — verdorrte das Princip der Sittenlehre zu einer Verstandesformel, die nicht einmal Aufschluß giebt über den Inhalt eines allgemeinen Gesetzes, und woran ein solches erkennbar sei. Die Sittenlehre selbst schrumpft daher zusammen zu einer moralisirenden Logik, die in ihrer Pedanterie ebensowohl die Bedeutung verkennt, welche die sinnliche Seite für die menschliche Natur hat, wie ihren geistigen Gesammtorganismus, indem aus demselben wesentlich nur eine Einzel-Funktion, das Erkennen, herausgegriffen wird, und so auch für das sittliche Gebiet nur Formal-Bestimmungen gewonnen wurden. Daher ist diese kantisch theologische Sittenlehre ebensowenig echt menschlich als echt religiös.

Was aber ihren moralischen Rigorismus betrifft, so spricht er sich allerdings in abstracto erhaben, streng, und stolz aus, allein in seiner Anwendung auf das concrete Leben beruhigt er sich mit sehr trivialen Gedanken und zwar als angeblichen Gedanken der sana ratio.*)

Der Gegensatz des Supranaturalismus konnte aber auf dem moralischen Gebiet so wenig als auf dem der Dogmatik Entscheidendes wirken, da der supranaturalistische Standpunkt in christlicher Beziehung zu wenig centripetal war, und in wissenschaftlicher Beziehung sich im Wesentlichen mit dem Rationalismus auf gleichem einseitigem Verstandesgebiet bewegte. Thetisch wird allerdings die Vernunft der Schrift untergeordnet, praktisch aber wird die Schrift nur behandelt als relativ höherer Vernunftstoff oder vielmehr Verstandesstoff, welchen die Theologie faßlich und gemeinnützig zu machen habe.

---

*) Z. B. in dem theologischen System Wegscheiders mit dem Gedanken, daß es Gott mit der menschlichen Schwachheit nicht so genau nehme und der Mensch seiner Reue und seinem guten Willen ewige Seligkeit als Lohn versprechen dürfte. Institut. Pars III, cap. 2. § 145.

Das bedeutendste Werk dieses Supranaturalismus auf dem Gebiet der Ethik ist Reinhard's System der christlichen Moral, 5 Bände, in verschiedenen Ausgaben von 1785—1815. Das Werk bietet einen Reichthum von Gelehrsamkeit, von psychologischer Forschung und detaillirter Ausführung, und ist dabei praktisch gehalten. Mit bestimmter Polemik gegen die kantische Schule (namentlich in der Vorrede zur 3. Auflage) verschmäht es dasselbe, die christliche Moral auf den reinen Pflichtbegriff zu bauen; es verbindet die früheren vereinzelten Principien, das Princip der Vollkommenheit als Selbstvervollkommnung, sowie das der Glückseligkeit als mitberechtigtes christliches Motiv, bringt es nun aber auch zu keinem höhern Begriff der christlichen Moral, als daß sie der beste Unterricht sei zur Verwirklichung des Postulats einer höchsten Vollkommenheit und Glückseligkeit. Es fehlt namentlich, wie dies selbst de Wette anerkannte, das Princip des göttlichen Worts und des göttlichen Geistes in Christo; der ethische Inhalt der Schrift wird immer nur dem menschlichen Verstandesprincip angepaßt.

Am nächsten mit Reinhard verwandt ist die Moral von Flatt in Tübingen, nach seinem Tod herausgegeben von Steudel 1823, sie ist aber der reinhardischen überlegen durch eine positivere Stellung in der Schrift, durch exegetische Gründlichkeit und begriffliche Genauigkeit; auf der andern Seite steht sie ihr an praktischem Reichthum weit nach und zersplittert sich in unendliche Divisionen und Subdivisionen; auch ist das alte und neue Test. beinahe nur als moralischer Codex behandelt.

Kaum hatten sich nun die theologischen Werke von der Autorität der kantischen Philosophie etwas freier gemacht, so

ziehen wieder die nachfolgenden philosophischen Entwicklungs=
phasen die gesammte Theologie und so auch die Moral am
Schlepptau.

Das **Fichtesche System** machte auf Grund der ver=
nünftigen Intelligenz die Selbstthätigkeit um ihrer selbst wil=
len, nicht mehr das Sittengesetz, den Imperativ der Pflicht,
zum bestimmenden Princip des sittlichen Lebens; es faßte das
Böse als Trägheit, und in den Begriff der moralischen
Weltordnung, die eben durch das Ich hervorgebracht werden
soll, nimmt es eine durch Sittlichkeit bestimmte Seligkeit auf,
die aber nicht mit Glückseligkeit zusammen fallen darf; letz=
tere heißt ein Hirngespinnst, es ist vielmehr die Seligkeit der
producirenden Selbstthätigkeit.*) Das menschliche Ich als die
vernünftige Intelligenz ist hier zum Schöpfer gestempelt, in=
dem es als Gesammt=Ich der Menschheit im Fortschritt der
Geschichte sich immermehr als absolute Thatkraft beweist.
Also wieder wird ein nonens, ein nirgends existirendes
menschliches Gesammt=Ich für vernunftgemäßer gehalten als
ein lebendiger, persönlicher Gott. Theologisch verwerthet ist
das System namentlich im Lehrbuch der Sittenlehre von
Johann Christian Ernst Schmidt, 1799.

Für die Einseitigkeit des kantischen Verstandesdogmatis=
mus wie für die der Fichteschen Ueberspannung der Selbsttä=
tigkeit schien sich bei **Fries** eine Ergänzung und Correctur
darzubieten von der philosophischen Anthropologie aus. Fries
wollte nämlich dem Gefühl mit seinen Ahnungen zu seinem
Recht verhelfen, sofern diese Ahnungen über die Beschränkungen

---

*) Im Gelehrten=Himmel blüht namentlich die producirende Schreib=
seligkeit.

des Wissens und des Handelns hinausgehen. Er ging von einem Urbewußtsein des menschlichen Gemüths aus, in welchem das Urbild des Wesens der Dinge beschlossen liege, und das er Glaube nannte; von hier aus sollte auch eine Glaubenslehre feste wissenschaftliche Haltung erhalten.

Dieser Philosophie schließt sich unter den Theologen namentlich de Wette an, und zwar auf dem ethischen Gebiet in seiner christlichen Sittenlehre, in 3 Theilen von 1819 bis 1823, und als ein, nur zu verwickelter Auszug daraus: Lehrbuch der christlichen Sittenlehre, 1833. Das de Wette'sche Hauptwerk ist reich an historischem Stoff und theilt mit seiner philosophischen Autorität, mit Fries, Vorzüge und Mängel der anthropologischen Bestimmungen; er sucht im Gegensatz zu den äußern Formulirungen die unmittelbare Innerlichkeit der ethischen Gesetze geltend zu machen, sowie, beseelt von dem redlichen Bestreben, in der christlichen Lehre und Sittengeschichte die Erfüllung der religiösen Vernunftmoral nachzuweisen, Christus zum Mittelpunkt der Moral zu machen, indem dieser — und dies allerdings mit Begeisterung, als Ideal der Menschheit dargestellt wird, das den überschwenglichen Begriff göttlicher Vollkommenheit für die Anwendung vermittle und das sittliche Bedürfniß befriedige. Hierin soll denn auch die erlösende Wirksamkeit Christi bestehen. Bei allem redlichen Bestreben aber, den Geist und Inhalt des Christenthums der Sittenlehre einzuverleiben, entscheidet doch auch hier die Philosophie rationalistisch auf Grund des allgemein Religiösen über Inhalt und Umfang des Christenthums; nur soll die kritisch-verständige Ansicht neben aller ihr zugestandenen Freiheit, auch der ideal-ästhetischen auf dem christlichen Gebiet ihr Recht lassen. So bewegt sich diese Sittenlehre in einem schwankenden Dualismus zwischen zwei Polen, und eben darin, daß de Wette dem Christenthum nur eine ideal-ästhetische Basis zu vermitteln weiß, schwächt sich auch der christliche Inhalt ab, und es zeigt sich das Werk ebensowenig der begrifflichen als der ethischen Schärfe und Macht des Christenthums gewachsen, vielmehr verfällt es einem Subjectivismus, der jedes Handeln nach subjectiver Ueberzeugung als sittlich anerkennt, welcher Art auch beides sei. Auch die Methode der Behandlung ist behaftet mit vielen Umschweifen, Zersplitterungen und Wiederholungen.

Inzwischen hatte **Schleiermacher** auf dem Gebiet der Philosophie zunächst das Gefühl nicht mehr in bloß ästhetischer Weise gefaßt, sondern es dialektisch der Religion als Wesen unterlegt, sofern es alle endlichen Erscheinungen als Offenbarungen des gesetzmäßig wirkenden Alllebens wahrnehme, und letzteres, als das Weltuniversum gefaßt, wird dann in seiner Unendlichkeit prädicirt als das Göttliche.

Dies ist trotz aller sophistischen Ableugnung eine **pantheistische** Religion. So ist es nun auch das Gefühl, welches in allen Gestaltungen der Menschheit Offenbarungen der einen, untheilbaren Menschheit wahrnimmt, und die darauf gegründete sittliche Virtuosität besteht darin, die Menschheit in individueller Weise darzustellen mit Bewahrung des Sinnes für andere Individualitäten, um durch sie erweitert zu werden. **Individualität oder Eigenthümlichkeit und Gemeinschaft** sind daher die von ihm betonten **Elemente der Ethik.***)

---

*) Es ist dies eine bequeme Schablone: will man meiner Individualität eine mir unbequeme Leistung zumuthen, so berufe ich mich auf

Bahnbrechend auf dem ethischen Gebiet waren seine Grundlinien einer Kritik der bisherigen Sittenlehre, nämlich der philosophischen 1803, womit zu vergleichen als besonders klare und bündige Entwicklung seiner Grundansichten: die Abhandlung über den Begriff des höchsten Guts in seinen philosophischen und vermischten Schriften, im 2. Band.

Durch diese Kritik wurde nun allerdings das Vertrauen zu der bisherigen philosophischen Moral gewaltig erschüttert. Schleiermacher war nämlich durch scharfsinnige Beleuchtung derselben von Plato bis Kant und Fichte zu dem Resultat gekommen, daß zwar Plato und Spinoza auf diesem Gebiet der Vorzug gebühre, daß aber durch alle Bearbeitungen der Sittenlehre für sie der Rang einer Wissenschaft noch nicht gewonnen sei. Dabei entwickelte er die für diesen Zweck nothwendigen Anforderungen, nämlich die Anforderung in Bezug auf den obersten Grundsatz und die einzelnen Begriffe, auf ihren beiderseitigen Zusammenhang, ihre systematische Vollständigkeit und Ausbildung. Besonders wurde von ihm der Begriff des höchsten Guts als etwas durch die Gesammtthätigkeit der menschlichen Vernunft zu Erzeugendes an die Spitze gestellt, um von da aus einen ethischen Organismus darzustellen unter der dreifachen Form der Pflicht, der Tugend und der Güter.*)

---

die Schranken der individuellen Darstellung; will man meiner Individualität eine mißfällige Selbstbeschränkung zumuthen, so berufe ich mich darauf, daß ich mich auch für andere Individualitäten offen erhalten muß.

Damit begannen die neuen zweideutigen Zauberworte, die jetzt noch in der wissenschaftlichen Welt ihre Herrschaft ausüben, während man an den verblichenen früheren Zauberworten, auf die man jetzt vornehm herabsieht, lernen sollte, wie eitel es ist, von den wechselnden Schlagworten der Wissenschaft sich blenden und leiten zu lassen.

*) Hiernach behandelte er selbst zunächst die philosophische Ethik, und

Weiteres über Schleiermacher später, wenn seine christliche Sittenlehre an die Reihe kommt. Die schleiermachersche Kritik übte nun besonders durch ihre Terminologie wieder sichtbaren Einfluß auf die meisten theologischen Moralsysteme, dagegen trat die Abhängigkeit von einem bestimmten System der Zeitphilosophie auf dem theologischen Gebiet mehr zurück und an deren Stelle theils mehr philosophischer Eklekticismus, theils mehr positiv-christlicher Gehalt, so in den Lehrbüchern von Baumgarten-Crusius, 1826; Bruch, 1829—1832, Kähler, christliche Sittenlehre, 1833, und in desselben wissenschaftlichem Abriß der christlichen Sittenlehre 1835 und 1837, hat sich besonders der psychologische Charakter der Ethik ausgeprägt.

Ehe wir nun aber weiter gehen, müssen wir die im neunzehnten Jahrhundert sich anbahnende neue Zeitstellung uns klar machen.*)

Um den christlichen Charakter der neuen Zeit zu begreifen, müssen in Anschlag gebracht werden einerseits die vorangegangenen revolutionären Erschütterungen der politischen, der kirchlichen und socialen Verhältnisse, andrerseits die politische Besiegung der Revolution und die daran sich knüpfenden Tendenzen, das revolutionäre Element nach und nach in allen Gebieten des Lebens einzudämmen und auszuscheiden. Dies bewirkte auch in religiöser Beziehung einen Umschwung, eine neue bald nähere, bald entferntere Beziehung zum Chri-

---

diese erschien nach seinem Tod zuerst als ein „Entwurf des Systems der Sittenlehre", herausgegeben von Schweizer 1835, später als „Grundriß der philosophischen Ethik", redigirt von Twesten 1841.

*) Eine genauere Ausführung, wenn schon nicht ganz unabhängig von Zeitideen, giebt „Der deutsche Protestantismus von einem deutschen Theologen" (Hundeshagen 1847) namentlich S. 249 ff.

stenthum. Im allgemeinen war durch die Kriegsdrangsale eine neue religiöse Anregung entstanden, und die moderne Wissenschaft und Bildung war — durch ihre vorherrschend antireligiöse oder indifferente Richtung in Folge des daran sich anschließenden Revolutionsunheils ein Gegenstand der Bedenklichkeit und der Furcht geworden. Von dieser Stimmung aus bildete sich auch in der Theologie und Kirche eine verstärkte Empfänglichkeit für das Positive und eine Tendenz der Umkehr zu demselben, dies jedoch bald in zwei verschiedenen Hauptrichtungen. Die vorherrschende Strömung secundirte dem antirevolutionären Zug der politischen Reaktion, und lenkte so mehr oder weniger zurück auf das historisch Positive früherer Jahrhunderte, auf ihre Lehr-, Verfassungs-, Cultus- und Schulformen. Diese Bewegung ging übrigens mehr in den Kreisen der höheren Stände und der Theologen vor sich, während dafür in den Volkskreisen, in der Strömung der modernen Bildung und in Ausläufern der Philosophie der Unglaube und der revolutionäre Sinn immer mehr um sich fraß. Man übersah es, oder wollte und will es nicht sehen, wie das Sturmlaufen des Unglaubens, die revolutionären Verirrungen und Gräuel verkettet waren mit den Mängeln und Schäden, den Fehlern und Gräueln der ihnen vorangegangenen Gestaltungen des politischen, kirchlichen und theologischen Positivismus. Man versäumte es, das gefährliche Neue sich in seiner Genesis klar zu machen als inneres Ergebniß gewisser Grundfehler, die den alten Zuständen und Stellungen gemeinsam waren. Man übersah namentlich den vorangegangenen Geisteszwang und Gewissenszwang der herrschenden Religionsparteien neben ihrem Servilismus und neben einer nimmersatten theologia quaestionaria, die sich stellte, als könnte sie den Glauben auf dem Demonstrationsweg aller Welt andociren; man übersah die dem revolutionären Philosophiren, Politisiren und Theologisiren vorausgegangenen Ausbeutungen der religiösen Interessen, ja selbst des göttlichen Worts für die weltlichen Standesinteressen und für traditionelle Mißbräuche, ferner den veräußerlichten Dogmatismus und Kirchenbegriff mit seiner Verwahrlosung des innern religiösen Lebens und der sittlichen Ansprüche des Christenthums. Statt solche altbestehende Grundfehler sich klar zu machen, datirt man meist die Anfänge des Verderbens nur von solchen Wendepunkten in der Geschichte, in welchen gerade die traurigen Folgen jener in Staat, Kirche und Schule gehegten Fehler, die Früchte der langen Dornensaat zum Ausbruch kamen. Bei dieser Befangenheit und Kurzsichtigkeit in der Auffassung der geschichtlichen Entwicklung glaubt man dem Uebel zu begegnen, indem man, wie schon bemerkt, sich bemüht, die theologische und kirchliche Bewegung zurückzuführen in die geschichtlichen Formen früherer Jahrhunderte, in welchen man noch bessere Zustände zu finden glaubt. In dieser Restaurationsbewegung, die deßhalb noch keineswegs mit Kahnis als eine Zeit der Erneuerung bezeichnet werden darf, bilden sich verschiedene Lager, indem die Einen anknüpfen wollen an die nächsten vorrevolutionären Formen des vorigen Jahrhunderts, andre an die Blüthezeit der Orthodoxie, manche gar an das Mittelalterliche oder Byzantinische, während wider andere z. B. Irvingianer das Heil suchen in der Restauration apostolischer Formen, selbst alttestamentlicher Satzungen und Vorbilder, oder in einem selbsterdachten und selbstgemachten

Anticipiren der Erfüllung biblischer Weissagung, z. B. der deutsche Tempel. In allen diesen Lagern sind dann wieder verschiedene Schattirungen und Gegensätze, je nachdem die Subjecte selbst verschiedenen Nationalitäten, Staaten, Kirchen, Schulen oder sonstigen Verbindungen angehören, oder je nachdem die einen mehr ausschließlich eine bestimmte Zeit- und Landes-Form premiren oder mehr combinirend und eklektisch dieses und jenes vereinigen wollen, oder auch mit dem Restauriren zugleich mehr oder weniger vermeintlich zeitgemäße Umbildungen, in Einzelnheiten auch Neubildungen verbinden wollen. Dieser vielgestaltige restaurirende Positivismus ist in den christlichen Kreisen die unsere Zeit beherrschende Strömung, vertreten durch eine Menge von Parteien und Parteiführern.

Neben dem restaurativen Positivismus bildete sich aber auch, wenn schon in kleineren Kreisen, und nicht immer in reiner Haltung, eine andre Umkehr zum Positiven. Schon im vorigen Jahrhundert hatte eine stillwirksame Thätigkeit angefangen, die unabhängig von Revolution und von Stabilität, mit ihrer positiven Richtung hinausgeht über die verschiedenen Phasen des traditionell Geschichtlichen, indem sie zurückgreift auf das Urgeschichtliche des Christenthums, auf das Schriftevangelium und zwar auf seinen geschichtlichen und didaktischen Gehalt und Geist, sowie auf seine ethische Pädagogik, statt eine bloß doktrinelle Form oder eine bloße Verfassungsform daraus abstrahiren zu wollen. Die Richtung ging, wie Niedner (Kirchengeschichte vom J. 1846, ältere Ausgabe, S. 857, im Einzelnen S. 888 und 895 ff.) sich ausdrückt, auf die Schrift zurück, nicht als schon erforschte, sondern als immer mehr zu erforschende

Alleinquelle der göttlichen Wahrheit; „der evangelische Supranaturalismus wollte Schriftchristenthum mit normalem bloßem Schrift-Inhalt; der orthodoxe wollte Kirchen-Christenthum mit normirter Schrift-Auslegung." Namentlich belehrend ist eine treffliche Abhandlung von Menken, einem Hauptvertreter dieser Richtung: „Etwas über Alt und Neu in betreff der christlichen Wahrheit und Lehre" im VII. Band seiner gesammelten Schriften (zuerst in Hasenkamp's Zeitschrift „Wahrheit zur Gottseligkeit", Heft 2. 1828, erschienen).

Das in der heiligen Schrift sich darbietende Christenthum gehört nicht, wie man es gerne behandelt, als bloß einzelnes Glied der geschichtlichen Entwicklungskette des Christenthums an. Mit diesen Schriften, was man auch von ihren Verfassern halte, ob sie angebliche Mythen oder Wahrheiten enthalten, hat sich das Christenthum unter Juden und Heiden eben als diese bestimmte Religion historisch begründet, und nicht bildet das Schriftchristenthum einen von der späteren historischen Entwicklung des Kirchen-, Schul- und Staatschristenthums überschrittenen Ausgangspunkt, sondern es bildet den schöpferischen Quellpunkt und das originale (urgeniale) Musterbild der specifisch christlichen Lehr- und Lebensgestaltung, dem christliche Theologie und Kirche aller Jahrhunderte, wenn sie nicht den wechselnden Zeithorizonten verfallen sollen, entgegen zu streben haben, dies aber nicht durch bloße Formen, heiße es Lehrformen oder Verfassungsformen, sondern dadurch, daß Theologie und Kirche immer volleren und reineren Gehalt aus jener urchristlichen Wahrheits- und Lebensfülle schöpfen.

Dann ist die Bewegung zum Evangelium oder zum Schriftchristenthum hin weder historischer Rückschritt noch ein

Bruch mit dem echt Geschichtlichen des Christenthums, sondern ein Vorwärtsgehen dem Kleinod nach, ein Vertiefungs- und Reinigungsproceß und ein Fortbilden der für jede Zeit neuen geschichtlichen Aufgabe, der Aufgabe, die einzig souveräne Urwahrheit quellenmäßig zu erkennen und zu realisiren, um an ihrem Licht die Wahrheiten und die Verirrungen der Geschichte zu ermitteln, zu scheiden, zu läutern und zu ergänzen.

In diesem Licht stellen sich dann auch die revolutionären Ausbrüche und die Macht des Unglaubens nicht als bloßes geschichtliches Fragment einer gewissen Zeit und Partei heraus, sondern als Schuldergebniß einer langen geschichtlichen Tradition, indem man in Kirche, Staat und Schule den von Zeit zu Zeit immer wieder geltend gemachten Urwahrheiten und Grundgesetzen nicht Raum läßt, und dagegen die immer wieder gerügten alten Unwahrheiten und Mißbräuche mit List und Macht restaurirt.

Die Macht des Unglaubens ist, wie die Schrift vielfach es voraussagt, das Resultat einer langen Sündengenesis und zwar innerhalb des Christenthums selbst, und diese Unglaubensmacht wird nicht überwunden durch bloße Rückkehr zu den historischen Formen früherer Jahrhunderte, die selbst dabei mitverschuldet sind, auch durch keine nur formalistische Rückkehr zur Schrift, da die letztere von Geist, Sinn und Leben Alles abhängig macht. Das Heil liegt für Revolutionszeitalter wie für conservative Zeitalter nur in dem Einen Ur-A, das zugleich das Ur-O ist.*)

---

*) In keinem Zwischenbuchstaben eines noch so langen Alphabets, nur im Urchristus des Urevangeliums.

Das Schriftchristenthum bezeichnet die breite geschichtliche Entwicklung bis zum letzten Tag derselben als eine steigende Entwicklung des Irrthums und des Unrechts, dies besonders unter Fälschung des Göttlichen und Christlichen, wodurch Individuen und Corporationen mehr und mehr der letzten Gerichtskatastrophe entgegenreifen, nachdem die partiellen Zwischenkatastrophen ihre Bestimmung nie auf die Dauer erreichen konnten. Dagegen das Heil im Großen, oder den Weltsieg der Wahrheit, knüpft das Urevangelium nur an die Wiederkunft dessen, welcher der Eine Anfänger des Glaubens und seines Heiles war, und welcher ebenso der Eine Vollender ist. So bewahrt das Schriftchristenthum ebenso vor schwärmerischen Hoffnungen auf jetzt schon vermeintlich eintretende Heilsperioden im Großen, wie vor verzagtem Verzweifeln unter den immer neu sich verwirrenden Zeitströmungen.

Die bisher bezeichneten religiösen Bewegungen spiegeln sich nun vorherrschend ab im Gebiet der Dogmatik und der kirchlichen und christlichen Praxis, jedoch ziehen sich Spuren derselben auch durch die Ethik hindurch. So brach sich der evangelische Geist wieder Bahn namentlich in zwei Moralisten; der eine, obgleich Katholik, ist Joh. Mich. Sailer, der andere Schwarz zu Heidelberg.

Sailer legte in seinem Handbuch der christlichen Moral (in 3 Bänden erschienen 1817) derselben eine wissenschaftliche Organisation zu Grunde, die über den philosophischen Schematismus hinausgeht und Raum läßt für den specifischen Inhalt des Christenthums und für eine realgenetische Darstellung desselben, aber doch tritt die objectiv dynamische Seite des Christenthums, seine das Ethische vermittelnde Versöhnung und Bildungskraft zurück gegen die Thätigkeit des Subjects;

eben daher tritt auch die Pflichtenlehre so unverhältnißmäßig hervor, die ohne dies, wo von der Herrschaft des Guten die Rede ist, der Tugendlehre die Hauptrolle einräumen sollte.

Darin wirkt bei Sailer nicht sowohl eine philosophische als seine confessionelle Anschauungsweise, wie denn auch die Begriffe exegetischer Bestimmtheit ermangeln, und so auch an Substanz einbüßen. Immerhin aber hat das Sailer'sche Werk im Wesentlichen mehr christlichen Gehalt als die meisten Moralisten der evangelischen Kirche vor ihm und neben ihm, und gehört immer noch unter die besten unserer Sittenlehren. Es durchdringen sich in ihm geistreiche Auffassung, Innigkeit, Schärfe und Deutlichkeit des Gedankens, Vielseitigkeit und Gründlichkeit in echt praktischem Geist. Der Katholicismus ist bei Sailer ein idealisirter.

Von Schwarz erschien 1821 und in dritter Auflage 1836 die evangelisch christliche Ethik, getheilt in ein Lehrbuch als I. Band und in ein Hausbuch als II. Band. Schwarz ist beseelt von einem ernst evangelischen Sinn und es finden sich bei ihm vielfach tiefere Blicke in das Wesen christlicher Sittlichkeit, allein wegen seiner dem Christenthum inadäquaten Darstellungsform kann er den Organismus des christlichen Lebens nicht erreichen, und ebenso auch nicht die selbständige Stellung einer christlichen Ethik, die er anstrebt. Ganz vag ist der Begriff des Reiches Gottes, womit das Ganze abschließt, als das höchste Gut gefaßt, theils nämlich als inneres Leben in den Christen, theils als äußere Kirche, also anthropologisch und intramundan; nach der Schrift aber ist das Reich Gottes, um das es sich im Christenthum handelt, primitiv und wesentlich ein theologischer Begriff und supramundan, es ist ein für sich bestehendes überweltliches

Lebenssystem, das schon von Anfang der Welt an reell existirt, nicht nur ideal und empirisch in den Christen und in der Kirche vorhanden ist. Das biblische Reich Gottes hat daher seine eigenen selbständigen göttlichen Principien und Akte, durch die es von oben herab sein eigenthümliches Leben im Menschen erst realisirt und seine eigenthümlichen Güter aufschließt, die in keinem bloß christlichen Leben oder kirchlichen Institut aufgehen. — Den Hauptwerth gibt dem Werk namentlich im Vergleich zu seiner Zeit der evangelische Sinn, der es beseelt, auch wo derselbe nicht zum evangelischen Gedanken durchgebildet ist, sowie der Ernst, womit der Verfasser die selbständige Stellung einer christlichen Ethik im Unterschied von der philosophischen wenigstens als Aufgabe erkennt. Vgl. Vorrede zum I. Band, S. 2.

Dagegen in den neueren philosophischen Ideen wurzelt wieder Karl Daub, der alle Wandlungen der deutschen Philosophie in Kant, Fichte, Schelling, Hegel durchmachte, wiewohl mit selbständiger Verarbeitung; es gehören hierher seine Vorlesungen über die Prolegomenen zur theologischen Moral 1839 und Vorlesungen über das System der theologischen Moral in 2 Theilen, 1840 und 1841. Dieses umfassende Werk ist keineswegs dem positiven Christenthum abgewandt, ist aber auch nur rational demselben zugekehrt. Die rationelle Erkenntniß des Moralischen ist ihm das Kriterium für die biblischen Sittenlehren; diese sind nur Veranlassung der wissenschaftlichen Erkenntniß; sie werden daher logisch moralisch umgedeutet; das Gesetz, vom allgemeinen Lebensstandpunkt aufgefaßt, ist auch der bestimmende Gesichtspunkt für die Behandlung des christlich Ethischen. Die eigenthümliche Genesis und Natur des christlich Ethischen und damit das Specifische seiner Begriffe gewinnt sich das Werk nicht. Ausgezeichnet ist aber an demselben die Verbindung philosophischer Schärfe und Bestimmtheit mit concreter Anschaulichkeit und Lebendigkeit, und die allgemein ethischen Begriffe werden sehr genau zergliedert und am Leben entwickelt.

In Merz, „das System der christlichen Sittenlehre in seiner Gestaltung nach den Grundsätzen des Protestantismus im Gegensatz zum Katholicismus" ist weder der protestantische noch der biblische Lehrbegriff rein erfaßt, wird vielmehr eingezwängt in hegelsche Kategorien und schleiermachersche Topik, auch Marheineckes System der theologischen Moral (1847) leidet an den Mißgriffen hegelscher Constructionssucht und Schematisirung, bietet aber, davon abgesehen, klare, bündige und zum Theil auch praktische Expositionen ethischer Begriffe.

Im Gegensatz zu diesen die christliche Ethik philosophisch construirenden Werken*) bietet nun aber die neuere Literatur noch zwei Werke dar, welche durch christliche Entschiedenheit und Gediegenheit vor den übrigen hervorragen. Das eine ist wieder hervorgegangen aus der katholischen Kirche: **Hirscher, die christliche Moral als Lehre von der Verwirklichung des göttlichen Reichs in der Menschheit**, in mehrfachen Auflagen von 1835 an, 3 Bände; das andere gehört der lutherischen Kirche an: **Harleß, christliche Ethik**, seit 1842 ebenfalls in mehrfachen Auflagen.

Hirscher gibt das wesentlich christliche Element in

---

*) Unter dem Titel biblischer Moral erschienene Darstellungen von Bauer (1803—1805) und von Kaiser (1821) behandeln dieselbe theils nur vom äußerlich historischen Standpunkt aus, theils sehr subjectivistisch.

praktischer und wissenschaftlicher Verarbeitung ohne ephemeren Schulformalismus, er bekennt sich zwar zum confessionellen Charakter, bietet aber in dem katholischen Gepräge evangelisches Metall und bezweckt eine wesentlich reformatorische Moral, d. h. in seinem Sinn eine von innen heraus belebende und umbildende, indem er aus den allgemeinen und besondern göttlichen Anstalten die Lebenskraft des sittlichen Lebens ableitet. Damit tritt er heraus aus der philosophischen Abstraction, aber auch aus dem Gesetzesformalismus seiner Kirche und faßt die christliche Ethik in ihrer wesentlichen Eigenthümlichkeit, nämlich als organisationskräftige Lebensbildung. Demgemäß faßt er auch das sittliche Leben als einen Organismus, als durch und durch von Einem Princip bewirkt und beseelt, so daß das Einzelne sich gegenseitig durchdringe und fördere.

Als die das christliche Leben tragende Grundidee faßt nun Hirscher die Idee des Reiches Gottes, dieses aber als ein objectiv für sich bestehendes Offenbarungsleben, das im sittlichen Leben nur seine subjective Verwirklichung finde, nicht aber selber das Produkt der subjectiven Thätigkeit (Sittlichkeit) ist, womit er wieder einen Grundfehler des Neoprotestantismus vermeidet.

Allein der göttliche Reichsbegriff läßt sich nicht unmittelbar als ethische Grundidee aufstellen; in demselben wurzelt namentlich die christliche Dogmatik, die Darstellung der objectiven Verwirklichung des christlichen Lebens; die subjective dagegen, die ethische basirt das Christenthum eben auf ein subjectives Grundverhältniß zum Reich Gottes und dieses ist bedingt durch das persönliche Glaubensverhältniß zum persönlichen Christus als Vermittler und Haupt des Reiches

Gottes, namentlich als Weltversöhner. Dies ist für das ethische System des Christenthums der bestimmte entscheidende Grundgedanke, die wahrhaft höchste Idee, ohne welche es namentlich für die gefallenen Menschen gar kein Reich Gottes gibt. Indem nun Hirscher den in der Dogmatik wurzelnden Begriff des göttlichen Reiches unmittelbar als ethische Grundidee behandelt, fließen ihm beide Disciplinen zusammen, statt daß sie, einmal gesondert, in selbständigem Bestehen nur eine organische Verbindung einzuhalten haben. Ganze Partien, die nur der Dogmatik angehören, finden wir in die Ethik aufgenommen; so neben der Lehre vom Reich Gottes die vom Satansreich, die alt- und neutestamentlichen Offenbarungsanstalten neben den allgemeinen, die Anthropologie, Hamartologie und Soteriologie. Der Unterschied bei einem solchen Zusammenfließen von Dogmatik und Ethik ist in der Wirklichkeit nur der, daß die ethischen Systeme, indem sie solche schwierige und umfassende Lehrpunkte in sich aufnehmen, sie nur skizzenartig und mehr oder weniger oberflächlich behandeln. Statt dessen hätten sie nur die dogmatischen Grundbegriffe über diese Punkte, da wo sie in dem ethischen Organismus Bedeutung gewinnen, als Lehnsätze aus der Dogmatik herüberzunehmen, um sie ethisch zu verwenden. Ebenso hat ihrerseits die Dogmatik nur die Grundgedanken der Ethik und die Entstehungspunkte des christlich sittlichen Lebens hervorzuheben, soweit sie eben aus dem objectiven Organismus des Christenthums sich ergeben. Ein weiterer Fehler bei Hirscher ist, daß er im Bestreben, durch seine ethische Darstellung die sittliche Praxis selbst zu bestimmen, wie auch Sailer zu speciell in die einzelnen Fälle des Lebens eingeht und dabei durch buchstäbliche Regeln ersetzen will was vom Standpunkt des Evangeliums aus nur durch die bildende Kraft des christlichen Lebensprincips in dem einzelnen Subject seine Regel fürs Einzelne sich gewinnen soll und kann. Jenes Besondern der Moral für die Praxis führt daher auch Hirscher, wie meistens die katholischen Moralisten, auf casuistische Fragen und Entscheidungen, aus welchen er ohne Sophistik nicht herauskommen kann, endlich ist Hirscher auch nicht präcis genug in der Fassung der Begriffe, namentlich der biblischen; die Popularität thut der didaktischen Bestimmtheit Eintrag und die Akribie der biblischen Sprache und Gedanken wird noch manchmal den gewöhnlichen Schul- und Zeitbegriffen zum Opfer. Den Vorzug einer Akribie der Gedanken, die mehrfach auf gründlicher Exegese beruht, hat das zweite Werk von Harleß. Er ergänzt Hirscher und dies nicht nur in dieser Beziehung; denn auch gegenüber der Mannigfaltigkeit des empirischen Lebens führt Harleß mehr die Einheit der christlichen Bestimmungen durch, während wieder Hirscher denselben mehr praktische Füllung gibt und so die Anwendung auf das Leben unmittelbarer nahe legt, namentlich auch für den geistlichen Beruf.

Auch Harleß gibt übrigens das evangelische Element nicht ohne das Gepräge seiner besondern Confession, der lutherischen, und diese confessionelle Haltung thut an manchen Punkten seiner exegetischen Unbefangenheit Eintrag, namentlich wo sich die Ethik mit der Dogmatik berührt, z. B. besonders bei der Lehre von der Wiedergeburt, wo der traditionelle Begriff der Kindertaufe gerettet werden soll. Anlage wie Ausführung ist bei Harleß keine glückliche, sie ist verwickelt und schleppend. In materieller Hinsicht faßt er das christliche Leben mit klarer Entschiedenheit in seiner specifisch principiellen Eigenthümlichkeit, und zwar diese nicht subjectiv umgedeutet, sondern mit dogmatischer Präcision bestimmt; er faßt das christliche Leben in seiner centralen Abhängigkeit von der Heilsgnade in Christo, in seiner subjectiven Grundvermittlung durch den Glauben und in seiner stetigen Thätigkeitsform der Liebe. Dagegen tritt der Begriff des Gesetzes und so auch der Begriff der Pflicht in seiner eigenthümlichen Bedeutung, die er auch für das christliche Leben hat, nicht genug hervor, und statt die objectiven Principien, die das Christenthum dem ethischen Leben unterlegt, in der Person Christi, im Geist und im Wort Christi eben nach ihrer ethischen Bedeutung (nicht bloß dogmatisch) besonders zu behandeln, wird bloß die historische Bedeutung des Evangeliums berührt und sogleich übergegangen auf seine subjectiven Grundwirkungen, auf Glaube, Liebe, Hoffnung, und auf den unmittelbaren principiellen Akt des christlichen Lebens, auf die Wiedergeburt, in welcher dann gerade die objective und die ethische Seite sich nicht rein und bestimmt vertheilen. So nimmt die genetische Grundlage des subjectiv christlichen Lebens theils nicht ihre gehörige principielle Stellung ein, theils ist sie zu wenig entwickelt; auch in der übrigen Ausführung nehmen die biblischen Grundbegriffe nicht immer die ihrer primitiven Bedeutung entsprechende Stellung im Vordergrund ein, sondern treten hinter mehr untergeordneten Begriffen zurück; so werden Erleuchtung und Heiligung subsumirt unter den Begriff des Kampfes, die Liebe zu Christus und den Brüdern unter den Begriff der Treue u. s. w. Namentlich ist noch zu bedauern, daß auch diesem Moralisten das der protestantischen Wissenschaft schon so verderblich gewordene Fatum anhängt, gerade die anthropologischen Grundbegriffe wieder aus philosophischen Zeitideen zu entlehnen, statt sie den Originalbestimmungen seines Gegenstandes zu entnehmen.

Die neueste Zeit brachte auch wieder, nachdem die Ethik stets gesondert von der Dogmatik behandelt worden war, Versuche einer **vereinigenden** Behandlung. Eine dringende Aufforderung dazu lag allerdings schon darin, daß, wie bereits Schleiermacher in seiner kurzen Darstellung des theologischen Studiums darauf hingewiesen hat, durch jene Trennung die Dogmatik vorherrschend in geistlose Formeln, die Ethik in bloß äußerliche Vorschriften ausgeartet war; die letztere hatte sich mehr zu einer philosophischen Sittenlehre gestaltet, in christliches Gewand gekleidet, als zu einer theologischen Disciplin, oder auch erschien sie als ein disparates Gemisch von Zeitphilosophie und Christenthum. Am bedeutendsten unter den Werken, die eine Vereinigung anstreben, ist **Nitzsch, System der christlichen Lehre,** seit 1829 in mehreren Auflagen.

Was diese Schrift auszeichnet, ist Tiefe, Fülle und Ernst einer christlichen Lebensanschauung, die jedoch mehr in der Persönlichkeit und Erfahrung des Verfassers wurzelt, als in exegetischer Ergründung, ferner Energie des Gedankens und inhaltreiche Gedrängtheit. In wissenschaftlicher Beziehung aber wirkt der vorherrschende Reflexionsstandpunkt mit Anlehnung an Schleiermacher nachtheilig ein sowohl auf Anlage als Entwicklung; es ist mehr logische Combination der dogmatischen und ethischen Seiten des Christenthums, als organische Begründung und Ausführung, und die christlichen Begriffe erhalten nicht immer ihre distinctive Schärfe.

Eine vereinte Darstellung von christlicher Glaubens- und Lebenslehre, aber vorherrschend vom ethischen Standpunkt, statt wie Nitzsch vom dogmatischen, bezweckt auch **Sartorius** in der Schrift: **Die Lehre von der heiligen Liebe, oder Grundzüge der evangelisch kirchlichen Moraltheologie; seit 1840.**

Der Verfasser wirft grundsatzmäßig die Fesseln des Schulformalismus von sich, ohne deßhalb wissenschaftliche Präcision und Consequenz einzubüßen. Die christlichen Centralwahrheiten führt er lebendig und scharf durch, und wenn er, wie Harleß, ein entschieden confessionelles Gepräge trägt, weiß er doch geistreich die alten Lehrsätze zu verjüngen und zu erweitern. Die Haltung im Ganzen ist jedoch weniger didaktisch entwickelnd, als geistreiche Reflexion, und wo diese auch nicht gerade fehl greift, gewährt sie doch keine methodische Sicherung gegen willkührliche Gedanken.

Eine völlig eigenthümliche Stellung nehmen in der Literatur der christlichen Ethik **Schleiermacher** und **Rothe** ein.

Von **Schleiermacher** gehört hierher: **Die christliche Sitte nach den Grundsätzen der evangelischen Kirche im Zusammenhang dargestellt, aus seinem schriftlichen Nachlaß und nachgeschriebenen Vorlesungen herausgegeben von Jonas. 1843.**

Der Hauptvorzug dieses Werks ist neben seinem Ideen-Reichthum der, daß der hergebrachte mehr oder weniger atomistische Schematismus ersetzt ist durch streng wissenschaftliche Einheit und Gliederung.

Die Hauptmängel fließen aus seiner schon erwähnten philosophischen Ethik, und es zeigt sich auch hier bei aller ausdrücklichen Abweisung der Philosophie aus dem theologischen Gebiet, die Schleiermacher geltend macht, die innere

Gebundenheit an dieselbe als etwas Unvermeidliches, wenn nicht schon die Grundbegriffe originell biblisch bestimmt sind. Das Gute gilt in Schleiermachers **philosophischer Ethik**, in welcher seine christliche wurzelt, als das wahrhaft Seiende, als das Sein der Vernunft in der Natur, sofern die Natur gedacht werde als Ideen, Zwecke in sich tragend und vorstellend; das Böse gilt dagegen nicht als seiend, sondern nur als das noch nicht gewordene Gute, sofern noch ein Außereinander von Natur und Vernunft stattfinde, während die vollständige Durchdringung und Einheit von beiden das höchste Bild des höchsten Seins sei.*) Der Mensch nun als die höchste Naturform soll alles Sein ins Bewußtsein aufnehmen und dasselbe durch Anpassung an die Vernunftzwecke humanisiren. Hiebei ist das religiöse Verhältniß überhaupt übergangen, namentlich die innere Beziehung der sittlichen Bestimmungen zu dem Absoluten, und die sittliche Substanz ist in das irdische Sein verlegt.

Daß aber abgesehen von diesem religiösen Mangel nicht einmal ein wahrhaft **sittliches Ideal** bei Schleiermacher seinen wissenschaftlichen Ausdruck gefunden hat, zeigt in einer gründlich eingehenden, ruhigen Beurtheilung Thilo in seiner Schrift: **Die Wissenschaftlichkeit der modernen speculativen Theologie in ihren Principien beleuchtet**, wovon der 2. Theil die ethischen Principien von **Schleiermacher, Rothe und Müller** behandelt.**)

Entsprechend nun dem philosophischen Standpunkt ist im Wesentlichen auch die **theologische Ethik** Schleiermachers

---

*) Vgl. Grundriß der philosophischen Ethik, §§ 47 f., 81 f., 91 f.
**) Vgl. namentlich S. 218—223, 229 unten bis 233, 254—258.

gehalten. Sie geht vor Allem mit umfassendem Blick in das Detail der sittlichen Lebenssphäre ein und das ist ihre Virtuosität, sie stellt meisterhaft die Genesis der subjectiven Verhältnisse dar und die Formen eines vernünftig construirten Handelns. Die Ethik soll es nämlich mit dem Handeln zu thun haben als eine erklärende Beschreibung desselben, während die Frömmigkeit als ein Ruhendes von der Dogmatik darzustellen sei. Wir haben also eine auf bloße subjective Momente gebaute Unterscheidung beider Wissenschaften. Als Beschreibung des Handelns gibt nun diese Ethik wohl formale Begriffe, „Gefäße für einen Inhalt", wie Thilo auch von Schleiermachers philosophischer Ethik sagt, aber nicht reale sittliche Unterscheidungen, nicht absolute Werthbestimmungen von christlichen Principien aus. Es lautet dann freilich christlich, wenn Schleiermacher, statt wie die früheren Moralisten von der menschlichen Subjectivität, von der sittlichen Naturanlage auszugehen, in der christlichen Sitte alles von der Idee der Kirche aus bestimmt werden läßt. Die Kirche hat sich nach ihm im Einzelnen zu realisiren, wie auf seinem philosophischen Gebiet die der Natur immanente Vernunft. Ist dort die sittliche Substanz in das irdische Sein verlegt, so hier die christliche Substanz in das kirchliche Sein.

So bleibt Schleiermacher auch als christlicher Ethiker der historischen d. h. der irdischen, der intramundanen Kirche verhaftet, und wie nach der philosophischen Ethik die Gesammtvernunft der Menschheit in den Einzelnen sich realisirt, so ist es hier der kirchliche Gemeingeist, der dann als der heilige Geist prädicirt wird. Also der Geist in der Kirche, ein intramundan bestehendes Leben tritt als absolutes Princip für das christliche Leben an die Stelle des selbständig-göttlichen, supramundanen Princips. Die Kirche erscheint so vergöttlicht als abstracte Idee, nach ihrer geschichtlichen Wirklichkeit aber existirt sie nur in ihren Gliedern, und in diesen regiert ein sehr verschiedener Geist, guter und schlechter Art; namentlich Theologen betiteln gerne als Geist der Kirche, oder als christlichen Geist, was nur der Herren eigener Geist ist, und auch im besten Fall, auch bei Wiedergebornen, ist es nicht der infallible und absolut heilige Geist, von welchem doch das Schrift-Christenthum alle Wahrheit und alles Leben abhängig macht.

Ebenso ist das in der Kirche wirksame und darstellende Handeln sammt seinen Produkten eine Mischung von Wahrem und Falschem, von Sittlichem und Unsittlichem, Christlichem und Unchristlichem, und doch soll diese Kirche gerade die ethisch gestaltende Macht des heiligen Geistes sein. Auch durch weitere Bestimmungen verliert das Kirchenprincip seine Unbestimmtheit nicht bei Schleiermacher. Die christliche Sittenlehre soll „enthalten, was in der christlichen Kirche gilt". — In welcher christlichen Kirche, in der lutherischen, reformirten, katholischen, anglicanischen, methodistischen oder auch in allen? Da kommt es zuletzt wieder darauf hinaus, daß die christliche Sittenlehre abhängig ist von Kirchen- und Dogmengeschichte, wie die Geschichte von Naturwissenschaft und Geschichtskunde. Soll aber, wie Schleiermacher weiter sagt, dem Inhalt der christlichen Sittenlehre das angehören, wovon man überzeugt ist, daß es in der christlichen Kirche gelten soll, so ist die Frage nicht gelöst, was über diese Ueberzeugung und über das Soll entscheidet. Soll dies nach einer weiteren Bestimmung Schleiermachers dadurch geschehen, daß Etwas aus der Idee der christlichen Kirche abgeleitet ist, so fragt es sich wieder: wo ist diese Idee echt gegeben, wer bestimmt sie? Der unvergängliche Anfänger und Vollender von Christenthum und Kirche, oder eine gewisse Klasse von ephemeren Insassen der Kirche? (das soll denken heißen!) Indem nun diesem Standpunkt gemäß das christliche Leben aufgefaßt wird, wie es von dem Impuls, der in der Kirche wirkt, mit Nothwendigkeit gestaltet wird: so will auch Schleiermacher keine sogenannte Pflichtenlehre, das entgegengesetzte Extrem gegenüber dem alten, wo das Material der christlichen Sittenlehre größtentheils in Form der Pflichtenlehre aufgeht. Zugleich hängt dieses Ausfallen der Pflichtenlehre bei Schleiermacher zusammen mit dem mangelhaften Begriff des Bösen als bloßer Verneinung, als des noch nicht gewordenen Guten, daher erhält auch die Differenz zwischen dem Subject und dem objectiv Guten keine ethische Schärfe. Dem ganzen System fehlt es an wirklich sittlichen Wesensbestimmungen und an festen objectiven Normen, namentlich aber in wesentlichen Beziehungen an einer reinen Auffassung des Christlichen, sowie an biblisch sittlichem Gehalt überhaupt.

Das zweite Werk, das wir noch zu besprechen haben, ist Rothe, theologische Ethik, seit 1845 erschienen, vertheilt auf 3 Bände, im ersten die Güterlehre, im zweiten die Tugendlehre, im dritten die Pflichtenlehre. Tritt in dieser Ethik ebensowohl Tiefsinn als Scharfsinn und eine systematisirende Virtuosität hervor: so leidet sie wieder, trotz der persönlichen Frömmigkeit des Verfassers an der Ueberschätzung des menschlichen Denkens und Handelns; hienach soll sich z. B. im sittlichen Proceß die Selbstvergeistigung des Menschen und die Herstellung eines vollendeten Gottesreiches,

eines chriſtlichen Staatenorganismus vollziehen. Dieſe Ueber=
ſchätzung wurzelt ſchon in der Grundlage, auf welcher Rothe
die chriſtliche Ethik aufbaut.

Rothe nimmt die Ethik als Disciplin der ſpeculativen
Theologie und die Baſis der letztern ſoll das chriſtliche Be=
wußtſein bilden, während die Dogmatik eine Disciplin der
hiſtoriſchen Theologie ſein ſoll, deren Baſis die kirchlich auto=
riſirten begriffsmäßigen Lehrſätze ſeien; alſo die Dogmatik
erbaut ſich auf einem äußerlichen Poſitivismus, die Ethik
auf einem unbeſtimmten Subjectivismus. So will denn
Rothe auch die chriſtliche Ethik auf Grund des chriſtlichen
Bewußtſeins durch aprioriſches Denken darüber mit bloßer
logiſcher Nöthigung conſtruiren. Dieſe Stellung des Den=
kens über dem Object, d. h. hier über dem Chriſtenthum,
könnte der Wahrheit nur unter der Vorausſetzung genügen,
wenn das ſpeculirende Subject mit ſeinem chriſtlichen Be=
wußtſein wirklich ſchon über dem Chriſtenthum ſtünde, nicht
dieſes, das Chriſtenthum über dem Subject.

Iſt aber das Chriſtenthum die abſolute Wahrheit, die es
ſein will und die es Rothe ehrlicher Weiſe ſein läßt, ſo iſt es
in ſeiner objectiven Lehrgeſtalt nothwendig umfaſſender, reiner,
höher und tiefer als der ſubjective Chriſtenthums=Inhalt, oder
die ſubjective Frömmigkeit des einzelnen Chriſten und Denkers.
Ja iſt denn der Denker und Syſtematiker auch nur im Be=
ſitz des allgemeinen chriſtlichen Bewußtſeins, wie es durch
das Ganze der chriſtlichen Kirche ſich vertheilt, durch ihre Pe=
rioden, Gebiete und Glieder? oder auf welchem Weg dringt
er in das chriſtliche Geſammtbewußtſein ein und ſcheidet es in
ſeiner Echtheit aus? Iſt etwa die von ihm benutzte wiſſen=
ſchaftliche Literatur die volle und reine Darſtellung des

Christlichen, und welche sichere Grundlagen und Kriterien hat er, um sich davon zu vergewissern?

Der Denker muß also bei seinem Speculiren Fehler machen, Fehler, die nicht bloß auf Abirrungen vom logischen Gesetz beruhen, sondern auf dem incommensurablen Verhältniß zwischen seiner und aller Individualität, zwischen ihrem christlichen Bewußtsein und ihrem apriorischen Denken und zwischen dem Gegenstand der absoluten Wahrheit.

Gesteht nun Rothe dieses incommensurable Verhältniß selbst zu, so muß er auch den Irrthum als das bei dieser speculativen Methode Unvermeidliche gegen die Methode selbst gelten lassen, und er darf sich nicht mit dem wohlfeilen Trost beruhigen, daß es, wenn schon nicht dem Einzelnen, doch der Menschheit gelingen werde. Denn einmal ist der Irrthum des Einzelnen, besonders wo sich damit Autorität verknüpft, ansteckend, hundertfach mehr als die Wahrheit Eingang findet; und dann ist die Menschheit auch nur ein Ganzes von beschränkten, falliblen Individuen, ist also als Ganzes selbst beschränkt und fallibel, ja sie ist überwiegend von falschen Gedanken und Methoden beherrscht; die Menschheit oder Christenheit im Ganzen also wie im Einzelnen ist und bleibt mit ihrem christlichen Bewußtsein und Denken in dem Verhältniß des Incommensurablen zur absoluten Wahrheit des Christenthums; es läßt sich also diese letztere aus dem menschheitlichen Christenthums-Bewußtsein und Denken nicht schöpfen, wie sie auch darin nicht entstanden ist. Ueberhaupt bestimmt das quantitative Verhältniß noch keineswegs das qualitative; ein ganzes Hundert von halben Männern oder von weibischen Charakteren macht noch keinen einzigen ganzen Mann; ganze Generationen von Kurzsichtigen ersetzen noch keinen einzigen Scharfsichtigen.

Der Gesichtskreis aller logischen, dogmatischen und ethischen Denker meistert noch nicht den Gesichtskreis von Organen göttlicher Offenbarung; eine ganze Menschheit von sündigen Christen erzeugt und übersieht oder begreift noch keinen einzigen Gottmenschen, weder seine Person, noch seine Lehre, noch seine Werke, nicht einmal die reine und volle Idee davon. Die Frage ist also die: Welche Methode ist bei der stetigen Unvollkommenheit der Subjecte, der philosophischen und christlichen, bei der natürlichen und geschichtlichen Macht des Irrthums und der Sünde die sichere? Die natürliche Antwort ist: diejenige Methode ist die sicherste, welche die Subjecte der Menschheit, der Wissenschaft und der Kirche am wenigsten sich selbst überläßt, sie mit ihrem Bewußtsein und Denken am strengsten bindet an die Wahrheit, wie sie objectiv sich giebt. Wenn dann die letztere wie im Christenthum als selbständige Lehre auftritt, so gilt es ein Denken, das wie bei jeder selbständigen Lehre eben aus dieser die Grundbegriffe, ihre Gliederung und Ausführung mit strenger Treue und Methode reproducirt. Entgeht auch so das subjective Denken nicht völlig dem Irrthum, so lange es nicht mit der Lehre selbst zusammenfällt, so hat es doch an der objectiv gegebenen Wahrheit, indem es an ihr sich fortbewegt und fortbildet, ein stetiges Correctiv und Complement über sich und respective gegen sich, statt in dem mangelhaften, trüben und wechselnden menschlichen Bewußtsein gebannt zu bleiben, für das gerade die Mischung von Wahrheit und Irrthum am meisten Bestechendes hat. Das von Rothe der Methode zu Grund gelegte Princip ist also ein radical trügliches. Der wissenschaftliche Charakter der

Rothe'schen Ethik zeigt sich als Mischung des schleiermacher'schen christlichen Bewußtseins mit modern philosophischer, namentlich hegel'scher Dialektik. Das dritte Element, das bei dieser Mischung concurrirt, ist die Theosophie, die bei Rothe eben den Zug zu einem christlichen Realismus vermittelt; dabei setzt sich aber in wesentlichen Punkten eine Confundirung Gottes mit der Welt an, auf Kosten seiner wahren Absolutheit und eine willkührliche Exegese. Eine eingehende Beurtheilung der philosophischen Grundbegriffe gibt die schon genannte Schrift von Thilo.

Die christliche Sittenlehre von Christ. Friedr. Schmid, 1861 nach seinem Tod herausgegeben von Zeller, zeichnet sich aus durch entschieden christliche Gesinnung, durch Gründlichkeit, durch Feinheit der Gedanken, durch Methode, philosophische Schärfe und Präcision; nur ist sie zu sehr noch beherrscht von philosophischen Kategorien und von Streitfragen der Zeit, wodurch die Vertiefung in den Inhalt der Schriftbegriffe und ihre genuine Entfaltung mehr oder weniger zurücktritt, daher auch die didaktische Fassung für christliche Akribie nicht genug scheidend und entscheidend ist.

Ueber das Niveau einer künstlerischen Disposition disparater Stoffe bringt es Wuttke nicht in seinem Handbuch der christlichen Sittenlehre, 1861 in 2 Theilen. 3. Aufl., durch Anmerkungen ergänzt von Ludwig Schulze in Rostock, 1874 und 75. Ich kann diesem Werk das Lob nicht spenden, das ihm von kirchlichen Standpunkten, namentlich auch angeblich wegen seiner biblischen Basis, zu Theil geworden. Der Hauptwerth desselben besteht in seinen geschichtlichen Darlegungen, in einem reichen Material von allerlei Wissensstoff mit detaillirten Ausführungen, die häufig bis ins Casuistische gehen. Wuttke's gerühmte Biblicität verwehrt es ihm nicht, daß er für die theologische Sittenlehre einen die biblische, wie die speculative Sittenlehre überschreitenden Höhepunkt prätendirt, für welchen die heilige Schrift nur die Grundlage bilde; es soll der Geist der Schrift durch theologische Ethisirung derselben zu seiner innern Selbstentwicklung kommen und zugleich zur wissenschaftlichen Gestaltung erhoben werden. Dieses theologische Hoheitsbewußtsein, das namentlich einer proclamirten Orthodoxie besonders übel ansteht, hat weder in der heiligen Schrift, welche doch wenigstens die Grundlage bilden soll, eine Berechtigung, steht vielmehr neben der Demuth der heiligen Schriftsteller wie der Pfau neben der Taube, noch wird der Geist der Schrift in solchen Constructionen seine Selbstentwicklung erkennen, oder gar seine Erhebung zu höherer Gestaltung. Bei der wahren Glaubenstheologie heißt es: immer tiefer **in die Schrift hinein**, nicht **über die Schrift hinauf**. Einen solchen fundamental verkehrten Standpunkt verbessern keine glänzenden Einzelheiten. Das Buch gibt manches Wahre, aber nicht **das Wahre**. In formeller Beziehung laborirt das Werk an einer wahren Kategoriensucht, es fehlt ihm an systematischer Gliederung, an Methode der Behandlung und an präciser Entwicklung der Begriffe, daher viel Zersplitterung und Wiederholung, wovon schon das Register überzeugen kann. Cullmann, der im Anhang zu seiner christlichen Ethik Wuttke's Schrift ausführlich beurtheilt, sagt bezeichnend, daß diese Ethik „eine bauschige Crinolinengestalt" an sich habe, „der jede knappe, scharfbegrenzte Haltung fehle".

Eigenthümlicher Art ist die eben genannte **Christliche Ethik von Cullmann**, wovon der erste Theil 1864 erschienen ist, die Fortsetzung nach seinem Tod, nur als Ent-

wurf 1866. Sie fußt auf den Principien und Grund=
begriffen der mystischen Philosophie, speciell auf der von
Schaden, darnach werden die biblischen Lehren mit Ab=
und Zuthun manipulirt. Dagegen finden sich im Einzelnen
eine Menge feiner und treffender Gedanken, in welchen sich
praktische Erfahrung und geistige Tiefe durchdringen; und im
Ganzen zeigt sich ein speculatives Talent, das namentlich
eingreift in den einheitlichen Zusammenhang zwischen Natur
und Geist, zwischen unterer und oberer Welt. Dabei ist
aber Manches gesucht, gewunden und mehr blendend als
wahr, mehr Gedankenspiel als reell ergiebig. Auf der einen
Seite wuchert der Gedankenwuchs oft parasitisch hinaus über
die Linien des biblischen Gesichtskreises und des wirklichen
Lebens wie über die Grenzen des menschlichen Wissens, so
daß die Begriffe übertrieben gesteigert und überspannt werden;
auf der andern Seite wird der biblische Begriffsgehalt viel=
fach evacuirt in bloßen Formalbegriffen. So spricht der
Verfasser überspannter Weise von einem Hunger Gottes des
Vaters nach dem Sohn und Geist, von der göttlichen Eben=
bildlichkeit als der göttlichen Vaterhypostase im Menschen,
von dem Sündenfall als der angefangenen Assimilirung des
Satans*); endlich spricht er von der Kirche als dem wieder=
hergestellten Paradies. Um das Treffliche im Buch zu nützen,
bedarf es daher nicht nur in Einzelheiten, sondern in den
Grundlagen und im Aufbau einer nüchternen Säuberung,
Beschneidung und Ergänzung. Seine theosophischen Quellen
stehen dem Verfasser über der Schrift, wie er sie denn auch

---

*) Erst von Kain heißt es in der heiligen Schrift: er war vom
Argen, von Judas: Einer unter euch ist ein Teufel, obgleich der Sün=
denfall in Bezug auf Alle gilt.

nur sporadisch benützt, und nur so, wie sie in seinem philosophischen Prisma reflectirbar ist. Dieses hat allerdings zerstreute Lichtstrahlen der biblischen Wahrheit in glänzender Farbenbrechung in sich gesammelt, gibt aber nicht das reine belebende Urlicht derselben.

Bernhard Wendt, „Die christliche Ethik vom Standpunkt der christlichen Freiheit" 1864 bespricht in der geschichtlichen Einleitung die Gesetzlichkeit der herrschenden Standpunkte nicht ohne Geist und Einsicht; im Uebrigen kreuzen sich richtige Grundgedanken mit unhaltbaren und theilweise schwärmerischen.

Martensen, „Christliche Ethik" 1871, erörtert die allgemeinen ethischen Data und Fragepunkte, die Grundbegriffe und Normen klar und bündig, oft treffend namentlich im Gegensatz zu der speculativen oder idealistischen und zu der naturalistischen Einseitigkeit. In dieser Beziehung ist das Buch reich an theoretischer und praktischer Belehrung; dagegen sind die Bestimmungen des Christlichen nicht präcis genug gefaßt in ihrem specifisch concreten Gehalt und in ihrer Abgrenzung gegen Nichtchristliches, sondern mehr nur auf eine allgemeine Idee reducirt oder unter philosophische Kategorieen subsummirt. Auch tritt da und dort die bedauerliche moderne Sucht hervor, die Gegenstände aus ihrer festen Begrenzung zu verrücken und sie durch übermäßige und hochtönende Ausdrücke zu steigern, eben damit über die Wahrheit hinaus zu greifen.

In Vilmar's „theologischer Moral" 1871, 2 Theile, herrscht sittlicher Ernst und christliche Entschiedenheit aber mit dogmatisch-rigoristischer Ueberspannung. So ist namentlich auch die Exegese nicht rein, und wird vielfach auf schon fertige Begriffe hinübergezogen. Einzelne Bemerkungen sind aus tiefer Erfahrung geschöpft. Ausdruck und Gedanken haben etwas Markiges, sprachliche und praktische Erläuterungen sind reichlich einverwoben, aber nicht selten auch schief. In der ganzen Darstellung zeigt sich keine principiell durchgreifende Anordnung, sondern nur eine äußere und zerstückelnde Klassifizirung, wobei namentlich die biblischen Stellen und Begriffe bald unnatürlich zerrissen werden, bald ebenso combinirt.

Hofmann's „theologische Ethik" 1875, nach seinem Tode herausgegeben, hat in der ganzen Anlage und in den einzelnen Theilen etwas Schablonenmäßiges, gibt aber innerhalb dieser Form eine Beschreibung des christlichen Lebens, die, soweit sie dem Zeugniß der Schrift sich anschließt, vieles Gute und Treffliche darbietet, namentlich mit geschichtlicher Beleuchtung aus der heiligen Schrift selbst; es wird dies aber öfter beeinträchtigt durch künstliche Combinationen und namentlich in dem beigegebenen Zeugniß der Kirchengeschichte tritt neben gelungenem Nachweis des Abfalls vom schriftmäßig Christlichen auch eine positive Construirungskunst hervor, die man von Parteilichkeit nicht immer freisprechen kann. Auch ist sehr zu bedauern, daß die einfachsten Sachen in manierirten Ausdruck und steife Terminologie eingekleidet sind.

An die Quellen evangelischer Ethik führen zwei neuere Schriften. Die erste ist von Luthardt, „Die Ethik Luthers", 1875 in zweiter verbesserter Auflage. Er giebt dieselbe in kurzer, übersichtlicher Zusammenstellung, aber für die Fülle und Gesichtsweite des Reformators keineswegs genügend. Gerade Luther hat am reinsten in neutestamentlichem Geiste

den specifischen Charakter des christlichen Lebens princi=
piell erfaßt und zugleich praktisch entwickelt.

Die zweite Schrift, von Ernesti, behandelt „die
Ethik des Apostels Paulus". Es wird die paulinische
Lehre nach ihren verschiedenen Seiten klar und geordnet dar=
gelegt; aber der originale Begriffsgehalt wird nicht eingehend
und präcis entwickelt, sondern theils unter formelle Bestim=
mungen und modern=technische Bezeichnungen gebracht, theils
nur citatmäßig zusammengestellt.

Wenn wir nun zum Schluß noch zurücksehen auf den
geschichtlichen Gang der wissenschaftlichen Darstellungen christ=
licher Sittenlehre, so mögen wir immerhin zugestehen, daß
sich darin ein in gewissem Sinn großartiger Aufbau mensch=
lichen Wissens vollzogen hat, mit schätzenswerthen Ergebnissen
der Forschung über das allgemein Menschliche und Göttliche
im sittlichen Gebiet, auch mit trefflichen Aufhellungen man=
cher Partieen des historischen und subjectiven Christenthums.
Dem davon unbestochenen Blick aber drängt sich, vom bib=
lischen Lehr= und Lebensstandpunkt aus, die Wahrnehmung
auf, daß dennoch im Ganzen, in Bezug auf das specifisch
göttliche Wesen des Christenthums, und in Bezug auf die in
ihm selbst liegende, einzig mögliche Vermittlung und Verbür=
gung der Wahrheit und ihres Heils diese bloß auf Denk=
operationen sich erbauende Wissenschaft weder ein der christ=
lichen Erkenntniß, noch den innern und äußern Lebensbedürf=
nissen genügendes Resultat erreicht, vielmehr in ihrer
Fortbewegung durch wechselnde Zeitideen und Bewußtseins=
formen immer neue, wenn auch theilweise glänzende Irrfahrten
durchläuft. Auch soweit das Christliche von dem individuellen
oder kirchlichen Bewußtsein aus und mit Anknüpfung an

biblische Bestimmungen dem denkgerechten Systematisiren zu Grund gelegt und einverleibt wird, gibt es nur verstümmelte und getrübte Reflexe, aus denen wohl ein ideal verschwommenes oder ein historisch beschränktes Christenthum heraus zu construiren ist, aber nicht ist das alle menschlichen Ideen und Geschichte überragende Christenthum der Schrift, in seinem überweltlich göttlichen und übermenschlich gottmenschlichen Gehalt, wesenhaft in Erkennen und Leben hineinzubringen. Dieses und damit die wahre Wissenschaft in göttlichen und menschlichen Dingen ist principiell bedingt durch eine im Ganzen und Einzelnen normative Benützung der heiligen Schrift für die Grundbegriffe wie für die Ausführung und für die Vermittlung mit Gegensätzlichem und Verwandtem; und eine solche Benützung der heiligen Schrift darf derselben das Göttliche und Christliche nicht nur wie einen Begriffsstoff entnehmen, um ihn in ein denkgerechtes System umzubilden, sondern sie erfordert von Jedem, von Theologen und Nichttheologen, statt eines bloßen scientifischen Processes einen ethischen Proceß in der innersten Persönlichkeit, der Gott selber zum Ziel hat, in christlicher Beziehung sich durch eine stetige Ineinsbildung mit der Person Jesu Christi fortbewegt. Und auch so, selbst bei allem persönlichen Wachsthum muß das persönliche Wissen und die Wissenschaft im Ganzen der Fallibilität und der Unvollkommenheit sich bewußt bleiben, und die Ueberschätzung menschlichen Denkens und Handelns in jeglicher Form, in christlicher wie in nichtchristlicher, als eine das Wissen und Leben vergiftende Pest fliehen und verurtheilen. Daß die wissenschaftlichen Versuche, das Christenthum bloß begrifflich zu meistern, im Wesentlichen ein eitles Unternehmen sind, das beweist die ganze lange Geschichte derselben.

Wenn wir damit für Viele thöricht zu reden scheinen, so wird es sich doch noch unwiderleglich erweisen, daß die göttliche Thorheit der Schrift, die man mit menschlichen Hilfsmitteln erst zur Weisheit machen will, weiser ist als die Menschen, und daß sie von oben herab komme, da überirdische Geistesweisheit von keiner irdischen und seelischen erfaßt wird, von keiner kosmologischen und philosophischen Forschung. Jak. 3, 15.

II. Die Entwicklung des Begriffs und der Anlage der christlichen Ethik vom biblischen Standpunkt aus.

Handelt es sich um Vertheilung des christlichen Lehrstoffs in zwei Disciplinen, wie Dogmatik und Ethik, so muß sich die Theilung, wenn sie nicht eine willkührliche sein soll, im eigenen Organismus der christlichen Lehre begründen, sonst wird es Zertheilung statt Theilung. Die beiden Disciplinen müssen namentlich im Grundgedanken der christlichen Lehre ihre Einheit haben, ihre gemeinsame Stammwurzel. So sind wir

1) auf die Frage geführt, welches ist der Grundgedanke des Christenthums? Kurz gesagt gewiß der, in welchem sich das eigenthümliche Wesen des Christenthums, durch das es sich von allem andern unterscheidet, theoretisch und praktisch zusammenfaßt.

Dieser Gedanke ist nun unleugbar die göttliche Liebe als rettende Gnade in Jesus Christus. Einmal auf die Person Jesu wird alles bezogen, dann, alles was Christus selbst ist und wirkt, und so der ganze Inhalt des Christenthums wird zurückgeführt auf die göttliche Liebe; diese wieder wird dem Wort und dem Sinn nach durchaus gefaßt in

Beziehung zur menschlichen Schuld und zum menschlichen Elend als unverdiente und rettende Liebe, als Gnade. Joh. 1, 17 bestimmt die Eigenthümlichkeit des Christenthums gegenüber von Moses als Gnade, deren nähere Bestimmung Joh. 3, 16 f. gibt; der neutestamentliche Segenswunsch an der Spitze der Briefe concentrirt sich in dem χαρις ὑμιν; vgl. auch 1 Petr. 1, 13 mit V. 10; Röm. 5, 15; Tit. 2, 11. Dies also ist die Eigenthümlichkeit des Christenthums. Ebenso als die Eigenthümlichkeit der Christen wird bezeichnet: Sie nehmen aus der Fülle Christi Gnade um Gnade. Joh. 1, 16; sie sind durch Gnade Gerettete. Eph. 2, 5, vgl. Act. 15, 11; Röm. 3, 24; Gal. 5, 4.

Diese rettende Gnade ferner erzieht zu einem züchtigen, gerechten, gottseligen Leben. Tit. 2, 11 f. Im Rettungsbegriff der Gnade liegt also auch, daß sie als ethisches Princip wirkt. Endlich eben die Liebe, wie sie in Jesu Christo erschienen ist als rettende Gnadenliebe, soll theils angeeignet werden durch Erkenntniß und Glaube, theils soll diese Liebe im eigenen Leben und Handeln der Christen sich abprägen. Dies stellt am kürzesten dar 1 Joh. 4, 16. 19—21. Hiernach liegt im angegebenen Grundgedanken Princip und Summe der ganzen systematischen Theologie, einer Glaubenslehre und einer Lebenslehre. Es sind nämlich, um näher darauf einzugehen, hauptsächlich zwei Gesichtspuncte, unter welchen jener Grundgedanke in der christlichen Lehre dargestellt ist, nämlich a) wie die göttliche Gnade in Christo erschienen ist als objectiv geschichtliche Offenbarung, dies bezeichnet das Christenthum kurz als die Wahrheit; b) wie sie im sündigen Menschen selbst zur Verwirklichung und zur Darstellung kommt, kurz gesagt: als

Gottseligkeit. Siehe Mosheim's heilige Reden I. Bd. III. Rede, S. 98 f.

Was gehört nun

a) zur geschichtlichen Offenbarung der Gnade in Christo? Die Gnade erscheint in Christo als der Füllpunkt aller göttlichen Offenbarung von der Schöpfung an bis zum Ende der Zeit. Christus selbst, in welchem die Gnadenoffenbarung vermittelt ist, ist zugleich der Mittler aller früheren und späteren Gottesoffenbarung, er ist so der absolute, persönliche Inbegriff göttlicher Offenbarung, eben daher heißt er absolut: ὁ λογος. Gemäß diesem Begriff faßt die biblische Darstellung der göttlichen Gnadenliebe Alles in Christus zusammen, was das göttliche Wirken von seinem Beginn in der Schöpfung an bis zu seiner noch künftigen Vollendung ins Wesen und in die Erscheinung setzt. Hiernach ist die göttliche Gnade, wie sie in Christo erschienen ist, nicht als eine bloß vorübergehende Welterscheinung anzusehen, die mit ihrem einmaligen Ablauf zur Thatsache der Vergangenheit geworden wäre, und etwa nur Bedeutung hätte als factische Abspiegelung der Gesinnung Gottes. Durch Christus ist vielmehr die Gnade in das reelle Dasein herausgetreten aus Gott, so daß sie eben in Christo etwas von Gott Gegebenes ist, in ihm vorhanden ist und bleibt als unerschöpfliche Fülle zur stetigen Empfangnahme für die Menschen. Joh. 1, 17 mit V. 4 und 16; Röm. 5, 15 ἡ χαρις του θεου και ἡ δωρεα ἐν χαριτι Ιησου Χριστου εἰς τους πολλους ἐπερισσευσεν. Sie kommt uns daher fort und fort zu, eben in der Offenbarung Jesu Christi (1 Petr. 1, 13) und sie ist bestimmt, in der Reihenfolge der Weltzeiten den überschwenglichen Reichthum ihrer eigenen Substanz zu bethätigen, Eph. 2, 7.

So existirt die Gnade als eine verpersönlichte Wesenheit und wesenhafte Offenbarung in Christo, existirt so in der Welt und für die Welt perpetuirlich mit einem eigenthümlichen Inhalt, nicht nur als ein psychologisches Moment in Gott oder in Christus; also substantiell existirt sie in Christo, und diesen Inhalt theilt sie auch in eigener Kraftwirkung mit, also dynamisch. Sie wirkt nämlich als geistliche Himmelssegnung Gottes, womit (Eph. 1, 3) ihre Substanz und ihre Dynamik zugleich bestimmt ist: Gott hat, eben in Christo, uns gesegnet $\dot{\epsilon}\nu\ \pi\alpha\sigma\eta\ \epsilon\dot{\upsilon}\lambda o\gamma\iota\alpha\ \pi\nu\epsilon\upsilon\mu\alpha\tau\iota\kappa\eta\ \dot{\epsilon}\nu\ \tau o\iota\varsigma\ \dot{\epsilon}\pi o\upsilon\varrho\alpha\nu\iota o\iota\varsigma$. Die in Christo vorhandene und sich offenbarende Gnade trägt also eine besondere Lebenssubstanz in sich, $\tau\alpha\ \dot{\epsilon}\pi o\upsilon\varrho\alpha\nu\iota\alpha$, das unbefleckte und unwandelbare Wesen der überirdischen Welt. 1 Petr. 1, 3 f. Diese überirdische Lebenssubstanz tritt ferner eben in Christo auf als $\epsilon\dot{\upsilon}\lambda o\gamma\iota\alpha\ \pi\nu\epsilon\upsilon\mu\alpha\tau\iota\kappa\eta$, d. h. sie wirkt und theilt sich auch mit in eigener Dynamik, in pneumatischer, nämlich in der Kraft und Form des Geistes Christi, der eben bezeichnet wird als die Kraft aus der Höhe, als die von Gott ausgehende überirdische Lebenskraft; sie ist es, die allen Jesu Christo wahrhaft Angehörigen sich zu eigen macht und dieselben zu Einer Lebensgemeinschaft verbindet. Aus ihr entwickelt sich auch das neue Leben nach eigenen Lebensgesetzen und zwar zu einem unvergänglichen Lebensorganismus. Hieraus erhellt: in Jesu Christo als dem absoluten Inbegriff alles von Gott ausgehenden Lebens faßt die göttliche Gnade eine in der diesseitigen Welt noch nicht realisirte Lebenssubstanz, die überirdische, zusammen, und wie die irdische Lebenssubstanz in unsrer Natursphäre als ein organisirtes Reich besteht, das wenigstens seiner Anlage und Bestimmung nach im Menschen seinen einheitlichen Höhenpunkt anstrebt: so existirt die überirdische Lebenssubstanz, die in Christo ihr oberhoheitliches Centrum hat, bereits in der überirdischen Sphäre als eigenes organisches System von Leben, als **Himmelreich**. Seit der Erscheinung Jesu Christi und von ihm aus wird nun aber dieses überirdische Lebenssystem, das Himmelreich, mit seinen eigenthümlichen Organen, Kräften und Gütern dem irdischen Lebensorganismus einverleibt und macht sich so im gegenwärtigen Weltsystem schon wirksam als Reich Gottes. Das Christenthum beginnt daher mit der centralen Botschaft: „Das Himmelreich ist nahe gekommen", und von dem Eingehen des Himmelreichs ins Irdische reden die Gleichnisse Matth. 13, 24. 31. 33. 44. (der Samen im Acker, der Sauerteig, der Schatz). Dann Hebr. 12, 22. 25 f. (Die Verbundenheit der irdischen Gemeinde mit dem himmlischen Reichsorganismus). Gal. 4, 26. Eph. 3, 15: Eine Himmel und Erde umfassende $\pi\alpha\tau\varrho\iota\alpha$ datirt sich von Gott, als dem Vater Jesu Christi. 1 Kor. 12, 4—6: ein in dem dreieinigen Gott geeintes System von $\chi\alpha\varrho\iota\sigma\mu\alpha\tau\alpha$ oder Gaben und Gütern der Gnade, von $\delta\iota\alpha\varkappa o\nu\iota\alpha\iota$, dienenden Organen, und von $\dot{\varepsilon}\nu\varepsilon\varrho\gamma\eta\mu\alpha\tau\alpha$ oder Kraftwirkungen. Das Endresultat dieser überirdischen Dynamik und Organik des Reichs Gottes ist die Auflösung, Sichtung und so die himmlische Neugestaltung des diesseitigen Weltsystems durch die Substanz und Kraft aus der Höhe, durch den Inhalt und die Wirkung der Gnade. Vgl. noch Röm. 8, 21 mit 2 Petri 3, 10—13. Das Reich Gottes, das mit dem Christenthum kommt, ist daher nicht als ein Kunstprodukt des menschlichen Handelns zu denken, als ein im ethischen Proceß erst zu producirendes höchstes Gut, aber auch nicht als eine bloß äußerliche Regie=

rungsform, als Kirchen- oder als Staats-Verband, sondern das Reich Gottes ist ein für sich bestehendes und von sich aus sich entfaltendes dynamisch organisches Lebenssystem, wie das Naturreich, zusammengefaßt in der höchsten geistigen Potenz und Wirksamkeit, in der Geistigkeit Gottes und Jesu Christi. Vgl. Lehrwissenschaft S. 630, II. Aufl. S. 578. Die Darstellung der göttlichen Gnade nun unter dem bisher besprochenen Gesichtspunkt, unter dem der objectiv geschichtlichen Offenbarung mit ihren Mitteln, Zwecken und Resultaten fällt der Dogmatik zu. Die göttliche Gnade in Christo wird nun aber in der biblischen Lehre

b) auch unter dem zweiten angegebenen Gesichtspunkt aufgefaßt, nämlich nicht nur als objectiv geschichtliche Offenbarung, sondern von dieser Grundlage aus will sie auch zur subjectiv geschichtlichen Offenbarung sich entwickeln, sie will eben daher mit ihrem Wesen und ihrer Wirksamkeit in den sündigen Menschen selbst sich zur Verwirklichung und zur Darstellung bringen. Dabei handelt es sich nun eben um die Frage: wie die göttliche Gnadenliebe in Christo auch eigenthümliches Wesen unseres persönlichen Lebens wird und als solches in der innern und äußern Wirklichkeit des Lebens sich zu entwickeln und darzustellen hat. Dies ist der nächste Zweck der ganzen Offenbarung in Christo. Die göttliche Liebe in Christo soll als das Leben in uns eingehen (Joh. 6, 33. 35. 40. 51; 17, 26 mit 2 f.); wir sollen mit dem in Jesu Christo erschienenen Liebesleben persönliche Gemeinschaft haben (1 Joh. 1, 3 f.), und Christus soll unser Leben sein, das, wodurch wir selber leben, ein Leben, das in Verborgenheit anfängt und so sich entwickelt, am Ende aber sich herausbildet bis zur Erscheinung in göttlicher Klarheit. Kol. 3, 3 f. Die

Gnade gibt sich also auch als subjectiv geschichtliche Offenbarung, das göttliche Liebesleben in Christo will und soll in den menschlichen Subjecten zum individuellen Personleben sich eingestalten und ausgestalten. Hiebei ist Jesus Christus in seiner Persönlichkeit als der Normaltypus festgehalten, von welchem alle anderweitigen Darstellungen nur Nachbildungen sind, wenn auch vorerst noch unvollkommene. Die Darstellung der göttlichen Gnadenliebe unter diesem Gesichtspunkt wird nun einer christlichen Ethik zukommen. Indem nemlich die göttliche Gnadenliebe sich zum individuellen Personleben in sündigen Menschen umsetzt, kommen im Ganzen und Einzelnen eben ethische Beziehungen in Betracht. Einmal

α) die Bestimmung, welche die göttliche Gnade in Christo uns zutheilt, ist sittlicher Art, wir sollen werden und einmal sein heilig und unsträflich vor Gott. Joh. 17, 19. Eph. 1, 4. 5, 25—27. Kol. 1, 21 f. 1 Petri 1, 15 f. Schon in dem Princip und Vorbild, von welchem aus die göttliche Gnade sich verpersönlicht, in Jesus Christus ist das göttliche Liebesleben dargestellt als sittliches Leben in menschlicher Lebensentwicklung, als $ἀρετή$, 2 Petri 1, 3, vgl 1. Petri 2, 9. Er ist uns geworden Gerechtigkeit und Heiligung (1 Kor. 1, 30) d. h. eine Gerechtigkeit, die zugleich Heiligung ist ($τε-καί$)*), vgl. Röm. 6, 19, wir sollen selbst in ihm Gerechtigkeit Gottes werden, d. h. Gerechtigkeit im göttlichen Begriff (2 Kor. 5, 21), gerecht, wie er gerecht ist (1 Joh. 3, 7), heilig wie Gott heilig ist, 1 Petri 1, 15 f. 18 f. Christus ist also das höchste ethische Princip, sofern er die sittlich vollendete und die sittlich vollendende Persönlichkeit ist, in der

---

*) Vgl. Hartung, Partikellehre I. S. 99.

sich unsere eigene Bestimmung darstellt, und er ist dies nicht bloß als sittliches Vorbild, als ἅγιος, sondern er ist sittlich wirksam als Heiligung als ἁγιαζων, d. h. als in Gott sittlich reinigendes und mit Gott sittlich einigendes Princip. Dies ist also die principielle Bestimmung der Gnadenoffenbarung in Christo. Entsprechend dieser Bestimmung ist

β) die **Wirkung** der Gnade in Christo eine göttliche Kraftbegabung, welche Gottseligkeit begründet (2 Petri 1, 3 f.), d. h. sie bewirkt dynamisch, nicht bloß didaktisch eine dem heiligen Gottesbegriff entsprechende Sittlichkeit, die eben daher (V. 5 ff.) als Tugend sich entwickelt in sittlichen Eigenschaften und Thätigkeiten, vgl. noch 1 Kor. 6, 9—11, Eph. 2, 4—10 u. s. w. Diese ganze ethische Entwicklung, wie sie vom Princip ausgeht, ist aber auch

γ) auf Seiten des Menschen an **ethische Bedingungen** geknüpft. Die persönliche Aneignung und Entwicklung der Gnade ist durch **Gesetze** bedingt, und zwar nicht nur überhaupt, wie jeder auch bloß physische Lebensproceß seine Gesetze in sich hat als unmittelbare Naturgesetze, sondern die Aneignung der Gnade erfolgt nur auf dem Wege geistiger Vermittlung, sie ist bedingt durch das Gesetz der Freiheit, nicht unmittelbar durch Freiwilligkeit. Um nämlich einzugehen in das persönliche Leben wendet sich die Gnade an die geistige Sphäre des Menschen, an das freie Erkennen und Wollen desselben. Lehrverkündigung, didaktische Vermittlung ist daher Hauptanstalt für ihre subjective Verwirklichung. „Prediget das Evangelium, machet Schüler (Jünger) und lehret sie halten Alles, was ich euch geboten habe, wer glaubt, wird gerettet werden", ist die Grundanordnung des Herrn. Die Gnade begründet und entwickelt sich also durch fortlaufende moralisch geistige Bestimmung und entsprechende Einstimmung des Menschen in selbstthätigem Denken und Wollen; nur indem und soweit die menschliche Selbstbestimmung sich in Gesinnung und Handeln in Einheit setzt und in Einheit erhält mit den Bestimmungen der Gnade, d. h. nur durch freien Gehorsam, durch Glaubensgehorsam, nicht durch legislatorischen Zwang oder durch einen deterministischen (unwillkürlichen) Gnadenproceß entsteht jenes Gepräge des persönlichen Lebens, welches der biblische Sprachgebrauch Gottseligkeit ($εὐσέβεια$ 2 Petri 1, 3; 1 Tim. 4, 7 f.), oder Gerechtigkeit im ethischen Sinn (Röm. 6, 16—18), auch Tugend (2 Petri 1, 5; Phil. 4, 8) nennt. Fällt nun unter den Begriff des Ethischen überhaupt alles, was nur zu realisiren ist durch freie Uebereinstimmung der persönlichen Gesinnung und Handlung mit einem das Wissen und Wollen bestimmenden Princip des Guten, so gilt dies nach dem Gesagten durchaus von der Realisirung der göttlichen Gnade in den Menschen. Eine ethische Behandlung des Christenthums ist also dadurch, daß es Gnade ist, keineswegs aufgehoben, oder auch nur in den Hintergrund gestellt, vielmehr ist diese ethische Behandlung der Gnade wesentlich nothwendig für ihren Rettungszweck, für die Verwirklichung ihres objectiven Lebensinhalts im Subject, in der menschlichen Person; sie verwirklicht sich nur von einem ethischen Princip aus, von Christus aus, als Gerechtigkeit und Heiligung, ferner mit ethischer Bestimmung und Wirkung, mit einem gerecht und heilig machen und werden, wie der Herr es ist, und dies nur unter der ethischen Bedingung des Glaubens-Gehorsams, d. h. der freien Uebereinstimmung in Gesinnung und Handlung mit den principiellen Bestimmungen der Gnade.

Wir können also nach dem Bisherigen die christliche Ethik auffassen als die wissenschaftliche Darstellung von der Verwirklichung der Gnade Jesu Christi, d. h. seines göttlichen Lebensinhaltes in der Form des menschlichen Personlebens, und zwar eines solchen, das in freier Selbstbestimmung dem ethischen Princip und Normaltypus der Gnade entspricht, wie beides in Christo gegeben ist mit sittlich vollendeter und sittlich vollendender Bildungskraft. Durch das Bisherige sind wir nun in den Stand gesetzt

2) die ethische Eigenthümlichkeit des Christenthums näher zu bestimmen.

Das christliche Gnadenleben stellt sich nach dem eben Erörterten allerdings unter den allgemeinen ethischen Gesichtspunkt; damit ist aber nicht gesagt, daß dasselbe schlechthin unter die ethischen Anschauungen und Bestimmungen falle, wie sie außerhalb des christlichen Bodens ihre Entstehung und Geltung erhalten haben.*) Das Christenthum erkennt allerdings außerhalb seiner auf dem allgemeinen Lebensboden eine sittliche Wahrheit an, und zwar objectiv gefaßt als göttliches Gesetz in der Natur der Menschheit und in der allgemeinen Geschichte der Menschheit. Aber nicht nur findet es das göttliche Gesetz außerhalb seines Lebenskreises nirgends wahrhaft realisirt noch überhaupt realisirbar bei der sündhaften Beschaffenheit der Menschennatur und bei der allverbreiteten Sünden-Entwicklung in der Geschichte der Menschheit, es findet auch, eben

---

*) Kein menschlicher Standpunkt darf zum Christenthum sagen: Du willst Ethik sein — also mußt du dich auch von mir eingrenzen lassen in das, was wir Ethik heißen.

vermöge dieser Beschaffenheit und Geschichte der Menschheit, nicht einmal eine reine und vollständige Erkenntniß der sittlichen Wahrheit bei der menschlichen Weisheit, da diese nur aus dem allgemeinen Naturgebiet und Geschichtsgebiet schöpft und schöpfen kann. Das Christenthum kann sich daher mit den sittlichen Begriffen und Ansichten einer Zeit, ja aller Zeit in Widerspruch wissen, ohne sich darum mit der allgemeinen sittlichen Wahrheit selbst in Widerspruch zu wissen. Auf der andern Seite aber spricht das Christenthum der Menschheit auch in subjectiver Beziehung nicht alles Sittliche absolut ab; es erkennt vielmehr in relativem Sinn unter Juden und Heiden eine wirkliche Sittlichkeit an, sittliche Erkenntniß und Thaten, auch sittliche Charaktere, im Unterschied von unsittlichen, es redet von δικαιοι und εὐσεβεις auf diesem Gebiet, namentlich in der Apostelgeschichte. Und doch faßt es alle Menschen ohne Unterschied, die relativ Gerechten wie die Ungerechten als νεκρους τοις παραπτωμασι και ταις ἁμαρτιαις, Eph. 2, 1. 3, 5. vgl. Röm. 5, 14 f. Dieser Bezeichnung der Menschen, auch der besten, als todt liegt der Begriff des überirdischen Lebens zu Grund, des ewigen, des göttlich-geistigen. Dies ist den Christen der einzig wahre Lebensbegriff und die Verwirklichung desselben gilt dem Christen als der absolut entscheidende ethische Gesichtspunkt, weil ihm die Bestimmung zur Aehnlichkeit mit Gott, also zum göttlich-geistigen Leben, als die anerschaffene Grundbestimmung der Menschheit feststeht, und so das Gegentheil, das sinnlich-geistige, das fleischliche Leben als Gott entfremdetes oder ungöttliches Sein erscheint, das eo ipso mit dem Tode behaftet ist und bleibt, Eph. 2, 5 f. vgl. 4, 18. 22—24. Röm. 6, 21—23.

Soll nun, was ja Pflicht jedes unbefangenen Verfahrens ist, dem Christenthum sein natürliches Recht gelassen werden, vor allem sich selber darzustellen als das, was es sein will, soll es nicht etwas sich unterschieben lassen müssen, was es principmäßig gar nicht anerkennt, so darf man bei der Darstellung des Christenthums, also namentlich seiner Ethik demselben nicht außerchristliche Begriffe unterschieben wollen. Man muß vielmehr schon die ethischen Grundbegriffe im Christenthum selbst aufsuchen, wenn es sich um eine christliche Ethik handelt, weil es eben ausschließlich die reine und volle Wahrheit zu geben behauptet, und die gerechte Entscheidung hierüber ist ja nur möglich, wenn das Ganze in seiner eigenen Integrität sich gegeben hat. Entsprechend seinem bisher dargelegten Standpunkt stellt sich das Christenthum

a) zu dem ganzen ethischen Gebiet als $\pi\lambda\eta\rho\omega\sigma\iota\varsigma$ und $\tau\varepsilon\lambda\varepsilon\iota\omega\sigma\iota\varsigma$, d. h. es will das Gute nach seinem ganzen Inhalt, daher $\pi\lambda\eta\rho\omega\sigma\iota\varsigma$, und nach seinem Endziel, daher $\tau\varepsilon\lambda\varepsilon\iota\omega\sigma\iota\varsigma$, also in seinem vollen und zugleich höchsten Begriff zur Darstellung bringen. Matth. 5, 17 ff. Röm. 8, 4; 10, 4. Dies aber will es nicht so, daß es eklektisch seine eigene Vollkommenheit sich erst zusammen sucht und setzt aus dem sonst schon vorhandenen Guten. Letzteres erklärt es auch in seiner relativen Wahrheit für unzureichend; vielmehr in und aus sich selbst, oder völlig selbständig will das Christenthum dem schon objectiv vorhandenen Guten und den subjectiv schon als $\delta\iota\varkappa\alpha\iota\omicron\iota$ und $\varepsilon\upsilon\sigma\varepsilon\beta\varepsilon\iota\varsigma$ bezeichneten Menschen die Vollendung bringen. Das biblische Christenthum ängstigt letztere nicht als bereits verdammte und verlorene Sünder, sondern ladet sie ein, eignet sie sich zu als solche, die noch aus der Wahrheit, aus Gott sind, als zerstreute Gotteskinder, die der Sohn Gottes sammeln soll, als ihm angehörige Schafe, im Gegensatz zu den verlorenen Schafen; wie denn schon die Bergpredigt eben solchen Menschen, die bereits im Verlangen stehen nach geistigem Trost, Frieden, Gerechtigkeit, das Himmelreich zuspricht, nicht die Verdammniß.

Diesem Vollendungsbegriff gemäß müssen also im Christenthum selbst alle sittlichen Wahrheitsmomente und alle sittlichen Kräfte und Güter enthalten sein, aber nicht als entlehnter, sondern als selbständiger originaler Inhalt gefaßt und ausgebildet im Geiste der höchsten ethischen Beziehung, der Beziehung auf die göttliche Lebensstufe, also auch gereinigt von allem unvollkommenen und unwesentlichen Beisatz. Demnach sind auch die allgemeinen ethischen Momente im Christenthum allerdings enthalten, aber nicht als dasselbe producirend oder bestimmend, sondern sie werden bestimmt von der Eigenthümlichkeit des Christenthums als dem absolut Höchsten, das die Vollkommenheit vermittelt. Die einzelnen Momente der Wahrheit sind also aus dem Christenthum selbst zu entnehmen, und lassen nur aus ihm in ihrer reinen Einheit mit dem Ganzen und mit dem ethischen Grundziel sich gewinnen.

Ist nun aber das Christenthum die Vollendung der allgemeinen sittlichen Begriffe und Gesetze, sowie auch der sittlichen Lebensentwicklung, so folgt auch

b) daß es, wie alles Höhere, vollends als das Höchste zum Niedrigeren in theilweisem Gegensatz sich befindet. Es bringt namentlich und wesentlich das Gute als Gnade, d. h. das Gute weder eudämonistisch als bloßes Gut, als Glückseligkeit, noch imperativisch als bloßes Sittengesetz; es hebt als Gnade das sittengesetzliche Verhältniß nicht auf, vielmehr auch in Bezug auf das sittliche Gesetz, wie in Bezug auf das Gute will seine Gnade vollendend sein, $\pi\lambda\eta\rho\omega\sigma\iota\varsigma$ und $\tau\varepsilon\lambda o\varsigma\ \tau o\nu\ \nu o\mu o\nu$ (in Bezug auf seine Gesetze und Verheißungen); es will eben statt bloßes Sittengesetz oder bloßes Gnadengut sittlich bildende Gnade sein, Gnadenpädagogik, wie dies Tit. 2, 11 f. zusammenfaßt: $\chi\alpha\varrho\iota\varsigma\ \sigma\omega\tau\eta\varrho\iota o\varsigma\ \pi\alpha\iota\delta\varepsilon\nu o\nu\sigma\alpha$, vgl. 2 Tim. 3, 16 f. $\pi\alpha\iota\delta\varepsilon\iota\alpha\ \dot\varepsilon\nu\ \delta\iota\varkappa\alpha\iota o\sigma\nu\nu\eta$. Sehen wir nun, wie im Christenthum das gegenseitige Verhältniß zwischen Mensch und Gesetz und sofort das Gesetz selbst bestimmt wird vom Begriff der Gnade aus als rettender und sittlich erziehender.

α) **Im Verhältniß zwischen dem Menschen, wie er ist, und zwischen dem Sittengesetz** erkennt das Christenthum ein stetiges Gegeneinanderwirken zweier einander entgegenstehender Principien und Lebenskreise, einen **stetigen Conflict** zwischen dem Menschen und dem Gesetz, und dieser Conflict eben, wenn das wahrhaft Gute und das wahrhafte Gut Wahrheit werden soll im Menschen, bedarf einer reellen Lösung, keiner bloß ideellen, weil es einen reellen Zustand gilt. Der Norm und Form des Sittengesetzes steht **im Menschen selber gegenüber eine renitente Natur**, die $\sigma\alpha\varrho\xi$, und zwar eine Natur, wie sie eine das Ich selbst bestimmende Macht ist, ein $\dot\varepsilon\gamma\omega\ \sigma\alpha\varrho\varkappa\iota\varkappa o\varsigma$, Röm. 7, 14. Diese siegreiche Bestreitung des Gesetzes durch die Natur lernt der Mensch immer mehr erkennen, je weiter in ihm nicht nur das sittliche Bewußtsein, sondern auch das sittliche Streben sich entwickelt. Die sarkische Natur läßt des Menschen Selbstbestimmung und Selbstthätigkeit nicht nur nicht wahrhaft und völlig eins werden mit dem sittlichen Gesetz, erzeugt vielmehr im eigenen Ich des Menschen einen stetigen, sogar unwillkürlichen Widerspruch mit dem Gesetz; **sollen, wollen und vollbringen treten auseinander und gegeneinander.** Kurz die Menschennatur als Ganzes betrachtet ist in jedem Einzelnen **eine zerrissene Natur**, und so auch das persönliche Leben. Wie nun aber der Mensch seinerseits in Widerspruch ist mit dem Gesetz, so ist auch **das Gesetz in Widerspruch mit dem Menschen**. Das Gesetz mit seinen nie befriedigten und immer wieder verletzten sittlichen Ansprüchen überführt den Menschen seiner Schuld und verurtheilt ihn, schließt ihn aus vom sittlichen Gut, und dies heißt das Christenthum den **Fluch des Gesetzes**. Der Mensch ist mit einem Wort statt im Gesetz unter dem Gesetz, wie er gegen das Gesetz ist. Gal. 3, 10. 23. 4, 4 f. 5, 18. In diesen reellen Widerspruch, in **diesen sittlichen und richterlichen Widerspruch zwischen Mensch und Gesetz** will nun das Christenthum Frieden bringen, **eine reelle Lösung bringen eben als Gnade**, es will nicht selbst wieder bloß Gesetz sein, sondern eben im Unterschied davon Gnade (Joh. 1, 17), aber nicht nur eine den richterlichen Widerspruch des Gesetzes auflösende Gnade, sondern zugleich auch eine den sittlichen Widerspruch im Menschen lösende Gnade, Gnade mit sittlich bildender Kraft. Röm. 6, 14 f. 8, 1 ff. Es will nämlich den Widerspruch zwischen Mensch und Gesetz lösen, einmal gegenüber der Schuld, wie sie sich fort und fort in diesem Widerspruch erzeugt und eben damit den richterlichen Widerspruch des Gesetzes, seine Verurtheilung verewigt.

In dieser Beziehung bringt die Gnade Vergebung der

Schuld, Aufhebung der Verurtheilung, jedoch nicht als bloße amnestirende Deklaration oder als Erklärung der Straflosigkeit, als Freisprechung, sondern die Vergebung muß erst auf sittlichem Weg ermöglicht werden, und dies geschieht einmal von dem Mittler Jesus Christus selbst nur dadurch, daß er den sittlichen Forderungen des Gesetzes nicht nur als völlig Schuldloser gegenüber steht, sondern als vollkommen denselben Gerechtgewordener. Dies ist die Grundlage, welche auf Seiten Jesu Christi die Vermittlung einer Vergebung, eine Lösung des richterlichen Widerspruchs des Gesetzes erst möglich macht. Diese Vermittlung selbst vollzieht sich wieder in ethischer Weise durch eine in die Verurtheilung des Gesetzes eingehende Sühnung. Der Mensch Jesus Christus bringt die dem Sündenreiz und Todesdruck unterworfene Menschennatur zum Opfer und bringt sie so zur Einigung mit der göttlichen Natur; so vollzieht sich in ihm eine real-persönliche Versöhnung göttlicher und menschlicher Wesenheit.*) Hiernach ist es **objectiv eine in Jesu Christo selbst sittlich vermittelte Vergebung**, welche die Gnade des Christenthums darbietet. Ebenso wird dieselbe **subjectiverseits sittlich vermittelt** und bedingt, nämlich einmal durch **persönliche Buße** als Anerkennung der zu sühnenden Schuld und Eingehen in ihre Sühnungsform, wie sie in Jesu Christi Sterben vorgezeichnet ist, (Röm. 6, 3), ferner durch **persönlichen Glauben** als Anerkennung und Ergreifen der von Christo ausgehenden Einigung mit Gott. 2 Kor. 5, 19 f. Daher wird die Nachfolge Christi, d. h. das Eingehen in seinen Sühnungs- und Versöhnungsweg

---

*) Vgl. Leitfaden der christlichen Glaubenslehre § 29, 1. S. 112 ff.

von ihm selbst an die Spitze des Heilsweges gestellt: das Hingeben der Seele und das Kommen zum Vater durch ihn als der Weg. So löst die im Christenthum eröffnete Gnade den richterlichen Widerspruch des Gesetzes gegen die Menschen auf sittlichem Wege.

So nun auch weiter der sittliche Widerspruch des Menschen selbst gegen das Gesetz findet seine sittliche Lösung, dies ebenfalls auf Grund der Buße und des Glaubens, aber nicht sofern darin nur eine Sinnesänderung liegt oder eine neue Willensrichtung — dies ist nur die Einleitung und die subjective Vorbedingung, welche aber für sich und aus sich zur reellen Lösung des sittlichen Widerspruchs nicht hinreicht, da es dabei um eine in ihrem Lebensbestand sittlich geschwächte und sittlich verdorbene Natur sich handelt, welche immer wieder den Willen gefangen nimmt und den Sinn verdirbt. So erfordert die sittliche Lösung eine Naturumbildung durch Verpflanzung eines neuen Lebens in die alte Natur oder, das Leben in seinem Princip gefaßt, eines neuen Geistes. Diesen neuen Lebensgeist leitet das Christenthum ab aus dem Princip aller Geister, aus dem göttlichen Geist, den es eben nach seiner sittlichen Potenz als den heiligen Geist bezeichnet.

So nun auf Grund einer in die Sühnung Jesu Christi eingehenden Buße und eines in seine Versöhnung eingehenden Glaubens vermittelt das Christenthum **eine neue geistige Lebensbegabung und eine Personerneuerung** ($\kappa\alpha\iota\nu o\varsigma$ $\check{\alpha}\nu\vartheta\rho\omega\pi o\varsigma$) durch Eingehen der personbildenden Kraft des göttlichen Geistes d. h. der höchsten sittlichen Lebenspotenz. Damit geht eben das Wesen des Gesetzes selber, sofern es geistig ist (Röm. 7, 14), in die Menschennatur ein, es geht im heiligen Geist ein in seinem höchsten geistigen

Princip und Begriff, als Geistesgesetz mit sittlich belebender und befreiender oder erlösender Kraft. Röm. 8, 2.

Die Gnade setzt also von einem völlig neuen Lebensprincip aus eine neue ethische Lebensanlage im Menschen, eine dem Gesetz wesentlich conforme Natur innerhalb der alten, das göttliche Geistesleben. Damit ist dann der Mensch nicht mehr gegen das Gesetz und nicht mehr unter dem Gesetz, sondern in dem Gesetz ($\check{\varepsilon}\nu\nu o\mu o\varsigma$) und dieses ist statt richterlich außer und wider den Menschen vielmehr mit dem Menschen, so daß das Gesetz zur lebendigen und belebenden Energie geworden, $\nu o\mu o\varsigma\ \zeta\omega o\pi o\iota\omega\nu$ statt $\dot{\alpha}\pi o\kappa\tau\varepsilon\iota\nu\omega\nu$, $\nu o\mu o\varsigma\ \tau o\upsilon\ \pi\nu\varepsilon\upsilon\mu\alpha\tau o\varsigma\ \tau\eta\varsigma\ \zeta\omega\eta\varsigma$ statt $\kappa\alpha\tau\alpha\kappa\rho\iota\mu\alpha$. Röm. 8, 1 f. vgl. V. 14. 2 Kor. 3, 6. Gal. 3, 21.

Der Gegensatz zum ethischen Mißverhältniß zwischen Mensch und Gesetz und die Lösung des Mißverhältnisses liegt also im Christenthum darin, daß es weder eine die sittliche Grundlage und Aufgabe nur erlassende Vergebung ist, noch eine dieselbe nur schärfende und steigernde sittliche Normirung, sondern kurz gesagt **sittlich vergebende und sittlich gebende oder bildende Gnade**; eben in dieser Art des Gegensatzes liegt nicht die Aufhebung des Ethischen, sondern die Vollendung des Ethischen.

Jedoch nicht nur das Verhältniß des Menschen zum Gesetz und des Gesetzes zum Menschen wird sonach ein wesentlich anderes im Christenthum, als es außerhalb des Christenthums überall ist und bleibt, sondern

β) **auch das sittliche Gesetz selbst erhält damit im Christenthum seine Vollendung und zwar nach seinem Inhalt und nach seiner Form.** Die **inner-**

liche Form des Sittengesetzes liegt von Natur nur als **Gewissenszeugniß** vor, wird nun aber durch die Natur-Erneuerung des Christenthums erhoben zum **heiligen Geisteszeugniß**, d. h. das Gesetz des Christenthums ist nicht bloßes Soll, bloß verpflichtende Macht, noch weniger verurtheilende, richterliche Macht, sondern **belebende Geistes-Macht** mit neuen Kräften und Gaben: erleuchtend, heiligend, beseligend. Dies sind vom heiligen Geist ausgehende Functionen, in welchen die Gewissensfunction, die imperative und judicirende, zum $\tau\epsilon\lambda o\varsigma$ gebracht wird.

Ferner die **äußerliche** Darstellungsform des Gesetzes als **Vorschrift**, $\gamma\rho\alpha\mu\mu\alpha$, als ideale Beschreibung des Guten ist zum **persönlichen Vorbild in Christo** erhoben, ist realisirtes Personleben oder persönliche Wirklichkeit, $\epsilon\iota\varkappa\omega\nu$, $\tau\upsilon\pi o\varsigma$. Endlich der **Inhalt des Gesetzes** ist nicht bloß, wie es auf philosophischen oder theologischen Standpunkten sich findet, die vernünftige oder die kirchliche Wirklichkeit, auch nicht ein Vernunftideal oder Geschichtsideal, noch bloß sittliche Weltordnung, sondern der Gesetzesinhalt des Originalchristenthums ist gottähnliche Ebenbildlichkeit ($\delta\iota\varkappa\alpha\iota o\sigma\upsilon\nu\eta$ $\vartheta\epsilon o\upsilon$), eine gottähnliche Gerechtigkeit, die ins Himmelreich zielt und bringt, die überirdische Weltordnung. Matth. 5, 20. 48. Also nicht bloß eine Ordnung, die auf das Zeitleben und auf seine Formen berechnet ist, sondern eine auf die Ewigkeit berechnete sittliche Ordnung, die Ordnung der Verähnlichung mit Gott bringt das Christenthum. Es sind die übernatürlichen Lebensgesetze, in denen der göttliche Geist sein Leben ausprägt, und diese stellen sich vermenschlicht dar in Jesus Christus.

Jesus Christus mit seinem gottmenschlichen Leben ist der

lebendige und einzige Normaltypus des christlichen Lebens, ist objectiv das persönliche Gesetz, und dies wird er auch subjectiv in der lebendigen Einzeugung seines Geistes, unter Voraussetzung des Glaubensgehorsams von Seiten des Menschen; dadurch gestaltet sich Christus zum substantiell lebendigen Gesetz des Menschen, wird das bestimmende Wesen in ihm, nicht bloß eine bestimmende Norm. Indem dies geschieht, kann und soll eben damit das Gesetz Wesen und Wirklichkeit erhalten auch im persönlichen Denken und Wollen des Menschen, in der innern und äußern Selbstthätigkeit und zwar das Gesetz in seiner höchsten Geistesbeziehung, in der Beziehung zum göttlichen Leben der Ewigkeit, zum Himmelreich. So entwickelt sich die specifisch christliche Tugend, die ethische Christusgestalt mit ihrem Gnadengut des Himmelreichs.

Aus der bisher entwickelten Eigenthümlichkeit des **Christenthums** ergeben sich nun aber auch

c) **für die christliche Ethik selbst eigenthümliche Grundbestimmungen**, wenn diese Ethik dem eigenthümlichen Wesen des Christenthums entsprechen soll. Eine wahrhaft christliche Ethik hat es hienach nicht mit einem Gesetz zu thun, das nur als abstracte Forderung sich hinstellt, das nur präceptiv dem Menschen gegenübertritt als etwas ihm Aeußerliches; aber auch nicht mit einem solchen Gesetz, das der menschlichen Natur schon immanent ist, oder auch wie es nur unmittelbar aus einem allgemeinen oder individuellen christlichen Bewußtsein resultirt, sondern sie hat es zu thun mit dem überweltlichen Lebensgesetz der Gottähnlichkeit, wie es allein normal in Christi Persönlichkeit sich darstellt. Insofern hat es die christliche

Ethik zunächst allerdings mit etwas dem Menschen Aeußerlichem zu thun, aber in Voraussetzung der Glaubensverbindung mit Jesu Christo verinnerlicht das Christenthum dieses Lebensgesetz durch den heiligen Geist Jesu Christi und durch seine Naturerneuerung. Durch diese Verinnerlichung kommt aber das christliche Lebensgesetz dem Menschen nicht nur zum Bewußtsein als Norm, sondern eben in dem Geist, in dem es sich verinnerlicht, ist das Christo eigene Lebensgesetz wesenhaft enthalten (Röm. 8, 2), und dieses besteht so als ein dem Menschen inneres geistiges Sein, nicht als bloßes subjectives Bewußtsein. Das Christenthum verinnerlicht sein in Christo aufgestelltes Gesetz real, nicht bloß ideal.

Indem nun das Gesetz des Christenthums seine einzige und stetige Begründung hat in eigenen Principien, in Christus mit seinem Geisteszeugniß, und in einer davon ausgehenden neuen Anlage und Fortbildung des persönlichen Lebens, so muß eine Ethik, die wahrhaft eine christliche sein soll, eben auf diese specifisch christlichen Principien als auf ihre Genesis zurückgehen, nicht aber auf die allgemein sittliche Anlage, mit der es die philosophische Ethik zu thun hat, oder auf einen bloß kirchlichen Impuls, christliches Bewußtsein u. s. w., was immer den beschränkten Subjectivismus an die Stelle der göttlichen Causalprincipien setzt und an die Stelle des Normallebens in Christo. Die christliche Sittlichkeit wird nicht hervorgebracht durch bloßen Pflichtbegriff und durch bloß pflichtmäßiges Wollen, nicht dadurch, daß nur das Bewußtsein und der Wille des Subjects mit dem christlichen Soll geeinigt gedacht wird. Bei dieser bloß psychologisch formellen Fassung des Christlichen fehlt es immer an der Kraft und an der objectiven Norm zur Realisirung, es fehlt an den eigentlichen Causalprincipien oder an den Realprincipien. Das Christliche muß im subjectiven Bewußtsein und Willen eben als Sein und Wesen sich setzen und fortbilden; nicht als bloße Form und Norm, sondern vor Allem als neue Substanz, als Geist von Gott mit seinen eigenthümlichen Lebenseinflüssen und Lebenskräften, sonst bringt es der Mensch nicht einmal zum wirklichen Erkennen und Wollen des specifisch Christlichen, höchstens zum Ahnen, Sehnen und Verlangen. Die christliche Sittlichkeit entwickelt sich also theoretisch und praktisch nicht aus irgend welchem anthropologischen und kosmischen Leben, sondern nur aus dem Normalleben in Christus, ferner nicht durch eine bloße ideale Einigung mit Christus, nicht dadurch, daß nur eine Idee von Christus percipirt wird im Denken und Wollen, sondern christliche Sitte wird nur erfaßt und verwirklicht durch eine persönliche Lebenseinigung mit Christus, welche den specifischen Geist Christi als neue Substanz im Menschen setzt. Es ist Wesens-Einigung, nicht bloße Denk- und Willens-Einigung, was das Substrat christlicher Ethik bildet, und diese Einigung basirt auf Seiten des Subjects sowohl für ihr Entstehen wie für ihr Bestehen auf einem fortlaufenden eigenthümlich moralischen Centralakt, auf Buße und Glaube, dies wieder in specifischer Gestalt, nämlich in Beziehung zu den gottmenschlichen Thatsachen in Jesu Christo, zu seiner Sühnung und Versöhnung und zu dem dadurch aufgeschlossenen Himmelreich. Dies Alles muß sich im System der Ethik näher bestimmen.

Das bisher Entwickelte genügt, um einzusehen, daß eine christliche Ethik auch in formeller Beziehung zweierlei verbinden muß, nämlich das Christliche als Sollen und das Christliche als eigenthümliches Sein, und zwar das letztere als

Grundlage des ersteren, als neue Lebensanlage im Menschen; mit andern Worten: die christliche Ethik muß mit einander verbinden den Begriff des Organischen und den des eigentlich Moralischen, d. h. einerseits die Organisation, die reale Begründung und Entwicklung des Christlichen als eines eigenthümlichen Lebensprocesses im Subject, andrerseits daraus hervorgehend nicht nur einen Impuls, sondern ein wirkliches Soll, eine sittliche Verpflichtung, und dem entsprechend eine Selbstbestimmung und Selbstthätigkeit des Subjects, die durch geistige Bestimmungsgründe, nicht durch bloße Impulse, normirt ist. Die christliche Ethik darf nicht einseitig Sittenlehre sein, Moral, sonst fällt sie in den außerchristlichen Standpunkt, wo dann das Christliche nur eingeschoben wird, immer nur ein Accidens ist, in das Gesetzesfachwerk, in die moralischen Kategorien, worüber das Christliche gerade seinen specifisch sittlichen Inhalt einbüßt, seinen überweltlichen gottebenbildlichen Lebensbegriff in Christi Persönlichkeit, weil dieser nicht aus dem bloß moralischen Lebensboden erwächst. Die christliche Ethik darf aber andrerseits auch nicht bloß sittliche Naturbeschreibung sein oder Entwicklungsgeschichte, die das Christliche nur aus der idealen oder historischen Anschauung zum Bewußtsein zu bringen hätte, als ob dasselbe wie ein geistiger Naturproceß oder wie eine sociale Sitte sich fortpflanze und gestalte, sonst fällt die Ethik in den ebenso außerchristlichen, empiristischen, fatalistischen oder pantheistischen Standpunkt, wo das christliche als ein innerlich oder äußerlich determinirtes Sein erscheint. So darf das Organische nicht gefaßt werden. Dagegen ist das Organische, oder das objectiv sich Setzende und Entwickelnde, wenn man es richtig auffaßt, allerdings das Grundmoment im christlichen Leben, sofern die sittlich selbstthätige Entwicklung desselben in der schöpferischen Gnade ihren Grund und Bestand hat, in einer neuen Lebens-Organisation, im göttlichen $\kappa\tau\iota\zeta\epsilon\iota\nu$ und in dem heiligen Geistes-Organismus Jesu Christi, nicht im bloßen Setzen und Halten neuer Gebote.

Dieses Hauptmoment oder die Auffassung des christlichen Lebens als wurzelnd im Empfang eines neuen innern Naturprincips und als organisatorische Entfaltung desselben muß denn auch die Anlage einer christlichen Ethik bestimmen, nicht wie gewöhnlich der gesetzliche Pflicht- und Tugendbegriff, sonst ist es keine Gnaden-Ethik, keine $\chi\alpha\varrho\iota\varsigma\ \sigma\omega\tau\eta\varrho\iota o\varsigma$, sondern eine Gesetzes-Ethik. Aber ausschließen oder schwächen und auflösen darf den Gesetzesbegriff, den Pflicht- und Tugendbegriff die christliche Ethik ebensowenig; sie darf das christliche Leben nicht so fassen, als ob es sich entwickelte ohne stetige moralische Bedingtheit und moralische Vermittlung durch ein bestimmtes verpflichtendes Sollen und durch ein entsprechendes freies Wollen und Thun, sonst ist die Gnade keine wahrhaft ethisch erziehende, keine $\chi\alpha\varrho\iota\varsigma\ \pi\alpha\iota\delta\epsilon\upsilon o\upsilon\sigma\alpha$. Die christliche Ethik hat vielmehr den Gesetzes und Pflichtbegriff aufzunehmen in ihre Gliederung, sie hat überhaupt das Moralische durchzuführen als die subjective Grundbedingung, als Geist, Form und pädagogisches Ziel des christlichen Lebensorganismus.

Deutlicher wird das Verhältniß des Organischen und Moralischen namentlich bei der Lehre von der Wiedergeburt sich herausstellen.

Wir bestimmen nun

III. Die Eintheilung oder Gliederung der christlichen Ethik.

Wir müssen hiefür noch einmal anknüpfen an die Grundgedanken, von denen sie auszugehen hat. Die göttliche Gnade in Christo ist zufolge der biblischen Darstellung zu denken als etwas in der Person Christi und durch Christum fortdauernd Präsentes und lebendig Wirksames. Die Gnade ist in ihm und wird durch ihn präsent als das Leben, wie es ein ewiges ist, überirdischen Gehaltes und überirdisch geistiger Kraft, als das gottähnliche Leben. Dieses ist in dem gegenwärtigen Weltsystem objectiv angelegt und wirksam vermöge der Himmel und Erde umfassenden oberhauptlichen Stellung Christi in Verbindung mit seinem Wort und Geist; es besteht als selbständig organisirtes System, als Himmelreich. In dieser stetig objectiven Gegenwärtigkeit und Wirksamkeit reproducirt die Gnade innerhalb der Christo sich anschließenden Menschheit ihren eigenthümlich subjectiven Entwicklungsproceß, und zwar so, wie sie ihn objectiv in Christo bereits absolut normal entfaltet und abgeschlossen hat. Dieser subjective Entwicklungsproceß nun, wie geht er vor sich? Die Gnade bietet zu ihrem Lebenssystem offenen Zutritt an, sie ladet ein zieht an sich oder attrahirt, indem sie das Erkennen und Wollen des Menschen mittelst ihres eigenthümlichen Wortes für sich anspricht, oder indem sie beruft, so daß der Mensch seine Stellung in ihr einnehmen kann durch freie Ergebung in Buße und Glaube. Um dann den ihr entsprechenden Lebenscharakter hervorzubilden, wirkt die Gnade als Heilsgnade bei den in sie Berufenen und Eingetretenen fort und fort mit erziehender Bildungskraft, sie entwickelt eine sittliche Pädagogik (Tit. 2, 12), und zwar wird diese ihre sittlich pädagogische Entwicklung innerhalb der Subjecte vermittelt durch denselben Christus, wie ihre objectiv historische, indem er in seiner persönlich versöhnenden Gerechtigkeit auch zur persönlichen Heiligung wird. Tit. 2, 14 ist das V. 12 genannte παιδεύειν der Gnade zurückgeführt auf den für uns gegebenen Christus. Die Entwicklung selbst erfolgt dann in Kraft und im Nachbild des Entwicklungsgangs, wie er im persönlichen Leben Jesu Christi zusammengefaßt ist. Dies hebt hervor Röm. 6, 4 ff.; ebenso Eph. 2, 4—6. Unter dieser Bildungsthätigkeit der Gnade gestaltet sich ein neues Leben im Menschen, Christus erfüllt und bestimmt mit seinem eigenen Geist den Menschen, wird so zum Christus im Menschen, zum individuellen Menschentypus, zum neuen Menschen im alten Menschen, so daß sich das Christliche im Menschen nun als selbständiges Leben gestalten und bethätigen kann und soll, als neues Personleben. Endlich mittelst ihrer eigenthümlichen Bildungsmittel, wie sie in Christus, seinem Wort und Geist principiell concentrirt sind, vereinigt die Gnade die ihr angehörigen Individuen auch zu einem organisirten Ganzen, zu einer christlichen Gemeinde-Corporation; diese mit den Gnadenmitteln in ihrem Schooße bildet eine lebendige Gnadenökonomie innerhalb der Menschheit und entwickelt sich als der Leib des neuen Christuslebens, d. h. als die von Christus innerlich belebte, gliedliche Darstellung und Vermittlung nach außen. Indem wir also vom Entwicklungsproceß des christlichen Lebens ausgehen, erscheint derselbe als bestimmt von der erziehenden Bildungsthätigkeit der Gnade, oder als pädagogische Entwicklung des christlichen Lebens, und dabei stellt sich uns dasselbe nach drei Gesichtspunkten dar, nach seinem **Bildungsgang**, nach seinem darin sich entwickelnden **individuellen Typus** und nach seiner **einheitlichen Vergliederung**. Das erste, der Bildungsgang beruht auf den Kräften und Kraftwirkungen der Gnade, auf ihrer Dynamik; das zweite, der Typus des christlichen Lebens beruht auf dem eigenthümlichen Lebensinhalt der Gnade, auf ihrer Substantialität; die Vergliederung des christlichen Lebens beruht auf dem Bestehen und Wirken der Gnade als organisches System, also auf ihrer Organik.

Die pädagogische Gnaden-Entwicklung des christlichen Lebens ist also darzustellen nach ihrer Dynamik, Substantialität und Organik. Die **Dynamik** befaßt die **Bildungsthätigkeit des heiligen Geistes** in Verbindung mit den individuellen Bildungskräften und Formen des Glaubens, der Hoffnung und der Liebe. Die **Substantialität** des christlichen Lebens befaßt das Liebeswesen Christi als das substantielle Gesetz oder als den bestimmenden Normal-Inhalt des persönlichen Lebens, wozu als besondere Theile gehören Gottesliebe, Selbstliebe und Nächstenliebe. Die **Organik** befaßt das Gemeindeleben mit seinen eigenthümlichen Bildungsmitteln fürs christliche Leben, mit den Gnadenmitteln.

In diesen drei Theilen, der Dynamik, Substantialität und Organik haben wir aber das christliche Leben nur als ein schon in der **Entwicklung** begriffenes; es fragt sich aber auch, wie diese Entwicklung des christlichen Lebens einerseits selbst zuvor **begründet** wird, objectiv von Seiten der Gnade, subjectiv von Seiten des Menschen, und wie andrerseits in und aus der Entwicklung das chriſtliche Leben ſich in die **ethiſche Erſcheinung** als perſönliches herausſetzt. Einerſeits nämlich ſetzt die pädagogiſche Entwicklung voraus eine gött= liche Grundlage, aus welcher ſich jene nach allen ihren Seiten genetiſch ableitet oder ſich erzeugt. So ſind der pä= dagogiſchen Entwicklung voranzuſtellen die urſächlichen Haupt= momente der neuen Lebensbildung, die Principien, die Grundordnung und die Grundakte derſelben. Darin liegt die genetiſche Anlage der chriſtlichen Lebensbildung, welche für die pädagogiſche Entwicklung derſelben die Voraus= ſetzung bildet.

Die pädagogiſche Ausbildung ſetzt voraus das in ſich ſelbſt beſtehende reine Sein und Wirken der Gnade oder das in Chriſto zuſammengefaßte göttliche Lebensſyſtem und ſein Eingehen in den Menſchen. Dieſes bietet eben die Princi= pien des chriſtlichen Lebens dar. Andrerſeits erzielt die pä= dagogiſche Entwicklung ein ihr entſprechendes Produkt, **eine praktiſche Erſcheinung des chriſtlichen Lebens** für die Welt. Dies iſt das chriſtliche Tugendleben. Seinen Be= ſtand erhält letzteres in der ſittlichen Selbſtbildung, ſein Ausdruck iſt eine eigenthümlich ſittliche Perſön= lichkeit und eine eigenthümlich ſittliche Geſell= ſchaftsordnung.

So ergibt ſich uns für die chriſtliche Ethik folgende Eintheilung in drei Hauptſtücke:

1) Hauptſtück. Die genetiſche Anlage der neuen Lebens= bildung
   a) betrachtet nach ihren Principien;
   b) nach ihrer Grundordnung;
   c) nach ihren Grundakten.

2) Hauptstück. Die pädagogische Entwicklung oder die Ausbildung des christlichen Lebens
   a) nach ihrer Dynamik;
   b) nach ihrer Substantialität;
   c) nach ihrer Organik, wobei Bildungsform und Kräfte
      bei Punkt a in Betracht kommen, Bildungsgesetz bei
      Punkt b, Bildungsmittel bei Punkt c.
3) Hauptstück. Die ethische Erscheinung des christlichen Lebens, das christliche Tugendleben, wie es sich darstellt
   a) in der sittlichen Selbstbildung des Christen;
   b) in der sittlichen Persönlichkeit des Christen; und
   c) in der christlichen Gesellschaftsordnung.

IV. Die Methode der christlichen Ethik, ihr Verhältniß zur Wissenschaft und zur Schrift.

Alles dies ist bei der Ethik dasselbe wie bei der Dogmatik, wenn erstere nämlich mit dieser gleichartig dem Organismus oder dem realen System der christlichen Lehre entsprechen soll. Vgl. daher Einleitung in das System der
christlichen Lehre, 1. Abschnitt, und § 9 der dogmatischen
Vorlesungen, und meine Antrittsrede in Basel.

Nur über das Verhältniß der christlichen Ethik zum alten Testament eine besondere Bemerkung. Das alte Testament darf allerdings nicht unmittelbar und unterschiedslos
der christlichen Lebenslehre zu Grunde gelegt werden, ist aber
darum nicht gar nicht zu berücksichtigen oder nur äußerlich
historisch zu vergleichen. Das alttestamentliche Sittengesetz
nämlich nach seinem $\delta\iota\kappa\alpha\iota\omega\mu\alpha$, wie das neue Testament es
bezeichnet, nach seinen wesentlichen Gerechtigkeitsbestimmungen
oder nach seinem sittlichen Gehalt soll eben im Christenthum

die Erfüllung finden, Matth. 5, 17—20; Röm. 8, 4. Dies aber durch Vermittlung und im Sinn des christlichen Geistesgesetzes der Liebe, d. h. der Freiheit, nicht des alttestamentlichen Zwanges (Röm. 8, 15. 13, 8—10); ferner mit überirdischer, nicht irdischer Zweckbestimmung (Matth. 5, 3. 10. 12. 6, 33. Kol. 2, 2), letztere der ersteren untergeordnet und eingeordnet. Dagegen die historische Aeußerlichkeit, die örtliche und zeitliche Besonderheit, in welcher der sittliche Inhalt des alten Testaments sich darstellt, fällt für die christliche Ethik weg, weil jenes zur bloßen präformatorischen Abschattung des im Christenthum wesenhaft sich Darbietenden gehört (vgl. Ebräerbrief), eben damit aber fallen auch weg alle diejenigen alttestamentlichen Gesetzesbestimmungen, die nur auf diese Aeußerlichkeit der Form sich beziehen, so also namentlich die Cultusbestimmungen und die auf die historische Form des bürgerlichen und politischen Lebens bezüglichen. Immerhin aber ist der wesentliche Inhalt des **alttestamentlichen Gesetzes**, sein sittlicher Gehalt im N. T. selbst vorausgesetzt, als **vorbildend für die christliche Lebensentwicklung**, als Uebergangsstufe (s. Galaterbrief),*) und in dieser propädeutischen Bedeutung ist es auch gehörigen Orts wenigstens an Hauptpunkten in der christlichen Ethik zu berücksichtigen, z. B. bei der Buße, sofern diese in die Uebergangsstufe zum Christenthum fällt. Aber nicht nur das, das alte Testament dient auch manchen sittlichen Bestimmungen des neuen Testamentes, die das letztere nur andeutet, eben weil es das alte Testament voraussetzt, zur Erläuterung und zur

---

*) Die nähere Darstellung wäre Aufgabe einer biblischen Rechtslehre; zu empfehlen: Göttliches Recht und der Menschen Satzung, von einem Juristen. Basel 1839.

concreten Bestimmung, so über die Furcht Gottes, über Gerechtigkeit im engern Sinn als Rechtlichkeit u. s. w. Ueberhaupt leistet das alttestamentliche Gesetz subsidiarischen Dienst, so weit das Christenthum die irdische, äußere Ordnung, die allgemein sittlichen Fundamentalbestimmungen als Basis seiner höhern geistigen Ordnung berücksichtigt oder voraussetzt. Außer dem Gesetz ist aber noch eine andere Seite des alten Testaments zu berücksichtigen; wie das Christenthum mit seiner sittlichen Ordnung zurückdeutet in die alttestamentlichen Gesetzesbestimmungen, so enthält auch das alte Testament, namentlich in den Propheten, bereits Vorandeutungen auf das innere geistige Leben selbst, das mit dem Christenthum eintritt, und so liefert es neben den allgemein sittlichen Fundamentalbestimmungen auch die stamina, die Grundzüge für die eigenthümlich christlichen Lebensbegriffe, z. B. für die Wiedergeburt. In allen den genannten Beziehungen hat die christliche Ethik das alte Testament propädeutisch zu verwenden, sofern darin theils das Gesetzliche oder allgemein Sittliche sich explicirt, theils das Geistliche darin substruirt ist.

Erstes Hauptstück.

Die genetische Anlage der christlichen Lebensbildung.

I. Die Principien der neuen Lebensanlage.

Vorbemerkung.

Wenn wir hier von Principien des christlichen Lebens sprechen, so ist dies nicht zu verwechseln mit dem, was sonst mit dem Namen Moralprincipien bezeichnet wird. Unter einem Moralprincip versteht man nämlich am gewöhnlichsten die allgemeinste Norm, nach welcher sich das sittliche Handeln in seinen wesentlichen Beziehungen soll bestimmen können, oder einen obersten Grundsatz, welcher das, was wesentlich zu sittlicher Gesinnung und Handlung gehört, so einheitlich ausdrückt, daß wenigstens die hauptsächlichsten sittlichen Gebote ihrem Inhalt nach daraus abgeleitet werden können. (Vgl. Rothe, Ethik, S. 196, § 89, Anmerk.) Bestimmter nennt man dies das höchste materielle Princip, und es soll dadurch zugleich eine systematische Einheit in die Moral gebracht werden. Neben diesem sogenannten materiellen Princip formulirt man dann weiter ein Erkennungs=Princip als ein Kriterium für die Wahrheit oder Falschheit der sittlichen Gebote, weiter ein Verpflichtungs=princip, das den entscheidenden Grund angeben soll, warum man die sittlichen Gebote zu thun habe, und endlich fordert man noch ein Princip der Willensbestimmung oder eine kurze Formulirung der sittlichen Gefühle und Antriebe, durch welche der Wille zum sittlichen Gehorsam zu bestimmen sei. — Diese ganze Unterscheidungsweise macht schon an und für sich den Eindruck, als wäre eine künstliche Maschine stückweise zusammenzusetzen und in Bewegung zu bringen, und sie ist ein klarer Beleg, wie zerstückelt und mechanisch das ethische Leben von der Schulmoral aufgefaßt wurde und wie formalistisch behandelt. Die christliche Ethik ist dabei überhaupt nur gedacht vom Standpunkt des Gesetzes als eine formell systematische Zusammenstellung von Sittengeboten und Pflichten, nicht aber vom christlichen Standpunkt des Geistes als Lebens-Pädagogik. Hier gilt es vor Allem die Grund-Ursachen, aus denen sich das christliche Leben selbst, wenn es irgend bestehen soll, ableitet, erhält und fortbildet, also die Realprincipien desselben im Unterschied von jenen Formalprincipien.

In diesen Realprincipien liegen auch die vollständigen Principien eines christlichen Moralsystems: in Christus ist das oberste Gesetz gegeben und die durchgängige Verpflichtung zu seiner Erfüllung; im Geiste Christi als immanent gewordenen liegt auch das Princip der Willensbestimmung, in Christi Wort das durchgängige Erkenntnißprincip. Alle diese Principien aber fassen sich einheitlich zusammen in Christus selbst, wie er als Geist im Wort sich offenbart; subjectiverseits aber faßt sich Alles principiell zusammen im Glaubensverhältniß eben zu diesem Christus.

§. 1. Christus mit seinem Geist und Wort.

Es könnte bei dieser Aufstellung des christlichen Princips scheinen, **Gott als Vater** verliere seinen principiellen Rang, wie er ihm als der absoluten Ursächlichkeit auch in der Heilsökonomie zukommt; allein der ganze Lebensinhalt Christi ist nichts Anderes als die in ihm erschienene Gnade, die Vaterliebe Gottes, und diese so, wie er im Sohn sein eigenes Leben d. h. göttliches Geistesleben, ewiges Leben mittheilbar macht und mittheilt an die in Sünden todten Menschen. 1. Joh. 4, 9. Eph. 2, 1—10. Alles was Christus hat, bezeichnet er selbst als Gabe und Habe vom Vater, und was er wirkt, bezeichnet er als Werk des Vaters. Im **Vater** liegt also die **absolute Ursächlichkeit, das Urprincip der durch Christum vermittelten Gnade und alles dessen, was aus ihr hervorgeht,** so auch das Urprincip der ethischen Wirksamkeit der Gnade und ihrer ethischen Erzeugnisse.

Ist nun aber Alles in Christo Gabe und Werk des Vaters, so scheint wieder auf der andern Seite für **Christus** keine selbständige Stellung übrig zu bleiben, namentlich nicht zur Gnade und zu ihrer ethischen Sphäre. Allein hier kommt noch zweierlei in Betracht. Einmal

a) schon vor Erscheinung der göttlichen Gnadenliebe in Christo, ja schon vor Grundlegung der Welt existirt Christus, und zwar eben selbständig als der Geliebte Gottes. Gott ist ihm (als Vater dem Sohn) immanent mit seinem vollen göttlichen Lebensbegriff und mit der Fülle seiner Liebe, und eben nur diese vorweltliche Urliebe Gottes zum Sohne und im Sohne begründet sowohl die Weltschöpfung als auch die Gnadenerscheinung der göttlichen Liebe in Christo. Aus dem

§ 1. Christus mit Geist und Wort.

gegenseitigen selbständigen Liebesverhältniß zwischen Vater und Sohn entspringt eben die Gnadenbestimmung über die Menschheit im vorweltlichen Christus und die Gnadenmittheilung an sie im erschienenen Christus. Eph. 1, 4—6. Joh. 17, 24. 26. Also eben in seinem persönlichen Urverhältniß zum Vater, wie in seiner geschichtlichen Erscheinung ist Christus der principielle Grund aller göttlichen Vatergnade für die Menschheit. Ferner

b) indem in der Erscheinung Christi die Liebe des Vaters ihre Lebensfülle heraussetzt als Gnade für die Menschen, geschieht dies so, daß alles dem Vater Eigenthümliche und den Menschen Bestimmte zuvor selbständiges Lebenseigenthum im Menschensohne wird. Joh. 17, 10. 5, 26. Vermöge dieser Selbständigkeit ist Christus der Mittler aller göttlichen Lebensmittheilung, nicht bloß unselbständiges Mittel und Werkzeug: er gibt daher den Seinigen sein Leben zu eigen, wie ihm der Vater das seinige gegeben hat als ihm eigenes. Joh. 6, 33. 47 f. 57. 14, 19, vgl. Kol. 1, 27 (der Christus in euch), Eph. 5, 30. 32. Durch seine Selbsthingebung für die Menschheit und durch seine Selbstmittheilung an die Menschen oder durch seine Verinnerlichung in ihnen realisirt sich eben die Verklärung des Vaters in der Menschheit und die Verklärung der Menschheit in Gott, nachdem diese gegenseitige Verklärung in der Person Christi selbst durch seine Erscheinung und Entwicklung als Mensch bereits urbildlich vollzogen ist.[1]

---

[1] Die Menschen werden Menschen Gottes nur dadurch, daß Christus der Gottmensch ist und seine Herrlichkeit mit ihnen theilt. Joh. 17, 22 bis 24, vgl. 10 ff. Eph. 4, 6 u. 8. Vgl. Steinhofer's Predigten über die Haushaltung des Dreieinigen Gottes, S. 182. Tüb. Ausg. Dr. J. T. Beck, Lehrwissenschaft I. 2. Aufl. S. 564 ff.

Christus ist also selbständiger Weise sowohl
a) der principielle Grund als

b) der principielle Vermittler aller Gnade und Gabe des Vaters für die Menschheit; in ihm bleibt einerseits der Gnadenwirksamkeit des Vaters ihre durchgängige Ursächlichkeit, indem Alles, was Christus hat und gibt, nur die Liebe ist, mit welcher der Vater ihn liebt als den Sohn, andererseits bleibt unser Gnadenempfang durchgängig abhängig eben von Christo, indem nur in ihm und nur um seinetwillen und nur durch ihn der Vater uns liebt. Die göttliche Ursächlichkeit des Vaters und unsere durchgängige Abhängigkeit von Gott treffen also beide in Christo zusammen, indem er die Gnade als Gabe vom Vater an ihn und als seine Gabe an uns in principieller Selbständigkeit zusammenfaßt. Letztere steht also fest.

Es fragt sich nun noch: wie ist Christus in seiner principiellen Stellung näher zu bezeichnen? Es geschieht dies kurz, wenn er der Herr und das Haupt heißt, wobei wieder nicht zu vergessen ist, daß es der Vater ist, welcher ihn zum Herrn gemacht, zum Haupt gesetzt hat. Apostelg. 2, 36. Epheser 1, 21 f. Hiebei wird Christus als der menschlich existirende Gottessohn gedacht, aber auf dem Throne des Vaters d. h. in der Centralsphäre des göttlichen Reichs- und Regierungssystems; dies ist sein Standpunkt als Herr und Haupt. Hiernach ist Christus, wenn wir seine principielle Stellung innerhalb der göttlichen Reichsökonomie näher bezeichnen wollen, Centralprincip der Gnade und ihres neuen Lebens, das Princip, welches aus Gott heraus Alles in sich selbst beschließt und aus sich heraus souverän mittheilt als der Herr. Die persönliche Verbindung mit Jesu

Christo, mit seiner Person bildet daher für den Menschen die absolute Voraussetzung und Grundlage eines Lebens im göttlichen Sinn und so namentlich des wahrhaft ethischen Lebens. Als Centralprincip steht dann auch Christus nicht blos neben Geist und Wort, sondern mit Geist und Wort da; sie sind ihm immanent und er ihnen; Geist und Wort sind erst in ihm und durch ihn herausgesetzte Principien, sofern er selber das persönliche Wort ist, der $\lambda o \gamma o \varsigma$, welches erst das neue Wort der Gnadenoffenbarung, das neue Lehrwort begründet, und ebenso ist er der menschheitlich persönlich gewordene Geist (2. Kor. 3, 17), der die neue Geistesausgießung begründet. Ebendaher sind nicht nur durch ihn, sondern auch aus ihm Wort und Geist herausgesetzt als neue Lebensprincipien, nämlich als ausgesprochenes Wort $\dot{\varrho}\eta\mu\alpha$ und als herbeigerufener und ausgegossener Geist $\pi\alpha\varrho\alpha\kappa\lambda\eta\tau o\varsigma$. Indem nun Christus diese Principien aus sich heraussetzt, theilt er in ihnen sein eigenes Wesen zeugend mit, d. h. durch Bezeugung im $\dot{\varrho}\eta\mu\alpha$ und durch Einzeugung im $\pi\nu\varepsilon\nu\mu\alpha$, und so ist er die Grundsubstanz des ganzen neuen Lebens, wie es durch Wort und Geist vermittelt wird. Also das, daß er die **göttliche Substanz des neuen Lebens oberhoheitlich als Herr und Haupt in sich centralisirt und aus sich principiell entwickelt mittelst des Wortes und Geistes**, dies ist das Besondere, das Eigenthümliche bei Christo in seiner ökonomischen Stellung und gibt ihm eben den Rang des Centralprincips, wie im christlichen Lebensgebiet, so in der christlichen Ethik.

Wir haben nun das gegenseitige Verhältniß von Christus, Geist und Wort eingehender zu bestimmen:

I. Von Christus.

Um die volle Bedeutung von Christo zu gewinnen, dürfen wir nicht bloß anknüpfen an das Gesetz und an das Mißverhältniß des Menschen zum Gesetz; dieses selbst hat seinen Ursprung in einer Veränderung des ursprünglichen menschlichen Verhältnisses zu Gott; daher in der Wiederherstellung des normalen Urverhältnisses und in der vollendenden Entwicklung desselben kommt erst die volle ethische Bedeutung Christi zu Tage, nicht in der bloßen Ausgleichung des gesetzlichen Mißverhältnisses.

Die menschliche Natur wird in der Offenbarungslehre aufgefaßt als göttlichen Ursprungs und zwar so, daß sie vermöge dieses Ursprungs in göttlicher Gleichartigkeit angelegt und zur selbständigen Entwicklung derselben bestimmt ist. Das Menschenleben soll von der göttlichen Anlage aus durch normale Entwicklung derselben seine Vollendung erhalten in Gott, im göttlichen Wesen selbst. Eine solche Entwicklung ist aber nicht nur nicht wirklich geworden, sondern unmöglich durch den menschlichen Abfall von Gott, indem dieser zugleich ein Herausfallen ist aus der anerschaffenen Grundbestimmung, aus der Gott gleichartigen Grundanlage und Grundform unserer Natur, daher war und ist die Folge des Abfalls von Gott: Naturzerfall, Tod im geistigen und physischen Sinn. Die geschichtliche Entwicklung der Menschheit befindet sich mithin nicht nur in einem moralischen Widerspruch mit dem göttlichen Gesetz (vgl. Einl. II. 2. α.), sondern vor Allem in einem essentiellen, in einem Naturwiderspruch mit dem göttlichen Wesen, wie es ihr theils schon immanent ist als anerschaffene Anlage, theils noch transcendent über ihr ist als höchstes Ziel. Ebenso ist nun auch das göttliche Wesen selbst (nicht nur das göttliche Gesetz) im Widerspruch mit der menschlichen Lebensentwicklung: diese ist eine wachsende Entfremdung, welche Gott und Menschen immer weiter auseinander trennt und in Gegensatz zu einander bringt. Unsere Grundbestimmung aus Gott und zu Gott gewinnt so ewig keine Realität. Die Realisirung derselben kann in diesem gegenseitigen Wesens-Widerspruch allein geschehen durch eine wesenhafte Versöhnung des Göttlichen mit dem Menschlichen. Diese in Jesu Christo sich vollziehende Versöhnung steht nicht als ein bloßes historisches Ereigniß da, als wäre Christus mit seiner That äußerlich zwischen Gott und Menschen hineingetreten, um wie zwischen zwei Gegnern zu vermitteln. Die bei der Versöhnung in Betracht kommenden Persönlichkeiten, Gott, Christus und Mensch, kommen nicht in Betracht als nebeneinander stehende Individuen, sondern vorausgesetzt ist die anerschaffene Wesensverbindung zwischen Gott und Menschen, und diese selbst ist von ihrem Ursprung aus, von der Schöpfung an bereits vermittelt eben in dem Wesen Christi als dem wesenhaften Abbild des göttlichen Wesens und dem wesenhaften Urbild des menschlichen. So ist Christus auch der einzig mögliche Mittler gegenüber der begonnenen und fortschreitenden Auflösung dieses in Christi Urwesen vermittelten Wesensverbandes zwischen Gott und der Menschheit, und zwar handelt es sich dabei um die Menschheit eben in ihrem generellen Wesen, um die menschliche Natur, nicht um eine größere oder geringere Menge von Individuen nur. Es handelt sich also bei der Vermittlung zwischen Gott und Menschheit um eine neue Vereinigung des menschlichen Naturwesens, des unter der Entfernung von Gott Fleisch gewordenen mit dem Geisteswesen der göttlichen Natur. Für diesen Zweck vollzieht Christus als Mensch-Gewordener zunächst in seiner eigenen Persönlichkeit eine Ineinanderbildung des göttlichen Geisteswesens und des in der Entgöttlichung begriffenen Menschenwesens, der Fleischesnatur. Da war denn das Fleisch eben zu opfern (dieses ist die Sühnung), damit dasselbe der Erfüllung d. h. der völligen Durchdringung mit dem göttlichen Wesen, der Verklärung zugänglich werde. Ueberall wird ja das Niedrige und Unvollkommene nur durch Zersetzung, Auflösung, Sterben der Vereinigung zugänglich mit dem Höheren und Höchsten.

Diese durch Sühnung sich vollziehende Vereinigung des menschlichen Naturwesens mit dem göttlichen oder der menschlichen Fleisches-Natur mit dem göttlichen Geisteswesen ist mit einem Wort die Versöhnung, ist also etwas in Christi eigener Persönlichkeit, in seiner gottmenschlichen Wesensentwicklung Vollzogenes, eine in seiner Person wesenhaft vollzogene und wesenhaft bestehende Natur-Thatsache, nicht ein bloß historisches Ereigniß, welches durch ihn als Individuum zwischen Gott als Individuum und zwischen die Menschen als Individuen hineingestellt, und wobei dann das, was dieser einzelne Jesus that, von Gott anzusehen wäre, als hätten es Alle gethan, und ihnen nur äußerlich zugerechnet wäre Gott ist nicht äußeres Object der Versöhnung, nicht das zu versöhnende Individuum, sondern Gott ist, als das absolute Wesen in Christo, das mit sich versöhnende Subject selbst, weil er wesenhaft in Christum, den Menschensohn, eingeht und in ihm die versöhnende Vereinigung mit der Menschennatur durchführt von der Erzeugung dieser Christusnatur an durch die Entwicklung im Leben, Sterben, Auferstehen hindurch bis zum vollen Eingehen des göttlichen in das menschliche Natur-Wesen, bis zur Verklärung Gottes in diesem Menschensohn. So ist auch die Menschheit nicht als individuelle Menge äußeres Object der Versöhnung, sondern das Naturwesen der Menschheit ist in Christus wesenhaft vorhanden und ist wesenhaft durch Sühnung, durch Opferung hineingebildet worden in das göttliche Naturwesen bis zur Verklärung des Menschheitlichen in Gott. So ist die Versöhnung nach allen Beziehungen, die zwischen Gott, Christus und den Menschen stattfinden, etwas innerlich und wesenhaft Vollzogenes; dies eben in Christo, sofern er Gott und Menschen, beide nach ihrem inneren Wesen, in seinem eignen inneren Wesen zusammenfaßt, sie wesenhaft mit einander vermittelt, und so als vermittelt in sich trägt.

Es gilt also für den einzelnen Menschen, um der Versöhnung mit Gott theilhaftig zu werden, daß er **Christum selbst als den wesenhaften Mittler und Versöhner im Glauben ergreift und in sich aufnimmt, ihn sich receptiv zueignet und selbstthätig aneignet.** Damit wird und bleibt der Einzelne in Christi Versöhnungswesen aufgenommen, das eben generell der Menschheit angehört, und wird immer mehr darin hineingebildet; der Mensch ist ein mit Gott Versöhnter, und wird darin immer mehr geheiligt d. h. gereinigt und mit Gott geeinigt.*) Eben weil die Versöhnung etwas Innerliches und wesentlich Vollzogenes ist, knüpft die Schrift alle Wirkung der Versöhnung,

---

*) Nicht aber geschieht dies schon durch einen Glauben, welcher die Versöhnung nur behandelt als ein äußerliches, geschichtliches Werk des äußerlich zwischen Gott und Menschen sich hineinstellenden Christus, und dieses Werk nur als ein fremdes Verdienst ansieht, welches dem Glauben äußerlich von Gott zugerechnet wird.

die Sündenvergebung und Heiligung an Christi Blut, Leib, Geist, an seine persönlichen Natursubstanzen und an ihren persönlichen Empfang und Aneignung, nicht an das der Schrift völlig unbekannte Abstractum: Verdienst Christi, das dann nur eine äußere Uebertragung oder psychologische Zueignung zuläßt. Aus dem Gesagten erhellt: nicht in Christi Leiden und Sterben als äußeren Akten besteht die Versöhnung. Dies sind die Mittel, wodurch Christus zum Zweck der **Versöhnung** sich zum **Sühnopfer** gemacht hat, sein Fleisch für die volle Vereinigung mit dem göttlichen Wesen erschlossen hat.*) Vielmehr in der gottmenschlichen Centralpersönlichkeit, wie in ihr das menschliche Naturwesen, das Fleisch, zum völlig reinen Organ des Göttlichen erhöht ist, darin besteht die Versöhnung und darin bietet sie sich an als etwas wesenhaft generell Vollzogenes, als der der Menschheit durch Opfer des Fleisches, durch Sühnung bereitete Lebensverband mit Gott. Und individuell wird diese Versöhnung nur durch individuelle Aneignung der Person Jesu Christi als **des Christus für uns**, des Einen für Alle. Nur unter Voraussetzung der persönlichen Verbindung mit Christi Centralpersönlichkeit ist eine reale Lösung des naturhaften und moralischen Widerspruchs zwischen Gott und Mensch vermittelt und eine Neubegabung mit göttlicher Gleichartigkeit. Bevor denn Christus als **Christus in uns** sein neues Bildungswerk vollzieht, uns zur Gerechtigkeit und Heiligung wird, müssen wir im Glauben ihn uns zueignen und aneignen als denjenigen, der als Christus für uns in sich selbst die Versöhnung mit Gott

---

*) Man vergl. J. T. Beck's Lehrwissenschaft I. 2. Aufl. S. 516 ff. und beachte den präcisen Unterschied den er zwischen $\iota\lambda\alpha\sigma\mu o\varsigma$ Sühnung und $\varkappa\alpha\tau\alpha\lambda\lambda\alpha\gamma\eta$ Versöhnung macht. So auch in seinen dogmatischen Vorlesungen.

objectiv wurde und ist. Dadurch erst ist und wird eine neue göttliche Lebensbildung in den durch ihre Natur und ihre Werke sündigen Menschen ermöglicht. Wenn also das Herz abkommt von dem Christus für uns, von der Versöhnung in ihm, so stockt auch die neue Lebensbildung. (Die weitere Ausführung hievon s. bei den Grundakten der christlichen Lebensbildung.)

Wie knüpft sich nun auf Grund der Versöhnung in Christo die neue Lebensbildung an den gegebenen Christus unmittelbar an?

a) Es begegnen uns in Christi eigenen Worten mancherlei Benennungen, durch welche er sich als den Vermittler des Lebens für die einzelnen Menschen darstellt; es geschieht dies theils in mehr allgemeinen Ausdrücken, theils in singulär bestimmten. Ersterer Art ist es, wenn er sich als den **Hirten** darstellt, hier ist die Leitung zum Leben das vorschlagende Moment. Joh. 10, 2 u. 4. V. 27 f. Ferner sofern er der **Weg** ist zu Gott, erscheint das göttliche Leben in ihm selber angebahnt, die Richtung und Erreichung desselben dargeboten. Joh. 14, 4—6. Noch unmittelbarer bietet sich in ihm als der **Thüre** der offene Eintritt dar in den freien Lebensgenuß. Joh. 10, 9. Aber noch bestimmter wird der Empfang des Lebens gerade an seine Selbstmittheilung geknüpft und an seine innerste persönliche Genossenschaft, wenn er sich darstellt als **Brod** des Lebens und als lebendiges **Wasser**. Hiemit bezeichnet er sich als den, der in und aus sich selbst die himmlische Ernährung und Kräftigung des Lebens gewährt. Joh. 6, 27 u. 35. 48 ff.; 4, 10 ff. vgl. 7, 37 f. Endlich, wenn er sich als **Weinstock** darstellt, der aus sich selbst die Reben sammt den Früchten hervortreibt, so faßt er in sich die innerste, die organische Verbindung, Belebung und Befruchtung zusammen. Joh. 15, 1 ff. In dieser Bezeichnung ist Christus schon angedeutet als in sich selber die Grundsubstanz des neuen Lebens und zwar in dessen ganzer Entwicklung. Ganz bestimmt tritt nun dies hervor, indem er schlechthin **das Leben** heißt, so daß nur der, welcher ihn hat, d. h. welcher in seinem Besitz ist, auch das Leben hat im göttlichen Sinn. Das ganze Gnadenleben erbaut und organisirt sich nur dadurch als ein persönliches, daß Jesus Christus in uns persönliches Leben wird, seine Gnade und Wahrheit in uns überträgt (Joh. 1, 14. u. 16), daß er zum Christus in uns wird (Koloss. 1, 27), d. h. näher charakterisirt, daß er, was er in sich selbst ist, auch in uns wird, nämlich Weisheit, heiligende Gerechtigkeit und Erlösung. Dies Alles aber nur sofern wir in ihm sind. 1 Kor. 1, 30. Kol. 2, 10. Er ist der Christ κ. ε., der in die Welt gekommen ist: Christen im wahren Sinn sind und werden wir nur dadurch, daß wir in den Christ versetzt werden und er in uns kommt. Es steht also fest: die ganze christliche Lebensentwicklung hat Christum mit seinem eigenen Lebensinhalt zur **Grundsubstanz;** eben hiemit aber hat dieselbe

b) in ihm auch ihre durchgängige Grundbestimmung oder ihr Grundgesetz.

Als Grundgesetz ist nämlich vom Herrn selbst (Joh. 15, 4 f.) angegeben ein organisches Innebleiben in ihm, ein gläubiges Haften in seiner Person. Daran schließt sich ein allseitiges Hineinwachsen in ihn, sofern von ihm als der Grundsubstanz alles Wachsthum ausgeht. Eph. 4, 15 f. vgl. 2 Kor. 1, 21. Wir müssen also wohl bemerken: nicht bloß von Christus auf diesem oder jenem denkbaren Weg kommt uns das neue Leben zu, sondern nur in Christo, durch Innesein in ihm, und haben

wir Christum mit seinem Leben bereits in uns selber, so ist
dies einmal nur etwas Partielles, noch nicht der ganze Christus, und dann haben wir Alles, wie nicht von uns selbst,
so nicht für uns selbst, nicht als für sich bestehendes Besitzthum; vielmehr behalten und vermehren wir das ganze neue
Leben nur, so fern, so lange und so weit wir persönliche Gemeinschaft haben mit Christo, und in Kraft seiner Versöhnung
Gemeinschaft mit dem Vater. So ist es auch nicht die bloße
Gemeinschaft der Christen untereinander, durch welche sie ihr
Leben gegenseitig ergänzen und so in Christum hineinwachsen.
Nicht aus den Christen erbaut sich Christus und das christliche
Leben an und für sich, sondern aus dem Leben in Christus
erbaut sich das Leben der christlichen Subjecte als einzelnes
und gemeinschaftliches. Also die persönliche Gemeinschaft mit
dem Herrn und in ihm mit dem Vater ist und bleibt die
Grundbedingung auch für eine wahrhaft christliche Gemeinschaft
der Einzelnen untereinander und für gegenseitige Förderung
durch christliche Mittheilung. Eph. 4, 15 f. vgl. 2, 21 f.
Kol. 2, 19. In diesem durchgängigen Bedingtsein des christlichen Lebens von Christo heben sich zwei Einseitigkeiten auf:
die sich isolirende Selbständigkeit der Individualität des christlichen Selbstbewußtseins u. s. w., wie die die Individualität
beeinträchtigende Gemeinschaftlichkeit und das mit der Autorität
des Herrn sich umkleidende Kirchenthum. Sofern nun nach
dem Bisherigen das christliche Leben in Christi eigenem Lebensinhalt seine Grundsubstanz hat, eben daher in der stetigen
persönlichen Gemeinschaft mit ihm das Grundgesetz seines Bestehens und seiner Entwicklung, in so fern hat es auch

c) an Christus seine Grundform. Es ist der
göttliche Lebenstypus, nicht an und für sich, sondern wie er

eben in Christus menschenförmig ausgebildet ist, der anzueignen ist. Röm. 13, 14. Gal. 3, 27 f. Kol. 3, 10 f. Eph. 4, 24. Der Typus des neuen Menschen, von welchem in den beiden letzten Stellen die Rede ist, ist ausgeprägt eben in Christo, und das christliche Leben in seiner Entwicklung ist nichts anderes als eine steigende Umgestaltung in Christi Bild als die Grundform. Gal. 4, 19. Röm. 8, 29. 2 Kor. 3, 18. 1 Kor. 15, 49. Wie also die christliche Lebensentwicklung nur aus Christus sich bildet, als der Grundsubstanz, und nur in Christus als der Grundbestimmung, so auch nur nach Christus als der Grundform κ. ἑ. Nur in der Gleichartigkeit mit der Art, wie in dessen eigener Menschheit das neue Leben begründet und durchgebildet wurde, entwickelt sich das wahrhaft christliche Leben. Dazu setzte er sich eben in die reellste Gemeinschaft mit uns. Der Proceß des neuen Lebens ging bei ihm selbst vor sich in der Gleichartigkeit mit unserem Fleisch. Die Fleischesnatur, sinnliche Natur ist der gemeinsame Boden, auf welchem bei Christus und bei den Menschen die Entwicklung vor sich geht.*) Christus hatte allerdings als $\lambda o\gamma o\varsigma$ $\sigma a\varrho\xi$ $\gamma\varepsilon\nu o\mu\varepsilon\nu o\varsigma$ das göttliche Leben in einziger Art in sich; er hatte aber dasselbe in seiner Singularität erst einzugestalten in die verschiedenen Seiten und Entwicklungsstufen eines wahrhaft menschlichen Naturlebens in allen wesentlichen Beziehungen zu der Welt und unter allseitigen Versuchungen. Diese seine Aufgabe wurde ferner von Christus nur gelöst durch sittliche Kraft, nicht durch göttliche Macht, aber auch nicht durch heroische Glanzwerke sittlicher Thatkraft, sondern durch sittliche Tragkraft ($\dot{v}\pi o\mu o\nu\eta$), durch die Kraft eines Gehorsams, der sich in stetig freier

---

*) Vgl. Lehrwissenschaft I. 2. Aufl. § 26, 2, namentlich S. 435 ff.

Einigung mit dem Vater und mit dessen Willen erhielt unter allem Druck und Reiz einer versuchlichen Fleischesnatur.

Indem aber der göttliche Lebenstypus in Christus menschenförmig (ethisch-frei) durchgebildet ist als vorbildliche Grundform, darf nun darum das Vorbild Christi nicht wie gewöhnlich als allgemein moralisches Beispiel gefaßt werden, denn wie seine **Vorbildlichkeit** seinerseits voraussetzt eine wesenhafte Gleichartigkeit mit uns ($\sigma\alpha\rho\xi$), so setzt sie auch unsererseits eine wesenhafte Gleichartigkeit mit Christus voraus, nämlich sein $\pi\nu\varepsilon\nu\mu\alpha$. Die ganze ethische Entwicklungsform des eigenen Lebens Christi in der menschlichen Lebensform hat zur Grundlage die Geistigkeit seiner Geburt und seiner Persönlichkeit; also wenn wir sollen *κατα Χριστον* sein, seinem Vorbild entsprechend, so ist die Grundvoraussetzung, daß wir erst Christus-Geist haben, d. h. daß wir ebenfalls durch eine Geburt aus dem Geist einen dem seinigen homogenen Geist in uns eingezeugt erhalten haben. Röm. 8, 9 f.*) Christus in seiner specifischen Eigenthümlichkeit ist der Geistesmensch, der göttlich denkt und handelt, er ist also ein Vorbild nicht für den alten Fleischesmenschen, welchem eine Nachahmung noch unmöglich ist, ein Vorbild nicht für alle Welt, sondern für die Wiedergebornen, für die, welche in geistiger Wahrheit die Seinen sind, um ihm in geistiger Wahrheit nachzufolgen, nicht nur äußerlich dies und jenes an ihm nachzuahmen. Zwischen der Welt und ihm ist die Verschiedenheit so groß, daß er für sie nicht nur ein unnachahmliches Beispiel ist, sondern auch ein unverständliches, und daher von ihr verkannt oder mißverstanden ist.

---

*) Vgl. Joh. 3, 5 f. Das Kommen in das Reich Gottes ist etwas Selbstthätiges wie jedes Kommen, setzt aber voraus Geburt aus dem Geist.

Selbst seine Jünger verstehen ihn in seinem Sinn und Weg noch nicht, bevor sie seinen Geist haben. Also nur in **Trieb und Kraft des Geistes Christi** entwickelt sich bei uns das Christusleben, entwickelt sich dann aber auch **innerhalb derselben besonderen Grundformen**, welche im Lebensgang Christi als Hauptmomente hervortreten, in der Gleichartigkeit seiner **Geburt** aus dem Geist, seines Wirkens im Geist, seines Leidens, Sterbens und Begrabenwerdens, wie seiner Auferstehung und Erhebung ins Himmlische.*) Röm. 6, 5 ff. Kol. 2, 11—13. 3, 1—3 vgl. Eph. 2, 4—6. Phil. 3, 10 f. Diese Verähnlichung mit Christus vollzieht sich aber nicht am äußeren Menschen in äußerer Abgestaltung der äußeren Werke und Leiden Christi; vielmehr handelt es sich um die geistige Abgestaltung des geistigen Entwicklungsganges Christi nach seinem ethischen Charakter. Diese Abgestaltung geht jetzt, wo Christus bis zu seiner Wiederkunft eben nur als der Geist in den Seinen sich darstellt, bei ihnen vor in der Verborgenheit des inwendigen Lebens, woraus denn ein christusähnlicher Geistessinn und -wandel als Frucht hervorgehen soll, nicht als menschliches Zwang- oder Kunstwerk. Diese Abgestaltung Christi in uns ist jedoch die reelle Bürgschaft, daß für uns jene Momente des Leidens, Sterbens, Auferstehens einst auch nach außen gleichartig mit Christo sich gestalten, so daß sie zu Entwicklungsakten des höheren Lebens werden bis zu Christo ähnlicher Auferstehung und Verklärung auch unseres Leibeslebens.

II. **Die principielle Stellung des Geistes.**

Was zunächst seine Stellung zu Christus betrifft, so ist er der Zeuge, der von Christus ermittelt und gesandt

---

*) Vgl. zweites Hauptstück.

ist, der aus dem Seinigen, aus dem Eigenthum und Inhalt Christi schöpft (Inhalt seines Zeugens), und der ihn selbst wieder verklärt (Ziel und Resultat), Joh. 15, 26; 16, 7. 14. (vgl. Lehrwissenschaft I, § 12, 4. S. 87 f.). Das Zeugen des Geistes hat nun aber das Eigenthümliche, daß er als die Kraft aus der Höhe wirkt, und daß das Leben, da wo sein Zeugen wirksam wird, als Kraft gesetzt wird. Luc. 24, 49; vgl. 1, 35. Act. 1, 8. 1 Kor. 2, 4 f. 1 Thessal. 1, 5 vgl. 2, 13. 2 Thess. 2, 13. Der Geist ist also das **dynamische Princip**, in welchem sich alle von Christus ausgehenden Lebenskräfte concentriren, und von dem aus sie sich individualisiren als den Einzelnen eigenthümliche Kräfte, als Gnadengaben. 1 Kor. 12, 4 ff. Er ist so die Bildungskraft, welche aus der Substanzialität Christi das individuelle Leben erzeugt und entwickelt. Sein Zeugen vermittelt also das Erzeugen. Er ist als das dynamische Princip seiner Wirkung nach auch das generative Princip. Durch ihn wird Christus in uns geboren, wird uns mit seinem Gnadenleben innerlich als persönliches Leben, daß wir angethan werden mit Kraft aus der Höhe, mit einer überirdischen Lebenskraft. Wir haben so die Gnade nicht als bloßes Object außer uns, sondern in uns als Gotteskraft. Mit dem Geist bewohnt uns die göttliche Gnadenkraft, in welcher sich alle die neuen Lebenskräfte koncentriren. 1 Joh. 3, 24, vgl. 4, 13. Röm. 8, 10 vgl. mit V. 9. Eph. 4, 7, vgl. 1 Kor. 12, 4. 11. 1 Kor. 2, 5. Eph. 3, 16. Röm. 15, 13. Gal. 3, 5. 2 Petri 1, 3. (vgl. Lehrwissenschaft § 14. 2. S. 102 ff.). Geist, Kraft, Leben sind daher in der Schrift einander correlate Begriffe, wie umgekehrt: Fleisch, Schwäche, Tod sich entsprechen. Das System des ewigen Lebens,

das von seinem himmlischen Haupt aus die Erde, die Fleischeswelt wieder organisch verbinden soll mit der oberen Lebenssphäre, mit der geistigen Welt, das himmlische Lebenssystem
kann nur erbaut werden auf himmlischer Dynamik,
auf der Wirksamkeit des Geistes als der himmlischen Lebenskraft
Luc. 24, 49 ($\delta\nu\nu\alpha\mu\iota\varsigma$ $\dot{\epsilon}\xi$ $\dot{\upsilon}\psi o\upsilon\varsigma$). 1 Petri 1, 12. Diese
Wirksamkeit des Geistes ist aber erst vermittelt worden für
die Welt durch die Versöhnung Jesu Christi und
seine Verklärung Joh. 7, 37. 39; 16, 7. (Vgl. Dogmatik.)
Vorher, vor der Versöhnung wirkt der göttliche Geist auf
Erden theils nur als Naturgeist, als Kraft des irdischen
Lebens, theils nur als theokratischer Geist und da nur durch
vorübergehendes Ergreifen für bestimmte Functionen, wie bei
den Propheten, nicht aber so, daß das ewige Leben, wie es
der göttlichen Natur eigen, wie es im Vater und im
Sohne wesenhaft ist, und in der unsichtbaren Welt organisirt
ist, daß also der Geist des göttlichen Personlebens
innerliches Natureigenthum, des Menschen persönliches
Leben wird. In dieser Eigenthümlichkeit ist der Geist für
die alttestamentliche Zeit nur Verheißung, die dann
mit Christus realisirt wird, daher wird im Neuen Testament
der neue Geist eben bezeichnet als der Geist der Verheißung. Eph. 1, 13. 2 Petr. 1, 3—5 f. Die Verheißung
wird durch den neutestamentlichen Geist wirkliche Begabung
($\delta\omega\rho\epsilon\alpha$), Segnung ($\epsilon\dot{\upsilon}\lambda o\gamma\iota\alpha$), wird also gesandte und empfangene Verheißung, kommt zur Erfüllung. Luc. 24, 49. Act.
2, 33. 38 f. Gal. 3, 14, vgl. Eph. 1, 3 $\epsilon\dot{\upsilon}\lambda o\gamma\iota\alpha$ $\pi\nu\epsilon\upsilon\mu\alpha$-
$\tau\iota\kappa\eta$. Ehe dies aber eintreten konnte bei irgend einem
Menschenindividuum, mußte der Geist als Kraft des Höchsten
(Luc. 1, 35), d. h. nach seiner bisher transcendenten Lebens-

digkeit erst eine Centralnatur in der Menschheit bilden. Der Geist mußte in dieser Centralnatur selbst dem Fleisch, der leiblich-seelischen Menschennatur frei eingestaltet werden und das Fleisch mußte ebenso zum Organ des Geistes heraufgebildet werden, kurz der mit dem Geist gesalbte oder durchdrungene Mensch (ὁ Χριστος) mußte erst gebildet werden. Endlich mußte in dieser geistig durchgebildeten Centralpersönlichkeit Jesu Christi das Fleisch durch freien Opfertod in die göttlich-geistige Wesenheit völlig umgebildet oder in Gott verklärt und erhöht sein, und so die Versöhnung der Welt mit Gott vollbracht sein. Dadurch erst wurde auch das diesseitige Weltleben, der Entwicklungsorganismus des sinnlichen Seelenlebens ethisch-rechtlich zugänglich gemacht für die göttliche Geisteseinwirkung und Mittheilung aus dem Versöhner heraus und durch ihn. Dann konnte der Geist in seiner neuen Eigenthümlichkeit aus der nun in Gott verklärten Natur Christi, aus der gottmenschlichen entbunden werden, konnte als himmlische Lebenskraft, als ewige Lebenskraft ausgegossen werden über das Fleisch (vgl. Lehrwissenschaft S. 608 ff. II. 559 ff. und Dogmatik).

Die Frage ist nun hier

a) **Wie haben wir uns die Geistesausgießung zu denken?**

Die Geistesausgießung ist nicht identisch mit der individuellen Geistes-Einwohnung und -Begabung, sondern sie ist die universelle Voraussetzung der letztern, denn sie wird Act. 2, 16 f. vgl. V. 33 bereits als eine Ausgießung namhaft gemacht auf **alles Fleisch hinab** (ἐπι bezeichnet die Richtung auf etwas hin) während doch erst bei wenigen Individuen, den Jüngern, die innere Begabung oder die individuelle Erfüllung mit dem Geist als Folge sich anschließt; **das individuelle Eingehen des Geistes ist durch die universelle Ausgießung vermittelt**,*) das Verhältniß ist dasselbe, wie durch die universelle Versöhnung als Weltversöhnung das persönliche Versöhntwerden vermittelt ist. Beides, Weltversöhnung und Geistesausgießung, mit seiner einmaligen Vollzogenheit besteht als allumfassendes Factum, als objective Universalität, während sie in subjectiver Realität erst bei wenigen Einzelnen vorhanden war. Die Ausgießung auf alles Fleisch hinab ist hienach nicht die Eingießung in alles Fleisch oder gar nur rhetorischer Ausdruck für die Eingießung in einzelne Menschen, sondern die Ausgießung auf alles Fleisch ist die Richtung und Bestimmung fürs Ganze, ohne aber darum eine bloß ideale Bestimmung für das Ganze zu sein; dies war sie als Verheißung im A. T., im N. T. aber ist es ein eingetretenes Factum. Act. 2, 33 την επαγγελιαν του αγιου πνευματος λαβων παρα του πατρος εξεχεε τουτο. Dieser Richtung aufs Ganze, auf alles Fleisch entspricht auch eine Wirkung des ausgegossenen Geistes aufs Ganze, eine weltumfassende. Vom Herrn selbst (Joh. 16, 8) wird dem Geist, wenn er kommen, d. h. ausgegossen werde, eine Wirksamkeit auch auf die ungläubige Welt beigelegt, obgleich ihn diese nicht empfangen kann als innere Einzelgabe. Also ist es eine davon unabhängige und zwar eine **richtende** Wirksamkeit.

---

*) Act. 2, 17 schließt an die letztere eben als Folge an: das durch die verschiedenen Alter, Geschlechter und Stände sich vertheilende προφητευειν. Vgl. auf heidnischem Boden Act. 10, 44 f., wo aus dem Geistesempfang bei einzelnen Heiden den Christen klar wird, daß der Geist auch auf die heidnische Völkerwelt hinab ausgegossen sei, also in einer Universalität, die eben auch Heiden seiner individuellen Begabung zugänglich macht.

Hiernach müssen wir uns die Sache so denken, daß der Geist eben als ausgegossener oder ausgesandter Geist, also durch seine Descendenz aus seiner früheren Transcendenz herab eine über die Welt sich ausbreitende und auch die Welt objectiv influirende Macht geworden ist, eine neue von Christus ausgehende kosmische Potenz eben auf Grund der in Christo vollzogenen Versöhnung des κοσμος, während der Geist als subjectiver Besitz, als individuelle Gabe erst bei wenigen Menschen persönlich immanent ist. Als ausgegossener Geist existirt und wirkt er also innerhalb der Welt, unabhängig von seiner Immanenz in bestimmten Individuen, wie der erhöhte Christus auch so existirt und wirkt als Himmel und Erde durchdringender Herr, als kosmische Macht. Es ist mit der Geistes-Ausgießung über alles Fleisch eine neue Lebenspotenz von oben entbunden worden, die nun eben als Geist, also unsichtbar das Weltsystem durchwirkt nach eigenthümlichen Gesetzen als Gegenwirkung einer heiligen kosmischen Geistesmacht gegen die kosmische Macht des bis dahin die Welt beherrschenden Lügen- und Verderbensgeistes. Dieser existirt auch nicht nur als einzelnen Menschen immanenter Geist, sondern als selbständige Potenz, als Fürst der Welt. Die Wirksamkeit der neuen heilig-geistigen Weltpotenz gestaltet sich also theils zu einer allgemeinen, als Wirkung in der Welt, theils zu einer speciellen und individuellen als Wirksamkeit in Christi Gemeinde. Nach der Weltseite fällt die weltrichterliche Wirksamkeit des Geistes. Der Geist wirkt nämlich als das auf die Erde geworfene Feuer von oben, also im Allgemeinen mit scheidender, richtender Macht, nicht nur die moralische Welt umfassend, sondern auch die physische. Luk. 12, 49. 51 f. (Feuer in die Erde werfen mit scheidender Wirkung bis in die engsten Naturbande hinein). Luk. 3, 16 f. (neben Feuertaufe noch Feuerbrand.) Offenb. 4, 5 (sieben Feuerfackeln gleich sieben Geister, gesandt in alle Lande; γη hier und bei Lukas auf das geistige Gebiet zu beschränken, ist willkürliche Verstümmelung des Wortes).

Das ist die Grundlage und Vorbereitung der **speciellen Wirksamkeit**, in welcher der Geist als **neue Lebensströmung von oben her** in die einzelnen mit dem Herrn verbundenen Seelen einfließt und sie erfüllt. Joh. 3, 5; 7, 38 f. vgl. 4, 10. 14. Hier bei der belebenden Wirkung ist der Geist mit Wasser verbunden, wie bei der richtenden mit Feuer. Gen. 1, 2 f. (Wasser, Geist, Licht). Matth. 3, 11 (Geist, Feuer, Taufwasser). Offenb. außer 4, 5 f. noch 15. 2. 22, 1.

Indem der Geist als Feuer und Wasser gedacht wird, erscheint derselbe als Naturkraft, aber es ist die göttlichgeistige Naturkraft, die innerhalb dieser physischen Naturformen sich wirksam macht mit der Macht einer kosmischen Potenz; dies nicht alltäglich für physische Weltzwecke, sondern epochenhaft für die göttlichen Reichszwecke. Als solche kosmische Potenz bildet der ausgegossene Geist das Mittelglied zwischen dem Welterlöser, sofern er in volle Geistigkeit des Himmels naturhaft erhöht ist, und zwischen der von ihm zu bewirkenden Erlösung und Umbildung der Fleischeswelt aus ihrer geistlosen und geistwidrigen Natürlichkeit in die geistige Leiblichkeit.*) Die **Geistesausgießung** ist sonach wie

---

*) Diese Momente weiter zu verfolgen, wäre Aufgabe einer **pneumatischen Physiologie**.

§ 1. Christus mit Geist und Wort.

die Versöhnung, deren unmittelbare Frucht sie ist, eine in der irdischen Welt reell vollzogene Organisation der heiligen Geistesinfluenz, wodurch im Gegensatz zu der unheiligen Geistesinfluenz die Einwirkung und das Eingehen eines himmlisch substanziellen Geisteslebens in die Menschheit (Eph. 1, 3. Ebr. 6, 4) und am Ende in die ganze Natur (Röm. 8, 19 ff.) vermittelt wird, und so die völlige Auflösung der satanischen Weltmacht. 1 Joh. 3, 8. Joh. 12, 31. 16, 8. 11. Gehen wir näher ein

b) auf diese zweifache Offenbarung des ausgegossenen Geistes.

Eben auf der objectiv universellen Gegenwart des Geistes, auf seiner Ausgegossenheit über alles Fleisch beruht es, daß auch das gesammte Fleischesleben oder die Welt, obgleich dieselbe als solche von der Geistesbegabung ausgeschlossen ist, dennoch einer Wirksamkeit des Geistes Jesu Christi unterworfen ist und zwar, soweit es die Menschen betrifft, derjenigen erneuerten Zeugenwirksamkeit, mit deren Aufhören in der Urgeschichte die fleischliche Entwicklung allgemeiner Charakter geworden ist. Der Geist tritt nämlich wieder als weltrichtende Macht auf in geschichtlichen Manifestationen. Gen. 6, 3 vgl. mit Joh. 16, 8 ff. Lehrwissenschaft I. 2. Aufl. S. 101. 289 ff. Verbunden mit der christlichen Lehre vertritt er die göttlichen Majestäts- und Hoheitsrechte mit einer Offenbarungsmacht, die ins Gewissen trifft (daher $\grave{\epsilon}\lambda\epsilon\gamma\chi\epsilon\iota\nu$); er enthüllt innerhalb desselben Sünde, Gerechtigkeit, Gericht. Joh. 16, 8 ff. vgl. mit Joh. 3, 19 f.*)

---

*) Wie Manches ist, seit das Christenthum existirt, in der Menschheit

1. Die Principien der neuen Lebensanlage.

Fassen wir kurz Art und Inhalt dieses **allgemeinen Geisteszeugnisses** ins Auge, sowie dessen **Stellung zur Welt** und zu einem dadurch bedingten individuellen Eingehen.

α) In seiner **richterlichen Energie** wirkt der Geist geschichtlich und didaktisch, oder durch Thatsachen und Ueberzeugung als **Lichtzeugniß** (Eph. 5, 13), und dies entwickelt sich gemäß der Feuerkraft des Geistes bis zum **Feuerzeugniß**, das am Ende alles Ungesetzliche und Widersetzliche verzehrt. Hebr. 12, 25. 29 ($πυρ\ ἀναλισκον$), vgl. 10, 27—31. Luk. 12, 49, vgl. 3, 16. 2 Theff. 2, 7 f. vgl. Jef. 11, 4 mit V. 2 f. 4, 4. 1 Kor. 3, 15. (Feuerprüfung) 2 Petri 3, 12. In einzelnen Perioden, z. B. der Reformation erhob sich der heilige Feuer-Geist in seiner weltrichterlichen Energie durch Persönlichkeiten und von ihnen unabhängig durch bahnbrechende Ereignisse mit einer Intensität, daß auch die gewöhnliche Geschichtschreibung es nicht umgehen kann, davon als von einem aufflammenden Geistesfeuer, einem Alles ans Licht ziehenden Gericht zu reden. Das sind eben nur zwischeneintretende Vorentwicklungen des Geistesgerichts, welches zuletzt die physischen und moralischen Weltverhältnisse entscheidend auseinander setzt und umbildet.

---

heit als Sünde enthüllt und gerichtet worden, was in der vorchristlichen Zeit straflos hinging, sogar zum Kult gehörte, z. B. Vielweiberei, Menschenopfer. Alles was die jetzige Welt dem Christenthum verdankt, fällt unter das Geisteswirken. Die öffentliche Meinung, der ganze Humanitätsstandpunkt in den christlichen Ländern bildete sich nicht nur durch äußere Lehre, sondern dadurch, daß die Lehre Eingang fand mit einer die öffentliche Meinung bestimmenden und beherrschenden Macht. — Das beruht eben auf der Energie eines in die Weltentwicklung influirenden Geistes.

§ 1. Christus mit Geist und Wort.

Das Zeugniß des Geistes hat nun aber von Anfang an für die gesammte Menschenwelt ein bestimmtes Organ sich gebildet zu unserer Rettung. Durch seine Verbindung mit den erwählten Urzeugen Christi, mit den Aposteln organisirte es sich

β) zum Wortzeugniß. Joh. 15, 26 f. Matth. 10, 20.*) Wie stellt sich dieses Zeugniß nach außen zu der dem Christenthum noch fremden Welt? Es ergeht an alle Welt als Buß- und Glaubenszeugniß Luk. 24, 47—49. Actor. 17, 30 f., und es ist namentlich fürs individuelle Eingehen des Geistes Vorbedingung, daß erst jenes allgemeine Wahrheitszeugniß seine bestimmte Buß- und Glaubenswirkung bei den Menschen habe und unter der fortdauernden Sünde immer wieder habe.**)

So wirkt also der Geist erst durch Wort und That von außen auf und in dem Menschen, ehe er innerlich dem Menschen als selbständiges Eigenthum zu Theil wird, ehe er innewohnt. Die Einwirkungen des Geistes und die Einwohnung sind zu unterscheiden.***)

c) Die nähere Bestimmung der specifischen Wirksamkeit des Geistes in den gläubigen Individuen.

Unter dem gehorsamen Bewahren des Wortes (Joh. 14, 19—24), worin sich eben die Glaubensliebe bethätigt, entwickelt sich auch eine innere Liebesoffenbarung Christi, wie sie der Welt verborgen bleibt. Man schaut ihn da als den

---

*) Vgl. Christliche Reden, Sammlung V. Nr. 32.
**) Vgl. Christliche Reden, Sammlung I. Nr. 38: Die Schule des Geistes, und Sammlung III. Nr. 18.
***) Vgl. Steinhofer, „Evangelischer Glaubensgrund" die Predigt am Pfingstfest.

Lebendigen und kommt selbst ins Leben; man erkennt ihn im Vater, sowie sich in ihm und ihn in sich. Diese Offenbarung begründet also eine wirkliche göttliche Lebensgemeinschaft im Menschen. Vermittelt wird diese Lebensoffenbarung dadurch, daß der Vater, wie er eins ist mit dem Sohne, also im Geist, sich eine Wohnung bereitet in dem Menschen (Joh. 14, 23), so daß dem Menschen aus dem Geist Gottes gegeben wird, oder ein aus dem Vater- und Sohnesgeist gezeugter Geist ihm inne wird. 1 Joh. 4, 13. Dieser im Menschengeist verinnerlichte Geist aus Gott bildet eben die innere Wohnstätte des Vaters und Sohnes im Menschen, eine Wohnstätte, wie sie der göttlichen Geistesnatur entspricht. 1 Kor. 3, 16. Hiemit ist aus dem selbständigen Gottesgeist **individueller Geist** geworden, oder genauer: aus dem Vatergeist, wie er bereits im Sohn Jesus Christus sich urbildlich individualisirt hat, ist durch Einwohnung **Kindesgeist** geworden; denn der dem Kinde einwohnende Geist ist eben der vom Vater derivirte Geist. Der selbständige Gottesgeist hat damit eine **Sphäre im Menschen** gewonnen, in welcher er nun sein **göttliches Lebenszeugniß** reproducirt, oder worin er sich conform darstellt. Röm. 8, 15. 1 Joh. 2, 27. Wie der Geist also durch sein $\sigma\upsilon\mu\mu\alpha\rho\tau\upsilon\rho\epsilon\iota\nu$ $\tau\omega$ $\pi\nu\epsilon\upsilon\mu\alpha\tau\iota$ $\eta\mu\omega\nu$ (Röm. 8, 16) das, was in der Höhe des Lebens uns als Gotteskindern kindesrechtlich zukommt, **herabbildet bis in unser individuelles Bewußtsein hinein**, so daß es sich im eigenen Geist ausspricht als **göttliches Kindschaftsbewußtsein**, so das, was von unten aus dem Druck dieses Weltlebens unser individuelles Bewußtsein noch beschwert, nimmt und **bildet** der Geist Gottes durch sein $\sigma\upsilon\nu\alpha\nu\tau\iota\lambda\alpha\mu\beta\alpha\nu\epsilon\sigma\vartheta\alpha\iota$ $\tau\alpha\iota\varsigma$ $\alpha\sigma\vartheta\epsilon\nu\epsilon\iota\alpha\iota\varsigma$ $\eta\mu\omega\nu$ (V. 26) **hinauf ins**

Geistige, daß es göttlich vernehmbar ist, d. h.: im göttlichen Bewußtsein aufgenommen und berücksichtigt wird. So steht der Geist, wie er selbständiger Gottesgeist ist, in **Lebensverkehr** mit dem aus ihm entsprungenen Geist, zwischen ihm und Gott vermittelnd von oben herab und von unten hinauf.

In welcher Form ist nun der göttliche Geist wirksam in seiner individuellen Immanenz? Er wirkt, kurz gesagt, als beseelendes Princip, also nicht nur als eine äußerliche Macht, sondern als innerlich bestimmende Macht, als Triebkraft des Lebens, als Agens (Röm. 8, 14; Gal. 5, 18 $\pi\nu\varepsilon\nu\mu\alpha\tau\iota\ \vartheta\varepsilon o\nu\ \dot{\alpha}\gamma o\nu\tau\alpha\iota$) und zwar so, daß seine Energie nicht nur eine Willensneigung oder ein Wollen vermittelt — dies bewirkt schon das Gesetz, wenn der Mensch demselben sein Herz öffnet (Röm. 7, 18), sondern auch die **Thatkraft** vermittelt er. Phil. 2, 13. Der Geist also bildet auch in seiner individuellen Immanenz wie in seiner göttlichen Selbständigkeit das dynamische Princip, nicht ein bloß moralisches, daß nur moralische Impulse von ihm ausgingen. — Sein Verhältniß zum Ich oder zur Seele, auch wenn er inwendiger Geist ist, ist und bleibt jedoch bei aller Energie durchaus ein **freies**. Es ist keine physisch bestimmende und bestimmte $\delta\nu\nu\alpha\mu\iota\varsigma$, sondern eine **ethisch bestimmende und bestimmte**; es ist eine sittliche $\delta\nu\nu\alpha\mu\iota\varsigma$ und ein eben solcher Prozeß. Wie der Geist nur innerlich wird durch die **freie Reception** des Menschen, durch einen den Sinn verändernden Glauben an das Geisteswort, so bleibt und entfaltet er sich auch nur in gleicher Weise (vgl. bibl. Seelenlehre § 8 u. 13). Der Geist muß also nicht nur als Kraft der Seele immanent sein, sondern auch als sittlich bestimmende Norm und Richtung, als $\nu o\mu o\varsigma$, so daß auch unser

1. Die Principien der neuen Lebensanlage.

persönliches Sein nach ihm sich bestimmt, daß wir κατα πνευμα ὄντες sind. Röm. 8, 5 vgl. 2. Νομος του πνευματος (V. 2) bildet κατα πν. ὄντες (V. 5), wie νομ. της σαρκος κατα σαρκα ὄντες. Dadurch erhält die Innerlichkeit des Geistes erst ethische Bedeutsamkeit in Sinn und Wandel; daher man mit bloßen Geistesgaben und Kraftthaten bei Vernachlässigung der ethischen Geistesbildung verloren gehen kann. Matth. 7, 22 f. Das Weitere unten.

Werfen wir zum Schluß einen Blick auf den **specifischen Charakter**, welcher die christliche Ethik vermöge ihrer bisher geschilderten Principien über jede andere erhebt.

1) Das Princip der christlichen Ethik ist seinem Wesen nach das gehaltreichste und geistreichste, das sich denken läßt: **göttliche Geistigkeit in menschlicher Lebensform oder eine göttlich verklärte Menschheit**. Im christlichen Princip ist dies aber nicht als abstractes Ideal nur hingestellt, auch ist nicht bloß eine einzelne Seite des menschlichen Lebens berücksichtigt, z. B. nur die sogenannte religiöse oder sittliche im engern Sinn, sofern man das Sittliche auf den Willen und das Handeln beschränkt; es ist vielmehr die Durchbildung der ganzen menschlichen Natur- und Lebenssphäre, ja der menschlichen Weltsphäre, die das Princip bezweckt. Und diese Durchbildung ist aufgefaßt in ihrem tiefsten Grund und in ihrer höchsten Bestimmung, nämlich in Gott. Gott ist ja ebenso der tiefste Grund wie die höchste Bestimmung. — So transcendent nun aber diese Durchbildung ihrem Grund und Ziel nach ist, so liegt sie darum doch nicht jenseits des menschlichen Horizonts. Vielmehr die ganze Durchbildung leitet sich ab aus einer Menschennatur, in welcher das ganze Problem bereits gelöst ist. Princip und Durchbildung ist zusammengefaßt in Jesus

Christus, in einem persönlichen historischen Urbild, welches alle Vermittlungen zwischen Gottheit und Menschheit, zwischen der alten und der neuen Lebensform, zwischen Gegenwart und Zukunft bereits in sich selbst vollzogen hat durch alle Entwicklungspunkte hindurch bis in das menschlich Niederste und göttlich Höchste. Und diese Vermittlungen vollzieht Jesus Christus als die causale Urpersönlichkeit von sich aus auch in den ihm sich hingebenden Individuen. Also ein gottmenschliches Urbild ist der wesentliche Träger des Princips, ein gottmenschliches Abbild und Nachbild ist seine wesentliche Aufgabe und sein Resultat. Die wesentlichen Vermittlungen aber, wodurch vom Urbild aus die Nachbildung allein sich vollzieht, sind zweierlei Art: Scheidungen in Beziehung auf die alte Lebensform, diese zusammengefaßt in der innersten Tiefe als Mitsterben und Begrabenwerden mit Christo, auf der andern Seite Verbindungen in Bezug auf die neue Lebensform, zusammengefaßt in der höchsten Spitze als Mitauferstehen und Miterhöhtwerden ins Himmlische.

2) So eigenthümlich aber das principielle Wesen und Ziel der christlichen Ethik ist in Bezug auf die Vermittlung, so eigenthümlich ist auch ihre Wirksamkeit. Sie bringt in ihren Principien wie die Substanz so auch zugleich **die lebendige und belebende Kraft** zu dem, was ihr Gesetz und ihre Erziehung zur Aufgabe hat, sie bringt auch die Kraft des gottmenschlichen Lebens, nämlich den heiligen Geist als Sohnesgeist. Hiemit entspricht sie dem historischen Charakter und Bedürfniß des allgemeinen Menschenlebens, wie sie dasselbe selbst darlegt. Das wirkliche Menschenleben hat nämlich das göttliche Leben, das wahrhaft reale Leben, weder dem Gehalt nach noch der Kraft nach mehr in

sich. Indem nun die christliche Ethik an dem gottmenschlichen Leben in Christo ihren Bildungsstoff hat sammt der Bildungsform und dem Bildungsziel, hat sie zugleich am Geist Christi als ausgegossenem und immanent werdendem die ganze Bildungskraft sammt ihrem Bildungsgesetz; sie hat den vollständigen Apparat einer neuen Lebensbildung. Die christliche Gesetzgebung in ihrer Wirkung betrachtet ist sonach eine lebendige Organisation ($\kappa\tau\iota\sigma\iota\varsigma$) materiell und formell. Und dadurch entspricht sie wieder dem natürlichen Charakter des menschlichen Lebens, welches der irdisch-materiellen Welt mit ihren sinnlichen Stoffen und Formen, Reizen und Gesetzen organisch verhaftet ist. — Diese Wirksamkeit des christlichen Princips ist

3) vermittelt durch eine Macht des Princips, welche von einem Centrum aus alle Lebensgebiete umfaßt, auf dem menschlichen namentlich die innere und die äußere Seite desselben, die diesseitige und die jenseitige. In Christus nämlich mit seinem Geist centralisirt sich alles. Wie er in seiner verklärten Menschheit die göttliche Centralmacht nach außen in sich vereinigt als der auf den Weltthron Erhöhte, so durchwirkt nach innen sein ausgegossener Geist die ganze Fleischeswelt, um den neuen Organisationsprozeß nach geistigen, namentlich ethischen Gesetzen durchzuführen bis zum Sieg der Gerechtigkeit und bis zur Herstellung einer Welt der Gerechtigkeit, also bis zur ethischen Vollendung. Für diesen Zweck waltet der Geist Christi mit zweifacher Macht: theils mit einer göttlich scheidenden Richtermacht, welche endlich bis zur Verzehrung alles Ungesetzlichen und Unsittlichen sich entwickelt, theils mit einer göttlich einigenden Verklärungsmacht, welche endlich Seele,

Leib und Wohnplatz der Christo Angehörigen in himmlisches Neuleben umgestaltet, in einen heiligen, also göttlichsittlichen Lebensorganismus. Die christliche Ethik ist also vermöge der Macht ihres Princips auch ihres Ziels unfehlbar gewiß im Einzelnen und im Ganzen. Was nämlich in den Bildungskreis ihres Princips sich aufnehmen läßt und aufgenommen bleibt, das wird mit allmähliger Ausscheidung des Alten umgebildet und ist in göttlicher Kraft gesichert für die Seligkeit einer rein sittlichen, einer vollkommenen Lebenserbschaft. Was dagegen dem Bildungsprozeß ihres Princips fremd bleibt in Antagonismus, das wird in der göttlichen Macht eines unwiderstehlich nach sittlichen Gesetzen fortschreitenden Weltauflösungs- und Umbildungsprozesses seiner Zeit ausgestoßen, wie jeder gesunde Organismus in seiner Fortbildung das nicht umzubildende Spröde ausstößt.

III. Das Wort.

Wir haben nun aber auch noch besonders das dritte Moment im christlichen Princip ins Auge zu fassen: das Wort.

Zu den Principien der christlichen Ethik gehört nämlich auch ein bestimmtes Bildungsmittel oder ein Organ, in welchem der Bildungsstoff und die Bildungskraft des christlichen Lebens, also Christus und sein Geist, zusammengefaßt ist. Dies ist das Wort des Evangeliums. Das Wort im Allgemeinen, sofern es in mancherlei Art von Gott ausgeht, ist nur der Geist seines Mundes (Ps. 33, 6), d. h. der sich äußerlich machende und äußerlich fixirende Geist, der effective Geist Gottes. Im Wort faßt sich die ausströmende Gotteskraft zusammen in expressiver Bestimmtheit und Bindung und wirkt schaffend, tragend und heiligend. Ebr. 11, 3; 1, 3. 1 Tim. 4, 4 f. Joh. 17, 17. Matth. 4, 4.

Auch das neue Leben nun, wie es von Christo ausgeht, ruht entsprechend diesem Begriff auf einem eigenthümlichen Gotteswort, dem Evangelium. Dieses neue Wort Gottes bildet im Verhältniß zum neuen Leben eben den Samen desselben. Luk. 8, 11. Wie nun eines jeden lebendigen Samens Art es ist, daß er eine eigenthümliche Substanz und Bildungskraft in sich schließt, so vereinigt das Wort des Evangeliums in seinem Inhalt Christum als das substantielle Leben, aus dem sich das christliche Leben bildet, und den Geist als die Bildungskraft. Es zeugt von Christus — dies ist seine Substanz —, und der heilige Geist zeugt im Wort — dies ist seine Kraft. Joh. 5, 39 mit 15, 26 f. Röm. 1, 1—4, 16. 1 Kor. 2, 12 f. vgl. 4 f. Es heißt daher das Evangelium nicht nur Wort Christi, als eine von ihm ausgegangene und ihn betreffende Lehre, sondern es wird auch, wie Christus selbst, als Geist und Leben bezeichnet und gleich dem Geist als Kraft Gottes, so daß es gleichartiges Leben, göttliches Geistesleben, aus sich erzeugt. Joh. 6, 63. 68. Röm. 1, 16. 1 Kor. 1, 18. 2 Kor. 3, 6, 8, 17. 1 Petri 1, 23, 25. Ebr. 4, 12. Sonach haben wir das Wort anzusehen als das göttliche Zeugungs- und Bildungsmittel für das neue Leben; es ist der nächste Lebensursprung des Glaubens und das beständige Lebenselement desselben. Röm. 10, 17. Joh. 17, 20. Luk. 11, 28. Joh. 5, 24. Jak. 1, 18, 21. Als Same des Lebens bildet es das eigenthümliche Organ Christi und des Geistes, ist also für das substantielle und dynamische Princip das organisatorische Medium, daher ebenso gestaltet, daß seine Wirksamkeit auf Geist und Kraft ruht, nicht in der dialektischen oder rhetorischen Form menschlicher Bildung (1 Kor. 2, 4. 1 Theff. 1, 5), und entsprechend der strafenden wie der Christum verklärenden Wirksamkeit des Geistes ist auch im Wort beiderlei Wirksamkeit vereinigt.

§ 2. Die Grundordnung der neuen Lebensbildung.

Die Gnade in ihrer geschichtlichen Stiftung oder als durch Christum realisirte Gnadenanstalt ist selbst nur successiv realisirt worden. Im Allgemeinen bildet also **allmähliche Entwicklung** die Grundordnung der **objectiven** Gnade, ebenso aber auch die Grundordnung ihrer **subjectiven** Reproducirung oder der von ihr ausgehenden neuen Lebensbildung in den Individuen. Marc. 4, 26—28.*) Ferner da der heilige Geist das Zeugungs- und Entwicklungsprincip des neuen Lebens ist, so ist auch die Entwicklungsordnung eine **geistige**; sie geht auf geistigem Boden vor sich nach **geistigen** Gesetzen.

Was ist es nun aber, das die Ordnung der Entwicklung bestimmt?

1) Die allmählige Entwicklung der Gnade, wie sie in Christo und in den Menschen sich vollzieht, ruht in göttlichen Principien und so auch im göttlichen Schöpferwillen. Die ganze Entwicklungsordnung ist planmäßig befaßt in der gött-

---

*) In dieser Stelle ist die **objective** Seite dargestellt: Aussaat, Aufgehen, stufenweises Wachsthum bis zur Reife; vgl. B. 20 die **subjective** Seite: das Wort hören, annehmen, Fruchtentwicklung.

lichen πρόθεσις (Vorbeſtimmung*), in objectiver Beziehung bei Chriſtus (Luc. 22, 22. Act. 2, 23; 4, 28), in ſubjectiver Beziehung bei den Chriſten. Röm. 8, 28 f. 1 Petri 1, 2. Es iſt nun aber nicht ein beſonderer göttlicher Vorſatz zu denken über Chriſtus, ein beſonderer über die Welt, ein beſonderer über jeden Einzelnen; vielmehr indem das All im Ganzen und im Einzelnen auf Chriſtum ſchon erſchaffen iſt, ihn zur Endbeſtimmung hat (Kol. 1, 16), ſo faßt ſich auch eben in Chriſto die göttliche Vorbeſtimmung in ihrer ganzen Univerſalität zuſammen als πρόθεσις των αιωνων, als **göttliche Weltbeſtimmung.** Die neuteſtamentliche Offenbarung in Chriſto iſt eben nur Enthüllung des in Gott als Schöpfer des Alls verborgen gebliebenen Willens-Myſteriums, wie es eine das All in Chriſto zuſammenfaſſende Oekonomie zum Ziele hat. Eph. 1, 9—11; 3, 9 f. Hienach iſt die göttliche Vorbeſtimmung nicht als eine abſtracte, irreale Idee zu denken, ſondern in der **Uranlage und Ureinrichtung der ganzen Welt- und Zeitentwicklung iſt ihre Realiſirung ſchon vorbereitet.** Alle Zeitentwicklungen und Einzelentwicklungen arbeiten an der Ausführung dieſes göttlichen Planes und bewegen ſich innerhalb ſeiner realen Geſetzgebung. Röm. 8, 28 f. Vgl. Titus 1, 2. 2 Timoth. 1, 9. So iſt denn namentlich auch das durch die ewige Vorbeſtimmung in Chriſto feſtgeſetzte Lebensziel nicht zu faſſen als etwas zum voraus nur Einzelnen Zugedachtes, ſondern als allem von Gott Geſchaffenen zugedacht als die eigentliche göttliche Weltbeſtimmung, vgl. Joh. 6, 33; 3, 17. 1 Joh. 2, 2. Alles im Himmel und auf Erden iſt vermöge dieſer πρόθεσις dazu

---

*) Chriſtliche Lehrwiſſenſchaft, 2. Aufl. S. 163 ff. Dogmatik, § 14, 3. Leitfaden der chriſtlichen Glaubenslehre § 33, 2 u. 3.

geordnet, eine Vereinigung des Ganzen unter Christo als dem Haupt zu bilden. Eph. 1, 9—11. Eben indem die göttliche Schöpfungsbestimmung mit der göttlichen Gnadenbestimmung denselben Inhalt hat: den einen Christus als das universelle Ziel, fällt auch der Gnadenvorsatz in Christus zusammen mit dem allgemeinen Schöpfungszweck und die Gnadenordnung ist Realisirung der Schöpfungsordnung (vgl. Matth. 25, 34); das von Christus eröffnete Gnadenreich ist das schon von der Weltschöpfung her bereitete. Vgl. 1 Kor. 2, 7 mit 8, 6.

So gewiß daher jeder Mensch ein Geschöpf Gottes ist, ist er auch durch Christum und auf Christum erschaffen, ist also durch Gott selbst nicht von der Gnadenordnung in Christo ausgeschlossen, vom Empfang des Lebens in ihm, vielmehr auf dieses ist die jedem Menschen anerschaffene Natur schon ursprünglich angelegt und geordnet; dagegen erscheint nun auch alles, was sich der christlichen Gnadenordnung nicht einfügt, bereits vermöge der Schöpfungsordnung verurtheilt; es kann nicht bestehen als Theil des eben auf Christum angelegten Schöpfungsorganismus, wenn es zur Scheidung und Entscheidung kommt.

Dies die Grundzüge; gehen wir nun näher ein. Bekanntlich wird die πρόθεσις unter dem Titel der Prädestination nach Augustins und Calvins Vorgang partikularistisch gespalten, dies weil die πρόθεσις eben nicht einheitlich in Christo aufgefaßt wird und zwar in Christo nicht bloß als dem universellen Gnadenmittler nach dem Sündenfall, sondern schon vor demselben als dem universellen Schöpfungsmittler und Schöpfungsziel. Der Partikularismus spaltet dann die Prothesis in eine absolute Bestimmung eines Theils der Menschen zur Seligkeit oder in die Erwählung und in eine absolute Bestimmung der Andern zur ewigen Verdammniß oder in die Verwerfung. In der biblischen προθεσις bildet aber die Verdammniß durchaus kein unmittelbares, selbständiges Seitenglied der Erwählung, sondern eben nur in einer Erwählung, nicht in einer Verdammniß, vollzieht sich die biblische Prädestination und zwar ist die Erwählung schon ein vorweltlicher Akt in Christo (Eph. 1, 4), hervorgehend aus einem göttlichen προοριζειν ἐν ἀγαπη Eph. 1, 4 f. 9 f. Daher kann 2 Tim. 1, 9 f. die προθεσις geradezu parallelisirt werden mit der χαρις ἡ δοθεισα ἐν Χριστῳ προ χρονων αἰωνιων. Die biblische Prädestination erscheint hienach durchaus als Liebesakt, bestimmter als Gnadenakt, während keine einzige Stelle die ewige Verdammniß mit der προθεσις unmittelbar in Beziehung setzt. 1 Thess. 5, 9. Es ist also eine willkürliche Verletzung des biblischen Sprachgebrauchs und Begriffs, die Verdammniß als göttliche προθεσις oder Prädestination zu bezeichnen. Diesem Ursprung der προθεσις als eines vorweltlichen Aktes aus der Liebe Gottes entspricht auch ihre geschichtliche Vollziehung; niemals wird das Verlorengehen der Sünder auf die göttliche προθεσις selbst als Wirkung zurückgeführt, sondern das Seligwerden. Zwar ist die προθεσις an und für sich selbst ihrem Inhalt nach ein Geheimniß des göttlichen Willens, aber die Offenbarung dieses Geheimnisses ist eben die Gnadenerscheinung in Christo (Eph. 1, 9 f. 3, 3. 5—11. Kol. 1, 25 f. 28) und diese wird bestimmt als eine Liebe, die nicht nur Einzelne, sondern die ganze Welt umfaßt. Ebenso das Evangelium, das Organ, durch welches die göttliche Gnadenauswahl sich vollzieht, hat eine uni-

derselbe Weltbestimmung, Joh. 3, 16 f.; 6, 38. 51 f. Tit. 2, 11. 1 Tim. 2, 1—7.*) Auf der andern Seite wird die Verdammniß immer zurückgeführt auf die menschliche Sünde, namentlich auf die Schuld des Unglaubens und in Folge davon auf die göttliche Gerechtigkeit, nicht auf einen willkürlichen Beschluß. Röm. 1, 32; 2, 4 ff.

Wie vereinigt sich aber nun diese Gerechtigkeit als eine verdammende mit der universellen Liebe Gottes, speciell mit der in der Prädestination liegenden Erwählungsgnade? Ursprünglich ist durch die $\pi\varrho o\vartheta\varepsilon\sigma\iota\varsigma$ alles geschöpfliche Leben in Christo gesetzt (Kol. 1, 16—19), und damit ist Christus auch als die absolute Lebensursache und Bedingung gesetzt für alle Geschöpfe; so aber kann das Leben $\varkappa\alpha\tau\alpha\ \pi\varrho o\vartheta\varepsilon\sigma\iota\nu$, vorsatzmäßig, normalmäßig oder gerechter Weise nur innerhalb Christi, nur in der Verbundenheit mit ihm den Geschöpfen, also namentlich den Menschen zukommen. Ein Werden, ein Sein und Bleiben außerhalb Christi ist eo ipso soviel als losgerissen sein von dem Wesen, in welchem allein das Leben der Welt beschlossen und gegeben ist vom Welturspung an. Joh. 1, 3 f. Christo nicht angehören, von ihm getrennt sein ist der radikale Widerspruch mit der urrealen allgemeinen Lebensbedingung und ist ebenso der absolute Widerspruch mit dem absoluten Gnadenwillen, mit dem innersten Princip der Prädestination, mit der Liebe Gottes, da diese nur in Christo als dem Urgeliebten existirt für eine in ihm und auf ihn erschaffenen Welt, außerhalb seiner nicht; daher ist auch außerhalb seiner nothwendig $\dot\alpha\pi\omega\lambda\varepsilon\iota\alpha$, dazu

---

*) Calvin's Deutung von $\pi\alpha\nu\tau\alpha\varsigma\ \dot\alpha\nu\vartheta\varrho$.: de hominum generibus, non de singulis personis sermo est, ist eine Willkür, da ja Paulus nach V. 1 für alle Menschen gebetet haben will, eben weil (V. 4) Gott alle Menschen gerettet haben will.

bedarf es keines besonderen Verdammungsbeschlusses; es fließt von selbst aus dem einen Gottesbeschluß: in Christo das Leben. Für die von Gott abgefallene Welt wird nun eben diesem Urprincip gemäß wieder nur in Christo das Leben neu vermittelt, und zwar wieder mit der universellen Bestimmung für die ganze Welt, durch eine die Welt umfassende Versöhnung und eine ebenso umfassende Anerbietung derselben. Somit ist es auch nur Gerechtigkeit, ist aber wesentlich nothwendige Gerechtigkeit der göttlichen Liebe, daß Allen, welche außerhalb Christi bleiben, d. h. außerhalb des Geliebten, nicht die Gnade mit ihrem Leben zu Theil wird, sondern der Zorn mit dem Tod, und weil dies eben ein Verhängniß ist, das aus dem vorweltlichen und innerweltlichen Urgesetz alles Lebens rechtmäßig sich ergibt, so heißt es $\varkappa\alpha\tau\alpha\varkappa\varrho\iota\mu\alpha$.

Ergebniß des Bisherigen ist also dies:

Die biblische $\pi\varrho o\vartheta \varepsilon\sigma\iota\varsigma$ ist **absolut in Christo festgestellt als die unabänderliche Grundordnung des Lebens**, welche die Aeonen der ganzen Weltentwicklung umfaßt; Christus, der vorweltliche Sohn Gottes, ist der Inhalt und das Endziel der göttlichen Prädestination; er aber ist in seiner urwesentlichen Bedeutung **Träger der göttlichen Liebe, nicht des Zornes, Träger des Lebens, nicht des Todes.** Ebenso ist er auch **Träger der ganzen Schöpfung**, nicht nur einer Theilschöpfung; wie durch ihn, so in ihm und auf ihn ist Alles geschaffen, d. h. also eben auf die göttliche Liebe und auf das göttliche Leben ist Alles geschaffen. Ebenso ist er wieder der **Träger einer Weltversöhnung**, nicht nur einer Theilversöhnung, **eines universellen Evangeliums**, nicht nur eines partikularistischen. Die biblische Prädestination ist also in sich selber Lebenssatzung für alle

Welt, nicht Todessatzung für einen Theil der Welt; in ihr selbst liegt keine Theilung, wohl aber eine **urwesentliche und urgesetzliche Bedingung**: sofern nämlich alle göttliche Liebe mit all' ihrem Leben ausschließlich gesetzt ist eben in Christo als dem Träger der göttlichen Liebe, Träger der Weltschöpfung und der Weltversöhnung, sofern ist die göttliche Liebe bedingt gesetzt, daß nämlich eben nur innerhalb Christi das Leben sich darbietet, außerhalb Christi das Leben negirt, also der Tod ist.

Sofern nun ein Theil der Geschöpfe, sei es ein großer oder ein kleiner eben außerhalb Christi, in welchem und zu welchem sie schon geschaffen sind, sich festsetzt und beharrt auch gegenüber seiner Weltversöhnung: nur in Folge dieser selbstischen Trennung von Christus folgt für solche Subjecte eben aus der Lebensprothese als einer in Christo bedingten die Todesverdammniß als urgesetzliches Verhängniß. Die Verdammniß ist somit nicht unmittelbarer Inhalt oder selbständiger Zweck des göttlichen Willens, nicht ein besonderer der Erwählung coordinirter Prädestinationsbeschluß, sondern ist nur die mittelbare bedingte Folge des göttlichen Liebeswillens, wonach von Ewigkeit her alles Leben als ein in Christo bedingtes gesetzt ist. Eben damit sind dagegen auch alle Einzelnen, die in Christi Gemeinschaft treten, von Ewigkeit her zum Leben Erwählte; ihnen gehört eben die Liebe Gottes zu eigen, womit er seinen Sohn geliebt hat. Joh. 17, 26.

Kurze Andeutung über die **lutherische** und **calvinische** Auffassung der Prädestination.

Es ist Ein Mangel, der auf beide drückt; es fehlt an dem Alles absolut bedingenden Urprincip der Prädestination, an Christus in seiner vorgeschöpflichen Urstellung als dem von Gott bestimmten Träger und Vermittler des Lebens für alles auf ihn Geschaffene. Statt dessen fassen sie bloß seine heilsgeschichtliche Stellung ins Auge, die aus jener nur folgt, und so muß in der lutherischen Doctrin, welche die benevolentia Dei universalis retten will, die Prädestination selbst schon bedingt sein durch die erst von der menschlichen Sündengeschichte bedingten Heilmittel: Evangelium und Sakramente. Die Prädestination ist so nicht in sich selbst absolute Urbedingung (auch für die Heilmittel). Die calvinische Lehre, die eben dieses Moment für die Prädestination retten will auch der reprobatio gegenüber, kann ohne die Urbegründung in Christi Urstellung zum Leben der Welt nur an einen abstracten Willen Gottes sich halten und kommt so über ein göttliches arbitrium nicht hinaus auch für die Erwählung.

2) **Die zeitliche Ausführung der Prothese.** Wie verhält sich zu dieser die Verdammniß? Die zeitliche Ausführung der göttlichen Gnadenprothese an den Individuen erfolgt seit der Erscheinung Christi durch den Akt der Berufung mittelst des Evangeliums.

Diese Berufung umfaßt nun aber nicht auf einmal alle Völker und alle Individuen, sondern verfährt auswählend, sie greift einzelne heraus, während sie die Anderen übergeht, somit scheint das von der göttlichen Berufung nicht Erwählte oder Uebergangene durch den göttlichen Willen selbst zur Verdammniß bestimmt zu sein.

Dagegen ist vor allem zu bedenken, daß wie die berufende Gnade in den verschiedenen Theilen der Welt, den verschiedenen Zeiten und Subjecten nur allmählich sich entwickelt, so auch die Verdammniß selbst; auch sie ist bei der

Menschheit und bei den einzelnen Menschen nicht etwas schon Fertiges, absolut Entschiedenes, sondern es handelt sich vorerst nur um eine allmählich fortschreitende Todesentwicklung, welche der Entwicklung der Sünde in gemessener Abstufung zur Seite geht. Vgl. Dogmatik, § 21. Lehrwissenschaft S. 299 ff. II. Aufl. 278 ff.

Die Menschen als Sünder sind auf dem Weg, der in die $ἀπωλεια$ führt, aber noch nicht im Abgrund derselben. Dieser eröffnet sich eben am Schluß aller Entwicklung mit dem Endgericht. Menschen also, welche die göttliche Erwählung zu einer gewissen Zeit übergeht, sind darum noch nicht unrettbar in der ewigen Verdammniß. Dazu kommt das Weitere: die Erwählungsgnade besitzt ein solches Uebergewicht an Lebenskraft und Gehalt, daß sie diejenigen, die nicht durch ihre eigene Verwerfung der Gnade, sondern nur durch das Uebergangenwerden von ihr unter der Herrschaft der Sünde und des Todes bleiben, doch noch unter den bestimmten ethischen Bedingungen ins Lebensreich retten kann, und ihnen Alles Entbehrte überschwenglich ersetzen kann, daß sogar Letzt-Berufene noch Erste werden können. Matth. 19, 30; 20, 16.

Wenn also Einzelne, ja ganze Generationen hinsterben, ohne daß der Ruf der Erwählung, das Evangelium an sie gekommen ist, so ist für diese ihr zeitlicher Tod noch nicht die Ausstoßung in den ewigen Tod (die Verdammniß), der erst eintritt mit dem allgemeinen Schlußgericht, und dies wieder tritt nicht ein, bevor das Wort erfüllt ist, daß das Evangelium aller Kreatur muß gepredigt werden. Vgl. Dogmatik, § 25. Ihr Tod ist somit nicht das Herausfallen aus der Erwählungskraft und Wiederbringungskraft der göttlichen

Prothese, denn diese umfaßt Himmel und Erde, Sichtbares und Unsichtbares, Diesseits und Jenseits eben in Christus, daher 1 Petri 3, 19; 4, 6. Ja es gehört grade zum Entwicklungsplan der Gnade, daß die Sünde wie in den Einzelnen, so in ganzen Völkern und Zeiten recht mächtig wird, d. h. ihre ganze verborgene Intensität mit dem ganzen Druck ihrer Macht entfalte, in ihrer ganzen sündlichen Gestalt und Verdorbenheit erscheine, dies darum, damit theils die göttliche Wahrheit, gegen welche die Menschen so verblendet sind, sich desto kräftiger ins Licht stelle, theils in den Menschen die Empfänglichkeit für die göttliche Erlösung zeitige eben durch die Mühseligkeit und Belastung unter der Sünde, durch die Erfahrung von der Eitelkeit der eigenen Wege und der eigenen Verbesserungsversuche. Röm. 5, 20; 11, 30—33; vgl. Act. 14, 16.

Es gibt daher auf dem Boden der göttlichen Berufung selbst sogar ein zeitweises Verbergen des esoterischen Kernes der Gnade, da namentlich, wo dieselbe dem Mißbrauch ausgesetzt wäre. Es gibt selbst Verhärtungen und Verwerfungen von Seiten Gottes, wo der Unglaube bereits an dem ersten Auftreten der Gnade sich verschuldet, ohne aber schon bis zu seiner Spitze sich entwickelt zu haben. Dies ist dann eben keine absolute Verhärtung und Verwerfung, sondern vorläufig erst eine temporäre, verbunden mit temporären Gerichten, vor allem bedingt durch die pädagogische Rücksicht, daß die betreffenden durch alles Vorangegangene noch nicht so weit gelangt sind, die Sünde in ihrem wahren Umfang und Wesen erkennen zu können, und die göttliche Gnade auf heilbringende Art anzuwenden. Die Berufung wendet sich Andern zu, die dafür gezeitigt sind, behält aber Jenen noch eine tiefer einschneidende, mächtigere Heimsuchung vor in Gericht und Gnade. Matth. 10, 5 f. mit 28, 19. Marc. 4, 11 f. mit Matth. 12, 31 f. und Act. 3, 14. 17—19. Dann aber auch 13, 46—48. Röm. 10, 21 mit 11, 8. 25 f.

Festhalten müssen wir also immer:

Der Tod, das Gericht der Sünde, und das Heil, die Rettung der Gnade sind beide für jetzt noch in der Entwicklung begriffen bis zum Schlußgericht hinaus. Die hiebei nicht Erwählten sind auch bei theilweiser Schuld, wie dies bei den Juden der Fall war, erst temporär verworfen, sind erst auf dem Weg der Todesverdammniß; ebenso die Erwählten, die $\sigma\omega\vartheta\varepsilon\nu\tau\varepsilon\varsigma$ sind damit noch nicht in der absoluten Seligkeit des Lebens, sondern auf dem Weg des Lebens, im Besitz seiner Erstlingsgaben. Die absolute Entscheidung nach beiden Seiten gibt erst das Beharren auf dem Weg des Unglaubens oder auf dem Weg des Glaubens.

Kommt es nun aber auch durch die nur allmähliche Verbreitung der Erwählung selbst bei keinem zur absoluten Verwerfung, so bleibt doch noch die Frage übrig:

3) **Widerfährt denen, die eine wenn auch nur temporäre Zurücksetzung und Verwerfung trifft, sogar ohne besondere individuelle Schuld,** wie namentlich solche Heiden, die hinsterben, ohne vom Evangelium auch nur etwas zu hören, und die sogar in ihrer Art gerecht sein können, **nicht wenigstens ein temporäres Unrecht im Verhältniß zu den Andern, zu den Bevorzugten?***)

---

*) Vgl. hierüber: Leitfaden der christlichen Glaubenslehre § 33, 3. Ueberhaupt S. 236—244 (2. Aufl.).

150 § 2. Die Grundordnung der neuen Lebensbildung.

Auch dies ist nicht der Fall; denn einerseits der Zustand, wie er bei den von der Gnade Uebergangenen schon ist und sich fortentwickelt, ist eben rechtlich und pädagogisch bestimmt, ist Produkt und heilsame Zucht der menschlichen Sünde; andererseits ist der ewige Lebensinhalt der Gnade etwas, daß weder rechtlich gefordert werden kann, noch rechtlich erworben werden kann durch die eigene Kraft und Anstrengung der Menschen. Jedem in seinem noch unbegnadigten Zustand widerfährt nur, was demselben rechtlich entspricht, und auch das nicht im strengen Sinn, nicht juridisch vergeltungsmäßig abgemessen, sondern pädagogisch in einem für den göttlichen Heilszweck berechneten Sinn; andererseits entbehrt er nur, woran er kein Recht hat und wofür er noch nicht die Fähigkeit hat. Dies ist der Gesichtspunkt, den Römer 9, 14—18. 22 f. und 32 hervorhebt.*)

Nirgends, bei den gerechtesten Menschen nicht, reicht die natürliche Würdigkeit soweit, daß der Segen in Christo, d. h. das ewige Leben in der göttlichen Herrlichkeit verdient wäre, nirgends reicht aber auch die natürliche Schuld soweit, daß, wenn einmal Gnade vor Recht ergehen soll, die Gnade, die ins Leben rettet und dafür erzieht ($\dot{\eta}$ χαρις $\dot{\eta}$ σωτηριος παιδευουσα Tit. 2, 11), nicht sich anbieten könnte. Eben deßhalb ist die Gnade nicht daran gebunden und kann es nicht sein, daß sie ihre Zeit des Eintritts und ihr Maß desselben bei den einzelnen Menschen und Völkern nach dem berechnete,

---

*) Röm. 9 behandelt eben die zeitliche Ausführung der Erwählungsprothese, nicht die vorzeitliche absolute Urbestimmung derselben (letztere Eph. 1, 3 ff. 2 Tim. 1, 9 u. s. w.), mit anderen Worten nicht die dogmatische Seite der Prädestination, sondern die historische. Vgl. die Erklärung des Römerbriefs.

was sie vorher gewesen sind, geleistet oder nicht geleistet haben.*) Der Gnade gegenüber ist also nicht das Alte, nicht das schon Vorhandene gesetzgebend, sondern die Gnade hat ihren eigenen Maßstab, ist eine neue Schöpfungsthat, die ein neues Leben aus sich selber setzt, und so auch die Gesetze des Verfahrens nur im gesetzgebenden Willen des Schöpfers hat. Wie es im Anfang heißt: Gott schafft, was er will, so ebenso consequent: Gott ist gnädig, wem er will. Röm. 9, 18. 20 f.

Deßhalb aber sind die göttlichen Gnadenbestimmungen nicht Bestimmungen der Willkür, so wenig als dies die ursprünglichen Schöpfungsbestimmungen sind; es sind vielmehr primitive Neubestimmungen derselben Weisheit und Liebe Gottes, durch welche es allein eine Welt gibt und eine Gnade gibt. Daraus folgt, daß die Gnade bei ihrem Kommen und bei ihrem Uebergehen immerdar wirkt gemäß ihrer eigenen Grundbestimmung, und diese ist, die Rettung aller einzelnen Menschen eben als Gnade zu vermitteln, d. h. auf den Wegen der göttlichen Freiheit und dies durch Erkenntniß der Wahrheit in Christo, d. h. auch auf dem Weg der menschlichen Freiheit.

Auf diese durch Freiheit vermittelte Rettung Aller wirkt nun aber die Gnade hin nach den Bestimmungen einer Weisheit und einer Liebe, die weltumfassend ist, die Zeit und Ewigkeit überschaut und umspannt. Sie ergreift demnach die Einen und übergeht die Andern, ordnet überhaupt den indi-

---

*) Daß z. B. die Reformation in Deutschland im Großen gelang, die reine Gnadenlehre dem Volk zugänglich wurde, dagegen in Oesterreich, Spanien, Italien im Ganzen fehlschlug, haben weder die Deutschen besonders verdient, noch die andern Völker, unter welchen viele redliche Seelen nach dem Heil schmachteten, besonders verschuldet.

viduellen Lebensgang und den ganzen geschichtlichen Gang so, wie es gerade nicht nur dem Einzelnen, sondern dem Ganzen zur Förderung ins Gute dienen kann und soll; und zwar das Gute wieder nicht nur als relativ und temporär Gutes verstanden, sondern in seinem höchsten ewigen Begriff gefaßt, daß ein Mensch Gottes, ein Gottessohn realisirt wird, und eine neue vollständige Welt der Gerechtigkeit, in welcher sich die richtende wie die segnende Gerechtigkeit Gottes vollendet hat. (Vgl. Dogmatik.)

Die Tiefe der göttlichen Gerichte und Führungen, die eine solche Weltentwicklung durch das Einzelnste hindurch mit Anschließung an die menschliche Freiheit vermitteln in Aeonen langer Ausdehnung, ist nothwendig unerforschlich für unsern Eintagsblick und für unsere engen Herzen, aber bei aller temporären Dunkelheit ist der Röm. 11, 32 f. bestimmte Gesichtspunkt festzuhalten, nämlich Alles sei darauf berechnet, daß Allen die Gnade zugänglich werde zur rechten Zeit und in der rechten Art, und diese werde eben vermittelt durch die unerschöpfliche Fülle der göttlichen Erkenntniß, der Erkenntniß, die Alles und Jedes in seiner Eigenthümlichkeit erfaßt, so daß ihr nichts unvermuthet kommt und durch eine Weisheitsfülle, die Weg und Ziel gesetzmäßig bestimmt zur Realisirung ihres Rathes.

So muß nun allerdings jeder warten, bis die Gnade mit ihrer berufenden Erwählung im Ganzen und im Einzelnen zu ihm kommt; an wen aber die Berufung kommt, der hat es eben als unverdiente Gnade zu preisen und hat dafür zu danken, wie es alle apostolischen Briefe thun. Niemand, keine Zeit und kein Land oder Volk erwählt sich selbst, aber auch niemand wartet im Verlauf der Weltentwicklung umsonst auf die berufende Gnade und niemand kommt durch Gottes Schuld zu kurz, da seine Gnade eine allgemeine ist, und überschwenglich reich ist. Aber nun stehen wir an einem neuen Bedenken.

4) Wenn die Gnade in ihrer allmählichen Entwicklung die Zeit ihres Einkehrens bei den Einzelnen nicht nach ihrer vorhandenen Würdigkeit bestimmt, jedem, dem sie sich zuwendet, nur als einem Unwürdigen unverdienter Weise sich darbietet, dabei aber im Verlauf ihrer Entwicklung dennoch mit ihrer Anerbietung keinen übergeht, in gemessener Zeit an Alle kommt, an die Fülle der Heiden und der Juden, an Lebendige und Todte, so kann es scheinen, als ob im Gebiet der Gnade aller wesentliche Unterschied zwischen Gut und Bös, zwischen moralischer Würdigkeit und Unwürdigkeit sich aufhebe und zum Schluß eine unfehlbare Beseligung Aller anzunehmen sei. Wir müssen unterscheiden: die Erbarmung über Alle, d. h. das Kommen der Gnade zu Allen, ihr Anerbieten ist noch kein Eingehen Aller in die Gnade, und noch kein Eingehen der Gnade in Alle; ferner das Eingegangensein in die Gnade sowie der erfolgte zeitliche Empfang derselben ist noch nicht die beständige Behauptung, noch nicht der ewige Besitz der Gnade und die Vollendung darin, die Seligkeit. Das Kommen der Gnade ist so eingerichtet, daß dabei ihr Eingehen auf ein Entgegenkommen von Seiten des Menschen berechnet ist; es ist für den Anfang nur ein Zug, der dem Menschen sein Kommen nahe legt und möglich macht. Damit dann aber auch das Eingehen der Gnade in den Menschen möglich werde, erfordert es von Seiten des Menschen ein entsprechendes Ent-

gegenkommen, ein starkes Verlangen, ein Hungern und Dürsten und im Weiteren ein standhaftes Streben, ein Bitten, Suchen und Anklopfen, ein Ringen. Hiezu kommt es nun allerdings nicht bei allen Menschen, auch wenn die Gnade mit ihrer Berufung an sie kommt. Die Schrift kennt Menschen, die bereits durch Verachtung und Mißbrauch der allgemeinen Langmuth und Güte Gottes sowie der ihnen auch schon durch Gerichte eindringlich gemachten Naturgesetze und Bundesgesetze Gottes sich in einen unverbesserlichen Zustand gebracht haben, in einen Zustand theils geistiger Fälschung und Verkehrung oder, wie die Schrift sagt, der Lügenhaftigkeit, theils geistiger Abstumpfung oder Bestialität. Dieser Zustand bringt es mit sich, daß sie theils das denselben aufdeckende Licht des Evangeliums hassen, meiden und bekämpfen, theils wie ein plattgetretener Weg für die Aufnahme des Samens erstorben sind, oder wie ein vergeilter Unkrautsboden den eingedrungenen Samen ersticken. Joh. 3, 19 f. Matth. 23, 28. 33; 13, 4. 19. Luc. 8, 12. 14. Hebr. 6, 7 f. Röm. 2, 5 ff. Solche Menschen heißen in der Schrift bereits Verlorene, indem ihnen das Evangelium selber, wenn es zu ihnen kommt, verhüllt bleibt, ja eine abstoßende Thorheit für sie ist und von ihnen selber abgestoßen wird als der Tod ihres falschen Lebens. 2 Kor. 4, 3 f. 1 Kor. 1, 18. 2 Kor. 2, 16.

Eben an dem Verhalten des Menschen, wie es dem Gnadenruf entspricht oder nicht entspricht, kennzeichnet sich die Herzensbeschaffenheit des Menschen, und entscheidet es sich, ob die Gnade vom bloßen einladenden Ruf weiter geht bis zum Erleuchten und Geben, ob der Mensch ihrer Selbstmittheilung würdig ist oder unwürdig. Matth. 22, 2—8. 10. 11. Act. 13, 46. 48. Während also die Menschen im Allgemeinen der göttlichen Liebe und Gabe an und für sich unwürdig sind, und diese nur als Gnade gilt, nicht als Belohnung eines Verdienstes, macht dennoch das subjective Verhalten zur kommenden Gnade, das ihr entgegenkommende oder sie abstoßende Verhalten einen Unterschied der relativen Würdigkeit und Unwürdigkeit, wie z. B. bei zu amnestirenden Verbrechern, die allesammt das Leben verwirkt haben.

Weiter, auch wenn es bereits zum Eintritt in die Gnade und zur Gnadenmittheilung gekommen ist, so schließt dies, wie schon bemerkt, nur das in sich, daß nun die Begnadigten auf den Weg des Lebens gestellt sind, auf dem sie es erreichen können und sollen durch Fortwandeln; sie sind im Besitz dessen, woraus die ewige Seligkeit sich entwickeln kann und soll, nicht aber ist diese selber schon zum unverlierbaren Besitz geworden oder zur unbedingten Gewißheit, sie müssen derselben sich werth machen durch Beharren in der Gnade und durch einen derselben würdigen Wandel.*) Röm. 11, 22. Ebr. 3, 14; 4, 11. Offenb. 3, 4. Luk. 20, 35; 21, 36. Eph. 4, 1. Kol. 2, 6 f.

Welches ist also das richtige Verhältniß der Gnade und des Menschen zu einander? In der Gnade wird Alles zur Seligkeit Erforderliche objectiv dargeboten, ohne daß es irgend einer verdient, oder es durch Selbstthätigkeit hervorbringen könnte, aber die subjective Aneignung, die Be=

---

*) Es werden daher die Begnadigten des neuen Testaments aufs ernsteste aufgefordert, statt auf die Gnade hin sicher zu sein und zu pochen, ihren Wandel mit Furcht zu führen, ihre Seligkeit mit Furcht zu schaffen, daß sie die Gnade nicht vergeblich empfangen haben möchten, daß sie darin beharren, sich immermehr fest gründen und vollbereiten.

wahrung und Durchbildung des in der Gnade sich darbietenden Lebens-Inhalts ist stets bedingt vom selbstthätigen Verhalten des Menschen gegenüber der Gnade und im Bund mit der Gnade. Wie also einerseits die Gnade mit ihrer Anerbietung und ihrer Gabe unentbehrlich für jeden Menschen ist, um selig werden, das ewige Leben erreichen zu können, so hängt das wirkliche Seligwerden ab von dem fortwährenden freithätigen Verhalten des Menschen zur angebotenen und zur empfangenen Gnade.*)

Nothwendigkeit und Freiheit, bestimmt werden und sich selbst bestimmen ist im Gebiet der Gnade beisammen, wie bei jedem lebendigen Akt und Produkt, es ist dies Charakter der wahren Religion überhaupt.**) Ohne die Gnade kann der Mensch zu seiner Seligkeit nichts thun; die Gnade aber will nicht beseligen ohne den Menschen, d. h. nicht wider seinen Willen, und ohne seine Selbstthätigkeit, sonst wäre sie nicht mehr Gnade, Liebesakt, namentlich nicht pädagogische, sittliche Gnade, sondern arbiträrer Zwangsakt oder physikalische Evolution. Die menschliche Selbstbestimmung und Selbstthätigkeit ist in Bezug auf das neue Leben, auf die Seligkeit durchaus bedingt durch die Gnade, ist aber nicht aufgehoben durch die Gnade, sondern wird gerade neu durch sie gesetzt und entwickelt: durch ihre Substanzialität, ihre Dynamik und Organik (§ 1). Die producirende, die schaffende Thätigkeit fällt stets auf die Seite der Gnade (ἐκ

---

*) Eine klare und biblisch reine Auseinandersetzung über das Verhältniß der Gnade zur menschlichen Freiheit findet sich in einer Abhandlung von Gottlob Christian Storr über die Gnadenwirkungen nebst einer Predigt über „die Unentschuldbarkeit der Christen, wenn sie nicht selig werden". 1800. Tübingen bei Fues.

**) Vgl. J. T. Beck's Propädeutik und seine Dogmatik.

Die göttliche Prothese.

$\vartheta εου$, nicht $ἐξ\ ἀνϑρωπων$); aber individuelles Eigenthum, Personleben oder $εἰς\ ἡμας$ wird die Gnade nur, indem und soweit die neu erweckte und belebte Selbstbestimmung und Selbstthätigkeit sich aufschließt und anschließt zur Reception und zur Reproduktion der Gnaden-Wirkungen und Mittheilungen. Auf Seiten des Menschen ist also von Anfang an und immerdar nicht ursächliche Wirksamkeit, nicht producirende Thätigkeit, aber auch nicht absolutes Leiden, Geschehenlassen, oder bloße Passivität, sondern aufnehmende und nachbildende Thätigkeit; als solche erscheint die menschliche Thätigkeit immer der göttlichen untergeordnet, und von ihr bedingt.*)

Gerade weil die Gnade in aller ihrer Mittheilung nur geistig wirkt, nämlich durch die Geisteskraft im Wort hinein in das Gewissen und in den $νους$, so ist auch damit gesagt, daß sie nur an die menschliche Freiheit sich wendet, sie macht sich nicht zwangsweise und nicht unmittelbar zum innern Lebensprincip in einem Menschen, in einer Nation oder in einer Zeit, sie unterwirft sich sogar selbst der freien Willensmacht des Menschen. So oft der Mensch angefaßt wird

---

*) Ueber das allgemeine Verhältniß des Göttlichen zum Menschlichen vgl. Propädeutik, II. Abschnitt, § 9. Anmerkung 2, und im I. Abschnitt § 4. Daß übrigens der Mensch auch im natürlichen Zustand, bevor die Gnade Christi ihm innerlich geworden ist, noch eine göttliche, eine übersinnlich geistige Selbstbestimmungskraft in sich hat, im Gewissen, sowie eine göttlich bestimmbare Vernunftthätigkeit besitzt und vermöge dieser Naturbeschaffenheit auch der Sünde gegenüber noch eine innerliche Freiheit hat, eine Freiheit des Wollens, dies ist ausgeführt: Dogmatik § 20, Punkt 2. Vgl. Lehrwissenschaft S. 294 f. II. Aufl. S. 275 ff. Röm. 7, 14 ff. ist Hauptstelle.

Wie die Gnade an das übersinnlich Geistige in der $συνειδησις$ und im $νους$ anknüpft eben durch ihre Forderung des $μετανοειν$, wird bei dem folgenden § ausgeführt.

von der Geisteskraft der Gnadenbotschaft, sei es nur im Allgemeinen, wie es im Anfang geschieht, sei es bei den besondern Momenten und Wahrheiten, wie sie im Verlauf hervortreten: jedesmal hat der Mensch die Freiheit zu wollen, daß das Neue sein eigenes werde, oder es nicht zu wollen, wenn es einmal geisteskräftig an ihn gekommen ist; er kann sich demselben zukehren mit seiner Bildungskraft, es in sich aufnehmen, es bewahren, verarbeiten, entwickeln in geistiger Selbstthätigkeit mit mehr oder weniger Treue. Zu allem dem ist ihm die Gnade behülflich bei seinem ernstlichen Wollen. Er kann aber auch trotz der erhaltenen Anfassung und Erweckung Alles das nicht wollen und nicht thun, sich indolent davon abkehren und renitent dagegen verschließen. Und eben weil die Gnade diese Freiheitsakte von Anfang und stetig voraussetzt, um in den Menschen eingehen zu können, ergeht so oft in der Schrift an die Menschen der Ruf, daß sie der Gnade gegenüber das Ihrige thun, die Augen öffnen, den Sinn ihr zuwenden (den νους), Ernst, Fleiß, Kampf anwenden u. s. w. Vgl. Matth. 3, 2; 4, 17. Marc. 1, 15. 2 Petri 1, 5. Phil. 2, 12. Akt. 3, 19; 2, 38.

Es wird gewarnt, das Werk des Geistes nicht zu hemmen (Akt. 7, 51. Eph. 4, 30), und bei den schon Wiedergeborenen wird auf die Möglichkeit eines Rückfalls hingewiesen, der irreparabel ist als freie Abstoßung der schon empfangenen Gnadenkräfte. Hebr. 6, 4—6; 10, 26.

Indem nun die Gnade mit Weisheit und Erkenntniß verfährt nach geistigen, namentlich ethisch-pädagogischen Rücksichten und Gesetzen, führt sie in fester Ordnung mit Durchforschung jedes Einzelnen ihr Grundgesetz durch, daß sie nie und nirgends sich anders gibt denn als Gnade, d. h. also nicht denjenigen sich gibt, die von Gott nichts wollen oder nicht gerade das wollen, das seine Gnade anbietet, oder es nur so wollen, als hätten sie Gott etwas zuvor gegeben und in seinem Rath gesessen, sondern solchen nur giebt sich die Gnade, die sie eben als Gnade gelten lassen, als unverdientes freies Erbarmen Gottes, so aber auch willig und demüthig sie aufnehmen und das gebrauchen, was die Gnade gibt und wie sie es gibt. Röm. 9, 15. 23; 11, 34 f. 6.*)

Die Grundordnung der neuen Lebensbildung ist also kurz gesagt Gnadenordnung, sowohl in ihrer ewigen Vorbestimmtheit, wie in ihrer zeitlichen Ausführung und Entwicklung, dies in der Art, daß die Gnade auf geistigem Weg ebenso der Freiheit des Menschen sich unterwirft und sich anschließt, als sie dieselbe erweckt und ausbildet.

---

*) So ist es also der Stolz des eigenen Willens einerseits und die Trägheit und Unlauterkeit desselben andrerseits, wodurch die Menschen der Gnade und Seligkeit verlustig gehen können, und eben daher hat einst keiner eine Entschuldigung, wenn er verloren geht. Er hat nur entweder nicht gewollt, wo und wie Gott wollte, oder ist nicht treu gewesen, hat entweder die angebotene Gnade verworfen oder die empfangene Gnade nicht bewahrt und nicht angewandt. Der Gnade selbst aber geht mit den verlorenen Menschen nichts verloren, weil sie Alles in sich selber hat und alles aus sich selber schafft, auch Menschen.

§ 3. Die Grundakte der neuen Lebensbildung.

Die Frage, die uns jetzt beschäftigt, ist die: was muß gemäß der Gnadenordnung geschehen, wenn sich das Leben der Gnade im persönlichen Leben begründen und entwickeln soll, oder wenn eine christliche Personbildung vor sich gehen soll? einfach gesagt: wenn einer ein Christ im lebendigen Sinn werden soll? Wir werden hiebei gemäß dem schon beschriebenen Grundverhältniß der Gnade zum Menschen die eigentliche Causalität stets in der göttlichen Thätigkeit finden, werden aber auch dasjenige freithätige Verhalten von Seiten des Menschen zu bestimmen haben, welches darüber entscheidet, ob überhaupt und wie weit die göttliche Gnadenwirksamkeit der Persönlichkeit des Menschen immanent wird oder nicht. Letzteres, das Verhalten von Seiten des Menschen, faßt sich bekanntlich im Glauben oder im Unglauben zusammen. Dagegen das, was von Seiten der Gnade für ihre Verpersönlichung geschieht, wird gewöhnlich unter dem Namen „Gnadenwirkungen" zusammengefaßt. Reflectiren wir also

1) auf die Gnadenwirkungen, da dieselben alles Weitere, auch den Glauben bedingen. Dieses sind diejenigen göttlichen Handlungen, wodurch sich die Gnadenwahl ordnungsmäßig an den Einzelnen vollzieht, oder wodurch dem Menschen die Aneignung, Bewahrung und Durchbildung des in Christo vermittelten Lebens möglich gemacht wird. Fragen wir bestimmter nach den Akten, durch welche die Gnade ihre Wirkungen vermittelt, so ist die Bestimmung derselben in der hergebrachten Terminologie verschieden und verwirrend. Gewöhnlich werden folgende fünf Akte aufgeführt, womit zugleich eine stufenmäßige Entwicklung angegeben sein soll:

vocatio, illuminatio, conversio, sanctificatio, unio mystica (siehe Hases Hutter § 107 und 111). In dieser Zusammenstellung sind namentlich Wirkungen, welche den ganzen Menschen betreffen, wie Berufung und Bekehrung, vermischt mit solchen, die wenigstens nach der hergebrachten Auffassung vorherrschend auf eine besondere Seite des menschlichen Lebens sich beziehen sollen, indem man illuminatio und sanctificatio auf die Erkenntniß= und Willensseite zu beziehen pflegt, was übrigens, wie wir finden werden, dem biblischen Begriff nicht genügt. Jedenfalls sind also Berufung und Bekehrung als grundlegende Akte von den andern zu unterscheiden. Beide kommen nun aber auch schon im alten Testament vor. Der Begriff muß also für das neutestamentliche Gnadenwirken und für das christliche Leben specielle Bestimmungen erhalten. Ferner während Berufung eine rein göttliche Handlung ist, ist Bekehrung auch im neuen Testament gerade die von Seiten des Menschen der göttlichen Berufung entsprechende Handlung, wie sich dies am betreffenden Ort zeigen wird. Die Bekehrung kann also nicht mit der Berufung unter die objectiven Gnadenwirkungen subsumirt werden, so wenig als die Buße. Dagegen wie die Bekehrung menschlicherseits der göttlichen Berufung entspricht, so entspricht wieder der Bekehrung des Menschen göttlicherseits die Rechtfertigung. Berufung und Rechtfertigung sind denn die zwei göttlichen Grundakte, die Röm. 8, 30 hervorgehoben sind und zwar eben als Ausführung der Gnadenordnung, womit wir es bei den Gnadenwirkungen zu thun haben. Als drittes Moment ist dort δοξαζειν, verklären, hinzugefügt, das jedenfalls Erleuchtung und Heiligung, sowie auch die unio mystica mit einschließt. Hiemit haben wir in der biblischen Terminologie selbst die drei Grundakte, in welchen sich die ganze Vollziehung der göttlichen Gnadenwahl bewegt, oder alle Gnadenwirkungen sich zusammenfassen, nämlich $\varkappa\alpha\lambda\epsilon\iota\nu$, $\delta\iota\varkappa\alpha\iota\upsilon\nu$, $\delta o \xi a \zeta \epsilon \iota \nu$. Röm. 8, 30. Auch Letzteres muß als ein dem $\dot{\epsilon}\varkappa\dot{a}\lambda\epsilon\sigma\epsilon$ und $\dot{\epsilon}\delta\iota\varkappa\alpha\iota\omega\sigma\epsilon$ parallel stehender Aorist ($\dot{\epsilon}\delta \acute{o} \xi \alpha \sigma \epsilon$) auf etwas bei den betreffenden Personen **bereits Wirkliches** hinweisen, nicht bloß auf die künftige Herrlichkeit, auf etwas, das schon eingetreten, wenn schon noch nicht vollendet ist (2 Kor. 3, 18), wie denn auch die andern Akte, das $\varkappa\alpha\lambda\epsilon\iota\nu$ und $\delta\iota\varkappa\alpha\iota\upsilon\nu$ in der Schrift noch nicht vollendet gedacht werden, was sich später zeigen wird. Nun hat schon im 29. Vers der Apostel als das eigentliche **Ziel und Resultat der Gnadenwahl** ausgesprochen die **Gleichgestaltung mit dem Bild des Sohnes Gottes**, und alle drei Akte des 30. Verses, $\varkappa\alpha\lambda\epsilon\iota\nu$ x. τ. λ. sind eben die Mittel der Ausführung. Namentlich muß also $\dot{\epsilon}\delta \acute{o} \xi \alpha \sigma \epsilon$ als das letzte Moment, zu welchem die beiden andern Vorbedingungen sind, eben die Gleichgestaltung mit dem Sohne Gottes als etwas bei den Berufenen und Gerechtfertigten bereits Begonnenes in sich fassen. In dieser durch $\delta o \xi a \zeta \epsilon \iota \nu$ vermittelten Gleichgestaltung mit Jesus Christus kann aber namentlich die sittliche Verähnlichung nicht ausgeschlossen sein, vielmehr ist diese gerade die Bedingung der äußern Verherrlichung mit Christus, wie sie jenseits eintritt, vgl. Röm. 8, 17 mit 9 f. 12 f. Und auch an andern Stellen, namentlich Eph. 1, 4 (vgl. 1 Theff. 5, 23. 1 Petri 1, 13—15. 1 Joh. 3, 2—8) werden als beabsichtigtes Resultat der Gnadenwahl ausdrücklich sittliche Charaktereigenschaften genannt, wie sie eben der $\delta \acute{o} \xi \alpha$ Christi wesentlich sind.

Joh. 1, 14 involvirt die in dem fleischgewordenen Menschensohn sichtliche δοξα eben seine innere geistige Wesenheit in ihrer sittlichen Erscheinung voll Gnade und Wahrheit. — An die geistige Verähnlichung mit Christo muß bei δοξαζειν nothwendig auch gedacht werden in der Stelle 2 Kor. 3, 17 f., wo eine Umgestaltung in des Herrn δοξα, wie sie nach 4, 4 im Evangelium ihre Abstrahlung hat, als bereits vor sich gehend gesetzt und damit die Freiheit im geistigen Sinn verbunden wird, also sittliche Freiheit.

Wenn dann umgekehrt Röm. 3, 23 alle Menschen, weil sie gesündigt haben, also wegen ihrer sittlichen Beschaffenheit, als göttlicher δοξα ermangelnd dargestellt werden, so kann auch dort die δοξα, der sie ermangeln, nicht als etwas bloß Aeußerliches gedacht werden, sondern als etwas, das mit dem sittlichen Zustand des Menschen, mit seiner Sündhaftigkeit oder mit seiner δικαιοσυνη im wesentlichen Zusammenhange steht. Ebenso steht auch 2 Petri 1, 3 bei Christus seine δοξα unmittelbar verbunden mit der αρετη als dasjenige, wodurch er uns beruft und zwar so, daß wir durch die Erkenntniß davon göttliche Kraft zum Leben und zur Gottseligkeit empfangen, also sittliche Kraft. Daher dann die V. 5 ff. aufgestellten sittlichen Forderungen. Endlich 1 Petri 2, 9 wird den Auserwählten, sofern sie ins wunderbare Licht des Herrn d. h. eben in seine δοξα berufen seien, die Bestimmung zugesprochen, seine Tugenden in sich darzustellen. Nach allem diesem befaßt also δοξαζειν oder die **Verklärung**, wie sie eintritt in Folge des zur Wirkung gekommenen καλειν und δικαιουν, **die geistige, namentlich auch sittliche Umgestaltung in den Lebenscharakter Christi**, woraus dann die künftige äußerliche Verherrlichung in Christo hervorgeht, die eben die sittliche Vollendung, die

Heiligkeit, abstrahlt. Für die christliche Ethik kommt nun nur die Seite der Verklärung in Betracht, die dem diesseitigen Leben zufällt: die sittlich-geistige Verähnlichung mit Christo. Also die Grundakte, in welche die Gnade ihre Wirkungen zusammenfaßt, um die neue Lebensbildung von ihrem Anfang an bis in ihre Vollendung hinein zu vermitteln, sind nach dem biblischen Lehrbegriff: Berufung, Rechtfertigung, Verklärung.

Auf dem ethischen Standpunkt haben wir nun aber

2) diese Akte eben in ihrer subjectiven Verwirklichung zu fixiren. Wir müssen also das subjective Verhalten des Menschen damit verbinden, wie es im Glauben und Unglauben zusammengefaßt ist. Der Glaube wird nun selbst erst begründet und ermöglicht durch den Akt der göttlichen Berufung. Diese haben wir also Allem voranzustellen und den Glauben zunächst in seiner der Berufung entsprechenden Form anzuschließen, woran sich als Gegenstück der Unglaube anreiht. Der Glaube ist aber nicht erschöpft, wenn er bloß betrachtet wird als etwas durch die Berufung Bewirktes, sondern in der mit dem Glauben eingetretenen Einigung mit der Gnade wird er nun selbst etwas Wirksames und Bewirkendes: Rechtfertigung und Verklärung ist Wirkung des Glaubens, wie der Glaube selbst eine Wirkung der berufenden Gnade ist; daher Röm. 5, 1 $\delta\iota\kappa\alpha\iota\omega\vartheta\acute{\epsilon}\nu\tau\epsilon\varsigma\ \grave{\epsilon}\kappa\ \pi\iota\sigma\tau\epsilon\omega\varsigma$, wie umgekehrt Röm. 10, 17 $\acute{\eta}\ \pi\iota\sigma\tau\iota\varsigma\ \grave{\epsilon}\xi\ \grave{\alpha}\kappa o\eta\varsigma$ (der Glaube eine Wirkung der Berufung).

Hienach handeln wir zuerst von der Berufung nebst Glauben und Unglauben im Allgemeinen und dann vom rechtfertigenden und verklärenden Glauben.

§ 4. Die Berufung mit Glaube oder Unglaube im Allgemeinen.

1) Der neutestamentliche Ausdruck für Berufung ist *καλειν*. Das Wort bezeichnet überhaupt „einen rufen, daß er komme, sei es um etwas zu thun, sei es um etwas zu empfangen." Genauer bestimmt wird *καλειν* als neutestamentliche Gnadenberufung

a) seinem Inhalte und Zwecke nach nicht nur durch den Beisatz *εἰς μετανοιαν* als nächstes Ziel (Luk. 5, 32 vgl. mit 24, 47), sondern prägnanter durch (*ἐκληϑητε*) *εἰς κοινωνιαν Χριστου* (1 Kor. 1, 9) als die specifische neutestamentliche Bestimmung, und diese *κοινωνια* wieder besonders bestimmt 1 Petri 2, 9: *εἰς το ϑαυμαστον αὐτου φως*, anderwärts *εἰς την ϑεον βασιλειαν και δοξαν*, so 1 Thess. 2, 12; auch *εἰς ζωην αἰωνιον* (1 Tim. 6, 12), *εἰς δοξαν αἰωνιον*, 1 Petri 5, 10. Aus diesen Beisätzen erklärt sich denn die eigenthümliche Prädicirung gerade der neutestamentlichen Berufung als *κλησις ἐπουρανιος* (Hebr. 3, 1) oder *ἡ ἀνω κλησις* (Phil. 3, 14), sofern nämlich das himmlische, das ewige Leben, das göttliche Reich der Herrlichkeit Gegenstand und Zweck gerade der neutestamentlichen Berufung ist. Mit der neutestamentlichen Berufung ist es also nicht abgesehen auf eine bloß moralische Erweckung.*) Aber auch nicht auszuschließen ist das moralische Moment der *μετανοια*; außer Luk. 24, 47 vgl. noch Act. 2, 38, wo von *μετανοια* der

---

*) Wie sogar Reinhard definirt; daher die Rationalisten gegen die dabei angenommenen Gnadenwirkungen geltend machen konnten: die natürlichen Mittel Gottes reichen aus um uns zu bessern.

Empfang des heiligen Geistes, also die himmlische Reichsgabe abhängig gemacht ist; 26, 20, wo ἄξια τῆς μετανοιας ἔργα gefordert werden, also moralische Besserung. Es gilt jedoch bei der neutestamentlichen Berufung eine Besserung, die nicht bloß dem natürlichen oder dem positiven Sittengesetz entsprechen soll, sondern, wie dies die Bergpredigt zeigt, dem Geistesgesetz des Himmelreichs. Das Ziel der geforderten Besserung ist nicht bloß dieses Leben, sondern sie soll tüchtig machen für die Genossenschaft des göttlichen Lebens, des übersinnlichen. Die darauf gerichtete Berufung bezweckt auch überhaupt nicht eine bloß theilweise Wirkung, sondern das Ganze, wie es eben zusammengefaßt ist in den Begriff der **Gemeinschaft Jesu Christi, des Reiches Gottes, des ewigen Lebens bis hinaus zur ewigen Herrlichkeit.** Hiernach müssen wir sagen: Inhalt und Zweck der neutestamentlichen Berufung ist die **individuelle, sittlich bedingte Betheiligung am ganzen Umfang der Gnade**, wie sie in der Gemeinschaft mit Christo gesetzt ist, namentlich also die Betheiligung am ewigen überirdischen Leben des Reiches Gottes.*) Fragen wir noch:

b) **worin der Berufungsakt selbst bestehe?**

Schon in der Bezeichnung καλεῖν selbst wird eine Kundgebung vorausgesetzt, ein göttliches Zeugniß und zwar durchs Wort. Bei dem angegebenen specifischen Inhalt und Zweck der evangelischen Berufung genügt aber als Mittel nicht eine bloß allgemeine und unbestimmte Kundgebung, sondern nur eine solche, wodurch eben der wesentliche

---

*) In der alttestamentlichen Oekonomie bezog sich Berufung und Buße nur auf die diesseitige Lebensgemeinschaft mit dem auf Erden bestehenden Reich Gottes.

Inhalt der Gnade in Christo, in welche berufen wird, wenn auch in Kürze dargelegt wird, und zwar nicht als eine historische Aeußerlichkeit, auch nicht nur in Form didaktischer Entwicklung — so wird der Mensch immer noch nicht gerufen — vielmehr bei der Darlegung der Gnade handelt es sich um die **Declaration des göttlichen Willens**, der auf Betheiligung der Einzelnen gerichtet ist (Matth. 11, 28; 18, 11—14. 2 Petri 3, 9. 1 Tim. 2, 4), und demgemäß gestaltet sich die Berufung als **göttliche Aufforderung und Einladung** zur Betheiligung. Matth. 22, 3 ff. Act. 2, 40. 2 Kor. 5, 20. Röm. 10, 14. 21. Dies alles vereinigt sich im Begriff des Evangeliums, und dieses wird auch ausdrücklich als **Mittel** der göttlichen Berufung genannt. 2 Thess. 2, 14, vgl. 1 Thess. 2, 12 f. Gal. 1, 6 f. 11. Joh. 5, 37. 39; 6, 44. Röm. 10, 17. 8. Daher sind die von Gott gesandten Lehrer oder die Boten des göttlichen Evangeliums die persönlichen Vermittler der göttlichen Berufung (Matth. 22, 3. 8 f. Eph. 3, 5; 4, 11. Kol. 1, 25 bis 29. 2 Kor. 5, 20), und es galt von Anfang an bei dieser berufenden Botschaft $\dot{\alpha}\nu\alpha\gamma\gamma\epsilon\iota\lambda\alpha\iota\ \pi\alpha\sigma\alpha\nu\ \tau\eta\nu\ \beta o\upsilon\lambda\eta\nu\ \tau o\upsilon\ \vartheta\epsilon o\upsilon$ Act. 20, 27. Matth. 28, 20. Solche, die anders als durch das unverfälschte Evangelium, das der Apostel, gewonnen werden, heißen niemals $\kappa\lambda\eta\tau o\iota\ \vartheta\epsilon o\upsilon$: sie sind nicht von Gott ins göttliche Wesen berufen, sondern von Menschen in menschliches Wesen.

Was dem reinen Evangelium nicht gemäß ist, gehört auch nicht zur göttlichen Berufung, und Abwendung von jenem ist Abwendung von Gottes Gnadenruf. Gal. 1, 6—8; 5, 8. 13. **Der Begriff der göttlichen Berufung** in seiner schriftmäßigen Fassung, so weit wir ihn bis jetzt bestimmen können, ist also der: sie ist die göttliche Aufforderung, (die nach a namentlich das μετανοειν zu Grunde legt) und die göttliche Einladung der Einzelnen zur Gemeinschaft Christi, wie dieselbe in der apostolisch evangelischen Heilslehre sich darbietet.*)

Bestimmen wir nun noch

---

*) Schon hieraus ergeben sich Berichtigungen für falsche oder wenigstens ungenügende Begriffe. Einmal kann die Berufung nicht (wie Marheineke in seiner Dogmatik) erklärt werden als bloßer göttlicher Rathschluß und Wille, als göttliche Bestimmung über den Menschen und seine Seligkeit. Dies ist im biblischen System die προθεσις, die Gnadenwahl: die Berufung dagegen ist die bestimmte Kundgebung des göttlichen Gnadenwillens an die Einzelnen und zwar des Gnadenwillens, wie er in Christo bereits realisirt ist und im apostolischen Evangelium fixirt ist. Eben so wenig besteht die Berufung (wie Rosenkranz sie auffaßt) in der Erkenntniß des Einzelnen, daß er am ersten nach dem Reich Gottes und seiner Gerechtigkeit zu trachten habe. Dies ist eine Wirkung der Berufung; nicht aber die Berufung selbst, die auch wirkungslos sein kann. Sie wäre damit rein subjectiv, während sie bei Marheineke rein objectiv bezeichnet ist. Die altkirchlichen Dogmatiker unterscheiden neben der speciellen Berufung durchs Evangelium, vocatio specialis genannt, eine allgemeine, vocatio generalis, indirecta und verstehen darunter die göttliche Hinleitung zum Christenthum, daher auch vocatio paedagogica, vermittelt durch natürliche Offenbarung, durch Gewissen, Schicksale und durch das, was man in der Welt vom Christenthum und christlicher Kirche zu hören bekommt. Von einer solchen göttlichen Hinleitung zum Christenthum kann und muß an und für sich wohl die Rede sein, nur kann es noch nicht im biblischen Sprachgebrauch Berufung heißen, denn diese setzt göttliches Wort voraus und im christlichen Sinn die göttliche Heilskunde, das Evangelium. Die Dogmatiker bezeichnen daher selber diese propädeutische Wirkung Gottes nur als vocatio impropria. Aber eben deßhalb sollte es auch gar nicht Berufung heißen, da es nur den eigentlichen Begriff derselben verwirrt und so auch praktische Mißverständnisse veranlaßt. Bei den spätern Dogmatikern verflachte sich denn auch der Begriff der christlichen Berufung mehr und mehr und es fiel jede genauere Beziehung auf Christenthum weg, wovon die schon angeführte Definition von Reinhard ein Beispiel ist.

§ 4. Die Berufung.

c) die Wirkung der Berufung. Objectiverseits (auf Seiten Gottes) bestimmt sich die Wirkung eben nach der Beschaffenheit des Worts, in welchem die Berufung sich vollzieht. Sofern dieses wirklich Wort Gottes ist, nicht etwas demselben substituirtes, wirkt in Einheit mit dem Wort auch der Geist Gottes und die Hand Gottes. Der Hand Gottes gehört die göttliche Weltregierung an, die göttliche Führung und Fügung im Einzelnen und im Ganzen in der Form von Züchtigung und von Güte. Luk. 13, 1—8. Mark. 16, 20. Act. 4, 29f. Hebr. 2, 4. Röm. 2, 4; 11, 22. 2 Petr. 3, 9. Der heilige Geist aber dringt mit seiner Strafgewalt und mit den Lebensstrahlen Christi bis an den geistigen Brennpunkt des Menschen, dringt in die $\sigma\upsilon\nu\varepsilon\iota\delta\eta\sigma\iota\varsigma$ und in den $\nu o\upsilon\varsigma$ der $\kappa\alpha\rho\delta\iota\alpha$ (§ 1, 3) Act. 2, 36; 16, 14. Hebr. 4, 12f. Kol. 1, 28f. Eph. 3, 9; 5, 14. 2 Kor. 4, 2. 6. Die göttliche Berufung tritt also damit noch nicht ein, daß das göttliche Wort nur äußerlich vorgetragen und gehört ist, sondern nur wo die Kraft des Wortes in den Menschen eindringt, als göttliche Geisteskraft wirkt. 1 Thess. 1, 4f. 1 Kor. 2, 4. Sie ist als göttliche Berufung keine bloße Verbaleinladung, auch nicht eine bloß gedächtniß- oder gefühlsmäßige, oder sonst durch eine vereinzelte psychologische Thätigkeit vermittelte Aneignung der christlichen Lehre, sondern es ist eine geisteskräftige, durch äußere Lebensschickungen verstärkte Wirkung der christlichen Lehre, indem dieselbe im Innersten des Menschen, im Herzen sich geltend macht als eine göttlich ergreifende Erweckung und Einladung, wodurch nun der Mensch mit der Aufforderung und Verpflichtung auch die Möglichkeit und Fähigkeit erhält, das ewige Leben selbst zu ergreifen. 1 Tim. 6, 12. Phil. 3, 12. 14. Anderer=

seits fällt aber die Berufung als göttlicher Akt noch nicht mit des Menschen Bekehrung zusammen; denn wenn sie nach dem altdogmatischen Ausdruck efficax ist, d. h. befähigend zur Bekehrung, ist sie darum nicht immer efficiens, nicht die Bekehrung bewirkend, weil sie niemals zwangsmäßig, unwiderstehlich auftritt, nicht überwältigend oder mit Naturnothwendigkeit wirkt*), sondern auch bei der äußern Macht, die von Gottes Seite dazu kommt, wirkt sie nur mit moralischer Kraft als geistiger Gotteszug, eben weil sie durch das Geisteswort sich vermittelt, wobei dem menschlichen Geist das Hören, das Annehmen, das Lernen, Verstehen und Folgen, kurz das freiwillige Bestimmtwerden aus Gott überlassen bleibt (§ 3. 4), daher Matth. 22, 5. 14: viele sind $\varkappa\lambda\eta\tau o\iota$, aber wenige $\dot{\varepsilon}\varkappa\lambda\varepsilon\varkappa\tau o\iota$. Hier ist bei $\varkappa\lambda\eta\tau o\iota$ nur der göttliche Akt der Berufung premirt, abgesehen von dem Erfolg bei den Menschen, dagegen die $\dot{\varepsilon}\varkappa\lambda\varepsilon\varkappa\tau o\iota$ sind solche, bei welchen der Ruf seine Wirkung und Frucht hat. V. 5 ist in Bezug auf die $\varkappa\varepsilon\varkappa\lambda\eta\mu\varepsilon\nu o\iota$ des V. 3 f. eben hervorgehoben, daß sie $\dot{\alpha}\mu\varepsilon\lambda\eta\sigma\alpha\nu\tau\varepsilon\varsigma$ waren, als der Ruf kam, vgl. auch 23, 37; Act. 7, 51; 13, 46; Joh. 6, 44 f. mit 8, 47. Unter der Berufung ist hiernach, wenn wir das Ganze zusammenfassen, zu verstehen: die durch die apostolisch-evangelische Heilslehre vermittelte Bußaufforderung mit Einladung zur Gemeinschaft Christi, wodurch der Mensch unter innern und äußern Wirkungen Gottes geisteskräftig im Herzen ergriffen wird und dadurch befähigt**), mit freier Selbstbestimmung den gött-

---

*) „Gott liebt keinen Zwang, die Welt mit ihren Mängeln ist besser, als ein Reich von willenlosen Engeln".

**) Die Berufung selber ist nicht davon abhängig, ob der Mensch darauf eingeht oder nicht. Auch im letztern Fall hat sich der göttliche

§ 4. Die Berufung.

lichen Heils-Willen darin zu vernehmen und das Leben in Christo zu ergreifen. So oft das Evangelium mit seiner Weltbestrafung oder mit dem Zug seiner Christusherrlichkeit einem Menschen ans Herz bringt, daß eine innere Erweckung entsteht, eine Anmahnung zum Lernen und Folgen, zur Sinnesänderung, zum Ergreifen des Lebens in Christo, so oft ist es ein Moment der göttlichen Berufung an den Menschen. Die göttliche Berufung ist nämlich in ihrer Wirkung nicht mit Einem Akt vollendet. Einmal: bei solchen, die sie in dem einen und andern Moment abgewiesen haben, kann sie vermöge der Langmuth und Barmherzigkeit Gottes öfters wiederkehren in verschiedenen Weisen und Graden, doch so daß sie nach ethischen Gesetzen theils sich verschärft, theils wieder schwächer wird und seiner Zeit ganz abbricht. Was Hebr. 1, 1 steht von dem Reden zu den Vätern, war eine fortlaufende Berufung: $\pi o \lambda \nu \mu \varepsilon \rho \omega \varsigma$ και $\pi o \lambda \nu \tau \rho o \pi \omega \varsigma$ $\lambda \alpha \eta \sigma \alpha \varsigma$. Matth. 22, 3—7; 23, 37 f. ($\pi o \sigma \alpha \kappa \iota \varsigma$-$\alpha \varphi \iota \varepsilon \tau \alpha \iota$). Act. 7, 51. Röm. 10, 21. Act. 28, 25 f. Und auch bei schon Bekehrten gilt es in Beziehung auf die Aneignung des Einzelnen der Heilswahrheit eine fortgesetzte Berufung. Gott ist daher in der Schrift nicht nur als ὁ $\kappa \alpha \lambda \varepsilon \sigma \alpha \varsigma$ bezeichnet, der einmal berufen hat, sondern auch bei den schon Gläubigen ist er fortan als ὁ $\kappa \alpha \lambda \omega \nu$ bezeichnet, sofern er fortwirkt in ihnen namentlich durch das Wort bis zur Vollendung. Gal. 5, 7 f. vgl. V. 4. Vgl. 1 Thess. 2, 12. 13; 5, 24 mit Phil. 2, 13.*)

Buß- und Gnadenruf dem Menschen an seinem Herzen bezeigt, daß er wissen kann und soll, Gottes Gnade und Reich sei ihm zum Ergreifen nahe gewesen. Luk. 10, 11.

*) So oft die Berufung an einen neuen Wahrheitspunkt kommt, steht es auf der Wage; folgt der schon Gläubige nicht dem Gotteszug, der ihn in die noch unerkannte neue Wahrheit beruft, sondern einer andern

Sofern nach dem Bisherigen die Berufung in einer geisteskräftigen Wirkung des Wortes besteht, nicht in bloß faktischer Verkündigung, erhellt auch, daß, sofern das Wort nicht in seiner geistigen Kraft sich zu vernehmen giebt, die göttliche Berufung nicht eintritt. Für die Verkündigung ist daher Hauptsache die treue Auslegung und Anwendung des Gnadenworts, das λογια θεου λαλειν, νουθετειν και διδασκειν ἐν πασᾳ σοφιᾳ.*)

Von der Erwählung unterscheidet sich die Berufung so: die Berufung ist der erste Akt der in den Individuen sich realisirenden Erwählung, oder sie ist die **individuelle Anknüpfung der Erwählung**. Die Berufung hat aber anderntheils die Erwählung ebenso zur Folge wie zur Voraussetzung, zur Folge, sofern nur in denjenigen Individuen, welche freiwillig und beharrlich in die Berufung eingehen, auch die Erwählung mit ihrem Inhalt zur individuellen Wahrheit wird. Erst als **wirklich Berufener**, als κλητος im subjectiven Sinn wird der Mensch selber ein **Erwählter** ἐκλεκτος, d. h. **er wird aus der Todesgemeinschaft der Welt ausgesondert und versetzt in die Lebensgemeinschaft Jesu Christi**, daher κλητοι und ἐκλεκτοι

πεισμονη, so geht es rückwärts und er kann wieder aus der Berufung, aus der Gnade fallen. Gal. 5, 4.

*) Dieses kann mit nichts ersetzt werden, mit keiner Rhetorik und Liturgik: nichts als der ζων λογος beruft und führt zum ewigen Leben und alle Effekte von diesem und jenem schönen Gottesdienst sind nicht Effekte des ewigen Lebens. Lehrern, welche an die Stelle der göttlichen Berufungskraft des Evangeliums ihre eigenen Diskurse und Diatriben setzen, fällt die Verantwortung für die aufgehaltenen und abgehaltenen Seelen auf ihr Haupt. Vgl. namentlich über die Verantwortung der Lehrer. 1 Tim. 6, 3 f. 20 f. 2 Tim. 1, 8—14; 2, 1—10. 14 f.; 3 14—4, 5.

auch identisch sein können, wenn im Ersteren der Erfolg mit eingeschlossen ist, z. B. Röm. 8, 28. 30. 33. Weiter aber ist diese in der Zeit empfangene, individuelle Berufung und Erwählung fest zu machen durch Fortbildung derselben in die Ewigkeit hinein. 2 Petri 1, 10 f. Von der Befestigung hängt eben das immer reichlichere Eindringen in die $αἰώνιος$ $βασιλεία$ ab und vor dem Ende der Zeitentwicklung ist wieder Abfall möglich. Am Ende nun, wo über den ewigen Besitz des ewigen Reiches Gottes entschieden wird, wird der Erwählungsakt abgeschlossen, so daß also kein Berufungsakt mehr eintritt. Da fragt es sich denn auch bei denen, die bereits in der Zeit Berufene und Erwählte geworden sind, ob sie in diesem Schlußakt, in der Vollendung der Erwählung durchfallen oder nicht, d. h. ob sie absolut Erwählte geworden sind, nicht bloß zeitlich Erwählte. Da kann wieder ein Gegensatz zwischen $κλητοί$ und $ἐκλεκτοί$ heraustreten. Matth. 22, 11—14, vgl. Luk. 12, 42—45; 13, 26 f.

Bisher haben wir die Berufung als göttlichen Akt behandelt, fassen wir nun

2) **das subjective Verhalten gegenüber der göttlichen Berufung** ins Auge, und zwar zunächst sofern der Mensch derselben nicht entspricht sammt den Folgen davon, also mit einem Wort **den Unglauben.***)

Aus dem, was wir in Bezug auf Erwählung § 2 und Berufung § 4. 1 gefunden haben, ergibt sich: nicht aus dem Wahlvorsatz Gottes selbst, noch aus seinem allmählichen Berufungsgang kommt Verwerfung und Verdammniß über irgend einen Menschen, sondern daraus, daß der Mensch nicht

---

*) Das Psychologische in der Dogmatik. Hier gilt es namentlich das moralische Wesen des Unglaubens.

will, wie Gott will. Der Grund dieses menschlichen Nicht=
wollens liegt nach der Schrift in einer **falschen Liebe**, näm=
lich (Joh. 3, 19 f.) in der Liebe zur alten Finsterniß. Sie
lieben (Joh. 3, 19 ff.) die Finsterniß, das Element der
Ferne von Gott, wo man sich vor Gottes Gesetz und Hei=
ligkeit nicht zu scheuen hat, wo man sich nicht klar wird
über sich selbst und über den Ernst des Lebens: lichtscheu
weichen sie daher der Wahrheit aus, die sie richtet in ihrer
Gottentfremdung und Eigenliebe. Ferner indem sie den
Dienst Gottes als eine Knechtschaft fürchten, lieben sie die
falsche Freiheit*) im Dienst ihrer Sünde, ihrer Natur=
triebe, die selbstische Unabhängigkeit**), die von keinem ober=
sten, unumstößlichen Willen gebunden sein will. Vgl. Röm.
6, 20. 22. Sie widerstreben eben dem heiligen Geist der
Gnade und nehmen das Zeugniß nicht an, das mit Buße
d. h. mit Demüthigung des Selbsts unter den unverbrüch=
lichen Gotteswillen anfängt und damit immer wieder kommt.

Hiernach beruht der Unglaube im Allgemeinen nach der
Schrift auf moralischen Momenten. Die Schrift unter=
scheidet übrigens einen Unglauben, wie er dem Evange=
lium gegenüber sich bildet in der Zeit der Unwissenheit,
und versteht unter letzterer den Zeitraum, wo die Gnade
noch nicht in ihrem eigenen Wort und Geist sich kräftig
macht oder wegen falschen Religionseifers verkannt wird.
Dies gilt also auch gegenüber einem menschlich gefälschten
oder geschwächten Christenthum, sofern dabei das reine

---

*) Ueber die Begriffe Finsterniß und falsche Freiheit siehe Lehrwissen=
schaft S. 287 ff. II. Aufl. S. 269 ff.

**) In der Finsterniß glänzt der Mensch mit seinem Verstand,
auf der falschen Freiheitsbahn mit seiner Willenskraft.

§ 4. Die Berufung und der Unglaube.

Christenthum nicht zugänglich ist. Der Unglaube in der Zeit der Unwissenheit oder der Unkenntniß des wahren Christenthums wird nun zwar nicht schlechthin übersehen, sofern er immerhin mehr oder weniger eine Verwahrlosung der schon im Allgemeinen zugänglichen göttlichen Wahrheit voraussetzt und schlechte Früchte bringt, wie dies im Großen am Heidenthum zu Tage kam, Röm. 1. Aber der in Unwissenheit wurzelnde Unglaube wird eben vermöge der Gnade soweit übersehen, daß er von dem göttlichen Gnadenantrag selbst noch nicht ausschließt und bei eintretendem Glauben vergeben wird, seine Sünde nicht in Zurechnung gebracht wird. Röm. 10, 1—3. 12 f. Act. 17, 30. 1 Tim. 1, 13. Dagegen dem Unglauben, welcher das göttliche Geisteswort der Gnade selbst, auch wo es in seiner Kraft sich offenbart, verwirft, verwahrlost oder mißbraucht, wird keine Entschuldigung eingeräumt (Joh. 3, 18 f. 36; 15, 22—24. Hebr. 2, 1. 3 ff.), weil der im Geisteswort berufende Gott in denen, die es nicht selbst von sich stoßen, sondern darauf eingehen, auch das Wollen schafft und vom Anfang der Berufung bis zur Vollendung treu ist. Phil. 2, 13. 1 Thess. 5, 24. Phil. 1, 6. Da ist der Unglaube nicht eine Schwäche, sondern ein Ungehorsam, welcher die sich anbietende göttliche Kraft verwirft*) (Röm. 10, 16), er ist ein Fehler des dem göttlichen Willen sich versagenden Eigenwillens.**)

---

*) Das Weitere siehe Dogmatik § 2, II. und Propädeutik § 27—33.

**) Dem Eigensinn und Weltsinn, der seine falschen Voraussetzungen als Schoßkinder hegt, sie und seine Zweifel wie ausgemachte Wahrheit achtet, diesem Sinn ist die Wahrheit des Evangeliums unannehmbar und unerträglich, weil sie den Trotz des Herzens beschneidet und den eingebildeten Verstand in seine Schranken weist und demüthigt.

Gegenüber dem Berufungswort bildet sich nun aber der Unglaube in mehrfacher Art. Vgl. Matth. 13, 19 ff. (Gleichniß vom Säemann und vom Ackerfeld). Entweder wird das Berufungswort nur herzlos gehört, es findet eine spröde Unempfänglichkeit statt, eine Stumpfheit für die Gnadenbotschaft, wie bei einem hartgetretenen Weg, daß sie nicht ins Denken und Wollen bringt, und daraus entsteht eben ein verschuldetes Nichtverstehen des Evangeliums. Das Gehörte wird alsbald eine Beute des Argen, daß gar kein Glaube ansetzen kann, der radikale Unglaube. Matth. 13, 19 mit Luk. 8, 12, vgl. 2 Kor. 4, 3 f. Es kann aber auch statt völliger Unempfänglichkeit von vornherein bis auf einen gewissen Grad eine Empfänglichkeit fürs Wort vorhanden sein, und zwar eine schnelle, so daß eine augenblickliche, sogar freudige Annahme stattfindet; indem es aber nur ein flüchtiges Hören ist ohne Aneignung in der Tiefe des inwendigen Menschen, bekommt das Wort und der Glaube keinen festen Grund, wie in einem leichten, oberflächlichen Boden; es entsteht so die leichtfertige Verwahrlosung des Empfangenen statt Bewahrung und Erwägung im Herzen, und der anfängliche oder theilweise Glaube, der Halbglaube, schlägt unter äußerer Ungunst und Anfechtung wieder um in Abfall, Matth. 13, 20 ff. mit 5; Luk. 8, 13 und als Gegenstück Luk. 2, 19. Endlich wo neben den Gnaden- und Wahrheitseindrücken des Wortes den alten sündigen Herzenstrieben freier Spielraum gelassen wird, daß es zu keiner reinigenden Anwendung des Wortes kommt, zu keiner Selbstbesserung, da erstickt das eingedrungene Wahrheits-Wort wieder unter dem Gestrüppe und der üppigen Triebkraft der Naturtriebe in der gewohnten und herrschenden Lebensweise der Zeit. Das Berufungs-

§ 4. Die Berufung und der Unglaube.

wort kommt so zu keiner Kraft und Fruchtbarkeit durch unlautere Entkräftung desselben: der todte Glaube. Matth. 13, 7. 22. Luk. 8, 14. In allem dem haben wir ein negatives Verhalten des Unglaubens zur göttlichen Berufung und zwar ein dreifaches: ein Nichtvernehmen, ein Nichtbewahren und ein Nichtanwenden.

Aus diesem negativen Ungehorsam entwickelt sich aber der Unglaube weiter zum positiven Ungehorsam, zum wirklichen Widersprechen und Zuwiderhandeln, $ἀντι$-$λεγειν$ und $ἀπειθειν$, mit immer absichtlicherer Unterdrückung der Wahrheit. Röm. 10, 21; 2, 8; 1, 18. Act. 13, 45. An dem Evangelium wird nun gerade seine Grundlage zum Hauptanstoß, daß es nämlich Gnade anbietet und zwar Gnade nur für den Glauben. 1 Kor. 1, 23. Röm. 9, 30 bis 32. Eben als Gnadenwort und Glaubenswort wird es dem intellectuellen und dem moralischen Selbstgefühl immer entschiedener zuwider, wird Thorheit und Aergerniß. So nimmt der Unglaube allmählich einen feindseligen, erbosten und trotzigen Charakter an.*) Daran schließt sich aber wieder eine weitere Entwicklung: von dem Nichtwollen und von dem Widerstreben kommt es zu dem Nichtmehrkönnen. Im ersten Stadium des Unglaubens steht es so, daß der Mensch vermöge seines Unglaubens nur nicht hat d. h. nicht aufnimmt und festhält, was er haben kann und haben soll in Kraft der göttlichen Berufung; nach und nach aber ver-

---

*) Je mehr er nämlich die im Evangelium an ihn herantretende Geisteskraft fühlt, namentlich in ihrem Gegensatz gegen die geistigen und materiellen Interessen und Autoritäten der Welt, einen um so erbitterteren Gegensatz muß er bilden. So wird namentlich auch die Gewissenszüchtigung und der sittliche Ernst des Evangeliums ein lästiges Joch, das er von sich abschüttelt.

Beck, Ethik. I.

liert er auch das, was er ursprünglich noch hatte, die Fähigkeit das Heil in Christo zu erkennen und aufzunehmen. Indem der Unglaube anfangs nur nicht will, sich nicht überzeugen, bekehren und heilen lassen will, kann und soll er endlich nicht mehr bekehrt und geheilt werden, nicht mehr von der Wahrheit überzeugt werden. Es entsteht der Zustand der Verstockung, nicht gerade immer gegenüber dem Guten überhaupt, aber gegenüber der göttlichen Berufung und dem Christenthum. Joh. 12, 37—40. Matth. 13, 14 f. Röm. 11, 7 ff. In Bezug auf die psychologische Analyse der Verstockung siehe Biblische Seelenlehre, 3. Auflage 1871, in Bezug auf die gerichtliche Stellung der Verstockung als göttliches Verhängniß Dogmatik, namentlich § 21: Vom Tod oder vom Gericht der Sünde. Hier nur soviel:

Die Verstockung gehört allerdings Gott an, aber nicht als erstes Produkt, sondern nur als Strafe, als ein von ihm gerichtlich geordnetes Verderben der Sünde des Unglaubens. Röm. 1, 21. 24. 25. 26. 28. Ps. 81, 12 f. 2 Thess. 2, 10 ff.; als Schuld gehört dagegen die Verstockung dem Menschen an (Sach. 7, 11. Matth. 13, 15 mit 13. Röm. 2, 5); und auch als Strafe der menschlichen Schuld ist die Verstockung sowenig der unmittelbare Wille Gottes, daß er eben, um vor ihr zu bewahren, vielfach und lange erweckt und ermahnt zum Gehorsam gegen die Wahrheit und zur Wachsamkeit gegen den Unglauben. Hebr. 3, 7—13. 15. 18; 4, 1. 11; 12, 15—17. Röm. 9, 22.

Die äußerste Entwicklung des Unglaubens ist eine Versündigung am heiligen Geist. Im heiligen Geist hat nach § 1 das ganze Heilsleben sein inneres Zeugungs- und

Entwicklungsprincip; der Empfang und die Bewahrung des heiligen Geistes als inneren Princips ist daher Naturbedingung für's ewige Leben der Person, für's wahre Geistesleben. Auch wissen wir aus dem Bisherigen bereits, daß der Geist sich seine innere Einwohnung erst ermöglicht durch seine äußeren Bezeugungen, durch Einwirkungen auf den Menschen, und daß eben daher die Welt ihn nicht empfangen kann, so lange sie aus seinen äußern Bezeugungen keine Anerkennung des heiligen Geistes gewinnt. Was nun im Menschen die Möglichkeit dieser Anerkennung aufhebt, das muß auch die Möglichkeit seiner Rettung aufheben. Zu diesem Aeußersten kann es bei der Langmuth Gottes allerdings nur allmählich im Menschen kommen. Einen solchen äußersten Punkt im Verhältniß zum heiligen Geist, und zwar wo derselbe erst noch von außen sich darstellt, bezeichnet der Herr selbst Matth. 12, 31 f. Es ist jedoch nicht jede Versündigung gegen den heiligen Geist hier gemeint. Eine Versündigung gegen den heiligen Geist überhaupt ist ja schon die ursprüngliche Ausartung des Menschengeschlechts, seine Verfleischlichung (Gen. 6, 3), ferner die ganze Sündengeschichte des Volkes Israel. Act. 7, 51. Dasselbe ist im Grunde alles grobe oder feine Widerstreben gegen das göttliche Wort, alles dem Geist widerstreitende fleischliche Wesen, auch das Betrüben des heiligen Geistes von Seiten der Wiedergebornen. Eph. 4, 30. So fände also überhaupt keine Sündenvergebung statt, wenn jede Sünde gegen den heiligen Geist unter die Bestimmung von Matth. 12 fiele. Es ist eine bestimmte Sünde gegen den Geist, welcher Matth. 12 und Parallelen die Vergebung absolut abgesprochen wird, nämlich die Lästerung des heiligen Geistes, βλασφημια του πνευματος oder ειπειν κατα του πνευματος. Βλασ-φημειν ist soviel als βλαπτειν την φημην, den Ruf beschädigen, also das Gute und namentlich das Heilige, von dem hier die Rede ist, anschwärzen durch Mißdeutung und Verunglimpfung. Was setzt nun diese besondere Aeußerung des Unglaubens voraus nach dem Zusammenhang und nach dem christlichen Lehrbegriff überhaupt? Sie setzt voraus

a) daß Gott nicht nur in seiner allgemeinen Weise sich offenbart, auch Christus nicht nur in seiner Niedrigkeit des Menschensohnes sich darstellt, sondern daß die Offenbarung hervortritt eben in der Energie des Geistes, und zwar mit dem unverkennbaren Charakter des Heiligen, in Kraftwirkungen und Lebenswirkungen, wodurch der Bann der Sünde gelöst wird. Matth. 12, 28 f. vgl. Act. 10, 37 f. In dem Charakter des Heiligen, wie es die Sünde in ihrem Verderben theils richtet, theils heilt, eben darin liegt das untrügliche Zeichen der Göttlichkeit für ein Geschlecht, das von der Sünde gebunden ist, und ein individuelles Zeugniß davon im Gewissen hat. Für die Verkennung dieses Zeichens, der Kraft des Heiligen bleibt daher der Mensch verantwortlich trotz aller theoretischen Ausflüchte. Es ist weiter

b) vorausgesetzt, daß diese energische Gottesoffenbarung im heiligen Geist dem Menschen nicht nur als historische Kunde zukommt, sondern ihm thatsächlich in Kraftwirkungen gegenübersteht, so daß der heilige Geistescharakter dem Menschen zum Bewußtsein kommt; denn was ich nicht als heiligen Geist erkenne, das kann ich zwar auch lästern, aber nicht als heiligen Geist. Daher wird auch die Lästerung Gottes und Jesu Christi im allgemeinen, obschon ja an und für sich Gott und Christus vom

§ 4. Die Berufung und der Unglaube. 181

heiligen Geist nicht zu trennen sind, dennoch der Lästerung des heiligen Geistes noch nicht gleichgestellt, weil eben dieser, das charakteristische Zeichen des Göttlichen, jener Gotteslästerung und Christuslästerung nicht im Bewußtsein liegt und so das wirkliche Göttliche und Christliche als solches nicht erkannt wird. Das Göttliche und Christliche ist eben in seinem specifischen Geist der Heiligkeit nicht erkannt, sondern verkannt. So war Paulus ein Lästerer Christi (1 Tim. 1, 13) und dies nachdem Christus bereits erhöht war, also historisch die Geistesoffenbarung bereits vollendet war. Paulus war es aber noch nicht zum Bewußtsein gekommen, daß er es in Christi Person mit dem heiligen Geist Gottes zu thun habe. Sein ungläubiges Lästern beruhte auf Unwissenheit, eben daher war es keine unvergebliche Sünde. Sofern es aber dennoch eine Schwäche und eine leidenschaftliche Trübung des Sinnes für das wahrhaft Göttliche und eine Mißachtung der dafür vorhandenen Zeugnisse im alten Testament und in der damaligen Zeit voraussetzte, war es auch keine durchaus unverschuldete Unwissenheit, sondern eine der Vergebung bedürftige Sünde (daher $\eta\lambda\varepsilon\eta\vartheta\eta\nu$). Diese Vergebung versteht sich daher nicht von selbst, sondern muß vermittelt sein durch Buße des Subjects, vgl. Luk. 23, 34 mit Act. 3, 14. 17—19. Unter dem Bewußtsein, man habe es wirklich mit dem Heiligen zu thun, mit dem eigenen Geist des Göttlichen ist nun aber keineswegs eine theoretische Ueberführung zu verstehen; denn diese begründet weder schon ein moralisches Verhältniß, noch löst sie ein solches. Es gehört als wesentliche Voraussetzung dazu das unmittelbare innerste Bewußtsein vom Heiligen, wie es sich den Gewissen aufdrängt, also der heilige Gewissenseindruck; dies ist das Bewußtsein, das in religiösen Dingen immer zuerst und zuletzt entscheidet.*) Das Gewissensbewußtsein für sich selbst ist nun allerdings noch kein freies persönliches Wissen, sondern ist nur ein passives Grundbewußtsein, ist aber die Anregung des persönlichen Wissens, die Befähigung und die Verpflichtung dazu. Dabei kommt nun eben die Aneignung der Gewissens-Eindrücke und ihre Entwicklung in Frage, die Entwicklung zur freien persönlichen Erkenntniß und diese ist bedingt durch das persönliche Eingehen darauf. Letzteres aber kann nun verhindert oder geschwächt werden theils durch unreinen selbstischen Willen, durch spröde Unempfänglichkeit wie bei einem großen Theil der Juden, namentlich dem pharisäischen, theils aber auch durch eine religiöse Befangenheit und Trägheit des Herzens, wie dies partiell auch bei den Jüngern der Fall war, temporär bei Paulus. Beides ist verschuldet, da die zur Erkenntniß sich darbietenden Mittel nicht gehörig benützt werden. Indem aber das Letztere nur in der religiösen Befangenheit und Trägheit des Herzens seinen Grund hat, bildet sich eine Unwissenheit der Schwäche und der Nachlässigkeit, die Vergebung erhalten kann. Luk. 18, 34 und 24, 25. 1 Tim. 1, 13. Das Andere, das Produkt eines unsittlichen Stumpfsinnes ist die vorsätzliche böswillige Unwissenheit. Vgl. Joh. 8, 37. 40. 44. 47; 9, 40 f. 2 Petri 3, 3—5; 2, 12. Diese eigensinnige Unwissenheit in Bezug auf das Göttliche kann eben daher bis zum äußersten Conflict mit der Offenbarung den Menschen forttreiben, indem er, um seinen selbstischen Willen gegen sie zu behaupten, sich gegen ihre Einwirkungen verhärtet, statt sein Mißverhältniß sich reuig zum Bewußtsein zu bringen.

---

*) Vgl. Dogmatik und Propädeutik.

c) Die Lästerung des heiligen Geistes selbst geht nun so vor sich, daß man eben Bezeugungen und Wirkungen, deren heiligen Charakter man im eigenen Bewußtsein anerkennen muß, zunächst nicht entwickeln mag zur freien Erkenntniß und Beherzigung, sofort aber auch dieselben zur eigenen Rechtfertigung*) (vgl. Luk. 16, 14—16 mit 7, 29 f.), endlich vorsätzlich als unheilig und widergöttlich darstellt und behandelt. Es ist eine böswillige Verdrehung des Göttlichen ins Gegentheil, die **ausdrückliche, wissentliche und geflissentliche Verkehrung des Heiligen ins Unheilige,** und dieses Lügnerische ist eben das Satanische. Joh. 8, 43—45. 48.

Inwiefern liegt nun aber in dieser Sünde des Unglaubens etwas **schlechthin Unvergebliches,** wie Matth. 12, 32 es ausdrückt: „weder in diesem noch in jenem Aeon"; vgl. Mark. 3, 29?**) Die Widerlegung der gewöhnlichen Ausflüchte, mit welchen der Wortsinn dieser Stelle abgewiesen werden soll, siehe Dogmatik bei der Frage über die Ewigkeit der Höllenstrafen. Sagt man, daß „**nur über die That, nicht über den Menschen selbst die Verdamm-**

---

*) Daß diese ausdrückliche Verdrehung des Heiligen ins Unheilige, womit man sich selber wegen Verschmähung desselben rechtfertigen will, wesentlich zur Lästerung des heiligen Geistes gehört, zeigt am deutlichsten Mark. **3,** 30 vgl. mit 29, wo eben eine solche Verdrehung den Herrn veranlaßte, den Ausspruch über die Bedeutung der Lästerung des Geistes zu thun.

**) Was den unmittelbaren Wortsinn betrifft, so ist derselbe so klar, daß nur eine bereits vorhandene, dem Wortsinn entgegengesetzte Ansicht auf den Versuch einer andern Deutung gerathen kann, und man fragen müßte: wie denn jemand, der wirklich ein unabänderliches Gericht über einen Menschen und dessen Sünde aussprechen will, dies thun soll, wenn die hier gebrauchte Ausdrucksweise noch das Gegentheil sagen soll?

niß ausgesprochen sei" so faßt Matth. 12, 33 die That im organischen Zusammenhang mit dem ganzen Herzenszustand und dem Charakter des Menschen; sie ist also das charakteristische Symptom von dem geworden, was der Mensch selber ist. Wenn nun einer solchen That die Möglichkeit der Vergebung für diesseits und jenseits abgesprochen wird, so liegt nach dem angegebenen Zusammenhang der Grund eben in der innern Beschaffenheit des Thäters, und was von der That gilt, gilt also noch mehr von der Person, vom Urheber derselben. Dazu kommt aber noch, daß bei Mark. 3, 29 gerade über den Thäter, über die Person selbst das Urtheil gesprochen ist: wer lästert, der hat keine Vergebung in Ewigkeit. Der Herr fällt daher auch bei Matthäus gerade von der That aus, ja von den Reden aus über die Person das Urtheil V. 37; vgl. auch zu V. 36 Kap. 23, 33. Sagt man aber weiter, jene bestimmte Sünde, die Lästerung, müsse allerdings der Mensch auch im künftigen Aeon noch büßen, dagegen seien alle andern Sünden ihm vergeben, und er selber sei ein Gerechtfertigter, so hätten wir einen zwischen Himmel und Hölle getheilten Menschen zu denken, halb verurtheilt und halb gerechtfertigt. Solche Wesen kennt die Schrift nicht, namentlich nicht im künftigen Aeon, sondern dort scheidet sich Alles wie in ein entweder gut — oder bös, so in ein entweder gerechtfertigt — oder verurtheilt. V. 37.*) Wird aber ferner behauptet, nur hypothetisch, nur abgesehen von einer noch möglichen späteren Sinnesänderung der Person sei für eine solche That nun und nimmermehr Vergebung zu finden, so hat dies in unserer Stelle gar keinen

---

*) Darüber die Dogmatik.

§ 4. Die Berufung und der Unglaube. 185

Sinn; denn abgesehen von der Sinnesänderung wird überhaupt keine Sünde vergeben, und so wäre die betreffende Sünde wider den heiligen Geist, wenn sie nur abgesehen von der möglichen Sinnesänderung für unvergeblich gelten soll, durch nichts von den andern Sünden wider Gott und Jesus Christus unterschieden, während sie davon gerade im Text als einzig unvergeblich unterschieden wird. Da nun eben die Sinnesänderung es ist, welche die Sünde überhaupt, auch die gegen Gott und den Menschensohn vergebbar macht, so muß bei der für unvergebbar erklärten Sünde Sinnesänderung nicht mehr möglich sein, und eine solche Unmöglichkeit hebt Hebr. 6, 4—6 auch bei schon Begnadigten ausdrücklich hervor. Mit Recht läßt sich also sagen, daß diejenigen, welche eine Gewissensangst haben, sie möchten diese Sünde begangen haben, und die reuevoll nach Vergebung hungern, in sittlicher Selbsterkenntniß an Gottes Gnade sich wenden, eben daran die Bürgschaft haben, die unvergebliche Sünde nicht begangen zu haben; denn bei solchen ist $\dot{\eta}$ $\varkappa\alpha\tau\alpha$ $\vartheta\varepsilon o\nu$ $\lambda\upsilon\pi\eta$, $\mu\varepsilon\tau\alpha\nu o\iota\alpha$ $\varepsilon\dot{\iota}\varsigma$ $\sigma\omega\tau\eta\rho\iota\alpha\nu$ $\dot{\alpha}\mu\varepsilon\tau\alpha\mu\varepsilon\lambda\eta\tau o\varsigma$. 2 Kor. 7, 10. Die in Hebr. 12, 17 von Esau gebrauchten Worte $\mu\varepsilon\tau\alpha\nu o\iota\alpha\varsigma$ $\tau o\pi o\nu$ $o\dot{\upsilon}\chi$ $\varepsilon\dot{\upsilon}\rho\varepsilon$ sind mehrdeutig (vgl. darüber in Kürze Moll's Commentar); sie können jedenfalls nicht im Widerspruch mit der ganzen Schriftlehre eine ernstliche, wirklich sittliche Reue für unmöglich oder unwirksam erklären wollen. Es gibt aber allerdings auch eine bloße Traurigkeit über verlorenes Gut, wie dies bei Esau (Hebr. 12, 17) der Fall war, oder über herbeigeführtes Uebel ohne sittliche Sinnesänderung d. h. ohne wirkliche Schuldanerkennung und ohne Ergebung auf Gnade, weil der Sinn eben nur egoistisch sich ändert, daß man das früher gering geachtete Gut eben nur als genießbares Gut nun des Suchens werth achtet, das herbeigeführte Uebel aber nur als drückende Last beseitigt sehen möchte. Das ist die den Menschen aufreibende Traurigkeit nach Welt-Art im Gegensatz zur sittlichen κατα θεον, vgl. Joh. 8, 21. 24 mit 2 Kor. 7, 10 f. und 2, 6 f.

Aus allem Bisherigen ergibt sich: gegenüber der göttlichen Berufung im Evangelium ist die allmähliche Entwicklung eines Unglaubens im Menschen möglich, den wir als den äußersten Grad der Verstockung anzusehen haben, wo nämlich die Abneigung und Antipathie, oder der Haß gegen die göttliche Berufung so weit gestiegen ist, daß selbst das, worin ihr heiliger Gottescharakter am entschiedensten und kräftigsten an das menschliche Grundbewußtsein vom Göttlichen, an das Gewissen herantritt, daß eben seine heilig richtende und heilig rettende Macht gegenüber der Sünde wissentlich und geflissentlich verdreht wird ins Unheilige, und diese Verdrehung in ehrenrühriger oder schmähender Weise sich äußert. Es ist dies die satanisch potenzirte Lüge, die Verleugnung des Göttlichen in seinem innersten distinctesten Charakter, in welchem es allein noch Buße und Bekehrung bewirken kann. Mit dieser Unglaubensstufe ist eben daher im Menschen die Fähigkeit aufgehoben, den eigenthümlichen Geist des Göttlichen noch anzuerkennen, seiner Heiligkeit sich noch zu unterwerfen, und sonach die Möglichkeit den heiligen Geist als innere Beseelung zu empfangen. Eben damit aber ist über das Verlorengehen des Menschen absolut entschieden, weil keiner ins Reich Gottes eingehen kann, der nicht aus dem heiligen Geist Gottes die neue Beseelung, ein neues Personleben empfängt.

3) **Das Glaubensverhältniß zur göttlichen Berufung.**

a) Der Glaube ist nicht etwas ausschließlich Christliches; er wird vielmehr in der Schrift als das **allgemeine Verhältniß** gedacht, das der Mensch überhaupt gegenüber dem Unsichtbaren und dem Ewigen, gegenüber dem Göttlichen einzunehmen hat. Hebr. 11, 1 ff. Namentlich aber dem göttlichen Wort der Verheißung, den göttlichen Heils- und Segenszusagen entspricht als einzig mögliche Form der Glaube. Gal. 3, 8 ff. Das Christenthum gibt sich nun aber schon formell nicht als bloßes Verheißungswort, als Versprechen eines Gutes, sondern das eben ist die Gnade des Christenthums im Unterschied vom alten Testament, daß das Verheißungswort mit seinem Gut nun seine Erfüllung beginnt, daß es **Wahrheit** wird, Realität wird, wahrhafte Wirklichkeit. Damit ist jedoch das Glaubensverhältniß nicht aufgehoben; einmal in subjectiver Beziehung: so lange und soweit der Mensch noch außerhalb der Gnade steht, wie es eben gegenüber der Berufung der Fall ist, unversöhnt und unerlöst unter dem Fluch und in der Knechtschaft der Sünde, in soweit ist für ihn auch dieses Gnaden-Gut in Christo selber erst noch Verheißung, die er eben nur durch Glauben sich aneignen kann; sein Glaube kann da erst **Verheißungsglaube** sein, das Ergreifen, das Annehmen einer Zusage, eines in Aussicht gestellten Guts. Aber auch außerdem in objectiver Beziehung: das, was die Gnade den Begnadigten bereits mittheilt, als Segensgabe und Habe, ist immer noch unsichtbar, seinem Wesen nach jenseitig, himmlisch, überirdisch, fällt noch nicht ins Leibliche und Aeußerliche, nicht ins Schauen. Nur seinen Wirkungen nach manifestirt es sich, wie die unsichtbare Gotteskraft überhaupt sich in der Welt manifestirt, wie unser Geist im Leib; das Wesen selbst aber tritt noch nicht in die Erscheinung. So ist's mit der Sündenvergebung, so mit der Geistesbegabung des Christen. Der Mensch, wenn er auch im Besitz davon ist, hat es nur im Glauben, nicht im Schauen, nur als **unsichtbares Leben des inwendigen Menschen** mit entsprechenden Wirkungen im Aeußern, nicht aber schon als Außenleben, als Wesenserscheinung. So gilt es immerhin Glauben als Erkennen und Festhalten des Unsichtbaren. Endlich sofern die Gnade die Realisirung ihres Guts hier nur anfängt, ihr Ganzes und ihre Vollendung der Einzelnen erst in der Zukunft hat, bietet sie selbst wieder auch den in sie Aufgenommenen noch **Verheißungen** dar, auf deren Erfüllung dieselben erst im Glauben hoffen und warten müssen. 1 Joh. 2, 25, vgl. Kol. 3, 3 f. Hebr. 4, 1; 10, 36. 2 Petri 1, 4; 3, 4. 9. 13. So ist der Glaube dasjenige, was schon seinem allgemeinen Wesen nach gerade der Eigenthümlichkeit des Christenthums ganz entspricht, sofern es sich dabei nicht nur um ein dem natürlichen Menschen fernliegendes Gut handelt, sondern auch bei dem wirklichen Besitz das christliche Gut ein seinem Wesen und seiner Vollendung nach jenseitiges ist und bleibt. Allein bei dem Christenthum und bei dem christlichen Glauben handelt es sich, wie gesagt, nicht bloß um ein **zu erwartendes Gut** oder **Segnung**, sondern wie beim Glauben überhaupt, gilt es auch beim christlichen Glauben Anerkennung der **nicht in die Augen fallenden göttlichen Wahrheiten im allgemeinen**, so der Wahrheit, daß Jesus, und zwar der gekreuzigte Jesus der Christ ist, der Sohn Gottes (Joh. 20, 31), daß Gottes Wort überhaupt und so namentlich

§ 4. Die Berufung und der Glaube.

auch seine Gebote Wahrheit sind, daß Gott Vergelter und Richter ist u. dgl. Dies sind lauter Glaubensgegenstände. Daher ist die Trennung der bloßen Verheißungen, deren Gegenstand Güter sind, von den sie begleitenden Lehren und sie bedingenden Geboten kein geistiger und sittlicher Glaube, kein Glaube im biblischen Sinn, sondern gerade ein Nichtglaube. Röm. 3, 31. Matth. 7, 21—27. Matth. 28, 20 fügt Glaubens=predigt zur Tauf=Gnade: „lehret sie halten Alles, was ich euch befohlen habe." Joh. 5, 46 knüpft der Herr den Glauben an Moses und den neutestamentlichen Glauben so nahe zu=sammen, daß er sagt: „wenn ihr Mose glaubtet, würdet ihr mir auch glauben." Die Juden hielten mit zähem Glauben die göttlichen Verheißungen fest, aber eben isolirt von dem die Verheißung bedingenden Gehorsam namentlich gegen den verheißenen Propheten; ferner 8, 39. 45 vgl. mit Röm. 4, 12. Hebr. 11, 6—8. Röm. 2, 5—8. Allein

b) der Glaube kommt gegenüber dem Christenthum nicht bloß als subjectives Verhalten in Betracht, sondern das Christenthum selbst heißt im objectiven Sinn der Glaube; mit ihm ist der Glaube gekommen (Gal. 3, 23. 25) und zwar nicht nur als etwas Gebotenes (1 Joh. 3, 23), sondern zugleich als etwas Dargebotenes. Act. 17, 31. Der Glaube ist nämlich nach seiner Substanz und Kraft ins Wort gefaßt und gibt sich zu hören als Glaubensbotschaft, Glaubenslehre; daher die Bezeichnung des Christenthums als $\varrho\eta\mu\alpha\ \tau\eta\varsigma\ \pi\iota\sigma\tau\varepsilon\omega\varsigma,\ \lambda o\gamma o\iota,\ \alpha\varkappa o\eta\ \tau\eta\varsigma\ \pi$. Aus der dargebo=tenen $\alpha\varkappa o\eta\ \tau\eta\varsigma\ \pi\iota\sigma\tau\varepsilon\omega\varsigma$ soll eben subjectiverseits die $\upsilon\pi\alpha\varkappa o\eta\ \tau\eta\varsigma\ \pi$. entstehen mit ihrem Geistesleben und an dem Glaubenswort hat sich fort und fort das subjective Glau=bensleben zu nähren. Röm. 10, 14. 16 f. Act. 6, 7. Röm.

1, 5. 1 Tim. 4, 6. Das Glaubenswort steht nun aber zur Entstehung des subjectiven Glaubens in keinem bloß äußerlichen Verhältniß, daß es nur Gegenstand des subjectiven Glaubens ist, daß der Mensch rein von sich aus es an sich zu bringen hätte, sondern, wie schon beim ersten Punkt dargelegt wurde, das Wort selbst wirkt mit berufender Kraft, so daß es den Menschen an sich zieht, ihn in der Kraft seines göttlichen Geistes ergreift und zwar im Brennpunkt des geistigen Wesens, im Herzen, eben dadurch den Menschen befähigend, die dargebotene Glaubenssubstanz nun selbst zu ergreifen. Also die Gnade bietet eben im Wort und mit demselben den Glaubensinhalt an und zwar nicht nur in äußerer Darstellung als Lehre und Geschichte, in didaktischer oder historischer Form, sondern mit einer den Menschen im Herzen ergreifenden Geistesenergie. Die Gnade ist demnach nicht nur Object und Inhalt des subjectiven Glaubens, sondern ist eben durch ihr Glaubenswort und den Glaubensgeist die substanzielle und die dynamische Begründung des subjectiven Glaubens, ist sein reelles Princip; die Gnade ist das Schöpferische, und der Glaube ist in diesem Sinn eine Gnadengabe Gottes, so daß ihm ebenso Dank dafür gebührt wie fortdauernde Anrufung, da der subjective Glaube, auch einmal gesetzt, nur allmählich sich fortentwickelt und dies nur durch dasselbe Gnadenprincip, das ihn gesetzt hat, durch das Wort und den Geist der Gnade. Eph. 2, 8. 17. Phil. 1, 20. Eph. 1, 13. 15, vgl. Mark. 9, 24. Luk. 17, 5; 22, 32. Dagegen ist es unbiblisch, wenn Harleß (auch noch in der 6. Ausgabe seiner Ethik § 21. S. 229 f.) die Entstehung des Glaubens von der Wiedergeburt abhängig macht. Es liegt neben dogmatischer Befangenheit die Nichtunterscheidung zu Grund zwischen göttlicher Geistes-Einwirkung, die allerdings den Glauben begründet, und zwischen neu gebährendem Geistes-Empfang, der erst in und aus dem Glauben erfolgt, dann aber auch freilich wieder eine höhere Glaubensstufe ermöglicht und fordert (vgl. § 1 über die principielle Stellung des Geistes). Abgeleitet wird ausdrücklich in der Schrift nicht der Glaube selber erst aus dem Geistesempfang sondern vielmehr umgekehrt der Geistesempfang aus der $\alpha\kappa o\eta\ \pi\iota\sigma\tau\epsilon\omega\varsigma$, aus dem Glauben, wie ihn das vernommene Wort wirkt. Vgl. Gal 3, 2. 5. Joh. 7, 39. Eph. 1, 13. Act. 2, 38; 8, 14—17. 21 f.; 11, 14—17 und namentlich noch 15, 7 ff. Der Glaube, wie er eben nur aus der in den Menschen einwirkenden Geisteskraft des Wortes Gottes entsteht und darauf steht, ist überhaupt das Organ, worin des Menschen Herz geeinigt wird mit der göttlichen Berufung, so daß nun die Gnade mit ihrem Geist und Inhalt innerliches Eigenthum werden kann. Vgl. Röm. 1, 16 f.; 3, 22. Eph. 3, 17 f. 2 Petri 1, 4—7.

Betrachten wir nun

c) **den Glauben eben als Eigenthümlichkeit des Menschen**, als subjectiven Glauben im Verhältniß zur Gnade noch specieller. Anfang und Vollendung des ganzen Glaubensverhältnisses geht nach dem Vorigen principiell von der Gnade selbst aus: sie bringt $\rho\eta\mu\alpha\ \tau\eta\varsigma\ \pi\iota\sigma\tau\epsilon\omega\varsigma$ und $\pi\nu\epsilon\upsilon\mu\alpha\ \tau\eta\varsigma\ \pi.$, um den Glauben zu begründen und vollzubereiten. So kann der christliche Glaube subjectiverseits im allgemeinen nur das durchgängige Hinnehmen der Gnade sein, Joh. 1, 12, wo $\lambda\alpha\mu\beta\alpha\nu\epsilon\iota\nu$ mit $\pi\iota\sigma\tau\epsilon\upsilon\epsilon\iota\nu$ parallel steht. λαμβανειν bei den LXX meist für das hebräische לקח drückt sowohl das thätige Verhältniß des Fassens, des Ergreifens und Nehmens aus als auch des Empfangens rein für sich. Es vereinigt also in sich den Begriff: durch Ergreifen empfangen, soviel als annehmen, hinnehmen, aufnehmen. Daher auch die anderweitigen Ausdrücke δεχεσθαι, παραδεχεσθαι, αποδεχεσθαι ebenfalls für das subjective Verhalten des Glaubens; sie weisen auf eine selbständige Bewegung hin, namentlich auf die des Handausstreckens (δεξια) um zu fassen und zu empfangen. Und wenn λαμβανειν ein Geben, ein Darreichen voraussetzt (Matth. 7, 7 f.), so setzt δεχεσθαι (zusammenhängend mit δεχω, δεικνυμι) ein Zeigen, Darstellen, Weisen voraus. Der Herr mit seiner Gnade ruft, d. h. er zeigt, weist und zieht mit lebendigem Wort und bietet dar belebende Kraft und Gabe. Der Mensch im Glauben erfaßt, ergreift und empfängt Gottes Ruf und Gottes Gabe als Wahrheit. 1 Thess. 1, 6, vgl. 5. und 2, 13. Jak. 1, 21. Grundcharakter des christlichen Glaubens ist demnach nicht reine Passivität, völlige Unthätigkeit, sondern eine receptive Thätigkeit. Der Glaube ist zunächst ein sich hingebender und ein aufnehmender Akt, ein dem göttlichen Zeugniß und Zug entgegenkommendes Aufhorchen und Gehorchen, vgl. Matth. 13, 20 mit Luk. 8, 13; Mark. 4, 20, wo λαμβανειν und δεχεσθαι wechseln; Act. 2, 41 vgl. 44, wo αποδεχομενοι τον λογον und πιστευοντες parallel stehen; Joh. 3, 33 vgl. 36. Kol. 2, 6 vgl. 5. Röm. 1, 5; 15, 18; 16, 19. 1 Petri 1, 21 mit 22 faßt das Gläubigwerden und Gläubigsein als Gehorsam. Dieses gläubige Aufnehmen erfolgt nun durch zwei psychologische Akte, einmal durch das νοειν, wovon μετανοειν nur eine specielle

§ 4. Die Berufung und der Glaube.

Wirkung ist, und durch συνιεναι. Ersteres ist geistige Wahrnehmung und Verarbeitung; es ist aber auf religiösem Gebiet keine bloß formelle, äußerliche Denkthätigkeit, vielmehr eine sittlich bestimmte, innerlich sich vertiefende Verstandesthätigkeit, eine Herzensthätigkeit, ein Centralakt. Als Folge des νοειν bildet sich der weitere Receptionsakt, das συνιεναι, das sittlich-intelligente Erfassen, ein Verstehen mit Aneignen. Dadurch wird das Wort der Gnade mit seinem Geist und Leben etwas persönlich Einverleibtes, der göttliche Lebenssame wird etwas Eingepflanztes und so seine Frucht Entfaltendes, vgl. Biblische Seelenlehre über νοειν und συνιεναι. Vgl. Joh. 12, 39 f. Der Mangel an νοειν verhindert Glaube und Bekehrung. Matth. 13, 19 vgl. mit 15, 23 und mit Luk. 8, 15 (ohne Sehen und Hören, ohne geistige Wahrnehmung im νους kommt es zu keinem συνιεναι). Prov. 4, 4—21; 3, 1. Röm. 10, 8. Jak. 1, 21. Also die receptive Erkenntnißthätigkeit als sittlich intelligente Aneignung und Verarbeitung der göttlichen Wahrheit im Herzen, dies bildet das erste und fundamentale Geschäft des Glaubens: es sind dies **die psychologischen Grundakte** des Glaubens, und erst dadurch und immer nur dadurch entwickelt sich der Glaube als **psychologischer Zustand oder als persönlicher Habitus, als Charakter,** als ein in der erkannten Wahrheit festgegründetes Bewußtsein und Wollen, das sich dann psychologisch ausspricht als Erkenntniß, Ueberzeugung, Vertrauen, Treugesinntheit u. s. w.*)

---

*) S. Biblische Seelenlehre. Die dogmatische Bestimmung: fides est notitia, assensus, fiducia läßt die psychologischen Bildungsakte des

Weiter aber in Kraft der im Worte eingepflanzten Gnade gesellt sich nun zur receptiven Thätigkeit **eine reproductive Selbstthätigkeit des Glaubens**; sein aufnehmender Gehorsam wird nun auch ein fruchttragender, ein innen und außen werkthätiger Gehorsam, ein Gehorsam der Liebe, wenn wir ihn in seinem ethischen Charakter bezeichnen sollen. Denn die Liebe entsteht und besteht im selbstthätigen Besitz und Festhalten des göttlichen Worts, was eben Sache des Glaubens ist. Matth. 13, 23. Joh. 15, 3—5, vgl. V. 7 f. 10. 16, vgl. 14, 21. 23.*) Gal. 5, 6. Wie der Mensch Christum bereits in sich aufgenommen hat, wandelt er nun in ihm. Christus ist das Centrum seiner Lebensbewegung, seiner Selbstthätigkeit. Kol. 2, 6. Phil. 3, 12 vgl. mit 10. Eph. 4, 1 vgl. mit Kol. 1, 11. Was endlich das **Gut des Glaubens** betrifft, das er in dieser seiner Liebesthätigkeit zu genießen bekommt, so ist es in seiner psychologischen Verinnerlichung Friede und Freudigkeit. Dies ist die Frucht, die man erntet als Folge der Frucht, die man bringt aus dem Schatz der Gnade. Da aber der Friede auf dem Glauben beruht, nicht auf dem Schauen, so hat der Glaubensfriede die Form der **Hoffnung**, wie die Glaubensthätigkeit die Form der Liebe. Joh. 14, 27; 15, 11 vgl. mit 16, 33. Röm. 15, 13. Die Hoffnung aber wirkt wieder mit ihrem vorgesteckten Ziele als Impuls

---

Glaubens hinter dem psychologischen Produkt zurücktreten und auch in diesen ist atomistisch getrennt, was im Leben einheitlich beisammen ist.

*) In diesen Stellen ist das Fruchttragen abhängig vom Bleiben in Christo und vom Bleiben seiner Worte in uns, und diese namentlich in ihrer gebietenden Form behalten, also Gehorsam, ist Charakter der Liebe.

§ 4. Die Berufung und der Glaube.

auf die Liebesthätigkeit des Glaubens zurück, ohne die der Glaube selber abstirbt. 2 Petri 3, 14. Hebr. 6, 10—12.*)

Nur eine Bemerkung noch über die **sittliche Bedeutung des Glaubens im Allgemeinen**. Der Glaube im Allgemeinen, abgesehen von seiner christlichen Form, ist die Basis oder die Bedingung und Verbürgung aller wahren Sittlichkeit. Der Unglaube im Allgemeinen macht den Menschen auch unsittlich. Glaubt der Mensch nicht einmal an sein Gewissen, so verfällt er unwiderstehlich der Unsittlichkeit. Freilich betrachtet man Sittlichkeit in bloß äußerlich socialem Sinn, in bürgerlicher oder politischer Bethätigung (justitia civilis), so ist sie schon vorhanden, wo die Form des Recht-Handelns ist, wo das äußere Thun in Angemessenheit zum Gesetz oder zur Sitte steht. Faßt man aber Sittlichkeit als persönliches Princip, das die socialen Aeußerungen zu bestimmen hat, und zwar nach der Idee des Guten, im Geist und Sinn eines transcendenten Begriffs des Guten, nicht bloß nach conventioneller Form, also weder als etwas von der individuellen Willkür Abhängiges, noch als etwas von den zufälligen äußeren Verhältnissen und Formen Abhängiges, sondern möglicher Weise auch im Widerspruch mit denselben; dann muß das Handeln von innen heraus gläubig bestimmt sein, d. h. bestimmt durch ein den Menschen überweltlich verpflichtendes Gesetz, durch eine göttliche Grundbeziehung, wie sie allein in einem persönlichen höchsten Wesen, in Gott sich zusammenfaßt. Nur mit Gott und in

---

*) Das genauere Verhältniß zwischen Glaube, Liebe, Hoffnung und die Darstellung der beiden Letzteren gehört dem zweiten Hauptstück an, der Entwicklung des christlichen Lebens. Die näheren Bestimmungen über das Verhältniß von Glaube und Werken siehe Leitfaden § 34, 3 und Dogmatik.

Gott ist das Gute, die eine und ganze absolute Wahrheit und Macht, gegen die jede andere Autorität zurücktritt. Ohne Gott und außer Gott steht das Gute einem Vielerlei anderer Autoritäten und Mächte gegenüber, unter widerstreitenden ephemeren Einflüssen und Meinungswechseln, abhängig vom beschränkten und gedrückten Denken, Wollen und Handeln beschränkter und ohnmächtiger Menschen, wobei höchstens ein relativ Gutes sich zu erkennen gibt. Auch die Würde und Macht eines absolut verbindlichen Gesetzes erhält das Gute erst dadurch, daß es aus Gott abgeleitet wird als der absoluten Wahrheit und Macht alles Guten, d. h. also durch religiöse Auffassung im Glauben. Nur dadurch erhebt sich die subjective Sittlichkeit über den Standpunkt des individuellen und des socialen Egoismus und über weltliche Rücksichten, wird einerseits frei, d. h. unabhängig von allem weltlichen Determinismus, von den empirischen Interessen dieses Lebens und von der Menschenknechtschaft, und ist doch andererseits wieder zugleich gebunden durch eine höchste objective Autorität und Verpflichtung, statt nur nach subjectiver Meinung und Willkür sich bestimmen zu dürfen.

Wir haben nun im Bisherigen den Glauben kennen gelernt als Einheit einer receptiven und einer reproductiven Thätigkeit (des $\lambda\alpha\mu\beta\alpha\nu\epsilon\iota\nu$ und des $\varkappa\alpha\rho\pi o\varphi o\rho\epsilon\iota\nu$), darnach bestimmt sich nun auch sein Inhalt und seine Wirkung. Vermöge seiner receptiven Thätigkeit gegenüber dem Evangelium wird er rechtfertigender Glaube, vermöge seiner reproductiven wird er verklärender, oder nach dem gewöhnlichen Sprachgebrauch auch heiligender Glaube. Wie er das wird und ist, müssen wir entwickeln.

§ 5. Der rechtfertigende und verklärende (heiligende) Glaube.

Den Anfang zur neuen Lebensgestaltung im Menschen macht das göttliche Wort überall mit dem Ruf „$\mu\varepsilon\tau\alpha\nu o\varepsilon\iota\tau\varepsilon$", dies sowohl, ehe noch die Welt-Versöhnung in Christo realisirt war (so im A. T. schon durch den Täufer, auch durch die erste Predigt Jesu), als auch nach der Versöhnung, und zwar in ausdrücklichem Auftrag Christi. Luk. 24, 47. Die „Buße", wie $\mu\varepsilon\tau\alpha\nu o\iota\alpha$ gewöhnlich übersetzt wird, die außerhalb der Versöhnung geboten wird, darf nun aber nicht identisch genommen werden mit der Buße innerhalb der Versöhnung, obgleich beides dem allgemeinen Wesen nach eins ist. Außerhalb der Versöhnung (im A. T. und durch Johannes den Täufer) wird die Buße gepredigt und gewirkt aus der Kraft des verurtheilenden Gesetzes und des göttlichen Strafernstes, wobei die göttliche Gnade bloß geweissagt und verheißen wird. Innerhalb der Versöhnung ist es die Kraft der gegenwärtigen Gnade selbst, die Kraft ihres heiligen Geistes, welche die Buße begründet, und zwar mit Beziehung auf das in Christo vollzogene Gericht über die Sünde, worin der göttliche Ernst und die göttliche Gnade als vereint sich darstellen in innerster Durchdringung; der Gott, der in Christo die menschliche Sünde richtet, ist der Gott für uns, der uns eben dadurch mit sich versöhnt. Dies ist die nach der Auferstehung auf Christi Namen gestellte Buße mit ihrer Sündenvergebung. Luk. 24, 47, vgl. die erste Predigt: Act. 2, 36—38; 3, 19; 5, 30 f. Die christliche Bußerweckung ist so eingeschlossen in der Versöhnungsbotschaft (2 Kor. 5, 20. 21. 14 f.). Indem also Gott Buße fordert von allen

Menschen, bietet er zugleich allen den Glauben dar (Act. 17, 30 f.). Christliche Buße setzt demnach schon einen Glauben an das Zeugniß der Versöhnung voraus, daß man den Rath Gottes zur Seligkeit aufnimmt und nicht verachtet; aber überhaupt hat die Buße auch gegenüber dem Gesetz und dem Weissagungszeugniß in dem aufnehmenden Glauben ihre Bedingung (Matth. 21, 32; Luk. 7, 30). An diesen aufnehmenden Glauben schließt sich erst ein weiteres πιστευειν als Frucht des Bußglaubens an, nämlich das πιστευειν ἐν τῷ εὐαγγελίῳ oder πιστευειν εἰς τον κυριον Ἰησουν Χριστον. So ist also das ethische Grundmoment des aufnehmenden Glaubens die μετανοια, und zwar in christlicher Gestalt derart, daß sie entspringt aus dem Glaubensgehorsam, wie er das Zeugniß der Versöhnung annimmt, und daß sie die weitere Entwicklung des Glaubens in Christum hinein anbahnt.

Wenn wir nun Entstehung, Wesen und Entwicklung der μετανοια im Ganzen ohne Vermischung von Verschiedenem auseinandersetzen wollen, so müssen wir die μετανοια darstellen:

I. wie sie im Allgemeinen schon vom Gewissen aus und namentlich unter dem positiven göttlichen Gesetz sich gestaltet;

II. wie sie durch Christum mit dem Evangeliumsglauben sich verbindet, und zwar schon ehe die Versöhnung vollbracht ist, wo also der Glaube nach dem Ausdruck der alten Dogmatik noch nicht specialis ist, oder justificans im neutestamentlichen Sinn*).

---

*) Vgl. Hase's Hutter.

III. wie sie mit dem Erlösungsglauben sich verbindet, wobei die μετανοια zur ἀνακαινωσις του νοος und zur καινοτης της ζωης sich entwickelt, daher als μετανοια εἰς ζωην bezeichnet wird.

I. μετανοια im Allgemeinen.

μετανοειν abstammend von νοειν, νους ist Sinneswendung, Sinnesänderung, in der heiligen Schrift immer im sittlichen Sinn gebraucht, die Umwendung des Sinnes zum Besseren, und insofern Besserung. Unter diesen allgemeinen Begriff fallen schon die vereinzelten sittlichen Akte, wo eine bestimmte Verfehlung eingesehen und anerkannt wird mit dem Bestreben, sie wieder gut zu machen, vgl. Luk. 17, 3 f. mit Matth. 5, 22 ff. auch μεταμελεσθαι. Matth. 21, 29 f. Also Schuldgeständniß und Vergütungsakt gehört im Allgemeinen zur μετανοια. Bestimmter aber bezeichnet μετανοια statt bloß einen einzelnen Akt den **entscheidenden sittlich-religiösen Akt**, wodurch in der Gesinnung ein Umschwung geschieht, eine Wendung des νους von der Sünde weg (ἀπο Act. 8, 22. Hebr. 6, 1. Offenb. 2, 21) zu Gott hin (ἡ εἰς τον θεον μετανοια Act. 20, 21), so daß dadurch ein radicaler Bruch mit der Sünde gesetzt wird, und eine neue Lebensrichtung gegenüber Gott und den Menschen.

Fassen wir nun hiebei die **allgemeinen sittlichen Momente ins Auge, durch welche diese Radicalwendung zu Stande kommt**, so sind es folgende: Einmal gehört dazu*) daß der Mensch sich als sündig erkennt, nicht bloß einzelne Fehler bei sich erkennt, d. h. daß er sich **theils in seinem Zustand, theils in seinem vorherrschenden Thun in**

---
*) Christliche Reden VI. Nr. 35.

Widerstreit erkennt mit seinem Sollen, mit dem Gesetz, mit dem göttlichen Willen, mit dem göttlichen Wesen.*) Es ist aber keine bloß aufgenöthigte Erkenntniß, oder bloße objective Betrachtung des sündigen Zustandes und Thuns, sondern in der Buße rechnet der Mensch sich die Sünde **freithätig** zu, richtet sich selbst (1 Kor. 11, 31), bezieht seine That und seinen Zustand auf sich selbst als **seine Schuld**, d. h. als Erzeugniß oder als Eigenthum seines Sinnes, als hervorgegangen aus seiner freien Denk- und Willensrichtung, oder als in dieselbe wenigstens aufgenommen, als tolerirt und acceptirt (Dogmatik § 20. 2. c.). In diesem selbstthätigen Schuldbewußtsein liegt jedoch erst das sittliche Urtheil über die eigene Person; indem aber die sittliche **Selbstbeurtheilung** die Schuld herausstellt, gehört zur bußfertigen Anerkennung derselben **auch die Selbstverurtheilung**, daß ich nämlich in dem sittlichen Urtheil über mich **mit der Schuld auch das Uebel verbinde als rechtliche, als verdiente Folge**, daß ich ein „Soll" des Leidens rechtlich folgere aus dem nicht geleisteten „Soll", das „Uebel-Leiden" aus dem „Uebel-Thun", den Widerspruch Gottes gegen mich aus meinem Widerspruch gegen Gott. Die Selbstverurtheilung gehört wesentlich noch zur Zurechnung der Sünde als Bußakt. Ohne das setzt sich der Mensch immer noch nicht in denjenigen Gegensatz zur eigenen Sünde, in welchem er derselben ihr Recht anthut, nicht in diejenige Unterwerfung unter Gott, in welcher er dem Recht Gottes wider sich selbst Recht gibt. Der Sinn des Menschen ist dann also selbst noch nicht der Gerechtigkeit zugewendet.

---

*) Selbstverständlich gibt es Gradsteigerungen der $\mu\varepsilon\tau\alpha\nu\text{o}\iota\alpha$ je nach des Menschen sittlich-religiöser Erkenntniß.

I. μετανοια im Allgemeinen.

Aber auch damit, daß der Mensch mit seinem Schuld­bewußtsein auch das Strafbewußtsein verbindet, daß er sich **unter** seine Sünde stellt, ist in der Buße die entscheidende Sinnesänderung noch nicht positiv vollzogen. Dazu gehört als zweiter Hauptakt der Buße eine solche **Reaction des Sinnes gegen die Sünde**, wodurch der Sinn von der Sünde auch sich loszuringen und mit dem Guten neu sich zu einigen sucht. Das Nächste, was der Mensch in dieser Hinsicht versucht, wenn er sich selbst überlassen ist, ist das, daß er theils durch willige Uebernahme von Schmerz und Leiden, oft von selbstgeschaffenen Leiden dem Bewußtsein seiner Strafwürdigkeit gerecht zu werden sucht, oder daß er seine Sünde zu **sühnen** sucht, theils daß er von der Macht der Sünde und von dem Schuldbewußtsein sich loszuwinden strebt durch allerlei Versuche, **sich selbst zu bessern**, durch Ringen mit dem bestimmten Bösen, das ihm anklebt, und durch Ringen um das Gute, das ihm abgeht, beides meist nur im Einzelnen, gegen einzelne Sünden oder Fehler, für einzelne Tugenden. Diese Besserungsversuche, sofern sie Reactionen des sittlichen Sinnes, nicht des Ehrgeizes ꝛc. sind, sind ja nicht zu verachten und zu verspotten. Es heißt dies eben den guten Kampf kämpfen, und dem Herrn wird damit der Weg bereitet (so die μετανοια-Predigt des Johannes Luk. 3, 4. 10—14). Wenn aber die μετανοια aus solchen Einzeln-Reactionen sich principiell zusammenfassen soll, so ist der Mensch hinzuweisen auf zweierlei; einerseits gilt es **Ab­kehr** des Sinnes von allem Eigenen, Menschlichen und Weltlichen, von allem diesem als dem vom Bösen beherrsch­ten Boden, als dem Reich der Sünde, wo gegen dieselbe keine reelle Hülfe zu finden ist. Röm. 7, 14. 24. Luk. 3,

7—9. Matth. 16, 26, vgl. Pf. 49, 8 f. (In diesen Stellen tritt das Vergebliche einer Rettung hervor, vom eigenen Boden aus, vom Volksboden, vom Weltboden aus. Alles befaßt der Satz 1 Petri 1, 24 nach Jef. 40, 6—8.)

Neben dieser Abkehr gilt es Hinkehr zu Gott ($\mu\varepsilon\tau\alpha\nu o\iota\alpha$ $\varepsilon\iota\varsigma$ $\vartheta\varepsilon o\nu$), zu Gott als dem einzig Guten, und dem Princip des Heiles. Luk. 15, 17 f. Matth. 7, 7—11. Luk. 3, 6—16. Röm. 7, 24 f. (In diesen Stellen ist ein stufenweiser Fortschritt der Hinkehr zu Gott angedeutet vom Vertrauen zu Gott im Allgemeinen durch bestimmte Offenbarungsaufschlüsse über Gott bis zur Erkenntniß des christlichen Heils.) Diese Hinkehr zu Gott schließt in sich Suchen nach Vergebung der Schuld und nach neuem, sittlichem Leben bei Gott, Suchen also nach ethischem Heil; dies gehört zur Buße, wenn sie ein ethischer Akt sein soll. Der niederste Anfang dieser entscheidenden Bußbewegung ist das Verlangen nach Gott und nach seiner Hülfe; der Ziel- und Ruhepunkt für dieses Verlangen ist das Erlangen des göttlichen Heils, der Weg dazu das Ergreifen des göttlichen Heils und das Eingehen darein. Damit geht die Buße über in den Heilsglauben. Fassen wir nun nach dieser Charakteristik der Buße im Allgemeinen ihre speciellen Abstufungen in's Auge

1) **Die Buße des natürlichen Menschen.**

Diese kann nur vermittelt sein durch die Einkehr in das eigene sittliche Bewußtsein (Luk. 15, 17 er ging in sich selbst), in das Herz mit seinem Gewissenszeugniß (Röm. 2, 15). Dies führt uns auf eine psychologische Erörterung des

Gewissens.*)

A. Bestimmungen über das Gewissen und seinen Zusammenhang mit dem νους.

a) **Seinem unmittelbaren Wesen** nach ist das Gewissen ein **Wissen**, daher „Gewissen", conscientia, συνείδησις. Es ist aber nicht ein Wissen mittelbarer Art, ein reflectirendes und reflectirtes, nicht ein Verstandesakt oder ein Vernunftschluß, ein Wissen in der Form des combinirenden Denkens, Beurtheilens u. s. w., sondern ein **Wissen in der Form des Seins**, ein Bewußtsein und zwar ein auf das sittliche Sein und Sollen der Person bezügliches, mit demselben gegebenes und zusammengeschlossenes Wissen. Es ist unmittelbares Selbstbewußtsein, daher die dem Gewissen innerhalb seiner Sphäre zukommende Form der Gewißheit, und als Bestandtheil des Herzens (wie die Schrift das Gewissen faßt) ist es das **unmittelbare Centralbewußtsein** des Ichs, während der νους das nach außen sich vermittelnde und nach außen reflectirende Centralbewußtsein ist. Vgl. Seelenlehre.

b) **Seiner Function** nach ist das Gewissen ein **sich bezeugendes Bewußtsein**, d. h. sich aussprechend, aber nicht in der Richtung nach außen zur Mittheilung an Andere, sondern an das eigene Selbst gerichtet, nach innen in den νους, in die Vernunftsphäre hinein sich aussprechend, so daß es zugleich Denken und Wollen anspricht, für seinen Ausspruch in Anspruch nimmt, dies eben in der Form der Unmittelbarkeit. Es gibt sich unwillkürlich dem Menschen zu wissen als

---

*) Hiebei wird die „Biblische Seelenlehre" vorausgesetzt und nur das für die Ethik Nothwendige gegeben.

eine das Denken, die geistige Reception erfüllende Empfindung, als Sinn, und als eine das Wollen, die geistige Spontaneität erfüllende Empfindung, als Trieb, Antrieb; kurz also sinnartig und triebartig imprimirt das Gewissen seine Wirkung, seine Bezeugung unmittelbar dem νους (dieser empfängt ein für sich selbständiges Wissen vom Gewissen).

c) Seinem Inhalt nach ist es das Geistig-Gute, nicht das sinnlich Gute, was das Gewissen ausspricht und anspricht, und zwar das Gute in seiner absoluten Bedeutung, wenn schon nicht in seinem absoluten Umfang. Vermöge seiner absoluten Bedeutung läßt das Gewissen nicht mit sich markten; es kommt über den Menschen nicht erst in Folge seines eigenen Willens, sondern wider seinen Willen und nimmt keine Entschuldigung an gegenüber von dem Guten, das es einmal geltend macht. Also der Inhalt des Gewissens ist das absolut verpflichtende Gute und so das Göttliche, dies aber als ethische Macht, nicht als bloßer Gedanke oder als bestimmter Begriff. Es ist aber deßhalb das Gewissen nicht die Substanz des göttlich Guten zu nennen (Harleß in den früheren Ausgaben). Dieses ist nicht selber in ihm enthalten; das Gute wird vom Gewissen nicht in seinem göttlichen Inhalt unmittelbar bezeugt oder aus ihm geschöpft als Leben und Kraft aus Gott; sondern im Gewissen ist das Gute, das was sein soll, nur als das absolut Gültige gegeben und so nur in der dem Göttlichen zukommenden Bestimmungs-Form, und vom Gewissen aus wird es nur sittlich geltend gemacht im νους d. h. als eine Forderung, welche die geistige Selbstthätigkeit anspricht eben als ein „Soll", als inneres Gesetz und dies in der Unmittelbarkeit eines inneren Sinnes und Triebes, eines Centralsinnes, der vom Denken des Menschen Wahrheit anspricht, die Conformität mit dem, was im innersten Selbstbewußtsein thatsächlich gegeben ist, und der vom Wollen Recht anspricht, die Conformität mit dem, was der Mensch nach diesem Bewußsein soll. Das Gewissen ist also die sittliche Substanz des Menschen, aber nicht die göttliche Substanz. Letzteres ist der göttliche Geist; das Gewissen ist im menschlichen Geist die göttliche Gesetzesmacht, nicht die göttliche Lebensmacht.

d) **Die sittliche Wirkung** des Gewissens, in ihrer Beziehung zum νους betrachtet, tritt in zwei Hauptbeziehungen hervor, als Erstwirkung und als Nachwirkung, als bestimmend für das persönliche Verhalten, und als bestimmt von demselben.

α) **In seiner Erstwirkung** (conscientia antecedens) ist das Gewissen **gesetzgebend** für den νους (Röm. 2, 14 f. ἑαυτοις εἰσι νομος, συμμαρτυρουσης αὐτων της συνειδ.), aber nicht in der Form bestimmter Begriffe, Urtheile, Gebote; nicht explicite gibt das Gewissen an, was gut, wahr, recht ist, was zu thun oder zu lassen ist, sondern indem es im persönlichen Sinn des Menschen Wahrheit und Recht anspricht, dringt es auf sittliche Gesinnung; „sei wahr und gerecht in deinem persönlichen Verhalten, im Denken, Wollen, Reden, Handeln", das ist Gewissenssprache; das ist sein Gesetz. **Die subjective Güte des Handelnden bestimmt das Gewissen, nicht die objective Güte des Handelns,** nicht das logische und praktische Wissen um das Gute. Für letzteres Wissen spricht das Gewissen eben den νους an, nicht aber zwingt es ihn dazu, es spricht von ihm das λογιζεσθαι an, sein reflectirendes Denken, Urtheilen, Schließen und Beschließen. Nun erst durch das freie Eingehen des *νους* in die unmittelbaren Bestimmungen der *συν-ειδησις*, d. h. erst durch eine gewissenhafte Vernunftthätigkeit (ungenau unter consc. concomitans befaßt), entstehen sittliche Begriffe, Urtheile, Grundsätze. Hiernach imprimirt das Gewissen seine sittlichen Grundbestimmungen dem Vernunftleben für das persönliche Verhalten, so aber, daß letzteres seine Freiheit behält. — Auf der anderen Seite imprimirt sich das Verhalten wieder, nachdem es die ihm zustehende Freiheit geübt hat, im Gewissen, und in diesem entsteht nun

β) die entsprechende **Nachwirkung** (conscientia consequens). Im Gewissen nämlich wird das stattgefundene persönliche Verhalten wieder zusammengeschlossen mit dem Gesetz der Wahrheit und Gerechtigkeit. Das Gewissen reflectirt das Verhalten in sich als **zurechnendes Bewußtsein**, als gutes oder böses Gewissen, d. h. in der Form der Einstimmung mit dem Verhalten oder des Widerspruchs, des Friedens oder des Unfriedens. **Also die Nachwirkung des Gewissens ist richterlich, wie die Erstwirkung gesetzgebend ist.** Dieses Richterliche des Gewissens bedarf nun aber wiederum der Entwicklung durch den *νους*, und zwar in Beziehung auf Form und Gegenstand. Die explicirte richterliche Form ist die Form der Anklage und Verurtheilung, oder die Form der sittlichen Entschuldigung und Billigung. Diese Form erhält das Gewissensgericht erst dadurch, daß der *νους* aus dem guten oder bösen Gewissen die Consequenz zieht, die unmittelbare Zurechnung desselben entwickelt zur sittlichen Selbstbeurtheilung und Selbstverurtheilung. Ebenso in Bezug auf den Gegenstand beschränkt oder vielmehr concentrirt sich die richterliche Thätigkeit des Gewissens, wie die gesetzgebende desselben unmittelbar nur wieder

auf die subjective oder persönliche Seite des Verhaltens, auf
das innere Substrat, auf Sinn, Geist, Motiv des Verhal=
tens; dies reflectirt das Gewissensgericht in concentrirter
Weise. Es ist ein Centralblitz in den *νους* hinein: „Du
hast dich recht oder nicht recht verhalten." Das Gewissen
selbst zergliedert auch hier nicht das objective Verhältniß, die
concrete Beschaffenheit der Handlungen.

Eine bestimmte Erkenntniß des Sündlichen oder Un=
sündlichen der letzteren hängt wieder ab von Art und Grad
der Vernunftthätigkeit, von dem Eingehen des eigenen
Nachdenkens und Wollens des *νους* in das Gesetz und Ge=
richt des Gewissens, was Sache der persönlichen Freiheit ist,
während das böse Gewissen für sich etwas unwillkürlich sich
Machendes ist.

So müssen wir denn

e) **unterscheiden zwischen dem unmittelbaren Wesen
und Wirken des Gewissens für sich und zwischen der Ge=
wissenserscheinung und Aeußerung**, die mit ihren
Produkten bedingt und vermittelt ist durch das Verhalten
des *νους*. Auf Nichtunterscheidung beruhen die falschen Ein=
theilungen des Gewissens, theils in Bezug auf die Erkennt=
niß: richtiges, zweifelhaftes, irriges Gewissen, theils in Bezug
auf die sittliche Energie: lebendiges und todtes, waches und
schlafendes, enges und weites Gewissen. Dies trifft alles
nicht in das Gewissen selbst, in seine objective Gegebenheit,
sondern fällt in die subjective Stellung des Menschen zum
Gewissen, in die intellectuell=moralische Auffassung und Er=
scheinung des Gewissens im Vernunftleben.*) Von der Aus=

---

*) Ueber die Verwechslung „des Gebrauchs des Gewissens mit dem

bildung der Vernunftthätigkeit in Bezug auf objective Wahrheit und von ihrem treuen Eingehen auf das Gewissen, d. h. von der persönlichen Gewissenhaftigkeit hängt die Vollkommenheit oder Unvollkommenheit der sittlichen Erkenntniß und sittlichen Energie ab, und damit das Wahre oder Irrige im Gebrauch des Gewissens, Schwäche oder Stärke der Gewissens-Aeußerung. Also zum vollen Begriff unseres sittlichen Wesens und Verhaltens gehört nicht nur das Gewissen, sondern Gewissen und Vernunft, wie sie theils organisch verbunden sind in unmittelbarer Einheit als Bestandtheile des Herzens, theils selbstthätig zu verbinden sind durch frei vermittelte Einigung (vgl. Biblische Seelenlehre).

An diese Bestimmungen über das Gewissen und sein Verhältniß zur Vernunft reihen sich nun auch die Bestimmungen

B. über die Freiheit.

Gehen wir aus

a) von der **Autonomie**, so hat diese Bezeichnung allerdings biblische Berechtigung — ἑαυτοις εἰσι νομος heißt es vom natürlichen Menschen. Röm. 2, 14. Einfachster Begriff der Autonomie ist hiernach, daß der Mensch sich selbst Gesetz ist. Allein im Allgemeinen ist dies ja schon jeder Naturorganismus; er entwickelt sich nach eigenen, in ihm selbst liegenden Gesetzen, von einer Kraft aus, die sein Wesen und Wirken von innen heraus bestimmt und normirt.

Gewissen selbst" spricht sich schon Mosheim, Sittenlehre III., S. 225 ff. besonders praktisch aus, obgleich er selbst über das Wesen des Gewissens es zu keiner ganz präcisen Auffassung bringt.

Den Menschen aber unterscheidet vor Allem das, daß er sein Gesetz in sich selber mit Bewußtsein hat, und mit einer gewissen Freiheit es handhabt. Daß nun der Mensch nicht unbewußt wie jeder Naturorganismus, sondern mit Bewußtsein sich selbst Gesetz ist, dies ist für das logische oder intellectuelle Gebiet vermittelt durch die Vernunft des Menschen (νους), für das sittliche durch das Gewissenszeugniß, was Röm. 2, 15 zu dem im sittlichen Sinn gemeinten ἑαυτοις εἰσι νομος als Erklärung gehört. So wenig nun aber in intellectueller Beziehung der Mensch die logischen Gesetze sich selber gibt, so wenig kann in sittlicher Beziehung gesagt werden: der Mensch sei sein eigener Gesetzgeber. Dies sagt die Schrift nie, obgleich sie sagt: „sie sind sich selbst Gesetz"; sondern „Einer ist der Gesetzgeber", denn einmal dem Ursprung nach ist der Mensch nicht Schöpfer des Gesetzes, das er in sich hat, sondern das sittliche Gesetz ist eben in seinem Gewissen (wie das logische in seiner Vernunft) ein gegebenes, aller Reflexion vorausgehend oder zu Grunde liegend. Der Mensch bringt das sittliche Gesetz in ihm nicht erst selbst hervor, auch Eltern und Lehrer nicht, es ist durch eine die Natur des Menschen setzende und bedingende Macht, durch schöpferische Macht vorhanden, ist etwas dem geistigen Organismus des Menschen Ein= und Anerschaffenes. Ferner auch seinem Bestehen nach hängt das Gewissenszeugniß nicht ab von des Menschen Willkür; kann er auch gegen das Gewissen, gegen das innere Sittengesetz handeln (wie gegen das innere Vernunftgesetz), so kann er das Gewissensgesetz doch nicht aus seinem Bewußtsein wegschaffen (wie er es sich auch nicht angeschafft hat); er muß es haben als innere Nothwendigkeit, so lange er als Mensch sich bewußt bleibt, bei sich selbst ist. Endlich auch in seiner Wirksamkeit an und für sich ist das Gewissen nicht bedingt durch den Menschen, es wirkt unmittelbar ohne ihn und wider ihn, es kommt von selbst über ihn und ergreift ihn als eine **selbständige Macht**, die ihn, ob er will oder nicht, in Anspruch nimmt und zur Verantwortung zieht, ihn anklagt und richtet.

Die Autonomie weist so gerade auf eine schöpferisch bindende Gesetzesmacht, d. h. auf eine **Theonomie.*** Indem der Mensch mit Selbstbewußtsein sich selbst Gesetz ist, ist er in seinem Selbstbewußtsein zunächst **an ein übermenschliches Gesetz gebunden und demselben verantwortlich.** Allein ist nun durch diese Gebundenheit im Gewissen die Freiheit des Menschen aufgehoben?

Untersuchen wir

b) **wie der Mensch ans Gesetz gebunden ist?** Vor Allem

α) **nicht von außen her** ist der Mensch daran gebunden, nicht durch ein ihm äußerlich sich aufnöthigendes, fremdes Gesetz, sondern wie schon bemerkt, im eigenen Bewußtsein, **im persönlichen Selbstbewußtsein trägt jeder Mensch das ihn bindende Gesetz.** Darin liegt eben ein wesentliches Moment der Freiheit, nämlich das der **Unabhängigkeit von außen.** Im Besitz eines ursprünglichen Gesetzesbewußtseins kann und soll der Mensch **aus sich selbst** sein Gesetz schöpfen und mit Selbstbewußtsein danach handeln; insofern ist der Mensch sein eigener Gesetzgeber und sein eigener Richter, d. h. er ist es selbständig für sich, ist es aber nicht von sich aus (vgl. a.); er ist Ebenbild Gottes, ist aber nicht Gott.

β) Wie nicht von außen, so nicht nach außen ist der Mensch durch sein Gewissen gebunden; nicht an die Welt, nicht nach unten an die Natur bindet ihn sein Gewissensgesetz, es agirt im Menschen wider die Welt und Natur und stellt ihn über dieselbe eben als selbständigen Gesetzgeber und Richter. Das Gewissensgesetz ist kein Weltgesetz, in welchem sich die niedere Naturmacht, das Materielle, oder eine bloß sociale Macht über den Menschen geltend macht; es ist vielmehr eine darüber erhabene und erhebende, eine überweltliche Macht; es ist das höchste Gesetz über allen Gesetzen und das Gesetz des Höchsten, kurz das göttliche Gesetz ist es, was der Mensch mit dem Gewissen in sich hat; es ist sein göttlicher Adel. Diese wider und über Natur und Welt erhebende Macht der Selbstbestimmung ist die im Gewissen liegende Freiheit des Menschen, die Gewissensfreiheit im wahren Sinn; sie ist ein unmittelbar inneres, von keiner äußeren Stellung und Concession abhängiges Vermögen und Recht des Menschen als Menschen. Indem aber die Autonomie nicht Selbst-Geschaffenes ist, sondern auf einer einorganisirten Theonomie beruht, ist die Gewissensfreiheit in ihrem wahren Bestand eben das Vermögen des Menschen, und so auch die Pflicht und das Recht des Menschen, im Bewußtsein des höchsten Gesetzes als eines eigenen, eines immanenten, aus sich selbst sich göttlich zu bestimmen und zu richten; in Uebereinstimmung mit dem die ganze Welt bestimmenden Gott und mit einer göttlich bestimmten Welt kann, darf und soll der Mensch wider und über Welt und Natur sich erheben.

Es bestehen allerdings reale Beschränkungen für den Menschen, die eben in seinem Grund-Verhältniß zu Gott und zur Welt liegen. Dies widerspricht aber nicht seiner Freiheit, hebt sie nicht auf, sofern dieselbe wesentlich Gewissensfreiheit ist; denn als solche ist es eben eine an göttliche Innenbestimmung gebundene Freiheit. Von dieser göttlichen Innenbestimmung aus, vom Gewissen aus geben sich denn auch die für den Menschen in der Welt real gesetzten Beschränkungen selbst ebenfalls als der Welt immanente Gottesbestimmungen zu erkennen; sie stehen als solche in Einklang mit der göttlichen Innenbestimmung unseres Bewußtseins, sind Schutz- und Förderungsmittel seiner normalen Entwicklung. Jene Beschränkungen widersprechen nur und sollen widersprechen einem unwahren, absoluten Freiheitsbegriff und einer Freiheitspraxis des Menschen, wo er sich mit seinem Denken, Wollen, Handeln wegsetzen will über die göttlichen Naturgesetze und über die positiven Gottes-Gesetze, über die realen Schranken seines Wesens und seiner Welt.

γ) **Wie weit bindet aber den Menschen sein Gewissensgesetz?**

Wenn der Mensch es als etwas Objectives und in objectiver Weise in sich haben muß, so muß er es darum nicht auch an sich haben als etwas Subjectives in subjectiver Weise, weil die Einwirkung des Gewissens nur **bezeugender Art** ist, die Vernunft mit ihrem Denken und Wollen nur anspricht, dagegen die Aneignung, das persönliche Ansichnehmen und Ansichhaben ihr überläßt. So bleibt dem Menschen ein „Entweder-Oder" frei, also **Wahlfreiheit**, oder die Freiheit mit seinem persönlichen, seinem mittelbaren Denken und Wollen sich für oder wider das Gewissensgesetz zu bestimmen; es ist dies die **Denk- und Willensfrei-**

heit oder die **Vernunftfreiheit.** Diese Wahlfreiheit ist aber keine Selbstbestimmung aus einem leeren, indifferenten Willensvermögen heraus; denn es liegt zu Grund ein unmittelbarer Verband zwischen Gewissen und Vernunft, und so ein vom Gewissen aus angeregter, für dasselbe disponirter Wille, der aber in seiner Bewegung nicht mit absoluter Nothwendigkeit daran gebunden ist, sondern daneben eine Sphäre bewußter Selbstthätigkeit frei hat, in welcher ihm die Selbst-Entscheidung für oder wider den Gewissens-Verband frei steht. In dieser Wahlfreiheit liegt eben die Krisis der menschlichen Freiheit; davon hängt es ab, ob und wie weit der Mensch Gewissen hat im subjectiven, im persönlichen Sinn, ob er gewissenhaft ist oder nicht.

c) Nach dem Gesagten hat die menschliche Freiheit eine doppelte Seite, die eben genannte formelle und subjective, die Form der selbständigen Wahl und Aneignung im subjectiven Denken, Wollen und Handeln, die in der Vernunft liegt, und daneben im Gewissen die substanzielle und objective Seite, das unmittelbare Bewußtsein eines von der Welt unabhängigen Gesetzes des Ueberweltlichen, des Göttlichen, das sich eben im Gewissen zur Wahl und Aneignung der Vernunft präsentirt. Im Gewissen also liegt das substanzielle Princip der menschlichen Freiheit, in der Vernunft das formelle Organ derselben.

Je nachdem nun die Wahlfreiheit der Vernunft ihre Stellung einnimmt zur Gewissensfreiheit, d. h. zur Freiheitssubstanz im Menschen, ergibt sich eine doppelte subjective Stellung, d. h. eine zwiefache Form der persönlichen Freiheit.

α) Bestimmt sich die Vernunft mit ihrer formellen Wahlfreiheit **ohne** das Gewissensgesetz und **wider** dasselbe, so ist damit allerdings nicht schon jede Freiheit aufgehoben, aber es ist diese nur **die einseitig subjective Wahl**, die sich vom innern, obersten Gesetz nicht bestimmen lassen will, sondern nur vom eigenen Belieben; es ist so **die selbstische Wahl**, bei der die Freiheit degenerirt erscheint als **Willkür**, es ist das bloße Vermögen und Geltendmachen des Mögens. Der Mensch verselbstigt sich damit, verliert gerade die Lebenssubstanz seiner Freiheit, indem diese in seinem verschmähten Gewissensgesetz liegt, und behält nur die **leere Freiheitsform**. Diese, in ihrer ethischen Qualität gefaßt, gestaltet sich nach innen dem Gewissen gegenüber, als **Gewissenlosigkeit**; dies ist sie ihrem Ursprung nach, und wird sie immer mehr in ihrer Entwicklung; nach außen gestaltet sie sich als sittliche **Unwissenheit** und **Ungebundenheit**. Das Resultat oder die sittliche Folge dieser leeren Freiheitsform der Willkür ist das gerade Gegentheil von Freiheit, nämlich die äußere Verknechtung, der Heimfall an die Welt- und Naturmacht, da im verleugneten Gewissen die einzige Macht liegt, welche den Menschen über Welt und Natur erhebt.

β) Die entgegengesetzte Bewegung ist, daß sich die Vernunft mit ihrer Wahlfreiheit **durch** das Gewissensgesetz bestimmt und **nach** demselben; dann ist die Thätigkeit der Vernunft darauf gerichtet, daß sie die Gewissenssubstanz, eben damit die Freiheitssubstanz, das Ueberweltliche im Menschen, sich aneignet im Denken und Wollen; so gestaltet sich die Wahlfreiheit nach innen und außen als **Gewissenhaftigkeit**, als freie, selbständige Gebundenheit an die Bestimmungen des überweltlichen Grundbewußtseins. Ihr Produkt ist sittliche Erkenntniß und sittliche Gesinnung, und das Resultat ist freie Uebereinstimmung mit dem höchsten Gesetz und mit dem höchsten Herrn. Darin liegt geistige Unabhängigkeit von allen andern Gesetzen und Herrn. Das ist **moralische Freiheit, sittlicher Charakter**.

Also erst in der selbständigen Einigung der Denk- und Willensfreiheit mit dem Gewissen oder der formalen Freiheit mit der substanziellen, darin erst bildet sich das dritte, die moralische Freiheit, die persönliche Charakterfreiheit, diese ist die wahlfreie Uebereinstimmung des Vernunftlebens mit den gesetzgebenden und richterlichen Innen-Bestimmungen des Gewissens. Der Mensch ist dann sein eigener Gesetzgeber und Richter nicht nur potentiell (b. α.), sondern auch actuell (siehe Dogmatik § 1; Propädeutik §§ 18. 22 f.).

Nun fragt es sich noch

d) **woher kommt es**, daß die menschliche Wahlfreiheit auch **gegen das Gewissen** sich bestimmt? und wie weit reicht die moralische Freiheit vom Gewissen aus? Die menschliche Wahlfreiheit ist in ihrer Entscheidung und Entwicklung in Anspruch genommen und bestimmt nicht nur durch das Gewissensgesetz, sondern zugleich durch ein **entgegenstehendes Gesetz**, das wie jenes als **inneres Naturgesetz** vorliegt. Der Mensch, wie er von Natur ist, ist in sich selber nicht nur göttlich bestimmt, sondern auch schon **widergöttlich**, siehe Dogmatik § 20 f. Trägt nämlich der Mensch mit dem Gewissen die höchste, die überweltliche Macht in sich als gesetzgebende Macht, so trägt er auch ebenso die niederste Naturmacht in sich in der Form des sinnlichen Naturhanges, der ἐπιθυμία, den weltlichen Natursinn und Naturtrieb. So ist der menschliche Wille nie etwas Leeres, Unbestimmtes. Und dieser Naturhang wirkt nicht nur in der unmittelbar sinnlichen Natursphäre des Menschen, ob er gleich dort seinen Sitz hat; es ist nicht so, daß die Vernunftsphäre in sich selbst davon unberührt wäre, sondern die ἐπιϑυμια nimmt ebenfalls mit organischer Macht, mit unmittelbar gegebener Macht die Denk- und Willensthätigkeit des Herzens in Anspruch, also die geistige Thätigkeit in ihrem Centrum eben als ungesetzliche, unsittliche, widergöttliche Reizung, und dies gemäß unserer jetzigen Naturbeschaffenheit mit einer Stärke, welche die Macht des Gewissens im Ganzen genommen überwiegt. Darum ist nun aber die **Wahlfreiheit** nicht schlechthin aufgehoben, sondern nur **beschränkt**. Auf der einen Seite

α) findet sich allerdings das Gewissensgesetz durchaus im menschlichen Herzen **bestritten und gehemmt** durch das sinnliche Gesetz, und der menschliche νους hat beim Denken und Wollen diesen Widerstreit zu überwinden (in seiner Selbstbestimmung für das Gewissensgesetz), damit es ihm überhaupt möglich werde, Gutes und Böses zu erkennen, und das Gute zu wählen; und noch mehr: auch im günstigsten Fall, wenn der Mensch in seinem νους Gutes erkennt und wählt, bringt er es unter dem Uebergewicht des sinnlichen Gesetzes nicht zur praktischen Durchführung des Guten, nicht zum κατεργαζεσϑαι, weder nach innen, noch nach außen, d. h. er bringt es **zu keiner Entwicklung des Guten als eines Ganzen**, zu keiner vollen und ungetrübten Wahrheit und Sittlichkeit, zu keiner durch und durch gesetzlich bestimmten Denk- und Handlungsweise; also kurz, das Gute und Richtige wird nicht thatsächliches Innen- und Außen-

Leben. Es gibt nur vereinzelte bessere Gedanken und Handlungen, und diese selbst haben Entgegengesetztes nicht nur neben sich, sondern auch an sich, d. h. sie sind immer gemischt mit Bösem und Falschem oder Unrichtigem, sind dadurch verunreinigt und gelähmt, indem in alle innern und äußern Lebenserscheinungen immer das ungesetzliche, das ungöttliche, sinnliche Denken und Trachten sich mitverschlingt. Aber auf der andern Seite

β) kann der Mensch das sinnliche Gesetz selbst wieder bestreiten mit dem Gewissensgesetz; er kann in seinem Innenleben dem göttlichen Gesetz geneigt bleiben (Röm. 7, 22 $συνηδομαι - κατα\ τον\ εσω\ ανθρωπον$ bei dem unter die Sünde Verkauften, vgl. V. 14), kann sein persönliches Denken und Wollen, die Functionen seines $νους$ in seinen Dienst stellen (Röm. 7, 25 $τῳ\ νοῒ\ δουλευω$), kann so, was im Allgemeinen und im Einzelnen gut ist, erkennen, erstreben und auch thun (Röm. 2, 10 von Juden und Heiden $εργαζεσθαι\ το\ αγαθον$ und so $εργα\ αγαθα$ vgl. V. 7, wenn schon gilt $το\ κατεργαζεσθαι\ το\ καλον\ ουχ\ ευρισκω$ Röm. 7, 18, indem es an einem dem Erkennen und Wollen des Guten genügenden Vollbringen fehlt); endlich kann der Mensch auch seiner ungesetzlichen That gegenüber das Gesetz noch behaupten, dies ebenso wie es auf socialem Gebiet dem Vergehen gegenüber behauptet wird, nämlich durch Anklage und Verurtheilung des Ungesetzlichen, des Bösen, durch Detestiren, Protestiren und Richten. Immerhin aber

e) befindet sich der Mensch, wenn er auch seine sittliche Wahlfreiheit so weit behauptet, also eben der gewissenhafte Mensch, in einem gespaltenen Doppelzustand, im Zustand der Zerrissenheit.

α) Vom Thatbestand ausgegangen hat der Mensch das Bewußtsein, daß es bei ihm an demjenigen sittlichen Thun fehlt, welches das Gewissen zu seiner Befriedigung fordert, er hat ein beständiges Bewußtsein von Sünde in sich, von theils nicht erfüllten, theils verletzten Pflichten, hat so ein unbefriedigtes und verletztes, ein **böses Gewissen der That**. Anders ist es aber

β) wenn wir von dem Sinn ausgehen, wie er dem gewissenhaften Menschen eigen ist. Sofern nämlich sein Denken und Wollen die Gebundenheit an das Gewissensgesetz, das Lieben und Erstreben des Guten nicht aufgibt, trotz allem widersprechenden Thun, sofern er ferner sich mit seinem ungesetzlichen Thun selber unter das Gewissen stellt, seinem Gesetz und Gericht gegen sich selbst ihr Recht läßt, so hat, übt und pflegt der Mensch trotz seiner ungesetzlichen That noch Wahrheitssinn und Rechtssinn, er behauptet noch im Gegensatz gegen sein sündiges Ich einen moralischen Charakter. Dadurch unterscheidet sich eben der Gewissenhafte, der Redliche und Getreue bei seinem Sündigen von den übrigen Sündern, und dies sein Verhalten, da es auf freier Uebereinstimmung des Sinnes mit dem Gewissensgesetz beruht, ist immer noch selbst sittliche Freiheitsthat, moralisches Handeln. Der gewissenhafte Mensch hat bei solchem Handeln wenigstens **der Gesinnung nach noch ein relativ gutes Gewissen**, während er der That nach ein böses hat, ein stetiges Schuldbewußtsein in sich trägt. So geht denn die Spaltung, der Widerspruch im Menschen bis ins Gewissen hinein, eben dann, wenn es natürlicherweise noch am besten mit ihm steht, oder gerade bei den besseren Menschen.

f) Da nun aber der That nach das Böse sich immer erneuert und immer im Uebergewicht bleibt, so bedarf es, wenn nicht auch der Sinn dem Bösen verfallen soll

α) einer immer neuen Umwendung des Sinnes in seine grundgesetzliche Bestimmung hinein, in das Gewissensgesetz ($μετανοειν$), es bedarf stetiger Buße. In ihr wirkt der Sinn mit dem Gewissen zusammen, reagirt gegen die eigene Sünde durch richterliche Zurechnung in Selbstanklage und Selbstverurtheilung; der Mensch geht in sich, und kommt wieder zu sich selbst (Luk. 15, 17), er findet in sittlicher Selbstbestimmung sein persönliches Grundbewußtsein wieder. Dabei wird er zunächst seines Elendes bewußt mit moralischer, mit göttlich bestimmter Zurechnung, daher $λυπη$ $κατα$ $θεον$ (2 Kor. 7, 9 f.); er wird darin aber auch seiner sittlichen Freiheit bewußt und seiner Berechtigung Gott wieder sich zuzuwenden (Luk. 15, 18—20), er darf sich an Gott wenden, allerdings nicht als ein Rechtender oder Fordernder, sondern in erneuerter Unterwürfigkeit als Bittender, der sich der göttlichen Liebe unwürdig weiß. V. 19. Jak. 4, 7—10. Indem jedoch auch jeder $μετανοια$ immer wieder neue Abweichungen folgen, die das innere Gericht herausfordern, erneuern, und die das innere Gesetz nie die entsprechende Realität gewinnen lassen; so kommt

β) durch das bloße $μετανοειν$ und durch die demgemäße Gutgesinntheit des Menschen das Gewissen nie zum Ziel, nicht zur vollen Befriedigung, zum $τελειουσθαι$; der fortdauernde faktische Widerspruch wird nicht gehoben in der Buße, der Mensch fühlt sich als $ταλαιπωρος$. Röm. 7, 24. Denn einerseits dem Gesetz des Gewissens und dem demselben ergebenen Sinn des Menschen widerspricht fort und fort die That des Menschen, andererseits wieder dieser widerspricht das Gewissen mit seinem Gericht, und der Sinn mit seinem Wollen und Anstreben des Gesetzes. Wie ist nun

g) dieser Widerspruch zu lösen? Auf diese Lösung eben zielt das Christenthum mit seiner Versöhnung.

α) Das Gewissen selbst kann auch in der Buße den ihm gegenüberstehenden Widerspruch des Thuns nicht lösen, weil es eben nur als Gesetz sich geltend macht, als sittliche Forderung, und dieser der sinnliche Naturhang, die $\dot{\epsilon}\pi\iota\vartheta\upsilon\mu\iota\alpha$ der $\sigma\alpha\rho\xi$ überwiegend gegenübersteht. Dies ist nun keine bloße Willensschwäche, sondern **sittliche Naturschwäche**, in welcher die sittliche Forderung sich nicht realisiren kann als sittlicher Habitus, als Sinnes- und Handlungsweise; den Naturhang kann weder Gewissen, noch Gesetz, noch Buße ändern. Das Christenthum nun als das Vollendende ($\tau\epsilon\lambda\epsilon\iota\omega\sigma\iota\varsigma$) bietet gegenüber der sittlichen Naturschwäche, wie sie in der sarkischen Natur liegt, **ein entgegengesetztes höheres Naturwesen** an, das $\pi\nu\epsilon\upsilon\mu\alpha$, d. h. es bringt nicht bloß die Substanz sittlicher Forderung, was das Gewissen bietet, sondern die Substanz sittlicher Lebenskraft, die im göttlichen Geist allein liegt. Dieser ist die göttliche Substanz selbst in lebendigmachender Kraft und wirkt so innerlich als das lebendig machende, nicht bloß als gebietendes Gesetz. Also **das Gewissensgesetz postulirt zu seiner Vollendung in Bezug auf die sittliche That ein lebenskräftiges Geistesgesetz** (Röm. 8, 2), und dies gewährt das Christenthum auf Grund seiner Versöhnung mit Gott durch Wiedergeburt, durch sittliche Natur-Erneuerung mittelst der Einzeugung göttlichen Geistes in das

Herz; so begründet es eine positive, sittlich belebende Rechtfertigung oder Gerechtmachung im Geiste. 1 Kor. 6, 11. Tit. 3, 5—7.

β) Die Buße bringt aber nicht nur nicht die sittliche Forderung des Gewissens zur Ruhe, sondern eben so wenig den **richterlichen Widerspruch** des Gewissens, vielmehr so oft und so lange die That die sittliche Forderung des Gewissens nicht befriedigt, erneuert dieses immer seinen richterlichen Widerspruch in Zurechnung der rechtlichen Folgen, im S ch uld = und Strafbewußtsein; dies wiederholt sich auch noch gegenüber dem Geistesgesetz, da dieses wohl als neue Lebensanlage in der alten Natur gesetzt ist, letztere aber noch nicht getödtet ist, sondern erst ethisch abzutödten ist. Dem alten und neuen Schuld= und Strafbewußtsein gegenüber bietet das Christenthum auf Grund seiner Versöhnung eine negative richterliche Rechtfertigung dar und zwar als Grundlage seiner positiv belebenden Rechtfertigung, d. h. es bringt die rechtliche Aufhebung des Schuld= und Strafbewußtseins mit rechtlicher Begründung des Friedensverhältnisses. Indem in Christo die menschliche Natur, das Fleisch durch Aufopferung desselben mit Gott vereinigt d. h. real versöhnt ist, tritt Gott zur Menschennatur in ein Friedensverhältniß, das Strafverhältniß ist aufgehoben; und dieses Friedensverhältniß tritt in den Menschen ein als neues, reelles Lebensverhältniß, wenn der Mensch mit seinem persönlichen Sinn eintritt in jene Versöhnung, er tritt durch solchen Glauben aus dem Schuld= und Strafverhältniß in das Friedensverhältniß zu Gott. Bei dieser entschuldenden Rechtfertigung des Christenthums gegenüber dem Gewissensgericht wird auch zugerechnet wie im Gewissensgericht selbst, d. h.

es wird die Aufhebung des Gerichts rechtlich zugetheilt, es wird nicht bloß amnestirt. Subjectiverseits wird nämlich im Gegensatz zur eigenen Sündenthat der die Buße begleitende Glaube zugerechnet als freie sittliche That, als καρδία πιστεύειν (Röm. 10, 9 f.), als λαμβανειν, siehe über Glauben § 4. Der Glaube begründet aber die Rechtfertigung nicht unmittelbar für sich, durch seine subjective Qualität und Leistung, ist nicht selbständiges Princip der Rechtfertigung, sondern das Principielle liegt in dem objectiven Inhalt des Glaubens, sofern er Christum in sich aufnimmt und zwar Christum in seiner Versöhnung mit Gott. Also die richterliche Thätigkeit des Gewissens postulirt zur Vollendung gegenüber der alten und immer neuen Schuld eine negativ wirkende, d. h. das Gerichtliche aufhebende Rechtfertigung in der Versöhnung mit Gott.

Im Bisherigen ist die Buße beschrieben, wie sie als Gewissensbuße im natürlichen Zustand sich entwickeln kann und soll, und wie sie einen Versöhnungsglauben, d. h. den christlichen Glauben vorbereitet.

2) Die Gesetzesbuße. Im positiven Gesetz des alten Testaments wird der verborgene Gott, der vom Gewissen aus erst gesucht werden muß, zum offenbaren Gott. Statt nur innen im Gewissen bezeugt sich Gott selbst in Wort und That. So wird nun auch das allgemeine Gewissensgesetz ins Wort gestellt, oder das dem Herzen als Gewissen eingeprägte Gesetz wird ausgeprägt als γραμμα. Dies geschieht so, daß das im Gewissen nur implicite Gegebene nun in concreter Entwicklung und concreter Anwendung dargeboten wird. Es wird somit vom positiven Gesetz die Aufgabe gelöst, welche ursprünglich die

menschliche Vernunftthätigkeit selbst hat, aber nicht mehr genügend selbst realisirt.

Die concrete Entwicklung gibt sich ferner im positiven Gesetz als **ein geschlossenes Ganzes**. Nicht bloß in Einzelheiten und in Allgemeinheiten stellt sich da das Gute dar, wie es von Vernunft und Gewissen aus noch möglich ist, und auch bei Klassikern sich findet, sondern im positiven Gesetz gibt sich die Entwicklung als ein **fester Lehrbegriff**, תּוֹרָה, der sich dann besondert in Einzelbestimmungen, ἐντολαι. Allein auch die **praktische Anwendung** des so entwickelten Gewissensgesetzes auf die allgemeinen und die individuellen Lebensverhältnisse in religiöser und politisch-socialer Beziehung wird vom positiven Gesetz legislatorisch bestimmt bis ins Einzelne, und dies wieder in der einheitlichen Form eines Ganzen. Der Lehrorganismus des Gesetzes befaßt nämlich zugleich in sich einen besonderen **Cultusorganismus und Staatsorganismus**. Der concentrirte Ausdruck aber der sittlichen Elemente des Lehrbegriffs ist im Gesetz der **Dekalog**, und so entspricht dieser zunächst dem Gewissen, dem centralen Bewußtsein des sittlichen Naturgesetzes als dessen Commentar. Im Dekalog steht das Gesetz eben da als das **objectiv lebendige Gewissen**, das subjective Gewissenszeugniß coincidirt daher mit dem positiven Gesetzeszeugniß, Röm. 2, 15 συμμαρτυρουσης sc. τῳ νομῳ της συνειδησεως. So redet das positive Gesetz auch die ernste, simple **Gewissenssprache**, als kurzer Imperativ: „Du sollst, sollst nicht!" aber der Gewissensimperativ wird im Gesetz erweitert und wird verstärkt zum **ausdrücklich göttlichen Imperativ** durch die bestimmte Verbindung des Sollens mit Gott als dem Gesetzgeber.

Die Theonomie, die im Gewissen nur angedeutet ist, wird im Gesetz eine **ausgesprochene Theonomie**, wird eine **göttliche Offenbarung**, die auftritt als imperative Naturmacht und Geschichtsmacht. Zur imperativen Gewissenssprache kommt also im Gesetz die **imperative Natursprache und Geschichtssprache als Gottessprache**. Im Lehrbegriff des positiven Gesetzes explicirt sich aber nicht nur die gesetzgebende Gewissensmacht, sondern auch die richterliche, wie das Gewissen sie übt als böses und als gutes Gewissen. Das Gesetz nimmt nämlich durchgängig **Strafbestimmungen und Segensbestimmungen** in sich auf, und dies wieder ausdrücklich als göttliche Machtwirkungen, als Ausflüsse der Theonomie. Diese Straf- und Segensbestimmungen des positiven Gesetzes sind eben **die Exponenten des bösen und des guten Gewissens**, seiner Verurtheilung oder Belohnung. Weiter aber entwickelt das positive Gesetz auch das durch das Gewissensgericht nur angeregte Bedürfniß und das Suchen nach Versöhnung und Erlösung. Dies entwickelt das Gesetz einerseits durch seine Opfer. Indem aber diese nur partiell und temporär d. h. nur bestimmte Sünden innerhalb des diesseitigen Lebens versöhnen, und so allerdings das Gewissen nicht vollkommen befriedigen, sollen sie eben für das Vollkommene das Gewissen wach erhalten in beständiger Wiederholung. Hebr. 10, 1—3. Dabei wird es wieder nicht sich selbst überlassen, sondern das Gesetz bringt demselben auch die Hoffnung der Erfüllung entgegen, dies durch seine bestimmten **Gnadenverheißungen**, welche nicht nur eine volle und ewige Sündenvergebung in Aussicht stellen, sondern auch eine durch den Geist Gottes vermittelte Herzenserneuerung oder eine sittliche Naturumschaffung. Vgl. das Weitere: Propädeutik § 41 f. 45—47 und Lehrwissenschaft I. Aufl. S. 350—354. 362—378. 398 f. II. Ausg. 327—330. 337—353. 371 f.

Das Gesetz als Ganzes (תּוֹרָה), als Bundesökonomie (διαϑηκη) gefaßt, schließt also auch Gnade schon in sich, nicht bloße Bestimmungen über das Verhältniß von Thun und Lohn, wie es die jüdische Satzungspedanterie faßt.*) Schon der Dekalog stellt die Verbürgung der göttlichen Gnade bis ins tausendste Glied an die Spitze.**) Die Gesetzesgnade gibt sich aber nur in diesseitiger Naturrealität als zeitlicher Segen für Seele und Leib. Die Gnade aber in ihrer ewigen Geistesrealität eines Himmelsreichs, wie sie das Evangelium als Erfüllung bringt, hat das Gesetz nur als Vorbild und als Verheißung, und daher der Satz (Joh. 1, 17): die Gnade und die Wahrheit (die Gnade in ihrer Erfüllung) ist durch Jesum Christum geworden, die Gnade nämlich nach V. 12—16, wie sie aus der Fülle des eingeborenen Sohnes sich zu empfangen gibt als Erzeugung einer Geburt aus Gott.

Auf der andern Seite die Gnadenökonomie des neuen Testaments, in ihrer evangelischen Integrität und Vollständigkeit gefaßt, schließt auch das Gesetz in sich, aber wieder im

---

*) Diesem Begriff und seiner Sprache gegenüber mußte Paulus das Verhältniß des Gesetzes zur Gnade besprechen, weil er es mit jüdischer Pedanterie zu thun hatte, er selbst aber macht als genuinen Gesetzesbegriff geltend, daß es auch schon das Vorzeugniß des Evangeliums in sich schließt eben als Bundesanstalt. Luk. 24, 44 f. Röm. 3, 21; 16, 25 f. 9, 31—33; 10, 5—8. 1 Kor. 14, 21. Gal. 3, 21. 23 f. 2 Tim. 3, 15 ff. womit zu vgl. Joh. 5, 39. 46 f. Matth. 5, 18.

**) Nach Harleß schließt das Gesetz alle Zuversicht zu Gott aus. So hat es in Wirklichkeit nie existirt.

erfüllenden Sinn. Sie vollendet den Inhalt und die Vollziehung des Gesetzes im geistigen und ewigen Sinn (Matth. 5. Röm. 2, 27—29 das τελειν τον νομον, geknüpft an den Geist; Röm. 8, 2—4); und zwar tritt auch die richterliche Gesetzesenergie über der Sünde gerade in der evangelischen Oekonomie vollendet hervor, nämlich abermals in ihrer geistigen und ewigen Schärfe, als αιωνιος κρισις, wie sie im bloßen alttestamentlichen Gesetz noch nicht da ist.

Demnach kann das alttestamentliche Gesetz allerdings bereits eine **Sinnesänderung** wirken mit vereinter Stärke einer Gericht und Gnade vertretenden Energie, aber auch so nur in einem unvollkommnen Grad, unvollkommen nach der Seite des alten Sinnes wie des neuen; es fehlt noch der die Subjecte neu belebende und umschaffende Geist, der Geist der Gnade, der zugleich den alten Sinn, den sinnlichen Naturhang, den Fleischessinn abtödtet, nicht nur ihn verurtheilt, wie das Gesetz thut, und den auf Gott und sein Gesetz gerichteten Sinn, den Gerechtigkeitssinn umschafft ins Himmlisch-Geistige mit Verleugnung des Irdischen, nicht bloß den Gerechtigkeitssinn mit Hoffnung des irdischen Segens sittlich erweckt.*)

---

*) Es erhellt hieraus, daß es ein großer Irrthum und Mißgriff ist, wenn man dem alttestamentlichen Gesetz und noch dazu in seinem verengerten Sinn, in seinen nackten Gebotssatzungen und Strafandrohungen die eigentliche Bußbestimmung für das Christenthum und im Christenthum zuweist, (dazu bedarf es eines Gerichtes, wie es durch den Sühnungstod Christi objectiv vollzogen ist, und subjectiv vollzogen wird), und dagegen die Erfüllung des christlichen πιστευετε einer Gnadenpredigt zuscheidet, die ebenfalls wieder verstümmelt ist, abgelöst von ihrer geistigen Gesetzesenergie, von der Strafenergie und umschaffenden Heiligungskraft des heiligen Geistes. Eine solche Gnadenpredigt ist ebenso wenig neutestamentlich, als jene Gesetzespredigt alttestamentlich.

I. 2. Die Gesetzesbuße.

Auf der andern Seite im Vergleich zu der Gewissens=
buße ist die sittliche Wirkung des alttestamentlichen Gesetzes
eine erweiterte und verstärkte. Das positive Gesetz vermittelt
nämlich eine **entwickelte sittliche Erkenntniß**; daher
der Ruhm der **Weisheit**, welcher dem israelitischen Volk
als Träger des göttlichen Gesetzes beigelegt wird. 5 Mose 4
und Röm. 2, 18—20.

Ebenso vermittelt es eine umfassende sittliche Praxis,
eine **Rechtschaffenheit, Gerechtigkeit der Werke**, sowie
das höchste sittliche Ideal, das Ideal einer Furcht und
Liebe Gottes, die das ganze Herz mit allen Seelenkräften
in Anspruch nimmt; es setzt also Alles in die höchste princi=
pielle Beziehung und Spannung, in die Beziehung auf Gott.
Aber da das Gesetz den Dualismus der Natur so wenig
hebt, als dies das Gewissen thut, reicht im Wesentlichen das
sittliche Resultat des positiven Gesetzes nicht hinaus über das
des Gewissensgesetzes, daher auch namentlich im Römerbrief
ununterschieden die Heiden und die Juden in Bezug auf das
sittliche Resultat, daß sie beide unter der Sünde sind, zusammen=
gestellt werden, und Röm. 7, 14 f. wird auch bei denen,
die das positive Gesetz innerlich angeeignet haben im persön=
lichen Wissen und Wollen (B. 16), eben das vermißt, daß
das Gute nach Innen keine immanente Macht gewinne, (οὐκ
οἰκεῖ), nach außen es zu keiner durchführenden Thatkraft
bringe, zum κατεργαζεσθαι.

Was nun aber die am Gesetz sich entwickelnde Sinnes=
änderung noch speciell betrifft, so gründet dieselbe das alte
Testament (vgl. Deut. 30, 1—3. 1 Kön. 8, 38. 47—50.
Amos, Cap. 4 und 5) nicht nur auf sein äußerliches decre-
tale, sondern auf den Glauben an die Gerechtigkeit und an

15*

die Gnade Gottes. Von diesem Standpunkt aus erweckt es Gottesfurcht und Gottvertrauen, Beugung unter Gott und Erhebung in Gott. Es vermittelt so ein verurtheilendes Sündenbewußtsein, das bis ins Einzelne sich explicirt, und das im Opfer sich gestaltet zum demüthigen Bekenntniß vor Gott, zur Unterwerfung unter sein Gericht, aber auch zur Zubereitung einer neuen Gemeinschaft mit Gott. Als Bedingung der letzteren hebt das Gesetz als wesentlich zur Buße gehörig hervor eine Gesinnung und Lebensrichtung, die vom Bösen mit Haß sich abwendet und mit Liebe dem Guten sich zuwendet, und zwar das Gute principiell gefaßt in Gott.

Endlich schließt es mit dem Satz: „Gott mit uns", und darin liegt der Keim des fruchttragenden Glaubensgehorsams, so weit er dies unter dem Gesetz sein konnte. Weitere Ausführung siehe Propädeutik § 46.

II. Wie die $μετανοια$ vom Evangelium aus sich entwickelt.

Fassen wir das Evangelium nach seinem ganzen historischen Umfang vom $ευαγγελιζεσθαι$ des Täufers an (Luk. 3, 18) bis zu dem der Apostel, so knüpft sich die auf Christum gerichtete Buße oder die christliche Buße im weiteren Sinn an drei Bußpredigten an, welche drei Bußstufen darstellen,

1) die Bußpredigt des Täufers;
2) die Bußpredigt des Herrn vor seiner Erhöhung und
3) nach derselben die der Apostel.

1) Was des Täufers Bußpredigt betrifft, so reicht er einerseits über die alttestamentlichen Propheten hinaus als der unmittelbare Vorbote Christi, welcher bis an die Pforte

des Himmelreichs führt, reicht aber andrerseits noch nicht in dasselbe hinein. Matth. 11, 9—11.

a) **Motivirt** wird die johanneische Buße gemäß dem Grundthema seiner Predigt **durch die Nähe des Himmelreichs.** Die Grundlage dieser μετανοια ist also die Richtung des Sinnes auf das nahende Reich. Hiebei werden zwei Seiten hervorgehoben, einmal die Heilsseite (Luk. 3, 6) mit namentlicher Hervorhebung der Sündenvergebung und der Taufe mit dem heiligen Geiste (Matth. 3, 11); die zweite Seite ist die gerichtliche, theils das schon ansetzende Gericht, die nahe Nationalkatastrophe, theils das künftige Schlußgericht mit der radicalen Scheidung und dem unverlöschlichen Feuer der Ewigkeit (Matth. 3, 7. 12); dies Alles nur so, daß die Grundideen aufgestellt sind. Auch hier also wirken Gericht und Gnade zusammen oder wie man sich gewöhnlich ausdrückt, Gesetz und Evangelium. Was

b. **das Wesen der johanneischen Buße** betrifft, so gehört dazu einmal Bekenntniß der Sünden (Matth. 3, 6) d. h. Anerkennung der individuellen Schuld in ihren einzelnen Erscheinungen, zugleich aber (V. 9 f.) mit Andeutung der Nationalschuld, der Gesammtschuld; indem ihr Vertrauen auf ihre Geltung als Gottesvolk verworfen wird. Neben diesem Sündenbekenntniß wird aber der Buße auch eine **sittliche Aufgabe** gestellt oder als Frucht von ihr gefordert, aufrichtige Sinnes- und Lebensbesserung (Matth. 3, 7 f. „ihr Otternbrut"), **bestimmter Pflichterfüllung durch Uebung von Liebe und Recht im Beruf.** Luk. 3, 10 ff. Der **Zweck** dieser Bußstufe ist die innerliche Vorbereitung für die neue Gottesgemeinschaft des Messias und für sein Heil. Luk. 3, 4—6. So ist diese johanneische

Bußpredigt Vorbild einer Bußerweckung, welche für das Jüngerverhältniß zu Christus vorbereiten soll.*)

2) **Charakter der Bußpredigt Jesu.** Während die Bußpredigt des Johannes vorbereitet für das Jüngerverhältniß zu Christus, also für seine Schule, sollte die Bußpredigt Jesu die Jüngerschaft selbst begründen, die christliche Schule, noch nicht aber das christliche Gemeindeverhältniß, sondern dieses erst vorbereiten. So werden nun

a) in der **Motivirung** der Buße die johanneischen Grundideen (Himmelreich, Heil, Gericht) beibehalten (dies die Einheit bei den Predigten), aber diese Grundideen werden theils näher bestimmt und entwickelt, theils als bereits präsent und in Erfüllung tretend dargelegt. Z. B. „dir sind die Sünden vergeben; euer ist das Himmelreich, wer nicht glaubt, ist schon gerichtet." Weiter

b) die **Sünde** wird nicht nur gefaßt in ihren einzelnen Erscheinungen und als Nationalschuld, sondern sie wird nun auch **bis in ihre ersten Herzenskeime hinein aufgedeckt** als ein inneres individuelles Princip (als Haß und Lust u. s. w.), sowie generell als menschliches **Naturverderben**, welches Heilung erheischt ($\kappa\alpha\kappa\omega\varsigma\ \xi\chi o\nu\tau\varepsilon\varsigma$, die Kranken bedürfen des Arztes); bestimmter im Jüngerkreis als **Fleisch**, als ein mit dem eigenen Selbst verwachsenes Verderben, welches ein entgegengesetztes neues Heilsprincip erfordert, eine Umschaffung der Natur durch heiligen Geist und durch Wiedergeburt, während Johannes nur im Allgemeinen sagte: Christus wird euch mit heiligem Geist taufen.

---

*) Vgl. Christliche Reden III. Nr. 21, IV. Nr. 22.

Der Wirkung nach wird die Sünde aufgedeckt als Seelenbeschädigung und Verlorengehen, was eine Seelenrettung ($\sigma\omega\zeta\epsilon\iota\nu$), eine Erlösung erheischt.

c) Was das Wesen der Buße betrifft, so wird hiefür gefordert nicht bloß Bekenntniß einzelner Sünden und praktische Besserung, sondern leidtragende Anerkennung des inneren Naturmangels und des sittlichen Naturbedürfnisses („selig die Armen im Geist" u. s. w.) mit dem Streben nach dem Reich Gottes und nach seiner Gerechtigkeit, also nach dem Himmelreich als dem sittlichen Heil, und dieses Trachten soll sich vermitteln durch Selbstverleugnung und Nachfolge Christi d. h. nicht nur durch Abwendung von dieser oder jener unsittlichen Aeußerung und durch Hinwendung zu Gott und dem Guten im Allgemeinen, sondern durch Aufopferung der selbstischen Persönlichkeit („die Seele hingeben") und durch Concentrirung des sittlichen Strebens auf Christum, und zwar auf Christum nicht nur als Lehrer und Vorbild, sondern auch als Träger einer Sühnung der Weltsünde und als Träger der sittlichen Potenzen und Kräfte, beides aber nur erst andeutungsweise oder $\epsilon\nu\ \pi\alpha\rho\text{o}\iota\mu\iota\alpha\iota\varsigma$. Matth. 20, 28. Joh. 3, 14 ff.; 6, 51 ff.; 8, 31 f.; 16, 25. So wird das Feld zubereitet für das direkte Versöhnungs- und Erlösungswort des Evangeliums, worin das innerste Bewußtsein und Streben erst eine $\pi\lambda\eta\rho\omega\sigma\iota\varsigma$ findet. Dies führt uns auf die specifisch christliche $\mu\epsilon\tau\alpha\nu\text{o}\iota\alpha$, wie sie die apostolische Bußpredigt vermittelt, und wir entwickeln daran unsern

III. **Hauptpunkt, den Erlösungsglauben, wie er rechtfertigt und verklärt im Zusammenhang mit der ihm entsprechenden** μετανοια. Die apostolische Predigt soll und will nicht bloß Jünger machen, dies nimmt sie nur wieder als Grundlegung in sich auf, wie Jesus das Präparatorische der Johannespredigt, sondern ihre Bestimmung ist eine Gemeinde zu bilden, das heißt nun aber im apostolischen Sinn nicht einen bloß religions-gesellschaftlichen Verband zu stiften, sondern ihre Predigt soll durch Buße und Glauben hineinführen in die reale Geistes- und Lebensgemeinschaft mit Christo und mit den Kindern Gottes, in die göttliche Geistesfamilie (οἶκος θεου πνευματικος).

1) **Womit wird die gemeindestiftende oder die specifisch christliche Buße bewirkt? An was wird sie angeknüpft?**

Die kirchliche Lehre macht bekanntlich auch die specifisch christliche Buße von der Gesetzespredigt abhängig, wodurch die Gewissensschrecken hervorgebracht werden sollen. Was aber den Stoff der sogenannten Gesetzespredigt betrifft, so sollte denselben nach der nächstliegenden Auffassung der gesetzliche Theil des A. T. liefern, seine Gebote, Verbote und Strafdrohungen.

Diese Anknüpfung an das alttestamentliche Gesetz widerspricht aber geradezu der christlichen Bußpredigt, wie sie Luk. 24, 46 f. vom Herrn selber eingesetzt ist, wonach dieselbe auf den Namen Christi des Gekreuzigten und Auferstandenen zu gründen ist. Auch ist damit das Strafamt, das gerade dem neutestamentlichen heiligen Geist zukommt (Joh. 16, 8), ignorirt, oder ohne selbständigen Inhalt nur vorausgesetzt. Die Concordienformel dehnt daher den Begriff des Gesetzes auch

III. Die entsprechende μετανοια. 233

noch in's neue Testament aus, indem sie darunter im alten und neuen Testament Alles zusammenfaßt, was die Sünde aufdecke und strafe, wozu dann ausdrücklich auch Christi Leiden und Sterben gerechnet wird, aber nur sofern es den Zorn Gottes predige und die Gewissen schrecke. Dagegen unter den Begriff des Evangeliums fällt dann ebenfalls in beiden Testamenten das, was rein nur Gnade und Trost predige aus Christi Verdienst.

Es ist dies aber eine abstracte und unhistorische Trennung dessen, was in der heiligen Schrift alten und neuen Testaments reell ein Ganzes bildet (vgl. I, 2), und was auch in der Buße, namentlich der christlichen zusammenwirkt. Diese entsteht nicht bloß aus dem erschütternden Gesetzesschrecken oder nur aus dem Zorn Gottes im Leiden Christi, sondern auch aus der schmelzenden, erweichenden Macht der göttlichen Güte und Gnade. So bei Petrus: „Herr, gehe hinaus von mir, ich bin ein sündiger Mensch", und nach seinem Fall heißt es auf den bloßen Blick des Herrn: „er weinte bitterlich". Daher Röm. 2, 4. Tit. 3, 3—5. Act. 10, 34—43 u. s. w. Ueberhaupt liegt der apostolischen Bußpredigt und ihrem Bußprodukt die göttliche Heilsthatsache in Christo zu Grund (Luk. 24, 46 f.); diese wird aber allerdings auch nicht bloß als Gnaden= und Trostpredigt gefaßt; sondern in Christi Tod, verbunden mit seiner Erhöhung, vollzieht sich die Heilsthatsache als heilige Einigung des richterlichen Ernstes und der erbarmenden Gnade Gottes, beides für den Zweck der Rettung der Sünder. Auf dieser Grundlage basiren die Apostel ihr μετανοειτε unter Juden und Heiden, nur daß bei letzteren die Sinnesänderung zugleich behandelt wird als ein μετανοειν εις τον θεον (Act. 20, 21), als eine innerliche Umkehr zu dem verlornen wahren Gott, aber zu Gott, wie er sich neu anbietet in Christo. Act. 17, 23 ff.; 14, 15 mit 26, 20. Also an die Heilsthatsache in Christo, an seinen Tod und seine Erhöhung knüpft die evangelische Bußpredigt an; worin aber haben nun jene Momente ihre besondere Bedeutung für Hervorbringung einer μετανοια? Das besondere Gewicht liegt in dem Gegensatz einerseits zwischen der erschienenen Gnade und Gerechtigkeit Gottes in Christo und andererseits zwischen der ihn kreuzigenden Menschheit. Die Versöhnung in Christo ist Offenbarung der Liebe und der Gerechtigkeit Gottes, wie sie sich gegenseitig und zwar in ihrem höchsten Begriff durchdringen, ist also kurz Offenbarung der göttlichen Heiligkeit. Diese ist es, welche eben durch Verbindung der Liebe und Gerechtigkeit eine rettende Heiligung für die Sünder organisirt, nicht aber ein bloßes Zorngericht oder eine bloße Amnestie aufstellt. Indem aber eben eine solche Versöhnung für die Rettung einer sündigen Welt nothwendig ist, ist die Versöhnung zugleich Offenbarung des tiefen Verderbens der Menschheit. Die Sünde erscheint im Licht der Weltversöhnung nicht nur als Einzelnheit, wie sie in den einzelnen Subjecten und in einzelnen Erscheinungen, in ἐπιϑυμιαι und ἐργα des ἐγω hervortritt, auch nicht bloß als Nationalschuld, sondern sie wird nun enthüllt als **Weltschuld** und als **menschliche Geschlechtseigenheit**, d. h. als allgemeine Natureigenheit und allgemein geschichtliche Thatsache, und zwar mit der Bestimmtheit, daß die Menschheit durch ihre Sünde dem wahrhaft Göttlichen gerade entfremdet erscheint, entfremdet in ihrer Natur, in ihrem Sinn, d. h. Wissen und Wollen und in ihrem Thun. Von dieser Seite wird die Sünde namentlich geoffenbart im Tode

Christi selbst. Dieser erfolgt einmal um der Sünde willen, sofern sie allgemeines Welt-Leiden ist, von welchem weder der Einzelne noch das Ganze sich mehr losmachen kann, und eben in dies menschlich unlösbare Weltleiden mußte zur Rettung die göttliche Erlösungskraft hineinorganisirt werden. Sofern aber die Sünde kein bloßes allgemeines Welt-Leiden ist, sondern auch allgemeine Welt-That, galt es zur Rettung eine Sühnung der Weltsünde. Der Tod Jesu Christi erfolgt eben als menschliche Sünden-That und zwar als Weltthat, als Gesammtschuld. Denn die ganze Welt ist bei dieser That reell repräsentirt; es sind Menschen aller Stände, jeder Gemüthsart, und jeden Charakters an der Verschuldung dabei betheiligt, so oder anders, wenn schon mehr oder weniger.*) In der That selbst erscheint ferner die menschliche Sünde in ihrer höchsten Verirrung und Verschuldung, als Vergehen nämlich nicht nur gegen das Gewissen und nicht nur gegen den Willen Gottes im Allgemeinen, oder nur gegen einzelne Gesetze, sondern als Capital-Vergehen gegen eine göttliche Persönlichkeit, oder, auch nur sittlich gefaßt, als krasseste Verkennung und Mißachtung des Charakters des Heiligen und Gerechten, der personificirten Tugend, und ist diese That Beleg der tiefsten Gottentfremdung im Sinn und im Thun, der höchsten religiösen und sittlichen Verfinsterung und Entartung.

Daß nun eine solche Verkennung des göttlich und des menschlich Guten, des Heiligen und des Rechts, wie es bei Jesu erscheint, in der Menschheit möglich war und fort und fort möglich ist, und das noch auf dem Boden der Offen-

---

*) Vgl. Christliche Reden IV. Nr. 33.

barung unter einem seit Jahrhunderten besonders herangebildeten Volk, nach allen den vorausgegangenen alten und neuen Zeugnissen und Führungen, und daß hiebei alle die verschiedenen Factoren und Typen der menschlichen Gesellschaft zusammenwirken, theils durch Unterlassungssünde, theils durch Thatsünde, dies beweist die allgemeine Entfremdung von Gott und vom wahrhaft Guten schlagend.*) Derselbe Beweis aber liegt außerhalb des Offenbarungskreises ebenso schlagend vor in dem allgemeinen Götzendienst, in der Verwechslung des wesenhaft Göttlichen mit wesenhaft Geschöpflichem, des Ewigen und Heiligen mit dem Vergänglichen und Sündigen. Auch der Götzendienst, wenn schon in verschiedenen Formen und Stufen zeigt sich verbreitet durch alle Schichten der heidnischen Gesellschaft bis in die höchste Stufe der Bildung hinauf. Diese beiden Centralthatsachen menschlicher Sündhaftigkeit, nämlich die Verkennung und Verwerfung einer Persönlichkeit, wie der Jesu Christi, und das Heidenthum als Verkennung und Verwerfung des allein wahren Gottes bilden in der apostolischen Verkündigung das Grundthema für ihre Bußpredigt und zwar unter Hinweisung auf das noch zukünftige Gericht, das allen bevorsteht. Act. 2, 21 f.; 36. 40 mit 37 f.; dann 3, 14 f.; 19; 17, 29—31, vgl. Eph. 4, 17 ff.; 5, 8. Kol. 1, 13. Gal. 1, 4. 1 Petri 1, 18; 4, 3. 1 Joh. 5, 19; 2, 19; 15 f. Tit. 3, 3. Röm. 1, 20 f. 25. 28. 32; 2, 1. Wie nun aber in der Kreuzigung Christi durch Menschen die menschliche Sünde in ihrer höchsten Verirrung und Verschuldung erscheint, so tritt auch göttlicherseits die Gerechtigkeit Gottes in ihrer ganzen Heiligkeit an's Licht;

---

*) Vgl. eine treffliche Stelle aus Lindenmeyer, Geschichte Jesu I. S. 179.

es zeigt sich hier: an das sündige Sein und Thun der Welt ist das entsprechende Leiden so unabänderlich gekettet, daß kein bloßer Freispruch es löst, sondern nur eine Befreiungsthat, die nur durch einen sündenreinen Erlöser möglich ist und durch seinen Eintritt in das Weltleiden und so durch sein eigenes Leiden; ohne Sühnung also, ohne daß das die menschliche Sünde bestrafende Leiden sein Recht behält, gibt es keine Vergebung, obgleich Gott die Welt so sehr liebt, daß er den eigenen Sohn zu ihrer Rettung sendet.*) Im Tode Christi erscheint aber das Gericht nicht nur als etwas der Weltsünde absolut Anhaftendes, sondern es vollzieht sich auch in individuellster Realität; das Gericht erfaßt die Sünde nicht in irgend welcher Aeußerlichkeit, sondern in der Persönlichkeit der menschlichen Natur selbst, in der σαρξ, wie sie Seele und Leib constituirt, während im alten Testament äußerliches Thieropfer, d. h. bloßes Eigenthumsopfer substituirt werden kann als temporäre Deckung der Sünde gegen das die Menschennatur treffende Gericht zur vorläufigen Schonung der Person des Sünders. Zugleich endlich tritt im Tode Christi das Gericht in der intensivsten Schärfe auf, daß es sich entwickelt bis zur Gottverlassenheit; soweit hinein reicht das der menschlichen Sünde, wie sie in der σαρξ existirt, anhaftende Leiden, die Sünde selbst erscheint so in ihrem gerichtlichen Verhältniß wie in ihrem moralischen als Scheidung von Gott. So kommt gerade durch die Erkenntniß des Todes Christi, nicht des bloßen Gesetzes, die göttliche Gerechtigkeit zur Erkenntniß in ihrem unbestechlichen Ernst und

---

*) Es kann nichts Stärkeres gesagt werden als: Gott schont seines eigenen Sohnes nicht, daß derselbe nicht, indem er als Träger der Weltsünde eintritt, auch das Weltleiden, das Sündengericht, übernehmen müßte.

in ihrer tiefgreifendsten Schärfe, sowie die Sünde in ihrer ganzen Todesschwere und Gerichtstiefe. Aber auch nach ihrer ethischen Seite bringt erst das Evangelium die Sünde zur Erkenntniß bis in ihren innersten Grund, bis in ihre Wurzel; nämlich ihrer Substanz nach kommt die Sünde zur Erkenntniß als fleischliches Wesen, und so als widergöttliches Wesen. Denn Fleisch und Geist ist der abstoßendste Gegensatz; sie erscheint verwachsen mit unserm in das sinnliche Naturleben versenkten Seelenleben. Nach ihrer geistigen Form und Wurzel aber kommt die Sünde zur Erkenntniß als Unglaube, als persönliche Gottentfremdung und Gottesverleugnung und zwar, wie schon bemerkt wurde, im höchsten Grad, als Verkennung und Verleugnung der persönlichen Erscheinung des Göttlichen in Jesu Christo.

Der Mensch sieht sich also in diesem Licht des Evangeliums geistig und leiblich verhaftet an eine finstere gottwidrige Macht (das satanische Princip tritt im N. T. unverhüllt hervor).*) Alles Selbstversuchte und Selbsterbaute wird ihm niedergeworfen als unzureichend für seine Rettung, damit er absolut sich ergebe der göttlichen Gerechtigkeit, indem diese eben nicht als den Menschen und die Welt verdammendes Gericht, sondern als rettendes Gericht erscheint für Alle, die gläubig darauf eingehen. Röm. 1, 16 f.; 3, 21—26; 8, 31 ff. 2 Kor. 5, 19 ff. 1 Joh. 4, 9 f.

Betrachten wir nun

b) noch näher das aus dieser Sündenoffenbarung hervorgehende Sündenbewußtsein in seinem psychologischen Ausdruck.

---

*) Der Mensch sieht sich von der Sünde durchdrungen und afficirt in seinen innersten Geistesakten bis ins Beten hinein (Matth. 6, 5 ff.) wie in seinen äußern Lebensakten bis in den Blick hinaus. Matth. 5, 27 f.

Das evangelische Sündenbewußtsein ist nicht mit einem Moment im ganzen Umfang seiner Einzelnheiten gesetzt. In concentrirter Erkenntniß, in Herzenserkenntniß kann und muß es wohl bei der Buße sich bilden, und kann als ein Totaleindruck, mit acuter Stärke den Menschen auf einmal niederwerfen, aber nach seiner speciellen Selbsterkenntniß entwickelt es sich wie alles im Menschen allmählich und stetig. Wie der Mensch fortschreitet in der Erkenntniß des Todes Christi und des Evangeliums überhaupt, wie er durch wiederkehrende Versündigung immer neu zur Erforschung seines Selbstes geführt wird, zur Vergleichung mit dem, was Gott in Christo gethan hat, so schreitet auch seine Sündenerkenntniß im evangelischen Sinn fort. Die Anfänger würden nicht einmal alle die speciellen Einblicke und Erfahrungen ertragen können, die erst im Fortgang sich bilden. Was aber die seelische Grundempfindung des evangelischen Sündenbewußtseins betrifft, so ist sie im Wesentlichen dieselbe, wie bei der Buße im Allgemeinen, es ist der moralische Schmerz eines von der Wahrheit getroffenen Herzens, dem eben sein sittliches Mißverhältniß zu Gott der Kummer ist.*) 2 Kor. 7, 9. Act. 2, 37. In Bezug auf **Stärke und Dauer** der Schmerzempfindung läßt sich aus der Schrift kein bestimmter Maßstab angeben; es gibt keine mathesis affectuum (Knapp in seiner biblischen Glaubenslehre); die **Grade und Abstufungen** sind sehr verschieden, nicht nur nach den Graden der Gottes- und Sündenerkenntniß im Allgemeinen und nach den Graden

---

*) Furcht, Haß und Abscheu vor der Sünde sind die einzelnen bestimmteren Modificationen, wodurch die vorige Stumpfheit, Härtigkeit und Stockung des Herzens beseitigt wird. 2 Kor. 7, 10 f., vgl. Pf. 51, 19. Jes. 57, 17. Pf. 34, 19. Seelenlehre § 25, 2. a.

der zunächst zum Bewußtsein kommenden besonderen Sünden, sondern auch nach der Verschiedenheit der natürlichen Anlagen und Temperamente, der Zeit und Umstände.

Ueberhaupt sind bei der biblischen Buße **nicht die Gefühle** das Entscheidende, sondern eben das, was sie zur μετανοια macht, zur Aenderung der Gesinnung, und dies ist vermittelt durch Erkenntniß und Willen; mein Gefühl kann statt von Schmerz über die Sünde gerade vom Lustgefühl derselben afficirt sein, statt von einem Gefühlszug zu Gott hin und zum Guten, von einer Unlust und Abneigung oder von Stumpfheit, aber kraft meiner von der Sünde und von Gott gewonnenen Erkenntniß entscheidet sich mein Wille gegen meine Sündenlust zu Gott hin und damit vollziehe ich wirklich den Akt der Buße d. h. der μετανοια.

Noch weniger gehören zum Wesentlichen der Buße die **äußerlichen sichtbaren Zeichen der Reue.** Soweit sie natürlich wahrer Ausdruck der Empfindung sind, sind sie in keiner Form verwerflich, so das an die Brust Schlagen beim Zöllner, das Weinen bei Petrus, aber sie sind nicht nothwendige Bedingung einer aufrichtigen und Gott gefälligen μετανοια. Joel 2, 12. Matth. 6, 16.*) Uebermaß der Traurigkeit und der Gewissensangst kann sogar Folge des Mangels an Erkenntniß und an aufrichtiger Bereuung der Sünde sein, wenn man seine Sünde verschweigt vor Gott oder auch vor dem, dem man zur Sühne wegen einer Beleidigung Bekenntniß schuldig ist, wenn man überhaupt der

---

*) Die Schrift verlangt nichts, als was der Natur des Menschen und zwar der individuellen angemessen ist, am wenigsten bloß äußerliches Formenwerk, das auch der Heuchler nachahmen kann und das so leicht den Uebergang zur Heuchelei bildet, wenigstens die Versuchung dazu gibt.

III. 1. Die specifisch-christliche Buße.

gerechten Ausgleichung der Sünde sich nicht unterwirft. Pf. 32, 3. 5. 1 Joh. 1, 9. Jac. 5, 16. Luc. 17, 3 f.

Allein wir müssen besonders bei der evangelischen Buße noch auf eine andere Seite als die bloße Schmerzempfindung reflectiren.*) Im Evangelium erscheint nicht einseitig der göttliche Zorn über die Sünde, sondern die richterliche, die regierende Gerechtigkeit ist im Evangelium nur Träger und Vermittler der positiv wirkenden, der neu aufbauenden Gerechtigkeit Gottes, sofern im Tode Christi, verbunden mit seiner Erhöhung, die göttliche $\delta\iota\kappa\alpha\iota\sigma\sigma\upsilon\nu\eta$ auftritt als eins mit der Liebe, und Gott durch sein $\kappa\rho\iota\nu\epsilon\iota\nu$ eben als $\delta\iota\kappa\alpha\iota\omega\nu$ wirkt. Und so bringt das Evangelium unmittelbar bei seiner $\mu\epsilon\tau\alpha\nu\sigma\iota\alpha$ auf Glauben als auf die neue und einzige Lebensbedingung. Indem also das Evangelium den getödteten und auferweckten Christus in Einer Person dem Glauben darstellt und so das göttliche Gericht nur als Mittel des göttlichen Gerechtmachens als Heiligung, will es auch die $\mu\epsilon\tau\alpha\nu\sigma\iota\alpha$ durch die tödtende, richtende Wirkung hindurch der belebenden Wirkung entgegenführen, $\mu\epsilon\tau\alpha\nu\sigma\iota\alpha$ $\epsilon\iota\varsigma$ $\zeta\omega\eta\nu$, $\epsilon\iota\varsigma$ $\sigma\omega\tau\eta\rho\iota\alpha\nu$. Wie wirkt nun das Evangelium im Sinn ($\nu\sigma\upsilon\varsigma$) des Menschen auf dieses Ziel hin? Der Grundzug des Evangeliums in seinem Christus, in seinen Thatsachen und in seiner ausdrücklichen Verkündigung ist eben nicht das fordernde und richtende Gesetz, sondern die versöhnende und segnende Gnade, nicht der Tod, sondern das Leben; das Evangelium bringt die Gerechtigkeit Gottes als **für die Sünder** wirkend, wenn schon **wider die Sünde** im

---

*) Zu dieser einseitigen Auffassung verleitet uns der Ausdruck Buße, der an Strafe anknüpft, wovon die $\mu\epsilon\tau\alpha\nu\sigma\iota\alpha$ nichts an sich trägt.

Sünder selbst. Es verheißt nicht nur die Gnade mit ihrer Vergebung und Begabung, es bringt sie entgegen, bringt sie dar als etwas unmittelbar zu Empfangendes, zu dem es die Bußfertigen einladet und den Glauben berechtigt. Dadurch wirkt das Evangelium schon im Gericht der Buße als göttlicher Liebesruf und Liebeszug, der den Sinn erweckt und erhebt zum hingebenden Vertrauen, in welchem sich ein Rufen nach Gott entwickelt, wie er in Christo sich darbietet als Retter von der Sünde, ein betendes Suchen nach dem Heil, und damit ist das Herz erschlossen und empfänglich für die göttlichen Heilswirkungen. Vgl. Joh. 1, 15. 17. Röm. 5, 6—8. 1 Joh. 4, 9 f. 16. Act. 2, 21. 38 f.; 8, 22.; 9, 11. Röm. 10, 9—13. Luk. 11, 9—11.

Damit tritt nun aber auch die entscheidende Forderung an den Menschen, wie sie

2) in dem $\dot{\epsilon}\pi\iota\sigma\tau\varrho\epsilon\varphi\epsilon\tau\epsilon$ noch besonders ausgesprochen ist. Eben als das entscheidende Moment, wodurch subjectiverseits der factische Uebertritt in das Gebiet der Gnade geschieht, wird $\dot{\epsilon}\pi\iota\sigma\tau\varrho\epsilon\varphi\epsilon\iota\nu$ dem $\mu\epsilon\tau\alpha\nu o\epsilon\iota\nu$ auch unmittelbar beigefügt. Act. 3, 19. 26, 20. Das Wort $\dot{\epsilon}\pi\iota\sigma\tau\varrho\epsilon\varphi\epsilon\iota\nu$ hat in seiner activen Form (ausgenommen wenige Stellen, wo es die bekehrende Thätigkeit einzelner Menschen bezeichnet), intransitive Bedeutung, in seiner passiven Form hat es durchaus mediale Bedeutung (sich umwenden); die LXX übersetzen damit meistens das hebräische שוב. Hieraus erhellt, daß $\dot{\epsilon}\pi\iota\sigma\tau\varrho\epsilon\varphi\epsilon\iota\nu$ ein Thun von Seiten des Menschen bezeichnet, bestimmter ein eigenes Thun, wie das ihm parallele $\mu\epsilon\tau\alpha\nu o\epsilon\iota\nu$, und daß die altdogmatische Bestimmung, in conversione homo se habet mere passive, schon dem constanten biblischen Sprachgebrauch widerspricht. Es fehlt hiebei an

der klaren Fassung des Verhältnisses zwischen Gnade und Mensch. Das allgemeine Verhältniß der Gnadenwirkung zum Menschen ist, daß dieselbe allerdings das producirende, das ursächliche Moment ist, darum aber nicht die entsprechende menschliche Thätigkeit ausschließt, sondern möglich macht und fordert. Dies Grundverhältniß der Gnadenwirkung wird auch bei der Bekehrung vorausgesetzt, die Bekehrung für sich aber ist eben eine Selbstthätigkeit auf Seiten des Menschen, wie sie objectiv durch die Gnadenwirkung bezweckt, ermöglicht und bestimmt wird, und als subjectiver Act ist die Bekehrung in die subjective Freiheit gestellt. Matth. 23, 37 $\dot{\varepsilon}\varkappa\ \dot{\eta}\vartheta\varepsilon\lambda\dot{\eta}\sigma\alpha\tau\varepsilon$. Bestimmter setzt die Bekehrung in den neutestamentlichen Stellen die göttliche Berufung als Gnadenwirkung voraus. Dabei wird aber eine dem göttlichen Ruf entgegenkommende Selbstthätigkeit erfordert, ohne welche die Bekehrung nicht zu Stande kommt; ein Sehen mit eigenen Augen, ein Hören mit eigenen Ohren, ein Vernehmen und Verstehen im Herzen, $\nu o \varepsilon \iota \nu$, $\sigma \nu \nu \iota \varepsilon \nu \alpha \iota\ \tau \eta\ \varkappa \alpha \varrho \delta \iota \alpha$. Act. 26, 18. vgl. Matth. 13, 9—16. Act. 28, 24--28 mit Joh. 12, 40, wo die Bekehrung abhängig gemacht ist vom Sehen mit den Augen und $\nu o \varepsilon \iota \nu\ \tau \eta\ \varkappa \alpha \varrho \delta \iota \alpha$. Auch das $\pi \iota \sigma \tau \varepsilon \nu \varepsilon \iota \nu$ wird dem $\dot{\varepsilon}\pi \iota \sigma \tau \varrho \varepsilon \varphi \varepsilon \iota \nu$ vorangehend erwähnt, aber nicht als Glaube an Christum schon, sondern als Glaube an das $\varepsilon \dot{\upsilon} \alpha \gamma \gamma \varepsilon \lambda \iota \zeta \varepsilon \sigma \vartheta \alpha \iota$. Act. 11, 20.*) Auf Grund der angegebenen Stellen läßt sich

a. die **psychologische** Seite der Bekehrung genauer bestimmen.

---

*) Harleß nimmt Bekehrung zwar als Selbstthätigkeit, aber als eine Wirkung der Wiedergeburt, statt nach der Schrift als Wirkung der Berufung; er vermischt in seiner Beschreibung Berufung und Wiedergeburt miteinander.

Es erhellt, daß zunächst unter ἐπιστρεφειν keine bloße äußere Veränderung verstanden ist, nicht, wie öfters erklärt wird, ein äußerlicher Uebertritt vom Judenthum und Heidenthum zum Christenthum, oder von der Welt zur Kirche, wo dann erst Belehrung und innere Bekehrung nachzufolgen hätten; vielmehr ἐπιστρεφειν selbst ist ein innerlicher, ein geistig vermittelter Grundakt des Subjects, **vermittelt und bedingt durch eine Centralerkenntniß**, durch ein νοειν und συνιεναι τῃ καρδιᾳ, wie diese entsteht aus der erweckenden und bekehrenden (Ohren und Augen öffnenden) Kraft des Evangeliums, d. h. aus der göttlichen Berufung. Diese Erkenntniß ist aber nicht bloß formales Wissen, sondern schließt in sich eine **gläubige Anerkennung** (ein πιστευειν Act. 11, 20) des Inhaltes der evangelischen Verkündigung, also speciell die gläubige Anerkennung der evangelischen Lehre von der Sünde, sowie von der göttlichen Liebe und Gerechtigkeit in Christo. Dabei müssen wir aber festhalten: nicht eine schon explicirte Erkenntniß dieser Gegenstände ist als der Bekehrung vorausgehend gedacht, sondern eine concentrirte, eine Herzenserkenntniß, νοειν, συνιεναι τῃ καρδιᾳ. So werden auch in der apostolischen Missionspredigt, welche eben auf Bekehrung hinarbeitet, die genannten Wahrheiten des Evangeliums, nur mit concentrirter Stärke vorgetragen, als summarisches Zeugniß an das Herz gegeben. Denn es gilt bei der Bekehrung eben eine Entscheidung im Herzen, im persönlichen Mittelpunkt des menschlichen Seelenlebens. Die specielle Darlegung des Lehrinhaltes für discursives Erkennen, das eigentliche διδασκειν folgt nach bei schon Bekehrten oder Gläubigen. Mit der angegebenen inneren Vermittlung des ἐπιστρεφειν stimmt es zusammen, daß Act. 3, 19 und 26, 20 dem $\dot{\varepsilon}\pi\iota\sigma\tau\rho\varepsilon\varphi\varepsilon\iota\nu$ das $\mu\varepsilon\tau\alpha\nu o\varepsilon\iota\nu$ vorangestellt ist; im gläubigen Suchen nach dem Heil strebt eben die $\mu\varepsilon\tau\alpha\nu o\iota\alpha$ ihrem Schluß= und Ruhepunkt zu in dem Gott des Heils durch eine entscheidende Wendung, daher $\mu\varepsilon\tau\alpha\nu o\iota\alpha$ $\varepsilon\iota\varsigma\ \vartheta\varepsilon o\nu$. Die mit $\varepsilon\iota\varsigma$ angedeutete Wendung selbst aber wird auch noch dadurch besonders hervorgehoben, daß dem $\mu\varepsilon\tau\alpha\nu o\varepsilon\iota\nu$ das $\dot{\varepsilon}\pi\iota\sigma\tau\rho\varepsilon\varphi\varepsilon\iota\nu$ beigegeben ist als der bestimmte Schlußakt der $\mu\varepsilon\tau\alpha\nu o\iota\alpha$. Die Bekehrung ist also nicht gesondert von $\mu\varepsilon\tau\alpha\nu o\varepsilon\iota\nu$, sondern dies erreicht in ihr nur seinen Culminationspunkt; daher kann auch die Bekehrung für den ganzen Akt des $\mu\varepsilon\tau\alpha\nu o\varepsilon\iota\nu$ gesetzt werden. Letzteres ist dann in seinem Endakt gefaßt als zum Ziel gekommene $\mu\varepsilon\tau\alpha\nu o\iota\alpha$. Fragen wir noch:

b) was ist der Begriff des $\dot{\varepsilon}\pi\iota\sigma\tau\rho\varepsilon\varphi\varepsilon\iota\nu$ als eines **besonderen** Aktes neben dem $\mu\varepsilon\tau\alpha\nu o\varepsilon\iota\nu$, wie Act. 3, 19.; 26, 21, und was geschieht dabei. Die Bekehrung involvirt eine Abkehr neben einer Hinkehr (Act. 3, 26 vgl. 19), neben $\dot{\varepsilon}\pi\iota\sigma\tau\rho\varepsilon\varphi\varepsilon\iota\nu$ ein $\dot{\alpha}\pi o\sigma\tau\rho\varepsilon\varphi\varepsilon\iota\nu\ \dot{\alpha}\pi o\ \tau\omega\nu\ \pi o\nu\eta\rho\iota\omega\nu$, eine Abkehr vom Bösen, wie es in verschiedenen Formen (daher Plural) eine beherrschende, beschwerende Macht ist;*) es wird aber außerdem die Abwendung auch unmittelbar in das $\dot{\varepsilon}\pi\iota\sigma\tau\rho\varepsilon\varphi\varepsilon\iota\nu$ aufgenommen. Act. 14, 15. 1 Thess. 1, 9. Act. 26, 18. 1 Petri 2, 25. Aus diesen Stellen erhellt zugleich weiter: ganze Gebiete und Richtungen sind die Pole, zwischen welchen es bei dem Menschen durch die Bekehrung zur entscheidenden Wendung kommt. Einerseits für die Abkehr gilt es die Finsterniß, d. h. das Gott entfremdete Sündengebiet ($\sigma\kappa o\tau o\varsigma$)

---

*) $\pi o\nu\eta\rho o\nu$ das Böse als $\pi o\nu o\varsigma$ Druck, Elend, aber eben qua Böses.

mit seinen religiösen Wahngebilden und Verkehrtheiten (θεοι ματαιοι und ειδωλα), mit seinen sittlichen Verirrungen (πλανη) und seinem Verderben, seinen πονηριαι. Dies Alles aber hat sein Princip und seinen Mittelpunkt in der Influenz des die Welt beherrschenden Lügengeistes, in der εξουσια του σατανα. Andererseits bei der Hinkehr gilt es das göttliche Lichtgebiet oder Wahrheitsgebiet, wo die Menschen den lebendigen und wahrhaften Gott, den wesenhaften Gott gegenüber den Wahngöttern zum Gott haben und im Sohn Gottes Seelengenüge, Befriedigung ihrer Bedürfnisse finden. (1 Petri 2, 25 επι τον ποιμενα και επισκοπον των ψυχων, vgl. Joh. 10, 11. 28.) Die Bekehrung ist also der entscheidende Uebertritt von einem Gebiete ins andere, επιστροφη απο — επι, εις. So ist sie eine **principielle Veränderung im Gesammtzustande des Menschen**, denn es wird der Herzensverband mit den Principien der Sünde gelöst durch die Verbindung mit den Principien des Heils. Diese entscheidende Wendung ist eben vorbereitet durch die Selbst- und Gotteserkenntniß, wie sie in Folge der evangelischen Berufung bei der entsprechenden μετανοια als Erkenntniß im Herzen oder als Centralerkenntniß sich bildet. So ist nun auch der daraus hervorgehende Uebertrittsakt ein Centralakt und dies ist wohl zu beachten, um nicht zu viel und nicht zu wenig aus der Bekehrung zu machen. Nicht Alles in der Natur des Menschen ist durch die Bekehrung dem alten Sündenverband entnommen und umgewandelt; nicht der Mensch nach der ganzen Peripherie, nach den einzelnen Seiten und Beziehungen seines Seins ist außer Berührung gesetzt mit der Finsterniß und eingegangen in das Licht; im Einzelnen können nach der wahrhaften Bekehrung gerade noch alte falsche Ansichten, Neigungen u. s. w. nachwirken und müssen daher bekämpft, niedergehalten, ausgerottet werden, so bei Petrus das Vorurtheil gegen die Heiden; daher auch in den apostolischen Briefen die Aufforderung zum Ablegen des alten Menschen und zum Anziehen des neuen bei wahrhaft Bekehrten. Aber im Herzen des Menschen, in seinem persönlichen Lebenscentrum oder in seinem centralen, nicht peripherischen Ganzen ist der Umschwung eingetreten, daher heißt es 2 Kor. 5, 17 γεγονε καινα τα παντα; mit seiner geistigen Lebenswurzel wendet sich der Mensch in Kraft der göttlichen Berufung und in Kraft seiner dadurch herbeigeführten μετανοια ab von der persönlichen, von der freiwilligen Gemeinschaft mit dem gottentfremdeten Leben, sein Herz entsagt demselben und der Mensch geht ein in den Herzensverband, in die persönliche Gemeinschaft mit dem göttlichen Wahrheits- und Liebesleben im Herrn. Vereinzelte Zuwendungen zum Herrn, Unterlassung einzelner Sünden, Annahme besserer Grundsätze und Sitten ohne diese Grundwendung des Herzens sind also noch keine Bekehrung, nur Vorbereitung und Ansätze derselben, wenn sie nämlich ernstlich sind.*) Die Bekehrung ist auch nicht bloß reuige Abwendung von dem eigenen Sündenzustand und verlangende Hinwendung zum Licht im Evangelium (Stier), dies ist μετανοια im engeren Sinn, wie sie dem επιστρεφειν vorangeht. Bekehrte sind nicht bloß solche, welche erst Reue und

---

*) Man kann lange schon christlich afficirt sein, kann an den Ideen, an Thatsachen und Wirkungen des Christenthums Interesse finden, für die geistige Größe Christi enthusiasmirt sein, und ist doch noch nicht bekehrt, es reicht noch nicht ins Lebenscentrum, es ist mit allem dem noch nicht zur Grundwendung gekommen.

Verlangen haben (das sind erst Erweckte und Bußfertige); Bekehrte sind solche, bei denen es zum entscheidenden Durchbruch gekommen ist, so daß sie dem alten Wesen den Abschied gegeben und Gott in Christo als ihren Gott und Herrn zu eigen genommen und gewonnen haben. Wer den Andern bekehrt, führt ihn damit nach Jac. 5, 19 f. heraus aus dem Irrweg, nicht erst in die Reue über seinen Irrweg, und unmittelbare Folge ist deßhalb, ohne daß erst noch Anderes zur Bekehrung hinzutreten muß, Rettung vom Tode, nicht bloß Verlangen nach Rettung. In andern Stellen wird daher unmittelbar an die Bekehrung die Heilung angeknüpft, (vgl. Matth. 13, 15 mit Joh. 12, 40. Act. 28, 27. 1 Petri 2, 25 mit 24), oder Sündentilgung und Erbausstattung, letzteres durch Versiegelung mit dem heiligen Geist. Act. 3, 19 f.; 26, 18; 3, 38. Also dasselbe wird der Bekehrung zugetheilt, was sonst dem Glauben an Christum; christlich Bekehrte und Gläubige sind identisch. Act. 15, 3. 7. 19.

Nachdem wir nun bisher theils die psychologische Stellung der Bekehrung im Proceß der Buße, theils den Begriff der Bekehrung entwickelt haben, müssen wir

3) **die Wirkung des Bekehrungsglaubens** speciell entwickeln. Das Ganze faßt sich zusammen in Rechtfertigung und Verklärung, die wir bereits neben der Berufung, welche eben in der Bekehrung zur Realität gelangt, als Grundakte der Gnade kennen gelernt haben. Von ihrer objectiven Seite hat diese beiden Punkte: Rechtfertigung und Verklärung die Dogmatik zu behandeln, vgl. Dogmatische Vorlesungen, § 24. Lehrwissenschaft S. 567 ff. II. Aufl. S. 525 ff. Leitfaden § 31. Hieran anschließend haben wir näher die subjective Seite derselben zu bestimmen, namentlich

III. 3. Die Wirkung des Bekehrungsglaubens. 249

also zu sehen, wie ihre Wirkung sich anthropologisch vermittelt und ausdrückt. Dazu ist wesentlich nöthig, daß wir vor Allem

a) über den Begriff der Wiedergeburt uns ins Klare setzen. Gehen wir auf den Glauben zurück, der das Ganze bedingt und vermittelt von der subjectiven Seite aus, so ist derselbe im Stadium der Bekehrung zwar nur ein Aufnehmen und Empfangen, jedoch nicht einer bloßen Lehre oder gar nur einer geschichtlichen Thatsache, sondern in Folge des durch die $\mu\varepsilon\tau\alpha\nu o\iota\alpha$ aufgenommenen und bewahrten Worts wird der Glaube nun ein Empfangen Gottes in Christo oder der Persönlichkeit Christi. Joh. 14, 23. Eph. 3, 17.

Vermöge des Glaubens wird der Mensch in Christus aufgenommen und Christus mit der ihm immanenten göttlichen Liebe und Gerechtigkeit ist im Menschen. Joh. 15, 4; 17, 20 f. 23. 26. Das Evangelium ist und wird dem Menschen, indem es mit ihm zur Bekehrung kommt, nicht bloß als äußerliches Wort innerlich, als etwas ins Gedächtniß u. s. w. Aufgenommenes, sondern als Kraft und Geist. 1 Thess. 1, 3. Gal. 3, 2. 2 Kor. 3, 16 f. Der göttliche Geist wirkt eben nicht mehr bloß von außen hinein in den Menschen, sondern wohnt demselben inne. Röm. 8, 9. 1 Kor. 3, 16. Er bildet im Centrum seines persönlichen Lebens, im Herzen (2 Kor. 1, 22) ein selbständiges Leben, das selbst Geist ist, ein dem göttlichen homogenes Geisteswesen, und damit tritt eben eine Neugeburt im Menschen ein. Nach dieser übersichtlichen Bestimmung können wir nun

α) das Wesen der Wiedergeburt näher bestimmen. Diese bezeichnet Johannes mit $\alpha\nu\omega\vartheta\varepsilon\nu\ \gamma\varepsilon\nu\nu\eta\vartheta\eta\nu\alpha\iota$. Joh. 3, 3. 5 f. $\alpha\nu\omega\vartheta\varepsilon\nu$ heißt nun aber nie: wiederum, auf's neue, sondern entweder wie Gal. 4, 9, wo ἄνωθεν von πάλιν unterschieden ist, von vorn, ἐξ ἀρχῆς, oder im örtlichen Sinn: von oben, und in diesem letztern Sinn ist es durchaus gebraucht im Evangelium Johannis. Joh. 3, 7; 3, 31; 19, 11. 23, vgl. Jak. 1, 17; 3, 17. Daher steht parallel dem ἄνωθεν γεννηθῆναι der Ausdruck: aus dem heiligen Geist, aus Gott, d. h. eben von oben geboren werden, während die Fleischesgeburt von unten her ist. Joh. 3, 5 f. 8. Joh. 1, 13. Auf dieselbe Sache geht die Bezeichnung μεταβαίνειν ἐκ τοῦ θανάτου εἰς τὴν ζωήν. Joh. 5, 24 mit 1 Joh. 3, 14, vgl. 5, 19. Bei Petrus I. 3, 23 wird der Begriff einer neuen Geburt bezeichnet durch ἀναγεννηθῆναι; bei Paulus gehört hierher: καινότης ζωῆς (Röm. 6, 4), παλιγγενεσία. Tit. 3, 5. Vgl.: mit Christo und in Christo lebendig gemacht werden. Eph. 2, 5. Auch ist noch zu vergleichen ἀποκύειν (Jak. 1, 18), und ζωογονεῖν τὴν ψυχήν. Luk. 17, 33. Der Ausdruck: aus Gott geboren beruht darauf, daß das göttliche Leben, indem es seinem Wesen nach Geist ist, eben durch die Geburt aus dem Geist verpersönlicht wird im Menschen. Der Mensch ist damit geistige Person geworden im göttlichen Sinn, wie er durch die Geburt aus Fleisch fleischliche Person wird im menschlichen Sinn. Der Wiedergeborene wird daher bezeichnet als neuer Mensch und zwar als πνευματικός im Gegensatz zum σαρκικός, ψυχικός. Es ist dieses neue Personleben jedoch nur ein anfängliches Leben, wie letzteres bei jeder Geburt der Fall ist; daher nicht nur der Ausdruck τέκνον, sondern auch βρέφος ἀρτιγέννητον, ein Kind, das erst weiter wachsen und erstarken muß, wie dies wieder nach jeder Geburt der Fall ist. 1 Petri 2, 2. **Wiedergeburt** ist also ihrem Wesen nach eine neue Schöpfung (Gal. 6, 15), neue Lebensorganisation, eine auf Entwicklung angelegte Lebensanlage. Es wird sonach durch die Wiedergeburt nicht, wie man sich auszudrücken beliebt, bloß keimartig ein neues geistiges Leben gesetzt; nicht der bloße Keim zu einem neuen Menschen ist gelegt, wenn er ein aus Gott gezeugtes Kind Gottes heißt, ein *πνευματικος*, sondern ein neuer Mensch, die neue Persönlichkeit selbst wird ins Leben gesetzt, die aber als noch unentwickelt ausgebildet werden muß. Bestimmter ist die Wiedergeburt eine neue Personbildung nach dem göttlichen Lebenstypus (Eph. 4, 24), *καινος ανθρωπος κατα θεον κτισθεις*. Diese neue Persönlichkeit ist vom göttlichen Geist nicht durch eine bloß moralische Einwirkung und Umänderung gebildet, sondern durch Einzeugung eines dem Göttlichen homogenen Geisteswesens (Joh. 3, 6) und durch Empfängniß von Seiten des Menschen. Ueber den inneren Proceß folgt das Nähere unten. Der Sitz aber, wo das neue Personleben entsteht und besteht, ist das Herz, daher 1 Petri 3, 4: *ὁ κρυπτος της καρδιας ανθρωπος*. Als ein dem Herzen immanentes Geistesleben ist nun das neue Personleben vorerst ein inwendiges Centralleben, das mit seiner Geburt noch nicht die Peripherie des schon bestehenden, des alten Lebens durchdringt, es ist ein Centralleben, wie auch der Akt, durch den es auf Seiten des Menschen zu Stande kommt, die Bekehrung, ein centraler Herzensakt ist (siehe b). Mit der Wiedergeburt ist also das neue Personleben nicht im ganzen Umfang der Individualität fertig und ausgebildet, ob es gleich central im Centrum der Individualität implicite als ein Ganzes gesetzt ist, eben als neuer Mensch, nicht als bloßer Theil des

Menschen oder bloßer Keim. Es bedarf so vom Herzen aus einer Entwicklung in die Peripherie des schon bestehenden Lebens nach innen und außen, also einer Aneignung des neuen Menschen, des neuen Personlebens namentlich auch in dem nach außen gekehrten Erscheinungsleben, im Wandel. Daher Eph. 4, 24 bei schon Wiedergeborenen (1, 13) die Forderung: $\dot{\varepsilon}\nu\delta\upsilon\sigma\alpha\sigma\vartheta\alpha\iota$ $\tau o\nu$ $\varkappa\alpha\iota\nu o\nu$ $\ddot{\alpha}\nu\vartheta\varrho\omega\pi o\nu$, was dann 4, 25 ff. specialisirt wird nach den verschiedenen Lebensäußerungen.

Das neue Geistesleben ist aber ferner mit der Wiedergeburt, wie schon bemerkt, auch in sich selbst nur anfangsweise gesetzt, es besteht erst als neue Lebensanlage und so bedarf es auch für sich selbst, d. h. in seinem Inhalt, nicht nur in seiner Ausdehnung, einer Weiterbildung, einer stetigen Füllung und Erstarkung $\pi\lambda\eta\varrho o\upsilon\sigma\vartheta\alpha\iota$, $\dot{\varepsilon}\nu\delta\upsilon\nu\alpha\mu o\upsilon\sigma\vartheta\alpha\iota$, und dies aus dem producirenden Gottesgeist. Eph. 3, 16—19. 2 Kor. 4, 16 mit 13. 1 Petri 2, 2. Eph. 4, 23. Es handelt sich also nach erfolgter Wiedergeburt um eine Entwicklung des neuen Personlebens, die nach innen und außen, intensiv und extensiv fortschreitet. Diese Entwicklung ist nun aber nicht mehr Wiedergeburt selbst — die zweite Verwirrung des Begriffs neben der, daß sie nur die Keimbildung eines neuen Menschen sei, sondern indem die Wiedergeburt der Lebensanfang eines wirklich neuen Personlebens ist, schließt sich daran eine selbständige Entwicklung, namentlich die Hineinbildung des neuen Personlebens in das noch bestehende alte, die geistige Erneuerung, Eph. 4, 23 f. $\dot{\alpha}\nu\alpha\nu\varepsilon o\upsilon\sigma\vartheta\alpha\iota$ $\tau\tilde\omega$ $\pi\nu\varepsilon\upsilon\mu\alpha\tau\iota$ mit $\dot{\varepsilon}\nu\delta\upsilon\sigma\alpha\sigma\vartheta\alpha\iota$ $\tau o\nu$ $\varkappa\alpha\iota\nu o\nu$ $\ddot{\alpha}\nu\vartheta\varrho\omega\pi o\nu$, vgl. Tit. 3, 5 anschließend an $\pi\alpha\lambda\iota\gamma\gamma\varepsilon\nu\varepsilon\sigma\iota\alpha$ die fortlaufende $\dot{\alpha}\nu\alpha\varkappa\alpha\iota\nu\omega\sigma\iota\varsigma$. Diese Erneuerung vollzieht sich nach innen als ἀνακαίνωσις του νοος, nach außen als περιπατειν ἐν καινοτητι ζωης. Röm. 12, 2; 6, 4. Kol. 3, 10. 12 ff. 1 Petri 1, 14 f. Ueber die Stelle 2 Kor. 5, 17 siehe unter b. Dagegen wird die Wiedergeburt bei Gläubigen immer in der Aoristform erwähnt, ohne je als etwas noch ferner Geschehendes aufzutreten, nachdem sie geschehen ist. Vgl. 1 Petri 1, 3. 23; 2, 2. Jak. 1, 18. Eph. 2, 10; 4, 24. Es wird Alles noch klarer sich herausstellen, wenn wir

β) die psychologische Genesis der Wiedergeburt auf Grund des Bisherigen näher zerlegen. Die Wiedergeburt ist kein momentan oder magisch sich vollziehender Akt, sondern sie wird successiv vorbereitet und eingeleitet, und zwar göttlicherseits durch Berufung mit ihrer geistigen Einwirkung. Das (berufende) Wort ist der Same der Zeugung, menschlicherseits durch Empfängniß des Wortes in dem bewußten freithätigen Akte der Buße und Bekehrung. Hiebei kommt es bis zum persönlichen Vereinigungsakt mit der Person des Herrn. In dieser Vereinigung erfolgt seiner Zeit die Einzeugung des Geistes von Seiten des Herrn und die Empfängniß seines Geistes von Seiten des Menschen. Es geschieht dies innerhalb des Herzens, in welchem sich Gewissen und Vernunftleben durch den Glauben vereinigt zur Empfängniß des neuen Geistes. Act. 15, 7—9 (die Heiden hörten das Evangelium und glaubten; und Gott gab ihnen den heiligen Geist, d. h. er wurde ihre innere Begabung). Dadurch erfolgt nicht nur eine Kräftigung des im Menschen schon vorhandenen Geistes, sondern der dem Menschen bis dahin fremde Geist, der Geist Gottes und Christi kommt in dem Menschen zu wohnen

(Röm. 8, 9), so daß nun göttlicher Geist als dem Menschen eigener Geist in ihm existirt, ib. V. 16 πνευμα ἡμων. Der so dem Menschen eingezeugte, ihm eigenthümlich gewordene Geist wird aber nicht selbst des Menschen Seele, so wenig als der Leib Seele ist; andererseits ist der neue Geist nicht eine bloße neue Eigenschaft der Seele, sondern der neue Geist ist wie Seele und Leib etwas wesenhaft Selbständiges, das sich mit der Seele in ihrem ursprünglich geistigen Wesen verbindet und ein entsprechendes neues Leben in ihr hervorbringt, daher der Ausdruck ζωογονειν την ψυχην. Es ist eine aus Gottes Geist mitgetheilte selbständige Lebenssubstanz und Kraft, die sich eben als Geist mit der geistigen Innenseite der Seele organisch zusammenschließt, wie der Leib zusammengeschlossen ist mit der sinnenhaften Außenseite der Seele. Indem nun so eben unter den bewußten freithätigen Akten der μετανοια und ἐπιστροφη keine bloß partielle Berührung zwischen Gottes Geist und dem Menschen, keine bloße Verbindung mit dieser oder jener Seite der Functionen des Seelenlebens, sondern eine organische Vereinigung der göttlichen Geistessubstanz mit dem Menschen im Grunde seines der Seele anerschaffenen geistigen Wesens vollzogen ist, ist es zur Geburt eines neuen, innern Menschen gekommen. Es ist weder der aus Gott eingezeugte Geist für sich, noch die Seele für sich, was den neuen inneren Menschen darstellt, das neue Personleben, sondern die mit dem Geist persönlich vereinte Seele; denn die Seele ist eben Träger und Band des ganzen Personlebens, des leiblichen und des geistigen. Ebenso ist es auch nicht der Leib, der für sich den äußern Menschen bildet, sondern dies ist ebenfalls die Seele in ihrer persönlichen

Geeintheit mit dem Leib nach außen, in ihrem bewußten Sinnenleben oder Peripherieleben. Und wie ferner die eigenthümliche Lebendigkeit und Thätigkeit des Außenmenschen fleischlich ist im Sinn der Welt, so ist bei den Wiedergeborenen die eigenthümliche Lebendigkeit und Thätigkeit des innern Menschen geistlich im Sinne Gottes.

Es ist also durch die Wiedergeburt keine neue Seele dem Menschen eingeschaffen, sondern der Seele ist ein neuer Geist eingeschaffen; es ist keine neue Beseelung des Menschen, sondern neue Begeistung innerhalb seiner Seele. Es ist also auch noch viel weniger eine bloße Aenderung im $\nu o \nu \varsigma$ der Seele, in der Gesinnung ein bloßes $\mu \varepsilon \tau \alpha \nu o \varepsilon \iota \nu$ vorgegangen, dies geht der neuen Begeistung voran. Es geht vielmehr im eigenen natürlichen Lebenszustand der Seele eine substanzielle, nicht bloß moralische Veränderung vor. In der natürlichen Seele existirt nämlich das Geistige nur noch in der Potenz der $\sigma \nu \nu \varepsilon \iota \delta \eta \sigma \iota \varsigma$ und des $\nu o \nu \varsigma$ in der Seele, als Idee und verpflichtende Macht, als Vernunftform und Vernunftnorm, nicht aber als $\pi \nu \varepsilon \nu \mu \alpha$, als selbständige Substanz und Kraft aus Gott, nicht als $\zeta \omega \eta$ und $\delta \nu \nu \alpha \mu \iota \varsigma$. Wird nun aber das lebendigmachende Geistesprincip aus Gott, das $\pi \nu \varepsilon \nu \mu \alpha$ $\zeta \omega o \pi o \iota o \nu \nu$ dem Herzen, dem focus des Seelenlebens eingesenkt im Bekehrungsglauben, also im persönlichen Zusammenschluß mit der Person Christi, so wird die dem wahren, dem göttlichen Leben abgestorbene Seele lebendig gezeugt (Luc. 17,33), sie wird in ein selbständiges Leben in Gott erhoben, indem sie den göttlichen Geist, den übersinnlichen Lebensgeist wieder als Lebenssubstanz und als bestimmendes Kraftprincip in sich selbst empfängt. Damit ist die Seele neu organisirt, ist befähigt, den geistigen Lebensschatz Gottes in Christo fortan nun selbstthätig in sich aufzunehmen und ihn zum persönlichen Eigenthum zu verarbeiten in Erkenntniß, Gesinnung und Handlung. 1 Kor. 2, 14. 16. Joh. 1, 16 mit 12. Röm. 8, 1 ff. Gal. 5, 22. 25. Siehe das Nähere unten.

Allen aber, die wiedergeboren werden, wird als Individuen Geist nur zugetheilt in individuellem Maß, in relativer Beschränktheit, daher der genauere Ausdruck für die Geistesmittheilung: 1 Joh. 3, 24; 4, 13, aus seinem Geist ist uns gegeben; oder Hebr. 2, 4: $\mu\varepsilon\rho\iota\sigma\mu o\iota$ $\pi\nu\varepsilon\nu\mu\alpha\tau o\varsigma$, Vertheilung des Geistes. Eben durch die Selbstvertheilung des Geistes in die Einzelnen (1 Kor. 12, 11) entstehen die neuen individuellen Geister, die nur individuelle Gaben in sich haben, nur $\mu\varepsilon\rho\iota\sigma\mu o\nu\varsigma$ $\pi\nu.$, $\delta\iota\alpha\iota\rho\varepsilon\sigma\eta$ $\pi\nu.$ haben, und auch die Gesammtheit dieser individuellen Geister macht nicht den Gesammtgeist aus als den absoluten Gottesgeist. Die Begeistung kommt dem Ganzen wie dem Einzelnen nur als $\dot{\alpha}\pi\alpha\rho\chi\eta$ zu (Röm. 8, 23), als $\dot{\alpha}\rho\rho\alpha\beta\omega\nu$ (2 Kor. 1, 22), als Anfang und Unterpfand der zukünftigen $\pi\lambda\eta\rho\omega\sigma\iota\varsigma$, worin eben zugleich auch liegt, daß Jeder von seinem eigenthümlichen Maß aus ins Ganze des göttlichen Geisteslebens hineinstreben soll, ins $\pi\lambda\eta\rho o\nu\sigma\vartheta\alpha\iota$, wie es in Christus realisirt ist. Eph. 3, 14 ff.; 4, 13.*)

---

*) So bedürfen auch die neuen individuellen Geister sowohl einzeln als in ihrer Gesammtheit vor allem des stetigen Lebenszuflusses aus dem selbständigen göttlichen Geistesprincip und aus dessen Organ, dem göttlichen Geisteswort, und darauf hin erst findet gegenseitige Ergänzung und Weiterübung statt durch geistige Gemeinschaft mit Geistesgenossen. 1 Kor. 12, 24 f.; 14, 1. 3. 19 f. 29. Kol. 3, 16. Sonach bleibt immer vollere Entwicklung im Geist, fortschreitende Aneignung des neuen Lebenstypus das für die Geistesgemeinde im Einzelnen und Ganzen geltende Gesetz. Vgl. Biblische Seelenlehre, §§ 8. 13. 18, 2. 21, 3.

Nachdem wir das Wesen der Wiedergeburt (α) und ihre psychologische Entwickelung (β) dargestellt haben, zerlegen wir noch

γ) das psychologische Erzeugniß der Wiedergeburt, die Frucht der Wiedergeburt und den durch sie gesetzten Lebenszustand. (Zur Ergänzung vgl. § 31 des Leitfadens.)

Act. 15 wird an den Empfang des heiligen Geistes (V. 8) die Herzensreinigung (V. 9) geknüpft. 1 Kor. 6, 11 wird in Verbindung mit Abwaschen d. h. eben mit Reinigung und mit Heiligung auch die nachfolgende Rechtfertigung als im Geiste Gottes erfolgt genannt. Ebenso ist Tit. 3, 5—7 die Wiedergeburt als die unabhängig von Werken erfolgte Rettung bezeichnet, wodurch eben das $\delta \iota \varkappa \alpha \iota \omega \vartheta \tilde{\eta} \nu \alpha \iota\ \tau \tilde{\eta}\ \chi \acute{\alpha} \varrho \iota \tau \iota$ zustande gebracht sei, d. h. also die Rechtfertigung bewirkt wurde. Vermöge dieser Verbindungen erscheint nicht nur Reinigung oder Heiligung, sondern eben auch die neutestamentliche Rechtfertigung als eine Wirkung der Wiedergeburt, d. h. als eine Wirkung, welche in der Kraft des wiedergebärenden Geistes Gottes erfolgt, und zwar so, daß sie von der Abwaschung oder Reinigung und von der Heiligung nicht zu trennen ist. In der Abwaschung oder Reinigung liegt die negative Beziehung auf die anhaftende Sünde, in der Heiligung die positive zur Vereinigung mit Gott als dem Heiligen, während die angeschlossene Rechtfertigung beides in sich zusammenfaßt in specieller Beziehung zum Gesetz. Gewöhnlich nun wird die Rechtfertigung nicht als innere Wirkung der Wiedergeburt gefaßt, sondern als bloß juridischer Akt außerhalb des Menschen und wird als solcher allen weitern Gnadenwirkungen vorangestellt. In letzterem liegt eine relative Wahrheit. Ehe nämlich der Mensch irgend eine innere Mittheilung der Gnade zu eigen empfängt, setzt dies allerdings schon voraus, daß er nicht mehr als Sünder vor Gott gilt, sondern als einer, der an dem Gnadenbesitz ein Recht zugetheilt erhalten hat. Für die theoretische Begriffsanalyse mag nun diese Rechtszutheilung besonders fixirt werden eben als judicieller Akt, als Urtheil, als Gerechterklärung, aber keineswegs als juridisch-judicieller Akt, als richterliches Urtheil, und nicht als ein der neutestamentlichen Rechtfertigung genügender Begriff. — Jene Rechtszutheilung oder Gerechterklärung erfolgt an den Glauben von der Gnade aus, nicht vom Gesetz aus, also nicht juridisch. Vom Gesetz aus müssen die Werke und so auch die Sünden als solche zugerechnet werden; von der Gnade aus werden dieselben nicht zugerechnet, sondern, wie die Schrift sich ausdrückt, der Glaube wird dem Menschen zugerechnet als Gerechtigkeit. Damit erhält der Mensch eben auf Grund der Gnade, nicht des Gesetzes, ein Recht an die Gnade, d. h. ein Gnadenrecht, nicht ein gesetzliches Recht; dies darum, weil der Glaube eben dasjenige persönliche Verhalten des Menschen ist, wodurch er erfüllt, was die Gnade fordert. Es ist also der Glaube das der Gnade als solcher entsprechende ethische Verhalten, wodurch der Mensch im Unterschied von den Nichtgläubigen, welche sich dadurch der Gnade unwürdig machen, der Gnade sich würdig macht (Matth. 10, 11. 13. 37 f.; 22, 8. Act. 13, 46), wenn schon sein Thun dieselbe nicht verdient. Würdig sein und verdienen ist nicht identisch. Verdienen ist etwas als rechtliches Aequivalent der Leistung bekommen, als schuldigen Lohn; würdig oder unwürdig wird man auch gegenüber einer Gnade, je nachdem man das ist oder erfüllt, wovon die Gnade sich abhängig macht z. B. bei der Begnadigung von

Verbrechern unter der Bedingung der reuigen Bitte. Die Frage nach würdig oder unwürdig geht von einem ethischen Gesichtspunkt aus, sich bemessend nach moralischen Rücksichten; dagegen die Frage: was ist verdient oder nicht verdient? bemißt sich nach gesetzlichen Rechtserwägungen, und geht von einem juridischen Gesichtspunkt aus, der durch keine Rücksicht auf ein fremdes Verdienst rechtlich beseitigt werden kann. Indem also der Glaube als Gerechtigkeit dem Menschen angerechnet wird, wird demselben die Gnade rechtlich zuerkannt durch einen ethisch-judiciellen Akt, nicht durch einen juridisch-judiciellen, nicht durch einen forensischen Akt.*) Dieser göttliche Rechtsbeschluß, die Zurechnung des Glaubens als Gerechtigkeit setzt sich nun aber eben als δικαιουν in Vollziehung im Menschen selbst: indem dem Menschen sein Glaube als Gerechtigkeit angerechnet wird, theilt sich ihm die Gnade auch zu eigen mit ihrer eigenen göttlichen Gerechtigkeit, wie sie in Christo personificirt ist durch die Versöhnung.

---

*) Anmerkung darüber, wie der abstract-juristische Zurechnungsbegriff auch schon die Auffassung der Versöhnung gegenüber der biblischen abschwächt.

In der biblischen Versöhnung wird die Sünde nicht als Schuld nur behandelt, als äußerliche Gesetzes- oder Rechtsverletzung juridisch abgemacht mit äußerer Verurtheilung und Bestrafung, sondern die Sünde als Sünde, als ethische Beschaffenheit der sarkischen Natur (Röm. 8, 3) wird gerichtet, und dies dadurch, daß sie dem Tod als ihrer ethischen Frucht, als ihrem inneren Erzeugniß übergeben wird (Röm. 6, 23. 21), nicht ist der Tod nur durch einen Rechtsspruch als gerichtliche Büßung der schuldigen Menschheit auferlegt. So wird auch Christus nicht nur juridisch als stellvertretender Träger der menschlichen Schuld angesehen und behandelt, sondern naturhaft als σαρξ γενομενος εν ομοιωματι σαρκος αμαρτιας ist er Stellvertreter der Menschen und Träger der menschlichen d. h. der sarkischen Sünde; andrerseits ist es ebenso die ethische Beschaffenheit der Person und Selbstopferung Christi, wodurch er zur Sühnung der Sünde wird. Hebr. 9, 14.

Der Mensch kommt zu einem Besitz der δικαιοσυνη, er wird ein ἐχων την ἐκ θεου δικαιοσυνην ἐπι την πιστιν. Phil. 3, 9. Wie nun nach biblischer Anschauung das Gericht der Sünde auf einem inneren realen Zusammenhang zwischen Sünde und Tod beruht, indem in jener als ethischer Beschaffenheit eine tödtende Kraft liegt und die Versöhnung ebenfalls auf dem inneren realen Zusammenhang zwischen Christi Gerechtigkeit und der Sünde beruht, indem in jener als ethischer Beschaffenheit eine von der Sünde und ihrem Tod lösende, eine befreiende Kraft liegt, so auch die Rechtfertigung setzt einen realen inneren Zusammenhang zwischen der Gerechtigkeit Christi als Versöhners und des Menschen Glaube — das Evangelium, das zwischen beiden vermittelt, wirkt als göttliche Kraft. Röm. 1, 16; 1 Kor. 1, 18, 21. So ist die rechtfertigende Gnade selbst keine bloß äußerliche Rechtserklärung auf juridischer Rechtsgrundlage eines fremden Verdienstes — was gerade eine unjuridische Grundlage wäre; denn dies widerspricht allem göttlichen und menschlichen Jus —; sondern auf der ethischen Rechtsgrundlage der ethisch-richterlichen Versöhnung und des dieselbe sich aneignenden Glaubens setzt die Gnadenrechtfertigung real den Menschen in ihre realen Rechte ein, d. h. in ihre Güter. Es ist ein transeunter Akt, ein begabender, wie es Röm. 5, 15 ausdrückt. Es ist ein περισσευειν, ein Ueberfließen der χαρις und ihrer δωρεα in den Menschen oder V. 17 von der subjectiven Seite ein την περισσειαν της χαριτος και της δωρεας της δικαιοσυνης λαμβανειν. Nur dadurch, daß sich die rechtliche Zuerkennung des Gnadenbesitzes in Anerkennung des Glaubens als Gerechtigkeit verbindet mit der innerlich begabenden Zutheilung der in Christo personificirten Gerechtigkeit, nicht mit einer bloßen Zurechnung seines abstract gefaßten Verdienstes, kurz durch die δωρεα της δικαιοσυνης bildet sich die neutestamentliche Rechtfertigung als wirkliche, reale Begnadigung und Begnadung des Sünders, als Versetzung aus dem κατακριμα heraus in den Gnadenstand. Auch das κατακριμα, welches auf dem Menschen schon liegt, ist kein bloßes, abstractes Strafurtheil Gottes oder bloße Declaration, bloße Schuld= und Straferklärung, sondern mit dem Abfall des Menschen ist die Verurtheilung effectiv geworden im Sünden=stand und Todesstand des Menschen. Das κατακριμα, die Verurtheilung der Sünde, besteht als Zustand des Verurtheilt=seins, als das im ethischen Zusammenhang begründete, reelle Weltübel, als die reale Todesfrucht der Sünde d. h. eben als das in ihrem innern Wesen begründete, real daraus erzeugte Produkt. Daher heißt es: durch die Sünde ist der Tod gekommen, nicht bloß wegen der Sünde. Der Tod ist nicht an ein bloßes Gesetzesstatut angehängt als Straf=decret. Ebenso nicht wegen des Glaubens nur wird ein Strafdecret umgewandelt in ein Gerechtigkeitsdecret, sondern der ethisch=rechtlichen Todes=Bestimmung, dem κατακριμα, was den reellen Todesstand setzt, tritt durch den Glauben gegenüber die ethisch=rechtliche Lebensbestimmung, δικαιωσις ζωης, was ebenso reell einen neuen Lebensstand setzt und so das κατακριμα aufhebt, aus dem Sündentod rettet. Diese Gnadenrettung findet statt durch eine Belebung, deren Wir=kung eben die Wiedergeburt ist. Eph. 2, 5 wird die Gnaden=rettung eben in die Belebung in der Gemeinschaft Christi gesetzt. Entweder ist also die Rechtfertigung noch keine Rettung durch die Gnade, kein rettender Akt, sie hat nicht die seligmachende Wirkung, die man ihr beilegt, es muß vielmehr dafür noch ein anderer Akt hinzukommen, oder wenn dies nicht gilt, ist die Rechtfertigung ein belebender Akt, kein bloß judicieller. Das neue Testament kennt keine Gerechtfertigten, die nur für berechtigt zum Leben erklärt wären, persönlich aber noch todt in Sünden, noch keine σωθεντες wären. Indem die Gnade mit ihrem σωτηριον in das Herz eingeht als neues, wiedergebärendes Leben, rechtfertigt sie eben dadurch, daß sie als eine reinigende und heiligende Gotteskraft sich wirksam macht im Gewissen und Vernunftleben. 1 Kor. 6, 11, vgl. Tit. 1, 15: im alten Zustand ist νους und συνειδησις verunreinigt und bedarf der Reinigung. Diese Wirkung im Gewissen und im Vernunftleben ist eine doppelseitige, aber in sich selbst einheitliche, gleichzeitige, wie ja Gewissen und Vernunft nur zwei Seiten des einen Herzlebens sind. — Bestimmen wir nun näher

א) die Wirkung der neutestamentlichen d. h. der wiedergebärenden Rechtfertigung im Gewissen.

Das Gewissen zerlegt sich in eine gesetzgebende Thätigkeit als seine Erstwirkung und auf Grund derselben in eine zurechnende als richterliche Nachwirkung. Es ist das göttliche Gesetz, welches in dieser doppelten Thätigkeit sich im Gewissen ausdrückt und in den νους hinein eindrückt, und eben auf das Gesetz bezieht sich schon dem Ausdruck nach die Rechtfertigung zunächst.

Indem nun die Rechtfertigung erfolgt durch Buße und Bekehrung mit Wiedergeburt im Glauben, wird das göttliche Gesetz im menschlichen Herzen aufgerichtet und zwar als lebendigmachendes (Röm. 3, 31. Hebr. 8, 10 ff. Gal. 3, 21), so daß das Gewissensgesetz nicht mehr todter oder tödtender Buchstabe, verdammendes Gesetz für den Menschen ist.

2 Kor. 3, 6—9. Dort ist die διακονια της δικαιοσυνης, also eben die δικαιωσις hergeleitet aus dem πνευμα ζωοποιουν des neuen Testamentes, wie die διακονια της κατακρισεως hergeleitet ist aus dem tödtenden γράμμα des alten Testamentes. Der Geist des Lebens Jesu wird dem Herzen immanentes Gesetz — dies ist die neue Bundesgesetzgebung. Damit ist das Fundament aller Gerechtigkeit gelegt, nicht aber die Gerechtigkeit als virtus eingegossen. Das Gesetz Gottes steht bei den gläubigen Menschen in innerer Lebenskraft, und so ist auch die gesetzgebende Energie des Gewissens umgebildet in lebendige Theonomie. Nämlich das göttliche Gesetz ist dem Menschen nun innerlich als heiliger Geistestrieb und Kraft, nicht mehr als bloßes Pflichtgesetz, als bloß sittliche Forderung wie schon im natürlichen Gewissen.

Indem nun so die gesetzgebende Thätigkeit des Gewissens geistig belebt und gekräftigt ist, der Mensch real geeinigt ist mit dem göttlichen Gesetz, tritt auch in der zurechnenden Thätigkeit des Gewissens die Kraft des neuen Lebens hervor. Hebr. 10, 16—22. Hier wird eben auf Grund der innern Gesetzgebung (V. 16) die Vergebung (V. 17) hervorgehoben als etwas Continuirliches (οὐ μη μνησθησομαι ἔτι), und so (V. 19 ff.) das Freisein vom bösen Gewissen, die freudige Verbundenheit mit Gott begründet. Schon bei der Zurechnung des Glaubens als Gerechtigkeit wird die vorhandene Sünde nicht zugerechnet, sondern vergeben. Röm. 4, 5—8. Mit der innern Bundesaufrichtung, welche eben daran sich anschließt, geht die vergebende Gnade aber mit dem Menschen auch für die noch nachkommenden Sünden ein dauerndes Verhältniß ein, sofern eben das neue Geistesgesetz seine innere Kraft für den Menschen behält. Vgl. Röm. 8, 1. Herz und

Sinn des Menschen bleibt in Folge der geistigen Verinnerlichung des göttlichen Gesetzes auch den Sünden gegenüber dem Gesetz zugethan, erneuert dasselbe in sich durch den Glauben und macht es selbstthätig gegen die Sünden geltend. Es tritt daher nicht ein Zurückfallen unter die καταϰρισις ein, sondern die zuversichtliche Zueignung der Versöhnung bleibt dem Menschen offen. 1 Joh. 1, 7; 2, 1. Das persönliche Friedensverhältniß eines guten Gewissens tritt an die Stelle der Verurtheilung. Vgl. Röm. 8, 6.

Dieser ganze geistige Vorgang ist nun aber von Seiten Gottes nicht unvermittelt; es ist nicht ein transcendenter Spruch Gottes, welcher den Menschen rechtfertigt. Vielmehr das göttliche Geisteswort der Versöhnung, das Evangelium ist es, welches Kraft und Leben wird im Herzen. Röm. 1, 16 f. 1 Thess. 1, 5. Sein Versöhnungswort ist der Gottesspruch, der nun im Gewissen wirkt, nicht als bloßer Buchstabenspruch, sondern als göttlicher Geistes- und Lebensspruch. Innerhalb desselben gesetzgebenden und richterlichen Forums, in welchem sich der Mensch verurtheilt weiß, nicht bloß declarativ durch eine äußere Schuldigerklärung mit Strafbedrohung, sondern mit tödtender Kraft durch göttlichen Kraftspruch, durch den dem Herzen immanenten Gesetzesspruch, innerhalb desselben Forums, nämlich im Gewissen, ist er jetzt und wird er immer wieder mit belebender Kraft gerechtfertigt, indem das Evangelium als göttlicher Kraftspruch dem Herzen immanent wird mit seinem Geistesgesetz und Geistesfrieden. Die göttliche Declaration ist eben das, daß das göttliche Versöhnungswort, die objective Declaration der rettenden Gnade, geistiges Kraftzeugniß wird im Gewissen mit gesetzgebender und vom Gesetzesgericht befreiender Energie zugleich.

Ehe diese Geistesdeclaration (nicht bloße Verbal-Declaration) im Gewissen erfolgt, ist der Mensch erst noch im Suchen und Verlangen nach dem Heil in Christo begriffen, wenn er diesem einmal zugewandt ist; und indem er dies bleibt, darf er auch die neue Bundesrechtfertigung sicher von Gott erwarten, dies auf keine bloße äußere Verheißung hin, sondern auf Gottes factische Versöhnungsgnade in Christo hin, wie sie im Evangelium entgegengebracht wird.

Betrachten wir nun auch

כ) die Wirkung der neutestamentlichen, der wiedergebärenden Rechtfertigung im **Vernunftleben**, im *νους*. Der *νους* selbst wird durch die im Herzen erfolgende Wiedergeburt Sitz und Organ des neuen Lebens wie das Gewissen. Indem der *νους* im Bunde mit dem Gewissen durch seine *μετανοια* den ganzen Bekehrungsproceß vermittelt und so dem Heiligen und dem Heil in Christo offen geworden ist und zugewandt, wird er in der Herzensreinigung, die unter dem Empfang des Geistes vor sich geht, selbst Sitz und Organ des Geistes. Daher Eph. 4, 23 der Ausdruck *πνευμα του νοος ὑμων* (nicht mehr bloß *νομος του νοος* wie Röm. 7); vgl. 1 Kor. 2, 16: *νουν Χριστου ἐχομεν*, und der *νους Χριστου* ist pneumatisch. Der *νους* ist also nun vom Geistigen, vom Göttlichen nicht mehr bloß ideal oder bloß formal und normal in Anspruch genommen und nur in dieser Art daran gebunden, sondern er ist von neuer, geistiger **Substanz** belebt und geistig organisirt, und so kann der Mensch auch das substantielle Wesen des Geistes, *τα του πνευματος του θεου* (1 Kor. 2, 14), *τα πνευματικα*, *τα ἐπουρανια* nun sich aneignen durch selbständige Reception und Reproduction in Erkenntniß, Gesinnung und Wandel, statt nur kraft- und leblose Ideen und Intentionen in Bezug auf das Göttliche und Geistige sich zu formiren. Durch die Mittheilung des Geistes geht bei dem Menschen nicht nur eine Oeffnung der Augen vor sich, was schon durch die Berufung geschieht, nicht eine bloße Erschließung des innern Erkenntnißsinnes für das Göttliche, für die übersinnliche Wahrheit, sondern (Eph. 1, 18) der innere Erkenntnißsinn ($\mathrm{\mathit{\mathring{o}\varphi\vartheta\alpha\lambda\mu o\iota\ \tau\eta\varsigma\ \varkappa\alpha\varrho\delta\iota\alpha\varsigma}}$) wird selbst erleuchtet, d. h. vom Licht durchdrungen als von etwas ihm Immanenten; er hat Lichtsubstanz aus dem göttlichen Geist, hat die übersinnliche Wahrheit als Realität mit ihrer reinigenden und belebenden Kraft in sich. Aber „Licht" bezieht sich nun allerdings nicht bloß auf die Erkenntnißseite, sondern auf das ganze Geistesleben, auch auf Gesinnung und Handeln; aus ihm erzeugt sich nach Eph. 5, 9 nicht nur Wahrheit und Weisheit, sondern auch $\mathrm{\mathit{\alpha\gamma\alpha\vartheta\omega\sigma\upsilon\nu\eta}}$ und $\mathrm{\mathit{\delta\iota\varkappa\alpha\iota o\sigma\upsilon\nu\eta}}$. Die angeeignete Wahrheit wirkt nämlich mit ihrem Licht auch ethisch befreiend, wirkt mit heiligender Kraft. Joh. 8, 32; 17, 17. 19. Dies ist nicht mehr bloß Durchbildung des Geistes und seiner Wahrheit im Erkennen oder die Erleuchtung nur im intellectuellen Sinn, sondern es ist Verklärung, $\mathrm{\mathit{\delta o \xi\alpha\zeta\varepsilon\iota\nu}}$. 2 Kor. 3, 17 f. Diese befaßt die ganze Vergeistigung des Menschen oder die Umgestaltung in die $\mathrm{\mathit{\delta o\xi\alpha}}$, in das Lichtwesen des Herrn bis zum $\mathrm{\mathit{\sigma\omega\mu\alpha\ \pi\nu\varepsilon\upsilon\mu\alpha\tau\iota\varkappa o\nu}}$, $\mathrm{\mathit{\sigma\omega\mu\alpha\ \tau\eta\varsigma\ \delta o\xi\eta\varsigma}}$ hinaus. 2 Kor. 3, 18.

Es erübrigt nun noch,

b) daß wir die biblischen Bezeichnungen für die Hauptakte der Neubildung des christlichen Lebens, Rechtfertigung, Heiligung, Verklärung zusammenstellen, um so die ethische Terminologie des Christenthums anschließend an die Schriftsprache uns zu sichern. (Siehe Leitfaden § 31. S. 198—203).

Alle drei Akte, Rechtfertigung, Heiligung und Verklärung involviren nicht je einen abgesonderten Einzel-Akt oder eine Einzelwirkung der Gnade, sondern in jedem Akt liegt die einheitliche Centralbeziehung zur Gnade, zu dem Leben, welches in Christo eben einheitlich besteht als Gerechtigkeit, Heiligkeit und $\delta o \xi a$ des Sohnes Gottes, daher es auch mit Christo dem Glauben einheitlich zu Theil wird, nicht abschnittweise. Jeder der drei Akte für sich kann daher auch das Ganze bezeichnen; so $\delta \iota \kappa \alpha \iota o \nu \nu$ Röm. 3, 24. 26; 4, 5; 5, 1 f. 5, aber auch $\alpha \gamma \iota \alpha \zeta \varepsilon \iota \nu$ Joh. 17, 19, vgl. 22, ebenso $\delta o \xi a \zeta \varepsilon \iota \nu$, vgl. 2 Kor. 3, 18 mit 8 f. Ebenso involviren die drei Akte die einheitliche Centralbeziehung im Gegensatz zur Sünde. In der Heiligung und Verherrlichung bezieht sich die Lebenswirkung Christi auf die Sünde, sofern sie die Menschennatur entheiligt und entwürdigt, d. h. den göttlichen Lebensgehalt in seiner Eingestaltung als das Heilige und in seiner Ausgestaltung als $\delta o \xi a$ im Menschen aufgehoben und verkehrt hat ins profane Leben der Eitelkeit. Sofern aber die Sünde in ihrer profanirenden Entwürdigung der Menschennatur zugleich Entkräftung und Verletzung des Gesetzes ist, Zerstörung der gerechten Lebensordnung Gottes, $\alpha \nu o \mu \iota a$ ist, begegnet ihr die Rechtfertigung, indem diese als rettende oder heilbringende Gerechtigkeit Gottes in Gewissen und Vernunftleben das Gesetz neu aufrichtet mit belebender Kraft. Vgl. bei a) α) und β).

Alle diese Akte, Rechtfertigung, Verklärung, Heiligung sind nun in der Schrift in zweifacher Form dargestellt: einerseits als etwas, was mit einem Male gesetzt ist, nämlich principiell im Centrum des Menschen, im Herzen, andererseits als etwas Fortlaufendes oder als etwas, was von dem mit einem Mal gesetzten Centralanfang aus erst zu entwickeln ist in die ganze Peripherie des Lebens, und zu seinem vollen Begriff zu bringen ist. So stellt die Schrift einerseits die Heiligung und die Verklärung nicht als etwas bloß Zukünftiges für die Gläubigen dar, sondern sie faßt die Gläubigen als bereits $\dot{\eta}\gamma\iota\alpha\sigma\mu\acute{\epsilon}\nu o\iota$, $\ddot{\alpha}\gamma\iota o\iota$ (1 Kor. 1, 2. Ebr. 3, 1), als bereits $\varphi\omega\varsigma$, $\tau\acute{\epsilon}\varkappa\nu\alpha\ \varphi\omega\tau\acute{o}\varsigma$ (Eph. 5, 8), oder $\tau o\acute{\upsilon}\tau o\upsilon\varsigma\ \varkappa\alpha\iota\ \acute{\epsilon}\delta\acute{o}\xi\alpha\sigma\epsilon\nu$. Röm. 8, 30, vgl. Joh. 17, 22. Andererseits die Rechtfertigung gilt der Schrift nicht als etwas bei den Gläubigen ein für alle Mal Geschehenes, als Fertiges, sondern indem auch die Gerechtfertigten einem immer fortdauernden Sündenhang und immer wiederkehrenden speciellen Sünden, einer widergesetzlichen Natur und widergesetzlichen Akten sich noch gegenüber befinden, haben sie eben von der Centralrechtfertigung aus specielle Rechtfertigung fort und fort zu suchen durch erneuertes Ergreifen der Gerechtigkeit Gottes in Christo, und haben die Vollendung der Rechtfertigung zu erwarten. Röm. 8, 33, vgl. 1 Joh. 1, 9—2, 1. Gal. 2, 17; 5, 4 und 5. 2 Tim. 4, 8. Röm. 5, 19; 2, 13. 1 Kor. 4, 4 f.*) So erscheint also die Rechtfertigung, auch

---

*) Röm. 8, 33 heißt Gott gegenüber den Auserwählten, also schon Gerechtfertigten, in Bezug auf die noch möglichen Anklagen gegen sie, in Bezug auf ihre noch möglichen Sünden $\dot{o}\ \delta\iota\varkappa\alpha\iota\tilde{\omega}\nu$ nicht $\dot{o}\ \delta\iota\varkappa\alpha\iota\acute{\omega}\sigma\alpha\varsigma$. Es ist also ein fortlaufendes $\delta\iota\varkappa\alpha\iota o\tilde{\upsilon}\nu$ behauptet, nicht ein ein für allemal geschehenes. Gal. 2, 17 subsumirt Paulus unter $\zeta\eta\tau o\tilde{\upsilon}\nu\tau\epsilon\varsigma$ $\delta\iota\varkappa\alpha\iota\omega\vartheta\tilde{\eta}\nu\alpha\iota$ sich und Petrus, obgleich sie schon Gerechtfertigte im Ganzen sind. S. d. oben a. St. — Es genügt nicht, einen Begriff aufzustellen, der sich mit einzelnen Schriftworten vereinigen läßt, sondern es ist ein Begriff zu suchen, unter den sich alle Stellen ohne Gewaltthat subsumiren lassen.

nachdem sie schon eingetreten ist, zwar nicht als etwas in sich selbst Mangelhaftes und Unzureichendes, daß irgend etwas Anderes noch nachzutragen wäre, vielmehr principiell ist mit ihrem Eintritt das Ganze der neuen Gerechtigkeit gesetzt, sie ist als centraler Anfang gesetzt; aber eben deshalb ist sie immer noch etwas im Subject Unvollendetes, ist noch Gegenstand fortwährenden Strebens und der Hoffnung, wie dies diesseits die Erleuchtung, die Heiligung und überhaupt alles Christliche ist.

Alle drei Akte stehen denn auch in einem coordinirten Verhältniß zu einander, nicht in einem successiven. Ist einmal die Berufung durch Wort und Geist des Evangeliums im Glauben zur Kraft geworden, so bilden jene Akte von einem gemeinschaftlichen Princip aus, von dem neuen Lebensanfang der Wiedergeburt aus, einen gemeinsam fortlaufenden Proceß im Menschen; sie treten nicht chronologisch außer einander und nacheinander auf, sondern sind einander immanente Akte, in welchen die eine göttliche Geistesthätigkeit, das in sich eine Gnadenwesen Jesu Christi nach seinen Hauptbeziehungen im wiedergeborenen Menschen sich verwirklicht. Es erscheint dieses Gnadenleben wohl in dreifacher Form als Gerechtigkeit, Heiligkeit und $\delta o\xi a$, besteht aber in Christus einheitlich und theilt sich einheitlich mit im Gegensatz zu der Sünde als Ungerechtigkeit, als Entheiligung, und als Entwürdigung der Menschennatur. Das Ganze aber in seiner Anlage und Entwicklung bleibt abhängig vom Glauben und von der in den Glauben eingehenden Geistesenergie des göttlichen Wortes.

Es bleibt noch übrig,

c) innerhalb dieses Kreises auch der Erneuerung im Verhältniß zur Wiedergeburt ihre Stellung und Bedeutung abzugrenzen.

Die Erneuerung bezeichnet das, worin die Rechtfertigung, Heiligung, Verklärung nicht als Anlage, sondern als Entwickelung des christlichen Lebens ihre stetige subjective Vermittlung und Bethätigung erhält, während dasselbe in der Wiedergeburt als Anlage des neuen Lebens seinen subjectiven Anfang hat. Bei der Wiedergeburt verhält sich das Subject gemäß der Natur des Anfangs mehr passiv oder genauer gesagt: in receptiver Glaubensthätigkeit, aber keineswegs in Unthätigkeit, denn der Glaube bethätigt sich schon vor der Wiedergeburt und muß sich bethätigen gegenüber der göttlichen Berufung durch μετανοια und Bekehrung. In der Erneuerung aber verhält sich das Subject auf Grund der Wiedergeburt mehr activ oder genauer: in reproductiver Glaubensthätigkeit. Die Wiedergeburt ist die göttliche Anlage und Grund-Bildung des neuen geistigen Personlebens im Herzen, im persönlichen Lebenscentrum des gläubigen Menschen; die Erneuerung ist die selbstthätige Fort- und Durchbildung des Geisteslebens im ganzen Menschen.

Wie ist nun aber jene erneuernde Selbstthätigkeit dem Menschen möglich, da er auch nach der Wiedergeburt im alten Menschen die Sünde noch in sich und an sich hat? Mit der Wiedergeburt ist, wie wir fanden, Geist aus dem göttlichen Geist dem selbstthätigen Vernunftleben des Menschen, dem νους als πνευμα του νοος immanent geworden. So hat nun der Mensch auch den Grundsinn des Geistes, wie er Christo eigen ist, bereits in sich (1 Kor. 2, 16), d. h. einen Centralverstand und einen Centralwillen, in Einheit mit dem göttlichen Geiste thätig zu sein. Es ist kein bloßer sittlicher oder frommer Impuls, wie er auch vom Gewissen ausgeht, kein bloß anregender Anstoß für Verstand und Willen — dies alles findet sich schon vor der Wiedergeburt namentlich beim bloßen Einwirken des Geistes Gottes, ehe er noch eingegangen ist, bei der Einleitung der Berufung; sondern das Vernunft=leben in sich selbst, also eben Verstand und Wille, ist in seiner Grundrichtung und Grundthätigkeit, wie sie im Herzen zusammengefaßt ist, bereits göttlich bestimmt, wenn der Mensch in Folge von μετανοια und πιστις wiedergeboren ist. Er wird da von der heiligen Geistesenergie nicht bloß gerührt, angeregt u. s. w., sondern innerlich belebt, gekräftigt und getrieben, um das innere Leben im ganzen Menschen auszubilden. Phil. 2, 12 f. (την ἑαυτων σωτηριαν κατερ-γαζεσθε, schafft, betreibt eure eigene Rettung; denn Gott kräftigt in euch Wollen und Vollbringen). Ferner ist nach der Wiedergeburt das Göttlich=Geistige nicht nur ein Gegen=stand der Neigung unter andern Neigungen, sondern ist nach seiner Wesenheit als πνευμα das eigenste persönliche Leben geworden. Daher heißt es eben: ein neuer Mensch ist geboren, ein pneumatischer, nicht nur ist dem alten Menschen ein neuer Impuls oder eine neue Neigung gegeben. Dem Menschen ist es vermöge der καινη κτισις Natur, Element seines innern Lebens, nicht nur, daß er überhaupt denkt und will, wie dies in der geistigen Natur beim alten Menschen liegt, oder daß er überhaupt nur fromm denkt und fromm will, wie dies bei allen Frommen ist, sondern daß er geistlich im göttlichen Sinn denkt und will. Vgl. Röm. 8, 5. Matth. 16, 23 τα του πνευματος, τα του θεου φρονειν. Es ist ihm Natur, aber in einem freien

Akt, in Sinnesänderung und Glauben gewonnene und zu behauptende Natur, mit seinem Herzen in Gott, in Christo zu sein, weil Christus in ihm Leben hat. Das Gegentheil, das ungeistliche, eitle, nicht christliche Denken und Wollen ist zwar nicht etwas, was bei den Wiedergeborenen gar nicht mehr ist, da noch ein alter Mensch neben dem neuen lebt, ja den neuen in sich schließt. Es ist aber nicht so, daß das geistliche und ungeistliche Denken einander gleichstehen; vielmehr das ungeistliche, eitle Denken und Wollen, wie es noch von den ἐπιϑυμίαι der alten Natur aus hervortritt, ist bei dem Wiedergebornen seinem eigensten, persönlichen Sein und Sinn zuwider, seine innerste neue Natur reagirt dagegen als gegen etwas, was nur seiner äußeren, von ihm selbst grundsatzmäßig aufgegebenen Denk- und Lebensweise noch anhängt, was aber der Wiedergeborene eben daher bei sich bis in den Tod verfolgt, d. h. eben kreuzigt und abtödtet, dem Gericht übergiebt. Das ist also seine substantiell-geistige Freiheit, mit der er seine Selbstrettung schafft (Phil. 2, 12); es ist keine bloße Wahlfreiheit, welche zwischen inne steht zwischen einer göttlich gewirkten bloßen Herzensneigung und zwischen einer bösen Herzensneigung (Harleß); dies ist Zustand des Erweckten vor der Wiedergeburt. Der wiedergeborene Mensch also vermag es, er versteht und will es im innersten Grund seines Vernunftlebens, sich immer wieder gegenüber seinem alten Ich selbstthätig zu reinigen und zu einigen mit der Gnade Gottes in Christo, namentlich in seinem Wort, um das göttliche Leben in sich von seinem Centralpunkt aus, von seiner Verbindung mit Gott und Christus aus auch zu entwickeln nach innen und nach außen. (Nähere Bestimmungen unten im II. Hauptstück.) Diese geistige Selbstthätigkeit nun, deren Gegenstand die subjective Entwicklung und Ausbildung des göttlichen Lebens nach seiner heiligenden Rechts- und Lichtkraft ist, ist Erneuerung. — Der Ausdruck selbst beruht darauf, daß die heiligende Lebensentwickelung, welche ihr Inhalt ist, ein wesentlich neues Personleben zu Grunde liegen hat, den durch die Wiedergeburt geschaffenen νεος ἀνθρωπος im Gegensatz zum alten Naturmenschen und Lebenstypus. Kol. 3, 9 f. Dem νεος ἀνθρωπος schließt sich dort der ἀνακαινουμενος an als der sich neu entwickelnde, und Eph. 4, 23 steht dem ἀνανεουσθαι τῳ πνευματι του νοος zur Seite das ἐνδυσασθαι τον καινον ἀνθρωπον. — νεον ist das wesentliche Neue, das vorher nicht da ist, durch die neue Geburt aber substantiell gesetzt ist als eingeborenes neues Personleben, als νεος ἀνθρωπος; ἀνακαινοω ist die davon ausgehende Umbildung des schon vorhandenen Alten in das neue Wesen, die Erneuerung; und καινον ist das dadurch erneuerte Alte. ἀνακαινωσις Erneuerung heißt diese Umbildung, weil sie gedacht ist als Wiederherstellung in den ursprünglichen Typus der Menschennatur, in das göttliche Bild; Kol. 3, 10 ἀνακαινουμενος κατ᾽ εἰκονα του κτισαντος. Diese Beziehung auf den Ursprung hat auch der Ausdruck Wiedergeburt, der Grund- und Ausgangspunkt der Erneuerung. Wenn oben gesagt wurde, daß in der Erneuerung die menschliche Selbstthätigkeit sich zu bestimmen hat in der stetigen Abhängigkeit von ihrem Princip, vom göttlichen Geist und in Einheit mit demselben, so ist darin namentlich die Abhängigkeit in Bezug auf das göttliche Wort gesetzt; dieses ist eben das Organ des Geistes zur normalen Wirkung auf den Menschen und in dem Menschen. Am Wort des Geistes hat das neue Leben nicht nur seine Entstehung als eine Geburt durch das Wort, sondern es hat im Wort auch sein Bestehen und seine Fortbildung (s. § 1). Joh. 15, 7. Kol. 3, 16. 2 Tim. 3, 14—17. 1 Petri 2, 2. Jak. 1, 21. 25. 1 Joh. 2, 24 und Steinhofers Erklärung dazu S. 282.

Zusatz über Zeit und Kennzeichen der Bekehrung.

Die Bekehrung, wie sie im neuen Bunde aufgefaßt wird — die christliche — ist der Vereinigungsakt des Menschen im Herzen oder im Centrum seines persönlichen Lebens mit Christo als dem Centrum des gottmenschlichen Lebens. In dieser Vereinigung des Menschen mit Christus vollzieht sich auch von Seiten Christi der Vereinigungsakt mit dem Menschen und dadurch eine neue Zeugung und Lebensschöpfung im Menschen ($\kappa\alpha\iota\nu\eta$ $\kappa\tau\iota\sigma\iota\varsigma$). Es entsteht ein geistiges Personleben im alten fleischlichen, ein geistiges, wie es vorher gar nicht vorhanden war; daher eben $\kappa\tau\iota\sigma\iota\varsigma$ und $\nu\epsilon o\varsigma$ $\alpha\nu\vartheta\rho\omega\pi o\varsigma$. In diesem Sinn muß die Bekehrung allerdings in eine bestimmte Zeit fallen und bestimmte Merkzeichen haben ihres Eingetretenseins; dagegen gehen Einwirkungen des göttlichen Wortes und Geistes als Vorbereitung voran, Einwirkungen, die bei der Verschiedenheit der Individualitäten und Lebensverhältnisse, sowie nach Verschiedenheit der individuellen Entschiedenheit, Hingebung und Treue kürzere oder längere Zeit dauern können.

Man fragt aber nun

1) ob man den Moment der wirklichen Bekehrung auch wissen könne oder gar wissen müsse, um wahrhaft bekehrt zu sein?

Wir müssen hierbei vor allem unterscheiden zwischen der jetzigen Zeit und der ersten Zeit des Christenthums. In der erſten Zeit des Chriſtenthums war es um ſo eher möglich, ſeine Bekehrung zu datiren, weil da das Chriſtenthum auch äußerlich als ein neues hereintrat in das alte jüdiſche und heidniſche Leben und demſelben markirt gegenübertrat*). Es war etwas bis dahin völlig Unbekanntes oder Unerkanntes, was vor den Menſchen trat**), und ſo bald es entſcheidenden Eingang fand, d. h. wirkliche Bekehrung wirkte, auch in eine ganz andere äußere Lebensſtellung hineindrängte und verſetzte. In unſern Verhältniſſen iſt der Umſchwung, der durch die Bekehrung erfolgt, nicht ſo raſch und durchgreifend. Das Chriſtenthum iſt bei uns auch dem unbekehrten Menſchen etwas von Kind auf wenigſtens Bekanntes oder Angewöhntes, oft ſogar etwas für ihn Abgedroſchenes. Das jetzige Chriſtenthum ſelbſt erſcheint nicht mehr in dem entſchiedenen Gegenſatz zu dem ſchon beſtehenden bürgerlichen und religiöſen Leben, vielmehr iſt es geſchichtlich verwoben mit Haus und Staat, Schule und Kirche und mit hergebrachten Gemeinſchaftsformen. Wir haben im Ganzen und Großen ein Weltchriſtenthum oder eine chriſtianiſirte Welt; im Einzelnen ein partikulariſtiſch

---

*) So bei Paulus und dem Kerkermeiſter zu Philippi.

**) Andererſeits konnten aber auch, wenn der erſte Eindruck ſeine Neuheit und Stärke allmählich verlor, die ſo raſch zurückgedrängten Anſichten und Neigungen, wie ſie im alten Menſchen und in den alten Verhältniſſen wurzelten, wieder neue und verſtärkte Angriffe auf den Menſchen machen. Wenn nun nicht mit Energie das neue Centralleben von den Bekehrten behauptet und entwickelt wurde, ſo mußten um ſo mehr Fälſchungen und Rückfälle eintreten. Daraus erklärt es ſich, daß obgleich der Natur der Umſtände nach die Uebertritte zum Chriſtenthum in der Regel eine entſchiedene innere Aenderung, die Centralwendung der Bekehrung vorausſetzen — doch ſtetige Wachſamkeit nöthig war gegen das Alte und gewiſſenhafter Fleiß in der Erneuerung, wozu eben die apoſtoliſchen Briefe ſo dringend ermahnten, und ſo konnte es auch zu der Apoſtel Zeit ſchon geſchehen, daß allerlei Schwaches, Unreines und Rückfälliges ſich zeigte.

vielförmiges und ein officiell uniformirtes Christenthum. Aus dieser christlichen Aeußerlichkeit und Sitte muß erst das Herzens= christenthum und Geisteschristenthum, welches das Christenthum des Bekehrten ist, allmählich sich herausarbeiten und abklären*). Es steht auch dem Christenthum nicht mehr oder noch nicht ein unverhülltes antichristliches Juden= und Heidenthum als geschlossene Religionsmacht gegenüber, sondern wir haben vor= herrschend ein in Christliches noch mehr oder weniger verkleidetes Judenthum und Heidenthum. Bewußt und unbewußt ist so jeder in seinem äußern und innern Leben mannigfaltigen und steten Einflüssen des Christenthums ausgesetzt und zwar Einflüssen theils eines unklaren Christenthums, theils eines unlautern gemischten Christenthums. So kann man nun für Christus selbst und für seine Sache, namentlich für christlichen Staat, Kirche, Gemeinschaft und Mission u. s. w. sich lange schon und in mancherlei Art interessiren und eifrig nach solchen Seiten thätig sein, ja man kann bis auf einen gewissen Grad in einem Glaubensverhältniß zu Christus stehen, wie öfters die Evangelien Glaubende in größerer Zahl erwähnen, ohne daß aber der Herr ihnen schon sich anvertraute. Joh. 2, 23—25. 7, 31. 40—43. 8, 30 ff. Mit all dem kommt es noch nicht zur entscheidenden Herzenswendung, zur Be= kehrung. Der radicale Riß vom Ueberlieferten ist noch nicht

---

*) Je mehr indessen die Macht der Sünde, oder der Gegensatz zur Kernlehre des Evangeliums, zu dem gekreuzigten und auferstandenen Jesus Christus als Retter der Sünder, je mehr Sünde und Unglaube in einem Menschen ausgebildet war, oder auch im Geiste der Zeit sich wieder mehr ausbildet, desto deutlicher gränzt sich auch der Zeitpunkt der Bekehrung ab, weil durch sie gerade der specifische frühere Gegensatz sich auflöst in unterwürfige Herzenseinheit mit diesem Christus und dadurch die vorige Laster= und Lästermacht der Sünde in ihrem Centrum gebrochen wird.

erfolgt, mit dem herrschenden Christusbegriff, mit dem Volks=
messias und dem verweltlichten Christenthum ist noch nicht
gebrochen. Umgekehrt kann es zur Bekehrung gekommen sein,
und es scheidet sich nicht sogleich oder nicht in kurzer Zeit
für das eigene Bewußtsein und für das bewußte Handeln
auch der Gegensatz heraus zwischen dem geistigen Christenthum
und dem Formenchristenthum, in welchem man groß gewachsen
ist. Das Neue, das mit der Bekehrung beginnt, kommt in
seinem Gegensatz zu dem bisherigen Hauschristenthum, Schul=,
Kirchen=, Staatschristenthum oder sonstigem Vereinschristenthum,
wie man es von Kindheit an gewohnt war, nicht sobald zur
Klarheit, namentlich nicht, so lange es nicht zum Leiden
unter den gewohnten Christenthumsformen kommt. Es kann oft
sehr lange dauern, bis sich die reine Wahrheit des Christen=
thums und eingesogene Vorurtheile oder Halbwahrheiten, Gottes=
gebote und Menschensatzungen, göttlicher Sinn und menschlicher
Sinn, kurz bis sich dasjenige entscheidend auseinandersetzt,
was sich alles im eigenen Herzen wie in der äußern Um=
gebung mit einander vermengt hat. Petrus und die übrigen
Jünger sind Bild eines solchen lange sich hinziehenden Kampfes
zwischen Altem und Neuem, wahrhaft Göttlichem und Mensch=
lichem. Matth. 16, 6—12. V. 15—17 mit 22 f. Joh. 6, 67—69
mit 14, 9 ff. Luk. 22, 24—32 u. s. w. Daraus folgt aber
— beiläufig bemerkt — nicht, daß man solche Mischungs=
verhältnisse dürfe unangetastet hingehen lassen oder ihnen die
reine Wahrheit zum Opfer bringen: der Herr nahm die Jünger
in die Zucht, um sie zu läutern und vorwärts zu bringen.
So kann man nun auch nach wirklicher Bekehrung bei sich
und Andern über dieselbe noch ungewiß sein oder irre werden,
indem man eben erfährt, wie noch so manches nur als ge=

wohnte christliche Form lebt oder nur als Buchstabe geübt wird ohne im Geist und Herzen zu gründen; und daraus kann der Zweifel entstehen, ob nicht eben dahin auch das Uebrige gehöre, das doch für eine Bekehrung zu sprechen scheint; dennoch kann die Centralwendung entschieden erfolgt sein, aber auf der Peripherie ist noch manches Todte, Irrige, Fehlerhafte auszutreiben, und eben an diesem Reinigungsernst, an der fortlaufenden Wachsamkeit und Erneuerung muß sich die Bekehrung bewähren. Vgl. Speners Bedenken (von Hennike S. 28).

Sei es nun aber auch schwer, die Zeit der Bekehrung zu wissen (was jedenfalls nicht das Wesentliche ist) und mögen manche wahrhaft Bekehrte sie wirklich nicht wissen, so muß man doch

2) als Bekehrter wenigstens das wissen können, daß man es ist. Allerdings ist wieder nicht zu übersehen, daß mit der Bekehrung, auch wenn diese zur Wiedergeburt geführt hat, erst der centrale Anfang einer neuen Entwicklung gesetzt ist. Im Verlauf dieser Entwicklung aber treten durch das alte Element noch mancherlei Schwankungen, Trübungen, Abweichungen, Schwächen, ja Niederlagen des Glaubens ein (ein Beispiel des Petrus Verleugnung), wo man an der Wahrheit seiner Bekehrung oder am Bestand derselben wieder irre werden kann. Besonders wirken auch verwirrend die unklaren Lehrbegriffe (populäre und wissenschaftliche) über sogenannte Heilsordnung und über das innere Leben des Christen, wodurch theils zu laxe, theils überspannte Ansichten in Umlauf kommen über das, was zum wahren Christenthum gehört. Ueberhaupt aber in den Wechseln, den Mängeln und zufälligen Bedingungen der subjectiven Gemüthszustände reicht

das eigene Bewußtsein und die unmittelbare Empfindung nicht zu für eine feste und lautere Selbstgewißheit, daß man dem Herrn angehört, sondern dazu bedarf es eines objectiven Haltes und Ueberzeugungsgrundes; dieser liegt wieder nur in der heiligen Schrift als dem objectiven Wort des Geistes, das unter allen subjectiven Veränderungen und allen Zeitwechseln unveränderlich bleibt. Einmal zeichnet die Schrift selbst das neue Leben ab und dies nicht nur in seinen innern Grundzügen, sondern auch in seinen Fortschritten und Aeußerungen, auch in seinem Conflict mit dem alten Leben, in seinen subjectiven Wechseln, seinen Verirrungen und seinem Verfall. So hat der Bekehrte an demselben Wort, das bekehrt und wiedergebiert, zugleich den festen, sichern Prüfstein für seinen eigenen Zustand. Doch ist ja auch dies wieder im Einzelnen von der subjectiven Erkenntniß abhängig und diese ist auch bei Bekehrten erst in der Entwicklung begriffen. Die Sache faßt sich aber im Ganzen auch noch schärfer und doch einfach; nämlich nicht das Maß unseres Erkennens und Thuns ist das Bestimmende für die Frage: ob Bekehrung und Wiedergeburt überhaupt schon eingetreten sei? Das Maß macht nur Stufenunterschiede; dagegen alle Kennzeichen einer wahren Bekehrung und eines bleibenden Herzensverhältnisses zu Christus concentriren sich durch alle Stufen hindurch eben darin, wie wir mit unsrem Sinn zum Wort des Herrn im Allgemeinen stehen, ob seine Worte (und dies ohne selbstische Auswahl, vielmehr wie sie sich geben, sei es als Lehre oder Strafe, als Gebot oder Verheißung) in uns haften und wir in seinen Worten haften. Luk. 8, 11—15. Joh. 8, 30—32. 14, 15. 21—24. 15, 3 f. 7. 10. Kol. 1, 5 f. 23. 28. 2, 6—8. 3, 16. 2 Thess. 2, 15 ff. 1 Joh. 2, 24 ff.

Hiernach bestimmt sich die rechte Jüngerschaft, namentlich auch das, ob die Erkenntniß und Freiheit die wahre und wesentliche ist; und wenn es dann immerhin noch zweifelhaft bleiben oder zu Zeiten zweifelhaft werden mag, ob der Bekehrungsproceß bereits in der Wiedergeburt, in der Kindschaft Gottes seinen Abschluß gefunden: so ist dieser Abschluß jedenfalls für früher oder später verbürgt, wenn die rechte Jüngerschaft verbürgt ist und aufrechterhalten wird. Das Wort entscheidet ebenso auch, ob der Christus, dem man sich ergeben hat, der ächte ist, der wahre Retter von Sünde und Tod, oder ein selbstgemachtes Idol, ob es ein in den eigenen Herzenszustand verkehrter Christus ist oder einer, zu welchem das eigene Herz wahrhaft bekehrt ist. Ist es nun aber auch zur wirklichen Bekehrung und Wiedergeburt gekommen, so ist weiter nicht zu übersehen, daß damit nicht schon ein explicirtes Geistesleben und Geistesbewußtsein gesetzt ist, als wäre irgend ein bestimmter Grad desselben Kennzeichen der Wiedergeburt und Gotteskindschaft, sondern nur der centrale Anfang ist gesetzt. Der Mensch kann als wirklich Bekehrter und Wiedergeborener z. B. über Art und Ordnung der Bekehrung selbst, über Wiedergeburt, über Geist und geistliches Leben, über Gesetz und Freiheit in Christo noch keine regelrechten Gedanken, viel weniger Ausdrücke haben, daher eben nicht jeder Bekehrte auch Lehrer sein kann, er hat aber doch im Centrum seiner Person das Wesen, von dem aus er mit Hilfe des göttlichen Wortes und der göttlichen Führung zur weitern Erkenntniß und zur Freiheit in Christo gelangen kann, aber allerdings auch gelangen muß; sonst stockt es wieder.

Nun ist aber auch zu berücksichtigen, daß die Bekehrung zum wahren Christus im Allgemeinen schon eingetreten sein kann, ohne daß sie bereits bis zur neuen Geburt aus dem Geist und bis zum geistigen Leben in Christus fortgeschritten ist; denn die Bekehrung führt erst zur Wiedergeburt, ist diese nicht unmittelbar selbst. Ein Beispiel sind die Jünger selber, so lange der Herr bei ihnen war, aber noch nicht des Herrn Geist in ihnen war. Joh. 14, 18—20. 16, 12—14. In diesem Stand kann der Bekehrte noch behaftet sein mit allerlei fleischlicher Auffassung des Reiches Gottes und Christi, während der Sinn im Ganzen nicht mehr an Fleisch und Welt hängt. 1 Kor. 3, 1 ff. vgl. 1, 4 f. Da gilt es ernste Kämpfe in und mit sich selbst, in denen sich eben die Treue gegen das dawider streitende Wort der Wahrheit erproben muß, wenn es nicht zum Rückfall kommen soll. Joh. 8, 30—32. 45. Matth. 16, 22 f.; 18, 1—3. Luk. 19, 11 f., vgl. 17, 20 f. Gal. 3, 1. 3. 4. 16. 19. Wer nun noch nicht den gekreuzigten und auferstandenen Christus so erkannt und sich angeeignet hat, daß er in seinem Christenthum frei wird von den äußerlichen Elementen ($\sigma\tau o\iota\chi\varepsilon\iota\alpha\ \tau o\upsilon\ \varkappa o\sigma\mu o\upsilon$), den Satzungs= und Ordnungsformen, in welche sich das religiöse Leben glaubt fassen und stützen zu müssen; wer noch nicht in Sinn und Wandel vom jenseitigen Geistesleben und von den überweltlichen Grundfesten des Reiches Gottes überzeugt und bestimmt ist, wer nicht in der oberen Welt wirklich seine Heimath sucht und findet, daß sie der Strebe= punkt seines Wesens ist, und er mit ihren Kräften sich dessen entschlagen kann, was dieser Welt für hoch und unentbehrlich gilt, oder wer sich nicht als der Welt gekreuzigt und die Welt als sich gekreuzigt auffassen und behandeln kann, der kann wohl schon im Allgemeinen zu Christus bekehrt sein, ist aber noch nicht in die Geburt von oben gelangt, von der es heißt: das obere Jerusalem, die freie Kirche des himmlischen Zions, ist unser aller Mutter (Gal. 4, 26 mit Ebr. 12, 22); oder es ist bei ihm diese Geburt in ihrer Entwicklung gehemmt und abgetrieben. Zu ihr aber muß von der Bekehrung aus durchgedrungen werden, weil diese Geburt allein in das unsichtbare Gotteserbe mit seinen Gütern und Kräften hier schon reell einsetzt und Kinder der freien Mutterkirche hinstellt, welche eben in ihrem obern und innern Besitzthum eine der äußern Weltmacht überlegene Kraft besitzen. Gal. 4, 6 ff. Kol. 2, 11 ff.; 3, 1—4. Phil. 3, 7 f.; 14—17. 20. 2 Kor. 4, 17 f. Ebr. 13, 13 f., 11, 13—16.*)

Sonst werden als Zeichen des christlichen Bekehrungsstandes genannt: bußfertige Abkehr von der Sünde und gläubige Hinkehr zum Herrn und als entsprechender thatsächlicher Ausdruck davon Sündenbekenntniß, Ersatz von etwaiger Beschädigung, die man sich zu Schulden kommen ließ, und Beten. Dies alles sind allgemeine Bedingungen und Früchte eines gerechten Verhaltens und Verhältnisses zur Gnade Gottes überhaupt, etwas, das bleiben muß, so lange und so weit Sünde bleibt und ausbricht. Aber jene Merkmale finden sich auch schon bei der Gewissens- und Gesetzesbuße, sowie bei einer nur zeitweisen oder partiellen Sinnesänderung, namentlich in der Vorbereitungszeit der christlichen Bekehrung, sie sind also noch keine Zeichen der specifisch christlichen Bekehrung.

---

*) Zu dieser Wiedergeburt gelangt aber auch, so gewiß Gott treu ist, jeder, der auch nur soweit ist, daß er beharrt in der herzlichen Unterwerfung unter die Gebote Gottes und im Harren auf seine Verheißungen. In solchem Stand befanden sich die alttestamentlich Bekehrten und Gerechten, welchen alle neutestamentlichen Verheißungen gelten, und zwar als in Christo versiegelter Bund Gottes.

Vgl. zum Ganzen J. Chr. Storr, Predigten über die Episteln 1750, 22. Sonntag nach Trinitat. (didaktische Klarheit und Bestimmtheit mit praktischer Umsicht), und sehr instructiv: Steinhofer, Christologie, Anhang; Gottlob Storr, Predigt über die „Unentschuldbarkeit der Christen, wenn sie nicht selig werden" in der Abhandlung „über die Gnadenwirkungen" 2. Auflage 1800. Fues, Tübingen.

Fragt man endlich

3) noch: wann man sich bekehren müsse, so läßt sich nach Ebr. 3, 7 kurz antworten: „heute da ihr seine Stimme höret", d. h. da ihr berufen werdet.*) Mit dem Eintritt der Berufung ist, wie wir fanden, der göttliche Wille der Bekehrung nicht nur überhaupt ausgesprochen oder äußerlich declarirt, sondern er wird mit lebendiger Energie in den Menschen hineingesprochen, der göttliche Ruf legt sich dem betreffenden Menschen ans Herz, oder wenigstens ans Gewissen und damit ist also für den Menschen auch die Möglichkeit und so die Pflicht der Bekehrung gegeben; in sofern gilt das Wort: „bekehre du mich, so werde ich bekehrt" Jer. 31, 18. Darauf, nämlich auf göttliche Berufung und Züchtigung weisen diese und die

---

*) Bei der Frage nach der Zeit der Bekehrung ist wohl zu bemerken, daß sie nicht identisch ist mit der Frage, wann der Mensch überhaupt Buße thun müsse. Da ist die Antwort, so oft er einer Sünde sich bewußt wird. Bekehrung aber als der entscheidende Wendepunkt, als der Uebergang in den Christusglauben hängt principiell ab von der evangelischen Berufung Gottes und diese hat ihre Zeit, wie wir bei der Erwählung fanden. So lange dagegen die äußern oder innern Verhältnisse des Menschen der Art sind, daß er das Evangelium noch nicht vernehmen kann als den göttlichen Ruf an sein Herz, ehe ein Mensch so viel geistige Auffassungsgabe hat, um die christlichen Hauptwahrheiten in seinem geistigen Lebenscentrum, in seinem Gewissen und νους zu erfassen, so lange gilt, was Röm. 10, 14. 10 steht.

sonstigen wenigen Stellen, wo von dem Bekehren als einem Akt Gottes die Rede sein soll, nicht aber auf eine vorausgehende wiedergebärende Wirksamkeit Gottes (wie Harleß § 23), vgl. Jer. 31, 18 mit 16 f.; 21, 8—10. 19. 2 Chron. 24, 19.

Es fragt sich nun aber, ist mit der einmal eintretenden Berufung, mit dem „Heute" ein peremtorischer Termin gesetzt, so daß nach Uebergehung desselben keine Bekehrung mehr möglich ist? ist namentlich eine späte Bekehrung überhaupt ausgeschlossen? Es gibt allerdings einen absoluten Schlußpunkt, mit welchem die Bekehrung ausgeschlossen ist. Luk. 13, 25. 27. Allein im Allgemeinen tritt dieser absolute Schlußpunkt göttlicherseits erst ein mit dem Endgericht (Luk. 13, 25;) hier ist der objective terminus peremtorius, und daher heißt es 2 Kor. 6 vom Heute, d. h. vom gegenwärtigen Aeon: „jetzt ist der Tag der Rettung". Allein subjectiverseits kann der Schlußtermin allerdings vorher herbeigeführt werden, und dies bestimmt sich nicht gerade nach der Zeitlänge des Unglaubens, so daß ein chronologisch späterer Eintritt der Bekehrung absolut ausgeschlossen wäre. (Vgl. Luk. 23, 40 f.; 15, 14 ff.), sondern das Entscheidende ist die Intensität des Unglaubens oder des Widerstandes wider die göttliche Berufung (vgl. Judas). Ueber die Bedeutung der Bekehrung des Schächers s. Christliche Reden V, S. 790 und 797.

Diese Intensität des Unglaubens erreicht (vgl. § 4, 2) ihre Spitze in der geflissentlichen Verkehrung des Heiligen ins Unheilige, der Wahrheit in die Lüge. Auch in den Schriftstellen, die in den pietistischen Streitigkeiten für die Unzulässigkeit einer späteren Bekehrung überhaupt angeführt wurden, ist nicht in letztere, sondern in die Intensität des

Unglaubens das Entscheidende gelegt, Matth. 3, 7 ff.; 7, 21 ff. 2 Petri 2, 20 ff. Ebr. 6, 4 ff. Andererseits hat jede längere Verweigerung des Gehorsams gegen einen göttlichen Ruf ihr entsprechendes Gericht, wenn schon noch nicht das absolute. Der Ungehorsam ist ein Fortschritt auf dem Weg zum absoluten Verderben, zur Unmöglichkeit der Bekehrung, so daß diese immer mehr erschwert und unwahrscheinlich gemacht wird. Je länger der Mensch im eigensinnigen Widerstreben gegen die Züge der göttlichen Wahrheit an seinem Herzen die Bekehrung hinauszieht oder abschwächt, desto schlaffer wird er ihren Bedingungen nachzukommen und desto näher kommt er einer Verblendung, Verhärtung und Verstockung (Röm. 11), desto mehr tritt das Licht gegen die Finsterniß zurück. Joh. 12, 35 f. Der Mensch wird jener Spitze des Gegensatzes zugetrieben, jener geistigen Naturverkehrtheit, die keine Bekehrung und Rettung mehr übrig läßt. Matth. 21, 31—45; 23, 13—33.

---

§ 6. Die sacramentale Gemeinschaft mit Christus.

Der Name Sacrament stammt nicht aus der biblischen Terminologie für Taufe und Abendmahl, wofür er bei uns speciell gebraucht wird, sondern wird in der patristischen Sprache, aus der er stammt, von heiligen Lehren, Handlungen, Gebräuchen überhaupt gebraucht, deren Theilnahme eine besondere Weihe erfordert.

In die kirchliche Sprache kam das Wort aus der Vulgata, welche häufig damit das griechische $\mu\nu\sigma\tau\eta\varrho\iota o\nu$ wiedergibt, das übrigens im bösen wie im guten Sinn gebraucht wird. 2 Thess. 2, 7. 1 Tim. 3, 16. Auf Taufe und Abendmahl angewandt, kann also weder der Ausdruck Sacrament noch Mysterium für den specifischen Begriff derselben etwas bestimmen. Eben wegen der Weite des Begriffs Sacrament wurden auch Taufe und Abendmahl im kirchlichen Sprachgebrauch nur allmählich als Sacrament im specifischen Sinn ausgesondert. Das Specifische aber von Taufe und Abendmahl ist nun nicht nur, wie es gewöhnlich bestimmt wird, daß sie ausdrücklich vom Herrn angeordnete Heilsinstitute sind, dies ist auch das Predigtamt, während umgekehrt für die auch schon als Sacrament bezeichnete Handauflegung die ausdrückliche Anordnung fehlt, und wieder die Fußwaschung (Joh. 13) nicht als Heilsinstitut eingesetzt, sondern als Demuthsübung aufgestellt ist. Taufe und Abendmahl aber sind ausdrücklich angeordnet als Heilsinstitute von universaler und centraler Bedeutung, gottesdienstliche Grundhandlungen des neuen Bundes, welche an die Stelle von Beschneidung und Passah im alten Bund getreten sind.

Von hier aus erhalten sie ihre specifische Bedeutung und Stellung, eine universale und centrale Bedeutung. Sie sind nämlich bestimmt

1) für die ganze Zahl der Gläubigen, nicht nur für einen Theil, wie Ehe, Ordination, Predigtamt, sie sind der Gemeinde als solcher zugetheilt unter allen Verhältnissen.

2) vermitteln sie nicht nur einen einzelnen oder theilweisen Gnadenerweis wie die noch in der Apologie Art. 7 als sacramentum poenitentiae aufgeführte Absolution, sondern sie concentriren in sich den specifischen Gnadeninhalt der neuen Bundes-Oekonomie, wie er principiell zusammengefaßt ist in seinem specifischen Gottesbegriff, im Namen des Vaters, Sohnes und heiligen Geistes oder in der Person Jesu Christi

als dem specifisch neutestamentlichen Bundesmittler. Sie sind also, wenn wir Punkt 1) und 2) zusammenfassen, die **Centralmysterien und Bundeshandlungen der neutestamentlichen Gnaden-Oekonomie**, welche die Erbauung der neutestamentlichen Gemeinde nach ihrem ganzen Begriff begründen und bedingen. Diese Bedeutung kommt aber den Sacramenten nicht zu als isolirten Akten, sondern nur in der Verbindung mit dem göttlichen Wort des Evangeliums und mit dem Glauben des Menschen, d. h. das objectiv-organisatorische Princip, das göttliche Wort und das subjectiv organisatorische, der Glaube, schließen sich in Taufe und Abendmahl zusammen als in den centralen Akten der sich versubjectivirenden Gnade. Was ferner die Bezeichnung Siegel, Unterpfänder des Gnadenempfanges betrifft, so wird dieselbe ebenfalls im biblischen Sprachgebrauch diesen beiden Akten nicht beigelegt, sondern mit dem Ausdruck σφραγις, ἀῤῥαβων wird im N. T. bei den Gläubigen der heilige Geist selbst bezeichnet, und zwar als das ihnen innerlich gewordene Leben aus Gott, (Eph. 1, 13 ff. 4, 30. 2 Kor. 1, 22), nicht aber das empirische Sacrament selbst, das äußerliche Getauftsein und Communiciren heißt Siegel und Unterpfand.

Außerdem wird die Beschneidung bei Abraham (Röm. 4, 11) als σφραγις της δικαιοσυνης dargestellt, dies aber als Anerkennung seines vorangegangenen persönlichen Verhaltens. Wenn aber im alten Bund die Beschneidung für sich als äußere Thatsache Bundeszeichen ist oder Siegel (vgl. Röm. 4, 11), so entspricht dies eben dem eigenthümlichen Begriff des alten Bundes, weil derselbe ein Bund im Fleisch war, ein äußerlicher.

Umgekehrt liegt es im Begriff des neuen Bundes, der als διακονια του πνευματος auftritt, und so im Geist sich vollzieht, daß eben der heilige Geist als der innere Gnadenempfang das Siegel ist und heißt. Eph. 2, 11 mit V. 18. und 1, 13 f.

Fragen wir

1) was im Allgemeinen die Bedeutung von Taufe und Abendmahl ist nach der Schrift. Für beide sind besondere äußere Handlungen festgesetzt, wie sie schon in der Bezeichnung hervortreten, nämlich Eintauchung oder Waschung und Mahlzeit. βαπτισμος, λουτρον, δειπνον. Als körperliche Elemente, die dazu gebraucht werden, sind bestimmt Wasser, Brod und Wein. Dem Aeußern nach als Waschung und Mahlzeit haben also diese Handlungen keine ceremoniöse Besonderheit an sich; natürliches Wasser, Brod und Wein kommen zur gewöhnlichen, natürlichen Anwendung als Waschung und Speisung. Das Besondere, das Unterscheidende liegt nach der inneren Seite der Akte, sie unterscheiden sich durch das dazu gehörige Wort des Herrn. Dieses, das Wort des Herrn, weist bei beiden Handlungen auf eine innerliche Kraft und Bedeutung, bei der Taufe auf die trinitarische Offenbarungskraft, beim Abendmahl auf die Versöhnungskraft des neuen Bundes. Matth. 28, 19. Luk. 22, 19 f. Diese Beziehung auf eine innere Seite, auf göttliche Kraftbedeutung, vermittelt durch das Wort, macht die äußerlichen gewöhnlichen Handlungen eben zu Mysterien, und da sie dem Bundesverhältniß zwischen Gott und Menschen angehören, muß von beiden Seiten ein diese Handlungen unterscheidendes Inneres dabei sein. Auf dieses Innerliche weist die Schrift bestimmt hin. Von Seiten des Menschen

Geistige Kraft und Bedeutung für den Glauben. 289

muß der Glaube dabei sein, wie er durch die Predigt im Namen Christi, durch sein Evangelium im Herzen entsteht und besteht, Marc. 16, 15 f. Act. 16, 30 f. 1 Kor. 11, 26. 28 vgl. mit 2 Kor. 13, 15. Vermöge des Glaubens von des Menschen Seite haben dann diese Handlungen Kraft und Bedeutung von Glaubenshandlungen. Von Seiten Gottes liegt die Kraft und Bedeutung summarisch ausgedrückt im heiligen Geist Gottes. Joh. 3 in Bezug auf die Taufe; beide zusammengefaßt 1 Kor. 12, 13., vgl. 10, 2—4. Eph. 1, 3. 13. Wir können also vorläufig sagen: die beiden Sacramente unterscheiden sich von jeder andern Waschung und Mahlzeit eben dadurch, daß dabei eine Glaubenshandlung stattfindet von Seiten des Menschen (Marc. 16, 15 f. 1 Kor. 11, 26. 28 mit 2 Kor. 13, 15) und eine Geisteshandlung von Seiten des Herrn (Joh. 3, 5. 1 Kor. 12, 13.) vgl. $\beta\rho\omega\mu\alpha$ und $\pi o\mu\alpha$ $\pi\nu\varepsilon\nu\mu\alpha\tau\iota\kappa o\nu$ typisch vom A. T. gebraucht 1 Kor. 10, 3 f. Das gemeinschaftliche Medium aber, in welchem sich das Innerliche von der göttlichen Seite und von der menschlichen Seite vereinigt, oder das worin den Handlungen menschlicherseits ihr Glaubensinhalt und göttlicherseits ihr Geistesinhalt vermittelt wird, ist das gottmenschliche Bundeswort, das Evangelium mit specieller Beziehung auf den Inhalt der Handlung. Diese vorläufigen Grund-Bestimmungen müssen sich nun näher entwickeln, indem wir

2) auf die geistige Kraft und Bedeutung für den Glauben genauer eingehen. Nimmt man im Allgemeinen in den Sacramenten geistige Kraft und Bedeutung für den Glauben an, oder Beziehung auf etwas Uebersinnliches, so kann der Glaube in dreifacher Stellung dazu gedacht werden: entweder der Glaube erscheint productiv, daß er es

ist, der dem Sacrament die Kraft verleiht, oder er erscheint rein passiv, daß er an sich nur operiren läßt, keinen Widerstand leistet, oder er erscheint zwar activ, aber nicht im productiven Sinn, also receptiv. Diese drei Stellungen sind im Grunde repräsentirt innerhalb der drei christlichen Confessionen. Daß in allen dreien verwandtschaftliche Berührungen und Uebergänge vorkommen, dieses kommt für die historische, aber nicht für die dogmatisch-ethische Behandlung in Betracht. Ist es nun so, daß der Glaube, also die subjective geistige Selbstthätigkeit diese Handlungen erst vergeistigt, einen geistigen Inhalt in ihnen erst schaffen muß, damit sie geistiges Leben wirken, dann können Waschung und Mahlzeit nur Sinnbilder sein, signa significantia, nach extrem reformirter Ansicht, eine an und für sich selbst leere Natursymbolik, deren Bedeutung und Wirkung durch die subjective Thätigkeit dabei principiell bedingt ist; der Glaube ist da nicht nur das subjective Medium für ihre Wirkung, sondern das, was sie hervorbringt. Ist aber nicht der Glaube oder die subjective Thätigkeit, sondern die Gnade das Producirende, die Ursache der geistigen Kraft und Wirkung, so muß die göttliche Gnadenenergie bei den heiligen Handlungen das geistige oder unsichtbare Gut dem Glauben reell vermitteln. Immerhin aber läßt sich von hier aus weiter noch fragen, ob zu dieser objectiven Wirkung der Gnade in den Sacramenten der Glaube rein passiv sich verhält, genauer: ob er ohne selbstthätige Beziehung auf den geistigen Inhalt dieser Akte, ohne eine bestimmte positive Selbstthätigkeit, die gerade auf den geistigen Inhalt dieser Akte sich bezieht, die entsprechende objective Gabe erhalte ex opere operato oder, da er bei der Voraussetzung der Objectivität der Wirkung, von der wir ja ausgehen, jedenfalls nicht productiv wirkt, ob er sie erhalte durch positive Aneignung, durch receptive Thätigkeit, nicht durch bloßes passives Geschehenlassen, Nichtwiderstehen.*) Um nun aber die reale Bedeutung der Sacramente gegenüber der sinnbildlichen und der katholischen Auffassung richtig zu bestimmen, müssen wir theils das specifische Wesen der neutestamentlichen Heilsökonomie näher auseinandersetzen, da dieser die Sacramente als centrale Handlungen angehören, theils den neutestamentlichen Begriff vom Wesen des Glaubens.

a) **Das eigenthümliche Wesen der neutestamentlichen Heilsökonomie.** Nehmen wir einige Hauptstellen: Hebr. 8, 1. 2. 4—6.; 9, 8. 11. 13 f. 23 f.; 10, 1. In diesen Stellen wird das Auszeichnende des Priesterthums Christi darein gesetzt, daß er in Folge seiner Erhöhung die himmlischen Güter, d. h. die übersinnlichen, nicht dieser $κτίσις$ angehörigen, die überweltlichen Substanzen in der Verwaltung habe, dieses im Unterschied vom alttestamentlichen Priesterthum, dessen Verwaltung zwar auch eine Beziehung zum Himmlischen habe, aber nur eine Beziehung der Verheißung, eine vorbildliche, schattenartige Darstellung des Himmlischen, d. h. also nur eine äußerliche ohne wesenhafte Präsenz desselben. Dogmatik § 22, III. 1. Lehrwissenschaft S. 613 ff. 2. Aufl. S. 564 ff. Aus dem alten Testament werden Hebr. 9, 8—10 namentlich auch die den Sacramenten

---

*) In dieser Weise muß der Gegensatz zwischen der lutherischen und katholischen Kirche gefaßt werden. Denn eine fides nehmen auch die Katholiken an bei ihrem opus operatum, aber nur einen Glauben, wie er sich auf die Kirchenlehre überhaupt bezieht auch ohne bestimmtere Kenntniß derselben und auf die priesterliche Verwaltung der Sacramente. Es ist also eigentlich das bloße Vertrauen zur Kirche und zu den Priestern, das bona fide an sich geschehen läßt, was von dorther im Namen Gottes vollzogen wird.

analogen Handlungen erwähnt: βρωματα και πομata και διαφοροι βαπτισμοι, denen aber eben in Bezug auf das Geistige, Himmlische die Bedeutung bloßer signa significantia zukommt, weil mit dem wahrhaften Heiligen, mit dem himmlischen Wesen, mit dem übersinnlichen Geistesleben noch keine reelle Verbindung hergestellt, kein ὁδος dazu gegeben war. Eben daher war aber auch die Wirkung dieser gottesdienstlichen Handlungen, d. h. der alttestamentlichen Sacramente, nicht eine geistige im Sinn des neuen Testamentes; z. B. die Sündenvergebung bezog sich auf das Verhältniß zur irdischen Theokratie, auf die Sünde in ihrer zeitlichen, nicht in ihrer ewigen Beziehung. Jene gottesdienstlichen Handlungen des alten Testaments heiligen daher nur προς την της σαρκος καθαροτητα.

Der Mangel nun wird keineswegs nur subjectiverseits gesucht, daß es den Menschen an der rechten Herzens- oder Glaubensstellung fehlte. Eine entsprechende Herzens- oder Glaubensstellung fordert auch das alte Testament für sein Heiligungswerk; ohne sie hat der gottesdienstliche Akt des alten Testaments nimmermehr auch nur in seinem theokratischen Sinn Geltung und Wirkung. Der Grundmangel aber, mit dem auch die subjective Mangelhaftigkeit zusammenhängt, liegt in der noch nicht gegebenen Präsenz der übersinnlichen Geistessubstanz, also in der geistigen Wesenlosigkeit und eben daher geistigen Kraftlosigkeit der ganzen gottesdienstlichen Oekonomie, in ihrer bloßen Skiagraphie und in dem damit zusammenhängenden ἀδυνατον του νομου. Röm. 8, 3. vgl. Hebr. 10, 1. In der neutestamentlichen Oekonomie findet sich im Gegensatz zu jenem οὐ δυναται und ἀδυνατον des alten Testaments die δυναμις ζωης ἀκαταλυτου (Hebr. 7, 16.

Vgl. το πνευμα της ζωης Röm. 8, 2), eben daher κρειττων (kräftigere) διαθηκη, und διαφορωτερα λειτουργια (Hebr. 8, 6), vgl. διαθηκη πνευματος, von dem es heißt: ζωοποιει, und διακονια πνευματος. 2 Kor. 3. 6. 8. Die Wirkung der neutestamentlichen Oekonomie ist daher nach Hebr. 9, 14 f.; 10, 15—22 geisteskräftige Heiligung von Herz und Gewissen, eine Bundesstiftung, wodurch das göttliche Gesetz, die ethische Substanz des Bundes in der διανοια und καρδια neu organisirt wird. Diese geistige Kraftwirkung der neutestamentlichen λειτουργια ist eben dadurch vermittelt, daß in ihr die übersinnlichen Güter, d. h. die wesenhaft geistigen Substanzen nicht mehr einen unrealen, einen bloß symbolischen Ausdruck bekommen, σκια, ὑποδειγμα, παραβολη, wie im alten Testament, sondern nun den reellen Ausdruck, το σωμα (Kol. 2, 17), daß sie also in den gottesdienstlichen Darstellungen des neuen Testaments sich in und mit ihrem eigenthümlichen Inhalt präsent machen, nicht in einem bloßen äußern Abzeichen desselben. Daher Hebr. 10, 1 im Gegensatz zur σκια των μελλοντων ἀγαθων des alten Bundes gesagt ist: αὐτην την εικονα των πραγματων, weil Christus εἰκων του θεου ist, weil Gott in ihm real präsent ist mit wesenhaftem Ausdruck, wie ihm überhaupt nach Kol. 2, 9 f. die ganze Gottesfülle, alles himmlisch-geistige Wesen nicht nur schattenartig, abrißartig, symbolisch innewohnt, sondern σωματικως, in reeller Verkörperung. So wird es mit ihm in wesenhafter Form dargeboten, nicht nur symbolisch. Kurz und bestimmt also: das Aeußere der neutestamentlichen Oekonomie wie das Aeußere Christi selbst verhält sich zum geistigen Inhalt, wie der Leib, nicht wie der Schatten, nicht wie das formale Bild, das Symbol, es ist also nicht nur signum significans, sondern signum exhibitivum, ist reelle Selbstdarstellung und Selbstmittheilung des geistigen Guts, das im alten Testament eben nur symbolisch in den heiligen Handlungen dargestellt ist. Daher werden 1 Joh. 5, 6. 8 f. Wasser und Blut, das neben ersterem als Körperlichkeit des ἐν σαρκι ἐληλυϑως (1 Joh. 4, 2) in Betracht kommt, nicht nur als Zeichen, sondern als Mittel des Kommens Christi d. h. des Geistgesalbten, Geistesträgers genannt und mit dem Geist selbst zusammengefaßt (εἰς το ἐν εἰσι), so daß Wasser und Blut mit diesem ein einheitlich verschlungenes Gotteszeugniß bilden. V. 9 αὐτη ἐστιν ἡ μαρτυρια του ϑεου. Das Aeußerliche oder Körperliche hat hiernach seine Kraft und Bedeutung keineswegs erst durch einen Inhalt, den die geistige Selbstthätigkeit des Menschen ideal in dasselbe hineinlegt als in ein Symbol, sondern das Aeußerliche hat seinen Inhalt durch seine Offenbarungseinheit mit dem Geisteswesen Christi und es ist so **nicht nur Naturbild, sondern Naturmittel des geistigen Segens**, der im neutestamentlichen Sinn eben als himmlisch, als übersinnlich dargestellt wird. Alles dies setzt freilich einen andern Begriff von Geist und Leiblichkeit voraus, als der gewöhnliche ist.

In diesem stehen sich beide so gegenüber, daß es nur eine ideale, keine reale Vermittlung gibt zwischen den natürlichen Substanzen der Sacramente, ihren äußerlichen Elementen und zwischen ihrer geistigen Segenssubstanz; die Vermittlung hat aber nach dem Schriftbegriff ihr Princip darin, daß Christus zunächst in seiner eigenen leibhaften Persönlichkeit die leibliche Natursubstanz vermittelt hat mit der göttlichen Geistessubstanz, und seine Persönlichkeit ist es wieder, die in den Sacramenten die geistige Substanz vermittelt. Wir müssen also näher eingehen auf das Verhältniß von Geist und Leiblichkeit. Geistigkeit und Leiblichkeit stehen in der Schrift einander nicht entgegen, gehören vielmehr wesentlich zusammen; entgegen stehen einander Geist und Fleisch, der Geist namentlich als der heilige Lebensgeist und das Fleisch als eine sündig verdorbene Leiblichkeit, als ein von einer sündigen Seele bewohnter und so zerrütteter und zerrüttender Leib, als materialisirter Leib. Dieses dualistische Verhältniß ist nun eben Naturunordnung, Desorganisation; darin, daß bei uns Geistiges und Leibliches außereinander und gegeneinander sind, daß das Geistige nicht mehr leibhaft und das Leibliche geistlos und geistwidrig ist, wurzelt nach dem Standpunkt der Schrift eben das nichtige, kraftlose, finstere Wesen und Leben, es ist die zerfallene, und zerfallende Natur, die verdorbene, vergängliche Welt. Denn der Geist als das Uebersinnliche, das Göttliche ist das wahre Wesen aller Dinge und schließt das Leibliche keineswegs aus, sondern ein, nur aber als das ihm, dem Geist, dienstbare und sich assimilirende, resp. gleichartige, wie umgekehrt der Ausdruck Fleisch das Geistige nicht schlechthin ausschließt, sondern wieder einschließt eben als etwas dem Fleisch Assimilirtes, d. h. als einen versinnlichten, an's Materielle gebundenen Geist. Ohne den Geist in seiner übersinnlichen Wesenheit und damit im Gegensatz zu diesem Geist werden und sind daher die Dinge wesenlos, nichtig, verderben und sterben. Geist, Kraft, Leben ist eins in der Schrift. Fleisch, d. h. entgeistete und geistwidrige Leiblichkeit ist dagegen eins mit Schwäche und Tod. (Vgl. Dogmatik, von der Sünde, und akademische Antrittsrede in Tübingen).

Diese Unordnung oder Desorganisation, diese Afternatur soll eben in Christo aufgehoben, und die himmlische Urnatur und Urordnung hergestellt werden. Daher ist der Sohn Gottes eingegangen ins Fleisch, um $\dot{o}\ X\varrho\iota\sigma\tau o\varsigma$ zu werden, der mit Geist gesalbte Mensch, oder der durchgeistigte Mensch zu werden; er in seiner Person hat die Versöhnung vollbracht, d. h. die neue Natureinigung zwischen göttlicher Geistigkeit und unserer geistlosen Leiblichkeit, zwischen der himmlischen, übersinnlichen Geisteswelt und der Fleischeswelt. Jesus heißt daher der Christ, der im Fleisch geoffenbarte Geistessohn Gottes, so daß diese Offenbarung keine bloß symbolische Darstellung ist, sondern er hat das Leben in sich selbst, wie es Gott in sich hat, er ist die substantielle, nicht die bloß symbolische Darstellung des göttlichen Geist-Lebens im Fleisch; letzteres ist Offenbarungsstätte und Offenbarungsmedium, und mit ihm, mit Jesus Christus, kommt das mit der menschlichen Körperlichkeit geeinigte Gottesleben, das heilige Geistesleben, und damit das ewige Leben eben dahin, wohin er eingeht.

Der Geist soll durch Jesus Christus wieder leibhaft werden, ins leibliche Leben einwirken und eingehen, und dieses geistlose Leibesleben soll wieder ein geistiges werden mit einer geistig lebendigen Seele ($\zeta\omega o\gamma o\nu\varepsilon\iota\nu\ \tau\eta\nu\ \psi\upsilon\chi\eta\nu$) und einem vom Geist durchdrungenen Leib ($\sigma\omega\mu\alpha\ \pi\nu\varepsilon\upsilon\mu\alpha\tau\iota\kappa o\nu$).

Wo daher Christus wirklich kommt und wirkt, wie in den Sacramenten, bei den Gläubigen, da kommt und wirkt er nicht in der Weise der alten Afternatur und Schwäche, nicht in der Weise dieser nichtigen Welt, daß er also geistig nur käme in unserm idealen Sinn ohne Leibliches, oder daß er leiblich käme in unserm vermaterialisirten Sinn ohne den lebendig machenden Geist. Er kommt und wirkt in einer geisteskräftigen Leiblichkeit und in einer leibhaften Geistigkeit. Daher wie der Geist Christi im Wort Christi seinen natürlichen Sprachkörper hat, so in den Sacramenten stellt er seinen natürlichen Elementarkörper dar. Darüber das Weitere unten.

Nach dem bisher Entwickelten widerspricht es also dem ganzen specifischen neutestamentlichen Heilsbegriff und Christusbegriff, wenn die neutestamentlichen Centralmysterien, in welchen sich gerade die intensivste Beziehung zu Christus und zu dem in ihm enthaltenen Heil zusammenfassen soll, zu bloßen Symbolen herabgesetzt werden, so daß erst die gläubige Selbstthätigkeit des Menschen den geistigen Inhalt Jesu Christi als bloß idealen Inhalt in sie hineintragen soll, und sie so eigentlich im bloß psychologischen und moralischen Sinn geistig wirksam werden. Auf dasselbe Resultat führt uns

b) der biblische Begriff des Glaubens selbst, der zugleich das Unstatthafte der katholischen Auffassung aufdeckt. Der Glaube in seinem biblischen Begriff hat das Eigenthümliche, daß ihm das Unsichtbare, Geistige, Göttliche im Allgemeinen eine selbständig präsente Realität ist. Hebr. 11, 1. (Die $\pi\rho\alpha\gamma\mu\alpha\tau\alpha\ \epsilon\lambda\pi\iota\zeta o\mu\epsilon\nu\alpha$, $o\upsilon\ \beta\lambda\epsilon\pi o\mu\epsilon\nu\alpha$ sind dem Glauben $\upsilon\pi o\sigma\tau\alpha\sigma\iota\varsigma$, siehe Dogmatik und Propädeutik). Der Glaube nimmt aber darum nicht das Sichtbare selber für das Unsichtbare, das Aeußere für das Innere, das Natürliche für das Göttliche; er identificirt nicht eins mit dem andern; dies ist eben der Aberglaube, Idololatrie, Abgötterei. Röm. 1, 23. Ebensowenig aber nimmt der Glaube das Sichtbare ohne unsichtbaren göttlichen Gehalt, wie der Unglaube; er substituirt nicht zum Ersatz des objektiven

Geistesgehaltes die eigenen Ideen und bildet sich so eine bloß idealisirte Natur. Dieses ist in der Wirklichkeit Entgeistung und Entgöttlichung der Natur in sich selbst, wie das erste Vergötterung derselben ist.

Der Glaube, indem er die selbständig reale Gegenwart und Energie des Unsichtbaren im Sichtbaren festhält, setzt seinen Beruf nur darein, es aufzusuchen und empfänglich in sich aufzunehmen, zu bewahren und zu verarbeiten, kurz das real sich Gebende oder Gegebene sich anzueignen. Dieses ist die Stellung des Glaubens im Allgemeinen nach biblischem Begriff. Wenden wir es nun an auf die Sacramente, so scheidet sich auch bei ihnen der Glaube gleich sehr vom Unglauben und vom Aberglauben.

Einerseits nimmt er die sichtbaren Darstellungsformen und Elemente der Sacramente, Wasser, Brod und Wein, nicht identisch mit dem Unsichtbaren, nicht identisch mit Christi Geist, Leib und Blut, wie beim Abendmahl die katholische Verwandlungstheorie, die eben dadurch wie jener alte heidnische Aberglaube dahin geführt wird, mit den Elementen des Sacraments Idololatrie zu treiben. Und eben weil der Glaube nicht Sichtbares mit dem Unsichtbaren identificirt, kann er auch den bloß äußerlichen Empfang der Sacramente, Taufe und Mahlzeit, nicht für die Gemeinschaft des geistigen Inhalts unmittelbar nehmen, nicht für eine wahre Taufe und Communion.

Andrerseits weil der Glaube das Sichtbare überhaupt nicht als in sich selbst geistig leer nimmt, nicht als ohne unsichtbaren göttlichen Gehalt, so erfaßt er auch in den Sacramenten die sichtbaren Elemente und Akte nicht als etwas an und für sich bloß Aeußerliches, als leer von selbständigem

Innesein und Innewirken des unsichtbaren Geistes und Gehaltes, leer von der präsenten Wesenheit Christi, die eben als geistig lebendige Leibhaftigkeit besteht. Vielmehr gegenüber den beiden genannten Extremen des Aberglaubens und des Unglaubens bleibt dem Glauben das Sichtbare der Sacramente (Wasser, Brod und Wein) wie die ganze sichtbare Welt das, was es seiner Natur nach ist; aber wie ihm das Göttliche überhaupt in dieser Welt etwas selbständig und real Präsentes ist, so ist ihm auch im Sichtbaren der Sacramente die geistige Hypostase und Energie Jesu Christi, d. h. eben sein gottmenschliches, sein geistig-leibliches Wesen und Wirken in selbständiger Realität gegenwärtig. Demnach erkennt auch der Glaube bei den sacramentalen Akten sich selbst weder als Schöpfer, als Urheber der unsichtbaren Bedeutung durch eigene fromme Thätigkeit, noch auch sich selbst als rein passiv und bedeutungslos, sondern wie in seinem ganzen Verhältniß zur unsichtbaren Kraft und Wesenheit Gottes (zur $\delta\nu\nu\alpha\mu\iota\varsigma$ und $\vartheta\epsilon\iota o\tau\eta\varsigma$) erkennt er sich auch hier in Taufe und Abendmahl als lebendig empfangend, als zueignend und in Kraft des Empfangenen aneignend. Die Empfängniß des Glaubens ist nun aber als solche überall in der göttlichen Bundesökonomie bedingt, bedingt namentlich durch das göttliche Wortzeugniß als die nächste Verkörperung des Geistes für den Glauben, und durch die unterwürfige Annahme des Wortes als den nächsten Akt des Glaubens; und dasselbe gilt auch in der bestimmten Beziehung auf die Sacramente.

Was nach dem göttlichen Wortzeugniß ihren geistigen Inhalt bildet, das muß auch Inhalt des Glaubens sein, wenn er eben für die specifische Wirkung des neutestamentlichen Sacraments empfänglich sein und den selbständigen

Gottesgehalt des Sacraments wirklich in sich empfangen soll. Also ein bloß potentieller Glaube, wie der der Unmündigen, oder ein bloß genereller Glaube, wie der katholische Laienglaube, beides reicht nicht zu, wo es einen speciellen Akt der in ein specifisches Wort gestellten Offenbarung gilt, wie dies bei den Sacramenten der Fall ist.

Betrachten wir nun aber

3) die Möglichkeit dieser realen Präsenz und Wirksamkeit Christi in den Sacramenten, aber wieder vom biblischen Standpunkt aus.

Diese Präsenz und Wirksamkeit Christi im Sacrament ist weder etwas mit der allgemeinen Präsenz des Göttlichen Zusammenfallendes, noch etwas davon Isolirtes, es ist eine specifische Präsenz, die aber im Zusammenhang steht mit dem universellen Verhältniß Christi zu Gott und Welt. Es vereinigt sich darin nämlich das doppelte Mittlerverhältniß Christi, wie dasselbe theils in ihm als dem schöpferischen Wort des Weltanfangs gesetzt ist, theils in ihm als dem Fleisch gewordenen Wort mit der Gnade und Wahrheit des neuen Bundes. Fassen wir also

a) sein Verhältniß näher ins Auge, wie es ihm zukommt als dem Wort des Weltanfangs, als dem persönlichen Urwort und Schöpfungswort Gottes, als dem Urvermittler zwischen Gott und Welt. Hauptstelle ist Kol. 1, 16 f.*) Das Himmlische und Irdische, das Unsichtbare und Sichtbare, das Uebersinnliche und Sinnliche, also Geistiges und Leibliches ist in Christus nicht getrennt von einander, wie bei uns. In ihm hat beides seinen

---

*) Sacramentenlehre S. 14 ff.

Schöpfungsgrund ($\dot{\epsilon}\nu$ $\alpha\dot{\upsilon}\tau\omega$ $\dot{\epsilon}\kappa\tau\iota\sigma\vartheta\eta$), und so seinen Ur=
bestand, seinen göttlich originalen Einheitspunkt und seinen
systematischen Zusammenhang. In ihm ist Alles von Grund
aus bis zu seinem Ziel hinaus ($\epsilon\dot{\iota}\varsigma$ $\alpha\dot{\upsilon}\tau o\nu$ $\dot{\epsilon}\kappa\tau\iota\sigma\vartheta\eta$), also
in seiner ursprünglichen Anlage und nach seiner ganzen Be=
stimmung oder, modern ausgedrückt, nach der ganzen Fülle
und Höhe seiner Idee original göttlich vereinigt. Beides,
Sichtbares und Unsichtbares, Geistiges und Leibliches läuft
in ihm zusammen, wie es von ihm ausgegangen ist; beides
also, wie es ursprünglich ist und wie es sich entwickelt bis
zu seinem Ziel hinaus, besteht einheitlich in ihm. Das
Sichtbare greift also durch ihn hinauf ins Unsichtbare und
dieses greift durch ihn herab ins Sichtbare und Leibliche.
Indem es Kol. 1 heißt, daß Alles nicht nur durch ihn, son=
dern auch in ihm geschaffen ist, hat Alles nicht nur durch
ihn als bloßes Werkzeug des göttlichen Schaffens seinen
äußeren Lebensanfang erhalten, sondern es hat in ihm seinen
inneren Lebensanfang d. h. sein inneres Wesen erhalten,
alles hat seinen primitiven Lebensgrund eben in Christi eigen=
thümlichem Wesen. Alles Leben, das zu geschöpflicher Existenz
gelangt, existirt schon zuvor in ihm selbst als schöpferisch
Geistiges und Leibliches. Er hat Alles in sich im Sinn des
aus Gott gezeugten, nicht geschaffenen Urlebens, im Sinn
der Erstgeburt (Kol. 1, 15), als in sich selbständige Urrealität
aus Gott, während es in der Welt nur existirt als Leben
a posteriori, als aus ihm abgeleitetes und nachbildliches
Leben, als Geschöpfleben. Daher Johannes absolut von ihm
sagt: in ihm war das Leben, weil nichts ist, das außerhalb
seiner, wo anders her, geworden wäre. Es findet also eine
urwesentliche Lebensbeziehung, keine bloß symbolische Beziehung,

zwischen Christus und dem All statt, zu dem auch Wasser, Brod und Wein gehören.

Eben daher kann er nicht nur vergleichsweise oder symbolisch, sondern ὄντως, im ontologischen Sinn sagen, was kein Engel und kein Mensch sagen kann: Ich bin das Licht, das Leben, das lebendige Wasser, das lebendige Brod, der wesenhafte Weinstock, d. h. das eigentliche Wesen davon ist in mir in originaler Lebendigkeit und Wahrheit, im eigentlichsten, urrealsten Sinn, nicht im uneigentlichen. Sofern dann auch Alles nur in ihm fortbesteht, ist er auch allem Geschöpflichen schon inne und zwar eben als sein Wesensurbild.

Das irdisch Körperliche also, auch Wasser, Brod, Wein, das doch auch unter τα παντα gehört, besteht schon an und für sich nicht außer Christus und ohne Christus, sondern nur in ihm als dem schöpferischen Gottes-Wort, wie das himmlisch Geistige auch. Daher Hebr. 1, 3 φερων τα παντα ῥηματι.*) **Also seine Kraft, wie sie geistig-körperlich von ihm, dem Urleben ausgeht, ist bereits von der Schöpfung an allen irdischen und himmlischen Dingen inne als die Tragkraft oder Grundkraft derselben, als die Unterlage ihres Lebens, worin sie allein bestehen. So ist und wirkt Christus als das gemeinschaftliche Lebens-Centrum des himmlischen und des irdischen Seins, des Geistigen und des Leiblichen, wirkt als das schöpferisch tragende Kraft-**

---

*) ῥημα ist eine körperliche Aeußerung, worin aber etwas Geistiges, Gedachtes, Gewolltes ausgeht, und zwar bei Christo, wie bei Gott nicht als bloßer Schall und Gedankenbild, wie bei uns, sondern als eine der Aeußerung immanente Kraft und Leben.

wort vom Himmel herab in's Irdische und vom Irdischen hinauf ins Himmlische, und zwar wirkt er in Allem von innen heraus, aber auch in Alles wieder von außen hinein, weil er über Allem ist, wie er in Allem ist, so daß er weder in etwas Einzelnem aufgeht, noch im Ganzen. Diese allgemeine schöpferische Kraftgegenwart, welche die originale Lebensbedingung alles Weltlebens ist, hängt eben als solche, als für Alles nothwendige Lebensbasis nicht erst ab von der Geschöpfe Wissen, Wollen und Thun; sie involvirt aber auch noch nicht, daß Christus auch mit seiner heiligen Geisteskraft, d. h. mit seiner innengöttlichen, persönlich freien Lebenskraft (nicht nur mit seinem $\varrho\eta\mu\alpha$, seiner schöpferischen Kraftäußerung) gegenwärtig ist in Allem, namentlich im Fleisch, in der $\sigma\alpha\varrho\xi$.

Eben durch die Verfleischlichung oder Versinnlichung der Menschheit ist diese in ihrer Entwicklung herausgefallen aus der centralen Lebenseinheit mit Christus und dadurch auch mit dem himmlischen Lebensverband, aus der Lebenseinheit, wie sie in dem göttlichen Urbild und Urmittler zwischen Gott und Welt gegeben ist; und die Wiedervereinigung vermittelt nun Christus erst wieder

b) als das Mensch gewordene Wort, als das menschlich personhafte Gnadenwort. Joh. 1, 14. Kol. 1, 20. In diesen Stellen schließt sich an das ursprüngliche Verhältniß Christi zur Schöpfung die göttliche Bestimmung zur Wiedervereinigung des Alls mit ihm an, vermittelt durch Christi Blut. Kol. 1, 20 geht $\dot{\alpha}\pi o\varkappa\alpha\tau\alpha\lambda$-$\lambda\dot{\alpha}\xi\alpha\iota$ $\epsilon\dot{\iota}\varsigma$ $\alpha\dot{\upsilon}\tau\acute{o}\nu$ wie das voranstehende $\delta\iota'$ $\alpha\dot{\upsilon}\tau o\tilde{\upsilon}$ auf Christum, da es sich darum handelt, eben die künftige Zusammenfassung des Alls in Christo anzuschließen an die

V. 16 erwähnte Bestimmung des Alls zu Christus hin und an die nach V. 18 ihm zugedachte oberste Rangstellung. Eph. 1, 10. Als Fleisch gewordenes Wort ist nun der vorhistorische Urmittler des Alls Mittler im historischen Sinn geworden, Gottmensch; das übersinnlich Göttliche, das heilige Geistesleben, und die $\sigma\alpha\rho\xi$, das sinnliche Menschenleben, ist in seiner Christus-Person vermittelt in Eins, sodaß er die göttliche Fülle in sich hat in menschlicher Leibhaftigkeit, $\sigma\omega\mu\alpha\tau\iota\varkappa\omega\varsigma$. Kol. 2, 9. Diese Vermittlung erfolgte eben im ethisch-historischen Weg, indem er die vollkommenste Erfüllung des göttlichen Willens verbindet mit dem vollkommensten Tragen unseres Sündenzustandes, also activ und passiv die ethische Vollendung in sich vereinigt. So bietet er nun in ethisch rechtlicher Vollmacht die Fülle der gottmenschlichen Lebensgnade dar für die Menschheit eben in ihrer $\sigma\alpha\rho\xi$ und Sünde. Auch als das Fleisch gewordene Wort hat er nach Matth. 28, 18 und 20 alle Gewalt sich gewonnen über Himmel und Erde; d. h. also auch seiner gottmenschlichen Gnadenkraft ist nun alles Himmlische und Irdische unterthan und steht ihr offen, sonach auch Wasser, Brod und Wein der Erde, denen er von Anfang an mit schöpferischer Kraft immanent ist. Er kann nun also auch mit seinem heiligen Geistesgehalt und seinem himmlischen Gnadenleben eingehen in alle irdischen Verhältnisse, kann das Irdische aufnehmen in himmlische Kraft, das Leibliche in sein Geisteswesen, aber deswegen heißt es doch nirgends: er trägt alle Dinge mit dem Wort seiner Gnade, wie es heißt: mit dem Wort seiner Kraft. Als das Fleisch gewordene Wort, mit seiner gottmenschlichen Wesenskraft, als das persönliche Gnadenwort, als der $\lambda o\gamma o\varsigma$ $\pi\lambda\eta\varrho\eta\varsigma$ $\chi\alpha\varrho\iota\tau o\varsigma$ breitet er sich nicht bereits durch

Alles aus, wie als das persönliche Schöpfungswort mit seiner schöpferischen Urkraft. Da müssen zuvor erst die Reiche der Welt im ethisch gerichtlichen Weltproceß Reich Christi werden. Nur zu seinen Gläubigen sagt er: „Ich, d. h. der ins Fleisch gekommene Gottessohn bin alle Tage bei euch", aber nicht: ich bin als solcher bei allen Menschen. Deßwegen heißt es Joh. 17 nicht: ich bitte für alle Welt, sondern „für die, die du mir gegeben hast", und Kol. 2, 10 nur von der Gemeinde: „ihr seid erfüllt in ihm", und Eph. 1, 23: die Gemeinde der Gläubigen, nicht die Welt, ist sein Leib, den er erfüllt, und ist diese Erfüllung seiner Gemeinde einmal vollendet, so ist eben diese vollendete Gemeinde das Medium, das auch die Welt-Erfüllung vermittelt. Röm. 8, 19—21. Wie er also als das **schöpferische Wort** mit seiner **schöpferischen Kraft** Alles bereits erfüllt, dem All von Himmel und Erde immanent ist als die Kraft seines Bestehens, so als das **Fleisch gewordene Wort** mit seiner Gnadenkraft kann und soll er zwar Alles erfüllen, er hat die Macht und die Bestimmung dazu; er erfüllt aber vorerst mit seiner Gnade wirklich nur das, was der Gemeinde angehört, d. h. was durch sein verkündigtes Gnadenwort und durch den Glauben daran aus der Welt erwählt, so sein Eigenthum ist und immer mehr wird. Joh. 17, 9. 14. In seinem verkündigten Gnadenwort, in seinem Evangelium vermittelt er eben als das persönliche Gnadenwort seine himmlisch-geistigen Gnadenkräfte, seine gemeindeschöpferische Gegenwart in der Sünderwelt, wie er als das persönliche Urwort, als $\lambda o \gamma o \varsigma\ \dot{\varepsilon} \nu\ \dot{\alpha} \varrho \chi \eta$ seine urkräftige weltschöpferische Gegenwart vermittelt ebenfalls durch ein hervorgegebenes Wort, durch sein $\varrho \eta \mu \alpha\ \delta \upsilon \nu \alpha \mu \varepsilon \omega \varsigma$. Das $\varrho \eta \mu \alpha\ \delta \upsilon \nu \alpha \mu \varepsilon \omega \varsigma$

ist eben schöpfungsmäßig dem All immanent, ist etwas Einerschaffenes, etwas naturgesetzlich Vorhandenes, ist also auch den Menschen, unabhängig vom eigenen Sein und Thun derselben, immanent ohne und auch wider ihr Wissen und Wollen, kurz: es ist etwas rein objectiv Gegebenes in unmittelbarer Naturmacht; dagegen jenes, das Gnadenwort und die von ihm abhängige Geistesgnade besteht und wirkt nicht naturgesetzlich, sondern nach dem Gesetze der Freiheit, der persönlichen Liebe, nicht in physischer Macht als absolutes Machtwort, sondern überall wirkt es nur in geistiger Kraft als frei anzueignendes Buß- und Glaubenswort.

Die Gnadenpräsenz und die Gnadenwirkung Christi ist sonach nicht etwas rein Objectives, nicht eine vom subjectiven Wissen und Wollen unabhängige Gegebenheit oder Macht, wie die schöpferische Machtpräsenz. Es ist nicht etwas den unbewußten Naturgrund des individuellen Lebens Umfassendes und von ihm aus erst ins Bewußtsein Aufsteigendes (Martensen, Ethik II. Theil S. 176), sondern Gnadenpräsenz und Gnadenwirkung Christi hängt im Unterschied von seiner Naturpräsenz von des Menschen selbstbewußtem, freiem Willen ab, von seinem ethischen Verhalten, davon ob er freiwillig das Gnadenwort hört, zu Herzen nimmt, in sich bewahrt und fruchtbar macht, mit Einem Wort: glaubt; kurz die Gnadenpräsenz ist subjectiv bedingt durch Bewußtsein und Willen des Menschen, dies aber so, daß des Menschen Bewußtsein und Wollen sich abhängig macht und bestimmt wird vom Gnadenwort des Evangeliums.

Hieraus ergibt sich nun auch das Specielle für die Sacramente. Die sacramentliche Gegenwart Christi oder die Centralpräsenz und Wirksamkeit seiner gottmenschlichen Gnadenkraft ist einmal in den Naturmitteln nicht eine physische oder kosmische Allgegenwart, ist auch nicht einseitig durch das bloß sacramentliche Einsetzungswort vermittelt, als wäre dies reines Befehlswort oder zauberhaftes Machtwort, statt Gnadenwort; ebenso die sacramentliche Wirkung im Individuum begründet sich nicht im unbewußten Leben desselben, macht sich nicht in physischer Weise wie die Wirkungen der göttlichen Schöpfungskraft, nicht unabhängig von der subjectiven Beschaffenheit und Thätigkeit der Empfänger, wie neuere Dogmatiker das lutherische Dogma von der Objectivität der Sacramente in katholischer Starrheit interpretiren. Andererseits ist die sacramentliche Gegenwart auch nicht vom eigenen Belieben des Menschen abhängig, ist nicht vom selbständigen Glauben des Menschen promiscue in irgend welchem physischen Element und Akt zu effectuiren, vielmehr **das Physische muß eben durch das Gnadenwort Christi stiftungsmäßig für seine sacramentliche Gegenwart auserwählt sein** aus dem allgemeinen Bereich seiner schöpferischen Kraftgegenwart, und es muß **das Physische als Christi Sacrament geheiligt werden durch einen Glauben des Individuums**, welcher eben an das Gnadenwort sich bindet, es bewußt und freiwillig acceptirt, kurz: die sacramentliche Gegenwart ist ethisch bedingte Gnaden-Gegenwart in geistiger Kraftwirkung, nicht physische Macht-Gegenwart in absoluter Machtwirkung.

Nach allem bisher Entwickelten möchte sich der Begriff der Sacramente so bestimmen lassen: Sacrament ist die gottesdienstliche Verwendung derjenigen Naturmittel, welche durch das Gnadenwort des Herrn und durch das persönliche Glauben daran geheiligt sind zu Organen für die persönliche Mittheilung der neuen Bundesgnade in Christo, indem die göttliche Gnade, wie sie in der eigenthümlichen Lebensfülle Christi oder in seinem gottmenschlichen Wesen sich concentrirt, eben als Einheit des Himmlischen und Irdischen, des Geistigen und Leiblichen sich im Sacrament präsent macht, und sich mittheilt zur lebendigen Aneignung durch die entsprechende Receptionsthätigkeit des Glaubens.

Es erhellt nun auch aus dem Bisherigen, daß die Sacramente keine bloß zufällige, untergeordnete und partikuläre Bedeutung haben. Sie sind vielmehr **wesentliche und nothwendige Grundformen der neutestamentlichen Oekonomie** und der durch sie gestifteten Gottesgemeinschaft. Die Bestimmung der Gnade nämlich (Dogmatik § 24. III. 4) ist die in die Menschheit eingedrungene Sünde aufzuheben in ihrem ganzen Umfang. Mit bloßer Vergebung der sündigen Thaten ist die Sünde selbst nicht aufgehoben. Die Sünde als That ist theils willkürlicher, theils unwillkürlicher Ausfluß eines sündlichen, eines desorganisirten Habitus; sie hat in dem Naturleben der Menschheit und in dem ihres κοσμος und so auch in dem darin wurzelnden geistigen Leben Bestand als sinnliche, widergeistige Beschaffenheit, als Fleisch, kurz die Sünde besteht und effectuirt sich naturhaft. Dagegen auch das göttliche Leben, das übersinnliche Geistesleben ist in Jesu Christi Persönlichkeit ebenfalls naturhaft vermenschlicht worden, hat sich in ihm als eine heilig geistige Leiblichkeit gestaltet. Dieses Leben nun hat die Gnade **auch den Gläubigen immanent zu** machen, daß ihr ganzer Naturorganismus, Geist, Seele und Leib, die zusammen unter der Herrschaft des Fleisches, des sündigen Sinnenlebens stehen, zur freien Lebensherrlichkeit der Gotteskinder umgebildet wird, und in Folge davon endlich auch der äußere Naturorganismus, auch die vom Menschen abhängige und geschichtlich deformirte Welt. Eben die subjective Verinnerlichung des geistigen Lebens Christi in seiner rein menschlichen Naturwahrheit oder in der Realität des vollkommenen Menschensohns, dies bildet das Antidoton zu dem fleischlichen Leben, worin die Sünde und der Tod wurzelt. Nun kann aber der Geist in das Fleisch nicht unmittelbar eingehen, sondern er muß sich mit dem wirklichen Leben, das noch Fleisch ist, vermitteln und dieses ethisch, nach dem auf dem Geistesgebiet geltenden Gesetz freier Reception. So vermittelt sich der Geist zunächst mit dem geistigen Grund-Vermögen und Bewußtsein in unserer Natur, und dies geschieht durch Verkörperung des Geistes im Wort. In diesem hat das Leben Christi einen Sprachkörper angenommen für seine innere Geisteswirksamkeit oder für seine freie Uebertragung in das freie geistige Seelenleben des Menschen, in Bewußtsein und Wille, kurz: für die geistig seelische Wirksamkeit. Weiter dann für seine leiblich seelische Geisteswirksamkeit, wie sie von der vollendeten Geistleiblichkeit Christi ausgeht, also für die geistige Umbildung von Seele und Leib selbst nimmt der zeugende Geist Elementarkörper an und dies geschieht im Sacrament.

Damit ist aber nicht gesagt, daß die so vermittelte Wirkung des Geistes in den Sacramenten eine physische sei, so wenig als dies die Wirkung des Wortzeugnisses ist, in welchem ja das Geistige auch verkörpert ist als $\dot{\varrho}\eta\mu\alpha$ und $\gamma\varrho\alpha\mu\mu\alpha$, und eben das Wortzeugniß ist auch stetig zu verbinden mit dem Elementarzeugniß, mit den Sacramenten. Das Wirksame ist auch beim Wort nicht das Aeußere für sich, nicht sein $\gamma\varrho\alpha\mu\mu\alpha$ nur und das Hören desselben; ebensowenig ist das äußere Element beim Sacrament und der äußere Empfang das Wirksame, sondern der Geist ist es, welcher in beiden das Wirkende ist, im Wort und in den sacramentlichen Elementen. Und so ist auch bei Wort und Sacrament der Glaube, d. h. die receptive geistige Selbstthätigkeit das, was auf Seiten des Menschen die Wirkung vermittelt. Es ist also nicht eine physische, sondern eine geistige Dynamik, die alles bestimmt von Seiten des Objects (des Wortes und Sacraments) und auf Seiten des Subjects, des Empfängers, und gemäß dieser geistigen Dynamik ist auch die Wirkung der Sacramente selbst wesentlich geistig, aber so daß dieselbe in das leiblich seelische Leben hinein eben vergeistigend wirkt. Es ist aber nicht die materielle, die stoffliche Außenseite des Leibeslebens, nicht das physische Leibesleben, nicht das Fleisch, was durch die Sacramente erneuert und belebt wird. Die Sacramente sind kein Nahrungs- und Heilmittel für das Fleisch, dieses wird vielmehr abgetödtet durch die Geisteswirkung, indem dieselbe in die innere Seite des Leibeslebens, in die physische, ethisch belebend eindringt. Vgl. Röm. 6, 5 f. 2 Kor. 4, 10. 16. Luk. 17, 3. (Vgl. Sacramentenlehre und unten). So wird durch die geistige Dynamik des Sacraments die geistige Umbildung auch nach der körperlichen Außenseite des Seelenlebens vorbereitet, das künftige $\sigma\omega\mu\alpha$ $\pi\nu\varepsilon\nu\mu\alpha\tau\iota\varkappa\text{o}\nu$, eben mit Ausscheidung des fleischlichen Lebens, (nicht seiner Naturseite), d. h. des Verderbensprocesses der Sünde. Vgl. Joh. 6, 27. 33. 39. 48—51. 53. 54; 4, 14; 7, 38. So concentrirt sich im Sacrament eben das große Geheimniß oder große Sacrament, wenn man so sagen will, wie es im allgemeinen Bekenntniß des Glaubens liegt, daß Christus überhaupt als Sohn Gottes im Fleisch in dieser unserer Körperlichkeit sich offenbart, und im Geist, in der Kraft des überirdischen Lebens sich rechtfertigt.

§ 7. Die Taufe.

Die Taufe wird bezeichnet durch $\beta\alpha\pi\tau\iota\sigma\mu\alpha$ (als vollzogen) oder $\beta\alpha\pi\tau\iota\sigma\mu\sigma$ (als Akt), $\lambda o \upsilon \tau \rho \acute{o} \nu$,*) $\lambda o \upsilon \tau \rho o \nu$ $\tau o \tilde{\upsilon}$ $\ddot{\upsilon} \delta \alpha \tau o \varsigma$, $\lambda o \upsilon \tau \rho o \nu$ $\tau \eta \varsigma$ $\pi \alpha \lambda \iota \gamma \gamma \varepsilon \nu \varepsilon \sigma \iota \alpha \varsigma$. Eph. 5, 26. Tit. 3, 5. Im Wort $\beta\alpha\pi\tau\iota\zeta\varepsilon\iota\nu$ liegt der Begriff der Eintauchung, Untertauchung,**) nicht der Besprengung. Eben daher wird auch die Taufe als $\lambda o \upsilon \tau \rho o \nu$, Waschung bezeichnet, und $\beta\alpha\pi\tau\iota\zeta\varepsilon\iota\nu$ selbst von Waschungen gebraucht. Marc. 7, 4. Luk. 11, 38. Also Waschung durch Untertauchung ist die ursprüngliche Form der Taufe, und darauf weist auch der Gebrauch, an Flüssen zu taufen.***) Sofern nun die formelle Abweichung

---

*) Die Grammatiker unterscheiden $\lambda o \upsilon \tau \rho o \nu$ als Badewasser und $\lambda o \upsilon \tau \rho \acute{o} \nu$ als Badeakt.

**) $\beta\alpha\pi\tau\iota\zeta\varepsilon\iota\nu$ kommt nämlich her von $\beta\alpha\pi\tau\omega$, $\beta\alpha\zeta\omega$, $\beta\alpha\vartheta\omega$, wovon $\beta\alpha\vartheta o \varsigma$ Tiefe. So kommt auch unser Taufen von Teufen, Tiefen und Luther bemerkt daher: „So sollt es also sein und wäre recht, daß man nach Laut des Wörtleins „Taufen" Jeglichen, der getauft wird, ganz hinein ins Wasser senket oder teufet und wieder herauszöge".

***) In der griechischen Kirche ist die Untertauchung jetzt noch die gewöhnliche Form; in der abendländischen tritt vom achten Jahrhundert an statt der Untertauchung Begießung ein, vom dreizehnten an Besprengung.

nicht die Willkür und nicht den Zwang zum Princip hat, wie sie denn den Unterschied der klimatischen Verhältnisse für sich anführen kann namentlich beim Taufen von Kindern, alterirt sie das Wesen der Taufe nicht; denn dieses beruht nicht in der Quantität des Elements, sondern in der geistigen Qualität, Wasser und Geist, vermittelt durch Wort und Glauben; doch ist auch in der Form möglichste Einhaltung des Ursprünglichen und so immerhin da, wo es sich um erste Einführung der Taufe handelt, das dem Glauben angemessenste, auch ist nicht zu verkennen, daß unnöthige Abweichungen von der Form der Willkür Thür und Thor öffnen bis ins Wesentliche hinein. Auf der andern Seite aber gilt auch einer auf das Aeußere sich werfenden Aenderungssucht das Wort des Herrn, Matth. 23, 26: „reinigt zum Ersten das Innere", und Luk. 17, 21: „$\dot{\eta}$ $\beta\alpha\sigma\iota\lambda\epsilon\iota\alpha$ $\tau o\tilde{v}$ $\vartheta \epsilon o v$ $\dot{\epsilon}\nu\tau o\varsigma$ $\dot{v}\mu\omega\nu$ $\dot{\epsilon}\sigma\tau\iota\nu$", und gegenüber der Schwachen Röm. 14, 16 f.*) Durch die Form der Waschung schließt sich nun die christliche Taufe unmittelbar an die gottesdienstlichen Waschungen des A. T. an; vgl. Hebr. 9, 10: $\delta\iota\alpha\varphi o\varrho o\iota$ $\beta\alpha\pi\tau\iota\sigma\mu o\iota$. — Ueberblicken wir daher:

1) **Die geschichtliche Vorbereitung der Geistestaufe auf biblischem Boden.**

Schon im A. T. mußten Volk und Priester für den Gottesbund und Gottesdienst sich heiligen dadurch, daß sie durch Waschung oder Baden sich reinigten: so das ganze

---

*) Eben bei verloren gegangenen oder dem Redlichen zum Anstoß werdenden Wahrheiten ist nicht vorzufahren mit Bekennen und äußeren Anordnungen, sondern mit Belehrung — aber allerdings die unbefangene, nüchterne Belehrung darf auch keiner Antiquität und Starrsinnigkeit unterworfen werden.

1. Geschichtliche Vorbereitung.

Volk bei dem Bundesschluß (Exod. 19, 10., vgl. Jos. 3, 5); bei Opfern (1 Sam. 16, 5); die Priester für ihren Amtsantritt (Exod. 29, 1. 4. Levit. 8, 5 f.); ebenso für die einzelnen priesterlichen Verrichtungen, Exod. 30, 18 ff. Die Waschung erscheint schon im A. T. als äußere Reinigung*) für den äußeren Gottesdienst und Gottesbund (Hebr. 9, 10. 13), sofern Gott zunächst als Gott der Natur sich offenbarte und äußerlich gegenwärtig und zugänglich war in specieller Weise in der Bundeshütte, wie in allgemeiner in der Natur. Bei den Propheten wird die Waschung verbunden mit der Forderung selbstthätiger Reinigung des Herzens und Lebens durch Hassen und Meiden des Bösen, der Ungerechtigkeit, Feindseligkeit, durch Lieben und Suchen des Guten, vgl. z. B. Jes. 1, 16. Jer. 4, 14. So wird also die Waschung (die Taufe) schon mit μετανοια verbunden; mit der körperlichen Reinigung wird die seelische verbunden durch Forderung sittlicher Leistung. Beides nun, die vom Gesetz gebotene äußerliche Waschung und die von den Propheten geforderte sittliche Reinigung der μετανοια, hatte

a) am Uebergang des alten Bundes in den neuen der Vorläufer des Herrn, Johannes in seiner Taufe miteinander zu verbinden. Matth. 3, 1 f., vgl. V. 3. 5 f. Luk. 3, 10—14. Hier erscheint noch bloßes äußeres Wasser („ich taufe mit Wasser"), ohne daß eine besondere göttliche Kraft darin präsent war. Ihre Kraft erhielt die Wasser=

---

*) Bekanntlich dehnten in dieser Weise die Pharisäer die Waschungen auch über die unmittelbar gottesdienstlichen Handlungen hinaus bis auf das ordinäre Tagesleben und auch auf die Gefäße aus. Marc. 7, 1—9. Gegenüber dieser minutiösen Veräußerlichung weist der Herr (Marc. 7, 14—16. 21—23) auf die Nothwendigkeit einer innerlichen Herzensreinigung.

taufe objectiverseits durch die erweckende und Sünden aufdeckende Kraft der Predigt und subjectiverseits durch die die Taufe bedingende μετανοια. Nur bei denjenigen Zuhörern, bei denen dies Wort Eingang fand, also durch die μετανοια, erhielt die Taufe auch innere Kraft und Bedeutung, Matth. 3, 6—8. Daher heißt die Johanneische Taufe eben βαπτισμα μετανοιας, Bußtaufe. Act. 19, 4. Die Kraft der Taufe war also göttlicher- und menschlicherseits principiell ethisch vermittelt, daher reiht sich denn auch an den Taufakt die Verpflichtung zum rechtschaffenen Lebenswandel, zur fortlaufenden sittlichen Reinigung, mit Verheißung der Sündenvergebung nicht nur, sondern auch einer künftigen Geistestaufe; hiefür war die so vollzogene Wassertaufe die verheißende Versiegelung. Die **Bestimmung** der Taufe war: vorzubereiten für den Herrn des neuen Bundes (Matth. 3, 3. Luk. 1, 16); aber nicht unmittelbar für seine Geistestaufe, sondern für sein Evangelium, seine Reichspredigt. Denn auch mit dem Evangelium selbst trat vorher noch

b) **eine Wassertaufe** ein, durch die Jünger Jesu, ehe die Geistestaufe kam. Joh. 3, 22, vgl. 4, 2. Auch hier ist es wieder das Wort, das die neue Wasser-Taufe vorbereitet, indem es nun neben der Buße auf Glaubens-Erweckung berechnet ist, (μετανοειτε και πιστευετε Marc. 1, 14) aber vorerst nur auf Glauben an die Lehre Jesu, an das Evangelium vom Reich, noch nicht an die Person Jesu, πιστευετε εν τω ευαγγελιω, Marc. 1, 14 f. Die Taufe schließt sich dem μαθητας ποιειν an (Joh. 4, 1. Ιησους μαθητας ποιει και βαπτιζει), und μαθηται sind Schüler, Lehrlinge, vgl. Joh. 8, 31; 9, 27 f. Matth. 26, 56.

1. Geschichtliche Vorbereitung.

Auf die Schülerschaft war die Taufe eben das Siegel, wie bei Johannes auf das Bußbekenntniß; es war hienach eine **Lehrtaufe, keine bloße Bußtaufe.** Die letztere entließ die Leute wieder nach ihrem Sündenbekenntniß mit den nöthigen Ermahnungen und ihrer Verpflichtung. Dagegen die Jünger= taufe verpflichtete zum weiteren Unterricht, zur Jüngerschaft auf das schon gehörte und angenommene Wort*) hin und nahm auf in die Lehrgenossenschaft Jesu, in seine Schule, aber noch nicht in die Geistes= und Gemeindegenossenschaft, war jedoch die pädagogische Anbahnung der letzteren. Dabei war es aber noch keine Geistestaufe, daher auch nicht von Christo selbst verrichtet (Joh. 4, 2); ihm war die Geistestaufe vorbehalten, die erst nach Vollendung seines Werkes statthaft war. Beide Taufen, die Bußtaufe des Johannes und die Lehrtaufe Jesu sind christliche Taufen im weitern Sinn, sofern sie sich auf Christum und das mit ihm kommende Reich Gottes beziehen; beide sind ihrer Materie nach bloße **Wassertaufen,** haben aber ihre **präparatorische Be= deutung****) für die Geistestaufe; sie verbürgen das in Christo noch zu erwartende Heil und berechtigen dazu. Der Geistestaufe ging aber auch

c) **ihre bestimmte prophetische Ankündigung und Verheißung schon im A. T. voraus.** Es wird

---

*) In diesem Sinn wird öfters bemerkt: „es glaubten viele an ihn, die ihn hörten, und wie wenig Christus schon diesen Glauben verachtete, zeigt Matth. 18, 6 mit 10, 42.

**) In dieser Weise könnte namentlich auf dem Missionsgebiet eine Vortaufe stattfinden; so könnten auch die verschiedenen Schichten, die jetzt, in der Kirche durcheinander gelagert sind, stufenmäßig übereinander ge- lagert werden.

zunächst im Allgemeinen die belebende göttliche Kraft und das zukünftige Heil, beides in geistiger Beziehung dargestellt unter der Form des Wassers. Jerem. 17, 13 heißt der Herr die Quelle des lebendigen Wassers (daran schließt sich Joh. 4, 10: „lebendiges Wasser"; V. 14: „ein Quell, der ins ewige Leben fließt"; vgl. Apok. 21, 6.; 22, 1 mit Zach. 14, 8.) Jes. 12, 1—3: „ihr werdet mit Freuden Wasser schöpfen aus der Quelle des Heils"; 49, 10: ihr Erbarmer wird sie am Tag des Heils an die Wasserquellen leiten"; 43, 19 f.: „ich will ein Neues schaffen: Weg in der Wüste und Ströme in der Einöde. Es wird aber auch ausdrücklich die **Mit=theilung des Geistes Gottes** gerade unter dieser Form dargestellt, so schon in der solenn gewordenen allgemeinen Bezeichnung „Ausgießung des Geistes" aus Joel 3, 1 vgl. mit 2, 23. Aber nicht nur das, es findet sich auch die **specielle Verknüpfung von Wasser und Geist**. Jes. 44, 3: „ich will Wasser gießen auf das Durstige und Ströme auf die Dürre, ich will meinen Geist auf deinen Samen gießen". Ezech. 36, 25—27: „ich will rein Wasser über euch sprengen,*) daß ihr rein werdet; von aller eurer Unreinigkeit will ich euch reinigen; ich will euch einen neuen Geist und ein neues Herz in euch geben, ich will meinen Geist in euer Inneres geben.

Die Prophetie hat also in allmählicher Entwicklung bereits den Begriff einer göttlichen Geistes=Mittheilung vor= bereitet, die sich durch Wasser, d. h. eben als Taufe vermittelt; es wird mit Beziehung auf Gott als die Lebensquelle die Begießung und Besprengung mit einem Wasser verheißen,

---

*) זָרַק „sprengen" neben יָצַק „ausgießen" Jes. 44.

das im Gegensatz zum irdischen Wasser reines Wasser, Lebenswasser heißt, wobei zugleich der Geist Gottes ausgegossen und ins Herz gegeben werde; und als Wirkung davon hat die Prophetie eine göttliche innerliche Reinigung und Neubelebung ausgesprochen, welche Geist und Herz erneuert und die Kraft verleiht, in Gottes Geboten zu wandeln. Dies alles ist verheißen als That des Herrn und zwar für eine neue göttliche Bundes- und Reichsperiode. Es war daher ebenso bedeutsam als verständlich, wenn der Täufer bei der Ankündigung eben des nahenden Reichs und Heils mit einer Wassertaufe anhebend sich als Vorläufer dessen bekannte, der βαπτισει (begießt) ἐν πνευματι ἁγιῳ, nicht bloß ἐν ὑδατι; und ebenso wenn Christus Joh. 3, 5 als Canon des neuen Reichs aufstellt: neue Lebenszeugung aus Wasser und Geist; daher sein gerechtes Befremden, daß Nikodemus als Schriftgelehrter nichts davon begreift.

Gehen wir nun über

2) auf Begriff und Wirkung der neuen Bundestaufe, der sacramentlichen Taufe. Der Grundgedanke liegt in Joh. 3, 5 f., wonach aus Verbindung von Wasser und Geist eine neue, innere Lebensschöpfung im Menschen sich vollzieht, die Neuzeugung eines Lebens, das selbst Geist ist und das erst den Menschen befähigt zur persönlichen Gemeinschaft mit dem Reich Gottes, d. h. mit dem übersinnlichen Lebenssystem des Geistes.*)

---

*) S. Textentwicklung zur Lehre von den Sacramenten S. 30. Hineinkommen ins Reich Gottes ist mehr, als „ihrer ist das Himmelreich, das Reich Gottes." Letzteres gilt schon, wo eine ethische Fähigkeit fürs Reich Gottes überhaupt ist, noch kein aus Gott geborener Geist. Matth. 5, 3. 10. Marc. 10, 14. Das Hineinkommen aber ist die wirklich eintretende persön-

Das Wasser als das mit dem heiligen Geist verbundene Element heißt nun ὕδωρ καθαρόν, Ebr. 10, 22, anschließend an Ezech. 36, 25; vgl. Eph. 5, 26: „καθαρισας τῳ λουτρῳ του ὑδατος"; auch heißt es ὕδωρ ζων Joh. 4, 10. 14, anschließend an Jer. 17, 13. Das irdische Wasser ist weder das reine, noch das lebendige Wasser im eigentlichen, biblischen Sinn, sowenig als unser Geist der Geist im biblischen Sinn ist. Die neue Bundestaufe heißt eben vermöge der Einigung von Geist und Wasser in der Waschung βαπτιζειν ἐν πνευματι, λουτρον της παλιγγενεσιας και ἀνακαινωσεως πνευματος ἁγιου. Tit. 3, 5. Die sacramentliche Taufe besteht also im Unterschied von allen andern Taufen eben in der Verbindung des überirdischen Geistes mit dem irdischen Wasser durch Verbindung des menschlichen Glaubens mit dem göttlichen Gnadenwort, und aus dieser Verbindung von Wort und Glaube, Wasser und Geist geht die **Zeugung eines neuen Lebens** im Menschen vor sich, eine **Palingenesie**, welche eine fortlaufende geistige Erneuerung begründet, ἀνακαινωσις, oder die Wiederherstellung und Ausbildung eines geistigen Menschenlebens im überweltlichen Sinn. Zugleich aber vermittelt die Geistestaufe in Bezug auf die alte Seite des Lebens eine Reinigung, Eph. 5, 26: καθαρισας τῳ λουτρῳ του ὑδατος. Diese Reinigung ist nicht bloß ethische Selbstreinigung, wie sie die geforderte Sinnesänderung bei der bloßen Wassertaufe bewirkt*), sondern

---

liche Gemeinschaft, ist die sich vollziehende Heilsgemeinschaft, vgl. Joh. 10, 9; daher 1 Petri 3, 21: βαπτισμα σωζει; Tit. 3, 5 ἐσωσεν ἡμας δια λουτρου παλιγγενεσιας.

*) Daher auch die letztere Joh. 3, 25 f. mit Einschluß der durch die Sinnesänderung bedingten Vergebung der einzelnen bekannten Sünden als Reinigung zur Sprache kommt.

2. Begriff und Wirkung.

die sacramentale Reinigung wirkt als innerlich heiligende Gotteskraft im Gewissen, das sich mit seiner Zurechnung nicht bloß auf einzelne Sündenthaten, oder nur auf die äußeren Verhältnisse bezieht, sondern das Gewissen richtet den Menschen nach seinem persönlichen Sinn und Wesen, nach seinem geistigen und ewigen Verhältniß. Es ist also die sacramentliche Reinigung **eine solche, die den Menschen in seinem innersten persönlichen Sein und Bewußtsein heiligt**, und sie involvirt so Sündenvergebung und Einigung mit Gott im Sinn der Ewigkeit, daher Hebr. 9, 12. 14 von einer ewigen Erlösung redet; Eph. 5, 26 ist daher $\kappa\alpha\vartheta\alpha\rho\iota\sigma\alpha\varsigma$ nur nähere Bestimmung von $\dot{\alpha}\gamma\iota\alpha\sigma\eta$ und Act 22, 16 braucht den Ausdruck $\dot{\alpha}\pi o\lambda o v\varepsilon\iota v$ $\tau\eta v$ $\dot{\alpha}\mu\alpha\rho\tau\iota\alpha v$, Tit. 3, 7 anschließend an $\dot{o}\varsigma$ $\dot{\varepsilon}\sigma\omega\sigma\iota v$ $\dot{\eta}\mu\alpha\varsigma$ $\delta\iota\alpha$ $\lambda o v\tau\rho o v$ $\pi\alpha\lambda\iota\gamma\gamma\varepsilon v\varepsilon\sigma\iota\alpha\varsigma$: $\iota v\alpha$ $\delta\iota\kappa\alpha\iota\omega\vartheta\varepsilon v\tau\varepsilon\varsigma$ $\kappa\lambda\eta\rho o v o\mu o\iota$ $\gamma\varepsilon v\omega\mu\varepsilon\vartheta\alpha$; 1 Kor. 6, 11 knüpft sich an $\dot{\alpha}\pi\varepsilon\lambda o v\sigma\alpha\sigma\vartheta\varepsilon$ an $\dot{\eta}\gamma\iota\alpha\sigma\vartheta\eta\tau\varepsilon$, $\dot{\varepsilon}\delta\iota\kappa\alpha\iota\omega\vartheta\eta\tau\varepsilon$ $\dot{\varepsilon}v$ $\tau\omega$ $\dot{o}v o\mu\alpha\tau\iota$ $\tau o v$ $\kappa v\rho\iota o v$ $'I\eta\sigma o v$ $\kappa\alpha\iota$ $\dot{\varepsilon}v$ $\tau\omega$ $\pi v\varepsilon v\mu\alpha\tau\iota$ $\tau o v$ $\vartheta\varepsilon o v$ $\dot{\eta}\mu\omega v$. Daß aber bei dieser geistigen Wirkung das Wasser nicht zurücktritt, und so auch nicht die **Beziehung auf den Leib**, zeigt nicht nur die Verbindung der geistigen Wirkung mit $\beta\alpha\pi\tau\iota\zeta\varepsilon\iota v$, $\lambda o v\tau\rho o v$ und $\dot{\alpha}\pi o\lambda o v\varepsilon\iota v$, sondern auch die ausdrückliche Bezeichnung Hebr. 10, 22 f.: $\pi\rho o\sigma\varepsilon\rho\chi\omega\mu\varepsilon\vartheta\alpha$ $\lambda\varepsilon\lambda o v\mu\varepsilon v o\iota$ τo $\sigma\omega\mu\alpha$ $\dot{v}\delta\alpha\tau\iota$ $\kappa\alpha\vartheta\alpha\rho\omega$ (die Waschung ist auf den Leib bezogen und eine mit reinem Wasser vollzogene). Die Beziehung auf die Taufe erhellt aus $\lambda\varepsilon\lambda o v\mu\varepsilon v o\iota$, aus $\dot{v}\delta\omega\rho$ und aus dem V. 23 sich anschließenden Bekenntniß der Hoffnung, das festzuhalten sei. Mit dieser Beziehung der Taufe auf den Leib ist nun aber nicht die äußerliche Leibesreinigung gemeint, wie sie durch gewöhnliches Wasser geschieht, — diese heißt Reinigung am Fleisch 9, 13 (von der alttestamentlichen Reinigung), vgl. V. 10; und 1 Petri 3, 21 steht das neutestamentliche $\beta\alpha\pi\tau\iota\sigma\mu\alpha$ mit seiner Wirkung gerade entgegen dem $\sigma\alpha\rho\kappa\sigma\varsigma$ $\dot{\alpha}\pi\sigma\vartheta\epsilon\sigma\iota\varsigma$ $\dot{\rho}\upsilon\pi\sigma\upsilon$. Auch wird das irdische Wasser im Sprachgebrauch des neuen Bundes nicht $\ddot{\upsilon}\delta\omega\rho$ $\kappa\alpha\vartheta\alpha\rho\sigma\nu$ genannt, da es selber unrein ist, wie der ganze $\kappa\sigma\sigma\mu\sigma\varsigma$; reines Wasser, sowie lebendiges Wasser ist das mit dem Geist als dem heiligen Lebensgeist verbundene, das sacramentliche Wasser. So ist es eine geistige Lebensreinigung, eine Reinigung, die durch das im Glauben aufgenommene Wort, welches der neutestamentlichen Taufe vorausgeht, innerlich von der Seele aus in Kraft des heiligen Geistes vorgeht an dem seelischen Leibesverband, (nicht an dem materiellen, am Leib, nicht an der $\sigma\alpha\rho\xi$). Die Seele bildet durchaus und so auch hier das Mittelglied zwischen Geist und Leib. Indem der Geist die Seele reinigt (1 Petri 1, 22) wird auch der Leib gereinigt, nicht in seinen unmittelbar physischen Functionen, aber in seinen psychischen Functionen; der Leib in seiner Thätigkeit, wie sie der persönlichen Selbstbestimmung angehört, in seiner moralischen Beziehung, nicht in seiner physischen, wird eine Werkstätte des Geistes zum Dienst des Herrn, und daraus geht eine Verherrlichung Gottes im Leibesleben hervor, ein lebendiger Gottesdienst mit Heiligung der persönlichen Leibesthätigkeit, daher 1 Kor. 6, anknüpfend an die Abwaschung V. 11, die Hinweisung in V. 13: „τo $\sigma\omega\mu\alpha$ $o\dot{\upsilon}$ $\tau\eta$ $\pi o\rho\nu\epsilon\iota\alpha$, $\dot{\alpha}\lambda\lambda\alpha$ $\tau\omega$ $\kappa\upsilon\rho\iota\omega$ $\kappa\alpha\iota$ $\dot{o}$ $\kappa\upsilon\rho\iota o\varsigma$ $\tau\omega$ $\sigma\omega\mu\alpha\tau\iota$", und V. 20: „verherrlicht Gott in eurem Leibe." Leib ist dort im ganzen Zusammenhang nicht als bloßes Bild des Wandels gedacht, sondern wie der daneben genannte Geist als Bestandtheil des persönlichen Lebens; auch Röm. 12, 1 f. $\pi\alpha\rho\alpha\sigma\tau\eta\sigma\alpha\iota$ $\tau\alpha$ $\sigma\omega\mu\alpha\tau\alpha$ $\dot{\upsilon}\mu\omega\nu$ $\vartheta\upsilon\sigma\iota\alpha\nu$

3. Objective Voraussetzung.

ζωσαν τω θεω — μεταμορφουσθε τη ανακαινωσει του νοος weist auf diesen leiblichen Gottesdienst, vermittelt durch die ανακαινωσις του νοος. In der sacramentlichen Taufe des neuen Bundes, welcher der mit Sinnesänderung verbundene Glaube an die Versöhnung in Christo vorauszugehen hat, wird also der lebendige Anfang eines geistigen Personlebens von oben gesetzt, eines überweltlichen Geisteslebens, das auch in den Leib einwirkt, indem es die Seele und durch sie den Leib reinigt und mit Gott einigt. —

Was ist nun

3) **die objective Voraussetzung für dieses Eigenthümliche in Begriff und Wirkung der sacramentlichen Taufe?** Dies ist die Offenbarung Gottes in Jesus Christus. Erst nachdem die trinitarische Offenbarung faktisch in Christo vollzogen und zugleich ins Wort gestellt war, erst wo eine Sinnesänderung und ein Glaube gepredigt werden und Platz greifen konnte, welche auf die Todes- und Auferstehungskraft Christi gründen, wo nun der Geist selbst als die Kraft aus der Höhe, als die himmlische Kraft nicht nur vorübergehend einwirkt, sondern als ausgegossener Geist zum dauernden Eigenthum werden kann und soll: erst da wird die Geistestaufe, die sacramentliche Taufe eingesetzt und angefangen, die Taufe mit seligmachender Kraft für den Glauben und mit verdammender für den Unglauben. Luk. 24, 46—49. Marc. 16, 15 f. So tritt nun die Taufe auf als die Aufnahme in die Offenbarungsgemeinschaft des trinitarischen Gottes. Matth. 28. 19. Βαπτιζειν εις το ονομα heißt nicht bloß auf das Bekenntniß taufen, ονομα ist das selbständige Sein Gottes, wie es sich offenbar gemacht hat, die göttliche Selbsterschließung und βαπτιζειν εις geht auf eine innere

Verbindung damit, wie das analoge $\beta\alpha\pi\tau\iota\zeta\epsilon\iota\nu$ $\epsilon\iota\varsigma$ $X\varrho\iota\sigma\tau o\nu$, Gal. 3, 27 f., $\H{o}\sigma o\iota$ $\epsilon\iota\varsigma$ $X\varrho\iota\sigma\tau o\nu$ $\epsilon\beta\alpha\pi\tau\iota\sigma\vartheta\eta\tau\epsilon$, $X\varrho\iota\sigma\tau o\nu$ $\epsilon\nu\epsilon\delta\nu\sigma\alpha\sigma\vartheta\epsilon$, wo es nicht nur eine Verpflichtung auf Christum bedeutet, sondern wirklich ein Anziehen Christi ($\epsilon\nu\delta\nu\sigma\alpha\sigma\vartheta\alpha\iota$), so daß ein persönliches Sein in Christo stattfindet, $\hat{\upsilon}\mu\epsilon\iota\varsigma$ $\epsilon\sigma\tau\epsilon$ $\epsilon\nu$ $X\varrho\iota\sigma\tau\omega$. So wird auch Röm. 6, 9 vgl. mit V. 5 das $\beta\alpha\pi\tau\iota\zeta\epsilon\sigma\vartheta\alpha\iota$ $\epsilon\iota\varsigma$ $\tau o\nu$ $\vartheta\alpha\nu\alpha\tau o\nu$ $\alpha\hat{\upsilon}\tau o\upsilon$ erklärt als Zusammenpflanzung damit. $'E\nu\delta\upsilon\epsilon\sigma\vartheta\alpha\iota$ (Gal. 3, 27) heißt eigentlich in Etwas sich einhüllen, dann allgemein eingehen in Etwas, daher es nicht nur auf Kleider angewandt wird, sondern auch auf innerliche Aneignung der Worte, so bei Xenophon: $o\iota$ $\lambda o\gamma o\iota$ $\epsilon\nu\delta\upsilon o\nu\tau\alpha\iota$ $\tau\alpha\iota\varsigma$ $\psi\upsilon\chi\alpha\iota\varsigma$ $\tau\omega\nu$ $\alpha\kappa o\upsilon o\nu\tau\omega\nu$, die Worte gehen ein in die Seelen der Hörenden, werden darin aufgenommen.

Die Bezeichnungen Vater, Sohn und Geist (Matth. 28, 19) sind zunächst hergenommen aus dem menschlichen Natur-Verband, drücken daher aus, daß Gott seinen Namen habe, offenbar, d. h. nahe geworden sei in menschlicher Naturhaftigkeit, wie dieselbe constituirt ist durch Vaterschaft, Sohnschaft und Geistsein. Indem Gott als Vater, Sohn und Geist sich darstellt, geht er wirklich ein in menschliches Wesen und Leben, und wirkt nun in diesem selbst; Gott ist uns Vater geworden und will es uns sein durch den Sohn im heiligen Geist. Diese Offenbarungsweise bildet eben die $\pi\lambda\eta\varrho\omega\sigma\iota\varsigma$ der Offenbarung im Vergleich zum alten Bund. Dort wirkte Gott nur als Gott Himmels und der Erde im äußerlichen Naturleben auch beim Menschen; jetzt wirkt er im Verhältniß zu den Menschen als Vater, d. h. als der Gott, der nun sein eigenes Leben, das göttliche Leben menschlich zeugt, ferner als Sohn, der das göttliche Vaterleben menschlich gezeugt in sich hat und so es zur Erscheinung bringt, als Geist, der Christi gottmenschliches Leben nach seiner Innerlichkeit in sich faßt und auch in den Menschen innerlich macht, es transeunt macht. Es ist also kurz gesagt durch den Namen des Vaters, Sohnes, Geistes **die gott= menschliche Lebensoffenbarung** bezeichnet; und so ist die Taufe die Aufnahme in diese gottmenschliche Lebensoffen= barung, wodurch eben dieses Leben in dem Menschen neu gezeugt, sein eigenes inneres Leben wird.*)

Die Offenbarung in dieser ihrer ganzen Eigenthümlichkeit ist nun eben in Jesu Christo zusammengefaßt, und mit dem Menschen vermittelt. In Jesu Christo ist Gott als Vater, Sohn und Geist menschlich naturhaft geworden, und macht sich in uns naturhaft, in ihm erscheint und kommt Gott zu uns als Vater, Sohn und Geist; er ist das orga= nisatorische Central=Princip (vgl. § 1); darum ist es nur ein das Trinitarische zusammenfassender Ausdruck, wenn die Taufe kurzweg $\beta\alpha\pi\tau\iota\zeta\epsilon\iota\nu$ $\epsilon\iota\varsigma$ $X\rho\iota\sigma\tau o\nu$ heißt; so außer Gal. 3, 27, Röm. 6, 3 öfters in den Acta. Also Christus, in welchem Gott als Vater, Sohn und Geist menschlich naturhaft geworden ist, wird angeeignet in der Taufe, wird in den Menschen aufgenommen, so daß eine Wesens=Einigung Statt hat, eine wirkliche Lebensgemeinschaft. Die Vereinigung mit ihm erfolgt nicht nur moralisch, durch eine moralische Umänderung, sondern nach Eph. 2, 15 durch eine organisa= torische Umbildung in den neuen Menschentypus, $\kappa\tau\iota\zeta\epsilon\iota\nu$ $\epsilon\iota\varsigma$ $\kappa\alpha\iota\nu o\nu$ $\alpha\nu\vartheta\rho\omega\pi o\nu$.**)

---

*) Vgl. Sacramenten=Lehre Sätze S. 11, Text=Entwicklung S. 44.
**) Diese Aneignung aber geschieht in der Taufe nur anfangsweise, principiell, und darum muß die Aneignung Christi von der Taufe aus

Von dieser Centralbestimmung aus, daß die Taufe ein Anziehen, eine Verinnerlichung Jesu Christi ist, erklärt sich nun auch die ganze Bedeutung der neutestamentlichen Taufe, da es der lebendige Christus ist, der verinnerlicht wird, nicht der todte und nicht der Christusgeist; es erklärt sich namentlich die reinigende, belebende Wirkung, welche der Taufe beigelegt wird. Der Geist nämlich, der in der Taufe wirkt, nimmt wie Alles, was er wirkt, so auch, was er in der Taufe wirkt, von dem, was Jesu Christi ist, aus seiner Substanz: aus ihm als dem Gekreuzigten die Reinigung, aus ihm als dem Auferstandenen das neue Leben, wovon bereits die Rede war. Vgl. auch die Sacramentenlehre. Daher wird die Taufe Röm. 6, 3—5, Kol. 2, 12 mit 3, 3, Eph. 2, 5 f. dargestellt als ein Getauftwerden in Christi Tod, aber mit Anschluß der Gemeinschaft seiner Auferstehung, so daß der Mensch darein gepflanzt oder wirklich versetzt ist eben durch die Glaubens= und Geistesverbindung mit Christus. So kommt der Mensch in Aehnlichkeit mit Christi Sterben und Auferstehen; d. h. nicht um die identische Vollziehung vom Sterben und Auferstehen Christi, um die leibliche Vollziehung handelt es sich, aber auch nicht um eine bloß ideale, moralische, oder symbolische Versetzung darein, sondern um die geistige Seite. Diejenigen, welchen durch den Glauben das Wort des Geistes, das Evangelium eingepflanzt ist, versetzt die Taufe durch die Kraft des damit sich verbindenden Geistes in Christum, so daß sein Sterben und seine Auf-

---

auch fortgehen; daher Röm. 13, 14 die Ermahnung $\dot{\varepsilon}\nu\delta\upsilon\sigma\alpha\sigma\vartheta\varepsilon\ \tau o\nu\ \varkappa\upsilon\varrho\iota o\nu\ \mathrm{'}I\eta\sigma o\upsilon\nu\ X\varrho\iota\sigma\tau o\nu$ an schon Getaufte gerichtet; und damit coincidirt das Anziehen des neuen Menschen Kol. 3, 10, denn der neue Mensch ist der Christus in uns.

erstehung zu Kraft und Leben in ihnen wird, und eben dadurch bringt die Taufe von Seiten Gottes das mit sich, was die Frucht des Todes und Auferstehens Christi ist. Von dem verinnerlichten Tod Christi als Sühnmittel*) geht die Vergebung der Sünden aus als eine Abwaschung d. h. als reale Reinigung von der Sünde (nicht als Declaration nur) mit der Wirkung eines guten oder reinen Gewissens. Act. 2, 38; 22, 16. Hebr. 10, 22. 1 Petri 3, 21. Von der verinnerlichten Auferstehung Christi aber geht das neue Geistesleben aus, woraus die geistige Erneuerung sich erzeugt, die $\mathit{\dot{\alpha}\nu\alpha\varkappa\alpha\iota\nu\omega\sigma\iota\varsigma}$ sammt der Heiligung des Leibes, und am Ende ein geistiger Leib selbst. Tit. 3, 5. Röm. 6, 4 ff.

Der Geist ist, wie überhaupt, so auch in der Taufe das dynamische Princip, durch welches die Verbindung der Todeskraft und Lebenskraft Jesu Christi als eine göttliche Kraftverbindung mit dem Naturelement sich vollzieht für das gläubige Subject. Christus aber in seiner gottmenschlichen Persönlichkeit ist die Substanz, das persönliche Gnadengut, das in der Taufe durch den Geist angeeignet wird im Glauben, also durch geistige Dynamik. Christus ist dies als der, in welchem sich die gottmenschliche Lebensoffenbarung, die

---

*) Sofern die Kraft des Todes Christi in sein Blut gelegt wird, ist es nicht gerade unbiblisch, wenn man bei der Taufe auf das Blut reflectirt, wie in Luthers Tauflied: „mehr sieht das Aug im Taufen nicht als bloßes Wassergießen; der Glaube sieht durch höhres Licht das Blut des Bundes fließen. O Geist, durchs Wasser und durchs Blut laß auf uns Gnade fließen;" — nur haben wir keinen ausdrücklichen Anhaltspunkt an biblischen Stellen. 1 Joh. 5, 6 ließe sich das Kommen Christi durch Wasser und durch Blut, wie Joh. 3, 5 das Wasser und Geist, auf die Taufe beziehen; Hebr. 10, 22 ist mit der Waschung am Leibe verbunden das Besprengtsein am Herzen; vgl. 12, 24: „Blut der Besprengung."

des Vaters, Sohnes und Geistes, concentrirt mit ihrer die menschliche Natur heiligenden und belebenden Gnade.

Wir gehen nun noch besonders

4) auf die Frage ein: Wodurch wird jene Verbindung des Geistes mit dem Natur-Element und die persönliche Aneignung Christi in der Taufe vermittelt, d. h. nicht: wodurch ist sie an und für sich möglich (§ 6), sondern: welches sind die Mittel, wodurch sie bei den Menschen verwirklicht wird? Marc. 16, 15 f. ist das $\sigma\omega\vartheta\eta\sigma\varepsilon\tau\alpha\iota$, also die Heilswirkung im Ganzen an $\beta\alpha\pi\tau\iota\sigma\vartheta\varepsilon\iota\varsigma$ geknüpft, dieses aber an $\pi\iota\sigma\tau\varepsilon\nu\sigma\alpha\varsigma$, und letzteres an $\varkappa\eta\varrho\nu\sigma\sigma\varepsilon\iota\nu\ \tau\text{o}\ \varepsilon\nu\alpha\gamma\gamma\varepsilon\lambda\iota\text{o}\nu$. Wird auch die Echtheit der Stelle in Frage gestellt, so geschieht dies doch nur aus Gründen, die selbst de Wette als „Verdächtigungen" bezeichnet, während alle vorhandenen Codices (außer Vatican.), Versionen und Väter die Stelle haben. Jedenfalls wenigstens beweist sie, wie der Taufakt im christlichen Alterthum verstanden und vollzogen wurde, und sie faßt nur kurz zusammen, was, wie sich nachher zeigen wird, in anderen Stellen der Schrift und in der apostolischen Praxis durchgeführt ist. Vgl. vorläufig z. B. Act. 2, 22—41. Da ist apostolische Vollziehung des Taufbefehls, wo gerade ebenso die Predigt des Evangeliums und das $\dot{\alpha}\sigma\mu\varepsilon\nu\omega\varsigma\ \dot{\alpha}\pi\text{o}\delta\varepsilon\xi\dot{\alpha}\mu\varepsilon\nu\text{o}\iota\ \tau\text{o}\nu\ \lambda\text{o}\gamma\text{o}\nu$, d. h. das $\pi\iota\sigma\tau\varepsilon\nu\varepsilon\iota\nu$ dem $\beta\alpha\pi\tau\iota\zeta\varepsilon\sigma\vartheta\alpha\iota$ vorangeht; und Eph. 1, 13 ist an das Hören des Evangeliums und das Glauben die Versiegelung mit dem heiligen Geist geknüpft.

Indem sich also in der Taufe mit einander verbinden soll irdisches Wasser und überirdischer Geist zu einer seligmachenden Kraftwirkung, zum $\sigma\omega\zeta\varepsilon\iota\nu$, sind die Verbindungsglieder von Seiten Gottes das objectiv vorhandene und verkündigte Gnadenwort, von Seiten des Menschen das subjective Glaubensverhalten.*) Entwickeln wir nun dies im Einzelnen, nachdem es im Allgemeinen bisher schon berücksichtigt ist.

Schon die Belebungskraft des natürlichen Wassers ist 2 Petri 3, 5 in Beziehung gesetzt zum göttlichen Wort („die Erde existirt aus Wasser und durch Wasser, (aber) auf Grund des Wortes Gottes"), sofern nämlich dasselbe als das schöpferische Machtwort, als $\dot{\varrho}\eta\mu\alpha\ \delta\nu\nu\alpha\mu\varepsilon\omega\varsigma$ (siehe §. 6, 3, a) auch das physische Bestehen und Kraftwirken aller Dinge bedingt. So nun auch beim Taufwasser begründet die Stelle Eph. 5, 26 eben $\dot{\varepsilon}\nu\ \dot{\varrho}\eta\mu\alpha\tau\iota$ seine reinigende Wirksamkeit, sofern nämlich der Vollzug der Taufe selbst das verkündigte Wort ($\dot{\varrho}\eta\mu\alpha$) der neuen Offenbarung zur Voraussetzung hatte, vgl. Joh. 15, 3 „ihr seid jetzt rein wegen des Worts, das ich euch vorgetragen habe"; 17, 17: „heilige sie in deiner Wahrheit, dein Wort ist die Wahrheit"**). In demselben Wort Christi liegt auch die neuzeugende Kraft der Taufe. Jak. 1, 18. Also Reinigung, Heiligung, Neuzeugung, alles ist ans Wort geknüpft. Demnach ist **das Wort als Produkt und Träger des göttlichen Geistes das Mittel, wodurch die reinigende und neuzeugende Kraft des Geistes Christi unter Voraussetzung des Glaubens mit der Wassertaufe sich verbindet.** Es ist auch hier, wie in Allem (§ 1) das organisirende Princip.

---

*) Damit verliert das, was die Schrift von der Taufe sagt, den magischen Schein.

**) Reinigung bezieht sich auf die alte Seite des Lebens, Heiligung auf das neu zu begründende Verhältniß, auf die Einigung mit Gott.

Wie aber kommt durch dieses Wort die reinigende und neuzeugende Kraft in die Täuflinge? Etwa auch nur, wie durch das Wort der Kraft die physischen Wirkungen vermittelt werden, also ohne Willen und Wissen des Menschen, rein objectiv, durch das bloß ausgesprochene Wort? oder umgekehrt rein subjectiv durch die bloß moralische Anwendung, die der Täufling vom Wort macht? Gegen das Letztere gilt, daß dem Wort eine objectiv selbständige Kraft und Wirkung allerdings zukommt, so gewiß es der Same des neuen Lebens heißt, und ein Same in selbständig producirendem Verhältniß zu dem aus ihm hervorgehenden Leben steht. 1 Petr. 1, 23. Hienach ist das Wort allerdings lebendig in sich selbst, der Mensch macht es nicht erst lebendig mit seinen Gedanken und Anwendungen, sondern das Wort macht den Menschen lebendig; und zwar ist es ewig lebendig ($\lambda o\gamma o\varsigma\ \mu\varepsilon\nu\omega\nu$). Durch dasselbe findet eine unvergängliche Besamung ($\sigma\pi o\rho\alpha\ \alpha\varphi\vartheta\alpha\rho\tau o\varsigma$) statt, ewige Lebenszeugung; dies weil, wie § 1 dargelegt wurde, im Wort der Geist selbst zeugt; es ist der Leib, das verkörperte Organ des Geistes; es ist so das eigentlich geistige Zeugungsmittel, das die Kraft und Substanz des geistigen Lebens in sich schließt. Aber wie schafft es dies Leben in dem Subject? 1 Petri 1, 23. 25 sagt: „das lebendige Wort, der $\lambda o\gamma o\varsigma\ \zeta\omega\nu$, durch das ihr wiedergeboren seid, ist das Wort, das $\varepsilon\iota\varsigma\ \upsilon\mu\alpha\varsigma$ verkündigt worden ist." $\varepsilon\iota\varsigma\ \upsilon\mu\alpha\varsigma$ ist nicht in „unter euch" zu verflachen, denn die Stelle bezieht sich auf die Besamung (V. 23), die ein Einpflanzungsakt ist. Also das lebendige Gotteswort schafft sein Leben im Subject durch Verkündigung, dadurch, daß es dem Subject zu wissen gethan wird und eben in Folge davon eingeht ($\dot{\rho}\eta\mu\alpha\ \varepsilon\upsilon\alpha\gamma\gamma\varepsilon\lambda\iota\sigma\vartheta\varepsilon\nu\ \varepsilon\iota\varsigma\ \upsilon\mu\alpha\varsigma$, vgl.

1 Theff. 1, 5); es muß freiwillig aufgenommen werden, vgl. Act. 2, 41; dadurch wird es ein eingepflanztes Wort Jak. 1, 21 (hier auch im Zusammenhang mit der Zeugung V. 18: „er hat uns gezeugt mit dem Wort der Wahrheit) und eben von dem eingepflanzten Wort, nicht bloß von dem äußerlich gesprochenen heißt es V. 21: es hat die Kraft, eure Seelen zu retten, $\sigma\omega\zeta\varepsilon\iota\nu$, was ja der Taufe beigelegt wird. Die reinigende und belebende Kraft des Geistes kommt also in der Taufe nicht rein objectiv zu Stande, nicht durch ein bloß äußeres Machtwort, nicht durch einen göttlichen Machtakt oder durch bloß äußeren Vollzug der Taufe ohne Wissen und Willen des Menschen, dies gehört dem Naturgebiet an, nicht dem Geistesgebiet der Gnade. Es geht nicht nach physischen Lebensgesetzen, sondern nach geistigen, ethischen Gesetzen; es ist statt des bloßen Machtworts das Wort der Wahrheit, die erkannt und geglaubt werden muß. Das Evangelium, das Geschichts- und Lehrwort des neuen Bundes muß dem Menschen verkündigt und dadurch zum Bewußtsein gebracht und durch freiwillige Aufnahme in ihn hineingepflanzt sein, dann ist es Same und Saat des neuen Lebens von Gott. Dies wird nun weiter bestätigt dadurch, daß

a) die Schrift die Gabe des heiligen Geistes und das geistige Leben, die $\sigma\omega\tau\eta\rho\iota\alpha$, das Anziehen Christi, die Heiligung, kurz Alles, was gerade principiell in die neutestamentliche Taufe gelegt wird, immerdar aus dem Wort ableitet, und zwar aus seiner Verkündigung und dem Glauben daran (siehe § 4, 3).

Hier nur einige Hauptstellen: Joh. 17, 20 erbittet der Herr neben den Aposteln, die sein Wort angenommen haben, eben nur denen, die durch der Apostel Wort an ihn gläubig würden, das Geheiligtsein in ihm. Aus Gal. 3, 2. 5. Eph. 1, 13. Röm. 10, 10. 13. 17 ergibt sich: Herzensglaube, der bekennen kann, den Herrn anrufen kann, und aus dem Gehör des Wortes entsteht, bedingt den Geistesempfang, die seligmachende Gerechtigkeit, und dies soll ja eben der Inhalt der Taufe sein; ib. 12 f.: zwischen Juden und Heiden, zwischen den im Reich Gottes schon Geborenen und zwischen den $ἄθεοι$ ist kein Unterschied; es gilt: „wer den Herrn anruft, der wird gerettet werden." Also Mündigkeit wird dabei vorausgesetzt.

b) Wo Taufe und Glaube erwähnt werden, wird **durchgängig der Glaube vorangestellt**, und dieser wird nach der Schrift immer gedacht als hervorgegangen aus dem gehörten specifischen Wort des Evangeliums. Außer Marc. 16, 16. Eph. 4, 5: „Ein Herr, Ein Glaube, Eine Taufe", Hebr. 6, 1 f.: $μετανοια, πιστις, βαπτισμα$; vgl. auch Act. 18, 8 („$ἀκουοντες ἐπιστευον και ἐβαπτιζοντο$"). Eben daher wird nun auch

c) in der **apostolischen Praxis** der Taufbefehl des Herrn nirgends anders ausgeführt als mit Voranstellung der Predigt, und an den in Folge davon Gläubiggewordenen. Fassen wir zuerst besonders ins Auge

α) den **Taufbefehl** selbst. Matth. 28, 19 f. Hier ist nicht Taufe und nachfolgende Lehre der Hauptbegriff; beides ist nur participialer Nebensatz. Hauptbegriff ist $μαθητευσατε$, dem sich in untergeordneter Stellung anschließen: $βαπτισαντες$ (die bevorzugte Lesart statt $βαπτιζοντες$) und $διδασκοντες$; jenes mit dem $μαθητευσατε$ unmittelbar als einmaliger Akt sich verbindend (daher Aor.), das $διδασκοντες$ als etwas dauernd Nachfolgendes. Letzteres bezieht sich hier aber nicht nur auf Lehren schlechthin, sondern ist genauer bestimmt durch τηρειν παντα ὁσα ἐνετειλαμην ὑμιν, was ein schon Empfangenes voraussetzt, und umfaßt Alles vom Herrn den Aposteln Aufgetragene. Es ist also dies der Taufe nachfolgende διδασκειν nicht der erste Unterricht im Christenthum, der christliche Primärunterricht, sondern das, was ihm nachfolgt, eine umfassende christliche Lehrunterweisung zur praktischen Durchführung des schon bei oder vor der Taufe durch das μαθητευειν Erlernten. Wie nun μαθητευσατε schon grammatisch gerade als selbständiger Hauptbegriff an der Spitze steht, so ist μαθητευειν auch seiner Bedeutung nach nirgends ein in sich selbst leerer oder abstracter Begriff, daß es erst durch βαπτισαντες und διδασκοντες einen Inhalt bekäme, sondern es ist μαθητευειν immer, wo es vorkommt, eine selbständige Handlung, eine bestimmte Art von Unterricht mit seiner nächsten Wirkung, nämlich der Primär-Unterricht mit der Tendenz oder Wirkung, daß einer als Schüler ihn annimmt; daher schließt sich Act. 14, 21 (εὐαγγελισαμενοι την πολιν ἐκεινην και μαθητευσαντες ἱκανους) an die allgemeine Verkündigung des Evangeliums für die ganze Stadt noch μαθητευειν an als besondere Unterweisung Vieler, die in Folge der ersteren eben nun Jünger, Schüler werden wollten; vgl. Joh. 8, 30 f. die Definition eines rechten μαθητης: „bleiben im Wort", und Joh. 4, 1 steht für μαθητευειν geradezu μαθητας ποιειν und zwar als dem Taufen vorangehender selbständiger Akt. Daher auch intransitiv heißt μαθητευειν τινι Eines Schüler sein, bei Einem in die Lehre gehen; Matth. 27, 57 von Joseph von Arimathia: ἐμαθητευσε τῳ Ἰησου, wofür

Joh. 19, 38 ὤν μαθητης του Ἰησου. Ebenso im Passiv tritt das Unterrichtetsein prägnant hervor. Matth. 13, 52: γραμματευς μαθητευθεις εἰς την βασιλειαν των οὐρανων. An diesen selbständigen Grund-Akt eines Schüler bildenden Unterrichts, der sich auf alle Völker, nicht nur, wie bis dahin auf Israel, zu erstrecken hat, reiht sich nun nicht unmittelbar das διδασκειν τα παντα als nachfolgender Unterricht, der ins Ganze der Lehre und in die Praxis einführt; sondern dazwischen steht als vermittelnder Akt das βαπτιζειν, das vollzogen wird eben an denen, die als Schüler sich hingeben, oder nach Marc. 16, 16, die glauben (ὁ πιστευσας και βαπτισθεις), bei denen also das μαθητευειν seine Wirkung hat; daher wird in Matth. 28 an μαθητευσατε παντα τα ἐθνη das βαπτισαντες nicht durch αὐτα angeknüpft, das collectiv παντα ἐθνη repetiren würde, sondern durch das individualisirende αὐτους, worin eben die durch μαθητευειν gewonnenen Individuen, die μαθηται begriffen sind, wie wieder V. 20 διδασκοντες αὐτους, nicht τα ἐθνη.

Das βαπτιζειν geschieht, wie bei der schon üblichen Inauguraltaufe Joh. 4, 1, zur Versiegelung des Glaubens- und Jüngerstandes, während dann das weiter folgende διδασκειν αὐτους τηρειν παντα die getauften Jünger ausrüsten soll zur Vervollständigung (παντα) und zur eigenen Uebung (τηρειν) ihres Glaubens. So entspricht denn genau dem inneren Verhältniß der drei Akte auch die äußere Satzstructur, wonach μαθητευσατε in den beiden anderen, βαπτιζειν und διδασκειν, nicht nur nicht aufgeht, als ob es hieße μαθητευοντες βαπτιζετε, vielmehr selbständig voranstehend als Grundakt nimmt μαθητευσατε die beiden anderen in participialer

Form an sich als sich anschließende Akte, welche zur Constituirung und Vervollständigung des μαθητευειν, aber nicht statt desselben, dienen. So geben auch sonst angehängte Participien nicht erst dem Hauptverbum seinen Inhalt und Begriff, sondern verbinden mit demselben als mit einem selbständigen Begriff weitere Akte, und zwar als ihm sich anschließende, daher können solche anschließende Akte auch durch και gesondert angehängt sein, wie Joh. 4, 1 dem selbständigen μαθητας ποιει gleich μαθητευει das βαπτιζειν angehängt ist durch και βαπτιζει. Gleiche participiale Verbindungen finden sich auch Luk. 21, 36 αγρυπνειτε δεομενοι, wofür Matth. 26, 41 γρηγορειτε και προςευχεσθε, beides je eine selbständige Handlung. Act. 21, 16; 25, 2 f. Bernhardy, Syntax 469. 475 f. Dieser Selbständigkeit des μαθητευειν des Taufbefehls entspricht eben die Version Marc. 16, 15 f.*), wo das πορευθεντες μαθητευσατε παντα τα εθνη des Matthäus ausgedrückt ist mit πορευθεντες εις τον κοσμον απαντα κηρυξατε το ευαγγελιον und erst dem durch dieses κηρυσσειν vermittelten ὁ πιστευσας folgt das και βαπτισθεις σωθησεται nach. Wir haben also im Taufbefehl gerade die in den andern Stellen schon gefundene Ordnung: auf die Jüngerschaft gerichtete Predigt, Jüngerglaube, Taufe.

β) Anders als in dem angegebenen Sinn faßte und vollzog auch die ganze apostolische Praxis den Taufbefehl nicht. Ueberall findet sich erst Predigt der evangelischen Fundamentalwahrheiten, dann Taufe der durch die Predigt gläubig Gewordenen, der μαθηται Gewordenen, und daraufhin die Weiterführung in der Lehre, das διδασκειν

---

*) Siehe die Bemerkung zu dieser Stelle oben S. 326.

τηρειν παντα.*) So schon Act. 2 erfolgt die erste Geistesausgießung eben über die bisherigen μαθηται, die von Christo schon unterrichtet waren und glaubten, dann, ehe eine apostolische Taufe verrichtet wird, gibt Petrus einen kurzen, aber eindringenden Unterricht über die christlichen Hauptwahrheiten, von Gott dem Vater, von Christi Leiden, Auferstehen, Sohneswürde und vom heiligen Geist. Dies ist eben das μαθητευειν des Taufbefehls. Daraufhin fordert er dann auch V. 36 zur gläubigen Anerkennung Jesu als des Herrn und Christ mit bestimmten Worten auf, worauf das Eindringen ins Herz bei einem Theil der Zuhörer V. 37 gemeldet wird. V. 38 faßt dann für die heilsbegierigen Frager das Ganze zusammen in eine Aufforderung zur Sinnesänderung und daraufhin zum sich taufen lassen im Namen Christi als Mittel der Sündenvergebung und der Geistesempfahung.

Will man nun dort auch V. 39 „euren Kindern" nicht von der künftigen Nachkommenschaft der angeredeten Juden gelten lassen, von den später lebenden Juden, so nahe es auch liegt, daß mit den räumlich fernen Heiden (τοις εις μακραν) auch die zeitlich fernen Juden der späteren Zeit zusammengenommen werden, will man also darunter die schon geborenen unmündigen Kinder der Juden verstehen, so ist diesen dennoch kein andrer Weg in Aussicht gestellt zum heiligen Geist, als eben den ὑμιν, mit welchem ihnen gleichmäßig die Verheißung zugesprochen wird, also der Weg einer Sinnesänderung (V. 38), welche das göttliche προςκαλεισθαι (V. 39),

---

*) Darüber und über die fälschlich für die Kindertaufe angeführten Stellen vgl. auch die Sacramentenlehre § 7, 4. § 8. S. 95 ff. und Pastorallehren zu Apostelgeschichte 2, 38 ff.

die Berufung mittelst des Evangeliums zur Voraussetzung hat. Diese Aufforderung verstärkt V. 40 noch durch das Wort der Bezeugung, wobei namentlich die Nothwendigkeit der Losreißung vom alten Menschenverband hervorgehoben wird, und V. 41 meldet nun bestimmt, daß aus der großen Zuhörermenge nur die, welche das so vorgetragene Wort freiwillig aufnahmen, getauft und in die Gemeinde aufgenommen wurden. Endlich schließt sich V. 42 das Ganze mit der Bemerkung ab, daß die so Getauften in der Apostel Lehre und Unterweisung blieben; an ihnen also (genau nach dem Taufbefehl) das $διδασκειν\ αυτους\ τηρειν\ παντα$ vollzogen wurde.

Act. 8, 5 f. 12. 14 f. 17 wird erwähnt, wie **Philippus** in **Samarien** $εκηρυσσε\ τον\ Χριστον$, und diejenigen Zuhörer, die glaubten, getauft wurden, und zwar werden **Männer und Weiber** ausdrücklich genannt, nicht aber Kinder. Warum werden diese, da einmal specificirt wurde, übergangen, wenn die Kinder wirklich mit den Männern und Weibern getauft wurden? Als dann den Aposteln zu Ohren kam, Samaria habe das Wort Gottes angenommen, sandten sie Petrus und Johannes, die über ihnen beteten, damit sie den heiligen Geist empfingen, dann ihnen die Hände auflegten — „und sie empfingen den heiligen Geist." — Wir sehen hier, zugleich aus V. 16 f.: die Mittheilung des Geistes kann der Zeit nach von dem Taufakt getrennt sein; der Geist erscheint nicht an die Zeit der äußerlichen Taufe gebunden, aber wieder an das Wort und an den Glauben ans Wort erscheint er gebunden.

Nun schließt man noch aus der Erwähnung von ganzen Häusern, welche getauft wurden, daß darunter gewiß auch unmündige Kinder gewesen seien, woran man dann den weiteren Schluß reiht, daß auch diesen der heilige Geist sei zu Theil geworden. Es ist aber schon an und für sich ein unstatthaftes Verfahren, etwas, was keine der vielen Stellen ausdrücklich erwähnt, wie die Taufe von Kindern, die bei den vielen Taufen doch oft hätten vorkommen müssen, schlechtweg als Factum zu setzen, als so sicheres Factum, daß man sich sogar für berechtigt hält, einen ganz besonderen Glaubensartikel darauf zu bauen, und zwar einen solchen, der wie die den Kindern zugesprochene Wiedergeburt ebenfalls nicht nur keinen einzigen directen Schriftausspruch für sich hat, vielmehr auch noch alle Stellen gegen sich hat, in welchen direct und stetig gleich ausgesprochen ist, wie der heilige Geist zu Theil wird, wie die Wiedergeburt zu Stande kommt, nämlich durch das gehörte und geglaubte Wort des Evangeliums. In Fundamentalartikeln den Mangel an directen Schrift-Aussprüchen ersetzen zu wollen durch Hypothesen und Deductionen in Widerspruch mit dem direct Ausgesprochenen, ist die gefährlichste Willkür.

Was nun die in den Acta namhaft gemachten fünf Häuser betrifft*), so sind dabei nicht nur niemals Kinder erwähnt; vielmehr sind im Zusammenhang Umstände angegeben, die nur auf mündige Personen hinweisen.

So

1) Act. 10, 2 ist Cornelius schon als fromm und gottesfürchtig nicht nur für sich bezeichnet, sondern mit seinem ganzen Hause, ein Prädicat, das nach der Schrift nur von mündigen Personen ausgesagt werden kann, so daß also bei

---

*) Vgl. Sacramentenlehre S. 100—108.

4. Vermittlung. Apostolische Praxis.

seinem Haus, von dem hier und später die Rede ist, nicht an unmündige Kinder gedacht werden kann. Weiter ist er 11, 14 durch den Engel an Petrus gewiesen als den, welcher „dir Worte sagen wird, in denen du und dein ganzes Haus wird gerettet werden." Das $\sigma\omega\vartheta\eta\tau\alpha\iota$ ist wieder abhängig vom Unterricht ($\lambda\alpha\lambda\varepsilon\iota\nu$ $\dot{\varrho}\eta\mu\alpha\tau\alpha$); in der vorangehenden Heilspredigt soll das Heilsmittel liegen für ihn und sein Haus, nicht in der bloßen Taufe. Als Petrus nun kam, hatte Cornelius nach 10, 24 versammelt seine Familien-Angehörigen*) und nächsten Freunde, d. h. eben die, die vorher 10, 2 und nachher 11, 14 sein ganzes Haus heißen, und V. 33 erklärt Cornelius: „jetzt sind wir alle gegenwärtig vor Gott, zu hören, was dir von Gott aufgetragen ist. Also außer den Hörern und Hörfähigen ist bei diesem Haus des Cornelius an keine weitere Person zu denken. Darauf erinnert Petrus in seinem Vortrag V. 36 f. an die Predigt von Christo, von der sie schon wissen — also wieder keine unwissenden Kinder — gibt dann die Hauptwahrheiten des Evangeliums und schließt V. 42 f.: er gebot uns, zu predigen dem Volk mit der Versicherung, daß jeder, der darauf hin an Christum glaubt, Vergebung der Sünden erhalte durch seinen Namen. Dann V. 44—46, während er noch redete, kam der heilige Geist herab $\dot{\varepsilon}\pi\iota$ $\pi\alpha\nu\tau\alpha\varsigma$ $\tau\sigma\upsilon\varsigma$ $\dot{\alpha}\kappa\sigma\upsilon$-$\sigma\nu\tau\alpha\varsigma$ $\tau\sigma\nu$ $\lambda\sigma\gamma\sigma\nu$, worauf sie mit Zungen redeten und Gott hoch priesen. Vgl. Act. 15, 7 f.: „durch meinen Mund hörten die Heiden das Evangelium und glaubten, und der Herzenskündiger hat ihnen Zeugniß gegeben durch Mittheilung des heiligen Geistes"; und eben, weil dies nur

---

*) $\sigma\upsilon\gamma\gamma\varepsilon\nu\varepsilon\iota\varsigma$ kann nähere und entferntere umfassen.

das Siegel des Glaubens war, ist der in 10, 47 gemachte Schluß begründet: daß hier, wo der die Taufe bedingende Glaube göttlich bezeugt war, auch die Taufe nicht zu verwehren sei. Hier geht also, umgekehrt wie in Samarien, die Mittheilung des Geistes, die innere Taufe der äußeren Taufe voran, dies aber allerdings außerordentlicher Weise, aus der besonderen Rücksicht, weil die Apostel selbst noch die Heiden des göttlichen Reichs, seiner Geistesbegabung nicht unmittelbar, d. h. nicht ohne Vermittlung durch Judenthum fähig hielten. Es mußte daher eine offenbare göttliche Entscheidung erfolgen, auf welche Petrus namentlich auch gegen die engherzigen Juden in der Christengemeinde sich berufen konnte. Wir haben also ein Beispiel, daß man unter besonderen Umständen durch Predigt und Glauben zum heiligen Geist gelangen kann auch ohne vorangehende äußere Taufe; aber kein einziges Beispiel haben wir, daß jemand ohne Predigt und dadurch hervorgebrachten Glauben, resp. ein unmündiges Kind, durch bloße äußere Taufe zum heiligen Geist gekommen wäre.

So ist auch

2) Act. 16, 13—15, wo die Taufe der Lydia berichtet wird, wieder das Erste die Predigt, dann ein dafür offenes und das Gesprochene beachtendes Herz, dann Taufe, und in diesem Zusammenhang wird erwähnt, daß auch ihr Haus getauft wurde. Der Begriff des zur Taufe gelangenden Hauses ist bereits im Vorhergehenden bei Cornelius 10, 24. 33. 44. vgl. 11, 14. 44. durch Familien=Angehörige, die dem Wort zuhören konnten, bestimmt, und auch bei Lydia besteht nach der Bemerkung 16, 40 das neugetaufte Haus aus Personen, die als Brüder des Ermahnungswortes fähig, also mündig waren.

Weiter

3) 16, 31 beim Kerkermeister wiederholt sich ganz dieselbe Wendung, wie bei Cornelius 11, 14: „du und dein Haus wirst gerettet werden", wozu dann V. 32 die ausdrückliche Bemerkung kommt: „sie verkündigten ihm des Herrn Wort, und allen, die in seinem Hause waren", woraus wieder deutlich erhellt: alle, die zum Haus gerechnet werden, das mit dem Kerkermeister gerettet werden soll, waren unterrichtsfähig und empfingen Unterricht. Der darauf folgenden Taufe Aller V. 33 wird V. 34 die Bemerkung beigefügt, daß er mit dem ganzen Haus sich des Glaubens gefreut habe ($ἠγαλλιάσατο\ πανοικι\ πεπιστευκως\ τῳ\ θεῳ = συν\ ὅλῳ\ τῳ\ οἴκῳ$, wie Joh 4, 53: $ἐπιστευσεν\ αὐτος\ και\ ἡ\ οἰκια\ αὐτου\ ὅλη$).

Ebenso

4) Act. 18, 4—8: nach der allgemeinen Bemerkung, daß Paulus zu Korinth jeden Sabbath in der Synagoge gelehrt habe, heißt es dann von dem Vorsteher Crispus, daß er glaubte mit seinem ganzen Hause, und genauer, daß überhaupt viele Korinther $ἀκουοντες\ ἐπιστευον\ και\ ἐβαπτιζοντο$; dazu vgl. über denselben Vorgang 1 Kor. 1, 13 ff.: „wurdet ihr auf Pauli Namen getauft? ich danke Gott, daß ich niemand unter euch getauft habe außer Crispus und Gajus, denn (V. 17) Gott hat mich, den Apostel, nicht gesandt zu taufen, sondern zu evangelisiren." Dies nöthigt zu der Frage: hätte Christi Befehl gelautet, wie man ihn jetzt deutet, die Apostel sollen Jünger, Christen machen nur dadurch, daß sie zunächst tauften, und dann lehrten, wie konnte dann Paulus sagen: „Christus hat mich, den Apostel, nicht gesandt zu taufen, sondern zu evangelisiren," und wie konnte er auf

das Taufen verzichten? vgl. auch 10, 48, wo Petrus befahl, daß sie getauft würden. —

Wird dann

5) 1 Kor. 1, 16 noch ein getauftes Haus, das des Stephanas genannt, so heißt es wieder 16, 15 von diesem Hause, sie haben sich selbst den Heiligen zum Dienst dargestellt; es sind also wieder mündige Leute, die selbständige Glaubensdienste auszuüben im Stande waren.

In all' den Stellen also, in welchen von getauften Häusern die Rede ist, sind durchgängig solche Umstände angegeben, die gerade auf mündige Personen hinweisen, auf evangelisch unterrichtete und so gläubig gewordene, während Kinder niemals erwähnt werden, nicht einmal, wo Männer und Weiber besonders aufgeführt werden, wie Act. 8, 12.

Es steht also fest: die Schrift reiht keine einzige Kindertaufe unter ihre Geistestaufe ein; Alles, womit man der Kindertaufe die Bedeutung der biblischen Geistestaufe vindiciren will, widerspricht sowohl den ausdrücklichen und constanten Bestimmungen der Schrift über die Bedingungen der Geistestaufe (s. unter Punkt 4, Anf. und a und b), als auch den Berichten über den Vollzug derselben.

Wollte man dennoch auch hiegegen einwenden, es verstehe sich von selbst, daß auf den Glauben dieser selbständigen Personen hin auch die ihnen angehörigen Kinder getauft worden seien, so versteht es sich noch viel mehr von selbst, daß eine bloße Conjectur (denn mehr ist diese Annahme nicht) jedenfalls keine Doctrin begründen darf, die von den ausdrücklichen und constanten Bestimmungen über die Bedingungen des Geistesempfangs abweicht, daß also jedenfalls aus Kindertaufe nicht Wiedergeburtstaufe gemacht werden darf,

4. Vermittlung. Apostolische Praxis.

sondern es tritt die Unterscheidung Act. 8, 16 ein, die sogar bei gläubigen Erwachsenen angeführt ist: „noch war auf keinen der heilige Geist gekommen, sie waren bloß getauft in den Namen Jesu."*) Es läßt sich auch nicht sagen, die in der Schrift für den Geistesempfang aufgestellte Taufordnung gelte nur für das jüdische und heidnische Gebiet, aber nicht für das christliche, d. h. also nicht für die von christlichen Eltern gebornen Kinder. Einmal ist dies wieder eine bloße Conjectur und mit einer Conjectur begründet sich kein Recht, der ausdrücklich aufgestellten Taufordnung eine umgekehrte als gleichwerthig d. h. als Geistestaufe zu substituiren. Namentlich aber ist es am wenigsten die leibliche Geburt, was bei der Geistesgeburt in Frage kommt, sowenig als der Unterschied zwischen Juden und Heiden in Frage kommt; es handelt sich nicht um Fortpflanzung eines physischen Bundes wie bei dem alten Bund, sondern eines geistigen, und da entscheidet der Glaubensconnex, nicht der Geburtsconnex. Will man dagegen auch schon den Kindern den Glauben vindiciren, so setzt man entweder willkürlich den Glauben in einen der Schrift nicht genügenden Begriff um, namentlich nicht genügend für schriftmäßige Wiedergeburt — wie die Scholastik eine bloße Glaubensdisposition unterschiebt, die Concordienformel eine bloße

---

*) So zeigt es sich auch bei den in der Kirche Getauften. Welcher lebendige Geisteschrift mußte nicht erst bei mündigen Jahren auf dem Weg des göttlichen Wortes und der selbständigen Glaubensbildung der Wiedergeburt theilhaftig werden? Wo sind dagegen bei den bloß Getauften die Früchte des Geistes, welche die Schrift namhaft macht? Sagt man dagegen, sie seien eben aus der Taufgnade gefallen, so bedenkt man nicht, was man damit sagt. Man wälzt auf sie die Bestimmung Hebr. 6, 4. 6., daß für die, die des heiligen Geistes theilhaftig geworden, wenn sie abfallen, Erneuerung zur Buße etwas Unmögliches ist. Vgl. 10, 28 f.

Affection. Oder wenn Glaube auch nur in seinem traditionellen Begriff genommen wird als Ergreifen des Verdienstes Christi mit Erkenntniß, Beistimmung und Vertrauen, so widerspricht die Voraussetzung eines solchen Glaubens bei unmündigen Kindern allen physischen und psychologischen Gesetzen, wie aller Schriftlehre von Entstehung des christlichen Glaubens durch ἀκοη, μετανοειν und συνιεναι. Beruft man sich ferner auf die Erfüllung des Johannes mit dem heiligen Geist schon im Mutterleib (Luk. 1, 15), „so geht diese nicht auf den Wiedergeburtsgeist des neuen Bundes, der ja erst durch Christi Verklärung den Menschen erworben wurde, und zwar eben nur den gläubigen (Joh. 7, 39); es geht vielmehr auf den alttestamentlichen Geist, der allerdings auch physisch wirkt als Organisationsprincip. Eben aber, weil Johannes noch nicht den Geist des neuen Bundes hatte, auch als Mann noch nicht, ist nach des Herrn eigenem Wort der Kleinste im Himmelreich größer, als er.

Ebensowenig wird aus andern Stellen gerade die Geistestaufe, um die es sich handelt, für Kinder bewiesen. Matth. 18, 3 ist weder von neugeborenen Kindern die Rede, vgl. V. 2., und noch weniger von Geistesgeburt bei Unmündigen. V. 6 redet von μικρων τουτων των πιστευοντων. Marc. 10, 14 ff. empfangen wirklich unmündige Kinder allerdings einen Segen des Herrn durch Handauflegung V. 16, aber durchaus keine Taufe*), wie es doch sein müßte, wenn die Kindertaufe des Herrn Stiftung sein soll, oder wenn es überhaupt nothwendig sein soll, damit das Reich Gottes den

---

*) Die Kinder Marc. 10 empfangen nicht einmal die Wassertaufe, wie sie damals für die Aufnahme in die Jüngerschaft Christi solenn war (Joh. 4, 1); viel weniger die noch gar nicht eingesetzte Geistestaufe, überhaupt nicht den noch gar nicht vorhandenen Geist der Wiedergeburt.

Kindern angehöre; ja es wird das Reich Gottes ihnen als Ungetauften zugesprochen, wie Matth. 5, 3 den am Geiste Armen im Allgemeinen, die aber dann erst, wie die darunter gehörigen Apostel selbst, in der festgesetzten Ordnung der weiteren Glaubensbildung den heiligen Geist zu empfangen hatten und empfingen.

Also — das ergibt sich aus allem Bisherigen — weder Wort, noch Begriff, noch Praxis, wie sie die Schrift enthält, gibt eine Berechtigung oder Rechtfertigung für den Wiedergeburtsbegriff der Kindertaufe. — Wenn man für letzteren auch noch auf 1 Kor. 7, 14 recurrirt, so beweist die Stelle gerade das Gegentheil. So viel nämlich ist bei aller wirklichen oder vermeintlichen Dunkelheit der Stelle deutlich: es werden Christenkinder für heilig erklärt nicht auf eine empfangene Taufe hin, womit, wenn die Kindertaufe im Gebrauch gewesen wäre, alles weitere Beweisen für die Heiligkeit abgeschnitten gewesen wäre. Der Beweis, daß Christenkinder heilig seien, wird vielmehr (auch für Kinder eines christlichen Vaters, der es an ihrer Taufe gewiß nicht hätte fehlen lassen) hergenommen aus der zwischen Eltern und Kindern bestehenden Naturgemeinschaft, dies sogar, wenn auch nur der eine Theil, Vater oder Mutter, gläubig war. Auf denselben Grund hin ist hier derselbe Heiligkeitsbegriff auch auf die gemischten Ehen ausgedehnt, daß nämlich ebenso wie die Kinder, auch der nicht christliche, also der ungetaufte Ehetheil, Vater oder Mutter, durch den christlichen Theil geheiligt sei. Es werden also Kinder auch aus einer gemischten Ehe eben nur in der Weise für heilig erklärt, in welcher auch der ungläubige oder ungetaufte Ehetheil kraft des Glaubens des andern Theils für heilig erklärt ist. Würde nun die hier ausgesprochene Heilig-

keit geborener Christenkinder dieselben befähigen zur Geistes=
taufe, so wäre dies ja ebenso der Fall bei heidnischen Ehe=
männern und Eheweibern, die dort ebenfalls für heilig erklärt
werden, sofern sie nur mit einem gläubigen Theil verehelicht
sind. Es ist also nicht nur nicht die Kindertaufe selbst,
sondern nicht einmal die Idee des geistigen Heiligungsbegriffs,
wie er gerade in der christlichen Taufe liegt, dieser Stelle zu
entnehmen, so wenig als 1 Tim. 4, 5, wonach alle Kreatur
durch Wort Gottes und Gebet geheiligt wird, mit diesem
Begriff des Geheiligtseins alle Kreatur für tauf= und geistes=
fähig erklärt ist. — Endlich beruft man sich auf die alt=
testamentliche Beschneidung, durch welche ja eben
unmündige Kinder in den Bund Gottes aufgenommen seien,
und setzt man hinzu, die Vorrechte der jüdischen Kirche können
doch nicht größer sein, als die der christlichen. Letzteres zu=
nächst ist eine Instanz, mit der man den ganzen levit.
Cultus, und namentlich auch die irdischen Verheißungen auf
die christliche Kirche übertragen könnte. Würde aber auch die
Vergleichung der Taufe mit der Beschneidung gelten, so
würde die Taufe jedenfalls wie die Beschneidung unter die
Bestimmung von Röm. 2, 28 f.; 4, 12 fallen, daß nämlich
nicht das äußere Sacrament, also nicht die Kindertaufe für
sich das verheißene Erbe vermittelt, vielmehr eine im Geist
vollzogene Herzenstaufe, ein Glaube in Aehnlichkeit des
Glaubens Abrahams, also ein mündiger, lebenskräftiger Glaube.
Dies gilt um so mehr, da der neue Bund, wie schon mehr=
mals gezeigt, vom alten sich wesentlich dadurch unterscheidet,
daß er durchaus geistig vermittelt ist, durch das Geisteswort
des Evangeliums und durch die ihm entsprechende geistige
Thatsache des Glaubens, nicht aber wie der alte Bund durch

äußerliche Volksabstammung, oder durch eine äußerliche Handlung, wie die Beschneidung. Wenn daher Kol. 2, 11 und Röm. 2, 29 von einer christlichen Beschneidung die Rede ist, wie sie eben in der neutestamentlichen Taufe erfolgt, so wird dieselbe von den alttestamentlichen Bundesakten ausdrücklich unterschieden als $ἀχειροποιητος$, nicht durch äußere Operation, vielmehr als im Geist vollzogen und durch Glauben vermittelt, vgl. auch Phil. 3, 3—5. Von einer christlichen Taufe, die wie die alttestamentliche Beschneidung sich forterben würde, gilt Gal. 5, 6. Ueber den specifischen Unterschied zwischen alt- und neutestamentlichem Sacrament vgl. § 6.

Was noch das **Historische der Kindertaufe***) betrifft, so ist von allen unbefangenen Theologen alter und neuer Zeit zugestanden, daß sie höchstens erst Ende des zweiten Jahrhunderts, wenn nicht Anfang des dritten in Gebrauch kam, und da noch nicht unbestritten. Erklärt sie Origenes für eine apostolische Einrichtung, so eifert auf der andern Seite Tertullian dagegen; es wäre auch unerklärlich, wie über eine entschieden apostolische Einrichtung eine so lange dauernde Meinungsverschiedenheit stattfinden konnte, und warum sie nach dogmatischen Gründen, nicht nach Traditionsbestimmungen behandelt wurde. Selbst Guericke (§ 81) muß sagen, daß es der Ermahnung der angesehensten Kirchenlehrer Basil. M., Gregor Naz., Chrysostomus bedurfte, und daß sie erst im fünften Jahrhundert allgemein durchgedrungen war. Die Zeit aber, in welcher die Kindertaufe aufzutreten begann und sich festsetzte, ist gerade dieselbe Zeit, in welcher überhaupt magische Begriffe von der Wirkung der Sacramente aufkamen, und allerlei willkürliche Satzungen in Lehren und Gebräuchen,

---

*) Vgl. Neander Kirchen-Geschichte I. Bd. II. Abth. Niedner, Kirchengeschichte § 108.

so Märtyrerverehrung, Todtenopfer, Kindercommunion ꝛc. Die ganze Kirche war zurückgesunken auf den gesetzlichen Standpunkt.

Wenn wir nun aber die Kindertaufe durchaus nicht als wiedergebärende Geistestaufe dürfen gelten lassen, so fragt sich noch,

5) ob nicht dennoch die Kindertaufe innerhalb der neutestamentlichen Oekonomie eine richtige Bedeutung und Stellung einnehmen kann?*) Es wird sich dabei um folgende Fragen handeln: Können Kinder nicht bereits **einen Gnadensegen** vom Herrn empfangen? **Müssen** sie nicht jedenfalls von christlichen Eltern dem Herrn **dargebracht** werden? und **darf** dieser Darbringungsakt nicht in **Form einer Taufe** geschehen, wenn ihre Taufe auch nicht eine wiedergebärende Geistestaufe ist, was sie nimmermehr ist?

a) Vom Herrn ist auf dem biblischen Standpunkt gewiß, daß er seinen heiligen Geist nicht austheilt nach fleischlicher Descendenz, sondern nur in gemessener ethischer Ordnung. Aber eben so gewiß ist es auch: ehe der heilige Geist des Menschen **Eigenthum** wird zur Wiedergeburt, und damit er es werden kann, **wirkt** der heilige Geist vorher schon ein in den Menschen; außerdem **wirkt der Herr** mit seiner segnenden Kraft in der ganzen Natursphäre, wirkt ein in Alles, was der Glaube mit ihm in Rapport bringt, so in Wasser (Verwandlung), Brod (Vermehrung), Kranke, Todte; ein urorganischer Zusammenhang findet statt zwischen ihm und Allem, das durch ihn geworden ist; allem theilt er Segen mit, wenn schon nicht seinen Geist; jedem aber Segen nach seiner Art. Zu Menschenkindern namentlich steht er in

---

*) Vgl. Leitfaden der christlichen Glaubenslehre S. 21—28 und Lehre von den Sacramenten S. 108—116.

besonderem Verhältniß, sofern er seinerseits das Urbild Gottes ist, und das Haupt des Reiches Gottes, die Menschen aber in und zu dem Bild Gottes geschaffen sind, d. h. also schon in ihrer Naturanlage und so von Kindheit an für Gottes Bild und Reich receptiv sind. Er ist das Lebenslicht in allen Menschen. Wenn wir dafür auch Joh. 1, 9 als Beleg nicht aufführen wollen, weil es seine Bedenken bietet $\varepsilon \varrho \chi o \mu \varepsilon \nu o \nu$ zu $\pi \alpha \nu \tau \alpha \; \alpha \nu \vartheta \varrho \omega \pi o \nu$ zu ziehen, da $\varepsilon \varrho \chi \varepsilon \sigma \vartheta \alpha \iota \; \varepsilon \iota \varsigma \; \tau o \nu \; \varkappa o \sigma \mu o \nu$ wohl schwerlich vom Menschen gesagt werden kann, während es von Jesus auch im Präsens 1, 15. 30; 3, 31 (vgl. auch 6, 33) gebraucht wird; so gilt der Satz, daß Christus das Lebenslicht der Menschen eben schon als Ur=Logos ist, dennoch. Joh. 1, 4. Von ihm geht denn nicht nur die wiedergebärende Erleuchtung durch das Evangelium aus, sondern von ihm als dem Urmittler stammt schon der göttliche Lebensfunke, wie er das natürliche Geisteslicht in der Menschenseele bildet, und so kann er auch einen neuen Lichtsegen in dieselbe bringen, kann das Licht bewahren, pflegen, ausbilden.*) Während nun aber der Aberglaube — dem Schriftzeugniß entgegen — sagt, er gebe den unmündigen Kindern schon die neutestamentliche Geistesgabe, obgleich sie weder vom Wort noch vom Geist etwas verstehen; fragt der Unglaube: wie kann Christus Kindern überhaupt Etwas sein und geben, so lang sie nichts verstehen? Ist aber, wie schon bemerkt, sogar die unvernünftige Natur, sogar das Todte von seiner belebenden Kraftwirkung nicht

---

*) In Licht durchdringt sich Natur und Geist. Daß es bei uns ans Materielle streift, hängt mit unsern Verhältnissen zusammen. Licht ist in der Schrift kein Bild, sondern die Schrift macht Ernst mit dem Begriff: „Gott ist Licht".

ausgeschlossen, so noch weniger ein Kind, auch das unmündige nicht, mit seinem potenziellen Geistesleben. Ja gerade im kindlichen Wesen liegt, wie wir früher sahen, dem Herrn die Anlage für das Himmelreich, so daß er bei den Erwachsenen nur in der Umkehr zur Kindheit die Befähigung fürs Himmelreich sieht; einen Lebensverband mit der höhern Geisteswelt (Bestimmung und Empfänglichkeit dafür) legt er den Kindern, ehe sie durch das Welt-Aergerniß verdorben sind, und zwar den ungetauften Kindern, also gerade der Kindesnatur ausdrücklich bei in den fälschlich für die Geistestaufe der Kinder angeführten Stellen, namentlich Matth. 18, 3 f. 10. Marc. 10, 13—16, wo weder Unterricht noch Taufe und Taufbefehl stattfindet, aber ein förmliches Segnen, und dies war in diesem Zusammenhang ein inwendiger Segen, eine Kraftmittheilung aus dem göttlichen Reich, wenn schon nicht Mittheilung des heiligen Geistes, der ohnedies noch nicht da war. Es war eine gratia praeveniens, aber noch nicht inhabitans, Geistes-Einwirkung, aber noch nicht Einwohnung. Der göttliche Reichssegen hat im Besitz des heiligen Geistes seine Spitze, seine vollendende Kraft, aber nicht seinen Anfang. Der von Gott ausgehende Segen umschließt neben der vollkommenen Gabe mancherlei gute Gaben (Jak. 1, 17), und es ist göttliches Reichsgesetz, mit dem Kleinen anzufangen, zunächst ans Natürliche anschließend, und nur nach und nach, unter Erprobung der menschlichen Treue im Geringen, führt es zum Besitz des Reichs-Geistes selbst in der vom Herrn gestifteten Ordnung.

b) Gemäß dieser wesentlichen Beziehung der Kinder zum Herrn und zum göttlichen Reich, und gemäß der ausdrücklichen Forderung des Herrn, daß sie ihm sollen dargebracht werden, (also ehe sie noch selbst gehen können, Luk. 18, 16, προςκαλεσαμενος αὐτα), ist es denn jedenfalls wirkliche Christenpflicht, auch schon unmündige Kinder dem Herrn darzubringen.*) Er ist es, der den göttlichen Reichssegen allein vermittelt vom Höchsten bis zum Niedersten, der es uns durch seine Bundesvermittlung möglich macht, alles Geschaffene (παν κτισμα) bis auf die tägliche Speise hinaus zu heiligen durch Wort Gottes und Fürbitte, vielmehr also auch Kinder so zu heiligen. 1 Tim. 4, 4. 5. Aber eben, weil der Herr seine Gaben nur in fester Ordnung nach und nach gibt, namentlich nach dem Wachsthum und nach der Treue des Menschen, ebendaher müssen Kinder, auch nachdem sie einmal dem Herrn dargebracht und geheiligt sind, immer wieder im Gebet dargebracht werden, und müssen erzogen werden in der παιδεια des Herrn. Eph. 6, 4. Vgl. Christliche Reden I. Samml. Nr. 11 und 12; V. Samml. Nr. 1 und 14.

c) Bei all dem aber ist vom Herrn nicht verordnet worden, daß die Kinder gerade getauft werden müssen, um ihm dargebracht zu werden, wie sie denn auch damals ohne Taufe, ob sie gleich schon im Allgemeinen bestand, ihm dargebracht und vom ihm gesegnet wurden. Ein Gesetz also ist nicht vorhanden, und so ist es allerdings nicht dem christlichen Standpunkt gemäß, der in Sachen des göttlichen Reichs nur Einen Gesetzgeber anerkennen darf, aus der Taufe der Kinder ein moralisches Zwangsgebot oder gar ein äußeres

---

*) Wenn wir von frühe an ihnen geben wollen, was der Herr gerade für sie bestimmt hat, was für ihren Sinn gerade paßt. Es gilt auch in Bezug auf unsre Kinder, daß wir für sie am Ersten trachten nach Gottes Reich, und sie also ihm darbringen.

Zwangsinstitut zu machen. Aber andererseits, da jedenfalls für die Darbringung eine Verpflichtung von Seiten des Herrn besteht, und gegen das Taufen der Kinder an und für sich kein Verbot (sowenig als ein Gebot), so ist es eine der kirchlichen entgegengesetzte Einseitigkeit, die Kindertaufe absolut zu verwerfen, oder für unerlaubt zu erklären, sie zum Trennungspunkt zu machen.

Ist den Kindern vom Herrn selbst das Höhere zugesprochen, so dürfen sie auch das Geringere empfangen, die Wassertaufe. Ja diese Taufe ist an und für sich für den Darbringungsakt passend, da sie vom alten bis ins neue Testament herein die Weihe der heiligen Handlungen ist, überall, wo es ein besonderes Nahen zu Gott gilt, namentlich ein erstes Nahen, wo es Darbringung und Segensempfang gilt. Namentlich waren alle Taufen Vorbereitung auf die Geistestaufe, — und dies eben soll die Kindertaufe sein; — speciell die neutestamentliche Vortaufe soll Verpflichtung sein für die Schule, die Jüngerschaft Christi. Die Kinder nun sind schon das, was die erwachsenen Täuflinge durch $\mu\varepsilon\tau\alpha\nu o\iota\alpha$ erst wieder werden sollen. Matth. 18, 3. Also muß bei den Kindern der für eine solche Vorbereitungstaufe fähige Zustand nicht erst hervorgebracht werden durch vorangehende Lehre, sondern nur entwickelt werden durch nachfolgende Lehre; und es ist sonach christlich recht gethan, d. h. dem Sinn des Herrn entsprechend, den Kindern, da er deren Darbringung ausdrücklich fordert, eben dieselbe Taufe zukommen zu lassen, womit der Herr diejenigen Erwachsenen, die auf seine Lehre und Forderung hin wieder in die Kinderstellung zum Reich Gottes zurücktraten, taufen ließ eben zur Aufnahme in seine Jüngerschaft und zur Vorbereitung für die wiedergebärende Taufe.

5. Bedeutung der Kindertaufe.

Fassen wir nun die Bedeutung der Kindertaufe zusammen, so ist die kirchliche Kindertaufe im Sinn der heiligen Schrift keineswegs die neutestamentliche Geistestaufe, die Wiedergeburtstaufe, und kann dies nicht sein, sie ist eine Wassertaufe, wie solche Taufen im alten Testament zur Anwendung kamen als gottesdienstliche Einweihungsakte und auch im neuen Testament als Vorbereitung des neuen Bundesverhältnisses, speciell der Geistestaufe. Aber wenn auch Wassertaufe, muß deßhalb die Kindertaufe keine kraftlose Ceremonie sein, sondern sie soll und kann der Anfang einer kräftigen Verbindung des Herrn mit den Kindern sein, da dieselben nach seinem eigenen Ausspruch ihrer natürlichen Anlage nach mit dem Himmelreich in wirklichem Verband stehen, und vom Herrn für dasselbe nicht nur in Anspruch genommen werden, sondern auch ihrer ethischen Beschaffenheit nach (Kinder wissen sich klein und hülflos) als Muster für die zum Himmelreich berufenen Erwachsenen aufgestellt werden. Matth. 18 und Marc. 10. Es dürfen und sollen hienach bei der Taufe die Kinder als für das Reich Gottes angelegte und erwählte Seelen dem Herrn dargebracht werden zur Empfahung des ihnen im Allgemeinen verheißenen Reichssegens, der eben außer der höchsten Gabe des heiligen Geistes mancherlei gute Gaben umfaßt; es ist eine vom Herrn ausgehende Kraftsegnung, eine für Späteres vorbereitende Gnade, welche den ihm im Glauben dargebrachten Kindern zu Theil wird. Ueber diese Momente geht auch dem Wort nach die Augsburgische Confession nicht hinaus; der Taufe in abstracto werden in den Symbolen allerdings alle neutestamentlichen Prädicate beigelegt, aber von der Kindertaufe speciell heißt es in der Augsburger Confession: „quod pueri sint baptizandi, qui per baptismum oblati Deo recipiantur in gratiam." Vorsichtig drückt sich auch die Apologie aus: „in und mit der Taufe werde den Kindern die allgemeine Gnade und der Schatz des Evangeliums angeboten." Die Kinder werden denn auch eben durch die so beschaffene Taufe berufen, d. h. kraft der Ordnung Christi berechtigt und in Anspruch genommen für die künftige Jüngerschaft Christi, für seine Glaubensschule, damit sie mit der Zeit zubereitet werden in der Zucht und Vermahnung zum Herrn, um in der Ordnung der christlichen Buße und des selbständigen Glaubens seiner Zeit auch die höchste Gabe des göttlichen Reichssegens zum Eigenthum empfangen zu können, den heiligen Geist der Wiedergeburt. Die Kindertaufe hat also allerdings eine christliche Reichsbedeutung, ist ein initiatorisches Gnadenmittel, aber keineswegs das causale Gnadenmittel der Wiedergeburt aus Wasser und Geist, und ihre Kraft liegt nicht in ihrer Form als Taufe, sondern darin, daß der Herr den Kindern das Reich Gottes zuspricht, und daß die Kinder wirklich im Glauben dem Herrn dargebracht werden. Aber ebenso nothwendig muß ein Akt nachfolgen, wo die getauften Kinder auf Grund des inzwischen empfangenen Lehrunterrichts sich selbst als Jünger Christi zu entscheiden und sich darzustellen haben mit Glauben im Herzen und mit Bekenntniß im Munde, um der christlichen Vorrechte theilhaftig zu werden. Röm. 10, 9 f. Dies wäre eine confirmatio der Taufe.*)

---

*) Sobald aber die Kindertaufe als Wiedergeburtstaufe geltend gemacht wird, so hat die Confirmation keinen Sinn. Consequenter Weise müßte die Kindertaufe auch die Kindercommunion nach sich ziehen, denn wer will dem aus Geist Geborenen die Speise des Geistes verwehren?

5. Bedeutung der Kindertaufe.

Wo aber das Alter und die bloßen Schulkenntnisse über die Zulässigkeit der Confirmation entscheiden, wo massenhafte und so frühe Confirmation stattfindet, bleibt dem gewissenhaften Geistlichen nur übrig, im Allgemeinen auch die Confirmation nur als eine Hinleitung und Verpflichtung zur selbständigen Jüngerschaft, zur Selbstdarbringung für den Herrn und vor ihn zu behandeln und den bei Christo zu erhaltenden Segen ans Herz zu legen. Weiteres über Confirmation als Ergänzung der Kindertaufe siehe Leitfaden der christlichen Glaubenslehre, Vorwort XXXII—XXXVI. S. 25—29. Vgl. auch Christliche Reden I. Nr. 11 und 12, wo ich aber selbst noch keine klare Einsicht hatte; dazu V, 1 und 14. Einer Wiederholung der Taufe, wenn sie einmal auf den Namen Jesu Christi vollzogen ist, bedarf es jedenfalls nicht, da die Act. 19 erwähnte Wiederholung Johannesjünger betraf, die V. 3—5 eben noch nicht auf den Namen Jesu als des Herrn getauft waren, wie sie auch V. 2 vom Geist noch gar keine Kenntniß hatten; dagegen von den Aposteln, die bereits die christliche Jüngertaufe empfangen haben mußten, wird nicht gemeldet, daß sie für den Empfang des heiligen Geistes noch einmal besonders getauft wurden.*) Nicht Zeit und Ort verbindet im Gebiet des Geistes oder trennt in demselben, was zusammen gehört, sondern der Glaube und das Wort verbindet, was der Zeit und dem Ort nach noch so weit auseinander liegt, und der Unglaube trennt, was der Zeit und dem Ort nach noch so nah beisammen ist. Vgl. Act. 8, 15—17, wo ohne Wieder=

---

*) Eine Nothwendigkeit aus der Wiedertaufe zu machen, ist, da in der Schrift weder Befehl noch Beispiel vorliegt, ebenso, wenn nicht noch mehr, menschliche Willkür, wie die Nöthigung zur Kindertaufe.

holung der Taufe der Geist erst später dazu kam; daß aber auch nicht an Handauflegung dieses Kommen gebunden ist, zeigt Cornelius mit seinem Haus. Act. 10, 44. Ebenso wenig ist aber die äußere Taufe unter Voraussetzung des Glaubens eine bloß bedeutungslose Zugabe, die auch wegbleiben könnte; vielmehr wie Brod und Wein im Abendmahl, ist auch das Wasser das stiftungsmäßige Organ des Geistes für die Hineinleitung seiner geistig reinigenden und belebenden Erlösungskraft in die psychisch leibliche Natursphäre. Daher verbindet Joh. 3 Wasser und Geist, sowie der Taufbefehl Marc. 16, 16 Glauben und Taufe, und die Apostel unterlassen bei noch gar nicht Getauften die Wassertaufe auch da nicht, wo bereits die Geistesausgießung vorangegangen war. Act. 10, 47 f.; 11, 15—17. Dagegen ist allerdings der bloß äußerliche Taufakt nicht entscheidend über Seligkeit, sondern der Glaube oder Unglaube, Act. 8, 21 f.; daher auch Marc. 16, 16 nur den nicht Glaubenden die Verdammniß zugesprochen wird, nicht den nicht Getauften, obgleich bei dem Glauben auch die Taufe noch beigesetzt ist.

Das Wahre ist also: der echte Glaube verbindet ordnungsmäßig mit sich auch die vom Herrn gestiftete äußere Taufe; und so ist ein Glaube, der die äußere Taufe verachtet, eben unecht, ist Unglaube; dagegen ein Glaube, welcher der Taufe ohne eigene Verschuldung nicht theilhaftig wird, wird nicht verdammt, sondern nur der Unglaube.

Endlich was noch die Nothtaufe betrifft, so läßt sich, da kein Gebot zur Taufe der Kinder überhaupt vorliegt, schon deßhalb keine Noth daraus machen, dies um so weniger, da die Taufe der Kinder ihre ganze Bedeutung von der gläubigen Darbringung vor den Herrn erhält, und vom Herrn selbst das Anrecht an seinen Segen den Kindern nicht erst durch eine Taufe gegeben worden ist; vielmehr den Kindern qua Kindern ist es zugesprochen, daher sie eben als Kinder für alle, die ins göttliche Reich kommen wollen, als Muster aufgestellt sind. Matth. 18, 2 f. 10. Wie unevangelisch ist es daher, die Kinder ohne Taufe der Verdammniß anheimfallen zu lassen!*) Eben ihre Kinder=Natur in ihrer Hülflosigkeit und Unberührtheit vom Weltärgerniß, ihre relative Unschuld, ihre schon bestehende Verbundenheit mit den Gott anbetenden Engeln macht sie auch nach dem Tod aufnahmsfähig in die Gnadenanstalt der unsichtbaren Welt, so gut als in die diesseitige der diesseitigen Welt. Luther und die meisten nachfolgenden Theologen ließen auch ungetauften Kindern, jedoch nur Christenkindern die Seligkeit offen.

§ 8. Vom heiligen Abendmahl.**)

Die biblischen Benennungen sind folgende: τραπεζα του κυριον oder ὁ ἀρτος και το ποτηριον του κυριον. 1 Kor. 10, 21; 11, 27; δειπνον κυριακον, 1 Kor. 11, 20; auch κλασις του ἀρτου (Act. 2, 42), worin auch die sogenannten Liebesmahle begriffen sind, vgl. V. 46 f., was jedoch bei den andern Bezeichnungen gar nicht ausgeschlossen ist. 1 Kor. 11, 20—22.

---

*) Genau genommen liegt die Verdammniß der ungetauften Kinder ausgesprochen in der Augsburgischen Confession: ‚damnant anabaptistas, qui improbant baptismum puerorum et affirmant pueros sine baptismo salvos fieri‘; aber die Consequenzen wurden nicht so scharf gezogen.

**) Vgl. auch Lehre von den Sacramenten § 9.

Durch diese Verbindung vereinigte die alte Abendmahlsfeier die irdische und himmlische Mahlzeit als Akte Eines Glaubens und Einer Liebe.

Gehen wir nun auch hier wie bei der Taufe den Anknüpfungen im alten Testament nach, so zeigt sich uns wieder die fortschreitende Hinüberleitung vom Natürlichen aus ins Mysterium des Geistes.

Brod und Wein erscheinen schon im alten Testament unter den natürlichen Gottesgaben als die hervorragenden Lebensmittel, in welchen Gott als Schöpfer innere leiblichseelische Lebensstärkung und Lebensfreude für die Schwäche und Betrübniß dieses Lebens bereitet. Ps. 104, 14. Prov. 31, 6 f., vgl. Act. 14, 17. Schon diese natürliche Segenswirkung ist aber bedingt, wenn sie nicht Unsegen werden soll, durch eine die Schöpfungsordnung Gottes heiligende Auffassung und Behandlung, wie sie vermittelt wird durch das Wort Gottes, das in die dankbare Erkenntniß Gottes einführt, und durch das Gebet, das Gott als dem Schöpfer die Ehre gibt. In dieser Verbindung wird schon der natürliche Genuß eine heilige Handlung, ein Sacrament im weiteren Sinn. 1 Tim. 4, 4 f., vgl. Sir. 39, 31 ff.

An diese Heiligung von Brod und Wein für das natürliche Lebensverhältniß schließt sich die Heiligung für das Bundesverhältniß. Brod und Wein sind nämlich im alten Testament auch schon zu Bundesmitteln geheiligt, indem sie hauptsächlich zu Opfern und Festmahlen in der Gegenwart Gottes als des Bundesgottes auserkoren sind, um auch das geistige Seelenleben in der Bundesgemeinschaft mit Gott zu stärken und zu erquicken. 4 Mose 15, 4 f. 5 Mos. 12, 17 f., vgl. auch 1 Mose 14, 18. Aber auch die Verbindung von Brod und Wein mit Fleisch und Blut zu einem Opfermahl findet sich im alten Testament schon vorbereitet. Schlachtopfer, namentlich die Heilsopfer שְׁלָמִים, worin eben auch die Sühnung aufgenommen war in der Blutbesprengung, verbindet das Gesetz mit den in Brod und Wein bestehenden Speis- und Trankopfern, und von dem Opferfleisch, namentlich beim Osterlamm wurde in Verbindung mit Brod und Wein die Mahlzeit bestellt, wobei übrigens das Blut nicht durfte genossen werden, sondern nur zur Besprengung verwendet. Vgl. 5 Mose 12, 11—18 mit 27, 7, wo namentlich das Fröhlichsein vor dem Herrn jedesmal den Schluß bildet; über Passah vgl. 16, 2—11, vgl. auch Hebr. 9, 9 f. So war auf Grund der Sühnopfer auch eine **Speisegemeinschaft**, eine **Communion mit Gott** in den Opfermahlzeiten abgebildet, der Mensch in seiner Sündhaftigkeit wird durch die Opfermahlzeiten der Heiligkeit des Altars, welche die Opfer- und Gemeinschaftsstätte ist, und seines Opfers theilhaftig, eine Heiligkeit, die aber damals nur die äußere zeitliche Bundesgemeinschaft mit Gott unterhielt. Auf diese Gemeinschaft weist 1 Kor. 10, 18, vgl. Matth. 23, 18 f. und Hebr. 13, 10.

Das alte Testament hat aber ferner auch **wunderbare Speisungen**; sie richten den Blick auf göttliche Lebensgaben, welche Gott, da sie nicht aus dem schon bestehenden allgemeinen Naturleben hervorgingen, in Kraft eines besondern Worts, nicht des allgemeinen Schöpfungsworts hervorbringt,*) daher Psalm 78, 23 bei Erwähnung

---

*) Damit die Menschen nicht in sich und in den äußern Mitteln,

des Manna: „Gott gebot den Wolken oben". So wurden göttliche Lebensgaben und Speisungen, die über der Erde liegen, die vom geistigen Lebensgebiet ausgehen, zwar noch nicht dargereicht, aber äußerlich abgebildet und die Menschen darauf vorbereitet. 5 Mose 8, 2 f., vgl. Matth. 4, 4. 5 Mose 29, 6. Pf. 78, 19. 23—25 mit Joh. 6, 32 f. 49 f., vgl. auch 1 Kor. 10, 3 f. mit Pf. 78, 15. Speciell noch weist das alte Testament auf die göttliche Weisheit hin, wie sie schöpferisch in ihrer Weltordnung und in ihrem Lehrwort sich darstellt, und so die Quelle wird von geistigen Lebensgaben. Die Welt in ihrer weisen Ordnung gebaut, und regiert nach dem Plan der Weisheit, ist voll göttlicher Gedanken oder Wahrheiten, deren Ausdruck die göttlichen Werke sind und deren Offenbarung die göttlichen Worte. Indem die Erkenntniß und Befolgung dieser Wahrheiten den Geist stärkt und erfreut, bereitet die göttliche Weisheit damit ein geistiges Mahl, das für den Geist des Menschen Brod und Wein darreicht. Eben die Beachtung der Gesetze und Lehren der göttlichen Weisheit verleiht dem innern Seelenleben in seinem Verlangen nach geistigem Leben Stärkung und Freude. Vgl. Pf. 104, 24; 92, 5—7; 139, 17. Prov. 1, 1 f.; 4, 2. 11; 8, 34 f.; 1. 22 f. 29 f. mit 3, 19; 9, 1 f. 4—6. Hiebei tritt nun die göttliche Weisheit noch nicht als die Quelle ewiger Geistes- und Lebensgaben hervor. Daß jedoch das Vollkommene, ewige Lebensspeisung und Lebenstränkung nicht ausbleiben werde, und zwar zur Zeit einer neuen Offenbarung mit persönlicher Erscheinung des Herrn, ist schon durch

---

sondern eben in Gott und seinem Wort die eigentliche Lebenskraft für sich erkennen und suchen lernen als das, ohne was auch das natürliche Lebensmittel nichts wirkt.

prophetische Verheißung angedeutet Jes. 25, 6 f. (daran knüpft Jesus selbst an: Luk. 14, 16. Matth. 22, 2—4.) Jes. 55, 1 f. Nach dieser Stelle wird Gott selbst ein allen Völkern zugängliches Mahl auf Zion stiften, das eine ins ewige Leben wirkende Speise und Freude gewährt, so daß der Tod verschlungen wird, und daß die trübe, düstere Gestalt, welche die Sünde unserem Leben aufdrückt, der Freude weicht im göttlichen Heil.

Es ist also für alle Völker ein göttliches Heilsmahl mit ewiger Lebensspeise und ewigem Lebenstrank hier verheißen und dies geschieht zur Zeit einer neuen Offenbarung, wo Gott der Herr persönlich sich zu schauen gibt als heilschaffender Gott. Zu diesem göttlichen Heilsmahl werden dann Jes. 55, 1 f. alle hungrigen und durstigen Seelen, d. h. alle, deren Seelenverlangen keine Stillung findet in diesem Leben, eingeladen. Ein Zeuge und König des Heils, welcher als der Herr angedeutet ist, der so nahe ist, daß man ihn anrufen, suchen und finden kann, bringt den ewigen Gnadenbund und mit demselben nicht nur Wasser und Milch, das wodurch neues Leben entsteht und das noch zarte Leben erhalten wird, sondern auch Brod und Wein*), die natürlichen Lebensmittel κ. ἐ., welches im Gegensatz zu dem, das keine Sättigung gibt, im Gegensatz zu dem Vergänglichen dem Menschen die vollkommene, für immer und ewig stärkende und erfreuende Nahrung umsonst, d. h. als Gnade gewährt, so daß die Seelen davon leben. Also ein Gnadenmahl, das ewiges Lebensmahl ist für Seelenhunger und Seelendurst, ist verheißen.

Die Grundlage der dargelegten alttestamentlichen Vor-

---

*) Brod ist das Unentbehrliche, Wein erhöht das Leben. Ps. 104, 14. Prov. 31, 6 f., vgl. Act. 11, 17.

bereitung auf das Geistesmahl des neuen Testamentes bildet also durchaus der Mahlbegriff, bestimmter ein bei Brod und Wein nicht nur vorgestellter, sondern wirklich stattfindender Opfergenuß als göttliches Bundesmahl. Dieser Mahlzeitsbegriff wird nicht aufgegeben, sondern allmählich immermehr in Verbindung gebracht, theils mit leiblichen Speisungen in Folge übernatürlicher *) Wirkung der Gotteskraft, theils mit geistiger und ewiger Lebensspende der göttlichen Weisheit und Gnade. Der neue Bund concentrirt nun Alles in Ein Mahl; dieses faßt alle einzelnen Bestandtheile wirklich und vollständig in Einheit zusammen, um es zu einem combinirten Natur- und Geistesmahl im überweltlichen Lebens-Sinn zu machen. Dem Naturboden gehört in der Wirklichkeit an Brod und Wein des Abendmahls, dem seelischen Leben gehört als höchste Stufe desselben in Wirklichkeit an das Fleisch und Blut des Menschensohns; geheiligt ist es in Wirklichkeit durch Opfer zur Sühnung der Sünde; im Fleisch des Menschensohns aber wohnte und wirkte schon vor seiner Erhöhung die ewige Weisheit, Geist und Wesen des ewigen Lebens, die wirkliche Vereinigung des Menschlichen mit dem Göttlichen, des Sinnenleiblichen mit dem Geistigen, die Bedingung der realen Erfüllung der prophetischen Verheißung. Weitere Ausführung in der Sacramentenlehre S. 149—156.

Aus dem Zusammenhang mit den dargelegten alttestamentlichen Grundanschauungen, in welchen das Abendmahl wurzelt, ergibt sich also für dieses der auch 1 Kor. 10, 16—18

---

*) Uebernatürliche Wirkung ist nicht Wirkung außerhalb der Natur, sondern eine das eigene Naturwirken übersteigende Wirkung der Alles wirkenden Gotteskraft.

in dem gleichen Zusammenhang premirte Begriff, daß diejenigen, die das Opfermahl genießen, eben damit theilhaftig werden des Opfers in seiner Substanz und seiner Kraft; geschieht dies bei den das Thieropfer genießenden Juden und Heiden in sinnlich=leiblicher (fleischlicher) Realität, so bei der Opfersubstanz Christi in geistiger (pneumatischer) Realität. Vgl. auch noch 1 Kor. 9, 13. Hebr. 13, 10 f. Eph. 5, 29. Zur Erläuterung siehe Sacramentenlehre S. 156 f.

So gewiß eine Speise das in derselben liegende Leben in den Genießenden bringt, so gewiß durchdringt und vereinigt das Leibesleben Christi die Genießenden.

Was nun die einzelnen Schriftstellen betrifft, die unmittelbar vom Abendmahl handeln und bei den Differenzen zur Sprache kommen, so setzen dieselben die Grundbegriffe über Versöhnung, über die Person Christi, über sein Verhältniß zur Welt und zur Gemeinde voraus: die Stellen können daher nicht bloß aus ihren einzelnen Ausdrücken für sich nach allgemein philologischer Bedeutung derselben gedeutet werden, sondern nur in der Einheit mit der biblischen Christologie, aus welcher die einzelnen Ausdrücke erst ihren specifischen Sinn erhalten. Vgl. § 6. Nehmen wir

1) die Einsetzungsworte Matth. 26, 26—29. Marc. 14, 22—25. Luk. 22, 19 f., womit zu vgl. 1 Kor. 11, 23—26. Die Anrede bei Matthäus und Marcus: λαβετε, φαγετε, πιετε stellt Christum dar in spendender Thätigkeit, d. h. als den Bewirthenden, die Seinen als die Bewirtheten in bloß receptiver Thätigkeit. Dies ist die nächste, einfachste Grundanschauung des ganzen Aktes, aus der sich alles Wesentliche entwickelt. Der Akt sollte aber nicht ein einmaliger sein, sondern sich fortan wiederholen als eine Hand=

lung, welche das Andenken des Herrn fixirt, τουτο ποιειτε εἰς την ἐμην ἀναμνησιν. (Lukas und Paulus.) Der Speisungsakt erhält nun aber seine besondere Beziehung auf Leib und Blut des Herrn: τουτο ἐστι το σωμα μου, το αἱμα μου bei Matthäus und Marcus, bei Paulus: το σωμα το ὑπερ ὑμων, nach anderer Lesart mit dem Zusatz: κλωμενον, mit der näheren Bestimmung bei Lukas: το ὑπερ ὑμων διδομενον, ἐκχυνομενον.

Ob τουτο auf Brod und Wein gehe oder auf das Essen und Trinken, und ob durch ἐστι ein wirkliches Sein oder eine bloße Deutung ausgesprochen sei, darüber entstehen die Differenzen gar nicht von der philologischen Seite her; die Worte λαβετε, φαγετε, πιετε, τουτο ἐστιν einfach genommen, bieten an und für sich keinen andern Gedanken dar als: eben von dem, was der Herr zu nehmen, zu essen und zu trinken darbietet, also von dem Brod und Wein sage er, was es sei, das sei sein Leib und Blut. Dies ist der nächste Wortsinn; denn auch angenommen, ἐστι habe im ursprünglichen Text oder beim Sprechen der Worte nach dem Genius der hebräischen Sprache gefehlt, und Christus habe nur gesagt: הוא בְּשָׂרִי הוא דָמִי, so ist, indem er eben damit Brod und Wein darbot, der angegebene Sinn immer der sich zunächst aufdringende Wortsinn, wenn nicht eine logische Reflexion dazwischen kommt, welche denselben verwerfen zu müssen glaubt, z. B. daß man sich Brod und Leib, Wein und Blut Christi nicht in reeller Verbindung zusammen denken kann, namentlich nicht, während Christus noch leiblich vor den Jüngern stand. Es entscheidet also hiebei nicht die Philologie, sondern der christologische Begriff, namentlich der Begriff von der Leiblichkeit Christi. Stimmt nun der biblische Begriff hievon mit dem nächsten Wortsinn zusammen, so hat keine logische Reflexion das Recht jenen Wortsinn exegetisch anzufechten, wenn sie sich denselben auch nicht als dogmatischen Gedanken aneignen kann; es bleibt demungeachtet biblische Anschauung.

Für eine biblisch treue Exegese haben wir nun vor Allem zu beachten, daß der biblische Christus, und zwar auch so lang er noch auf Erden war, mit seiner ganzen Persönlichkeit (also auch mit seiner Leiblichkeit) in einem freien dynamischen Verhältniß zum Naturleben steht, nicht in einem mechanisch gebundenen, wie wir, dem gemäß er sich in dasselbe und durch dasselbe wirksam mittheilen konnte.*) Sein Leib ist nicht wie der unsrige, nicht wie wir in Antagonismus gegen den Geist begriffen, sondern seine Leiblichkeit ist mit dem Geistigen geeinigt, theils von der Geburt aus organisch, theils ethisch durch seine ganze persönliche Entwicklung und Haltung, so daß bei ihm schon auf Erden, vor seinem Sterben und Auferstehen, eine Verklärung bis ins Aeußere hervortreten konnte.**)

Hiernach war der Leib Christi in der Einheit mit dem Geist organisirt und ethisirt, und eben dadurch befähigt zu Kraftausströmungen in das äußere Naturleben, die ihren Grund haben nicht in physischen Kräften, sondern in Jesu eigenthümlicher Geisteskraft, von welcher der leibliche Organismus durchdrungen war; darauf beruhen alle seine

---

*) Auf dieses freie dynamische Verhältniß der Leiblichkeit Christi zum Naturleben werden z. B. Luk. 5, 17 und 6, 19 die Heilungen Christi zurückgeführt. Diese Heilungen wurden bekanntlich zuweilen auch durch Naturmittel vom Herrn vermittelt.

**) Das Weitere vgl. Dogmatische Vorlesungen und Lehrwissenschaft S. 497—501 und 512 f. 2. Aufl. S. 460 ff. und 474 f.

Wunder.*) Wem nun dieser biblische Begriff von der Leiblichkeit Christi schon während seiner irdischen Gegenwart feststeht, dem ist auch schon beim ersten Abendmahl eine dynamische Einwirkung des Leibes und Blutes Christi, d. h. seiner leibhaften Persönlichkeit auf die Jünger mittelst Brod und Wein nicht etwas Unvermitteltes.

Die Heilungen und Speisungen des Herrn im Allgemeinen sind Glieder derselben Kette, nur daß die Spitze davon eben in der sacramentlichen Speisung und Heilung ausläuft, dies bei den auserwählten Jüngern und am Schlußpunkt der leiblichen Entwicklung des Herrn selber. Daß das Abendmahl mit den Jüngern seinem Sterben und seiner Erhöhung vorangeht, macht es also so wenig zu etwas Unrealem, als dies Joh. 20, 22 die Geistesmittheilung ist, die ebenfalls körperlich, nämlich durch Anhauchung vermittelt ist, und die ebenfalls nur bei den auserwählten Jüngern der Erhöhung des Herrn und der vollen Ausgießung des Geistes vorangeht, dies in demselben Evangelium, wo das Kommen des $\pi\nu\varepsilon\upsilon\mu\alpha$ ebenfalls durch die Verklärung Christi bedingt erscheint. Joh. 7, 39.

Diese beiden Akte, die Mittheilung des Leibes und Blutes vor Christi Tod und die des Geistes Christi, beidemal nur an seine auserwählten Jünger vor seiner himmlischen Verklärung und der Geistesausgießung auf alles Fleisch hinab, correspondiren sich unverkennbar, und wir können sie von der nach der Erhöhung eintretenden Geistesausgießung und

---

*) Diese dynamischen Wirkungen sind aber nicht von der Substanz getrennt zu denken, das Eigenthümliche, das sie darstellen, Kraftwirkungen dieser leibhaften Geistespersönlichkeit, sind sie nur dadurch, daß sich gerade die eigenthümliche Substanz dieser Persönlichkeit in derselben wirksam macht.

Mahlzeit nur graduell unterscheiden. Sie sind die initiatorische Begründung, die $ἀπαρχη$ dessen, was mit der Erhöhung seinen vollkommenen Abschluß fand, seine $τελειωσις$. Als die Erstlinge der Gemeinde des Herrn haben die Apostel auch den Erstlingssegen von des Herrn Leib und Blut wie von seinem Geist als Angeld vor der vollen Ernte empfangen — weder das Eine noch das Andere war leeres Symbol. Schon mit der Zubereitung Christi zum Leiden und Sterben, mit seiner geistigen Hingebung zum Tod für die Welt hatte auch der Verklärungsproceß seiner menschlichen Natur begonnen. Matth. 17. Joh. 12, 23 mit 13, 31 f. Er hat begonnen in der Art, daß die geistige Lebensherrlichkeit, die $δοξα$, die menschliche Natur durchdringt und so konnte auch Christus bereits durch den Leib und durch leibliche Elemente, die er nahm und gab, geistig communiciren mit den geistig ihm verwandten Jüngern.

Nachdem aber das Descendiren der göttlichen Geistigkeit, der $δοξα$ in den Leib vollendet ist, ist dieser selbst gereift, um in das transcendente Sein des Geistes, in die göttliche $δοξα$ aufgenommen zu werden, und er wird darein aufgenommen durch Auferstehung und Himmelfahrt. In Folge dieser Seite der Verklärung, wonach die Leiblichkeit in die göttliche Geistigkeit hinaufgenommen worden ist, kann nun Christus durch den Geist, also unsichtbar ohne äußere Leibespräsenz, fort und fort leiblich communiciren, d. h. in seiner verklärten Leiblichkeit durch leibliche Elemente, wie er vorher in der äußerlichen Präsenz, im Fleisch geistig communicirte durch Wort und That, d. h. durch leibliche Vermittlung. Das Weitere vgl. Lehrwissenschaft unter „Verklärung", dann Christliche Reden, IV, Nr. 42.

Also auf der geistigen Verklärtheit der Leiblichkeit Christi ruht jetzt noch durchaus seine fortdauernde persönliche Communion im Abendmahl. Wie schon § 6 entwickelt wurde, müssen wir beides zusammen bei ihm festhalten, eine verleiblichte Geistigkeit und eine vergeistigte Leiblichkeit, ein gegenseitiges und vollendetes Ineinander der wesentlichen Seiten unserer Natur, deren eine die andere in unserm gespaltenen Natursystem dualistisch ausschließt, und seine Mittlerthätigkeit in seiner Gemeinde ist eben gerichtet auf Heranbildung derselben in seine eigene Natur-Einheit, also auf geistig leibliche Einigung mit sich selbst, während die Welt in geistig-leiblicher Zerrissenheit sich fortprocessirt, und eben darin ihren einstigen, unvermeidlichen Untergang findet. Jene Nachbildung ist aber bei der Gemeinde wie bei Christus selbst nur möglich und vermittelt durch reelle Verleiblichung des Geisteslebens, wie es eben in Christus ist, wovon dann die Folge ist reelle Vergeistigung des Leibeslebens. Geht nun eine Doctrin von diesem biblischen Begriff der geistig leiblichen Natureinheit und Naturwirksamkeit Christi nicht aus, erkennt und anerkennt sie nicht den eigenthümlichen Realismus der ganzen neutestamentlichen Oekonomie, wie er § 6 entwickelt wurde, und die freie Immanenz Christi im Verhältniß zur Welt als λογος, dann wird es ihr auch unmöglich, die Nothwendigkeit, ja nur die Möglichkeit einer reellen Communication des Leibes und Blutes Christi im Abendmahl einzusehen und anzuerkennen.

Sie muß also den nächsten Wortsinn aller darauf bezüglichen Stellen verlassen, und die **philologische** Möglichkeit kann keineswegs abgestritten werden. Denn jener geistig leibliche Realismus, der gerade hier zur Erwägung kommt,

1. Die Einsetzungsworte.

ist nicht etwas in der Welt schon Bestehendes oder Bekanntes, daß er in der hergebrachten Weltsprache und Denkweise schon ausgedrückt sein könnte; er ist vorerst einzig bei Christus als dem $ἀρχηγός$, wie überhaupt das Hereintreten des Himmelreichs in das Irdische eben das mit ihm erst beginnende Novum ist. Die Sache und so auch die Bezeichnung derselben ist demnach gerade sein Lebensmysterium gegenüber der ganzen Welt und Weltsprache, die in $ματαιοτης$ des Wesens und des Begriffs, in Dualismus von Geist und Leib versunken ist. Nun kann aber andrerseits von diesem mysteriösen Realismus Christi doch nicht anders gesprochen werden, als in hergebrachten Ausdrücken, wie: „das ist mein Leib, mein Blut, und diese Ausdrücke, angewandt auf eine Mahlzeit, haben überall außerhalb des christlichen Bodens entweder ihre rein natürliche, sinnlich reale Bedeutung oder einen bloß idealen, bloß geistig bildlichen Sinn, statt geistig leiblichen, sie werden da in Angemessenheit zu unserm geistig und leiblich geschwächten und zerrissenen Lebenszustand gebraucht und können daher vom allgemein menschlichen Horizont aus immer nur relativ, nur als geistige Symbolik verstanden werden.

So ist es natürlich und nothwendig, daß sich in Bezug auf die Abendmahlsausdrücke mit vielen Beispielen ein mehr oder weniger schwacher Sinn bis herab zum schwächsten philologisch nachweisen läßt; so ist es mit $τουτο ἐστι$ oder mit $κοινωνια$. 1 Kor. 10, 16. Allein bei gleichem Ausdruck ist es dem Sinn nach etwas sehr Verschiedenes, ob ich zum Beispiel von Gott und Christo sage: Gott ist Geist, der Herr ist der Geist, oder ob ich sage: Alles ist Geist; ob ich sage: der Wein hat Geist, oder: der Mensch hat Geist. Nicht

Wort und Wortverbindung bestimmt den volleren oder den schwächeren Sinn, den weltlichen oder überweltlichen Sinn, sondern bestimmend ist die Eigenthümlichkeit des Subjects, von dem es gilt, und die Eigenthümlichkeit seines Verhältnisses zum Prädicat. So läßt Leib und Blut eine geistige Beziehung auf Naturelemente, also auf Brod und Wein in der ganzen menschlichen Lebenssphäre nur zu im idealen Sinn oder im symbolischen Sinn, weil der Mensch seinem Geiste nach nicht wie seinem Leibe nach eine unmittelbare substantiale Gemeinschaft mit der Natur mehr hat, sondern nur eine ideale.

Der Menschengeist ist nur ein denkender und Gedanken aussprechender Geist, und dabei vom Sinnenleben beherrscht, er ist kein freier, kein lebendig machender, kein reell schöpferischer Geist.

Vom bloß menschlichen Horizont aus läßt sich also der Natur der Sache nach zwischen Leib und Blut im Verhältniß zu Brod und Wein kein τουτο εστι und keine κοινωνια im reellen Vollsinn verstehen.

Eben aber weil nach der Schrift Christus nicht ist wie wir, sondern gerade durch die Realität seines ganzen Wesens von der bloß menschlichen Lebenssphäre als einer irrealen sich unterscheidet, eben deßhalb folgt daraus, daß jene Schriftausdrücke, wenn es sich um ihren authentischen, ihren schriftmäßigen Sinn handelt, gerade bei Christo nicht bloß in idealem oder symbolischem Sinn genommen werden dürfen, sondern in ihrem ganzen reellen Vollsinn genommen werden müssen.

Was in aller Welt, der ganzen Natur und Geschichte, auch im alten Testament, nur schwache Idealität, σκια ist, Symbolik, macht sich in Christo und seiner διαθηκη eben zur vollen, auch leibhaften Realität, daher σωμα εν Χριστῳ,

2. Verhältniß der Speisung zu Christus.

πληρωμα. Es ergibt sich also aus den Einsetzungsworten vorerst so viel: mit einer Speisung seinerseits, mit einem Essen und Trinken unsererseits verbindet der Herr seinen Leib, der gebrochen werde, sein Blut, das vergossen werde, als Inhalt der Speisung und eben dadurch, daß man von ihm als dem Speisenden Essen und Trinken nimmt, erhält man sein Gedächtniß. Er bindet nicht an unsere Gedanken seinen Leib und sein Blut, sondern an letztere unsere Gedanken. Auch nicht den bloßen Versöhnungsakt heben seine Worte als Inhalt der Speisung hervor, sondern seine leibhafte Persönlichkeit, wie sie durch sich selbst, durch Selbsthingebung eine Versöhnung vermittelt.

Welches ist nun aber näher

2) das Verhältniß, das zwischen der Speisung und zwischen der Persönlichkeit Christi statt hat? Darüber spricht er sich selber Joh. 6, 51 ff. aus. Auch bei dieser Stelle wurzeln die Abweichungen vom unmittelbaren Wortsinn in logischer Reflexion, in dogmatischen Momenten, namentlich wieder in Verkennung der specifischen Leiblichkeit und Geistigkeit Christi, nicht in unmittelbar Exegetischem; eben daher kommt auch die Bemühung, jede Beziehung der Stelle auf das Abendmahl zu leugnen.*) Die Worte an und für sich geben bei Johannes wie beim Abendmahl nicht nur das äußere Ereigniß, den Tod Jesu als Grundidee, sondern ganz bestimmt das ἐγώ Christi, seine Persönlichkeit („ich bin — ich gebe — in mir bleibt er — ich bleibe in ihm"), und nicht vom bloßen Geist in seiner Person redet er, (nicht: mein Geist ist die Speise und

---

*) Vgl. Olshausen, Commentar II. S. 145 und Stier, Reden des Herrn IV. S. 310 ff.

der Trank), sondern von seiner Leiblichkeit sagt er es, die doch gar nicht bestimmter bezeichnet werden kann als mit Fleisch und Blut; und diese leibhafte Persönlichkeit bezeichnet er weiter, wie sie zum Tode fähig und bestimmt ist, wie er sie ins Sterben hingebe für das Leben der Welt, bezeichnet sie also als Opfer, zu dem Opfertod fügt er aber V. 62 f. auch die Erhöhung in den Himmel und das Lebendigmachen des Geistes. Endlich eben von seinem zum Opfer gewordenen Fleisch und Blut sagt er, es sei zu essen und zu trinken. V. 53 mit V. 51. Es sind also gerade alle wesentliche Momente des Abendmahls, welche Joh. 6 zur Sprache kommen, sein Fleisch als Opfer und Speise — erhöht in den Himmel — und der Geist als das Leben Gebende. Nur in welcher äußeren Form die Speisung geschehen werde, nämlich durch Darreichung von Brod und Wein, dies ist hier noch nicht bestimmt, wohl aber schon angedeutet, indem die ganze Rede ausgeht von wirklichem Brodessen, und damit das Trinken verbindet. Also gerade über das Wesen des Abendmahls finden wir hier Belehrung.

Speisung und Trank wird nun auch V. 53—55 durch das Prädicat $\alpha\lambda\eta\vartheta\omega\varsigma$ näher bestimmt, und zwar so, daß davon der Besitz des ewigen Lebens ausschließlich abhängig sei. Was $\alpha\lambda\eta\vartheta\omega\varsigma$ von $\check{o}\nu\tau\omega\varsigma$ unterscheidet, ist, daß letzteres eben das $\varepsilon\tilde{i}\nu\alpha\iota$, die Wirklichkeit, das esse, schlechthin aussagt*), $\alpha\lambda\eta\vartheta\omega\varsigma$ das tale esse, so sein, daß etwas nach seiner wesentlichen Beschaffenheit wirklich dem Begriff entspricht, mit dem es verbunden ist. So $\alpha\lambda\eta\vartheta\omega\varsigma\ \text{'}I\sigma\rho\alpha\eta\lambda\iota\tau\eta\varsigma$ (Joh. 1, 48),

---

*) Joh. 8, 36 $\check{o}\nu\tau\omega\varsigma\ \varepsilon\lambda\varepsilon\nu\vartheta\varepsilon\rho\omicron\iota$, Marc. 11, 32 $\check{o}\nu\tau\omega\varsigma\ \pi\rho\omicron\varphi\eta\tau\eta\varsigma$.

ist ein Israelite, wie er sein soll, in welchem der Begriff eines Israeliten seine wesentliche, eigentliche Wahrheit hat.

Also der Begriff der Speisung und des Tränkens findet seine Anwendung auf das Genießen von Fleisch und Blut Christi keineswegs nur vergleichsweise oder symbolisch, sondern mit wesentlicher Wahrheit. Seine Speisung wirkt also belebend, wie jede wahre Speisung, belebend aber fürs ewige Leben im Gegensatz zur vergänglichen Speisung (V. 54. 58); seine Speisung ist also eine wahre im Vollsinn, nicht nur eine eigentliche oder wirkliche im Gegensatz zu einer uneigentlichen, symbolischen, idealen; sondern auch im Gegensatz zu einer wirklichen, aber vergänglichen Speisung (V. 27) ist es eine unvergängliche, wesenhafte Wesensspeisung, und so wirkt sie auch belebend in den Leib hinein durch Auferweckung, d. h. Versetzung des Leibes ins ewige Leben. (V. 54.) Dies sollen eben (V. 55) die Worte begründen: „denn mein Fleisch ist in wesenhafter Weise (eine) Speisung, mein Blut in wesenhafter Weise Trank."

Man beruft sich nun freilich immer auf die Betonung des Geistes in V. 63. Allein hier mischen sich unbiblische Vorstellungen von Geist in die Exegese ein neben Ungenauigkeit in Beachtung der Ausdrucksweise und des ganzen Gedankenfortschritts. Jene Berufung des Herrn auf den Geist (V. 63) als das Lebendigmachende oder Belebende kann schon der Natur der Sache nach die vorangegangenen klaren und bestimmten Worte von V. 55 f. („mein Fleisch ist wahrhaft Speise, mein Blut ist wahrhaft Trank") nicht aufheben wollen, er kann die den Zuhörern so anstößige Bezeichnung eines leiblichen Genusses nicht fünfmal mit dem stärksten Nachdruck wiederholen, wenn er die Zuhörer gerade auf einen dem leiblichen entgegengesetzten geistigen Genuß führen will. Die Berufung auf den Geist begegnet nur dem materiell massiven Mißverstand jener ersten Worte, sofern derselbe eben vom gemein menschlichen Fleischesbegriff ausgeht, und sich das sinnliche Essen eines todten, von keinem Geist belebten Fleisches denkt, wie dies eben bei gewöhnlichen Opfermahlzeiten der Fall war. Der Herr redet also vom Fleisch im Gegensatz zum Geist, vom Fleisch im gemein menschlichen Sinn (vgl. 3, 6), wenn er V. 63 sagt: „es sei unnütz"; ἡ σαρξ sagt er daher, nicht aber wie V. 51. 53. 55: ἡ σαρξ μου, του υἱου του ἀνθρωπου, da wo er sein Fleisch Lebensbrod, wahrhafte Speise nennt. Dagegen nun zur Erklärung davon, daß sein Fleisch als in den Tod gegebenes, als geopfertes das Leben gebe, weist er V. 63 auf den Geist: der Geist sei die lebendigmachende Kraft, die er seinem Fleisch beilegte. Es liegt in dieser Hinweisung auf den lebendig machenden Geist zugleich die Andeutung seiner Auferstehung. Vgl. Röm. 1, 4. Zur Abwehr des sinnlichen Mißverständnisses betont daher auch noch V. 62 das Aufsteigen des Menschensohns, die Aufnahme seiner im Fleisch vor ihnen stehenden Person, und vermöge des Beisatzes, „wo er zuvor war", involvirt dies Aufsteigen des Menschensohns wieder nicht das bloße Sterben, nicht nur eine Scheidung des Leibes vom Geist, sondern eben eine Aufnahme des Menschensohns, d. h. seiner leiblichen Person in den lebendigmachenden Geist und in sein himmlisches Gebiet, nachdem er (V. 51) sein Fleisch für das Leben der Welt in den Tod gegeben. Vgl. zu Geist Cap. 3, 5 f.; 12 f. Will man dagegen von V. 63 aus das voran betonte Fleischessen und Bluttrinken gleichbedeutend machen mit einer bloßen Aneignung des Geistes Jesu, so ist dies nicht nur eine tropische Deutung der härtesten Art, so daß sie selbst einem Rationalisten wie Bretschneider ungenießbar war. Es werden dadurch auch die ersten Worte Fleisch und Blut absorbirt in ihrem geraden Gegentheil, so nämlich, wie man gewöhnlich Geist und geistiges Essen versteht; und dies geschieht, nachdem die Worte Fleisch, Blut, essen, trinken mit dem stärksten Nachdruck trotz dem laut ausgesprochenen Anstoß der Zuhörer immer wieder und wieder aufgestellt worden sind, im Ganzen fünfmal. Wenn aber gegen die Verbindung von $\sigma\alpha\rho\xi$ und $\pi\nu\varepsilon\upsilon\mu\alpha$ bei Christus gesagt wird, wie dies Schultz in seiner christlichen Lehre vom heiligen Abendmahl 1831 thut, die Schrift kenne wohl ein $\sigma\omega\mu\alpha$ $\pi\nu\varepsilon\upsilon\mu\alpha\tau\iota\kappa\omicron\nu$, nicht aber eine $\sigma\alpha\rho\xi$ der Art, so hat die Schrift bei $\sigma\omega\mu\alpha$ $\pi\nu\varepsilon\upsilon\mu\alpha\tau\iota\kappa\omicron\nu$ Menschen vor Augen in ihrem zukünftigen Zustand, wo sie nicht mehr in der $\sigma\alpha\rho\xi$ existiren. So aber wie die Menschen hier als $\sigma\alpha\rho\xi$ existiren, kann allerdings bei ihnen nicht von einer pneumatischen $\sigma\alpha\rho\xi$ die Rede sein. Die gemein menschliche $\sigma\alpha\rho\xi$ muß vermöge ihrer widergeistigen, sündhaften Beschaffenheit erst verwesen, damit der Leib, das $\sigma\omega\mu\alpha$ vergeistigt werde. $\sigma\alpha\rho\xi$ $\pi\nu\varepsilon\upsilon\mu\alpha\tau\iota\kappa\eta$ wäre also beim gewöhnlichen Menschen ein Wesenswiderspruch, es hieße soviel als ein geistlich = ungeistlicher Leib oder ein unverweslich = verweslicher Leib.

Anders aber ist es mit Christi $\sigma\alpha\rho\xi$. Von ihm ist nur ein $\dot{o}\mu o\iota\omega\mu\alpha$ im Verhältniß zur menschlichen $\sigma\alpha\rho\xi$ ausgesagt, nicht eine $\iota\sigma o\tau\eta\varsigma$. Sein Fleisch erscheint von Geburt aus schon mit dem Geist geeinigt, ist gezeugt aus Geist; nicht kommt, wie bei den Wiedergebornen, der Geist erst in die entwickelte $\sigma\alpha\rho\xi$ hinein. Ferner wurde durch die ganze persönliche Lebensentwicklung Christi sein Fleisch geistig durchgebildet, ethisch vergeistigt, so daß die natürliche Möglichkeit der Sünde nie zur Wirklichkeit wurde. Weil denn sein Fleisch schon hier pneumatisirt war, mußte es auch nicht erst einen Verwesungsproceß durchlaufen, sondern war hier schon verklärungsfähig (Matth. 17, 1—8), und ging auch aus dem Grab wieder als $\sigma\alpha\rho\xi$ hervor (Luk. 24, 39), ohne den Schranken der menschlichen $\sigma\alpha\rho\xi$ unterworfen zu sein. Wäre nicht die geistige Verklärung, die innere Verklärung, in dem $\sigma\alpha\rho\xi\ \gamma\epsilon\nu o\mu\epsilon\nu o\varsigma$ schon vor seinem Sterben vor sich gegangen, so wäre aus seinem Fleischestod kein in Gott verklärter Leib, keine äußere Verklärung hervorgegangen, sondern sein Fleisch wäre, wie anderes, der Verwesung verfallen. Also gerade bei Christus ist $\sigma\alpha\rho\xi$ und $\pi\nu\epsilon\upsilon\mu\alpha$ so wenig ein ausschließender Widerspruch als dies $\lambda o\gamma o\varsigma$ und $\sigma\alpha\rho\xi\ \gamma\epsilon\nu o\mu\epsilon\nu o\varsigma$ ist (daher gesagt werden konnte: $\dot{\epsilon}\varphi\alpha\nu\epsilon\rho\omega\vartheta\eta\ \dot{\epsilon}\nu\ \sigma\alpha\rho\kappa\iota$). Eben deßwegen heißt er $\mu o\nu o\gamma\epsilon\nu\eta\varsigma$. Gleicherweise verhält es sich mit dem Blut, das dem Fleisch immanent ist. Unser Blut ist eben als ungeistliches verweslich und so des Eingehens ins Reich Gottes unfähig (1 Kor. 15, 50), Christi Blut vermittelt nach biblischem Begriff, vermöge seiner geistigen Kraft gerade die ewige Erlösung und den Eingang ins himmlische Heiligthum, d. h. ins Unverwesliche. Sofern aber $\sigma\alpha\rho\xi$ immerhin auch bei Christus den Leib bezeichnet in seiner irdisch-sichtbaren Beschaffenheit, in seiner materiellen Erscheinung, ist nach der Aufhebung dieser Erscheinung durch die Himmelfahrt nicht mehr von einer $\sigma\alpha\rho\xi$ die Rede, sondern von einem $\sigma\omega\mu\alpha\ \tau\eta\varsigma\ \delta o\xi\eta\varsigma$. Er offenbart sich nun nicht mehr $\dot{\epsilon}\nu\ \sigma\alpha\rho\kappa\iota$, wie es früher hieß $\dot{\epsilon}\varphi\alpha\nu\epsilon\rho\omega\vartheta\eta\ \dot{\epsilon}\nu\ \sigma\alpha\rho\kappa\iota$, sondern auch mit seiner Leiblichkeit offenbart er sich nun $\dot{\epsilon}\nu$

2. Verhältniß der Speisung zu Christus.

$πνευματι$, unsichtbar, wie er früher mit seiner Geistigkeit sichtbar sich offenbarte, $εν σαρκι$, daß man seine Herrlichkeit in äußeren Wirkungen zu sehen bekam. Es gilt nun: der Herr ist der Geist, nicht mehr der $λογος$ ist Fleisch. $σαρξ$ $πνευματικη$ wäre also bei Christus nach seiner Erhöhung zwar kein substantieller Widerspruch wie bei uns, weil bei ihm der Uebergang in das Pneumatisch-Leibliche nicht erst durch Verwesung oder Zersetzung der $σαρξ$ vermittelt ist, aber ein formeller Widerspruch wäre es nach der Erhöhung die Leiblichkeit Christi $σαρξ$ $πνευματικη$ zu bezeichnen, es wäre in seine Existenzform der Widerspruch verlegt, wie wenn man sagen würde: ein unsichtbarer sichtbarer Leib.

In Joh. 6 nun war der Herr noch leiblich präsent im Fleisch, sein Leib war irdisch sichtbar, und bezeichnet er daher auch seine Leiblichkeit stets mit $σαρξ$, um eben seine präsente, menschliche Leiblichkeit, die er für das Leben der Welt opferte, als das Subject zu bezeichnen. An die Fleisches-opfer und Opfermahlzeiten des alten Testaments sollten die Juden erinnert werden. Indem dann aber der Herr einerseits sein Fleisch, seine sichtbare Leiblichkeit als $αληθης βρωσις$, als eigentliche, wahrhafte Speisung darstellt, andrerseits zur Erklärung des $αληθης$ und der belebenden Wirkung, die er dem Essen seines Opferfleisches beilegt, auf den Geist als das Belebende hinweist, und auf die künftige Erhöhung des Menschensohns, d. h. des Fleisch gewordenen, indem er dies beides thut, beseitigt er gerade zwei extreme Gedanken: einerseits soll man bei seinem Fleisch und Blut nicht den gemeinen geistlosen Begriff festhalten, nicht an ein todtes Opferfleisch denken, demgemäß es nicht beleben kann, vielmehr unnütz ist, unwirksam für beständiges Leben, da es selbst der

Verwesung anheim fällt; andrerseits soll man sich aber auch nicht eine leiblose Geistigkeit oder einen idealen doketischen Leib denken, sondern seine Leiblichkeit, wie sie eben erscheinungsmäßig präsent war als $\sigma\alpha\rho\xi$, und als Opfer dargebracht ist für das Leben der Welt (V. 51), jedoch belebt vom lebendig machenden Geiste, d. h. vom schöpferischen Geist, und eben dadurch bestimmt und befähigt zu einer Erhöhung, zu einer Aufnahme ins Himmlische, ins Uebersinnliche und so zu einer himmlischen Lebenswirkung, nicht zu einer Auflösung im Sinnlichen, nicht zu einem Untergehen im Niedrigeren, wie unser Fleisch, sondern zu einem Uebergehen ins Höhere, ins Höchste, wodurch aber die wesentliche Identität mit dem erscheinungsmäßigen Leib nicht aufgehoben ist. Daß aber der Herr dann später beim Abendmahl selbst $\sigma\omega\mu\alpha$ sagt und nicht mehr $\sigma\alpha\rho\xi$, wie Joh. 6, das liegt theils in der Verbindung mit Gebrochenwerden, im Gegensatz zum Vergossenwerden des Bluts (das erstere kann von $\sigma\alpha\rho\xi$ so schlechthin nicht gesagt werden); theils liegt davon der Grund darin, daß der Herr bei der Stiftung des Abendmahls die Zukunft vor Augen hatte, („thut dies zu meinem Gedächtniß"), wo also sein Leib nicht mehr in seiner sichtbaren Präsenz gegenwärtig ist und so auch nicht als $\sigma\alpha\rho\xi$ bezeichnet werden konnte. Wenn man endlich einwendet, einen solchen mysteriösen Sinn, wie er im geistigen Realismus des Leibes Christi liegt, hätten die damaligen Zuhörer des Herrn, selbst die Jünger nicht verstehen können, so gilt dasselbe von den speciellsten Wahrheiten des Christenthums, vom Himmelreich und Wiedergeburt, von der Anbetung Gottes im Geist, von der Natur Christi als

Gottmenschen überhaupt, von der Erlösung und dem ewigen Leben.*)

Um denn das Wesen des Abendmahls zu verstehen, müssen wir

a) **was der Herr von seinem Fleisch und was er von seinem Geist sagt, mit einander verbinden.** Bei Christus ist das Fleisch mit dem lebendigmachenden Geist, mit dem Göttlichen geeinigt, während bei uns ein Gegensatz sie aus einander hält. Beim Abendmahl ist also weder der Leib des Herrn gegenwärtig ohne den Geist, noch der Geist gegenwärtig ohne den Leib. Würde das bloße Fleisch gegeben ohne den Geist, so ließe sich nicht sagen, das Fleisch sei das lebendige Brod vom Himmel, welches das ewige Leben gebe; denn das Lebendigmachende ist der Geist. Würde aber nur der Geist gegeben ohne Fleisch, wäre es nur ein sogenannter geistiger Genuß Christi, so ließe sich nicht sagen: mein Fleisch müßt ihr essen, mein Fleisch ist

---

*) Wollten wir vom Standpunkt der Zuhörer den reinen und den vollen Sinn abhängig machen, so müßten wir zuletzt alles in Plattheiten verwandeln, wie es der platte Rationalismus that und thut. Angeknüpft wird an den menschlichen Standpunkt, nicht aber wird von seinem Horizont Gedanke und Ausdruck begränzt. Auch sollten und sollen durch das bloße erste Hören die Worte des Herrn nicht augenblicklich in ihrem ganzen Umfang verstanden werden, sondern wie sie immer scharf, kurz und prägnant als Schlagworte sich geben, so sollten sie ins Herz aufgenommen werden als Samenkörner für weitere Entwicklung; sie sollen im Herzen bewahrt und bewegt werden für das allmähliche Verständniß, wie es sich heranzubilden hatte theils in Folge weitern Unterrichts, theils in Folge der noch zu erwartenden Thatsachen. Aber auch so wollen die Sachen für diesen Aeon unerschöpfliche Mysterien sein und bleiben, an deren Erforschung sogar die höhern Geister sich betheiligen. Eph. 5, 29. 32; 3, 8—10. 1 Petri 1, 12. 1 Timoth. 3, 16.

das Brod, das ich geben werde, ist die wahrhafte Speise; es müßte vielmehr heißen: mein Geist ist das Brod, meinen Geist müßt ihr zur Speise nehmen.

Also weder als leibloser Geist, noch als geistloses Fleisch ist Christus das himmlische Lebensbrod für Menschen. Diese sind Fleisch im physischen und ethischen Sinn, daher handelt es sich für sie um Christi physisches Fleisch und ethisches Fleischesopfer; die Menschen sollen aber in das Fleisch den Geist erhalten als ewiges Leben, so daß sie auch bis zu einem geistigen Leib durchgebildet werden, daher handelt es sich für sie um Christi lebendigmachenden Geist zur ethischen Durchbildung ihrer ganzen Natur. Also den ganzen Christus gilt es für den ganzen Menschen. Jesus Christus, wie er vom Himmel ins Fleisch gekommen, und durch Fleischestod hindurch leibhaft in den Himmel erhöht ist, also der Menschensohn in seiner vom lebendig machenden Geist erfüllten Leiblichkeit gibt sich als das vom Himmel gekommene Brod zu genießen.

Er geht weder in den bloßen Leib des Menschen ein durch bloßes Essen, noch in den bloßen Geist des Menschen durch bloßes Denken und Gedanken; sondern in den ganzen Menschen, in Geist, Seele und Leib (1 Thess. 5, 23) will und soll Christus eingehen, und zwar durch den mit dem Essen verbundenen Glauben, durch den mit dem physischen Akt verbundenen geistigen Akt; dadurch wird eben des Menschen Person in Christi Person und die seine in des Menschen Person aufgenommen, nicht in vorübergehender Rührung, sondern in lebendiger Beständigkeit, μενει εν εμοι. Darum vergleicht er in V. 57 diese durch den Genuß seines Fleisches und Blutes bewirkte Gemeinschaft zwischen ihm und dem Menschen mit derjenigen zwischen ihm und dem Vater, dessen Fülle eben nicht nur geistig in ihm wohnt, sondern leibhaft.

Was nun vom Fleisch Christi gilt, gilt

b) **auch vom Blut.** Auch das Blut ist bei dem vom lebendig machenden Geist erfüllten Christus nicht wie bei uns fleischlichen Menschen etwas Geistloses und Kraftloses, sondern es hat die Lebenskraft seines Geistes in sich. Denn wie der Geist innerlich ist in der Seele, so ist die den Geist in sich tragende Seele auch wieder innerlich im Blute, und so ist mit der Seele auch der Seelen=Geist wirksam im Blute.*) Blut hat in der Schrift keine bloß leibliche Bedeutung. „Des Fleisches Seele ist im Blut" heißt es 3 Mose 17, 11, vgl. 5 Mose 12, 23 und 1 Mose 9, 4, d. h. die Seele als Seele des Fleisches, das leibliche Seelenleben ist im Blute enthalten. Vgl. Bibl. Seelenlehre § 3. Es gibt kein Blutleben, wo nicht Seelenleben ist. In allen Creaturen, in welchen Seelenleben ist, ist auch Blutleben. Die Pflanzen, welche kein Blut haben, haben auch keine Seele. Dagegen bei den Thieren, bei welchen das Blut anfängt, fängt auch das Seelenleben an. Das Blut ist seinem Stoff nach der flüssige Organismus, d. h. es bietet alle die Stoffe, welche das Leibesleben unterhalten, aus welchen der Organismus die erlittenen Verluste ersetzt und sich fortbilden kann; damit es aber nicht todter Stoff sei, muß Lebensluft, athembare Luft im Blut sein; und damit verbreitet sich durch das Blut der Athmungs= und Nahrungs= proceß als Ein Proceß durch den ganzen Leib und mit

---

*) Ueber Blut vgl. Biblische Seelenlehre und zu Eph. 1, 7 und namentlich Sacramentenlehre § 12.

demselben Lebenskraft und Bildungskraft. Wie kommt aber Lebensluft in das Blut? Das Einziehen der Lebensluft und der Athmungsproceß ist bedingt durch die inwohnende Seele, sie versorgt das Blut und dadurch den Leib mit dem äußern Lebenselement in der Luft vermöge des ihr eigenen רוּחַ.

Mit dem Ausgehen des Seelen-רוּחַ hört beides auf, Lufteinziehen und Athmungsproceß. Die Seele beseelt oder belebt also eben im Blut das Fleisch. Es verbindet sich darin der Seelenodem mit dem feinsten Körperstoff, dem flüssigen Plasma und das Blut ist so das seelische Leibeselement des Fleisches, wie das Fleisch die Substanz des Leibes. So theilt sich nun aber auch das eigene Leben der Seele dem Blut und im Blut auch dem Leibesorganismus mit, und da der Geist das Belebende der Seele ist, so muß auch je nach der Art und Kraft des Geistes in der Seele diese selbst, die Seele, höherer oder niedrigerer Art und Kraft sein. Ist aber die Seele höherer Art, so ist es auch das Blut, wie im Vergleich zu den Thieren es bei den Menschen ist, weil sie einen vernünftigen Geist in der Seele haben, keinen bloßen Naturgeist. Ebenso eine geistig geschwächte Menschenseele kann nicht wirken wie eine geistig ungeschwächte; eine unreine Seele, sündhafte Seele macht unreines, sündhaftes Blut, reine Seele macht reines Blut. Jesus Christus aber hat nun nicht den bloß vernünftigen Geist wie wir, sondern den göttlichen Sohnesgeist, den lebendigmachenden, den heiligen Geist ungeschwächt und ungetrübt in seiner Seele, er hat damit eine reine und göttlich kräftige Seele, und so wirkt seine Seele nicht wie die unreine geschwächte Seele eines sterblichen Menschen, sondern als reine geistige

Kraftseele, wirkt so auch in seinem Blut und durch das Blut in seinem Fleisch. Sonach hat auch Christi Blut denselben eigenthümlich hohen Werth, den er selbst in seiner Seele hat, d. h. es hat den Geist seiner Seele in sich, die ganze Kraft und Tugend derselben.*) Das göttliche Sohnesleben, die ewige Geisteskraft wohnte und wirkte in Christi Seele und dadurch auch in seinem Blute, so daß es Blut des Sohnes Gottes, d. h. des Mensch gewordenen heißen kann. 1 Joh. 1, 7. Daher wird demselben (Hebr. 9, 14 vgl. mit V. 12) eben eine geistige Reinigungskraft und ewige Erlösungskraft beigelegt, d. h. die ewigen, die transcendenten Folgen der Sünde, nicht nur die irdisch immanenten, die zeitlichen, um die es sich im alten Testament handelt, werden durch das geistige Blut des Sohnes Gottes gelöst, und das himmlische Heiligthum, nicht das irdische, die ewige Welt wird wieder geöffnet, (Hebr. 9, 24); dies nämlich für diejenigen, die es geistig sich aneignen im Glauben, und zwar in dem ins göttliche Wort eingehenden Glauben. Alle Menschen kommen nach der Schrift von Einem Blute, vom Blute eines Sünders, und eben damit zieht sich ein entgeistigtes, unreines, verwesliches Blut, ein Leib und Seele verderbendes Blut durch das ganze Menschengeschlecht. Christus gibt zum Heil von Seele und Leib ein neues Blut, ein reines geistiges Lebensblut in die Menschen, aber nicht kommt es in den Menschen durch

---

*) Daher 1 Petri 1, 18 f. wird das Blut Christi gegenüber gestellt dem verweslichen, und dies auf Grund seiner geistigen Seeleneigenschaft, auf Grund seiner ethischen Beschaffenheit, die in der Selbstopferung die höchste moralische Spitze erstieg. Die Person ist es, die in das Blut diese eigentliche Wirkung bringt. Ebenso ist in 1 Joh. 1, 7, wo von der Reinigungskraft des Blutes Christi die Rede ist, dasselbe als Blut des Sohnes Gottes premirt.

fleischliche Zeugung oder durch äußern Empfang, weil es eben kein fleischliches Blut ist, sondern als geistig wirksame Lebenspotenz ist es vermittelt durch geistigen Empfang im Glauben und durch geistige Neuzeugung.

Durch das Bisherige wäre die Frage beantwortet, was im Abendmahl als Speisung anzusehen ist: es ist Jesu Christi gottmenschliche Persönlichkeit, welche sich in ihrer eigenthümlichen Leibhaftigkeit als eigentliche, als wesenhafte Speisung und Tränkung gestaltet und darreicht. Allein

3) wie und worin diese eigenthümliche Leiblichkeit gerade in einer solchen Form sich mittheile, daß es eben wirkliche Speisung und Tränkung, ein δειπνον heißen kann, dies bestimmt Joh. 6 noch nicht. Dies löst sich erst durch die Stiftung des heiligen Mahles, wo nun Christus wirklich etwas zu essen und zu trinken gibt, Brod und Wein, und dies mit den ausdrücklichen Worten: „das ist mein Leib, das ist mein Blut". Was erscheint da natürlicher, als Brod und Wein ist eben das Mittel, wodurch der Herr es möglich macht, daß man, wie er Joh. 6 gesagt hat, seinen Leib und sein Blut gerade essen und trinken kann, daß es Gegenstand eines Mahlgenusses ist, nicht bloß Gegenstand innerer oder äußerer Repräsentirung (siehe oben Punkt 1). Leib und Blut Christi, Brod und Wein sind daher nicht bloß äußerlich neben einander zu denken, nicht außer einander, so daß sie erst durch Gedankenverbindung zusammen zu bringen wären, sondern durch den darreichenden und sprechenden Herrn müssen sie mit einander verbunden sein, eben durch seine lebendigmachende Geisteskraft, vermöge welcher er schon während seines Erdenwandels besondere Segenskraft aus sich mit Wasser, Brod u. s. w. verbinden

3. Verhältniß der Speisung zu den Elementen. 383

konnte. Genießen wir nichts als natürliches Brod und Wein, so kann nicht von Christi Fleisch und Blut gesagt werden, wie es Joh. 6 mehrmals nachdrücklich wiederholt wird, daß wir dieses essen und trinken, so ist nimmermehr unser Essen des Brods und Trinken des Kelchs das, wodurch eine Gemeinschaft des Leibes und Blutes Christi zu Stand kommt, sondern es ist dann irgend etwas anderes, welches dies zu Stande bringt. 1 Kor. 10, 16 fragt aber: der Segenskelch ist der nicht die Gemeinschaft des Blutes Christi? das Brod, das wir brechen, ist es nicht Gemeinschaft des Leibes Christi? Dies fragt die Schrift mit Hinweisung auf die israelitischen und heidnischen Opfermahlzeiten, wo die Gemeinschaft mit dem Opferfleisch nicht eine gedachte ist, sondern sich eben darin vollzieht, daß das Opferfleisch wirklich genossen wird und durch diesen Opfergenuß eine wirkliche Communion mit Gott oder mit den Dämonen stattfindet. Machen uns aber unsere Glaubensgedanken Christum gegenwärtig, so ist es nicht Christus selbst, welcher sich mit uns als speisender in eine lebendige Verbindung setzt, so daß wir in unserer Person seines Leibes und Blutes ebenso reell theilhaftig werden, wie er des Vaters theilhaftig ist in seiner Person. Joh. 6, 56 f. Wir vielmehr setzen uns mit ihm in eine Verbindung und zwar bloß in eine gedachte. Wir schaffen uns die Speisung und dies nur in der Vorstellung, nicht Christus schafft uns wahre, wesenhafte Speisung und dies für Seele und Leib. Wollen wir also nicht die ganze Stellung zwischen uns und Christus verkehren, daß wir nur einen von uns producirten Christus im Abendmahl haben, wollen wir uns nicht zu denen machen, welche mit ihren Gedanken selber hinauf in den Himmel fahren und Christum herabholen, wollen wir nicht mit dürftigen Gedankenbildern von ihm uns selbst speisen statt gespeist zu werden mit seinem eigenen gottmenschlichen Wesen, wollen wir nicht den neuen Bund mit seinem wahrhaft himmlischen Wesen und Leben wieder zu einem bloßen Schattenbund machen, sein Opfer und seine Güter zu bloßen Vorbildern und Abzeichen des Himmlischen und Vollkommnen, soll überhaupt das Reich Gottes weder in bloß äußerlichem Essen und Trinken bestehen, noch in bloß geistlosen Worten und Buchstaben, auch nicht in unsern eigenen dürftigen Gedanken, sondern wahrhaft in seiner eigenen Kraft, im Wesen Christi, so müssen wir glauben, daß Christus, wie er als Menschensohn d. h. mit Leib und Blut lebt in der Kraft Gottes, daß er so in Brod und Wein des Abendmahls für die Gläubigen wahrhafte Speise und Trank ist. Sein Leib und Blut geht sonach mit Brod und Wein eine Gemeinschaft ein, welche in selbständiger Kraft und Lebendigkeit steht, nicht bloß in unserer Gedankenverbindung, eine Gemeinschaft, bei der wir seinen Leib als Lebensbrod empfangen, sein Blut als Lebenstrank. Wir haben also im heiligen Abendmahl wie in der Taufe den Gottesschatz in irdischen Gefäßen, eine himmlisch geistige Leiblichkeit beisammen mit irdischer Leiblichkeit und mit menschlicher Geistigkeit, sofern der geistige Akt des Glaubens Bedingung des Empfangens ist.

Fragen wir aber, wodurch wird von Seiten Christi diese Vereinigung seines Leibes und Blutes mit Brod und Wein vermittelt und vollzogen, so ist die Antwort: durch denselben Geist, welcher das dynamische Princip der ganzen Gnadenökonomie ist, als Leben und lebendigmachend, d. h. als die schöpferische Gotteskraft und dies nicht der Geist, isolirt von dem Menschensohn, von der Leiblichkeit Christi, sondern der Geist als derselben immanent und als wirkend, wo er will. Dieser Geist ist es, der auch im Abendmahl, wie in der ganzen Heilsökonomie, Christum verklärt, indem er aus dem Seinigen, aus der Substantialität Christi, nimmt und es dahin mittheilt, wohin der Herr ihn sendet. Also aus dem göttlich geistigen Leib- und Blutleben Christi, aus ihm als dem wesenhaften Brod und Weinstock nimmt der Geist und theilt es mit in Irdisches, in Brod und Wein, indem diese im Glauben mit und nach dem Wort des Herrn gesegnet und empfangen werden.*)

Durch diese Verbindung von Geist, Leib und Blut Christi im Mahl tritt Christus eben in reelle und persönlich concrete Lebensbeziehung zu unserer ganzen Natur, zu Geist, Seele und Leib, und indem wir die nährende Lebenskraft des Leibes und die Reinigungskraft des Blutes Christi durch die Communion des Geistes Christi mit unserem Geist in Brod und Wein recipiren, wird eben durch diese geistig leibliche Communion unser Leib und unsere Seele in das Bild Christi hineingebildet, in seinen gottmenschlichen Lebenstypus; er nährt und pflegt uns wahrhaft, nicht nur uneigentlich, so daß wir ihm reell einverleibt werden (das $\mu\varepsilon\gamma\alpha$ $\mu\upsilon\sigma\tau\eta\rho\iota\sigma\nu$, Eph. 5, 29. 32).

Unser gegenwärtiges Fleisch und Blut kann das Reich Gottes nicht erben, d. h. kann nicht in die künftige Weltverfassung eingehen, und doch sollen die, die des Herrn sind, es mit Leib und Seele ererben. Dies setzt eine Vermittlung voraus, eine Umbildung aus diesem Fleisch- und

---

*) Weiteres über diese geistige Verbindung siehe Sacramentenlehre S. 204—212.

Blutleben, aus diesem bloß materiellen Leben für das höhere Leibesleben. Durch das bloße Sterben wird Fleisch und Blut nicht umgebildet, nicht tüchtig für einen wesentlich neuen Lebensbestand. Das Verwesliche, das unsre jetzige Leiblichkeit charakterisirt, kann nicht ererben das Unverwesliche, das Sterbliche, dem auch die Seele im seelischen Tod unterworfen ist, nicht das Unsterbliche. Unverweslichkeit und Unsterblichkeit muß erst angeeignet werden, es muß eine vergeistigte Seele und ein geistiger Leib werden, damit ins Reich Gottes ein ganzer Mensch eingehe. Wir sollen einst in einem pneumatischen Leib den himmlischen Menschentypus tragen, wie wir jetzt den irdischen tragen in einem psychischen Leib. Darum fängt hier schon im inwendigen Menschen eine Erneuerung an, während der äußere aufgerieben wird, wobei auch unser natürlich-geistiges Leben abstirbt*).

Es ist also der ganze, wahre Mensch, nicht nur ein Theil des Menschen, nicht ein Gedankenmensch, es ist der Mensch mit Geist, Seele und Leib, der gespeist und getränkt erbaut und gestärkt wird fürs ewige Leben. Es ist aber nicht der fleischliche Außenmensch, weder der Mensch mit

---

*) Der innere Mensch ist nicht der Geist für sich, so wenig als der Leib für sich der äußere Mensch ist; indem Geist und Leib zusammen sich fassen in der Seele, machen sie den Menschen, nach ihrem inneren Wesen den inneren Menschen, nach ihrem auswärts gekehrten Wesen den äußeren. Das in die Seele verwobene, ihr anorganisirte Sinnenleben des Leibes bildet mit dem durch die Seele darin wirksamen Geist in seiner Beziehung auf das äußere Weltleben den äußeren Menschen, umgekehrt das in die Seele ebenfalls einorganisirte geistige Leben bildet mit dem durch die Seele darin eingehenden Sinnenleben in seiner Beziehung auf das Uebersinnliche, Unsichtbare, Göttliche den inneren Menschen. Die Seele ist die innere Seite des Leibes, die äußere des Geistes, in ihr liegt daher auch der Keim des künftigen Leibeslebens.

3. Verhältniß der Speisung zu den Elementen.

seinem Außengeist, noch mit seinem sinnlichen Außenleib, weder mit seinem äußern Verstand, noch mit seinen äußerlichen Sinnen und körperlichen Kräften, sondern der Innenmensch ist es, welcher in Leib und Seele erbaut und gestärkt wird. Es gibt einen verborgenen Herzensmenschen, von welchem aus die gliedliche Verbindung mit Christus, die geistig leibliche Gemeinschaft mit ihm auch in das äußere Leibesleben zwar noch nicht wesenhaft eingeht, aber einwirkt, so daß dieses im Geist dem Herrn geheiligt wird. 1 Kor. 6, 15. 17. 19. *) So faßt sich beim Abendmahl alles darin zusammen, daß es allerdings ein Gedächtnißmahl Jesu Christi ist, aber ein Gedächtnißmahl im Vollsinn oder im Geist und Wahrheit, nicht ein bloß äußerlich rituelles, oder innerlich reflectirendes Gedächtnißmahl, sondern ein in Kraft und Leben stehendes, wie alles in Christus und von Christus Kraft und Leben ist.

So ist es eine wahrhafte communio, $\varkappa o\iota v\omega v\iota\alpha$, und da es Ein Leben ist, das von Christus in alle gläubige Communikanten eingeht, so ist es auch unter diesen selbst eine Lebenscommunion, eine lebendige Vereinigung durch das Eine Leibes- und Blut-Leben Christi, das Allen zukommt. Dadurch, nicht aber durch äußerliches Beisammenstehen an einem Altar wird es auch ein Liebesmahl im wesentlichen Sinn; indem es Einverleibung ist in einem gemeinschaftlichen Glaubens- und Lebensbewußtsein, wird es auch Vereinigung

---

*) Wie wichtig diese Stelle ist, um das Wesenhafte der Verbindung mit dem Herrn zu verstehen, ist Sacramentenlehre § 14. 2. S. 220—226 dargelegt, ebenso S. 226—228, wie das Abendmahl nach allem Bisherigen allerdings ein Gedächtnißmahl Jesu Christi ist, aber im neutestamentlichen Vollsinn.

in einem Sinn, im Sinn der Liebe Christi, daß sich die Gläubigen lieben mit der Liebe, mit der er sie liebt.

Zum Schluß will ich noch eingehen **auf das Verhältniß zwischen der lutherischen und calvinischen Ansicht vom Abendmahl**, da die letztere das vermittelnde Element zwischen einseitig subjectiver und einseitig objectiver Auffassung des Abendmahls zu sein scheint.

Beide sind darin einig, daß das Abendmahl nicht bloß eine symbolische Vergegenwärtigung des leibhaften Christus sei, daß überhaupt nicht im Thun von Seiten des Menschen, d. h. in dem subjectiven Glaubensakt das ursächliche Moment und Mittel eines geistigen Genusses Christi liege, oder kurz gesagt, der Glaube macht bei beiden nicht das Sacrament; bei beiden nimmt vielmehr das Abendmahl die Stellung eines selbständigen Mittels ein, das objectiv von Seiten Christi eine reale Mittheilung Christi an die gläubigen Subjecte vermittelt, und zwar eine Mittheilung nicht allein vom Geist Christi, sondern von seinem verklärten Leib. Denn auch Calvin sagt Instit. IV, 17. 24: „dicimus, Christum ad nos descendere, ut vere substantia carnis suae et sanguinis sui animas nostras vivificet." Defensio.: „vera carnis et sanguinis Christi participatio in coena a nobis statuitur". — Also eine substanzielle, leibliche Lebensmittheilung, keine bloße Mittheilung des Geistes ohne Leib und Blut.

Der Unterschied zwischen beiden Doctrinen liegt nun aber in der Art, wie diese substanzielle Mittheilung sich realisirt, und dies ist eine Frage, die nicht unmittelbar aus Schriftaussprüchen sich beantworten läßt, sondern nur mittelst Schlüssen, und daher auch keine trennende Bedeutung haben darf. Der Unterschied faßt sich zusammen in Folgendem: **Calvin** läßt die leibliche Lebensmittheilung einmal nur aus dem Leib Christi hervor eintreten mittelst des Geistes und dann nur gleichzeitig mit dem Abendmahlgenuß (cum pane et vino); es ist eine geistig bewirkte Einigung, die mit der anima der Gläubigen stattfindet gerade zur Zeit des Abendmahls. Inst. IV, 16 hebt Calvin gegenüber dem lutherischen sub pane inclusum Christi corpus bloß das Gleichzeitige hervor: dum panis in mysterio porrigitur, annexa est exhibitio corporis. Diese exhibitio aber ist so zu denken: vinculum conjunctionis est spiritus Christi, veluti canalis, per quem, quidquid Christus ipse et est et habet, ad nos derivatur. Ist nun der Geist Christi veluti canalis, so heißt es vom Fleisch IV, 17: Christi caro instar fontis est, quae vitam a divinitate in se ipsam scaturientem ad nos transfundit. So faßt sich denn seine Ansicht bündig zusammen in der Defensio, wenn er sagt: de voce substantia si quis litem moveat, Christum asserimus a carnis suae substantia vitam in animas nostras spirare.

Der Leib ist nicht substantiell gegenwärtig, sondern er ist und bleibt im Himmel, und nur aus dem Leib Christi, aus seiner Substanz bringt der Geist bei Gelegenheit des Abendmahls nur eine Lebenswirkung hervor, und zwar in der Seele durch eine geistige Erhebung derselben zu Christus im Himmel. Es ist eine bloß gleichzeitige und bloß geistig-vitale Präsenz des Leibes, (a carnis substantia vitam in animas nostras spirat.).

Dagegen die **lutherische Dogmatik** statuirt eine locale Gegenwart des Leibes Christi selbst bei dem Abendmahl, nicht bloß ein temporäres Zusammentreffen einer geistigen Wirkung aus dem Leib. Vermöge jener localen Gegenwart des Leibes läßt die lutherische Theorie eine substantielle Einigung des Leibes mit den Abendmahlselementen eintreten und zwar so, daß statt des bloßen in animas spirare Calvins eben durch den leiblichen Genuß der Abendmahlselemente (ore), wenn sie nur geweiht seien, die Empfangnahme des Leibes und Blutes Christi stattfindet, dies sogar auch ohne den durch den Glauben bedingten geistlichen Genuß der Heilskraft Christi, auch bei ungläubigen und gottlosen Abendmahlsgenossen, nur bei diesen mit verdammender Wirkung. Bei der angenommenen Einigung von Leib und Blut mit den äußeren Elementen ist jedoch die Bestimmung nicht zu übersehen, daß dieselbe nicht eine unio personalis sei, sondern sacramentalis und daß der leibliche Empfang supranaturali et coelesti modo erfolge. Vgl. Form. Concord. Art. VII, 7. 6. Solida declar. Artic. V. tametsi participatio illa ore fiat, tamen modus spiritualis est.

Es leiden nun aber beide Ansichten an einer Einseitigkeit. Die dualistische Getrenntheit von Leib und Geist in Christo ist zwar nicht mehr vorausgesetzt, die Lutheraner nehmen ja den Leib als einen verklärten, und Calvin den Geist als Kanal für den Ausfluß aus der Leibessubstanz. Aber trotz der verbalen Verbindung von Leib und Geist ist eine positive Einheit und Durchdringung des Geistigen und Leiblichen in Christo noch nicht zum klaren Bewußtsein gebracht, und zwar eben nicht in supranaturalem, im überweltlichen Sinn. Daher betont Calvin einseitig das Geistige, die lutherische Theorie einseitig das Leibliche.

Angestrebt aber ist diese Einheit von beiden Seiten. Die Lutheraner wollen durch ihre leibliche Einigung Christi mit den Abendmahlselementen und mit den Empfängern keineswegs das geistige Moment ausschließen, indem sie nicht nur einen verklärten Leib, sondern auch einen geistigen Modus des Einigungsaktes annehmen, und zwar einen himmlisch geistigen, einen überweltlichen Akt; aber das Geistige sinkt bei ihnen zum untergeordneten Moment herab, indem sie den Leib Christi nur durch locale Vergegenwärtigung, wenn schon ohne locale Beschränkung, substantiell sich einigen lassen mit den Elementen und mit den Empfängern und dies ohne die geistige Bedingung des Glaubens, indem dieser nur die segnende Wirkung bedingt. Hiegegen macht Calvin mit Recht geltend, Christus lasse sich von seinem Geist nicht trennen, und niemand könne sich mit ihm vereinigen, ohne den Geist des Glaubens zu haben. Hier bei Calvin tritt also allerdings der Geist in seiner principiellen Bedeutung hervor, in welcher er bei der lutherischen Betonung des Leibes als local gegenwärtigem zurücktritt.

Eben so richtig, wenigstens den Worten nach, bestimmt Calvin als Vereinigungspunkt im Menschen die Seele, anima. Denn diese ist in ihrem biblischen Begriff der Träger des individuellen Lebens nach der geistigen und nach der leiblichen Seite. Aber eben über die Bedeutung der Seele, wie sie im biblischen Begriff liegt, kam die Theorie nicht ins Klare. Es wird vielmehr angenommen, daß die Seele sich selber geistig zu Christus im Himmel erhebe, statt daß dieser sich selbst auf Erden gegenwärtig mache: non aliter Christum in coena statuo esse praesentem, nisi quia fidelium mentes fide supra mundum evehuntur et Christus spiritus sui virtute membris suis conjungit. (Instit.) So wird zuletzt doch wieder subjectivistisch die Vergegenwärtigung Christi durch den Kanal seines Geistes vom vorstellenden Geist des im Glauben sich erhebenden Subjectes abhängig gemacht. Daher setzen an die Stelle der anima die späteren reformirten Theologen die mens, so schon der Consensus Tigur. (1549) Art. 21: Christus, quatenus homo est, non alibi quam in coelo nec aliter quam mente et fidei intelligentia quaerendus est. Das objective Empfangen sinkt mehr und mehr herab zu einem subjectiven Denken, der Glaube bleibt nicht mehr bloß die Bedingung oder die subjective Vermittlung des Empfangens, sondern er wird der ursächliche Akt, der das Objective im Abendmahl, die Gegenwart des Herrn selbst setzt. Calvin will übrigens durch die Premirung des Geistes Christi keineswegs das leibliche Moment aufheben, so wenig als die lutherische Theorie durch ihre Premirung des Leibes Christi das geistige Moment. Calvin hält Christum in seiner Leibhaftigkeit fest als das substantielle Element, aus welchem (a carnis substantia) der Geist mittheilt. In seiner Erklärung zum Consensus Tigurinus sagt er: ex ipso Christi corpore alimentum percipere animas. Auch eine Wirkung auf den Leib des Menschen nimmt Calvin an, eine Betheiligung an der Unsterblichkeit Christi, allein dies geschieht ohne bestimmte reale Beziehung von Leib zu Leib, und überhaupt bei Allem dem bleibt ihm Christus nach seiner Leibhaftigkeit ein Transcendentes auch im Abendmahl, ein räumlich im Himmel Fixirtes; diese Fixirtheit ist schon dadurch nahe gelegt, daß Calvin vorherrschend sich bei der Leiblichkeit Christi des Ausdrucks caro bedient, was die lutherischen Theologen nicht thun. Es ist bei Calvin nicht so, daß der im Himmel befindliche Leib Christi wirklich substantiell mit dem Geist descendiren würde, nur vitam a carnis suae substantia spirat Christus in animas mit dem Zusatz: quamvis in nos non ingreditur ipsa Christi caro. Die leibliche Realität tritt also zurück hinter dem Geist, und dem Begriff des Geistigen klebt immer noch das bloß Ideale an oder das Psychologische wie dem Leib das Fixirte; es ist von Seiten des Geistes Christi eine **psychologische Belebung**, vitam spirat in animas, und dieselbe kommt zu Stande durch die fides, durch die **psychologische Thätigkeit des Glaubens**, der unter Mitwirkung des Geistes zu Christus im Himmel sich erhebt. Die Abendmahlselemente bleiben denn auch für Calvin Symbole, die zwar nicht schlechthin leer sind, aber nur darum nicht, weil temporär mit dem Abendmahl eine Geisteswirkung zusammentrifft, durch welche zugleich mit dem Genuß der Elemente (sub sacris coenae symbolis) das, was sie bezeichnen, dargereicht wird; sie sind also nur nicht leer von **begleitender Wirkung Christi**.

Kurz es ist bei Calvin eine **virtuelle Verbindung der Gleichzeitigkeit**, Christus spiritus sui virtute se membris suis conjungit, nicht aber ein substantielles Immanentwerden in den Elementen und Empfängern, daß die Elemente Träger einer leiblich realen Vergegenwärtigung Christi werden, Mittel einer geistig leiblichen Speisung.*)

---

*) Im Grund sind daher die Elemente entbehrlich für den Genuß Christi, und im Genfer Katechismus weiß Calvin den Nutzen der coena ganz unbestimmt nur damit zu stützen, daß er sagt, in der Taufe und im Evangelium werde Christus uns noch nicht ganz zu Theil, sondern

Also die eigentliche Wahrheit einer Speisung und Tränkung oder das, daß das Abendmahl ἀληθης βρωσις και ποσις ist, dies erhält in Calvins geistiger Virtualität nicht sein Recht, während umgekehrt in der Leibessubstantialität der lutherischen Lehre die Geistigkeit der Speisung, das πνευμα als το ζωοποιουν zurücktritt. Letzteres geht soweit, daß nach der lutherischen Theorie, wie schon bemerkt, selbst Gottlose, also entschieden Ungläubige, durch den bloßen mündlichen Genuß Leib und Blut Christi empfangen sollen. Form. Concord. Non tantum vere credentes, verum etiam indigni et infideles verum corpus Christi sumunt. Schmalkad. Art. III. Theil. Art. 6: „Vom Sacrament des Altars halten wir, daß Brod und Wein im Abendmahl der wahrhaftige Leib und Blut Christi sei und werde nicht allein gereicht und empfangen von frommen, sondern auch von bösen Christen (ab impiis Christianis). Dagegen der große Katechismus, obgleich erst nach Luthers Bekenntniß vom Abendmahl erschienen, sagt nur: „wer aber nicht glaubt, hat nichts, als der es ihm läßet umsonst vortragen und will nicht solchen heilsamen Guts genießen." Am dreistesten sprechen sich exaltirte Lutheraner des 16. Jahrhunderts aus, die sogar die Behauptung nicht scheuen: nihilo plus recepisse in prima coena Petrum quam Judam.*) Objective Wirkungen können bei muth-

---

nur theilweise, durch das Abendmahl aber werde diese Vereinigung bekräftigt und erhöht. Im Consensus Tigur. wird dann die Sache noch schwächer, indem es vag heißt: Christus theile sich allerdings im Abendmahl mit, habe sich jedoch schon früher uns mitgetheilt und wohne immer in uns. So verschwindet das Specifische des Abendmahls ganz.

*) Solche Behauptungen führen consequent auf eine Verwandlungstheorie durch ein bloßes opus operatum der Consecration.

Zusatz. Die lutherische und calvinische Lehre. 395

williger Profanirung des Heiligen, wie z. B. auch Matth. 12, 31 f. bei Profanirungen des heiligen Geistes, allerdings stattfinden und zwar richterliche oder gar verdammende, aber keine persönliche Vereinigungen, kein dari et sumi, kein recepisse. Dazu gehört ein gläubiges, ein geistliches Receptionsorgan, nicht bloß ein fleischliches wie der Mund. Die Stelle 1 Kor. 11, 27—29 berechtigt zu der lutherischen Behauptung gar nicht, der Apostel spricht hier gar nicht von Ungläubigen und Gottlosen, sondern er schreibt seine Rüge (B. 18 ff.) an eine christliche Gemeinde, an Gläubige, die das Abendmahl als Bundesmahl des Leibes und Blutes Christi erkennen und so feiern wollen, diese Feier aber entwürdigen, d. h. ihrer heiligen Würde entgegen behandeln durch Parteiung und Unmäßigkeit, also durch moralische Widersprüche mit ihrem eignen Glauben. Durch diese unwürdige egoistische Art der Feier eines Mahls, bei dem sie doch vermöge ihres Glaubens mit dem Herrn communiciren wollen, dadurch versündigten sie sich nicht nur an einander, sondern eben an dem Leib des Herrn selbst, indem sie denselben nicht mit der würdigen, heiligen Auszeichnung behandelten, die ihm gebührt (B. 29 $\mu\eta$ $\delta\iota\alpha\kappa\rho\iota\nu\omega\nu$ τo $\sigma\omega\mu\alpha$ $\tau o\upsilon$ $\kappa\upsilon\rho\iota o\upsilon$). Eben dieser Widerstreit zwischen ihrem eigenen christlichen Bewußtsein und zwischen ihrem unwürdigen Betragen dabei machte ihr Essen und Trinken zu einem gerichtlichen statt zu einem Segensgenuß. B. 29. 32. Diese gerichtliche Wirkung kam auch in empfindlichen üblen Nachwirkungen zu Tag. B. 30. Vgl. Sakramentenlehre S. 240 f. Dagegen die Verdammniß, wie sie der Unglaube in seiner Gottlosigkeit nach sich zieht, wird hier gar nicht als eintretend vorausgesetzt, vielmehr diese soll gerade verhütet werden nach B. 32 durch jene empfindlichen Nachwirkungen der unwürdigen Sacramentsfeier, es soll ein bloß pädagogisches Gericht sein.

Die Ausgleichung nun der beiden Einseitigkeiten, wie sie nach dem Bisherigen der lutherischen und der calvinischen Theorie anhaften, liegt darin, daß gemäß dem biblischen Begriff von Christus sein Geist durchgängig nicht getrennt wird von seiner leibhaften Persönlichkeit, da der Leib selbst in den Geist aufgenommen ist. **Der leibhaft erhöhte Herr ist der Geist.** Bei Luther macht sich der Leib präsent nur in geistiger Weise, aber nicht in und mit dem Geist, bei Calvin kommt im Geist nur eine Wirkung aus dem Leib, aber nicht die Leibessubstanz selbst: in nos non ingreditur ipsa Christi caro. Es ist also bei keiner der beiden Theorien eine gegenseitige Immanenz von Geist und Leib, auch nicht so, daß der Geist τo $\zeta \omega o \pi o \iota o \upsilon \nu$ ist. Wenn auch bei Calvin der Geist in seiner Dynamik das alles Bestimmende ist, das Kommen Christi im Abendmahl vermittelt, so ist es doch nicht so, daß mit dem Geist, im Geist auch der Leib Christi als Geistesleib kommt, Christus also in seiner leiblichen Substanzialität präsent wird, nicht nur in einer virtuellen Wirkung derselben. Eine mixtura carnis Christi cum anima nostra verwirft Calvin mit Recht, es handelt sich aber um den in den Geist aufgenommenen Leib, $\sigma \omega \mu \alpha$ $\pi \nu \varepsilon \upsilon \mu \alpha \tau \iota \kappa o \nu$, $\dot{\varepsilon} \pi o \upsilon \varrho \alpha \nu \iota o \nu$, wie auch $\alpha \tilde{\iota} \mu \alpha$ mit $\pi \nu \varepsilon \upsilon \mu \alpha$ $\varepsilon \iota \varsigma$ τo $\dot{\varepsilon} \nu$ ist. 1 Joh. 5, 8. Und wie der Geist die leibliche Persönlichkeit Christi in sich hat, so macht er sich auch eben mit dieser den Elementen immanent, sofern nämlich dieselben vom Herrn hiefür auserwählt sind und demgemäß im Glauben mit Danksagung empfangen werden. So ist es eben Leib und Blut Christi in seiner gottmenschlichen Geistigkeit, was das Abendmahl zu $ἀληθης$ $βρῶσις$ $καὶ$ $πόσις$ macht, nicht Brod und Wein für sich ist es*), noch ein bloßes Mitwirken des Geistes. Die Abendmahls=elemente sind dadurch Träger und Leiter für die geistig leib=liche Selbstmittheilung Christi an den Glauben, es ist ein der Erde, dem Irdischen einverleibtes gottmenschliches Lebens=zeugniß und dies zum Behuf der Umbildung und Fort=bildung von Seele und Leib des Menschen ins Geistige. Die Gegenwart und Wirkung ist eben daher nicht eine äußer=lich physische, eine sinnliche, da einerseits der Geist wie im Wort so auch in den Elementen das wirkende ist, die $δύνα$=$μις$ ist, andrerseits der Glaube, also die geistige Receptions=thätigkeit, nicht bloß die Reception des Mundes, das Eingehen vermittelt. Ist aber dieser geistigen $δύναμις$ gemäß die Wirkung eine wesentlich geistige, so ist sie darum doch nicht eine isolirt geistige, oder gar nur eine ideal geistige, eine moralisch psychologische. Sie erstreckt sich gemäß ihrem geistig leiblichen Inhalt und gemäß ihrer irdisch verkörperten Form in das diesseitige seelisch leibliche Menschenleben, aber eben mit ver=geistigender Kraft, wie dies oben schon näher dargelegt ist.

Diese nähern Bestimmungen über das Wie der Gegen=wart Christi im Abendmahl zu wissen ist allerdings für den Christen als solchen nichts allgemein Nothwendiges; es ist eine Frucht der $γνῶσις$, die nicht alle haben, und die nicht sogleich mit dem Glauben da ist. Aber um des eigentlich neutestamentlichen Gutes theilhaftig zu werden, ist für den Glauben das allgemein Nothwendige, daß die reale Gegen=wart des Leibes und Blutes Christi festgehalten wird, daß er nach seinen eigenen Worten als der lebendige Menschensohn,

---

*) Vgl. Lehre von den Sacramenten S. 209.

der mit seinem Leib und Blut bei diesem Mahl wirklich speist und tränkt zum ewigen Leben, innerlich aufgenommen wird, wenn auch nicht vom Wissen begriffen. Cum pane et vino vere exhibentur corpus et sanguis Christi ist daher eine von Melanchthon im J. 1540 an der Augustana vorgenommene Aenderung, die einem allgemeinen volksthümlichen Bekenntniß entspricht; die Gegenwart Christi blieb ihm eine substantiale. Ohne das ist oder wird das Abendmahl mehr oder weniger eine Symbolik und kann wohl als solche moralisch gute Wirkungen haben, fromme Gedanken, Empfindungen u. s. w. hervorbringen, aber die Wirkung nicht, die Christus (Joh. 6, 53—56) ausschließlich vom Essen und Trinken seines Leibes und Blutes abhängig macht, nicht das $\delta\iota\delta o\nu\alpha\iota\ \zeta\omega\eta\nu\ \alpha\iota\omega\nu\iota o\nu$ mit einer Neubelebungskraft bis in den Leib hinein, also nicht die essentielle Lebenswirkung. Vgl. Sacramentenlehre S. 214 unten.

Wir haben nun noch

4) die Bedingungen des Herrnmahls darzulegen.

Vgl. Sacramentenlehre § 15 mit Anhang, wo auch die Frage ausführlich behandelt ist, ob die Theilnahme an einem Abendmahl zuläßig sei, bei welchem auch Ungläubige und Lasterhafte Zutritt haben.

Beginnen wir

a) mit den äußerlichen Bedingungen.

Aeußerlich ist nach der Einsetzung des Herrn nichts erforderlich als Brod und Wein, Wort des Herrn und Gebet ($\epsilon\upsilon\lambda o\gamma\epsilon\iota\nu$, $\epsilon\upsilon\chi\alpha\rho\iota\sigma\tau\epsilon\iota\nu$). Was aber das Wort betrifft, so ist der biblische Inhalt der Handlung nicht bloß auf das Einsetzungswort zu beschränken. Der Sache und dem Vorbild des Stiftungsaktes selbst würde es am ehesten entsprechen auch zur Einleitung und zum Schluß des Aktes theils passende Psalmen zu verwenden, theils aber namentlich den Herrn selbst reden zu lassen.*) Ein sogenannter bloß geistiger Genuß des Abendmahls, d. h. ohne Brod und Wein darf nicht Grundsatz werden, dies heißt trennen, was der Herr zusammen gefügt hat, und wir übertragen leicht unsere eitle Scheidung von Geistigem und Leiblichem auf das Abendmahl, welches eben die Einigung von beidem sein soll, namentlich die Einigung von geistig Leiblichem und irdisch Leiblichem. Etwas andres ist es, wo die äußern Mittel nicht vorhanden sind, überhaupt die Fähigkeit zum leiblichen Genuß fehlt. Da gilt Apoc. 3, 20. Der geistige Genuß Christi ist zwar nicht beschränkt auf das Abendmahl, aber noch weniger ist das letztere durch den ersteren aufzuheben oder für entbehrlich zu halten; das Mahl ist es gerade, in welchem auch der geistige Genuß Christi nach allen seinen objectiven und subjectiven Beziehungen sich concentrirt. Auf universelle Weise ist hier der Genuß organisirt und zwar als etwas, das allen Gläubigen testamentarisch angehört und das in das ganze Personleben sich hinein erstreckt. Darauf beruht dann eben die Gewißheit, daß man es beim Abendmahl

---

*) So ließe sich zum Eingang Pf. 139 in seinen hauptsächlichsten Gedanken verwenden, verbunden mit Matth. 11, 27 f. Ebenso eine Auswahl aus Joh. 6, namentlich V. 27. 32 b. 35. 40. 47 f. 51. 54—57. 63. 68 f. Den Einsetzungsworten wäre noch Apocal. 3, 20 hinzuzufügen. Unter der Handlung und zum Schluß würden Stellen aus den Tischreden des Herrn sich eignen, so Joh. 13, 31 und 34; 14, 1—3. 6. 13—18. 23—27; 15, 3—8. 16; 16, 27 und 33; 17, 24—26, und zum Schluß des Ganzen Pf. 117 und aus 118 V. 1. 4. 14. 22—29 und Pf. 103.

im Glauben auch wirklich bekomme, wenn auch nicht im momentanen Gefühl, das nicht unmittelbar dem Geistesleben angehört, sondern dem physisch-psychischen. Andrerseits ist dieses Mahl nicht gebunden an besondere kirchliche Verwaltungsformen, an bestimmte Orte, Zeiten, Menschenzahl. Es soll allerdings ein heiliges Mahl sein, ein gottesdienstliches, und dies ist es nur als Mahl vor dem Herrn, in seiner Gegenwart, in der stiftungsmäßigen Communion mit ihm, aber die Gottesgegenwart und der gottesdienstliche Verkehr ist nur im alten Testament gebunden an besondere äußere Verwaltungsformen, an ein äußeres Heiligthum, an heilige Zeiten. Dies alles ist aber im neuen Testament aufgehoben. Joh. 4, 21 ff. Kol. 2, 16. Noch dazu fand gerade das Passah, an welches das Abendmahl anknüpft, als Familienmahl statt im Privathause, und so hielt auch der Herr sein erstes Abendmahl, d. h. das urbildliche Stiftungsmahl im Kreis der Seinen, seiner Jüngerfamilie, in Emmaus gar in der Herberge und nur mit zweien. In der ersten Gemeinde, d. h. in der Blüthezeit der Kirche wird nach Act. 2, 46 an gewöhnlichen Tagen in einzelnen Häusern dasselbe gehalten. $\kappa\alpha\vartheta'\ \eta\mu\varepsilon\rho\alpha\nu,\ \kappa\alpha\tau'\ o\iota\kappa o\nu\varsigma$ — dieses Haus für Haus, wie jenes Tag für Tag, siehe Pastorallehren nach der Apostel-Geschichte zu dieser Stelle. Dabei fanden allerdings Versammlungen allgemeiner Art zum gemeinsamen Genuß statt. Act. 20, 7. 1 Kor. 11, 20—22. Aber auch da wird es in häuslicher Weise*) wie ein Familienmahl behandelt, und

---

*) Diese häusliche Feier der ersten Gemeinde läßt sich nicht auf einen bloßen Mangel an Kirchen oder an solennem Cultus zurückführen; wäre der Kirchencultus nach christlichem Begriff wesentlich, so hätten gerade die Apostel und die ersten Gemeinden Selbstverleugnung und Muth ge-

nicht darüber tadelt Paulus die Korinther, sondern wegen ihres unmäßigen Essens dabei.

Gerade also häusliche Einfachheit, nicht steife Tempelfeierlichkeit ist Grundcharakter des Herrnmahls wie des Herrn selbst und des ganzen Christenthums, und es gehört zur originalen Form desselben, daß es sich eben mit dem häuslichen Leben verbindet bis ins Tages-Leben hinein, wenn es der Geist und das Bedürfniß des Glaubens mit sich bringt, es soll auch die leibliche Nahrung zu einer Communion mit dem Herrn sich vollenden. Daneben sollen aber wieder die einzelnen Christen, Familien oder Gemeinschaften zusammentreten als Eine Gottesfamilie zur gemeinschaftlichen Feier, und dazu qualificiren sich naturgemäß besondere Tage, besondere Orte, auch besondere Administratoren, aber nur als Mittel der Ordnung, nicht als ausschließliche Organe oder als besondere Heiligthümer; und auch da soll es nicht eine steife Feierlichkeit sein, sondern ein Zusammenkommen der Gemeinde als Haus oder als Familie Gottes. Man darf gegen den häuslichen Genuß nicht auf die Nothwendigkeit einer pfarramtlichen Liturgik sich berufen. Die Pfarrer oder nach biblischen Begriff die $\pi\varrho\varepsilon\sigma\beta\upsilon\tau\varepsilon\varrho o\iota$ sind für den öffentlichen Dienst vorhanden, für den Gemeindedienst, ihnen gebührt also die Verwaltung aller öffentlichen Handlungen und jeder ist an sie gewiesen in Gemeindesachen, aber für sich ist jeder Gläubige auch Priester, namentlich ist dies jeder gläubige Hausvater in seinem Haus, dessen von Gott gesetztes Haupt eben er ist. Er muß sein Haus ebenso geistig versorgen im Namen Christi, wie leiblich im Namen Gottes;

---

nug, um mit den größten Opfern die für ihren Cultus nöthigen, solennen Gebäulichkeiten nebst den sonstigen Mitteln zu gewinnen.

aber außer seinem Haus und außerhalb der Privatkreise hat keiner geistliche Rechte, nur der für die Gemeinde bestimmte Diener aller. Es treten hier wie überhaupt öfters zweierlei liturgische Irrthümer auf, nämlich einerseits die Idee eines besondern exclusiven Priesterthums, wonach nur ein Priesterstand gottesdienstliche Handlungen zu verrichten hätte. Diese Einrichtung gehört dem alten Testament an, da war das Erbvolk Gottes als unmündig unter vormundschaftlicher Pflege, gefangen unter äußerlichen Satzungen, bei der neutestamentlichen Gemeinde heißt es dagegen allgemein: ihr seid das königliche Priesterthum, baut euch selbst als lebendige Steine zum geistlichen Haus und zum heiligen Priesterdienst, zu opfern geistliche Opfer durch Christum; dies ist nicht das bloße Beten, letzteres dürfen auch Heiden. Der andere Irrthum ist die Idee eines allgemeinen Priesterthums in dem Sinn, daß dabei jedes besondere Priesterthum aufhören soll, so daß keine Aemter mehr sein sollen. Das allgemeine Priesterthum der Schrift setzt aber einmal voraus die Geburt aus Gott, den Geist der Kindschaft; und auch wo diese Voraussetzung statt hat, hören die Aemter nicht auf; diese sind nach Eph. 4, 11 ff. selbst für einen Gemeindezustand, wo jedes Mitglied eine geistliche Gabe vom Herrn hat, als Stiftung des Herrn bezeichnet für den Ausbau des Leibes Christi so lang, bis Alle zur vollkommenen Mannesreife Christi gelangt sind. Die Einen also mit ihrem exclusiven Standespriesterthum oder Amtsbegriff wollen aufrichten, was für christliche Gemeinden bereits abgeschafft ist, den alttestamentlichen Priesterbegriff, die Andern, mit ihrem unterschiedlosen allgemeinen Priesterthum jeden Amtsbegriff aufhebend, wollen als schnelle Beute anticipiren, was als reife Frucht erst kommen soll in der göttlichen Ordnung, wenn nämlich Alle nach Eph. 4 zur Einheit des Glaubens und der Erkenntniß des Sohnes Gottes gekommen sind. Beide Einseitigkeiten rufen sich immer wieder gegenseitig hervor. Behandeln wir nun

b) **die innerlichen Bedingungen des Abendmahlsgenusses**, sofern dasselbe als Lebensmahl genossen werden soll. Diese sind kurz gesagt **Glaube** und eine demselben entsprechende **Selbstprüfung**. Gehen wir auch hier auf die ersten Abendmahlsgenossen zurück, auf die Jünger, so ergiebt sich aus Joh. 17, 6 ff. ein Glaube, der in Jesu Christo den von Gott gesandten Sohn erkennt, an seinen Worten sich nährt, in ihm das ewige Leben sucht und vom Leben dieser Welt als einem ungöttlichen sich abwendet, dies ist das allgemeine Erforderniß für den Lebensgenuß des heiligen Abendmahls. Da ist denn auch der innere Sinn vorhanden, der sich selbst prüfen kann vor dem Herrn. 1 Kor. 11, 28 mit 2 Kor. 13, 5. Es gilt dabei die besondere Art und Macht der Sünde in sich selbst zu erkennen und zu richten, sowie die Gnade, die in Christo für Vergebung unsrer Sünden und für unsere Heiligung vorhanden ist, in Bezug auf die eigne Person und die besondern Vorkommnisse immer neu wieder zu erkennen und zu ergreifen mit Seelenverlangen nach der Gerechtigkeit in Christo. Wer nicht in sich selbst d. h. individuell die Sünde und ihr Unheil erkennt, in Christo die für seine Sünde bereitete Gnade und Wahrheit nicht ergreift, der ist noch gar nicht vom Tod erwacht zum Leben, kann daher auch die Lebensspeise Christi nicht wirklich in sich aufnehmen, es fehlt das Organ dafür. Joh. 6, 27—29. Matth. 13, 13. 16. Wo aber, auch bei der Erkenntniß des Glaubens, das Abendmahl nicht im Ernst des Herzens und Benehmens als das Heiligthum der Versöhnung behandelt wird, da ist unwürdiger Genuß (1 Kor. 11), und die Folge ist, daß sich der Mensch ein Gericht in sein inneres Leben hineinzieht, es wird schlimmer mit dem Menschen durch den unwürdigen Abendmahlsgenuß, statt besser. 1 Kor. 11, 29 f.*) Statt Stärkung des innern Lebens tritt durch unwürdigen Genuß eine Schwächung ein ($\mathit{\mathring{α}σθενεις}$), statt Heilung und Heiligung eine innere Erkrankung ($\mathit{\mathring{α}ρρωστοι}$); es gibt geistliche Kränklichkeiten, ein mattes, ungesundes Christenthum; alte und neue Irrthümer, Lüste, Sünden gewinnen wieder Macht, und statt daß man aufwacht zum Bild Gottes, herrscht Schlaf, innere Sicherheit, geistige Stumpfheit, der Uebergang zum Tod, $\mathit{κοιμωνται}$. Dies Gericht, wie es der 29. V. bezeichnet, ist nun noch nicht Verdammniß, nicht völlige Verstoßung, sondern Züchtigung (V. 32); es sind pädagogische Mittel, deren Zweck ist, daß der Mensch durch die Erfahrung der innern Schwäche und Krankhaftigkeit, durch die neue Macht, welche die Sünde über ihn ausübt, zu sich kommt, sich selbst durchsucht, sich selbst richtet, nicht nur gerichtet wird, und umkehrt zu dem Lebenswort des Herrn, um aus ihm sich wieder den rechten Geistes- und Lebenssinn zu schöpfen, den lautern Glaubenssinn, der ernstlich verlangt und ringt nach der Gnade und Wahrheit in Christo. Wer aber durch alle schlimme Er-

---

*) Die Worte: Schwache, Kranke zc. sind nicht bloß physisch zu nehmen, das ist alttestamentlicher Standpunkt. Beim Abendmahl ist die Grundbeziehung geistig, seine Speisung gilt dem innern Menschen, nicht dem Fleisch; es reflectirt sich aber sein würdiger oder unwürdiger Genuß im Aeußeren, namentlich im Wandel; dies freilich wieder für den geistigen Blick, nicht für den bloß empirischen.

fahrungen in Bezug auf sich selbst sich nicht zur Einsicht bringen läßt, und meint, das Abendmahl sei eben dazu da, um gleichgültig zu bleiben gegen die eigene Schwachheit und Schläfrigkeit, wer in seinem eingebildeten Christenthum und krankhaften Glauben hingeht und der Wahrheit des Wortes Gottes nicht sich unterwirft, dem geht es nach Gal. 3, 3, der gekreuzigte Christus hat keine Kraft mehr für einen solchen Menschen, er sinkt aus dem Geist wieder ins Fleisch, aus dem Leben in den Tod und es kann mit ihm zu dem kommen, wovor Hebr. 10, 26—31 warnt.

Ueber die Bedenken, ob, wenn offenbar Ungläubige und Lasterhafte unter die Abendmahlsgenossen sich mischen, redliche Christen daran noch theilnehmen dürfen, vgl. Gedanken aus und nach der Schrift S. 56. 73 ff. (Auch bei dem Paragr. von der Kirche werden die allgemeinen Grundsätze über das Verhalten zu den Particularkirchen zur Sprache kommen.) Nach der Schrift steht fest, daß offenbar Ungläubige und Lasterhafte in einer wahrhaft christlichen Gemeinde nicht existiren sollen, ja nicht sollen existiren können. Die Offenbarung führt zwei Beispiele reiner Gemeinden auf: Kap. 2, 8 ff. und 3, 7 ff. Auch erklärt 1 Kor. 5, 9—13, daß redliche Christen mit solchen, welche als Christen gelten wollen und dabei ein offenbares Lasterleben führen, für sich selbst keinen Umgang haben sollen, soweit er nicht weltliche Sachen betrifft, sonst müßten sie die Welt räumen. Vgl. 2 Thess. 3, 6. 14 f. Aber nirgends ist befohlen, daß die redlichen Christen um der Unwürdigen willen die kirchliche Gemeinschaft verlassen müssen, auch nicht 1 Kor. 11 bei der Rüge des herrschenden unwürdigen Abendmahlsgenusses; nie ist in der Schrift des neuen Testaments aus dem äußern Austritt ein Princip gemacht, bevor

Gott richtet. Das Entscheidende aber für die Beurtheilung unserer Verhältnisse ist das, daß unsre kirchlichen Genossenschaften eine andre Bedeutung haben als die neutestamentlichen Gemeinden. Unsere Genossenschaften stellen nicht den Leib Christi dar, sondern den gemischten Acker, wo Unkraut und Weizen bei einander gelassen werden sollen bis zum letzten Tag, und das über die Welt geworfne Netz, das große Haus mit reinen und unreinen Bestandtheilen. 2 Tim. 2, 20 f. Da ist es nun allerdings unerläßliche Pflicht eines jeden redlichen Christen mit den Unreinen, welcher Art es auch ist, keine Privatgemeinschaft zu halten. 2 Tim. 2, 21 f. 2 Kor. 6, 14 f. Was aber die gottesdienstliche Gemeinschaft betrifft, so sehen wir an den ersten Christen, daß sie dieselbe selbst noch mit den Juden unterhielten, so lange sie nicht von diesen selbst weggestoßen wurden, obgleich die Juden in Christi Augen den Tempel zu einer Mördergrube machten. Aber allerdings erstreckt sich ihr gottesdienstlicher Verkehr darum nicht auch auf alles Bestehende, auf alles Usuelle und Traditionelle, sondern auf die gottesdienstlichen Handlungen, welche auf göttlicher Stiftung beruhen, und andrerseits ließen sie die specielle christliche Gemeinschaft nicht aufgehen in dieser allgemeinen. Act. 2, 46. Es sind also zwei Abwege zu vermeiden:

1) die gottesdienstliche Gemeinschaft mit einer verdorbenen Kirche ist nicht völlig abzubrechen, denn der Mißbrauch der Stiftungen Gottes hebt für die, welche sie recht gebrauchen, ihre göttliche Kraft nicht auf.

Andrerseits

2) ist die Sorge für Reinigung, so weit sie sich erstrecken kann, und die besondere Verbindung mit Redlichen

nie zu unterlassen, die Verbindung für die Anbetung im Geist und in der Wahrheit. Einerseits ist das Böse nicht mitzumachen, das in einer verdorbenen Kirche dem Guten sich anhängt, dem Guten, das ihr noch im Schatz Gottes anvertraut ist, andrerseits ist das Gute, das sie noch hat, das was in ihr noch von Gott ist, nicht zu lassen und aufzugeben. Dabei bleibt aber das offene Zeugniß wider das Verderben, das Zeugniß durch Wort und Wandel in Einfalt und Klugheit.*)

---

*) Vgl. Weiteres in Lehre von den Sacramenten S. 245 ff.; in Gedanken aus und nach der Schrift, S. 56 und 73 ff. auch in Moser's Briefen über protestantisches, geistliches Recht, Brief 5.

Vorlesungen
über
Christliche Ethik.

Von

Dr. J. T. Beck,
weil. ord. Professor der Theologie in Tübingen.

Herausgegeben

von

Jul. Lindenmeyer.

Zweiter Band.

Die pädagogische Entwicklung des christlichen Lebens.

Gütersloh.
Druck und Verlag von C. Bertelsmann.
1883.

Die pädagogische Entwicklung

des

christlichen Lebens.

Von

Dr. J. T. Beck,
weil. ord. Professor der Theologie in Tübingen.

Herausgegeben

von

Jul. Lindenmeyer.

Gütersloh.
Druck und Verlag von C. Bertelsmann.
1883.

Vorbemerkung.

Diesem zweiten Bande der christlichen Ethik des sel. Dr. Beck, den ich hiemit zum Druck gebe, hoffe ich den dritten Band zu Ostern 1883 um so gewisser nachfolgen zu lassen, als derselbe, wie ich sehe, einen beträchtlich geringeren Umfang einnehmen wird.

Schluchtern in Baden, den 20. April 1882.

Jul. Lindenmeyer.

Inhalts-Verzeichniß
des zweiten Bandes.

Zweites Hauptstück.
Die pädagogische Entwicklung des christlichen Lebens.

	Seite
I. Der Bildungsgang des christlichen Lebens	12 ff.
§ 9.	
Die Verähnlichung mit Christus	13 ff.
1) Der Tödtungsproceß	14—21.
2) Der Belebungsproceß	21—33.
II. Die Bildungskräfte des christlichen Lebens	33 ff.
§ 10.	
Das christliche Leben in seiner geistigen Kraftentwicklung	33 ff.
a) Die objective Energie	33 f.
b) Die subjectiven Wirkungen	34 ff.
1) Die Erkenntniß des Glaubens durch die Erleuchtung des Geistes	36—43.
2) Der Gehorsam der Liebe durch die Heiligung des Geistes	43—49.
3) Die Hoffnung durch die Beseligung des Geistes	49—54.
III. Das Bildungsgesetz des christlichen Lebens	55 ff.
§ 11.	
Das christliche Lebensgesetz in seiner Entwicklung	55 ff.
1) Der Lebenszusammenhang mit Christus	55—58.
2) Christus das Gesetz des neuen Lebens	58—61.
3) Die Beschaffenheit der Christus ähnlichen Liebe	61—64.
4) Das Object der christlichen Liebe	64—66.

Inhalts-Verzeichniß.

§ 12.

		Seite
Die christliche Gottesliebe.		67 ff.
1) Wesen derselben		67—69.
2) Form derselben		69—75.
3) Psychologische Beschaffenheit		75—96.
4) Moralischer Werth und Charakter		97—112.
Zusatz I. Ueber consilia evangelica		113—143.
Zusatz II. Ueber Adiaphora		143—153.
Zusatz III. Ueber das Erlaubte		153—172.
Zusatz IV. Ueber Casuistik und Collision der Pflichten		173—184.

§ 13.

Die christliche Selbstschätzung		184 ff.
1) Grund und Wesen		190—213.
2) Die christliche Selbstschätzung in ihrer Demuth und Würde		213—227.
3) Grundcharakter		228—229.

§ 14.

Die christliche Nächstenliebe		229 ff.
1) Der christliche Naturbegriff der Menschenliebe		230—237.
2) Der specielle Heilsbegriff der Menschenliebe		237—247.
3) Stellung der christlichen Menschenliebe im Weltverband		247—261.
4) Die christliche Bruderliebe		261—275.
5) Grundform des christlichen Sociallebens		275—277.
Zusatz. Ueber den ethischen Begriff der δικαιοσυνη		277—280.

IV. Der Bildungsorganismus des christlichen Lebens . . . 281 ff.

§ 15.

Die christliche Gemeinde und Kirche.		281 ff.
I. Stiftung und stiftungsgemäße Entwicklung		289 ff.
1) Historische Entwicklung des Namens ἐκκλησια		289—293.
2) Keimbildung einer christlichen Gemeinde		293—298.
3) Constituirung der christlichen Gemeinde		298—300.
4) Begriff einer christlichen Gemeinde		300—317.
5) Ergebnisse		317—323.
Zusatz. Ueber die Unterscheidung einer sichtbaren und unsichtbaren Kirche		324—335.
II. Verfassung der christlichen Gemeinde		335 ff.
1) Die Principien		335—361.
2) Die äußere Verfassung		361—377.
Zusatz. Das Verhältniß von Kirche und Staat		378—411.

§ 16.

Die Fortbildungsmittel des christlichen Gemeindelebens . . . . 411 ff.

I. Allgemeines über die gottesdienstliche Verfassung der Gemeinde . . . . 412 ff.
    1) Wesen und Gesetz des christlichen Gottesdienstes 413—418.
    2) Aeußere Einrichtung eines solchen . . . 418—438.

II. Die einzelnen gottesdienstlichen Bildungsmittel . 438 ff.
    1) Das evangelische Predigtamt . . . . . 438—443.
    2) Geist und Inhalt des christlichen Lehrvortrags 444—445.
    3) Amtlicher Charakter und Pflichten der christlichen Lehrthätigkeit . . . . 446—452.
    4) Das Verhältniß der Gemeindeglieder zum Lehramt 452—453.

III. Die Gemeinschaft der Heiligen . . . . . . 453 ff.
    1) Die christliche Gütergemeinschaft . . . . 453—455.
    2) Die christliche Gebetsgemeinschaft . . . . 455—463.
    3) Die Zuchtgemeinschaft . . . . 463—472.

Zweites Hauptstück.

Die pädagogische Entwicklung des christlichen Lebens.

Einleitung.

Die Entwicklung des christlichen Lebens geht, wie bereits auseinander gesetzt wurde, unter der Pädagogik der Gnade vor sich bei schon bekehrten Christen. Sie hat das neue Wesen des Lebens zur Voraussetzung, wie es durch die Wiedergeburt gesetzt ist. Durch diese ist der Mensch geistig organisirt in seiner innersten Subjectivität, wie dieselbe theils seine göttliche Bestimmtheit in sich faßt, im Gewissen, theils seine Selbstbestimmung, im Vernunftleben; in beiderlei Beziehung ist der Mensch in der Aehnlichkeit mit Christo geistig organisirt, d. h. er ist von gottmenschlicher Geisteskraft belebt, begabt und bestimmt. Der neue Lebensgeist ist also nicht etwas vom menschlichen Bewußtsein und Willen Getrenntes, etwas Unbewußtes, Unwillkürliches, vielmehr ist er der substantielle Kern, die innerste Natur desselben; daher nun im eigenen Grunde des Bewußtseins und Willens der Lebenstrieb und die Kraft liegt, vom Geiste Christi sich bestimmen zu lassen oder stetige Einwirkung von ihm zu empfangen und in einer derselben entsprechenden Selbstthätigkeit wirksam zu sein. Vgl. § 5, III. 3. a u. b. S. 249 ff.

Diese mehr physiologischen Bestimmungen über das Wesen des Wiedergeborenen kamen naturgemäß bei der genetischen Anlage des christlichen Lebens zur Sprache, jetzt, wo es sich um die pädagogisch-ethische Entwicklung dieser Anlage handelt, betrachten wir die neue Lebensbestimmung näher vom **sittlichen Standpunkt**, also im **Verhältniß zum Gesetz**.

1) In der Ethik des Neuen Testamentes tritt uns ein dreifaches Verhältniß zum Gesetz entgegen:

a. das Verhältniß **ohne** und **wider** das Gesetz, $\mathring{α}νομια$, die Unsittlichkeit des Unglaubens;

b. das Verhältniß **unter** dem Gesetz, $\mathring{υ}πο\ νομον$, die Sittlichkeit des Gesetzlichen, die natürliche, oder die der menschlichen Natur noch mögliche Sittlichkeit;

c. das Verhältniß **in** dem Gesetz ($\mathring{ε}ννομος$), die Freiheit des Geistesmenschen.

In dem ersten Verhältniß, dem der $\mathring{α}νομια$, ist das Gute dem Bewußtsein und Willen veräußerlicht und der Mensch demselben entfremdet; er ist **sittlich unwissend und unfrei**, und dieses nicht nur im Verhältniß zum Guten, daß er dasselbe nicht erkennen und thun kann, sondern auch positiv unwissend und unfrei im Bösen, im Widergöttlichen, daß er dasselbe wie nicht erkennen, so auch nicht lassen kann, er ist demselben verhaftet mit seinem Bewußtsein und Willen; ebendamit ist er nur frei gegenüber der Gerechtigkeit, der Tugend (Röm. 6, 20), sofern er das Gesetz der Gerechtigkeit eigenwillig ignorirt oder nicht daran sich bindet. Der Mensch ist $\mathring{α}νομος$, das Gesetz ist ihm etwas Aeußerliches, Fremdes, Widriges und seine Freiheit ist Willkür und Ungebundenheit.

In der Buße und Bekehrung nun erfolgt eine positive Entscheidung der Wahlfreiheit, die Entscheidung für das göttliche Gesetz wider die eigene Ungebundenheit, indem dem Menschen das Gute und Göttliche gegenüber dem eigenen Bösen zum Bewußtsein kommt und er in seiner Willensrichtung sich damit einigt. Röm. 7, 14 ff. Da ist dem Menschen das Gute nicht mehr ein rein Aeußeres, wie dem ἄνομος, sondern bereits etwas Inneres, als ein Gesetz oder Postulat, das ein Sollen begründet. Einmal weiß er sich von demselben gebunden in seinem Grundbewußtsein, im Gewissen, er weiß sich ihm unterworfen als einer innerlich gesetzgebenden und richtenden Macht; er muß daher die Autorität des Guten, oder Gott respectiren aus innerem Drang, aus Gewissensdrang, als Etwas, das ihn verpflichtet, als eine Autorität, die ihn in seinem Gewissen bindet und festhält: er weiß sich so zunächst in passiver Verpflichtung, in der Verpflichtetheit. Aber noch weiter: der Mensch als μετανοῶν oder überhaupt bei sittlicher Gesinnung erkennt auch freiwillig diese verpflichtende Kraft des Guten und Göttlichen an für seine Selbstbestimmung; aus dem „du sollst" wird ihm ein „ich will"; das Gute, Göttliche ist ihm eine sittliche Nothwendigkeit, wodurch er auch die Richtung seines Willens bestimmen läßt, d. h. er macht sich das Gute zur Pflicht, sofern aus dem Sollen auch ein dasselbe anerkennendes Wollen wird. Dies ist die pflichtgemäße Selbstbestimmung oder die active Selbst=Verpflichtung, nicht nur die passive Verpflichtetheit. Beides: die Verpflichtetheit und die Selbstverpflichtung liegt im subjectiv gefaßten ὑπὸ νόμον εἶναι im Gegensatz zum ἄνομος.

Aber so lange das Gute, das Göttliche, nur in dieser Form dem Menschen innerlich ist, d. h. als verpflichtende Macht und als pflichtmäßiges Object seines Willens, so lange ist es eben nur in gesetzlicher Form innerlich als **innere Forderung und Aufgabe**; es ist **Norm und Richtung im Bewußtsein und Willen des Menschen**, aber zur entsprechenden That, zur Realisirung des Gesetzes seinem Sinn und Geiste nach, nicht bloß dem Buchstaben nach, dazu fehlt dem Menschen die Kraft, so lange das Göttliche nicht als $\pi\nu\varepsilon\upsilon\mu\alpha$ in seinem Bewußtsein und Willen wesenhaftes Sein und Kraft geworden ist, mit einem Worte Leben ist. Im Zustand $\upsilon\pi o\ \nu o\mu o\nu$ ist also, kurz gesagt, **eine bloß formale und ideale Willenseinigung** mit dem Guten, dem Göttlichen vorhanden, noch keine substantielle und dynamische Lebens-Einigung. Letztere wird eben durch die Wiedergeburt gesetzt, indem in ihr nicht bloß der $\nu o\mu o\varsigma$, das Gesetz des Guten und Göttlichen, sondern das göttliche Geisteswesen, das $\pi\nu\varepsilon\upsilon\mu\alpha$, der innersten Subjectivität immanent wird, dies eben in der Einheit der $\sigma\upsilon\nu\varepsilon\iota\delta\eta\sigma\iota\varsigma$ und des $\nu o\upsilon\varsigma$, in der $\kappa\alpha\rho\delta\iota\alpha$. Ist dies erfolgt, so weiß sich der Mensch mit dem Guten, dem Göttlichen wieder eins, nicht bloß dem Willen nach, nicht bloß ideell, sondern real, seinem innersten Wesen nach, weil durch das Eingehen des göttlichen $\pi\nu\varepsilon\upsilon\mu\alpha$ in das Wesen des Menschen eine Natureinigung mit dem Göttlichen vorgegangen ist, keine bloße Willenseinigung. Statt als bloß verpflichteter Knecht Gottes erkennt sich dann der Wiedergeborene als Kind Gottes, nicht bloß im Adoptivsinn, sondern im essentiellen Sinn, d. h. er weiß das Göttliche in sich als den

Lebensgrund einer neuen Persönlichkeit; und so ist es dem Willen weder nur äußerliche Vorschrift (*γραμμα*), noch nur innerliche Pflicht (*νομος του νοος*); es ist ihm überhaupt nicht nur ideale Nothwendigkeit, dem göttlichen Lebensgesetz nachzukommen, sondern dies ist bei dem Wiedergeborenen nun natürlicher Habitus, ist in ihm geistiges Naturgesetz, wie dem Kinde gegenüber dem Vater es angeboren ist, den Vater zu lieben. Röm. 8, 14. Der Gehorsam gegen das göttliche Gesetz ist für den Wiedergeborenen wesentlicher Lebenstrieb im Centrum seines göttlichen Grundbewußtseins und seines selbständigen Vernunftlebens, ist innerste und eigenste Gesinnung. Kurz also: die Gesinnung der Liebe tritt an die Stelle der bloßen Pflicht, das Mögen und Vermögen des Göttlichen an die Stelle eines bloßen Sollen und Wollen. Vgl. § 1, II. § 5. III. 3. a. γ. S. 253 ff. Sonach ist der wiedergeborene Mensch in seinem innersten persönlichen Bewußtsein und Willen conform mit dem göttlichen Lebensgesetz als mit dem Wesen seiner eigenen neuen Natur; er ist nicht nur nicht mehr *ανομος*, wie der Ungläubige und Unsittliche, auch ist er nicht, da er *πνευματι αγομενος* ist, unter dem Gesetz, *υπο νομον* (Gal. 5, 18), wie der bloß sittliche oder bloß gottesfürchtige Mensch; er ist vielmehr (1 Kor. 9, 21) *εννομος Χριστῳ* oder *Χριστου*; er ist als in Christus auch in dem Gesetz, und zwar im Gesetz, wie es in Christo ist, d. h. er ist im Sohnesgesetz als geliebter und liebender Sohn Gottes, oder dies in seinem Anfang gefaßt, als Kind Gottes. Das göttliche Lebensgesetz bestimmt nun den Menschen als geistige Lebenssubstanz seines Bewußtseins und

Willens*), nicht bloß imperativ als Vorschrift oder bloß ideal als innere Verpflichtung und Aufgabe. Durch die Wiedergeburt ist aber Alles erst im Centrum des Ichlebens gesetzt als σπερμα, daher erst principiell.

Und so ist

2) Entwicklung in intensiver und extensiver Beziehung mit der Natur des neuen Lebens nothwendig gesetzt; auch das ist nur eine Ableitung aus dem Früheren, vgl. § 1, III. § 2, 2. § 5. III, 3. S. 253 ff. Das neue Leben macht sich nämlich wie alles Leben geltend als Bildungstrieb, als plastischer Trieb, daher Matth. 7, 17 ff. die Vergleichung mit der Fruchtentwicklung eines guten Baumes. Dieser neue Bildungstrieb aber äußert sich nicht unbestimmt als bloßer Impuls, wie in einem physischen Organismus, oder als Richtung auf das Gute, wie im Idealismus, sondern gemäß dem freien Glaubenszusammenhang mit Gott in Christus, bestimmter: gemäß dem kindschaftlichen Geisteszusammenhang äußert sich der **christliche Bildungstrieb als die bewußte, persönliche Willenstendenz, in Christo zu sein und zu wachsen und durch ihn in Gott, ihn zu halten und immer mehr anzueignen**, ebendamit dem Geiste und seinem Gesetz zu entsprechen, das Göttlichgute, wie es eben in Christus ist, immer mehr aufzunehmen, zu assimiliren und auszubilden. Der Zusammenhang zwischen Christus und dem Wiedergeborenen ist nun aber eben nicht bloß bestimmt

---

*) Daher ist es bei dem Wiedergeborenen eine seiner innersten Natur widerstrebende Unmöglichkeit, das göttliche Lebensgesetz zu ignoriren, von ihm mit Bewußtsein und Willen sich loszureißen und die Sünde zur Lebenspraxis zu machen. 1 Joh. 3, 9.

durch objective Lehre und durch subjective Gedanken-Beziehung oder Willens-Beziehung, sondern wie es subjectiverseits der geistige Lebenstrieb ist, was den Menschen an Christum bindet und ihn immer weiter in ihn hineinzieht, so wirkt auch Christus auf den Menschen nicht bloß doctrinär oder präceptiv mit gesetzgebender Autorität, sondern es sind zugleich **bildungskräftige Lebenseinflüsse** des göttlichen Geistes, welche **von Seiten Christi** dem subjectiven Bildungstrieb begegnen, mit einer Wirksamkeit, die stetig berufender, rechtfertigender und verklärender Art ist, d. h. es ist die göttliche Gnadenkraft in Christo, die in dynamischer Lebendigkeit bildend auf den Wiedergeborenen und in ihm wirkt. Von diesem Gesichtspunkt aus lese man Röm. 6.

Könnte es nun aber nicht scheinen, als ob die christliche Lebensentwicklung mit einer Art physischer Unmittelbarkeit vor sich ginge, als ein allerdings höherer Naturproceß, der sich von selbst macht unter dem unmittelbaren Ineinandergreifen des subjectiven Bildungstriebes als eines höheren Naturtriebes, und der objectiven Bildungsthätigkeit Christi als eines unmittelbaren Einflusses? Allein hier kommen

3) noch andere Momente in Betracht. Im unmittelbaren Geistesbewußtsein der Wiedergeburt, im christlichen Bewußtsein und Liebestrieb, ist wohl die Centralbeziehung zu Christus, zu seinem Wort und Geist gesetzt, aber nicht der volle concrete Inhalt, nicht das πληρωμα Christi; insofern **behält Christus und das sittliche Gesetz in ihm auch für den Wiedergeborenen immer noch etwas Ideales**, etwas noch nicht reell im Innern Gegebenes oder schon im innern Bewußtsein und Willen Lebendiges, nur ist es nichts schlechthin Ideales. Denn das

reale Princip des Guten ist im Glauben dem Wiedergeborenen immanent geworden, in ihm lebend geworden eben mit Christi eigenem Geist. Aber der Christus in uns, das neue Geistesleben ist selbst etwas Werdendes, noch nicht das vollkommen Fertige, wie es gegeben ist im Christus außer uns, im biblisch-historischen Christus; das in seiner Persönlichkeit allein rein und vollständig Gegebene ist eben fort und fort anzueignen, und diese Aneignung ist von bestimmten Bedingungen abhängig. Einmal

a) die Ein- und Zuflüsse aus der Lebensfülle Christi geben sich nicht unmittelbar durch magische Infusion, nicht ohne Vermittlung mit des Menschen Bewußtsein und Willen. Von Seiten Christi vollzieht sich diese **Vermittlung** durch seine objective Selbstdarstellung im **Wort** und **Sacrament**. Dies sind die **objectiven Bildungsmittel**, an welche der christliche Bildungstrieb stetig gewiesen bleibt; da ist der christliche **Bildungsstoff** zu schöpfen mit seiner **Bildungskraft**. Ebenso bedarf es subjectiverseits einer stetigen innern Selbstvermittlung mit dem objectiven Christus im Glauben, d. h. für alle concreten Mittheilungen Christi an den Menschen bedarf es einer freiwilligen, selbstthätigen Reception und Verarbeitung derselben im Gewissen und in der Vernunft. Dieser bedarf es theils, damit das, was Christus von sich aus mittheilt, in den objectiven Bildungsmitteln des christlichen Lebens, namentlich in seinem Wort, auch in das eigene Herz aufgenommen werde, theils damit weiter das Aufgenommene vom geistigen Centrum des Innenlebens, vom Herzen aus nun auch dem seelischen Peripherieleben angeeignet werde, in unser concretes und empirisches Denken und Wollen und in das davon abhängige praktische Leben hineingeleitet und umgesetzt werde. Es müssen aus dem von Christus objectiv sich Mittheilenden und aus dem subjectiv ins Herz Aufgenommenen **concrete Erkenntnisse, Grundsätze, Handlungen** ausgebildet werden. Dies ist Sache der eigenen entwickelnden gläubigen Vernunftthätigkeit. Phil. 3, 12: διωκω εἰ και καταλαβω, ἐφ᾽ ᾧ και κατεληφϑην ὑπο Χριστου. 4, 8 f.: ὅσα ἐστιν ἀληϑη, ὅσα σεμνα, ὅσα δικαια, ὅσα ἁγνα κ. τ. λ., ταυτα λογιζεσϑε — πρασσετε. Bei dieser fortwährenden selbstthätigen Aneignung und Ausbildung des in Christus und seinen Gnadenmitteln Gegebenen hat ferner

b) der Wiedergeborene in seiner eigenen Natur einen **Antagonismus zu überwinden, den des Fleisches, des sinnlichen Seelenlebens.** In diesem sinnlichen Seelenleben wirkt auch ein Bildungstrieb, ein selbstischer und weltlicher Bildungstrieb, ein von Gott und Christus weg nach unten ziehender Lebenstrieb. Dieser ist zwar nach der Wiedergeburt nicht mehr das das Ich beherrschende Princip, vielmehr ist er in seinem Centrum gebrochen, oder er ist nicht mehr der Herr, nachdem Christus im Menschen der Herr geworden ist. Er dominirt nicht mehr, aber stets noch influirt er und zwar sogar unwillkürlich auf das Herz, auf Denken und Wollen. Dies in doppelter Weise, theils irritirend als **Reiz**, ἐπιϑυμια im engeren Sinn (Jac. 1, 14), theils deprimirend als **Druck**, woran sich ϑλιψις und παϑηματα anschließt, vgl. Lehrwissenschaft S. 582 ff. 2. Aufl. S. 536 ff. Ja im empirischen Denk- und Willensleben trägt der Wiedergeborene aus der früheren Lebenszeit bereits entwickelte und erstarkte **fleischliche Ansichten, Neigungen, Gewohnheiten** in sich, die Vergliederungen der Sünde; mit einem Wort, es ist gegenüber dem noch nicht ausgebildeten neuen Personleben **ein altes, bereits ins Concrete ausgebildetes Personleben** vorhanden, nicht nur ein noch unentwickeltes Triebleben, und dies alte Personleben muß von den betreffenden Individuen nach seinem einzelnen Inhalt erst allmählich im Licht und in der Kraft des Wortes und Geistes Christi erkannt, zersetzt und ausgeschieden werden.*)

Bei diesem Naturdualismus nun kann und darf der Wiedergeborene nicht schlechthin nur thun, was in ihm als Trieb, als Wille sich regt, oder wie es ihm ums Herz ist, aber auch nicht gerade nur thun, was gegen seinen Willen ist; in solcher mechanischen Weise löst sich die sittliche Aufgabe des Wiedergeborenen nicht; sondern er hat prüfend zu **unterscheiden zwischen einem zwiefachen Willen** in sich, zwischen einem **Geisteswillen** und einem **Fleischeswillen** (Gal. 5, 17)**), er hat das Deprimirende wie das Irritirende zu überwinden, das Passive wie das Active, das der Fleischeswille im alten äußern Menschen dem Geisteswillen im neuen innern Menschen entgegensetzt. Er hat also gegenüber dem Fleisch, dem alten sinnlichen Seelenleben die **heilig-geistige Vernunftentwicklung** zu realisiren und hiezu theils einer entgegenstehenden Trägheit

---

*) Dabei geht es dem Menschen an die Seele mit Ach und Weh.

**) Das Fleisch widerstrebt dem Geist, der Geist dem Fleisch, Eines stellt sich dem Andern entgegen, damit ihr nicht thut das, was ihr gerade wollet (nicht: thun könnet). Es ist nämlich, wenn ihr Fleischliches wollet, die widerstrebende Intention des Geistes, daß ihr diesen Willen nicht thun sollet, und umgekehrt, wenn ihr Geistiges wollet, ist es widerstrebende Intention des Fleisches, daß ihr den geistigen Willen nicht thun sollet.

oder Passivität sich zu entäußern, die aus dem deprimirenden Einfluß des Fleisches hervorgeht, theils eines falschen activen Reizes sich zu erwehren, der aus dem irritirenden Einfluß des Fleisches hervorgeht. Hiernach hat auch der Christ zwei einander scheinbar widersprechende Eigenschaften zu verbinden: es gilt nämlich fürs Gute (2 Petr. 3, 6 f. 3, 14) theils σπουδη, eifriges Thun gegenüber der Fleisches=Trägheit, theils ὑπομονη, geduldiges Ausharren und Warten gegenüber dem falschen Thätigkeits-Reiz, beides um treu zu sein dem geistigen Bildungstrieb des inwendigen Herzensmenschen und um immer reiner und voller die objective Bildungsthätigkeit und Bildungsmittel Christi in sich aufzunehmen. Mit einem Wort, Glaubensgehorsam ist eine stetige Forderung auch an Wiedergeborene, wie er dies für den Anfang der Wiedergeburt ist; sie sind Kinder des Gehorsams und haben sich als solche immer zu halten. 1 Petr. 1, 14.

Wir gehen nun über zur

Darstellung der christlichen Lebensentwicklung selbst.

Hiebei kommt zunächst in Betracht der ordnungs= mäßige Entwicklungsgang nach denjenigen Haupt= momenten, wie sie im vorbildlichen Lebensgang Christi gegeben sind; denn in ihnen liegt die normale Bildungsform des christlichen Lebens; Christus muß Gestalt in uns gewinnen. Weiter fragt es sich, in welchen Kräften die Ausbildung des christlichen Lebens sich ver= wirklicht; ferner: worin sie ihre Conformität mit dem Wesen Christi als ihrem Gesetz erhält und einhält; endlich, da das christliche Leben zu seiner Voraussetzung und zu seiner Bestimmung die Gemeinschaft hat, welches ist der seiner Ausbildung entsprechende **gesellschaftliche Organismus, der christliche Gemeinde-Organismus**? Wir haben also zu behandeln:

I. **den Bildungsgang des christlichen Lebens;**
II. **die Bildungskräfte desselben;**
III. **das Bildungsgesetz;**
IV. **den Bildungsorganismus des christlichen Lebens.**

Schon § 1, I, wo die principielle Stellung Christi zum christlichen Leben entwickelt wurde, wurde besonders unter c) S. 118 ff. dargelegt, wie letzteres an ihm seine vorbildliche Grundform hat und wie namentlich auch die Ausbildung des christlichen Lebens in der Gleichartigkeit mit der eigenen Lebensentwicklung Christi erfolgt und zu erfolgen hat. Die **Verähnlichung mit Christus** stellen wir also voran als den normalen Bildungsgang. Betrachten wir ad II: die christliche Lebensbildung nach ihrer dynamischen Seite, nach ihren Bildungskräften, so erscheint sie als **geistige Kraftentwicklung**, nämlich objectiv bestimmt durch den heiligen Geist, subjectiv durch Glauben, Liebe, Hoffnung mit den dieser objectiven und subjectiven Bestimmtheit entsprechenden Wirkungen, der Erleuchtung, Heiligung im engern Sinn und Beseligung oder der Erkenntniß der Wahrheit, Gehorsam der Wahrheit, Friede der Wahrheit. Ad III: die christliche Lebensbildung nach ihrer **substantiellen Seite, ihrer Conformität mit Christo ist Entwicklung des göttlichen Lebensgesetzes** in seinem wesentlichen Begriff und Ausdruck, nämlich als Liebe (dies ist die ethische Substanz in Christo), diese wieder in ihren Grundformen näher bestimmt in Bezug auf Gott, das eigene Selbst und den Nächsten. Endlich ad IV: indem wir die christliche Lebensbildung nach ihrer körperschaftlichen Organisation oder ihrer Vergliederung fassen, führt dies auf die Entwicklung des christlichen Gemeindelebens, wobei seine Stiftung, Verfassung und Fortbildungsmittel in Betracht kommen.

§ 9. Die Verähnlichung mit Christo als Grundform der christlichen Lebensbildung oder als der normale christliche Bildungsgang.

Durch die Immanenz des Geistes Christi ist der Natur des Wiedergeborenen eine dem Geist Christi gleichartige Bildungskraft eingepflanzt und diese wirkt plastisch, d. h. sie prägt auch im innern und äußern Leben mehr und mehr die dem Bilde Christi gleichartige Bildungsform aus. Nachdem in der Aehnlichkeit mit Christo die Geburt aus dem Geist vorgegangen ist, entwickelt sich das christliche Leben innerhalb derselben Grundformen, die im Lebensgang Christi als Hauptmomente hervortreten, nämlich in der Form des Sterbens mit anschließendem Begräbniß und in der Form der Auferstehung mit anschließender Erhöhung in das Himmlische. Röm. 6 und Eph. 2. Seiner Grundform nach ist hiernach der christliche Bildungsproceß ein ineinandergreifender Sterbensproceß und Belebungsproceß in der Aehnlichkeit mit Christus.*)

---

*) Eines ohne das Andere gefaßt ist eine Einseitigkeit, die zum Verlust des geistigen Lebens führen kann, wenn es anders schon da ist.

1) Das christusähnliche Sterben bezieht sich nicht auf das Wesen der Persönlichkeit selbst, ist für diese keine Vernichtung, sondern das Sterben gilt der Sünde, dieser aber, wie sie eben in der Persönlichkeit haftet, mit ihr verwachsen ist, nicht nur dieser oder jener Aeußerung der Sünde; Röm 6, 2 u. 10: $ἀπεθάνομεν\ τῇ\ ἁμαρτίᾳ$, vgl. 7, 17: $ἡ\ οἰκοῦσα\ ἐν\ ἐμοὶ\ ἁμαρτία$. Im Sterben überhaupt löst sich der persönliche Lebenszusammenhang auf, und so ist das $ἀποθανεῖν\ τῇ\ ἁμαρτίᾳ$ die persönliche Abscheidung von der verpersönlichten Sünde; diese Abscheidung drückt eben $ἀπό$ aus in $ἀποθανεῖν$, vgl. Kol. 2, 20, wo es in allgemeiner Beziehung deutlich hervortritt: $ἀπεθάνετε\ σὺν\ τῷ\ Χριστῷ\ ἀπὸ\ τῶν\ στοιχείων\ τοῦ\ κόσμου$; 1 Petr. 2, 24: $ταῖς\ ἁμαρτίαις\ ἀπογενόμενοι$; vgl. Winer § 86, 2 unter $ἀπό$. Dies Sterben nun ist vermittelt nicht durch physische Nothwendigkeit oder physische Form; dies wäre das physische Sterben nach dem Fleischesgesetz; Christi Sterben aber ist vermittelt durch das Geistesgesetz als freies Opfer. So ist das christusähnliche Sterben einmal kein reines Leiden wie der natürliche Tod, sondern es ist seiner Form nach ein freiwilliger, ein ethischer Akt, ein durch Selbstbestimmung und Selbstthätigkeit vermitteltes Leiden, es ist ein „sich selbst hingeben", $τὴν\ ψυχὴν\ διδόναι$; es ist aber darum seinem Wesen nach nicht bloß das ethische Sterben im Sinn der Moral-Systeme, nicht die Buße und das Ablegen einzelner Sünden u. dgl.; es geschieht vielmehr durch einen radicalen Tödtungsakt, welcher allerdings den Leib trifft, jedoch nicht in seinem physischen Bestand als solchem, nicht in seinen unmittelbaren und nothwendigen Lebensfunctionen, sondern es trifft den Leib, sofern

§ 9. Die Verähnlichung mit Christus. 1. Der Tödtungsproceß.

er, als seelisches Organ, Organ der Sünde ist (Röm. 6, 5 f. σωμα της ἁμαρτιας), Fleischesleib im ethischen Sinn ist, nicht im physischen, sofern seine Glieder und Functionen von der afficirenden Energie der immanenten Sünde, von ihrer irritirenden und deprimirenden Naturkraft bestimmt und beherrscht werden. Röm. 7, 5. 18—23. 8, 12 f. Bei Christus war die Sünde dem Fleisch innerlich nur als Disposition, als wirkliche Möglichkeit, bei uns als schon wirksame Potenz, als schon herrschende Regel; bei ihm war der Leib der sündigen Fleisches-Energie nur passiv unterworfen, nur als leidendes Organ, bei uns als selbstthätiges Organ (vgl. Lehrwissenschaft S. 466, 2. Aufl. 432 f.). Eben durch diese Tödtung des Sündenorganismus im Leibe soll die Sünde ihrem von Gott verordneten Gericht unterliegen, in ihrer Wurzel, nicht bloß in ihren Ausläufern, in ihrer sinnlichen Naturhaftigkeit (Röm. 8, 3: κατεκρινεν την ἁμαρτιαν ἐν τῃ σαρκι), und nur durch diese geistige Anknüpfung des Sterbens an die göttliche Gerichtsordnung erhält dasselbe eben den Charakter des Opfers; damit wird der die Sünde verurtheilende Wille Gottes geheiligt. Im Bisherigen haben wir im Allgemeinen gesehen, in welcher Form und an welchem Object das christusähnliche Sterben vor sich geht; bestimmen wir nun noch genauer, wie sich dieses christusähnliche Sterben vollzieht? (Vgl. Christl. Liebeslehre § 7 und Sacramentlehre § 7.) Wir unterscheiden eine innere und eine äußere Seite.

a) Das Abtödten der Sünde geht von innen heraus vor sich. Der Mensch, vom geistigen Lebenszuge Christi beseelt, entschlägt sich zunächst der seelischen Conspiration mit seinem bisherigen weltlichen Lebenselement, er stößt dies alte Selbstleben ab in Selbstverleugnung, Joh. 12, 25: ὁ μισων την ψυχην αὑτου ἐν τῳ κοσμῳ τουτῳ; Matth. 16, 24 f; ἀρνεισθαι oder ἀπαρνεισθαι heißt sich selbst negiren, seinem Selbst als solchem das Sein absprechen, sich von dem eigenen Selbst als solchem lossagen, sein selbstisches Leben hingeben. Der Mensch gibt seine Seele hin in die **Auflösung ihres Verbandes mit dem Sünden-Substrat**, mit Fleisch und Welt. Der Sündenleib wird ausgezogen (Kol. 2, 11), d. h. vom persönlichen Ich abgelöst. Damit wird der organischen Triebkraft der Sünde, die sie eben im Fleische hat, und aus der Welt nährt, ihre weitere Verkettung mit dem Personleben abgeschnitten: es ist eine Isolirung eingetreten zwischen dem persönlichen Ich und dem sündigen Fleisch. Während der Mensch vorher mit Leib und Seele der Macht der Sünde nicht nur unterworfen, sondern auch ergeben ist, oder dem Fleische und der Welt lebt, ist er der Sünde nun todt, **vorerst wenigstens der Seele nach**, d. h. im eignen Selbst. Röm. 6, 11: ὑμεις λογιζεσθε ἑαυτους νεκρους τῃ ἁμαρτιᾳ. Λογιζεσθαι ist kein bloßes Dafürhalten, keine bloße Ansicht, sondern der innere Seelenakt im νους, der durch die Zusammenpflanzung mit Christus (V. 5) real begründet ist, und sich zusammenfaßt in einem wohlerwogenen Schluß und Beschluß, welcher das Verhalten bestimmt. Vgl. Christl. Lehrwissenschaft, Register, λογιζεσθαι.

Was bestimmt und stärkt nun aber die Seele zu dieser Selbst-Verleugnung oder zu der Selbst-Ablösung von ihrem bisherigen Lebenselement, von ihrem alten Selbstleben? Es ist die Versöhnungs- und Rettungsliebe Gottes in dem für uns gestorbenen Christus; diese ist in der Seele reale Kraft

§ 9. Die Verähnlichung mit Christus. 1. Der Tödtungsproceß. 17

geworden durch Bekehrung und Wiedergeburt und eben damit ist der Geisteszug des erhöhten Christus, seine Gnadenkraft uns innerlich geworden. Röm. 5, 1 f. 5—7. Diese Liebesverbindung mit der rettenden Gnade in Christo, die an ihr und aus ihr sich erzeugende und immer wieder erneuernde Liebe zu dem uns liebenden Vater und Herrn zerstört das alte Liebesband, das unsere Seele an die Sünde kettet und an die Sphäre der Sünde, an Fleisch und Welt, zerstört die seelisch entwickelte Sündenlust. Die fleischliche Liebe oder Sinnesweise wird abgetödtet und es entwickelt sich dafür Christi Leidens- und Sterbenssinn statt des Genußsinnes. Röm. 8, 5. 1 Petr. 4, 1 f. 6. 13. Matth. 16, 24 ff. **Innere Abscheidung oder Lösung der Seele von der Welt und der dem Leibe innehaftenden Lustenergie der Sünde, Selbstverleugnung in Kraft des Sterbenssinnes Christi, dies ist das erste Moment des Tödtungsprocesses.** Damit ist der innere Grund gelegt auch zur weiteren positiven Reaction gegen die in der Natur eingewurzelte Wirksamkeit der Sünde, gegen ihre physische Trieb-Energie, wie sie gliedlich oder concret entwickelt ist in den verschiedenen Organen des Leibes und ihren Functionen, mit einem Wort, wie sie eingefleischt und durch Gewöhnung zur Natur geworden ist. Es wird das sinnliche Triebleben nicht nur nicht mehr als Lust gehegt, nicht mehr seelisch gepflegt, was eben schon durch das erste Moment, die Selbstverleugnung, aufgehoben ist, sondern es wird in seiner Lebenskraft gebunden und gebrochen, es wird gekreuzigt, d. h. da Kreuzigung noch nicht das Getödtetsein ist, aber ein Mittel der Tödtung, und zwar ein gerichtliches, der alte Mensch wird als ein dem Fluche, dem innern Gottesgericht verfallener nun auch in seinen der Sünde dienenden Lebensregungen gebunden und niedergehalten. Vgl. Gal. 5, 24: die Christi sind, haben und halten ihr Fleisch gekreuzigt mit seinen Lüsten und Leidenschaften. Röm. 6, 6: der alte Mensch wurde mitgekreuzigt: der alte Mensch ist das $\dot{ε}γω$ $σαρχικος$ 7, 14; Gal. 2, 19: ich bin mitgekreuzigt mit Christo d. h. eben in der Verbundenheit mit der Gnadenkraft in Christo. Vgl. 3, 13. 6, 14. So reiht sich an die Selbstverleugnung, in welcher der Mensch den Lebensverband mit der sündigen Fleisches- und Weltlust aufgiebt, **die Kreuzigung als zweites Moment des christusähnlichen Sterbens**. Matth. 16, 24: $\dot{α}παρνησασϑω$ $\dot{ε}αυτον$ $και$ $\dot{α}ρατω$ $τον$ $σταυρον$ $α\dot{υ}του$. Phil. 3, 10. Im Zusammenhang mit dieser Kreuzigung, durch welche die Sünde in ihrer physischen Trieb-Energie, in ihrer innern Regsamkeit (gerichtet,) gebunden und niedergehalten ist, entwickelt sich nun

b) **auch die äußere Seite, die Abtödtung der Sünden-Production im Leibe selbst**, oder die Abtödtung der Sünde in ihrer äußern Lebens-Praxis, dies ebenfalls als fortlaufender Proceß. Röm. 6, 6 reiht eben an die Kreuzigung des alten Menschen an: $\dot{ι}να$ $καταργηϑη$ $το$ $σωμα$ $της$ $\dot{α}μαρτιας$. $Καταργειν$ ist nicht vernichten, sondern außer Wirksamkeit setzen ($\dot{α}ργειν$ = $\dot{α}εργειν$), unthätig sein und machen, $\dot{α}εργον$ $ποιειν$. Die Fleischeshandlungen werden abgestellt, zu welchen die Glieder und Functionen des Leibes von den irritirenden und deprimirenden Sünde-Affectionen verleitet und verwendet werden, Röm. 8, 13: wenn ihr im Geist die $πραξεις$ des Leibes, nach dem Zusammenhang: sofern sie κατα σαρκα sind, tödtet, werdet ihr leben, vgl. 1 Kor. 9, 27: ἀλλ' ὑπωπιαζω μου το σωμα και δουλαγωγω, und halte ihn als Knecht. 1 Joh. 3, 6. 8 f. 4: ἁμαρτιαν οὐ ποιει, keine Sünden-Praxis. Der Entwicklungsgang der Abtödtung ist also dieser: durch die Selbstverleugnung ist und wird der Lustverband der Seele mit der in Fleisch und Welt herrschenden Sünde gelöst; ferner durch die Kreuzigung ist und wird das Fleisch selbst in seiner eigenthümlichen Sündenkraft und Regsamkeit, in seiner eigenen innern Lust-Energie, zwar noch nicht ausgerottet — dies thut erst der physische Tod — aber gebunden; darauf nun wird das sündige Fleischesleben auch in seiner äußerlichen Wirksamkeit abgethan, wie dieselbe durch die Glieder des Leibes vermittelt ist und so als Reden, Handeln auftritt. Mit Beziehung auf diese gliedliche oder organische Vermittlung der Fleischeshandlungen ist Kol. 3, 5 zu verstehen: tödtet die auf der Erde haftenden, ins Irdische verschlungenen Glieder und so die dadurch vermittelten Handlungen der πορνεια u. s. w.; Matth. 5, 29 hängt damit zusammen: wenn dich dein Auge ärgert, reiß das Auge aus, was dasselbe ist wie „tödtet die Glieder", sofern sie Organ der Sünde sind, welche den verführerischen Reiz von außen in die Seele hineinleiten, und die πραξεις του σωματος vermitteln; aus diesem ihrem sündigen Lebenszusammenhang, aus der Augenlust, Fleischeslust, sind die Glieder herauszureißen, die sündige Belebtheit ist in ihnen zu tödten. So ist nun der Leib, sofern er mit seinen Organen, den Gliedern, der Sünde dient, νεκρον (Röm. 8, 10), im Tode gehalten und im Tode zu halten, statt frei seine Thätigkeit entfalten und frei genießen zu dürfen auf dem Schauplatz weltlicher Lust, Ehre und Macht. Er ist dem Leiden und Entbehren unterworfen, Leiden nicht als ein selbstgemachtes, sondern wie es nothwendig, Wille Gottes ist, wie es kommt, wie ein jeder Tag seine eigene Plage hat. 2 Kor. 4, 10—12: allezeit tragen wir die $νεκρωσις$ $του κυριου$ um in unserem Leibe, werden in den Tod gegeben, vgl. V. 8 f. 1 Kor. 4, 9 f. In Folge dieser Abtödtung der sündigen Organisation und Action im Leibe ist zugleich der äußere Mensch, das in das Weltleben verflochtene, ihm zugekehrte Personleben nach dem Ausdruck von Röm. 6, 4 dem **Begräbniß** übergeben,*) es unterliegt in fortlaufendem Zerstörungsproceß mehr und mehr der Auflösung. 2 Kor. 4, 16: der äußere Mensch $διαφθειρεται$, der alte Mensch mit seiner Handlungsweise (wie Lügen, sündlicher Zorn u. s. w.) wird stetig weiter abgestreift. Kol. 3, 9. Eph. 4, 22 ff. So realisirt sich fort und fort die Erlösung von der traditionellen Lebensweise, der physisch und conventionell ererbten Lebensweise. 1 Petr. 1, 18. vgl. 14 ff. **Die fleischliche Verknechtung an die Sünde oder die Existenz der Sünde als den Menschen beherrschende**

---

*) Das Begräbniß besagt also (Röm. 6, 4) das Gekreuzigt- und Gestorbensein mit ihm, sowie (Kol. 2, 12) die geschehene Ablegung des Sündenleibs; aber nicht als ob diesen Akten das Begräbniß voranginge, was auch ganz gegen die Natur der Sache wäre, sondern weil der Apostel regressiv aus dem Letzteren (sepultura mortem ratam facit) schließt, daß um so mehr auch das Erste bei ihnen eingetreten sei, also das alte Sündenleben dem Tod übergeben und ein fortschreitendes Neuleben im Gange sei (Röm. 6, 4. vgl. V. 2) oder Kol. 2, 10, daß sie in Christo bereits der Kraft seiner Gottesfülle theilhaftig geworden seien, und dies schloß die freie Glaubenstaufe als Anziehung Christi, als Akt der Reinigung und Wiedergeburt wirklich in sich; der Tödtungs- und Belebungsproceß aber entwickelt sich von ihr aus, eben als mit ihr für einmal angefangen, stetig durch das Leben im Fleische fort.

Macht ist und bleibt so aufgehoben. Röm. 6, 6: μηκετι δουλευειν ἡμας τῃ ἁμαρτιᾳ vgl. V. 14.: ἁμαρτια ὑμων οὐ κυριευσει und V. 12 βασιλευειν, vgl. Lehrwiss. S. 582 f. 2. Aufl. S. 536 f. Es gehört also gegenseitig zusammen das innere Abtödten der Sündentriebe in ihrer Lust=Energie und die Abtödtung der äußern Sündenhandlungen. Wer Eines über dem Andern in den Hintergrund stellt, kommt wieder in die Bande.

2) **Der Belebungsproceß in der Aehnlichkeit mit Christo.**

Schon der ganze Tödtungsproceß geht nur vor sich in der geistigen Belebungskraft Christi; diese muß schon etwas Innerliches geworden sein, ehe dem Menschen der Tödtungsproceß möglich ist,*) ehe er namentlich im rechten Geist möglich ist, im Kindschaftsgeist und im Sinn der dankbaren Hingebung an den Herrn. Es ist eben der inwendige Geist und Sinn Christi, der sich im Tödtungsproceß als das Leben geltend macht im Gegensatz zum alten Fleischesleben. Röm. 8, 10. 13. Nur als Effect der innern Geisteskraft oder Lebenskraft Christi hat dieser Tod seine reale, seine geistige Gleichartigkeit mit Christi Tod: er hat dann auch wie dieser eine Gleichartigkeit mit dem Ersterben des Samenkornes, denn auch da ist es nur die im Samenkorn schon vorhandene und wirksame Lebenskraft, welche den Auflösungsproceß des alten Lebens einleitet und durchführt als Bedingung für den Entwicklungsproceß eines neuen Gebildes. Diese Lebenskraft im Geiste wirkt dann eben nicht nur

---

*) Es ist kein bloßes Leiden, sondern ein Thun.

negativ, nur die Tödtung am Fleische vollziehend, sondern es entwickelt sich eben damit im Geiste des Menschen auch eine positive Belebung gleichartig mit Christo; denn bei ihm geschieht beides in Parallele mit einander, θανατωθεις μεν σαρκι, ζωοποιηθεις δε πνευματι, 1 Petr. 3, 18. vgl. Röm. 8, 10. Eben in Verbindung mit der Tödtung des alten Menschen kommt das neue Menschenleben zwar nicht erst zu Stande, wohl aber zur Entwicklung (es wird ihm Luft gemacht) und Durchbildung als ein selbständiges Leben Christi im Menschen und des Menschen in Christus. 2 Kor. 4, 10. 16. Gal. 2, 19 f. (Joh. 14, 19 f.) **Wir entwickeln uns als geistig Lebendige, geistig Regierte, geistig Gesinnte und Wandelnde**, Röm. 8, 9. 14. V. 4. 6. Gal. 5, 25. 18; wir sind dann in unserer Persönlichkeit, wie sie in Christo haftet, Gott-lebende (θεω ζωντες), während wir andererseits der Sünde persönlich todt sind. Röm. 6, 10 f. Gal. 2, 19.

Setzen wir nun näher auseinander, wie die Ausbildung dieser neuen persönlichen Lebendigkeit in Gott oder im Geiste Gottes neben der Abtödtung der alten persönlichen Lebendigkeit in Fleisch und Welt sich vollzieht.

a) Indem unter dem Sterben des Fleisches die **neue Persönlichkeit**, die in und für Gott lebendige Persönlichkeit, ihre geistige Energie umsetzt in den Leib, wird der organische Sündenconnex desselben, der Bann der sündigen Triebe in ihm gelöst und daran anschließend erfolgt das, was die Schrift die **Auferstehung** heißt in der Gemeinschaft und Gleichartigkeit des auferweckten Christus: συνταφεντες τω Χριστω — και συνηγερθητε (Kol. 2, 12), und eben diese Gleichartigkeit schließt auch die lebendige Bürgschaft in sich für eine Christo

§ 9. Die Verähnlichung mit Christus. 2. Der Belebungsproceß. 23

ähnliche künftige Auferstehung, eine die Verklärung Christi abspiegelnde himmlische Leibhaftigkeit. Röm. 8, 10 f. Phil. 3, 21. 1 Kor. 15, 47—49. Die geistige Auferstehung darf nun aber nicht verwechselt werden mit der Entstehung des neuen Geisteslebens selbst, oder mit dem neuen Lebenswandel. Auferstehen ist für sich ein besonderer Akt, das sich erheben aus dem Tod; dies kann aber nur sein, wenn schon Leben innerlich vorhanden ist, also bei einem schon Lebendigen, und wiederum muß dieser schon sich erhoben haben, muß auferstanden sein, um als Lebender weiter zu wandeln. So hat auch die Auferstehung mit Christus einerseits bereits ein Belebtsein mit ihm zur Voraussetzung, die innere Belebtheit durch seinen Geist; Eph. 2, 5 f.: er hat uns mit Christus lebendig gemacht und auferweckt; andererseits gestaltet sich die Auferstehung selbst wieder zu einer weiteren Lebensentwicklung. Röm. 6, 4. 5 leitet aus der Gleichartigkeit mit dem Sterben Christi ab: wir werden mit in die Gleichartigkeit seiner Auferstehung verpflanzt werden und in Neuheit des Lebens wandeln — also eine sich fortsetzende Entfaltung. Phil. 3. 10 f.: der Apostel ist im Glaubens- und Liebes-Verband mit Christus schon auferstanden, will aber in der fortlaufenden Zusammengestaltung mit Christi Tod auch die Kraft seiner Auferstehung immer mehr kennen lernen, um der noch zukünftigen herrlichen Auferstehung theilhaftig zu werden, vgl. V. 14 u. 21. Die Ausführung in meiner Sacramentslehre § 7. S. 75 ff.

Die Geistesgemeinschaft mit Christus, mit seiner Lebenskraft, wirkt also in zweifacher Art: am Fleische erweist sie sich gerichtsförmig durch Kreuzigung und Abtödtung (Röm. 8, 10: εἰ Χριστος ἐν ὑμῖν, το μεν σωμα (als σωμα της ἁμαρτίας Kap. 6, 6) *νεκρὸν δι' ἁμαρτίαν*), aber am Geiste rechtfertigend durch Belebung (ibid. *τὸ δὲ πνεῦμα ζωὴ διὰ δικαιοσύνην*) und aus dieser Belebung resultirt die **Auferweckung**; dies ist: **Entbindung des neuen Personlebens innerhalb der Leibessphäre**. Denn auf diese bezieht sich die Auferstehung, wenn sie der Auferstehung Christi entsprechen soll, wie sich die Tödtung gleich der seinen auf das Fleisch bezieht; von einer Auferweckung am Geist kann bei Christus nicht die Rede sein. Von der Auferstehung aus beginnt so die geistige Verleiblichung oder die ethisch-organische Entfaltung des neuen Personlebens, wie umgekehrt von der Kreuzigung, in Folge deren das alte Personleben gebunden und dem Begräbniß übergeben wird, die geistige Entleiblichung desselben, seine ethisch-organische Abtödtung, ausgeht. Vgl. Röm. 6, 13; hiernach sollen die aus den Todten Lebendigen d. h. die geistig Auferstandenen ihre Glieder, Leibesorgane, Gott als ὅπλα δικαιοσύνης darstellen: die Verleiblichung des neuen Personlebens, wie sie als der Sünde Gestorbene durch Begräbniß mit Christo (V. 11 u. 4) die Glieder als ὅπλα δικαιοσύνης der Sünde entziehen sollen, vgl. V. 19. Das neue Personleben, das Geistesleben, soll und kann zwar hier noch nicht in **leibhafter Erscheinung** sich zeigen, d. h. nicht so, daß es einen ihm entsprechenden Erscheinungsleib hätte, dazu muß die alte Leiblichkeit des Fleisches selbst abgestreift werden und durch Leibes-Auferstehung eine Naturumwandlung vollzogen sein. Indessen aber soll und kann doch das innere Geistesleben so in dem Leib und durch denselben sich darstellen, daß es in thatkräftiger oder werkthätiger Erscheinung sich erzeigt, wenn schon noch nicht in leibhafter; es vollzieht sich dies namentlich durch einen Wandel, welcher sich der innern Neuheit des Lebens conformirt, ihr sich anbildet. Röm. 6, 4. 19. Gal. 5, 25. Die von der Auferstehung ausgehende Lebensentwicklung wird auch bezeichnet als Anziehen des neuen Menschen. Eph. 4, 24. Die Todesentwicklung, haben wir gesehen, geht bei den mit Christo Sterbenden nach innen aus von der Selbstverleugnung und von der Kreuzigung der organischen Lüste, schreitet aber nach außen fort durch Ausziehen des alten Menschen, d. h. durch Ablegung des fleischlichen Personlebens in der durch den Leib vermittelten Handlungsweise, in den πραξεις, womit zugleich die alte Weltbeziehung abgetödtet wird. Ebenso nun bei den mit Christo Auferstandenen schreitet die Lebensentwicklung von innen, von der Umgestaltung des Sinnes nach dem Sinn Christi (Röm. 12, 2. Phil. 2, 5) nach außen fort durch Anziehen des neuen Menschen im Reden und Thun, durch Hineinbildung des geistigen Personlebens in die das Handeln vermittelnden Leibesorgane (Röm. 6, 13) und so in die Handlungsweise, womit eine neue höhere Weltbeziehung ausgebildet wird. Eph. 4, 24 ff. Kol. 3, 10. 8 f. 12 ff., vgl. V. 1—3. Beide Akte, das Ausziehen des Alten und die Aneignung des Neuen, bleiben vermittelt durch Einen Grundakt, durch die fortdauernde Aneignung Jesu Christi, worin sie ihren Ursprung haben. Röm. 13, 14. vgl. 12 f.

Fassen wir

b) diese äußere, auf den Leib und die Welt sich beziehende Seite des neuen Lebensprocesses noch besonders ins Auge.

α) Der Tod, welchem der Leib verfallen ist, findet der Sünde wegen statt, damit sie nämlich innerlich in ihrem Sitz gerichtet und ausgeschieden werde. Umgekehrt, das Leben, dessen Centralsitz der neue Geist ist, hat die Gerechtigkeit, die selbstthätige Conformität mit dem göttlichen Lebensgesetz, zu seinem Object und Bestimmungsgrund, entsprechend der Auferstehung Christi, die das neue Leben bedingt und eben $\delta\iota\alpha$ $\tau\eta\nu$ $\delta\iota\varkappa\alpha\iota\omega\sigma\iota\nu$ $\dot\eta\mu\omega\nu$ erfolgt ist (Röm. 8, 10, vgl. 4, 25); und zwar soll die Gerechtigkeit in dem bisherigen Sündensitz, im Leibe, sich entfalten und durch ihn in die weltlichen Lebensverhältnisse sich umsetzen, indem eben der Geist unsern Sinn und Wandel bestimmt statt dem Fleisch. Röm. 8, 4 f. 12 f., vgl. 6, 12 f. Die Gerechtigkeit wird durch Wiedergeburt und daran anschließende Erneuerung allerdings noch nicht wohnhaft im Leibe, nicht Leibes-Habitus, bevor diese ganze Körperwelt durch die letzte Umwandlung, durch die Palingenesie sich zum Wohnsitz der Gerechtigkeit, zur Normalwelt, gestaltet hat. Aber indem die Gerechtigkeit dem Ich zur innern, wesentlichen Bestimmung geworden ist als Geist, hat sie doch am Leibe ein Organ, um an ihm und sodann durch ihn wirksam zu sein nach außen. In fortdauernder Selbstergebung an Gott ist der Leib in seiner Lebendigkeit, in seiner mannigfachen Gliederung und Ausrüstung, als gottesdienstliches Organ zu heiligen (Röm. 12, 1: $\pi\alpha\rho\alpha\sigma\tau\eta\sigma\alpha\iota$ $\tau\alpha$ $\sigma\omega\mu\alpha\tau\alpha$ $\dot\upsilon\mu\omega\nu$ $\vartheta\upsilon\sigma\iota\alpha\nu$ $\zeta\omega\sigma\alpha\nu$, $\dot\alpha\gamma\iota\alpha\nu$, $\varepsilon\dot\upsilon\alpha\rho\varepsilon\sigma\tau o\nu$ $\tau\omega$ $\vartheta\varepsilon\omega$), und ist sofort zu verwenden für eine gesetzlich geordnete, dem göttlichen Willen gemäße Lebensthätigkeit: $\pi\alpha\rho\alpha\sigma\tau\eta\sigma\alpha\iota$ $\tau\alpha$ $\mu\varepsilon\lambda\eta$ $\dot\upsilon\mu\omega\nu$ $\dot o\pi\lambda\alpha$ $\delta\iota\varkappa\alpha\iota o\sigma\upsilon\nu\eta\varsigma$ $\vartheta\varepsilon\omega$, $\delta o\upsilon\lambda\alpha$ $\tau\eta$ $\delta\iota\varkappa\alpha\iota o\sigma\upsilon\nu\eta$; und eine solche Verwendung des Leibes wirkt ebenso heiligend in die Seele zurück, εἰς ἁγιασμον, wie das Gegentheil verunreinigend. Dies führt aus Röm. 6, 11 ff. So tritt also eine neue ethische Bestimmung des Leibes=Lebens ein vom innern Geist aus, und dadurch ist die Aneignung des neuen Lebens im Reden und Handeln vermittelt. Eph. 4, 24 ff.

Zur äußern Wirksamkeit des Geistes gehört aber auch,

β) daß an die Stelle der alten Weltbeziehung eine neue positive Weltbeziehung tritt; diese bezeichnet die Schrift durch die in der Gemeinschaft mit Christo eintretende Erhöhung in das Himmlische, welches der Gegensatz ist zu: gekreuzigt der Welt. Sie tritt eben ein in Folge der Auferweckung mit Christo und läuft fort in der entsprechenden Lebensentwicklung des neuen Menschen. Eph. 2, 6. vgl. 1, 3. Joh. 12, 25 f. u. 32; 17, 22. 24. („Wer seine in dieser Welt haftende Seele haßt, aus der alten Weltbeziehung sie zurückzieht, wird sich bewahren das ewige Leben, für eine ewige Weltbeziehung — wo ich bin, soll mein Diener auch sein — wenn ich erhöht sein werde aus der Erde, aus dem irdischen Lebensverband, werde ich sie zu mir ziehen, nämlich in die Erhöhung, in den überirdischen Lebensverband.") Wie ist nun diese Erhöhung ins Himmlische als etwas Reelles zu denken wie bei Christo? Es schließt sich an an den Kind=schaftsbegriff. Kinder Gottes werden wir durch Geburt aus Geist, aus dem Geist, vom Himmel gesandt, also durch eine von der obern Welt ausgehende Geburt; daran haben wir das wesentliche Mittelglied zwischen dem Leben auf Erden und der Erhöhung ins Himmlische; das Himmlische descendirt also erst in uns in seiner Central=Substanz, im heiligen Geist Christi, um in demselben Geist unsere Ascendenz zu vermitteln. Damit sind wir nicht nur in idealer Verbindung mit einem zukünftigen Himmel als unserer einstigen Bestimmung, sondern wir sind geborene Genossen eines himmlischen Reichswesens, sind dem Herrn aus dem Himmel abstammlich zugehörig, seine Descendenten, Natur-Verwandte; Gal. 4, 26: das obere Jerusalem ist unsere Mutter, wir sind von oben herab geboren; Phil. 3, 20: $\eta\mu\omega\nu\ \pi o\lambda\iota\tau\varepsilon\nu\mu a\ \varepsilon\nu\ o\nu\varrho a\nu o\iota\varsigma\ \nu\pi a\varrho\chi\varepsilon\iota$, unser Staatsverband ist etwas im Himmel essentiell Bestehendes ($\nu\pi a\varrho\chi\varepsilon\iota$). Die Corporations-Beziehungen der wahren Christen, die staatlichen und kirchlichen, haben dort ihren Ausgangspunkt, ihren Halt und Inhalt; (1 Kor. 15, 47 f.), indem wir Christo angehören, gehören wir dem Herrn vom Himmel an. Durch die Geistes-Geburt von oben werden wir eben **organisirt für die übersinnliche Lebenswelt**, wie wir durch die Fleischesgeburt organisirt sind für die sinnliche Welt; und wie kraft der letzteren Geburt und Organisation eine **Real-Gemeinschaft sich begründet mit den Kräften und Gaben der sinnlichen Welt**, so kraft der Geistesgeburt tritt dasselbe ein gegenüber der **übersinnlichen Welt**. Subjectiverseits bleibt diese himmlische Lebenscommunication mit ihren Einwirkungen und Gaben vermittelt durch die Geistesorgane des neuen Menschen und ihre Thätigkeit in $\nu o\varepsilon\iota\nu$, $\sigma\nu\nu\iota\varepsilon\nu a\iota$, $a\gamma a\pi a\nu$ u. s. w., wie die irdische Lebenscommunication in ihren Einwirkungen und Gaben durch die Thätigkeit der leiblichen Organe: Sehen, Hören, Fühlen, Schmecken u. s. w. Aus der Fülle des über alle Himmel erhöhten Herrn (Eph. 4, 8. 10), aus seinem persönlichen Lebensschatz theilen sich Kräfte und Gaben reell mit, die der übersinnlichen Welt angehören und die in Jesu Christo eben vermittelt sind für

§ 9. Die Verähnlichung mit Christus. 2. Der Belebungsproceß. 29

das Descendiren in dieses sinnliche Leben, in die σαρξ. Vgl. Lehrwissenschaft S. 618 ff. 2. Aufl. 568 ff. So empfangen wir bereits hier in dem inwendigen Personleben himmlische Geistesbegabungen, geistige Realitäten und Kräfte der übersinnlichen Welt: z. B. Weisheit von oben, einen unsern νους übersteigenden Frieden u. s. w. Ebr. 6, 4 f. Eph. 1, 3. Wir sind also, wenn die Erhöhung mit Christo eingetreten ist, **Miterben Christi** (Röm. 8, 17) in dem Sinn, daß das himmlische Leben und Erbe für uns nicht ein fernes ideales Jenseits ist, sondern mit den Wurzeln des aus Christus empfangenen und in ihm sich entwickelnden neuen Lebens, also mit wirklichen Lebenswurzeln sind wir schon eingesenkt in das übersinnliche, ewige Leben, in seine geistige Substanz, wir sind hineingeboren in das Erbe (1 Petr. 1, 3 f.), dasselbe, was bei Paulus heißt: erhöht ins Himmlische. Darauf deuten Wendungen wie Eph. 1, 18, wo die κληρονομια dargestellt ist als eine in den Gläubigen schon vorhandene. Daher haben Wiedergeborene im Geiste freien Zugang zum Vater, und zwar zu seinem himmlischen Heiligthum, zu seiner überirdischen Oekonomie mit ihrem ewigen Wesen. Eph. 2, 18. Hebr. 10, 19, vgl. 9, 24; 12, 22 ff. 2 Petr. 1, 11. Angezogen und genährt von dem Wesen einer überirdischen Welt, von ihren Kräften und Gaben, findet sich daher auch der **Sinn und das Streben** naturgemäß hinaufgewiesen in die obere Lebenswelt Jesu Christi. Kol. 3, 1—3.*) 2 Kor. 4, 18. Hebr. 13, 14. Der Wiedergeborne ist davon angezogen als seinem Lebenselement, ist nicht nur dafür verpflichtet; und in der

---

*) Das Naturgemäße liegt in dem: mit erweckt mit Christo, und euer Leben ist mit Christo in Gott.

oberen Welt sind alle Organismen des Lebens in reiner, urbildlicher Substantialität vorhanden, dort liegt die Vollendung des geistigen Lebens, das hier nur erstlingsmäßig vorhanden ist, und die Vollendung des Leibeslebens, das hier der Sünde und dem Tod unterworfen ist. So ist also gegenüber dem Weltbürgerthum der irdischgesinnten Menschen, gegenüber dem Kosmopolitismus, das Leben der geistig Gesinnten wahrhaft ein Himmelsbürgerthum, πολιτευμα ἐν τοις οὐρανοις, Ouranopolitismus, göttliche Hausgenossenschaft. Phil. 3, 14. 19 f., vgl. Matth. 6, 19—21 (erhält hier seinen Vollsinn)*); Eph. 2, 19. Von dieser Grundstellung aus zu einer himmlischen Welt bildet sich auch ein neues Verhältniß zur diesseitigen. Innerhalb dieser Welt sind die von oben Geborenen und nach oben Strebenden Beisassen (Fremdlinge) und Pilgrimme, παρεπιδημοι, παροικοι — ihr Eigenthum und ihre Heimath ist nicht hier unten, dagegen ihre Wirksamkeit gehört bei dieser Weltverleugnung noch dieser Welt an; das Göttliche in derselben aneignend, das Ungöttliche abwehrend und ausscheidend wirken sie als Licht und Salz, sittlich scheidend, reinigend und ausbildend im Geiste der überweltlichen Weisheit, Liebe und Zucht. 1 Petr. 1, 1. 2, 11 ff. Matth. 5, 13 ff.

Uebersehen wir nun das über Bildungsgang und Bildungsform des christlichen Lebens Ausgeführte, so ist vor Allem Zweierlei unverkennbar: einestheils nämlich dies, daß das Christenthum in seinem Begriff der Verähnlichung mit Christus die sittliche Bildung des

---

*) Alle Worte des Herrn sind weissagender Art, geben im Keim die ganze Fülle des Reichthums. So sagt er: „sammelt euch Schätze im Himmel; wo euer Schatz ist, da ist auch euer Herz."

Menschen in ihrer erhabensten Bestimmung faßt und entfaltet. Die Bildung überschreitet weit den engen und niedrigen Horizont dieser Welt; sie setzt sich die **göttliche Höhe des Lebens** zum Ziel, und zwar nicht zu einem abstract jenseitigen Ziel, sondern schon zu einem diesseitigen, zu einem diesseits zwar nicht erschöpften, aber zugänglichen, anfänglichen und wachsthümlichen Ziel. Denn andererseits bei aller Erhabenheit, welche der sittliche Lebensbegriff in der christlichen Ethik hat, figurirt derselbe doch nicht in ihr als phantastisches Ideal: sie ignorirt nämlich keineswegs die Gebundenheit des gegenwärtigen Menschenzustandes und das allgemeine Welt=Verderben. Sie geht vielmehr ein in den **tiefsten durchgreifendsten Antagonismus gegen Sünde und Tod dieser Welt**. Sie entwickelt durch ihren Sterbensproceß, in welchen sie den Gläubigen versetzt, das **Todesgericht über die Sünde im Fleisch**, d. h. in ihrer mit der Sinnenwelt verflochtenen Natur=Wurzel und Naturmacht, so wie durch ihren Belebungsproceß entwickelt sie **Leben und Gerechtigkeit im Geist**, im höchsten Realprincip von Leben und Gerechtigkeit, **bis in das Leibesleben hinein**. Das ist eben das Charakteristische der wahrhaft christlichen Ethik und Pädagogik, daß sie beides vereinigt, radicale Bekämpfung der Sünde, indem sie dem Fleische oder dem sinnenweltlichen Ich den Tod bringt, und radicale Begründung der Gerechtigkeit, indem sie dem Geiste, dem übersinnlichen Ich das Leben bringt. Ebenso vereinigt die christliche Lebensbildung die **Rücksicht auf das innere und auf das äußere Leben**, beides in der rechten Zusammenordnung. Es ist keine mystisch einseitige Verinnerlichung, zu welcher das Originalchristenthum bildet, keine nur einwärts gekehrte Versenkung in Gott, keine quietistische Abgeschlossenheit, die vom äußern Leben abstrahirt, aber es ist auch kein sich veräußerlichendes Werktreiben, keine praktische Thätigkeit, die der gründlichen Innerlichkeit und Selbstzucht entbehrt, der himmlischen Geistigkeit und des himmlischen Zieles sich entschlägt. Die christliche Lebensbildung legt sich an und entwickelt sich stetig nur im innersten Keim der Menschennatur, im **geistigen Centrum des Herzens**, so daß es ein neues inneres Personleben gilt und gibt in Gott, und nur von diesem, vom inneren Centrum einer in Gott durch Jesum Christum sich heiligenden Persönlichkeit geht die Bildungskraft aus, die in den **Umkreis, in die Peripherie des Außenlebens**, in den Lebenswandel und den Weltverkehr wahrhaft christliches Leben umsetzt. Endlich, indem die christliche Lebensbildung durch ihre innere Geistigkeit, durch die geistige Neugeburt und Erneuerung aus Gott, sich die Stärke und Heiligkeit (Unverletzlichkeit) einer neuen göttlichen **Natur**gesetzgebung und **Natur**entwicklung gewinnt, wirkt sie zugleich wieder durch die objective Normalität Christi in der **positivsten Gewalt**, in der Macht eines verpersönlichten Gesetzes und in der Autorität einer höchsten, Alles dominirenden Persönlichkeit, **eines Herrn**, der aber die Seinen nicht durch äußere oder durch geistige Ueberwältigung an sich bringt, sondern der **durch Liebe**, durch Leiden und Tod sie erkauft hat und gewinnt nicht für ein Reich dieser Welt, sondern der oberen Welt, und der auf demselben Wege, auf dem der selbstverleugnenden Liebe dieselben sich nachzieht. Eine tief eingehende und zugleich erbauende Darstellung von der Gemeinschaft der Gläubigen mit Jesu Tod und Begräbniß, Auferstehung und Himmelfahrt findet sich in Steinhofers Reden über den Kolosserbrief, in der 15.—17. und 20. Nur hat Steinhofer das Mitgestorben- und Auferstandensein nicht gehörig unterschieden von der allgemeinen Weltversöhnung, indem er auch jenes als objectives Factum faßt, das Allen angehöre. Christus ist allerdings für Alle gestorben (darauf ruht die allgemeine Versöhnung), aber mit ihm gekreuzigt und gestorben, so daß sie nicht mehr ihnen selbst leben, sind nicht Alle überhaupt, nicht einmal Alle, die überhaupt nur glauben an Christus. So mußten selbst die Jünger in den Evangelien erst noch herangebildet werden zur Gemeinschaft des Todes und Lebens Christi; das „ihr in mir und ich in euch" war für sie noch nicht da (Joh. 14, 19 f.); nur an solche „Alle", die in Christo sind, ist der Kolosserbrief gerichtet mit seinem „Ihr", vgl. 2, 6 ff. Ebenso ist Christus für Alle auferstanden, und darauf ruht die künftige allgemeine Auferstehung (1 Kor. 15, 22), aber jetzt schon mit ihm lebendig gemacht und mit ihm auferweckt ist man nur durch einen Glauben, bei welchem dieselbe göttliche Lebens-Energie, die seine Auferstehung bewirkte, inneres Factum geworden ist. Eph. 2, 5 f. 8, vgl. mit 1, 19 f. Kol. 2, 12.

§ 10. Das christliche Leben in seiner geistigen Kraftentwicklung.

Die dynamische Seite der christlichen Lebensbildung faßt sich
    a) in objectiver Beziehung zusammen in der Bildungsenergie des heiligen Geistes als des dynamischen Princips. Eph. 3, 16: κραταιωθῆναι εἰς τον ἔσω

ἄνθρωπον διὰ τοῦ πνεύματος. Die verschiedenen Kraftwirkungen, die vom heiligen Geist ausgehen, werden durch eigene Benennungen desselben bezeichnet. So ist er nach seiner Wirksamkeit in der Erkenntnißsphäre als **Geist der Weisheit** und der Offenbarung bezeichnet, Eph. 1, 17; ferner nach seiner Wirksamkeit in der spontanen Sphäre der ethischen Thätigkeit als **Geist der Heiligkeit und Heiligung**; außer Röm. 1, 4 πνεῦμα ἁγιωσύνης mit specifischer Beziehung auf Christus, findet sich ἁγιασμός als Wirkung des Geistes genannt 1 Petr. 1, 2. 2 Theff. 2, 13. Endlich als **Geist der Herrlichkeit** verleiht er dem Leben des Wiedergebornen in seiner Passivität den Charakter des beseligenden Friedens, 1 Petr. 4, 14: ὁ τῆς δόξης καὶ τὸ τοῦ θεοῦ πνεῦμα ἐφ' ὑμᾶς ἀναπαύεται. Daneben wer mit Christo leidet, wird mit ihm verherrlicht. Diese verschiedenen Wirkungen sind aber nicht isolirt von einander, sondern greifen ineinander ein, obgleich nach der individuellen und temporären Verschiedenheit die eine oder die andere vorwiegen kann. Sie gehen von Einem Princip aus, dem Geist, und gehen in Ein subjectives Leben ein, dessen verschiedene Beziehungen organisch zusammengreifen, und endlich haben sie Ein Ziel, nämlich die innere Naturbestimmung der Wiedergeborenen für gute Werke oder für selbstthätige Realisirung des Guten fort und fort zu vermitteln. Vgl. § 9. 2. b und Eph. 2, 10, wo diese Naturbestimmung ausgesprochen wird durch κτισθέντες ἐν Χριστῷ ἐπὶ ἔργοις ἀγαθοῖς. Fassen wir nun

b) **die subjectiven Wirkungen** ins Auge, wie sie diesen verschiedenen Seiten der Geisteswirksamkeit entsprechen, wobei immer der Glaube als Lebensgrundlage vorausgesetzt bleibt. Aus der **offenbarenden** Wirksamkeit des Geistes als Geistes der Weisheit entwickelt sich die Erkenntniß, die aber zugleich praktisch bestimmt ist, entsprechend dem Geiste der Weisheit; aus ihm gestaltet sich die Erkenntniß selbst als **ethische Weisheit**, als sittliche Verständigkeit, als **Geschick** zum Guten. Ferner aus der **heiligenden** Wirksamkeit des Geistes entfaltet sich die **ethische Liebe**, die **Lust** zum Guten als spontane Uebereinstimmung mit demselben, woraus sich der freiwillige Gehorsam gestaltet, der Gehorsam der Liebe. Durch beides also, durch die offenbarende und durch die heiligende Wirksamkeit des Geistes wird der Glaube selber wirksam, er bethätigt sich in ethischer Erkenntniß und ethischer Liebe, als Geschick und Lust zum Guten. Philem. 6: $\dot{\eta}$ $\varkappa o\iota\nu\omega\nu\iota\alpha$ $\tau\eta\varsigma$ $\pi\iota\sigma\tau\epsilon\omega\varsigma$ $\sigma o\upsilon$ $\dot{\epsilon}\nu\epsilon\varrho\gamma\eta\varsigma$ $\gamma\epsilon\nu\eta\tau\alpha\iota$ $\dot{\epsilon}\nu$ $\tau\eta$ $\gamma\nu\omega\sigma\epsilon\iota$. Gal. 5, 6: $\pi\iota\sigma\tau\iota\varsigma$ $\delta\iota'$ $\dot{\alpha}\gamma\alpha\pi\eta\varsigma$ $\dot{\epsilon}\nu\epsilon\varrho\gamma o\upsilon\mu\epsilon\nu\eta$. Andererseits in dieser Wirksamkeit **empfängt** der Glaube auch in der Passivität oder unter den Leiden durch den Geist als Geist der Herrlichkeit immer wieder Zufluß an **Friede und Freude in der Hoffnung**, und daraus entfaltet sich auch Geschick und Willigkeit zum Leiden oder der ausdauernde Muth fürs Gute. Röm. 15, 13: der Gott der Hoffnung erfülle euch mit allem **Frieden und Freude** $\dot{\epsilon}\nu$ $\tau\omega$ $\pi\iota\sigma\tau\epsilon\upsilon\epsilon\iota\nu$, $\epsilon\dot{\iota}\varsigma$ τo $\pi\epsilon\varrho\iota\sigma\sigma\epsilon\upsilon\epsilon\iota\nu$ $\dot{\eta}\mu\alpha\varsigma$ $\dot{\epsilon}\nu$ $\tau\eta$ $\dot{\epsilon}\lambda\pi\iota\delta\iota$. Die geistige Kraftentwicklung des christlichen Lebens, subjectiv gefaßt, ist sonach ein sittliches **Erstarken des Glaubens in Erkenntniß, in Liebe und Hoffnung**, dies unter der stetigen Einwirkung des heiligen Geistes als Geistes der Weisheit, der Heiligung und der Herrlichkeit.

Gehen wir nun ins Einzelne näher ein:

1) Der Glaube erstarkt unter der Kraft des Geistes immer mehr zur Erkenntniß, und zwar zur Erkenntniß des in Christo sich mittheilenden göttlichen Gutes, welches, ein Geheimniß für ungläubige Erkenntniß, alle Schätze der Weisheit in sich schließt. Philem. 6; vgl. Joh. 1, 14. 16. Eph. 1, 17 f. Kol. 2, 2 f. — Bestimmen wir nun

a) die christliche Erkenntniß näher nach ihrem Wesen und nach ihrer Entstehung. Ihrem Inhalt nach ist sie, kurz gesagt, eine Erkenntniß Gottes in seiner einzigen Wahrheit des Seins und Erkenntniß Jesu Christi in seiner Lebens- oder Heilsbedeutung. Es ist also eine theologische und soteriologische Erkenntniß, von der aus alles betrachtet wird. Joh. 17, 3. 1 Joh. 5, 20. So hat die christliche Erkenntniß zum Gegenstand die Wahrheit in ihrer höchsten göttlichen Wesenheit und Lebenskraft. Diese Erkenntniß ist ferner ihrer Qualität nach nicht unfruchtbares Wissen, sondern sie erhält aus ihrem Gegenstand, der keineswegs ein todter ist, die Kraft des ewigen Lebens und ist ebendaher auch ihrer Wirkung nach eine das Leben bestimmende Erkenntniß. 2 Petr. 1, 3; vgl. Joh. 8, 32. 34. Vermittelt wird diese Erkenntniß nicht durch eine buchstäblich mechanische oder formal logische Beschäftigung mit der Wahrheit, sondern nur durch den Geist der Wahrheit, wie er in den Herzensglauben eingeht. Der Geist ist das selbständige Princip der Wahrheit und Princip ihrer Erkenntniß; er leitet von einer Wahrheit in die andere, wo er einmal innerliches Leben geworden ist. Joh. 16, 13. Einerseits wird durch die wiedergebärende Kraft des Geistes ein selbstthätiger Erkenntnißsinn für die höchste Realität Gottes hervorgebracht (1 Joh. 5, 19 f.), andererseits wirkt der Wahrheitsgeist selbst in der Seele als inwendiger Lehrer, also didaktisch. Joh. 14, 26. Es geht von der offenbarenden Thätigkeit des Geistes eine Unterweisung aus, welche theils die schon bekannten Wahrheiten neu auffrischt und einprägt zu weiterer Entwicklung, theils neue Wahrheiten der Erkenntniß beibringt. Es ist also eine inwendig lebendige Hinleitung, eine Hodegetik, wodurch der Mensch allmählich in Besitz der einzelnen Theile und des Ganzen der göttlichen Wahrheit kommt. Der Akt, wodurch der Geist diese Wirkung vermittelt, heißt nicht nur Offenbarung im Allgemeinen, sondern bestimmter Erleuchtung. Eph. 1, 17 f. 5, 14. Sie bedingt nicht nur den allgemeinen Anfang der christlichen Wahrheitserkenntniß, sondern auch die Ausbildung derselben in extensiver und intensiver Beziehung. Durch die Geisteserleuchtung wird nämlich der Mensch innerlich befähigt, die geistige Wahrheit, welche es gerade gilt, und welche der bloß psychische Mensch in ihrer überweltlichen Eigenthümlichkeit nicht erfaßt, eben in dieser ihrer Wesenheit nun mit selbstthätigem Bewußtsein immer klarer sich anzueignen. Eph. 1, 17—19 wird von der Erleuchtung ein Wissen abgeleitet, welches sich auf die Hoffnung, auf die Herrlichkeitsfülle des Erbes, auf die Größe der in Christo wirkenden Gotteskraft, also auf den überweltlichen Inhalt des Christenthums bezieht, und wodurch man über das $\tau\iota\varsigma$, $\tau\iota$ $\dot{\varepsilon}\sigma\tau\iota\nu$, über die eigenthümliche Beschaffenheit dieser Gegenstände Aufschluß erhält — nun bildet sich ein Sachverständniß des Ueberweltlichen, kein bloß formales Wissen. Joh. 14, 21 f. redet von einem $\dot{\varepsilon}\mu\varphi\alpha\nu\iota\zeta\varepsilon\iota\nu$, das (vgl. V. 19 f.) ein $\vartheta\varepsilon\omega\varrho\varepsilon\iota\nu$, ein bewußtes Wahrnehmen Jesu Christi mit sich führt, und zwar wie er lebt im Vater und der Vater in ihm — die esoterische Seite der christlichen Offenbarung, vgl. Eph. 3, 18 f. Licht, woran der Ausdruck Erleuchtung anknüpft, und Leben sind correlate Begriffe; soviel göttliches Licht im Menschen ist, soviel Leben ist in ihm. Joh. 1, 4; 17, 3.

So ist denn also die Erkenntniß, welche durch göttliche Geisteserleuchtung entsteht, oder die geistige Erkenntniß weder in subjectiver, noch in objectiver Beziehung ein todtes Wissen. Subjectiv entwickelt sie sich, wie wir sahen, auf Grund des Glaubens aus einer geistig belebten Erkenntnißkraft und aus der Einigung mit einer objectiv reinen und belebenden Wahrheit. Diese Wahrheit selbst aber, das Object, stellt sich in der Erleuchtung nicht dar in bloß buchstäblicher oder historischer Aeußerlichkeit, sondern schließt sich auf in ihrem eigenen Geist und Wesen. Und dieser Geist der Wahrheit ist nicht bloß der im Wort der Wahrheit ausgedrückte Gedanke und als solcher nur Object der subjectiven Erkenntniß, sondern er bewirkt Erkenntniß als selbständiges göttliches Wesen, als Geist der Offenbarung (Eph. 1, 17) und ist zugleich Geist der Weisheit, indem auch das, was er enthält und gibt, in sich selbst schon die Weisheit ist. Es ist nicht die bloß unbestimmte und unverarbeitete Wahrheit, sondern die mit dem Leben bereits vermittelte und sich vermittelnde Wahrheit, die realisirte und sich realisirende Wahrheit; daher die Bezeichnung „Geist der Weisheit" nach seinem Inhalt. Und indem der Geist diese objective Weisheit auch noch innerlich offenbart, ihren Inhalt auch für das Bewußtsein aufschließt, heißt er nach seiner Wirksamkeit $\pi\nu\varepsilon\nu\mu\alpha$ $\overset{\text{'}}{\alpha}\pi o\kappa\alpha\lambda\upsilon\psi\varepsilon\omega\varsigma$. Hiebei wird das innere Auge vom Licht, welches in der Wahrheit liegt, und welches der Geist aus ihr erschließt, durchdrungen und selbst erleuchtet (Eph. 1, 18), so daß die

innere Sehkraft nicht nur das Licht der Wahrheit vor sich
hat und dafür offen ist — dies sind geöffnete Augen —
sondern vom Geisteslicht selbst erhellt oder durchdrungen ist.
Also die Verstandeskraft wird durch die erleuchtende Offen=
barung des Geistes nicht bloß erfüllt von dem, was Weis=
heit in sich selbst ist, sie wird auch geistig gereinigt und
gestärkt, $\varepsilon\iota\varsigma$ τo $\varepsilon\iota\delta\varepsilon\nu\alpha\iota$ (Eph. 1, 18 f.), daß es zu einem
Wissen kommt, welches die Gnade versteht in ihrer ewigen
Bedeutung ($\varepsilon\lambda\pi\iota\varsigma$) und in ihrem gegenwärtigen Reichthum,
wie in ihrer fortwirkenden innern Kraft.

Wir können nun

b) die geistige Glaubenserkenntniß in ihrer Eigen=
thümlichkeit genauer bestimmen. Sie ist eine solche Er=
kenntniß, in welcher die göttliche Wahrheit ihrer Substanz
und Kraft nach im Ganzen und im Einzelnen sich ver=
innerlicht und entwickelt, so daß das innere Wesen derselben
zum Bewußtsein kommt: sie ist eine lebendig aneignende
Wesenserkenntniß.*) Diese geistige Erkenntniß setzt den
Glauben bereits voraus und unterscheidet sich von derjenigen
Erkenntniß, die der Glaube selbst voraussetzt, die ihm zu
Grunde liegt. Wie ist das Verhältniß zwischen beiden? Ich
glaube schon an etwas, wenn ich nur das Thatsächliche
erkannt habe, das, daß es wahr ist, und darauf hin mit
Ueberzeugung als wahr es annehme, obgleich ich in die
nähere Beschaffenheit und Natur desselben noch keine

---

*) Es kann jemand diese geistige Erkenntniß besitzen, weiß dieselbe
aber nicht zu formuliren; umgekehrt kann jemand durch bloßes Er=
lernen traditionell die tiefsten Beziehungen in den Formen haben und
versteht nichts davon. Das psychische Wissen aber stirbt ab mit dem
Leib, das geistige entfaltet sich in einem andern Klima.

specielle Einsicht habe, die Sache selbst noch nicht verstehe. So haben die Jünger schon vor Empfang des heiligen Geistes nach Joh. 17, 8 erkannt, daß Christus von Gott ausgegangen sei und haben in Folge davon geglaubt, daß Gott ihn gesandt habe. Sie hatten dies erkannt aus den thatsächlichen Erweisungen seiner göttlichen Kraft, aber die Einsicht in die Natur und Beschaffenheit dieser seiner göttlichen Sendung oder seines Verhältnisses zum Vater hatten sie noch nicht. Joh. 14, 20. Immer hatten sie viel deshalb zu fragen, und wenn der Herr auch geantwortet hatte, war es für sie ein sprichwörtlicher, ein räthselhafter Ausdruck der Sache. Joh. 16, 25. Dies, sagte der Herr, komme erst anders an dem Tage, wo der Geist der Wahrheit komme, und sie durch die Schmerzen einer neuen Geburt hindurchgegangen seien; da würden sie nichts mehr fragen, also das jetzt Unverständliche ihnen verständlich sein. Joh. 16, 12—14. 21—23. Das innere Verhältniß, in welchem er zu seinem Vater und zu ihnen steht, werden sie dann erkennen (Joh. 14, 20), und dies ist die Erkenntniß, welche das Leben bringt. V. 19. Es gibt also einen Glauben an den Herrn und eine Glaubenserkenntniß, wo man wohl weiß, daß göttlicher Reichthum in ihm liegt und solches mit Freuden annimmt (der Jüngerglaube), aber von der Natur und dem Umfang dieses Reichthums hat man nur schwache und mehr äußerliche oder noch gar keine Erkenntniß; man glaubt, ohne schon das zu verstehen, was man glaubt. So ist es vor der Wiedergeburt. Durch diese aber rückt der Glaube auch ins Verstehen, in die Erkenntniß der Sache selbst ein.

Wie nun die geistige oder die erleuchtete Erkenntniß die Realität des Gegenstandes, das innere Wesen der Wahrheit mit lebendiger Berinnerlichung zu eigen bekommt, also eine lebendige Erkenntniß in sich selbst ist, so ist sie auch lebendige Erkenntniß ihrer Wirkung nach; sie wirkt und dringt ins Leben ein. Indem nämlich der Mensch in der Wahrheitserkenntniß eben die göttliche Weisheit sich immer weiter aneignet, reflectirt sich diese Erkenntniß nothwendig selbst auch als Weisheit, als praktische Wahrheit nach außen, so daß es zur Anwendung und zur That der Wahrheit kommt in gutem Wandel. Dieses Praktische, und zwar das heilig Praktische als Praxis der heiligen und heiligenden Gotteswahrheit liegt immer in der christlichen Weisheit. Jak. 3, 13. 17. Eph. 5, 15—17. 2 Joh. 4, 2 f. Der vom Geist ausgehenden Erleuchtung weicht die Finsterniß, oder das die Sünde hegende Irrthums = und Trugwesen weicht dem reinigenden und heiligenden Einfluß der Wahrheitserkenntniß, und damit wird der Mensch innerlich befähigt und so auch verpflichtet, oder beides mit einem Wort: er wird berufen, in guten Werken das innere Lichtleben auszuprägen und darzustellen. Eph. 5, 8 f. Matth. 5, 15 f. 1 Petr. 2, 9. Indem also der Glaube unter der erleuchtenden Energie des Geistes an Erkenntniß erstarkt, entwickelt sich bei ihm eben damit die Weisheit oder die sittliche Verständigkeit, das intellectuelle Geschick zum Guten. 2 Tim. 3, 17. 15. Eph. 5, 8. 10 f.

Aus dem Erwähnten ergibt sich nun von selbst, daß es den ausdrücklichen Bestimmungen Christi und der Apostel, sowie dem Begriff des heiligen Geistes als Geist der Weisheit und der Erleuchtung widerspricht, wenn man die Frömmigkeit, speciell das Christenthum als bloße Gefühlssache oder fälschlich so genannte Herzenssache (theologisch als

Pectoral-Theologie) im Gegensatz zum Verstand behandeln will und die Erkenntniß heruntersetzt als etwas für den Glauben Indifferentes oder gar Schädliches und Verpöntes. Gestraft wird in der Schrift theils Unwissenheit und Trägheit im Guten, theils das eingebildete, oder das äußerliche, nur formelle Wissen, welches ohne Realität und Leben ist, theils die weltliche, fleischliche Weisheit, welche mit ihren selbstischen Gedanken, wie sie aus dieser Zeitsphäre sich entwickeln, die Werke und Worte des ewigen Gottes meistern will, aus der Wahrheit ein technisches Gewerbe macht; Alles dergleichen, auch die Speculationssucht (Kol. 2) wird verworfen. Aber Erkenntniß der Wahrheit Gottes in Jesu Christo und in Folge davon Weisheit, welche von den überweltlichen Geistesgesetzen Gottes aus dies Weltleben beurtheilt und behandelt, diese Erkenntniß und Weisheit soll eben die Christen unterscheiden von den unwissenden und falschwissenden Menschen. In dieser Erkenntniß wird der Glaube kräftig (Philem. 6), nicht schwach oder gefährdet; ohne sie gibt es kein sittliches Verständniß, keine Freiheit vom Irrthumswesen der Sünde, von ihrem Betrug, keine sittliche Emancipirung (Joh. 8, 32), keine Erleuchtung und keinen Wandel im Licht, ja kein ewiges Leben. Durch die Erkenntniß Gottes und Jesu Christi wird daher nach 2 Petr. 1, 2 eine Vermehrung der göttlichen Gnade bei schon Begnadeten vermittelt. Durch sie, nicht durch blindes Glauben, so wenig als durch bloßes Vernünfteln wird geschenkt, was zum Leben und göttlichen Wandel dient. V. 3. Vgl. Eph. 1, 17. Phil. 3, 8. 2 Petr. 3, 18. Kol. 1, 11. Phil. 1, 9 ff. 1 Kor. 14, 20. Röm. 16, 19. Eine Geringschätzung der christlichen Erkenntniß also oder eine praktische Verleugnung derselben ist ein Widerspruch gegen den ganzen Sinn Jesu Christi und seiner Apostel. 1 Joh. 5, 20.*)

Betrachten wir

2) das weitere Moment der geistigen Kraftentwicklung, wie nämlich der Glaube unter der **heiligenden** Bildungs= energie des Geistes immer mehr erstarkt und wirksam wird in der **Liebe**. Es wird so mit dem intellectuellen Geschick zum Guten auch die spontane Kraft dazu gewonnen in wesentlicher Uebereinstimmung mit dem Princip alles Guten, mit der göttlichen Liebe. Sehen wir,

a) wie diese Entwicklung **objectiv und subjectiv vermittelt** ist. Die Wahrheit oder bestimmter das Wort der Wahrheit, welches durch die Erkenntniß des Glaubens unter der Erleuchtung des Geistes immer mehr in dem Menschen selbst verinnerlicht wird, hat eine heiligende und sittlich freimachende Kraft (Joh. 8, 33; 17, 17), und diese Kraft treibt mit der Erkenntniß auch in Sinn und Leben des Menschen sich hinein, da mit dem verinnerlichten Wort der Wahrheit auch der Geist der Wahrheit im Menschen sich verinnerlicht. Der persönliche Inhalt dieser Wahrheit ist Christus; indem er der Erkenntniß sich immer mehr auf= schließt, wie er sich selbst für uns geheiligt hat, heiligt er

---

*) Crusius sagt in seiner **Moraltheologie II**, Seite 1273: .... „man erdichtet sich falsche Vorstellungen von Gott, baut sich eine Welt, die nicht ist, versteht den Plan des ganzen Werkes Gottes nicht, trifft den Willen Gottes nicht, verfällt der Verführung, welche Gott mit Recht über diejenigen verhängt, die er genugsam dagegen ausgerüstet hätte, wenn es nur ihr Ernst gewesen wäre, zu vernehmen, was Gott lehrt, wenn sie nicht vielmehr Gott abgewiesen hätten, wo er ihnen mehr sagen will, als ihnen zur Seligkeit nöthig zu sein dünkt."

auch uns in ihm immer mehr, daß wir in Wahrheit geheiligt werden. Joh. 17, 17. 19. 1 Kor. 1, 30: „er ist uns geworden Gerechtigkeit mit Heiligung." Endlich die heiligende Wirksamkeit selbst vollzieht der heilige Geist. Er ist es, der eben hineinbildet in den eigenen Gehorsam Christi, in seinen Sinn und Wandel. 1 Petr. 1, 1 f.: ἐκλεκτοις — ἐν ἁγιασμῳ πνευματος εἰς ὑπακοην Χριστου. Die objective Wahrheit in Christo, wie sie in ihrem eigenen Wort sich zur Erkenntniß bringt, wirkt hienach in den Gläubigen vermöge ihres eigenen Inhalts und Geistes wie als Weisheit so auch als Gerechtigkeit, als Gerechtigkeit nämlich mit **heiligender Kraft** wie als Weisheit mit erleuchtender Kraft 1 Kor. 1, 30; 6, 11. Die heiligende Gottesgerechtigkeit in Christo wird aber dem Glauben so wenig als die erleuchtende Weisheit Gottes nur von außen her zu Theil und ohne bestimmte Selbstthätigkeit. Einmal ist es eine innere Wirkung, wodurch die Gottesgerechtigkeit von der Wiedergeburt aus dem Menschen zukommt; es ist eine dem Heiligungszweck der göttlichen Gerechtigkeit entsprechende innere Kraftbegabung, und eben diese Kraftbegabung befähigt den Menschen und verpflichtet ihn damit auch, selbstthätig dem heiligen Inhalt und der heiligenden Energie der Wahrheit zu entsprechen, ihr sich zu conformiren aus innerer Triebkraft des Gehorsams. 2 Petr. 1, 3. 5 ff. 1 Petr. 1, 13—16: „auf Grund der sich darbietenden Gnade conformiret euch als Kinder des Gehorsams dem euch berufenden Heiligen, daß ihr heilig werdet." Der Gehorsam ist in dieser Stelle, welche nach 1, 3 Wiedergeborne voraussetzt, als eine eingezeugte Triebkraft und Befähigung angenommen; daher τεκνα της ὑπακοης. Vgl. Röm. 6, 14—18.

Welches ist nun diese innere Kraft, in welcher sich die Heiligung des Geistes ihre spontane Vermittlung im Subject gewinnt, die Fähigkeit eines selbständigen Mitwirkens zur Heiligung? Dies ist die Liebe, welche eben Erzeugniß des heiligenden Geistes ist und wesentliche Eigenschaft des durch die Wiedergeburt empfangenen neuen Geistes als Kindschafts= geistes. Gal. 5, 22. 2 Tim. 1, 7. Die Wahrheit in Christo, welchen der Geist durch seine Erleuchtung in den Gläubigen verklärt, ist nämlich Gnade, überschwengliche Liebe von Seiten Gottes, eine Liebe, welche (unter den bestimmten ethischen Bedingungen) nicht nur Sünden absolut vergibt, sondern welche auch mit dem Sohne alles zu geben bereit ist. Diese göttliche Gnadenliebe in Christo nun wird durch den Geist der Liebe im gläubigen Menschen verinnerlicht (Röm. 5, 5), wie die göttliche Weisheit durch den Geist der Weis= heit, und so erzeugt sich Gegenliebe im Menschen. In der Gnadenliebe Gottes zu uns haftet unsere Liebe zu Gott, diese ist der Reflex von jener. 1 Joh. 4, 10. 16. 19. Joh. 15, 9. Wer daher Gott nicht liebt, beweist damit, daß er ihn noch nicht erkannt hat, wie er Liebe ist in Christo (1 Joh. 4, 8), und der Glaube, wo er einmal Erkenntniß der Wahr= heit in Christo ist, macht sich eben wirksam durch Liebe, bethätigt sich durch sie. Gal. 5, 6. Eph. 4, 15. Entwickeln wir nun

b) **das Wesen und die Wirkung dieser christ= lichen Liebe.**

Sofern die christliche Liebe eine Frucht des Geistes ist, hat sie die göttliche Liebe nicht nur zu ihrem Gegenstand als eine äußerliche Erscheinung, als eine historische Thatsache

oder nur als einen Lehrsatz, sondern hat sie als eine ver=
innerlichte Thatsache zu ihrem innern Princip. 1 Joh.
4, 16 (.. την αγαπην, ην εχει ο θεος εν ημιν). Die
Gottesliebe selbst gießt sich durch die Mittheilung des Geistes
in des Menschen eigenes Herz aus. Röm. 5, 5. Also nicht
daß sie nur in der Form seelischer Empfindung sich dem
Menschen zu fühlen gibt, sondern in der Selbständigkeit
eines Princips, d. h. eben als Geist der Liebe (2 Tim.
1, 7) beseelt sie das Herz, das centrale Denken und Wollen
des Menschen und begründet so Liebesgesinnung, gleichwie
durch die Erleuchtung des Geistes die göttliche Wahrheit auch
dem Menschen innerlich wird nicht als bloßer Gedanke und
Begriff, sondern als Geist der Wahrheit und der Weisheit,
begründend Wahrheitssinn und Weisheit. Die geistige Liebe
des Wiedergebornen ist also wieder etwas Wesenhaftes und
in sich Lebendiges, nicht eine bloße Gefühlsaufregung und
Gefühlsrichtung.*) Da hängt der Mensch mit dem Grund
seiner Seele an Gott und an den göttlichen Dingen; er
weiß und findet da allein Genüge und Freude, sein inneres
Seelenbegehren kann durch nichts anderes gestillt werden als
durch die göttliche χρηστοτης in Christo. 1 Petr. 2, 1 f.
Wie ferner durch den Geist als Geist der Wahrheit und
Weisheit der Glaube dahin kommt, daß er die Lichtkraft der
göttlichen Wahrheit als Licht in sich erhält und die Wahrheit
in ihrer Wesenhaftigkeit erkennt, so kommt mit dem Geist
als Geist der Liebe die Trieb= und Thatkraft der göttlichen
Wahrheit eben als Liebe in den Menschen, daß er die Gebote
der göttlichen Liebe als lebendiges Gesetz in sich selbst hat,

---

*) Darüber Weiteres im folgenden § 11.

2. Die Heiligung des Geistes und der Gehorsam der Liebe. 47

und sie eben deshalb nicht als ein äußeres Joch, als eine Last sich gegenüber findet. 1 Joh. 5, 3. Mit der ins Herz sich ergießenden Liebe Gottes ist dem Herzen eben das Princip und die Hauptsumma des göttlichen Gesetzes einorganisirt, so daß das Gesetz zur innern Grundbestimmung des Denkens und Wollens wird, sowie der centralsten Neigungen und Bestrebungen. Hebr. 8, 8—10; vgl. Jer. 31, 31 ff. Es bildet sich sonach ein Mögen und Vermögen des Guten wie mit der Glaubenserkenntniß ein Wissen und Verstehen des Guten, ein intellectuelles Geschick dazu. Indem das von Gott gegebene Gesetz in der Liebe eingepflanzt ist, berathet und leitet es den Menschen als der verpersönlichte Wille Gottes, wie es auf Seiten des Menschen seine Willensfreude ist, nach dem Gesetz Gottes zu thun, sein größtes Leid es ist, wo er es nicht thut. Mit dem Geist der Liebe ist endlich auch eine göttliche Wirksamkeit im Menschen begründet, welche das Herz fort und fort reinigt, seine Stumpfheit, Stockung, Härte und seine doppelsinnige Getheiltheit umbildet in die geistige Geeinigtheit mit Gott. Denn die Liebe einigt durch ihren Geist mit dem Gegenstand und bildet das Innerste dem Geliebten conform. Act. 15, 8 f. Ps. 51, 12. Ezech. 11, 19 f. 36, 25—27. Jer. 32, 39 f. 5 Mos. 30, 6. Dieselbe göttliche Liebe also, welche gesetzgebend ist, oder welche das göttliche Gesetz positiv hinstellt und in Geboten sich ausspricht als göttlicher Wille, kurz der göttliche Geist des Gesetzes ist selbst als Geist der Liebe im Geist des Menschen wirksam mit bildender Macht, und es bildet sich so ein Geistessinn, eine neue Naturdisposition für den göttlichen Willen gegenüber dem alten Naturgegensatz gegen den göttlichen Willen, wie derselbe als

Fleischessinn in ἐχϑρα εἰς ϑεον befangen ist. Röm. 8, 7. So liegt es im Wesen der geistigen Liebe, die göttlichen Gebote zur Richtschnur zu nehmen (τηρειν), und zwar zur Richtschnur als göttlichen Liebeswillen, nicht als bloß decretalen Gesetzeswillen. Mithin ist **Gehorsam gegen die Wahrheit** der wesentlich nothwendige Ausdruck der dem Glauben eigenen Liebe. Joh. 14, 21. Wie Erkenntniß der Wahrheit der nothwendige Ausdruck ist des dem Glauben eigenthümlichen Wahrheitssinnes, und wie der letztere das den Wandel erleuchtende innere Licht ist, so ist die Liebe das innere Heiligthum, welches auch nach außen den Menschen heiligt in seinem Wandel. 1 Petr. 1, 14 ff. In der Liebe faßt sich die ethische Vollkommenheit zusammen; sie ist συνδεσμος της τελειοτητος, Kol. 3, 14. Die Liebe erhält nämlich in der Gemeinschaft mit Gott (1 Joh. 4, 16), sie verbindet immer enger mit Christo (Eph. 4, 15), und erfüllt das Gesetz gegen Andere. Röm. 13, 8 ff. Also Gerechtigkeit und zwar Gerechtigkeit nicht als bloß äußerliche Conformität mit dem äußerlichen Gesetz, sondern als ein Liebesgehorsam, als Kindesgehorsam, der dem heiligen Liebes-Geist des göttlichen Gesetzes sich hingibt, nicht bloß der äußern Gesetzesbestimmung, und der auch den Wandel heiligt und mit Gott einigt, dies ist das praktische Ergebniß der christlichen Liebe, wie Weisheit als Wandel im Lichte der Wahrheit das praktische Ergebniß der Glaubenserkenntniß ist. Der Mensch ist also in der Liebe innerlich disponirt für die fortlaufende Heiligung des göttlichen Geistes, wie er im Wahrheitssinn des Glaubens disponirt ist für die fortlaufende Erleuchtung des göttlichen Geistes, und die objective Heiligung gestaltet sich eben in der Liebe zur selbstthätigen Heiligung oder zu

3. Die Beseligung des Geistes und die Hoffnung.

einer sich selbst reinigenden Einigung mit Gott. 1 Joh. 3, 1—3. Betrachten wir noch zum Schluß auch hier

c) die organische Verbindung der Liebe mit der Erkenntniß, mit dem Glauben und mit den Werken. — Die christliche Liebe macht nicht feindselig gegen Erkenntniß, noch träge in Früchten oder Werken der Gerechtigkeit, sondern da sie das wesentliche Lebensband ist zwischen Gott und Gotteskind, kann ihr Gott immer reichlicher beilegen allerlei Erkenntniß und Erfahrung (Phil. 1, 9 f.), so daß der Mensch sich vervollkommnet in der Prüfung ($εἰς$ $το$ $δοκιμαζειν$) nicht nur dessen, was überhaupt gut ist, sondern was das Vorzüglichere und Bessere ist ($τα$ $διαφεροντα$) Röm. 12, 2, was dem geliebten Gott wohlgefällig ist. — Siehe Liebeslehre § 5, S. 46.

3) Als letztes Moment in der christlichen Kraftentwicklung haben wir darzulegen, wie der Glaube vermöge der tröstenden und beseligenden Energie des Geistes oder vermöge seiner Stärkung auch in der Passivität des Lebens (wo der Mensch nichts thun, nicht handeln kann, sondern leiden muß), den Frieden und die Freudigkeit der Hoffnung erhält. Während der Geist als Geist der Weisheit und der Offenbarung die Christen zur Weisheit erleuchtet unter der Lüge und Finsterniß dieser Welt, ferner als Geist der Liebe die Christen zum Liebesgehorsam, zur Gerechtigkeit heiligt unter dem feindseligen Wesen und Ungehorsam der Welt, kehrt er nach 1 Petr. 4, 14 unter der Schmach und Trübsal dieser Welt in innerem und äußerem Lebensdruck mit seiner beseligenden Ruhe bei den Christen ein und wirkt nun als Geist der Herrlichkeit, d. h. als der Geist, durch welchen Gott sich

im Menschen verherrlicht und den Menschen in sich verherrlicht, dies geschieht gerade unter den Leiden. Denn Leiden und Herrlichkeit korrespondiren sich eben im Laufe Christi. Die Wirkung ist (V. 16), daß der Christ selbst unter der Schmach ohne Scham Gott ehren kann, daß er nach Röm. 5, 2 f. auch unter Trübsal in Gott seinen Ruhm findet.

Auch diese stärkende oder tröstende und beseligende Wirkung des Geistes ist nun wieder nicht unvermittelt, sondern

a) vermittelt durch eine innere subjective Kraft und Thätigkeit, durch die Hoffnung, wie die erleuchtende Geisteswirkung durch die Erkenntniß, die heiligende durch die Liebe vermittelt ist. Röm. 5, 2. Auch diese Hoffnung wird dem Gläubigen wie seine Weisheit und Liebe eingezeugt durch Wiedergeburt. 1 Petr. 1, 3. Durch diese wird der Mensch in das durch Christi Auferstehung erschlossene neue Leben hineingeboren, d. h. reell darein versetzt; er weiß sich in realem Lebenszusammenhang mit der ganzen Zukunft des Heils in Christo, und diese ist eben seine Hoffnung. Auch die gläubige Hoffnung ist also wieder wie die Erkenntniß und die Liebe eine lebendige, ist inneres Leben. Sie wächst hervor aus dem geistig verinnerlichten Auferstehungsleben Christi, damit ist die einstige Seligkeit und Herrlichkeit als persönliches Leben schon das innerlich begründete Resultat. Joh. 14, 19: „ich lebe und auch ihr werdet leben." Die Hoffnung des Wiedergeborenen wirkt daher auch als lebendige Geisteskraft im Inneren. Es entwickeln sich nämlich innerhalb der Hoffnung neue, dem göttlichen Geisteswirken entsprechende Seelenzustände: Friede

3. Die Beseligung des Geistes und die Hoffnung.

und Freude. Röm. 15, 13: ὁ θεος της ἐλπιδος πληρωσαι ὑμας πασης χαρας και εἰρηνης — ἐν τῃ ἐλπιδι ἐν δυναμει πνευματος ἁγιου. Dies wirkt die Hoffnung, indem sie sich unter dem Sündenverderben der Welt mit seiner tödtenden Traurigkeit eben die Herrlichkeit vorhält (Joh. 17, 13. 15), welche in Christo dem Gläubigen gegeben ist als etwas reell Vorhandenes, indem sie ferner (Joh. 16, 30) unter den Bedrückungen der Welt und dem Kampf mit ihr den Glauben mit der Gewißheit stärkt, daß Christus die Welt überwunden hat und das Gericht über sie zum Sieg führt. So wird in der Hoffnung die in Christo schon factisch verbürgte Errettung und Seligkeit festgehalten. Dadurch eben beherrscht und überwindet die Hoffnung das Gefühl des Leidens mit Friede und Freude, d. h. mit dem beruhigenden und erhebenden Bewußtsein, daß Gott für uns ist mit seiner vergebenden und gebenden Gnade, mit seiner vorbereitenden und vollendenden Gnade. 1 Petr. 5, 10 f. Das weitere Ergebniß hievon ist Geduld oder Standhaftigkeit, d. h. der gottergebene, beharrlich treue Muth und Fleiß im Guten, in Werken der Gott gehorsamen Liebe. Hebr. 6, 11 f.; 10, 36 f. Also Friede und Freude mit Geduld, wurzelnd in der Hoffnung, dies ist die subjective Seite der geistigen Kraftentwickelung auch in der Passivität. — Sehen wir nun auch

b) genauer zu, wie diese subjective Kraftentwickelung eben durch die Vermittelung des Geistes bedingt und bestimmt ist. Die genannten Wirkungen, welche die Hoffnung im Innern des Menschen hervorbringt, Friede, Freude, Geduld sind wie die Hoffnung selbst etwas objectiv Erzeugtes, nicht selbstisch Gemachtes, sind Früchte d. h.

Erzeugnisse des Geistes. Gal. 5, 22. Dies ist aber nicht zu verstehen von einem bloß äußern Eingießen oder Hineinschaffen des Geistes, sondern es ist wieder etwas durch den Geist von innen heraus in der Receptivität des Glaubens **Entwickeltes** (daher eben καρπος). Namentlich in Folge der Wiedergeburt ist eine geistige Selbstthätigkeit möglich und so auch Pflicht, in welcher wir uns unter allen Verhältnissen des Lebens in Geistesverkehr setzen und erhalten mit der Gnadenliebe in Gott, jedoch nie mit Umgehung der Vermittlung Christi (Eph. 2, 18); denn nur in seiner fort und fort lebendigen Vermittlungsthätigkeit ist uns auch unter der eigenen Sündenlast, also auch unter verschuldetem Leiden eine ungeschwächte Verbindung mit Gott möglich (Eph. 2, 13. 16—18; Hebr. 7, 19. 24 f.), und nur unter dem innern Zeugniß des Kindschaftsgeistes weicht der angeborene Geist der Furcht, der scheuen Entfernung von Gott, wie sie vom bösen Gewissen unterhalten wird, und es tritt dafür der Liebeszug zu Gott an die Stelle, der uns befähigt, alles, was sich zwischen Gott und uns, zwischen das Heute und die Zukunft stellen will, eben durch Christum Jesum in kindlichem Gebet vor den Vater zu bringen, und alle Begebnisse als eine vom göttlichen Rettungszweck bestimmte Ordnung zu fassen unter dem Gesichtspunkt einer von Gott planmäßig vorbereiteten Heilsvollendung. Röm. 8, 14—16. 28. Von diesem stetigen, gläubigen Gebetsverkehr mit Gott hängt eben durchaus Friede, Freude und Geduld ab in dem wechselvollen Menschenleben, der ganze subjective Inhalt der christlichen Hoffnung. Nun gibt es aber subjective Zustände besonderer Schwäche, wo wir, wenn wir auch schon im Besitz des Geistes sind, innerlich so

3. Die Beseligung des Geistes und die Hoffnung.

bedrängt und gebunden sind, daß wir unsere Gemüths=
bewegungen nicht selbstthätig sichten und auf gehörige Weise
in Bitten zusammenfassen können, wo also die Gebunden=
heit und Passivität bis in das eigene, innere Geistes=
leben sich erstreckt. Röm. 8, 26 f. Da greift der Geist als
der selbständige Gottesgeist hilfreich ein; er treibt bei denen,
die in seinem Triebe stehen, stille Geistesseufzer hervor
($\sigma\tau\epsilon\nu\alpha\gamma\mu o\upsilon\varsigma$ $\dot{\alpha}\lambda\alpha\lambda\eta\tau o\upsilon\varsigma$), in welchen er unsere Sache besser
führt, als beredte Worte es thun können. Es ist dabei
vorausgesetzt, daß sich das auf Erlösung vom Sünden=
leib gerichtete $\varphi\rho o\nu\eta\mu\alpha$ $\tau o\upsilon$ $\pi\nu\epsilon\upsilon\mu\alpha\tau o\varsigma$ in dem Seufzen
ausspricht, nicht das auf Erhaltung und Befriedigung
desselben gerichtete $\varphi\rho o\nu\eta\mu\alpha$ $\tau\eta\varsigma$ $\sigma\alpha\rho\kappa o\varsigma$. Röm. 8, 23—27,
vgl. V. 5. 12 f. So ist es der Geist Gottes, der unter
allem Leiden und vergänglichen Wesen dieser Welt, namentlich
auch unter den Wechseln des inneren Lebens mit seinem in=
wendigen Zeugen, wie es namentlich mit Schriftworten sich
verbindet, wenn es auch in unserm eigenen Geist nur noch
als Seufzen nach Erlösung sich reflectiren kann, die Gewiß=
heit unserer Kindschaft uns versiegelt mit der darin liegenden
Hoffnung auf künftige Herrlichkeit. Röm. 8, 16 f. Diese
Herrlichkeit erschließt sich uns nämlich als eine solche, in
welcher nicht nur alle Leiden der Zeit aufgehoben werden,
sondern auch die Vergänglichkeit, welche der ganzen Natur
und unserm eigenen Leibe anhaftet, das ganze Sündenübel
mit all seinen Schwächen und Schmerzen einem Lebens=
zustand der vollkommenen Freiheit weicht. Röm. 8, 18.
21. 23. Der Geist ist also mit seiner innerlichen Präsenz
und Wirksamkeit das Lebenspfand für die vollkommene Durch=
bildung der Erlösung. Eph. 4, 30. 1, 14. 2 Kor. 5, 5.

Der Besitz des heiligen Geistes verbürgt hienach dem Christen den göttlichen Sieg über alle Hemmnisse des neuen Lebens, den Sieg in seiner eigenen Natur bis zu ihrer Verklärung in die völlige Gleichartigkeit mit Christo, den göttlichen Sieg über die Welt bis zur Verklärung der Schöpfung zu neuem Himmel und neuer Erde. — Ueber

c) das organische Verhältniß, in welches von der Schrift die Seligkeit der Hoffnung gesetzt wird zur Erkenntniß des Glaubens und zum Gehorsam der Liebe, siehe Liebeslehre § 7.

Im Allgemeinen haben wir also in diesem Paragraphen als die wesentlichen subjectiven Bedingungen der christlichen Lebensentwicklung kennen gelernt: Glaube als die Kraft fortschreitender Erkenntniß der Wahrheit, Liebe als die Kraft kindlichen Gehorsams gegen die Wahrheit, Hoffnung als die Kraft des Friedens und der Freude oder als die Freiheit in der Wahrheit mit Geduld oder Tragkraft auch unter dem Druck dieser Welt. Also Glaube, Liebe, Hoffnung, wie dieselben unter der erleuchtenden, heiligenden und stärkenden Wirkung des göttlichen Geistes sich entwickeln, sind des Christen habituelle Eigenschaften. Es sind darin die inneren Grundkräfte gegeben, welche die stetige und allseitige Fortbildung des christlichen Lebens vermitteln. Eben daher lassen sich Glaube, Liebe, Hoffnung auch bezeichnen als die inneren christlichen Cardinaltugenden oder als die Stammtugenden. 1 Kor. 13, 13. — Die Vergleichung der durch die Wiedergeburt vorgegangenen ethischen Veränderungen mit dem Stande auch des besten Menschen außerhalb der Wiedergeburt siehe Liebeslehre § 6, Anmerkung 2, S. 54.

§ 11. Das christliche Lebensgesetz in seiner Entwicklung.

Wieweit auch der Gläubige fortschreiten mag in der Kraft des Geistes, so kommt Christus nie in ein bloß äußerliches Verhältniß zum Menschen; es ist kein bloßes Lehren von seiten Christi und dann Gehenlassen; auch kein bloßes Geben und den Menschen für sich Waltenlassen. Allerdings ist geistige Kraftentwicklung dem wahren christlichen Leben eigen, und mit seiner geistigen Erstarkung gewinnt es sich auch immer mehr Selbständigkeit. Damit wird aber das ursprüngliche Abhängigkeitsverhältniß von Christo nicht geändert oder gemindert, vielmehr nur immer fester gegründet und selbständig ausgeübt. Das christliche Leben ist, wie vom Anfang so in seinem Fortgang kein selbständiges Fürsichsein, aber auch kein erzwungenes Abhängigsein, sondern ein selbständiges Abhängigsein von Christo, wie bei diesem dasselbe sich findet gegenüber von Gott. Christliche Selbständigkeit besteht nicht als Leben der menschlichen Ichheit, sondern nur als Leben Christi im Ich und als gläubiges Ich=Leben in Christo. Gal. 2, 20. Wir wollen

1) diesen stetigen Zusammenhang des geistigen Lebens mit Christo, wie er sich aus den früheren principiellen Bestimmungen (§ 1) ergibt, zunächst kurz zusammenstellen. Es faßt sich in die zwei Punkte zusammen a) das geistige Leben eines wirklichen Christen ist das Leben Christi im Ich. Dies ist das eigentliche Wesen christlichen Lebens; ebendaher involvirt dasselbe b) eine wesenhafte und so auch moralisch=bindende Abhängigkeit von Christo als dem Leben. Beides faßt sich zusammen in dem Satz: Christus lebt im Ich wahrhaftig als der Herr, und darin liegt auch das Gesetz aller christlichen Lebensentwicklung.

a) Die geistige Lebensentwicklung eines wirklichen Christen ist **das Leben Christi im Ich**. Der heilige Geist, welcher das geistliche Leben in Christo setzt, verdrängt so wenig Christum im Menschen, daß vielmehr eben durch den heiligen Geist der Mensch ein Angehöriger Christi wird im wesenhaften Sinn des Worts. Der Mensch ist nämlich Ein Geist mit Christo und hat Christi eigenen Wesensgeist in sich. Röm. 8, 9. 1 Kor. 6, 17. 2 Kor. 3, 17, vgl. Joh. 4, 24. Gal. 4, 19. Und indem Christus von seinem Geist gibt, ist und bleibt er selbst im Menschen. Joh. 14, 17. 20. 1 Joh. 3, 24. Auch was der Geist in den Menschen bringt und mit seiner Kraft in ihm bewirkt, ist nur dem eigenen Wesen Christi entnommen (Joh. 16, 14); es ist kein von diesem verschiedener Inhalt, sondern sein eigener gottmenschlicher Lebens=Inhalt. Die **Erleuchtung** des Geistes, welche Erkenntniß der Wahrheit im Glauben bewirkt, schöpft nur aus Christi Weisheit, und pflanzt eben sie ein; ferner die **Heiligung** des Geistes, welche kindlichen Gehorsam gegen die Wahrheit in der Liebe hervorbringt, ist nur Einpflanzung der heiligenden Gerechtigkeit Christi, seines eigenen Liebesgehorsams; endlich die **Beseligung** des Geistes, seine Erhebung in die Freiheit der Wahrheit in der Hoffnung, ist nur Einpflanzung der Erlösung Christi, seiner Alles vollendenden himmlischen Lebensherrlichkeit. So ist in Christo selbst der Reichthum, der volle Schatz der Lebens=Gnade, die durch den heil. Geist verinnerlicht wird. Eph. 1, 7 f. 2, 7. Kol. 1, 27. Der geistige Mensch hängt daher mit Christo zusammen, nicht nur in der Idee, nicht nur durch eine subjective Vergegenwärtigung Christi, überhaupt nicht in bloßen psychologischen Aktionen oder durch bloße

Institutionen des Unterrichts und des Gottesdienstes; sondern es ist ein geistig-realer Zusammenhang, eine persönliche Lebensdurchdringung, die in einem und demselben Geistesorganismus wurzelt, wie die Rebe mit dem Weinstock **organisch** zusammenhängt durch Eine Natursubstanz, und so eben des Weinstocks Art, Kraft und Frucht in sich hat oder faßt. Joh. 15, 5. Vgl. Christl. Reden IV, Nr. 1. So ist denn auch

b) im Wesen dieses Lebenszusammenhanges eine stetige **Abhängigkeit** des geistigen Ichlebens von Christo gesetzt, und eben darauf hin eine moralische Nöthigung dazu, d. h. eine Verpflichtung. Auch indem in uns selbst ein inwendiger Mensch durch den Geist erstarkt, wachsen wir nicht über Christus hinaus, daß er uns auf irgend einem Punkt entbehrlich wird; sondern durch das Erstarken wachsen wir in ihn **hinein**, wie das Erstarken aus ihm herauswächst. Eph. 4, 14—16. Christus allein ist die absolute Totalität des Geistes und des Lebens: $\pi\lambda\eta\rho\omega\mu\alpha$. Die geistige Selbständigkeit ist daher nie eine solche, die außerhalb Christus Bestand hätte und Genüge fände. Wir leben und erstarken nämlich geistig nur, indem wir leben und erstarken im Glauben und Liebe zum Herrn, und eben dadurch wird Christus einheimisch in unserem Herzen. Dies so wesentlich, daß wir selber, wie es Eph. 3, 16 f. ausgedrückt ist, in ihm $\dot{\varepsilon}\rho\rho\iota\zeta\omega\mu\varepsilon\nu\sigma\iota\ \varkappa\alpha\iota\ \tau\varepsilon\vartheta\varepsilon\mu\varepsilon\lambda\iota\omega\mu\varepsilon\nu\sigma\iota$ sind; daß wir also mit den innersten Wurzeln und mit dem Grund des neuen Lebens ihm innehaften; daß wir wachsthümlich und grundhaft mit ihm verbunden sind. Nur durch diese beständige Lebensgemeinschaft mit Christo, d. h. nur aus den Wurzeln und Grundlagen des Glaubens und der Liebe, entsteht und wächst uns die Kraft, in wahrhaft christlicher Weise selbstthätig zu sein und die neutestamentliche Geistesfrucht hervorzubringen. Joh. 15, 4 ff. Nur daraus kommt die Kraft, unserem eigenen inneren und äußeren Leben eine geistliche, eine christliche Wesensgestalt zu geben — keine bloß christliche und geistliche Form — so daß dann eben die Tugendzüge des Bildes Christi sich in uns und durch uns abprägen. 2 Petr. 1, 3 ff. 1 Petr. 2, 9. Daher ist die Mannesreife des neuen Menschen erst damit erreicht, wenn Christi Lebensbild völlig in uns abgestaltet ist; damit sind wir durchdrungen von der Gottesfülle, die menschlich in ihm wohnt. 2 Kor. 3, 18. Eph. 4, 13. Das $\pi\lambda\eta\rho\omega\mu\alpha\ \tau o\upsilon\ X\rho\iota\sigma\tau o\upsilon$ ist identisch mit $\pi\lambda\eta\rho\omega\mu\alpha\ \tau o\upsilon\ \vartheta\varepsilon o\upsilon$ (3, 19), womit wir erfüllt werden sollen. 2 Petr. 1, 4. 1 Joh. 3, 2. Das Verhältniß des Christen zu Christo ist also ein Verhältniß wirklicher Lebensabhängigkeit, ist vor Allem eine Wesensabhängigkeit, nicht eine bloß moralische Abhängigkeit. Die bewußte und freie Anerkennung dieser Abhängigkeit von Christo ist eben der Glaube (Gal. 2, 20), und darin liegt die Grundlage für die moralische Abhängigkeit von Christo. Dies führt uns auf unsern zweiten Punkt:

2) Das christliche Leben in seiner Selbständigkeit und Selbstthätigkeit aufgefaßt, also als ein der Person eigenes Leben und von der Person zu verwendendes. — Dies Leben hat, vermöge seines wesentlichen Zusammenhangs mit Christo, auch eben in Christo und an Christo sein wesentliches Gesetz für die ganze Lebens-Bildung und -Entwicklung, 1 Kor. 9, 21: $\check{\varepsilon}\nu\nu o\mu o\varsigma\ X\rho\iota\sigma\tau o\upsilon$, Gal. 6, 2: $\dot{\alpha}\nu\alpha\pi\lambda\eta\rho o\upsilon\nu\ \tau o\nu\ \nu o\mu o\nu\ \tau o\upsilon\ X\rho\iota\sigma\tau o\upsilon$. Wenn die christliche Persönlichkeit ihrem ganzen Wesen nach nur in Christo begründet ist, nur in ihm ihre Entwicklung und Vollendung

findet, so hat sie sich auch als selbstthätige der stetigen Bestimmung durch Christum mit dem Willen zu unterwerfen, d. h. die **Wesensabhängigkeit** muß auch eine **Willensabhängigkeit** werden, eine moralische Selbstunterwerfung unter Christum im Gehorsam, namentlich in der Form der Liebe, da das ganze Verhältniß nicht auf einer imperativen Macht beruht, sondern auf Gnade und auf der Herzensverbindung mit Christus zum Zweck unsres Heils. Sofern sich nun für den Willen diese Selbstbeziehung zu Christo als zu dem Alles bestimmenden oder zu ihm als dem Herrn aus dem geistigen Wesen der christlichen Persönlichkeit ergibt als eine geistige Nöthigung — daher sie sich auch als Gebot ausspricht — so ist eben damit die christliche **Pflicht** gesetzt. Es ist hienach

a) **Princip der ganzen christlichen Pflichtenlehre**, daß alle Selbstthätigkeit sich in Christo ihre Bestimmung gibt; und fassen wir das christliche Leben in seiner äußeren Bethätigung auf, das praktische Gebiet desselben, so faßt sich das Gesetz, in welchem für das Praktische alle christlichen Lebenspflichten zusammenlaufen, in Kol. 3, 17 kurz so zusammen: $\pi\alpha\nu$ $\dot{o}$ $\tau\iota$ $\dot{\alpha}\nu$ $\pi o\iota\eta\tau\varepsilon$ $\dot{\varepsilon}\nu$ $\lambda o\gamma\omega$ $\ddot{\eta}$ $\dot{\varepsilon}\nu$ $\dot{\varepsilon}\rho\gamma\omega$, $\pi\alpha\nu\tau\alpha$ $\dot{\varepsilon}\nu$ $\dot{o}\nu o\mu\alpha\tau\iota$ $\varkappa\upsilon\rho\iota o\upsilon$ $\dot{I}\eta\sigma o\upsilon$. Alle Selbstthätigkeit soll geschehen im Namen Jesu des Herrn; d. h. alles Thun gestaltet sich als ein von Christo dem Herrn Bestimmtes zu einer Darstellung dessen, was ihm selbst eigen ist. Wo oder wenn ich wahrhaft im Namen eines Andern handle, habe ich ihn zu repräsentiren, ihn factisch darzustellen, aber nach seiner eigenen Bestimmung. Es ist dabei vorausgesetzt, daß Christus selber als Herr in uns lebt, daß wir seinen Namen, in dem wir handeln sollen, d. h. seine reelle

Selbstdarstellung uns schon angeeignet haben, darin aufgenommen sind, so daß die Darstellung Christi in unsrer Selbstthätigkeit keine hohle, äußere Repräsentation oder Nachahmung ist, sondern der Reflex seiner Selbstdarstellung in uns, die Abspiegelung seiner Sinnes- und Handlungsweise, wie sich dies hervorbildet aus seiner geistigen Kraftgemeinschaft. Röm. 15, 18: κατειργασατο Χριστος δι' εμου λογω και εργω. Phil. 4, 13: παντα ισχυω εν τω ενδυναμουντι με. 1 Kor. 2, 16. Phil. 2, 5. 1 Joh. 2, 6 (Christi νους, sein φρονημα, sein περιπατειν). Wie Christus, also müssen auch die Seinigen in der Welt sein, dann sind sie Christen in That und Wahrheit. 1 Joh. 4, 17. Bei diesen Hinweisungen auf das Sein und Thun Christi ist dasselbe nicht in seinen einzelnen Aeußerlichkeiten gemeint, sondern in seinem inneren Geist und thatsächlichen Wesen als Sinnesweise und Handlungsweise.

b) Der nähere Inhalt des christlichen Lebensgesetzes ergibt sich hienach aus dem Geist und Wesen der Thätigkeit Christi selbst, und bei Christo ist Liebe das Wesen seines inneren und äußeren Lebens. Sie ist der Geist und die Form seines Handelns oder der bestimmende Grund und die Bestimmtheit desselben. Ebenso nun ist durch die Wiedergeburt in dem, der Christo angehört, die Liebe bereits als inneres Princip gesetzt, mit lebendiger Triebkraft und Thatkraft, oder sie ist damit als Geist gesetzt, vgl. § 10, 2. c. Eine Thätigkeit also, die im Namen Jesu Christi als des Herrn sich gestaltet, hat zur Aufgabe und zum Kennzeichen, daß Alles in der Liebe geschieht, und zwar nicht in bloßer Naturliebe oder in Form der socialen Weltliebe, sondern daß es eine Liebesthätigkeit ist, conform

3. Die Beschaffenheit der Christusähnlichen Liebe.

der des Herrn — dann ist es christliche Liebe. 1 Kor. 16, 14: παντα ὑμων ἐν ἀγαπῃ γινεσθω. Eph. 5, 2: περιπατειτε ἐν ἀγαπῃ, καθως και ὁ Χριστος ἠγαπησεν ἡμας. 1 Tim. 1, 5. Das unter Punkt a) aufgestellte Grund-Gesetz, daß alle christliche Selbstthätigkeit aus und nach Christo sich bestimme, ihn zur Darstellung bringe, erhält nun seinen bestimmteren Ausdruck dahin, daß für alle christliche Selbstthätigkeit eine Christusähnliche Liebe der dieselbe bestimmende Grund und ihre bestimmte Form sei. Fragen wir nun

3) von welcher Beschaffenheit eine Christusähnliche Liebe, also eine wahrhaft christliche Liebe sein muß? Die Bethätigung der Christusähnlichen Liebe nach außen faßt Eph. 5, 2 so zusammen: ὁ Χριστος παρεδωκεν ἑαυτον ὑπερ ἡμων προςφοραν και θυσιαν τῳ θεῳ εἰς ὀσμην εὐωδιας. Die Liebe ist demnach bei Christo bestimmt durch eine zwiefache Rücksicht: einmal durch die Rücksicht auf Gott, so daß Gottes Wille für ihn absolute Geltung hat, in Allem allein gilt. Dies ist die Hauptrücksicht, das Principielle (παρεδωκεν ἑαυτον τῳ θεῳ). Dazu kommt aber auch die Rücksicht auf die Menschen, so daß es der Menschen Wohlergehen gilt (ὑπερ ἡμων παρεδωκεν ἑαυτον), wenn schon nicht das menschliche Wohlgefallen. So hat nun auch das christliche Leben nach außen sich zu bewähren durch eine Liebesthätigkeit, die das wahrhafte Wohl der Menschen, (nicht ihr scheinbares oder vermeintliches) und Gottes Wohlgefallen mit einander verbindet; d. h. die christliche Liebe vereint in sich: treues Festhalten an Gottes Willen oder frommen Gehorsam und menschenfreundliche Dienstfertigkeit. 1 Petr. 4, 10. Röm. 15, 7. 1 Kor. 10, 24. 31.

Soll nun die christliche Liebesthätigkeit eine in Christi Aehnlichkeit fromm gehaltene Menschenfreundlichkeit zu ihrer Form haben, so setzt dies eben voraus, daß sie von innen heraus bestimmt ist durch die Wirksamkeit des Geistes Christi, daß wir also seine erleuchtende, heiligende, tröstende oder stärkende Kraft suchen und aufnehmen. Dadurch erhält die christliche Liebe den Charakter einer Liebe im heiligen Geist, das Gepräge eines durchaus sittlichen Geistes, des der Wahrheit, der Reinheit und der Freudigkeit. Diese sittlichen Grundbestimmungen sind kurz zusammengefaßt 1 Tim. 1, 5, wozu Röm. 12, 9 in einfachem Ausdruck die Parallele bildet. Hienach gehört zum **Charakter der christlichen Liebe**

a) daß sie $\mathit{\alpha\nu\upsilon\pi o\kappa\rho\iota\tau o\varsigma}$ ist oder $\mathit{\varepsilon\kappa\ \pi\iota\sigma\tau\varepsilon\omega\varsigma\ \alpha\nu\upsilon\pi o\kappa\rho\iota\tau o\upsilon}$. Christliche Liebe hat zur Voraussetzung den christlichen **Glauben**, und zwar nicht in bloß doctrinärer Form, sondern als **inneres Leben**, als aufrichtigen Herzensglauben. Der Glaube mit seiner göttlichen Wahrheit und seiner Wahrheitserkenntniß bringt nun eben Licht und Lauterkeit in die Liebe, bindet sie an Gott, den Herzenskündiger, daß die Liebe an Recht und Wahrheit festhält, nicht zum äußeren Augendienst für die Menschen wird, sondern innerlich wahr bleibt, ein wirkliches Wohlwollen, das nicht heuchelt noch schmeichelt, vielmehr Uebelmeinen und Uebelthun an sich und Andern verwirft. Recht bleibt der wahren Liebe Recht, Unrecht Unrecht, ohne Ansehn der Person; „ja" bleibt für sie ja, wie „nein" nein. An diese **lautere Herzensstellung** schließt sich

b) die **äußerliche Stellung zu den sittlichen Gegensätzen in der Welt**, indem in dieser die Mischung von Bösem und Gutem, von Wahrem und Falschem sich darbietet. Hier gilt es nicht indifferente

3. Die Beschaffenheit der Christusähnlichen Liebe. 63

oder parteiische Accommodation, sondern (Röm. 12, 9) $\mathit{\mathring{\alpha}\pi o}$-$\mathit{\sigma\tau\upsilon\gamma\varepsilon\iota\nu}$ $\mathit{\tau o}$ $\mathit{\pi o\nu\eta\varrho o\nu}$, $\mathit{\kappa o\lambda\lambda\alpha\sigma\vartheta\alpha\iota}$ $\mathit{\tau\tilde{\omega}}$ $\mathit{\mathring{\alpha}\gamma\alpha\vartheta\tilde{\omega}}$, innerlich entschiedener Gegensatz zum Bösen, sittlicher Haß gegen das Unsittliche und inniges, herzliches Festhalten am Guten. Also Sympathie und Antipathie gehört zur Liebe; eine Liebe ohne Gefühl der Hinneigung und Abneigung, eine apathische Liebe gibt es gar nicht; aber die Gefühle sind bei der sittlichen Liebe nicht bestimmend, sondern nur begleitend. Bestimmend für die Zuneigung und Abneigung ist die Erkenntniß der Wahrheit nach dem Gegensatz von Gut und Bös, d. h. nach sittlichen Gesichtspunkten. Es gehört also nicht zur christlichen Liebe, Alles für gut zu nehmen und an Alles sich hinzugeben. Soll sie das Böse abweisen, dem Guten sich hingeben, so erfordert sie Kritik zwischen Gut und Böse, ethische Kritik, sittliche Prüfung und sittliche Scheidung. Phil. 1, 9 f.: eure Liebe (die Liebe, die ihr habt) werde mehr und mehr reich in Erkenntniß und allseitiger Wahrnehmung zur Prüfung des Unterschiedenen, um rein zu bleiben. Neben dem sich Anschließen erfordert die heiliggeistige Liebe auch ein Ab- und Ausschließen, und zwar beides nach sittlicher Unterscheidung, nicht nach persönlicher Zu- oder Abneigung, nach Lust oder Unlust. Ohne diese sittliche Unterscheidung und Scheidung ist die Liebe eine unreine und verunreinigende Liebe, keine Liebe, wie sie 1 Tim. 1, 5 gefordert ist: aus reinem Herzen. Eben daher auch nicht

c) aus gutem Gewissen, was die Freudigkeit der Liebe bedingt. Das gute Gewissen wird selbst nur begründet und bewahrt dadurch, daß der Mensch in und an sich selbst das Unreine immer wieder richtet und ausscheidet, um den

Frieden Gottes und den Trost des heiligen Geistes zu empfangen und zu bewahren. Eine Liebe ohne gewissenhafte sittliche Scheidung und Entscheidung nach innen und nach außen ist **fleischliche Liebe**, und befleckt Herz und Gewissen. Es ist sündhafte Naturliebe und Weltliebe, die in der Schrift verglichen wird mit Hurenliebe, weil sie, wie bei der Hurerei, eben nach bloßer Sympathie unterschiedslos sich vermischt. Uebrigens auch bei der fleischlichen Liebe bilden sich mit den Bindungen auch Scheidungen, beides aber nicht nach den sittlichen Gegensätzen und nach sittlichen Gesichtspunkten, sondern nach natürlichen oder selbstischen Trieben, nach zufälligen, conventionellen, parteiischen ꝛc. Rücksichten, und so entsteht eine Vermischung von Gut und Bös in sittlicher Indifferenz oder eine sittliche Verkehrung: Sympathie mit Bösem und Falschem und Antipathie gegen das Gute und Wahre. Weiteres über den Unterschied wahrhaft christlicher Liebe und hergebrachter Vorstellung von Liebe siehe Liebeslehre § 8. Anm.

Wir haben im Bisherigen die Liebe als das Grundgesetz des christlichen Lebens kennen gelernt;

4) bestimmen wir nun noch die christliche Liebe nach **ihrem Object** genauer.

In Christo wird der Mensch durch die Kraft der göttlichen Gnade vor Allem mit **Gott** selbst geeinigt und Gott theilt sich ihm mit; dies ist der Grundakt der göttlichen Liebe, der göttliche Versöhnungs- und Begabungsakt. Dadurch wird im Menschen ein selbständiges Sein und selbständiges Handeln gesetzt, nämlich Einheit und Einigung mit Gott. Diese Beziehung zu Gott ist die Hauptbeziehung und Grundbestimmung der christlichen Liebe, damit erhält aber der Mensch auch eine wesentlich neue und eigenthümliche Lebensbestimmung in Bezug zu sich selbst, sowie in seiner gliedlichen Stellung zur Menschheit. Wie Gottes eigene Liebe zur Welt den Einzelnen mit sich, d. h. mit Gott selbst und mit dem Ganzen der Menschheit zusammenfaßt, so hat die christliche Liebe die eigene Persönlichkeit zusammenzufassen mit Gott und mit der Menschheit. Der Christ weiß die Menschheit, also sich selbst wie Andere, und Andere wie sich selbst in der That und Wahrheit von Gott geliebt und eben dadurch weiß er sich und Andere berufen zum ewigen Leben, zum höchsten Ziel des Daseins. So liebt er naturgemäß Gott über Alles, aber in Gott und um Gottes willen die Menschheit, wie sie als eigene und als fremde Individualität besteht. Hiemit ist ebenso das Selbstsüchtige und Eigennützige in der Liebe ausgeschlossen, wie ein schwärmerischer Purismus. Das Eigennützige, wo das Selbst der Mittelpunkt ist, ist ausgeschlossen, weil eben Gott der Mittelpunkt der christlichen Liebe ist und weil der Christ sich selbst von Gott nur geliebt weiß als Glied der Menschheit. Das eigene Sein hat seinen Grund und seine Vollendung nur in der Liebe Gottes zur Menschheit; aber auch andrerseits die mystische Uebertreibung von einer sog. reinen Gottesliebe ist ausgeschlossen in dem Sinn, daß dieselbe keine Liebe zur Creatur zulasse. Durch diese Auffassung ist Gott selbst als die Liebe verkannt. Er selbst liebt ja die Creatur, sonst existirte sie gar nicht und es gäbe keine Weltversöhnung und keine künftige Weltvollendung. Unsre Liebe aber als die wahre ist nur die Wiederspiegelung der Gott eigenen Liebe. So gewiß die christliche Liebe nur aus der göttlichen Liebe entsteht und besteht, so gewiß hat sie Gott allerdings zu ihrem Einen absoluten Gegenstand; aber in und mit Gott auch die Welt, sofern und soweit diese von Gott ist, eben als Creatur durch ihn und für ihn ist als ein Selbstbestehendes, und durch Gottes Liebe ist die Welt ebenso für uns bestimmt, als wir für sie.

Gott ist also zwar nicht der einzige, der ausschließliche Gegenstand der Liebe, aber die Gottesliebe ist es, die alle andere Liebe zugleich bedingt, beherrscht und durchdringt, Gott ist eben daher über Alles und in Allem zu lieben. In der Beziehung zu Gott als der Grundbeziehung sind denn die beiden andern Beziehungen zum eigenen Selbst und zum Nächsten aufgenommen oder aufzunehmen, und eben dadurch nur werden beide geheiligt. Auch in der zwiefachen Beziehung, in der zum eigenen Selbst und zum Nächsten, liegt eigentlich nur die Duplicität Eines Begriffs, die des realen Menschheitsbegriffs in seiner individuellen Bestimmtheit, d. h. der Menschheitsbegriff, wie er als Ich und als Du wirklich besteht. Die christliche Liebe gliedert sich demnach von der Gottesliebe aus in christliche Selbstliebe und christliche Nächstenliebe. Eine Menschenliebe ohne diese individuelle Bestimmtheit, als Liebe zum Geschlecht und zur Gesellschaft gedacht, ist eine irreale Abstraction; Geschlecht und Gesellschaft existiert reell in individueller Bestimmtheit, und eben in dem menschlichen Individuum hat und liebt man das Geschlecht der Menschheit reell, nicht aber abgesehen von jenem kann man die Menschheit lieben, und nicht in der Beziehung aufs Ganze, sondern in der Beziehung des Ganzen als eines individuellen Complexes auf Gott entgeht die Liebe der selbstischen Isolirung, dem Particularismus und dem selbstischen oder knechtischen Socialismus und wirkt im wahren Gemeinschaftsgeist, wovon später.

§ 12. Die christliche Gottesliebe.

Bestimmen wir

1) das eigenthümliche Wesen derselben in objectiver und subjectiver Hinsicht. Das Object der christlichen Gottesliebe ist nicht nur Gott überhaupt, weder Gott an sich als abstracter Begriff, noch wie er der Welt immanent ist, sondern Gott, wie er geoffenbart und vermittelt ist durch das Sein in Christo, in seiner Person und seinem Werk. Ebenso die subjective Beziehung zu Gott, welche dabei statt hat, ist nicht die allgemeine, soweit sie im natürlichen Zustand des Menschen oder aus der eigenen geistigen Kraft möglich ist, sondern es ist die gläubige Beziehung zu Gott, wie sie wieder durch das Sein des Menschen in Christo bedingt und ermöglicht wird; also nicht durch ein bloß historisches Wissen von Christo u. dgl. Gott in Christo ist selbst die Liebe, ist der Vater geoffenbart im Sohn: im Sohn vollzieht Gott nicht nur Mittheilung von diesem und jenem Guten, sondern eine Versöhnung, eine Vereinigung mit der Menschheit, eine Selbsthingebung an die Menschheit, wodurch er eine vollkommene Vereinigung derselben mit sich vermittelt; der Mensch aber wird nur in der Erkenntniß dieser specifisch göttlichen Liebe in Christo und in dem dadurch vermittelten Glauben auch derselben theilhaftig und immer weiter theilhaftig, daß sie sein reales Geisteseigenthum wird und bleibt, und eben damit nur wird der Mensch befähigt und so auch verpflichtet, speciell in christlicher Liebe Gottes selbstthätig zu sein. 1 Joh. 4, 9 f. wird der christlichen Liebe zu Grunde gelegt die göttliche Liebe, wie sie erschienen ist in der Sendung des Sohnes zur Versöhnung der Welt. Diese göttliche Liebe, heißt es weiter V. 16, haben wir erkannt und geglaubt,

und darauf V. 19: laßt uns ihn lieben, weil er selbst uns zuerst geliebt hat. Diese objective Liebe Gottes wird (Röm. 5, 5) auf Grund des Glaubens geistiges Eigenthum des Subjects durch den heiligen Geist und so gilt es (Gal. 5, 6) in Christo Jesu, daß der Glaube durch Liebe sich bethätigt. Hieraus ergibt sich vorerst: Princip der christlichen Liebe zu Gott ist die thatsächliche Liebe von seiten Gottes zu uns in Christo, seine versöhnende Liebe, wodurch er uns mit sich vereinigt, und unsererseits die gläubige Erkenntniß dieser Liebe, wodurch der Geist der göttlichen Liebe im Menschen sich verinnerlicht. Es ergibt sich aber auch weiter: in der christlichen Gottesliebe kann und darf die Liebe zu Gott und zu Christus nicht getrennt werden: vielmehr ist eine der andern immanent, denn einmal ist der objective Verband zwischen Gott und Christus der, daß Alles, was Christus hat und thut, von Gott und für Gott ist, und Alles, was Gott für uns ist, für uns hat und thut, in Christus vorhanden ist und durch Christus an uns vermittelt wird. Vermöge dieser objectiven Einheit zwischen Gott und Christus, welche die Einheit von Vater und Sohn ist, kann auch die Liebesbeziehung zu beiden, wenn sie die wahre ist, nur Eine sein: Alles Göttliche, das wir lieben können und sollen, findet sich rein und voll in Christo, und Alles, was in ihm uns lieb und werth wird, führt sich zurück auf Gott. Wir können Christum nicht lieben, ohne in ihm Gott als seinen Vater zu lieben, wir können Gott nicht lieben, ohne in ihm Christum als seinen Sohn zu lieben. Joh. 8, 42. 14, 7. 28. 15, 9. 23. Ebenso wenn Jesus Christus einerseits mit Macht zur Liebe gegen sich erweckt und verpflichtet (Matth. 10, 37. Joh. 14, 21. 23. 21, 16 f.), so stellt er andererseits zugleich in sich selbst auch das Vorbild der menschlichen Liebe zu Gott dar. Indem er zu sich zieht, daß man ihn liebe, zieht er sich nach, in seine Liebe zu Gott hinein; indem die Liebe zu Jesus Christus uns beseelt, beseelt uns auch die Liebe, mit welcher er selber Gott als den Vater liebt; sein Vater wird unser Vater auch in unsrer subjectiven Stellung zu Gott, und namentlich begründet auch der Kindschaftsgeist im Menschen eine Einigung mit dem Sohn und Vater; da dieser Kindschaftsgeist in Christus sein urbildliches Wesen hat und durch Christus aus Gott herabkommt, so strebt er auch durch Christus und mit Christus in Gott hinein und einigt sich mit Gott — eine Einigung, die eben als Liebe sich ausspricht. Matth. 10, 40. Joh. 17, 20 f. 1 Joh. 1, 3. Röm. 5, 5. 8, 9. 14 f. 26—28. Eph. 2, 18.

Also die christliche Liebe zu Gott ist eine vom Glaubensgeist Jesu Christi getragene Liebe zum Vater im Sohne und zum Sohne im Vater. Bestimmen wir nun

2) die christliche Gottesliebe in ihrer Form noch näher!

Die christliche Gottesliebe ist (worauf wir wieder zurückgreifen müssen) Wirkung davon, daß Gott uns zuerst geliebt hat, die Wirkung der göttlichen Liebe in Christo. Je mehr das Herz dieses erkennt und anerkennt, ist die entsprechende Rückwirkung im Herzen eine Gegenliebe, welche wurzelt in dem Bewußtsein des gnädigen Zuvorkommens der göttlichen Liebe (1 Joh. 4, 19) und der von ihr empfangenen Segnung ($εὐλογια$, Eph. 1, 3). Die christliche Gottesliebe hat so zu ihrer wesentlichen Form und zu ihrem sittlichen Ausdruck die Dankbarkeit; denn Dankbarkeit ist das frei anerkennende Bewußtsein und Erwiedern empfangener Liebe.

Kol. 3, 17 (nennt das εὐχαριστειν in dieser Verbindung. Es ist dort das absolute Gesetz des christlichen Lebens ausgesprochen: παντα ποιειν ἐν ὀνοματι κυριου Ἰησου, näher bestimmt durch εὐχαριστουντες τῳ ϑεῳ και πατρι δι'αὐτου. Auch hier ist die Richtung auf Gott bezeichnet als auf Gott den Vater, die Vermittlung durch Christus). 1, 12 (hier ist die vorausgestellte christliche Lebensbestimmung wieder näher bestimmt durch εὐχαριστουντες τῳ πατρι). 2, 6 f. (hier ist auf die Verbindung mit Christus gegründet das Wandeln in ihm, näher bestimmt durch περισσευοντες ἐν εὐχαριστιᾳ). 4, 2 (wo zur προσευχη aufgefordert wird: γρηγορουντες ἐν αὐτῃ ἐν εὐχαριστιᾳ). 1 Thess. 5, 16—18 (παντοτε χαιρετε, ἀδιαλειπτως προσευχεσϑε, ἐν παντι εὐχαριστειτε). Eph. 5, 20 (εὐχαριστουντες παντοτε ὑπερ παντων ἐν ὀνοματι του κυριου ἡμων Ἰ. Χρ. τῳ ϑεῳ και πατρι). Also nicht der eigennützige Lohn- und Seligkeitstrieb bestimmt das christliche Verhältniß zu Gott, sondern die Dankbarkeit.

Die Dankbarkeit hat nun allerdings etwas bindendes; sie ist, wenn wir ihr Wesen uns näher zerlegen, die zarteste und doch zugleich die stärkste moralische Verpflichtung; es ist ein ebenso unverdientes, als ungezwungenes Verhältniß, das sie bildet. Man weiß und fühlt sich in der Dankbarkeit abhängig, jedoch nur durch freie Anerkennung empfangener Wohlthat, durch ungezwungene Herzensneigung. Diese wird Gott gegenüber im Christenthum geweckt und genährt durch die höchste Wohlthat, durch eine unverdiente Gnade und durch ein Gnadengut, worin die wesentlichen Menschheits-Bedürfnisse und -Triebe ihre ewige und volle Befriedigung finden. Die christliche Gottesliebe weiß sich also vermöge der Dankbarkeit in einer freien, nicht lästigen, sondern herzlichen Gebundenheit gegenüber der Gnade Gottes. Die Dankbarkeit schließt so zweierlei aus: einestheils das Element der Ungebundenheit, der selbstischen Freiheit und der Selbsterhebung, der Hoffart, anderntheils auch das Element des knechtischen Zwanges.

Der Undank aber und die Gleichgültigkeit ist der diametrale Widerspruch im Verhältniß des Menschen zu Gott und zwar zu Gott auch noch abgesehen von dem besonderen Gnadenverhältniß in Christo; denn das Verhältniß zwischen Gott und Mensch überhaupt ist von Grund aus und durchaus vermittelt durch Geben von seiten Gottes und durch Empfangen von seiten des Menschen. 1 Kor. 4, 7. Was der Mensch innerlich und äußerlich Gott gegenüber thun kann, ist nur bewußte und freithätige Anerkennung dieses bestehenden Grundverhältnisses, des Verhältnisses zwischen absolutem Geber und absolutem Empfänger, d. h. zwischen Schöpfer und Geschöpf. Der Mensch kann und soll nur die göttliche Gabe erkennen, benützen und entwickeln in dankbarem Entsprechen, und damit eben bereichert und beglückt der Mensch sich selbst. Dankbarkeit gegen Gott ist für den Menschen die belohnendste Pflicht aller Pflichten. Undank gegen Gott ist also Verkennung und Verschmähung des Ur- und Grundverhältnisses zwischen Gott und Mensch, zwischen Schöpfer und Geschöpf. Der Undank löst die Gottesgemeinschaft auf in ihrem innersten Grund, so daß der Mensch verrohen muß, wenn er auch noch so feine Sitte behält. Undank gegen Gott setzt die freie Gebundenheit um in Abfall (Röm. 1, 21 ff.)*),

---

*) *Τον θεον ουχ ως θεον εδοξασαν η ηυχαριστησαν* ist der Ausgangspunkt des religiösen und sittlichen Zerfalls im Paganismus.

ist die Wurzel der Verselbstigung und macht den Menschen reif für das Erleiden des knechtischen Zwanges. Wird nämlich von seiten der Geschöpfe das in ihrem Urlebensverhältniß begründete Liebesverhältniß zu Gott beharrlich verkannt und verschmäht, daß man es nicht mehr als Pflicht ansieht, so fordert dies das nackte göttliche Machtverhältniß heraus, da letzteres das ursprüngliche und stetig bleibende Verhältniß des Schöpfers zum Geschöpf ist. Dieses Urmachtverhältniß muß daher nothwendig entweder freiwillig anerkannt werden in Furcht und Liebe Gottes, oder muß unfreiwillig als unwiderstehliche Richtermacht mit Schrecken noch empfunden werden, eben weil es die schlechthin nicht zu negirende Urwahrheit ist.

Auch hier wieder, der dankbaren Stellung zu Gott gegenüber, macht sich die Mystik einer Uebertreibung schuldig. Außer einer Liebe, die Gott zum einzigen Gegenstand haben soll, mit Ausschluß aller Liebe zu den Creaturen (wovon schon die Rede war), wird auch noch weiter eine Liebe zu Gott unmittelbar mit Ausschluß aller Liebe zu uns selbst gefordert, eine sogenannte Uneigennützigkeit der Liebe, bei der man gar nicht an sich selber denke, daß man Gott liebe rein um seiner selbst willen, nicht um deß willen, was er an uns thue, so daß die Liebe sich auch behaupten müßte, wenn Gott uns würde in die Hölle verdammen.*) Auch von dieser

---

*) Eckhardt (von Lasson S. 246): „Hinge alle Pein der Hölle und des Fegfeuers und der Welt daran, der Fromme wollte es gerne ewig leiden mit Gottes Willen und es immerdar für seine ewige Seligkeit halten, und allen Heiligen ihre Seligkeit und Vollkommenheit gerne lassen und selbst sich nicht einen Augenblick von der Pein abwenden, ja nicht den Gedanken fassen, daß es anders sein möchte." Ein solcher Held war Jesus, der Sohn Gottes nicht, hielt es nicht für seine Seligkeit den Kelch zu trinken, betete: „Vater, ist's möglich, so gehe dieser Kelch von mir — und am Ende: warum hast du mich verlassen!"

Ueberspannung weiß das biblische Christenthum nichts. Vor Allem statuirt es Erkenntniß Gottes eben nach dem, was er in der Welt und in Christo an uns thut und gethan hat, und eben darin, daß er uns Alles gibt, selbst den eigenen Sohn zu unsrer Rettung und Beseligung, also in der eigenen Beziehung Gottes auf uns selbst, wird Gott von uns erkannt als die Liebe, nicht in der Abstraction davon, nicht in seinem reinen, beziehungslosen, verborgenen Fürsichsein. In seiner thatsächlich uns erwiesenen und sich erweisenden Liebe, in seinem huldvollen Schaffen, Wirken und Geben ruht unsre ganze Existenz und unsre Vollendung und zwar eben als Seligkeit in ihm, nicht als Pein in ihm oder außer ihm. Unseligkeit wurzelt nur in unserem selbstischen Gegensatz zu der göttlichen Liebeserweisung, zu seinen Thaten und Gaben, und die Unseligkeit besteht eben in der Getrenntheit von Gott, womit dann auch jede Liebesbeziehung zu Gott aufgehoben ist. Kann ich Gott noch lieben, so bin ich mit Gott noch verbunden; bin ich mit Gott verbunden, so bin ich nicht der Verdammniß übergeben. Die Forderung, auch in der Verdammniß Gott zu lieben, sie für Seligkeit zu halten, ist daher nicht nur Unnatur, sondern überschwänglicher Unsinn. „Ein Gepeinigter, der keine Erlösung wünscht, ist eben das, was ein Hungriger ist, der keine Speise begehrt" (Mosheim). Die Hypothese hebt namentlich den ethischen Gottesbegriff auf, wonach Gott die Liebe ist, die nur in Gerechtigkeit sich heiligt, nicht aber in der Verdammniß solcher, die sich angelegen sein lassen, ihn zu lieben. Endlich geht jene Hypothese auch von einem falschen Begriff der Uneigennützigkeit aus. Daß wir Gott nicht von seinen Gaben und die Gaben nicht von Gott trennen, daß wir in allem Gegebenen Gott erkennen als die Liebe, und daß wir um dieser seiner Gaben willen und in denselben Gott lieben, dies ist gerade die dankbare Liebe, nicht aber die eigennützige. Erkennt und ehrt jene eben Gott in seinen Gaben, so sucht und liebt diese nur die Gaben und ihren Genuß für sich, nicht aber Gott in den Gaben, sie abstrahirt von Gott als dem Geber und ist so der gemeine undankbare Miethlingssinn. Aber allerdings auch dann noch ist die Gottesliebe eine eigennützige, wenn man zwar nicht über den Gaben Gott als den Geber übersieht, ihn aber nur liebt um seiner Gaben willen, um des Genusses und der Seligkeit willen, nicht aber ihn liebt um seiner selbst willen, als den allein Guten, Weisen und Heiligen, in welchem alle gute und vollkommene Gabe ihren Ursprung und ihr Ziel hat; so nur sind uns die Gaben wahrhaft göttliche Gaben, daß sie uns eben als ethisches Gut mit dem ethischen Wesen Gottes selber in Verbindung bringen und uns ins Göttliche bilden. Dagegen das andere Extrem, daß man von den Gaben Gottes schlechthin abstrahiren will und dafür Gott rein in sich selbst, in seiner transcendenten Geschiedenheit von der Welt für sich in Anspruch nehmen will, dies heißt den geschöpflichen Abstand zwischen sich und Gott verkennen und zugleich das geschöpflich oder ökonomisch geordnete Band zwischen sich und Gott verschmähen. Es fließt in der Mystik dieses sophistisch abstracte Ideal von Gottesliebe zunächst aus einer theoretischen Consequenzmacherei des Denkens, womit es seinen überspannten Begriff von der Unmittelbarkeit einer gegenseitigen Immanenz des Göttlichen und Menschlichen ausbildet bis in die äußersten Spitzen. In die Praxis übertragen wird aber jenes Ideal entweder ein Vater des

Hochmuths oder erweist sich als ein peinigender Tyrann; es bewirkt eine endlose Selbstquälerei, welche wirkliche Liebe zu Gott nicht aufkommen läßt.

Fassen wir zum Schluß noch das unter Punkt 1 und 2 über Wesen und Form der christlichen Gottesliebe Entwickelte kurz zusammen, so ist die christliche Gottesliebe die im Glauben und im Geist Jesu Christi vermittelte dankbare Erwiederung der thatsächlichen göttlichen Vater= und Sohnesliebe in Christo.

3) Welches ist nun die **psychologische Beschaffenheit** der christlichen Gottesliebe, wenn wir sie speciell auseinander legen?

Aus dem schon Entwickelten erhellt:

a) Ein gläubiger Erkenntnißakt ist subjectiverseits die wesentliche Grundlage der christlichen Gottesliebe, die Erkenntniß und Anerkennung der thatsächlichen Sohnes= und Vaterliebe. 1 Joh. 4, 16. 19. Die christliche Liebe ist also nicht bloß und nicht zunächst ein pathologischer Akt oder ein passives Gefühl für Gott, ein Gefühl ohne bestimmtes und bestimmendes Wissen von dem, was Gott ist. Ohne Gefühl gibt es zwar überhaupt keine Liebe, aber es ist ein Unterschied, ob das Gefühl selbst vom Denken und Wollen bestimmt wird, oder letzteres vom Gefühl. Die christliche Gottesliebe entsteht und besteht eben nicht unmittelbar vom Gefühl aus, sondern durch einen **Vernunftakt**. Dies ist nun aber nicht so zu verstehen, daß nur ein vereinzelter Wissensakt oder Willensakt der Liebe zu Grunde liege.

Indem nämlich nicht bloß scientifische Erkenntniß, sondern Erkenntniß und Glaube die stetige Voraussetzung der christlichen Liebe ist, wurzelt sie vor allem in **sittlicher**

Selbstbestimmung des persönlichen Bewußtseins und in einer Hingebung unserer geistigen, unserer sittlich intelligenten Persönlichkeit an den Gott der Liebe.*) Eben durch den Charakter des Persönlichen unterscheidet sich die Liebe auch von der bloßen Lust. Die Liebe ist nicht wie die Lust eine bloß unmittelbare Gefühlserregung und bloße Richtung zur Gefühlssättigung, sondern die Person setzt sich bei der Liebe in Beziehung zur Person, erst dadurch erhalten Gefühl, Gedanken, Werke den Charakter der Liebe. Wir können uns an einer Person oder Sache oft und lange belustigen, ohne daß es Liebe ist oder wird. Habe ich nur Lust an einer Person, so behandle ich sie bloß sachlich, sie hat für mich nur den Werth eines dinglichen Guts zur Befriedigung eines Triebes und Gefühls; so kann der Ehrgeiz, die Wollust, die Herrschsucht sich an Menschen hängen, sie sind ihr Mittel zu egoistischen Zwecken, bloße Objecte. Umgekehrt kann auch eine Sache für mich persönlichen Werth gewinnen, statt bloß dinglichen, indem ich zu ihr mein Selbst und zu diesem die Sache in Beziehung setze, mein persönliches Sein und Bedürfniß daran hefte, mein Herz daran hänge, nicht nur Gefühl und Trieb dafür habe: so ist es beim Geiz und andern Leidenschaften; die Sache, das Geld, der Ruhm, der Wissensgegenstand personificirt sich mir, ich verliebe mich darein, ich lebe darin, bin persönlich gebunden, bin nicht nur afficirt in meinem Gefühl — es ist die verirrte Liebe. So kann sich aber auch bei der Frömmigkeit nur das auf Gott bezügliche Sachliche, der äußere Gottesdienst, das fromme Werk und Wirken, das Seligwerden als

---

*) Liebe setzt immer eine Beziehung von Person zu Person voraus — dadurch bekommen erst Gedanken, Gefühle, Werke den Charakter der Liebe.

3. Die christliche Gottesliebe psychologisch.

bloßes Gut gefaßt personificiren und so Gegenstand der Liebe werden, während Gott selber in seiner persönlichen Vollkommenheit mich kalt läßt; ich setze nicht mein Selbst in wirkliche Beziehung zu ihm als geistigem Personwesen, und so ihn nicht zu meinem Selbst als eben solchem Personwesen. Die wahre Liebe setzt immer Wechselbeziehung von Person zu Person voraus und geht auf persönliche Aneignung, auf Vereinigung aus, nicht in bloßer Gefühlsrichtung und Hingebung, sondern in geistiger Selbsterfassung und Selbsthingebung. Namentlich ist die christliche Gottesliebe als Ausfluß gläubiger Gotteserkenntniß wesentlich geistige Liebe; sie ist vor allem ein sittlicher Vernunftakt der innersten Persönlichkeit. Aber darum ist doch

b) das Gefühlsmäßige in der christlichen Gottesliebe nicht zu leugnen, ja es gehört zum unmittelbaren Wesen der Liebe. Ohne Gefühl gibt es überhaupt keine Liebe; es ist die unmittelbarste Berührung und Anregung des seelischen Sinnes oder Bewußtseins nach seiner körperlichen oder geistigen Seite, als sinnliches oder geistiges Gefühl. Wo keine Seele, ist kein Gefühl, wie in der Pflanze; im Thiere, dessen Seele im Körperlichen aufgeht, ist nur sinnliches Gefühl. Das Gefühl besteht aus Lust und Unlust, und wenn Liebe auch nicht bloße Lust ist, so setzt sie doch im Allgemeinen eine gewisse Lust voraus, sinnlicher oder geistiger Art, eine Zuneigung, ein Wohlgefallen, indem der Gegenstand der Liebe als Befriedigung eines inneren geistigen oder sinnlichen Triebes empfunden, begehrt und gesucht wird. Lust an Gott, Wohlgefallen an ihm, als geistiges Gefühl liegt nun aber nicht unmittelbar in der menschlichen Natur, muß daher eben erst erzeugt und entwickelt werden durch Erkenntniß

Gottes, durch eine sittliche Geistesbildung. Ohne diese entzündet sich das Gefühl zur Lust am Göttlichen nur durch Umsetzung des Göttlichen selbst zum Naturleben, durch Versinnlichung des Gottesbewußtseins wie im Heidenthum und im sentimentalen Christenthum. Wenn aber die Liebe im Allgemeinen ohne alles Gefühl der Lust nicht zu denken ist, so sind deßhalb bloß vereinzelte Lustgefühle noch keine Liebe, wie auch vereinzelte Unlustgefühle noch kein Haß sind. In jener Vereinzelung sind die Gefühle bloß vorübergehende Seelenerregungen, verschwindende Aufwallungen. Liebe und Haß aber ist etwas Stetiges, ist eine Herzenssache, ein habitueller Zustand. 2 Thess. 3, 5: Gott stelle eure Herzen zurecht zur Liebe. Röm. 5, 5. 1 Tim. 1, 5. Das Herz aber concentrirt alles Leben, das sinnliche wie das geistige in Selbstbewußtheit und Freithätigkeit, d. h. in persönlicher Innerlichkeit; eben daher hat oder erhält das dem Herzen Angehörige eben eine sittliche intelligente Bedeutung, indem es das persönliche Denken und Wollen einnimmt und bestimmt. S. Bibl. Seelenlehre § 24. So wird namentlich das seelische Gefühlsleben und Triebleben im Herzen concentrirt zum Gemüthsleben ($\vartheta\upsilon\mu o\varsigma$); die Gefühle und Triebe, aufgenommen in das Herz, vertiefen sich im Innern der Seele als bewußte und absichtlich gehegte Empfindung und Strebung; sie werden Stimmung und Neigung und verflechten sich mit dem Denk= und Willenssystem. Sie gehen so ein in die sittlich=intelligente Form und Energie der Gesinnung. Liebe wie Haß besteht also nicht aus bloßen Lust= oder Unlustgefühlen. Die religiöse Liebe in dieser Weise (als Lustgefühl) gedacht und gesucht, wird epikuräische Verliebtheit, die sich an sinnliche Einbildungen

3. Die christliche Gottesliebe psychologisch.

und Abbildungen des Göttlichen hält, in selbstsüchtigem Schwelgen oder in einem kränkelnden Sehnen einen Bilderdienst mit dem Göttlichen treibt, ein müßiges oder genußsüchtiges Spiel, z. B. mit Gott als Vater, mit Christus als Jesuskind, als Heiland u. s. w., ein Spiel, sei es nun in crasser Form, wie in gewissen Erscheinungen des Mysticismus, auch in einer Periode des Herrnhuterthums, oder in poetisch, ästhetisch ꝛc. verfeinerter Form, wie in pantheistischer Mystik. Die christliche Gottesliebe ist sonach nur da, wo im Herzen, im innersten Kern der Persönlichkeit durch die gläubige Erkenntniß und Anerkennung der göttlichen Liebe, wie sie namentlich in Christi Person erscheint, durch sittlich-intelligente Selbsthingebung an sie eine von ihr getragene Gemüthsstimmung und Gemüthsneigung für Gott sich gebildet hat, welche Denken und Wollen bestimmt, sonach den moralischen Charakter einer bestimmten Sinnesweise hat, oder als Gesinnung sich ausbildet in Richtungen und Bestrebungen. Ehe wir nun letzteres, die Gesinnungsseite der Liebe weiter verfolgen, bestimmen wir erst noch näher eben die Gemüthsstimmung der Liebe und damit die Gefühlsseite derselben. Die Gemüthsstimmung der christlichen Gottesliebe ist

α) nicht bloß geistiger Art, so wenig als die Erweisungen der Liebe Gottes an die Menschen rein geistig oder nur an den Geist gerichtet sind. Der Mensch ist weder reines Geisteswesen noch bloßes Sinnenwesen, sondern er ist zwar wesentlich ein Geisteswesen, das aber in dem Sinnenleben wurzelt und darin sich zu entwickeln hat. Auch wenn wir einen Menschen einen sinnlichen Menschen nennen, wirken in ihm nicht bloß die Sinne, wie im geistigen Menschen nicht bloß der Geist, sondern es ist damit nur gesagt, daß das eine oder andere Element, das Sinnliche oder Geistige im Menschen dominirt. Ebenso hat auch die göttliche Offenbarung neben ihrer geistigen Innerlichkeit zugleich als Behikel derselben eine entsprechende Aeußerlichkeit an sich; die göttliche Liebe versichtbart sich, versinnlicht sich, wenn man den Ausdruck nicht unrichtig versteht, durch äußere Gaben, Werke und Führungen. Es ist ein anschaubarer, ein empfindbarer Segen, wodurch die Offenbarung auch das sinnliche Empfindungsleben und Triebleben eben für Gott in Anspruch nimmt, um auch das Naturleben und das menschliche Sinnenleben, das sich darauf bezieht, zu heiligen. Es muß aber, wenn aus der auf unser Sinnenleben einwirkenden Aeußerlichkeit Liebe entstehen soll, darin eine Offenbarung erkannt werden, eben die Offenbarung eines persönlichen Wesens, ein Geber in den Gaben, ein Schöpfer und Herr in den Werken und Führungen, daß wir uns zu diesem persönlichen Wesen in persönliche Beziehung setzen. Daher ist in der Schrift die Rede von einem Suchen und Erfassen Gottes, auch in der äußeren Manifestation durch Schauen, Hören, durch Fühlen und Schmecken. Röm. 1, 20. Ebr. 3, 7—9. Act. 17, 27. 14, 17. 1 Petr. 2, 3. Bibl. Seelenlehre § 11. Anm. § 9. 4. Es wird eben deßhalb ein Suchen und Lieben Gottes mit ganzer Seele gefordert, nicht nur in der Denk= und Willenssphäre, sondern auch in der Empfindungssphäre, weil ein solches ermöglicht ist durch die göttliche Immanenz, wie sie in der ganzen Welt statt hat und durch Alles vermittelt ist, auch durch das Sinnenleben. 5 Mof. 4, 29. 6, 5. 10, 12. 11, 13. Jof. 22, 5. 1 Kön. 22, 4. Matth. 22, 37. Luk. 10, 27. Mark. 12, 30. Es ist überhaupt eine Allseitigkeit, in welcher sich die göttliche

3. Die christliche Gottesliebe psychologisch.

Liebe offenbart, und dadurch wird ebenso auch unsrerseits eine allseitige Liebesbeziehung auf Gott in Anspruch genommen in der ganzen καρδια, in der ganzen ψυχη und διανοια. Καρδια als der Brennpunkt des persönlichen Lebens steht in den Schriftstellen voran; aus der persönlichen Vertiefung im Herzen entwickelt sich erst das Angeeignete, dann auch seelisch und verstandesmäßig (letzteres in der διανοια), ohne einseitig gefühlig (sentimental) zu werden, noch einseitig rationell (vernünftelnd). Bei der Liebe als Herzenssache dominirt weder das Gefühl, das die Wahrheit verschwemmt, noch der Verstand, der sie zersetzt, sondern im persönlichen Lebenscentrum, im Herzen, erhält Alles Gründlichkeit und Bindung, Zusammenschluß und Richtung. So ist nun die göttliche Offenbarung vor Allem eben auf das Herz des Menschen gerichtet, indem sie durch ihre geistige Innerlichkeit und Concentrirtheit, durch ihren persönlichen Ausdruck und Eindruck als Weisheit, Güte und Liebe alle Seiten unseres Personlebens anspricht; damit bietet sich Gott eben zum Gegenstand der vollen Liebe des Herzens dar, es wird dadurch das persönliche Innenleben in seiner ganzen Tiefe und geistigen Energie für Gott in Anspruch genommen. Indem und soweit aber der geistige Gehalt der Offenbarung auch in entsprechender Aeußerlichkeit sich versichtbart, sich wahrzunehmen und zu empfinden gibt, spricht er damit eben auch die ganze Seele, das natürliche Empfindungs- und Triebleben, das Sinnenleben an, um dasselbe im persönlichen Kern des Herzlebens an Gott zu binden und so zu reinigen und zu heiligen. Vom Herzen aus verbindet sich auch weiter mit der seelischen Sinnenkraft die διανοια, die geistige Kraftthätigkeit; in dieser entwickelt sich die Liebe als in Gott hineinstrebende Erkenntniß und als gottergebene, sittlich verständige Haltung im Weltverkehr. Eben darin bewährt die Liebe auch eine beharrliche, nachdrucksvolle Stärke ($ἰσχυς$), was bei Markus und Lukas noch neben $διανοια$ hervorgehoben ist. Diese Bethätigung der Liebe in der $διανοια$ hängt zusammen mit der praktisch moralischen Seite der Liebe, die wir nachher besonders behandeln werden. Vgl. Bibl. Seelenlehre § 27. Im Bisherigen haben wir die Gefühlsseite der Liebe zu Gott kennen gelernt als eine Gemüthsstimmung, die geistig und sinnlich vermittelt und bestimmt ist durch eine Offenbarung, in welcher das Geistige eben auch sinnenhaft sich ausprägt, und Gott als persönliches Wesen persönlich erfaßt wird. Zerlegen wir nun noch diese Gemüthsstimmung der Liebe zu Gott

β) in ihre besonderen Functionen und Zustände. Sie spricht sich aus als Nahen zu Gott ($προςερχεσθαι$), dies je nach näherer oder fernerer Beziehung zu ihm in doppelter Art, theils als Sehnen und Verlangen, Streben nach Gott, und dies in verschiedenem Grade, wovon die Psalmen manche Beispiele bieten, so das Emphatische: „mein Herz dürstet nach dem lebendigen Gott", theils als ein durch Hingebung an Gott vermitteltes Genießen Gottes, das gestillte Verlangen. Jenes, das sehnende Verlangen schlägt vor in dem Zustand, wo der Mensch noch des Erlösers harrt, überhaupt in allen den Momenten, wo und soweit noch der Gott liebende Mensch der Einigung mit Gott sich nicht bewußt ist, da aber die Einigung während des ganzen Lebens immer eine unvollständige und getrübte bleibt, hört jedenfalls auch die Sehnsucht nach Gott bei denen, die ihn lieben, nie auf, steigert sich sogar mit der zunehmenden

3. Die christliche Gottesliebe psychologisch.

Liebe. In das Verlangen und Streben der Sehnsucht nach Gott tritt aber auch von Zeit zu Zeit ein Genuß Gottes hinein, der seinen Höhepunkt erreicht im neutestamentlichen Kindschaftsstand und zur vorherrschenden Gemüthsstimmung wird in den erhöhten Momenten des inneren Glaubenslebens.

Der Liebesgenuß Gottes hat nun zur nächsten Wirkung, daß eine innere Beruhigung ($εἰρηνη$) eintritt durch Verdrängung oder durch geistige Ueberwindung der störenden Lebenseinflüsse (Joh. 16, 33: Angst in der Welt — Frieden in mir, dem Welt-Ueberwinder); ja er bewirkt durch Empfang der göttlichen Lebenseinflüsse ein erhöhtes Lebensgefühl, d. h. Freude ($χαρα$), eine Seelen- und Geistesfreude, oder beides vereinigt eine Herzensfreude. Joh. 16, 22: „euer Herz wird sich freuen". Also in Friede und Freude concentrirt sich die Gemüthsstimmung einer Gott genießenden Liebe. Nach dem Maß der gläubigen Erkenntniß Gottes bestimmt sich auch, wie das Maß der Liebe, so das des Friedens und der Freude, d. h. der Liebesgenuß Gottes.*) Dieser hat übrigens keinen allgemein bestimmbaren Grad der Lebhaftigkeit, kann jedoch auch im Körper unter Umständen sich aussprechen als leiblich empfindbare Ruhe und Erquickung, ja auch als Heilkraft. Er begründet jedenfalls einen Zustand der Zufriedenheit und Heiterkeit, d. h. ein inneres Glück, was im A. T. öfters שׁלוה heißt. In Beziehung auf psychologische Bestimmung, sofern Geist, Seele und Herz besonders in Betracht kommen, siehe Bibl. Seelenlehre §§ 6. 17. 24. 2. b. Ueber die Freude, besonders die christliche, vergleiche Luk. 1, 47. Joh. 15, 11 mit Luk. 10, 21.

---

*) Vgl. Roos, Hausbuch, I. Thl. S. 80.

Röm. 8, 35. 37. 33 ff. 1 Joh. 3, 19—21. 2, 28. Phil. 4, 4. 1 Petr. 1, 8. Matth. 25, 21. In diesen Stellen tritt auch eine verschiedene Abstufung der Freude hervor nach ihrer Beziehung zum Herrn: sie ist eine Freude am Herrn, oder über den Herrn, wo er noch äußerer Gegenstand ist (Luk. 1, 46 f.), eine Freude im Herrn, d. h. im inneren Besitz des Herrn (Phil. 4, 4), eine Freude auf den Herrn, wo seine Zukunft hereingenommen wird (1 Petr. 1, 8), und vollendet bildet sie die Freude des Herrn, den Reflex der ewigen Seligkeit des Herrn, das gegenseitige Ineinandergehen, die heilige Hochzeitfreude. Matth. 25, 21. So lange nun aber die Liebe Gottes bei uns noch nicht völlig ist, sondern im Werden, ist auch die Freude noch nicht völlig und es bleibt immer ein Sehnen und Verlangen nach Gott eben als Kennzeichen der Liebe zu Gott; ja es bleibt auch noch eine Furcht Gottes. Diese ist in der Gemüthsstimmung der Liebe, in ihrer Friedens-Freude durchaus nicht ausgeschlossen. Wenn es 1 Joh. 4, 18 heißt: $\varphi o\beta o\varsigma\ o\upsilon\kappa\ \varepsilon\sigma\tau\iota\nu\ \varepsilon\nu\ \alpha\gamma\alpha\pi\eta$, so ist dort unter $\varphi o\beta o\varsigma$ nach dem Zusammenhang mit V. 17 nicht jede Furcht schlechthin zu verstehn, sondern $\varphi o\beta o\varsigma$ bildet den Gegensatz zu $\pi\alpha\varrho\varrho\eta\sigma\iota\alpha \cdot \varepsilon\nu\ \tau\eta\ \eta\mu\varepsilon\varrho\alpha\ \tau\eta\varsigma\ \kappa\varrho\iota\sigma\varepsilon\omega\varsigma$. Also die Furcht in Beziehung auf den Gerichtstag ist der Liebe fremd; dies ist die Furcht, von der auch das Weitere gilt: $\kappa o\lambda\alpha\sigma\iota\nu\ \varepsilon\chi\varepsilon\iota$, sie trägt die Strafe in sich. Es ist also die Furcht des bösen Gewissens, das knechtische Schuld- und Strafbewußtsein; diese peinigende Gerichtsfurcht haftet nicht in der Liebe, sondern löst sich in der Liebe nach und nach auf und an die Stelle tritt die $\pi\alpha\varrho\varrho\eta\sigma\iota\alpha$ V. 17, die Freudigkeit des guten Gewissens, vgl. 2, 28. 3, 20 f. mit 1, 9. 2, 1 f. Jedoch auch die gerichtliche Furcht ist mit

3. Die christliche Gottesliebe psychologisch.

der Liebe schlechthin nicht aufgehoben; das παρρησιαν ἔχειν ἐν τῃ ἡμερᾳ τῆς κρισεως fällt V. 17 zusammen mit dem τετελειωται ἡ ἀγαπη, und ist V. 18 bedingt durch τελεια ἀγαπη. So lange Sünde noch uns anklebt, wird das Liebesverhältniß zu Gott gestört, es behauptet sich noch kein absolut gutes Gewissen, sondern dieses muß wieder hergestellt werden durch eine sühnende Auseinandersetzung mit Gott, durch ein Selbstgericht, das sich dem Gericht Gottes unterwirft. 1 Joh. 1, 8—22. 1 Kor. 11, 31. So lange nun unsere persönliche Liebesverbindung mit Gott nicht vollendet ist, sondern in der Entwicklung begriffen, muß sogar die Liebe selber eine Gewissensfurcht an sich haben, aber eine solche, durch welche das gute Gewissen, das in der göttlichen Liebesgemeinschaft ruht, eben gewahrt wird, die Furcht nämlich, daß man nicht aus der persönlichen Liebesverbindung mit Gott falle und so seinem Gericht verfalle; es gilt also die Furcht der Wachsamkeit. Daher im Brief des Johannes selbst die öftere Ermahnung, in Gott und seiner Liebe zu bleiben mit Hinweisung auf ein Sündigen zum Tode. Wenn also der Christ durch innere Liebesverbindung mit Gott und Christo frei gemacht ist von knechtischer Furcht vor Gott, von der quälenden Furcht vor Strafe und Verdammniß und sich bei vorkommender Sünde immer wieder davon reinigt in der Versöhnung (1 Joh. 1, 8 ff. 2, 2), so bleibt dagegen die kindliche Furcht d. h. eben die Furcht der Liebe als gewissenhafte Furcht der Wachsamkeit. Röm. 11, 20—22. 2 Kor. 7, 1. 1 Petr. 1, 13—17. Dies bleibt um so mehr, da im Licht Christi und in der Liebe auch die Einsicht wächst in die Gewalt und in den Gräuel der Sünde einerseits, wie in die unbestechliche Heiligkeit und Gerechtigkeit Gottes andererseits. Damit steigert sich sowohl das Bewußtsein von der Unentbehrlichkeit der göttlichen Gnade in Christo, als auch die Erkenntniß der Gefahr, sie zu verlieren. Dabei bleibt aber die Furcht bewahrt vor der Pein und Zaghaftigkeit eben durch das treue Festhalten an der Gnade und durch die von Gott ausgehende Stärkung. 1 Kor. 10, 11 f. Phil. 2, 12 ff. So ist der christlichen Liebe (so lange sie noch in der Entwicklung begriffen ist) namentlich eigen die **heiligende Furcht vor dem Vater**, der ohne Ansehen der Person richtet (Luk. 12, 5. 1 Petr. 1, 17. Hebr. 12, 28), ferner **Furcht vor Verleugnung des Herrn**, um von ihm nicht verleugnet zu werden (2 Tim. 2, 17 verglichen mit 2 Kor. 5, 9—11), **Furcht vor Betrübniß des heiligen Geistes**, in welchem allein die Vollendung der Liebe versiegelt ist. Eph. 4, 30. 2 Kor. 7, 1.

Der Begriff der Furcht dehnt sich aber noch weiter aus. Es gibt nicht nur eine **Furcht vor Uebel und Strafe**, oder die Furcht eines bösen Gewissens, auch nicht nur eine **Furcht vor Verlust eines Guts**, speciell der göttlichen Liebe, oder die Furcht eines wachsamen Gewissens. Furcht existirt auch als Gemüthseindruck der überlegenen Macht und Würde eines Wesens, als unterwürfige Anerkennung desselben: dies ist die **Ehrfurcht**. So bleibt nun auch abgesehen von der Unvollkommenheit und von der stetigen Versuchlichkeit im gegenwärtigen Leben eine Gottesfurcht bis auf die höchste Geschöpfesstufe hinauf, die Furcht als Eindruck der **absoluten Majestät Gottes**, oder die Furcht vor Gott eben als Gott. Dies ist die anbetende Ehrfurcht als Heiligung des göttlichen Namens und zwar steigt auch diese Furcht gerade mit der größten Erkenntniß und Liebe Gottes. 1 Petr. 2, 17. 3, 14 f. Apok. 15, 4. 19, 5 ff. Siehe Christl. Reden, IV. Samml. Nr. 12. Indem sich nun aber die Liebe durch ihre Gottesfurcht die Gnade und das Wohlgefallen Gottes zu bewahren strebt bis zur Vollendung und seiner absoluten Majestät stets sich bewußt bleibt, macht sie sich durch diese Gottesfurcht eben **frei von Menschenfurcht und Creaturfurcht**. Matth. 12, 28: „fürchtet euch nicht — fürchtet euch aber." In Verbindung mit der Liebe begründet die Gottesfurcht das freudige Vertrauen zu Gott, d. h. die gläubige Zuversicht zur Treue Gottes, mit der er denen, die ihn fürchten, die seine heilige Majestät ehren, unveränderlich zugethan bleibt, daß er ihnen immer als Helfer in der Noth sich erweist und denen, die ihn lieben, Alles in der Welt zum Guten lenkt. Hebr. 13, 5 ff. Psalm 145, 19. Röm. 8, 28 f.

Wir haben nun gesehen, wie die christliche Gottesliebe wurzelt und wächst in der gläubigen Anerkennung und erfahrungsmäßigen Erkenntniß der Liebe Gottes zu uns, und wie dies als charakteristische Gemüthsstimmung nicht nur ein Sehnen, Verlangen und Suchen nach Gott begründet, sondern auch Frieden und Freude in Gott, wobei sich Gottvertrauen verbindet mit einer wachsamen und ehrerbietigen Gottesfurcht der Gemüthsstimmung. Dies sind die Bestandtheile der christlichen Gottesliebe. Dadurch wird aber

c) die Liebe zu Gott auch für Denken und Handeln bestimmend in praktisch moralischer Weise. Sie wirkt da als Gesinnung oder als διανοια in eigenthümlichen Richtungen und Strebungen nicht der bloßen Sehnsucht, sondern der Selbstthätigkeit, deren Gegenstand Gott ist, namentlich Gott in und mit Christus. Fassen wir nun den christlichen Liebessinn zuerst auf in seiner inneren Bethätigung Gott gegenüber als unmittelbare Denk- und Willensrichtung auf Gott, so erscheint diese im Allgemeinen als **Andacht**, insbesondere aber in der Form persönlicher Huldigung als **Anbetung Gottes**.

Fassen wir aber den christlichen Liebessinn in seiner äußeren Bethätigung gegenüber von Gott als ein nach außen auf Gott gerichtetes Streben und Wirken, so ist es ein Erstreben des göttlichen Wohlgefallens in praktischer **Nachahmung Gottes**. Anbetung Gottes und Nachahmung Gottes ist Praxis der christlichen Gottesliebe nach innen und nach außen.

a) **Anbetung Gottes**. (Hier nur das Allgemeine — bei der Lehre vom Gebet die specielle Ausführung.) Die Anbetung gestaltet sich in denen, die Gott lieben, nicht als bloß einzelner Gebetsakt, sondern die Gebetsverbindung mit Gott ist bei der Liebe etwas innerlich Stetiges. Auf diese Stetigkeit zeigt 1 Thess. 5, 17 ($\mathring{α}διαλειπτως\ προςευχεσθε$) verglichen mit Röm. 12, 12. Das Erstere heißt nicht, daß sie immer und immer förmlich beten sollen, sondern: unter keinen Umständen und zu keiner Zeit unterlasset das Beten, daher Röm. 12 und Kol. 4, 2 dafür die Wendung: $τῃ\ προςευχῃ\ προςκαρτερειτε$; vgl. Eph. 6, 18. Die Anbetung hat nämlich zu ihrem innersten Wesen die Andacht, als Fixirung des Herzens im Gedanken Gottes, wie es hervorgeht aus dem gläubigen Bewußtsein der göttlichen Liebe (s. S. 75 f.) und aus der dadurch bewirkten Gemüthsstimmung (s. S. 77 ff.). Andacht besteht aber wieder nicht nur in vereinzeltem Denken an

3. Die christliche Gottesliebe psychologisch. 89

Gott, oder in vereinzelten Gefühlen, sondern ist ein auf und in Gott concentrirter Akt, ist eine in Gott gesammelte Stimmung und Richtung des Herzens, das Herz aber concentrirt theils Denken und Wollen im $νους$ als Vernunftleben, theils Fühlen und Begehren im $θυμος$ als Gemüthsleben. Bibl. Seelenlehre § 24. — Die Andacht ist also Central-Richtung des geistigen Sinnes und des Gemüthes auf Gott, oder eine solche Stellung in Gott, ist aber unmittelbar noch nicht directer Anbetungsakt. Andacht kann und soll stattfinden, wo wir Gott auch nur zum Gegenstand unserer in ihm sich sammelnden Betrachtung oder Meditation machen, und wir können das Göttliche überhaupt, auch nur als Idee, als Gesetz, Weltordnung gefaßt, mit Andacht behandeln, oder wir können die Werke und Worte Gottes zum Gegenstand der Andacht machen. Die Andacht ist aber die Grundlage der Anbetung; ohne sie gibt es keine wahre Anbetung. In jener liegt der Stoff, die Erweckung und die persönliche Vorbereitung zur Anbetung. Soll aber eine Andacht zur directen Anbetung werden, so muß ich mein Verhältniß als Person zu Gott als Personwesen zusammenfassen, so daß ich mit ihm als dem mir Gegenwärtigen persönliche Gemeinschaft pflege, persönlich mich an ihn wende, und nur indem ich dies thue in tiefster Huldigung, mit absoluter Selbsterniedrigung, mit Niederwerfung unter Gott, nur so ist es $προςκυνησις$, Anbetung. 1 Kor. 14, 25 ($πεσων\ επι\ προςωπον\ προςκυνησει\ τω\ θεω$. Offenb. 11, 16, vgl. Eph. 3, 14.

Die geistige und gemüthliche Intensität der Anbetung hängt ab von der Gotteserkenntniß und vom Grade des Glaubens, wodurch wieder die Liebe und ihre Andacht bedingt ist. Dadurch aber, daß Gott für den christlichen Glauben die Liebe ist, wird keineswegs die Anbetung desselben aufgehoben, daß ein bloßer familiärer Verkehr an die Stelle träte; denn alle Macht, Gnade und Weisheit, in welcher sich die göttliche Liebe offenbart, concentrirt sich im christlichen Bewußtsein zu dem Eindruck: Gott ist heilig. Dies ist das charakteristische Gepräge der Persönlichkeit Gottes. Sinn und Gemüth beugt sich daher vor Gott als dem Einen und Reinen in Ehrfurcht, d. h. das Herz heiligt ihn. (Vgl. das über Gottesfurcht Gesagte.) 1 Petr. 3, 15 verglichen mit V. 12. 1 Petr. 2, 17. 1, 16 f. Jes. 8, 3.

Nun erst ist es möglich einen **vollständigen Begriff von christlicher Anbetung Gottes** aufzustellen. Sie ist hienach die gläubige Sinnes- und Gemüthsrichtung, in welcher der Mensch mit dem persönlichen Gott, namentlich in Christo eine directe persönliche Gemeinschaft pflegt, die durchdrungen ist vom Bewußtsein der göttlichen Heiligkeit, und wobei der Mensch sein ganzes persönliches Verhältniß zu Gott zusammenfaßt in absoluter Unterwürfigkeit und Huldigung vor seiner Majestät. Diese Anbetung ist eine Anbetung im Geist (Joh. 4, 23), wenn der Anbetende Gott so unmittelbar im Geist als Geist erfaßt, daß er mit Gott als Geist zu Geist verkehrt, unabhängig von jeder äußeren Vermittlung, wie Ort, Zeit, Erscheinungsform, vgl. Matth. 6, 5—7. (Die weitere Auseinandersetzung der Anbetung im Geist, beim christlichen Gottesdienst.)

Die Anbetung ($προςκυνησις$) reflectirt sich nun aber in einzelnen Akten und Formen und heißt dann **Gebet** ($προςευχη$). Matth. 6, 6. Luk. 6, 12. Gebet ist nicht bloß, wie de Wette definirt, jede Richtung des Herzens auf

3. Die christliche Gottesliebe psychologisch. 91

Gott, jede Erhebung der Gedanken zu Gott, jeder im Andenken an Gott und seinen Willen gefaßte Vorsatz, auch nicht, wie Reinhard meint, ein längeres Verweilen bei frommen Betrachtungen über Gott, oder jedes, mit Empfindung und Rührung verbundene Andenken an Gott. Damit fällt der specifische Begriff des Gebetes weg. Alles das ist Verwechslung des Gebetes mit Andacht, wobei der persönliche Verkehr mit Gott, der Verkehr von Person zu Person zurücktritt. Daher besser die ältere Definition, „Unterredung mit Gott, unmittelbar an Gott gerichtete Anrede", wie ja dies das Wesen des persönlichen Verkehrs ist, nur tritt hier über der Rede die Innerlichkeit zurück und das Anbetende, das wesentlich zum Gebet gehört. Die Erklärung von Harleß vollends: Gebet sei „der leibhafte, wesentliche Ausdruck des Kindesverhältnisses" ist viel zu weit und unbestimmt. Darunter läßt sich der ganze Wandel im Geist, der ganze praktische Gottesdienst subsummiren. Ebenso ist es mit Hirscher's Definition, es sei das religiöse Leben, ausdrücklich auf Gott gerichtet.

Gebet ist der einzelne Akt und die einzelne Form der Anbetung, worin der Mensch seine persönliche Seelenstimmung Gott mittheilt, sie ihm gegenüber zum Ausdruck bringt. Was die einzelnen Gebetsformen oder Arten betrifft, so entstehen dieselben je nach den wesentlichen Beziehungen, in welchen sich das persönliche Verhältniß zwischen uns und Gott von der Andacht zusammenfassen läßt. Nimmt unsere Andacht die Größe und Vollkommenheit Gottes, sein herrliches Wesen und Wirken in sich auf, wie es sich an und für sich darstellt in den Offenbarungen Gottes, namentlich in Christus, was zusammengefaßt ist in Gottes Namen und Eigenschaften, so wird die Anbetung zum Lob Gottes (εὐλογειν, ἐπαινειν, δοξαζειν), daher so oft die Aufforderung: „lobet den Namen des Herrn!" Dies Preisen der Herrlichkeit Gottes liegt uns um so näher, da diese Herrlichkeit zugleich das Heil der Welt als das höchste Gut in sich schließt. Röm. 15, 9—11. Eph. 1, 3. 1 Petr. 1, 3. Christl. Reden, IV. Sammlung, Nr. 48, Der Weg zur Liebe Gottes.) Die Andacht kann aber auch das Gute in sich aufnehmen, das wir oder andere bereits persönlich von Gott empfangen haben, oder auch das Gute, dessen wir und andere noch persönlich bedürfen. Durch diese doppelte Beziehung unserer Andacht auf den theils schon empfangenen theils gewünschten persönlichen Antheil an der göttlichen Güte, gestaltet sich das Gebet theils als Dankgebet (εὐχαριστια, χαριν ἐχειν), theils als Bittgebet (δεησις, αἰτημα). Phil. 4, 6 (beide Seiten verbunden). 1 Tim. 2, 1, vgl. 1, 12. Kol. 1, 12. Röm. 7, 25. Matth. 7, 7.*)

In der bisher entwickelten Anbetung macht sich der christliche Liebessinn bereits praktisch geltend in seiner unmittelbaren inneren Grundrichtung auf Gott. Entwickeln wir nun auch noch, wie die Gesinnung der christlichen Liebe zu Gott und ihre Beziehung zu ihm nach außen sich gestaltet, innerhalb der Welt. In dieser Beziehung gehört zur christlichen Gottesliebe

b) ein Erstreben des göttlichen Wohlgefallens in praktischer Nachahmung Gottes. Die wahre Erkenntniß und Liebe Gottes hat und hält die Welt nicht als

---

*) Die weitere Ausführung der Lehre vom Gebet im III. Hauptstück.

3. Die christliche Gottesliebe psychologisch.

ein besonderes, als ein zweites Sein neben Gott; sondern zu ihrem Wesen gehört es, Gott in der Welt, und die Welt in Gott zu erfassen, so denn auch (vgl. § 11, 4) die Weltverhältnisse nicht zu trennen von Gott und Gott nicht von ihnen, vielmehr u n s e r e g a n z e W e l t b e z i e h u n g z u o r d n e n i n G o t t u n d u n s e r e g a n z e G o t t e s b e z i e h u n g u m z u s e t z e n i n u n s e r e W e l t b e z i e h u n g.*)

Dies ist die Aufgabe, ist das Streben und Wirken, wie es allein dem gläubigen Sinn und der Gemüthsstimmung der Gottesliebe entspricht. Ihr Höchstes ist, mitten in der Welt in der Liebesgemeinschaft mit Gott zu bleiben.

R i c h t s c h n u r für die praktische Wirksamkeit der Liebe innerhalb der Welt ist d e r W i l l e G o t t e s, aber der g e o f f e n b a r t e W i l l e G o t t e s, nicht der selbstgedachte. An ihn weiß sich die Liebe gebunden eben als dankbare Gegenliebe. Der göttliche Wille existirt hier für die Liebe nicht als bloße kalte Vorschrift des Gesetzes, als bloß imperative Bestimmung, oder als abstracte Ordnung, sondern der geoffenbarte göttliche Wille, sein Gebot und Verbot, seine Weltordnung ist für das Gott liebende Herz der Liebesausdruck der heiligen Liebe Gottes zu uns, Ausdruck des persönlichen Wohlgefallens Gottes gemäß der Einheit und Reinheit seines eigenen Wesens. Dabei sind die ethischen Eigenschaften, die ἀρεταί, welche Gott in seinem eigenen Wirken darstellt, namentlich in Christo, für die Liebe

---

*) Doch ist dies nicht in dem vagen und extravaganten Sinn zu verstehen, als hätte der Einzelne das Ganze der Welt, alle in ihr gegebenen Verhältnisse zu umspannen — wie der Einzelne seinem Wesen nach individuell beschränkt ist, so auch in seiner Thätigkeit, und es gilt für Jeden, nach dem Maß seiner Kraft in den Beziehungen zur Welt, wie sie in seinem gegebenen Lebenskreis sich darbieten, thätig zu sein.

das praktische Abbild des persönlichen Liebeswillens Gottes und so ihr Vorbild. Matth. 5, 45. 48. 1 Petri 2, 9. 2 Petri 1, 3. Die christliche Liebespraxis concentrirt sich daher eben darin, daß der Christ sich dem in persönlicher Offenbarung dargestellten Willen Gottes unterzieht, und zwar in dem Sinn, dadurch dem göttlichen Wohlgefallen zu entsprechen und sich dem göttlichen Vorbild nachzubilden, sich Gott zu conformiren, d. h. Gottes heiliges Liebeswesen im eigenen Benehmen abzuspiegeln. Dies stellt die Schrift eben als Aufgabe und Wesen der christlichen Gottesliebe dar. 2 Kor. 5, 9: wir setzen unsre Ehre darein ($\varphi\iota\lambda o\tau\iota\mu o\upsilon\mu\varepsilon\vartheta\alpha$) Gott wohlgefällig zu sein, vgl. Eph. 5, 10: prüfet, was dem Herrn wohlgefällig — werdet verständig, was der Wille des Herrn ist, und Röm. 12, 2. Phil. 1, 9 f. Kol. 1, 9 ff. 1 Thess. 2, 4. 1 Joh. 3, 22. Eben daher ist das Streben der Liebe darauf gerichtet, die Erkenntniß zu verwenden zur Prüfung und zum Verständniß, um für das Einzelne den Willen Gottes herauszufinden. Die Stelle Röm. 12, 2 weist auf Unterschiede im Willen Gottes d. h. Unterschiede nicht im unmittelbaren Willen Gottes für sich, sondern in seinen Willensbeziehungen zur Welt; eben in der Stellung zur Welt, zum Zweck der sittlichen Heranbildung der Menschen, stuft sich der Wille Gottes ab; es bilden sich Verhältnißbestimmungen oder relative Unterschiede, Gradbestimmungen, wie die Worte τo $\dot{\alpha}\gamma\alpha\vartheta o\nu$ $\varkappa\alpha\iota$ $\varepsilon\dot{\upsilon}\alpha\varrho\varepsilon\sigma\tau o\nu$ $\varkappa\alpha\iota$ $\tau\varepsilon\lambda\varepsilon\iota o\nu$ solche angeben. Es sind nicht Prädicate zu dem voranstehenden τo $\vartheta\varepsilon\lambda\eta\mu\alpha$ $\tau o\upsilon$ $\vartheta\varepsilon o\upsilon$, wie Luther es gefaßt, es sind substantivirte Adjective, welche den zu erkennenden Inhalt des göttlichen Willens in Abstufung zerlegen. Zunächst fällt bei

3. Die christliche Gottesliebe psychologisch.

der Frage nach dem Willen Gottes in die Prüfung: was gehört nach demselben zum Guten schlechthin im Gegensatz zum Bösen, das Generelle. Dabei hat aber die Liebe zu Gott mit ihrer moralischen Erkenntniß nicht stehen zu bleiben. In der fortlaufenden Erneuerung des geistigen Sinnes ($νους$), die dort für die prüfende Erkenntniß des Gotteswillens vorausgesetzt wird, entwickelt sich der Inhalt des Guten auch mit bestimmter Beziehung auf Gottes Person und auf das zu erreichende Ziel, und so reihen sich dem $αγαϑον$ als fortschreitende Bestimmungen an $το$ $ευαρεστον$ $και$ $τελειον$.

$Ευαρεστον$ ist das Gute in seiner geistigen Harmonie mit dem göttlichen Willen, oder vielmehr mit der göttlichen Liebe, daß es dieser selber durch den Geist der liebenden Hingebung entspricht und so Gott gefällig wird. To $τελειον$ ist das Gute, wie es auf Erreichung des Ziels berechnet und bedacht ist, wie es also die Vollendung anstrebt und erreicht. Das Ziel, das Vollkommene liegt eben in Gott selbst als dem $τελειος$ und $αγιος$. Matth. 5, 48. 1 Petri 1, 15 f. Das Gute, in diesem seinem Zielpunkte aufgefaßt, ist $αγιοσυνη$; also gilt es Heiligung, Vervollkommnung in der Aehnlichkeit mit Gott als dem Heiligen.*)

Es genügt also dem Christenthum durchaus keine bloße Legalität oder eine nur vom Gesichtspunkt der gesetzlichen Pflicht bestimmte Moralität, sondern eben der kindliche Liebesgeist dringt auf persönliche Einigung mit dem Gegenstand der Liebe durch Verähnlichung mit ihm, und dies geschieht Gott gegenüber in der Heiligung des Inneren und Aeußeren. Eph. 5, 1: werdet Nachahmer Gottes als geliebte Kinder.

---

*) Dies sind Beziehungen, unter welche eben die Liebe den Begriff des Guten subsummirt.

1 Petri 1, 14—16: „in der Richtung auf den Heiligen, der euch berufen hat, werdet auch ihr heilig;" 2, 9: „verkündiget als $\xi\vartheta\nu o\varsigma$ $\overset{\text{\'}}{\alpha}\gamma\iota o\nu$ die Tugenden dessen, der euch berufen hat." 1 Joh. 3, 1. 3: „seht, welch eine Liebe uns Gott gegeben hat. Sind wir nun Gottes Kinder, so reinige sich jeder selber, wie er rein ist." So giebt denn der Trieb, in der Friedensgemeinschaft mit Gott zu stehen, sein Wohlgefallen zu gewinnen, es giebt der Liebestrieb dem Nachdenken und Handeln die höchste sittliche Spannkraft, jene Phil. 4, 8 f. geforderte standhafte Richtung, wonach wir aus dem göttlichen Vorbild in Christo, in welchem nach V. 7 die $\nu o\eta\mu\alpha\tau\alpha$ ihren festen Einheitspunkt haben sollen, alles zum Gegenstand des Nachdenkens und der Erwägung zu machen haben ($\lambda o\gamma\iota\zeta\varepsilon\sigma\vartheta\varepsilon$), was irgend zur wahren Tugend und Ehre gehört ($\varepsilon\overset{\text{\'}}{\iota}$ $\tau\iota\varsigma$ $\overset{\text{\'}}{\alpha}\varrho\varepsilon\tau\eta$, $\varkappa\alpha\iota$ $\varepsilon\overset{\text{\'}}{\iota}$ $\tau\iota\varsigma$ $\overset{\text{\'}}{\varepsilon}\pi\alpha\iota\nu o\varsigma$ V. 8, nicht im Weltsinn zu verstehen, sondern $\overset{\text{\'}}{\varepsilon}\nu$ $X\varrho\iota\sigma\tau\tilde{\omega}$ $\mathrm{'I}\eta\sigma o\upsilon$, V. 7), und so haben wir auch ins Werk zu setzen ($\tau\alpha\upsilon\tau\alpha$ $\pi\varrho\alpha\sigma\sigma\varepsilon\tau\varepsilon$ V. 9), was bereits davon in unser Wissen und Herz eingegangen ist ($\overset{\text{\`}}{\alpha}$ $\varkappa\alpha\iota$ $\overset{\text{\'}}{\varepsilon}\mu\alpha\vartheta\varepsilon\tau\varepsilon$ $\varkappa\alpha\iota$ $\pi\alpha\varrho\varepsilon\lambda\alpha\beta\varepsilon\tau\varepsilon$ V. 9), und wie dasselbe in den biblischen Lehren und Vorbildern sich darstellt ($\overset{\text{\`}}{\alpha}$ $\overset{\text{\'}}{\eta}\varkappa o\upsilon\sigma\alpha\tau\varepsilon$ $\varkappa\alpha\iota$ $\varepsilon\overset{\text{\'}}{\iota}\delta\varepsilon\tau\varepsilon$ $\overset{\text{\'}}{\varepsilon}\nu$ $\overset{\text{\'}}{\varepsilon}\mu o\iota$): Wahrheit und sittlicher Ernst im ganzen Wesen, Rechtlichkeit und Zucht, freundliches Benehmen im Verkehr mit andern, was ein gutes Zeugniß erwirbt, was irgend zum Thun des Guten und zur Empfehlung desselben gehört; Alles dies, wie es in Jesu Christo und seinen Nachfolgern hervortritt, dem denkt nach, daß ihr es erwerbt; und die ganze Ermahnung ist motivirt durch den Trieb, in der Friedensgemeinschaft mit Gott zu sein ($\varkappa\alpha\iota$ $\overset{\text{\'}}{o}$ $\vartheta\varepsilon o\varsigma$ $\tau\eta\varsigma$ $\varepsilon\overset{\text{\'}}{\iota}\varrho\eta\nu\eta\varsigma$ $\overset{\text{\'}}{\varepsilon}\sigma\tau\alpha\iota$ $\mu\varepsilon\vartheta'$ $\overset{\text{\'}}{\upsilon}\mu\omega\nu$).*)

---

*) Dieses ethische Streben ist also nicht ein Gott mißfälliges, gesetzliches Wesen, sondern erwirbt eben sein Wohlgefallen.

4. Moralischer Charakter der christlichen Gottesliebe.

Wir sind nun in Stand gesetzt, noch besonders
4) **den moralischen Werth und Charakter der christlichen Gottesliebe zu bestimmen.** Auf christlichem Boden wird das erste der Gebote, das alle andern zusammenfaßt, nicht nur gebietend wiederholt (Mark. 12, 30), sondern das Gebot gewinnt sich auch seine fortlaufende Erfüllung, weil der Christ für seine Liebe zu Gott beständig Kraft schöpft und erhält aus dem Glaubenswort und Glaubensgeist der göttlichen Liebe, als dem Lebensprincip der christlichen Liebe. In der gläubigen Anerkennung und Erfahrung der göttlichen Liebe (3. a.), gestaltet sich die christliche Gottesliebe als freie Hingebung unsres persönlichen Innenlebens an den Gott der Liebe; damit gewinnt die **Liebe zu Gott** Realität **im ganzen Herzen**. Ferner **in der ganzen Seele** realisirt sie sich durch die (3. b.) aus der persönlichen Hingebung sich entwickelnde Gemüthsstimmung, durch eine Sehnsucht nach dem Herrn, wobei kindliche Gottesfurcht und Gottvertrauen sich mit einander verbinden, sowie durch die Freude an und in dem Herrn und auf den Herrn. Endlich **in die ganze Denk- und Willensthätigkeit**, in die $\delta\iota\alpha\nu o\iota\alpha$ und in alle Thatkraft ($\iota\sigma\chi\upsilon\varsigma$) greift die christliche Gottesliebe ein, indem sie nach 3. c. durch alle Erkenntniß und Erfahrung der göttlichen Liebe und unter allen Gemüthsstimmungen zur Anbetung Gottes entzündet wird in Lob, Dank und Bitte und zum Erstreben des Wohlgefallens Gottes durch praktische Nachbildung seines eigenen heilig-ethischen Wesens. So drückt die christliche Gottesliebe dem inneren und äußeren Leben den Charakter einer lebendigen Hingabe an Gott, einer vernünftigen oder geistigen Gottesdienstlichkeit auf ($\lambda o\gamma\iota\kappa\eta\ \lambda\alpha\tau\rho\epsilon\iota\alpha$). Röm. 12, 1 f. $E\dot{\upsilon}\sigma\epsilon\beta\tilde{\omega}\varsigma\ \zeta\tilde{\eta}\nu$. Tit. 2, 12.

Persönlich lebendige Frömmigkeit ist sonach die ethische Grundform, in welcher das christliche Leben unter der Pädagogik der Gnade Gott gegenüber (und so Allem gegenüber) innen und außen sich entwickelt. Tit. 2, 12 ist eine Centralstelle, welche in den Bestimmungen σωφρονως, δικαιως, ευσεβως ζην die Grundformen bezeichnet für das Verhältniß des Christen zur eigenen Person, zu den Nebenmenschen und zu Gott. Die dem ευσεβως analoge Bezeichnung ist θεοσεβεια (1 Tim. 2, 10), auch οσιοτης (Eph. 4, 24), das dort ebenfalls neben δικαιοσυνη steht; ebenso in der Verbindung οσιως και δικαιως και αμεμπτως (1 Thess. 2, 10) entspricht οσιως dem ευσεβως (Tit. 2, 12), sowie αμεμπτως dem σωφρονως im Titusbrief.

Der **Begriff der christlichen Gottesdienstlichkeit oder Frömmigkeit** ist nun aber in positiver und negativer Beziehung genau zu bestimmen: in ihm faßt sich der moralische Charakter und Werth der christlichen Gottesliebe zusammen. Bei der Frömmigkeit oder Gottesdienstlichkeit kommt

a) vor Allem schon im Allgemeinen in Betracht, daß sie **wahre Frömmigkeit** sei. Es giebt

α) eine falsche Frömmigkeit und dies in zweifachem Sinn, einmal falsche in objectivem Sinn, sofern ein falscher Gott und Christus und so ein Götze der Gegenstand der Verehrung ist; es ist die Frömmigkeit des Aberglaubens. Act. 17, 22. (δεισιδαιμονεστερους ὑμας θεωρω. — δαιμονες sind eben Götzen im Unterschied vom wahrhaft Göttlichen). Aber auch den objectiv wahren Gott und Christus vorausgesetzt, erhält die Frömmigkeit im subjectiven Sinn einen falschen Charakter, wenn nämlich die Art und Weise ihrer Verehrung sich bestimmt nach dem eigenen, oder überhaupt nach menschlichem Gutdünken, statt nach der geoffenbarten Wahrheit und Willensbestimmung Gottes; diese Art von Cultus ist die Kol. 2, 23 als ἐθελο-θρησκεια bezeichnete: die Frömmigkeit des menschlichen Beliebens, der willkürliche, eigenmächtige, selbsterwählte Gottesdienst oder Andacht. Da dient man Gott in unwahrer Weise. Indem man nach menschlicher Ansicht und Willkür Gott behandelt, dient man in Wirklichkeit den Menschen und ihren Satzungen, während man thut, als diene man Gott, unterwerfe sich seinem Willen. Also das Menschliche ist die eigentlich bestimmende Autorität, die man ehrt, während man doch das Ganze als eine der göttlichen Autorität dargebrachte Huldigung behandelt, indem man es zu einem Akt der Frömmigkeit, des Gottesdienstes macht. Dies ist der schneidendste Widerspruch; unter dem Titel der Gottesverherrlichung feiert man eine Selbstverherrlichung und Menschenverherrlichung; es ist seinem Wesen nach ein Betrug am Heiligen in frommem Gewand. Und das eben macht solche Frömmigkeit zum Gräuel vor Gott (vgl. alle Propheten, Galaterbrief und Matth. 15, 9. „Vergebens ehren sie mich, denn sie lehren solche Lehren, die nichts denn Menschengebote sind." Kol. 2, 6—8. 18. 20—22, auch Luthers Vorrede zu den Propheten)*). An diese theils falsche Fassung des Göttlichen für sich, theils falsche Stellung zum wahrhaft Göttlichen oder an die materiell und formell falsche Frömmigkeit reiht sich

β) die Scheinfrömmigkeit. Diese kommt nicht unmittelbar in ihrer grellen Gestalt zu Tag, sie bildet sich

---

*) Über die Abgötterei der Juden und Christen siehe Pfaff'sche Bibel, Oktav-Ausgabe, IV. B. S. 8 ff.

allmählich, indem nach innen und außen mehr und mehr auf die Beziehung zum Göttlichen nur die formelle Thätigkeit verwendet wird. Nach innen sinkt das noch beibehaltene Göttliche unter solcher Behandlung herab zum Object vereinzelter **psychischer** Functionen; die Frömmigkeit gestaltet da sich nicht als inneres Personleben oder als Herzensgemeinschaft mit Gott, sondern theils nur als todtes Wissen, theils als Phantasieleben, als Enthusiasterei, als Erkünsteln von frommen Gefühlen und Gedanken: lauter Momente, die am Ende zur absichtlichen Heuchelei führen. Nach außen setzt sich die fromme Selbstbethätigung ebenfalls immer mehr um in vereinzelte **praktische** Functionen; sie wird eine $μορφωσις\ της\ ευσεβειας$, statt sich das $ευσεβως\ ζην$ zur Aufgabe zu machen; den natürlichen Herzensausdruck und Charakterausdruck der Frömmigkeit verdrängt eine Profession und Mechanik der Frömmigkeit, eine gewohnheitsmäßige oder erkünstelte Nachahmung von Formen, ein Aggregat äußerer Uebungen und Werke der Frömmigkeit; es gibt nach und nach eine geistliche Plusmacherei, wo der Mensch mehr vorstellen will, als er ist, und mehr ins Werk setzen, als er vermag, wo Reden und Thun über das materielle Verhältniß hinausgesteigert wird und der innere Mangel nur mit der äußeren Thätigkeit und Erscheinung verdeckt wird. Matth. 6. 2 Tim. 3, 5—7. 12—17. 1 Tim. 4, 2—4. 6, 4 f. mit dem Gegensatz 11 f. 1, 4—7. Kol. 2, 18 ff. In allem diesem Scheinwesen ist die Frömmigkeit **bewußt oder unbewußt Heuchelei**, d. h. Schauspielerei, $ὑποκρισις$; so heißt namentlich die Action des Schauspielens, wo man eine fremde Rolle spielt. Heuchelei im biblischen Sinn nämlich, d. h. im Urtheil Gottes, ist nicht nur, was

4. Moralischer Charakter der christlichen Gottesliebe. 101

wir grober Weise so nennen, daß man durch absichtliche Verstellung Andere zu betrügen sucht, daß man Böses thut unter dem Schein des Guten, oder daß man das gerade Gegentheil von dem sagt und thut, was man innen ist, was man eigentlich denkt und will; daß man z. B. äußerlich fromm thut, betet, während man in der Wirklichkeit gottlos ist. Dies Alles ist nur grobe Pöbelheuchelei; in der Schrift aber heißt Heuchelei alles Benehmen, bei welchem der Sinn nicht auf das Wesen des Guten und auf die entsprechende Stellung des eigenen Innern dazu gerichtet ist, sondern nur auf die Form, auf Außenwerk, Nebensächliches u. s. w. Bei solcher Richtung wird dann auch das äußere Verhalten nicht vom Wesen der Wahrheit und nicht gemäß demselben bestimmt, sondern es accommodirt sich nur formell und accidentiell. Was der Herr den Pharisäern zum Vorwurf macht, ist eben das, daß sie über ihrer pünktlichen Legalität das Wesen des Gesetzes hintansetzen: Rechthandhabung, Barmherzigkeit und Treue, sowie nicht zum Ersten machten, das Inwendige zu reinigen, um von da aus auch das Auswendige rein zu bringen (Matth. 23), daß sie bei ihrem Beten, Fasten, Wohlthun sich nicht von der inneren Richtung auf den das Herz durchschauenden Gott bestimmen ließen, sondern von der Richtung auf Menschen. Matth. 6. Dergleichen zog ihnen bei Christo den Titel Heuchler zu, obgleich sie bei ihren frommen Aeußerlichkeiten mit ganzer Seele waren, und von Herzensgrund dafür eiferten, es überhaupt mit den göttlichen Gesetzen nach dem äußerlichen Sinn streng nahmen. Act. 26, 5 vgl. Phil. 3, 5 f.: κατα νομον Φαρισαιος — κατα δικαιοσυνην την ἐν νομῳ γενομενος ἀμεμπτος.

Wie kommt es aber, daß gerade das, was Alles entscheidet, das Wesen der Wahrheit und die innere Beziehung dazu nicht nach Gebühr gepflegt wird? Zunächst geschieht dies ohne bestimmte Absichtlichkeit, aus Fahrlässigkeit, aus Befangenheit in Aeußerlichkeiten, wegen Vorliebe und Vorurtheilen für gewisse Personen und Dinge u. s. w., aber eben darunter verliert das Wesentliche und das Innere seine Grundstellung, seine principielle Macht über die Denk- und Handlungs-Weise, und die Menschen gewöhnen sich immer mehr, äußerlich zu repräsentiren, was sie inwendig nicht sind und nicht haben; ja das Innere selbst, das Denken und Wollen, wird immer mehr veräußerlicht, verflacht, zerstreut, daß es immer weniger auf den innern Grund gehen und in das Wesen dringen kann. Die Wahrheit selbst verliert ihre innere Tiefe und Schneide. Wahrheit, Liebe, Gerechtigkeit, Frömmigkeit werden formale Begriffe und formelle Handlungen; Gebote und Verheißungen Gottes werden auf das Aeußere bezogen und man beruhigt sich eben daher damit, ihnen äußerlich Ehre anzuthun und Ehre zu verschaffen, wie dies Alles bei dem jüdischen Pharisäismus der Fall war. Aus dieser Verwahrlosung und Verkehrung des Grundverhältnisses zwischen Innerem und Aeußerem, zwischen Wesen und Form, bilden sich dann erst die mehr oder weniger **absichtlichen Heucheleien**, die directen und indirecten **Widersprüche** zwischen Innerem und Aeußerem, in Verstellung, Falschheit, Lug und Trug u. s. w. Vgl. Christliche Reden, 5. Sammlung, Nr. 2. Der Heuchelei und Scheinfrömmigkeit entgeht man nur, indem man das Herz an der Wahrheit und Heiligkeit der göttlichen Gnade immer neu zurichtet zur Furcht und Liebe Gottes, die von Menschenfurcht

4. Moralischer Charakter der christlichen Gottesliebe.

und Menschengefälligkeit frei macht. Was die christliche Frömmigkeit charakterisirt, ist eben die Pflege des inneren Lebens, eine Gott in seiner Liebe immer mehr suchende, ergreifende und heiligende Herzensstellung, so wie die moralische Streb- und Thatkraft in praktischer Nachahmung Gottes — dies beides ist es, wodurch die christliche Frömmigkeit sich auch subjectiv unterscheidet von jeder Scheinfrömmigkeit. 2 Tim. 3, 5*) vgl. 12 f.**). 14 und 17. Jak. 1, 27. Matth. 7, 20 ff. In ihrer Echtheit erringt nun die christliche Frömmigkeit allerdings den größten Gewinn, sie hat nämlich Gott selbst zum Lohn in seiner Zeit und Ewigkeit umfassenden Treue und Herrlichkeit. 1 Tim. 6, 6. 4, 8, vgl. 1 Petri 1, 3 f. Bei diesem $\mathit{\mathring{α}ποβλέπειν}$ $\mathit{εἰς}$ $\mathit{τὴν}$ $\mathit{μισθαποδοσίαν}$ (Ebr. 11, 26) ist jedoch die christliche Frömmigkeit nicht behaftet mit Lohnsucht, Selbstsucht und Eigennutz, vielmehr ist ein weiterer Grundzug derselben

b) der, daß sie in ihrer Wahrhaftigkeit auch **uneigennützig ist.**

Uneigennützigkeit besteht nicht darin, daß der Mensch in seiner Frömmigkeit von sich selbst und von dem, was ihm gehört, absolut absieht,***) sondern darin, daß er sich und das Seine nicht zum Ersten macht, d. h. nicht zum bestimmenden Princip und Zweck, vielmehr ist ihm dies Gott und sein Reich als das wahrhafte $\mathit{πρῶτον}$ und $\mathit{τέλειον}$ (Matth. 5, 48. 6, 33), als das vollkommen Gute: nicht bloß als das höchste Gut. Bei solcher Gesinnung macht der

---

*) Die technisch gestaltende, formgebende Fertigkeit in allen Zweigen des Wissens und der Praxis ist in unserer Zeit vorherrschend ausgebildet.
**) $\mathit{Γόητες}$ = die äußerlichen Kunsttreiber.
***) Das Nähere darüber bei der Selbstliebe.

Mensch namentlich nicht das diesseitige Leben und das ihm entsprechende Weltgut zum Ziele, sondern die Selbstergebung an Gott, dem er vertrauend alle Bedürfnisse anheimstellt, und die Vereinigung mit Gott, die eben in der Gottähnlichkeit, im göttlich Guten das rein Gute erstrebt, das Ineinander von Heiligkeit und Seligkeit. In der Richtung auf das göttliche Erbe, das eben als Erbtheil der Heiligen im Licht bezeichnet wird, schließt nun die Gott liebende Frömmigkeit vor Allem eben die das Eigenleben cultivirende Selbstsucht und die weltliche Gewinnsucht aus und schließt Genügsamkeit in den irdischen Verhältnissen ein. Luk. 9, 24. Joh. 12, 25. 1 Tim. 6, 5—11. 17—19.*) Matth. 6, 19—21 und V. 24. Aber nicht nur das: die Frömmigkeit der christlichen Gottesliebe gründet sich mit Allem, was sie ist und hat, leistet und hofft, auf Gnade und auf das anerkennende Bewußtsein derselben, auf die Dankbarkeit. Dadurch wird die Selbstsucht, der Egoismus, niedergehalten und abgetödtet, namentlich auch der selbstsüchtige Lohnbegriff, der die eigenen Leistungen Gott in Rechnung bringt und Gegenleistungen von ihm als verpflichteten Lohn fordert, als schuldige Rechtsleistung, statt was Gott gibt, hinzunehmen als eine das gerechte Maß frei innehaltende Gnadenleistung, als Gnadenlohn. Und wie die christliche Frömmigkeit sich gründet auf die Gnade als dankbare Erwiederung, so zielt sie mit aller ihrer Leistung nicht auf Selbstverherrlichung oder eigene Ehre, ebensowenig auf eitle Menschen-Ehre oder Menschen-Verherrlichung, sondern auf dankbare Verherrlichung Gottes für alle seine überschwengliche Liebe. Das Ziel ist

---

*) νομιζοντων πορισμον.

kurz gesagt: Etwas zu werden und zu sein zum Lobe der Herrlichkeit Gottes, d. h. Ebenbild Gottes.

Also auf seine Abspiegelung ist die Liebe gerichtet, nicht auf eitle Selbstbespiegelung. Eph. 1, 12. Ueber Verherrlichung Gottes siehe 1 Kor. 10, 31. 1 Petri 4, 11, vgl. Matth. 5, 16 im Gegensatz zur menschlichen Ehre: Matth. 6, 5 und V. 16. Joh. 5, 44. Diesem Ziel und Grund entspricht auch der Weg, der vom Grunde zum Ziele führt. Wie in Gott, so nur durch Gott, durch Selbsthingebung an Gott hofft die Liebe auch den vollen Selbstbegriff der eigenen Person zu erreichen. Bei dieser Stellung zu Gott kann ich nicht eigenliebig und selbstsüchtig mich haben und behalten, wie ich bin und dazu etwa das Verdienst Jesu und die Rechtfertigung als Mittel gebrauchen; sondern um den Gotteslohn der Herrlichkeit zu bekommen muß ich mich selbst, mein Ich, verleugnen, darbringen, mich mit Jesu in der Liebe Gottes opfern an Gott, um eben Gott zu besitzen, um in ihm, nicht außer ihm, mein Selbst zu retten und zu vollenden. Röm. 8, 16 und 17. 2 Tim. 2, 11 f. Kurz also: Selbstverleugnung und Weltentsagung schließt die christliche Frömmigkeit nothwendig ein, indem sie uns nur in der Ehre Gottes, in seiner Verherrlichung bei uns selbst und Anderen das Ziel unserer Thätigkeit finden läßt und so das eigene Wohlsein, die eigene Seligkeit nur setzt in unsere sittliche Hingebung und Vereinigung mit Gott als dem Heiligen.

In dem Begriff der Selbstverleugnung und Weltverleugnung liegt nicht eine absolute Negation des Selbstes und der Welt. Die Welt im Allgemeinen begreift Alles, was nicht Gott ist, was aber von Gott und zu Gott geschaffen ist; so in der Verbindung $\varkappa\alpha\tau\alpha\beta o\lambda\eta\ \varkappa o\sigma\mu o\nu$. In historisch-ethischem Sinne aber bezeichnet Welt das Erschaffene in einem Zustand, wie er nicht von Gott ist und wider Gott ist. 1. Joh. 5, 19: ὁ κοσμος ἐν τῷ πονηρῷ κειται; 2, 16 f.: το ἐν τῷ κοσμῳ οὐκ ἐστιν ἐκ του πατρος. Da ist das Nicht-Göttliche, das dem Weltbegriff im Allgemeinen inhärirt, zum Ungöttlichen und Widergöttlichen geworden (ἐχϑρα του ϑεου, Jak. 4, 4), statt seiner Bestimmung gemäß zum Gott-Angehörigen und Gott-Aehnlichen zu werden.

Die Gottesliebe nun macht in ihrer gottesdienstlichen Frömmigkeit eben diese Unterscheidung. Als Gottesliebe liebt sie, was in der Welt und in der eigenen Person noch von Gott ist oder Gott angehört, sei es nach seiner anerschaffenen oder natürlichen Wesenheit als κτισμα, sei es nach seiner ethischen Beschaffenheit; also das der göttlichen Schöpfung, Begabung und Erlösung Zugehörige und das derselben sich Anschließende umfaßt die Frömmigkeit mit Liebe; aber sie liebt in und an der Welt nicht das Ungöttliche und Selbstische. Die Verleugnung des Letzteren gestaltet sich aber auch so nicht als verderblicher und zerstörender Haß, sondern als ethischer Haß, als Enthaltung davon, als Reinigung und ethische Bekämpfung. — Ueber das Alles unten, wo es zur speciellen Anwendung kommt.

Fassen wir nun zusammen, was sich aus dem Bisherigen über den sittlichen Charakter der christlichen Gottesliebe ergibt: die ethische Grundform, in welcher sich das christliche Leben von der Liebe Gottes aus entwickelt und zu entwickeln hat, ist Frömmigkeit und zwar eine Frömmigkeit, die den Charakter der lauteren und uneigennützigen Gottesdienstlichkeit an sich trägt. Diese Gottesdienstlichkeit zeigt sich in der Anbetung und in der Nachahmung Gottes unter Selbst-

4. Moralischer Charakter der christlichen Gottesliebe. 107

verleugnung und Weltverleugnung. Dadurch ist die Ehre, die Verherrlichung Gottes, entsprechend seinem eigenen Wesen, Willen und Wirken aller frommen Thätigkeit zur Aufgabe gesetzt und aller eigenen Seligkeit zur Bedingung, und sonach ist die Verherrlichung Gottes in dankbarer Liebe die religiöse Grundpflicht des christlichen Lebens. Dies entspricht auch dem obersten christlichen Liebesgesetz: Alles zu thun im Namen Christi oder in Christus-ähnlicher Liebe; denn in ihm erscheint eben die Verherrlichung Gottes als Aufgabe und Werk seines Lebens. Joh. 5, 41. 8, 50. 17, 4.

Aus dem entwickelten gottesdienstlichen Charakter der christlichen Frömmigkeit ergibt sich auch

c) eine schärfere Bestimmung des Begriffs des Bösen. Darüber siehe Christliche Liebeslehre, § 9. Anm. 2. S. 83. mit den Zusätzen 6 und 7 im Anhang, S. 109 ff., wo auch die oft ventilirte Frage über das Verhältniß des Christenthums zu Schauspiel, Tanz u. s. w. behandelt ist. Dazu vgl. die ausführliche und umsichtige Behandlung in Mosheim, Sittenlehre VI. § XIX.

Daß Schauspiel, Tanz, Kleidung jedenfalls in nahem Zusammenhang stehen mit dem, was die Schrift als Augenlust, Fleischeslust und Hoffart bezeichnet, ist unleugbar. Es sind aber in solchen Sachen zwei Einseitigkeiten zu vermeiden. Auf der einen Seite ist es zu viel gesagt, wenn man ganz im Allgemeinen behauptet: Schauspiel, Tanz und dergleichen sei schlechtweg unerlaubt, gesetzwidrig oder unmoralisch, also eine Sünde im hergebrachten Sinn des Worts. Das göttliche Gesetz selber, in seiner gebietenden und verbietenden Form gefaßt, oder als sittlicher Imperativ, verbietet weder diese Dinge ausdrücklich, noch erlaubt es sie förmlich, und da das alttestamentliche Gesetz als Staatsgesetz zugleich den politischen Gesichtspunkt vertritt, hat diesen Vorgang der göttlichen Gesetzgebung namentlich auch eine weise politische Gesetzgebung zu beachten; sie hat weder mit eigentlichen Verboten noch aber viel weniger mit förmlichen Concessionen und Sanctionirungen auf solche Dinge, an und für sich selbst betrachtet, einzugehen. Aber die Sache bleibt keineswegs so abstract im wirklichen Leben, sie bestimmt sich genauer und dies auch schon im Zusammenhang mit dem göttlichen Gesetzes-Buchstaben und mit der richtigen Erkenntniß des sittlichen Naturgesetzes. Was nämlich dieses für alle Verhältnisse und für die Menschen im Allgemeinen verbietet, das ist natürlich auch gesetzlich verboten für Schauspiel und Tanz u. s. w. Moralisch verpönt ist also Alles dabei, was abgöttisch und irreligiös ist, was den göttlichen Namen und die Gottesverehrung entheiligt, was die rechtmäßige Autorität der Eltern und Obrigkeiten beeinträchtigt, das Leben des Nächsten, den guten Namen und das Eigenthum, die Keuschheit, Zucht und Treue gefährdet, was überhaupt ein begehrliches, zuchtloses Wesen in Umlauf bringt. Letzteres Moment kommt nun auch in Betracht bei Kleidertracht und bei den unter uns gebräuchlichen, die Geschlechter vermischenden Tänzen, während die in der Schrift erwähnten Tänze, auf die man sich zu berufen nicht scheut, keine Geschlechtsvermischung sind mit Umschlingung und sonstiger Mimik der Zärtlichkeit. Alles Genannte fällt unter das äußere Gesetz, unter den generellen Moralitätsbegriff, und nach dieser Seite, gegen solche Beimischung, hat selbst die bürgerliche Gesetzgebung in geordneten Staaten das öffentliche Leben zu überwachen, auch Tanz, Schauspiel und Kleidertracht, sofern die Gesetzgebung eben die allgemeine Moral und Religion als Basis des gesellschaftlichen Wohls aufrecht erhalten will und soll. Was gegen jene Grundlagen des religiösen und sittlichen Lebens thatsächlich verstößt, das ist in einem geordneten Gemeinwesen wie in einem geordneten Hauswesen zu verhüten, abzustellen und nach Umständen zu bestrafen. Ebenso nun auch, was den Einzelnen in seiner Sphäre betrifft, wenn er auch nur ein sittlich und religiös denkender Mann ist oder Christ im gesetzlichen Sinn ist, so muß er auch bei Schauspiel, Tanz, Kleidung u. s. w. wie im übrigen Reden und Thun dasjenige als unmoralisch, als sündhaft verwerfen und meiden, was dabei den ausdrücklichen allgemeinen Geboten Gottes oder den religiös-sittlichen Grundbegriffen widerspricht, und sofern mit solchem Widerspruch jene Vergnügungen gerade in ihrer gebräuchlichen Form behaftet sind, sind dieselben von dem Einzelnen völlig zu meiden, sonst macht er sich activ oder passiv, direct oder indirect der Uebertretung des göttlichen Gesetzes theilhaftig, er verfehlt sich gegen Moralität und Religiosität.

Aber abgesehen von solchen unmoralischen Auswüchsen faßt sich die Sache vom specifischen Gesichtspunkte des Christen noch schärfer. Kann nämlich Schauspiel, Tanz nicht an und für sich schon ungesetzlich heißen oder unsittlich im Allgemeinen, kann es Christen, die nur von einer gesetzlichen Gerechtigkeit wissen, nicht als besondere Sünde angerechnet werden, im Fall sich nicht sonstige Gesetzesübertretungen oder Unsittlichkeiten anreihen, so ist es doch wieder auf der andern Seite zu weit gegangen, wenn man behauptet, selbst vom Standpunkt des Christenthums aus, dieses in seiner specifischen Wahrheit und Sittlichkeit gefaßt, könne nichts eingewendet werden gegen solche Dinge, jeder könne sich ihnen mit gutem Gewissen hingeben, vorausgesetzt, daß dabei nichts eigentlich Immoralisches oder Irreligiöses vorkomme, und dabei ein ganz guter Christ sein, nicht bloß ein rechtschaffener Mann. Das Gesetz des wahren Christenthums geht weiter als allgemeine Moral, weiter als der Gesichtspunkt des rechtschaffenen Mannes, weiter als das ästhetische Gesetz und das der feinen Bildung, weiter als Staats=, Haus= und Vernunft=Gesetz oder Ordnung, weiter auch als das göttliche Gesetz des Buchstabens. Christenthum nach seiner ursprünglichen specifischen Wahrheit ist Religion des heiligen Geistes, ist gesinnet sein wie Jesus Christus gesinnet war; sein Geistesgesetz ist das Geistesgesetz der Liebe, die Alles zu thun hat im Namen Christi, d. h. in seiner Vollmacht nicht nur, sondern auch in seinem Sinn und Vorbild zu Gottes Verherrlichung, daß sich Alles einordnet der Rücksicht auf das innere Liebesleben und auf seine geistige Gottesdienstlichkeit. Daß nun hiemit jene und andere weltliche Vergnügungsformen sich nicht vertragen, leuchtet schon jedem gewissenhaften Nachdenken ein. Dem Herrn einen Tanz= und Theatersinn anzudichten, oder in diesen Dingen eine Verherrlichung der göttlichen Güte und Liebe, eine dem christlichen Lebenszweck dienende Lebensstärkung zu finden, wird keinem Unbefangenen zu Sinn kommen.

Aus dem Gesagten ergibt sich nun aber auch ein wichtiger Grundsatz für die richtige Behandlung der Sache gegenüber von Anderen. Eine solche Ansicht der Dinge nämlich, die mit Ernst Alles betrachtet vom Namen Christi und von der Verherrlichung Gottes aus, es betrachtet mit dem Eifer=Auge der Liebe, eine solche Ansicht läßt sich

4. Moralischer Charakter der christlichen Gottesliebe.

weder im Ganzen noch in Beziehung auf specielle Dinge aufzwingen oder andemonstriren und andisputiren. Die christliche Weltanschauung beruht auf einer eigenthümlichen Erkenntniß, die sich nur auf dem Wege einer besonderen Geistes-Entwicklung macht, sie beruht auf einem **Geist der Weisheit** von oben zur Unterscheidung des Guten und Bösen im göttlichen Sinn, nicht nur im menschlichen, mit der Rücksicht auf ein himmlisches Lebensziel, und diese Weisheit bildet sich nur unter der Erleuchtung des heiligen Geistes, wie er im christlichen Lehrwort wirkt. Die christliche Weltanschauung beruht ferner auf einem **Geist der Liebe** zu Gott in Christo und auf einem Liebesgehorsam, wie ihn nur die Heiligung des heiligen Geistes hervorbringt; beruht weiter auf einem **Geist der Seligkeit**, des Friedens und der Freude, auf einem Geschmack an den göttlichen Vergnügungen und Schönheiten und auf einem Genuß derselben, wie ihn nur die Beseligung des heiligen Geistes gibt. Die christliche Weltanschauung setzt mit Einem Wort eine geistige Höhe des Lebens voraus, auf welcher die weltlichen Vergnügungen in Wahrheit als von unten her, als befleckende Eitelkeiten erkannt sind und innerlich entwurzelt werden. Christus muß daher erst in dem Menschen selbständige Gestalt gewonnen haben, das vorbildliche Christenthum des Herrn, nicht eine nur menschliche Christenthumsform, muß schon des Menschen Herz-Leben sein, ehe ein Mensch die Einsicht, die Willigkeit und die Kraft hat, um Gottes willen, also aus rein ethischem Motiv, auch in solchen Dingen, wenn sie schon von Ungesetzlichem oder äußerlich Unmoralischem rein gehalten werden, der Welt sich nicht gleichzustellen, selbst auf die Gefahr hin allgemein als ein Thor zu gelten oder als ein hochmüthiger Mensch, ja als ein unästhetischer Barbar. Wo aber einmal der unverstümmelte und ungefälschte Christus mit seinem Wort und Geist inwendig ist, da treibt's den Menschen von innen heraus, auch solche in die Reize der Phantasie und der Bildung gehüllte Lust zu kreuzigen, und wenn er bei solcher inneren Stellung dennoch sich der Welt noch gleichstellt, sündigt ein solcher Christ, obgleich alle Welt keine Sünde darin findet; er betrübt den heiligen Geist, mit dem er versiegelt ist, und durch fortgesetztes Entgegenhandeln wird er desselben am Ende verlustig.

Hieraus ergibt sich nun endlich auch für christliche Eltern, Lehrer, Geistliche das rechte pädagogische Verfahren. So weit sich an die genannten Dinge offenbar Böses anschließt, wie es schon dem allgemeinen Sittengesetz und den ausdrücklichen Gottesgeboten zuwiderläuft, also namentlich wo sich irreligiöses Wesen, Impietät, Frivolität, Schlüpfrigkeit oder noch Schlimmeres damit verbindet, da hat man mit der scharfen Zucht des Gesetzes entgegenzutreten. So weit aber eigentlich Unsittliches oder Ungesetzliches nicht dabei vorkommt, sind an Andern solche Dinge zu tragen, bis sie geistlich gerichtet, von innen heraus überwunden werden können. Eine Umänderung ist nicht durch äußeres Einschreiten herbeizuführen, sondern nur durch geistige Erziehung für den Herrn, sonst ist die Aenderung keine christlich-ethische, keine Frucht des Glaubens und der Liebe.

Als Anhang besprechen wir noch einige Punkte, die in der gewöhnlichen Moral zur Sprache kommen und die von dem jetzt entwickelten Grundgesetz einer christlichen Ethik aus sich beurtheilen lassen. Wir sprechen nämlich:

„Zusatz I. Ueber consilia evangelica."

Trefflich und ausführlich behandelt Luther diesen Punkt in der Auslegung der Bergpredigt.

Es ist dies ein der katholischen Moral angehöriger Begriff. Sie unterscheidet innerhalb des Christenthums bloße Rathschläge von den Geboten; und während sie unter letzteren allgemein verpflichtende Bestimmungen versteht, rechnet sie unter die consilia evangelica solche Bestimmungen, deren Befolgung für den Einzelnen in die freie Wahl, optio, gestellt sei, so daß man durch deren Erfüllung über seine Schuldigkeit thue, über die necessitas operis hinauskomme; man gewinne sich damit ein überflüssiges Verdienst, und die Kirche gelange dadurch zu einem thesaurus operum supererogationis und dieses überflüssige Verdienst soll auch auf Andere übertragbar sein. Unter diesen Begriff der consilia werden zunächst die drei Mönchs-Gelübde gestellt, als Verzicht auf den erlaubten Weltgenuß und Weltbesitz: die Ehelosigkeit, als Keuschheit prädicirt, die freiwillige Armuth und der unbedingte Gehorsam gegen die Oberen. Später erweiterte sich der Begriff bis zu zwölf Rathschlägen, wie Almosengeben, Unterlassen der Rache und des Eidschwurs u. s. w. Unwahr ist nun hierin die Vorstellung von der Uebertragbarkeit eines menschlichen Verdienstes, wenn wir ein solches auch zugeben wollten, wovon nachher. Nur bei Christus findet derartiges statt, aber auch da nicht durch äußere Uebertragung, selbst nicht durch bloß moralische Gemeinschaft mit ihm. Wer z. B. nur in ein moralisches Verhältniß zu Christus tritt, ihn nur zum Lehrer und sittlichen Vorbilde nimmt, wird damit noch nicht seines sogenannten Verdienstes, genauer seines heiligen ewigen

Gnadengehaltes, theilhaftig, sondern die Uebertragung des Seinen erfolgt nur durch einen Glauben, der eine innerliche Geistes- und Lebens-Gemeinschaft mit Christus vermittelt. Röm. 8, 14. 17. vgl. V. 9: Miterben Christi, d. h. seines Gutes theilhaftig sind wir, wenn wir Gottes Kinder sind; diese sind wir, wenn wir vom göttlichen Geiste Christi beseelt werden; wer Christi Geist nicht hat, ist nicht sein, auf ihn ist also sein sogenanntes Verdienst noch nicht übertragen, vgl. Gal. 3, 26—28. Die Uebertragung geschieht durch eine Christum im Menschen abgestaltende Wiedergeburt (Gal. 4, 19), und eine den Menschen verklärende Eingestaltung Christi. 2 Kor. 3, 17 f. 6, 9. vgl. Gal. 2, 20 f. Also nicht durch bloße moralische Einwirkung als Lehrer und Vorbild oder bloße Aehnlichkeit der Gesinnung, sondern durch Wesensmittheilung trägt Christus das Seine auf Andere über, und eine solche Uebertragung ist bei ihm nur als dem Gottmenschen möglich, der zugleich der Geist ist. Aber auch abgesehen von der Frage nach der Uebertragbarkeit eines Verdienstes, namentlich eines menschlichen, — unevangelisch ist in jener katholischen Doctrin vor Allem die zu Grunde liegende Vorstellung von einem Ueberschusse der menschlichen Leistung im Verhältniß zur Pflicht vor Gott, die Vorstellung von einem überschüssigen Verdienst.

Fassen wir die Unterscheidung zwischen Geboten und Rathschlägen vorläufig nur im Allgemeinen auf, so liegt der ganzen Vorstellung ein mangelhafter Begriff von der Pflicht in christlichem Sinn zu Grunde und von ihrer Erfüllung, nämlich der bloße Legalitätsbegriff, der stehen bleibt bei dem Buchstaben der einzelnen Gesetzesbestimmungen (Vorschrift) und bei dessen äußerer Befolgung. Nur da kann man ein

Mehr, als das Gesetz verlangt, für möglich halten und kann von einem Werküberschuß oder von Ueberverdienstlichkeit reden, niemals aber da, wo die Pflicht im Geistes-Sinn des Evangeliums gefaßt ist als Liebespflicht, vollends in einem Umfang, daß der Mensch nach allen Seiten seines Wesens, in Herz und Seele, in seinen geistigen und sonstigen Thätigkeiten für die Liebe in Anspruch genommen wird. Und diese Liebe wird im Christenthum gefordert als Erwiederung einer göttlichen Liebe, die zu dem Menschen von der Wurzel seines Seins aus bis zur Vollendung im Verhältniß des absoluten Zuvorgebens steht, sowie des fortlaufenden Gebens und Vergebens: „was hast du, das du nicht empfangen hast und empfängst? wenn du, Herr, willst Sünde zurechnen, wer will bestehen?" so daß der Mensch immer nur der Schuldner bleibt. Indem denn das Princip der christlichen Pflicht und Tugend die göttliche Liebe ist, hat jene einen unendlichen Inhalt und die unendliche Bestimmung, vollkommen zu werden wie Gott, oder der Allseitigkeit der göttlichen Liebe eben so allseitig zu entsprechen; da ist also nichts wahrhaft Gutes denkbar, das nicht unter den Pflichtbegriff dieser Liebe fiele. Ebensowenig ist dies der Fall, wenn wir davon ausgehen, daß die Nachfolge und Nachbildung Jesu Christi, als des menschlich-göttlichen Liebesbildes, das oberste Gesetz ist für alle Thätigkeiten und Zustände; wer mag Jesum Christum erreichen, gar über ihn hinauskommen mit einem überschüssigen Verdienst? So dehnt sich die sittliche Nothwendigkeit und Verbindlichkeit des Christen auf alles aus, was eingeschlossen ist in die in Christo uns entgegenkommende Liebe Gottes und uns vorleuchtet in Christi Liebe zu Gott; indem die Liebe Gottes durch Jesus Christus sich uns immer mehr anzueignen gibt, macht sich auch uns die Liebe zu Gott in Aehnlichkeit Jesu Christi zur immer höher steigenden Pflicht.

Was nun aber in diesem Liebesbegriff nicht liegt, ist nicht nur nicht Pflicht, ist nicht wahrhaft gut, kann also auch nicht Rathschlag werden, wie z. B. blinder Gehorsam gegen Obere. Die Unterscheidung zwischen verpflichtenden Geboten und bloßen Rathschlägen ist sonach unstatthaft eben auf dem christlichen Boden, welchem der Katholicismus diesen Unterschied ausdrücklich zuweist. In der Schrift wird daher auch alles, was Christus selber in seiner menschlichen Stellung gethan, sowie das ganze sittliche Leben, das von ihm ausgeht, damit es in den Seinigen sich zu entwickeln hat, dargestellt nicht als etwas über das Gesetz Hinausgehendes, sondern eben als Erfüllung des Gesetzes, das ja schon in seiner alttestamentlichen Fassung ausdrücklich eine Alles umfassende Liebe Gottes aufstellt; es ist Erfüllung der im Begriff des Gesetzes selbst liegenden Gerechtigkeit, also eine necessitas operis, Erfüllung des sittlich Nothwendigen, nicht Erfüllung von bloßen, der menschlichen Willkür anheimgegebenen Rathschlägen. Matth. 3, 15. 5, 17—19. Röm. 8, 4.

Allein mit dieser schlechthinigen Zurückweisung jener unstatthaften Unterscheidung zwischen allgemein Gebotenem und individuell freigestellten Rathschlägen ist die Sache doch noch nicht abgemacht. Solche traditionelle Behauptungen beruhen meistens auf einer mißverstandenen Wahrheit gegenüber einer anderen einseitigen Auffassung derselben und nur aus dem dunkeln Vorschweben einer Wahrheit erklärt es sich, daß jene Unterscheidung, wenn auch in anderer Fassung, durch alle Zeiten sich hindurchzieht, selbst bei sittlich ernsten Männern.

Zusatz I. Ueber consilia evangelica.

Schon bei den Kirchenvätern, namentlich bei Origenes finden wir sie, und die moderne Unterscheidung zwischen einer allgemeinen Tugend und einer höheren Tugend fällt im Wesentlichen mit ihr zusammen. Auch de Wette, von seinem philosophischen Führer Fries geleitet, glaubt neben das Gesetz von absolutem Werth, welches das Pflichtmäßige bestimme, auch das sittlich Löbliche, das Liebenswürdige, das Schöne stellen zu müssen, das eben im Gegensatz zum sittlich Nothwendigen in das Belieben des Einzelnen gestellt sei. Gehen wir also auch dieser andern Seite der Sache nach.

Vor allem

a) ist zu bemerken: In der Geltendmachung einer Tugend, die durch den bloßen Pflichtbegriff des Gesetzes noch nicht erschöpft sein soll, rächt sich an den hergebrachten Moralstandpunkten und Systemen eben der Fehler: daß sie das allgemein Moralische und das specifisch Christliche durcheinandermischen. Dabei wird das Christliche in seiner Eigenthümlichkeit theils nicht klar erkannt, theils nicht durchgeführt; denn es kommt für christliche Moral vor Allem ein eigenthümlicher Pflichtinhalt in Betracht, der eben über das allgemein Moralische hinausgeht, eine Christus ähnliche Liebe Gottes; dazu kommt aber noch die eigenthümliche Begründung dieses Pflichtinhalts, die Begründung durch den Geist des Glaubens, d. h. nicht durch den Buchstaben einer Vorschrift, sondern durch die frei sich anknüpfende und frei fortschreitende Einigung zwischen göttlicher und menschlicher Persönlichkeit in Christo, während vom bloß moralischen Standpunkt aus nur göttlicher und menschlicher Wille zu einander in Beziehung gesetzt werden unter dem Gesichtspunkt gebietender Autorität und gebotenen Gehorsams. Indem denn ein bloß kategorisch den Willen bindendes Moralgesetz und das auf der freien persönlichen Wesenseinigung beruhende christliche Liebes-Gesetz in Ein Fachwerk zusammengeworfen werden als christliche Sittenlehre, verfällt diese der Vermischung von zweierlei ethischen Principien und Lebenskreisen, und da diese allerdings zu einander im Verhältniß des Niedern und des Höhern stehen, drängen sich eben Unterscheidungen zwischen niederer und höherer Tugend, zwischen Gebotenem und Empfohlenem, praeceptum und consilium in die christliche Mischlings-Ethik selbst hinein, während solche Unterschiede eigentlich die Grenzscheide bilden zwischen Christenthum als Geistes-Ethik und zwischen bloßer Gesetzes-Moral.

Die Gesetzesmoral gibt das sittlich Gute, wie es aus den allgemein menschlichen Lebensverhältnissen und dessen wesentlichen Bedingungen mit Nothwendigkeit sich ableitet, und weil es auf allgemein menschlichen Voraussetzungen beruht, wird es für alle Menschen eine unerläßliche Pflicht, necessitas, und tritt in der Moral als nacktes Gebot, als kategorischer Imperativ an Jeden heran. Die christliche Ethik aber als Glaubens- und Geistes-Ethik, im realen nicht bloß im rhetorischen Sinn, beschreibt innerhalb jenes Allgemeinen ihren specifischen Kreis und dies nicht bloß so, daß sie in die allgemeine Gesetzgebung und ihre Formeln einen nur comparativ höhern Sinn und Inhalt legt, oder daß sie für die ihr Angehörigen neben das unerläßlich Gebotene auch noch consilia u. dergl. stellt. Indem die christliche Ethik hinausgeht über den kategorischen Imperativ, geschieht dies weder mit bloßen höheren Gesetzen, noch mit bloßen Rathschlägen, sondern mit der pädagogischen Kraft einer heilenden und heiligenden Gnade. Tit. 2, 11 ff. Die christliche Ethik erzwingt nicht imperativisch eine necessitas operis, sondern wirbt um das Menschenherz im Namen der göttlichen Liebe, sie pflanzt, wo das Herz sich hingibt, ein specifisch neues höheres Leben aus Gott in Christo, schafft damit neue sittliche Lebensgrundlagen, Kräfte und Principien aus einer den übrigen Menschen noch nicht zugänglichen Gottesgemeinschaft und eben daraus ergeben sich auch besondere höhere Pflichten und Tugenden. Indem das neue Leben in seinem Ursprung und Wesen höher ist als das allgemein Menschliche, so hat es auch ein höheres sittliches Ziel anzustreben und zwar dies ebenso pflichtgemäß wie naturgemäß, weil je mehr gegeben ist, desto mehr zu fordern und zu leisten ist. Weil also die christliche Ethik ein höheres Leben als das allgemeine zur Voraussetzung und zum Ziel hat, hat sie auch für ihr eigenthümliches Gebiet im Ganzen, nicht nur für einzelne Handlungen einen höhern Pflichtbegriff als jede andere Ethik, die das allgemein menschliche Leben zur Grundlage hat, und dieser Pflichtbegriff steht allerdings zwar nicht im Widerspruch mit den allgemein menschlichen Pflichtbestimmungen selbst, mit dem Geist und Wesen des Gesetzes, sondern steht zu demselben in vollendender Beziehung als $\pi\lambda\eta\varrho\omega\sigma\iota\varsigma$ und $\tau\varepsilon\lambda o\varsigma\ \tau o\upsilon\ \nu o\mu o\upsilon$. Weil ferner das ganze christliche Lebens- und Pflicht-Verhältniß seinem Entstehen und Bestehen nach auf freiwilliger Herzenseinigung mit der zuvorkommenden und entgegenkommenden Liebe Gottes beruht in der persönlichen Form des Glaubens, so hat das Ganze, nicht nur diese und jene Handlung, den Charakter der Freiwilligkeit: „willst du vollkommen werden?" „so Jemand will mir nachfolgen". Ist nun aber Freiwilligkeit oder Glaubensliebe die Grundbedingung für die Stellung des Subjects zum Christenthum, so ist damit nicht das Einzelne des Christenthums der subjectiven Willkür anheimgegeben, daß man etwas halten oder nicht halten kann, sondern mit der freiwilligen Annahme des Christenthums im Ganzen ist auch die Verpflichtung für's Ganze gefordert und übernommen. Matth. 28, 19 f.: „die (freiwillig nach μαϑητευειν) Getauften lehret halten Alles"; 1 Joh. 14, 15: „liebet ihr mich, so haltet meine Gebote"; Joh. 2, 4 ff. Was dem Wesen und dem Geist dieses höhern Lebens aus Gott, was dem göttlichen Liebesleben entspricht und daraus real abzuleiten ist, so klein oder groß es sei, das ist alles für christliche Ethik und für ihr christliches Subject, bei welchem der Herzensbund eben vorauszusetzen ist, nunmehr Gesetz und Pflicht; es nimmt den Willen in Anspruch und verbindet ihn, jedoch nicht durch ein bloß äußeres Gebot, nicht durch eine bloß gesetzlich geforderte vorschriftmäßige Liebe, wie im A. T., sondern durch eine im Herzen lebende, eine innerlich gebietende Liebe. Das Christliche ist vermöge der Liebe innerlich sittliche Nothwendigkeit geworden für den wahren Christen, so gut als das allgemein Moralische, neben dem und über dem das Christliche seine eigenthümliche Lebensgrundlage im Subject hat, eben im Herzensbund der Liebe. Der Christ, wenn er einmal wirklich Christ ist, es bleiben und immer mehr werden will, muß das dazu Gehörige thun oder zu thun anstreben, als Pflicht, weil er es entweder schon thun kann, oder das betreffende Können dazu sich verschaffen kann und soll. Das Können bestimmt das Sollen. Dagegen für jeden, der noch außerhalb des freien Glaubensbundes und seines Lebensgeistes der Liebe steht, der sich also seinen Pflichtbegriff nur aus dem bloßen Gesetzesstandpunkt, aus den allgemeinen Moralprincipien bildet oder bilden kann, für solchen erscheint das specifisch Gute des Christenthums nicht in seiner inneren Absolutheit und Verpflichtungskraft, sondern es ist ihm ein zu seinem Gesetzesbegriff und Pflichtbegriff hinzutretendes Accidens, wenn nicht gar eine Uebertreibung. Er begreift nicht als etwas Nothwendiges diese Art und diesen Grad des sittlichen Lebens, wie es sich im Christenthum zum Gesetz macht für die, die über das allgemeine Gesetz hinauswollen, wie jener reiche Jüngling, Matth. 19, 22. Daß z. B. der Verzicht auf Rechte, Güter, Genüsse, daß das Unrechtleiden u. s. w. nicht nur ausnahmsweise unter gewissen Umständen, nicht als besonderes Verdienst stattzufinden hat, sondern Regel für die Gesinnung im Ganzen, herrschender Lebensgesichtspunkt sein soll — solches findet der Mensch weder in seinem Gewissen als unmittelbares Gesetz, noch als nothwendiges Ergebniß der Vernunftgesetze, noch ist es ausdrückliche Forderung des positiven Gottesgesetzes. Es muß also immerhin dem bloß moralischen Menschen als etwas nicht nothwendig, nicht absolut zum Tugendbegriff Gehöriges erscheinen oder als etwas darüber Hinausgehendes, etwas der individuellen Freiheit Anheimgegebenes, das man ohne Pflichtverletzung unterlassen kann, oder wenn ihm doch die ethische Anerkennung nicht zu versagen ist, das der bloßen Sittlichkeit als etwas Vollkommeneres gegenübersteht. Daher wird auch im N. T. das Christliche im Gegensatz zum allgemein Sittlichen als das der freien Wahl anheimgegebene $\tau\varepsilon\lambda\varepsilon\iota o\nu$ bezeichnet. Matth. 19, 21: $\varepsilon i\ \vartheta\varepsilon\lambda\varepsilon\iota\varsigma\ \tau\varepsilon\lambda\varepsilon\iota o\varsigma\ \varepsilon\tilde{\iota}\nu\alpha\iota$, vgl. 5, 48: $\check{\varepsilon}\sigma\varepsilon\sigma\vartheta\varepsilon\ \tau\varepsilon\lambda\varepsilon\iota o\iota$. Phil. 3, 15: $\check{o}\sigma o\iota\ o\check{v}\nu\ \tau\varepsilon\lambda\varepsilon\iota o\iota,\ \tau\beta\tau o\ \varphi\rho o\nu\omega\mu\varepsilon\nu$. Jak. 1, 4. 25: $\nu o\mu o\varsigma\ \tau\varepsilon\lambda\varepsilon\iota o\varsigma,\ \tilde{o}\ \tau\eta\varsigma\ \dot{\varepsilon}\lambda\varepsilon\upsilon\vartheta\varepsilon\rho\iota\alpha\varsigma$. Röm. 12, 2: $\tau o\ \dot{\alpha}\gamma\alpha\vartheta o\nu$

εὐάρεστον, τέλειον. Die Kategorie eines über den allgemeinen Pflicht= und Tugendbegriff hinausgehenden Ethischen drang sich denn auch den Moralisten auf und sie sprachen daher von bloßen Rathschlägen, von erläßlichen und unerläßlichen Pflichten, von Löblichem und Liebenswürdigem. Mischt man nun christliche und allgemeine Moral untereinander als Bestandtheile Eines Moralsystems, so ist es allerdings erforderlich innerhalb des Einen Moralbegriffs die **Unterscheidung aufzustellen zwischen einer allgemeinen, niedrigeren Tugend und einer besonderen, höheren Tugend oder Gerechtigkeit**, zwischen nacktem Gebot und Schuldigkeit und zwischen höherer Liebespflicht, zwischen Gutem schlechthin und Vollkommenem oder zwischen absoluten und relativen Pflichten. Aber dieser Unterschied darf nicht ohne Weiteres innerhalb des Christlichen selbst gemacht werden, sondern bezeichnet gerade das Verhältniß des christlich Guten zum allgemein menschlich Guten, sofern diesem gegenüber eben das Christliche das Höhere ist, das Vollkommene (τέλειον), sofern es dem in Gottes eigener Liebe dargebotenen Lebensziel entspricht. Als solches ist nun aber auch das christlich Gute, in sich selbst oder objectiv betrachtet, auch das absolut Gute, das an Alle Anspruch hat als das zu erstrebende Ziel, oder nach gewöhnlichem Sprachgebrauch das Ideale. Gehen wir aber von der concreten Wirklichkeit aus, von dem allgemeinen, empirischen Menschenleben, so verpflichtet das christlich Gute unmittelbar nicht alle Menschen absolut, sondern nur relativ, nur bedingter Weise, d. h. unter Voraussetzung der Zugänglichkeit und des Besitzes der das Ziel allein ermöglichenden Gnade, des neuen Lebensprincips in Christo. Dies aber voraus=

gesetzt, oder für wirkliche Christen und für eine christliche Ethik darf dann nichts von dem, das zur christlichen Tugend gehört, gefaßt werden als etwas nicht absolut Verbindendes, nicht sittlich Nothwendiges. Vielmehr innerhalb des christlichen Lebenskreises und seiner Ethik haben alle sittlichen Bestimmungen des Christenthums auch ihre absolute Geltung, dies eben, weil mit dem neuen Geistesleben, d. h. mit dem realen Empfang der Gnade Gottes auch die reale Bedingung ihrer Erfüllung gegeben wird. Also innerhalb der göttlichen Reichsökonomie als der Oekonomie der Gnade und des Geistes erhält und behält der Gesetzes- und Pflichtbegriff gerade in seinem Vollsinn und bis ins Kleinste hinaus seine absolute Geltung (Matth. 5, 18 f.), während nur außerhalb dieser Oekonomie gerade das vollkommen Gute, das das Gesetz Vollendende, noch nicht als Pflicht erscheint, auch nicht als Pflicht real vorhanden ist, weil es vom bloß menschlichen Standpunkt aus wirklich noch Unmöglichkeit ist. Matth. 19, 24—26.

Allein mit dem Bisherigen ist auch innerhalb des christlichen Lebenskreises selbst der Pflichtbegriff noch zu abstract gehalten, und wir müssen genauere Bestimmungen gewinnen.

b) Der christliche Pflichtbegriff hat, wie schon bemerkt, die Liebe nicht nur zum Inhalt als etwas von außen als Pflicht Gebotenes, er hat sie auch zum Bestimmungsgrund, zum Motiv, als etwas innerlich Gebietendes; ja er hat sie auch zum realen Princip als etwas von Gott Gegebenes, immer reicher sich Gebendes und zu Erlangendes. Setzt nun aber die sittliche Forderung des Christenthums, oder der christliche Pflichtbegriff schon im Allgemeinen die göttliche Begabung voraus, so gilt dies auch im Einzelnen. Das was gerade Pflicht ist für das einzelne Subject, und für den einzelnen Fall, bestimmt sich nicht nach einem bloß allgemeinen Sollen, sondern nach dem individuellen Haben und Haben-können. Es muß also für die concreten Pflichtbestimmungen die individuelle Instanz allerdings in Betracht gezogen werden, jedoch mit Vorsicht.

Im Allgemeinen stehen alle wahrhaft christlichen Individuen **im Pflichtverhältniß zum ganzen Umfang des christlichen Liebeslebens.** Alle haben das Allen zugehörige Christusleben nach seinem ganzen Inhalt sich anzueignen und in sich abzuprägen; Alle sind berufen, vollkommen zu werden in Gottähnlichkeit durch Jesum Christum. Diese allgemeine Verbindlichkeit mit Berufung auf individuelle Unterschiede leugnen wollen, stellt das Individuelle über seine rechtmäßige Bedeutung, über das Allgemeine statt ins Allgemeine; wo einmal das Geistesleben in Christo principiell in den Menschen gesetzt ist, ist eben der Anfang des Ganzen gegeben, aus dem sich alles Weitere entwickelt, der Alles enthaltende und entfaltende Gottessamen. Der Einzelne darf also nicht auf Grund seiner Individualität sich dispensiren von irgend einem wesentlichen Theil, der zum Ganzen des christlichen Lebens gehört; dies hieße die subjective Willkür an die Stelle des göttlichen Willens setzen; vielmehr indem die göttliche Liebe zum individuellen Geistes- und Lebensprincip geworden, kann und soll der Einzelne von da aus das ganze göttliche Liebesleben eben seiner Individualität aneignen in so allseitigem Sinn, daß er vollkommen werden soll wie der Vater, dem Gottesbilde in Christo gleichgestaltet. Dies ist die allgemeine Bestimmung und die sittliche Aufgabe und Pflicht Aller, die in Christo sind; da gibt es keine individuelle Berechtigung zur Ausnahme oder Dispensation. Wohl aber kommt es nun bei der individuellen Realisirung der allgemeinen Aufgabe zur Differenzirung. Jene Aneignung und Umgestaltung im Einzelnen erwächst nämlich nur aus der göttlichen Lebensfülle in Jesu Christo, und diese kann nach ihrem ganzen Umfange in kein Individuum mit Einemmal eingehen, ebensowenig kann das Individuum auf Einmal in sein ganzes Wesen es hineinnehmen. Die göttliche Mittheilung und die individuelle Aneignung schreitet allmählich ins Einzelne fort, ist von Anfang bis zu Ende vermittelt durch die successive Wirksamkeit des göttlichen Geistes und durch die successive Ausbildung des individuellen Glaubens und seiner Erkenntniß.

Seinem ganzen Umfange nach ist also der Inhalt des christlichen Liebeslebens allerdings für alle Christen bestimmt zur Aneignung und durch diese zur thätigen Selbstdarstellung; sofern aber dieser Inhalt weder etwas schon vollständig Empfangenes, noch vollständig Angeeignetes ist, also noch nicht als Ganzes reales Sein im Individuum geworden ist, ist auch der christliche Lebensinhalt noch nicht vollständig etwas real zu Bethätigendes oder etwas dem Individuum real Mögliches, wenn schon diese Realisirung als des christlichen Lebens Gesetz und Ideal mit dem neuen Lebensprincip in Allen und für Alle begründet ist. Also seinem Gesammt-Inhalt nach ist das christliche Liebesleben für alle ernstlichen Christen eine ideale oder besser eine principielle Pflicht, ohne aber schon für alle nach allen Seiten eine reale zu sein.

Die reale Pflicht des einzelnen Christen im einzelnen Fall bestimmt sich vielmehr nach dem Maße der schon geschehenen oder der gerade möglichen Aneignung aus dem Umfang des ganzen christlichen Lebensinhaltes. Die im Allgemeinen absolute Christenpflicht individualisirt sich also oder zerlegt sich nach den Personen und persönlichen Verhältnissen in **relative Pflichtbestimmungen.***)

Nach dem Maße nämlich, in welchem dem Einzelnen gegeben ist, nachdem er Fassungskraft hat und Erkenntniß, nachdem er ergriffen ist und ergreifen kann; kurz nach **der Besonderheit seiner geistigen Lebens=Kraft und Entwicklung besondert sich für ihn seine concrete Pflicht, ihr weiterer oder engerer Umfang, ihr höherer oder niedrigerer Begriff.** Luk. 12, 48. Jak. 4, 17. Matth. 19, 11 f.: ὁ δυναμενος χωρειν χωρειτω. Joh. 16, 12: οὐ δυνασθε βασταζειν ἀρτι, vgl. 13, 36: οὐ δυνασαι μοι νυν ἀκολουθησαι, ὑστερον δε ἀκολουθησεις μοι. 1 Kor. 7, 7. 17: ἑκαστῳ ὡς ἐμερισεν ὁ θεος. Phil. 3, 12.

Hiernach gibt es, so lange das Christliche hier unten bei allen Individuen in der Ausbildung begriffen ist, **quantitative und qualitative Verschiedenheiten** im Begriff des Guten und der Pflicht, dies namentlich in der concreten Anwendung auf die verschiedenen Subjecte und ihre Verhältnisse. Jene Verschiedenheiten stellen aber nur eine bestimmte Art und eine bestimmte Stufe in

---

*) Hinsichtlich des Lesens der Biographien ist daher zu beachten: Dieselben tragen erstens nicht einmal die Farbe der Wahrheit an sich, oder man zeigt den Helden nur im Sonntagsstaat, aber nicht im Werktagszeug, dann ist es etwa eine besondere Persönlichkeit, die ein besonderes Charisma hat, diese wird als Musterpersönlichkeit dargestellt. Man will es ihnen dann gleich thun und ist noch nicht flügge dazu.

der concreten Entwicklung des christlichen Lebens dar. Was dem letztern selbst bei den Individuen nicht angehört, das fällt nicht bloß unter den Begriff christlicher Verschiedenheit, sondern unter den Begriff des Nichtchristlichen oder des Unchristlichen.

Erläßlichkeit und Unerläßlichkeit sind allerdings berechtigte Begriffe, aber es sind nicht unmittelbare Wesensunterschiede, nicht objective Unterschiede innerhalb des christlichen Inhaltes selbst, sondern sie entstehen nur durch die Beziehung auf die verschiedenen Subjecte und subjectiven Verhältnisse; es sind so subjective Unterschiede nach der individuellen Stellung der einzelnen Christen zum gemeinsamen Object, dem Christenthum, und zwar entscheidet über die Frage des Erläßlichen oder Unerläßlichen nicht die individuelle Ansicht, die sich der Einzelne von seiner Stellung macht, sondern es entscheidet die real vorhandene Stellung des Subjects, der Complex der individuellen christlichen Kräfte und Mittel. Was zunächst die unerläßlichen Pflichten im christlichen Sinn betrifft, so ist zu sagen: Alles, ohne das eben im Subject ein christliches Leben noch gar nicht vorhanden ist oder nicht mehr vorhanden sein kann, was also die Grundbedingung ist für eine christliche Lebensstellung des Subjects überhaupt, für ihr Entstehen und Bestehen, kurz: das, ohne was es kein subjectives Christenthum giebt, das kann und darf auch keiner Entwicklungsstufe der christlichen Subjectivität fehlen oder ihr abhanden kommen; es erscheint so auf der niedrigsten wie auf der höchsten Stufe als **unerläßliche Christenpflicht**; so Glaube, Hoffnung, Liebe, womit aber der verschiedene Umfang und Grad nach der Verschiedenheit der Subjecte noch nicht bestimmt ist. Was nun aber über dies Allgemeine hinausliegt, ist deßhalb an und für sich nicht erläßlich, nicht etwas Unverpflichtendes für irgend einen wahren Christen, weil ja alle wachsen und vollkommen werden sollen; es gehört also im objectiven Sinn auch zur absoluten, zur unerläßlichen Christenpflicht, es hat allgemein verpflichtende Kraft. Keiner aber ist im Augenblick vollkommen, noch wird er es je diesseits, jeder vielmehr hat im Umfang des christlichen Lebens immer nicht nur etwas noch nicht Erreichtes, sondern auch vorerst Unerreichbares vor sich, und zwar auch ohne besondere Schuld von seiner Seite, vielmehr in Gemäßheit der sachlichen Entwicklungsordnung (Mark. 4, 28), wonach ihn Dieses und Jenes noch nicht ergriffen hat und von ihm noch nicht ergriffen ist, oder noch nicht ergreifbar ist. Joh. 13, 36. 16, 12 f. Act. 10, 13—15. 28. Dazu kommt ein Weiteres: Ein und derselbe Pflicht- und Tugendbegriff effectuirt sich in verschiedenen Handlungen nach den verschiedenen inneren und äußeren Verhältnissen; z. B. der Keuschheitsbegriff beschränkt sich im Allgemeinen auf Enthaltung von außerehelichem Genuß und auf eheliche Treue, dagegen nicht unter allen Verhältnissen auf die gänzliche Enthaltung auch von der ehelichen Verbindung, dies nur da, wo besondere innere und äußere Voraussetzungen gegeben sind, ohne welche die gänzliche Enthaltung gerade zur Sünde führt statt zum Guten*). Matth. 19, 11 f. 1 Kor. 7, 1 f. 5. 7. 26. Ebenso ist es mit der Vermögens-Entäußerung; Zeit, Art und Maß der-

---

*) Michael Hahn hat die Ehelosigkeit so betont, daß manche sie sich auferlegen ohne zu prüfen, ob die Voraussetzung dazu vorhanden ist.

selben bestimmt sich aus den subjectiven Verhältnissen. Darum gibt es für Jeden im christlichen Lebensumfang solches, das ihn in seiner individuellen Stellung zu einer gewissen Zeit oder in bestimmter Form, also relativ, nicht als concrete Pflicht in Anspruch nimmt; er vermag es vorerst überhaupt noch nicht, oder nicht in dieser besonderen Art und Ausdehnung zu fassen, es sind bei ihm zur Zeit, oder auch nach seiner ganzen innern und äußern Lage die wesentlichen Voraussetzungen dazu nicht vorhanden, für ihn ist es daher eine erläßliche Pflicht, oder, sofern die Pflicht nicht in ihrem vollen Umfang bei ihm zutrifft, eine unvollkommene Pflicht. Also im **subjectiven Sinn** und im concreten Fall beschränkt sich das Unerläßliche im Pflichtbegriff auf Art und Maß des individuell Möglichen; alles individuell Unmögliche ist relativ d. h. unter den Umständen des Subjects erläßlich. Joh. 13, 34—36. Hierüber gilt es für Jeden ein gewissenhaftes Prüfen, für das er dem Allwissenden verantwortlich ist. Daß aber das unter bestimmten inneren und äußeren Verhältnissen des Subjects Erläßliche in keiner Weise in den subjectiven Pflichtkreis falle, läßt sich andererseits nicht sagen, denn an und für sich betrachtet oder objectiv gehört es einmal zur allgemeinen Christenpflicht, weil es, abgesehen von der besonderen Form und den besonderen Verhältnissen, zu der Alle verpflichtenden Idee gehört, oder zu dem absoluten Princip des Vollkommenwerdens. So erscheint (Luk. 20, 35) der Wegfall des Heirathens als die zukünftige moralische Würde der Himmelsbürger, aber nicht dadurch nur, daß es zur physischen Unmöglichkeit wird, oder nicht mehr Bedürfniß ist, sondern eben nur bei denen, die des unsterblichen Lebens der Gottessöhne gewürdigt sind; es ist nicht eine bloß phyfische Schwäche oder Bedürfnißlosigkeit, sondern eine höhere Kraft-Organisation, und dazu sich ethisch heranzubilden, dies haben alle, auch verheirathete Christen, als Pflicht auf sich; daher sollen sie schon hier in ihrer innern Geistesstellung sich halten lernen ὡς μὴ ἔχοντες γυναικας, und so die Besitzenden als nicht besitzend; dies ist das absolute Pflichtverhältniß, in welchem der Apostel die individuellen und relativen Unterschiede der inneren und äußeren Situation ausgleicht. 1 Kor. 7, 29—31. Und so ist es mit allem Einzelnen im christlichen Pflichtumfang: es gehört zur Idee der gottähnlichen Heiligkeit, letztere ist das Allgemeingültige, womit sich alles Individuelle allmählich zusammen zu schließen hat, sie ist principiell gesetzt in Allen, die wirklich von Gott und in Gott geheiligt werden, und ist das Endziel, das von allen Individualitäten nach allen verschiedenen Abstufungen als gemeinsamer Lebenscharakter vorzubereiten und so zu erreichen ist. Eph. 1, 4 f. 4, 13. 5, 27.

Wir müssen nach dem bisher Dargelegten festhalten: Die Christenpflicht ist wie das christliche Leben selbst ihrem Princip nach und so auch ihrem ganzen idealen Begriff nach hier schon für alle Christen absolut gesetzt, gesetzt mit dem Glauben und seinem Geiste der Kindschaft; die allgemeine Christenpflicht ist aber ihrem concreten Inhalte nach etwas **Werdendes, das sich individuell vertheilt und successiv steigert,** bis es sich in der Vollendung für Alle abschließt in der Realität der einen göttlichen Vollkommenheits-Idee, der Heiligkeit. Eph. 1, 4 f. 3, 19. 4, 12 f. Was nun im Verlauf der Entwicklung bei dem Einen noch als erläßliche Pflicht auftritt, dasselbe gewinnt eine andere Bedeutung für das nämliche Subject oder hat sie bereits für ein anderes Subject neben ihm, sobald mit den entsprechenden Verhältnissen auch die entsprechende geistige Reife oder überhaupt die subjective Voraussetzung eingetreten ist; mit dem individuellen und speciellen Können ist das individuelle und specielle Sollen da. Da ist meine Stunde gekommen, wo gerade der absolute Begriff des Guten und die allgemeine Christenpflicht mir diesen besonderen Zug des göttlichen Lebensbildes in dem mir möglichen besonderen Grade, und in dieser entsprechenden besonderen Form nun zur unerläßlichen Pflicht macht vor dem Alles erkennenden Herrn, wenn schon nicht vor Menschen. Z. B. um Jesu willen sich selbst zu verleugnen, ist die allgemeine, absolute Pflicht aller seiner Jünger, die alles Besondere in sich schließt; aber um Jesu willen unverheirathet bleiben, Weib und Kind verlassen, sein Vermögen den Armen geben, gar keine Besoldung annehmen und dergleichen, dies sind specielle Bestimmungen, besondere Formen der allgemeinen Pflicht, ihre Unterlassung widerspricht nach Umständen der Selbstverleugnungspflicht nicht, es sind Pflichten relativer Art, weil ihre Erfüllung abhängt von gewissen Verhältnissen und Bedingungen, von der besonderen inneren und äußeren Stellung. Wo und so oft nun aber diese Stellung eintritt, sind jene Bestimmungen keine bloßen consilia, ist ihre Erfüllung keine unverpflichtete überverdienstliche Leistung oder in irgend einem Sinn für den betreffenden Christen nicht sittlich nothwendig und erläßlich, sondern in der entsprechenden inneren und äußeren Stellung sind jene Bestimmungen eben **identisch mit der absoluten Pflichtbestimmung:** Verleugne dich selbst! aus Liebe zum Herrn, für den es eine Liebe von ganzem Herzen u. s. w. gilt. Werden in solchem Fall solche

specielle Bestimmungen nicht eingehalten, so fehlt es bei dem
Subjecte allerdings deßhalb allein noch nicht an Liebe über=
haupt, aber es ist bei diesem Subject auch nicht bloß, wie
Hirscher es auffaßt, Mangel an einem höheren Grad
der Liebe, zu welchem dieses Subject nicht verpflichtet wäre,
sondern es fehlt da eben an der speciell zutreffenden Be=
thätigung der allgemeinen Christenpflicht, es fehlt an der
Christusähnlichen Gottesliebe in dem Grade und in der
Form, die hier für das Subject gerade pflichtmäßig sind,
weil sie für dasselbe naturgemäß sind. Es ist eben daher die
Unterlassung in solchem Fall bei dem im Uebrigen christlich
Gesinnten zwar nicht ein radicaler Abfall, nicht absolute
Untreue, wodurch er dem Gericht oder Fluch des Gesetzes
verfällt, aber immerhin ist es ein moralisches Deficit im
christlichen Leben des Individuums und so eine Versündigung,
die der Vergebung bedarf.

    Es muß immer der christliche Pflichtbegriff als Liebes=
pflicht im Auge behalten werden. Liebespflicht ist allerdings
nicht Zwangspflicht, sondern Sache der Freiheit; und die
Unterlassung der gerade zutreffenden freien Liebes=Handlung
ist eben Mangel an einer Liebe, die im Allgemeinen auf
der Pflicht der schuldigen Dankbarkeit beruht, wie beim Kind
gegen den Vater, in ihrem speciellen Umfang und Grad
aber dem innern und äußern Können zu entsprechen hat;
sonst ist es eine pflichtwidrige Liebes=Versäumniß, Mißbrauch
der Freiheit gegen den Vater, wenn schon nicht ein positives
Unrecht gegen ihn im Sinn einer gesetzlichen Pflichtübertretung
und Unterlassung einer Zwangspflicht. Wird daher ein
solches Liebes=Versäumniß nicht wieder gut gemacht, setzt sich
der mangelhafte Liebessinn fest, der die freie Pflicht wie keine

Pflicht behandelt, so büßt der Mensch ein an dem, was er schon hat; die Liebe nimmt ab, während es Pflicht derselben ist, zuzunehmen. Die Freiheit, die gegeben ist, immer positiver zu werden, wird mehr und mehr negativ, ihr Gebrauch ein Mißbrauch für das Selbstische; daher Jak. 2, 12. Dagegen wo die subjective specielle Voraussetzung solcher speciellen Bestimmungen nicht vorhanden ist, die entsprechende innere und äußere Lebensstellung, da darf auch aus solchen evangelischen Bestimmungen wie Nichtheirathen, das Vermögen den Armen geben u. s. w. kein concretes Gesetz gemacht werden, keine specielle moralische Nothwendigkeit oder individuelle Pflicht, nicht einmal ein Rathschlag, da alles christlich Gute in seiner Realisirung oder Bethätigung als wirklich christlich Gutes nur resultirt aus dem innern Glaubens- und Liebesleben des Subjects, aus seiner selbsteigenen Erkenntniß und seiner freien Triebkraft; so nur ist es Frucht der Wahrheit und der Freiheit, sonst ist es Schein und knechtischer Zwang, menschliches Autoritäts- und Satzungs-Product, nicht göttliches Geistesproduct. Daher hebt Röm. 12, 2 f. hervor: es soll nach dem Maß des vorhandenen Glaubenslebens, worin eben die Liebe wurzelt, der Einzelne nicht zu viel wie nicht zu wenig erstreben wollen in Bezug auf die Realisirung des göttlichen Willens in speciellen Leistungen.

Der Ausspruch knüpft nämlich an V. 2 an, wo die verschiedenen Grade des Guten in der Vollziehung des göttlichen Willens hervorgehoben werden; und V. 4 ff. werden eben die verschiedenen besonderen Dienstleistungen $\pi\varrho o\varphi\eta\tau\varepsilon\iota\alpha$, $\delta\iota\alpha\varkappa o\nu\iota\alpha$, $\delta\iota\delta\alpha\sigma\varkappa\varepsilon\iota\nu$, $\pi\alpha\varrho\alpha\varkappa\alpha\lambda\varepsilon\iota\nu$ an die besonderen individuellen Gaben oder Kräfte gebunden, wobei jeder Einzelne das individuelle Maß ins Auge zu fassen habe, daß er nicht zu viel sich herausnehme (μη υπερφρονειν παρ' ο δει φρονειν). Damit ist nun nicht gesagt, daß nicht alle verpflichtet sind, im allgemeinen Sinn zu dienen, zu ermahnen u. s. w., (auch προφητευειν kann und soll im Allgemeinen bei dem mit Geist Getauften statt haben, Apostg. 2, 17. 1 Kor. 14, 1. 24—31); nur die besondere Ausübung der einen oder andern Leistung über das allgemeine Maß hinaus soll sich richten nach der besonderen Befähigung. Worauf nun aber die richtige Bestimmung für den Einzelnen beruhe, sagen die Worte B. 3: εκαστω ως ο θεος εμερισε μετρον πιστεως. Letzteres, πιστις, ist das individuelle Herzensverhältniß zur Gnade; nach ihm bestimmt sich dann die Mittheilung der Gnade ihrer Art und ihrem Maß nach. Dies ist in μετρον ausgedrückt, vgl. Eph. 4, 7; da heißt es genauer μετρον της δωρεας: wie Gott jedem zugetheilt hat das Gabenmaß, das seinem Glauben zugehört und entspricht, so erstrebe er die Realisirung des göttlichen Willens, so wirke er. Vgl. 1 Kor. 7, 7. 17: wie jedem gegeben ist, so wird von ihm gefordert; so hat er also auch ehrlich von sich selbst zu fordern, nicht zu viel und nicht zu wenig.*)

Wo nun also das Subject nicht auf einer Glaubensstufe steht und nicht in einer Lage ist, wie sie einer speciellen evangelischen Bestimmung entspricht, da darf für dasselbe, wie schon bemerkt, aus dieser speciellen Bestimmung nicht

---

*) Es gilt das gegen die Eiferer und Treiber, die in Unverstand oder moralischer Prüderie mit allen göttlichen Bestimmungen auf die Seele stürmen, die mit der Ueberschwänglichkeit der göttlichen Liebe sogleich alle Früchte des Geistes hervortreiben wollen. Die Folge ist ein καταφρονειν, eine Abspannung, die zur Geringschätzung des Christenthums ausschlägt, zum Verzweifeln an Gott, Andern und sich.

nur keine Pflichtforderung, sondern nicht einmal ein consilium gemacht werden. Ich darf also nicht nur nicht gebieten oder moralisch nöthigen, sondern auch nicht locken, nicht reizen, und überreden, daß ein Subject das Christlichgute in der speciellen Art oder in dem Maß vollbringe, worin es über seinem Glaubensmaß liegt, oder überhaupt seinen individuellen Verhältnissen nicht angemessen und nahe gelegt ist.*)

Gerade das Ueberreden wirkt nur noch moralisch verderblicher als das Nöthigen; es wirkt nämlich durch Reiz der Außerordentlichkeit, durch den Glanz einer besonderen Tugend, Christlichkeit und Heiligkeit, einer unverpflichteten Liebe u. dgl. — Alles das ist unevangelisch und führt zu Aufgeblasenheit des Sinns, wenn schon nicht des äußern Benehmens. Kol. 2, 18. 23.

Uebrigens damit, daß alle christliche Tugend sich frei von innen heraus bei den Einzelnen zu entwickeln hat, ist nicht gesagt, daß der Mensch nur zu warten habe, bis ihm Verstand, Neigung, Kraft für besondere Arten und Grade des christlich Guten von selbst zuwachse, oder von oben eingegossen werde. Eingegossen wird der Geist als Princip alles Guten, aber zuzunehmen am Geist und Frucht zu tragen, gehört zu des Christen Selbstbefleißigung. Vgl. 2 Petri 7, 3 ff. Auch darf Keiner den Gedanken zu seinem Polster machen: dies und das gehöre nun einmal nicht zu seiner Individualität. Die innere Vorbereitung und die

---

*) So, obgleich alle wahren Gläubigen von Gott gelehrt sind und ihr Licht leuchten lassen sollen, heißt es doch Jak. 3, 1: „μη πολλοι διδασκαλοι γινεσθε", und den Frauen ist das öffentliche Lehren gar nicht gestattet. Ebenso das Bekennen involvirt nicht, daß man sich hinzubränge, sich den Verfolgungen nicht nach Umständen entziehe ꝛc.

Vervollkommnung der Individualität gehört vielmehr zum Gesetz der Liebe; es gehört zur allgemeinen absoluten Christenpflicht, daß Jeder, was er noch nicht hat, jedoch von der göttlichen Gnade erhalten kann, auch sucht und erstrebt auf dem Wege der inneren organischen Entwicklung, der treuen Fortbildung und Durchbildung, nicht der äußeren Nachahmung, Erzwingung und Erkünstelung.

Wir haben im Bisherigen gefunden, daß die besonderen Arten des christlich Guten oder des christlichen Gesetzesinhaltes, ehe sie pflichtmäßig gefaßt und geübt werden können, nicht nur im Allgemeinen christliches Glaubensleben voraussetzen, sondern auch neben den entsprechenden äußeren Verhältnissen die dem betreffenden Guten entsprechenden besonderen Kräfte und Entwicklungsstufen, wovon die einen höher stehen als die anderen.

Ebendeßhalb nun

c) stuft sich auch

1) das Gute selbst ab in verschiedene Grade des Werthes, wenn wir dasselbe nämlich nicht abstract in's Auge fassen, sondern eben in seiner concreten Entwickelung und Verwirklichung durch das Subject, also als subjectiv Gutes, als persönliche Tugend. Manches vom absoluten Inhalt des Guten, speciell des Christlichen ist dem Einzelnen erst erreichbar nach gemachtem Fortschritt und so hat dasselbe auch einen höheren Werth für das sittliche Urtheil, eben weil es bei dem Subject einen sittlichen Fortschritt voraussetzt. Manches ferner erhält größeren oder geringeren Werth, je nachdem es den realen Verhältnissen, in denen es durchzuführen ist, mehr oder weniger entspricht. Fassen wir auch diese Punkte näher in's Auge.

Zusatz I. Ueber consilia evangelica.

a) Was einerseits zum ersten allgemeinen Anfang des sittlichen Lebens überhaupt gehört und speciell des christlichen; was andrerseits erst nach einem bis zu gewisser Reife durchgebildeten Lernen und Ueben als Endziel, als τελος auch nur in relativem Sinne, erreicht werden kann, das unterscheidet sich auch von einander nicht nur äußerlich als Vorangehendes und Nachfolgendes, sondern auch nach seiner inneren moralischen Qualität; das Eine bildet das Elementare als ἀρχη oder als ἀγαθον schlechthin; das Andere verhält sich der ἀρχη gegenüber als τελειον, das Ziel treffend, als trefflich, vorzüglich, oder als Gereiftes. In dieser Unterscheidung liegt immerhin eine verschiedene Werthbestimmung, obwohl nur mit Rücksicht auf die subjective Entwicklung, nicht unmittelbar vom Wesen des Guten selbst aus; es liegt der Unterscheidung die Rücksicht auf die Allmählichkeit der subjectiven Aneignung und Ausbildung zu Grund. Ebr. 5, 12—6, 2. Es ist die ganze Unterscheidung eben mit Rücksicht auf die eigene Entwickelung der Christen oder auf deren geistige Bedürfnisse und Capacität gebraucht. Τελειοι stehen daher in relativem Sinn gegenüber den νηπιοι, und es heißen so V. 14 diejenigen, die schon durch Uebung eine sittliche Fertigkeit erreicht haben, daß sie die τελειοτης erfassen können (6, 1), oder, wie sich Phil. 3, 14 ausdrückt, die im Ergreifen des τελος begriffen sind, obwohl sie V. 12 nach derselben Stelle noch nicht τετελειωμενοι sind. An diese Unterscheidung des Subjectiven in νηπιοι und τελειοι schließen sich Ebr. 5 auch die Ausdrücke γαλα und στερεα τροφη an, sowie τελειοτης und ἀρχη. Nicht daß im Guten und Christlichen an sich selber eine höhere oder geringere Qualität desselben zu unterscheiden sei, soll mit diesen

Ausdrücken bezeichnet werden, sondern was davon für die höhere oder niederere Stufe der subjectiven Entwickelung zu verwenden ist und gefaßt wird. Die verschiedene Fähigkeit und Tüchtigkeit des einzelnen Subjects bestimmt die Eintheilung des Christlichen in Milch und feste Speise, in $\alpha\varrho\chi\eta$ und $\tau\varepsilon\lambda\varepsilon\iota o\nu$, in das, was vom Christlichen leichter oder schwerer anzueignen ist; nicht Bestandtheilen des Christenthums selber wird ein objectiv minderer oder höherer Werth beigelegt. Die Kap. 6, 1 als $\alpha\varrho\chi\eta$ bezeichneten $\mu\varepsilon\tau\alpha\nu o\iota\alpha$ und $\pi\iota\sigma\tau\iota\varsigma$ sind selbst eben Stellungen des Subjects zum objectiv Christlichen und haben auch als $\alpha\varrho\chi\eta$ so wenig an und für sich einen niederen Werth, einen mit dem Fortschritt verschwindenden Werth, daß sie vielmehr die Grundbedingungen bleiben für den ganzen Fortschritt in's $\tau\varepsilon\lambda\varepsilon\iota o\nu$ und mit diesen einen immer reicheren Inhalt und höheren Werth erhalten.

Außer der Abstufung in der Aneignung des Christlichen fragt es sich nun aber auch

β) um die praktische Realisirung oder um die Ausführung des Guten. Da gibt es Handlungen, von denen zwar keine dem Begriff des Guten, speciell des Christlichen widerspricht; die also sämtlich gute, christliche Handlungen sind; aber gegenüber von gegebenen Bedingungen und Verhältnissen entsprechen sie demselben mehr oder weniger. Nach dieser Relation zur concreten Situation ist die eine Handlung nur gut, die andere besser; und dieses kann nach der Verschiedenheit des Subjects, oder auch nach Verschiedenheit der Verhältnisse eines und desselben Subjects sich umkehren zwischen denselben Handlungen. Ein Beispiel gibt 1 Kor. 7, 8 ff.: das Nichtheirathen, die Ehelosigkeit, heißt es V. 8 f.,

Zusatz I. Ueber consilia evangelica.

womit V. 1 zu vergleichen ist, ist gut, καλον; das Heirathen, im Fall das Subject sich nicht enthalten kann, ist besser, κρεισσον. Dagegen V. 38 heißt es umgekehrt: das Heirathen ist gut, das Nichtheirathen ist besser; sofern nämlich neben den V. 26 erwähnten ungünstigen Zeitumständen nach V. 37 der Einzelne in einem festen Herzenszustand sich befindet (εστηκεν εδραιος εν τη καρδια), dabei freie Verfügung über sich selbst hat (εξουσιαν εχει περι του ιδιου θεληματος) und nun ohne alle äußere Nöthigung (μη εχων αναγκην) zum innerlich freien Urtheil und Entschluß gekommen ist (κεκρικεν εν τη καρδια αυτου), daß er την εαυτου παρθενον, d. h. seine Jungfrauschaft, seine Keuschheit ohne Verehelichung bewahren will und kann. Das hier von παρθενος Gesagte geht nicht auf Jungfrauen, als ob der Apostel Vätern über Verheirathung oder Nicht-Verheirathung der Töchter Regeln gebe, während er es im ganzen Abschnitt (1 Kor. 7) mit selbständigen Personen männlichen und weiblichen Geschlechts zu thun hat und mit ihrer eigenen Verheirathung. Daß παρθενος auch das männliche Geschlecht umfaßt, zeigt Offb. 14, 4; und darauf führt auch der Zusammenhang in 1 Kor. 7. Nachdem der Apostel vorher V. 10 ff. die Stellung der schon Verehelichten besprochen hat, ihnen des Herrn Gebot einschärfend, fügt er V. 25 hinzu: περι δε των παρθενων habe er kein Gebot vom Herrn. Was ist also natürlicher, als daß er im Gegensatz zu den γεγαμηκοτες beider Geschlechter nun mit περι δε των παρθενων auf die Unverehelichten beider Geschlechter zu sprechen kommt, um ihnen über die Frage des Heirathens oder Nicht-Heirathens, wobei es sich eben um kein Gebot des Herrn handelt, seine γνωμη zu sagen, und dies führt er dann so aus, daß er zuerst V. 26—28 das männliche Geschlecht, sofort V. 32—34 das weibliche Geschlecht je besonders hervorhebt, wobei V. 28 männlicherseits, wie V. 34 weiblicherseits der unverheirathete Theil je mit $\hat{\eta}\ \pi\alpha\rho\vartheta\varepsilon\nu\sigma\varsigma$ bezeichnet wird. Am Schluß dann V. 36 ff. stellt er nicht mehr männliches und weibliches Geschlecht neben einander, sondern faßt in $\varepsilon\acute{\iota}\ \tau\iota\varsigma\ \nu o\mu\iota\zeta\varepsilon\iota$ das Individuum beider Geschlechter, das männliche wie das weibliche Individuum in's Auge, daher nach $\varepsilon\acute{\iota}\ \tau\iota\varsigma$ im Nachfolgenden die Mehrzahl: $\gamma\alpha\mu\varepsilon\iota\tau\omega\sigma\alpha\nu$; beiden will er sagen, wie sie für heirathen oder nicht heirathen sich entscheiden sollen, je nachdem Jedes für die Bewahrung seiner Jungfrauschaft oder Keuschheit ($\tau\eta\rho\varepsilon\iota\nu\ \tau\eta\nu\ \dot{\varepsilon}\alpha\upsilon\tau o\upsilon\ \pi\alpha\rho\vartheta\varepsilon\nu o\nu$) etwas zu befürchten habe oder nicht. Das Heirathen sei im ersten Falle gut, das Nichtheirathen im zweiten Falle besser. V. 38.

Sonach ist $\hat{\eta}\ \pi\alpha\rho\vartheta\varepsilon\nu o\varsigma$ in dem allgemeinen Satz V. 25, welcher der beide Geschlechter besonders behandelnden Ausführung V. 26 und 28 voransteht, und ebenso $\pi\alpha\rho\vartheta\varepsilon\nu o\varsigma$ in dem individuell gehaltenen Satz V. 36 f., welcher jene Ausführung abschließt, beide Male in abstracter Bedeutung zu nehmen vom jungfräulichen Stand ohne Unterschied des Geschlechts und es involvirt so namentlich V. 36 die Jungfrauschaft als Keuschheit, nicht aber eine einzelne Jungfrau, gerade wie Eph. 4, 13 mit $\check{\alpha}\nu\delta\rho\alpha\ \tau\varepsilon\lambda\varepsilon\iota o\nu$ nicht einen einzelnen Mann bezeichnet, sondern abstract alle Gläubigen ohne Unterschied von Mann und Weib zusammenfaßt als die vollkommene Mannheit, welche die Lebensreife in Christo involvirt.

Ein Gradunterschied im Guten entsteht also nicht nur nach dem Grade der fortschreitenden Entwicklung des Guten

Zusatz I. Ueber consilia evangelica.

im christlichen Subject, wonach das schon dem Anfänger Zugängliche und das durch Vervollkommung erst zu Erreichende den Werth des Elementaren oder des Vollkommenen erhält (wie unten α); zu dieser Abstufung nach dem Gesichtspunkt der Successivität des Guten in der subjectiven Entwickelung kommt auch noch eine Abstufung nach dem Gesichtspunkt der sittlichen Zweckmäßigkeit im subjectiven Handeln. Je nachdem dies den individuellen, localen, temporalen Verhältnissen mehr oder weniger entspricht, bildet sich ein Unterschied zwischen gut oder besser. Unterläßt nun der Betreffende das den inneren und äußeren Voraussetzungen entsprechende Bessere — z. B. das Nichtheirathen — und thut nur das Gute — das Heirathen — nicht aber das Gegentheil, das Böse — die Unzucht — so verletzt er nicht positiv die allgemeine christliche Rechts- und Liebes-Pflicht (1 Kor. 7, 28 $\dot{\varepsilon}\alpha\nu$ $\delta\varepsilon$ $\varkappa\alpha\iota$ $\gamma\eta\mu\eta\varsigma$, $o\dot{\upsilon}\chi$ $\ddot{\eta}\mu\alpha\varrho\tau\varepsilon\varsigma$ und B. 36 $o\dot{\upsilon}\chi$ $\dot{\alpha}\mu\alpha\varrho\tau\alpha\nu\varepsilon\iota$), wohl aber restringirt er die bei ihm als möglich vorausgesetzte specielle Steigerung der Liebespflicht; er erhebt sich nicht zu dem, was nach B. 32 und 34 f. in einem dem Herrn ohne Zerstreuung gewidmeten Leben ihn fördern würde. Es ist nicht das unterlassene Gute, was zur Sünde wird, aber das unterlassene Bessere ($\varkappa\varrho\varepsilon\iota\sigma\sigma o\nu$ B. 38 vgl. 33). Dies ist dann immerhin mit mehr oder weniger Nachtheil verbunden, wobei man sich sagen kann: damit hätte ich mich verschonen können, wenn auch nicht: das ist meine Strafe. 1 Kor. 7, 28 ($\vartheta\lambda\iota\psi\iota\nu$ $\delta\varepsilon$ $\tau\eta$ $\sigma\alpha\varrho\varkappa\iota$ $\dot{\varepsilon}\xi o\upsilon\sigma\iota\nu$ $o\dot{\iota}$ $\tau o\iota o\upsilon\tau o\iota$, $\dot{\varepsilon}\gamma\omega$ $\delta\varepsilon$ $\dot{\upsilon}\mu\omega\nu$ $\varphi\varepsilon\iota\delta o\mu\alpha\iota$ vgl. B. 32: $\vartheta\varepsilon\lambda\omega$ $\delta\varepsilon$ $\dot{\upsilon}\mu\alpha\varsigma$ $\dot{\alpha}\mu\varepsilon\varrho\iota\mu\nu o\upsilon\varsigma$ $\varepsilon\dot{\iota}\nu\alpha\iota$.) Ein so Handelnder steht daher allerdings zurück an Segen vom Herrn, nicht aber trifft ihn der Fluch deßhalb; er steht zurück an sittlichem Ruhm, obgleich ihn nicht Schande trifft; er erndtet weniger, obgleich er nicht leer ausgeht; es binden ihn noch mehr Bande an die Welt, ihre Lasten, Sorgen und Reize machen ihm mehr zu schaffen; dagegen ist auch das wieder gerade für seine Individualität, für ihre Verführbarkeit, Lüsternheit und dergleichen die geeignete sittliche Schule, während für den Anderen, den Reizlosen, eben der ehelose Stand das Förderlichere ist. Es bestimmt sich also nach dem Thun oder Unterlassen des möglichen Besseren der Grad des sittlichen Werthes, Genusses und Gewinnes, der Grad des Participirens am Herrn. 1 Kor. 7, 32 ff.

Resultat des bisher Besprochenen ist: Das christliche Pflichtverhältniß und das entsprechende Gute schließt allerdings Abstufungen in sich, weil beides auf der Abstufung des Glaubenslebens und der göttlichen Begabung beruht, so wie auf dem verschiedenen Grade der Aneignung des Göttlichen und der Angemessenheit einer Handlung zum subjectiven Zustand und zu den gegebenen Verhältnissen. Darum aber gibt es nicht vollkommene und unvollkommene Pflichten im objectiven Sinn, sondern nur Vollkommenheit und Unvollkommenheit im subjectiven Verpflichtetsein, so wie auch in der subjectiven Pflichterfüllung oder in der Realisirung des Guten, in der Tugend. Indem aber im Allgemeinen der ganze Umfang des Liebeslebens, wie es in der Person Christi geoffenbart ist, aufgenommen ist in den christlichen Pflichtbegriff und darein aufzunehmen ist von den Einzelnen, gibt es auch keine Stufe des Guten, die genau genommen über den Begriff der christlichen Pflicht hinausginge. Nur im Anschluß an den gemeinen Sprachgebrauch kann man das, was auf bestimmtem Gebot oder ausdrücklichem Auftrag beruht, wie z. B. bei Paulus die Verkündigung des Evangeliums (1 Kor. 9, 16) als Pflicht im engeren Sinn oder als schlechthin unerläßliche Schuldigkeit bezeichnen, und dagegen das, was der freien Liebe überlassen ist, wie bei Paulus das Unentgeltliche bei seiner Dienstleistung (V. 17) daneben stellen als etwas, wozu man nicht verpflichtet sei, was nicht Schuldigkeit sei. Aber jener Pflichtbegriff ist nur der äußerlich gesetzliche und reicht nur zur legalen Tugend, zur gesetzlichen Gerechtigkeit hin, nicht für die christliche, deren ganze Verpflichtung eben die freie Liebe zum Ausgangspunkt hat, er darf daher den Pflichtbestimmungen einer christlichen Ethik auch nicht zu Grund gelegt werden.

Wir haben bis jetzt die Frage behandelt, wie der Begriff der Verpflichtung für alle christlichen Individuen sich wesentlich auf den ganzen ethischen Inhalt des Christlichen bezieht, und es gibt hienach keine höhere Tugend in dem Sinn, daß sie Gott gegenüber hinausreichte über den Begriff der Pflicht, ein Verdienst würde, da der christliche Pflichtbegriff, von der Liebe ausgehend, zum Vollkommenwerden verpflichtet. Jetzt fragt es sich noch

2) ob auch umgekehrt nichts unterhalb des Pflichtbegriffs liege, wie nichts oberhalb desselben zu stehen kommt, und dies führt uns auf die sogenannten Adiaphora.

Zusatz II. Ueber Adiaphora.

Letzteren liegt nämlich die Frage zu Grunde, ob es Verhältnisse und Handlungen gebe, die gar nicht unter den Begriff von gut oder bös fallen, die in sittlicher Hinsicht gleichgültig oder indifferent sind. Hiebei ist vor Allem wieder zu unterscheiden zwischen Subjectivem und Objectivem, bestimmter:

zwischen dem subjectivem Verhalten und Handeln und zwischen den Gegenständen desselben, sowie den objectiven Verhältnissen und Vorgängen, in welchen und unter welchen der Mensch lebt, ohne daß sie von ihm abhängig wären. Betrachtet man die Gegenstände des Handelns, die Lebensverhältnisse und Vorgänge nur abstract in ihrer Objectivität, ohne Bezug auf den Menschen, so ist es möglich, daß sie weder als gut noch als bös im sittlichen Sinn zu prädiciren sind, z. B. Essen, Arbeiten, Schlafen. So haben schon die Stoiker, von denen der Ausdruck ἀδιαφορα entlehnt ist, den Begriff nicht auf Handlungen bezogen, sondern auf Gegenstände, namentlich auf äußere Güter, die an und für sich keinen sittlichen Werth haben, z. B. Reichthum, Ansehen, Gesundheit. Erst durch ihre Beziehung auf den Menschen erhalten die äußern Gegenstände, Verhältnisse und Vorgänge sittliche Bedeutung, denn das Sittliche gehört dem geistigen Personleben an: also nur nach unsrem freithätigen Verhalten zu denselben (active Beziehung), nach ihrem Einfluß auf unsere Person (passive Beziehung), kann sich eine sittliche Werthbestimmung ergeben. Die Frage in Betreff der Adiaphora wäre also genauer so zu stellen: ob es Gegenstände, Lebensverhältnisse und Vorgänge gebe, in denen und zu denen wir thätig oder leidend außer sittlicher Beziehung stehen, oder denen gegenüber die persönliche Beziehung eine sittlich indifferente sein kann, daß man also dieselbe weder eine gute noch eine böse nennen kann, weder eine pflichtmäßige noch eine pflichtwidrige. Die meisten, namentlich der protestantischen Moralisten, negiren schlechtweg das sittlich Indifferente, indem sie die für das Ganze des Gesetzes und für alles Handeln geltende Verpflichtung premiren, nur unter Voraussetzung der sittlichen Zurechnungsfähigkeit im Allgemeinen, absehend von dem individuell Persönlichen. Jede Handlung, als Ausfluß des Willens gedacht, sei entweder den sittlichen Gesetzen entsprechend oder widersprechend, falle also der sittlichen Beurtheilung anheim, sei entweder als gut oder als bös, pflichtmäßig oder pflichtwidrig zu prädiciren, niemals als gleichgültig. Es ist aber auch hier nicht ohne Grund, daß es durch alle Zeiten herab Verfechter der Ansicht gibt, es gebe sittlich indifferente Handlungen, oder wie man besser sagen sollte, um namentlich auch das passive Verhältniß zu berücksichtigen, sittlich indifferente Lebensbeziehungen. Im gemeinen Leben drückt man sich ohnedies in concreten Fällen oft so aus, ohne daß gerade immer moralische Laxheit zu Grunde liegt. Wir müssen nur vor Allem ins Auge fassen, daß eben die persönliche Beziehung selbst, speciell die Handlung, eine sittliche Bedeutung erst dadurch erhält, wenn der Mensch ein Bewußtsein dessen hat, was dem Gesetz gemäß ist, was gut, speciell was christlich gut ist, und wenn er mit Bewußtsein sich für oder wider bestimmt, oder, sofern er leidend gedacht wird, wenn ihm eine fördernde oder nachtheilige Wirkung des Betreffenden eben auf seine persönliche Stellung zum Gesetz oder zum Guten und zum Christlichen zum Bewußtsein kommt oder kommen kann: nur dann kann die persönliche Beziehung zu etwas eine positiv oder negativ sittliche sein. Denken wir uns einen Menschen, der das, was er gerade thut oder leidet, noch nicht sittlich beurtheilen kann, namentlich nicht christlich, vorausgesetzt, daß ein solcher Zustand nicht Folge besonderer eigener Schuld ist, denken wir uns also zunächst ein unmündiges Kind, so machen wir ein solches noch nicht sittlich verantwortlich für Alles, was es thut oder sich gefallen läßt; seinen Handlungen, ob sie gleich an und für sich von einem mündigen sittlichen Bewußtsein aus gut oder böse genannt werden müssen, wird darum doch Niemand sittlichen Werth beilegen, und ebenso, was es leidet, das hat in der Unmündigkeit zunächst weder einen guten noch bösen Einfluß auf seine persönliche Stellung zum Gesetz oder zum Guten; es hat bei ihm keine moralische Wirkung. Da ist also vorerst individuelle Indifferenz, weil individuell noch keine sittliche Zurechnungsfähigkeit da ist. Dieses Unmündigkeits-Verhältniß hört nun aber mit dem Kindesalter nicht schlechthin auf, vielmehr steht und geht es im wirklichen Leben so, daß das sittliche Bewußtsein sowie die sittliche Vernunftthätigkeit, namentlich gegenüber dem Geistlichen sich nach Umfang und Grad nur allmählig im Menschen entwickelt, dies wieder, auch abgesehen von persönlicher Verschuldung, schon nach allgemeinen Naturgesetzen. Soweit denn in bestimmten Beziehungen die sittliche Entwicklung naturgemäß noch nicht eingetreten ist, also im partiellen Sinn, gibt es ebenfalls unmündige Verhältnisse, in deren Bereich noch keine individuell sittliche Zurechnungsfähigkeit statt findet. In solchen Beziehungen ist dann der Mensch weder mit sittlichem Bewußtsein selbstthätig, noch wird er in seinem sittlichen Bewußtsein afficirt. Die Beziehungen sind für ihn noch reine Naturbeziehungen, noch keine sittliche Lebensbeziehungen. Die Sünde ist in solchen Beziehungen (Röm. 7, 8) vom Gesetzesbewußtsein noch nicht beleuchtet, sie ist todt, aber auch Gerechtigkeit und Tugend ist in solchen Beziehungen noch nicht da, es ist Indifferenz. In solcher Indifferenz steht der Naturmensch manchen Verhältnissen der Cultur gegenüber: er verfehlt sich in Diesem und Jenem gegen Gesetze der Scham, der sittlichen Würde oder Erhabenheit, der Bescheidenheit, ohne daß es bei ihm moralische Fehler sind; umgekehrt, manche Laster der Cultur sind ihm fremd, die Versuchungen dazu berühren ihn nicht, ohne daß es bei ihm Tugend ist, Frucht sittlicher Charakterbildung. Es ist aber Indifferenz nur in bestimmten Beziehungen, nicht daß der Mensch auch in andern Beziehungen indifferent sein könnte, denen gegenüber sein sittliches Bewußtsein soweit erwacht ist, um eben vom sittlichen Standpunkt aus die vorliegenden Einzelnheiten sittlich beurtheilen und behandeln zu können; ohne das aber kommen ihm dieselben nicht in ihrer unsittlichen oder sittlichen Bedeutung zum Bewußtsein. So leben im Alten Testament die Patriarchen z. B. in Beziehung auf Vielweiberei noch in der Indifferenz; sie sündigen nicht damit, obgleich man nicht sagen kann, daß dieselbe der sittlichen Idee der Ehe, oder dem mündigen sittlichen Bewußtsein entspreche: bei den Patriarchen war in dieser Beziehung noch Unmündigkeit. Anders ist es freilich, wenn mitten aus christlichen Culturkreisen heraus zu Vielweiberei zurückgegriffen wird, in der Art, daß sie als sociale Regel auftritt (vgl. unten bei der Ehe), oder sogar als Institut besonderer Heiligkeit cultivirt wird. Sofern denn die sittliche Werthbestimmung der Gegenstände, Verhältnisse und Vorgänge abhängt von der persönlichen Beziehung zu denselben, insofern müssen wir sagen: es gibt Verhältnisse und Vorgänge, denen gegenüber die persönliche Beziehung (thätig oder leidend gefaßt) noch eine sittlich indifferente sein kann, soweit nämlich die Person in dieser bestimmten Beziehung noch nicht zum sittlichen Bewußtsein durchgebildet sein kann, und so auch nicht sittlich afficirt wird (vgl. § 12, 4. c. S. 107 ff. das über Tanz, Schauspiel ꝛc. Gesagte). Sobald und soweit in solcher Beziehung das sittliche Bewußtsein in der Person erweckt und entwickelt wird, hört auch die sittliche Indifferenz auf, es tritt die sittliche Zurechnungsfähigkeit ein. Dies macht den Unterschied; dagegen das Kleine oder Große der Gegenstände oder Verhältnisse und Vorgänge, die materielle oder formelle Verschiedenheit derselben, das macht für das sittliche Urtheil keinen wesentlichen Unterschied.

Wenn das Subject, sei es nun in dieser oder jener Form, sei es wenig oder viel, auf etwas eingeht, worüber sein sittliches Bewußtsein urtheilsfähig ist, so fällt auch sein Handeln unter die moralische Kategorie, sollte der Handelnde selbst es auch nicht darunter subsumiren.*) Hat der Mensch die Kraft, so hat er auch die Pflicht die vorliegende Sache sittlich zu beurtheilen und kann nur durch selbstische Unterlassung in der Indifferenz bleiben; es ist dann eine verschuldete Indifferenz, eine unsittliche Gleichgültigkeit. Thun oder Nichtthun und Leiden erhält in solchem Fall moralische Bedeutung und Wirkung; es übt einen positiven oder negativen Einfluß auf das persönliche Verhältniß zum Gesetz, ist dem gerechten Verhältniß entweder gemäß und förderlich, oder zuwider und schädlich, und wenn es der Mensch dann doch noch indifferent nimmt, wird seine Indifferenz zur Indolenz, wird Lauheit, Stumpfheit. Sobald das eigene Bewußtsein auch nur schwankt oder zweifelhaft wird, ob etwas gut oder

---

*) Wenn der Knecht (Luk. 12, 48), der an und für sich Strafwürdiges thut, für der Strafe verfallen erklärt wird, ungeachtet er keine Erkenntniß von des Herrn Willen hat, ist damit vorausgesetzt, daß er immerhin von seinem sittlichen Bewußtsein aus sein Thun als strafwürdig erkennen konnte.

böse sei, christlich oder unchristlich, so ist die Indifferenz schon aufgehoben, und es tritt die Pflicht ein, zur Klarheit und Entscheidung zu kommen, respective sie abzuwarten und vorerst das Handeln zu sistiren. Insofern nun aber nach dem Bisherigen die sittliche Indifferenz immerhin auf einer partiellen Unmündigkeit des sittlichen Bewußtseins beruht, ist sie, auch wo sie nicht persönlich verschuldet ist, doch nur möglich **durch Mangel an sittlicher Bildung**. Weil aber diese Mangelhaftigkeit in der jetzigen moralischen Naturschwäche und Gebundenheit etwas Allgemeines ist, so ist auch in einzelnen Beziehungen sittliche Indifferenz **bei Allen** vorhanden, auch bei wirklichen Christen, insofern auch sie noch im Werden der christlichen Tugend, im Heranwachsen zur christlichen Vollkommenheit begriffen sind.

Fassen wir noch zum Schluß übersichtlich zusammen, was indeß gegenüber den consilia evangelica und den ἀδιαφορα **sich über den Umfang der christlichen Verpflichtungen** herausgestellt hat, oder über die Frage: wie weit sich die christliche Pflicht erstrecke. Wir stehen mit den gegebenen Bestimmungen in der Mitte zwischen zwei extremen Auffassungen, in welche sich die protestantischen und die katholischen Moralisten wenigstens vorherrschend theilen. Den **protestantischen Moralisten** in ihrer Mehrzahl ist es eigen, daß sie zwar die Absolutheit des christlichen Pflichtbegriffs festhalten (wonach Alles für Jeden unter den Begriff der Pflicht falle), dies geschieht aber in abstracter Idealität; es werden für die concreten Lebensverhältnisse die realen Unterschiede übersehen, die in der individuellen Pflicht entstehen durch die individuelle Begrenztheit der Subjecte und ihrer Entwicklung. Allerdings ist das absolute Gesetz des Christlichen, indem es als Liebe dem Subject immanent geworden, in demselben als absolutes Princip gesetzt, aber eben nur als Princip, das in der individuellen Begrenztheit des Subjects, in dessen eigener concreter Entfaltung seinen absoluten Inhalt nur erst theilweise und stufenweise entwickeln kann, und dies im individuellen Bewußtsein wie in der individuellen Kraft und Thätigkeit. Man darf den absoluten Inhalt des Gesetzes und das Bewußtsein davon nicht als etwas a priori Zusammenfallendes und Identisches voraussetzen. Soweit nun vermöge dieser subjectiven Begrenztheit der Inhalt des absolut Guten noch nicht individuelles Bewußtsein geworden ist, oder dieses noch nicht urtheilsfähig dafür ist, soweit steht das Subject dazu mit seinen Handlungen in sittlicher Indifferenz. Daher sind alle bloßen Nachahmungen des Guten und noch mehr des Christlichen moralisch werthlos. Das Gemäß- oder Zuwider-Handeln des Subjects hat in dieser Beziehung noch keinen sittlichen Werth, ist noch nicht Frucht und Ausdruck bestimmten Denkens und Wollens, noch nicht persönliche Tugend oder Sünde. Röm. 4, 15. 5, 13.*) 7, 9. (Ueberall ist das Gesetz nicht nur als objectiv außer dem Menschen existirend gedacht, sondern als ins Bewußtsein getreten.)

Ferner soweit das absolut Gute noch nicht im Bereich der individuellen Kraft und Situation liegt, ist dasselbe auch nicht speciell für das Subject verpflichtend. Diese Pflichtseite hat für dasselbe noch keine reale Geltung, weil sie bei dem betreffenden Subjecte nicht ihre reale innere und äußere Voraussetzung hat, nicht das hat, was ihre Erfüllung bedingt

---

*) ἁμαρτια gleich fehlerhafte Naturanlage; aber παραβασις ist selbständige Uebertretung eines Gesetzes.

und ermöglicht. Das betreffende Gute bleibt aber als zur absoluten Christenpflicht gehörig auch für dieses Subject in seiner objektiven Pflichtensumma stehen. Kann es auch nach Zeit und Situation noch nicht wirklich zu erfüllende Pflicht für dieses Subject sein, so bleibt es doch etwas für die Zukunft pflichtmäßig zu Erreichendes, bleibt **eine ideale Pflicht**, eine Verbindlichkeit und wird nach Zeit und Umständen mit der subjectiven Erreichbarkeit und nach dem Maße derselben **reale Pflicht**.*)

Im Gegensatz zu der abstracten Verallgemeinerung des Pflichtbegriffs ohne concrete Unterscheidung in der protestantischen Moral, setzt nun die **katholische Moral** im christlichen Pflichtbegriff reale Unterschiede; es gilt ihr nicht Alles für Jeden als unbedingte gleiche Pflicht, aber die Unterscheidung beeinträchtigt die absolute Geltung des christlichen Gesetzes selbst für alle christlichen Individuen. Die Unterschiede im Pflichtbegriff werden aus der individuellen Sphäre in das Christenthum selber hineinverlegt, werden als objectiv gegeben gefaßt, sofern das christliche Gesetz selbst nicht alles Gute als Pflicht aufstelle, sondern nur eine gewisse Summe, und das Uebrige als bloßen Rathschlag der individuellen Willkür anheimgebe.

Das Gesetz des Christenthums ist also hier seinem Inhalt nach nicht absolut, sondern ist selbst begrenzt, statt daß die Begrenztheit nur im Subject liegt. So gibt es nun im

---

*) Das Streben, zu ergreifen, wie wir ergriffen worden, charakterisirt den wahren Christen; es ist aber kein Ergriffenwerden im bloßen Gefühl, eine Gefühlserregung, sondern vom Gewissen, oder besser: von Gottes Wort und Geist aus, ein geistiges Ergriffenwerden in der Erkenntniß, in dem Willen und in der Thätigkeitskraft; gleicher Art ist auch das eigene Ergreifen.

System der katholischen Moral nicht nur ein subjectives Handeln oder überhaupt Verhalten, das in gewissen Beziehungen noch sittlich indifferent sein kann, sondern es gibt objective Handlungen, Werke oder Verhältnisse, die außerhalb oder auch unterhalb des Gesetzes liegen, von ihm nicht betroffen werden und so die Sphäre des sittlich Gleichgültigen bilden oder, wie man sich ausdrückt, des Erlaubten, da beides fälschlicherweise, wie wir noch finden werden, verwechselt wird. Ebenso gibt es in diesem System nicht nur subjective Zustände und Umstände, wo gewisse Arten des Guten, Bestandtheile des christlichen Gesetzes, unter gewissen individuellen Voraussetzungen noch über dem subjectiven Horizont stehen und so bei diesem subjectiven Horizont als subjective Pflicht noch nicht reale Geltung haben, dabei aber als objective Pflicht des Subjects stehen bleiben im Kreis der principiellen christlichen Verpflichtungen. Statt dessen sind es im katholischen System vielmehr wieder objective Handlungen, gewisse Werke, wie Armuth, Ehelosigkeit, die über dem christlichen Gesetz selbst stehen, nicht nur über dem subjectiven Horizonte, Werke, die überhaupt nicht als Pflicht sich geltend machen, weil das Gesetz selbst keine allgemein verbindende Geltung für solche Werke beanspruche; wo daher der gute Wille des Subjects dennoch ihnen Geltung beilege, seien solche Werke Ueberschuß über die Pflicht, opera supererogationis, reines Verdienst, weil damit mehr geleistet sei, als das Gesetz fordert.

Eine schlechte Mitte zwischen protestantischer und katholischer Einseitigkeit bildet diejenige protestantische Richtung, die unterscheidet zwischen vollkommenen Pflichten und unvollkommenen, zwischen leicht und schwer verbindenden. Diese

Moralisten wollen den Pflichtbegriff nach keiner Seite aufgeben, wie der Katholicismus es thut; sie wollen ihm aber andererseits seine Starrheit nehmen, die er im protestantischen Moralismus hat. Sie machen einen Gradunterschied, was an und für sich richtig ist, aber bei ihrer Unterscheidung vollkommener und unvollkommener Pflichten legen sie den Unterschied ebenfalls in die objective Sphäre der Pflicht unmittelbar hinein, nicht bloß in das subjective Verpflichtetsein und in die subjective Pflichterfüllung; so schwächen auch sie wieder die Absolutheit des christlichen Pflichtbegriffs, obwohl sie den Pflichtbegriff nicht schlechthin aufheben, sie subsumiren darunter auch das unvollkommen oder leicht Verbindende. Der Pflichtbegriff ist aber durch dies geringer Verbindende in seinem christlichen Inhalt selbst geschwächt, statt daß der ganze Inhalt seine absolut verpflichtende Kraft behalten muß und sich in vollkommene oder unvollkommene Pflichten nur innerhalb der Begrenztheit der subjectiven Entwicklung und Verhältnisse abstuft, wo er sich relativ auseinanderlegt.

Durch die bisher gewonnenen Unterscheidungen im Pflichtbegriff haben wir uns nun auch Bahn gebrochen für unsern

Zusatz III: für die Bestimmung des Erlaubten namentlich im christlichen Sinne.

Dieses darf nämlich nicht, wie es meist geschieht, verwechselt werden mit dem sittlich Gleichgültigen, das schon besprochen wurde. Indem ich etwas als moralisch erlaubt prädicire, gilt es mir als etwas dem Gesetz gegenüber Zulässiges; es ist hiemit bereits ein sittliches Urtheil ausgesprochen: der Gegenstand ist in seinem Verhältniß zum Gesetz abgewerthet und mein sittliches Bewußtsein zu demselben in Beziehung gesetzt. Was ich dagegen für moralisch gleichgültig erkläre, erkläre ich als etwas, bei dessen Thun oder Lassen eine Beziehung auf das Gesetz gar nicht in Betracht kommt, das dem Bereich des sittlichen Bewußtseins und Urtheils überhaupt nicht angehört; eben deßhalb kann es weder als gesetzlich erlaubt noch unerlaubt, weder als sittlich noch unsittlich bezeichnet werden, d. h. es ist für das Sittliche gleichgültig.

Fragen wir nun aber: was ist erlaubt? so kann erlaubt

a) im Allgemeinen heißen: was dem Gesetz nicht widerstreitet.

Aber das Nicht-Widerstreiten kann beim christlichen Gesetz nicht darauf beruhen, daß der betreffende Gegenstand gar nicht unter die Bestimmung des Gesetzes fällt, durch dasselbe weder geboten noch verboten ist; so wäre das christliche Gesetz nicht seinem Inhalt und seiner Bedeutung nach absolut, es würde in seinen Bestimmungen nicht Alles umfassen, was in den Umfang des menschlichen Handelns fällt und nicht beziehbar sein auf alle Lebensverhältnisse; es wäre ein materiell und formell mangelhaftes Gesetz. Erlaubt kann einem absoluten Gesetz gegenüber nur das sein, was gemäß der wirklichen Bestimmung des Gesetzes erlaubt ist, nicht nur in Folge seines Schweigens mit dem Gesetz nicht in Widerspruch ist; es muß, kann man sagen, in einem wirklich absoluten Gesetz, also dem christlichen, wirklich ein Erlaubnißgesetz sich finden (gegen Schmidt).

Gewöhnlich, auch in der protestantischen Moral unterscheidet man nun aber so:

„Was durch die Gesetzesbestimmungen geboten oder verboten ist, das ist sittliche Nothwendigkeit, es ist absolute Pflicht, es zu thun oder zu lassen. Was aber nicht wirklich geboten oder verboten sei, und so ohne Widerstreit mit der sittlichen Nothwendigkeit, heißt man sittlich möglich, und das sittlich Mögliche soll das Erlaubte sein."

Abgesehen noch von diesen Begriffsbestimmungen selbst, findet sich allerdings dem Wort nach der Gegensatz auch im N. T. so: einerseits $ἀναγκη$ im Sinn sittlicher Nothwendigkeit. Röm. 13, 5. $ἀναγκη\ ὑποτασσεσϑαι$ gegenüber der Obrigkeit. 1 Kor. 9, 16. $ἀναγκη\ μοι\ ἐπικειται,\ οὐαι\ ἐαν\ μη\ εὐαγγελιζωμαι.$ Andererseits finden sich die Bezeichnungen $ἔξεστι,\ ἔξον$ Matth. 12, 2. 4. 10. 12. 14, 4, hier übrigens überall gegenüber dem alttestamentlichen Gesetz, das eben noch nicht als das absolute Gesetz gedacht wird. Jedoch innerhalb des christlichen Gebietes heißt es 1 Kor. 6, 12. 10, 23 sogar: $παντα\ μοι\ ἔξεστι$, zusammengefaßt im Ausdruck $ἐξουσια$, 1 Kor. 8, 9. 9, 4 f. Es wird daher dafür auch $ἐλευϑερος,\ ἐλευϑερια$ gesetzt 1 Kor. 9, 19 ($ἐλευϑερος\ ὤν\ ἐκ\ παντων$ entsprechend dem $παντα\ μοι\ ἔξεστιν$), Gal. 5, 13, wo in V. 3 der Gegensatz durch $ὀφειλετης\ εἰναι$ ausgedrückt wird. Obgleich nun aber die Ausdrucksweise: sittlich nothwendig und erlaubt sich der biblischen anschließt, so reichen dagegen die Begriffsbestimmungen für die biblisch=christliche Ethik nicht aus. Die Bestimmung: weder geboten noch verboten, verträgt sich nur mit einem Gesetzesbegriff wie dem alttestamentlichen, sofern das Gesetz nach seinem propädeutischen Charakter noch etwas Beschränktes hat und haben mußte, insofern es in einer Summe ausdrücklicher Gebote abgefaßt ist, die noch nicht Alles und Jedes umfassen. Dagegen beim absoluten Geistesgesetz des N. T. muß auch das Erlaubte wie Alles unter seine Bestimmung fallen, d. h. was erlaubt sein soll, muß wirklich freigegeben sein, freigegeben nicht nur im negativen Sinne, als etwas vom Gesetz gar nicht Bestimmtes oder von ihm Uebergangenes, daß es weder geboten noch verboten heißen kann, sondern positiv freigegeben als etwas, das auch nicht geboten oder verboten werden soll und darf. Das christlich Erlaubte muß durch das christliche Gesetz selbst eben der speciell christlichen Freiheit zugeschieden sein als eine Berechtigung. Daher im N. T. eben fürs christliche Gebiet der Ausdruck ἐξουσια, ἐλευθερια, wodurch eine Ermächtigung oder Befugniß, eine positive Erlaubniß oder berechtigte Freiheit angezeigt ist. Ja diese Freiheit ist im N. T. so berechtigt, daß die Behauptung derselben, wie wir später sehen werden, für die Christen nicht nur als ein Dürfen, als etwas Erlaubtes gilt, sondern sogar als ein Sollen, als eine Verpflichtung. Schon aus dem absoluten Begriff des christlichen Gesetzes folgt also, daß das christlich Erlaubte etwas positiv Freigegebenes ist, nicht nur negativ Freigelassenes, eine berechtigte, nicht nur eine zugelassene Freiheit. — Dies wird sich aber auch noch bestätigen und näher bestimmen, wenn wir

b) den Umfang des christlich Erlaubten näher ins Auge fassen. Man kann sagen:

Der Umfang des Erlaubten ist bei dem Christen theils enger, theils weiter als bei dem gesetzlichen Menschen. Enger, sofern die Bestimmungen des alttestamentlichen göttlichen Gesetzes, wie auch die des allgemeinen Naturgesetzes, des Gewissensgesetzes, nicht so alle äußern und innern Beziehungen des Lebens umfassen, wie das christliche Gesetz von seinem Princip aus dies thut, von der zur Vollkommenheit berufenen Liebe zu Gott aus als inwendigem Geistesgesetz. Das A. T. hat wohl den Begriff der Liebe als Gebot, als ideale Forderung, aber noch nicht den Geist, das reale Princip der Liebe, und auch den Begriff noch nicht in dem Umfang und der Fülle, wie das N. T., weil die göttliche Liebe im **alten Bund** sich eingeschränkter offenbarte, noch abhängig vom Rechtsbegriff, nicht denselben bestimmend, und ferner nur im diesseitigen Lebensbezirk und in seinen äußerlichen Verhältnissen, noch nicht im Verhältniß zur überirdischen Sphäre des Geistes. Da erst steigern sich auch die sittlichen Liebesbestimmungen geistig und übersinnlich wie die göttlichen Liebeserweisungen selbst. Vom Geist der göttlichen Liebe aus, wie sie eben in Jesus Christus erschienen ist, ist dem Christen Manches unerlaubt und unthunlich, was von dem bloßen Gewissensgesetz, und auch von dem positiv göttlichen Gesetz keine Verurtheilung erfährt, also nicht unmoralisch ist (z. B. Petrus Sinn: „das widerfahre dir nicht" — „geh' hinter mich, mit deinem ungöttlichen Sinn" — oder Johannes und Jakobus Eifer — „wisset ihr nicht, welchem Geist ihr angehöret"). Die ethischen Begriffe sind im christlichen Gesetz geschärfter, wie es Matth. 5, 12 ff. eben gegenüber dem positiven Gesetz an Beispielen zeigt. Da wird, um nur das Hauptsächlichste zu berühren, Alles in Beziehung gesetzt zum Himmelreich und zu seiner geistigen Wohlordnung oder $\delta\iota\varkappa\alpha\iota\sigma\sigma\upsilon\nu\eta$, nicht nur zu einer irdisch-theokratischen Ordnung. Die Handlung wird daher einmal in ihrer innersten Innerlichkeit bestimmt, z. B. beim Verbot des Tödtens: „du sollst auch nicht grollen". Sie wird ferner nicht bloß auf gewisse Erscheinungsformen und Objecte beschränkt, z. B. beim unerlaubten Schwören, sondern der Begriff der Handlung wird auf Alles ausgedehnt, was der Natur der Sache nach Form und Object der Handlung sein kann.

Das Recht endlich wird dem Liebesbegriff untergeordnet, z. B. beim Unrechtleiden, bei Feindesliebe, während es im altteſtamentlichen Geſetz als erlaubt, ja als Recht erſcheint, Unrecht zu behandeln als Unrecht, den Feind als Feind. Nehmen wir weiter dazu, daß nach dem oberſten Geſetz des Chriſtenthums Alles, bis auf Eſſen und Trinken hineingeſtellt werden ſoll in den Namen Chriſti und in die Verherrlichung Gottes, ſo erhellt:

α) Das chriſtliche Subject iſt intenſiv und extenſiv ſo ſehr verpflichtet, daß keine innere Regung, wie Luſtbegierde und Groll, — keine äußere Objects=Beziehung, wie Feind und Freund, — und keine äußere Thätigkeitsform, wie Eſſen und Trinken, als möglich erſcheint, ohne daß ſie durch das chriſtliche Liebesgeſetz ihre ſittliche Beſtimmtheit erhalten ſoll und kann, ohne daß ſie etwas dem Geſetz Entſprechendes oder Widerſprechendes wird.

So ſcheint es nun aber, der Chriſt ſei ſo abſolut ge=bunden, daß im ganzen Umfang des Lebens gar nichts Er=laubtes mehr übrig bleibe. Und allerdings, wenn das Er=laubte nur dadurch entſtehen ſoll, daß etwas durch das Geſetz, durch ſein Gebot oder Verbot nicht beſtimmt ſei, oder nicht beſtimmbar ſei, dann hat man ſogar die Pflicht, nicht nur das Recht, die Kategorie des Erlaubten in der chriſtlichen Ethik zu negiren. Das N. T. ſelbſt aber hat, wie wir ſahen, dieſe Kategorie — wie iſt nun dieſelbe zu retten in der proteſtantiſchen Moral, wenn einerſeits nur das erlaubt ſein ſoll, was nicht unter die Beſtimmung des Geſetzes fällt, andererſeits doch dem chriſtlichen Geſetz ſeine Alles beſtimmende Abſolutheit gelaſſen werden ſoll? Die proteſtantiſchen Mo=raliſten ſuchen ſich damit zu helfen, daß ſie die Kategorie des

Erlaubten für Handlungen nur gelten lassen wollen, so lange man dieselben noch unbestimmt in abstracto fasse, noch nicht in Beziehung auf eine bestimmte Person und ihre bestimmte Situation, oder auch sofern für die Beziehung der Handlung auf das sittliche Gesetz das Subject noch nicht sittlich durchgebildet sei. Die Handlungen aber, in ihrer individuellen Bestimmtheit genommen und in der Concretheit des einzelnen Falles, müssen bei gehöriger sittlicher Erkenntniß durchaus sich dem christlichen Gesetz gemäß, oder demselben zuwider zeigen, daß sie entweder als geboten oder verboten erscheinen. Im concreten Leben also gebe es, wenn das sittliche Urtheil nicht selbst ein mangelhaftes sei, nichts bloß Erlaubtes, sondern nur die Kategorie der Pflicht, des sittlich Nothwendigen. Damit wird denn immerhin von der Vorstellung ausgegangen, es liege dem Erlaubten ein bloßer Mangel an Bestimmung zu Grunde; nur will und kann man diesen Mangel nicht, wie katholischerseits, auf dem christlichen Gesetz selber liegen lassen, da man es ja für absolut erklärt, sondern man leitet die Unbestimmtheit ab aus der subjectiven Auffassung, sei es aus dem bloß abstract-theoretischen Gesichtspunkt, oder aus der sittlich unzureichenden Betrachtung der Handlung im concreten Fall, aus ihrer noch nicht bestimmten Subsumtion unter das Gesetz. Je mehr man aber das Handeln als individuelles und concretes fasse, statt nur abstract, wie in der Theorie, und je mehr die sittliche Erkenntniß des Subjects sich entwickle, um so gewisser erscheine das Handeln entweder als geboten oder verboten, als pflichtmäßig oder pflichtwidrig, und immer mehr beschränke sich der Kreis des Erlaubten; die Frage nach dem Erlaubten werde immer seltener. (So namentlich Schmidt in seiner christlichen Moral S. 452 und 453.) Allein mit solchen Bestimmungen genügt man eben dem N. T. keineswegs. Dieses redet vom Erlaubten einmal nicht bei abstract gedachten Handlungen, sondern gerade bei der Beziehung auf bestimmte Individuen in concreten Fällen, und es setzt dabei auch keine **unzureichende** sittliche Erkenntniß oder Lebensstufe voraus, sondern gerade ein in sittlicher Erkenntniß und Entschiedenheit erstarktes Glaubensleben. Das παντα μοι ἔξεστι des Paulus ist nicht ein Ausfluß sittlicher Schwäche, sondern gerade sittlicher Stärke, und speciell erklärt Paulus in 1 Kor. 8, 7 ff. 10, 25 ff. das Essen des Götzenopfers keineswegs objectiv in abstracto für erlaubt, sondern gerade im concreten Fall mit individueller Unterscheidung erklärt er es für die im Glauben und der Erkenntniß Geförderten als erlaubt (jedoch nicht als Pflicht), für den Schwachen, oder auch gegenüber den Schwachen als unerlaubt. Ebenso verhält es sich 1 Kor. 9, 4—6. 12—18 mit Heirathen und Besoldung nehmen; auch dort steht die Sache so, daß bei Petrus und bei den Brüdern des Herrn, die beides sich erlaubten, keineswegs eine mangelhafte sittliche Erkenntniß, weder im Allgemeinen noch in Beziehung auf den concreten Fall vorhanden war; auch wird ihr Thun nicht als schlechthin geboten, als Schuldigkeit geltend gemacht, so wenig als andererseits Paulus, der es nicht that, pflichtwidrig handelte, — Pflicht nämlich in dem gewöhnlichen Sinn genommen, daß er etwas absolut Gebotenes unterlassen hätte. Dann wäre ja das Eine oder Andere, das Thun oder Lassen für beide Theile nicht mehr ἐξουσια gewesen, sondern ἀναγκη, während Paulus das Eine wie das Andere eben unter den Begriff der ἐξουσια subsumirt, im Gegensatz zur ἀναγκη.

Wir müssen also

β) das unter α) an die Spitze Gestellte so ergänzen:

Obgleich das christliche Gesetz absolut bestimmend und bindend ist für den Gläubigen nach innen und nach außen, so gibt es doch für denselben im concreten Leben Erlaubtes, oder genauer nach biblischer Bestimmung: eine Sphäre der Freiheit, dies eben dadurch, daß durch die absolute Bestimmung des christlichen Gesetzes selbst etwas weder absolut zu Gebietendes noch zu Verbietendes gesetzt ist, daß also die **Freiheitssphäre** eben gesetzlich bestimmt ist. Das christlich Erlaubte erscheint so als etwas, das nicht außerhalb oder unterhalb des Gesetzes liegt und dem individuellen Ermessen anheim fällt, sondern als etwas, das durch das Gesetz selbst der individuellen Freiheit zugeschieden ist, es wurzelt in einer gesetzlich zuerkannten Freiheit als sittliche Berechtigung, als $\dot{\varepsilon}\xi o \upsilon \sigma \iota \alpha$. Der Christ in seiner Freiheit steht sonach im Recht, nicht im Unrecht; er steht damit nicht außerhalb des göttlichen Gesetzes und darf nie damit außerhalb desselben sich stellen, darf nicht über christlich Erlaubtes, christlich Freigegebenes nur nach individueller Instanz entscheiden, sonst ist es die falsche Freiheit, die eigenmächtige, die Willkür; er steht aber im göttlichen Gesetz nur als $\ddot{\varepsilon}\nu \nu o \mu o \varsigma \; X \rho \iota \sigma \tau \tilde{\omega}$. 1 Kor. 9, 21. Damit begründet dort der Apostel, daß er als $\dot{\varepsilon}\lambda \varepsilon \upsilon \vartheta \varepsilon \rho o \varsigma$ oder $\ddot{\alpha}\nu o \mu o \varsigma$ (V. 19), doch nicht $\ddot{\alpha}\nu o \mu o \varsigma \; \vartheta \varepsilon \tilde{\omega}$ sei. Wie denn der Christ eben in Christo absolut gebunden ist, so ist er auch in anderer Beziehung absolut frei, aber wieder nur in Christo. Das $\pi \alpha \nu \tau \alpha \; \mu o \iota \; \ddot{\varepsilon}\xi \varepsilon \sigma \tau \iota$ (1 Kor. 6, 12) knüpft an V. 11 an, an den Vordersatz: Ihr wurdet abgewaschen, geheiligt, gerecht gemacht im Namen unseres Herrn Jesu und im Geiste unseres Gottes. Das $\pi \alpha \nu \tau \alpha \; \mu o \iota \; \ddot{\varepsilon}\xi \varepsilon \sigma \tau \iota$, die

Freiheit, ist also begründet durch eine in der Kraft des göttlichen Geistes heiligende Rechtfertigung. Cap. 10, 23 ist παντα μοι ἔξεστι mit V. 31 zu verbinden: παντα εἰς δοξαν θεου ποιειτε, worin die ethische Gebundenheit liegt.

Wie reimt sich nun Beides zusammen, absolut gebunden und absolut frei? Absolut gebunden sind die wahren Christen von innen heraus, durch Glauben und Liebe, also eben im Verhältnisse zum Herrn; aber immerhin auch das nur in der freiwilligsten Weise, nicht durch ein zwingendes Gebot, sondern durch freie Ueberzeugung und freie Ergebung auf den bloßen Zug der göttlichen Liebe hin. Röm. 14, 7 ff. 5, 5—8. 2 Kor. 5, 14 ff. Eben daraufhin aber, vermöge ihrer inneren Gebundenheit an den Herrn, indem sie an ihn selbständig und mit dem Herzen sich halten, eben damit sind sie absolut frei der Welt gegenüber. Die Welt ist hiebei gedacht als Eigenthum und Reich eben des Herrn, mit dessen Willen und Gesetz die Gläubigen durch den Geist der Liebe innerlich conform sind, dem Geist und dem Sinne nach, nicht dem bloßen Buchstaben und Bekenntniß nach. 1 Kor. 10, 25 f. „Des Herrn ist die Erde mit all ihrem Inhalt" — dies begründet die Freiheit im Gebrauch ihrer Güter für den Angehörigen Christi; 3, 22 f.: παντα ὑμων ἐστιν — begründet durch ὑμεις δε Χριστου, Χριστος δε θεου. Indem die Christo innerlich Angehörigen seines Geistes theilhaftig geworden und so Söhne Gottes sind (Röm. 8), haben sie Sohnesrecht in der Welt, als in dem Vaterhaus, sie nehmen den Vorrang ein vor aller sie umgebenden Creatur. Jak. 1, 18. Die Welt also mit ihren Kräften, Gütern, Gegenständen und Verhältnissen ist das den Gläubigen subordinirte Eigenthum, das in allen seinen Gestalten dem christlichen Lebenszweck dienen soll und so auch der mit Gott geeinten christlichen Persönlichkeit. Das ist im Allgemeinen die Grundstellung des Geistes-Christen zur äußeren Welt, die Unabhängigkeit und die Herrschaft des Geistes, nicht des Fleisches. Es ist jedoch mit der Absolutheit der christlichen Freiheit wie mit der schon besprochenen Absolutheit der christlichen Pflicht. In den einzelnen Subjecten und concreten Verhältnissen realisirt sich die christliche Freiheit, ihr richtiger Gebrauch immer nur von innen heraus, vom individuell christlichen Lebensstand aus und zwar allmählig und gradweise mit der Entwicklung des Glaubens- und Liebes-Lebens, ohne daß jedoch dadurch die objective Geltung der Freiheit aufgehoben wäre; sie bleibt absolute Berechtigung für alle Gläubigen und bleibt ebenso zu realisirende Pflicht oder Aufgabe. Aber auch die Voraussetzung dieser Freiheit, die Gebundenheit des Subjects an den Herrn als ἔννομος Χριστῷ bleibt als Pflicht unter aller individuellen und concreten Verschiedenheit, sie ist von Anfang bis zu Ende für Schwache und Starke absolute Verbindlichkeit, ist die Aufgabe, deren Realisirung Gläubige immer vollkommener anzustreben haben. Vgl. Punkt a.

Aus dieser Grundstellung der christlichen Freiheit innerhalb der Welt ergibt sich dann weiter: gerade vermöge der absoluten Gebundenheit an den Herrn ist das christliche Leben in seinem eigenthümlichen Wesen d. h. eben als christliches Leben und in seiner religiösen Weltstellung, nicht in der politischen Stellung, unabhängig von jeder äußeren Autorität. Es ist eben daher auch durch keine Aeußerlichkeit in seiner Selbstbestimmung begrenzt; dieses so wenig, als es durch eine Aeußerlichkeit in seine Freiheit eingesetzt und darin

erhalten wird, es ist immer nur Glaube und Liebe, freie
Ueberzeugung und Ergebung an den Herrn mit ihrem im
Sinne und Vorbild Christi wurzelnden Geistesgesetz. Dieses
persönliche Grundverhältniß in seinem Bestand und seiner
Durchbildung ist es allein, was die christliche Freiheit ebensowohl begründet, erhält und fortbildet, als sie regelt und begrenzt in ihrer individuellen und concreten Realisirung. In
mehreren Stellen spricht sich die Schrift über die geistige
Unabhängigkeit von jeder äußeren Autorität und von statutarischen Einzel-Bestimmungen oder von Satzungen aus; dies
eben in Voraussetzung des Kindschaftsgeistes und des Gesetzes
der Liebe. 1 Tim. 1, 9 im Allgemeinen: „ein Gerechter
unterliegt nicht äußerer Gesetzesnorm", und specieller Röm.
13, 8—10: „ihr seid Niemanden in keiner Weise verpflichtet,
außer daß ihr euch liebet". Gal. 4, 5—11 (Christus hat
sich dem Gesetz unterworfen, damit er die unter Gesetz
Stehenden loskaufe, damit wir die Kindschaft empfingen,
wovon der innerlich mitgetheilte Sohnesgeist das Kennzeichen
ist; da besteht keine äußere Abhängigkeit ($\delta o \nu \lambda o \varsigma$ $\varepsilon i \nu a \iota$),
auch nicht die von Cultus-Aeußerlichkeiten, wie besondere hei-
lige Tagesfeier — es sind dies der Zeit der Unmündigkeit
angehörige Elementarsatzungen). 5, 1 f. 6. Kol. 2, 16 f. 20 f.
Aber nicht nur für das religiöse Gebiet gilt die christliche
Freiheit, sie gilt auch für das ganze äußere Lebensgebiet;
sofern es die Sphäre ist, innerhalb welcher das christliche
Geistesgesetz sich praktisch ausprägen soll, so ist dieselbe auch
dem Inhaber dieses Gesetzes freigegeben. Das $\pi a \nu \tau a$ $\mu o \iota$
$\varepsilon \xi \varepsilon \sigma \tau \iota$ bezieht sich 1 Kor. 6, 12. 10, 23 eben auf das
äußere Lebensgebiet, auf Essen, Trinken, Heirathen, Besitz
und Erwerb, also auf äußere Güter, Rechte und Genüsse;

Zusatz III. Ueber das Erlaubte. 165

Gegenstände, die der Apostel Cap. 6—10 nach verschiedenen Beziehungen behandelt. Der Christ soll eben an der Verwendung und Benützung der Welt als $\chi\varrho\omega\mu\varepsilon\nu o\varsigma\ \tau\psi\ \varkappa o\sigma\mu\psi$ (1 Kor. 7, 31) das Geistesgesetz üben und anwenden lernen als freier Geistesmensch, nicht als bloßer Knecht des Knechtsgesetzes; und so ist im Allgemeinen in der Gläubigen Macht gestellt Alles, was innerhalb des irdisch leiblichen Lebenscomplexes naturgemäß zur Benutzung sich darbietet, d. h. Alles wie es als göttliches Product eben für die Befriedigung der menschlichen Naturbedürfnisse existirt, nicht aber als Product menschlicher Verkehrtheit zur Befriedigung selbstischer Lust. Nur von Allem als $\varkappa\tau\iota\sigma\mu\alpha\ \vartheta\varepsilon o\upsilon$ gilt (1 Tim. 4, 4) das $\varkappa\alpha\lambda o\nu$ für die $\mu\varepsilon\tau\alpha\lambda\eta\mu\psi\iota\varsigma$. Nur in seinem göttlichen Schöpfungsgrund und in der daraus sich ergebenden Normal-Entwickelung existirt Etwas als wirkliches Gut. (Vgl. § 12, 4, b. S. 105 f. über den Begriff der Welt.)*) Nicht einzelne Gegenstände und Handlungen innerhalb des göttlichen Schöpfungsgebiets sind dem Christen vom göttlichen Gesetz geboten, andere verboten, sondern eben das Ganze ist der individuellen Freiheit bei denen, die dem Herrn geistig angehören, so zugetheilt, daß die Bestimmung über das Einzelne ihrer selbständigen Beurtheilung und Verfügung überlassen

---

*) Zu $\varkappa\tau\iota\sigma\mu\alpha$ (1 Tim. 4, 4) bemerkt Bengel: distinguatur res condita et depravatio non condita. Melanchthon in seiner enarratio zu d. St.: quod dicit Paulus, creaturas esse res bonas, intellige, quatenus sunt a Deo et sicut usus ordinatus est (abusus autem vitium est in voluntate abutentium). Ideo mox addit Paulus sententiam: sanctificatur per verbum et precationem i. e. usus conjugii, cibi, dominii fit sanctus et Deo placens, cum utens sequitur verbum Dei, quod regit usum, ne quid faciamus contra conscientiam et ut conscientia regatur verbo Dei ac possit accedere invocatio.

bleibt nach dem Maß ihres Glaubenslebens. Darin soll ihnen kein äußeres Gebot oder Verbot etwas Bestimmtes auferlegen. Außer den schon genannten Grundstellen im ersten Korintherbrief vgl. noch Matth. 15, 9—11. 15—20. Die dem Herzen entspringenden Gedanken, die das äußerlich sich Darbietende beflecken und mißbrauchen, entscheiden über den Begriff des Unreinen. Dies gilt gegenüber der äußeren Abscheidung von unreinen Gegenständen und verunreinigenden Handlungen. Vgl. noch Titus 1, 15, wo die individuelle Beschaffenheit des Nous und des Gewissens das Entscheidende ist. 1 Tim. 4, 1—4 gegen Beschränkung der Heirathen und Speisen. So ist also das Gebiet des Erlaubten für den Christen weiter gesteckt, als für den Gesetzlichen; denn für den Christen besteht und erweitert es sich nach seinem persönlichen Glaubensstand; für den Gesetzlichen begrenzt sich das Erlaubte nach feststehenden äußerlichen Bestimmungen und Unterscheidungen. So mißt auch der noch gesetzliche Christ, der judaisirende, Erlaubtes und Unerlaubtes nach äußern Umständen und Gegenständen ab, z. B. nach Verschiedenheit der Tage und Orte; ja auch Sonntag oder Werktag, in oder außer der Kirche, ist ihm eine und dieselbe Handlung etwas Reines oder Verunreinigendes, Unschuldiges oder Sündliches. Indem aber der Christ diese Sphäre des Erlaubten oder vielmehr der Freiheit nur vor sich hat vermöge des durch den Glauben ihm immanenten Gottesgesetzes, bildet das Erlaubte keineswegs eine Sphäre der subjectiven Willkür, sondern

γ) der Christ hat seine Freiheit nur **im** Gesetz, nicht als Freiheit vom Gesetz, im Gesetz nämlich, wie es in der persönlichen Verbindung mit Christus liegt.

1 Kor. 9, 21. $\overset{\text{'}}{\alpha}\nu o\mu o\varsigma$ bin ich nicht als $\overset{\text{'}}{\alpha}\nu o\mu o\varsigma$ $\vartheta\varepsilon\omega$, sondern als $\overset{\text{'}}{\varepsilon}\nu\nu o\mu o\varsigma$ $X\varrho\iota\sigma\tau\omega$. Dasselbe Gesetz der gläubigen Liebe, das den Menschen frei macht, bindet ihn auch, bindet ihn aber frei, nicht knechtisch oder zwangsweise. Hieraus folgt:

א) nur soweit der Christ das Geistesgesetz der gläubigen Liebe real immanent hat, soweit ist er auch real im Besitz der christlichen Freiheit. Oder die Sache principiell gefaßt, ist zu sagen: **das individuelle Maß der Freiheit bestimmt sich nach dem individuellen Maß des heiligen Geistes**, da eben dieser das göttlich objective Princip der christlichen Freiheit ist (2 Kor. 3, 17. Gal. 5, 18), und da ferner der Glaube des Geistes Gabe und die geistige Gesinnung, nämlich die ethische Liebe vermittelt, (Gal. 3, 2. 5, 6), so ist das Glaubensmaß das subjective Princip, das maßbestimmend ist für die individuelle Freiheit des Christen. Gal. 3, 25. Röm. 14, 1 f. 22 f. Wer sich (in Bezug auf Essen und Trinken, Heilighaltung von Tagen) Freiheiten herausnimmt, die nicht aus seinem in Jesus Christus gegründeten Glaubensleben sich ergeben, der sündigt. Vgl. 12, 3. 1 Kor. 7, 7. Phil. 4, 12 f.

Wer noch schwach ist im Glauben und im kindlichen Verhältniß zu Gott, wer den Geist Gottes noch nicht hat und so auch den Geist des Gesetzes noch wenig gefaßt hat, dabei aber doch fromm und gerecht leben will, der ist noch in mancherlei Art unter dem Zuchtmeister; er wird noch desto mehr abhängig sein von fremder Bevormundung, von äußerlicher Autorität, äußerlichen Satzungen, Formen und Umständen, wird noch gesetzliche Furcht und Aengstlichkeit an sich haben, denn der Geist der göttlichen Liebe treibt allein Furcht aus, ohne leichtsinnig zu machen. Ein Solcher muß daher sich noch ein Gewissen machen über freien Gebrauch oder Unterlassung von diesen und jenen Aeußerlichkeiten; seine Gewissensfreiheit ist eine beschränkte, und er bewegt sich in einem äußerlich abgemessenen Kreis des Erlaubten. Will er nun nur eigenmächtig oder durch Andere verleitet, also auf äußere Autorität hin eine größere Freiheit sich nur äußerlich herausnehmen, eine größere als sich ergibt aus seinem inneren Glaubensstand, aus seinem persönlichen Geistesleben, so wird er die Strafe davon im Gewissen haben, und wenn er fortfährt den Freien zu spielen, statt durch Erkenntniß der neutestamentlichen Wahrheit innerlich frei zu werden, so wird er sein inneres Leben schädigen; an die Stelle der Freiheit des Geistes setzt sich Freiheit des Fleisches. Röm. 14, 23 $\pi\alpha\nu$ $\overset{\text{\'{o}}}{o}$ $o\overset{\text{\'{}}}{\nu}\kappa$ $\overset{\text{\'{e}}}{\varepsilon}\kappa$ $\pi\iota\sigma\tau\varepsilon\omega\varsigma$ (aus dem innern Glaubensleben) $\overset{\text{\'{}}}{\alpha}\mu\alpha\rho\tau\iota\alpha$ $\overset{\text{\'{e}}}{\varepsilon}\sigma\tau\iota\nu$. 1 Kor. 8, 7: $o\overset{\text{\'{}}}{\nu}\kappa$ $\overset{\text{\'{e}}}{\varepsilon}\nu$ $\pi\alpha\sigma\iota\nu$ $\overset{\text{\'{}}}{\eta}$ $\gamma\nu\omega\sigma\iota\varsigma$. Vgl. die Ausführung über das Gewissen im I. Band. Will aber einer umgekehrt seine eigene individuelle Gebundenheit, seine Gesetzlichkeit, oder auch seine individuelle Freiheit zu etwas Bindendem oder Zwingendem für Andere machen, will der Eine nach seinem gesetzlichen Christenthum solche, die in der Freiheit stehen, meistern, oder ein Anderer nach seinem freien Christenthum die gesetzlich Befangenen fortziehen, so greift der Eine wie der Andere in die Freiheits = Sphäre des Andern ein und zuletzt in das Majestätsrecht des Herrn; der Freie wie der Gesetzliche will den Andern von sich abhängig machen, statt daß er nur von Gott abhängig ist (Röm. 14, 3 f. 10. 12. Kol. 2, 16). Hieraus folgt aber auch:

ɔ) **die genauere Bestimmung für die Art des Gebrauchs der Freiheit und für das Geltendmachen der sittlichen Freiheit gegenüber von Anderen.**

Zusatz III. Ueber das Erlaubte.

Da der Christ eben nur frei ist als $ἔννομος\ Χριστῷ$, d. h. Kraft des ihm inneren Christus-Gesetzes, oder im Geistesgesetz der göttlichen Liebe, so bestimmt sich auch nur in Uebereinstimmung mit diesem Gesetz der rechtmäßige Gebrauch der Freiheit, oder der Begriff des rechtmäßig Erlaubten. Der Freiheitsgebrauch ist so durchaus untergeordnet der Rücksicht auf das Bestehen und Gedeihen des christlichen Lebens, dies sowohl in der eigenen Person als in den Anderen, mit denen der Einzelne im Verkehr ist. Hieraus ergeben sich eben gewisse Beschränkungen des Freiheitsgebrauchs, Beschränkungen, die aber beim Einzelnen eben nur dadurch den Charakter der Freiheit bewahren, daß es freie Selbstbeschränkungen sind, nicht von außen kommende Zwangsbeschränkungen. So beschränkt sich 1 Kor. 6, 12 das $πάντα\ μοι\ ἔξεστιν$ durch die Bestimmungen: $ἀλλ'\ οὐ\ πάντα\ συμφέρει.\ πάντα\ μοι\ ἔξεστιν,\ ἀλλ'\ οὐκ\ ἐγὼ\ ἐξουσιασθήσομαι\ ὑπό\ τινος$ — was in meiner Macht steht, darf mein inneres Leben nicht verletzen, darf für mich selbst keine fesselnde Macht werden, sonst hebt sich meine Macht, meine Freiheit von selbst auf. Dazu tritt 10, 23 in $οἰκοδομεῖ$ die Rücksicht auf das Gedeihen des christlichen Lebens auch in Anderen, vgl. 8, 9: $μήπως\ ἡ\ ἐξουσία\ ὑμῶν\ πρόσκομμα\ γένηται\ τοῖς\ ἀσθενοῦσιν$; 7, 29—31. Es soll durch Gebrauch der äußeren Welt kein Herzensbann entstehen; die Weiber haben, sollen sich innerlich so frei erhalten, wie die, die keine haben. Gal. 5, 13. Es soll keine Gelegenheit gegeben werden fürs Fleisch. Vgl. Harleß, Ethik S. 306. Specielle Bestimmungen später bei den speciellen christlichen Tugenden, wie Enthaltsamkeit u. s. w.

In demselben Grundsatz aber, daß die christliche Freiheit immer so gebraucht werde, wie es dem christlichen Leben dient und förderlich ist in der eigenen Person und in anderen, liegt nicht bloß eine individuelle Beschränkung des individuellen Freiheitsgebrauchs, sondern auch die positive Verpflichtung zur Pflege der christlichen Freiheit gegenüber von äußerlicher Beschränkung, denn durch solche wird das christliche Leben selbst beeinträchtigt, namentlich leidet sein Kleinod, die freie kindschaftliche Geistesverbindung mit Gott und Christo, ihre Begründung, Erhaltung und Förderung Noth. Da darf die Freiheit nimmermehr aufgegeben werden, vielmehr im Interesse der christlichen Lebensförderung muß die dem christlichen Leben wesentliche Geistesfreiheit gelehrt, behauptet und geltend gemacht werden. Das zeigt sich schon beim Herrn in dem oft absichtlichen Vernachlässigen von gewissen gesetzlichen Formen und Bestimmungen; z. B. in Bezug auf Fasten (Matth. 9, 14 ff.), Sabbathfeier, Matth. 12, 1—14, vgl. noch Mark. 7, 1—23; ebenso entschieden Paulus Gal. 2, 4 f. 3, 1—3. 5, 1 f. 7—9. Durch keine freiwillige oder erzwungene Beschränkung also darf das Recht sowie die Aufgabe oder die Pflicht und Pflege der christlichen Freiheit aufgehoben oder preisgegeben werden; sie ist und bleibt das, was eben zum wahren Wesen des Evangeliums gehört, zu seiner $\alpha\lambda\eta\vartheta\epsilon\iota\alpha$, sofern letzteres nicht statutarischer Zwang ist, nicht Amt des Buchstabens, sondern des Geistes, die freimachende Wahrheit. Die geistige Freiheit ist und bleibt das durch Christi Blut erworbene Urrecht, der specifische Charakter der Christo wahrhaft Angehörigen d. h. derer, die seinen Geist haben, so daß es keiner menschlichen Autorität und äußeren Bindung geopfert werden darf. 1 Kor. 7, 23. Es ist etwas, das alle Gläubigen in seinem ganzen Umfang zu erstreben haben, nicht aber zu verstümmeln, zu verhindern, oder gar zu verdammen, und jeder darf und soll die Geistesfreiheit nach seinem inneren Fortschritt zur Anwendung bringen in der ihm zustehenden persönlichen Sphäre. Sie wird nur ausnahmsweise und theilweise suspendirt, wo es eine zeitweise Schonung des noch schwachen Glaubens in Anderen gilt (Röm. 14, 1), und auch das nur durch freie Selbstbestimmung und Verzichtleistung, nicht durch fremde Autorität, nicht durch moralischen oder imperativischen Zwang von außen. 1 Kor. 10, 29: ἵνα τι γαρ ἡ ἐλευθερια μου κρινεται ὑπο ἀλλης συνειδησεως. Bestimmend für diese ausnahmsweise Selbstbeschränkung ist immer nur dasselbe immanente göttliche Liebesgesetz, welches der innere Grund, das reelle Prinzip der christlichen Freiheit ist, die Rücksicht auf eine Bewahrung und Förderung im Glaubensleben, wie sie mit der Wahrheit des Evangeliums besteht, das durch geistige und sittliche Einwirkung und Entwicklung zur Freiheit der Kinder Gottes, zur Gottähnlichkeit führen will. So sehr Paulus nach der einen Seite den selbstischen Mißbrauch der Freiheit tadelt, so sehr auch andererseits jede äußere Beschränkung derselben. 1 Kor. 10, 29—32. 7, 23—25. 35—37. 1 Tim. 4, 1—3. (Von dem Verhältniß der christlichen Freiheit im socialen Leben siehe das nächste Hauptstück).

Aus dem, was über das Erlaubte entwickelt worden ist, erhellt, daß es wiederum zwei Extreme sind, die auf der protestantischen und auf der katholischen Seite vertreten sind. Das protestantische Extrem besteht darin, daß der Begriff des Erlaubten als eine bloße Abstraction, oder als eine sittliche Unvollkommenheit gefaßt wird, als realer sittlicher

Begriff für das christliche Leben aufgehoben wird, indem Alles unter den Begriff des vom Gesetz Gebotenen oder Verbotenen zu subsumiren sein soll. Diese Moralisten absorbiren die christliche Freiheit in einem Gesetzes- oder Pflichtbegriff, welcher die Freiheit als seinen Gegensatz negirt, aber eben dadurch zeigt sich dieser Gesetzesbegriff nicht als der des Evangeliums; der letztere ponirt gerade durch sich und mit sich die individuelle Freiheit, sofern das Evangelium durch Glauben und Liebe seinen Geist als den ethischen Geist Jesu Christi dem Menschen einpflanzt und dadurch sein Gesetz im Menschen vergeistigt, es aus seiner abstracten äußeren Stellung in das individuelle Geistesleben selbst versetzt, und so eine neue, in dem Geistes-Gesetz Christi wurzelnde Autonomie begründet, wo dann in höherem Sinn als bei der im Gewissen wurzelnden Autonomie das Wort gilt: ἑαυτοῖς εἰσι νομος (Röm. 2, 14 vgl. 1 Kor. 9, 21. Ebr. 8, 10 f.), und so wenig die Gewissensautonomie die Verantwortlichkeit des Einzelnen für den Gebrauch derselben aufhebt, vielmehr eben begründet: so wenig und noch weniger ist dies bei der Geistesautonomie der Fall. Andererseits, indem die Katholiken das Erlaubte fassen als etwas fürs wirkliche Leben vom Gesetz weder Gebotenes noch Verbotenes, also als eine Freiheit, die vom Gesetz und von der sittlichen Nothwendigkeit, vom Pflichtbegriff gar nicht berührt wird, so geht ihnen umgekehrt in der Freiheit das Gesetz unter und die individuelle Freiheit ist nur eine Willkür, die durch ihre Selbstbeschränkung zum individuellen Verdienst wird. So ist es auch bei einzelnen neueren protestantischen Moralisten.

Zusatz IV. Ueber casuistische Pflichtbestimmung und Collision der Pflichten.

Es ist nöthig, daß wir an das schon Entwickelte kurz anknüpfen. Die christliche Verpflichtung, wie die christliche Freiheit beruht nicht auf einem bloßen Sollen und Nicht-Sollen, sondern auf einem Empfangen, auf einem Sein und Werden, auf dem Vorhandensein und stufenmäßigen Wachsthum des geistigen Liebeslebens im Subject. Nach den individuellen Unterschieden in dieser Beziehung modificirt und besondert sich die allgemeine christliche Pflicht und die allgemeine christliche Freiheit; und darnach muß bestimmt werden, was gemäß dem absoluten Gesetz des Christenthums individuell und in den einzelnen Fällen zu thun und zu lassen sei, also die bestimmte reale Pflicht und das bestimmte reale Recht des Individuums, seine Gebundenheit und seine Freiheit. Weil nun aber diese Bestimmung im Einzelnen sich nach den inneren und äußeren individuellen Lebensverhältnissen richtet, so können und dürfen auch für die einzelnen Individuen und Fälle keine objectiven Bestimmungen gegeben werden, wie dies die Casuistik will mit ihrer Aufstellung von gewissen Regeln für alle vorkommenden schwierigen Lebensfragen, als Ergänzung der Ethik, in welcher nur die allgemeinen und principiellen Bestimmungen objectiv gegeben sind. Innerhalb dieses Allgemeinen und Principiellen ist aber nach dem evangelischen Standpunkt die concrete christliche Pflicht und christliche Freiheit des Individuums eben nur von dem christlichen Gewissen und von der christlichen Erkenntniß des Einzelnen zu bestimmen nach seinem Glaubensmaß, ist also autonomisch zu bestimmen. Kein Anderer kann und darf dem Einzelnen für sein individuelles Verhältniß bestimmende Autorität sein und für sein Thun oder Lassen die Verantwortung übernehmen. Matth. 23, 10: $\mu\eta\delta\varepsilon\ \kappa\lambda\eta$-$\vartheta\eta\tau\varepsilon\ \kappa\alpha\vartheta\eta\gamma\eta\tau\alpha\iota$ — $\kappa\alpha\vartheta\eta\gamma\eta\tau\eta\varsigma\ \dot{\upsilon}\mu\omega\nu\ \dot{\varepsilon}\sigma\tau\iota\nu\ \varepsilon\dot{\iota}\varsigma\ \dot{o}\ X\rho\iota$-$\sigma\tau o\varsigma$. Röm. 14, 12: „Jeder wird für sich selbst Gott Rechenschaft geben." Gal. 6, 4: „Jeder prüfe sein eigenes Werk." Bei dieser autonomen Selbstbestimmung und Selbstverantwortung müssen allerdings in der christlichen Lebensentwicklung, da sie sich nur allmählig vervollkommnet, mancherlei Mißgriffe und Verfehlungen vorkommen auch beim redlichsten Willen; allein eben dies soll den Gläubigen eine immer sich erneuernde Mahnung und Uebung sein gegenüber der noch anklebenden Sünde, für die stete Benutzung der versöhnenden und heiligenden Gnade und für die unerläßliche Arbeit der Selbst-Vervollkomnung. Indem hiezu die vorkommenden Unvollkommenheiten und Verfehlungen stetig benutzt werden, darf sich der Einzelne bei denselben nicht nur der göttlichen Geduld und Vergebung mit festem Vertrauen getrösten, sondern es werden für ihn die leidigen Erfahrungen eben auch Förderungsmittel seiner unerläßlichen Wachsamkeit und Verbindung mit Jesu Christo, sowie des Wachsthums in ihm. Keine wahrhaft christliche Ethik kann und darf daher dem Einzelnen diesen selbständigen Entwickelungsgang abnehmen und ersetzen wollen mit casuistischen Gewissens- und Lebensbestimmungen; sie kann nur den Weg weisen, auf welchem der Einzelne die Gnade und Gabe der christlichen Selbständigkeit und Virtuosität, der christlichen Erkenntniß und Weisheit zu suchen und auszubilden hat, wie dies theils im Vorhergehenden geschah, theils in der Ascetik noch geschehen wird. Nicht aber kann dies die Ethik mit Pflichtformeln ersetzen; das heißt an die Stelle der Heranbildung zur Mündigkeit im Herrn die Bevormundung des menschlichen Buchstabens setzen und die Unmündigkeit verewigen unter der Firma des Evangeliums oder Christenthums, das gerade zur Mündigkeit und Freiheit beruft. Es geberden sich bei solchen Gewissens-Berathungen in sich selbst beschränkte und oft noch christlich unreife Individualitäten als Orakel für den unübersehbaren und unzerlegbaren Lebensumfang der verschiedensten Individuen und individuellen Verhältnisse. Außer dem Genannten kann eine evangelische Ethik nur noch die Hauptformen darlegen, innerhalb welcher sich das christliche Leben in den wesentlichen Beziehungen zur Welt als wahres und gesundes seinem Gesetz gemäß bethätigt, wie dies ebenfalls in dem folgenden Hauptstücke geschehen wird.

Auch die Frage wegen der **Collision** der Pflichten ist eine casualistische. Collision überhaupt entsteht nur durch Gegensatz, indem mindestens zwei einander ausschließende oder widersprechende Momente auf Einem Punkte sich geltend machen. Es wird nun aber bei der angenommenen Collision der Pflichten nicht ein Widerspruch zwischen den einzelnen Bestimmungen des Gesetzes selbst vorausgesetzt, so daß die gebotenen und verbotenen Handlungen oder die sogenannten objectiven Pflichten ihrem Begriffe nach einander ausschlössen; so würde ja das Gesetz sich selber widersprechen. Vielmehr das Gegentheil wird eben vorausgesetzt, daß es sich um Pflichten handle, die dem Einen Gesetz, dem Einen Begriff des Guten gleichmäßig angehören; Pflichten also, die, wie z. B. die Pflicht der Wahrhaftigkeit und der Liebe einander sittlich coordinirt sind und gleichen Anspruch auf Vollziehung machen. Dies ist das Moment, von dem Alles ausgeht. Als Weiteres kommt nun ex hypothesi hinzu, daß in einem besonderen Fall mehrere (wenigstens zwei) Pflichten zu vollziehen wären, deren gleichmäßige Vollziehung nicht möglich wäre, daß vielmehr die Ausübung der einen pflichtmäßigen Handlung z. B. der Wahrheit, die der anderen, z. B. der Liebe, ausschließe oder unmöglich mache, die Erfüllung der einen Pflicht Uebertretung oder Versäumung der anderen nothwendig mache. Diesen in der Vollziehung der Pflicht, nicht im Begriff derselben angenommenen Widerspruch heißt man dann Collision der Pflichten; jede will vollzogen sein in dem betreffenden Fall und beide können doch nicht zumal vollzogen werden.

Um dann aber eine wirkliche Pflichten-Collision von einer bloß scheinbaren oder fälschlich so genannten zu unterscheiden, wird vorausgesetzt: einmal, daß es wirkliche, im sittlichen Gesetz begründete Pflichten sind, die collidiren, nicht z. B. Collision zwischen Pflicht einerseits und zwischen bloßer subjectiven Ansicht, Neigung, conventioneller Rücksicht, Sitte u. s. w. andererseits. Da ist keine Pflichten-Collision vorhanden, sondern nur der Conflict einer Pflicht mit etwas, das nicht Pflicht ist, nur eingebildete oder simulirte Pflicht ist; da muß das Eine dem Anderen eben pflichtgemäß weichen.

Ferner wird bei einer wirklichen Collision der Pflichten vorausgesetzt, daß die wirklichen Pflichten auch wirklich collidiren, daß in der That die Vollziehung der einen die der anderen ausschließt, daß beide zumal nicht vollziehbar sind, während sie doch vollzogen sein wollen. Endlich wird erfordert, daß eine Collision der Art nicht eine verschuldete sei, d. h. nicht eine Folge vorangegangener Pflichtverletzung z. B. Folge leichtfertiger Versprechungen, die nicht gehalten werden können, weil hinterher erkannt wird, daß sie vom Uebel sind; so der Eid des Herodes. Man führt nun einzelne Beispiele von vorausgesetzten wirklichen Pflicht-Collisionen vor und löst sie theils so auf, daß man das Fehlen irgend eines der vorhin genannten Momente nachweist, also das Nicht-Vorhandensein einer wahren Collision geltend macht; dies halten manche, namentlich neuere Moralisten in allen Fällen für möglich und leugnen so jede wahre Collision; wie Daub: Theologische Moral, I. Band, Seite 244 ff. und 295 ff. Oder wenn man ein wirkliches Collidiren zweier Pflichten für möglich hält, stellt man Regeln auf, wie die eine Pflicht der anderen zu subordiniren, oder die eine erlaßbar sei. Streng genommen aber, wenn einmal das wirkliche Collidiren wirklicher Pflichten überhaupt angenommen wird, ist dann keine erläßlich; sonst wird die eine der anderen geopfert, und es wäre also dabei zu bleiben, daß von zwei zusammentreffenden Pflichten nur die eine wirkliche und wahre Pflicht sei, die andere nur scheinbare oder vermeintliche Pflicht; daß also Pflichten-Collision überhaupt nur Schein sei, oder nur der subjectiven Auffassung angehöre, nicht dem wirklichen Sachverhältniß. Die Regeln für die Praxis hätten dann Grundsätze aufzustellen, wonach zu entscheiden wäre, welche von zwei scheinbar collidirenden Pflichten die wahre sei und welche die vermeintliche. Da es nun jedenfalls im wirklichen Leben an solchen scheinbaren Collisionen nicht fehlt, so läßt sich zur Schärfung des moralischen Urtheils vergleichen Reinhard, II. Band, § 200; Sailer, Moral, III. Band § 282; Hirscher, § 266, ältere Ausgabe. Macht man sich einmal die grundsätzliche Schlichtung von wirklich oder scheinbar collidirenden Pflichten zur Aufgabe, so mögen immerhin bei solchen Auseinandersetzungen im Einzelnen mehr oder weniger gute Bemerkungen gemacht werden, wie dies namentlich bei Sailer und Hirscher der Fall ist; allein praktisch zureichende Grundsätze für Beurtheilung der besonderen Fälle aufzustellen, für Fälle, wie sie in der Wirklichkeit vorkommen, ist den Moralisten mit all' ihrem Reden ins Allgemeine und ins Besondere nicht gelungen, und es liegt dies in der Natur der Sache. Das allgemein Gefaßte ist gegenüber den concreten Einzelheiten zu abstract und das Besondere der herbeigezogenen Beispiele ist immer nur eine gedachte Einzelheit, die in der Wirklichkeit weder bis auf alle ihre speciellen Voraussetzungen vorkommt, noch auch so voraussetzungslos, wie sie etwa hingestellt wird, zumal die individuelle Verschiedenheit der Handelnden, die doch hauptsächlich bei casuellen Pflichtfragen in Erwägung kommt, gar nicht a priori zu berechnen ist.*) So muß die richtige Entscheidung immerhin der gehörigen Unterscheidungsgabe und Gewissenhaftigkeit des betreffenden Subjects anheim gestellt bleiben. Das ganze casuistische Verfahren aber widerspricht an sich der evangelischen Ethik, die als Geistesethik das concrete Handeln der Individuen nicht durch Regulative vermittelt haben will, sondern durch selbständige Erkenntniß der göttlichen Grundwahrheiten und durch innere allseitige Lebensbildung des Individuums von einem Alles umfassenden absoluten Princip aus; sie will principiell durchgebildete Männer heranziehen („werdet Männer an Verständniß"), nicht am

---

*) Der Herr wird nicht Jedem, der zum Begräbniß seines Vaters gehen will, die Regel geben: „laß die Todten ihre Todten begraben und folge du mir nach"; ebenso wenig Jedem, der ihm nachfolgen will, die Regel, daß er zu Hause bleibe.

Gängelband geleitete Kinder; ihr Gesetz in dieser Beziehung ist bündig ausgesprochen: Röm. 12, 2. 14, 5. Ebr. 5, 14. Phil. 1, 9 f. Eph. 5, 15—17. Kol. 2, 1 ff. 2 Tim. 2, 6 f.

Fragen wir noch, wie sich das Neue Testament zum Begriff der Pflichtencollision selbst verhält, so weiß dasselbe bei den Gläubigen von keiner wahren Collision der Pflichten und es läßt sich vom biblischen Standpunkt auch nicht annehmen, daß der Mensch ohne eigene Schuld in einen Fall könne kommen, wo er ohne Verletzung einer wirklichen Pflicht einer andern gerade an ihn herantretenden nicht könne nachkommen; da würde Gott, von welchem nach biblischem Standpunkt Alles abhängt, als Versucher zum Bösen erscheinen, und seine Treue wäre negirt, wie sie 1 Kor. 10, 13 geltend gemacht ist. Man darf aber, wie schon auseinandergesetzt wurde, bei der Frage, was im concreten Fall für den Einzelnen Pflicht ist, nicht nur von objectiven Pflichtbestimmungen ausgehen und unter diese jeden Einzelnen in jedem Fall subsumiren; es sind vielmehr die Unterschiede in der subjectiven Verpflichtung zu beachten, wonach das individuelle Kraftmaß über die concrete Pflicht entscheidet. Da fragt sich, ob diese bestimmte Handlung für dieses bestimmte Subject, auf seiner bestimmten sittlichen Stufe sittlich möglich und nothwendig ist und darnach kann für den Einzelnen im einzelnen Fall die Erfüllung einer bestimmten Pflicht über seinen Horizont hinausgehen, daß sie vorerst für ihn nicht zur Pflicht wird (wie die Nachfolge in den Tod Christi bei Petrus auf seiner damaligen sittlichen Glaubensstufe, obgleich die Nachfolge objective Pflicht war). Den Fall aber auch als möglich angenommen, daß wirklich zwei Pflichten zumal erfüllt werden sollen, aber nicht können, so würde ja der

12*

Mensch, welche von beiden er nun auch erfüllt, eben damit jedenfalls einer der Pflichten nachkommen; er würde also, indem er eine Pflicht erfüllt, nicht pflichtwidrig oder unrecht handeln, da er ja die andere Pflicht nicht deßhalb unterließe, weil er sie nicht erfüllen will, sondern weil er die Erfüllung beider nicht miteinander zu verbinden versteht oder vermag.

Wenn z. B. Jemand sein zur Bezahlung einer verfallenen Schuld zusammengebrachtes Geld aus Mitleid zur Hilfe für einen gerade besonders Hilfsbedürftigen verwendet aus Pflichtgefühl, so erfüllt er damit immerhin eine Liebespflicht; er handelt nach dieser Seite in moralischer Gesinnung; nach der andern Seite, dem Gläubiger gegenüber, erfüllt er vorerst allerdings nicht seine Rechtspflicht, handelt nicht gesetzlich, darum aber noch nicht unmoralisch, da hiezu die pflichtwidrige Gesinnung, der böse Wille gehört, während er nicht seinen Gläubiger um sein Geld bringen, nicht seiner Rechtspflicht sich entziehen will, sondern nur seinem pflichtmäßigen Herzensdrang, dem Nothleidenden zu helfen, anders nicht nachzukommen weiß. Es kann bei dem Zusammentreffen mehrerer Pflichtforderungen wohl auch zur Frage kommen, welches die wichtigere sei, ob also nicht die Erfüllung der gerade zurückgestellten Pflicht das Richtigere und Bessere gewesen wäre: dies aber begründet nur einen Gradunterschied in der Pflichterfüllung, d. h. im Begriff des Guten, nicht aber den Gegensatz zwischen pflichtmäßigen und pflichtwidrigen Handlungen, zwischen gut und bös.

Nicht das Gute wäre damit unterlassen, sondern nur das Bessere; nicht sündige Verschuldung wäre es, sondern nur ein geringerer Grad von Virtuosität oder nur Schwäche. Von Schuld wäre nur die Rede, sofern die Collision durch frühere Schuld herbeigeführt wäre; dies wäre dann eben anzuerkennen und zu sühnen, wie es das göttliche Gesetz verlangt und die göttliche Gnade ermöglicht. Der ganze Collisionsbegriff leidet wieder, wie die ganze hergebrachte Auffassung der Pflicht, an der Befangenheit in einem starren Gesetzesbegriff und äußern Pflichtbegriff, wodurch ein bloß objectiver Legalitäts = Begriff an die Stelle des persönlichen Moralitätsbegriffes tritt; daher die abstracte Gegenüberstellung von äußern Pflichthandlungen, statt daß der äußere und innere Lebensstand der Person im Verhältniß zu den Handlungen in Betracht genommen wird, Geist und Gesinnung des Handelnden über die moralische oder unmoralische Bedeutung der Handlung entscheidet. Vom ethischen Gesichtspunkt aus kann eine an und für sich ungesetzliche Handlung eine persönlich moralische sein, indem z. B. im reinen Eifer einem Andern zu helfen, die Verfehlung gegen ein Gesetz mit unterläuft, umgekehrt kann eine an und für sich gesetzliche Handlung eine persönlich unmoralische sein, indem in das Gesetzliche eine schlechte Gesinnung sich einkleidet. Indem nun das Neue Testament überall Liebe, Geist, Gesinnung als das über Moralität entscheidende Moment premirt („Gott sieht das Herz an"), ist es begreiflich, daß es eine wirkliche Collision von Pflicht=Handlungen unter einander nicht kennt; wohl aber den Conflict zwischen wirklicher Pflicht und zwischen verdorbener Naturneigung oder geistiger Verkehrtheit (Luc. 14, 2 ff. Matth. 14, 6—9), oder den Conflict zwischen früheren Pflichtversäumnissen mit ihren Folgen einerseits und zwischen der neuen Pflichtforderung andererseits. Matth. 22, 17. 21. Eine scheinbare Nöthigung zur Pflichtübertretung ein Gesetzwerden aufs Schlüpfrige erwächst nur aus des

Menschen beharrlicher Verschuldung. Zur eigenen Schuld gehört aber vom biblischen Standpunkt aus vor Allem auch die Unterlassung des Gebets und des Wachens, die Untreue im Kleinen, das Nichtbleiben in seinem Beruf, womit man sich selbst in Versuchung führt.*)

Giebt es nun aber keine Collision von Pflicht mit Pflicht an sich, so kann doch durch die **Verschiedenheit der Objecte**, gegen welche Pflichten zu erfüllen sind, z. B. gegen verschiedene Menschen, die eine Pflicht mit der andern in Conflict kommen. Zur Lösung solcher Pflicht-Conflicte dient aber eine richtige Ueber- und Unter-Ordnung eben in Bezug auf die verschiedenen Pflicht-Objecte. Die bezüglichen Objecte des pflichtmäßigen Handelns unterscheiden sich durch niedrigere und höhere Stellung und Bedeutung. Während die Pflichten an und für sich, oder ihrem sittlichen Inhalt nach im Rang sich gleichstehen, als einem und demselben absoluten Gesetz angehörig (Matth. 5, 19), findet sich dagegen Unterscheidung nach dem höheren oder geringeren Werth der Objecte. Matth. 12, 11 f. Mark. 2, 23 ff. Matth. 10, 37. 40 ff. Act. 4, 19 (wo die Apostel keinen Augenblick über einen Pflichtenconflict sich Bedenken machten). So hat vom christlichen Pflichtgesichtspunkt aus im Allgemeinen namentlich das Himmlische und Geistige allem Andern voranzugehen, ebenso die Seele dem Leib und beides wieder dem äußeren Gut, wenn es sich um ein Entweder-Oder handelt (Matth. 6, 19—33); nur ist damit nicht gesagt, daß die Erfüllung äußerer Religionsübung, wie Gebetsstunden, Kirchengehen,

---

*) Vgl. Schmid (Christl. Sittenlehre § 61, S. 473—476), der im Allgemeinen richtige Gesichtspunkte geltend macht. Ueber den Conflict, in welchen die **Wahrheitspflicht** mit der **Liebespflicht** kommen kann, siehe unten, wo wir von der sogenannten **Nothlüge** handeln.

Sonntagsfeier allem Anderen, z. B. dem augenblicklich Nothwendigen vorangehe. Matth. 5, 23 f. 12, 3 f. 11 f.*)

Die Rechtsleistung oder die Schuldigkeit hat vorzugehen der bloßen Wohlthat oder Güte, die Nothpflicht der bloßen Ehrenpflicht; ferner das göttlich Positive dem menschlich Positiven, oder das göttliche Gebot der menschlichen Satzung, das ewige und allgemeine Gesetz den bloß örtlichen oder zeitlichen Sitten und Verordnungen u. s. w. Eben auf die Einhaltung dieser natürlichen Ordnung ist die göttliche Weltregierung gegründet, und das wahre Wohl der Einzelnen, wie des Ganzen; man darf also in allen Fällen der göttlichen Hülfe und des wahren Segens versichert sein, wenn man jene natürliche Ordnung als Gottes Ordnung heilig hält.

Das Entscheidende für die sogenannten Collisionsfälle ist, daß der einzelne Christ in richtiger und gewissenhafter Selbsterkenntniß treu ist im Bewahren und im Ueben dessen, was er schon hat, wodurch sich die individuelle Erfahrung, Weisheit und Kraft immer weiter bildet, ferner daß er treu ist im ordnungsmäßigen Erstreben dessen, was ihm noch mangelt, wodurch ihm immer mehr Gnade und Gabe von Gott zu Theil wird. Damit verbindet sich, daß ihm als Hilfsmittel gegen alle subjectiven Mängel und Schwächen bis auf die concretesten Fälle hinaus das Forschen im Wort Gottes als Pflicht und Recht zusteht, sowie das Gebet um Beistand Gottes, speciell um Erleuchtung und Stärkung, wie

---

*) Auch kann im einzelnen Fall die leibliche Rücksicht auf Gesundheit und Lebenserhaltung in Bezug auf Maß, Zeit und Art der Sorge für das Geistliche maßgebend sein, weil sonst die gemeinsame Basis, auf der das Geistliche wie das Leibliche sein Gedeihen hat, Noth leidet. So entzog sich der Herr selbst zeitenweise dem zur Lehre und zur Heilung sich herzudrängenden Volk.

um Verschonung mit Versuchungen und um Bewahrung in denselben. Ferner, wo es Fehltritte, Mißgriffe, Versündigungen gibt, gilt es vor Allem Wahrheit, also Selbstprüfung, Selbsterkenntniß und Anerkennung des Verfehlten mit möglichster Abstellung desselben statt Entschuldigung mit Nothwendigkeiten und Unmöglichkeiten. Dann steht zum Behuf der eigenen Rechtfertigung und Reinigung, wie zur Besserung dessen, was man selbst versäumt und verfehlt hat, die Versöhnung in Jesu Christo offen, und es gilt nur, daß man sich mit seinem Sinnen und Thun immer neu ins Licht der Wahrheit stellt, um auch Vergebung und Begabung neu zu erhalten. Dieses sind die specifischen Arkana, mit welchen die evangelische Ethik vor die Lücken tritt, die kein System decken kann mit seinen dialektischen Deuteleien und Regulirungen und keine Kirche mit ihrer casuistisch=beichtväterlichen Bevormundung, wie sie gewöhnlich für Collisionen angeführt werden.

An die bisher behandelte Lehre von der christlichen Gottesliebe reiht sich nun nach der vorausgesandten Eintheilung die Lehre von der christlichen Selbstschätzung.

---

§ 13. Die christliche Selbstschätzung.

Zur Erläuterung einige Bemerkungen über diese Bezeichnung. Ich ziehe diesen Ausdruck dem andern: Selbstliebe vor. Einmal hat der letztere immer etwas Zweideutiges, da der Sprachgebrauch die Unterscheidung der Selbstliebe von Eigenliebe oder Selbstsucht nicht immer festhält. Dann auch, davon abgesehen, ist mit dem Ausdruck Selbstliebe die

§ 13. Die christliche Selbstschätzung.

Sache nicht vollständig bestimmt. Es muß auch Raum sein für das, was gerade der christlichen Gesinnung in Bezug auf die Auffassung der eigenen Persönlichkeit wesentlich eigen ist, nämlich die Demuth. Dagegen wird in der neutestamentlichen Sprache gerade der Ausdruck Schätzung ($\lambda o\gamma\iota\zeta\varepsilon\sigma\vartheta\alpha\iota$) öfters da angewandt, wo die sittliche Auffassung der eigenen Persönlichkeit bezeichnet wird. So Röm. 6, 11. Phil. 3, 13. 2 Kor. 11, 5, vgl. für den Begriff $\varphi\rho o\nu\varepsilon\iota\nu$ $\varepsilon\iota\varsigma$ τo $\sigma\omega\varphi\rho o\nu\varepsilon\iota\nu$ Röm. 12, 3. 1 Kor. 3, 16: wisset ihr nicht, daß ihr Gottes Tempel seid? 2 Kor. 13, 5: $\varepsilon\pi\iota\gamma\iota\gamma\nu\omega\sigma\varkappa\varepsilon\tau\varepsilon$ $\varepsilon\alpha\upsilon\tau o\upsilon\varsigma$.

Wenn man nun das, was zur christlichen Selbstschätzung gehört, gewöhnlich unter der Kategorie der Pflicht gegen sich selbst behandelt, so hat diese Ausdrucksweise eine Zweideutigkeit, die schon Kant zur Frage veranlaßte, ob und wie denn der Mensch gegen sich selbst Verpflichtung haben könne.*)

Diese Frage darf aber nicht mißverstanden werden. Es handelt sich nämlich nicht darum, ob auch an sich selber, an seinem Leib und seiner Seele, der Mensch Pflichten zu erfüllen habe, ob er also selber auch ein Object der Pflicht sein könne; dies gilt von der eigenen Person so gut als von andern; sondern die Frage ist nach dem Pflicht-Grund, ob der Mensch in sich selber die verpflichtende Autorität habe für das Verhalten zu sich selber, ob er das sich selbst verpflichtende Subject sei. Auch dies läßt sich nicht schlechthin leugnen, sofern im Wesen des Menschen selbst zu unterscheiden ist zwischen einer verpflichtenden Seite und verpflichteten Seite.

---

*) Weiteres hierüber: Daub, Theol. Moral, Band II. § 2. Marheineke, S. 281 ff. Ueber die verschiedenen Beziehungen der Pflicht Schmid, § 58.

Beides unterscheidet man gewöhnlich so, daß man die verpflichtende Macht dem Menschen beilegt, sofern er Vernunft-Wesen sei; dagegen als verpflichtet gilt er, sofern er Sinnen-Wesen sei. Allein diese Unterscheidung genügt nicht. Auch im passiven Verhältniß zur Pflicht, oder gerade auch verpflichtet, ist jeder Mensch nur, sofern er Vernunftwesen ist, nicht Sinnenwesen. Ohne jenes (ohne Vernunftwesen zu sein) wüßte sich der Mensch gar nicht verpflichtet, und seine Verpflichtetheit erstreckt sich auch auf sein Vernunftleben, nicht bloß auf seine sinnliche Seite. In dieser Mißkennung liegt wieder der einseitige Begriff von der Autorität der Vernunft, wie er der Philosophie anhaftet. Uebrigens eben darin, daß der Mensch ein Vernunftwesen ist, liegt allerdings, daß er nicht bloß ein verpflichtetes Wesen ist, ein schlechthin abhängiges Wesen, sondern auch ein sich verpflichtendes, und zwar ist er letzteres vermöge des Gewissens, das ihm eben als Vernunftwesen eigen ist. Im Gewissen setzt sich jedoch der Mensch die Verpflichtung nicht rein von sich aus, nicht nach eigenem Willen, sondern diese ist ihm in seinem Gewissen gesetzt vor seinem Willen und gegen denselben. Das Gewissen mit seiner verpflichtenden Kraft weist auf eine Macht, die ohne und wider den subjectiven Willen gesetzgebend ist; nur ist dem vernünftigen Wesen des Menschen das verpflichtende Gesetz in seinem Gewissen selbst immanent und es ist dem Menschen auch vermöge seiner Vernunft die Einwilligung oder die selbständige Anerkennung seiner Verpflichtung überlassen. Nun darf aber die Ethik als christliche jedenfalls nicht stehen bleiben bei Gewissen und Vernunft als selbständigem Verpflichtungsgrund. Im Sinn der christlichen Ethik handelt es sich, soweit Verpflichtung zur Sprache kommt, immer von einer absoluten Verpflichtung gegen Gott und zwar gegen Gott in Christo. Diese Verpflichtung ist allerdings im wahren Christen ebenfalls real gesetzt, ist auch etwas ihm Immanentes, jedoch nicht durch das bloß zur allgemeinen Menschennatur gehörige Gewissen und durch den entsprechenden Vernunftwillen, sondern durch den specifischen Kindschaftsgeist als göttliche Gabe und durch die entsprechende Glaubensliebe als selbständige Verpflichtung. In diesem unserm Pflichtverhältniß zu Gott liegt nun eben auch der christliche Verpflichtungsgrund zur entsprechenden Auffassung nicht nur unserer eigenen, sondern auch fremder Persönlichkeit, und zwar der Persönlichkeit in ihrem ganzen Bestand, in welchem sie von Gott erschaffen ist und erlöst wird. Hiernach wäre unmittelbar nicht von Pflichten gegen uns selbst die Rede, aber auch nicht gegen andere Menschen, sondern von Beidem nur mittelbarer Weise, sofern unsere Grundpflicht gegen Gott als den Schöpfer und Erlöser uns auch in Beziehung zu unserer Person und zu andern Menschen gewisse Gesinnungen und Handlungen als Pflichten auferlegt.

Uebrigens hat eine christliche Ethik im Ganzen und im Einzelnen nicht zunächst vom Pflichtbegriff auszugehen, sondern überall auf die reellen Lebensbestimmungen zurückzugreifen. Der Christ hat an der Gottesliebe keine bloß ideale Nöthigung, wie sie in der Pflicht hervortritt, keine bloße Willensbeziehung auf eine gesetzliche Norm, sondern die Gottesliebe ist im Subject der christlichen Ethik eine persönliche Wesensbeziehung zum persönlichen Gott. Sie ist der aus Gottes Liebe ins Herz gepflanzte Lebensgeist und Lebenstrieb (Röm. 5, 5), der im Menschen selbst als die gesetzliche Norm wie die Vaterliebe im Kind sich geltend macht. Aus seiner inneren, persönlichen Lebensbeziehung zu Gott heraus, nicht aus einer bloß reflectirten Willensbeziehung zum Gesetz, nicht aus einem bloßen Pflichtbewußtsein denkt und handelt der Christ eben als Christ. Er denkt und handelt als Kind Gottes, nicht als bloßer Mann der Pflicht, und die jener persönlichen Lebensbeziehung zu Gott gemäße Entwicklung ist allein auch die gesetzmäßige, d. h. die recht- und pflichtmäßige Entwicklung des christlichen Lebens.

Kurz also: so zu sein und so zu leben, sich selbst so zu nehmen und zu geben, wie es das eingepflanzte Gottesleben naturgemäß mit sich bringt, dies ist ebensowohl des Christen natürliche Art, soweit er Christ ist, als sein Recht und seine Pflicht. Das Erste ist das Bedingende für das Zweite. Der Pflichtbegriff kann also nicht die ausschließliche oder auch nur bestimmende Kategorie der Darstellung sein, sondern wir werden die Pflicht wieder nur als das Abgeleitete, als das Secundäre berücksichtigen und dann mit ihrem kürzesten aber auch umfassendsten Ausdruck, weil es eben Zweck der Pflichtbestimmung ist, das normale Bild des Lebens in seiner gedrängtesten Form zusammenzufassen für das sittliche Bewußtsein und Streben. (Vgl. Band I. Einleitung II. 2. c. S. 94 ff. und Einleitung in dieses Hauptstück.

Wir haben eben deßhalb das christliche Verhalten zu sich und zu Andern auch nicht bloß zu beschreiben — das andere Extrem der bloß vorschreibenden Darstellung vom Begriff der Pflicht aus. Das christliche Verhalten entwickelt sich nicht wie ein bloßes Naturgewächs aus seinem inneren Boden oder Wesensgrund, sondern nur dadurch, daß der Christ seine Wesensbeziehung zu Gott stets mit Bewußtsein und Freiheit erfaßt, behauptet und entwickelt, und dazu

§ 13. Die christliche Selbstschätzung. 189

genügt weder ein bloßes Vorschreiben des Sollens, noch
ein bloßes Beschreiben des Seins und Werdens, sondern
erforderlich ist die pädagogisch=didaktische Methode.

Unsere Aufgabe stellt sich uns dann so: wir haben die
christliche Gottesliebe nach der Seite darzustellen, wie sie den
Christen wesentlich bestimmt, daß er seine eigene Persönlichkeit
mit Bewußtsein und Freiheit auffaßt. Hienach beschränkt
oder verengert sich auch unser Lehrstück im Vergleich zu dem,
was sonst unter den Pflichten des Menschen gegen sich selbst
zusammengestellt wird. Gewöhnlich werden unter Pflichten
Tugenden und Laster abgehandelt, die auf das leibliche und
geistige Bestehen und Gedeihen des Einzelnen einen auch nur
fördernden oder hemmenden Einfluß haben, wie Geiz, Kriecherei,
Lüge, Mord, Wollust, Erwerb, Vernunftbildung, Gemüths=
bildung u. s. w. Dies sind zum Theil Zersplitterungen von
christlichen Grundgedanken, die in dieser Vereinzelung keinen
oder nur spärlichen biblischen Inhalt haben, so Vernunft=
bildung und Gemüthsbildung; solche Momente haben ihren
wahren biblischen Sinn und ihre rechte systematische Stellung
theils in dem, was zur Begründung und Entwicklung des
christlichen Lebens überhaupt gehört, zur Wiedergeburt und
Erneuerung mit ihrer erleuchtenden Heiligung und beseligen=
den Wirkung, theils auch in der Ascese. Andere jener
Punkte, wie Geiz, Lüge, Wollust sind eben so sehr Pflicht=
verletzungen gegen Andere, fordern also eine Stellung, wo
sie nicht nur unter den einen oder den andern Gesichtspunkt,
den der Selbst= oder Nächstenpflichten fallen, sondern unter
einen gemeinsamen, höheren Begriff, unter die Erscheinungs=
seite des ethischen Lebens. (Vgl. drittes Hauptstück, Wahr=
haftigkeit, Weisheit, Gerechtigkeit.)

Zieht man einmal überhaupt Handlungen herbei, die zur eigenen Persönlichkeit in positiver oder negativer Beziehung stehen, d. h. hindernd oder hemmend auf sie einwirken, so könnte man die ganze Sittenlehre unter dem Kapitel der Selbstpflichten unterbringen; und daß es dabei wiederum an einem objectiven Eintheilungsprincip fehlt, zeigt das Schwanken der Moralisten darin, was hier berücksichtigt werden soll, oder bei einem andern Punkte. Wir haben es nun für jetzt noch nicht mit bestimmten Handlungen zu thun, in welchen sich die pflichtmäßige Sorge für das eigene Selbst bethätigen kann und soll, sondern zunächst mit der sittlichen Gesinnung des Christen, wie sie das eigene Selbst zum Gegenstand hat; damit ist dann freilich auch die Behandlung der eigenen Person im Allgemeinen schon bestimmt.

Gehen wir denn ein auf:

1) **Grund und Wesen der christlichen Selbstschätzung.**

a) Welches sind die reellen Gegebenheiten, die der christlichen Selbstschätzung zu Grunde liegen?

Schätzung überhaupt setzt einen Werth, eine Würde voraus und dieses negirt das Evangelium so wenig für den Menschen, daß es vielmehr von vornherein schon die natürliche Menschenwürde zum Bewußtsein bringt, indem es hinweist auf die hohe Lebensstufe, welche dem Menschen der übrigen Schöpfung gegenüber nach Leib und Seele zugetheilt ist durch die göttliche Welt-Einrichtung und Welt-Verwaltung. Vgl. die Bergpredigt: sie ist nicht ausschließlich nur zu den Jüngern gesprochen, sondern zu allem Volk (Matth. 5, 1 f. mit 5, 22. 25 ff. 6, 24. 7, 4 f., Stellen, in welchen

1. Grund und Wesen der christlichen Selbstschätzung. 191

allgemein menschliche Vorkommnisse und Fehler besprochen werden). Und auch die Jünger waren noch natürliche Menschen, nicht wiedergeboren. Matth. 6, 25 f. 30. 10, 29—31 (der Mensch nach Leib und Seele bei Gott von höherem Werth als die Güter, Thiere und Pflanzen); 12, 3 f. 11 f. mit Mark. 2, 27 (auch gottesdienstliche Gegenstände und Ordnungen sind dem Menschen untergeordnet); Matth. 18, 10. 12—14 (selbst unmündige Kinder stehen in einem Lebensverband mit den höheren Geistern und auch verirrte Menschen haben noch einen Werth vor Gott, daß er sie nicht will verloren gehen lassen). Diese Hinweisungen auf die Menschenwürde sind nicht begründet auf besondere Bundesverhältnisse, sondern auf allgemeine Naturverhältnisse (daher Parallele mit Vögeln, Gras u. s. w., Beziehungen auf Nahrung und Kleidung, auf Sonnenschein und Regen. Matth. 5, 45). Hiernach ist der Mensch eben als göttliches Geschöpf nach Leib und Seele, nicht nur seinem Geiste nach, als specifischer Gegenstand der göttlichen Sorgfalt aufgefaßt und als der Höhepunkt der irdischen Oekonomie Gottes, so daß selbst göttliche Institutionen, wie Tempel und Sabbath, seinen Bedürfnissen, und zwar auch seinen leiblichen, zum Dienst bestimmt sind. Ja es wird dem Menschen im N. T. ausdrücklich selbst Verwandtschaft mit dem göttlichen Wesen und ein Bewußtsein davon auch im Naturzustand, auch im Heidenthum noch vindicirt (Act. 17, 28. Jak. 3, 9); und durch die Erscheinung des Sohnes Gottes im Fleisch adelt das Evangelium die Menschennatur auch ihrer empirischen Wirklichkeit nach aufs Höchste. Ebr. 2, 6—16. Diese gottesverwandtschaftliche Würde der Menschennatur spiegelt sich namentlich in der Gebetsberechtigung ab, die Allen als Menschen zusteht, und die uns in allem Mangel mit dem höchsten Wesen unmittelbar verkehren läßt. Matth. 6, 6—9. Darin liegt die Krone der Menschenwürde, so daß der Mensch in der niedrigsten Lage und Stellung noch seiner Höhe sich rühmen kann. Jak. 1, 9 mit 5. Wenn es nun bei Menschen nicht selten ist, daß sie ein Lieblingsthier oder eine Lieblingspflanze, ein Kunstwerk, oder irgend einen Genuß, ein todtes Heiligthum und eine äußere Satzung höher achten als eine Menschenseele, so ist es bei Gott ganz anders. Der niedrigste Mensch (der bisher sogar seine Würde vielleicht in Sünde geschändet hat), kann mehr als alle diese Herrlichkeiten zusammen, er kann zu Gott gehen, zu Gott als seinem Vater und als dem Richter aller Welt, kann entweder wider mich seufzen oder für mich bitten, und der Vater und Richter hört ohne Ansehen der Person. Luk. 18, 1—14, vgl. 15, 20 f.*)

Schon unserer Natur also ist nach allen ihren Theilen (Leib, Seele und Geist) im Vergleich mit der übrigen Welt durch unsere specifische Verbundenheit mit Gott ein Werth, eine Würde aufgedrückt, die uns eben gebietet unseres Selbst wahrzunehmen mit achtsamer Liebe oder Selbstschätzung. Matth. 16, 26. Es ist also grundfalsch zu sagen, Object der christlichen Selbstliebe sei nicht das natürliche Selbst als solches, sondern das wiedergeborene Selbst. (Schmid S. 687.)

---

*) Kommt aber nun diese Würde des freien Verkehrs mit dem höchsten Geist und Herrn dem Menschen abhanden, sei es durch Verbildung oder durch Gemeinheit, sei es durch sogenannte Wissenschaft oder durch Asotie, so ist er durch das Eine, wie durch das Andere um seine Krone betrogen.

1. Grund und Wesen der christlichen Selbstschätzung.

Diese Selbstschätzung besteht auch schon als naturgesetzliche Anlage im Menschen; denn schon in seinem natürlichen Selbstbewußtsein weiß der Mensch sich erhaben über die ihn umgebende Schöpfung und fühlt sich angeregt, eine über die Welt hinausgehende Verbindung zu suchen, die Verbindung mit einem Herrn der Welt, mit einem höchsten Wesen. Act. 17, 26 f. Und nicht erst in Folge einer besondern Verpflichtung, sondern in unmittelbarem Naturtrieb liebt jeder Mensch sich selbst, daher war kein besonderes Gebot der Selbstliebe weder im A. noch N. T. aufzustellen; ein äußeres Gebot bezieht sich auf etwas, was erst werden soll; dagegen was schon da ist, braucht nicht erst geboten zu werden, nur richtig geordnet und entwickelt. In dieser einorganisirten naturgesetzlichen Selbstliebe umfaßt der Mensch sich selbst nicht in einer abstracten Idee, die er von seinem Ich sich bildet, sondern als leiblich-seelisches Ganzes. Eph. 5, 29: οὐδεις γαρ ποτε την ἑαυτου σαρκα ἐμισησεν, ἀλλ' ἐκτρεφει als Erläuterung der V. 28 erwähnten Selbstliebe: ἑαυτον ἀγαπα. Σαρξ schließt dort die ψυχη ein, es ist die Persönlichkeit in ihrer Leiblichkeit. Der Mensch liebt sich, wie er leibt und lebt, als σαρξ, dies mit einer Fürsorge, die nicht nur auf das zur Erhaltung des Lebens Nöthige (ἐκτρεφειν) sich bezieht, sondern auch auf das Nützliche, das Wohlthuende (θαλπειν).

Dies eben, die Richtung auf Erhaltung und auf Pflege oder Förderung des Lebens, d. h. der Lebenstrieb und der Glückseligkeitstrieb sind Grundtriebe der natürlichen Selbstliebe und das Centrum derselben ist das **Selbstgefühl**, das Bewußtsein eines persönlichen Werthes eben als Selbst und so der **Trieb persönlicher Geltung**, der **Ehrtrieb im guten Sinn**. Diese natürliche Selbstliebe verwirft das Evangelium so wenig an und für sich, daß sie dieselbe **vielmehr in Schutz nimmt** gegen eine rigoristische Ascese und gegen erkünstelte Demuth oder Selbstverleugnung, überhaupt gegen eine einseitige Ueberhebung der geistigen Seite unserer Persönlichkeit, wobei man die Naturseite derselben, die $\sigma\alpha\rho\xi$, ignoriren will, oder ihren Bedürfnissen nicht die gebührende Rechnung trägt. Darin erblickt das Evangelium nicht eine höhere Lebensstufe oder Geistigkeit, sondern eine Selbstüberhebung, die sich, indem sie eine unwirkliche Geistigkeit oder Geistlichkeit affectirt, als Heuchelei gestaltet. Kol. 2, 18. 21—23; dort wird gegenüber den religiös-dogmatischen Beschränkungen in Bezug auf Essen und Trinken für die $\sigma\alpha\rho\xi$ eine $\tau\iota\mu\eta$ gefordert, Werthschätzung (vgl. 1 Thess. 4, 4, wo es würdige Behandlung ist); im Gegensatz zur Schonungslosigkeit gegen den Körper soll gerade seinen natürlichen Bedürfnissen die genügende Befriedigung zu Theil werden durch vollständig sättigende Speisung (aber nicht Uebersättigung) V. 16. 20. Vgl. zu $\pi\lambda\eta\sigma\mu\text{ο}\nu\eta$ $\tau\eta\varsigma$ $\sigma\alpha\rho\kappa\text{ο}\varsigma$ Act. 14, 17: $\varepsilon\mu\pi\iota\pi\lambda\omega\nu$ $\tau\rho\text{ο}\varphi\eta\varsigma$ in Bezug auf die von Gott in der Welt dargebotene Nahrungsfülle, und zur Stelle vgl. de Wette's Commentar. Zur Sache vgl. noch 1 Kor. 12, 23; Röm. 13, 14, wo von $\pi\rho\text{ο}\nu\text{ο}\iota\alpha$ $\sigma\omega\mu\alpha\tau\text{ο}\varsigma$ die Rede ist im Zusammenhang mit $\varepsilon\nu\delta\upsilon\sigma\alpha\sigma\vartheta\varepsilon$ $\tau\text{ο}\nu$ $\kappa\upsilon\rho\iota\text{ο}\nu$ $\text{'Ι}\eta\sigma\text{ο}\upsilon\nu$ $\text{Χ}\rho\iota\sigma\tau\text{ο}\nu$. (Davon später § 23, 2. b.)

Das Evangelium geht aber noch weiter, es baut auf diese natürliche Selbstliebe sogar seine **specifisch ethischen Bestimmungen**. Es macht sie nämlich nicht nur zum Substrat der allgemeinen Menschenliebe im Anschluß an das A. T. (Matth. 7, 12. 22, 39 f.: $\alpha\gamma\alpha\pi\eta\sigma\varepsilon\iota\varsigma$ $\tau\text{ο}\nu$ $\pi\lambda\eta\sigma\iota\text{ο}\nu$

σου ὡς σεαυτον), nicht nur zum Substrat der intensivsten Menschenliebe, der ehelichen Liebe (Eph. 5, 28 f.), sondern die Selbstliebe bildet auch das Substrat des ewigen Lebenstriebes; es werden darauf die eindringlichsten Ermahnungen zur Sorge für das wahre Heil gebaut. Luk. 9, 25. Selbstverlust oder Selbstverletzung wird durch den ganzen Weltgewinn nicht aufgewogen. Vgl. Matth. 10, 28. 18, 8 f. Es sind demnach affectirte oder unklare Uebertreibungen, wenn z. B. gesagt wird: „in der christlichen Liebe sei die Reflexion auf das eigene Ich gebrochen" (Ernesti, Die Ethik des Apostels Paulus); damit wird die dem Menschen als Ich, als Selbst wesentliche Richtung auf Selbstbewahrung und Beglückung (σωζειν), die anerschaffene Selbstliebe identificirt mit ihrer egoistischen Ausartung, der Eigenliebe, wovon sogleich bestimmter.

Die natürliche Selbstliebe wird also im Christenthum Grundlage einer geistigen übersinnlichen Selbstliebe, aber freilich nicht unmittelbar, oder nur wie sie sich vorfindet.

Gehen wir denn auf die Begründung der geistigen Selbstschätzung im Christenthum näher ein:

α) In der jetzigen Menschennatur ist das Geistige gebunden in das Sinnliche; dieses bildet zwar immerhin die Lebensbasis für die ganze menschliche Natur-Entwicklung, wie es aber jetzt ist, ist das Sinnliche zu einer den Menschen beherrschenden Macht geworden. Vermöge dieses Uebergewichts des sinnlichen Naturlebens ist die natürliche Selbstliebe in den menschlichen Individuen ausgeartet zur Eigenliebe: φιλειν την ψυχην ἑαυτου (Joh. 12, 25), ἑαυτῳ ἀρεσκειν (Röm. 15, 1), ζητειν τα ἑαυτου (1 Kor. 13, 5). Das Wesen der Eigenliebe liegt aber nicht in der (äußeren)

Isolirung von Andern, von Geselligkeit, Gemeinschaft — mitten in dieser kann gerade die Eigenliebe ihr Feld haben und blühen, während der Isolirte, der Einsame, Zurückgezogene wahrhaft lieben kann. Der eigenliebige Mensch, ob er nun der Einsamkeit oder der Gesellschaft lebe, macht sein eigenes Selbst zum Centrum seines seelischen Empfindens, seines Denkens, Wollens und Handelns in der Art, daß er sich darin gehen läßt, daß er dasselbe aus und nach seinem eigenen Selbst bestimmt, und der Grund hievon liegt darin, daß er sich isolirt nicht gerade von der Gleichstellung mit Andern, sondern von der Untergebung und Hingebung an ein höheres Wesen und sein Gebot, sich nicht bindet an die göttlich-geistigen Grundbestimmungen oder Gesetze, in welchen eben zugleich der allgemeine Lebens-Zusammenhang normirt ist, die sittliche Lebensorganisation und Weltordnung gegeben ist. Indem das menschliche Ich sich abkehrt vom wahren Lebenscentrum, vom Göttlichen, verfestigt es sich — sei es in Gesellschaft oder im Kloster — eben in sein Eigenleben, in seine individuell beschränkte und individuell interessirte Existenz; eigenes Recht und Glück, eigene Habe und Ehre bildet seinen Horizont und Impuls und damit wird sein Empfinden, Streben u. s. w. auch in Conflict gebracht mit dem dem eigenen Selbst gegenüber sich geltend machenden fremden Selbst, wird entgegengekehrt dem allgemeinen Lebensorganismus, wie er von Gott geordnet ist als sein Reich; das Ich wird egoistisch, wird selbstsüchtig. Alles wird von der Beziehung (zum eigenen Selbst) zur individuellen Eigenartigkeit aus beurtheilt und behandelt, statt von der Grundbeziehung zu Gott und seinem Gesetz aus. Die Selbstliebe sucht bei dieser egoistischen Ausartung in ihrem Lebenstrieb und Glückseligkeitstrieb das ihr Angenehme, sie Ansprechende, und verwechselt dieses mit dem Guten, sie sucht den Werth, die Würde des menschlichen Selbsts in der Selbsterhöhung und treibt aus sich ordnungswidrige Strebungen hervor, sündliche Lüste und sündliche Handlungen, in denen die Seele mit ihren geistigen und leiblichen Kräften sich umtreibt. Eben damit ist aber auch die natürliche Menschenwürde entehrt, — aus der Selbsterhöhung kommt die Selbsterniedrigung. Indem nämlich durch Verleugnung des wahren Lebenscentrums die Triebe der sinnlichen und geistigen Natur losgebunden, centrifugal geworden sind, entsteht eine Verknechtung des Menschen an diese untergeordneten Triebe und damit entsteht auch Verknechtung an die äußere Welt. Der ursprüngliche Beherrscher der irdischen Creatur ist nun Knecht der sündigen Natur in sich und außer sich; diese befleckt oder unterdrückt sogar sein Beten, seinen höchsten Geistesact. Nun in diesen sündigen Auswüchsen der Eigenliebe, in der Selbstsucht läßt das Evangelium allerdings die Individualität und Selbstliebe nicht gelten, sondern

β) die christliche Selbstauffassung hat zu unterscheiden zwischen einem doppelten Selbst oder Ich. Das Christenthum unterscheidet das fleischliche Ich ($\dot{\varepsilon}\gamma\omega\ \sigma\alpha\rho\varkappa\iota\nu\sigma\varsigma$ Röm. 7, 14), das Ich des Außenmenschen (2 Kor. 4, 16), das von der Sinnenwelt auch in seinen geistigen Functionen beherrschte und von Gott abgewandte Ich, kurz das unwahre, entartete Selbst, und auf der andern Seite das von Natur schon Gott verwandte und für Gott bestimmte Selbst ($\dot{o}\ \ddot{\alpha}\nu\vartheta\rho\omega\pi\sigma\varsigma\ \varkappa\alpha\vartheta'\ \dot{o}\mu\sigma\iota\omega\sigma\iota\nu\ \vartheta\varepsilon\sigma\upsilon\ \gamma\varepsilon\gamma\sigma\nu\omega\varsigma$ Jak. 3, 9), das wahre wesentliche Selbst, das Ich des Innenmenschen. Röm. 7, 22. Beiderlei Ich wird auf christlichem Standpunkt eine verschiedene, ja entgegengesetzte Behandlung zu Theil. Das erste — das fleischliche Ich — in seinem eigenliebigen Selbstgefühl mit seinem in das Sinnenweltliche gebannten Lebenstrieb und Glückseligkeitstrieb ist Gegenstand des Hasses, der Verleugnung, ja der Abtödtung. Das andere, das wesentliche, das innenmenschliche Selbst mit Bedürfnissen und Trieben, die über das Eigene und Sinnenweltliche hinausstreben, und, wenn auch noch unbewußt, das Göttliche suchen — dieses Ich macht das Evangelium zum Gegenstand der Errettung ($\sigma\omega\zeta\epsilon\iota\nu$) durch Neubelebung ($\zeta\omega o\gamma o\nu\epsilon\iota\nu$) und durch Umbildung in der Gnade ($\dot{\alpha}\nu\alpha\kappa\alpha\iota\nu\omega\sigma\iota\varsigma$); dadurch wird das Selbst in seine gottverwandtschaftliche Würde real erhoben, mit seinem Lebenstrieb und Glückseligkeitstrieb in Gott wieder centralisirt und entwickelt. Dem fleischlichen Ich gilt Luk. 14, 26: „Wenn einer zu mir kommt, und haßt nicht seinen Vater und seine Mutter und sein Weib und seine Kinder und Brüder und Schwestern (eben in ihrer Zugehörigkeit zu seiner Eigenliebe gedacht, daher weiter) und sein eigenes Selbstleben ($\tau\eta\nu$ $\dot{\epsilon}\alpha\upsilon\tau o\upsilon$ $\psi\upsilon\chi\eta\nu$), der kann nicht mein Jünger sein."

Der natürliche Mensch liebt an sich selbst und so auch an seinem nächsten Angehörigen und an seinem Geschlecht Alles, wenn es nur seinem Eigenwesen, seiner Individualität convenirt (Joh. 15, 19: $\dot{o}$ $\kappa o\sigma\mu o\varsigma$ τo $\dot{\iota}\delta\iota o\nu$ $\varphi\iota\lambda\epsilon\iota$); wer Christi Sinn hat, haßt, was einmal hassenswerth ist, an sich selbst und wo es ihm sonst begegnet, auch an Eltern, Kindern und Verwandten; den fleischlichen Familiengeist erkennt der Christ nicht an.*) Matth. 16, 24 f. Luk. 17, 33. 9, 24.

---

*) Daraus muß man manches Verhalten des Herrn verstehen, z. B. gegenüber der eigenen Mutter; vgl. den Ausspruch des Apostels: „wir kennen Niemand mehr nach dem Fleisch."

1. Grund und Wesen der christlichen Selbstschätzung.

Joh. 12, 25. Röm. 13, 14 („καὶ τῆς σαρκος προνοιαν μη ποιεισθε εἰς ἐπιθυμιας"). Eph. 5, 22—24. Die Evangelien-Stellen selbst sind bei der Verähnlichung mit Christus § 9 entwickelt. Der natürlichen Selbstliebe stellt also das Evangelium nicht nur eine Selbstbegrenzung gegenüber, eine Verleugnung des nach unbegrenzter Selbstliebe strebenden natürlichen Triebes (Schmid S. 692), sondern eine Abtödtung des im Sinnenweltlichen haftenden Selbstlebens, des fleischlichen Ichs. Und wie gewinnt dies das Evangelium der natürlichen Selbstliebe ab?

Es ist der heilige Geist der Liebe Christi, welchen das Evangelium dem Menschen im Glauben einpflanzt, und dieser Geist zieht Christo nach in sein Sterben; die verweltlichten, die decentralisirten Strebungen und Werke unseres physischen und geistigen Naturlebens, womit wir in der egoistischen Blindheit unserem eigenen Besten zu leben und zu dienen wähnen, unterwirft der vom überweltlichen Leben in Christo erweckte und gestärkte Geistestrieb einem scharfen, schmerzlichen Gericht, indem er sie als tiefen Seelenschaden und als allmählige Verzehrung des persönlichen Lebens (als Seelen-Verderben) aufdeckt und entleidet, sie verfolgt, bindet (kreuzigt) und tödtet. Auf diesem Wege geht nun aber die eigene Person, d. h. das wesentliche, innenmenschliche Selbst nicht unter und soll es nicht. 2 Kor. 4, 16 (wir werden nicht muthlos, sondern wenn auch der äußere, in der Welt befangene Mensch um's Leben kommt, wird doch der innere erneuert). Der Mensch soll nicht ein bloßes Nichts werden oder dafür gelten wollen (wie geistliche Ueberspanntheit sagt). In sich selber Nichts zu sein, ist von Anfang an nicht die göttliche Bestimmung des Menschen; Gott schafft aus Nichts, nicht daß wieder ein Nichts da sei und bleibe, sondern er schafft etwas, resp. ein Selbst, ein selbständiges Ichleben, das immer mehr werden soll, das zum $\pi\varepsilon\varrho\iota\sigma\sigma\varepsilon\nu\varepsilon\sigma\vartheta\alpha\iota$ (Matth. 13, 12), zum $\pi\lambda\eta\varrho\omega\mu\alpha$ gelangen soll als ein Träger göttlichen Selbstlebens, wie es in Christo gottessohnschaftlich sich darstellt. Eph. 4, 13. Nichts ist alles Geschaffene nur für sich, d. h. als Gott äußerliches Selbstleben, es ist Nichts an und für sich selbst, weil es aus Gott und in Gott seine ganze Existenz hat, und eben das ungöttliche Fürsichleben des Menschen muß allerdings zu nichte werden, — diese Lebensform aber nur darum, damit der Mensch in sich ein Etwas werde, ein Etwas aus Gott, in Gott und für Gott, ein an Geist, Seele und Leib herrliches Etwas. Eph. 1, 12, vgl. 1 Thess. 5, 23. 2 Kor. 3, 17 f. So ist bei der Tödtung, welche der heilige Geist Christi an den Gläubigen vollzieht eben das die Bestimmung, den Menschen zum Selbst, zum selbständigen Wesen in Gott zu machen durch Vernichtung seines unwahren Selbstes, seiner eitlen, nichtigen Selbständigkeit, wie sie außer Gott und wider Gott besteht; nur die Person, wie sie in ihrem sinnlich-geistigen Selbst von Gott isolirt ist, das fleischliche Ich wird aufgelöst und damit wird auch die in der Sünde gefangene Selbstliebe aus ihrem Bann gelöst. Eben die eigenste Persönlichkeit des Menschen, die gerade in der fleischlichen Selbstliebe, in ihren decentralisirten Strebungen und in ihren Befleckungen sich zu Grunde richtet, die Seele selbst wird ins wahre, ins geistige Leben aus dem Tode des fleischlichen gezeugt und die Menschenwürde wird jetzt erst aus ihrer bloß anerschaffenen Anlage und aus den eingedrungenen Entstellungen dieser Anlage zur personhaften Wahrheit entwickelt und gekrönt; das göttliche Selbstleben wird menschliches

Selbstleben, letzteres Ebenbild von jenem. Kurz: in Jesu Christo wird und ist der Mensch $\varkappa\alpha\iota\nu\eta\ \varkappa\tau\iota\sigma\iota\varsigma$, nicht ein Nichts (2 Kor. 5, 17); das niedere nichtige Leben geht durch seine Aufopferung in das höhere ewige über.

Aus dem Bisherigen ergibt sich nun

γ) **worauf die christliche Selbstschätzung sich gründet**, oder worin der Werth der christlichen Persönlichkeit gegeben ist. Alle nicht grundlose, nicht eitle Selbstschätzung setzt voraus Persönlichkeit mit realem Gehalt, und ein Bewußtsein vom Werth dieses Gehalts. Im christlichen Selbstbewußtsein kann nun nur die Alles bestimmende Lebens-Beziehung zu Gott auch den Werth und die Schätzung der eigenen Person bestimmen.

Im vollen christlichen Bewußtsein vereinigen sich aber drei Grundbeziehungen zu Gott im Anschluß an die drei göttlichen Grundthatsachen, an die der Schöpfung, der Versöhnung, der Wiedergeburt; jede verleiht der menschlichen Persönlichkeit einen eigenthümlichen Gehalt und so einen realen Werth. Hiernach weiß und faßt sich der Christ auf, schon im **Wesensgrund seiner Natur, als gottverwandtes Geschöpf und als Oberhaupt der Erde**, dies vermöge der Schöpfung; ferner vermöge der Versöhnung als **Gegenstand einer Liebe Gottes**, welche die Erlösung des Menschen aus Sünde und Tod, aus dem Lebenswiderspruch und Lebenszerfall durch die Vereinigung mit Gottes heiligem und seligem Wesen, also die reinste Lebensharmonie zum Zweck hat und darbietet; vermöge der Wiedergeburt aber erfaßt sich der Mensch als im Besitz der Grundlage dieser Lebenseinigung, im Besitz einer neuen Persönlichkeit, einer aus Gottes Geist gezeugten und Gott geheiligten Persönlichkeit, oder kurz als **selbständiges Kind Gottes**. In dieser geistigen Gotteskindschaft liegt für die specifisch christliche Selbstschätzung der höchste, centrale Grund und Gegenstand, in ihr concentrirt sie sich (Röm. 8, 17. Eph. 2, 4 ff.), weil darin Schöpfung und Versöhnung zusammenwirkt zur Bildung eines neuen Gott ähnlichen Menschen und so eine immanente persönliche Bedeutung dem Menschen verleiht; damit erst ist die aus sich herausschaffende und mit sich vereinigende Liebe Gottes als Lebensmittheilung dem Subject inneres Eigenthum geworden, selbständiger Besitz. Sofern aber auch der Leib, als Wohnstätte und Organ des geistigen Lebens, aufgenommen ist in die göttliche Liebes- und Lebensökonomie, so ist auch der Leib in der christlichen Selbstliebe eingeschlossen; ausgeschlossen ist und bleibt der Leib nur in seiner Fleischlichkeit und Sündlichkeit, wie dies bei dem seelischen Selbst des Menschen auch der Fall ist, 1 Kor. 6, 19 („wisset ihr nicht, daß euer Leib ein Tempel ist des heiligen Geistes?"). Röm. 6, 6 (wir wissen, daß unser alter Mensch mit gekreuzigt ist, damit der Leib der Sünde [nicht der Leib schlechthin] abgethan würde"). Kol. 3, 5. Phil. 3, 10 f. 21. Vgl. Bd. I. § 9. S. 13 ff.

Bestimmen wir von hieraus

b) **das Wesen der christlichen Selbstschätzung.**

Mit der Umwandlung durch den Geist der Gnade lernt der Mensch aufs Klarste einsehen, daß er das, was er nun ist, nicht aus sich selber geworden ist, sondern daß er sein neues Wesen wie sein ursprüngliches, angeborenes, und was er daran Gutes hat, nur der göttlichen Erbarmung verdankt, speciell der unverdienten und zuvorkommenden Liebe seines Herrn. Denn dies ist das christliche Glaubensbewußtsein, daß der Herr uns als Wesen, die im Verderben einer fleischlichen Eigenliebe verkehrt und darin verkommen sind, mit der Liebesthat seines Sterbens und Auferstehens erkauft hat zu seinem Eigenthum, daß er auch dieses sein Eigenthum durch seinen eigenen Geist sich zurichtet zu einer heiligen Wohnung, das heißt zu seinem Tempel, zum Lob oder Reflex seiner Herrlichkeit. Wo denn die Liebesverbindung mit Gott in Christo und in dem heiligen Geist reell statt hat, da ist **Grundgesinnung**, daß der Mensch sich nicht mehr als seinen eigenen Herrn ansieht, aber auch nicht als Knecht anderer Menschen oder der Welt, sondern als **Angehörigen des einzigen Herrn**, daß er mit seinem Leben und Sterben von ihm sich abhängig weiß, dieses nicht nur im Sinne der bloß allgemeinen Abhängigkeit oder als Geschöpf, sondern im Sinne der besonderen Angehörigkeit. Eben als Einer, den Gott durch das Opfer seines Sohnes vom Untergang sich zum Eigenthum erkaufte und als solches mit dem eigenen ewigen Lebensgeist begabt hat, weiß er, daß für seine ganze Person der volle Lebensbesitz nur im Herrn liegt, außer ihm der Lebensverlust — der Tod. Vgl. 1 Kor. 6, 19 f. 12. 7, 23. Röm. 14, 7—9; 2 Kor. 5, 15. Die Grundstimmung der christlichen Selbstschätzung ist also diese: nicht eigener Herr, nicht Menschen-Knecht, sondern Eigenthum und Angehöriger des einen Herrn. Zerlegen wir dies nun näher. (Vgl. § 12. Zusatz III. S. 153 ff., wo bei der Frage nach dem Erlaubten von der Gottesliebe aus bereits die christliche Freiheit und ihre Beschränkung behandelt werden mußte.) Es gehört demnach

α) zum Wesen der christlichen Selbstschätzung, daß sich der Christ an den Herrn absolut gebunden weiß eben vermöge seiner geistigen Selbstliebe, wie nach § 12 (Zusatz III.) vermöge seiner Gottesliebe. Denn die ganze Existenz, Entwicklung und Vollendung des persönlichen Seins ruht für das christliche Selbstbewußtsein in der Gnade des Herrn. Ohne ihn bin ich nicht, was ich jetzt bin, und werde ich nicht, was ich werden soll und werden will. Dieses Moment der Gebundenheit an den Herrn begründet eben die Pflicht auch **gegenüber dem eigenen Personleben**; und welches ist diese? Es gilt mittelst der Gnade über die natürliche Persönlichkeit hinauszukommen, zu einem Tempel Gottes sich zu erbauen, das heißt **eine durch Gottes Geist beseelte und geheiligte Persönlichkeit** zu gewinnen und auszubilden, und dies so, daß das religiöse Grundgesetz des Christen (vgl. § 12, Punkt 1. Seite 67 ff. und Punkt 4. Seite 103 ff.) sein Recht behauptet: **die Verherrlichung Gottes**, nicht Selbstverherrlichung, denn mit und in jener allein ist unsre eigene reale Verherrlichung gesetzt, unsre persönliche Entwicklung und Vervollkommnung in Gott. So macht also die christliche Gottesliebe in Bezug auf unsere eigene Person zum **Hauptgebot** und zur **Hauptpflicht**, Gott in Jesu Christo als dessen theuer erkauftes Eigenthum und Tempel in der Totalität unsrer eigenen Persönlichkeit zu verherrlichen, und dies geschieht durch Heiligung des Geistes, der Seele und des Leibes in Angemessenheit zum göttlichen Wohlgefallen. Vgl. 1 Kor. 3, 16 ff. 6, 20 („verherrlichet Gott in Leib und Geist"); 1 Thess. 5, 23. Die in der christlichen Gottesliebe wurzelnde Selbstschätzung übt hiernach eine doppelte Wirkung auf das Selbstbewußtsein des Christen und auf sein Verhalten aus, eine **beugende** und eine **erhebende**. Sie beugt den Menschen in seinem natürlichen Selbstgefühl; sie macht ihn demüthig, indem sie die Gnade ihm unentbehrlich macht; sie erniedrigt ihn in seiner eingebildeten Weltherrlichkeit und Selbstherrlichkeit, worin sein natürlicher Lebens- und Glückseligkeitstrieb die Befriedigung zu finden wähnt, dagegen wird ihm im Lichte und Zug der göttlichen Liebe immer mehr die sündige Eitelkeit, das Grundverderben jener Herrlichkeit, aufgedeckt und die Verwerflichkeit des darauf gerichteten Sinnes. Diese Beugung ist die Grundlage aller christlichen Selbstschätzung. Hinwiederum erhebt die der christlichen Gottesliebe entspringende Selbstschätzung den Menschen als eine durch Schöpfung, Versöhnung, Wiedergeburt Gott angehörige Persönlichkeit zum dankbaren Bewußtsein seiner geistigen Würde in Gott; daher der Ausdruck: „sich rühmen, sich einen Werth beilegen im Herrn." Eben damit ist er aber auch aufs Heiligste verpflichtet, in der Totalität seiner Persönlichkeit Gott zu verherrlichen durch fortschreitende allseitige Heiligung der eigenen Person in Gott, und zwar dies mittelst der Heiligungsmittel seiner Gnade.

Indem nun aber einerseits in dem Bewußtsein einer Gott angehörigen Persönlichkeit das Bindende, das absolut dem Herrn Verpflichtende für Denken, Wollen und Thun liegt, so liegt auch auf der andern Seite eben darin

β) das Freiheitsmoment.

Des Herrn Angehörige sind auch Befreite des Herrn ($\dot{α}πελευθερος\ κυριον$ 1 Kor. 7, 22). Schon das Entstehen und Bestehen der Gebundenheit an Gott ist, wie schon früher gezeigt, nichts Unfreies oder Aufgedrungenes, nichts Unbewußtes und Unwillkürliches, sondern ist durch freie Ueberzeugung und Hingebung, durch Glaube und Liebe begründet und so fort und fort bedingt. Nur in dieser freien Bindung an den Herrn wird und bleibt das neue Selbst gesetzt, die selbständige, geistige Persönlichkeit; in dieser aber ist und wird immer mehr mit dem göttlichen Geist die Substanz der Freiheit zum persönlichen Eigenthum durch jenes formal freie Verhalten des Glaubens und der Liebe. Wo der Geist im neutestamentlichen Sinn ist, da ist eben die substantielle Freiheit. 2 Kor. 3, 17, vgl. Joh. 8, 36: ὄντως ἐλεύθεροι ἔσεσθε. Es ist das Vermögen oder die reale Kraft und das reale Recht gesetzt, von sich aus nicht nur überhaupt sich selbst zu bestimmen und zu handeln (die natürliche Autonomie oder Willensfreiheit), auch nicht nur in der Einheit mit dem bloßen Gesetz Gottes sich zu bestimmen (gesetzliche, moralische Freiheit), sondern in der Einheit mit dem **Geist** Gottes selbständig zu denken und zu handeln, τα του πνευματος φρονειν, κατα το πνευμα περιπατειν. Röm. 8, 4 f. mit V. 2.

Dies ist die Geistesfreiheit, nicht bloße Gewissensfreiheit und Willensfreiheit. Indem sich dann der Christ als Eigenthum des Herrn und als geistiges Gotteskind weiß, weiß er sich nicht bloß durch menschliche Geburt und weltliche Bildung als freies Vernunftwesen in der höchsten weltbürgerlichen Stellung, er weiß sich zugleich durch göttliche Geistesgeburt und Geistesbildung als wesenhaft freies Gotteskind (ὄντως ἐλεύθερος) im Besitz des Himmelsbürgerthums, er besitzt den Geburtsadel gotteskindschaftlicher Freiheit. Gal. 4, 31, vgl. V. 26. 29. Joh. 8, 36. Luk. 10, 20 („freuet euch vielmehr, daß eure Namen im Himmel geschrieben sind"). Phil. 3, 20.

Wie bestimmt sich nun:

γ) **die persönliche Selbstschätzung auch in ihrer Stellung nach außen?**

Im dankbaren Bewußtsein seiner Gottangehörigkeit oder seiner von Gott und für Gott geheiligten Würde darf der Christ an Nichts und an Niemand sich so hingeben, daß die freie Abhängigkeit vom Herrn, also namentlich auch von seinem Worte dadurch beeinträchtigt oder aufgehoben würde. Er in seinem Verhältniß zu Gott, also in ethischer und religiöser Beziehung darf und soll niemals einem andern Joch sich unterwerfen, als dem Glaubensjoch Jesu Christi (Matth. 11, 29 mit 2 Kor. 6, 14: $μη\ ἑτεροζυγοῦντες\ ἀπίστοις$), aber auch gegenüber den Gläubigen gilt Gal. 5, 1 ff.: $τῃ\ ἐλευθερίᾳ\ στήκετε,\ καὶ\ μὴ\ πάλιν\ ζυγῷ\ δουλείας\ ἐνέχεσθε$. Vgl. mit Kap. 2, 4 Act. 15, 10 f. Vom Herrn und im Herrn hat der Christ das eine Gesetz, das der Freiheit (Jak. 1, 25. 2, 12), d. h. das Glaubens- und Liebesgesetz. Durch dieses allein ist und bleibt er frei, frei von der Gewalt des eigenen Fleisches und Geistes, wie von fremder Gewalt. Diese Freiheit müssen wir noch näher ins Auge fassen.

ℵ) Indem die persönliche Freiheit des Gläubigen auf der Einzeugung und Ausbildung des göttlichen Geistes beruht, **ist die christliche Freiheit eben nicht abhängig von irgend einer äußeren Stellung;** sie wird durch keine äußere Unabhängigkeit gewonnen, noch durch äußere Abhängigkeit aufgehoben, sondern auch in dieser behauptet sich die christliche Freiheit eben als reelle Unabhängigkeit des Geistes. Sie ist eben darum auch nicht mit äußerer Unabhängigkeit identisch, sondern kann auch in dieser nur bestehen als freie Abhängigkeit des Geistes vom Herrn, von seinem Wort und Geist, weil darin allein die heilige Ueberwindungskraft liegt gegenüber von Fleisch und Welt, die wirklich geistige Unabhängigkeit. Auch was der gläubige Christ an äußerem Gut hat, darf ihm nicht als Bedingung oder Stütze seiner Unabhängigkeit gelten, sondern er muß es besitzen als ein Nichtbesitzender, d. h. eben als ein geistig davon Unabhängiger, gleichwie er umgekehrt im äußeren Mangel als ein in Gott Reicher ebenso seine geistige Unabhängigkeit behaupten muß. 1 Kor. 7, 29 ff. 2 Kor. 6, 10. Phil. 4, 12 f. Da nun hiernach die äußere Stellung keinen wesentlichen Unterschied macht im Werth der christlichen Persönlichkeit als solcher, so ergibt sich für die christlichen Persönlichkeiten eben in ihrer ethischen und religiösen Stellung nach außen eine **wesentliche Einheit und Gleichheit der Rechte und der Pflichten** unter allen nationalen, politischen, socialen und physischen Unterschieden. Gal. 3, 26, vgl. mit V. 28: παντες υἱοι θεου εστε = nicht Jude, noch Hellene; nicht Knecht, noch Freier; nicht Mann noch Frau. Bleibt es nun dem Christen eben vermöge seiner Freiheit frei, in Bezug auf äußere Lebensstellung das äußerlich Günstigere vorzuziehen oder es zu entbehren, so darf Beides nimmermehr auf Kosten des inneren Christenwesens geschehen, dies ist der Tod der Freiheit. Namentlich hat der Christ in jeder irdischen Berufsstellung, in günstigeren oder auch ungünstigeren Verhältnissen, sowohl das Recht als auch die Pflicht, die freie und unmittelbare Abhängigkeit vom Herrn wahrzunehmen und zu behaupten, weil davon eben seine geistige Freiheit bedingt ist, seine gotteskindschaftliche Stellung und himmlische Bürgerwürde in ihrem Bestehen und in ihrer Ausbildung.

1 Kor. 7, 21 ff. Vers 21 f. berücksichtigt die sociale Stellung, die des Knechts, oder des Freien, die dann V. 23 f. wieder unter den göttlichen Beruf des Christen subsumirt wird; V. 21 lehrt den zum Christen berufenen Knecht, wegen seiner Sclaverei sich keine Sorge zu machen, und fährt fort: „kannst du aber auch noch, d. h. zu deinem christlichen Beruf hinzu, frei werden, so benütze das um so eher." Bei $\mu\alpha\lambda\lambda o\nu$ $\chi\rho\eta\sigma\vartheta\alpha\iota$ ergänzt sich ganz natürlich das unmittelbar voranstehende: $\dot{\epsilon}\lambda\epsilon\upsilon\vartheta\epsilon\rho o\varsigma$ $\gamma\iota\gamma\nu\epsilon\sigma\vartheta\alpha\iota.$*)

Hiernach darf einerseits kein äußerliches Pflicht- oder Dienstverhältniß, keine noch so große Abhängigkeit von Menschen, wie das alte $\delta o\upsilon\lambda\epsilon\upsilon\epsilon\iota\nu$, ein unbedingtes oder blindes Gehorsamsverhältniß begründen, wie z. B. Ordensregeln oder auch sonstige Verbindungen, die (wenn auch nicht immer ausdrücklich) Unterordnung von Gewissen und Vernunft verlangen; es darf nie und nirgends ein Pflicht- oder Dienstverhältniß so weit gehen, daß der Christ es vergäße oder es nicht vermöchte sich als einen Gefreiten des Herrn darin zu halten (V. 22), als Einen, der sich in seinem Dienste zu nichts hergeben darf, das den göttlichen Geboten (V. 19), speciell dem Glaubensgesetz widerstreitet, wie es von und in dem Herrn gestellt ist. Der Christ darf zu keinem Menschen-Knecht sich machen (V. 23 $\mu\eta$ $\gamma\iota\nu\epsilon\sigma\vartheta\epsilon$ $\delta o\upsilon\lambda o\iota$ $\alpha\nu\vartheta\rho\omega\pi\omega\nu$), d. h. zu keinem überzeugungs- und willenlosen Werkzeug

---

*) Die Uebersetzung: „benütze um so lieber das Dienen" trägt $\delta o\upsilon\lambda\epsilon\upsilon\epsilon\iota\nu$ ein, während im Vorhergehenden nicht dieses, sondern das Hauptwort $\delta o\upsilon\lambda o\varsigma$ gebraucht ist. Auch ist es unnatürlich, von Sclaverei sich des Ausdrucks $\chi\rho\eta\sigma\vartheta\alpha\iota$ zu bedienen, und der ganze Gedanke: „wenn du auch frei werden kannst, bleibe um so mehr und lieber ein Sclave", hat etwas Affectirtes, das zur apostolischen Nüchternheit nicht paßt. Vgl. auch Neander's Commentar.

menschlicher Autorität, Meinung, Eigenmächtigkeit und Sünde. Andrerseits darf keine äußerliche Unabhängigkeit oder Machtstellung den Christen seiner innern Abhängigkeit vom Herrn entkleiden, sodaß er also in seiner Unabhängigkeit und Macht nicht als einen Knecht des Herrn, als δουλος Χριστου sich zu halten hätte (V. 22), nicht als Einen, der in der Zucht seines heiligen Geistes und unter der Autorität der göttlichen Gebote zu stehen und zu gehen hat; viel weniger, daß er gegen des Herrn Wort irgend Etwas für sich oder Andere zu setzen oder zu thun Macht hätte. So ist also die persönliche Freiheit des Gläubigen und die darauf beruhende Selbstschätzung durch ihren eigenen geistigen Begriff verwahrt ebensowohl gegen äußerliche Knechtschaft, gegen Servilismus, wie gegen Libertinismus, gegen äußerliche Afterfreiheit oder individuelle Willkür. So liegt auch weiter:

ב) in der persönlichen Freiheit des Gläubigen der geistige Gegensatz zu jeder menschlichen Ungesetzlichkeit, wie zur falschen oder ungöttlichen Gesetzlichkeit. Als ein Gefreiter des Herrn, dem jedes andere Joch außer dem Glaubensjoch Jesu Christi fremd ist und es bleiben muß, hat der Christ entgegen zu treten dem Unglauben und dem After- oder Aberglauben, der Lieblosigkeit und der falschen ungöttlichen Liebe u. s. w. Er hat dem irreligiösen und dem falsch religiösen Wesen, dem unchristlichen und dem falschchristlichen mit seiner Unwahrheit und Ungerechtigkeit entgegen zu stellen die geistige Wahrheit und Gerechtigkeit des vom Herrn allein abhängigen Glaubens; mit einem Wort: er hat die Heiligung durchzuführen in der Scheidung von unreinem Verkehr jeder Art. 2 Kor. 6, 7. 14—18. 2 Tim. 2, 21. 3, 5. 1 Tim. 6, 3 ff. u. s. w. Der Christ hat also namentlich, wenn wir zunächst die Erscheinungen des Unglaubens und der Ungesetzlichkeit, der Willkür in der Welt ins Auge fassen, gegen das menschliche Selbstgefühl, seinen Stolz und Trotz das Bewußtsein von der überlegenen Kraft des ihm zu Theil gewordenen und offen stehenden Gottesgeistes und Gotteswortes zu behaupten. Vgl. 1 Joh. 4, 4. 2 Tim. 1, 7. Ferner gegenüber der selbstischen Weisheit und falschen Wissenschaft, der $\psi\varepsilon\upsilon\delta\omega\nu\upsilon\mu o\varsigma$ $\gamma\nu\omega\sigma\iota\varsigma$, behauptet der Christ das Bewußtsein einer ihr überlegenen und ihr unerreichbaren göttlichen Weisheit und einer realen Erkenntniß, wie sie der Besitz des göttlichen Wortes und Geistes vermittelt. Vgl. 1 Kor. 1, 18—21. 30. 2, 6 f. 10. 15. 1 Joh. 5, 20 f. 1 Tim. 6, 20 und viele weitere Stellen in den Pastoralbriefen. So hat der Christ im Wort und Geist seines Herrn die Macht, Pflicht und das Recht, seine persönliche Freiheit zu behaupten unter dem willkürlichen, gesetzlosen Treiben der Welt, in welcher Form theoretischer oder praktischer Art es auftrete; ebenso aber auch sie zu behaupten gegen jede gesetzlich auftretende Menschen-Autorität, sofern dieselbe eben auf dem christlichen Gebiet selbst, in Sachen des Gewissens und des Glaubens sich geltend machen will. Weitere Ausführung siehe Christl. Liebeslehre, S. 236—242.

Bestimmen wir nun noch

γ) die Freiheit, wonach des Herrn Wort als reiner Ausdruck seines Geistes und seines Heilswegs die einzig bindende Regel ist auf dem christlichen Glaubens- und Lebens-Gebiet. Diese Freiheit ist das geistige Segenserbe der im Glauben wahrhaft Gerechtfertigten. Sie ist eine Errungenschaft durch den Tod Christi, der eben die Befreiung von äußerer Gesetzesvormundschaft innerhalb der neutestamentlichen

Oekonomie zum Zweck hatte; sie ist also den Seinigen durch das heiligste Opfer gesetzlich gewonnen, ist nicht etwas ungesetzlich von ihnen Angemaßtes. Wo Christi Tod durch den Glaubensgeist zur Kraft wird im persönlichen Leben, da ist der Mensch durch das Gesetz dem Gesetz gestorben (Gal. 2), d. h. er ist auf gesetzlichem Wege von gesetzlicher Regelung befreit, dies sogar gegenüber dem göttlichen Gesetz selbst, vielmehr gegenüber von menschlichen, die sich an dessen Stelle setzen. Daher bewährt der persönliche Besitz Christi sich eben darin, daß nicht ein Gesetzesbuchstabe den Menschen an Gott und Gottesdienst bindet, sondern der freie Liebesgeist des Glaubens; und so gewiß da, wo Christi Geist ist, Freiheit ist, so gewiß ist da Christi Geist noch nicht, wo noch nicht die geistige Freiheit ist. Gal. 2, 16. 19 mit 3, 2. 13 f. 24 f. 4, 25 ff. 5, 4.

Diese geistige Freiheit der christlichen Persönlichkeit ist also kein bloßes Privatrecht, welches der Einzelne nach beliebigem Gutdünken gebrauchen oder aufgeben kann; sie ist eine unantastbare göttliche Anordnung für die Heranbildung einer Geistesgemeinde. Daher wo Versuche auftreten, sei es auch unter dem Vorgeben der Frömmigkeit und des Gottesdienstes, ja im Impuls einer wirklichen, aber menschlich engherzigen Frömmigkeit, Versuche, die freie Bundeskindschaft, wie sie in Christo besteht, oder die Heranbildung der Gläubigen für dieselbe zu beschränken oder zu unterdrücken durch eine menschlich gesetzliche Gebundenheit, sind sie nach Gal. 2, 4—6. 11—14 als Verfälschung und Entkräftung des wahren Evangeliums oder des wahren Christenthums zurückzuweisen.

Geisteschristen haben nicht über solche Dinge sich erhaben zu halten, sondern im echten, standhaften Freiheitssinn nicht nur nicht nachzugeben und sich zu unterwerfen, vielmehr offenen Widerstand zu leisten, es als eine falsche Brüderschaft, als falsches Christenthum zu bekämpfen, bei welchem die Wahrheit des Evangeliums, seine geistige Kraft und Realität und die Freiheit in Christo nicht mehr bestehen kann. Sie haben dies zu thun unbekümmert um irgend ein Menschenansehen, das etwa solchen Beeinträchtigungen zum Deckmantel dient. Nur ist diese Freiheit niemals auf Kosten der geistigen Gebundenheit an den Herrn und sein Wort geltend zu machen, nie so, daß das fleischliche Eigenleben mit seinen selbstischen Tendenzen und Werken sich damit privilegiren dürfte. Gal. 5, 1. 10. 5, 13, vgl. Jak. 2, 1. 9. 12.

Wir haben nun auch noch die sittlichen Grundeigenschaften zu ermitteln, die sich aus der christlichen Selbstschätzung ergeben. Nach dem Bisherigen gehört es zum Grundcharakter christlicher Selbstschätzung, sich durchaus in der gläubig treuen Abhängigkeit vom Herrn und seinem Worte als Knecht des Herrn, dabei aber auch in den weltlichen Verhältnissen sich als freie, gottgeheiligte Persönlichkeit, als Gefreiten des Herrn zu wissen und zu halten. Das Eine nun, die selbständige Anerkennung der durchgängigen Abhängigkeit vom Herrn, bildet die christliche Demuth in ihrem innersten Wesen, das Andere, wonach mit der selbständigen Abhängigkeit vom Herrn dem Gläubigen auch das gegeben wird, was der eigenen Persönlichkeit einen göttlichen Werth verleiht, dies begreift die christliche Würde und Ehre.

Bestimmen wir nun

2) die christliche Selbstschätzung eben nach diesen zwei Seiten näher, in ihrer Demuth und in ihrer Würde.*)

---

*) Vgl. Christliche Reden. IV. Sammlung, Nr. 23.

Sehen wir zuerst, was durch die Demuth in der christlichen Selbstschätzung ausgeschlossen ist; denn in der Demuth liegt zunächst eine Beschränkung der Selbstschätzung in Bezug auf Gesinnung und Verhalten. Der Glaube in seinem stetigen Bewußtsein der allgemeinen und namentlich der eigenen Sündhaftigkeit und der weltlichen Eitelkeit, sowie im Anschauen der demüthigen und niedrigen Weltgestalt seines Herrn — dieser Glaube verträgt sich nicht mit hochfahrendem Sinn und mit selbstischem Weisheitsdünkel, er duldet nicht weltlichen Ehrgeiz und eigenrühmiges Wesen, nicht Selbstgefälligkeit und nicht Gefallsucht. In allem Diesem tritt an die Stelle der selbständigen Abhängigkeit vom Herrn, welche die Seele der christlichen Selbstschätzung und Selbstbeschränkung ist, die unselbständige Abhängigkeit von Fleisch und Welt, von dem Vielerlei der niedrigen und verdorbenen Lebenssphäre dieser Zeit. Der Glaube anerkennt vielmehr nur die Ehre, wie sie von Gott dem Menschen zukommt als reelle Ehre, als wesenhafter Werth. Röm. 12, 16 f. (Das Hohe, das vom christlichen Streben ausgeschlossen ist, ist das Hohe der Welt.) Joh. 5, 44 („wie könnet ihr glauben, die ihr Ehre von einander nehmet?" καὶ τὴν δόξαν τὴν παρὰ τοῦ μόνου θεοῦ οὐ ζητεῖτε). Vgl. Joh. 12, 43 und 1 Thess. 2, 4. 6. In 2 Kor. 10, 18 ist auch das Eigenrühmige hervorgehoben. So gilt dem Glauben alle außer Gott liegende Ehre und Größe für kein wirkliches Gut, namentlich für kein sittliches und christliches Gut; solche Ehre und Größe darf sowenig als Reichthum Gegenstand des Strebens sein, vielmehr für den Besitz der wahren Ehre und Größe verpflichtet der Glaube zu einer Verzichtleistung auf jene, wobei der Sinn des Menschen sich ergibt in das

2. Die christl. Selbstschätzung in ihrer Demuth und Würde.

äußerlich Niedrige (τοις ταπεινοις συναπαγεσθαι Röm. 12, 16, ταπεινοφροσυνη Eph. 4, 2), und auch nöthigenfalls mit dem Geringsten, mit der Unbedeutendheit sich zufrieden gibt. Dies Alles gehört zur negativen Stellung der christlichen Demuth als ταπεινωσις, als Niederbeugung und Niederhaltung oder als Verleugnung des in der natürlichen Selbstliebe ausgearteten Ehrtriebes. Mark. 9, 35: εἰ τις θελει πρωτος εἶναι (ein Erster), ἐσται παντων ἐσχατος και παντων διακονος. Matth. 18, 3 f. Damit ist aber nicht gesagt, daß der Christ in jeder Beziehung ein Letzter sein und bleiben, auf jede Größe und Ehre verzichten müsse. Beim Glauben gilt es vielmehr die höchste persönliche Ehre, den höchsten persönlichen Werth, den eines Sohnes Gottes; daher wird das Streben nach Ehre bei Gott, nach Wachsthum im Geist und nach den höchsten geistigen Gaben, nach den Kleinodien und Kronen des Himmelreichs geradezu gefordert. Joh. 5, 44: „die Ehre, die Herrlichkeit, die bei Gott zu finden ist, suchet ihr nicht" — ist ein Vorwurf, den der Herr macht. 1 Kor. 12, 31: ζηλουτε δε τα χαρισματα τα κρειττονα. Phil. 3, 14 f. Kol. 3, 2. 4. 2 Tim. 4, 7 f.

Persönliche Ehre schließt der Begriff der Gnade nicht aus, sondern ein. Wem einmal Gnade von Gott wirklich gegeben ist, dem ist damit nicht nur etwas vergeben oder nur ein in sich inhaltloses Prädicat gegeben, ein epitheton ornans, sondern ein solcher gehört zum Salz und Licht der Welt, er trägt einen überweltlichen Schatz in sich (1 Kor. 15, 10: ἡ χαρις αὐτου ἡ εἰς ἐμε οὐ κενη ἐγενηθη; 1, 4 f.: ἐπλουτισθητε ἐν αὐτῳ [Χριστῳ]; 12, 1 ff.), er hat aus dem πληρωμα Christi eine wesenhafte Beilage

($παραθηκη$ 1 Tim. 6, 20. 2 Tim. 1, 12. 14, vgl. B. 7), hat eine Beilage von der Weisheit Christi, von seiner heiligenden Gerechtigkeit und von seiner Erlösungskraft; hat eben damit in Wahrheit eine $δοξα$ $παρα$ $του$ $θεου$. Es ist eine wesenhafte, von Gott empfangene innere Bevorzugung, eine $εκλογη$; er kann sich also eben als Einer, der in Christo ist, rühmen, sich einen Werth beilegen mit einem Gott gefälligen Ruhm, sofern es das Rühmen der Dankbarkeit ist, nicht Ausfluß der eitlen Selbstbespiegelung, und sofern es sich darum handelt dem innern und äußern Druck dieses Lebens ein Gegengewicht gegenüber zu stellen. Jak. 1, 9. Röm. 5, 7. 1 Kor. 1, 30 f. mit 29. (Hier ist im Gegensatz zum sarkischen Ruhm das $εν$ $κυριω$ $καυχασθαι$ geltend gemacht bei denen, die in Christo sind, eben auf Grund dessen, was ihnen von Gott zu Theil wird aus Christo, aus seiner Weisheit, Gerechtigkeit u. s. w., also ein der Person immanent gewordener Werth. Vgl. Röm. 15, 17. 2 Kor. 10, 17 f.) An die Stelle des von der sarkischen Eigennatur prätendirten Ruhms tritt so ein aus dem pneumatischen Wesen in Christo sich entwickelnder Ruhm. Durch Abweisung der eigenen Weisheit, d. h. der dem eigenen Selbst entsprungenen und zugekehrten Weisheit, der sarkischen und der kosmischen, soll nicht Weisheit überhaupt für den Christen wegfallen, sondern es soll die pneumatische Weisheit aus Gott, die Weisheit von oben, wie sie in Christo sich darbietet, der Person im Glauben immanent werden, dann ist der Mensch ein Weiser. Ebenso durch Aufhebung der eigenen Gerechtigkeit, d. h. der dem eigenen Selbst entsprungenen und zugekehrten Gerechtigkeit soll nicht aufgehoben sein, daß der Mensch als Christ keine Gerechtigkeit in sich selbst oder als eigenthümliche haben dürfe und müsse, sondern statt der eigenen Gerechtigkeit soll eben die in Christo sich mittheilende Gerechtigkeit aus Gott mit ihrer Heiligungskraft wesenhaftes Eigenthum der Person werden. Es ist also der Ruhm in Christo oder die christliche Würde und Ehre nicht etwas bloß Ideales oder etwas der Person nur Zugerechnetes, sondern etwas ihr real Eigenthümliches, aber eigenthümlich aus Gottes Gnade, durch das persönliche Sein in Christo, durch seine Aneignung. Jesus Christus ist die reelle Gnade und Wahrheit, die wesenhafte Weisheit und Gerechtigkeit Gottes; wo er eingeht, geht auch das Seine ein; aus seinem Wesenschatz, aus seiner Substanz theilt sein Geist reelle Gabe mit, und sein Geistesgesetz unterweist und zeigt, wie man hauszuhalten hat mit der empfangenen Gabe. Wer also in Wahrheit von sich sagen kann, daß er Christo angehört, der muß auch Etwas in sich haben, das er vorher nicht hatte, gewisse geistige Vorzüge an Weisheit, Gerechtigkeit, Liebe, wie sie eben in Jesu Christo sich finden und darbieten, nicht in der Welt und Menschennatur; persönliche Eigenschaften und Güter muß er haben, die alle solche nicht haben, welche Christo nicht angehören, in ihm nicht leben, und darin ruht eine Würde und Ehre, die alles Eigene und Weltliche überragt.

Wie verhält sich nun dieser persönliche Werth und Besitz des Menschen in Christo zu der Demuth?

a) An der allgemeinen Gnade und ihrer Würde, oder an Christi $\pi\lambda\eta\varrho\omega\mu\alpha$ und dem Ruhm in ihm hat allerdings Jeder auch persönlichen Antheil, der an Christus persönlichen Antheil hat, aber Jeder hat es nur in beschränktem Maß. Eph. 4, 7. Der eine heilige Geist, auf dessen Mittheilung die wahrhaft christliche Individualität, oder die persönliche Christenwürde beruht, theilt Jedem seine besondere Gabe zu, und so ist kein wahrhaftes Glied Christi, das vom Herrn und im Herrn gar nichts Rühmliches in sich trüge, aber auch keines, das Alles in sich trüge. Letzteres gilt nur vom Herrn selber, er ist das $\pi\lambda\eta\varrho\omega\mu\alpha$. 1 Kor. 12, 4. 11. 27, vgl. mit 7, 7. Röm. 12, 6. Hierin nun das rechte Maß zu treffen und einzuhalten, ist jedes Einzelnen Aufgabe und dies heißt Röm. 12, 3 $\sigma\omega\varphi\varrho\text{ονειν}$, welches die Mitte hält zwischen $\dot{\upsilon}\pi\varepsilon\varrho\varphi\varrho\text{ονειν}$ und $\varkappa\alpha\tau\alpha\varphi\varrho\text{ονειν}$.

Es gehört also zum Charakter der Demuth,

α) daß Jeder das Beschränkte seiner christlichen Individualität nicht übersehe, und das, was in fremden Individualitäten wirklich Gutes und Besseres sich vorfindet, bei sich und, wo es nöthig und heilsam ist, auch ihnen selbst und Andern gegenüber in seinem wahren Werth anerkenne, statt es sich zu verdecken oder es zu verkleinern, um sich selbst höher zu stellen. So hat Jeder die Grenzen der eigenen Persönlichkeit im Auge zu behalten und nicht über das Maß seiner Gabe sich herauszunehmen, sich nicht zu überschätzen ($\mu\eta$ $\dot{\upsilon}\pi\varepsilon\varrho\varphi\varrho\text{ονειν}$). Röm. 12, 3. Selbstüberschätzung führt nicht nur zu Hochmuth und Uebermuth, sondern auch zum Versuchen Gottes und zum sich selbst in Versuchung führen. Aber auch nicht kleinmüthig hat ein Christ gar nichts oder zu wenig von sich zu halten, dies ist nicht Demuth, sondern eine undankbare Verleugnung der Kraft der Gnade und des Guten, das wir, wenn wir wirklich Christo angehören, wirklich von ihm empfangen haben. 2 Tim. 1, 5—7. 2 Kor. 13, 5 f. Also in wahrhafter oder aufrichtiger Selbstprüfung hat Jeder das ihm eigenthümliche

Glaubensleben und Gnadenmaß sich zum Bewußtsein zu bringen, und nach dem Maß des ihm inwohnenden christlich Guten hat er sich als Christ zu nehmen und zu halten. Dies ist (Röm. 12, 3) das φρονειν εἰς το σωφρονειν, ἑκαστω ὡς ὁ θεος ἐμερισε το μετρον πιστεως, das dem Glauben zukommende Maß der Gabe. Vgl. V. 6. Jeder soll über sich selbst klar werden und über die ihm verliehene Kraft und Gabe, um namentlich, wo es sich um besondere Leistungen handelt, zu wissen, was er soll und kann und was nicht. 1 Kor. 3, 6. 10. 7, 7. 17. 12, 14—18. 27 ff. Nichts von sich zu halten, das wirklich vorhandene Gute wegzuleugnen, sich schlechter zu machen, als man ist, sich Fehler und Unvollkommenheiten anzudichten, ist nicht Demuth,*) sondern eine theils krankhafte Blödigkeit und Verzagtheit, theils Unwahrheit und Heuchelei, Niederträchtigkeit oder Selbstwegwerfung; der natürliche Ehrtrieb und Stolz wird dadurch nicht überwunden, sondern nur übertüncht und in ein schleichendes Gift verwandelt. So viel oder so wenig nun aber der Einzelne Christlich-Gutes in sich habe, das Centrale der Demuth, die Echtheit ihres Wesens in Bezug auf das eigene Gute besteht

β) immer darin, daß man bei dem Bewußtsein dessen, was man wirklich ist und hat, es nicht als eigenes Erzeugniß und Verdienst im Bewußtsein trägt, nicht als etwas, worauf Ansprüche zu gründen wären, sondern als eine Gnadengabe, die der vorigen Sünde und der noch anklebenden nie vergessen läßt, und die als Barmherzigkeit Gottes dankbar zu preisen ist. 1 Kor. 3, 5—7. 4, 7. 15, 10.

---

*) Vgl. Flatt, Moral S. 608.

1 Tim. 1, 13. Alles Gute, auch das durch persönlichen Fleiß und Treue Erworbene wurzelt in dem von Gott dargereichten Stammkapital, in dem von ihm vermittelten Gedeihen, in der großherzigen Liebe Gottes, womit er auch das Geringe nicht verachtet, sondern geduldig weiter fördert, wenn nur das Herz aufrichtig ist, Fehler vergibt und gut macht, Fleiß und Treue über Verdienst segnet und belohnt, Zeit und Umstände zum Besten regiert u. s. w.

Eben diese Grundanschauung begründet und erhält die Demuth selbst da, wo Jemand durch einen falschen Schluß bei sich selbst mehr Gutes finden sollte, als er wirklich hat, wenn er nur auch das vermeintlich Gute an sich als eine Gnadengabe betrachtet mit Dankbarkeit, nicht als Frucht seiner eigenen Kraft und Kunst oder als Lohn seiner Verdienste.*) Widerspricht es aber der Demuth, aus dem Besitz des Guten sich einen Eigenruhm zu machen, so ist es ihr auch ebenso wesentlich, sich daraus keinen Ruhm bei Andern zu machen. Was sie Gutes hat und thut, richtet sie nicht den Menschen unter die Augen (treibt keine Ostentation damit), sucht nicht die Oeffentlichkeit auf, sondern hält und thut das Gute im Verborgenen, soweit es nicht durch seine natürliche Ordnung in die Erscheinung tritt oder der Pflicht halber herauszutreten hat. Matth. Cap. 6 gilt neben 5, 16. Phil. 2, 6 f. (ist Erläuterung zu V. 3 $\mu\eta\delta\varepsilon\nu$ $\varepsilon\iota\varsigma$ $\kappa\varepsilon\nu o\delta o\xi\iota a\nu$.) Die Demuth weiß sich ferner

γ) von der göttlichen Gnade, ohne die sie nichts hat, in Pflicht genommen zu Leistungen, wie sie dem individuellen

---

*) Trefflich setzt dies auseinander Mosheim, Sittenlehre, IV. Th. S. 380 f.

2. Die christl. Selbstschätzung in ihrer Demuth und Würde.

Vermögen entsprechen, und eben durch die Leistung vermehrt sie wieder das eigene Vermögen. Matth. 25, 29 mit 19 ff. Die Demuth stellt sich auch ihre Lebensaufgabe nicht niedrig, faßt sie aber nicht in äußere Größenverhältnisse, sondern die Vollkommenheit im Bilde Gottes weiß sie sich zur Aufgabe gestellt und so die Selbstvervollkommnung zur stetigen Pflicht gemacht. Es gilt einen vollkommenen Gottesmenschen, eine durchaus gottangehörige und von Gott erfüllte Persönlichkeit mit dem Geschick zu jedem guten Werk. 2 Tim. 3, 16 f.

Eben daher macht die Demuth auch treu beflissen, die Gottesgabe, in deren Besitz man ist, als ein Heiligthum zu behandeln und zu bewahren, nicht sie zu einem Object der Selbstbespieglung, der eigenen oder der fremden Willkür zu machen, wohl aber sie immer wieder in sich zu erwecken und zu beleben, wo sie gedämpft worden ist, sie überhaupt zu pflegen und immer mehr zu entwickeln, daß es zum Fortschritt kommt statt zu Stillstand und Rückschritt. 2 Tim. 1, 6. 14. 1 Tim. 4, 14 f.

Aber auch im Fortschritt erweist sich die Demuth wieder darin, daß sie bei allem Erreichten noch den Abstand vom vorgesteckten Ziel, das dafür noch Mangelnde im Auge behält, und dieses keineswegs für entbehrlich hält. Phil. 3, 12 f. Es gehört eben zur Demuth zu bedenken: mit Allem, was ich schon bin und habe, habe ich es noch nicht ergriffen, es nicht zu dem gebracht, wozu ich es bringen soll und kann, zu einem ausgereiften Gottesmenschen, zu einer in Gott durchgebildeten Persönlichkeit; und so bleibt das Grundverhältniß, daß die Demuth bei aller Selbstvervollkommnung sich der Gnade immer bedürftig weiß, aber auch derselben sich sicher weiß (denn den Demüthigen giebt Gott Gnade), sich bedürftig und sicher weiß ihres Vergebens in Bezug auf die anklebende Sünde, und ihres Gebens in Bezug auf die vorliegende Aufgabe.

Aus dem Bisherigen bestimmt sich auch

b) **die wahre christliche Ehre nach außen** oder die Frage, was dem Christen Werth und Achtung im Verhältniß zu Andern begründet und erwirkt.

Christliche Ehre begründet sich nicht, wie die weltliche, durch Aeußerlichkeiten ($\sigma\alpha\varrho\xi$, Phil. 3, 3—6); sie ist nicht etwas durch Abstammung Ererbtes, durch gesellschaftliche, staatliche oder kirchliche Stellung und Verbindung Gewonnenes oder zu Gewinnendes, auch nicht etwas nur durch äußere Leistungen Errungenes, sondern sie **wurzelt in dem**, was den ganzen persönlichen Werth des Christen als Christen primitiv begründet und bedingt, in dem inneren gottesdienstlichen Geistesleben (Phil. 3, 3: $\pi\nu\epsilon\nu\mu\alpha\tau\iota\ \vartheta\epsilon o\upsilon$ [besser als $\vartheta\epsilon\omega$] $\lambda\alpha\tau\varrho\epsilon\upsilon o\nu\tau\epsilon\varsigma\ \kappa\alpha\iota\ \kappa\alpha\upsilon\chi\omega\mu\epsilon\nu o\iota\ \epsilon\nu\ X\varrho\iota\sigma\tau\omega\ I\eta\sigma o\upsilon$) und in der freithätigen oder **ethischen Verwendung desselben**, vgl. Phil. 3, 8 ff. 4, 8 f. Röm. 2, 7 ($\upsilon\pi o\mu o\nu\eta\ \epsilon\varrho\gamma o\upsilon\ \alpha\gamma\alpha\vartheta o\upsilon$); 1 Petri 1. 7 („das worin sich der Glaube bewährt, erweist sich $\epsilon\iota\varsigma\ \epsilon\pi\alpha\iota\nu o\nu\ \kappa\alpha\iota\ \tau\iota\mu\eta\nu\ \kappa\alpha\iota\ \delta o\xi\alpha\nu$"). Vgl. 1 Tim. 3, 13. 6, 18 f., vgl. 11 f. und 1 Kor. 9, 24 f. Des Christen Ehre kann dann

α) nur das sein, daß er in seinem Maße das innere Geistesleben thatsächlich ausprägt, es in die entsprechenden Früchte oder Tugenden umsetzt; diese ethische Aufgabe und Leistung begründet ethische Ehre. Matth. 7, 17. 20. ($\pi\alpha\nu\ \delta\epsilon\nu\delta\varrho o\nu\ \alpha\gamma\alpha\vartheta o\nu\ \kappa\alpha\varrho\pi o\upsilon\varsigma\ \kappa\alpha\lambda o\upsilon\varsigma\ \pi o\iota\epsilon\iota\ \ldots\ \alpha\varrho\alpha\gamma\epsilon\ \alpha\pi o\ \tau\omega\nu\ \kappa\alpha\varrho\pi\omega\nu\ \alpha\upsilon\tau\omega\nu\ \epsilon\pi\iota\gamma\nu\omega\sigma\epsilon\sigma\vartheta\epsilon\ \alpha\upsilon\tau o\upsilon\varsigma$). Vgl. 12, 33. 35. Des Christen Ehre ist also recht verstanden **das gute**

Wirken, καλον εργον, wozu aber nicht nur und nicht zuerst die äußere That gehört, sondern vor Allem und in Allem die Ausprägung des innern Glaubenslebens in Früchten, in unmittelbaren Wesenserzeugnissen, in Charakter-Eigenschaften. Die christliche Ehre bemißt sich so nicht nach eigenem oder nach fremdem Lob, sondern nach dem persönlichen Sein und Handeln als Christ. Gal. 6, 3 ff. 9. (εἶναί τι — τὸ ἔργον, τὸ καλὸν ποιεῖν begründet τὸ καύχημα ἔχειν). Kol. 1 10 (ἐν παντὶ ἔργῳ ἀγαθῷ καρποφορεῖν heißt ein würdiger Christenwandel). 2 Tim. 2, 20—22 (die Qualität als Ehrengefäß ethisch bestimmt); Phil. 4, 8. 2 Kor. 3, 1 f. 1 Thess. 2, 19 f. mit 1, 5—7. So will und darf nun der Christ dem, was er ist und thut, nicht einen Ruhm zuwenden durch bloße Vergleichung mit Andern (οὐκ εἰς τὸν ἕτερον Gal. 6, 4), sofern Andere weniger leisten, als er, oder das Seine gutheißen. Rühmlich für den Christen ist nur ein solches Werk oder eine solche Thätigkeit, die in der geistlichen Prüfung sich bewährt als etwas in Trieb und Gesetz des heiligen Geistes Gethanes, d. h. als eine christliche Geistesfrucht, nicht als bloß christliches Formenwerk, mithin als ein in sich selbst Gutes oder als ein wirkliches Glaubens- und Liebeswerk in sich selbst. Gal. 6, 4 (τὸ ἔργον ἑαυτοῦ δοκιμαζέτω ἕκαστος, καὶ τότε εἰς ἑαυτὸν μόνον τὸ καύχημα ἕξει) und V. 8: σπείρειν εἰς τὸ πνεῦμα. Den Prüfungsmaßstab giebt Gal. 5, 22. Eph. 5, 9 ff. u. s. w. Bei dieser Abwerthung der eigenen Thätigkeit kommt dann nicht in Anschlag, ob die eigene Leistung Anderer Werke übertreffe oder von ihnen übertroffen werde, ob sie Anerkennung, Lob von Andern ernte oder nicht; sondern nur ob es ein der innern Kraft und Gabe entsprechendes Werk sei, das denn auch von Seiten Anderer der Ehre werth ist, wenn es sie auch nicht erhält. Die Ehre als die äußere Achtung oder Werthbestimmung der Person und ihres Werks setzt zu ihrer Gültigkeit voraus richtige Erkenntniß und richtiges Urtheil über die Person und über ihre Leistung, und dies kann der Mensch nur dem untrüglichen Gott und nicht trüglichen Menschen anheimstellen, also auch nicht absolut entscheidend sich selbst; Gott schafft auch hier, d. h. in Bezug auf äußeren Lohn und Ehre die Ernte, er ist der entscheidende Richter. Es ist daher in christlicher Ethik ein falscher Satz, daß die Ehre nur möglich sei innerhalb der menschlichen Gesellschaft (Daub), oder in der Wiederstrahlung des Charakters im Bewußtsein der sittlichen (oder christlichen) Gesellschaft (Wuttke). Dies ist nur der zufällige und trügliche Schatten der Ehre, nicht ihr wirklicher Kern; 1 Kor. 3, 8: „Jeder wird seinen eigenen Lohn von Gott empfangen nach seiner eigenen Arbeit." 4, 3—5 ($οὐδὲν ἐμαυτον ἀνακρινω$ in der Bedeutung als Abschätzung des Verdienstes, des Werthes gegenüber von Andern — $ὁ ἐπαινος γενησεται ἑκαστω ἀπο του θεου$); Joh. 5, 41 ($δοξαν παρ' ἀνθρωπων οὐ λαμβανω$); 8, 50. 54.

Ist nun eine Arbeit in sich selbst bewährt als in Gott gethan, so darf sie

β) **der Christ nach Umständen auch Anderen gegenüber geltend machen** eben als das, was sie ist, als gute Arbeit, also innerhalb der Grenzen der Wahrheit. Aber dies darf wieder nur geschehen im **Sinn der Demuth** (Punkt a), also namentlich mit einem Sinn, der nicht vergißt, daß die göttliche Gnade das Vermögen und das Gedeihen dazu gegeben hat, und der alle Ostentation

2. Die christl. Selbstschätzung in ihrer Demuth und Würde.

meidet. Vgl. 1 Kor. 3, 10. 6, 8 (die vorliegenden Parteilichkeiten in der Korinther-Gemeinde nöthigen den Apostel, seine Arbeit herauszuheben als das Werk eines weisen Baumeisters, zu dem die göttliche Gnade die Kraft gegeben). Es darf nicht geschehen in richterlicher Weise, d. h. nicht mit autoritativer Superiorität, nicht als dürfte und wollte man zwischen sich und Andern das Verdienst abwägen, den Lohn abtheilen; und überhaupt muß ferne bleiben eitle Ehrbegier, Selbstüberschätzung und Beeinträchtigung von Andern. Vgl. 1 Kor. 4, 5—7. 3, 8. Das Gleiche gilt auch, wenn es sich überhaupt fragt, ob und wieweit der Werth der Person, das eigene Gute nach außen geltend zu machen, oder das Selbstrühmen zulässig sei. Schlechthin unzulässig ist es nicht (vgl. 2 Kor. 10—12), aber das Rühmen darf nie geschehen aus Eigenliebe und Selbstsucht, aus Eitelkeit und Stolz, also nicht mit der Tendenz, sich selbst damit einen Vortheil, einen Gewinn zuzuwenden. Es darf nicht zur Ruhmbegierde oder gar Ruhmsucht werden, da Ehre bei Gott und nicht bei Menschen des Christen Ziel ist. Vielmehr das Selbstlob ist nur zulässig als Nothwehr zur Erhaltung des guten Namens gegenüber von fremder Verkleinerung, Verunglimpfung und Anmaßung, und auch diese Vertheidigung gegen ungerechte Angriffe gilt nicht immer und überall, sondern nur wo es geboten ist, der guten Sache zu Schutz und Nutz. Auch dies ist entwickelt im persönlichen Benehmen des Apostels Paulus und in seinen Aussprüchen: 2 Kor. 12, 1 und 11 (hier spricht er gezwungen für seine Geltung als Apostel); 10, 2 f. (gegenüber von Mißkennung und Verdrehung); 11, 21. 6 f. 10, vgl. 1 Kor. 9, 15 (zur Zurückweisung von Anmaßung); 2 Kor. 12, 9 (die positive Seite: $\dot{v}\pi\varepsilon\varrho\ \tau\eta\varsigma\ \dot{v}\mu\omega\nu\ o\iota\varkappa o$-

δομης — also der guten Sache zur Förderung). In Bezug auf die eigene Person muß man auch Verkennung und Schmähung ertragen können. 2 Kor. 6, 8. Zur Förderung des Guten darf aber auch das Ansehen der Thorheit, welches das Selbstrühmen immer hat, nicht gescheut werden, vorausgesetzt, daß wir immer bei der Wahrheit bleiben. 2 Kor. 11, 16; 12, 6 („wenn ich mich rühme, bin ich erst kein Thor, denn ich sage die Wahrheit").

Es beruht also nach dem Bisherigen die äußere Ehre des Christen wesentlich auf einem Wirken, das nicht von außen seinen Werth erhält durch günstigen Erfolg, fremde Anerkennung u. dgl., sondern das Gott vor Augen hat als den Herzenskündiger und als den einzigen Vergelter, und das sich als gut bewähren muß in der gewissenhaften Selbstprüfung durch seinen inneren Geist und Werth als treue Ausprägung des inneren Geisteslebens, als Frucht eines wahrhaften Glaubens- und Lebesleebens. Hieraus erhellt, daß des Christen Selbstvertrauen, Ruhm und Ehre gegenüber von Menschen durchaus Grund und Halt hat im Gewissen, in der Kraft eines guten Gewissens und in der Bewährung an fremden Gewissen. Vgl. 1 Petri 3, 16: συνειδησιν εχοντες αγαθην, ινα εν ᾧ καταλαλωσιν ὑμων — καταισχυνθωσιν. Das gute Gewissen besteht darin, daß der Christ vor Gott eines redlichen Fleißes sich bewußt ist, rechtschaffen zu wandeln in der göttlichen Gnade gegenüber der Welt im Allgemeinen und gegenüber den Christen insbesondere, und dies bewährt sich zugleich auch an Anderer Gewissen; es erzeugt ungesucht sittliche Achtung und Vertrauen, selbst da, wo ausdrücklicher Beifall nicht statthat, sondern sogar Mißfallensäußerungen vorhanden sind. Vgl. Ebr. 13, 18: unser

Vertrauen ist, daß wir ein gutes Gewissen haben, da wir eines rechtschaffenen Wandels uns befleißen in Allem (nicht nur in diesem und jenem Stück); 2 Kor. 1, 12 f.: unser Thun ist das Zeugniß unseres Gewissens, daß wir in Einfalt und Lauterkeit Gottes, nicht in fleischlicher Weisheit, sondern in Gnade Gottes gewandelt sind in der Welt, besonders aber euch gegenüber, vgl. 5, 11. Dies sei auch der Gesichtspunkt bei Amtsführung und Predigen: nicht fremder Beifall, sondern ein gutes Gewissen für sich selbst und bei Andern, namentlich den Gewissenhaften, Beifall und Achtung in ihrem Gewissen. So bewährt denn der Christ seinen Gnadenstand und seine Unabhängigkeit darin namentlich auch dadurch, daß er kraft seines guten Gewissens und sicher des Gewissenszeugnisses in Anderen auch den Schmerz unverdienten Leidens von Menschen erträgt, unter Verleumdungen, Zurücksetzungen, lügenhaften Uebelreden seinen Frieden nicht verliert, daß er überhaupt über weltliche Ehre und Schande, über böse und gute Gerüchte sich erhebt, indem er der Treue im Dienste Gottes sich befleißt und an der Gnade sich selber fort und fort richtet und aufrichtet, reinigt und vervollkommnet. Dies ist dann kein fleischlicher Stolz. Vgl. 2 Kor. 6, 1 ff. 1 Petri 2, 20. Matth. 5, 10 f. Die wahre christliche Ehrenregel ist also kurz die: ohne auf Ehre bei Menschen auszugehen, halte und benehme dich so, daß du vor Gott und so dann auch bei gewissenhaften gottesfürchtigen und gottliebenden Menschen der Ehre werth bist, ob sie dir nun von Menschen zu Theil werde oder nicht.

3) **Uebersichtliche Zusammenstellung des aus der christlichen Selbstschätzung Entwickelten.**)

Aus dem Ganzen ergibt sich als Grundcharakter der christlichen Selbstschätzung, daß sie ein gesundes Maßhalten ist: die gerechte Mitte zwischen Extremen. Sie weiß die eigene Person als Nichts für sich ohne Gott, aber als Etwas durch Gott, namentlich in Jesu Christo und zwar mit der Anlage und Bestimmung zur eigenen Umbildung in die göttliche $\delta o \xi a$. Sie bewahrt sich in der Kraft göttlicher Liebe gleich sehr vor fleischlicher Eigenliebe und vor affectirter Selbstverleugnung oder Geistlichkeit, vor Ueppigkeit und vor Leibes-Verachtung oder Vernachlässigung, vor gesetzlichem Knechtssinn oder außergöttlicher Gebundenheit und vor gesetzlosem Freiheitssinn oder selbstischer Ungebundenheit, vor Ueberschätzung und vor Geringschätzung der eigenen Persönlichkeit, vor Hochmuth und vor Kleinmuth, vor Ehrsucht und vor Ehrlosigkeit oder Gemeinheit u. s. w. Dies ist ein $\varphi \varrho o \nu \varepsilon \iota \nu$ $\varepsilon \iota \varsigma \; \tau o \; \sigma \omega \varphi \varrho o \nu \varepsilon \iota \nu$ (Röm. 12, 3), eine nüchterne Selbstschätzung, sich ausprägend in einem $\sigma \omega \varphi \varrho o \nu \omega \varsigma \; \zeta \eta \nu$, wozu nach Tit. 2, 11 f. eben die Heilsgnade erzieht im Verhältniß zur eigenen Person neben dem schon behandelten $\varepsilon \upsilon \sigma \varepsilon \beta \omega \varsigma \; \zeta \eta \nu$ im Verhältniß zu Gott. Vgl. auch 2 Tim. 1, 7: $\pi \nu \varepsilon \upsilon \mu a$ $\sigma \omega \varphi \varrho o \nu \iota \sigma \mu o \nu$. $\Sigma \omega \varphi \varrho o \sigma \upsilon \nu \eta$ und das verwandte $\sigma \omega \varphi \varrho o \nu \iota \sigma \mu o \varsigma$ ist sanitas mentis, von $\sigma \omega \varsigma$, $\sigma o o \varsigma$ = salvus, integer und $\varphi \varrho \eta \nu$ = mens, und dazu gehört namentlich Verständigkeit und Besonnenheit. Wo nun eben der innere Sinn ($\varphi \varrho \eta \nu$) mit Verständigkeit und Besonnenheit darauf gerichtet ist, die geistigen und leiblichen Kräfte und Thätigkeiten in ihrem

---

*) Siehe Christliche Liebeslehre S. 141 ff.

richtigen, einander nicht störenden, sondern fördernden Maß zu halten, da ist σωφροσυνη. Eine das eigene Selbst in Ordnung haltende Besonnenheit oder besonnenes Maßhalten ist also die personelle Grundform des Lebens, die der christlichen Selbstschätzung entspricht, wie der christlichen Gottesliebe als religiöse Grundform die ευσεβεια entspricht. Nach innen im Verhältniß zum Empfindungs- und Triebleben der Seele, sowie zum Gedanken- und Willensleben tritt die σωφροσυνη hervor als **Zucht und Nüchternheit des Geistes**; nach außen, in Bezug auf äußere Genüsse und Güter, wie Reichthum, Macht, Ehre ist sie **Genügsamkeit und Mäßigkeit**, und in Bezug auf äußere Uebel ist sie **Geduld**. In alledem drückt sich die christliche Freiheit als Selbstbeherrschung aus in der Kraft eines Sinnes, der unter die Herrschaft des göttlichen Wortes und Geistes sich ordnet.*)

§ 14. Die christliche Menschenliebe.

Das ganze sociale Verhältniß wird im Christenthum auf Liebe gebaut, nicht auf bloße Gesetzes- oder auf Rechtsbegriffe. Diese Liebe gegen Andere hat ihre nächste Regel an der Liebe, womit wir theils uns selbst lieben, theils uns selbst von Gott geliebt wissen. Wer also sich selbst nicht in der rechten Weise liebt, nicht bei sich selbst wahrnimmt, was ein Mensch ist, was er fühlt und bedarf u. s. w., ferner was

---

*) Vgl. Sailer, Glückseligkeitslehre aus Gründen der Vernunft, mit steter Hinsicht auf die Urkunden des Christenthums. Vernunft und Christenthum treten hier als etwas im Leben Durchgebildetes auf und bilden für das Leben.

und wie die göttliche Liebe an ihm selber thut, der wird auch seine Nebenmenschen nicht in der rechten Liebesweise behandeln. Wer bei sich selbst das rechte Maß zwischen zu viel und zu wenig nicht trifft oder zu treffen sich nicht angelegen sein läßt (wer also der σωφροσυνη sich nicht befleißt), der trifft es auch bei Andern nicht. Er weiß weder ihre Menschenwürde und Christenwürde oder ihre natürliche Freiheit und ihre Freiheit im Herrn auf der einen Seite, noch ihre Dienstpflicht auf der andern Seite recht zu schätzen und zu pflegen, so wenig als seine eigene. Die Schätzung demnach, welche der Christ in seiner eigenen Person theils der Menschennatur überhaupt, theils namentlich der christlichen Persönlichkeit zuerkennt und schuldet, dieselbe Schätzung bildet übertragen auf Andere die christliche Menschenliebe. Ihrem Grund und Wesen nach ist diese also eins mit der christlichen Selbstschätzung und bedarf in dieser Beziehung nach dem bei der christlichen Selbstschätzung über Grund und Wesen derselben Entwickelten keiner besonderen Ausführung mehr. Wir müssen nun aber wie bei der Selbstliebe unterscheiden zwischen dem Begriff der Menschenliebe, wie ihn das Christenthum aus der Natur ableitet und so als allgemeine Menschenpflicht propädeutisch geltend macht, und wie es ihn speciell aus der Gnade bestimmt, was dann die Menschenliebe im specifisch christlichen Sinne constituirt.

1) **Der christliche Naturbegriff der Menschenliebe.**

Schon an die natürliche Selbstliebe, an die Zuneigung, die Jeder zu seiner eigenen Person mitbringt, und an die Sorge, die er seinen eigenen Bedürfnissen widmet, knüpft sich die Befähigung und so die Verbindlichkeit für eine dieser

Selbstschätzung gleichkommende Nächstenliebe, d. h. für eine Liebe, kraft welcher Jeder den Andern zu schätzen hat wie sich selbst, also als Seinesgleichen. Matth. 22, 39: ὡς σεαυτον. 7, 12: παντα ὁσα ἀν θελητε weist auf den Inhalt, Luk. 6, 31: καθως θελετε weist auf die Form. Nach Inhalt und Form soll hienach das Handeln gegen Andere gemäß den Ansprüchen bestimmt sein, die wir für uns an Andere machen, sofern wir uns eben als Selbst wissen, als Menschen. Bei dieser sittlich verpflichtenden Appellation an das eigene Selbstbewußtsein ist nun aber vorausgesetzt nicht das von Eigenlust bestimmte Selbst-Bewußtsein und Wollen, sondern ein vom innern Gesetz bestimmtes. Der Mensch ist eben als Mensch gedacht, als moralisch-vernünftiges Wesen im Besitz einer συνειδησις und eines νους, eines Bewußtseins dessen, was recht und billig oder das Gegentheil ist. Was dies sei, erkennt der Mensch eben in seinem Selbstbewußtsein, wenn er sich besinnt, was er von Andern sich selbst gegenüber recht oder nicht recht findet. Durch Selbsterkenntniß mag Jeder fühlen und erkennen, wie sein Nebenmensch gleicher physischer, geistiger und moralischer Natur mit ihm selber ist. Wo dies abgeht, ist thierische Verrohung. Schon unmittelbar in dem menschlichen Naturgefühl wurzelt natürliches Mitgefühl; Jeder fühlt und weiß sich mit dem Andern als Ein Fleisch und Blut, in Einer physischen und psychischen Wesensgemeinschaft, soll ihn also als ein Selbst gleich seinem eigenen Selbst behandeln. Sonach mit der Liebe oder mit der natürlichen Zuneigung und wohlwollenden Gesinnung, womit Jeder für das Bedürfniß und Wohlergehen seiner eigenen Natur besorgt ist, soll er dieselbe Natur auch in den Menschen um ihn her bedenken.

Die Formel also: „Liebe deinen Nächsten, wie dich selbst" ist das Grundgesetz, das im eigenen Selbst des Menschen, in seiner physischen und geistigen Natur, oder diese in ihrem Centrum gefaßt, im menschlichen Herzen gegründet ist. Es ist so das **individuell anthropologische Naturgesetz für das menschliche Gesammtleben**, aber freilich ein Naturgesetz, das nur in der alt- und neutestamentlichen Offenbarung klar und bestimmt gefaßt und entwickelt ist. Eine treffliche Erläuterung giebt Luther, siehe Concordanz von Zimmermann: Nächstenliebe. Vgl. Christliche Liebeslehre S. 247 ff.

In der menschlichen Natur ist aber weiter **neben der allgemeinen Menschenliebe auch noch eine specielle** begründet, in welcher die erstere sich concentrirt. Der natürliche Herzenstrieb verknüpft nämlich in den besondern Lebens-Verhältnissen Einzelne noch näher mit einander durch Bande der Familie, des Volks, der Freundschaft, durch Dankbarkeit und gegenseitige Gefälligkeit. Auf diese besondere natürliche Liebesverbindung weisen Stellen wie Matth. 10, 37. Luk. 11, 11—13. 6, 32—34. Joh. 11, 50. 15, 19; sie weisen darauf jedoch nicht gebietend, sondern als Natur sie voraussetzend. Gerade diese besondere Liebe wird nun aber in der fleischlichen Selbstigkeit der menschlichen Natur gewöhnlich zur Negation der allgemeinen Liebe oder wenigstens zur Beschränkung und Verringerung derselben. Wir entfremden uns dadurch gegen Andere, die außer dem nähern Complex mit uns stehen; wir schließen uns ab in einem engherzigen Corporationsgeist, in einem Kreise von Verwandten, Freunden, Landsleuten u. dgl. Matth. 5, 46 f. Ueberhaupt eben in der natürlichen Selbstliebe, welche für die natürliche Menschenliebe die Voraussetzung bildet, liegt auch die Gefahr selbstischer Verengerung und Verunreinigung der socialen Liebe,*) die Gefahr der particularistischen Unterscheidung und Scheidung nach natürlichen Sympathien und Antipathien, nach dem Verhältniß Anderer zum persönlichen Vortheil, Recht und Genuß. Diese Gefahr, das fleischliche, das sinnlich bestimmte Selbstbewußtsein statt dem moralisch bestimmten, oder die Eigenliebe statt der vernünftigen Selbstliebe zum Mittelpunkt des Urtheils, des Willens und Handelns zu machen, wodurch unzählige Conflicte von Selbst gegen Selbst entstehen, die sich bis zum feindseligsten Gegensatz zu spannen geeignet sind, dies wird auf der Stufe der bloßen Naturliebe nicht überwunden.

Das Christenthum aber, schon wie es der Herr in den Evangelien als bloße Lehre in das Volksleben hineinstellt zur Bildung einer Jüngerschaft, also das Christenthum als didaktische Vorbildung für sein Geistesleben und Gemeindeleben, führt auf eine noch weitere Stufe der Menschenliebe, und zwar auch noch innerhalb der Natur, indem es die menschliche Naturgemeinschaft zugleich faßt als **Natur-Verbundenheit in einer allgemeinen objectiven Gottesgemeinschaft**. Es lehrt alle Menschen ohne Unterschied, auch Privatfeinde und Nationalfeinde noch als Kinder eines und desselben Vaters im Himmel oder des Schöpfers, zu umfassen. Matth. 5, 44 f., vgl. Luk. 6, 35 f.

---

*) Ueberschätzung dessen, was dem Eigenen am nächsten verwandt ist, und so eigennützige Ueberordnung des Selbstes und des dazu Gehörigen über Andere, oder eigennützige Unterordnung unter Andere, die aber wieder das Vorige im Gefolge hat!

10, 30 ff. Jak. 3, 9. Diesen Liebesbegriff entwickelt das Christenthum, wie bemerkt, noch aus der Natur als göttliche Schöpfung, nicht aus dem besondern Bundesbegriff oder aus seinen eigenen speciellen Gnadenprincipien, und zwar so, daß es uns über die eigene Natur hinaus führt in die Natur um uns her als die allgemeine göttliche Weltökonomie, in welcher die göttliche Liebe gegen die Menschen als eine allgemeine, als Schöpferliebe sich abspiegelt, wie nach Matth. 5, 45 in Sonnenschein und Regen, d. h. in allgemeiner Gutthat und Barmherzigkeit auch über Undankbare und Böse.*)

Alle Menschen, auch die schlechten und ungläubigen, erscheinen in der göttlichen Weltverwaltung von Gott noch thatsächlich geliebt, zwar nicht alle in gleichem Maß, aber doch alle in gewissem Maß. Aufgabe ist nun, diese allgemeine göttliche Güte und Barmherzigkeit nicht nur überhaupt zu erkennen, daß sie da ist, sondern eben in der weisen und gerechten Unterscheidung und Abmessung, in welcher sie Gott durch die Natur und das Geschichtsleben vertheilt, sie als aufmerksamer Schüler des Vaters im Himmel, als Beobachter des göttlichen Waltens in der Welt ihm abzulernen. Die Vorschrift für dieses Stadium der Liebe heißt: „Seid gütig und barmherzig, wie euer Vater im

---

*) Mosheim, IV. S. 181: „Gott zeuget durch die Ordnung, die er in der Natur hält, daß er alle Menschen als seine Kinder ansehe. Müssen wir daraus nicht schließen, daß wir alle Menschen für unsere Brüder erkennen müssen!" Vgl. Oetingers Erklärung der Sprüchwörter Salomo's, Anhang: „über die Bestimmung des Menschen", wo das Bewußtwerden von den sittlichen Naturgesetzen aufsteigend bis zur Zusammenfassung in Gott nicht auf theoretischem, sondern auf praktischem Weg entwickelt wird.

Himmel", oder: „Liebet alle Menschen so, wie Gott ihnen seine Liebe in der Welt erzeigt."

Darin liegt das universell-göttliche Urgesetz oder das kosmisch-theologische Naturgesetz für das sociale Leben, das uns als Pflicht der Ehrfurcht und der Liebe gegen Gott eingeschärft wird durch die Welteinrichtung. Es erscheint sonach als göttliches Weltgesetz. Gemäß dieser Bestimmung bemißt sich das Maß und die Qualität der Menschenliebe nicht mehr bloß nach der oft getrübten Liebe zu uns selbst, sondern nach der allgemeinen Liebe Gottes zu den Menschen. Dadurch verbannt das Christenthum nicht nur den Geist des Eigennutzes aus der Menschenliebe, sondern auch die scheinbar gerechte Suspendirung derselben gegenüber von Feinden und Unwürdigen. Die göttliche Liebe in der Weltverwaltung umfaßt ja auch die Bösen, Ungläubigen und Undankbaren, d. h. vom Rechtsstandpunkt betrachtet, ihre eigenen Feinde und die ihrer Güte Unwürdigen, denen keinerlei Recht auf Liebe zur Seite zu stehen scheint. Dabei verhält es sich aber mit der göttlichen Liebe nicht so, daß sie keinerlei moralischen Unterschied macht, den Bösen gleiche Wohlthat erzeigt wie den Guten; denn diese bekommen auch innere Wohlgefallensbezeugungen von Gott zu genießen, wie Friedens-Empfindungen im Gewissen, Bundessegnungen und geistige Gnadengaben, die sich auf Böse, Undankbare, Ungläubige nicht ausdehnen. Aber die göttliche Liebe als innenweltliche Güte oder Wohlthätigkeit, sowie als Geduld und Langmuth widerfährt auch den Bösen und Unwürdigen; und wenn gleich dadurch gerechte Bestrafung nicht schlechthin aufgehoben wird, läßt es die Liebe Gottes vorerst doch nicht zur eigentlichen Vergeltung kommen, vielmehr sie gewährt ihnen noch die allgemeinen natürlichen Lebensgüter, die nothwendigen und herzerfreuenden Existenzmittel, den Segen der Erde. Röm. 2, 4. Act. 14, 16 f. Wenn nun Gott selbst seinen Feinden gegenüber solche Liebe einhält, so dürfen viel weniger Menschen darauf hin, daß diese und jene Feinde Gottes seien, sogenannte Ketzer und Ungläubige, ihnen die nöthige Versorgung und Lebensfreude entziehen (Luk. 10, 29 f.), oder mit gehässiger Verfolgung sie überziehen. Luk. 9, 54 f.*)

Der bestimmende Hauptbegriff für die universelle Menschenliebe ist also schon auf dem richtigen Naturstandpunkt die göttliche Liebe, wie sie als Schöpferliebe die allgemeinen Lebensgüter darbietet und zwar nicht nur uneigennützig, ohne Entgeld, wo kein Dank ist, sondern auch wo das Recht zum Gegentheil vorläge gegenüber von Bösen. So soll nun auch der Mensch selber an seinen Feinden und an den Unwürdigen zwar keineswegs Wohlgefallen haben, nicht sie seinen Freunden, oder den Guten, den Würdigen gleichstellen, daß er wie mit diesen den Herzens- und Geistes-Verband müßte eingehen; aber wenn sie auch der natürlichen Selbstliebe als indifferent oder gar als widerwärtig erscheinen, einem zur Unlust und Plage sind und keine besondre Würdigkeit haben, so behalten sie doch noch den Werth von Mitmenschen, die ebenfalls von Gottes allgemeiner Liebe umfaßt sind und so auch vom Knecht und vom Freund Gottes zu umfassen sind, dies eben um Gotteswillen, wenn auch nicht um ihrer Person willen. Der Jünger Christi soll also auch Unwürdigen und Feinden, auch National- und Religions-

---

*) Auch darüber spricht sich Mosheim IV. S. 185 ff. sehr gründlich, freimüthig und instructiv aus.

feinden, oder Kirchen= und Glaubensfeinden (Samariter) nicht nur nicht Uebel erwiedern mit Uebel, sondern ihnen noch das Gute, das er allen Menschen schuldig ist, wie sie es gerade speciell bedürfen, erzeigen mit Wort, That und Fürbitte (εὐλογειν, καλως ποιειν, προσευχεσϑαι ὑπερ . . . Matth. 5, 44); er soll in uneigennütziger Gütigkeit für ihre Noth mitleidiges Herz und offene Hand haben, und für ihre Privat= beleidigungen Schonung und Vergebung statt zu richten und zu verdammen, d. h. statt gesetzlich das ihm zustehende Recht geltend zu machen und die gebührende Strafe zu verhängen. Also **uneigennützige Gütigkeit und selbstverleug= nende Barmherzigkeit**, dies ist der Charakter einer Menschenliebe, in welcher sich der Liebesgeist der göttlichen Weltverwaltung spiegelt, wie ihn das Christenthum schon aus der allgemeinen Gotteserkenntniß ableitet.

Fassen wir nun

2) **den speciellen Heilsbegriff der Menschen= liebe ins Auge, wie er aus der specifisch christlichen Gotteserkenntniß und aus dem Gnadengeist des Christenthums selbst resultirt.**

Das Evangelium beschränkt sich nämlich nicht auf den bloß natürlichen Begriff des menschlichen Selbstes als Princip für das individuell anthropologische Naturgesetz der Menschen= liebe: „Liebe deinen Nächsten, wie du dich selbst liebst"; es beschränkt sich auch nicht auf den kosmischen Begriff der göttlichen Liebe, wie sie als allgemeine Güte Gottes der Welt schon immanent ist und Grundlage wird für das kos= misch=theologische Naturgesetz der Menschenliebe: Liebe alle Menschen, wie Gottes Liebe gegen sie in der Welt sich offen= bart. Das Evangelium bringt eine Offenbarung der göttlichen

Liebe, die über die innenweltliche Offenbarung, über die göttliche Schöpferliebe hinausgeht. Diese transcendente Liebesoffenbarung begründet in der Welt selbst eine höhere göttliche Lebensökonomie als die Natur-Oekonomie, begründet auch im Menschen mittelst des Glaubens eine neue Natur ($\kappa\alpha\iota\nu\eta\ \kappa\tau\iota\sigma\iota\varsigma$), ein neues geistiges Selbst, welchem ein höheres anthropologisches Naturgesetz einorganisirt ist, das Gesetz: „Liebe wie Gott in Jesu Christo liebt, die Welt liebt und dich liebt." Entwickeln wir dies des Näheren.

Das Evangelium führt über das Naturreich Gottes, über die bestehende Weltökonomie hinaus in die Gnadenökonomie des Himmelreichs, führt von Gottes Vaterliebe in der Schöpfung zu seiner Vaterliebe im Sohne. Hier erscheint die Güte und Barmherzigkeit Gottes ebenfalls als alle Menschen umfassend, aber in höherer, specieller Weise; nicht nur, daß Gott nicht richtet und verdammt, daß er auf sein Recht und auf die Vergeltung verzichtet als der Barmherzige und Langmüthige; nicht nur, daß er das Leben fristet und segnet mit natürlichen Gutthaten, mit den allgemeinen Lebensgütern als der Gütige, also nicht nur, daß die Sünde in juridischem Sinn als Verletzung des göttlichen Rechts übersehen wird und Wohlthat für Recht ergeht; vielmehr als der Gott aller Gnade bringt er nun dem Feinde auch Versöhnung entgegen, d. h. er bereitet und öffnet ihm die Wiederaufnahme in den persönlichen Liebesgenuß, statt ihm nur den Genuß langmüthiger, geduldiger Verschonung zu gewähren, und statt bloß irdischen Segen schenkt er den geistigen Segen in himmlischem Gut, also überirdische transscendente Güter. Gott läßt in Christo über Böse und Undankbare nicht nur das Sonnenlicht scheinen, sondern das wahre wesenhafte Licht, die seligmachende Liebe; und statt nur das bestehende Leben durch seine Wohlthaten zu erhalten, versetzt er aus dem damit nicht beseitigten Tod in neues Leben, ins Leben der geistigen Gotteskindschaft. Hier wendet sich also die göttliche Liebe dem Sünder zu mit persönlicher Hingebung und mit persönlichem Wohlthun (er gibt den eigenen Sohn und Geist), begründet so ein positives Heil gegen die Sünde selbst, die außerdem nur getragen wird, und zwar das Heil gegen die Sünde in ihrer höhern ethischen Bedeutung, nicht bloß in ihrer juridischen, sofern sie nicht nur als Rechtsverletzung ausgeglichen, sondern geheilt wird als persönliche Scheidung von Gott und vom göttlichen Leben, als das ewige, nicht bloß zeitliche Unheil. Gott handelt in seiner Gnadenökonomie mit Einem Wort als $\sigma\omega\tau\eta\rho$ seiner Feinde, als Vater, der vom Todeszustand in der Sünde rettet und neues, ewiges Leben gibt, wie es in ihm selber ist, durch Zeugung eines neuen, gottähnlichen Personlebens.

Was ergibt sich nun hieraus als Gesetzesausdruck für die specifisch christliche Menschenliebe? Er ist ebenfalls in kurzer Formel zusammengefaßt 1 Joh. 4, 11: „Hat uns Gott also geliebt (nämlich nach V. 9 und 14 als $\sigma\omega\tau\eta\rho$ $\tau o v$ $\kappa o \sigma \mu o v$, daß wir — also die Menschen im Allgemeinen — durch ihn leben sollen), so haben wir uns untereinander ebenso zu lieben." Vgl. Eph. 5, 1 f. 1 Tim. 2, 1. 3—6. 1 Thess. 3, 12, und als praktische Erläuterung der Menschen rettenden Liebe Luk. 9, 55 f. 15, 1 ff. Also eine die Liebe Gottes in Christo nachahmende Menschenliebe, eingerichtet auf das Seelenheil des Nebenmenschen; dies ist das specifisch christliche Gnaden- und Heils-Gesetz für das sociale Leben, und dieses Heils-Gesetz ist seit der geschehenen Weltversöhnung göttliches Reichsgesetz geworden, ist so ebenfalls Gesetz der göttlichen Weltregierung oder neues Weltgesetz im objectiven Sinn, ist also neues kosmisch-theologisches Gesetz. Subjectiverseits aber gestaltet sich dasselbe wieder zu einem individuell anthropologischen Naturgesetz, indem es nicht als bloßer Imperativ an den Menschen herankommt, sondern durch Schöpfung eines neuen geistigen Selbstes im Menschen, durch die Wiedergeburt, sich als individuelles Naturgesetz mit der göttlichen Gnadenliebe selbst den gläubigen Herzen einpflanzt.

Jene christliche Menschenliebe ist daher beim eigenen Besitz der Heilsgnade naturnothwendig eben in der neuen Menschennatur enthalten, so daß, wer nicht mit der göttlichen Heilsliebe die Andern liebt, auch noch nicht selber im Licht und Leben der Gnade steht, wenn er auch im Uebrigen ein natürlich edler Mann, ein Menschenfreund sein mag. 1 Joh. 2, 8—10. (Die zunächst hervorgehobene Liebe des Bruders schließt die allgemeine Menschenliebe nicht aus, sondern ein, da jene mit dieser auf dem allgemeinen Grund in Gott beruht, daß Christus (V. 2) die Sühnung ist nicht nur für der Gläubigen Sünden, sondern für der ganzen Welt Sünden, vgl. 4, 14. Dies ist eben das Licht, das jetzt scheint.) 3, 14. 4, 7 f. Dies christliche Liebesgesetz ist im Vergleich zu den früheren ein neues Gesetz (Joh. 13, 34. 1 Joh. 2, 8), neu nicht bloß seiner Form nach, sondern eben seinem Inhalt nach, sofern es diesen erhält aus der neu erschienenen Gottesliebe, die in ihrer, der Welt bisher verschlossenen Erscheinungsform als Versöhnung durch den Sohn Gottes gerade auch ihren specifischen Heilsinhalt mittheilt; ebenso ist

2. Der specielle Heilsbegriff der Menschenliebe.

das christliche Liebesgesetz neu dem individuellen Princip nach, sofern das Gesetz in einem neuen Selbst des Menschen begründet wird und so Wahrheit ist im Menschen wie in Gott. 1 Joh. 2, 8: ὅ ἐστιν ἀληθες ἐν αὐτῷ, καὶ ἐν ὑμῖν.

Wir haben also im Bisherigen, wenn wir es übersichtlich zusammenfassen, **drei Abstufungen in der Liebe** kennen gelernt, auf welche das ganze sociale Verhältniß gegründet ist. Die erste Stufe in der Menschenliebe, mit dem Gebot: „Du sollst lieben deinen Nächsten wie dich selbst!" setzt ein sittliches Selbstwesen in der Menschennatur voraus und daraufhin eine Selbsterkenntniß und Selbstbestimmung, wie sie dem Menschen eben als Menschen, als moralisch vernünftigem Selbst zugemuthet werden kann. Die zweite Stufe mit dem Gebot: „Seid gütig und barmherzig, wie Gott in seiner Welteinrichtung sich erzeigt auch über Böse und Undankbare!" setzt die allgemeine natürliche oder geschöpfliche Gottesgemeinschaft und Gotteserkenntniß voraus. Die dritte Stufe: „Hat uns Gott also geliebt, nämlich in Jesu Christo mit heilbringender Liebe, so haben wir uns untereinander ebenso zu lieben," setzt die specielle christliche Erkenntniß Gottes als des Heilandes, des $\sigma\omega\tau\eta\rho$, und seine Heilsgemeinschaft voraus. Die erste Stufe ist begründet in der natürlichen Selbständigkeit jedes einzelnen Menschen, die zweite in der natürlichen allgemeinen Abhängigkeit von Gott, wie er der Vater aller Menschen ist durch die Schöpfung; die dritte ist begründet in der christlichen Selbständigkeit und in der christlichen Abhängigkeit von Gott, wie er als der Vater im Sohn der Heiland aller Menschen ist (1 Tim. 4, 10), und unser individueller Vater wird im heiligen Geist durch neue Schöpfung.

Die erste Stufe ist so bestimmt, daß ein Mensch den andern zu schätzen hat als eine ihm selbst ebenbürtige Natur, als ein persönliches Selbstwesen, nicht als bloße Sache, als Subject, nicht als Object, daß also jeder seine eigene Selbstschätzung als Mensch auf jeden Nebenmenschen überträgt. Hier ist Grundbegriff der natürliche Selbstbegriff, der Begriff der Persönlichkeit, wie ihn Jeder in sich vorfindet. Aber dieser Selbstbegriff gilt nicht als Motiv einer egoistischen Nächstenliebe, die für das eigene Selbst an Andern Gewinn und Eroberungen zu machen sucht, sondern der Selbstbegriff wird als ein bei Allen gleichmäßiger benützt, um ihn aus dem individuellen Gegensatz gegen Andere herauszuheben; er wird des Egoismus gerade entkleidet durch Uebertragung auf jeden Menschen: Liebe ihn, wie dein Selbst, als Selbst.*)

Selbst ist dem Selbst coordinirt durch Gleichheit der Natur und durch Gleichheit natürlicher Selbstliebe. Sonach ist es der im Selbstbegriff liegende allgemeine Menschheitsbegriff, welcher die Grundlage des Begriffs der Menschenliebe bildet; diese erhält so den Charakter der Menschlichkeit oder der Humanität, d. h. einer Gesinnung, die in jedem Menschen die Menschenwürde achtet, die Persönlichkeit in ihren wesentlichen Bedürfnissen anerkennt, Jedem mit dem gleichem Wesen auch wesentlich gleiche Rechte, d. h. Menschenrechte zuerkennt, also gleichen Natur-

---

*) Wenn man die allgemeine Menschenliebe dem Egoismus damit entgegensetzt, daß man sagt: „der Liebende verliere sich an den Geliebten, er verlege sein wahres Ich in den Andern hinein," so ist dies eine affectirte Phrase; vielmehr der, welcher den Andern zu lieben hat wie sich selbst, hat ihn in sein Ich aufzunehmen; nur an Gott und Christum hat der Mensch sich selbst zu verlieren, in ihn sein wahres Ich zu verlegen, nicht aber in einen beschränkten sündigen Menschen.

werth, vermöge gemeinsamer individueller Selbständigkeit. Jeder hat im Verhältniß zum Andern den Werth eines selbständigen natürlichen Bruders, als mit mir Eines Fleisches und Blutes, nicht Mehr, nicht Weniger. Keiner wird seinem Wesen nach niedriger gestellt als das eigene Selbst, Keiner auch wesentlich höher, wennschon innerhalb des gemeinsamen Wesens individuelle Unterschiede stattfinden, innere und äußere. Jeder ist ein Selbst wie ich, und ich wie er; Menschenverachtung und Menschenvergötterung ist damit gleich sehr ausgeschlossen und der Grundzug ist **Achtung**: $\tau\iota\mu\alpha\nu$. 1 Petri 2, 17: $\pi\alpha\nu\tau\alpha\varsigma\ \tau\iota\mu\eta\sigma\alpha\tau\varepsilon$ neben $\beta\alpha\sigma\iota\lambda\varepsilon\alpha\ \tau\iota\mu\alpha\tau\varepsilon$.

Die zweite Stufe der Menschenliebe, ausgehend von der Allen gemeinsamen Schöpferliebe, durch welche Alle göttlichen Geschlechts sind, ist so bestimmt, daß sie in jedem Menschen nicht nur ein Selbst für sich achtet, sondern **ein natürliches Abbild Gottes**, und daß sie auch da noch statt hat, wo für den natürlichen Selbstbegriff Einzelne werthlos, ja zuwider erscheinen (als Beleidiger und Unwürdige); auch solche sind und bleiben Gegenstände der allgemeinen göttlichen Vaterliebe in der Welt und so auch Gegenstände einer Menschenliebe, die von der göttlichen Menschenliebe bestimmt ist, nicht von der bloßen natürlichen Selbstliebe. Die bloß menschliche Humanität erhebt sich hier zur göttlichen Humanität; mit der humanen Achtung, welche Jedem die allgemeinen Menschenrechte zuerkennt, verbindet sich eine Gütigkeit und Barmherzigkeit, welche Jedem, abgesehen von seinem individuellen Werth oder Unwerth, den generellen Werth eines göttlichen Geschöpfes zuerkennt, das bei Gott natürliches Kindesrecht hat, nicht nur bei jedem Menschen natürliches Bruderrecht, den Werth eines dem göttlichen Geschlecht Angehörigen, dem eben daher sein Theil gebührt am göttlichen Weltgut. Es ist also nicht die bloße individuelle Naturgemeinschaft eines mir gleichstehenden Selbstes, was hier Mensch mit Menschen verbindet, sondern die universelle Gottesgemeinschaft, wie sie den Menschen als Geschlecht zukommt.

Auf der dritten Stufe, in der specifisch christlichen Liebe finden die beiden andern nicht ihre Aufhebung, sondern ihre Vollendung; die zweite bildet nur den Uebergang dazu, wie die erste die Grundlage. In jedem Menschen unter allen seinen individuellen Mißverhältnissen wird von dem Nachahmer der göttlichen Liebe in Christo eine höhere Naturgemeinschaft anerkannt, als nur die eines natürlichen Bruders oder nur die der gemeinsamen, individuellen Selbständigkeit; ebenso eine höhere Gottesgemeinschaft, als nur die der universellen göttlichen Geschlechtsgemeinschaft. Es ist nämlich die der Welt angehörige, Allen gemeinsame Individualität des göttlichen Weltheilands und die ebenso universelle göttliche Heilsgnade des Vaters; dies ist es, was auf der christlichen Liebesstufe Mensch mit Mensch verbindet. Der Mensch erhält nun seine Werthbestimmung am menschgewordenen Sohn Gottes, nicht bloß an meinem Selbst, auch nicht bloß an dem Gott, der in den Naturgaben als Vater Aller sich erweist, sondern an dem Gott, der seinen eigenen Sohn gegeben hat für eine ganze sündige Menschen-Welt. Darin, daß sich der Sohn Gottes in die Menschennatur hineingebildet hat, ein Selbst geworden ist gleich uns, und daß er dann die Menschennatur hinaufgebildet hat in's göttliche Selbst, darin erhält jeder Mensch den individuellen Werth der Verbrüderung mit Christus, der Natur-Einheit mit dem menschgewordnen Gottessohn. Vgl. Ebr. 2, 11—14: der da heiligt (Jesus) und die geheiligt werden, haben ihren Ursprung aus Einem, weßhalb er sich auch nicht schämt, sie Brüder zu nennen. Vgl. V. 17. Dieser allgemeine Bruderbegriff liegt aber auch Matth. 25, 40 zu Grund, wo das allgemeine Völkergebiet (V. 32) der Schauplatz ist, nicht das christliche Kirchengebiet. Eben vermöge der Natur=Einheit mit Christus hat auch jeder Mensch als Mensch Theil an dem generellen Werth, befähigt und bestimmt zu sein zur göttlichen Heils= oder Lebensgenossenschaft, nicht bloß zum göttlichen Welt=gut, zur Kindschaft des ewigen Geistesreiches Gottes, nicht bloß zu der des göttlichen Naturreiches. Die Form oder der Charakter der christlichen Menschenliebe im specifischen Sinn ist daher der Art, daß die Humanität oder die humane Achtung, sowie die Güte und Barmherzigkeit, die wesentlich zur Menschenliebe überhaupt gehören, nunmehr von dem Heilsgeiste Christi bestimmt sind. Wir haben nun eben noch des Näheren auseinander zu setzen:

Einmal: Wie sich von Christus aus die Menschen=liebe bildet;

Fürs Zweite: Wie dieselbe als solche beschaffen ist.

a) In Christo, speciell in seiner gottmenschlichen Lebens=fülle erkennt und liebt der Christ Gott als den Vater, mit dem die Menschen, als ihm entfremdete Wesen allerdings erst versöhnt werden müssen, der aber nicht erst von den Menschen zu versöhnen ist, sondern selbst ihnen Versöhnung schafft, und mit derselben ein göttliches Geistesleben im Menschen schafft, die Seligkeit. Anderntheils in der Leidens=gestalt und Tugendgestalt Jesu Christi erkennt und liebt der Christ den unvergleichlichen Menschensohn, der doch allen sich gleichstellt und allen angehört. Als solcher ist Christus dem

Christen der wirklich Nächste und der einzig Nächste; in ihm eben habe ich mich selbst, aber mich selbst zusammen mit der ganzen Menschheit, und zwar stellt er in seiner Person uns Menschen dar nach unsrer ganzen Hilfsbedürftigkeit oder Tiefe des Elends, in die er handelnd und leidend eingeht; zugleich aber auch unsre ganze Würde göttlicher Ebenbildlichkeit, die er in sich ausprägt als menschlich vollendete Gottessohnschaft. Aus der Liebe zu Christus erzeugt sich denn eine Liebe, die in dem Einen Christus Gott und die Menschheit umfaßt und zwar Gott in seiner höchsten Heiligkeit und seiner herablassendsten Gnade, die Menschheit in ihren niedrigsten und in ihren höchsten Zuständen, wobei jedes einzelne noch so geringe oder noch so hohe Glied der Menschheit eingeschlossen ist. In Christo stellen sich mir Alle nicht nur überhaupt als Menschen dar, deren Jeder sich selbst liebt, wie ich mich selbst, ferner nicht nur als solche, die am göttlichen Weltgut theilhaben, wie ich, sondern Alle sind von Christus bis in den Tod geliebt als meine Sündengenossen und Unglücksgenossen, sind aber auch gleichberufene Gnadengenossen und Seligkeitsgenossen, berufen aus dem Tode der Sünde in das göttliche Leben der Heiligkeit. So gehört es denn zur christlichen Menschenliebe, daß sich der Christ einerseits mit jedem Menschen wesentlich gleicher Sündhaftigkeit und gleichen Elends theilhaftig weiß, und daß er andererseits jeden Menschen mit sich wesentlich gleicher Gnadenbestimmung und Heilsberechtigung theilhaftig weiß oder als ein vom Herrn für göttliches Leben erkauftes Eigenthum.

b) Nach diesem in Christo gegebenen Bewußtsein, nach dem Bewußtsein von der allgemeinen Sündhaftigkeit und Erlösungsbedürftigkeit und von der allgemeinen Erlösungs=

fähigkeit und Gnadenbestimmung, bestimmt sich nun auch die besondere innere und äußere Stellung des Christen zu allen und jedem Menschen. Es ist keine andere als die, daß der Christ als selbst in Christo begnadigter Sünder seinen Mitmenschen ebenfalls schätzt und behandelt als einen von seinem Gott und Herrn geliebten und zum Heil in ihm berufenen Sünder. Diese Werthschätzung bewahrt einmal vor Ueberschätzung, indem bei Keinem vergessen wird, daß er sündhaft ist; theils bewahrt sie vor Geringschätzung Anderer und vor Selbsterhebung, indem man sich selbst ebenfalls als sündhaft weiß, als verloren ohne den Herrn, und in jedem Menschen neben seiner Sündhaftigkeit die höhere Natur anerkennt, wie sie der göttlichen Heilandsliebe gewürdigt und zum Leben in Gott berufen ist. Indem nun derjenige, der wirklich schon Christ ist, auch die göttliche Liebe an sich selbst schon erfahren, ihr die eigene Rettung aus der Sünde zu verdanken hat, und die Verherrlichung Gottes oder die selbstthätige Darstellung dessen, was er ist und thut, oberstes Princip des christlichen Lebens ist, — so ergibt sich als Gesetz und Pflicht für das ganze sociale Benehmen des Christen, daß die göttliche Liebe, wie sie selbst in Christus als Heilsliebe gegen Sünder erscheint, als solche auch durch uns im Umgang mit Andern nachgeahmt werde.*) Wir können nun

3) die Stellung der christlichen Menschenliebe im Weltverband oder den allgemeinen socialen Charakter derselben genauer bestimmen. Indem Grund und Ziel der

---

*) Beachtenswerth ist das Schriftchen: „Unbewußter Einfluß", Berlin 1856, welches sehr hervorsticht gegenüber dem herrschenden Christenthum mit seinem tendenziösen Einflußgesuch.

christlichen Menschenliebe die Nachahmung der göttlichen Heilsliebe ist, so faßt sich

a) das christliche Liebesverhalten wesentlich zusammen in der Erbauung (οἰκοδομη), d. h. in der Begründung und Förderung des Heils im Andern. 1 Kor. 8, 1 (ἡ ἀγαπη οἰκοδομει); 14, 26 (παντα προς οἰκοδομην γινεσθω), B. 31. 2 Kor. 12, 19. 13, 10. Eph. 4, 29 (vom Reden: εἰ τις [λογος] ἀγαθος προς οἰκοδομην της χρειας, wo und wie es gerade nöthig und nützlich ist — Alles an seinem Ort und zu seiner Zeit, im rechten Maß und rechter Art). Röm. 14, 19 (bei Glaubensdifferenzen statt Meinungszänkerei [B. 1 διακρισεις διαλογισμων] διωκωμεν τα της οἰκοδομης.

Das bestimmende Vorbild bei dieser auf das Heil bedachten Liebe ist eben die göttliche Liebe selbst, wie sie in Christo vorleuchtet. Röm. 15, 7 (καθως και ὁ Χριστος προσελαβετο ὑμας εἰς δοξαν του θεου). B. 2 f. (τῳ πλησιον ἀρεσκετω εἰς το ἀγαθον προς οἰκοδομην). 1 Joh. 4, 17 (καθως ἐκεινος ἐστιν και ἡμεις ἐσμεν ἐν τῳ κοσμῳ τουτῳ). Wie also Christus in seiner Liebe sich zur Welt stellte als **heilender Arzt und Retter**, als σωτηρ, nicht als Richter — auch nicht als Glaubensrichter — so auch wir in unserer Liebe. Nicht das Gericht, nicht die nach der Schuld bemessene Vergeltung brachte er über das Böse der Welt, überhaupt nicht den bloßen Rechtsbegriff. Aber auch nicht den bloßen Amnestiebegriff, nicht gleichgültige Nachsicht und Geschmeidigkeit, nicht Verhüllung und Entschuldigung des Bösen, sondern **Buße und Besserung**, oder die aus der freien Anerkennung der Schuld hervorzufördernde Umkehr zum Guten und die Erbauung des Guten. Also **sittliche**

3. Stellung der christlichen Menschenliebe im Weltverband.

Zielpunkte macht sich Christi Liebe zur Aufgabe, ethische Liebe ist es. So nun wenn der Geist und die Kraft seiner Heilandsliebe in uns ist, stellen auch wir uns zu den Menschen in derselben Weise. Unsre Stellung ist demnach die, daß wir nicht nach menschlichem Gutdünken und eigenem Triebe nur Liebe üben, sondern in Uebereinstimmung mit dem göttlichen Willen und Verfahren in Jesu Christo, so daß wir den Menschen behilflich sind zum Guten, zu ihrem Heil, wo und wie es paßt; daß wir ihren geistigen, ewigen Gottesbedürfnissen dienen; und die nothwendige Bedingung dafür ist **Hineinleitung in die Wahrheit** in Bezug auf die Sünde im Menschen und auf das Heil in Gott. Joh. 8, 32 ff. 1 Tim. 2, 4. Dies schließt bei der christlichen Menschenliebe eine falsche Condescendenz aus, daß man nicht glaubt, aus vermeintlicher Liebe die Wahrheit verhüllen und verleugnen zu dürfen, um für den Heilsweg zu gewinnen. Die rettende Liebe besteht nicht in menschengefälliger Accommodation, wodurch man mit den Andern sich selbst wieder verdirbt. Wir haben Andern nur so zu Gefallen zu leben, daß es nach den Gesetzen der göttlichen Wahrheit ins Gute führt, für sie und für uns selbst zur Förderung im Heil dienen kann. Röm. 15, 2. Indem aber die christliche Menschenliebe wesentlich einen erbauenden Charakter hat, oder die geistigen und ewigen Bedürfnisse zum bestimmenden Gesichtspunkt hat, und dies nach dem Vorbilde Christi, sind in derselben die natürlichen Erweisungen der Humanität, der Güte und Barmherzigkeit nicht aufgehoben, oder gar inhumane Mittel: Zwang, Trug, Verfolgung für die vermeintlichen Heilszwecke erlaubt. Die Heilsgesetze im eigenen Verfahren Christi, des einzigen Heilands, müssen überall eingehalten werden, wo es sich um das göttliche Heilsgut handelt. Es gilt hienach nicht eine Fürsorge für die geistigen und himmlischen Bedürfnisse der Menschen mit Beeinträchtigung der Freiheit des Nächsten, mit irgend welcher Zudringlichkeit und Aufdringlichkeit; auch nicht mit Ausschließung der leiblichen und irdischen Bedürfnisse und Rechte. Die Berücksichtigung der letzteren darf aber auch keine solche sein, daß das Geistige und Himmlische zum Knecht des leiblich-irdischen Wohlergehens gemacht wird, oder letzteres zum Lockmittel fürs Christenthum. Dadurch verweltlicht die christliche Liebe sich selbst und das Christenthum. In der Welt ist nun gerade eine Selbstliebe und so auch eine gesellige Liebe herrschend, die den höheren, geistigen Lebensbegriff verleugnet oder verwahrlost und verderbt. Indem aber die christliche Menschenliebe eine auf das Heil der Welt bedachte Gottesliebe ist, ist sie nimmermehr eine in das Weltleben und in seinen Sinn eingehende Weltliebe; vielmehr das Weltleben prädicirt der christliche Geist als verdorbene eitle Lebensweise, und die demselben entsprechende Liebe als ungöttlich. 1 Joh. 5, 19. 1 Petri 1, 18. 1 Joh. 2, 15. Jak. 4, 4. Es gehört sonach

b) zum socialen Charakter der christlichen Menschenliebe wesentlich Weltverleugnung.

Die christliche Weltverleugnung hebt nun aber keineswegs die thätige und die empfangende Beziehung zur Welt, zu Personen und Dingen schlechterdings auf; vielmehr Allem, was in der Welt noch Gott angehört, Gott ähnlich und zugänglich ist, kurz allem Guten hat die christliche Liebe in treuer Anhänglichkeit sich hinzugeben und hat auf Grund davon auch das ungöttlich Gewordene noch zu retten zu suchen, d. h. zu Gott wieder zu bringen nach der Ordnung des

3. Stellung der christlichen Menschenliebe im Weltverband. 251

göttlichen Heilsgesetzes. Während nun dies die christlich positive Liebesstellung zur Welt ist, gibt sie sich dagegen nimmer dem Ungöttlichen hin, dem selbstisch Weltlichen, sondern verleugnet es, sie versagt dem darauf gerichteten Trieb ihre Zustimmung und seine Befriedigung. Die christliche Weltverleugnung ist sonach keine launenhafte oder misanthropische Abstoßung der äußeren Lebensverbindung, sondern ist die sittliche Abwendung von allem dem in der Welt (Personen und Dingen), was seinem Princip und Wesen nach im Widerspruch ist oder unter gegebenen Verhältnissen, inneren oder äußeren, in Widerspruch tritt mit dem göttlichen, d. h. ewigen Lebensbegriff und mit seinem Gesetz, und eben deßhalb sündlich und vergänglich ist. 1 Joh. 2, 15 ff. $Κοσμος$ ist das Ganze, der Inbegriff von Natur und Menschen nach ihrer sündigen, d. h. nach ihrer Gott entfremdeten und so depravirten Beschaffenheit als $σαρξ$. $Τα\ ἐν\ τῳ\ κοσμῳ$ (V. 15), oder $παν\ το\ ἐν\ τῳ\ κοσμῳ$ (V. 16) befaßt nun alles das Einzelne, das diesem sündig beschaffenen Ganzen entspringt und angehört ($ἐκ\ του\ κοσμου\ ἐστιν$ heißt es V. 16 von $παν\ το\ ἐν\ τῳ\ κοσμῳ$); seine Existenz hat solches nicht aus dem Vater ($οὐκ\ ἐστιν\ ἐκ\ του\ πατρος$), nicht aus dem göttlichen Schöpfungsgrund und Entwicklungsgesetz: es ist seinem Ursprung und Wesen nach ungöttlicher Art, im Widerspruch mit dem göttlichen Willen und Gesetz und so ebendaher vergänglich, V. 17 (das bleibende Leben kommt dem zu, der den Willen Gottes thut; im Gegensatz dazu vergeht [$παραγεται$] die Welt). Es wird nun V. 16 das der sündigen Natur= und Menschen= Welt angehörige Einzelne subsumirt unter drei Hauptformen, und da es sich im Zusammenhang um die Liebe zur Welt handelt, so liegt dieser Subsumption zu Grunde die Beziehung auf die menschliche Herzensrichtung, die Lust. Was in der Welt ist, zieht uns an als Reiz zur Befriedigung unserer Naturbedürfnisse und ihres Begehrens, bietet sich also dar als Gegenstand der $ἐπιϑυμια$. So tritt das Weltliche zunächst in Beziehung zu uns als $σαρξ$ im Allgemeinen, zu unserm sinnlichen Selbst, für dessen verschiedene Naturtriebe physischer und psychischer oder sogenannter geistiger Art es Reiz und Gegenstand des Genusses wird. In $ἐπιϑυμια$ $της σαρκος$ liegt verbunden Fleischesbegehren und die Lustbefriedigung. Gal. 5, 17. 19—21. 24. Abgesehen aber von diesen unmittelbaren Fleischesbefriedigungen erscheint das Weltliche in seinen Personen und Dingen auch als Lustreiz für die Augen ($ἐπιϑυμια των ὀφϑαλμων$), indem diese mit ihrem Begehren über das Vorliegende hinaus in die Ferne schweifen und so Ausdruck und Werkzeuge sind für die auf Erreichung des Ferneren, des noch nicht Zugänglichen, gerichteten „Absichten", für die Reize und Befriedigung der Gier. Weiter außerhalb und innerhalb der fleischlichen Genußsucht und der gierigen Augenweide tritt auch das Weltliche namentlich im gesellschaftlichen Verkehr noch in Beziehung zum Selbsterhebungstrieb und gestaltet sich als $ἀλαζονεια του$ $βιου$, als Ostentation und Hoffart in der ganzen Lebensweise ($ὁ βιος$), in Wort, That, Stellung, Kleidung u. s. w.

Das zu verleugnende Weltleben hat also drei Hauptzüge. Die **Fleischeslüsternheit** ($ἡ ἐπιϑυμια της σαρκος$) behandelt das, was die Welt darbietet und sich zu erreichen gibt, als Object der Befriedigung für die sarkischen (sinnlichen und sinnlich geistigen) Naturtriebe, und ist so wesentlich Genußsucht. Aber kein Fleischesgenuß sättigt so, daß das Auge nicht noch weiter sieht (Pred. 1, 8: das Auge sieht sich nimmer satt). Die Augengier ($\dot{\eta}$ $\dot{\epsilon}\pi\iota\vartheta\upsilon\mu\iota\alpha$ $\tau\omega\nu$ $\dot{o}\varphi\vartheta\alpha\lambda\mu\omega\nu$) richtet unersättlich die Begierde über das Erreichte hinaus auch auf das, was noch nicht zum Besitz oder Genuß geworden ist oder es noch nicht werden kann, auch auf Phantasiegenüsse; sie weidet das Dichten und Trachten auch an fernliegenden und fremden Gütern, die sie an sich zu bringen bemüht ist; es ist also die **Habsucht** im weiteren Sinn, nicht auf das materielle Gut allein bezogen. Endlich der hoffärtige, prahlerische Lebenston, $\dot{\eta}$ $\dot{\alpha}\lambda\alpha\zeta o\nu\epsilon\iota\alpha$ $\tau o\upsilon$ $\beta\iota o\upsilon$, ist namentlich die **Sucht nach Ehre, Prunk und Gewalt**, wo man das eitle Lust-Wesen und -Treiben der $\sigma\alpha\rho\xi$ zu schmücken und zu beschönigen sucht, geistig, geistlich und physisch, und nach dem äußerlich Hohen in der Welt trachtet. Dies Alles, Genußsucht, Habsucht und Ehrsucht, ist ungöttlichen Ursprungs, $o\dot{\upsilon}\kappa$ $\dot{\epsilon}\sigma\tau\iota\nu$ $\dot{\epsilon}\kappa$ $\tau o\upsilon$ $\pi\alpha\tau\rho o\varsigma$, hat seinen Grund in der Selbstigkeit der Welt ($\dot{\alpha}\lambda\lambda$' $\dot{\epsilon}\kappa$ $\tau o\upsilon$ $\kappa o\sigma\mu o\upsilon$ $\dot{\epsilon}\sigma\tau\iota\nu$), es stammt aus der Gott entfremdeten, aus der sündhaften Naturlust und führt immer weiter von Gott ab, versucht und verführt zur Sünde. Das freundschaftliche Verhalten gegen solche weltliche Sinnesweise und Lebensweise ($\varphi\iota\lambda\iota\alpha$ $\tau o\upsilon$ $\kappa o\sigma\mu o\upsilon$), gegen genußsüchtiges, habsüchtiges, ehrsüchtiges und gewaltsüchtiges Wesen ist nach Jak. 4, 4 Buhlerei. Damit ist die Weltliebe bezeichnet als eine **falsche, unreine Liebe**, in welcher der Mensch die göttliche Liebe veruntreut, und eben daher verwickelt wird in Feindschaft mit Gott, in innere und äußere Opposition gegen Gott und Gottes gegen uns. Auch wenn dabei das Göttliche und Christliche Gegenstand des Bekenntnisses ist wie bei den Lesern des Jakobus-Briefes, so besteht doch ein innerer und thatsächlicher Gegensatz gegen das göttliche und christliche

Wesen, welches das selbstische Weltwesen abstößt; es ist treulose Verleugnung und Entheiligung des göttlichen Bundes. Wo daher Menschen oder gar Christen in diesem ungöttlichen Sinn, im Weltsinn sich zeigen und äußern, sind sie und die daraus entstammenden Reden und Werke der wahren christlichen Liebe als einer gottgetreuen und keuschen Liebe zuwider zu behandeln ohne Ansehen der Person, und zwar gewissenshalber zuwider als etwas vom wahren Christen-Sinn Abführendes, für ihn Hemmendes und Verderbendes, d. h. als ein σκανδαλον. Matth. 16, 23. Die Entschiedenheit gegen den Weltsinn wird hiernach durch kein gläubiges Bekenntniß, durch keine frommen Geschäfte, durch keine Angehörigkeit zum Haus Gottes (Kirchlichkeit), durch keine Pflege äußerer Form außer Geltung gesetzt. 1 Tim. 6, 5. 2 Tim. 2, 19—21. 3, 5. In der Schrift ist denn auch neben dem Gebot allgemeiner Menschenliebe ein Haß nicht nur zugelassen, sondern gefordert und gerühmt. Vgl. den Haß im Conflict der göttlichen Liebe mit der natürlichen Liebe Luk. 14, 26. Röm. 12, 9 (das Böse hassen, dem Guten anhangen, Gegensatz zu Micha 3, 2: ihr hasset das Gute und liebet das Arge); Jud. 23. Offenb. 2, 2. 6. Ps. 11, 5. 97, 10 (die ihr den Herrn liebet, hasset das Arge); Ps. 101. 139, 21 f. (ich hasse Herr, die dich hassen); 31, 7; 119, 113. 104. 128. Spr. 8, 13. Pred. 3, 8 (lieben und hassen hat seine Zeit). Ueber Bestrafung, wovon später, vgl. Eph. 5, 11 ff.

Der Haß ist nun nicht ein bloß äußerer Gegensatz und Widerstand gegen das Böse oder Unchristliche, sondern er besteht eben darin, daß es mir innerlich zuwider ist und ich innerlich dawider bin; es ist Antipathie, wie Liebe Sympathie ist. So könnte man aber meinen, Haß und Liebe schließen

3. Stellung der christlichen Menschenliebe im Weltverband.

sich absolut aus zumal in der Richtung auf eine und dieselbe Person. Allein ich kann dieselbe Person in gewissen Beziehungen und Verhältnissen lieben, in andern hassen. Während nun in gewissen Beziehungen die Liebe zu der Person immer bestehen muß, z. B. als elterliche, kindliche, geschwisterliche Liebe oder im Allgemeinen als Menschenliebe, muß in andern ebenso nothwendig der Haß statt haben. Luk. 14, 26. Röm. 11, 28. Dazu kommt noch, daß die Liebe nicht, wie die vulgäre Auffassung ist, in einer bloßen Form des Verhaltens besteht, sondern als sittliche Liebe ist sie gebunden an einen bestimmten Inhalt, an das, was dem wahren Menschenwohl entspricht und der dasselbe regelnden göttlichen Ordnung der Wahrheit, Gerechtigkeit und Gütigkeit. Ohne diese Gebundenheit ist die Liebe eine unsittliche. Aber kann und soll denn die Liebe nicht darin eben sich zeigen, daß sie auch dem Ordnungswidrigen und Verderblichen doch immerhin nur objectiv entgegentritt ohne allen Affect, namentlich ohne Haß nur der Pflicht Genüge leistend? Darin liegt eine weitere Mißkennung des Wesens der Liebe; bei der Liebe handelt es sich nicht um die bloß kalte Pflichtstellung zu ihrem Inhalt, zu dem von ihr zu vertretenden Guten und Göttlichen, sondern Liebe ist eine innerlich treue Sympathie dafür, und so ist die wesentliche Consequenz einer sittlichen Antipathie, Liebe innerliche Abstoßung des Gegentheils, des Bösen oder des Weltlichen (ἀποστυγουντες το πονηρον, Röm. 12, 9), sei es am eigenen Selbst, sei es an Andern, eben weil dasselbe Gegensatz ist zum wahren Menschenwohl, wie zum göttlichen Liebes-Willen, Verderben der Menschen ist und Gott mißfällig.

Der sittlichen Liebe entspricht also wesentlich

und nothwendig ein sittlicher Haß, d. h. ein Haß aus sittlichem Grund für sittliche Zwecke. Daher macht der Herr für die sittlichen Zwecke seiner Schule und für den Uebertritt in das neue Leben des Reiches Gottes es sogar zur ausdrücklichen Bedingung, daß die ganze bisherige Lebenssympathie sich umsetzen müsse in Antipathie. Luk. 14, 26. Joh. 12, 25. Vgl. die abstoßende Zurückweisung des Petrus Matth. 16, 21 ff.*)

Namentlich zum Wesen der christlichen Sittlichkeit gehört ein Haß, welcher nicht aus dem Fleisch kommt, sondern aus dem Geist, eben aus dem heiligen Geist, der dem Fleisch widerstrebt, wie dieses ihm. Vgl. Gal. 5, 17. Diesem sittlichen geistigen Haß entspricht dann auch ein geistiger sittlicher Zorn, Matth. 16, 23. 18, 34 f. Mark. 3, 5. Joh. 2, 14—17 mit Matth. 21, 12 f., vgl. 2 Mose 32, 19 (Moses ergrimmte im Zorn und zerbrach die Tafeln). Joh. 11, 33. 38 (neben ἐνεβριμησατο — καὶ ἐταραξεν ἑαυτον = und brachte sich in Aufregung, kam in starke Bewegung wegen des erhobenen Klagegeschreies). Act. 17, 16. Liegt in solchem Auftreten Lieblosigkeit, oder zeigt sich darin ein bloß objectives affectloses Verhalten? Vgl. auch noch 2 Kor. 7, 11. Eph. 4, 26. (Darüber später Näheres). Dieser geistige Haß und Zorn ist statt Aufhebung der Liebe gerade Schild und Schwert einer Liebe, die niemals zu etwas Sündigem gefällig sein darf und kann. Es

---

*) Weit entfernt also daß die christliche Liebe eine süße, weichliche Geberde müßte an sich tragen, kein hartes Wort, keine strenge Miene und Handlung, keine Entrüstung dürfte annehmen, kann vielmehr gerade der, der keine falsche, unreine Liebe zu Andern hegt, an Andern so wenig als an sich selber lieben was wider Gott ist, unverträglich mit Wahrheit, Gerechtigkeit und Gütigkeit, Ausbruch des alten Menschen, Ausgeburt der Eigenliebe und der alten Lebenssitte.

3. Stellung der christlichen Menschenliebe im Weltverband.

ist herzliche Abstoßung von Allem, das dem Inhalt widerstreitet, an welchen treue Liebe gebunden ist; es ist der Eifer der Liebe für ihr Positives gegenüber der Negation desselben, ihre intensive Repulsionskraft als der correspondirende Pol ihrer Attractionskraft.*)

Es ist nur immer zu unterscheiden der selbstische Haß und Eifer und der geistige. Einen Eifer für das Eigene oder einen parteiischen, blinden, verfolgungssüchtigen Eifer duldet die göttliche Liebe in keiner Form, ob er nun in kirchlichem oder politischem Gewand auftrete, gebieterisch oder dienstfertig, kriegerisch oder kriecherisch und schmiegsam, scharf oder freundlich und gelinde. 1 Kor. 3, 3 f. Gal. 4, 17. Phil. 3, 6. Act. 5, 17. Dagegen in dem Guten lehrt die göttliche Liebe eifern. Joh. 2, 17. 2 Kor. 11, 2. Gal. 4, 18 (gut ist es, daß in dem Guten immerdar geeifert wird).**)

Jedoch auch bei einem in seinem Grund und Zweck sittlichen Haß, Eifer und Zorn ist die ernsteste Wachsamkeit erforderlich. Vor Allem muß die Sache, um die es sich handelt, in sich selbst gut, gerecht und heilig sein, nicht etwas durch bloße Meinung, Sitte, Gewohnheit und dergleichen Sanctionirtes, daß nicht Eifer um Nichtgöttliches hinreißt, und daß das Fleisch, die sinnliche Naturmacht und Weltmacht,

---

*) Dies zeigt sich auch schon bei der natürlichen Liebe, wenn sie keine ungesunde und verdrehte ist, z. B. bei der Liebe der Eltern gegenüber den Kindern. Christl. Liebeslehre S. 253—256, wo eine treffliche Stelle von **Luther über Zürnen und Strafen**.

**) Da gilt dann aber eben keine fleischliche Unterscheidung, keine Unterscheidung zwischen Freunden oder Feinden, Verwandten oder Fremden, Mächtigen oder Geringen u. s. w., sondern immer nur die Eine Scheidung zwischen Recht und Unrecht, wahr und falsch, gut und bös, christlich, falschchristlich und unchristlich.

und der Teufel, die selbstische, widergöttliche Geistesmacht, die Macht des Stolzes und Neides nicht ins Herz sich einschleicht (Eph. 4, 26 f. 2 Kor. 7, 11 mit 2, 6—11. Jak. 1, 19 f.), und namentlich vertragen sich mit dem sittlichen Grund und Zweck keine unsittlichen Mittel und Aeußerungen, d. h. nichts, was dem wahren Wohl der Menschen zuwider ist und das Maß des auf Seelenheil gerichteten Geistes überschreitet. Luk. 9, 54—56.

Es ist daher bei einem sittlichen Gegensatz und Kampf nicht nur ausgeschlossen bitterer, feindseliger, rachsüchtiger Sinn und Akt (Eph. 4, 31), sondern auch positiv bewährt und rechtfertigt sich die christliche Liebe bei diesem Eifer dennoch als Liebe, indem sie über dem Gegensatz und Kampf den Geist des Wohlwollens und die Uebung der Gütigkeit gegen die Menschen als solche nicht verleugnet und verliert. Eph. 4, 32. Zum Guten zu helfen und das Böse mit dem Guten zu überwinden ist ihr Princip. Röm. 12, 21. Daher lehrt die Liebe einerseits das Böse als Uebel, als Beleidigung und Beschwerde dulden mit Ueberwindung feindseliger Aufwallung und Aeußerung (mit Sanftmuth), wenn sie schon niemals es als Sünde, als Unsittliches pflegt und gutheißt, sondern bekämpft.*)

Sie lehrt daher auch neben der Duldung des Uebels auf die Aufhebung des Bösen hinwirken im sittlichen Sinn, dies

---

*) Vgl. das Benehmen des Herrn beim Backenstreich. — Der Zweck der christlichen Sanftmuth ist, daß feindselige Gemüther gebessert, nicht aber verzärtelt, oder wohl gar noch verwegener gemacht werden. Vgl. Johann Peter Miller, Lehrbuch der christlichen Moral, § 214. Die älteren Moralisten übersehen bei der Abhandlung der Liebe und ihrer Aeußerungen nicht die genaueren ethischen Bestimmungen und Begrenzungen, wie die späteren Gefühls-Moralisten.

3. Stellung der christlichen Menschenliebe im Weltverband.

theils durch immer bereitwillige Dienstfertigkeit zum Guten, theils durch Vergebung des Bösen als persönlicher Schuld, wobei aber die auch von der göttlichen Liebe bei ihrem Vergeben eingehaltenen sittlichen Bedingungen in Betracht kommen. Luk. 17, 3 f. Röm. 12, 20. Hievon im III. Hauptstück Näheres. Vgl. auch Christl. Reden V, 11.

Die christliche Liebe wirkt auch in ihrem Gegensatz zur Welt nicht als Feuer, das verfolgt, peinigt, zerstört, sondern als Licht, dessen positive Eigenthümlichkeit es ist, Leben zu erwecken und zu verbreiten, also wohlthätig zu wirken; immerhin aber im wesentlichen und stetigen Gegensatz zur Finsterniß, mit Bekämpfung und Ausscheidung derselben. So gilt auch für die dem Licht angehörige Liebe, d. h. für die reine Liebe Scheidung zwischen wahr und falsch, zwischen Recht und Unrecht u. s. w., kurz richten im sittlichen Sinn, wenn schon nicht im juridischen Sinn.

Es gilt prüfen, erkennen, urtheilen nach sittlichem Maßstab ($\delta o \kappa \iota \mu a \zeta \epsilon \iota \nu$), mit sittlicher Zurechtweisung und Abweisung ($\dot{\epsilon}\lambda\epsilon\gamma\chi\epsilon\iota\nu$)*), um keine Gemeinschaft zu haben mit dem Weg und Werk der Finsterniß, d. h. mit der Unwahrheit, der Unreinigkeit und Ungerechtigkeit. Eph. 5, 8. 10. 13. 15. Phil. 2, 15.

Die Grundzüge der socialen Stellung der christlichen Liebe finden sich zusammengefaßt 1 Kor. 13.**)

In ihrer Stellung zur Welt erweist sich die christliche Liebe

langmüthig; dies zwar nicht in dem Sinn, daß sie das Böse läßt böse sein und ungestraft, oder gar für

---

*) Dies sind alles sittliche Akte.
**) Vgl. Christliche Liebeslehre S. 158 ff.

Gutes gelten, auch nicht so, daß sie, wo ihr Straf- und Friedenswort nicht angenommen wird, nicht abbrechen und ein anderes Arbeitsfeld suchen dürfte (Mark. 6, 11. Matth. 18, 17, vgl. 2 Thess. 3, 14. 1 Tim. 6, 5. Tit. 3, 10 f. Act. 13, 46), sondern unter dem Uebeln, das ihr über ihrer Treue widerfährt und unter der Mühe ihres Werks wird sie nicht verdrossen an dem Guten festzuhalten, und ohne Uebereilung läßt sie dem Guten, wo es Boden findet, Zeit zur Entwicklung und Reife;

ja stets bedacht und bereit zu nützen, holt sie immer Neues aus ihrem guten Schatz hervor, bietet zur Förderung des Guten ihre Dienste dar, und wendet die geeigneten Mittel an zur Besserung;

dabei eifert sie allerdings mit göttlichem Eifer für das Gute, nimmer aber mit fleischlicher Eifersucht, nicht in neidischem Ehrgeiz, überhaupt nicht für Eigenwesen und Ansehen bei Menschen; in ihrem Benehmen ist daher

weder ruhmsüchtiges Prahlen, das an Anderen sich will Ehre erjagen,

noch aufgeblasenes Wesen, das in dünkelhafter Selbsterhebung Andere verachtet;

weder unanständige Sitte, die sich selber wegwirft und verächtlich macht, noch selbstsüchtiges Wesen, das eigennützig nur auf das Eigene bedacht ist; weder leidenschaftliche Zorneshitze, die Anderen blindlings ein Leid zufügt, noch kalter Groll, der erfahrene Beleidigungen rachgierig in Rechnung bringt und nachträgt.

Bei aller dieser Selbstverleugnung aber behauptet die christliche Liebe ihren heiligen Charakter, daß sie reinen Herzens nie Wohlgefallen hat und zeigt, wenn es unrecht zugeht, weder es billigend, wenn Jemand Unrecht thut, noch sich ergötzend, wenn ein Anderer Unrecht leidet, viel weniger, daß sie selbst am Unrechtthun Vergnügen fände;

dagegen ohne Falsch der Wahrheit getreu, stimmt sie nur da von Herzen ein, wo es nach der Wahrheit **lauter und recht** zugeht, froh über Wahrheitssinn und Thun der Wahrheit, an wem sie es finden mag.

In dieser heiligen Freude an der Wahrheit, wornach die Liebe nichts kann wider die Wahrheit, Alles für sie, hängt sie gewissenhaft dem Guten an und überwindet das Böse; für die Wahrheit stellt sie als **Schirm** sich hin, Alles, was ihr Eintrag thut, **abwehrend** und alle damit verbundenen Anfechtungen **aushaltend**;

an der Wahrheit hält sie fest **voll Glaube, Hoffnung und Geduld**; daher wo Geist und Wesen der Wahrheit ihr sich erprobt hat, da hält sie alles Gute, das sich bereits vorfindet, mit voller Glaubenstreue fest, ebenso Alles, was aus der vorhandenen Wahrheit noch kommen soll, mit voller Hoffnung, ohne an dem Sieg der Wahrheit zu verzweifeln; und eben daher bis die Hoffnung in Erfüllung geht, unterzieht sie sich **geduldig** in standhafter Ausdauer all dem noch gegenwärtigen Drucke des Bösen, um am Ende völliges Werk und vollen Lohn zu haben, daß nicht das Frühere umsonst erlitten und das schon Erarbeitete verloren sei.

Entwickeln wir nun noch:

4) **die sociale Stellung der christlichen Menschenliebe gegenüber von Mitgenossen des Heils, also die christliche Bruderliebe.** Dieses engere

Liebesverhältniß der wahren Christen untereinander wird als eine specielle Modification der ἀγαπη oder der allgemeinen Menschenliebe auch durch einen speciellen Ausdruck bezeichnet: φιλαδελφια. Vgl. Röm. 12, 10. 1 Theſſ. 4, 9. 1 Petri 1, 22. 2 Petri 1, 7. Ebr. 13, 1. 3 Joh. 15. So hat schon Christus selbst Joh. 15, 14 f. seine Jünger am Ende ihrer Schülerlaufbahn zu sich in das specielle Verhältniß der φιλοι gestellt: ὑμεις φιλοι ἐμου ἐστε, während von seiner Liebe im Allgemeinen, von seiner ἀγαπη Niemand ausgeschlossen ist. Ἀγαπη, ἀγαπᾳν ist das Generelle und befaßt alle Arten und Grade der Liebe; es kann daher sowohl von der allgemeinen Liebe Gottes zur Welt gebraucht werden, wie von auszeichnender Liebe. Vgl. Joh. 3, 16. 13, 1. 25. So bezeichnet ἀγαπη auch bei Menschen Wohlwollen, Werthschätzung in der Allgemeinheit, wie sie möglich ist gegen den Höchsten, wie gegen den Niedersten, gegen den Feind und den Fremden (Matth. 5, 44) ebenso, wie gegen den Freund. Joh. 11, 5. Φιλειν, φιλια dagegen bezeichnet die specifische ἀγαπη, die Werthschätzung zwischen Freunden (Joh. 11, 3. 36), sowie auch zwischen Eltern und Kindern (Matth. 10, 37). Φιλια bedeutet denn auch geradezu: Freundschaft, wie φιλημα das Zeichen derselben, den Kuß. Schon Hesychius erklärt daher φιλειν als κατα ψυχην ἀγαπᾳν; es ist eine mit seelischer Empfindung und persönlicher Zuneigung verbundene Liebe, eine Liebe, die specielle Naturverwandtschaft voraussetzt, wie bei Eltern, Kindern, Geschwistern u. s. w., und eine innere Seelenharmonie, wie bei Freunden; oder im Verhältniß des Höheren zum Geringeren ist es ein „hold sein"; und so ist φιλια der höhere Grad der ἀγαπη, die Liebe in der Innigkeit persönlicher Zuneigung und Hingebung. So nun Joh. 21, 15, wo Petrus auf die Frage des Herrn: ἀγαπᾳς με πλειον τουτων; seine Liebe eben als die stärkere, innigere bezeichnen will, antwortet er nicht nur: ἀγαπω σε, sondern φιλω σε, was der Herr wieder premirt im 17. Vers: φιλεις με; (innig liebst du mich also?). So, wenn von der Liebe Gottes zur sündigen Welt im Allgemeinen die Rede ist, wird wohl ἀγαπᾳν gebraucht, nicht aber φιλειν. Dagegen steht letzteres Joh. 16, 27 von der auszeichnenden Liebe Gottes als des Vaters zu den Jüngern, nachdem bei diesen selber die Liebe zu Jesus ein φιλειν geworden war, d. h. den Charakter inniger, persönlicher Zuneigung und Hingebung erhalten hat. — Als specieller Begriff der christlichen Bruderliebe ergibt sich also schon aus der Bezeichnung φιλαδελφια, daß es eine Werthschätzung, eine ἀγαπη ist, die auf besonderer Naturverwandtschaft, auf gegenseitiger Seelenharmonie beruht, und die als persönliche Zuneigung in gegenseitiger Hingebung sich ausspricht; daher Röm. 12, 10 die Verbindung: τῃ φιλαδελφιᾳ εἰς ἀλλήλους φιλοστοργοι, welches letztere von zarteren Verhältnissen, wie bei der Familienliebe, gebraucht wird. Die christliche Bruderliebe ist also schon ihrer Bezeichnung nach als φιλειν die erweiterte und veredelte Familienliebe und Freundschaft. Auch die Freundschaft, die wahre, beruht wie die Familienliebe auf einer natürlichen Verwandtschaft, auf Seelenverwandtschaft (ἰσοψυχος Phil. 2, 20), und auf Wechselseitigkeit der persönlichen Hingebung. Für die Freundschaft im Allgemeinen gibt aber das Christenthum keine besonderen Bestimmungen; als Naturwirkung macht sie sich einerseits von selbst; sie kann als gesteigerte Liebe nichts Gemachtes sein oder Gebotenes, kein Kunstprodukt; andererseits aber setzt sich ihr eben als Naturwirkung die Fleischlichkeit an, die Selbstigkeit, wenn nicht gegenüber dem Freund, so doch gegenüber dem Nichtfreund als Parteilichkeit u. s. w. Matth. 5, 46 f. In dieser Beziehung unterliegt die Freundschaft in der christlichen Pädagogik derselben Beschneidung und Beschränkung, aber auch der Steigerung und Veredlung, wie die natürliche Selbst- und Menschenliebe überhaupt. Sofern sie ein sociales Naturverhältniß ist, kann auch zwischen Christ und Nichtchrist Freundschaft bestehen, ebenso wie im gleichen Fall die analogen Geschwisterbande bestehen. Es gilt dabei auf Seite des Christen dasselbe Grundgesetz, wie im Allgemeinen bei den menschlichen Naturverhältnissen, das Gesetz nämlich, daß nicht das Schlechte, oder das nur Angenehme und Genußbringende in der Freundschaft gepflegt werde, sondern das wirklich Gute und dem Freund Heilsame im Auge behalten und gefördert werde, namentlich bei christlicher Einwirkung im Einklang mit der göttlichen Heilsordnung (also namentlich ohne Aufdrängung und ohne Künstelei), dagegen der Weltsinn darf nicht Zustimmung oder Förderung finden. Wo eine Verstrickung in denselben von Seiten des Freundes ausgeht, ist der Freund zu verleugnen, sei es im einzelnen Fall, oder wo dies nicht ausreicht, mit Aufopferung des Freundschaftsverhältnisses im Ganzen. Von diesem Standpunkt aus werden Extreme im Freundschaftsverhältniß abgeschnitten, eine Idealisirung und Vergötterung des Freundes, wie eine Zurücksetzung desselben aus religiöser Engherzigkeit, der falsche romantische Schwung wie der bloße Gesellschaftsgeist oder Kameradschaftsgeist. Denn die wirkliche Freundschaft ist keiner Ausdehnung auf Viele fähig, da sie eben auf besonderer individueller Verwandtschaft beruht. Sind aber beide Theile Christen, so geht die gegenseitige Freundschaft eben über in die christliche Bruderliebe und gewinnt in ihr ihre Vollendung.

Wir betrachten nun

a) **die christliche Bruderliebe nach ihrem Grund und Wesen.**

Wie die Familienliebe und die Freundesliebe, mit der sie die gleiche Bezeichnung (φιλειν) gemein hat, setzt auch die christliche Bruderliebe nicht bloß eine ideale Auffassung vom Werth des Andern voraus,*) sondern um in That und Wahrheit möglich zu sein, setzt sie vor Allem ein den betreffenden Personen gemeinsames reales Sein voraus, speciell die Einheit des Geisteslebens (Eph. 4, 3 ἑνοτης του πνευματος), also die Gotteskindschaft. Wie der natürlichen Familien- und Freundesliebe die individuelle ἑνοτης της σαρκος zu Grunde liegt, die physische und psychische Lebenseinheit, so beruht die christliche Bruderliebe auf der pneumatischen Lebens-Einheit. 1 Joh. 4, 4. 7. 12 f. 5, 1: πας ὁ ἀγαπων τον γεννησαντα ἀγαπᾳ και τον γεγεννημενον ἐξ αὐτου.

Brüder im Geistessinn des Christenthums sind nur diejenigen, die Ein geistiges Leben aus Gott, das Leben Jesu Christi in sich haben, wenn auch erst nur im Kern der Persönlichkeit, im Herzen. Es muß die Eine innere Natur, das Eine Herzleben vorhanden sein, wie es von Christo ausgeht. Dies ist der lebendige Grund brüderlicher Liebe in Christo. Aus diesem

---

*) Eine Werthschätzung, die auf bloßer Reflexion beruht, auf Sentimentalität oder Pflichtgebot, reicht nicht zu zur Begründung christlicher Bruderliebe.

Einen Herzleben entsteht dann unter ihnen auch eine lebendige Seelengemeinschaft, Einheit des Empfindens und Begehrens und so bildet sich auch eine wesentliche Uebereinstimmung der Sinnesweise, eine moralisch freie Einheit eben in der Einheit des Geistes. Act. 4, 32 mit V. 31 (als Grundlage von beidem: ἐπλησθησαν ἁπαντες πνευματος ἁγιον). Röm. 12, 16 (το αὐτο φρονειν). Phil. 2, 1 f. 1 Theff. 4, 9. 1 Petri 1, 22 f., vgl. 3, 8 die Zusammenstellung ὁμοφρονες, συμπαθεις, φιλαδελφοι. Das künftige Endziel dieser geistigen Herzens- und Seelen-Einheit ist daher eine so vollkommene Wesenseinheit, so allseitig durchgebildete persönliche Lebenseinheit, wie die zwischen Christus und dem Vater ist. Joh. 17, 23, vgl. 22. „Ich in ihnen, du in mir (die bestehende Einheit), auf daß sie (das Ziel) vollkommen seien in Eins, gleichwie wir." Christliche Bruderliebe kann also in Wahrheit nur unter solchen stattfinden, die (Eph. 4, 4 f.) durch Einen Glauben mit dem Einen Herrn so verbunden sind, daß sie dadurch reelle Gemeinschaft haben mit dem Vater und dem Sohn in dem Einen Geist. 1 Joh. 1, 3. 7. Dieses Einheitliche, Ein Glaube, Herr und Geist, ist nur im reinen Schrift-Evangelium gegeben; im traditionellen Christenthum ist Christus zertrennt und so auch Glaube und Geist. 1 Kor. 1, 11—13. Das christliche Bruderverhältniß, die geistige Herzens- und Seelen-Einheit fand vor dem Geistesempfang auch bei den gläubigen Jüngern noch nicht statt, sondern tritt erst ein in der Apostelgeschichte; daher auch der Herr erst bei seinem Hingang sie auf eine der seinigen gleiche Liebe zu einander hinwies (Joh. 15), nachdem er sie auf den kommenden Geist gewiesen (Kap. 14) und auf den gemeinschaftlichen organischen

Lebensverband mit ihm als dem Weinstock. 15, 1 ff. Das eigenthümliche Glaubensleben der im Glaubensgeist verbundenen Personen geht von Einem göttlichen Ursprung aus, gehört Einer göttlichen Oekonomie an, nährt und bildet sich an Einem göttlichen Wort und hat Ein göttliches Ziel: in den Sohn hinein und durch den Sohn in den Vater. So sind sie dem Wesen nach Brüder, d. h. eben solche, die von Einem Geist geboren sind, wie die natürlichen Brüder von Einem Fleisch; Einem Vater geistig entsprossen, bilden sie in der Wirklichkeit, nicht in der bloßen Idee oder in bloß bildlicher Vergleichung, Eine Familie und, Einem Meister geistig angehörig, Eine Schule. So haben sie denn auch untereinander einfach diese Stellung als Eine Familie und Eine Schule einzuhalten, wenn sie die Natur ihrer Vereines und das eben darauf gebaute Grundgesetz ihres Meisters nicht verleugnen wollen; das Grundgesetz für die gegenseitige Stellung ist nämlich brüderliche Gleichheit. Matth. 23, 8—10. 20, 25 f. Für dieses Weltleben und so auch in den weltlichen Verhältnissen der Gläubigen untereinander bestehen an und für sich berechtigte Rangunterschiede, die Unterschiede zwischen Herrschenden und Dienenden, zwischen Hoheitsrechten und Unterthanenpflichten; diese aber dürfen auf keinen Titel hin im christlichen Bruderverein als solchem sich ausprägen oder Geltung haben, weder unter dem Titel der Liebe als Vatergewalt, noch unter dem Titel geistiger Ueberlegenheit als Meisterrecht. Einer wie der Andere in diesem Verein ist nur Schüler des Herrn und Kind Gottes. Eigentlich regierende und gesetzgebende Autorität liegt also nicht im christlichen Verband selbst, in keinem Einzelnen und nicht im Ganzen, sondern ruht nur in den göttlichen Persönlichkeiten selbst. Siehe weitere Ausführung: Christl. Liebeslehre I, S. 257 f. Es ist in der göttlichen Geistesfamilie wie in der menschlichen Fleischesfamilie.

Wenn Kinder Eines Vaters allerdings verschieden sind, verschieden nach Kraft, Alter, Reife und Tüchtigkeit, verschieden auch in ihrer äußeren Stellung, im äußerlichen Stand und Amt, so begründet dies Alles in ihrer gegenseitigen Familienstellung dennoch keine äußeren Rang- und Machtverhältnisse. Sie sind und bleiben untereinander nur Brüder. Sie können in Sachen der Familie, also des Christenthums nur als gleichgestellte Brüder miteinander reden und handeln, können da auch einander gegenüber nur auf des Vaters Willen, auf seinem Wort und Ansehen bestehen als auf der Einen Familien-Autorität und dem Einen allgemeinen Gesetz, können einander nur behilflich sein als Mitarbeiter des Vaters, aber nicht einer oder einige dürfen des Vaters Autorität als äußeres Vorrecht sich zueignen. 1 Kor. 3, 5. 9. Ebenso sind alle zusammen, die weisesten und tüchtigsten wie die Anfänger, nur Schüler, Jünger des einen Meisters, des Einzigen, der die Wahrheit und Gerechtigkeit selbst ist. Und wenn wiederum unter Schülern mancherlei Unterschiede sind vom ersten bis zum letzten hinab, so sind doch auch die Ersten nur Mitschüler der Letzten, sie können mit ihrer größern Weisheit und Geschicklichkeit nur als Mitschüler den Andern vorleuchten, ihnen nachhelfen und zurechthelfen, und so als Hilfsarbeiter, Mithelfer Lehrerstelle bei ihnen vertreten, sie haben aber mit ihrer geistigen Ueberlegenheit keine gesetzgebende Autorität, sie dürfen also nicht Dogmen, Verordnungen, Glaubensartikel u. s. w. stellen, denen auf ihre Person hin Gehorsam und Glaube gebührt. Luk. 22, 26. 2 Kor. 1, 24. 1 Petri 5, 3. Also bei aller innerlichen Verschiedenheit, die bei der wesentlichen Einheit des geistigen Lebens immer nur eine relative sein kann, gilt unter Christi wahren Jüngern als charakteristisches Kennzeichen brüderliche Gleichheit und Freiheit, und eben daher wo diese fehlt, ist dies ein sicheres Kennzeichen, daß es auch an dem echten Glaubensgeist fehlt, am wahren Christenthum. Die brüderliche Freiheit und Gleichheit besteht jedoch nicht darin, daß Jeder seinem Kopf oder seinem Herzen folgen darf, sowenig als daß Wenige oder Viele ihre Ansichten und Bestrebungen den Andern dürfen zum Gesetz machen; vielmehr besteht die christliche Freiheit und Gleichheit nur unter dem Regiment des Einen Vaters und Herrn, also nur abhängig und bestimmt von der Einen göttlichen Autorität, die sich ein für allemal ausgesprochen hat in ihrem Wort, nicht aber abhängig von der Societät selbst, von ihren vota majora und dergleichen. Ist's nun so bei der geistigen Verschiedenheit der Einzelnen, so haben noch viel weniger weltliche Unterschiede, Unterschiede in Stand, Vermögen, Ehre, Macht, Bildung, eine Bedeutung für diese brüderliche Gleichheit. Es ist dies ein Widerspruch gegen den Begriff des Glaubens selbst, wie ihn Jak. 2, 1—9 so anschaulich exemplificirt. Denn Gläubige, die Jesum, d. h. nach seinem historischen Begriff gefaßt, einen arm gewordenen, in der Knechtsgestalt wandelnden, einen bis zum Schandtod erniedrigten Mann als Christ und Herrn verehren, ja als Herrn der Herrlichkeit anbeten, die können nur auf eine göttlich geistige Herrlichkeit sehen. Was daher nur dem fleischlichen Sinn für hoch gilt, was nach weltlichen Begriffen weise oder wissenschaftlich und gebildet, edel und gewaltig ist, das hat im christlichen Urtheil keine Bedeutung für die Sache des Christenthums und für den christlichen Lebensverband; denn da bestimmt sich die Schätzung vom göttlichen Lebensbegriff aus, für dessen Erfassung und Realisirung alle menschliche Weisheit, Kraft und Machthoheit impotent ist. 1 Kor. 1, 20—29.

Nach solchen weltlichen Unterschieden nun den Einen hintansetzen, den Andern vorziehen, dies verdammt das christliche Gesetz direct als Sünde wider die Liebe, als egoistisches Richten. Jak. 2, 8 f., vgl. V. 4: „habt ihr nicht Unterschied gemacht in euch selbst, d. h. (vgl. Röm. 12, 16: φρονιμοι παρ' ἑαυτοις) einen selbstischen, egoistischen Unterschied und wurdet Richter mit und nach schlechten Erwägungen?" Der Mann des äußeren Glanzes repräsentirt bei Jakobus den geistigen wie den materiellen Weltglanz, wie der Herr schon die Reichen den geistig Armen gegenüberstellt. Immerhin sind aber durch die brüderliche Gleichheit graduelle Unterschiede innerhalb der brüderlichen Liebe nicht aufgehoben, vielmehr nach dem Grad der inneren Zusammenstimmung, der Seelenverwandtschaft der einzelnen Brüder bildet sich auch zwischen ihnen eine engere christliche Freundschaft (vgl. das Verhältniß des Herrn zum Apostel Johannes), und indem sich überhaupt nach dem verschiedenen Maß der christlichen Begabung verbunden mit dem echten Christen = Sinn und =Werk auch der individuell christliche Werth bestimmt, bestimmt sich darnach auch das individuelle Maß der christlichen Werthschätzung. Vgl. das Verhältniß des Apostel Paulus zu Timotheus. Phil. 3, 20 f. 1 Thess. 5, 13. Es kann also ein Bruder den andern lieber haben und höher halten, als die übrigen, jedoch nur nicht zum Nachtheil der übrigen.

So gehört denn zum brüderlichen Verkehr der Christen
α) ein gegenseitiger Heiligungsernst, daß Einer den Andern dem Herrn bewahrt und ihn vervollkommnet in der christlichen Liebesgesinnung und Liebesthätigkeit. Ebr. 10, 24. 1 Thess. 5, 11, vgl. Joh. 17, 12. 19. Nur darf dies nicht mit aufdringlicher Bevormundung geschehen, mit inquisitorischem und splitterrichterlichem Gewissenszwang, was der Liebesmethode Christi und der persönlichen Geltung eines ihm Angehörigen gleich sehr zuwider ist. Das gegenseitige Aneinanderhalten heben übrigens auch allerlei Gebrechen und Verstöße nicht auf, solang das reelle Band, das Eine geistige Leben aus Gott, besteht, das sich bewährt in redlichem Glaubenssinn, im Gehorsam gegen des Herrn Wort. 1 Petri 4, 8, vgl. 1 f. Wo man es aber mit wirklichen Vergehen zu thun bekommt, mit Werken der Finsterniß, Handlungen der Härte und der Bosheit, der Ungerechtigkeit und Falschheit, da gehört keineswegs das Ignoriren oder Zudecken, das Leugnen und Beschönigen zur christlichen Bruderliebe, sondern es gilt brüderliche Bestrafung, d. h. Gewissens = Bestrafung (ἐλεγχειν Eph. 5, 9—11). Es gilt also auch Zurechtweisungen anzunehmen, wo sie begründet sind. Die Verfehlungen müssen überhaupt gemäß dem Ernst gegenseitiger Heiligung behandelt werden, daß man einander zum Guten dient, nicht zum Schlimmen; also weder im Geist gegenseitiger Gefälligkeit noch eigenliebigen Richtens sind Verfehlungen zu behandeln, sondern im Geist der göttlichen Liebe, welche mit ihrer tragenden und vergebenden Gnade auch die züchtigende, heilende und heiligende verbindet. Kol. 3, 13. Eph. 4, 32:

„γινεσθε εἰς ἀλλήλους — χαριζομενοι ἑαυτοις, καθως ὁ θεος ἐν Χριστῳ ἐχαρισατο ὑμιν," mit derselben Unterscheidung, wie Gott es thut. Vgl. Offenb. 3, 19: welche ich lieb habe (φιλω), bestrafe und erziehe ich — so beeifere dich nun und werde anderen Sinnes (μετανοησον). — Bei der Behandlung im Einzelnen ist namentlich nach 1 Thess. 5, 14 die Quelle der Verfehlungen zu unterscheiden: der Schwäche, wo Mangel an Kraft ist, wo es also nicht am Willen fehlt, wird mit sanftmüthigem Geist nachgeholfen (Gal. 6, 1 f.); Kleinmuth, wo Mangel an Muth ist, wieder nicht Mangel an gutem Willen, wird ermuntert; wo aber Mangel an gutem Willen und Unordnung ist, gilts Verwarnung, oder ernste, scharfe Zurechtweisung. Vgl. Christliche Reden I, Nr. 58 über 1 Thess. 5, 14, vgl. jedoch auch 2 Thess. 3, 15. Auf der andern Seite, wo es sich um den eigenen Genuß von Rechten und Freiheiten handelt, womit aber nicht zu verwechseln ist die Befriedigung der eigenen ewigen Seelenbedürfnisse, oder gar die Behauptung der göttlichen Wahrheit und Pflicht, — bestimmt die Liebesrücksicht auf Andere zur Verzichtleistung, sofern die innere Lebensförderung oder die Erbauung der Andern beeinträchtigt würde. Röm. 14, 13—15. 20. 1 Joh. 3, 16. 2 Tim. 2, 10. Phil. 2, 17.*) Diese Opfer für Andere, die nach Umständen auch bis zu dem Verzicht auf das Leben gehen können, sind also Heiligungs-Opfer in der Aehnlichkeit mit dem Opfer Christi (Joh. 17, 19), dagegen jenes schwärmerische Vergeuden des Lebens und der Lebensgüter, wo man nicht

---

*) Doch ist dabei zu unterscheiden zwischen wirklichen auf Schwäche der Erkenntniß beruhenden Gewissensanstößen und bloßen rechthaberischen Meinungen, prätentiösen Ansprüchen, hartnäckigen Vorurtheilen u. dgl.

in Anschlag bringt, ob es sich um eine bloße Fiction von Ehre und öffentliche Meinung, um ein Scheingut, wie Geld und Macht, handelt, oder um das reelle Seelengut, ist wieder nicht christliche Liebe, sondern Fleisch, wovon später.

Mit dem gegenseitigen Heiligungsernst verbindet sich

β) in dem christlichen Bruderverband eine **selbstverleugnende, demüthige oder geräusch- und anspruchslose Dienstfertigkeit**, diese aber niemals auf Kosten des Heiligungs-Ernstes. Derselbe Sinn der Selbstverleugnung und Selbst-Erniedrigung, der Jesum Christum zum Genossen aller unserer Lasten und Pflichten macht, nicht aber zum Diener unserer sündigen Gelüste und Bestrebungen, beseelt und bestimmt auch die Christen zur herzlichen Theilnahme an der Lage der Andern und zur treuen Pflichterfüllung gegen einander. **Die Gleichheit Aller im christlichen Bruderkreis** wird eben durch diese herzliche dienstfertige Theilnahme an einander sittlich bestimmt und sittlich verwendet, nicht juridisch ausgebeutet; da heißt es nicht: wir haben gleiche Rechte, sondern: wir haben gleiche Pflichten in Bezug auf gegenseitige Hilfeleistung, d. h. die Gleichheit begründet nicht ein selbstsüchtiges Rechten zwischen gegenseitigen Privat-Ansprüchen, sondern eine **gleichmäßige Unterwerfung unter die allgemeine Pflicht, unter den allgemeinen Beruf, daß Einer dem Andern diene mit seiner speciellen Gabe und Habe**, nach seiner individuellen Stellung. Gal. 5, 13. 1 Petri 4, 10. Röm. 12, 3 ff. Das auf der gemeinsamen Gnade beruhende Bewußtsein der Gleichheit der Pflichten begründet ebendaher statt zwieträchtiger Eifersucht einen einträchtigen Wetteifer, der gegenseitigen Pflichterfüllung nachzukommen, wie der

Berufserfüllung überhaupt. Dies ist der eigentliche Ehrenpunkt, so daß nicht der Eine wartet, bis der Andere anfängt, sondern Einer dem Andern in der Erfüllung der gegenseitigen Dienstpflicht zuvorkommt, während in Bezug auf äußere Stellung, auf Ehre u. s. w. Jeder gerne dem Andern den Vorzug läßt. Phil. 2, 3 f. Diese Worte ἀλλήλους ἡγούμενοι ὑπερέχοντας ἑαυτῶν werden fast allgemein mißverstanden durch Erklärungen wie: Einer sehe zum Andern hinauf, halte ihn für sich überlegen, für besser, vorzüglicher, höher an Gaben, Wissen und Leistungen als sich selbst. Wie sollte dies einem entschieden an Wissen und Leistung Bevorzugten ohne lügnerisches Scheinspiel möglich sein? und Paulus selbst hätte sein Gebot übertreten mit Aeußerungen wie 1 Kor. 14, 18. 2 Kor. 11, 21. 23. 1 Kor. 15, 10. Der Zusammenhang (Phil. 2) ist dieser: Im Gegensatz zu der V. 3 f. gegebenen Warnung vor Zanksucht, eitler Ehre und vor der Verfolgung des eigenen Vortheils wird V. 5 f. zur Erläuterung hingewiesen auf die am Herrn hervortretende Verzichtleistung auf eigenes Recht, Ehre und Vortheile, auf seine freiwillig erwählte äußere Dienststellung, nicht aber darauf, daß er das, was er war und leistete, seine geistige und moralische Qualität, verleugnet habe, daß er alle andern Menschen für besser, vorzüglicher, weiser als sich selbst gehalten hätte. Also nicht der persönlichen Qualität nach soll Jeder jeden Andern höher stellen als sich selbst, sondern in der äußern gegenseitigen Stellung, wo es sich um Rechte, Ehre, Vortheile handelt.*) Es sind zu vergleichen des Herrn Worte „der Letzte sein"; „unten an den Tisch sich setzen"; „Füße waschen".

---

*) Gerlach (N. T.) im Wesentlichen richtig.

5. Grundform des socialen Verhaltens.

Also, sagt der Apostel, statt rechthaberisch auf eigenes Recht, und hoffärtig auf eigene Ehre zu sehen (μηδεν κατα ἐριϑειαν ἠ κενοδοξιαν), statt auf eigenen Nutzen und Genuß zu sehen (τα ἑαυτων σκοπειν), hat Jeder dieses Eigene dem des Andern unterzuordnen in herzlicher Dienstfertigkeit. So hebt auch die Gleichheit Aller im christlichen Kreis überhaupt nicht die gegenseitige Achtung auf, sondern macht auch darin Einen gegen den Andern zuvorkommend (Röm. 12, 10: τῃ τιμῃ ἀλληλους προηγουμενοι), dies aber nicht in eitlem Ehregeben (vgl. Joh. 5, 44), sondern in würdiger Behandlung. Τιμη (von τιμᾳν etwas schätzen nach seinem inneren Werth) ist speciell Achtung der Menschenwürde und Heilswürde in Jedem. Die christliche Bruderliebe sucht dann ihre Größe und Ehre nicht im Befehlen und Bedientwerden, nicht im Anspruchmachen und Herrschen, sondern darin, daß sie dem Herrn gleich wird in aufopfernder Dienstleistung. Matth. 20, 26—28. Durch die Liebe, nicht aus kahler Pflicht oder äußerer Rücksicht, nicht aus selbstsüchtiger Gefälligkeit u. dgl. dient Einer dem Andern pflichtmäßig mit seiner besondern Natur- und Gnadengabe, aber immer als treuer Haushalter Gottes, d. h. als Gottesknecht, nicht als Menschenknecht, daß er also seine Dienste einrichtet nach der Vorschrift, dem Vorbild und dem Sinn des Herrn, und nicht der Menschen, so daß das göttliche Hauswesen dabei gedeiht und Gott selbst die Ehre davon hat. 1 Petri 4, 10 f., vgl. mit V. 8.

Zum Schluß bestimmen wir noch

5) die Grundform, die dem christlichen Socialleben oder dem christlichen Verkehr mit Anderen im Gan-

zen eigen ist vermöge der christlichen Menschenliebe. Vgl.
Christliche Liebeslehre I, § 11. IV, S. 168 ff.

Das christliche Socialleben beruht nach dem Dargelegten
gegenüber den Glaubensgenossen und allen Menschen auf
dem Bewußtsein allgemeiner Sündhaftigkeit und allgemeiner
göttlicher Heilsbestimmung, ohne daß aber die individuellen
Unterschiede in beiden Beziehungen ausgeschlossen sind. Das
diesem Bewußtsein entsprechende gesellige Princip, wo=
nach sich alles sociale Recht und alle sociale Pflicht bestimmt,
ist „Verherrlichung Gottes durch Nachahmung desselben",
selbstthätige Reflectirung der göttlichen Heilsliebe, die eben
sittlichen, heiligen Charakter hat, nach dem Vorbild Christi,
dies im Umgang mit Weltmenschen und mit Glaubens=
genossen. Dies Princip realisirt sich in einer Gesinnung
und in einem Handeln, das auf Begründung und Förderung
des Heils im Nebenmenschen, auf seine ewigen Lebensbedürf=
nisse gerichtet ist. Sonach ist einerseits ausgeschlossen jede
Gefälligkeit gegen Böses (denn dies ist Förderung des Un=
heils, nicht des Heils), überhaupt gegen eine Sinnes= und
Handlungsweise, worin der göttliche Lebensbegriff verleugnet
wird. Die christliche Menschenliebe steht hingegen vielmehr
in innerer und äußerer Opposition aus sittlichen Gründen
für ihre sittlichen Zwecke. Andererseits schließt sie in sich
wohlwollende Gesinnung oder das Bedachtsein auf das Gute
gegen Freund und Feind, und innige Geistes=Verbindung
mit den Glaubensgenossen ($\varphi\iota\lambda\alpha\delta\epsilon\lambda\varphi\iota\alpha$). Die Liebe befleißt
sich dann in allen Verhältnissen einer uneigennützigen barm=
herzigen Güte; sie leidet das Unrecht, erträgt das Uebel,
wirkt aber auch auf Besserung hin durch ein in sittlichem
Geist gehaltenes Vergeben, Helfen und Heilen. Sie verwendet

daher die Gnadengaben wie die sonstigen Kräfte zum Dienste Anderer mit ernster Berücksichtigung ihres Seelenheiles, aber auch mit Einordnung ihrer leiblichen und irdischen Bedürfnisse und Verhältnisse, ohne äußerlichen Unterschied unter den Personen zu machen, Alles aber nur im Geist und Gesetz der göttlichen Heilsordnung. So ist die christliche Menschenliebe Erfüllung des Gesetzes; alle unsere Pflichten gegen Andere faßt sie in sich zusammen. Röm. 13, 8 f. Sie ist im Ganzen darauf gerichtet, ebenso dem göttlichen Willen gerecht zu werden, wie den menschlichen Bedürfnissen und Verhältnissen und zwar in ihrer irdisch-leiblichen und himmlisch-geistigen Beziehung. Jedem soll das Seine werden im Geist und Gesetz der göttlichen Haushaltung. Damit erfüllt dann die christliche Menschenliebe das wesentliche Gebot der Gerechtigkeit, aber eben im Geist und Sinn der göttlichen Liebe: **Gerechtigkeit oder Rechtschaffenheit ist daher die sociale Grundform** des christlichen Lebens, wie sie unter der Pädagogik der Gnade durch die Liebe sich bildet: $\delta\iota\kappa\alpha\iota\omega\varsigma\ \zeta\eta\nu\ \dot{\varepsilon}\nu\ \tau\omega\ \nu\nu\nu\ \alpha\iota\omega\nu\iota$ (Tit. 2, 12), neben dem $\varepsilon\dot{v}\sigma\varepsilon\beta\omega\varsigma$ und $\sigma\omega\varphi\varrho\rho\nu\omega\varsigma\ \zeta\eta\nu$, der religiösen und der personellen Grundform. Vgl. Eph. 4, 24 $\delta\iota\kappa\alpha\iota\sigma\sigma\upsilon\nu\eta$ neben $\delta\sigma\iota\sigma\tau\eta\varsigma$ in Beziehung zu Gott; ebenso Luk. 1, 75. 1 Tim. 6, 11.*)

Zusatz über den ethischen Begriff der $\delta\iota\kappa\alpha\iota\sigma\sigma\upsilon\nu\eta$
(unterschieden vom juridischen).

Der Begriff von $\delta\iota\kappa\alpha\iota\sigma\sigma\upsilon\nu\eta$, $\delta\iota\kappa\alpha\iota\sigma\varsigma$, wie wir ihn hier als Zusammenfassung der socialen Grundform des christlichen

---

*) Eine übersichtliche Zusammenstellung des Wesentlichen der christlichen Selbst- und Menschenliebe siehe in Beck's Christlicher Liebeslehre § 12. S. 170—184.

Lebens gewonnen haben, ist nicht der einzige, in welchem δικαιοσυνη im N. T. vorkommt; es sind vielmehr drei Sphären im ethischen Begriff der Gerechtigkeit zu unterscheiden:

1) im weitesten Sinn kann sich δικαιοσυνη beziehen auf **das ganze menschliche Lebens-Verhältniß** in seiner religiösen, seiner socialen und personellen Form, sofern dasselbe als seinem Wesen nach entsprechend der göttlichen Ordnung gedacht wird, gegenüber von Gott, den Menschen und der eigenen Person; so umfaßt der Begriff der Gerechtigkeit die **ganze Sittlichkeit** im Gegensatz zur Unsittlichkeit oder Sünde, die ebenfalls generell als ἀδικια, Ungerechtigkeit, gefaßt werden kann in der Stellung zu Gott und den Menschen und zu der eigenen Person. In diesem generellen Sinn wird das Wort δικαιοσυνη an manchen Stellen gebraucht, wo von dem objectiven Gehalt und Postulat des Gesetzes im Allgemeinen die Rede ist, oder von dem subjectiven Gesammtcharakter Christi und von der Gesammtwirkung der Gnade in den Gläubigen, letzteres z. B. 1 Petri 2, 24: „auf daß wir der Sünde abgeschieden der Gerechtigkeit leben"; 2 Kor. 5, 21: „auf daß wir in Christo Gerechtigkeit würden"; Röm. 6, 18: „ἐλευθερωθεντες ἀπο της ἁμαρτιας ἐδουλωθητε τῃ δικαιοσυνῃ", und umgekehrt V. 20; 2 Tim. 3, 16: „die Schrift nützt προς παιδειαν την ἐν δικαιοσυνῃ"; 2 Kor. 6, 14 die Parallelen: Christus, Licht, Gerechtigkeit, opp. Belial, Finsterniß, ἀνομια.*)

---

*) In diesem weitesten Sinn, in welchem δικαιοσυνη die ganze christliche Sittlichkeit umfaßt, haben wir die Gerechtigkeit im I. Hauptstück und im Anfang des gegenwärtigen II. behandelt.

2) δικαιοσυνη kann aber auch statt von dem ganzen Umfang der Sittlichkeit nur von einer besondern Seite derselben gebraucht werden, coordinirt mit andern ethischen Bezeichnungen, während diese der δικαιοσυνη im ersten Sinn subordinirt sind. So ist das Wort gebraucht in den oben unter 5) angeführten Stellen, wo es theils neben ὁσιοτης und εὐσεβεια, dem religiösen Wohlverhalten, steht, theils neben σωφροσυνη, dem personellen Wohlverhalten, und dann eben das sociale Wohlverhalten bezeichnet, auch mit Einschluß der Gütigkeit, Friedfertigkeit u. s. w. So wenig ist der christliche Begriff der Gerechtigkeit, das δικαιως ζην ein bloß negativer, bloße Vermeidung der Verletzungen Anderer.

3) Endlich abgesehen von den verschiedenen äußeren Objecten läßt sich das Sittliche in Beziehung setzen nach innen zum Subject selbst, oder zu der Frage: welches die wesentlichen Sittlichkeitsformen sind innerhalb des menschlichen Geisteslebens und in der inneren Thätigkeit, wie sie in der Form des Erkennens, des Fühlens und des selbständigen Wollens und Strebens die Stellung zu den Mitmenschen bestimmt. Da zerlegt sich das Sittliche als eine das sociale Verhältniß bestimmende Gesinnung in die Grundformen der Wahrhaftigkeit, der Gütigkeit und der Rechtlichkeit, entsprechend den Ideen des Wahren, des Guten und des Rechts. Eph. 5, 9. So ist dann die christliche δικαιοσυνη der vom christlichen Begriff des Rechts bestimmte Charakter, eben die Rechtlichkeit, die nur will und thut, was christlich recht ist, während der vom christlichen Begriff der Wahrheit bestimmte Charakter die Wahrhaftigkeit und Weisheit bildet; ebenso der Charakter, bestimmt vom christlichen Begriff des ἀγαθον, d. h. des Guten als Gut oder

als Wohlfahrt, im Gegensatz zum Uebel, zum *πονηρον*, ist *ἀγαϑωσυνη* oder Gütigkeit, hervortretend in Wohlgesinntheit und Wohlthätigkeit.

Dies sind die geistigen Grundformen der innern, subjectiven Sittlichkeit oder der sittlichen Persönlichkeit, die drei Cardinaltugenden, die aber als christliche ihren Gehalt und ihre Form erhalten aus dem Glauben, der Liebe und der Hoffnung, welche zusammen die persönlichen Principien, oder die geistigen Bildungskräfte des christlichen Lebens darstellen. Vgl. die analogen Verbindungen: *ἀληϑεια, δικαιοσυνη, εἰρηνη* (Eph. 6, 14 ff. *Εἰρηνη* ist ein Hauptzug der *ἀγαϑωσυνη*); Jak. 3, 17: *σοφια*, das Ergebniß der *ἀληϑεια, δικαιοσυνη, εἰρηνη*; Röm. 14, 17: *δικαιοσυνη* neben *εἰρηνη*; 2 Kor. 6, 7: neben dem *λογος ἀληϑειας* die *ὁπλα της δικαιοσυνης*; Phil. 1, 10 f.: neben *δοκιμαζειν τα διαφεροντα* (Weisheitsakt) *καρπος δικαιοσυνης*.

In dieser Beziehung nun werden wir die *δικαιοσυνη* in Verbindung mit den zwei andern, der Wahrhaftigkeit und Gütigkeit, zu behandeln haben im III. Hauptstück, wo wir es mit der Erscheinung oder der Darstellung des christlichen Lebens in der sittlichen Persönlichkeit des Christen zu thun haben.

In diesem unserem II. Hauptstück haben wir nun aber noch nach der in der Einleitung gegebenen Eintheilung die Frage übrig, welches der gesellschaftliche Organismus ist, der der christlichen Lebensbildung entspricht, und so haben wir in diesem Hauptstück noch das **christliche Gemeindeleben** zu entwickeln.

§ 15. Die christliche Gemeinde und die Kirche.*)

Der Name „Kirche", dessen Wortbildung immer noch unsicher ist und auch nichts entscheidet, ist nicht biblischen Ursprungs, sondern gehört einer historischen Entwicklung an, wo die Christen sich als Religionsgesellschaft politisch formirt hatten. Wir bedienen uns deßhalb des Namens Kirche vornehmlich nur da, wo es sich um die christliche Gesellschaft als Körperschaft im Staate handelt, oder um Berichtigungen der unter dem Namen Kirche eingeschlichenen falschen Begriffe. Im Uebrigen führt nämlich der Name Kirche schon an sich allerlei Unstatthaftigkeiten mit sich. Bald sagt man in abstracter Allgemeinheit „die Kirche", und redet davon, als wäre dieser abgezogene Begriff eine wirkliche Existenz. In der Wirklichkeit aber existirt nur eine Mehrheit von Einzel-Kirchen, die noch dazu unter sich in Widerspruch sind; die Kirche ist ein bloßer Sammelbegriff ohne diesseitige Existenz, eine Idee ohne Wirklichkeit. Indem man nun diesem Sammelbegriff allerlei hohe Namen und Eigenschaften beilegt, hat man damit immer nur eine unlebendige Idee betitelt. Dieses verdeckt man jedoch sich und Anderen wieder, indem man das, was von der bloßen Idee gilt, irgend einer der vorhandenen Einzelkirchen beilegt, vor Allem der eigenen. Jedem Theile ist seine Kirche auch selbstverständlich die Kirche. Solche unlogische, unwahre Verwechslung des Vorhandenen mit der Idee erlaubt man sich aber wohlgemerkt

---

*) Vgl. die Schrift: Kirche und Staat und ihr Verhältniß zu einander. Nach den Vorlesungen Dr. J. T. Beck's mit dessen Ermächtigung herausgegeben von J. Lindenmeyer. Heilbronn, A. Scheurlen. Vgl. auch Beck's Christliche Liebeslehre §§. 14. 15.

nur da, wo es sich für eine bestimmte Kirche um Verheißungen, Rechte und Güter handelt. Handelt es sich dagegen bei derselben um Anforderungen und Pflichten, wie sie eben in der Idee der Kirche liegen, so will man seine Kirche damit entbinden, daß sie nur empirische Kirche, nicht aber die Kirche sei, der Maßstab der idealen Kirche nicht an sie anzulegen sei. So werden unter dem Namen Kirche Begriff und Wirklichkeit, Idee und Erscheinung auf's Willkürlichste ineinander verschoben. Solcher Verwirrungen und Verirrungen gibt es noch mehrere. Man fragt, was ist Kirche, und erhält entweder einen abgezogenen Begriff, oder diejenige Bezeichnung, welche man vornherein als für die eigene Kirche passend erachtete. Ebenso stellt man die Frage auf, welches ist die wahre Kirche, während gegenüber den verschiedenen Einzelkirchen vor Allem die Frage am Platz wäre, was ist wahre Kirche. Ferner, um eine Einzelkirche als wahre Kirche zu sichern, gebraucht man den Ausdruck Kirche auch in der Art abstract, daß man sich stellt, als bestände die Kirche nicht vor Allem aus bestimmten Personen und einem bestimmten unterscheidenden Charakter dieser Personen, sondern als eine selbständige Anstalt aus Einrichtungen, Handlungen, Formularen, Symbolen u. dgl. Da findet dann abermals die Verschiebung statt, daß diese Dinge die Personen sollen zu einer wahren Kirche stempeln, daß das Unlebendige das Lebendige magisch heiligen soll, während gerade im Gegentheil die Personen bei einem widersprechenden Charakter, bei einem persönlichen Gegensatz gegen die Wahrheit die Einrichtungen und Handlungen unwahr machen. Dies sind Sünden gegen die einfachsten Gesetze der logischen und sittlichen Wahrheit.

Endlich ist es ein merkwürdiger Contrast, daß die neuere Theologie einerseits ihren Ruhm, ja ihre Gewissenhaftigkeit darein setzt, entdeckt zu haben, die heilige Schrift sei nicht das Wort Gottes, sondern das Wort Gottes sei nur in der heiligen Schrift enthalten, sei aus derselben erst hervorzusuchen und abzugrenzen. Dagegen soll andererseits die wahre Gemeinde oder Kirche nicht nur innerhalb der äußeren (empirischen) Kirche sich vorfinden, sondern diese soll selbst die wahre Kirche sein und deren Autorität haben. Dies erst zu untersuchen und in Frage zu stellen, soll subjective Anmaßung sein, dagegen den Umfang des Kanon, die Inspiration u. s. w. immer neu in Frage zu stellen, soll die verdienstlichste Arbeit sein. Und welches von Beiden bietet mehr Ungöttliches und Unchristliches dar, die h. Schrift, bei der man nicht fertig werden will Kritik zu üben, oder die äußere Kirche, die man so unkritisch will verehrt haben?! Welche von Beiden trägt schon für die nächste Beobachtung mehr göttliches oder mehr menschliches Gepräge, das Gepräge heiliger Scheidung oder unheiliger Vermischung? Wo ist gerade menschlichen Einflüssen, Blendwerken und Verwirrungen, Thorheiten und Gewaltthätigkeiten, weltlichem Egoismus und Corporationsgeist am meisten Spielraum und Autorität eingeräumt, in der Schrift oder in der Kirche? Und doch getraut man sich eher zu glauben und zu lehren, die Kirche mit all' ihrem Mischlingswesen sei die wahre Christusgemeinde, als die h. Schrift sei Gottes wahres Wort. Die h. Schrift, die so bestimmt in sich von aller sonstigen Literatur sich unterscheidet, soll das unbestimmteste Object und ein vages Exercierfeld der Kritik sein, dagegen die Kirche, dieses unbestimmteste Subject, soll das entscheidende Orakel sein. Solche Contraste verrathen den Geist.

Das, was die Gemeinde Christi nach ihrer ursprünglichen Idee ist und sein soll, oder der eigenthümliche Begriff einer christlichen Kirche, gehört zu den Originalien des neuen Testamentes. Er ist weder als Ideal irgendwo vom natürlichen Menschengeist erfaßt worden, noch bietet die Geschichte außerhalb des Christenthums etwas Aehnliches dar. Nur eine Analogie bietet sich dar, in dem alttestamentlichen Bunde, also auf dem Boden der Offenbarung. Wohl finden wir sonst religiöse Gesellschaften, äußerliche Vereinigungen größerer oder kleinerer Massen in einer gemeinschaftlichen Religionsform und zu religiösen Zwecken; aber Wort und Begriff Kirche ist auf dem allgemeinen Religionsgebiet so wenig entstanden und einheimisch, als das Christenthum selbst. So wenig sich dieses, wie Manche annehmen, bloß als höhere Stufe aus dem Allgemeinen oder dem Besonderen der verschiedenen Religionen hervorbildete, so wenig hat sich die Kirche aus dem Gesellschaftsbegriff jener entwickelt. Die Einreihung von Christenthum und christlicher Kirche in einen allgemeinen Begriff von Religion und Kirche, von welchen sie bloß stufenmäßig sich abhöben, ist eine ebenso ungeschichtliche als unbiblische Abstraction. Nicht durch stufenmäßigen Aufbau, sondern durch einen ausgeprägten Gegensatz unterscheiden sich Christenthum und Kirche von aller sonstigen Religion und Religionsgesellschaft. Sie wurzeln nicht in der Gattungseinheit menschlicher Religionshoffnungen, sondern, wie wir finden werden, in der Einzigkeit göttlicher Offenbarung. Es ist überdies ein Fehler, wenn man den Begriff der christlichen Gemeinde oder Kirche dadurch gewinnen will, daß man von der Gesellschaftsform ausgeht. Die Christen hatten sich noch nicht in selbständiger körperschaftlicher Form

§ 15. Die chriſtliche Gemeinde und die Kirche.

vom Judenthum abgeſondert, hatten ſo wenig ſich kirchlich formirt, daß ſie noch mit den Juden den Tempel zum gemeinſchaftlichen Mittelpunkt hatten, und doch heißen ſie ſchon ἐκκλησια (Gemeinde) und zwar im ausſchließlichen Sinne, im Gegenſatz zum Judenthum oder zur damals beſtehenden Kirche. Umgekehrt wird bald ſchon in den Briefen der Apoſtel vor Leuten, die in aller Form der chriſtlichen Religionsgeſellſchaft angehörige Glieder ſind, gewarnt, ſo daß ſie als „Gewiſſe"*) der „Gemeinde" (ἐκκλησια) gegenübergeſtellt werden, und ihre Trennung oder Nichtanerkennung als Gemeindeglieder verlangt wird. **Mit dem Geſellſchaftsbegriff deckt ſich alſo keineswegs der Gemeindebegriff, und jener iſt auch nicht beſtimmend für dieſen.****)

Es wird der Gemeindebegriff im neuen Teſtamente und entſprechend im alten weſentlich von zwei eigenthümlichen Grundbegriffen aus beſtimmt. Einmal in **objectiver Beziehung** von dem eigenthümlichen Begriffe des **Reiches Gottes** aus, deſſen gliedliches Werkzeug die Gemeinde iſt, und dieſes Reich wird von der Welt und ihren Religionsgeſellſchaften nicht nur unterſchieden, ſondern ihnen entgegengeſetzt. Es iſt das Gottesreich, und jene ſind die Weltreiche.

---

*) τινες.

**) Vgl. 1 Tim. 1, 3—6. 19 f. 1 Kor. 5, 1—13. 2 Kor. 6, 14—18. 2 Tim. 2, 19—21. Luk. 13, 25 ff. Matth. 7, 22 f. 25, 1—12. Dieſes „ich kenne euch nicht" aus dem Munde Chriſti als des Weltrichters ſcheidet bis in die Zahl der zehn Jungfrauen, welche im Gleichniſſe die Gemeinde der Endzeit darſtellen. Alſo nicht alle Getauften oder Kirchengenoſſen ſind Glieder am Leibe Chriſti, Glieder der leibhaften Gemeinde, und als ſolche von ihm anerkannt.

Hernach in subjectiver Beziehung wird der Gemeindebegriff bestimmt durch den ebenso eigenthümlichen Begriff von Kindern Gottes, wieder im Gegensatz zur ganzen übrigen Welt und ihren Religionsgenossenschaften. Durch diese Verbindung mit dem Begriff des Reiches Gottes und der Kindschaft Gottes tritt die Gemeinde Christi in eine ganz andere Reihe von Begriffen, Thatsachen und Principien ein, als sie in der Welt, ihren Religionen und Religionsgesellschaften sich darbieten.

Die Stiftung der Gemeinde wird in der Schrift zurückgeführt nicht auf den Plan eines menschlichen Religionsstifters oder auf eine politische Macht, sondern auf den höchsten Geistesgedanken, auf den göttlichen Erlösungsplan, sowie auf die höchste aller Welt unmögliche That, auf die göttliche Weltversöhnung und Geistesausgießung durch den Mensch gewordenen Sohn Gottes. Dies sind die Stiftungsgrundlagen des christlichen Glaubens und der aus ihm erwachsenen Gemeinde. Die Schrift knüpft ferner den stetigen Fortbau der Gemeinde und ihre Vollendung keineswegs an eine menschliche Lehrentwicklung und Regierung, sondern an ein göttliches Geisteswort und in diesem an ein göttliches Geistesregiment, welches nur einem Einzigen als dem Einen Herrn möglich ist und zukommt, dem allein zur Rechten Gottes erhöhten Menschensohn, nicht aber seinen Knechten. Diese werden erst bei des Herrn Wiederkunft eingesetzt in das Mitregieren. Matth. 19, 28. 2 Tim. 2, 11 f. Offenb. 3, 21 f. Dieses göttliche Geistesregiment, wie es der Eine göttliche Throninhaber ausübt, erfolgt eben in stetiger Verbindung mit dem ewig bleibenden Geisteswort, nicht ohne dasselbe oder gar wider dasselbe, und die Wirkungsweise dieses

Regiments ist Gnade und Gericht, nicht das Eine ohne das Andere. Das Ziel aber, das zur Realisirung kommt, ist die Ausbildung der Gemeinde zu einem göttlichen Geistestempel, zu einem geistigen Leib Christi. Eph. 2, 20 ff. 1, 22 f. Das sind die biblischen Grundbestimmungen; Verletzungen derselben durch Zurücksetzen und durch Heruntersetzen unter das menschliche Erfinden und Machen sind Eingriffe in das Gebiet des höchsten Monarchen, sind Majestätsverbrechen. Vermöge jener göttlichen Grundthatsache und Stiftungsgrundlage ist die Gemeinde Christi eine göttliche Wort- und Geistesgemeinschaft,*) kein bloß menschlicher Gesellschaftsverband; sie umfaßt aus dem göttlichem Wort geborene, vom Geiste Gottes beseelte Kinder Gottes und von Gottes Gesetz inwendig regierte Reichsbürger Gottes, die mit dem Einen überweltlichen Oberhaupt für sich und unter sich verbunden sind durch eine Geistes- und Lebensgemeinschaft, nicht durch eine bloße Cultusgemeinschaft oder äußere Verfassungsform. Dieser Gemeindeverband ist demnach so originell, daß unter den menschlichen Verbänden keiner für die besondere Art desselben eine Analogie darbietet außer das Ehe- und Familienband. Eph. 5, 23—32. 3, 15 ff. Auch die letzteren sind keine bloß menschliche Gesellschaftsinstitute, sondern in göttlicher Schöpfungskraft wurzelnde Organismen, in denen geistige und sittliche Naturbande gegeben und zu pflegen sind. Andere Analogien sind dem Gebiet der äußeren Natur entnommen, also wieder nicht dem menschlich-technischen Gebiet, sondern dem organischen Schöpfungsgebiet, worin der menschlichen Selbstthätigkeit, Substanz, Gesetz und Ziel gegeben ist.

---

*) Vgl. J. Lindenmeyer a. a. O. S. 22—24.

So dienen als Analogien der **Fels** mit dem Gebäude darauf, der **Same** mit der Pflanzung, der **Weinstock** mit den Reben, der **Leib** mit Haupt und Gliedern. Fels, Same, Weinstock, Leib sind von Gott, nicht von Menschen; dagegen das Bauen und Zusammenfügen, das Säen, Pflanzen und Entwickeln ist weder ein bloß göttliches Werk, noch ein bloß menschliches, sondern die Menschen haben mit Gott zusammenzuwirken; aber immer so, daß das menschliche Wirken nicht nur nicht das göttliche hindert und meistert, sondern ihm gehorcht und dient, so daß Gott in Christo Jesu die wirkliche Ehre des Schöpfers und Herrn, des Anfängers und Vollenders bleibt. Gott in und durch Christus gibt und bestimmt Alles auch in Bezug auf das menschliche Bauen, Säen, Pflanzen und Entwickeln. Die Menschen haben also bei ihm zu suchen und aus ihm zu schöpfen und sonst nirgends anders; sie dürfen nicht aus ihrem Eigenen, d. h. aus dem Ungöttlichen das Göttliche zu Stand bringen wollen; sie haben Gott sich hinzugeben und sich zu unterwerfen, um von ihm zu empfangen und zu nehmen und das Gegebene haben sie nicht mit fremden Zusätzen zu mischen, sondern lauter zu gebrauchen und zu verwalten in der stetigen Abhängigkeit vom Herrn; nur dann ist Wahrheit im ganzen Verhältniß. Gott in Christo ist also immer zu ehren als der, der Vermögen und Gedeihen, Trieb und Kraft, Regel und Richtschnur, Aufgabe und Lohn darreicht. Das gegentheilige Eigenwirken bringt nicht Heil, sondern Gottes Gericht." Vgl. 1 Kor. 3, 10—15. 1 Petri 4, 17. 2 Tim. 2, 19—21. 2 Kor. 6, 1. 14—18. 5, 9 f.

Gehen wir nun nach diesem Ueberblick näher ein

I. auf die Stiftung und genetische, d. h. stiftungsgemäße Entwicklung der christlichen Gemeinde.

Untersuchen wir:

1) **die historische Entwicklung des Namens und Begriffs der christlichen Gemeinde.**

Die christliche Gemeinde lehnt sich an die alttestamentliche.*) Beide Gemeinden **entstehen** durch eine Gottesthat, sie sind eine göttliche Schöpfung, kein menschliches Werk. Die christliche Gemeinde aber ist die Vollendung der alttestamentlichen. Die göttliche Erwerbung und die Gottesangehörigkeit, die beiden gemeinsam sind, sind nämlich in der christlichen Gemeinde vollendet durch eine die Ewigkeit umfassende Erlösungsthat Gottes und durch die Gemeinschaft des heiligen Geistes, nicht des bloßen Gesetzes. Ebenso die Auswahl, der ebenfalls beiden Gemeinden gemeinsame Begriff, beschränkt sich bei der neuen Gemeinde nicht mehr auf ein äußerlich von der Welt abgeschlossenes Volk; sondern die Auswahl vollzieht sich innerhalb der ganzen Völkerwelt.**)

Vergleichen wir weiter beide Gemeinden in Bezug auf die Form, in Bezug auf die gottesdienstliche und politische Corporationsform: so schließt sich die gottesdienstliche Ordnung der neutestamentlichen Gemeinde nicht an den Tempelcultus an, sondern an die Synagogenform des

---

*) Vgl. Lindenmeyer, a. a. O. S. 7 ff.
**) Vgl. Propädeutik § 52 und ausführlich: Lindenmeyer, Das göttliche Reich als Weltreich. Heilbronn, A. Scheurlen.

Judenthums. Der Ausdruck συναγωγη, von den jüdischen Bethäusern und Versammlungen darin gebraucht, findet sich auf die christliche Gemeinde übertragen Jak. 2, 2 und bestimmter wird Ebr. 10, 25 als neben der jüdischen Synagoge bestehend die christliche bezeichnet = ἡ ἑαυτων ἐπισυναγωγη, Sonder-Versammlung, die besondere eigene Versammlung, die über der hergebrachten jüdischen von Einigen versäumt wurde.*)

Die Vollendung des alttestamentlichen Tempels ist der Zeit der zukünftigen Erscheinung Christi vorbehalten, dagegen für jetzt hat der Tempelbegriff in der christlichen Gemeinde nur pneumatisch geistige Bedeutung. Eph. 2, 22. 1 Petri 2, 5. Hebr. 13, 10. 13—15. Ebensowenig nimmt der neutestamentliche Gemeindebegriff eine politische Corporationsform wie die alttestamentliche in Anspruch, sondern auch diese Form ist für den neuen Aeon vorbehalten, wo das Christenthum als sichtbare Christokratie auftritt, als äußeres Weltreich, mit eigenthümlichen Priestern und Königen.

Was nun die Bezeichnung ἐκκλησια betrifft, so wird dieselbe im N. T. (vgl. 1 Kor. 1, 2 und Eph. 1, 22) vom Ganzen wie von den einzelnen Ortsgemeinden als Gliedern des Ganzen gebraucht, und im allgemeinen griechischen Sprachgebrauch von jeder politischen oder gottesdienstlichen Versammlung (vgl. Act. 19, 39 f.); vom Herrn wird das Wort Matth. 16, 18 und Cap. 18, 17 prophetisch anticipirt für die von ihm zu gründende Gemeinschaft. Es sind dort nach dem Zusammenhang darunter zu verstehen

---

*) Also nicht den gerade bestehenden allgemeinen Christen-Versammlungen ist damit eine Waffe gegeben.

die Genossen des Himmelreichs, wie sie auf den Glauben an Christus als den Sohn Gottes erbaut werden und in seinem Namen vereinigt sind. Vgl. Matth. 16, 16 mit 18 f. und Cap. 18, 18—20 mit V. 17. Als verwirklichte Erscheinung tritt die ἐκκλησια zum ersten Mal auf Act. 2, 47. Stier: „Es ist schwerlich eine Glosse, da zum ersten Gebrauch des Wortes (5, 11), bei einer zufälligen historischen Notiz kein passender Ort wäre." Auch findet sich in den Codd., wo τῃ ἐκκλησιᾳ fehlt, dafür ἐπι το αὐτο aus 3, 1 herbeigezogen, was de Wette als eine sinnlose Lesart bezeichnet. Dazu kommt, daß das Wort ἐκκλησια 2, 47 aus dem Vorhergehenden genetisch sich entwickelt. Die Bezeichnung und das Wesen der ἐκκλησια bildet sich dort durch mehrere Akte des καλειν, nämlich V. 39 durch das göttliche προςκαλεισθαι, (als Medium) zu sich, für sich berufen, mittelst des zu Gott in Christo berufenden Heilswortes. Dazu kam als individuelle Aufforderung das apostolische παρακαλειν (V. 40), das auf Abscheidung von der Masse und der übrigen γενεα drang, also ein ἐκκαλειν war, und die Wirkung war, daß die durch den Lehrvortrag Ueberzeugten freiwillig in die Heilsgenossenschaft eintraten in der Taufe (V. 41), was mit dem ἐπικαλεισθαι το ὀνομα κυριου verbunden war (mit der Anrufung Jesu als des Herrn) V. 21. Durch solche Begriffe und Akte des καλειν ist der Begriff der ἐκκλησια in seiner etymologischen und historischen Wurzelbedeutung begründet, d. h. göttlicherseits durch προςκαλεισθαι und παρακαλειν ἀπο της γενεας ταυτης, was nichts Anderes als ἐκκαλειν ist, und menschlicherseits durch das entsprechende ἐπικαλεισθαι το ὀνομα κυριου (für sich anrufen).

Die christliche Gemeinde erscheint so in ihrer Bildung weder als etwas bloß Objectives, als göttliche Institution oder Anstalt, noch als etwas bloß Subjectives, als menschlicher Gesellschafts-Verband, sondern das göttlich Objective tritt vor Allem in bestimmte Beziehung zu der menschlichen Subjectivität durch $\kappa\alpha\lambda\epsilon\iota\nu$, und das Subjective tritt in correspondirende Beziehung zum Göttlichen weder durch bloßes Anhören des göttlichen Wortes, noch durch bloße Taufe, sondern durch $\alpha\pi o\delta\epsilon\chi\epsilon\sigma\vartheta\alpha\iota\ \tau o\nu\ \lambda o\gamma o\nu$ als Vermittlung des $\beta\alpha\pi\tau\iota\zeta\epsilon\sigma\vartheta\alpha\iota$. V. 41. Die Gemeinde selbst stellt so Göttlich-Objectives und Menschlich-Subjectives in sich vereint dar durch gläubiges $\epsilon\pi\iota\kappa\alpha\lambda\epsilon\iota\sigma\vartheta\alpha\iota\ \tau o\ \text{ὄ}\nu o\mu\alpha\ \kappa\upsilon\rho\iota o\nu$ (V. 21); sie ist und heißt daher 4, 32 $\tau o\ \pi\lambda\eta\vartheta o\varsigma\ \tau\omega\nu\ \pi\iota\sigma\tau\epsilon\upsilon\sigma\alpha\nu\tau\omega\nu$. Alle diese Worte und Begriffe haben nun aber ihren specifischen Inhalt an dem historischen Christus. Jesus als der Christ und Herr ist die historische Grundvoraussetzung der christlichen Gemeinde und zwar tritt die letztere erst damit in Wirklichkeit, daß Christus den seiner Person eigenthümlichen Heilsbegriff in Werk, Wort und Geist erschlossen hat als die Eine in die Welt herausgesetzte Heilsthatsache Gottes, und damit, daß die göttliche Berufung in ihrer aus dem Weltgeschlecht heraussondernden und in ihrer mit Gott in Christo vereinigenden Kraft gläubige Aufnahme gewonnen hat in den Subjecten. Erst damit tritt die Gemeinde in die Wirklichkeit. In dieser ihrer historischen Entstehung erscheint die christliche Gottesgemeinde als ein gemeinsames Produkt des Zusammenwirkens göttlich objectiver Heilsthätigkeit und menschlich subjectiver Heilsreception, bestimmter als daraus hervorgehender Verband gefaßt ist sie die Gesammtheit derer, die durch die gläubige Aneignung des göttlichen Versöhnungswortes in die Gemeinschaft des Heils und des Geistes Christi aufgenommen sind. Eph. 1, 13.*)

Indem denn der christliche Gemeindebegriff nicht beruht auf einer bloß objectiv göttlichen Stiftungsgrundlage, sondern zugleich auf einer subjectiv menschlichen Glaubensgrundlage, bedarf es für den Gemeindezweck einer vorangehenden Jüngerbildung nach dem eigenen Vorgang des Herrn und nach seinem ausdrücklichen Befehl an die Apostel. Luk. 24, 47. Matth. 28, 19. Die Jüngerbildung**) also bildet die Vorbereitung oder die Keimbildung einer christlichen Gemeinde.

2) Die Keimbildung einer christlichen Gemeinde besteht nach dem Gesagten in der Zubildung einer Jüngerschaft innerhalb einer Glaubensschule. Diese Zubildung hat nach dem Begriff, den das Christenthum ausnahmslos

---

*) Es ist eine völlig unhistorische Behauptung von Martensen (Dogmatik § 185 f.): Die christliche Gemeinde sei mit einem Schlag in die Welt getreten; sie beginne mit einem plötzlichen Durchbruch des göttlichen Geistes im natürlichen Menschen. Dann hätte es gar keiner Auswahl unter den verschiedenen Menschengeistern bedurft und der Herr hätte mit seinem ersten Auftreten den plötzlichen Durchbruch des göttlichen Geistes im natürlichen Menschengeist veranstalten und die Gemeinde stiften können.

**) Diese Heranbildung der Gemeinde durch μαϑητευειν, κηρυσσειν verdeckt auch Hofmann mit seiner Behauptung (Schriftbeweis II. Hälfte, II. Abtheil. S. 141): mit dem an sich unsichtbaren (? Act. 2, 33) Vorgang der Geistesausgießung sei sofort die Gnade vorhanden gewesen, „ehe die Taufe der durch ihre Selbstbethätigung Bekehrten begann", aber nicht ehe die erste Jüngerschaar, der Gemeindestamm durch des Herrn Schule für den persönlichen Geistesempfang vorbereitet war und nicht ohne daß durch ihre Selbst-Bethätigung wieder die neu Hinzutretenden bekehrt wurden für den Empfang der Geistestaufe.

von der Menschennatur und von der Welt im Allgemeinen aufstellt, nicht eine bloß historische Bedeutung der Vergangenheit, sondern hat überall vorzugehen auf einem verdorbenen Naturboden und mitten in einer sittlich und religiös verbildeten Gesellschaft. Sie hat so zur Aufgabe eine **Ablösung von dem Verderblichen in den Natur- und Gesellschafts-Beziehungen durch sittlich-religiöse Umbildung. Dazu gehört vor Allem Lehre**, eine Lehre, welche die allgemeinsten Wahrheiten von dem Weltverderben und vom göttlichen Reich zur Unterlage hat, sich aber immer specieller concentrirt auf die Hervorhebung der Person Christi und seines Heilswerkes, um einen persönlichen Glauben an ihn, als das persönliche Heil, als den $\sigma \omega \tau \eta \rho$ zu begründen: **also Glaubenslehre als Anleitung und Erziehung zum persönlichen Glauben an Jesus Christus ist das Bildungsmittel schon für die Jüngerschaft.**

Das Gesagte ist abstrahirt zunächst aus dem eigenen Verfahren des Herrn, durch das er eben sein Wort realisirt. „Ich werde eine Gemeinde bauen, welche der Hölle Pforten nicht überwältigen sollen." Die Stufen, die er dabei durchgeht, sind angedeutet im Abschnitt vom Glauben § 4, 3. Das langsame und vorsichtige Verfahren des Herrn ist namentlich maßgebend auf einem Boden, wo, wie auf dem seinen, auf dem des jüdischen Volks, die göttlichen Worte und Institutionen, so wie eine gewisse Kenntniß von Christo dem Messias und von seinem Reich bereits einheimisch, aber traditionell abgeschwächt, theilweise gefälscht und verkehrt sind. Sein Verfahren ist also namentlich maßgebend für das Wirken auf kirchlichem Boden. Bei dem mehr summarischen

Verfahren der Apostel ist nicht zu übersehen, daß demselben in Judäa eben die grundlegende Arbeit des Johannes und des Herrn vorausging (Joh. 4, 38), und im Weiteren, daß die von ihnen gestifteten Gemeinden zunächst beginnen als Jüngervereine, in denen der Gemeindeorganismus selbst erst ausgebildet wird, wie denn eben die Darstellung der apostolischen Missionsarbeit, die Apostelgeschichte, den Namen $\mu\alpha\vartheta\eta\tau\alpha\iota$ noch häufiger gebraucht als $\dot{\varepsilon}\varkappa\varkappa\lambda\eta\sigma\iota\alpha$, ersteren in 30 Stellen, letzteren in 24. Erst das weitere dem $\varkappa\eta\rho\upsilon\sigma\sigma\varepsilon\iota\nu$ und $\mu\alpha\vartheta\eta\tau\varepsilon\upsilon\varepsilon\iota\nu$ nachfolgende $\delta\iota\delta\alpha\sigma\varkappa\varepsilon\iota\nu$ und das Bleiben der Bekehrten in der $\delta\iota\delta\alpha\chi\eta$ der Apostel (Act. 2, 42) führte in das eigentliche Gemeindeleben hinein. Mit den schon ausgebildeten Gemeinden, die aber immer noch $\mu\alpha\vartheta\eta\tau\alpha\iota$ an sich zogen und in ihrem Schoße ausbildeten, haben es dann **die Briefe zu thun.***)

Sofern nun der Gemeindeverband auf der Jüngerschaft beruht, und das Bildungsmittel hiefür ein didaktisches und pädagogisches ist, bestimmt sich hiernach auch **die Methode des Verfahrens für Gemeindestiftung überall und immer.** Nicht revolutionär wird die bestehende Religionsform und die politische Verfassungsform angegriffen, überhaupt nicht auf eine äußerliche Umwälzung der bestehenden

---

*) Daraus erklären sich einestheils ihre Darstellungen von den hohen Prärogativen der Gemeinde, andererseits ihre Verwahrungen und Verwarnungen gegen Auswüchse und Mischungen, wie sie den in den Gemeinden vorhandenen $\mu\alpha\vartheta\eta\tau\alpha\iota$ noch ankleben; daher auch ihre Unterscheidung zwischen Starken und Schwachen, zwischen $\nu\eta\pi\iota\iota$ und $\tau\varepsilon\lambda\varepsilon\iota\iota$, zwischen noch Fleischlichen und Geistlichen. Im Ganzen aber waren Alle durch Buße und Glauben, d. h. durch persönliche Bekehrung von der Welt ausgegangen und in den Weg Christi eingegangen; und bei welchen es sich im weiteren Verlauf anders herausstellte, die unterlagen der Zucht, oder wenn diese nicht anschlug, der Ausschließung.

Verhältnisse wird hingearbeitet, oder auf eine äußerliche Separation der gewonnenen Anhänger und Schüler durch Austreten aus ihrem bisherigen Verband. Ebensowenig aber wird andererseits conservativ oder restaurirend gewirkt für die Aufrechterhaltung des einmal Bestehenden in seiner temporären oder localen Beschränktheit, Unvollkommenheit und Schwäche;*) noch weniger wird irgend welchem inneren und äußeren Unfug um der conservativen Interessen willen Vorschub geleistet, sondern die göttliche Reichslehre mit ihrer innerlich freimachenden und umwandelnden Wahrheit, aber auch mit ihrer höhern Gesetzesschärfe, mit ihrem Ernst der Buße und mit ihrer Seligkeit und Fruchtbarkeit des Glaubens, dies wird nicht auf einmal ausgeschüttet, aber immer voller und bestimmter geltend gemacht. Dabei tritt allerdings auch direct der moralische Gegensatz zum Bestehenden in Lehre und Leben und zwar nach zwei Seiten hin, einmal im Gegensatz zum äußerlichen Autoritätsbann, wie dies vom Herrn und den Aposteln geschah sogar innerhalb des Judenthums, das auf wirklich göttlichen Institutionen ruhte und von dem das Heil ausgehen sollte, also innerhalb des Gebiets der Rechtgläubigkeit oder der orthodoxen Kirche. Vgl. die sittliche Gesetzesschärfung in der Bergpredigt und dagegen die Gesetzesentschränkung in Bezug auf Sabbathfeier, Fasten u. s. w. Dann auch tritt der Gegensatz hervor zur subjectiven Willkür der auflösenden Tendenzen, so gegen Sadducäismus, gegen Tempelentweihung u. dgl. Dieser ganze Gegensatz aber wird geltend gemacht nicht mit gewaltthätigen oder künstlichen

---

*) Vgl. Beck's Pastorallehren.

Agitationsmitteln, nicht mit dogmatifirendem Formelbann und Ketzerbann, sondern nur mit rein geiftig-moralifchen Mitteln, nur mit der Macht des Lehr-Wortes und des Geiftes, mit der ethifchen Kritik und der ethifchen Bildungskraft des göttlichen Zeugniffes. **Das Verfahren ift alfo**, ftatt revolutionär oder nur confervirend und reftaurirend zu fein, kurz gefagt **ein reformirendes und präformirendes**, die Menfchen reformirend, das Heil präformirend. Von innen heraus wird gewirkt nach außen, in einem weife und feft fortfchreitenden Lehrgang, der zugleich erziehend, pädagogifch angelegt ift, nicht doctrinär und fcholaftifch. Dadurch wird hingearbeitet auf Sinnesänderung und Glauben. Die Sinnesänderung befteht beftimmter in Abkehr von Selbftfucht und Weltfucht, in Selbftverleugnung und Weltverleugnung, dadurch eben werden die Seelen mehr und mehr geiftig abgelöft vom Einfluß der eigenen Natur und der äußern Verhältniffe. Ebenfo durch den Glauben als die perfönliche Hingebung an den Herrn in feinem Wort und Werk werden die Seelen mehr und mehr geiftig geeinigt mit der Einen göttlichen Autorität und Wahrheit in Chrifto. Eben damit werden fie auch unter fich felbft mehr und mehr zufammengebildet zu Einem geiftigen Lebenstypus, und auf diefer reellen Grundlage bildet fich auch die Einheit der Gefinnung und des Handelns — dies ift das evangelifche Unionswerk. In diefem Heranbilden derjenigen inneren Factoren, die das zu Erreichende reell als Frucht hervorbringen, und in dem Betreiben der dafür beftimmten Functionen — darin befteht Gegenftand und Aufgabe des reformirenden und präformirenden Wirkens, wenn in Wahrheit und Wirklichkeit eine Gemeinde Christi organisirt werden, nicht nur eine religiöse Gesellschaft oder eine äußere Kirche fabricirt werden soll.*)

Handelt es sich nicht bloß um eine religiöse Gesellschaft oder eine äußere Kirche, sondern um eine wirkliche Gemeinde Christi, welche die Pforten der Hölle nicht überwältigen sollen, so ist dieselbe immerdar erst anzulegen auf **dem Wege des Geistes**, d. h. innerlich mit innerlichen Mitteln zu präorganisiren, ehe sie selbst in eigenthümlich äußerlicher Organisation ihre Individuen zusammenfaßt oder sich constituirt. Auf dem fort und fort bestehenden alten Naturboden und Weltboden müssen ihre Individuen immer neu erst aufgesucht, präparirt und zugebildet werden für den Geistesverband des Leibes Christi. (Der Geist macht und erhält den Leib lebendig, nicht der Leib den Geist.)

Betrachten wir nun

3) die **Constituirung** der christlichen Gemeinde in ihrer Eigenthümlichkeit, zunächst wieder anknüpfend an das Historische. Die alttestamentliche Gottesgemeinde wurde als äußere constituirt und organisirt mit der Offenbarung des Gesetzes, die neutestamentliche mit der Offenbarung des Geistes. Indem der heilige Geist jeden Einzelnen der gläubigen Jüngergemeinschaft ergreift und in ihnen Ein Geistesleben hervorbringt, obgleich mannigfach abgestuft, so bildet diese geisteskräftige Schaar den Gemeindekern, um den sich dann die wachsende Anzahl von Neugläubigen anschloß. Act. 2, 41 f. 47. 6, 1. 7.

---

*) Und dies ist auch anzuwenden namentlich auf unsere gegenwärtigen Verhältnisse, wo das alt Bestehende der Auflösung entgegengeht, und das im wahren Sinn Neue erst ermöglicht werden soll. Vgl. **Christl. Reden, 5. Sammlung, Nr. 21, „Johannis Werk ein Gotteswerk".**

I. 3. Die Constituirung der christlichen Gemeinde.

Wie geschah nun die Constituirung der Gemeinde selbst?

a) Nach Act. 2 (vgl. Punkt 1) ist dieselbe objectiv bedingt und vermittelt durch die reine Bezeugung der evangelischen Hauptwahrheiten, subjectiv durch eine dadurch bewirkte freiwillige Ergebung an das berufende Heilswort, gegründet auf gläubige Sinnesänderung. Ohne den Umschwung im Herzen (Act. 2, 37 f.), ohne Umwandlung im Centrum der Persönlichkeit kann man eine Religionsgesellschaft stiften, auch eine christliche, aber keine Christusgemeinde. Daher mußte und muß die gläubige Sinnesänderung wirklich s i c h b e w ä h r e n d u r c h e i n e T h a t s a c h e, durch eine solche nämlich, die den alten Lebenszusammenhang so entscheidend abschneidet, wie dieses in jener e r s t e n Z e i t d i e T a u f e wirklich that als die öffentliche und feierliche selbständige Vereinigung mit dem von der Welt verworfenen Christus und seinem Wort. Das Christenthum stand ja damals nach seiner inneren Seite in vollem und entschiedenem Gegensatze zur Welt, und nach der äußeren Seite war es bald Gegenstand des allgemeinen Hasses und der Verachtung. In dieser Gestalt war es lediglich der freien persönlichen Wahl anheimgegeben, die durch keine anderen Beweggründe als die der inneren gewissenhaften Ueberzeugung herbeigeführt werden wollte und sollte. So war die freiwillige Annahme der Taufe ein thatsächliches Kennzeichen der Selbstverleugnung und Weltverleugnung, und wenn sich je ausnahmsweise auch hier ein Trug einschlich, so konnte er unter der strengen Wachsamkeit Aller, und bei den vielen äußeren Bedrängnissen nicht unentdeckt bleiben. Da galt es aber dann nach dem feststehenden Grundsatze nicht Duldung, sondern vielmehr Besserung, oder Ausstoßung des Unverbesserlichen. Der g e m e i n s c h a f t l i c h e C h a r a k t e r

Aller, welche die Gemeinde constituiren, ist demnach der **Glaube**, gegründet auf Erkenntniß des Heils in Jesu Christo und durch das Taufbekenntniß ebenso wohl dem Gesetz Christi verpflichtet als dem Geiste Christi geöffnet. Innerhalb dieses Gemeinschaftlichen bietet sich nun aber von vornherein eine Verschiedenheit dar unter den Gemeindegliedern. Es sind namentlich einerseits **geistig Erstarkte** (τελειοι), die in der Erkenntniß und im Wandel der Wahrheit Vorbilder sind für die Uebrigen, unter sich jedoch auch wieder abgestuft. Anderntheils sind es **geistig Neugeborene und noch Schwache**, welche erst die Elemente (ἀρχαι, στοιχεια) des christlichen Lebens besitzen und diese sollen in brüderlicher, nicht in hierarchischer Verbundenheit mit den Ersten fortgebildet werden in der Heiligung des Geistes und in der Erkenntniß der Wahrheit. Act. 2, 41. 44. Röm. 15, 1—3. 6 f. Hebr. 5, 12 ff. 1 Kor. 3, 1. 1 Petri 2, 2 ff. 2 Thess. 2, 13 f. Diese Unterschiede werden in der Gemeinde anerkannt, nicht aber der Unterschied zwischen Gläubigen und Ungläubigen, Bekehrten und Unbekehrten. Wir können nun auf Grund dessen, was wir über die Stiftung der Gemeinde gewonnen haben

4) den **Begriff** einer christlichen Gemeinde aufstellen und genauer entwickeln.

Eine christliche Gemeinde entspricht nur dann ihrem geschichtlichen Ursprung und ihrem originalen Wesen, wenn der Verein — dies ist Grundbedingung — wirklich ein freiwilliger ist und aus Gläubigen besteht (Act. 2, 41. 4, 32), namentlich aus solchen Gläubigen, welche auf Grund der evangelischen Heilslehre zu einer von der Welt sich losreißenden Sinnesänderung gebracht sind, also innerlich, nicht bloß äußerlich zum Christenthum bekehrt sind. Ebendadurch sind sie auch in der Wahrheit Geheiligte, d. h. sie sind göttlicherseits aufgenommen in die in Christo sich darbietende Heiligung und ihrerseits halten sie in der Heiligungskraft des Wortes und Geistes Christi die fortdauernde Heiligung ihrer selbst fest als ihren Beruf. 1 Kor. 1, 2. 2 Thess. 2, 13. 1 Petri 1, 2. 15 f. 18. Bei dieser Zusammensetzung ist die Gemeinde wesentlich und wahrhaft ein aus der Welt erwähltes Eigenthumsvolk Gottes und Christi. 1 Petri 2, 6. Tit. 2, 14. Nicht die Gemeinde als abstractes Ganzes, als ideale Persönlichkeit ist eine heilige Gesammtheit, so daß sie auch Unheilige heiligt, sondern nur die durch Glauben Geheiligten und sich Heiligenden bilden die Gemeinde als Gesammtheit der Heiligen. Eph. 1, 1. 13. 2, 5—10. 19—22, vgl. 1 Petri 1, 1 f.

Also nicht die bloße Verkündigung des Evangeliums, oder, wie man sagt, die reine Lehre und die Anhörung derselben, sei es auch mit einem Glauben im Allgemeinen, nicht diese schon macht eine christliche Gemeinde oder zum Glied derselben. Die reine Lehre wurde überall vorgetragen, wo der Herr selbst predigte, und gläubige Zuhörer im Allgemeinen fand er fast überall; damit aber wird der Gemeindestand erst vorbereitet und eingeleitet. Auch nicht ein formulirtes christliches Glaubensbekenntniß als Gesellschaftsstatut oder als Symbol ist das kirchenbildende Moment: die Urgemeinde entstand und bestand ohne ein solches, sondern zum reinen Lehrwort muß der Glaube hinzukommen, und zwar der Glaube als Herzleben und Thatleben, oder ein Bekenntniß der reinen Lehre, das aus dem Herzen kommt und in thatsächlichem Gehorsam sich beweist, dies erfordert der Gemeindebegriff, der

Begriff eines wahren Christen. Act. 8, 37 (über die Echtheit dieser Stelle vgl. Bengel's Apparatus crit.; übrigens vgl. noch Röm. 10, 9 f. und 1, 5 mit 6, 17.) Matth. 7, 21—24. Luk. 6, 46. Joh. 8, 30 f. 39. 15, 14. 1 Joh. 2, 3 f. Das Constitutive ist also der christliche Glaube in seinem specifischen, evangelischen Inhalt als Gesinnung und Leben des Einzelnen und der Gesellschaft.*)

Auf Grund der vorangegangenen Ausführung läßt sich nun auch die Frage beantworten: ob Ungläubige und Unbekehrte in die Kirche gehören? d. h. ob sie nicht zum bloß äußeren Bestand, sondern auch zum Begriff der Kirche gehören, ob sie eine innere Möglichkeit sind, nicht bloß eine äußere? Wir müssen vor Allem den heutigen Stand der Kirche unterscheiden vom ursprünglichen, vom Gemeindebegriff. Geht man bei jener Frage von unsern kirchlichen Religionsgesellschaften aus, die Kirche heißen, so darf nicht übersehen werden, daß die letzteren auf einem ganz andern Weg zu Stande kommen als die Gemeinden der Bibel. Unsere Kirchen gewannen und gewinnen ihre Mitglieder nicht erst durch freie Ueberzeugung und freiwillige Einigung, sondern sie ketten sie an sich durch äußerliche unfreiwillige Bande, durch vorgeschriebene Taufe und Confirmation im Stande der Unmündigkeit, durch autoritative Sitte und Observanz, durch sociale Rechte und Nachtheile; hiernach müssen sie dann aber auch unfreiwillige Mitglieder sich gefallen lassen und so auch Unbekehrte und Ungläubige innerhalb der Gesellschaft haben und dulden. Es handelt

---

*) Vgl. Philadelphus, „Die Wiederherstellung der ersten christlichen Gemeinde." Leipzig. 2. Aufl. 1841.

sich dann letzteren gegenüber um pädagogische Hinleitung zum Glauben statt dogmatischer Befehdung und Verwerfung, und man muß sich hüten, wesentlich verschiedene Leute unter dem Titel „Ungläubige" in Eine Verurtheilung zusammen zu werfen. Solche, die noch nicht gerade den specifischen Glauben an Jesus Christus als Gottes Sohn und der Welt Heiland haben, können ihn wenigstens als Lehrer und Vorbild in Ehren halten; sie sind nicht Gläubige im engeren christlichen Sinn, aber auch nicht radical Ungläubige, sondern partiell Gläubige; sie sind also nicht mit gottlosen und sittenlosen Leuten zusammen zu werfen, während sie noch auf Gewissen und Rechtschaffenheit halten, einen Gott fürchten und göttliches Gesetz anerkennen. Bei allen Diesen gilt es eine kirchliche Toleranz, bei der namentlich von Seiten der Kirchendiener angeknüpft werden muß an die allgemeinen göttlichen Wahrheiten, um in die höhere Wahrheit in Christo überzuleiten. Das Gleiche folgt auch, wenn die kirchliche Genossenschaft sich identificirt mit einer allgemeinen religiösen Volksbildungsanstalt, mit einer National- oder Staatskirche. Auch da finden sich Ungläubige und Unbekehrte, das natürliche Element eines solchen Bodens, dürfen also nicht hinausgewiesen werden, so lange sie nicht in directem Widerspruch mit religiöser Volksbildung überhaupt stehen, d. h. nicht wirklich irreligiös agiren.*)

---

*) Eine auffallend oberflächliche und verworrene Deduction, daß die Kirche nach ihrem biblischen Begriffe auf dem Grundsatze des Nationalismus beruhe und daß daraufhin die Secten der Proscription verfallen, brachte eine Abhandlung im württemberg. Kirchenblatt 1862 Nr. 16 f., eine schlagende Widerlegung von einem jüngeren Geistlichen, späteren Docenten Wörner † in Zürich, ib. Nr. 31.

Aber anders stellt sich die Sache im Begriff einer biblischen Kirche, d. h. einer wirklichen Christusgemeinde, wo der freiwillige Glaube an Christus in specifischem Sinn das erste und bleibende Erforderniß ist und das Kennzeichen der Gemeindegenossenschaft, wo aber auch die Verflechtung der Gemeindeverhältnisse mit den politischen wegfällt. Da gilt namentlich der Glaube, wie schon gezeigt, nicht als bloße Lehre und als Bekenntniß zu derselben, nicht dogmatisch nur, sondern ethisch als Gesinnung und Leben, wie er aus und gemäß der wahren Lehre sich bildet und im persönlichen Bekenntniß sich bewährt, also der Glaube als Herzenssache und Gehorsam. Damit schließt auch der biblische Kirchenbegriff Unbekehrte oder Ungebesserte aus. Joh. 15, 19. Röm. 8, 9. 16, 17 f. 1 Kor. 6, 9—11. 1 Joh. 2, 3 f. Ethisch Ungläubige und Unbekehrte mögen wohl durch Versehen oder durch Usurpation in die eine wahre Christengemeinde sich eindrängen: dann sind sie zwar de facto darin, aber nicht de jure, sie sind wenn auch äußerlich in der Gemeinde vorhanden, doch nicht innerlich zuläßig und möglich für den Begriff einer Christusgemeinde. Es wird eben daher, sobald sie als Unbekehrte offenbar werden und soweit es möglich ist, pädagogische Kirchenzucht gegen sie angewendet und, wo diese unwirksam bleibt, nachträglicher Ausschluß. 1 Kor. 5, 6—13: *ἐκκαθαρατε την παλαιαν ζυμην — ἐξαρατε τον πονηρον ἐξ ὑμων αὐτων*. So gewiß nun Bekehrung kraft persönlichen Glaubens und die darin begründete Geistesverbindung mit Christo gerade die Realität seiner Gemeinde ausmacht im Gegensatz zur übrigen Welt und ihren Religionen, so wahrhaft gehört es nicht nur zum idealen oder zum philosophischen Begriff der Kirche, sondern gerade zum historischen und einzig realen, was die Reformatoren als Definition der Kirche aufstellen: sie sei eine Gemeinschaft der Gläubigen und Heiligen, die in Erkenntniß und Bekenntniß der christlichen Heilswahrheit stehen, in dem Einen Evangelium und in dem Einen heiligen Geist als Leib Christi sich erbauen.

Vergleichen wir als Beleg für diesen Begriff der Reformatoren einige Stellen (vgl. Bretschneider, Dogm. II, S. 684 ff.) C. August. Art. VII.: Ecclesia est congregatio sanctorum (deutsche Ausgabe: Gläubigen), in qua Evangelium recte docetur et recte administrantur sacramenta (recte: ihrem Begriff gemäß). Also nicht bloß rechte Lehre und Verwaltung der Sacramente, abgesehen vom Charakter der Subjecte bestimmt den symbolischen Begriff der Kirche, wie oft behauptet wird. Noch bestimmter drückt sich die Apologie zum VII. Art. aus pag. 144: Ecclesia non est tantum societas externarum rerum ac rituum (sicut aliae politiae), sed principaliter (ihrem Princip und Wesen nach) est societas fidei et Spiritus sancti in cordibus, quae tamen habet externas notas, ut agnosci possit, videlicet puram evangelii doctrinam et administrationem sacramentorum consentaneam evangelio Jesu Christi. P. 145: Ecclesia significat congregationem sanctorum, qui habent inter se societatem ejusdem evangelii seu doctrinae et ejusdem Spiritus sancti, qui corda eorum renovat, sanctificat et gubernat. — Haec ecclesia sola dicitur corpus Christi, quod Christus spiritu suo renovat, sanctificat et gubernat, ut testatur Paulus Eph. 1, 22. Quare illi, in quibus nihil agit Christus, non sunt membra Christi. P. 148:

non somniamus nos Platonicam civitatem, ut quidam impie cavillantur, sed dicimus existere hanc ecclesiam videlicet vere credentes ac justos sparsos per totum orbem. P. 149: Ecclesia consistit in illis personis, in quibus est notitia vera et confessio fidei et veritatis. Als eine Hauptstelle vergleiche p. 146: quamquam hypocritae et mali sint socii hujus verae ecclesiae secundum externos ritus, tamen cum definitur ecclesia, necesse est eam definiri, quae est vivum corpus Christi, item quae est nomine et re ecclesia.

Der Grundgedanke des symbolischen Kirchenbegriffs nach den angeführten Stellen ist also der: die Kirche ist eine Gemeinschaft oder Verbindung, die auf Grund des göttlichen Wortes und Sacraments wesentlich und reell nur durch etwas Innerliches entsteht und besteht, durch die persönliche Glaubens- und Geistesverbindung mit dem Herrn. Apolog.: principaliter (ihrem Princip und Wesen nach) societas fidei ac spiritus sancti in cordibus. Ungläubige und Gottlose sind nach dem symbolischen wie nach dem biblischen Kirchenbegriff nicht, wie Nitzsch zweideutig sagt, mögliche Glieder der wahren Kirche, sondern nur mögliche Anhängsel, äußerliche Theilhaber derselben. Apol. p. 144, 146: sunt admixti ecclesiae — membra secundum externam societatem signorum — tantum nomine in ecclesia sunt, non re. Es ist eine zufällige äußere Zusammengehörigkeit abnormer Art, nicht wie bei Gliedern eine wesentliche, innere, normale Zusammengehörigkeit. Sie stehen im innern Widerspruch mit dem Begriff und Wesen der wahren Kirche, was eben die Apologie grell hervorhebt durch die Worte (p. 148): membra regni Diaboli sunt, non membra Christi, quamvis habeant societatem externorum signorum, obgleich sie also Getaufte und Communicanten sind. Bilden sie aber constituirende Glieder der Kirche, so ist dies eben ein Beweis, daß eine solche Kirche als Ganzes betrachtet eine bloß äußerliche Religionsgesellschaft ist, nicht aber die reale Kirche Christi, und es ist solchen Gliedern durch ihre äußere Betheiligung am Wort und Sacrament nicht auch der reelle Genuß der göttlichen Rechtfertigung und Heiligung vermittelt. Also die Taufe macht nach evangelischem Lehrbegriffe noch nicht eine Kirche, quae est nomine et re ecclesia, und die Gesammtheit der Getauften ist nicht das vivum corpus Christi.*)

---

*) Zu empfehlen ist als Ausführung des rein symbolischen Begriffs der Kirche gegen neuere Entstellungen in Rudelbachs Zeitschrift für lutherische Theologie und Kirche 1854, Heft II, die Abhandlung von Brömel: „Die unsichtbare Kirche ist die wahre Kirche." Hier einige Bemerkungen daraus. Der Behauptung „die Taufe mache die Kirche" steht schon der 7. Art. der Augsburger Confession gegenüber. In diesem Art. ist (wie die genannte Abhandlung richtig bemerkt) die Kirche, nicht die große anorgane Masse der Getauften, sondern die Versammlung aller Gläubigen, bei welchen das Evangelium rein gepredigt und die Sacramente nach Christi Stiftung und Einsetzung verwaltet werden. Wo das Wort und das Sacrament nicht rein sind, da ist eben nicht die (reine) Kirche im Sinn der Symbole, und nimmermehr kann man nach diesen die Gesammtheit der bloß Getauften den Leib Christi, das heilige Priestervolk nennen, obwohl immer noch Kirche, nur unrein und unecht wegen ihres Worts und ihrer Sacramente. Auch die Prädicate, welche die Symbole der Kirche geben, müßten wegfallen, wenn sie auf alle Getauften angewendet werden sollten. Wie kann man z. B. die Gesammtheit der Getauften ein heiliges Priestervolk nennen? Ueber die kirchliche Mitgliedschaft von Gottlosen drückt sich Luther selbst aufs Stärkste aus: „sie sind Glieder der Kirche gleichwie Speichel, Rotz, Eiter, Mist, Harn. Stank, Franzosen und alle Seuchen des Leibes Glieder sind." Eine eingehende Ausführung von „Luthers Lehre von der Kirche" hat Jul. Köstlin gegeben, 1853. Daran schließt sich von demselben Verfasser: „Das Wesen der Kirche beleuchtet nach Lehre und Geschichte des N. T." 1854.

Gottlose und ethisch Ungläubige können also nur zufällig einer kirchlichen Gemeinschaft, die ihrem Begriff treu bleibt, angehören, sofern sie nämlich als solche nicht offenbar sind, nicht aktiv werden, also in Folge menschlicher Unvollkommenheit des Urtheils; sobald sie offenbar werden, fallen sie unter 1 Kor. 5, 11 ff.: ihr sollt mit ihnen nichts zu schaffen haben, nämlich als Christen. Wo dieses aber unmöglich ist in Folge äußerer Unmacht und sonstiger äußerer Verhältnisse ist doch geistig in Zeugniß und Lehre der Unterschied zwischen Gläubigen im ethischen Sinn und Ungläubigen, Bekehrten und Unbekehrten aufrecht zu erhalten und ist den letzteren auf ihre äußerliche Kirchengemeinschaft hin nicht zuzusprechen, was nur den erstern gehört — und gerade diese geistige Scheidung*) haben die Ernsthaften unserer Kirchenlehrer in den Zeiten der äußerlichen Gebundenheit zu ihrer Ehre behauptet, bis auf die jetzt erst eintretenden Veräußerlichungen, wo Verhüllungen der Wahrheit und Beschönigungen der Unwahrheit Schrift und Symbole verdrehen. Ist es aber in einer kirchlichen Gemeinschaft so weit gekommen, daß ethisch Ungläubige oder Unbekehrte nicht als bloß äußerlich aufgedrungenes oder eingedrungenes Uebel erscheinen, sondern als mit innerer Nothwendigkeit der Kirche angehörig, was man etwa mit dem Titel eines historischen Prozesses rechtfertigt, dann ist es dieselbe verschuldete Nothwendigkeit, womit Verderben und Aergerniß überhaupt in die Welt kommt. Die Kirche erweist sich eben damit als eine verweltlichte, und fällt damit unter dasselbe Wehe des Herrn, das Matth. 18, 17 über die Welt ausgesprochen ist. Es gilt dann: wehe der Kirche der Aergernisse halber! Dergleichen Nothwendigkeiten können

---

*) Vgl. Sacramentenlehre, Anhang.

allerdings entstehen und bestehen nicht nur unter göttlicher
Geduld, sondern auch Kraft göttlicher Gerechtigkeit, d. h. nicht
nur nach dem Gesetz der freien Entwickelung der Sünde,
sondern dann auch nach dem Gesetz der gerechten Folgen
der Sünde. Aber damit sind jene schlimmen Nothwendigkeiten
nicht gerechtfertigt, nicht unverwerflich (unantastbar) und
straflos; aber auch umgekehrt, wenn etwas (nicht geschont
werden soll, sondern) wirklich bestraft und verworfen werden
muß nach Gesetz und Ordnung Gottes, ist damit noch nicht
gewaltsamer Zwang, Umsturz oder absolute Verwerfung ge=
setzt. Gegen das Erste, daß die schlimmen Nothwendigkeiten
nicht zu rechtfertigen, sondern zu bekämpfen sind, verfehlen
sich parteiische Kirchenanhänger, gegen das Zweite, daß dar=
aus kein gewaltsamer Zwang folgt, zelotische Gegner der
Kirche. Der angegebene Gesichtspunkt tritt auch in den
Gleichnissen (Matth. 13) hervor. Jene Gleichnisse sind näm=
lich **geschichtliche Beschreibungen der Himmelreichs=
entwicklung**, nicht aber regulative Bestimmungen; und
zwar beschreiben sie das Himmelreich zunächst nicht wie
dasselbe innerhalb der realen Gemeinde Christi selbst sich ge=
staltet entsprechend des Herrn Willen und Gesetz, sondern
**wie es unter des Herrn Geduld auf dem gemisch=
ten Weltgebiet sich gestaltet**, wie es in diesem wirkt
und leidet, bis sich das allgemeine Weltgericht vollzieht mit
seiner Scheidung zwischen dem, was rechtmäßig oder unrecht=
mäßig sich entwickelt hat.*) So sagt der Herr namentlich

---

*) Eine kecke Behauptung (Kübel, Das christl Lehrsystem S. 502.)
ist es: indem der Herr dort mit keiner Silbe die historische Möglichkeit
einer anderen Entwicklung, d. h. einer reinen, andeute, erkenne er eben
der einzigen, die er schildert, d. h. der Mischkirche historische Noth=
wendigkeit nicht nur, sondern sogar Berechtigung zu. — Wo ist diese Be=

Matth. 13, 24—30. 38 f. keineswegs: der Acker, auf welchem die unreine Mischung ist, ist meine Gemeinde oder Kirche, sondern **der Acker ist die Welt**, wie dies die Apologie hervorhebt: agrum dicit mundum esse, non ecclesiam.

Ferner ist diese abnorme Entwicklung nur möglich und findet nur statt unter dem Zusammenwirken menschlicher Nachlässigkeit und satanischer Energie. V. 25. 39: bei dem Schlafen der Menschen sät der Feind Unkraut, und das Schlafen dem Feind gegenüber ist nicht das unschuldige, natürliche, wie Mark. 4, 27 bei ordnungsmäßiger Arbeit, sondern ist Vernachlässigung des so oft vom Herrn geforderten Wachens. Das Unkrautprodukt ist also eine vom Satan ausgehende, eine sündige und unmoralische Entwicklung, ein göttlicherseits nur zugelassenes, geduldetes Uebel, nicht aber eine göttlicherseits bezweckte oder berechtigte Entwicklung, daher auch verfallen der endlichen Strafe.

Die Welt ist aber andrerseits allerdings nicht die vom Christenthum noch gar nicht berührte Welt, nicht die schlechthin unchristliche Welt, die heidnische, sondern sie kommt in Betracht als Christi Acker (V. 24. 27. 37), und dieses ist sie, sofern eben sein Same, das Evangelium, in dieser Welt, von der er redet, ausgesät, verkündigt wird, es ist also die **christliche Welt** oder genauer die **christianisirte**. Diese vom Samen des Evangeliums nach V. 4—8 in verschiedener Weise besäte Welt wird zum Reiche Gottes gerechnet, nicht nur weil

---

rechtigung, wenn er in den apokalyptischen Briefen solche Entwicklung mit Strafe bedroht und dagegen zwei reine Entwicklungen (Smyrna und Philadelphia) als Muster hinstellt? Und wenn Paulus 2 Kor. 11, 1 ff. mit göttlichem Eifer eifert, eine reine Jungfrau Christo zuzuführen, fügt er sich dann der Mischkirche als „der einzig vom Herrn anerkannten historischen Berechtigung"?!

auf ihrem Boden auch die göttlichen Reichskinder sich befinden (V. 38), das reale und rechtmäßige Produkt des göttlichen Samens auf dem guten Boden (V. 23), sondern auch weil Christi Name und Same oder Wort in diesem Weltbezirk überhaupt eine Stätte findet und gewisse Macht hat, so daß selbst die Kinder der Bosheit oder eigentlich des Satans (τοῦ πονηροῦ, vgl. V. 38 ὁ ἐχθρὸς ὁ σπείρας αὐτά ἐστιν ὁ διάβολος) eine christliche Gestalt an sich tragen, daher eben die Bezeichnung ζιζάνια, ein dem Weizen ähnlicher Afterweizen, Schwindelkorn. Die Weltkinder selbst haben in der christlichen Welt Weizengestalt, ihr Weltleben hat christlichen Anflug, christliche Sitte, es sind weder pure Heiden, noch Juden, sondern eben Afterchristen, wie ζιζάνια Afterkorn. Dieses christianisirte Gebiet nun, ein Gemisch von wahren und bloßen Namen-Christen oder falschen Christen, der göttliche Reichsacker, heißt aber, wie bemerkt, im Gleichniß eben: Welt, nicht ἐκκλησία, nicht die eigentliche Kirche. Soll also der Name Kirche dem ganzen gemischten Feld zukommen, auf welchem Jesu Christi Name und Wort überhaupt schon oder noch etwas gilt, wie diese Benennung jetzt gebräuchlich ist und auch zulässig, weil es doch Acker des Herrn heißt, so muß diese gemischte Kirche immerhin unter den vom Herrn selber angegebenen Hauptbegriff „Welt" gestellt bleiben, es muß als **christliche Weltkirche** oder als **empirische Kirche** unterschieden werden von der reellen Kirche Christi, von der **göttlichen Reichskirche**, die sich darstellt in den speciell unterschiedenen göttlichen Reichskindern V. 38, wie V. 8 das gute fruchttragende Land unterschieden wird vom übrigen Acker. Die Apologie unterscheidet daher ecclesia large dicta und proprie dicta. Das Prädicat göttlicher

Reichskinder erhält im Gleichniß nur der Weizen, der aus dem vom Herrn gesäten Samen erwächst. V. 38: το καλον σπερμα ούτοι εισι οί υίοι της βασιλειας, wofür V. 25. 30 ὁ σιτος. Angehörige des Himmelreichs sind also nur die aus dem göttlichen Wort selbst erzeugten Christen oder die von Gott Gezeugten, die Wiedergeborenen, die den Samen Gottes als ihren eigenen Lebenskeim in sich haben (1 Joh. 3, 8 f.); sie bilden die göttliche Reichsgemeinde. Dies ist die eigentliche Kirche, die göttliche reale Kirche, die der Herr selbst baut mit seinem Samen, seinem reinen Wort und heiligen Geist. Dies ist sein Gebäude, das von der Hölle Pforten nicht zu bewältigen ist (Matth. 16, 18), ein Gebäude an welchem der Satan nicht mitbaut, wie (Matth. 13, 25) auf dem Boden der Weltkirche. Daher ist die Gemeinde des Herrn ein Tempel Gottes genannt, ein Bau, worin Gottes und Jesu Christi Geist wohnhaft ist, nicht nur Name und Wort Jesu Christi gepredigt und bekannt wird; sie ist kurz gesagt das auserwählte Geschlecht, nicht ein Mischlingsgeschlecht, sie steht zu dem andern Elemente in so diametralem Gegensatz, daß zwischen beiden Theilen ein Wesensunterschied statt hat, wie zwischen Licht und Finsterniß, zwischen Gottes Same und Teufels Same, zwischen Gottes Gemeinde und Satans Synagoge. Offenb. 2, 9. Wie sollen und können nun zwei so disparate Theile Einen Leib bilden unter Einem Haupt, Ein gliedschaftliches Zusammensein?!*)

---

*) Apologie (Decker S. 160): Die Widersacher widersprechen der hellen Wahrheit. So die Kirche, welche ja gewiß Gottes und Christi Reich (und Werk) ist, unterschieden ist von des Teufels Reich (und Werk): so können die Gottlosen, welche in des Teufels Reich (seine Saat) sind, ja nicht die Kirche machen.

Beide Theile, Weizen und Unkraut stehen wohl auf einem gemeinsamen Ackerboden: dies aber ist der Boden der Welt, wie der Herr ausdrücklich sagt, nicht der innerhalb der Welt auserwählte Gemeindeboden. Zwischen ihnen ist nur äußerliche Kirchengemeinschaft, soweit nämlich des Herrn Wort und Name in der Welt bereits oder noch sein Recht behauptet; nie aber ist's gliedliche Genossenschaft, und eben auf dem Boden der Welt, auf dem kirchlichen Mischlingsfeld, innerhalb der Weltkirche soll dieses Zusammensein der Bösen und der Guten, der echten und unechten Christen, der Gläubigen und Ungläubigen fortdauern bis zum Weltgericht. V. 30, vgl. 1 Kor. 5, 9 f. 13. Dagegen in Bezug auf die Gemeinde vgl. V. 11. 13. Eine solche Mischung von echten und unechten Christen, Gläubigen und Ungläubigen, Guten und Bösen bildet dann wohl eine göttlich geduldete Weltkirche, aber nicht eine göttlich verordnete und gestiftete Reichskirche, nicht die Gemeinde Gottes.

Auch im letzten Gleichniß, das von einer solchen Mischung redet (V. 47—50): bei dem ins Meer geworfenen Netze ist nicht vom Gemeindebegriff die Rede, sondern von der geschichtlichen Entwicklung des Himmelreichs innerhalb der Welt (das ins Weltmeer geworfene Netz), sofern das Reich Gottes über die Gemeinde hinausgreift; und wie dies das letzte Gleichniß ist, so ist es der letzte Zug, den die Himmelreichsbotschaft durch das weite Weltgebiet macht. Vgl. von demselben Gegenstand Matth. 24, 14: $κηρυχθησεται$ $τουτο\ το\ ευαγγελιον\ εν\ ολῃ\ τῃ\ οἰκουμενῃ — πασιν\ τοις$ $ἐθνεσιν\ και\ τοτε\ ἥξει\ το\ τελος$, vgl. Matth. 22, 9 f. Das Netz, das zusammentreibt ($συναγει$), weist auf eine äußere Gewalt, wo im Getümmel der Noth und Angst, wie ein Netzfang unter den hineingetriebenen Fischen und die große Trübsal der Endzeit unter den Menschen es mit sich führt, Menschen aller Gattung noch zusammengetrieben werden in dem Umfang des Christenthums. Vgl. Luk. 14, 23. Zeph. 3, 8 f. Jes. 66, 18 f. Eben mit diesem Netzfang, der wie ein Fallstrick kommt, geht es bereits entgegen dem Endgericht über die Welt; auf den vollen Zug ($\"{o}\tau\varepsilon\ \dot{\varepsilon}\pi\lambda\eta\varrho\omega\vartheta\eta$) folgt auch die gründliche Auslese des Guten (V. 48), d. h. die letzte Auswahl für die Gemeinde. Matth. 22, 10—24, 31. Diese Auslese verbindet sich mit Wegwerfung alles Dessen, was für eine himmlische Reichsgemeinde unbrauchbar ist. Matth. 13, 49 f., vgl. 3, 12. Damit tritt nun das Himmelreich auch in seiner äußerlichen Gestalt als Machtreich auf, und zwar als das Machtreich der Gerechtigkeit in unerbittlicher Richterstrenge, nachdem vorher göttliche Geduld und Gnade Falsche und Böse sich eindrängen läßt in die äußern Anstalten des Himmelreichs auf Erden, in das Ackerfeld und in das Netz Christi, aber nicht in den Leib Christi. Offenb. 22, 11—15. Weiteres in Beck, Christliche Reden IV, Nr. 18: das Himmelreich in seiner Gnade und Geduld. Vgl. auch „Gedanken aus und nach der Schrift". 2. Aufl. Nr. XII; 3. Aufl. Nr. XXVI.

Die Gleichnisse sollen also abbilden die Gnadengestalt und Geduldsgestalt, welche das Himmelreich für diese Zeit auf Erden über seine Gemeinde hinausgehend in seiner äußeren Berührung mit der Welt annimmt, aber an dieser Geduldsgestalt desselben so wenig als an des Herrn eigener Langmuthsgestalt dürfen wir etwas so deuten, daß dadurch eine Wesensgleichgestaltung seiner Gemeinde mit der Welt gegeben und berechtigt wäre, daß eines seiner heiligen Gebote aufgelöst würde, die er für unser Verhalten zu seinem Reich und für unsere Reichsgemeinschaft ein für allemal aufgestellt hat. Sein Himmelreich läßt es sich's freilich gefallen nach diesen Gleichnissen, daß ihm auf dem Boden der Welt nicht nur der Fürst dieser Welt, sondern auch Menschen Gewalt anthun statt seinem himmlischen Samen und Schatz selbst nachzugehen; es läßt sich's gefallen, daß Viele bei den nächsten äußeren Vortheilen stehen bleiben, um unter seinem Schatten zu wohnen; es läßt sich's gefallen, daß die Menschen sein Wort und Sacrament verwahrlosen, mißbrauchen und verdrehen, daß auf seinem Acker sich Unkraut unter den Weizen mischt (sich Kinder der Bosheit unter den Kindern des Reichs einfinden). Aber mit dem Allem sagt der Herr nur, was er in seiner Langmuth geschehen läßt, was er und sein Himmelreich in der Welt duldet, nicht aber daß es so hergehen soll auch nur in der Welt, viel weniger in seiner Gemeinde; nicht daß wir selbst es mit seinem Reich und in der Kirche so machen dürfen, oder es für Recht halten, wo es so hergeht, nicht daß seine echten treuen Reichskinder Gemeinschaft damit halten und nicht das Ihre dagegen thun sollen, nicht gegen alle unreinen Vermischungen und daraus fließenden Verderbnisse, Lauheiten und Halbheiten wachen, zeugen und streiten sollen mit den Waffen des Geistes, nicht sich selbst davon rein erhalten und absondern sollen, was im Gegentheil anderwärts vom Herrn selbst und seinen Aposteln ausdrücklich eingeschärft wird.

Die Gleichnisse sind also geschichtliche Beschreibungen der kirchlichen Entwicklung auf dem Weltgebiet, nicht der normalen speciellen Gemeindeentwicklung, wie z. B. auch die Offenb. Joh. solche geschichtliche Beschreibungen enthält. Was angekündigt ist als etwas, das geschehen wird, ist darum noch nicht das, was geschehen soll oder darf im sittlichen Sinn. Die kirchengeschichtliche Entwicklung ist nicht die kirchenrechtliche, ist nicht constituirend, sondern wird gerichtet nach der ursprünglichen und urkundlichen Constitution. Aus bloß **geschichtlichen** Entwicklungs-Beschreibungen dürfen also keine Lehrsätze und Grundsätze abgeleitet werden, welche den ausdrücklichen Lehrbestimmungen und Gesetzen über die Gemeinde (ἐκκλησια) widersprechen. In letzteren allein ist die bezweckte und berechtigte Einrichtung und Entwicklung ausgesprochen. Und wenn sich die positiven Lehrbestimmungen und Gesetze auch nicht immer äußerlich durchführen lassen, so dürfen dieselben doch nicht aufgegeben und mit solchen vertauscht werden, die sich den Verhältnissen accomodiren. Dieses letztere ist Untreue und Abfall, wie schön und fromm es sich auch geberde und rechtfertigen wolle. Jede Abweichung von des Herrn positivem Willen, von seinem Ziel und Weg ist und bleibt Unglaube und Ungehorsam, wenn auch eine noch so lange und breite geschichtliche Entwicklung und äußere Siege für die Abweichungen sind, wenn sich auch die Menschen lauter gute Meinung und gute Wirkung dabei vorspiegeln. Ungehorsam ist und bleibt der objective Thatbestand vor dem objectiven Gesetz und Urtheil Gottes, und dieser objectiv verwerfliche Thatbestand wird durch die subjective Ansicht und gute Absicht nicht aufgehoben, sondern solche ist nur zum Irrthum, zur Verirrung gemacht; aber der objective Thatbestand der Abweichung vom göttlichen Gebot und Weg, der Ungehorsam ist vom Subject bußfertig anzuerkennen, wenn es soll Vergebung erhalten können.*) Und wenn die gött-

---

*) Vgl. des Apostels Paulus Selbstbeurtheilung 1 Tim. 1.

liche Regierung in der Kirchengeschichte wie in der Weltgeschichte Manches wieder gut macht, was die Menschen böse machen, so ist dies göttliche Gnade, aber nicht menschliches Verdienst, nicht Rechtfertigung ihrer falschen Wege und macht der Menschen Thun weder gut noch schuldlos.*)

Ziehen wir nun aus dem Bisherigen

5) **noch einige Ergebnisse.** Vgl. zur Ergänzung den Anhang zur Sacramentenlehre S. 248 ff. Daß die wahre christliche Gemeinde keine sündigen und sündigenden Personen in sich habe, kann nicht gesagt werden. Zwar werden die Bekehrten und Gläubigen nirgends in der Schrift, wo nicht ihr vorheriger Zustand in Betracht kommt (1 Tim. 1, 15), als Sünder bezeichnet, weil dies Wort in der neutestamentlichen Sprache von solchen gebraucht wird, die sich besonderer Gesetzesübertretungen und Laster schuldig machen oder die in habituellen Sünden leben. Luk. 6, 32. 34 (Gegensatz von Sündern und Schülern des Herrn). Röm. 5, 8. Gal. 2, 17 (sollten wir Gläubigen noch als Sünder erfunden werden, so wäre Christus Diener der Sünde). 1 Tim. 1, 9 f. mit 15. 1 Petri 4, 18. Als Zerlegung des Begriffes „Sünder" dient auch 1 Kor. 6, 9—11. 5, 9 f. Allein immerhin haben die Bekehrten selbst noch Sünde in sich als Naturbeschaffenheit, und sie begehen noch Sünde. 1 Joh. 1, 8—10: $\dot{\alpha}\mu\alpha\rho\tau\alpha\nu\epsilon\iota\nu$ und $\dot{\alpha}\mu\alpha\rho\tau\iota\alpha\nu$ $\dot{\epsilon}\chi\epsilon\iota\nu$. Sie sind Heilige, nur sofern sie in der gläubigen Herzensverbindung mit Christus durch ihn als den Heiligen geheiligt sind, d. h. mit dem heiligen und heiligenden Gott vereinigt sind und in

---

*) Vgl. Apologie über die Gleichnisse im Art. von der Kirche.

der Heiligung des Geistes sich fortbilden. Neben den Gläubigen ferner können in der Wirklichkeit auch in einer wahren Gemeinde Ungläubige, Unbekehrte, Gottlose sein; dieses aber nur de facto, nicht de jure, durch menschliches Versehen oder durch die Macht der Umstände, nicht aber so, daß sie je mit Wissen und Wollen als Glieder der Gemeinde Gottes aufgenommen oder anerkannt werden. 1 Joh. 2, 19, vgl. mit Act. 20, 30. Sie müssen sich gefallen lassen, ihren Unglauben und ihre Weltlichkeit nicht nur nicht kirchlich geltend machen zu dürfen, sondern auch der Heilspädagogik, der Zucht der Gemeinde zu unterwerfen, und in nicht anschlagendem Fall hat die Ausschließung derselben oder die Trennung von ihnen einzutreten, wobei aber nicht zu vergessen ist, daß dies von der Gemeinde oder Kirche als freiwilligem Glaubensverein gesagt ist. 1 Kor. 5, 2. 11. 13. 2 Thess. 3, 6. Auf der andern Seite können auch entartete Kirchen wahrhaft Gläubige auf ihrem Boden haben, können noch göttlich Gestiftetes und Geordnetes in sich haben, nicht bloß göttlich Zugelassenes. Dies ist aber nicht Produkt und Verdienst der entarteten Kirchen, sondern ist nur das von Gott ihnen Anvertraute, für dessen reine und getreue Verwendung sie verantwortlich sind. Indem sie nun das von Gott ihnen Anvertraute eben durch ihre $\pi\alpha\rho\alpha\delta o\sigma\epsilon\iota\varsigma$ und ihre $\check{\epsilon}\rho\gamma\alpha$ entkräften und verunreinigen, ohne dies wirklich als Sünde zu erkennen und abzustellen, ist eben diese Entkräftung und Verunreinigung des göttlich Gestifteten oder Anvertrauten ihre eigene Schuld, $\pi\alpha\rho\alpha\kappa o\eta$, ein Unterschied, der auch der jüdischen Kirche gegenüber geltend gemacht wird. Matth. 15, 1—9. 19 f.*) Luk. 6, 46—49. Röm. 2, 17 ff. Joh. 8, 39.

---

*) Uebertretung göttlicher Gebote der menschlichen Observanz zu lieb

Nicht das göttlich Anvertraute bestimmt den persönlichen Werth und Charakter, sei es eines Individuums, sei es einer Gesammtheit, sondern die selbstthätige Treue oder Untreue gegen die göttliche κτισις und εντολη. Haben nun aber die Weltkirchen, d. h. die gemischten christlichen Religionsgesellschaften, die Staats- und Nationalkirchen, Volkskirchen, kein Recht auf Anerkennung als eigentliche Gemeinde Christi, als Leib des Herrn, so ist ihnen doch auch nicht das Recht der Existenz und jede christliche Geltung abzusprechen.*) Die wahren Christen haben weder auf Zerstörung der Weltkirchen auszugehen, noch sich außer aller Verbindung mit ihnen zu setzen; denn ehe der Herr selbst unmittelbar und offenbar vom Weltregiment Besitz ergreift bei seiner Wiederkunft, hat seine Gemeinde keineswegs das ausschließliche Recht auf Bestehen in der Welt, so auch nicht das Recht auf Herrschaft und auf äußere Wegräumung der ihr noch nicht homogenen Elemente, der fremden und feindseligen Mächte.**) Die Gemeinde hat vielmehr die Pflicht in ihrer irdischen Existenz den irdischen Wandel des Herrn nachzuahmen. 1 Joh. 2, 6. Matth. 20, 28 (διακονειν gilt es, nicht beherrschende Macht); sie hat zu dulden als Kreuzgemeinde (Luk. 14, 27 [wer nicht sein Kreuz aufnimmt und mir nachfolgt, kann nicht mein Jünger sein]; Röm. 8, 17 u. s. w. Matth. 5, 13 f.), und

---

und jene Uebertretungen decken wollen mit Eifer für traditionelle Frömmigkeit!

*) Baur, Kirchengeschichte des neunzehnten Jahrhunderts, S. 515, glaubt die biblische Richtung abgefunden, wenn er sagt: „es gibt eine Richtung, die von Allem, was Kirche heißt, nichts wissen will."

**) Matth. 13, 28. 30: „Herr, willst du, daß wir den falschen Samen ausrotten? — Laßt's wachsen, bis x."

dabei zu wirken als Salz für die Erde und als Licht von oben für die Welt. Ferner ist es allerdings eine bloße Auswahl, die der Herr in Anspruch nimmt und gelten läßt als seinen Leib, aber zugleich nimmt er auch die Welt in Anspruch als seinen Acker, d. h. als sein Saatfeld und seiner Knechte Arbeitsfeld.*) Der Herr will nicht nur dem auserwählten Geschlecht angehören als dessen specifisches Haupt, sondern auch schon den Jüngern, d. h. den Schülern als ihr Meister, und auch der Welt, den Völkern als das der Welt bestimmte Heil und als Monarch über alles Fleisch. Kraft dieses monarchischen Rechts darf zwar sein Reich mit keiner äußern Macht oder Gewalt aufgerichtet werden, denn die Zeit dazu ist der göttlichen Macht aufbehalten; aber dem göttlichen Reichswort kommt ein unmittelbar göttliches Verkündigungsrecht in der Welt zu. Sonach hat auch eine gemischte Weltkirche immerhin schon eine christliche Bedeutung eben als Acker oder Saatfeld des Herrn; sie ist eine christliche Religionsgesellschaft, eine kirchliche Gesellschaft, sofern sie dem Namen und dem Wort des Herrn Raum läßt, Geltung und Bekenntniß zugesteht. So lange dies der Fall ist, müssen um des möglichen Guten willen auch die Uebelstände, und die Bösen, die Afterchristen, die Ungläubigen auf solchem Territorium geduldet werden, wie der Herr selbst sie duldet (Matth. 13, 29 ff.), keineswegs aber dürfen die Uebelstände und die Afterchristen gepflegt oder gerechtfertigt werden. Vielmehr bleibt sittliche und geistige Scheidung und Bekämpfung geboten, um nicht moralischer Mitschuldiger zu werden, um dem Eigenthumsvolk

---

*) Kein vernünftiger Mensch sagt von seinem Acker: er ist mein Leib.

Gottes anzugehören, dem auserwählten Geschlecht. 2 Kor. 6, 14—18. 2 Tim. 2, 15—21. Weiteres über das Verhalten innerhalb der Kirche und über engere christliche Verbindungen vgl. Sakramentenlehre, Anhang, S. 253 ff.

Neben dieser sittlich bestimmten Duldung gilt es aber auch noch eine Gemeinschaft mit dem, was noch göttlich Gestiftetes in der allgemein christlichen Gesellschaft ist oder demselben Raum und Recht läßt, eine Gemeinschaft aber wieder, die den ungöttlichen Beimischungen nimmermehr sich anschließt und die Förderung der freimachenden Wahrheit nicht sich nehmen läßt, vielmehr das Fortschreiten ins Vollkommene, in die Freiheit in Christo ist als das Eine Nothwendige, als das Kleinod im Auge zu behalten. Denn der oberste Grundsatz muß sein: Werde und bleibe ein göttliches Reichskind (Matth. 6, 33), nicht ein bloßes Kirchenkind und hilf auch Andern, daß sie Reichskinder werden können. Matth. 23, 13, vgl. mit Luk. 11, 52. Ueber die Theilnahme am kirchlichen Abendmahl ist theils schon gesprochen, theils vgl. den Anhang zur Sakramentslehre.

Nach dem Bisherigen sind hauptsächlich drei verschiedene Gemeinschaften oder Verbindungen innerhalb des Christenthums zu unterscheiden, und ihr Verhältniß ist kurz dieses:

1) Die christliche Weltkirche mit ihren Volks- und Staatskirchen, umfassend alle auf Christi Namen Getaufte und seinem Wort mehr oder weniger zugewendete Bekenner. Es ist dies der von Christus für sich erkaufte und von ihm benannte Acker, eine Mischung von allerlei Boden und Produkten. Es ist das allgemeine Saatfeld für Christi Wort und das Eigenthum seines Namens, wenn schon nicht das

Eigenthum seines Geistes, nicht sein Leib. Hier ist für die Gläubigen einmal das nächste Gebiet des christlichen $\mu\alpha\vartheta\eta$-$\tau\varepsilon\nu\varepsilon\iota\nu$, sofern es ein die Welt umfassendes Geschäft ist. Vgl. Matth. 28, 19. Es ist ferner das große Haus, dessen Grundlage Gott angehört, das aber reine und unreine Gefäße in sich faßt, daher eben darin individuelle Reinerhaltung nothwendig ist für wahre Christen. 2 Tim. 2, 19. Diese Weltkirche ist die Peripherie, der äußerste Kreis des Christlichen, der zwei Kreise umschließt, der christliche Völkervorhof, der ein Heiliges und ein Allerheiligstes umgibt, nämlich:

2) **Als Heiliges** innerhalb des großen Kreises bildet sich **die christliche Jüngerschaft oder die Glaubensschule**. Sie umfaßt alle, die des Herrn Wort nicht nur hören, sondern freiwillig annehmen und darin bleiben als Schüler, obgleich noch schwach und aus dem Fleisch in den Geist erst hinüber zu leiten. Dies ist die Pflanzschule für das Kernvolk Christi, für seine Auserwählten. Aus Letzteren bildet sich:

3) **die christliche Reichsgemeinde**, der engste und innerste Kreis. Diese, die eigentliche christliche Gemeinde ist der von Christi Geist erfüllte Leib Christi, indem sie nur die umfaßt, die seinen Reichsgeist lebendig in sich haben, und mit demselben die Güter des Himmelreichs als Realität haben, als $\zeta\omega\eta$ und $\delta\upsilon\nu\alpha\mu\iota\varsigma$. Was aber die äußere Darstellung dieser göttlichen Reichskirche betrifft, so hat sie allerdings die Bestimmung vom Herrn, daß sie als Tempel und als Staat Gottes, also als priesterlich = politische Herrschaft oder als göttliche Staatskirche und göttlicher Kirchenstaat die Welt einzunehmen hat. Diese ihre Weltstellung gehört aber nicht der Gegenwart an, sondern der Zukunft und zwar der

Zukunft, wie sie erst eintritt mit der Wiedererscheinung des Herrn, während für die Gegenwart die Verleugnungsgestalt und die Leidensgestalt der ersten Zukunft Christi die äußere Darstellung der Reichskirche ist. Joh. 12, 25 f. 15, 20 f.*)

Indem nun diese Reichsgemeinde fort und fort die christliche Jüngerschule als Pflanzschule sich zuzubilden hat, behauptet sie eben für diesen Zweck, für die Auffindung, Erziehung und Auswahl ihrer Glieder das große Saatfeld der Weltkirche thätig und duldend. Sie bleibt mit derselben in Gemeinschaft des Grundes, d. h. des Namens und Wortes Christi, sichert aber dabei sich und ihre Pflanzschule gegen die Vermischungen mit dem auf dem gemeinsamen Grunde wuchernden Schwindelkorn und mit seinen Aergernissen oder mit dem auf dem Grund sich erbauenden Heu, Stroh und Stoppelwerk.**)

---

*) Vgl. das Schriftchen von v. Egloffstein: Ein Blick aus Gottes Wort auf die gegenwärtige ernste Zeit. Berlin 1876. Eduard Beck.

**) Vgl. „Vertraute Briefe über das protestantische geistliche Recht" von einem Juristen verfaßt, herausgegeben von Moser 1761; neu aufgelegt Reutlingen, leider mit vielen Druckfehlern; besser eine Berliner Ausgabe; diese Schrift enthält, wie keine andere, klare biblische Principien, namentlich mit Unterscheidung zwischen Kirche als Religionsgesellschaft und Gemeinde als Leib Christi; sie geht übrigens zu weit in passiver Accomodation an das Bestehende und stellt die von der heiligen Schrift geforderte geistige und sittlich reinigende Thätigkeit zu sehr in den Hintergrund. Ueber die Bedeutung einer christlichen Volkskirche und die davon verschiedene Bildung wahrer Gemeinden finden sich schon die richtigen Andeutungen in Luthers Vorrede zur Wittenberger Kirchenordnung, 1526; vgl. Lommlers deutsche Schriften von Luther (3 Theile) 2. Th. S. 127 f. 131 f.; Gessert, Evangelisches Pfarramt in Luthers Ansichten S. 245 ff.; auch Zimmermann, Concordanz aus Luthers Schriften unter dem Artikel: Kirche.

Zusatz über die Unterscheidung einer sichtbaren und unsichtbaren Kirche.

Dem Ausdruck nach findet sich zwar diese Unterscheidung schon bei Zwingli und Calvin, nicht aber bei Luther, Melanchthon (später nur anstreifend) und in den lutherischen Symbolen; erst in der lutherischen Dogmatik tritt dieselbe bestimmt auf. Von einem unschuldigen Anfang aus hat die Unterscheidung allmählich einen verwerflichen Sinn angenommen. Sie ist nämlich

1) biblisch und symbolisch völlig unstatthaft, wenn für den Begriff der Kirche die äußere Erscheinung und Gesellschaftsform mit den signa externa genügen, so daß sie auch Unbekehrte und Lasterhafte rite umfassen kann, während dem wahren Christenthum nur eine geistige Verbindung in Glaube und Liebe zukommen soll ohne entsprechende äußere Vereinigung.

Die lutherischen Reformatoren gehen mit Bewußtsein nicht ein auf solche Unterscheidung zwischen sichtbarer und unsichtbarer Kirche. Von den vere credentes ac justi sparsi per totum orbem heißt es in der Apologie: dicimus existere hanc ecclesiam, non somniamus Platonicam civitatem (nicht eine unsichtbare Idee träumen wir). Ebenso bestimmt leugnen sie andererseits, daß die äußere Corporationsform und das damit Zusammenhängende entscheide über den Begriff einer Kirche. Vgl. Apologie IV. p. 146: Ne intelligamus ecclesiam esse politiam externam certarum gentium. Ib. p. 144: Ecclesia non est tantum societas externarum rerum ac rituum sicut aliae politiae, sed principaliter est societas fidei et spiritus sancti in cordibus. Weit entfernt die Gesammtheit der Gläubigen, die

unsichtbare Kirche, oder nach neuerem Sprachgebrauch die
ideale Kirche zu nennen im Gegensatz zur äußern, als der
realen, heißen sie vielmehr gerade nur die Gesammtheit der
Gläubigen nomine et re ecclesia, die eigentliche, die reale
Kirche, die andere nur die nominelle Kirche. Dabei betonen
sie allerdings die äußere Erkennbarkeit einer wahren Kirche,
kennzeichnen ihre Erscheinungsform oder Sichtbarkeit, setzen
aber diese nicht wesentlich in eine besondere Corporationsform, Verfassungs- oder Cultus-Form; sie rechnen vielmehr
zur erscheinungsmäßigen Existenz der wahren Kirche nur eine
dem Evangelium gemäße Lehre und Sacramentsverwaltung, etwas also, was auch in der einfachsten Form
von Privatzusammenkünften möglich ist, wie sie eben Luther
für die wahre Kirche im Auge hatte. Vgl. Luthers Vorrede
zur Wittenberger Kirchenordnung. Wesentlich aber gehört
noch weiter zur Versichtbarung der wahren Kirche ein gläubiges und rechtschaffenes Leben, vere credentes ac
justi, confessio fidei et veritatis; sie sahen nur da die
wahre Kirche, wo wirklich das innere Wesen, wahrhaftiger
Glaube mit der entsprechenden Erscheinung in Lehre und Leben beisammen ist und lehnen daher den Ausdruck „unsichtbare Kirche" neben einer eigentlichen sichtbaren ab. Vgl.
neben den schon angeführten Stellen der Apologie und Luthers Aeußerung in der Wittenberger Kirchenordnung („hier
ist noch keine geordnete und gewisse Versammlung, die rechte
Art evangelischer Ordnung") Conf. Angl. Art. XIX: Ecclesia visibilis est coetus fidelium, in quo verbum
Dei purum praedicatur et sacramenta juxta Christi in-
stitutum recte administrantur. Nicht so präcis erklärt
sich Melanchthon (Loci 1543, de ecclesia): quotiescunque

de ecclesia cogitamus, intueamur coetum vocatorum, qui est ecclesia visibilis, nec aliam fingamus ecclesiam invisibilem et mutam hominum in hac vita tamen viventium, nec alios electos ullos esse somniemus nisi in hoc ipso coetu visibili. Hier beginnt schon gegenüber den Wiedertäufern die Abschwächung des Kirchenbegriffes in einen coetus vocatorum statt der communio sanctorum. Melanchthon versteht hier unter ecclesia visibilis eigentlich die von uns unterschiedene christliche Jüngerschaft oder Glaubensschule, daher er auch dafür mehrmals den Ausdruck coetus scholasticus gebraucht. In seiner Enarratio epistolae prioris ad Timoth. (1550) spricht sich Melanchthon über sichtbare und unsichtbare Kirche bestimmter und ausführlich aus bei 1 Tim. 3, 15.

Die Unterscheidung einer sichtbaren und unsichtbaren Kirche setzt schon voraus, daß eine unwahre, verdorbene Kirche für Kirche gilt. So acceptiren zuerst in guter Meinung einige reformirte Symbole, am bestimmtesten die Confessio Helvetica II. 17: Oportet semper fuisse, esse et futurum esse ecclesiam i. e. e mundo evocatum et collectum coetum fidelium ... Dann aber: fit aliquando, ut Deus justo judicio veritatem verbi sui sic obscurari sinat, ut prope videatur exstincta et nulla amplius superesse ecclesia. Unde et ecclesia invisibilis appellari potest, non quod homines sint invisibiles, ex quibus ecclesia colligatur, sed quod oculis nostris abscondita, Deo soli nota, judicium humanum saepe subterfugiat. Vgl. C. Scot. art. 16. Calvin, Instit. IV. 1, 7; 2, 12. Unter den altprotestantischen Dogmatikern Hollaz: fieri potest permittente

Deo, ut ecclesia vera nulla sui parte sit visibilis deficiente coetu hominum conspicuo et illustri, veram doctrinam publice profitente et ubique locorum haereticis et schismaticis praedominantibus. Also der ursprüngliche Zweck der Unterscheidung war zunächst, das Dasein einer wahren Kirche, der Gemeinde, auch während der Herrschaft einer falschen Kirche zu behaupten. Der Fehler liegt so ursprünglich nicht im Sinn, sondern nur im Ausdruck, darin nämlich, daß die ganze Gesellschaft von Namenchristen, selbst da wo Fälschung und Verderben herrschend sind, unter den wesentlich gleichen Begriff Kirche subsumirt wird mit denen, bei welchen dieser Begriff allein seine wahrhafte Bedeutung hat. Der Ausdruck mußte daher bald auch den Sinn verderben. Denn der Begriff der Kirche verlor in dieser Weite des Worts seine biblisch geistige Realität und die factische Existenz; dagegen die empirische Kirchenexistenz, die äußerlich kirchliche Erscheinung erhielt die Bedeutung des real Kirchlichen; hiebei greift auch noch die Verwechslung herein, daß man die Kirche bald als Anstalt faßt, bald als Personal. Die kirchliche Anstalt, namentlich das Wort des Evangeliums, die Verkündigung umfaßt auch den unreinen Weltacker, darum aber gehören die Unreinen nicht persönlich zur Kirche, zur ἐκκλησια. Denn so heißt im neuen Testament weder die bloße kirchliche Anstalt noch das an ihr Theil habende unreine Personal, sondern immer nur das gläubige und bekehrte Personal.

Während nun die Reformatoren die begriffliche oder doctrinelle Unterscheidung der Kirche in eine sichtbare und unsichtbare vermieden: vielmehr betonten: cum definitur ecclesia, necesse est eam definiri quae est vivum corpus

Christi (Apol.), weichen dagegen die altproteſtantiſchen Dogmatiker ſchon von dieſer begrifflichen Schärfe ab; ſie traten nicht mehr wie die Reformatoren mit dem innern Weſensbegriff der Kirche an die empiriſche Erſcheinung derſelben heran, ſondern von dieſer aus beſtimmten ſie ſich den Begriff der Kirche.*) Sie lehnten ſich an an die Bezeichnung vocati, coetus vocatorum, ſubſumirten aber unter dieſen Begriff die empiriſche Maſſe der Getauften, der in der societas externarum rerum et rituum Stehenden und indem ſie nun dieſer Maſſe, wie ſie eben Unbekehrte und Laſterhafte unvermeidlich in ſich begreift, das Prädicat chriſtliche Kirche beilegten, unterſchieden ſie innerhalb dieſer ſichtbaren Kirche als wirklicher Kirche die electi, die wahren Gläubigen als unſichtbare und ſo als nicht wirkliche Kirche, während die Symbole dieſelbe als die einzig reale Kirche den nominellen Kirchen gegenüberſtellten. Was alſo die Reformatoren und Symbole nur gelten ließen als zufälliges, wenn auch unter Umſtänden unvermeidliches Anhängſel und als Uebel, die kirchliche Zugehörigkeit von Ungläubigen und Böſen, das wurde nun von der Dogmatik unter allen Umſtänden als feſtſtehender Charakter der wirklichen Kirche Chriſti als einer ſichtbaren zugelaſſen. Daneben will freilich die altproteſtantiſche Dogmatik noch die richtige Unterſcheidung wahren, indem ſie die gemiſchte Kirche, die ſichtbare nur als Kirche im weitern und im uneigentlichen Sinn bezeichnet late et improprie dicta, und den eigentlichen Begriff eben in die unſichtbare Kirche ſetzt. Indem aber das Eigentliche als das

---

*) Ein ebenſo verkehrtes Verfahren, wie wenn ich von einem hiſtoriſch gegebenen Künſtlerverein aus den weſentlichen Begriff eines ſolchen beſtimmen wollte.

invisibile gefaßt wird, ist die sogenannte eigentliche Kirche in der Wirklichkeit doch nur die uneigentliche; sie wird aus der öffentlichen Existenz und Anerkennung als eigentliche Kirche hinausgedrängt in die Verborgenheit und dies nicht nur abnormer Weise, sondern sozusagen ordnungsmäßig, da ja im Uneigentlichen eben die Kirche sich repräsentirt. So gewinnt die uneigentliche Kirche den Schein der kirchenrechtlichen Existenz, nicht bloß die factische Bedeutung eines verwerflichen Uebels, sollte es auch unter gegebenen Umständen unvermeidlich sein. Bei jenem dogmatischen Kirchenbegriff mußten sich dann auch gerade die Versuche, die wahren Gläubigen zu eigenen Versammlungen innerhalb der Kirche selbst zu vereinigen, d. h. also den echt reformatorischen und den dogmatisch eigentlichen Kirchenbegriff sichtbar zu machen, von dem geltenden Kirchenstandpunkt aus verurtheilen lassen als unberechtigte Bildungen, als ecclesiolae in ecclesia, dies sogar da, wo es sich wie in der Spenerschen Zeit nur um sogenannte Conventikel handelte in bescheidenster Form ohne Anspruch auf specifische Gemeinderechte mit selbständiger Sacramentsverwaltung, welche Luther gerade für solche freie Vereine der Gläubigen als für die wahre eigentliche Kirche fordert. Der Unterschied zwischen dem Standpunkt der Reformatoren und dem der Dogmatiker ist also ein wesentlicher auch in praktischer Beziehung wie in wissenschaftlicher. Indem die Reformatoren den Begriff der Kirche selbst rein geschöpft und rein gehalten haben, war eben damit eine beständige Protestation und ein Correctiv gegeben gegen die unreine Wirklichkeit und Praxis. Die Dogmatiker aber accomodirten der letzteren den Begriff und Bestand der Kirche selbst und reservirten dann die Wahrheit mit ihrem proprie und improprie nur in unpractischer Halbheit, nur abstract und unmächtig. So hatten dann die neueren Dogmatiker nur einen Schritt weiter zu gehen, um jene einzig reale Kirche der Reformatoren und die eigentliche Kirche der alten Dogmatiker vollends ins Reich der unwirklichen und nicht zu verwirklichenden Ideale zu verweisen unter der Benennung „ideale Kirche", dagegen die den Reformatoren nur „nominelle Kirche", den Dogmatikern uneigentliche Kirche geradezu nun als die reale zu prädiciren und als die einzig historisch berechtigte geltend zu machen. Jede reale, wenn auch nur doctrinelle Geltendmachung der eigentlichen Kirche, jeder Versuch, sie in ihrer einfach biblischen Urform und in ihrem dargelegten symbolischen Begriff zu verwirklichen, muß sich so fort und fort und zwar scheinbar kirchenrechtlich subsumiren lassen unter den Titel der Schwärmerei, der Sektirerei und Ketzerei oder Kirchenfeindschaft.*)

Die Unterscheidung zwischen **sichtbarer** und **unsichtbarer Kirche** läßt sich aber

2) auch **innerhalb der wahren Kirche** selbst vollziehen und ist da von wesentlicher Bedeutung. An der wahren Kirche selbst nämlich ist zu unterscheiden zwischen dem Wesen derselben, das dem Unsichtbaren angehört und zwischen der Darstellung desselben im Sichtbaren, also im Personal, in Verfassung und Handlung. Jenem, dem Wesen der Kirche fällt der Glaube anheim mit seinem göttlichen Haupt, gött-

---

*) Da sich nun einmal Name und Begriff **Kirche** historisch fixirt hat als Inbegriff der auf Christum Getauften und ihn mehr oder weniger Bekennenden auch mit Einschluß von Ungläubigen und Gottlosen, so läßt sich wenigstens für den Sprachgebrauch und die Theorie eine klare Auseinandersetzung nur gewinnen durch die bereits entwickelte **Unterscheidung zwischen Kirche und Gemeinde**.

lichen Geist und Reichsschatz: nach dieser ihrer Wesensseite ist
die Kirche unsichtbar und soll es sein. Es sind die Geheimnisse des Reiches Gottes, welche die wahre Kirche in sich
birgt. Die Kirche selbst ist nicht das Reich Gottes, sondern
letzteres ist der unsichtbare Inhalt des der Kirche in die Verwaltung gegebenen Evangeliums und Sacraments und des
in der Gemeinde daraus sich bildenden persönlichen Lebens.
Der göttliche Reichsinhalt reicht aber über die Kirche und
Gemeinde hinaus, einmal reicht er in die unsichtbare Welt
selbst hinein, in seinen Ursprüngen und seinem ureigenthüm-
lichen Wesen dem Himmel angehörig; aber auch in die sichtbare der Kirche nicht angehörige Welt reicht das Reich Gottes
als unsichtbare Wesenheit hinein, theils sofern der Welt die
Grundbeziehungen auf das göttliche Reich und die Ziel-
bestimmungen einerschaffen sind (Kol. 1, 16, vgl. Matth.
25, 34. 1 Kor. 2, 7), theils sofern die Versöhnung, die
Geistesbestrafung und die Christusgewalt weltumfassend sind.
Eben das Unsichtbare nun als das innere Wesen der Gemeinde, d. h. der Glaube mit seinem göttlichen Haupt, Geist
und Reichsschatz, dies Unsichtbare begründet allein die Wahrheit der Gemeindeverbindung, die wahre Kirche; daraus schöpft
dieselbe ihr wahres Leben. Das Unsichtbare ist daher für
die sichtbare Kirche das Höhere, das Primitive und für die
Erscheinung der Kirche Bestimmende und Bildende, so daß
bei richtiger Stellung die sichtbare Seite der Kirche dem unsichtbaren Wesen derselben als dienstliches Organ sich anschließen muß.*) Vereinigt sich nun Sichtbares und Unsicht-

---

*) Dies ist das echt Protestantische gegenüber dem Katholischen, wie
dies selbst Möhler bündig hervorhebt, wenn er sagt: „Die Katholiken lehren: die sichtbare Kirche ist zuerst, dann kommt die unsichtbare;

bares in der Kirche, so darf doch Beides nicht mit einander identificirt werden.

Die sichtbare Kirche auch in ihrer wahren Gestalt ist in ihrer Aeußerung und Erscheinung noch keineswegs die adäquate Darstellung ihrer unsichtbaren Wahrheit, ihres innern Wesens, und dies kann in der Jetztzeit auch niemals sein. Würde Sichtbares und Unsichtbares in der Gemeinde sich gegenseitig decken; dann wäre die Gemeinde nicht bloß Organ für die Versichtbarung oder Offenbarung der göttlichen Wahrheit, d. h. nicht mehr in dienenden Stand, sondern sie wäre eins mit der geoffenbarten und sich offenbarenden Wahrheit selbst, mit Christus und seinem Reich, sie wäre im herrschenden Stand. Dies Alles ist unmöglich, so lange nicht Christus selber als das Haupt der Gemeinde in seiner vollen Wahrheit zur Erscheinung kommt, so lange der Glaube, das innere Leben der Gemeinde, nicht ins Schauen übergeht, so lange endlich der Geist in der Gemeinde nicht zur geistigen Körperlichkeit wird an der Stelle der Fleischlichkeit. Erst damit tritt dann auch die Gemeinde aus ihrem dienenden Stand in den herrschenden Stand.*)

Festzuhalten ist also: daß die wahre Kirche keineswegs ihrer Erscheinung nach unsichtbar ist (siehe Punkt 1), wohl aber gerade ihrem eigenthümlichen Wesen nach, und daß eben daher die sichtbare Kirche auch in ihrer reinsten Erscheinung

---

jene bildet diese, daß mithin die unsichtbare Kirche nie höher als die sichtbare stehen kann." Die Protestanten sagen: „aus der unsichtbaren geht die sichtbare Kirche hervor und jene ist der Grund von dieser." S. Hutt. § 124, Anm. 3.

*) Dies sind die Punkte, welche die Idealisten oder Schwärmer und die Hierarchisten übersehen, verhüllen und verfälschen.

nicht zu identificiren ist mit der unsichtbaren Kirche. Dies ist gerade wesentliches Moment der wahren Kirche, und dies so sehr, daß das Gegentheil die falsche Kirche macht. Es geschieht dies, wenn im gegenwärtigen Aeon dem unsichtbaren Oberhaupt ein sichtbares Oberhaupt unter irgend welchem Titel substituirt wird, oder ein Herrschen der Kirche dem Dienen (katholisirende Anmaßungen); ferner wenn dem Glauben ein Schauen und schauen Wollen substituirt wird (speculative Wissens-Prätensionen, mysticirende Richtungen und Sekten); oder wenn in Betreff des heiligen Geistes statt der bloß vereinzelten Gnadenwirkung desselben und der freien Prüfung derselben (1 Kor. 12, 4 ff. 19, 29) eine unmittelbare Versichtbarung des heiligen Geistes, sei es im Ganzen der Kirche oder in einzelnen Gliedern, statuirt wird, eine Vermischung oder Identificirung des heiligen Geistes mit dem kirchlichen Gemeingeist, dem christlichen Gesammtbewußtsein oder Sonderbewußtsein, mit der geschichtlichen oder dogmatischen Tradition, womit dann auch ein dictatorisches Gesetzgebungsrecht über Glauben, Lehre und Verfassung begründet werden will, statt der dienenden $\dot{v}\pi\alpha\varkappa o\eta$ $\pi\iota\sigma\tau\varepsilon\omega\varsigma$, dem Grundzug der wahren Gemeinde. Es gibt nun aber neben diesen Identificirungen des Aeußeren mit dem Inneren, des Sichtbaren mit dem Unsichtbaren, noch einen entgegengesetzten Abweg, daß nämlich das Aeußere, weil es dem Inneren noch nicht entsprechen kann, nur als gleichgültig gefaßt wird, als indifferent im Verhältniß zum Inneren, so daß es demselben gar irgend widersprechen oder Abbruch thun dürfte. Denn in dieser Indifferenz gefaßt ist das Aeußere, das Sichtbare nicht mehr das von Innen heraus bestimmte und gebildete Organ, das es sein soll, sondern ist das

Zufällige und das Willkürliche. Es gehört hierher theils eine ascetisch-mystische Richtung, die aus einseitiger Premirung der Innerlichkeit das Aeußere überhaupt verwirft als unwesentliche Form, oder es eben deßhalb unterschiedlos gelten läßt und mitmacht, theils gehört hierher die politisirende, die empirische Richtung, welche die äußerlichen kirchlichen Einrichtungen und Zustände, Verhältnisse und Functionen nach politischen und empirischen Rücksichten mancherlei Art faßt und formt eben auf jene angebliche Indifferenz hin, statt sie den inneren Principien des Glaubens zu unterwerfen.

Unser Ergebniß ist also: weder die identificirende Vermischung des Sichtbaren und Unsichtbaren, des Aeußeren und Inneren, noch die dualistische Trennung von Beiden ist das Richtige, sondern das ist's, daß Beides, Unsichtbares und Sichtbares, Inneres und Aeußeres organisch auf einander bezogen wird. Es kann nun aber

3) mit Rücksicht auf den Personalbestand der Kirche noch in anderer als der bei Punkt 1) besprochenen Weise unterschieden werden zwischen einer sichtbaren und unsichtbaren Kirche; eine solche Unterscheidung liegt im dogmatischen Begriff der **streitenden** und der **triumphirenden** Kirche, wenn dabei vom gegenwärtigen Aeon ausgegangen wird, nicht vom zukünftigen, wo der Begriff der Kirche oder Gemeinde übergeht in den des göttlichen Reiches, wo Gott τα παντα ἐν πασιν ist. 1 Kor. 15, 29. Darüber vgl. die Dogmatik und für die jetzt gültige Unterscheidung namentlich Hebr. 12, 22—24. Gal. 4, 24 ff. Eph. 3, 15. Phil. 3, 24. Es gehört gerade wesentlich zum himmlisch-theokratischen und christokratischen Standpunkt des neuen Testaments und zu seinem Grundbegriff des Himmelreichs, daß die Gemeinde der

Gläubigen oder der Heiligen auf Erden mit den Heiligen im Himmel subsumirt wird unter dem einheitlichen Begriff eines Gott und Jesus Christus angehörigen und dadurch geistig zusammen gehörigen Verbands; es ist Eine göttliche Generation, ein Verband von Gotteskindern ($πασα\ πατρια\ ἐν\ οὐρανοις\ και\ ἐπι\ γης$ Eph. 3, 15, vgl. 1, 10), und so besteht im weiteren Sinn Ein Kirchenverband, welcher eine sichtbare und unsichtbare Genossenschaft in sich befaßt, indem er sich zerlegt in die Engelgemeinde, in die schon zum Sieg und zum Schauen gelangten alt- und neutestamentlichen Auserwählten, und in die auf Erden noch den Kampf des Glaubens kämpfenden Auserwählten. In Ebr. 12, 23 gehört die Gemeinde der Erstgebornen dem Himmel selbst an, indem sie zwischen lauter dem Himmel angehörige Subjecte hineingestellt ist: himmlisches Jerusalem, Engel, Gott, Geister der Gerechten und Jesus — die Gemeinde auf Erden aber ist vorangestellt in den Worten: ihr seid hinzugekommen, vereinigt eben nämlich mit diesem dem Himmel angehörigen Gottesstaat. Der Ausdruck „im Himmel Angeschriebene" befaßt so wenig nur die der Erde angehörigen Himmelsbürger, als der Ausdruck „im Lebensbuch Geschriebene", welcher (Offenb. 21, 15, vgl. 12—14) schon Verstorbene befaßt.

Betrachten wir nun:

II. die Verfassung der christlichen Gemeinde auf Grund der biblischen Stiftungsurkunde, also die normale Organisation der Kirche nach innen und nach außen.

1) Die Principien. Das ganze Bestehen der Gemeinde als solcher ist nämlich zunächst innerlich begründet, weil das christliche Gesammtleben wie das christliche Einzelleben aus Glauben allein entsteht und im Glauben allein

sich erhält und fortbildet. Die Principien des Glaubens und seines Inhalts, der Gnade, sind auch die Principien des christlichen Gemeindelebens, da dies eben das aus der Gnade sich bildende Glaubensleben ist. Also Wort und Geist, wie sie geeint sind in Christus und mit diesem wirksam werden im Glauben, dies sind auch die kirchenbildenden Principien; ohne das gibt es überhaupt nichts Christliches in Wahrheit. Das eigenthümliche Verhältniß dieser Principien zu einander ist § 1 bestimmt. Dies vorausgesetzt, entwickeln wir die principielle Stellung derselben zur Gemeinde.

a) **Die objective Grundlage**, θεμελιον, (Eph. 2, 20 f.) der wahren christlichen Kirche und jeder neu entstehenden Einzelgemeinde oder (vgl. § 1) **das organisatorische Princip ist das apostolisch-prophetische Wort**, das alte und neue Bundeszeugniß in seiner gegenseitigen Durchdringung, nicht in seiner einseitigen Trennung, so aber, daß das alte Bundeszeugniß sein Licht und seinen Höhepunkt erhält in der apostolischen Lehre von Christus als dem ewigen Heilsgrund. Daher Eph. 2: Apostel vor den Propheten (der Satz ist früher entwickelt); vgl. noch Luk. 24, 44 ff. mit Mark. 16, 15 f. Act. 2, 14 ff. 40—42. Röm. 1, 1—5. Das Evangelium in seiner Einheit mit dem prophetischen Schriftwort wird hier als Aufgabe des Apostels bezeichnet, um Glauben unter den Völkern und so Gemeinden zu gründen. Diese apostolisch-prophetische Heilslehre ist aber nicht nur die historische Grundlage für die einmalige Entstehung der christlichen Kirche oder nur der historische Anfang eines Gemeindelebens, sondern ist die **perennirende innere Grundlage für die durchgängige Entwicklung**, für den Fortbau und Ausbau des Gemeindelebens. Eph. 2, 21 f. 4, 11—13. Sie ist die fortdauernde Bedingung für die Erhaltung und Fortbildung der Kirche in der heiligenden Wahrheit. Joh. 17, 6. 8. 17. 20 f. 8, 31 f. 15, 7 f. Kol. 3, 15 f. 1 Petri 2, 2. Offenb. 3, 8. Wie nun das göttliche Wort das Organ der Geburt ins geistige Leben ist und des stetigen Hineinwachsens in den Herrn und in das Heil (1 Petri 1, 23. 2, 2. Jak. 1, 18. 21); ebenso ist es die beständige Waffenrüstung des Geistes, selbst gegen übermenschliche Geistesmächte. Eph. 6, 12. 17. So werden also durch dies Wort nicht nur immer neue Kinder des Himmelreichs gezeugt, sondern auch Geisteshelden erzogen. Im Wort liegt daher auch für die verdorbenen oder heruntergekommenen Perioden und Partien der Kirche das einzige reformatorische Neubildungsprincip, das richtende und reinigende Element, wie das vereinigende. Dies namentlich auch darum, weil mit Gottes Wort allein auch Gottes Hand, d. h. die göttliche Weltregierung, in unzerreißlichem Bund steht. Joh. 12, 48, vgl. Hebr. 4, 12 f. Joh. 15, 3. 7 f. mit 2, vgl. weiter 1 Petri 4, 17. 2 Thess. 2, 8. 2 Tim. 4, 1—5. Indem nun das Wort die objective Grundlage der christlichen Kirche ist, so ist der aus und an dem Wort sich entwickelnde Glaube (nicht ein anderer Glaube) dasjenige, worin die objective Grundlage erst subjective Wahrheit hat, ihre Realität im persönlichen Wesen der Subjecte erhält, denn nur in der gläubigen Reception und Action entwickelt das Heilswort seine erbauende Kraft, dies vom Grund aus bis zum Gipfel. Vgl. den Abschnitt vom Glauben. I. Bd. S. 187 ff. Vgl. Matth. 7, 24 f. (wer mein Wort hört und ins Werk setzt [also Reception und Action], der erbaut sich auf der Felsgrundlage, auf meinem Wort, ein eigenes Haus.) Joh. 8, 31 f. 36. 2 Tim. 3, 14 ff. Glaube und Wort gehören unerläßlich zusammen; der Glaube ohne das Wort ist blind und unmächtig, wird zum Aberglauben und Unglauben, zur Unvernunft und Aftervernunft; das Wort ohne den Glauben aber ist kraftlos, kraftlos nicht an und für sich, aber für das persönliche Heil; die dem Wort eigene Kraft wirkt dann tödtend, es richtet den, der es ohne Glaube hört und lehrt, behandelt und bekennt. Wenn wir also die Grundlage des Gemeindebaues und Verbandes in ihrer objectiv subjectiven Realität kurz bestimmen, so ist es der Glaube an das apostolisch-prophetische Wort von Jesu Christo als dem einigen und ewigen Heilsgrunde oder auch der Glaube an den Christus des apostolisch-prophetischen Worts. Christus und Wort gehören zusammen. Christus ohne das Wort ist und wird das bloße Spiegelbild der Subjectivität, die sich selber nicht retten kann, die also auch einen wahren Christus, ein Heilsprincip nicht gestalten kann; es bildet sich ein Christus-Götze und ein Götzen-Christenthum, das Wort aber ohne Christus führt noch nicht ins Leben, das einzig in Christi Person ist, es wird nicht zum Heilsprincip. Joh. 5, 38—40. 2 Kor. 3, 15 f.

Ohne die angegebene Grundlage, ohne den Glauben an den Christus des apostolisch-prophetischen Worts mangelt einer kirchlichen Gesellschaft oder einem christlichen Vereine die Fundamentalwahrheit des Christlichen oder das Fundamental-Christliche. 1 Kor. 3, 9—11. Da ist in christlicher Beziehung, wenn auch nicht in jeder Beziehung der radicale Unglaube, ein Unglaube, der, wenn er zur förmlichen Bestreitung dieser Grundlage wird, sich selbst richtet und stürzt. Vgl. 1 Petri 2, 6—8 mit Luk. 20, 18.

Auf der andern Seite folgt aber auch das: Sobald und solang eine Gemeinschaft, eine Kirche das schriftmäßige Heil in Jesus Christus gläubig anerkennt und festhält als allein gültige Grundlage für kirchliche Lehre und für kirchliches Leben, ist ihr die christliche Anerkennung nicht zu versagen, wenn sie auch in manchen andern Lehrpunkten irrt, diese und jene Wahrheiten der Schrift noch nicht verstehen und tragen kann. In der willigen Anerkennung des evangelischen Heilswortes hat eine solche Gemeinschaft oder Kirche den festen Grund Gottes, hat damit eine erhaltende Kraft, respective auch eine reinigende und weiterbildende Kraft in sich; dies hört jedoch mehr oder weniger auf zu gelten, je nachdem der Heilsgrund der Schrift praktisch verleugnet wird, d. h. im Glauben und Leben einer Gesellschaft Kraft und Geltung verliert, ob er auch stehen bleibt in den Bekenntnißschriften, in den gottesdienstlichen Büchern, Reden u. dgl. Es ist dann mehr oder weniger eine todte Form, Namenchristenthum mit Heuchelei; die objective Wahrheit verliert in solcher Kirche oder Gemeinschaft die subjective Wahrheit und Realität; sie kommt nicht zur persönlichen Geltung. Es kann aber auch die Grundlage des christlichen Glaubens im Allgemeinen anerkannt werden, aber schon in die Grundlage selbst, also in die Lehre von der Schrift, von der Person Christi und von dem Heil in ihm, mischen sich Irrglaube und Menschensatzung, wie dies unleugbar in der katholischen Kirche und in den katholisirenden Richtungen der Fall ist; wie Tradition, Pabstthum, Ablaß u. dgl.; oder Elemente, welche der göttlichen Autorität der Schrift, dem schriftmäßigen Gottes- und Christusbegriff, dem Heilsbegriff und Glaubensbegriff entgegen sind und Abbruch thun, gewinnen fundamentale oder principielle Geltung*); eine Bewegung, die mehr und mehr auch in der protestantischen Kirche eintritt und dies nicht nur unter den rationalistischen Titeln des Zeitbewußt- seins, der Kritik, der Wissenschaft u. s. w., sondern auch unter den gläubigen Titeln des christlichen Bewußtseins, des Gemeindebewußtseins, des evangelischen oder kirchlichen Gei- stes, der Inspiration, Tradition und geschichtlichen Continui- tät u. s. w. In beiden Fällen ist zwar nicht die Unkirchlich- keit und Unchristlichkeit des radicalen Unglaubens gesetzt, aber eine **fundamentale Verunreinigung**, eine **prin- cipielle Verfälschung** des Christlichen und Kirchlichen durch **Afterchristliches** und durch christlichen **Aber- glauben**, oder durch selbstischen Vernunftglauben; vgl. Gal. 1, 6 ff. 5, 4 (Vermischung des Christlichen mit dem Gesetz, mit alttestamentlichen Ordnungen); Kol. 2, 6—8. 18 f. (Philosophie und Tradition in speculativer und as- cetischer Form); 2 Thess. 2, 2 f.: apokalyptische Träumereien, womit noch zu vergleichen über Fälschungen des Christus- begriffs und des Offenbarungsbegriffs (falsches Propheten- thum) Matth. 24, 4 f. 23—26. 1 Joh. 2, 18 f. 24.

Es ist dann nicht das Verdienst einer solchen Kirche oder Gesellschaft, wenn die in ihr noch reservirten Reste des göttlichen Heilswortes partiell und individuell noch wirksam werden. Dies wirken jene Reste vermöge ihrer eigenen von

---

*) So daß nicht mehr gilt: Du sollst keine andere Götter neben mir haben und dir kein Bildniß noch Gleichniß machen.

Menschen unabhängigen Segenskraft, während dieselbe menschlicherseits eben geschwächt und mißbraucht wird durch die beigemischten fremden Elemente. Wo daher vom göttlichen Wortglauben aus in einem solchen christlichen oder kirchlichen Kreis eine Reinigung und Erneuerung eingreifen will, findet dieselbe nur sporadisch noch freudige Aufnahme und Unterstützung, während der herrschende Gesellschaftsgeist oder Corporationsgeist einen mehr oder weniger feindlichen Gegensatz dazu einnimmt, der bis zur Ausstoßung oder zum nothwendigen Austritt des reinigenden Elements führen kann.

Aber auch beim Festhalten des echt Christlichen in der Grundlage oder des Fundamental-Christlichen können kirchliche Entartungen stattfinden; es kann fehlen an einem der schriftgemäßen Grundlage entsprechenden Ueberbau, an der consequenten Anwendung und Durchführung des evangelischen Glaubensgrundes in Lehre, Verfassung und Leben; werden da auch die christlichen Grundwahrheiten nicht angetastet, so werden sie doch zum Ausgangspunkt und zur Unterlage gemacht für menschlich erdachte Lehren und Gebote, für eigenmächtige Ausbildung von Einrichtungen, Gebräuchen und Werken, wobei nach der herrschenden Meinung das aus dem göttlichen Wort zu Grunde gelegte und das aus menschlicher Zuthat Aufgesetzte einander gegenseitig stützen und stärken soll. Vgl. Beck, Christl. Reden IV. Samml. Nr. 20 und V. Samml. Nr. 18. Die Discrepanz zwischen der Einen göttlichen Grundlage und verschiedenartigem menschlichem Ueberbau berücksichtigt namentlich 1 Kor. 3, 10—13. Hienach gibt es im Ueberbau nicht nur völlig **Unnützes** (Stoppeln), sondern auch nur beschränkt Nützliches, für dies zeitliche Leben Brauchbares (Holz und Heu), also **dem**

Utilitätsprincip Dienliches. In Bezug auf das Ewige, das es im Christenthum gilt, ist es ein schwaches, dürftiges Satzungswesen, obgleich es wie Holz und Heu wohl verwendbar ist für die irdische Oekonomie, ein in diesem Zeitleben für Kirche, Staat und Haus manchen Nutzen stiftendes Christenthum, daß man es sich und Andern damit wohnlich machen kann.*)

Ein solcher menschlicher Ueberbau aber, dessen Baumaterial nicht dem allein unvergänglichen Ewigkeitsinhalt in Christo entnommen ist, wird im göttlichen Läuterungsfeuer vergehen, sodaß die ganze darauf verwandte Arbeit, sammt ihrem Produkt ($\check{\varepsilon}\varrho\gamma o\nu$ schließt beides in sich) nicht nur keine besondere Anerkennung bei Gott findet, sondern verloren ist. Vgl. Matth. 15, 9. 13. Es steht dabei sogar die eigene Seelenrettung auf dem Spiel; denn die Personen selbst, die solchem menschlichen Eigenwirken ergeben sind und in das vergänglich Gute des menschlichen Christenthums und Kirchen-Bauwerks gebannt sind, können im Untergang ihres Werkes nur unter der Bedingung gerettet werden, daß sie wirklich den wahren apostolischen Christus als Grund ihres Glaubens und ihrer christlichen Gemeinschaft unter dem heterogenen Ueberbau nicht verloren haben. Dazu aber fehlt es bei solchem Ueberbau nicht an Versuchung unter der die göttliche Grundlage überwuchernden Lehr- und Werkthätigkeit. Mark. 7, 9. 2 Kor. 11, 2—4. 13. (V. 4 soll die Besorgniß rechtfertigen [V. 3], daher $\gamma \alpha \varrho$.)**) Gal. 3, 1—3. (Das

---

*) Vgl. über die in die herrschende Frömmigkeit eingedrungenen Abwege Christl. Reden II. Samml. Nr. 11: das falsche Prophetenthum.

**) Die Pflege der Observanz kann zur Vernachlässigung der göttlichen Gebote führen. Die Verträglichkeit mit dem Nicht-Schriftgemäßen

Christenthum sollte die Grundlage bilden für den neuen Ueberbau des Gesetzes, was so ein Rückfall ins Fleisch ist.) Kol. 2, 8. 18—20. 1 Tim 1, 4. 6, 3 f. 20 und so viele Stellen.*) Und auch wo es nicht bis zum Verlust der Seligkeit kommt, erfolgt die Rettung soweit gläubiger Personen nicht anders, als daß sie erst die Schmerzen und Aengste des gerichtlichen Feuers durchmachen müssen (ὡς δια πυρος). Vgl. Luk. 21, 26. 36. 2 Petri 3, 10.

b) Wird aber das göttliche Wort als wirkliche Grundlage des Gemeindelebens treu verwendet, so daß die Gemeinde aus dem Wort, nicht nur auf dasselbe sich erbaut; so wird auch die Kraft des Wortes, der heilige Geist, die das Gemeindeleben beseelende Kraft. 1 Thess. 1, 4 f. 2, 13. Ist der heilige Geist überhaupt das dynamische Princip des christlichen Lebens (§ 1), so ist er auch die **lebendige Grundkraft, welche eine Gemeinde von treuen Gläubigen durchdringt;** er ist das innere Lebensprincip ihrer Vereinigung, die einzig fortdauernde Lebenskraft der Kirche. 1 Kor. 12, 4. 11. 13. Eph. 4, 4. Das eigenthümliche Wesen, das diesen heiligen Gemeindegeist von jedem andern unterscheidet, ist, gemäß seinem Ursprung von oben, daß es ein auf das Unsichtbare, auf das Ueberweltliche

---

involvirt die Gefahr, die auf Christum gerichtete Einfalt zu verlieren. Es liegt ein bitterer Vorwurf in dem καλως bei Markus und 2 Kor.: „wohl fein, gar schön beseitigt ihr Gottes Gebot, wenn es unverträglich ist mit euren Satzungen und gar schön vertraget ihr ein euch zugebrachtes Christenthum, wenn es auch unverträglich ist mit dem echten göttlichen." — Verträglichkeit mit dem menschlich Unreinen, neben Unverträglichkeit gegenüber dem göttlich Reinen ist etwas Häßliches!

*) Vgl. eine Stelle von Augustin in der Schrift: Holländisches. 1861. S. 244. Herder, Briefe über das Studium der Theologie, kleine Ausgabe. III. Th. S. 108 f.

und Himmlische und so auf das ewige Leben ge=
richteter Geist ist. Die Zukunft nämlich, in welcher
Christus mit seinem Reiche offenbar wird und sich mit seiner
Gemeinde persönlich verbindet, ist es, worin der christliche
Gemeindegeist lebt, diese ist die lebendige Hoffnung und Er=
wartung in einer wirklichen Geistesgemeinde. Röm. 8, 23—25.
2 Kor. 4, 18. Kol. 3, 1—4. Phil. 3, 3. 13—15. 20 f.
1 Petri 1, 2—9. Hebr. 12, 22 ff. Offenb. 22, 17. 20.
Wie nun der natürliche Lebensgeist die ganze Menschheit bis
in jedes Individuum durchdringt, aber mit verschiedener
Naturbegabung: so ist es mit dem göttlichen Reichsgeist in
den Gliedern einer lebendigen Kirche. Der göttliche Natur=
geist vertheilt irdische Lebenstalente, der göttliche Gnadengeist
himmlische. Hier wie dort erfolgt diese Begabung nach der
souveränen Selbstvertheilung des göttlichen Geistes,
jedoch nach weisen auf das Gedeihen des Ganzen berechneten
Gesetzen. 1 Kor. 12, 7—11. Hängt aber der Empfang der
Gaben nicht ab von der individuellen Freiheit, so ist dagegen
die selbständige Bewahrung und Vermehrung derselben, die
individuelle Entwicklung und Ausbildung so wenig aus=
geschlossen als bei den Naturgaben. 1 Kor. 12, 31. 14,
1—39 f.

Aus dem Bisherigen folgt nun:

α) Der Geist Jesu Christi, der ein himmlischer Geist ist,
bedingt das wahre Leben einer Gemeinde; denn der Geist ist
es, der als die Kraft aus Gott allein lebendig macht, leben=
dig für ein ewiges, göttliches Leben; ohne ihn ist und bleibt
Alles nur vergängliches Wesen, Fleisch, oder ein entkräften=
des, aufreibendes Buchstabenwesen. 2 Kor. 3, 6. Röm. 7, 6.
Wenn daher die Lebenskraft des himmlischen Geistes in einer

Gemeinde oder Kirche nicht mehr vorhanden ist, so tritt der Offenb. 3, 1—3 beschriebene Zustand ein: sie mag wohl nach außen noch lebendig sein, d. h. viel äußeres Leben entwickeln in christlicher Form und Geschäftigkeit (ἔργα), hat daher auch (vermöge dieser christlichen Betriebsamkeit) den Namen, den Ruhm, daß sie lebe, daß da lebendiges Christenthum herrsche, ist aber eben nur nominelle Kirche, dem innerlichen Wesen nach ist sie todt, ist in geistigem Schlaf und Geträume, und ihre Werke haben nicht den inneren Lebensgehalt, auf den Gott sieht (οὐ πεπληρωμενα ἐνωπιον του θεου). Werke, vom Geiste nicht belebt, sind νεκρα ἔργα, dem Tod verfallende, vergängliche Werke. Eine solche Kirche stirbt daher immer mehr ab auch in ihrer noch übrigen Christlichkeit (τα λοιπα μελλει ἀποθνησκειν) und reift unvermerkt zu einem Gottesgericht (ἥξω ἐπ σε ὡς κλεπτης), es sei denn, daß sie sich erwecken läßt, den noch übrigen Lebensrest zu stärken (γινου γρηγορων και στηρισον τα λοιπα), und dies geschieht (V. 4) dadurch, daß eine bußfertige, d. h. den Grundfehler anerkennende Sinnesänderung erfolgt in treuer Rückkehr zum ursprünglichen Weg, auf welchem die Kraft des göttlichen Wortes empfangen worden ist.*) Vgl. zu dem πως εἰληφας Gal. 3, 2. 1 Joh. 2, 24. 2 Tim. 1, 6. 13 und 3, 14 ff. Also die äußere christliche Thätigkeit und der äußere Ruf davon entscheidet nicht über das Leben einer Gemeinde. Und so ist es auch bei dem Gemeindeglauben und der Predigt: sollen sie lebendig sein im christlichen Sinn, so müssen sie die Krafterzeugung des göttlichen

---

*) Eine Erinnerung, die auch manchen meiner ehemaligen Zuhörer zu gute kommen könnte!

Geistes in sich tragen und aus sich hervorbringen, nämlich eine über den Horizont dieser Welt und Zeit hinausgehende, das Himmlische u. s. w. erfassende Weisheit, Gerechtigkeit und Hoffnung. 1 Kor. 1, 20. 23 f. 30. 2, 4—9. 14 ff. Gal. 5, 5. Dies ist aber eben nur da möglich, wo die erleuchtende, heiligende und stärkende (beseligende) Wirksamkeit des göttlichen Geistes Jesu Christi ihren geordneten Zugang hat und behält. Wie nun die christliche Gemeinde im heiligen Geist ihre specifische Lebenskraft und Lebensbedingung hat, so hat sie auch

β) nur in dem Geist diejenige **einheitliche Verbindung und Gebundenheit**, welche dem von Fleisch und Welt unabhängigen Wesen des Christenthums, seinem übersinnlichen Leben entspricht.*)

Christus hat es bei seiner göttlichen Reichsanstalt in seiner Gemeinde auf **göttliche Einheit** abgesehen, nicht auf menschliche und weltliche, die ohne ihn existirt und existiren kann; bestimmter: eine Einheit gilt es, wie sie zwischen Gott dem Vater und dem Sohn statt hat. Joh. 17, 21. Dies aber ist die Einheit des Geistes, jedoch nicht als bloß moralische Einheit, sondern als reale Wesenseinheit. **Nur diese göttliche Geisteseinheit macht eben daher auch eine gottähnliche Gemeinde**, macht eine Gemeinde zu Christi Leib, denn nur, was mein Geist beseelt, ist mein Leib, und nur was Christi Geist beseelt,**) bildet

---

*) Christl. Liebeslehre S. 277 ff. Wie ein Leib ohne Geist todt ist, und eben deßhalb, wenn er auch noch zusammen gehalten wird, nur eine abgestorbene oder mechanische Einheit darstellt, die sich bloß äußerlich durch Maschinerie u. s. w. erkünsteln und erzwingen läßt, so ist es auch mit dem christlichen Gemeindeleib oder mit der Kirche.

**) Eph. 4, 4. Röm. 8, 9. 14. 2 Kor. 12, 12 f.

Eine christliche Lebensgemeinde aus, deren Glieder auch unter sich in realer, nicht bloß idealer christlicher Einheit, in wesenhaft organischer Verbundenheit stehen. Sie stehen durch den Geist in dem Einen persönlichen Wesensgrund aller wahrhaftigen und beständigen Lebens-Einheit, in dem Herrn selbst, in welchem sich Göttliches und Menschliches, Höchstes und Niederstes zu Einem geistig-leiblichen Leben einigt, und das Einheitsziel ist Eine persönliche Wesensvollendung, nämlich die Hineingestaltung in die göttliche Selbständigkeit und Freiheit, in das $\beta\alpha\sigma\iota\lambda\varepsilon\nu\varepsilon\iota\nu\ \dot{\varepsilon}\nu\ \zeta\omega\eta$ (Röm. 5, 17) durch die Vermählung mit Christus.*)

Wo diese Wesenseinheit in dem Einen Geist, Herrn und Gott ist (Eph. 4, 4—6), da gilt es nun aber auch dieselbe eben als geistige zu bewahren gegen die fleischlichen Einflüsse, gegen die Einflüsse, wie sie dem irdischen Lebensstandpunkt entspringen, in der Welt und in der Menschennatur herrschen; und dabei ist ebensowohl fleischliche Spaltung abzuwehren als fleischliche Einigung. Eph. 4, 3. Diese selbstthätige Erhaltung der gegebenen Einheit ist eben die Einigkeit, und diese kann in der Gemeinde ihrer geistigen Natur nach nicht erhalten werden mit äußeren Künsten oder mit Streit und Gewalt, sondern $\dot{\varepsilon}\nu\ \tau\omega\ \sigma\nu\nu\delta\varepsilon\sigma\mu\omega\ \tau\eta\varsigma\ \varepsilon\iota\varrho\eta\nu\eta\varsigma$ (Eph. 4, 3), d. h. (vgl. Eph. 2, 14—18 $\alpha\nu\tau o\varsigma\ [X\varrho\iota\sigma\tau o\varsigma]\ \gamma\alpha\varrho\ \dot{\varepsilon}\sigma\tau\iota\nu\ \dot{\eta}\ \varepsilon\iota\varrho\eta\nu\eta\ \dot{\eta}\mu\omega\nu$) nur so, daß Alle in dem vom Herrn gestifteten

---

*) Diese Geisteseinheit beruht also nicht in einer bloßen sittlichen Idee, nicht in einer bloßen Vorstellung, daß man sich denkt und thut, als sei man eins, sondern sie beruht auf dem reellen Vorhandensein eines und desselben geistigen Wesens und Lebens in Allen, eines Wesens und Lebens, wie es die Welt in ihrem Lebensreich weder hat und kennt, noch haben und geben kann.

göttlichen Friedensbund bleiben, in der Versöhnungs=
gnade mit ihrem neuen Menschentypus, die aus dem
Evangelium durch den Glauben fort und fort anzueignen ist.
Damit ist und bleibt das gesetzliche Zwangswesen, das bloß
äußere gewaltsame oder künstliche Zusammenbinden, die Ein=
heits=Fabrikation aufgehoben. Des Weiteren vgl. Erklä=
rung des Epheserbriefes*) zu 4, 3—6 und Christliche
Liebeslehre S. 279 f. Will man die Einigung und
Einigkeit, statt sie innen vom Wort und Geist des Glaubens
aus zu gründen und zu unterhalten, von außen her be=
wirken durch Einheits=Mechanismus und Gesellschafts=Ma=
schinerie, durch äußerliche Satzungen und durch Zwangs=
einrichtungen, so widerspricht dies nicht nur dem innersten
Wesen des Christenthums, dem Geist und der Freiheit in
Christo, sondern auch historisch waren solche Versuche gerade
der erste Anfang des Unfriedens und der Seelenverstörung
in der christlichen Kirche. Act. 15, 1 f. 4—7. 24. Das echt
christliche Gemeindebewußtsein hat diese Versuche, ob sie gleich
auf altgöttliche Ordnungen sich stützten, schon in seiner Wur=
zel (Act. 15) abgestoßen als ein Joch, das dem freien
Gnadengeist zuwiderläuft, seine das Herz reinigende Bildungs=
kraft als unmächtig voraussetzt, und ersetzen will durch
στοιχεια του κοσμου, Grundlagen und Ordnungen des
Weltlebens. Act. 15, 8—11. 24—31, vgl. den Galaterbrief.
Durch solche zwangsmäßige Einheitsordnungen sinkt eine Ge=
meinde gerade zurück aus dem neutestamentlichen Wesen in
das alttestamentliche, aus dem Geist in das Fleisch, in die
knechtische Gebundenheit und Willkür dieses Weltlebens,

---

*) Noch nicht veröffentlicht.

d. h. sie hört auf eine Gemeinde Christi zu sein, ist bloße Religionsgesellschaft. Gal. 3, 3. 4, 1—11. Vgl. die Apologie über die Einigkeit, beim 7. Artikel, nach der Definition von der Kirche.

Alles, was nach der evangelischen Lehre nicht nothwendig ist zur Seligkeit, das kann auch nicht als nothwendig zur Einheit gefordert und Gläubigen als Gesetz aufgebürdet werden, sondern es fällt der Freiheit anheim; diese aber wieder darf sich auch im Aeußerlichen nichts erwählen, wodurch sie sich in Widerspruch setzt mit dem Geiste, der, wenn er wahrhaft christlicher Geist sein soll, heutzutage kein anderer sein kann, als er ursprünglich in den Aposteln und ihrer Gemeinde war; macht sich ein anderer Geist geltend, welchem das, was dem heiligen Geist, den Aposteln, Aeltesten und Brüdern in der Zeit der ersten Liebe einmüthiglich gefiel (Act. 15, 23. 25. 28), nicht gefällt, so ist die Einheit des Geistes und Lebens zwischen Stamm und Zweig verletzt, und ein Aftergeist im Spiel. Denn seit vom Himmel geredet ist in der Sprache des Geistes und nicht des Buchstabens, wurde nicht abermals ein Bewegliches gegeben, das nur für eine bestimmte Zeit und Nation wäre; sondern das Bewegliche ist eben verändert worden, auf daß da bleibe das Unbewegliche; und eben darin stehet die Gnade, daß wir ein von seinem Anfang an unbewegliches und unveränderliches Reich haben, unbeweglich in seinen Gesetzen wie in seinen Verheißungen und Gütern, eben weil Alles in Einem ewigen Geist befaßt ist, nicht in der Veränderlichkeit des Fleisches. Ebr. 12, 25—29, vgl. 18 ff. 7, 16. 22. 8, 6—10.

Wie nun aber in diesem Einen Geist die Einigkeit gegeben ist, oder die Eine, wahre Gebundenheit für die ganze

Gemeinde von ihrem Anfang bis zu ihrer Vollendung (vgl. Joh. 17, 21), so ist auch

γ) eben darin die freie Selbständigkeit der Gemeinde gesetzt, oder, recht verstanden, ihre Autonomie, wogegen ohne den Geist keine Gemeinde-Selbständigkeit wirklich vorhanden ist, noch auch zu Stande zu bringen ist. 2 Kor. 3, 17. Es ist, wie wir sahen, die Art des Christusgeistes, daß er von innen heraus lebendig macht und regiert, und so hebt er seinem Begriff nach das Gesetzeswesen auf, das von außen herein regiert als buchstäbliche Vorschrift, als Satzung, als imperativer Zwang (Gal. 5, 18: „regiert euch der Geist, so seid ihr nicht unter einem Gesetz". Danach gilt auch umgekehrt: muß euch das Gesetz regieren, so regiert euch noch nicht der Geist). Röm. 7, 6. Diese Bestimmung gilt aber eben deßhalb nur innerhalb einer freiwilligen Gemeinschaft wirklich Gläubiger, läßt sich nicht nur äußerlich übertragen auf eine gemischte Massenkirche oder nominelle Kirche; vielmehr behält nach 1 Tim. 1, 8 f. das Gesetz seinen Platz gegenüber von irreligiösen und unmoralischen Personen und Handlungen.*)

Wo aber der Geist des Glaubens regiert, regiert eben damit das göttliche Gesetz als **Gesetz des Geistes** und es wird so innen in den Herzen der Gesetzeszwang gelöst. Daher hat auch im äußeren Verband von Gläubigen das **äußerliche Gesetzesregiment aufzuhören.** Gilt dies

---

*) Daher dann diese auch innerhalb der Geistesgemeinden der Rüge und Zucht, resp. der Ausschließung verfallen, nicht der freien Toleranz. Dagegen darf denn auch nicht um der nöthigen Rücksicht auf solche unmündige und unwürdige Personen und Handlungen willen den unter den Begriff des Gesetzes nicht fallenden Gerechten und Gläubigen ihre Freiheit innerhalb der gemischten Kirchen genommen und äußeres Gesetzesjoch aufgebürdet werden. 1 Tim. 1, 9.

sogar von dem göttlich autorisirten Gesetz des A. T.s, wie viel mehr von bloß menschlich autorisirter Satzung. Gal. 3, 25 f. 4, 31. 5, 1.*) Diese christliche Freiheit wird nun aber in ihrer Entbundenheit vom äußeren Gesetz **nicht zur Gesetzlosigkeit und Ungebundenheit**; denn sie entsteht nicht durch negative Aufhebung des Gesetzes, nicht durch Entbindung von der sittlichen Substanz des göttlichen Gesetzes, sondern durch positive Verinnerlichung desselben, indem eben im Glauben Wort und Leben Christi als Gesetz innerlich verpersönlicht wird, d. h. eben Geistesgesetz wird. Röm. 8, 2. 1 Kor. 9, 21. Zugleich aber bringt der Lebensgeist Christi auch eigenthümliche Gaben hervor, und so werden auch die Kräfte und Mittel ins Leben gerufen, die zur Begründung und Vermehrung des christlichen Lebens erforderlich sind, wie sie der bloße Buchstabe nicht schaffen kann. 1 Kor. 12, 7 mit Cap. 14, 26. Diese mancherlei Kräfte aber haben wieder ihr gemeinsames Band in dem Liebesgesetz Christi, das sich im Glaubensgeist lebendig macht, und durch dieses innere Band werden die verschiedenen Kräfte und Thätigkeiten zum Wirken für das allgemeine Beste zusammengehalten und dirigirt, wie dies wieder kein äußeres Band vermag. Ja diese **geistige Pflege** des Gemeindelebens und Gemeindebesten kann durch äußere Gesetze und Ordnungen nicht nur nicht ersetzt werden, vielmehr setzt sich mit diesen nur erzwungenes Formenwesen an die Stelle der Liebe, des freiwilligen Geistesdienstes, und es reißt damit neben einem seelenverderblichen Haderwesen

---

*) Die Kränkung der Gläubigen in ihrer Freiheit ist daher Krieg wider den heiligen Geist, Antastung der göttlichen Kindschafts-Prärogative, Vorenthaltung eines mit Christi Blut erworbenen Kleinods. Vgl. **Christl. Liebeslehre** S. 217 f.

(Gal. 5, 14 f.) auch ein selbstsüchtiges Heucheln und Eifern ein, wo man durch guten Schein Andern gefallen will, und eitlen Ruhm im Aeußerlichen erjagen. Vgl. Gal. 4, 17 (sie [die Gesetzes-Aufrichter] beeifern sich um euch nicht in löblicher Weise, sondern abwendig machen [von der von mir verkündigten Wahrheit V. 16] wollen sie euch, damit ihr um sie euch beeifert.) 6, 12 f. Luther (Köstlin, Lehre Luthers von der Kirche S. 117): „Es wird aus dem Zwanggebot allein ein Spiegelfechten, ein äußerliches Wesen, ein Affenspiel und eine menschliche Satzung; daraus dann scheinende Heilige, Heuchler und Gleißner kommen." Vgl. auch dessen Vorrede zum kleinen Katechismus.

Hat sich nun aber diese Geistes-Freiheit in christlichen Gemeinden in keinem Fall einer **Beschränkung** zu unterwerfen? — Allerdings gilt es, wie bei der individuellen Freiheit, theils negative Beschränkung, daß solches, das freisteht, zu lassen ist, theils positive, daß solches, das nicht zu fordern ist, gethan wird. Diese Beschränkungen gelten aber nur unter bestimmten Modificationen. Röm. 14.

א) Handelt es sich dabei in subjectiver Beziehung nur um Berücksichtigung oder Schonung wirklicher Glaubensschwächen bei Anderen, so aus Mangel an Erkenntniß entspringender Befangenheit, nicht aber um Schonung einer unter dem Titel des Glaubens versteckten Willkür und Anmaßung.

ב) Handelt es sich in objectiver Beziehung um Gegenstände, die dem äußeren Religionsgebiet angehören, nicht dem Glaubens- und Lehr-Gebiet selbst, wie Röm. 15, 2 und 5 Enthaltung von gewissen Speisen und Einhaltung heiliger Tage genannt sind. Auch fallen solche Freiheits-

beschränkungen nicht unter den Begriff äußerlicher Rechts=
instanz, als ein Zwangsgebot; der Apostel sagt nicht: ihr
müßt Alle um der Schwachen willen nur Gemüse essen,
müßt um ihretwillen einen besondern Tag heilig halten; es
entscheidet vielmehr die moralische Instanz, und zwar auch
nicht die des moralischen Zwanges, sondern die freie In=
stanz christlicher Liebe. V. 15. Die Beschränkung hat
nur christliche Geltung als freies Liebeswerk, nicht als
Zwangsgebot oder fremder Gewissenszwang. 1 Kor. 9, 19.
10, 23. 29 f. Das beschränkte Gewissen eines Andern hat
dem, der im Glauben sich frei weiß, nicht sich aufzudringen,
als beginge er eine Sünde, wenn er nach seiner Freiheit
handelt mit dankbarer Anerkennung derselben als eines
Gnadenrechts. Es darf also auch unter dem Titel der Liebe
nicht das freie Lassen oder Thun aufgehoben werden und
daraus ein stehender Gewissensbann gemacht werden. Lu=
ther: „nihil est caritatem jactare, ut libertatem laedas."
Bengel (Wächter, Lebensabriß S. 191): „Die Freiheit soll
durch die Einigkeit keinen Anstoß (oder Abbruch) finden, sonst
ist es weit gefehlt — lieber keine Einigkeit!" So darf denn
auch das Beobachten oder Nichtbeobachten religiöser Aeußerlich=
keiten für sich keinen Grund abgeben zum Verachten oder
Verdammen. Röm. 14, 3. 5. 10. Wenn dagegen in solchen
Dingen sich die legislative Instanz an die Stelle der mo=
ralisch freien Instanz setzen will, so gilt entschiedene Ver=
werfung (in Bezug auf Speisen oder Genüsse: 1 Tim. 4,
3 mit 1; in Bezug auf heilige Tage: Gal. 4, 9 f. mit
2, 4 f. 5, 1; beides: Kol. 2, 16. 20 ff.).

Endlich ist eine Beschränkung der Gemeindefreiheit zu=
lässig aus Rücksicht auf äußere Ordnung. Was der

Zeit und den Umständen gemäß ist, oder durch die Sache selbst, damit es ordentlich zugehe, erfordert wird, das soll und mag als äußere Ordnung sich geben, darf aber einmal an und für sich nicht im Widerspruch sein mit Lehre und Geist des Evangeliums, z. B. moralisch erzwungene Privatbeichte; es darf ferner unter dem Titel der äußeren Ordnung nichts reell Christliches Noth leiden, wie z. B. wenn der Kirchenbesuch auch bei ungläubigen Pfarrern geboten werden will; es muß überhaupt neben der allgemeinen Ordnung wieder eines Jeden eigenthümliches Natur- und Gnaden-Verhältniß, soweit nöthig, seine Freiheit behalten. 1 Kor. 7, 6 ff. 17. 35 ff. (in Bezug auf Heirathen und Nichtheirathen). 1 Kor. 14, 26 ff. (gottesdienstliche Ordnung). In beiden Beziehungen unterscheidet der Apostel das unveränderliche Gottesstatut und menschliche Anordnung, selbst seine eigene; bei dieser wieder theils die Wahrung der moralischen Freiheit, theils die Wahrung dessen, was der christlichen Förderung dient, die $oi\chi o\delta o\mu\eta$.*)

---

*) Als Grundsatz muß bei jeder äußern Ordnung gelten, daß die Satzung um des Menschen willen da ist, nicht der Mensch um der Satzung oder Ordnung willen, daß also diese sich nach dem Menschen zu richten hat, so daß sie förderlich ist seinen Gottesbedürfnissen, aber auch seinen natürlichen Bedürfnissen nicht Eintrag thut (wie z. B. das absolute Arbeitsverbot oder Erholungsverbot an Sonntagen). Mark. 2, 27 mit 23 ff. Daher Luther richtig (in den Wittenberger Predigten): „selbst in Dingen, die da müssen sein, oder vonnöthen sind, dürfe die Liebe dennoch nicht zwingen noch allzu strenge fahren, weil sonst die Gewissen irrig und unruhig werden und nachher schwerlich wieder loskommen." Vgl. die schon erwähnte Stelle in der Apologie unter dem Artikel von der Kirche nach Abhandlung ihrer Definition, wo von der Einigkeit der Kirche gehandelt wird. Weitere Stellen aus den Symbolen siehe in Beck's Reformations-Predigt 1857. V. Samml. Nr. 18. Vgl. Gessert, Das evangelische Pfarramt in Luthers Ansicht.

II. Verfassung. 1. Die Principien.

Nur die göttliche Lebensordnung und Kirchenordnung bildet die unveränderliche Ordnung des unbeweglichen Reichs Christi, sie steht mit ihren einzelnen Bestimmungen unverbrüchlich und unabänderlich über den Menschen und Zeiten, weil in ihr durch den ewigen Geist, dem sie entspringt, Alles zuvorversehen ist, was Allen und Jedem nöthig ist und dient zum Guten.*)

Welches sind nun die **Fehler**, welche die principielle Bedeutung des heiligen Geistes für die Gemeindeverfassung schädigen? Darauf haben wir noch einzugehen wie bei a) gegenüber der principiellen Bedeutung des Heilswortes. Ist das Wort des Glaubens das principielle Bildungsmittel des Gemeindeverbandes, so ist, wie wir fanden, der heilige Geist des Glaubens mit seinen Gaben die principielle Lebenskraft des Gemeindebestands, wodurch sie den Leib Christi und einen Tempel Gottes darstellt in echt christlicher Gebundenheit und Freiheit. Alles Geistlose und Geistwidrige

---

*) Für das also, was dieser Gottesordnung angehört, gilt als unverbrüchlicher Canon: „Ihr sollt nichts hinzuthun, so wenig als davonthun." Sprechen aber Menschen für ihre Ordnungen, womit sie die Gottesordnung vermehren oder gar verstümmeln und verletzen, Unverbrüchlichkeit an, so ist dies eine hochmüthige Ueberschätzung ihrer Kräfte wie ihrer Rechte, und sie maßen sich das Majestätsrecht des Einen Gesetzgebers an, d. h. es ist Majestätsvergehen. Luther in Briefen an Melanchthon vom J. 1530: „dicere, hoc est cultus Dei vel $\lambda\alpha\tau\rho\varepsilon\iota\alpha$, est unius et solius Dei" und ebenso in einem Bedenken vom J. 1540: „nemini licet instituere cultus sine mandato Dei." In diesem Sinn wurden die Kirchenordnungen im Anfang der Reformation und zum Theil auch später noch aufgefaßt. Vgl. den Anfang und Schluß der 1526 von Luther herausgegebenen „deutschen Messe und Ordnung des Gottesdienstes" bei Geffert S. 251, Lommler, Luthers deutsche Schriften, Bd. II, S. 126 ff., und in den symbolischen Büchern Epitome, Art. X. De ceremoniis ecclesiasticis, quae vulgo $\alpha\delta\iota\alpha\varphi\rho\rho\alpha$ seu res mediae vocantur.

muß daher verletzend sein für das wahre christliche Gemeindeleben, d. h. es muß tödtend wirken. Es kann nun der Fall sein, daß durch das, was Menschen auf dem Grund des christlichen Glaubens aufbauen, oder demselben hinzusetzen, nicht nur Unnützes oder vergänglich Nützliches in die Gemeinde eingeführt wird (1 Kor. 3, 12—15, s. Punkt a), sondern wie 1 Kor. 3, 16 f. hinzufügt, sogar solches, wodurch eben das, was die Gemeinde allein zum Tempel Gottes macht und machen kann, d. h. der Geist, in der Gemeinde verdorben wird. Es geschieht dies principiell, wenn die dem Geist von oben allein entsprechende Geistesrichtung nach oben in die entgegengesetzte Richtung verkehrt wird, wenn also der Gemeinschaftssinn der Abkehr von der Welt und der Richtung auf das Unsichtbare und Himmlische entfremdet, und so dem Irdischen, Zeitlichen, Sichtbaren immer mehr befreundet wird. Damit wird die Ueberweltlichkeit des Christenthums in eine Verweltlichung desselben umgesetzt, der heilige Tempel Gottes wird profanirt. Unter den Begriff der Geistesverderbnisse fällt überhaupt alles das, woraus sich Verfälschungen des christlichen Geisteslebens bilden, und es gehört dahin namentlich die theoretische und praktische Verfälschung oder Corruption der specifisch-christlichen Grundbegriffe, also falscher Glaube und Friede, falsche Liebe, Hoffnung und Gerechtigkeit, die Zersetzung der sittlichen Wahrheiten des Christenthums und des Heiligungsernstes in den Christen. Unter solchen Einflüssen ist das Christenthum aus einer Religion der Liebe und des Friedens umgesetzt worden in eine Religion der Intoleranz und Eroberungssucht, der Herrschsucht und der Spaltungen mit gegenseitigen Anfeindungen und Verfolgungen zum Theil bis aufs Blut, aus einer Religion des innern Geisteslebens in Gott und des gottseligen Wandels vor Gott in einen Cultus äußerer Religionsformen, frommer Werke, Glaubenssatzungen und Dogmen, aus einer Religion der Freiwilligkeit und der Freiheit in ein die Freiheit mißachtendes und unterdrückendes Zwangsinstitut. Es sind dies objective und subjective Geistes-Befleckungen, die ähnlich dem pharisäischen Sauerteig gefährlicher und verdammlicher sind, als weltliche Fleischesbefleckungen, die sich ohne christliche Beimischung und Verbrämung geben, und eben der qualitativ anfangs unbedeutende Sauerteig verderbt mehr und mehr den Süßteig, nicht dieser verbessert allmählich den Sauerteig. 1 Kor. 5, 6—18. Vgl. Christliche Liebeslehre § 15. 8. Diese geistigen Fälschungen und sittlichen Entkräftungen des Christenthums gehören denn zu den schwersten Vergehen, und sind der folgenreichste Abfall einer Kirche oder einer christlichen Gemeinschaft; denn es ist nicht nur etwas Unnützes für das Seelenheil (wie a), sondern es ist seelenverderbliches Unheil; es zerstört das wahre Christenthum und Gemeindeleben in seiner heilig geistigen Lebenskraft und in seinem Salz für Fleisch und Welt. Vgl. zu 1 Kor. 3, 16 f. noch Phil. 3, 13 ff., wo im Gegensatz zu dem auf das $\beta\rho\alpha\beta\epsilon\iota o\nu\ \tau\eta\varsigma\ \alpha\nu\omega\ \kappa\lambda\eta\sigma\epsilon\omega\varsigma$ gerichteten $\varphi\rho o\nu\epsilon\iota\nu$ die $\tau\alpha\ \epsilon\pi\iota\gamma\epsilon\iota\alpha\ \varphi\rho o\nu o\nu\nu\tau\epsilon\varsigma$ als Feinde des Kreuzes Christi bezeichnet werden. 2 Kor. 6, 14—7, 1 (in Bezug auf Reinhaltung vom Unsittlichen und falsch Religiösen.) 1 Tim. 1, 5—11. 18—20 (Glaube mit gutem Gewissen durch rechten Gebrauch des Gesetzes.) 6, 5—14 (gegen eine mit Erwerbsucht und Streben nach Reichthum sich vertragende Christlichkeit.) 2 Tim. 3, 5—8 (ein äußeres Formen-Christenthum, mit einer den natürlichen Gelüsten sich accommodirenden Bekehrungssucht und Versäumniß der Wahrheitserkenntniß). Bei solchem geistverderbenden Christenthum und Kirchenthum geht nicht nur das Erbaute verloren im göttlichen Läuterungsfeuer, wobei immerhin noch die Rettung der Personen möglich ist (siehe a), sondern die Personen selbst, die Urheber und Anhänger solcher geistverderblichen Lehren und Satzungen trifft das Verderben von Gott, so künstlich sie sich rechtfertigen wollen. Daher die beigegebene Warnung 1 Kor. 3, 18 f.*)

Das Centrum der inneren Verfassungsprincipien des Gemeindelebens gewinnen wir, wenn wir:

c) das Verhältniß der Gemeinde zur Person des Herrn noch näher bestimmen. Das Wort, dessen Zeugniß allein eine echte Gemeinde im Glauben erbaut, und der Geist, dessen heilige Kraft allein sie belebt und frei einigt, beide führen die Gemeinde hinein in das eigene, wahre Wesen Jesu Christi, denn sein Gnadenwesen, seine Substanz ist es, was beide, Wort und Geist, in sich haben und aus sich mittheilen. Nur indem durch Vermittlung des Wortes und des Geistes das eigene Wesen Jesu Christi in die Gläubigen sich hineinbildet, werden dieselben ein von Christus wesenhaft und lebendig durchdrungener Organismus, d. h. sein Leib. Sie sind im Wort und Geist des Glaubens mit Christus so verbunden, daß sie aus seiner Fülle, aus seiner specifischen Eigenthümlichkeit, aus ihm als dem Gottmenschen

---

*) Sie ist gerichtet gegen die vermeintliche Weisheit, welcher der einfache Glaube an die Macht des Guten und des heiligen Geistes als Narrheit gilt, und die eben daher auf ihre den Geist verfälschenden Künste geräth. Das Mittel für solche geistige Verderbnisse sind namentlich falsche Lehren.

sein eigenes Wesen und Leben abbildlich empfangen, und daß er selbst sie von innen heraus regiert eben als der Geist in ihnen. Wie denn sein Wort fort und fort die organisatorische Grundlage des Gemeindelebens ist, sein Geist die belebende Grundkraft, so ist Christus selbst das die Gemeinde innerlich erfüllende, substantielle Wesen, und zwar ist Christus nicht nur das passiv angeeignete und anzueignende Wesen, sondern das activ der Gemeinde sich zueignende und die Gemeinde sich aneignende Wesen und so das Alles bestimmende Haupt seiner Gemeinde. Vgl. Eph. 1, 21 f. 3, 17—19, vgl. mit Kol. 2, 9. Kol. 2, 10. Joh. 1, 16. Eph. 5, 29. Christliche Liebeslehre S. 282 ff., Zusatz 20.*)

Vermöge dieser inneren Wesensabhängigkeit der Gemeinde von Christus als einzigem Haupt ruht also die Gemeindeverfassung auf einem **ausschließlich monarchischen Princip, aber auf einem überweltlichen. Christus ist das ausschließliche Kirchenhaupt**, das Alles von sich aus substantiell, nicht bloß formell bestimmt, d. h. das absolut regiert. Je nachdem nun diese innere Wesensverbindung mit Christus als dem gebietenden und regierenden

---

*) Luther: „Die wahrhaftige Kirche mag und kann kein Haupt auf Erden haben, und sie von Niemand, weder Bischof noch Papst, regiert werden mag auf Erden; sondern allein Christus im Himmel ist hier das Haupt und regiert allein. Eines jeglichen eingeleibten Hauptes Natur ist, daß es in seine Gliedmaßen einflöße alles Leben, Sinn und Werk — nun mag kein Mensch des Andern, noch seiner eigenen Seele den Glauben und alle Sinnen, Willen und Werke einflößen, denn allein Christus; nun muß ein Christ den Sinn, Muth und Willen haben, den Christus im Himmel hat, wie 1 Kor. 2, 16 der Apostel sagt: „Das Haupt muß das Leben einflößen", darum ist's klar, daß auf Erden kein ander Haupt ist der geistlichen Christenheit, denn allein Jesus Christus."

Haupt in einem chriſtlichen Verein Realität hat oder nicht, hat derſelbe auch echt kirchlichen oder ſeparatiſtiſchen Charakter. Vgl. Joh. 15, 5 f. 10. Eph. 2, 18 ff. 4, 15 f. Kol. 2, 18 f. Nicht der bloße Geſellſchaftsbegriff, ſondern der die Geſellſchaft beſtimmende Hauptbegriff, das Verhältniß zu Chriſtus entſcheidet über kirchenrechtliche Geltung, wie über ſtaatsrechtliche das Verhältniß zum politiſchen Haupt entſcheidet. Das dem Herrn, dem König treue $\lambda\varepsilon\iota\mu\mu\alpha$, nicht die Majorität, iſt das wahre Israel oder Volk, Kirche Gottes im alten und neuen Teſtament. Vgl. Röm. 11, 1—5. Gal. 6, 15 f. Phil. 3, 3. 16—20. Die Andern, ſo viel ihrer ſind, heißen $\tau\iota\nu\varepsilon\varsigma$, Separirte. 1 Kor. 10, 7 f., vgl. V. 2—5. Wo denn auch nur zwei oder drei in Jeſu Namen, d. h. im Glauben des in ihm geoffenbarten Chriſtenthums vereinigt ſind, da iſt er perſönlich gegenwärtig, und wer darf ſagen, daß da, wo Er iſt, keine wahre Gemeinde ſei, Separatismus ſei? Chriſti Kirchenregiment iſt nun aber ein inneres, ein durch ſein Wort und ſeinen Geiſt vermitteltes, und ſo eben begründet es eine wahrhafte Lebensgemeinſchaft mit Chriſtus. Wo denn dieſes innere Kirchenregiment nicht Wahrheit iſt, und es will durch ein äußeres Kirchenregiment erſetzt werden, da iſt und bleibt es eine Kirche ohne lebendiges Haupt. Es bildet ſich neben knechtiſchem Menſchenjoch fleiſchliches auf menſchliche Autoritäten geſtelltes Rottenoder Sektenweſen mit Einſchlagen eigenmächtiger Wege. Vgl. Kol. 1, 18. 2 Petri 2, 1. 1 Kor. 3, 4. 1, 13. 10. 3, 21 und 23. Judä 19.*) Eine Zuſammenfaſſung des Ergebniſſes

---

*) Luther, Kirchenpoſtille. Evangelium am II. Sonntag nach Oſtern. Auslegung des guten Hirten und ſeiner Heerde wider das „viele Geifern vom Kirchenregiment, ſeiner Ordnung der Aemter und ſchönen

II. 2. Aeußere Verfassung. 361

über die innere Verfassung der Kirche, nebst Beantwortung praktischer Fragen siehe in Beck's Christlicher Liebeslehre S. 225—231. Vgl. auch J. Lindenmeyer, Kirche und Staat nach D. Beck. Anhang S. 53 ff.

Wir haben nun nach den bisher gewonnenen Sätzen über die innere Gemeindeverfassung noch

2) die äußere Verfassung der Gemeinde zu bestimmen.*) Schon bei Punkt I. 4. Zusatz fanden wir, daß in Bezug auf äußere Gemeindeverfassung zwei Grundsätze festzuhalten sind; der erste ist: Die äußere Verfassung darf sich nicht den inneren Verfassungsprincipien substituiren, nicht eine Stellvertretung für diese aufstellen wollen. Hienach kann und darf also auch namentlich die in diesen Principien allein

---

Gottesdienste." Sein Schluß ist: Kein Mensch habe Macht von der Kirche zu urtheilen, denn allein Christus, und Er lehre uns, „daß die Kirche nicht ist noch sein soll ein solcher Haufe, der da müsse mit äußerlichem Regiment und Ordnung gefasset sein, wie das jüdische Volk mit Moses Gesetz; noch durch äußerliche menschliche Gestalt bestehet und regiert oder erhalten wird, und gar nicht gebunden an ordentliche successio oder Regierung der Bischöfe oder ihrer Nachfolger, wie das Papstthum vorgibt. Sondern es ist eine geistliche Versammlung, die diesen Hirten hört und an ihn glaubt, und von ihm durch den heiligen Geist regiert wird; und wird allein dabei äußerlich erkennet, daß sie sein Wort, das ist die Predigt des Evangelii, und seine Sacramente hat; inwendig aber ist sie ihm allein bekannt, wie sie ihn auch wiederum kennet durch den Glauben, sich zu ihm hält, wo sie sein Wort höret, unangesehen, ob sie nichts hält oder auch nichts weiß von jenem äußerlichen jüdischen oder päpstlichen Regiment oder Ordnung, und hin und wieder in der Welt ohne einige gefaßte äußerliche Regierung zerstreuet ist; wie sie je dazumal zur Zeit Christi und der Apostel waren, die außer und wider die ordentliche Gewalt des ganzen Priesterthums an Christum glaubten und ihn bekenneten."

*) Vgl. Beck's Pastorallehren des N. Test. ed. B. Riggenbach. Gütersloh, 1880.

fixirte Macht, die gesetzgebende, die erbauende und belebende Macht nicht an irgend etwas Anderes deferirt werden, seien es Personen oder Institutionen; die Kirche ist weder im Ganzen noch im Einzelnen Stellvertreterin Christi, seines Geistes und Wortes.*) Der zweite Grundsatz ist: Es muß das ganze äußere Bestehen und Handeln der Gemeinde so geordnet werden, daß es den inneren Verfassungsbestimmungen dienstlich sich anschließt, oder daß es $\delta\iota\alpha\kappa o\nu\iota\alpha$ ist. Das ganze kirchliche Aeußere muß also die Erbauung fördern, d. h. die Gründung und Fortbildung der Gemeinde in Christi Wort und Geist und im inneren Wesen des Glaubens; nur dadurch entspricht eine Verfassung der Bestimmung einer christlichen Gemeinde, nämlich der Heranbildung des Leibes Christi. Kurz also $\delta\iota\alpha\kappa o\nu\iota\alpha\ \pi\rho o\varsigma\ o\iota\kappa o\delta o\mu\eta\nu\ \tau o\upsilon\ \sigma\omega\mu\alpha\tau o\varsigma\ \tau o\upsilon\ X\rho\iota\sigma\tau o\upsilon$, dies ist nach Eph. 4, 12 ff. Princip und Grundlage für die ganze äußere Gemeindeverfassung, für die Bildung eines von Christo belebten, regierten und erfüllten Vereins. Aus dieser Grundbestimmung der Erbauung des Leibes Christi ergibt sich als Grundgesetz für die äußere Gemeindeverfassung: Es muß Christo, seinem Wort und Geist die oberhoheitliche Stellung bleiben, der sich Alles unterzuordnen hat, heiße es nun Kirchenregiment, Synode, symbolische Bücher, Theologie, Cultus, Gemeinschaft, Einigkeit u. s. w. Daraus folgt aber auch, daß die christliche Gemeindeverfassung eine ganz andere Organisation erfordert als die weltlich-politische; die christliche Kirchen-

---

*) So darf namentlich auch der Wille eines Collegiums, einer Commission nicht für den Willen des Herrn gelten.

verfassung kann weder eine demokratische sein, noch kann sie eine monarchische oder constitutionelle Form in politischem Sinn haben. Weder die Gesammtheit, noch die Mehrheit, noch ein Einzelner oder ein Collegium von Einzelnen hat kirchlich = gesetzgebende Gewalt, eine selbständige Autonomie, oberhoheitliche Stellung. Die monarchische Form ist nun mit dem Papalsystem protestantischerseits verworfen worden, doch einerseits nicht ohne starke Annäherungen an Cäsareopapie durch Verschmelzung einer obersten bischöflichen Gewalt mit der landesherrlichen; andrerseits ist die Gefahr nahe, daß eine Repräsentation der Gesammtheit als gesetzgebende Ge= walt angesehen oder angestrebt wird, wenn auch nicht aus= drücklich, so doch thatsächlich. Alle Christen zusammen, wie jeder für sich haben ihr ausschließliches Gesetz in Christo, also vor Allem in seinem Wort.

Durch die absolut monarchische Stellung, wie sie Christo ausschließlich zukommt, bleibt nun für die äußere Verfassung als formelles Princip nur das, daß durchgängig die verwaltende, die administrative Form und Stellung (d. h. eben $\delta\iota\alpha\kappa\nu\iota\alpha$) die Form der kirchlichen Organisation ist, nimmermehr aber selbständige Gesetzgebung und Regierungsgewalt; alles dahin Einschlagende, unter wel= chem Titel es geschehe, ist Eingriff in die monarchische Stel= lung Christi, ist Rebellion, Usurpation. Der mißbrauchte Ausdruck „Kirchenregiment" begründet keine ober= herrliche Macht; in der Schrift ist der Regent, der $\kappa\nu\varrho\iota\sigma\varsigma$, nur Christus; es gilt: $\varepsilon\iota\varsigma\ \kappa\nu\varrho\iota\sigma\varsigma$ wie $\varepsilon\iota\varsigma\ \vartheta\varepsilon\sigma\varsigma$; wo Luther „Regierer" übersetzt, Röm. 12, 8 heißt es nur $\pi\varrho\sigma\ddot{\iota}\sigma\tau\alpha\mu\varepsilon\nu\sigma\varsigma$, Vorsteher, und $\kappa\nu\beta\varepsilon\varrho\nu\eta\sigma\iota\varsigma$ Leitung, 1 Kor. 12, 28. Dies sind die Formen, wie sie jedem geordneten Privatverein zu=

kommen, ohne legislatorische oder politische Autorität. In der Stelle 1 Kor. 12, 28 bei der Aufzählung von acht kirchlichen Aemtern nehmen gerade die κυβερνησεις den vorletzten Platz ein, weit nach den Lehrern, die sogleich auf Apostel und Propheten folgen. Diese Stellung des Lehramts oder Pfarramts machen auch die symbolischen Bücher gegenüber dem bischöflichen Regiment geltend. Selbst der apostolische Stand ist nach Christi eigenem Wort nicht der weltlichen Herrschaft nachgebildet, begründet kein Prinzipat oder eigentliches Regiment, weder in politischer oder obrigkeitlicher Form als ἄρχοντες, noch in patriarchalischer Form als πατερες, noch in dogmatischer Lehrform als ῥαββι, καθηγηται. Matth. 23, 8—11. 20, 25—27. Also auch die Berufung auf fortdauernde Repräsentation des apostolischen Amts, wenn diese Berufung auch nicht an und für sich falsch wäre, da das Apostolat seine ausschließliche, nicht vererbbare Stellung hat (wovon nachher), gibt einem sogenannten Kirchen-Regiment keine oberherrliche Macht, daß es etwas vom Herrn selber nicht schon Befohlenes in eigener Machtvollkommenheit zum Gesetz erheben dürfte, und aus dem Titel Kirchenregiment eine juridisch äußerliche Gehorsamspflicht ableiten dürfte, oder den Gehorsam mit äußeren Mitteln erzwingen. Alles das sind eben die Attribute weltlicher Obrigkeit und Herrschaft, und diese schließt der Herr der Kirche, der absolute Gesetzgeber in der angeführten Stelle schlechterdings aus für seine Kirche und verwirft sie da. Alle beamteten Individuen in der Kirche sind nur διακονοι, alle Aemter und Handlungen nur διακονιαι. Die christliche Kirchenverfassung ruht also auf einem **absolut monarchischen Princip**, das eben nur in der transcendenten Person und Stellung Christi gegeben und in seinem descendent gewordenen Offenbarungswort fixirt ist. Einen demokratischen Charakter verbindet die kirchliche Verfassung mit dem monarchischen Princip nur nach innen in Bezug auf die gegenseitige Stellung Aller zu einander, sofern unter sich alle Kirchenglieder vom ersten bis zum letzten gleich sind, ἀδελφοι sind, Volk Gottes sind, nicht aber gilt das Demokratische als Volkssouveränetät, als κυριευειν. **Alle Unterthanen sind gleich abhängig** von der Einen gesetzgebenden oberherrlichen Gewalt Christi, wie er sie übt in seinem Wort und Geist.*)

In dieser Abhängigkeit von dem einzigen Haupt und Herrn liegt nun aber zugleich auch wieder als ein Urrecht der Kirche eine **Autonomie**, d. h. die vom Herrn selber autorisirte Vollmacht, unabhängig zu sein und zu bleiben von jeder anderweitigen gesetzgebenden Gewalt außer der Christi, nur in der Einheit mit seinem Wort und Geist ihre Angelegenheiten selbst zu bestimmen, oder nur aus dem Wort und Geist Christi ihre Gesetze zu schöpfen und nur demgemäß sie zu vollziehen, also nur auf innerlichem Weg mit geistigen und moralischen Mitteln, eben in der Kraft und Autorität des Wortes und des Geistes, niemals aber durch äußere Gewalt und Autorität. Das ist die urrechtliche Autonomie der christlichen Kirche. Nie aber gibt es für die Kirche eine Autonomie in dem

---

*) Innerhalb dieser Abhängigkeit von der Einen gesetzgebenden Regierungsgewalt Christi hat sich die ganze Verwaltung christlicher Angelegenheiten zu bewegen, sonst erfüllt sie nimmermehr ihre Bestimmung, die Erbauung des Leibes Christi, die Realisirung des wahrhaften Heilslebens in den Menschen.

Sinn, unabhängig von Christus, d. h. von seinem Wort und Geist, aus sich selbst nach eigenem Ermessen Gesetze zu geben und damit zwangsmäßig zu regieren, sei es durch Volksbeschlüsse, die man Gemeindebeschlüsse heißt, oder durch kirchenregimentliche Anordnungen.*)

Wie nun aber das Innere des Geistes-Lebens der Gemeinde von dem Einen Geist aus sich besondert in mancherlei Geistesgaben oder geistige Talente (διαιρεσεις χαρισματων 1 Kor. 12, 4), so auch unter dem Einen Herrn oder Oberhaupt **besondert** sich der äußere Gemeinde-Organismus mit seiner Administration oder διακονια in besondere dienstliche Verrichtungen oder Bedienstungen (Aemter), διαιρεσεις διακονιων 1 Kor. 12, 5. Indem das geistliche Amt bis zum apostolischen hinauf mit διακονια bezeichnet ist, involvirt der geistliche Amtsbegriff so wenig als der des Kirchenregiments ein Beherrschungsrecht; es ist ein Dienstbegriff. 1 Kor. 3, 5. 2 Kor. 1, 24. 4, 5.

---

*) Augsb. Conf. Art. 28, Detzer S. 59: „Das bischöfliche Amt ist nach göttlichem Recht das Evangelium predigen, und die Lehre, so dem Evangelium entgegen ist, verwerfen. Wenn sie aber (die Bischöfe) etwas dem Evangelio entgegen lehren, setzen oder aufrichten, haben wir Gottes Befehl in solchem Fall, daß wir nicht gehorsam sein sollen;" mit Verweisung auf Matth. 7, 15. Gal. 1, 8. 2 Kor. 13, 8. 10 („wir haben keine Macht wider die Wahrheit, sondern für die Wahrheit — Macht zur Erbauung [in der Wahrheit], nicht zur Zerstörung"). Apologie, von der Kirchengewalt (Detzer S. 314). Luther über Kirchengewalt. Zimmermanns Concordanz III. B. S. 136 f. in Kürze: Wider die Gebote Gottes, die das Gewissen binden, vermag die Kirche nichts auszusagen. Die christliche Kirche hat keine Macht, einige Artikel des Glaubens zu setzen; — alle Artikel des Glaubens sind genugsam in der heiligen Schrift gesetzt, daß man keinen darf setzen. Gottes Wort soll Artikel des Glaubens setzen, und sonst Niemand, auch kein Engel. In Bezug auf **Cultus** vgl. oben S. 355.

Diese Functionen aber und Bedienstungen sind nicht nur äußerlich übertragbar durch menschliche Bestimmung, sondern innerlich bedingt durch die geistigen Gaben, und zwar nicht durch die natürlichen nur oder durch schulmäßig gebildete Begabung, sondern durch Begabungen, die Wirkung des neutestamentlichen Gnadengeistes sind ($\chi\alpha\varrho\iota\sigma\mu\alpha\tau\alpha$). Dies bestimmt auch für das besondere Amt, und da die Geistesgaben, die Befähigungen vom Herrn ausgehen, so liegt in ihrem Vorhandensein eben der Wille des Herrn ausgesprochen, oder seine Designirung für bestimmte Dienstleistungen, daß dieses Individuum zu den entsprechenden Verrichtungen, resp. zu dem entsprechenden Amt die innere Berufung habe vom Kirchenhaupt, vom eigentlichen Kirchenregiment. Man muß daher nach erhaltener Ueberzeugung solchen Individuen Raum lassen für ihr freies Wirken als Gemeindeglieder, wenn auch nicht immer jedes befähigte Individuum unter den gegebenen Verhältnissen gerade mit amtlichem Dienstcharakter bekleidet werden, oder ein Amtsträger sein kann. In den Stellen 1 Kor. 12, 8—11 mit 28 und 14, 26. Eph. 4, 11, vgl. mit V. 8 wird auf die verschiedenartige charismatische Begabung einerseits das entsprechend freie Privat-Wirken der einzelnen Gemeindeglieder zurückgeführt, andererseits die besondere amtliche Wirksamkeit Einzelner (wovon später). Also auch in Bezug auf den kirchlichen Wirkungskreis erscheint wieder Christus als der Eine kirchliche Monarch, der allein das oberherrliche Recht ausübt, theils über die Berechtigung der Einzelnen für diese oder jene besondere christliche Privatfunction zu entscheiden, theils über die Berechtigung zu den für die Gemeinde-Diakonie (Aemter-Verwaltung) erforderlichen Functionen; ihm kommt principiell die sogenannte Aemter-

Besetzung zu, indem er durch entsprechende Geistesausrüstung die für die einzelnen Aemter geeigneten Personen beruft. Der Herr hat also das oberste Vocationsrecht, und diesem hat das menschliche nach erhaltener Ueberzeugung sich nur anzuschließen.

Gehen wir nun zu der speciellen Frage:

a) **Welches sind die vom Herrn eingesetzten Functionen und Bedienstungen, oder die sogenannten Kirchenämter?**

An der Spitze steht das Apostolat.*) Das persönliche Organ des Herrn-Worts in Kraft seiner Offenbarung. 1 Kor. 12, 28. Eph. 4, 11. 3, 3. Röm. 16, 25. Gal. 1, 16, Matth. 10, 20. Luk. 10, 16. Joh. 17, 18. Das Charakteristische der eigentlichen Apostel, d. h. der Gesandten des Herrn (zu unterscheiden von $\overset{\text{'}}{\alpha}\pi o\sigma\tau o\lambda o\iota$ als Gesandten der Gemeinde) ist unmittelbare Berufung durch den Herrn, und zwar nicht nur durch eine innere, sondern auch äußere Berufung. Luk. 6, 13. Gal. 1, 1. 12. 1 Kor. 15, 7 f. Ferner gehört dazu eine Geistesbegabung, die alle wesentlichen Charismen in sich vereint. 1 Kor. 2, 9 f. 14, 6. 18. 12, 8—10.**)

Vermöge dieser Allseitigkeit ihres Geistes üben die Apostel auch alle wesentlichen Kirchenfunctionen aus, wie Prophetie, Evangelisation, Lehramt, Hirtenamt. Dieser singulären Berufung und Geistesbegabung entspricht auch als

---

*) Vgl. Beck, Pastorallehren.
**) Vgl. Dogmatische Vorlesungen, über das Eigenthümliche der Inspiration der Apostel.

drittes charakteristisches Moment die universelle Bestimmung des Apostolats für die ganze Völkerwelt. Matth. 28, 19. Mark. 16, 15. Luk. 24, 47 f. Act. 9, 15. Röm. 15, 15 f. Eph. 3, 8 f. Gal. 1, 16. Eben mit dieser universellen Bestimmung ist den vom Herrn unmittelbar berufenen Gesandten auch für alle Zeiten der Apostolat ausschließlich zugetheilt; es soll nicht jedes Volk und jede Zeit ihre eigenen Apostel des Herrn haben, so wenig als ihr eigenes Gotteswort oder Evangelium. Daher auch gerade dieser Apostel Wort für den Glauben aller Zeiten als das Einheitsband vom Herrn autorisirt ist. Matth. 28, 19, vgl. 20.*) Joh. 17, 20 f. Gal. 1, 8 f.**)

Durch schriftliche Fixirung seines Wortes erfüllte der Apostolat seine universelle Bestimmung für alle Zeiten und alle Theile der Kirche. Obgleich nun aber die Apostel durch ihre ganz eigenthümliche Vereinigung der in der übrigen Gemeinde vertheilten Gaben und Functionen an der Spitze des ganzen Gemeindeorganismus standen, so war und blieb doch die äußere Stellung eine bloß administrative, eine $\delta\iota\alpha\varkappa o\nu\iota\alpha$ $\varepsilon\iota\varsigma$ $o\iota\varkappa o\delta o\mu\eta\nu$, niemals ein $\varkappa\upsilon\varrho\iota\varepsilon\upsilon\varepsilon\iota\nu$. 2 Kor. 1, 23 f. 4, 5. 1 Kor. 7, 6. 10. 12. 25. 35. 40. Die Autorität der Apostel war kein äußerliches Machtattribut, sondern wie

---

*) Der Schluß: „ich bin mit euch alle Tage bis zur Weltvollendung" bezieht sich namentlich auf ihre allen Völkern bestimmte Lehre. Vgl. über die absolute Giltigkeit der Apostel als Lehrer. Gal. 1, 8 f.

**) In der Vollendungsperiode noch erscheinen daher gerade die Zwölf als die Oberhäupter und Grundlage der göttlichen Kerngemeinde. Matth. 19, 28. Luk. 22, 30. Offenb. 21, 14. Matthias ist nicht wie Paulus durch unmittelbare Berufung des Herrn zum Völkerapostel autorisirt, sondern von den Jüngern mittelst des Looses unter zwei erwählt, und dies zu der Zeit, da sie noch nicht durch Empfang des heiligen Geistes zu Amtshandlungen autorisirt waren. Act. 1, 15 ff.

sie nur geistig und moralisch gegründet war in der Fülle des Herrn-Geistes und im Gehorsam des Glaubens, nicht im Gehorsam des Gesetzes, so wurde sie von den Aposteln auch nur geübt in der Liebeskraft und Zuchtgewalt des Geistes und des Wortes auf Grund des freien Glaubens der Gemeinde. Eben darum aber war und ist andererseits der Gehorsam eingeschlossen in den Glauben und in die Gemeindegenossenschaft, wie der Ungehorsam von der Glaubensgemeinschaft und der Gemeinde ausschließt. Act. 2, 42. Röm. 1, 5 f. 2 Kor. 12, 11—13. 19—21. 13, 1—8. 2 Thess. 3, 6. 12. 14. Als Amtsnachfolger der Apostel darf also kein Einzelner und kein Collegium auftreten oder anerkannt werden, weil die apostolische Gewalt auf einer ausschließlichen Geistesbevorzugung beruht und auf einer ausdrücklichen Uebertragung des Herrn. Repräsentirt wird das Apostelamt fort und fort einzig nur im apostolischen Wort.

Als nächste kirchliche Function nach dem Apostolat erscheint:

Die Prophetie. 1 Kor. 12, 28. Eph. 4, 11. Sie setzt ebenfalls das Charisma der Apokalypsis voraus, jedoch nicht die universelle des Apostolats, die das Ganze der göttlichen Offenbarung, ihres Mysteriums umfaßt mit selbständiger Productivität, sondern nur gebunden an einzelne Offenbarungsakte für bestimmte Gegenstände. 1 Kor. 14, 29 f. Die Prophetie gehört den $\delta\iota\alpha\iota\varrho\varepsilon\sigma\varepsilon\iota\varsigma\ \chi\alpha\varrho\iota\sigma\mu\alpha\tau\omega\nu$ als Theil an (1 Kor. 12, 4—10), während das Apostolat die Charismata in sich vereinigt. Das Wesen der Prophetie ist überhaupt: den inneren Geistessinn göttlicher Regierungsakte, göttlicher Institutionen, göttlicher Worte oder auch sonstige Offenbarungen, eigene oder fremde, verständlich zu deuten und mit praktischer Anwendung darzulegen. Die amtliche Aufgabe der Prophetie ist sonach Weiterbeförderung des schon gepflanzten Glaubens und Vertretung desselben in pneumatischer Ueberwindung der Gegner. 1 Kor. 14, 1—5. 24. 31, vgl. 3, 5 f. Act. 18, 24 ff.*)

Der prophetischen Function tritt eben daher die Eph. 4, 11 genannte Function des

Evangelisirens zur Seite. Dies erfordert als innerliche Gabe mehr nicht als das χαρισμα της πιστεως, d. h. da es nicht einfach πιστις heißt, sondern πιστις als χαρισμα in Betracht kommt (1 Kor. 12, 9. Act. 6, 5 f. 8 ff.; 11, 22. 24. 26): geistig gesteigertes Glaubensleben. Hat es die Prophetie namentlich mit dem Geist zu thun, mit der inneren Seite und mit der Zukunft des Reiches Gottes, so der Evangelistendienst mit der äußeren Seite, mit der historischen Gegebenheit desselben, mit seinen im Evangelium fixirten Worten und Thatsachen. Die Bestimmung des Evangelistendienstes ist also grundlegend: Anpflanzung und elementare Befestigung des Glaubens, namentlich also Gründung von Jüngerschaften als Boden für die Gemeinde. Act. 8, 4. 14, 7. 1 Kor. 1, 17. 2 Kor. 10, 16. Das Evangelisiren war namentlich Sache der Apostelgehilfen. 2 Tim. 4, 5. Act. 21, 8.

Während nun die evangelisirende und die prophetische Function der Pflanzung und Förderung des Glaubens dienen, ohne Beschränkung auf einen bestimmten Gemeindeboden, so

---

*) Oetinger (Etwas Ganzes vom Evangelium; Anhang, Anm. über Mund- und Schreibart) sagt schön: Weissagen ist die im Geist liegenden Dinge auch in den Sinn bringen, gleichsam wie die Töne in Noten.

fixirt sich dagegen die ordentliche fortlaufende Erbauung innerhalb der bestehenden Einzelgemeinden ebenfalls durch eine zweifache Function:

Die Hirten und Lehrer (ποιμενες και διδασκαλοι Eph. 4, 11). Sie sind dort als Einem genus angehörige Diener unter Einen Artikel gefaßt, wie sie auch den Einen Titel πρεσβυτεροι führen (1 Tim. 5, 17, vgl. 1 Kor. 12, 28 die Verbindung von κυβερνησεις mit διδασκαλοι. Röm. 12, 7 f., vgl. Act. 20, 17 und 28 die Identificirung der επισκοποι und πρεσβυτεροι mit der Angabe des ποιμαινειν als Function). Es ist damit das Gemeindevorsteher-Amt nach seiner äußeren und innern Seite bezeichnet in seiner Leitungsthätigkeit durch ποιμενες, in seiner Lehrthätigkeit durch διδασκαλοι; wobei ποιμαινειν eben den Geist der Liebe und des Vertrauens andeutet, der das επισκοπειν bestimmen soll, und als Befähigung zur Leitung und zur Lehrthätigkeit ist ohne Zweifel vorausgesetzt die Gabe der σοφια und γνωσις. 1 Kor. 14, 6. 12, 8.

Die niederste Function, die aber bezeichnend genug für alle Functionen zusammen den Namen hergibt, ist die Diakonie, διακονια im engeren Sinn, das Diakonen- und Diakonissen-Amt (Act. 6), das ebenfalls wie das Leitungs- und Lehramt den Einzelgemeinden angehört; und wenn in letzteren Aemtern die Verwaltung der geistigen Gemeindeangelegenheiten sich concentrirt, so im Diakonenamt die der ökonomischen Gemeindeangelegenheiten; dies jedoch so, daß dabei nicht Erwerbszwecke und Erwerbsformen zu Grunde liegen, sondern Bedürfniß und Noth (Act. 6 ἡ χρεια, nicht πορισμος), daher: Armenpflege, Krankenpflege, Pilgerpflege u. s. w. in sich befassend, nicht Industrie. Ebensowenig ist der Diakonendienst ein Kunstprodukt, sondern wie die anderen Functionen eine natürliche Frucht des Geistes der Liebe und besonderer Gabe, worunter namentlich auch Heilkraft und praktischer Verstand gehörte. Act. 6, 3. 8. 1 Kor. 12, 9. 28—30. Die allgemeine Liebe und die brüderliche Liebe, wie sie der Gemeinde im Ganzen zukommt, erhält durch Vermittlung der Diakonen ihre geordnete Bethätigung, und da auch dieser äußerliche Liebesdienst eben als christlicher Gemeindedienst nicht isolirt vom geistigen Dienst zu betreiben ist, so werden Act. 6, 3 ff., sowie 1 Tim. 3, 8 ff. auch an die für das Diakonat zu berufenden Individuen im Wesentlichen dieselben geistigen Anforderungen gestellt, wie an die Gemeindevorsteher, namentlich, daß sie durch Glaubens-Geist und -Weisheit sich auszeichnen. Setzt sich nun an die Stelle des natürlichen individuellen Freiwilligkeitsdienstes, wurzelnd in göttlicher Begabung und Berufung, ein künstlich gepflegter Institutsdienst und Ordensdienst mit andressirten Fertigkeiten und mit geschäftsmäßiger Betriebsweise, so tritt auch mehr und mehr eine Annäherung hervor an pharisäische und katholische Werkheiligkeit.*) Vgl. im Ganzen über die Uebertragung der ursprünglichen Gemeindeverrichtungen auf unsere Kirche Luthers Kirchenpostille im III. Theil: „Am Stephanstag."

---

*) Christenthum und Religion lassen sich nun einmal nicht von außen machen ohne Seelenschaden und dürfen nicht wie eine Salbe in das Räderwerk der gesellschaftlichen Maschine eingepinselt werden. Soll Armen- und Krankenpflege über den individuellen Boden hinaus als gesellschaftliche Aufgabe im Allgemeinen betrieben werden, so hat man dabei von den allgemeinen Grundsätzen der Humanität und Moral auszugehen, wenn nicht unter der Decke äußerer Verbesserungen innere Verderbnisse befördert werden sollen, wie frommes Schein-Wesen, wodurch aus Uebel Aergeres gemacht wird. Es erfüllt sich das Wort: „Du hast den Namen, daß du lebest, und bist todt."

Welches ist nun:

b) **die Stellung dieser Gemeindeämter und Gemeindebeamten unter sich und zu der Gemeinde?**

α) **Unter sich** sind dieselben nicht rangmäßig abgestuft, weil dies schon der allgemeine Verfassungskanon nicht zuläßt, wonach alle Beamten, selbst die Apostel nur Diakonen sind. Es ist keine Hierarchie, sondern nur eine geschäftsmäßige Vertheilung der Einen dienstlichen Aufgabe; es gilt in den verschiedenen Aemtern die Wahrung und Pflege der geistigen Glaubensinteressen und der ökonomischen Liebesinteressen, theils gegenüber der noch unbekehrten Welt, theils innerhalb der einzelnen Gemeinden und unter den Gemeinden zusammen. Dies ist die Idee, die der Besonderung zu Grunde liegt. Für diese Dienstzwecke der Gemeinde ist ferner von Anfang an kein besonderer Stand privilegirt, sondern aus dem Schooß der Gemeinde werden gerade besonders Begabte berufen, damit der betreffende Geschäftszweig in geordnetem Dienst besorgt werde. Die Berufenen erhalten damit nicht ein ausschließlich an ihre Person gebundenes Privilegium, nicht ein Monopol, sondern an der Allen obliegenden Gemeindeaufgabe haben sie je ihren bestimmten Theil als besondere Dienstpflicht zu erfüllen, nicht als ausschließliches Dienstrecht. Ihre Functionen erhalten so öffentlichen Charakter statt bloßen Privatcharakter. Das Lehramt z. B. involvirt kein ausschließliches Privilegium in der Versammlung Vorträge zu halten zur Erbauung, vielmehr behalten neben dem ordentlichen Lehramt nicht nur die Diakonen, sondern alle gläubige Gemeindeglieder das Recht nach der eigenthümlichen Gabe und nach Gelegenheit außerhalb und innerhalb der Gemeinde auch lehrthätig zu sein. Vgl. 1 Kor. 14, 5. 24. 26—31. Act. 8, 4 f. 11, 19—21.*)

Indem aber das kirchliche Lehramt die Lehrthätigkeit als specielle amtliche Dienstpflicht zu besorgen hat, involvirt dasselbe auch als specielles Dienstrecht die Leitung der ganzen Lehrversammlung, während die Einzelnen nur in einzelnen Fällen und Richtungen thätig sind.**) Diese Zusammengehörigkeit der verschiedenen Gemeindeämter, wie sie durch die Einheit des Geistes und des Werkes bestimmt ist, stellt sich denn auch äußerlich dar in der Vereinigung aller Gemeindebeamten unter dem gemeinsamen Namen und Begriff des Presbyteriums, des Collegiums der Aeltesten, worein sich selbst die Apostel wieder einreihten, namentlich insofern sie zu einzelnen Gemeinden in specielle Beziehung treten. 1 Petri 5, 1. 2 Joh. 1. Auch der Name $\dot{\epsilon}\pi\iota\sigma\varkappa o\pi o\varsigma$ wurzelt nur in der dem ganzen Collegium zukommenden Aufsichtsthätigkeit (Act. 20, 28, vgl.V. 17), womit dann ein Einzelner des Collegiums gemäß der Geschäftsvertheilung betraut wird. Weiteres siehe Beck, Erklärung der zwei Briefe an Timotheus S. 125 ff. und 145 ff.

β) Gegenüber der Gemeinde bildet das Beamtencollegium nichts weniger als einen bevorzugten Stand geist-

---

*) So trieb man damals Mission, ungekünstelte Privat-Mission auf Grund individuellen Glaubens; als besondere Berufssache gehörte sie den besonders dazu begabten Evangelisten an, und als Völker-Mission den unmittelbar vom Herrn dazu bestellten Aposteln.

**) Also untereinander verhalten sich die verschiedenen Aemter und ihre Diener nur als Glieder, sodaß jeder nach der Natur seines eigentümlichen Glaubens- und Geisteslebens und nach der Erforderniß des besonderen Amtes das Seinige beizutragen hat zur Erbauung der Gemeinde, ohne äußere Bevorzugung. 1 Kor. 12, 20—30. Eph. 4, 16. Röm. 12, 3—7.

licher Würdenträger. Denn einerseits steht die ganze Gemeinde als geistlicher Stand da, als heiliges Priesterthum. 1 Petri 2, 4—11 („Ihr Gläubigen seid das Priesterthum" — nicht Apostel und Propheten, Lehrer und Bischöfe sind euer Priesterthum). In den Gemeindebeamten concentrirt sich also nur auf Grund der individuellen geistigen und sittlichen Vorzüge der allgemein priesterliche Gesammtcharakter. Dagegen einen geistlichen Beamtenstand eben als solchen oder als Priester einem Laienstand gegenüber zu stellen, ist der directeste Widerspruch gegen das Evangelium.*) So ist denn auch jedes Amt nur als Dienst an der Gemeinde um Christi willen charakterisirt; alle äußerlichen Beherrschungs-Rechte, -Titel und -Mittel sind ausgeschlossen; nur in der überwiegenden Geisteskraft und in der Vorbildlichkeit oder Musterhaftigkeit des Lebens und Charakters, sowie in der Uebereinstimmung mit der Regel des Glaubens, also nur in moralisch freier, geistiger Weise ist das Amt mit einer ἐξουσια, Macht, bekleidet. 1 Petri 5, 3 (μηδ' ὡς κατακυριευοντες των κληρων αλλα τυποι γινομενοι του ποιμνιου). 1 Kor. 3, 5. 4, 1. 2 Kor. 4, 1 f. 5, vgl. 1 Tim. 4, 12. Demgemäß hat auch die Aemterbesetzung (vgl. Act. 1, 15—23. 6, 2 ff.), überhaupt die Entscheidung aller wichtigen Gemeindeangelegenheiten (Act. 15) nur zu erfolgen unter dem Zu-

---

*) Die symbolischen Bücher sagen: ministerium N. T. non est alligatum locis et personis sicut ministerium Leviticum. Luther: „Es ist eine Mauer des Papstthums, daß man einen gewissen Stand zum geistlichen Stand gemacht — alle Christen sind wahrhaftig geistlichen Standes; es werden nur darum etliche aus den Häusern gezogen, daß sie anstatt der Gemeinde das Amt treiben, welches sie alle haben und nicht mehr Gewalt haben denn die anderen."

sammenwirken aller Gemeindeglieder, sei es unmittelbar, sei es mittelbar durch selbstgewählte Bevollmächtigte.*)

Bemerkung über den Begriff Kirchenrecht. Alle Rechte, wie überhaupt alle Verfassungsbestimmungen, die nicht aus der ursprünglichen Constitution des göttlichen Wortes und Geistes abstammen, sind keine göttlich gestiftete Urrechte, keine göttliche Ordnung, sondern nur menschlich erworbene Rechte, keine jura sacra, sondern nur jura quaesita circa sacra. Sie entstammen den wechselnden Zeit- und Menschensatzungen, sind ebendaher veränderlich: jura temporalia. Widersprechen sie den Urrechten oder verletzen sie das innere Verfassungs- und Glaubensleben, so sind solche erworbene Rechte verwerfliches Unrecht und bekommen durch keine juridische Form oder historische Autorität Sanction gegenüber dem Einen Gesetzgeber und den Urrechten seiner Gemeinde. Leidet überhaupt das Eine Nothwendige, das innere Geistesleben, der Friede, die Unabhängigkeit, der heilsame Einfluß auf die Gemeinde unter menschlich entstandenen Rechten und Einrichtungen, ob sie auch nicht gerade in directem Widerspruch damit stehen, so ist es besser, sich selber zu verleugnen, und die Rechte aufzugeben, als sie geltend zu machen; so ist es mit manchen Besoldungsbezügen, hergebrachten Formen des Gottesdienstes und amtlichen Functionen, Ausübung politischer Rechte, wenn man dieselben in Parteiagitationen verflicht, so daß die unparteiische Stellung und das öffentliche Vertrauen Noth leidet. In keinem Fall aber dürfen erworbene und zeitliche Rechte in fleischlicher Weise, durch weltliche Zwangsmittel conservirt und exequirt werden.**)

---

*) Siehe die weitere Ausführung in Pastorallehren. S. 268 ff.
**) Zu empfehlen für die, welche eine biblisch einfache Beleuchtung der

Zusatz. Das Verhältniß von Kirche und Staat.

Literatur. Von biblischen Grundgedanken aus hat diesen Gegenstand außer Luther („Amt der weltlichen Obrigkeit") am besten behandelt Milton in seinen prosaischen Schriften, wovon ein Auszug in v. Raumer, Historisches Taschenbuch, 1850; auch besonders abgedruckt in zwei Abtheilungen. Das Wesentliche gibt auch Milton's Doctrina christiana. Siehe Register unter ecclesia und magistratus.

Gehen wir

1) vom biblischen Gemeindebegriff aus, so ergibt sich Folgendes: die Kirche soll und darf dem Staat nicht übergeordnet werden, so daß die Staatsgewalt für die eigentlich geistlichen Angelegenheiten zu Dienst steht, ob sie auch selbst sich zu Dienst stellt, oder so, daß die Staatsgewalt kirchliche Gestalt annimmt. Ebenso wenig darf die Kirche dem Staat untergeordnet werden, so daß die christlichen oder geistlichen Angelegenheiten staatsmäßig verwaltet würden oder daß die kirchliche Verfassung sich dem Dienste der politischen Verwaltung einfügen oder bequemen müßte. Beides, die politisch dienstliche Stellung eines Staatsinstituts, wie die politisch herrschende Stellung einer Staatskirche oder gar eines Kirchenstaats ist gleich sehr ausgeschlossen. Ersteres widerspricht der auf kirchlichem Gebiet ausschließlich monarchischen Gewalt Christi und der darauf ruhenden Autonomie der Gemeinden in ihren eigenen religiösen Angelegenheiten (nicht außerhalb ihres Gebiets). Letzteres wider-

---

kirchlichen Verhältnisse lieben: Eschenmayer, Das Christenthum in seinem dreifachen Verhältniß zu Philosophie, Dogmatik und Kirche. Stuttgart 1845.

spricht dem rein geistlichen, nicht-weltlichen Charakter der Gewalt Christi und seiner ausdrücklichen Ausschließung jeder politischen Gewalt aus dem Bereich seiner Kirche. Die Kirche kann und soll aber auch dem Staat nicht coordinirt sein; denn sie ist keine dem Staat gleichstehende Territorialgewalt, daß sie einen Staat im Staate zu bilden hätte. Indem nun die Kirche für sich mit der Politik nichts zu thun hat, keine politischen Ansprüche macht und machen darf, und doch wieder Unabhängigkeit in ihren inneren geistigen Angelegenheiten zu behaupten hat, so kann sie nur als besonderer freier Verein mit eigenthümlicher Vereinsverfassung innerhalb des Staatsgebiets und so innerhalb seiner allgemeinen Ordnung sich gestalten, d. h. sie kann dem Staat nur eingeordnet werden, so daß es keine Unterordnung und keine Ueberordnung ist, also eingeordnet in relativer Selbständigkeit. Die Glieder des Vereins bleiben nämlich einerseits in den wesentlichen Pflichten und Rechten des Staatsverbandes wie Andere auch, sie erfüllen und genießen den Staatsdienst; andererseits aber bleiben sie auch in selbständiger Verwaltung ihrer nicht politischen, sondern geistigen Vereinsangelegenheiten, erfüllen und genießen die kirchliche Diakonie als Gottesdienst, nicht als Staatsdienst. Dies das Grundverhältniß zwischen Kirche und Staat. Matth. 22, 21. Es ist begründet in der Natur des Christenthums, die für das christliche Verhältniß weder politische Knechtschaft noch politische Herrschaft zuläßt, und in der apostolischen Praxis ist es verwirklicht. Die apostolische Gemeinde ließ sich nicht politisch knechten und wollte nicht politisch herrschen. Alle etwaigen Collisionen des Staats mit dem so beschränkten kirchlichen Gebiet lösen sich dann nach dem Gesichtspunkt

Act. 4, 19. 5, 29, aber immer nur geschieht diese Lösung durch moralischen Widerstand verbunden mit dem Sinn des Leidens, also mit passivem Widerstand, nicht durch Gewaltthätigkeit, durch politische Agitation oder juridische Prozesse und demagogische Umtriebe. Dieses Verhältniß entspricht aber

2) allein auch dem biblischen Begriff des Staates, diesen haben wir noch zu entwickeln, und wird sich von da aus dann auch das bisher allgemein Gehaltene näher bestimmen.

Der biblische Begriff des Staates geht nicht, wie der der modernen Wissenschaft dahin, daß der Staat der objective Geist sei, daß er die Verwirklichung des ganzen natürlichen und geistigen Lebensbegriffes der Menschheit in seinem Schooße zu vollbringen habe. Im Sinne einer ganz im Diesseits aufgehenden Wissenschaft soll damit eigentlich aller wirkliche Religionsinhalt, alles Ueberweltliche und Unsichtbare verneint sein, und um diesen Sinn offen und genau auszudrücken, sollte man eigentlich sagen: es gibt kein religiöses, nur ein politisches Leben für den Menschen, kein jenseitiges, nur ein diesseitiges. Die Behauptung aber ernstlich ihrem Wortlaut nach genommen, ist es ein Begriff, dem noch kein Staatsorganismus irgendwo und -wann entsprochen hat, aber auch nicht entsprechen kann, so lange Religiöses und Politisches, Geistiges und Natürliches, Weltliches und Ueberweltliches in der Natur des Menschen und der Welt einerseits nebeneinander vorhanden sind, und andererseits doch nicht in wirkliche Uebereinstimmung gebracht, sondern wesentlich auseinandergehen und verschieden sind. Uebrigens der Begriff eines Alles in sich befassenden Staates ist der Schrift keineswegs fremd und zu hoch. Die Schrift kennt wohl einen

Staat, welcher die Verwirklichung des ganzen menschlichen Lebensbegriffes, und zwar diesen in seinem höchsten Sinne gefaßt, und die Vollziehung aller göttlichen Aufgaben in seinem Organismus vereinigt, nur reiht sie den so erweiterten und vollendeten Staatsbegriff in seinen naturgemäßen Zusammenhang ein, und das unterscheidet die Weisheit von der Phantasterei. Eine solche Hoheit des Begriffs erreicht nämlich der Staat erst mit der Wiederkunft Christi als des Herrn über Kirche und Staat und des Vollenders von beiden, indem an diese Wiederkunft die Weltumgestaltung und Vollendung geknüpft ist. Da tritt die wahrhafte Objectivirung des wahrhaften Geistes ein, indem da Menschliches und Göttliches, Weltliches und Ueberweltliches, Natur und Geist, Aeußerliches und Innerliches sich wesentlich einigen und durchdringen, und so dann auch Religion und Politisches, oder Kirche und Staat. Dies allein ist der christliche Staat, von dem die Schrift weiß. Matth. 19, 28. Röm. 8, 17. 21. 1 Kor. 6, 2. Offenb. 11, 15. 20, 4—6. 21, 1. 6. Da ist aber auch der Staat selbst nicht mehr Weltstaat unter einem menschlichen sündigen Oberhaupte und Verwaltungspersonal, sondern **Königreich Gottes** ($\beta\alpha\sigma\iota\lambda\epsilon\iota\alpha\ \vartheta\epsilon o\upsilon$), **christlicher Gottesstaat** unter dem gottmenschlichen Oberhaupte mit einer Verwaltung von ausgebildeten Gottesmenschen; er ist Staat im vollendeten Sinn, Christokratie.*) Hienach gehört der christliche Staat, in der vollen Bedeutung des Wortes, der Zukunft an, und es ist Uebertreibung und Schwärmerei von einem christlichen Weltstaat zu reden. Es

---

*) Vgl. des Herausgebers Schrift: Das göttliche Reich als Weltreich. S. 268 ff., auch S. 134, 186 f. 245 ff.

ist nichts Anderes, als eine jener Vorausnahmen und unwahren Verwechslungen der Gegenwart mit der Zukunft, der Welt mit dem Geist, des Aeußeren mit dem Inneren, welche die doctrinären Verschiebungen der wirklichen Verhältnisse im Geleite haben, und die so viel Verwirrung und Unheil in der jetzigen Zeit anrichten.

Dem Staat kommt übrigens auch jetzt schon, und auch gegenüber dem Christenthum, ohne daß er christlicher Staat ist, eine selbständige Stellung zu, ein sittlicher, ja ein religiöser Werth für sich selbst. Der Staat ist, schon geschichtlich betrachtet, so wenig durch das Christenthum bedingt, daß er vor demselben und ohne dasselbe existirt als heidnischer Staat, und auch da schon (Röm. 13, 1) ist und bleibt dem Christenthum die Staatsgewalt als solche ein göttliches Institut, ein Ausfluß göttlicher Ordnung. Darin liegt aber, daß die Staatsgewalt ebensowenig abhängig von menschlicher Willkür sein darf, wie unabhängiger Selbstherrscher, Autokrat, absolute Macht. Der biblische Begriff des weltlichen Staates ruht nämlich im Begriff des göttlichen Gesetzes als des irdischen Rechtes und Gutes, dagegen der Begriff der christlichen Gemeinde oder Kirche ruht im Begriff der göttlichen Gnade als des himmlischen Heiles; der Begriff des künftigen christlichen Staates aber ruht im Begriff der Christokratie als Gesetzes- und Heilsvollendung. Röm. 13, 3 ff. stellt eben die weltliche Staatsgewalt als Gottes Dienerin dar, wie auch das kirchliche Amt ein Dienst Gottes heißt. Die Staatsgewalt muß also, wie das kirchliche Amt, etwas Göttliches zu verwalten haben, und wenn sie Röm. 13 mit Werken, Lohn und

Strafe, mit Schwert, Zorn und Furcht in Verbindung gebracht ist (vgl. 1 Petri 2, 14), so trifft dies Alles zusammen mit dem, was die Schrift dem Gesetze zuschreibt. Das Gesetz aber steht seinem Wesen nach nicht bloß im A. T. geschrieben, sondern auch im Herzen aller Völker. Röm. 2, 14. Eben nur als Vertreter des göttlichen Gesetzes kann die Staatsmacht Gottes Diener heißen. Der Staat ist also auch ohne Christenthum nichts Profanes, nichts Weltliches in unheiligem Sinne, sondern als Diener Gottes, als dienstliches Verwaltungsorgan Gottes, speciell seines Gesetzes, gehört der Staat auch zum Reiche Gottes, aber nur im weiteren Sinne desselben, sofern dasselbe vermöge der göttlichen Schöpfungsordnung ($\kappa\tau\iota\sigma\iota\varsigma$) alle Welt unter Gottes Gesetz befaßt, nicht aber in dem besonderen alttestamentlichen Sinne, in welchem das Reich Gottes eine Theokratie bildet, noch weniger im specifisch christlichen Sinne, in welchem das Reich Gottes zu einer Christokratie wird, und ein Reich nicht von dieser Welt, ein Himmelreich ist. Heißen daher die Obrigkeiten immerhin Diener Gottes, so doch nicht Diener Christi. Diese letzteren haben schon für diese Welt ihren besonderen Christusdienst (Diakonie), der von der Welt abgesondert ist und bleiben muß. Act. 5, 29. 32. Sie haben den Dienst des Wortes (Act. 6, 4), nicht fleischlicher Waffen (2 Kor. 10, 3 ff.), das Amt der Versöhnung, nicht des Schwertes (2 Kor. 5, 18), das Amt des Geistes, nicht des Gesetzesbuchstabens. 2 Kor. 3, 6 ($\pi\nu\varepsilon\nu\mu\alpha\tau o\varsigma$, nicht $\gamma\rho\alpha\mu\mu\alpha\tau o\varsigma$ $\nu o\mu o\nu$). Und dieses geistige Gnadenamt ist nicht dem irdischen Gesetzesamt des Reiches Gottes eingegliedert, welches der Staatsgewalt zukommt, sondern dem überirdischen Haushalte des Reiches Gottes, dem himmlischen Gottesstaate, der einst auch irdischer Staat werden soll.

Haben Staat und Kirche das gemeinsam, daß **beide als dienstliche Werkzeuge Gottes göttliche Aufgaben haben**, so besteht doch eine wesentliche Verschiedenheit. Das Göttliche in Christo, das der Welt erst innewohnend werden soll als neue Kreatur ($\varkappa\alpha\iota\nu\eta$ $\varkappa\tau\iota\sigma\iota\varsigma$), als Wiedergeburt, die Himmelreichsgnade ist **Aufgabe der Kirche**. Das Göttliche aber im allgemeinen Sinne, wie es der Welt als göttlicher Schöpfung ($\varkappa\tau\iota\sigma\iota\varsigma$) bereits innewohnt, das ihr **einerschaffene Gesetz und das davon abhängige Gut** — dies Göttliche ist **Aufgabe des Staates**. Das vom Staat zu vertretende Gesetz ist aber gedacht als göttliches Reichs- und Ordnungsprincip; eben daher ist unter Gesetz nicht das Fabrikat menschlicher Erfindung und Willkür verstanden; es ist das Gesetz in seiner göttlichen Gegebenheit, theils als Naturgesetz, theils als positives Gesetz im A. T., letzteres nämlich mit Ausscheidung des wesentlichen Kerns aus der localen und temporellen Bundesform, aus seiner theokratischen Form.*) Ebenso das von der Kirche zu vertretende Reichs- und Ordnungsprincip, das der Gnade, darf auch nicht nach bloß menschlichen Begriffen bestimmt werden, weder aus menschlicher Vernunft noch aus christlichem Bewußtsein, noch nach menschlicher Geschichte, sondern nach dem Evangelium als der einzigen Reichs- und Gesetzesurkunde des Himmelreichs. Von dieser principiellen Verschiedenheit aus zwischen Staat und Kirche innerhalb ihrer Einheit bestimmt sich näher

---

*) Vgl. a. a. O. Abschnitt 4 und 10.

a) der Inhalt und die Lösung der beider=
seitigen Aufgaben und Rechte.

Bei der evangelischen Gnade handelt es sich nicht um ein weltliches, diesseitiges Heil, sondern um **das himmlische Heil**, um das Ueberirdische; es gilt das Ewig=Geistige, oder das Geistliche, nicht das Zeitlich=Geistige; es gilt die ewige Zukunft der Menschheit, nicht die zeitliche Gegenwart. Die Aufgabe der Kirche in dieser Welt ist also, Menschen zu bil=
den und zu vereinigen für eine ewige Weltform, für ein himmlisch=geistiges Reichsleben. Von der sittlichen Seite angesehen hat die Kirche den Menschen nicht bloß im All=
gemeinen sittlich zu bilden, sondern für eine Sittlichkeit zu erziehen, die über diese Welt hinausstrebt, und die Gewinnste der letzteren um eines höheren Zieles willen verleugnet. Matth. 16, 25 f.

Bei dem Gesetz handelt es sich im Unterschied vom Evangelium um das irdische Recht und Gut („daß es dir wohlgehe auf Erden"), um das, was **das diesseitige Heil** nach Person, Besitz und Ehre angeht. Es handelt sich also allerdings bei dem vom Staate vertretenen Gesetze um ma=
terielle Interessen, um diese jedoch nicht im bloß materiellen, eudämonistischen Sinne, sondern das Gesetzesheil Gottes ist **sittlich bestimmt**, auf Sittlichkeit gegründet, und nach sitt=
lichen Zwecken geordnet.*) Freilich steht diese gesetzliche Sitt=
lichkeit niederer als die oben erwähnte evangelische des Himmel=
reiches. Der Grundbegriff der ersteren ist das gerechte Handeln auf Erden als Grundlage des irdischen Heiles, also das rechtliche Verhalten ($\dot{\varepsilon}\rho\gamma\alpha\zeta\varepsilon\sigma\vartheta\alpha\iota\ \delta\iota\kappa\alpha\iota\sigma\sigma\acute{\nu}\nu\eta\nu$ Act. 10, 35),

---

*) Vgl. d. Herausg. a. a. O. S. 107 ff.

das suum cuique. Dieses bestimmt sich im Allgemeinen dahin, daß Jeder als Mensch menschlich zu behandeln ist: Du sollst deinen Nächsten lieben als dich selbst — **Humanität**. Aufgabe des Staates ist also die Bildung eines Gemeinlebens, das für die irdischen Lebenszwecke sittlich geordnet ist, und zwar so, daß darin die wesentlichen Bedürfnisse der Menschheit als solcher, oder die Humanitätsinteressen naturgemäßen Schutz und Pflege finden. Dann darf aber auf dem Standpunkte des Staates nicht das äußere Verhalten und Befinden der Menschen allein in Betracht kommen, wie bei einer Schafheerde. Der Mensch als Subject und Object ist keine bloße Sache, oder bloß eine zu züchtende Bestie, sondern **der Mensch ist eine Person; Gewissen und Vernunft ist sein Wesen; er ist ein sittliches Wesen. Der Staat im göttlichen Sinne darf darum kein bloßer Rechts-, oder Polizei- oder gar ökonomischer Züchtungsstaat sein, sondern Humanitätsstaat. Aeußeres Recht und Polizei sind wohl Mittel, aber nicht das Wesen.** Es ist deßwegen keine genügende Unterscheidung zwischen Kirche und Staat, wenn man sagt, mit dem Leib und dem Leiblichen gehöre der Mensch dem Staate an, mit der Seele und dem Geistigen der Kirche. Dies ist ein Dualismus, bei welchem beide Theile zu kurz kommen, Kirche und Staat. Der Mensch lebt als Mensch im Staate; er nimmt nicht bloß mit einem Theile, einer Hälfte seiner Natur, mit dem Leibe daran Theil, sondern mit Leib und Seele, mit Vernunft und Gewissen, mit allen seinen geistigen Naturkräften, weil er sich nicht halbiren kann. **Also nicht eine Naturtheilung scheidet Staat und Kirche, sondern jeder Theil hat es mit dem ganzen Menschen zu thun, aber** jeder in besonderer Beziehung. Zwei verschiedene Grundbeziehungen des ganzen Menschen sind es, welche sich zwischen Staat und Kirche vertheilen. Im Staat ist das Leibliche und das Geistige des Menschen sittlich zu entwickeln in Beziehung auf die gegenwärtige irdische Lebensgemeinschaft, in der Kirche in Beziehung auf die ewige, daß Leib und Geist Christi werden und seines Lebens, des himmlischen, theilhaftig werden. Wenn nun das Gesetz und der Staat zunächst auf's Thun dringt, die Werke fordert und bemißt, so kommt doch das Innerliche mit in Betracht. Wäre die Gesinnung für Staat und Gesetz etwas Gleichgültiges, so wäre Heuchelei, Schein und Trug eingesetzt, mit einem Worte die unsittliche Gesinnung. Die wesentliche Unsittlichkeit wäre dann politisch, wie sie es leider durch moderne Staats- und Kirchentheorien geworden ist. Als Quelle der That ist die Gesinnung für das Gute und Böse entscheidend, und daher nicht außer Rechnung zu lassen, wenn schon Staat und Gesetz sie nur in ihrer Aeußerung zu fassen und selbst sie nicht hervorzubringen vermögen. Es gehören also zur Aufgabe des Staates nicht nur die materiellen, sondern auch die sittlichen, und so die geistigen Interessen überhaupt, mit einem Worte die Humanitätsinteressen. Sie sind die Grundlage eines wahren Rechtslebens und einer wahren Wohlfahrt.

Wie ist es nun aber speciell mit den religiösen Interessen?

Unter den Humanitätsinteressen sind die religiösen mitzubefassen als dazu gehörig. Denn die Religion gehört ebenfalls zum Wesen des Menschen, ob man sie auch nur zum Wesen der Menschen, wie sie einmal sind, rechnen wollte, mit welchem es ja eben der Staat zu thun hat. Ohne Beziehung zur Religion hört der Staat auf Menschenstaat zu sein, er wird zum Bienen- oder Ameisenstaat. Die Humanitätskultur weicht ohne Religion der Kultur der Instinkte, welchen dann auch der Geist dienstbar wird. Ebenso liegt es auf der andern Seite in der Natur der Religion selbst, daß sie nicht etwas Vereinzeltes ist und sein kann, etwas auf gewisse Zeiten, Orte und Handlungen Beschränktes, sondern die Geltung, die sie eben als Religion, als Beziehung zum Göttlichen, das über Allem und durch Alles ist, und sein soll, anspricht, ist eine unbegrenzte, dehnt sich auf alle menschlichen Verhältnisse aus. Die auf philosophischem Gebiete aufgeworfene Frage, ob die humane und sittliche Entwicklung nicht auch ohne Religion und Kirche vom Standpunkte der bloßen Vernunft und Kultur aus möglich sei, ist für das Christenthum eine völlig werthlose, weil sie die Natur des Menschen und das wirkliche Leben verkennt, für den Staat aber hat sie keine praktische Bedeutung, weil dieser es mit dem Charakter der **wirklichen Menschheit** und mit den **geschichtlichen Verhältnissen** zu thun hat, nicht mit reiner Vernunft, die dem Staat erst aufgezeigt werden müßte. Die **Erfahrung**, an welche der Staat sich zu halten hat, lehrt, daß es ohne Religion keine Staaten gibt, nur Horden und Parteien. Staatenstiftungen beginnen mit Religionsstiftungen, Staatenauflösungen mit Religionszerfall; dies ist die geschichtliche Erfahrung, und das ist auch in der Natur der Sache begründet. Mit der **absoluten Autorität steht und fällt allmählich jede relative Autorität im Menschen und zwischen den Menschen**, mit der heiligen Scheu vor Gott dem obersten Herrn und

Gesetzgeber die Scheu vor dem eigenen Gewissen, vor dem Nebenmenschen, und jeder irdischen Autorität. Religion im Allgemeinen ist Lebensbedingung für die Existenz des Staates, und für die Lösung seiner Aufgabe, ein sittlicher Humanitätsstaat zu sein, kein bloß ökonomischer Thierstaat.

Eine weitere Frage aber ist die, ob der Staat die Lösung dieser Aufgabe von sich aus vollziehen kann? Die ganze Staatsgewalt faßt sich im Gesetz zusammen, wenn man nicht von brutaler Gewalt ausgeht. Das Gesetz nun auch in seiner besten Fassung spricht den Willen wohl an, vermag aber nichts über den Widerwillen. Es kann den Willen nur fassen in seiner thatsächlichen Aeußerung durch äußeren Befehl und Zwang, durch Rache gegen Uebelthun und durch Belobung, d. h. durch äußere Auszeichnung und Förderung des Gutesthuns. Die Macht des Staates ist eine äußere, und hat sich gegenüber einen mehr oder weniger widerstrebenden Willen, eine den höheren Ordnungsbegriff verneinende Selbstsucht, die zerstörende Gewalt des Bösen, dessen inneren Grund sie nicht erreichen kann. Fassen wir vollends speciell die geistigen, die sittlichen und religiösen Angelegenheiten in's Auge, so können gerade sie am wenigsten äußerlich befohlen und erzwungen werden. Der Staat muß die ihnen entsprechende Gesinnung wohl ansprechen als die Triebfeder des sittlichen und gerechten Verhaltens, dessen er bedarf, und das er fordert, aber er kann sie nicht hervorbringen. Sie fällt jenseits der Macht von Gesetz und Staat in das Gebiet des inneren Lebens, des freien Willens, der geistigen Entwicklung und Gesinnung. Die nach dieser Seite allein entsprechenden Mittel sind geistige Lehre und Erziehung, oder innere Bildung. So bedarf also der Staat für die sittlichen und religiösen Zwecke, welche seine eigene Existenz bedingen, geistige Lehranstalten, sittlich religiöse Bildungsanstalten. Bloße Rechts- und Polizeianstalten erschöpfen des Staates Aufgabe nicht, und sichern seine Existenz nicht.

Wie weit erstreckt sich nun in dieser Richtung Pflicht und Recht des Staates? So nothwendig die Religion für die sittliche und rechtliche Ordnung und die Wohlfahrt ist, so kann und darf doch der Staat nicht von sich aus Religion hervorbringen wollen; sie kann und darf nicht hervorgebracht werden vom Standpunkt äußerer Macht aus, ob es auch unter kirchlichem Titel geschehe. Der Staat soll also Sorge tragen, daß den religiösen Bedürfnissen Genüge geschehe, religiöse Bildungsanstalten gestiftet seien, unterhalten und beschützt werden; nie aber darf der Staat sich mit der Religion so befassen, daß er in ihr Wesen eingreift, daß er sich mit ihr als innerem Leben, als Glaube und Frömmigkeit gesetzgebend und zwangsmäßig befaßt. Dies tödtet die Religion als freie Selbstbeziehung zu Gott im Kern und im Keim. Auf der anderen Seite kann und darf der Staat die Religion nicht schlechthin nur als ein Inneres und als Sache der Freiheit behandeln, oder rein nur als etwas Kirchliches. Die Religion hat wie Alles eine Seite, mit welcher sie in die Erscheinung tritt; ihre Anstalten haben eine Seite, mit welcher sie dem äußeren Gebiete angehören, auf welches sie auch einwirken. Diese äußere Seite der Religion fällt in das Gebiet des Staates und des Gesetzes, und soweit das Innere der Religion in Handlungen sich äußert, oder zu äußern hat, auch diese. Hieraus ergeben sich eine Reihe von Folgerungen:

α) Der Staat hat als allgemeine Bürgerpflicht zu fordern, daß Keiner außer aller Religionsgemeinschaft stehe, daß namentlich die noch Unmündigen, und die von Anderen Abhängigen der religiösen Pflege nicht entzogen werden. Darum soll aber der Staat nicht fordern, daß jeder Staatsbürger der christlichen Confession oder gar einer bestimmten angehören müsse.*) Die göttliche Aufgabe des Staates, wie sie die Schrift selbst bestimmt, knüpft sich keineswegs an das speciell Göttliche in Christo an, und noch weniger an die menschlichen Formfassungen desselben, sondern nur an das allgemein Göttliche. Der Staat ist $\delta\iota\alpha\kappa o\nu o\varsigma\ \vartheta\varepsilon o\nu$, nicht $X\varrho\iota\sigma\tau o\nu$.**) Daraus folgt aber andererseits nicht, daß jede Religion für den Staat gleichgültig sei, und er jede gleichmäßig gewähren lassen müsse. Im Allgemeinen ist vom Standpunkt des Staates aus das Verhältniß entscheidend, das eine Religion zu seiner göttlichen Autorität einnimmt,***) und zu seiner sittlichen Humanitätsaufgabe.†) Sofern denn der Staat nach biblischer Lehre Werkzeug des göttlichen Reiches sein soll, kommt noch weiter das Verhältniß einer Religion zum echten (monotheistischen) Gottesglauben und zur wahren, d. h. sittlich bildenden Frömmigkeit in Betracht.

---

*) Weder Petrus vor dem hohen Rath, noch Paulus vor der kaiserlichen Obrigkeit erklärten, wir haben im Namen Gottes, dessen Diener ihr seid, zu fordern, daß ihr ein Edict ausgehen lasset an Priester und Volk, welches sie zwingt, uns zu hören, und das Christenthum zur alleingiltigen Staatsreligion macht.

**) Vgl. oben S. 383.

***) Von diesem Gesichtspunkte aus ist die politische Stellung des Katholicismus zu begrenzen.

†) Dies bedingt namentlich staatliche Anforderungen an das Judenthum, z. B. in Betreff des Schacherwesens, Wucherthums und im Schulwesen.

Nach diesen Rücksichten bestimmt und bemißt sich für den Staat theils Zulassung oder Ausschließung, theils Duldung oder Beschränkung, theils Unterstützung und Bevorzugung. Aber auch in der Unterstützung der Religion hat der Staat die persönliche Freiheit zu schützen, daß er die Verbreitung der Religion lediglich freien, nicht zwangsmäßigen geistlichen Einwirkungen überläßt, und was darüber hinausgeht, in seine Schranken zurückweist.

β) Der Gerichtsbarkeit des Staates verfällt zwar nicht Gesinnung und Meinung in Religionssachen, wohl aber die Geltendmachung in Wort und Handlung, die thatsächliche Erscheinung. Es verfällt dem Staate auch nicht das Unchristliche im Besonderen, wohl aber das Religionswidrige, die Gottlosigkeit, Alles, wodurch das Göttliche entweiht, das religiöse Fundament angegriffen wird, ebenso das Unsittliche in seinen lasterhaften Erscheinungen, was allerdings auch unchristlich im weiteren Sinne ist. Ferner verfällt der Gerichtsbarkeit des Staates Alles, wodurch, wenn auch unter der Firma von Religion und Kirche, der Staat in seiner Oberherrlichkeit angetastet wird, oder Staat und Staatsbürger in ihrem wesentlichen Recht und Eigenthum angegriffen werden, also Beeinträchtigungen wesentlicher Grundsätze der politischen Ordnung, politischer Grundrechte, also auch Beeinträchtigungen des öffentlichen Friedens durch confessionelle Gehässigkeiten.

Es sind zwei Einseitigkeiten zu vermeiden in der religiösen Stellung des Staates. Die eine, daß der Staat gar nicht nach der Religion seiner Bekenner zu fragen habe, — religiöser Indifferentismus; dies ist eine ebenso unpolitische als unhistorische Abstraction. Auch in Belgien

und Nordamerika ist dieser Grundsatz zwar auf dem Papier
vorhanden, in Wirklichkeit aber das politische Verhältniß der
Religionen nur den Parteikämpfen preisgegeben, statt rechtlich geordnet zu sein. Eine praktische Anwendung des Indifferentismus führt zur Irreligiosität und Immoralität, und
damit zum Staatszerfall. Die andere Einseitigkeit ist die,
wenn man dem Staate positiven Religionszwang,
oder gar Kirchenzwang, ja Confessionszwang beilegt. Die Religion als Gesinnung und inneres Leben will
nicht erzwungen sein, und läßt sich nicht erzwingen, sonst
würde Gott selbst es thun, den die Religion zunächst angeht.
Die Religion ist zwar ein Staatsbedürfniß, das der Staat
zu pflegen hat durch positive Bildungsmittel, und zu schützen
gegen öffentliche thatsächliche Angriffe. Nicht aber ist durch
das religiöse Staatsbedürfniß eine bestimmte Landesreligion
mit Ausschließung anderer gesetzt, sondern politische Berechtigung hat jede Religion, die mit dem Gesichtspunkt des
Staates nicht in Widerspruch steht, also mit einer auf
Gottesverehrung, Frömmigkeit und Sittlichkeit gerichteten
Bildung, sowie mit der Autorität des Staates und mit
dem gesellschaftlichen Ordnungsprincip. Die Befugniß hierüber zu urtheilen, die Entscheidung über das Ob und den
Grad der Zulassung einer Religion als öffentlichen Instituts,
sowie das Schutz- und Aufsichtsrecht kommt dem Staate zu,
nicht aber der kirchliche Episkopat.

b) **Was ist nun aber speciell die Stellung von
Staat und Kirche zu einander.**

Schon oben (S. 382 ff.) haben wir gesehen, daß die
beiderseitigen Aufgaben einander zwar nicht widersprechen,
aber doch verschieden sind. Es findet dasselbe Verhältniß statt

wie zwischen den beiden in Staat und Kirche vertretenen göttlichen Reichsprincipien, dem Gesetz und der Gnade (Evangelium), die auch einander nicht wesentlich widersprechen, aber auch nicht zusammenfallen.

Also

a) eine **Verschiedenheit** findet statt wie in der Aufgabe, so in der Lösung.

Der Staat ist Vertreter des göttlichen Gesetzesprincips gegen alle Zuwiderhandelnden, ist Pfleger und Hüter der Humanitätsentwicklung auf Erden gegen Unsittlichkeit und Irreligion, gegen Unkultur und Afterkultur, und hat für diesen Zweck über die äußere Macht zu gebieten, und dies im Namen Gottes, kraft göttlicher Autorität. Diese göttliche Sendung des Staates ist von aller Welt, und so auch von der Kirche zu achten. Die Kirche hat sie nicht anzutasten, sonst würde sie den Staat aus seinem göttlichen Recht und Besitzstand verdrängen, der ihm für diese Zeit, für die gegenwärtige Weltverfassung unantastbar zukommt. Die Kirche ihrerseits ist **Vertreterin des göttlichen Gnadenprincips** zum Zweck der Heranbildung von Menschen für ein ewiges Geistesleben **mittelst geistiger Kraft**, mittelst des Amtes des Wortes und der Versöhnung. Act. 6, 4. 2 Kor. 5, 18 ($\delta\iota\alpha\varkappa o\nu\iota\alpha$ $\lambda o\gamma o\nu$, $\varkappa\alpha\tau\alpha\lambda\lambda\alpha\gamma\eta\varsigma$). Sie hat zu wirken in Geisteskraft, im Namen Christi, und mit Christusautorität, also nur wo diese gilt oder zur Geltung kommt. Zur Geltung aber will Christus seine Autorität lediglich durch Verkünden und Lehren gebracht haben. Mark. 16, 15. Matth. 28, 18 ff. ꝛc. ($\varkappa\eta\varrho\upsilon\sigma\sigma\varepsilon\iota\nu$ und $\mu\alpha\vartheta\eta\tau\varepsilon\upsilon\varepsilon\iota\nu$). **Dies Alles fällt nun in das Gebiet der Freiwilligkeit und des inneren Lebens**, nicht in das der äußeren Autorität und des Rechtszwanges. Mit dieser eigenthümlich kirchlichen Aufgabe hat also die Staatsgewalt und überhaupt die äußere Gewalt schlechterdings nichts zu schaffen. Niemand soll gezwungen werden, daß er Christi Autorität anerkennen müsse, daß er in den Himmel kommen, oder selig werden müsse. Ebensowenig darf auf der anderen Seite die Kirche dem Staat für sein Gebiet ins Schwert fallen.*)

Also ihrem Wesen nach, für ihre beiderseitigen wesentlichen Aufgaben und deren Lösung müssen Kirche und Staat auseinander gehalten werden, daß sie im Verhältnisse gegenseitiger Selbständigkeit und Unabhängigkeit stehen. Kein Theil kann die Mission des anderen Theiles durch die seinige aufheben, oder in sich aufnehmen und ersetzen. Schon die Symbole haben es bestimmt ausgesprochen, es dürfe nach göttlicher Ordnung geistliche und weltliche Gewalt nicht miteinander gemengt werden. Für das Christenthum als solches gibt es keinen Staatszwang, und umgekehrt für die im Wesen des Staats liegenden Gesetze und Strafen gibt es keinen geistlichen oder kirchlichen Dispens und gilt nicht das christliche Freiwilligkeitsprincip. Allein

β) bei dieser Verschiedenheit haben Staat und Kirche doch einen gemeinsamen Boden (Volk), und gemeinsame Interessen und Berührungspunkte, die sie in gegenseitige Beziehung zu einander setzen, wie dies zwischen Gesetz und Gnade auch der Fall ist. Das Gemeinsame bilden eben die geistigen Interessen, namentlich die

---

*) Vgl. Dr. J. T. Beck, Fünf Reden zur Stärkung des Glaubens. S. 91 ff. und die Anm. auf S. 94 f. über die Todesstrafe.

sittlichen und die religiösen. Diese, auch soweit sie unter das Staatsgesetz fallen, behalten für die Kirche Bedeutung. Die Staatspflege der Sittlichkeit und Religion, die bürgerliche Sittlichkeit und die allgemeine Religiosität darf zwar keineswegs der christlichen Sittlichkeit und Religion und der christlichen Pflege derselben gleichgestellt werden, ist aber darum für die christliche Kirche nicht werthlos, sondern hat den Werth einer Zucht und Schranke gegen die Sünde, und ist so eine Vorschule und ein Saatboden für das Christliche, für den höchsten Staatsverband, für den Gottesstaat. Ebenso hat auf der anderen Seite für den Staat in seiner sittlich-religiösen Aufgabe die Kirche den Werth, daß sie die innere Unmacht des Staates auf dem sittlich-religiösen Gebiete ergänzt, daß sie das Gute gerade da pflanzt, wo der Staat zu wirken aufhört, und daß sie das Böse an der Wurzel faßt. Sie pflanzt Freiwilligkeit statt Zwang, und wirkt der Gefahr materialistischer Ausartung, die dem Staate so naheliegt, entgegen als Salz und Licht, d. h. als der Fäulniß wehrendes Element und als befruchtendes, veredelndes Element. Es liegt also in den allgemein sittlichen und den allgemein religiösen Interessen der Einigungspunkt zwischen Kirche und Staat. In ihnen berührt sich die Spitze des Staates mit der Grundlage der Kirche. In Rücksicht der sittlich-religiösen Bildung können und sollen also beide zusammenwirken als Träger einer göttlichen Mission, als $\delta\iota\alpha\kappa\sigma\nu\sigma\iota\ \vartheta\varepsilon\sigma\nu$. Sie sollen sich verbinden zu gemeinsamer Förderung gemeinsamer Interessen.

γ) Aber aus dieser Gemeinsamkeit darf keine Vermischung ihrer Principien, ihrer Verfassung und ihres

Handelns werden, denn jeder Theil hat seine besondere Aufgabe, und hat diese nebst der entsprechenden Methode im Auge zu behalten. Der Staat hat der Sittlichkeit und Religion die irdische Grundlage zu geben, die staatsbürgerliche polizeiliche Sicherung. Dies ist nicht Sache der Kirche. Der Staat hat namentlich nach der materiellen Seite dieser Welt Recht, Ordnung und Wohlstand zu gründen und zu fördern mit seinen eigenthümlichen selbständigen Mitteln. Die Kirche soll hierin nicht taglöhnern bei dem Staate; sie hat über Staatsmoral, Staatsreligion und Staatsrecht hinaus in der Welt ein überirdisches Ziel zu vertreten, eine Sittlichkeit und Religiosität zu gründen, die über Zeit und Welt hinausgeht, ein himmlisches Geistesleben als Grundlage einer neuen Welt- und Staatsordnung beim Untergang der alten. Mit dem bloß staatsbürgerlichen Betriebe bürgerlicher Sittlichkeit und gesetzlicher Religiosität hat die Kirche ihre eigentliche Aufgabe noch nicht einmal angefangen; ja, wenn sie dabei stehen bleibt, wird sie ihrer eigenthümlichen göttlichen Sendung untreu. Auch bei dem gemeinsamen Wirken hat daher jeder Theil sich in Geist und Grenzen seiner besonderen Aufgabe zu halten und auf die ihm eigenthümlichen Mittel zu beschränken. **Der Staat hat nicht in der Methode der Kirche zu wirken, und die Kirche muß ihrem Princip der Gnade, des inneren Lebens und der Freiwilligkeit treu bleiben.** Nur in diesem Sinne hat sie mit der Kraft des Wortes und Geistes ihrerseits bei den sogenannten causae mixtae (gemischten Angelegenheiten) mitzuwirken, nicht aber im Zwangssinne als geistlicher Büttel. Vollends das eigenthümlich Religiöse der Kirche, das eigentlich Christliche darf in keiner Hinsicht unter das

Staatsprincip oder unter das gemeinschaftliche Wirken, unter die causae mixtae fallen.

c) Was ergibt sich nun aus den bisherigen Grundsätzen für die richtige Stellung von Staat und Kirche gegenüber den verschiedenen Möglichkeiten und zum Theil Wirklichkeiten?

Ueber dem Staate kann und soll die Kirche in gewissem Sinne allerdings stehen, nämlich in geistigem Sinne als Vertreterin des höchsten Gottesbegriffs, des ewigen Welt- und Lebensbegriffes, des Geistes der Weltvollendung. Alles hiezu Gehörige ist aber für jetzt das Höchste nur dem geistigen Werthe nach, nicht der äußeren Weltstellung nach, es will sich in dieser Welt und Zeit erst geistig vollziehen, macht noch keine politischen (Phil. 3, 20: unser $\pi o\lambda\iota\tau\varepsilon\upsilon\mu\alpha$ ist im Himmel), noch sonstige Weltansprüche. Unter dem Staate kann und soll die Kirche und das Kirchliche ebenfalls in gewissem Sinne stehen, nämlich in äußerlich weltlicher und politischer Beziehung, sofern dem Staate als dem Vertreter des göttlichen Gesetzes für dieses Zeit- und Weltleben die oberhoheitliche Stellung zukommt. Matth. 20, 25. Röm. 13, 1: $\dot{\varepsilon}\xi o\upsilon\sigma\iota\alpha\ \dot{\upsilon}\pi\varepsilon\rho\varepsilon\chi o\upsilon\sigma\alpha$; in politischer Beziehung ist $\pi\alpha\sigma\alpha\ \psi\upsilon\chi\eta$, also auch die Kirche dem Staate unterworfen. Diese Unterwürfigkeit erstreckt sich auf Seiten der Kirche sogar bis zum Leiden, zum Unrechtleiden. Eine passive Stellung gebührt der Kirche gegenüber der aktiv herrschenden des Staates, keine Mitherrschaft. Das Mitherrschen kommt erst mit Christus und seinem Staate, aber nur für diejenige Kirche (Gemeinde), die hier mit ihm Verleugnung geübt, und gelitten hat. Endlich mit dem Staate kann und darf die Kirche nur gehen bezüglich der gemeinsamen Interessen der allgemeinen Religiosität und Sittlichkeit, und zwar ohne ihr Princip der Gnade und ihre Methode des Geistes und der Freiwilligkeit zu verleugnen. Unabhängig aber vom Staate und in keiner Weise mit ihm vermischt, weder durch Ueber- noch durch Unterordnung muß sich die Kirche halten hinsichtlich ihrer eigenthümlich christlichen Aufgaben und eigenthümlich geistigen Angelegenheiten, weil diese rein im Princip der Gnade und des freiwilligen Glaubens beruhen. Die eigentlichen Kirchenangelegenheiten dürfen also nicht staatsmäßig, nicht bureaukratisch behandelt werden. Sie sprechen keine politische Herrschaft an, und lassen ebensowenig eine politische Knechtschaft zu. Giebt die Kirche diese Selbständigkeit in der einen oder anderen Weise auf, so stößt sie sich ihre Krone vom Haupte, sie gibt ihre göttliche Sendung und sich selbst auf. Will dagegen der Staat diese Selbständigkeit aufheben, so setzt er sich, wie zur ersten Zeit des Christenthums, erfolglos und zu seinem eigenen Verderben der höchsten göttlichen Sendung entgegen, für welche die seinige nur eine untergeordnete vorbereitende Bedeutung hat, wie das Gesetz. Die Kirche aber hat ihm gegenüber die Unabhängigkeit ihrer geistlichen Angelegenheiten zu behaupten, jedoch nur mit geistlichen Mitteln, durch moralischen Widerstand, sie darf nicht Krieg führen, und noch weniger Revolution machen.

Stellt man aber öfters den Grundsatz auf, das Christenthum bedürfe, um Kirche zu sein, des Staates, so liegen hier zwei falsche Voraussetzungen zu Grunde. Einmal bringt man schon den falschen Begriff von politischer Kirche mit, einen Begriff, welchen die Schrift innerhalb des Christenthums nicht kennt, und den sie durch ihre Ausschließung aller fleischlichen und weltlichen Macht vom

Glaubens- und Gemeindeboden zurückweist, wie denn auch das Christenthum in seinen blühendsten Zeiten Begriff und Sache entbehrt und die Entstehung des politischen Kirchenbegriffes zusammentrifft mit dem Sinken des Christenthums. Die zweite falsche Voraussetzung ist die, daß man den Staat verwechselt mit den allgemein geistigen und materiellen Existenzmitteln, deren Christenthum und Kirche allerdings bedürfen, sofern sie der Welt und Gesellschaft sich eingestalten. Diese Existenzmittel hat sich aber das Christenthum von Anfang an selbst geschaffen ohne den Staat, ja gegen seinen Willen, und es schafft sie sich noch in den sogenannten Secten. Wort und Geist des Christenthums, sein Zeugniß bildet und öffnet die Herzen zu freiwilligen Opfern, und diese gemeinschaftstiftende Kraft seines Zeugnisses weiß das Christenthum verbunden mit der Alles bestimmenden Macht seines Staatsoberhauptes, der schon in den Zeiten seines Erdenlebens die Frage stellte, habt ihr auch je Mangel gehabt? der eine Macht besitzt, welche ihm die ganze Welt, Staat und Nichtstaat als Feld seiner Einwirkung offenstellt. An ihn hält sich das Christenthum für seine Stellung in der Welt als an den, der die Thüren öffnet und zuschließt, und es ist dabei an keine andere Empfehlung, Unterstützung und Autorität gewiesen, als an diejenige, die in seinem eigenen Wesen, in den dasselbe erfordernden Bedürfnissen der Menschheit und in der freiwilligen Aufnahme liegt. Das Christenthum hat alle früher bestandenen Staaten überlebt, und ist älter als alle jetzt bestehenden. Und so haben auch nur aus seinem Geist und Wort die allgemein-menschlichen Anstalten, also die Anstalten der Humanität mit ihren geistigen Hülfsmitteln hervorgetrieben, und ihre Existenzmittel erhalten, keineswegs aus dem bloß politischen Geist oder politischen Mechanismus. Was aber die pseudonyme Gnosis oder Wissenschaft anbelangt, und die aus der Welt zu schöpfende Weisheit, so erkennt solche das evangelische Christenthum weder als kirchliches Bedürfniß, noch als kirchliche Aufgabe an. **Also ein vermeintliches Bedürfniß darf nimmermehr das Christenthum und die Kirche zu einer Staatsallianz treiben,** zu einer Verbindung, die weiter ginge, als es in dem göttlichen Ordnungsbegriff liegt, welcher Staat und Kirche miteinander in selbständiger Weise verbindet.

Sofern nun aber die **Staatskirchen**, politischen **Kirchen bereits existiren**, können und dürfen dieselben allerdings **nicht als christliche Kirche im wahren Sinne auftreten und gelten**, wie schon Luther erkannt hat. Denn es fehlt ihnen an einer evangelischen Aemterbestellung, Gottesdienst-Ordnung, an evangelischer Glaubensgemeinschaft und Kirchenzucht. Und es muß ihnen ihrem Begriffe nach daran fehlen, weil es eben an dem Fundamente zu dem Allem fehlt, ohne welches diese Dinge, wenn sie auch der apostolischen Kirche nachgemacht würden, tödtende Form und leerer Schein, d. h. Heuchelei sind. Es fehlt nämlich daran, daß die politische Kirche eine freie Verbindung von Gläubigen wäre oder sein könnte. Aber darum dürfen die Staatskirchen **nicht schlechthin verdammt** und der Auflösung entgegengeführt werden. Es bleibt ihnen immer das, daß sie in unseren gesellschaftlichen Zuständen die Zugänglichkeit des Christenthums für Alle vermitteln, und daß sie die einzigen Träger und Organe sind für das dem Staate und der menschlichen Gesellschaft überhaupt unentbehrliche religiöse Element und für die sittliche Zucht. Sie sind, soweit und so lange sie dem Wort und Dienst Gottes und Jesu Christi zugethan sind, oder zugänglich bleiben, der dem Herrn angehörige Weltboden, an dessen Zerstörung die Jünger des Herrn nicht selber Hand anlegen sollen, dem sie ihr Salz und Licht nicht entziehen, freilich aber noch weniger zum Opfer bringen dürfen.*) Mit dem Fall der politischen

---

*) Wie sehr das Bild der äußeren Kirchen von dem biblischen Vorbild in vielfacher Beziehung absteht, darf ich nicht erst sagen. Vgl. Speners Pia desideria oder herzliches Verlangen nach gottgefälliger Besserung der wahren evangelischen Kirche, neu herausgegeben Leipzig 1841. Was wollen wir denn thun? unsere Kirchengemeinschaft aufgeben? Das nicht; denn bei allen Schäden und Fehlern baut sie auf den Grund, der gelegt ist, und läßt Freiheit, darauf zu bauen, und zwar schriftmäßig darauf zu bauen. So lange dies bleibt, der Grund, wie er schriftmäßig in Christo gelegt ist, und die Freiheit, schriftmäßig darauf weiter bauen zu dürfen, so lange haben auch wir bei der Kirche zu bleiben, der wir angehören, und sie nicht zu verwerfen; wird aber da oder dort durch die Herrschaft des Unglaubens auf einer Kanzel, in Schule und im Leben die Grundlage angegriffen, und die Freiheit schriftmäßiger Erbauung darauf gebunden, so mag gelten: „gehet hinaus aus demselbigen Hause oder Stadt", aber nicht: „gehet hinaus aus der Gemeinde, aus der ganzen Kirche."

Eine andere Frage aber ist: dürfen wir darum, weil das Verderben noch nicht in den Grund gedrungen ist und die Freiheit schriftmäßiger Erbauung bleibt, dürfen wir deßhalb auch das, was dem schriftmäßigen Bild einer christlichen Gemeinde zuwider ist, was von Menschen über dem gelegten Grunde Fremdartiges aufgebaut wird, decken und beschönigen, stützen und fördern? Keineswegs; so würden wir Menschen mehr gehorchen, als Gott. Jeder in seinem Theil hat zuzusehen, sich nicht der eigenen oder fremden Sünde theilhaftig zu machen, daß der gute, feste Grund Gottes, der Glaube an Jesum Christum mißbraucht wird zur Einführung und Befestigung von unnützem und vergänglichem Menschenwesen, oder daß gar geistverderbliche Dinge aufkommen und unchristliches Wesen die Rechte kirchlichen Ansehens an sich reiße. Darin besteht eben das treue Festhalten an der Kirchengemeinschaft, daß Jeder, wie er kann, in seinem Beruf und Amt gegen unchristliche, geistverderbliche und unnütze Dinge ohne Menschenfurcht und Menschengefälligkeit, mit den Waffen der Wahrheit und Gerechtigkeit im Namen Gottes streite: am entschiedensten

Kirchen fallen unsere Gesellschaften, unsere Staaten und Gemeinden selbst, da dieselben in ihrer ganzen geschichtlichen Gewordenheit in die Verbindung mit

---

und schonungslosesten aber haben wir da aufzutreten, wo Irrthum, Falschheit und Heuchelei im Scheine der Gottseligkeit ohne ihre Kraft uns entgegentritt.

Aber wir haben ja doch nicht bloß als Streiter unserer Kirche zu dienen, wenn sie uns noch lieb und werth ist, sondern auch als Genossen — mit wem und mit was dürfen und können wir, auch in verdorbenen Kirchenzeiten, noch christliche Genossenschaft halten? Mit was? Antwort: mit Allem, was wahrhaft nach dem Glauben geht, geistlich und christlich ist. So viel des Falschen in dieser Beziehung überall auftaucht, gegen das wir streiten müssen, so fehlt es doch auch an Echtem nicht, mit dem wir herzliche Gemeinschaft halten können; obgleich hier immer das alte Verhältniß bleibt, wie es die Schrift in mancherlei Weise ausspricht: des Echten ist das Wenigste, des Falschen das Meiste; daher wir zum voraus darauf müssen gefaßt bleiben, daß wir nicht an Vieles uns hängen dürfen und können, sondern an Weniges; dieses Wenige hat aber dafür einen desto größeren inneren Segen, und für dies Wenige sollen und können wir denn auch desto mehr thun, indem wir Zeit und Kraft nicht zersplittern in das Vielerlei.

Dasselbe gilt als Antwort auf die Frage: mit wem sollen und können wir christliche Genossenschaft halten? Schon im Allgemeinen haben wir Alle, die aus der Wahrheit sind, redliche gewissenhafte Seelen aus allerlei Volk als Solche aufzunehmen, die, wenn sie auch noch nicht im Herrn selbst sind, doch zu denen gehören, welche er in seine Gottes Familie noch zusammenzubringen gesonnen, und weise genug ist, ihnen dazu behilflich zu sein, aus ihren Banden des Irrthums sie zu lösen, zur Erkenntniß der Wahrheit sie zu bringen, — darin besteht unsere christliche Genossenschaft mit ihnen. Bei welchen aber das Wort Gottes schon in Geist und Kraft Eingang gefunden und Christus Gestalt gewonnen hat, die dürfen und sollen wir als Brüder halten, ohne durch äußeren Unterschied uns scheiden zu lassen, daß wir ihnen geben und von ihnen nehmen, was dient zur christlichen Förderung, zur Erleuchtung, Heiligung und Tröstung. Der Auserwählten sind wieder Wenige, und wollen wir mehr daraus machen, so betrügen wir uns nur, die Sache selbst ändern wir nicht. Neben dem nun, daß wir mit Allen, welche in der Wahrheit des Evangeliums wandeln, als mit Auserwählten, mit allen redlichen Seelen, die aus der Wahrheit sind, als mit Berufenen oder dem Reiche Gottes

der Kirche verwoben sind. Dies unterscheidet unsere Verhältnisse von den nordamerikanischen. Unsere Volksmassen und Staatsmaschinen, wie sie sind, haben keinen anderen religiös-sittlichen Ersatz, und können sich einen solchen nicht von vorne an schaffen. Die Staatskirchen sind vom christlichen Standpunkt aus nur in ihre Grenzen zu weisen und in ihren Ueberschreitungen zu bekämpfen, daß sie sich nicht herausnehmen, so wie sie sind, das Christliche nach seinem specifischen Wesen darzustellen, während sie doch nur Schattenriß

Nahestehenden umgehen — neben dem haben wir als echte Jünger Christi die Pflichten der allgemeinen Menschenliebe gegen Freund und Feind, gegen Böse und Gute, Gläubige und Ungläubige zu halten und zu üben. Uebrigens bei aller Beflissenheit, christliche Gemeinschaft zu halten, soll es zu keinem Rennen darnach kommen, bei aller Vorsicht zu keiner ängstlichen Absonderung: man nimmt's, wie es kommt und wie man kann, und braucht es, wie man soll und darf, zum Guten.

In diesen Schranken jedoch wird unser Weg durch diese Welt immerhin ein schmaler sein und bleiben; wir werden für Narren und für Widerwärtige, für Sonderlinge und Unzufriedene, oft für hart und ungefällig, finster und lieblos angesehen werden von manchen Seiten; unser Anhang, unsere Bekanntschaften, Brüderschaften und Verbindungen werden der Kopfzahl, dem Ansehen, dem Ruf und Namen nach schmal zusammengehen. Forsche aber Jeder nach da, wo das Licht der Wahrheit seinen hellen Schein gibt, ob es auf dem Weg, der in der Schrift Weg Gottes, bei den Menschen aber eine Secte oder gar ein Sonderlings-Weg heißt, von Anfang an anders gewesen ist, und in dieser Weltverfassung je anders werden soll? Lerne Jeder verstehen, was es heißt: die gottselig leben wollen, denen Gottseligkeit Lebens-Ernst und Lebens-Sache ist, nicht bloße Kopf-, Gefühls- und Form-Sache, müssen Verfolgung leiden; lerne aber auch Jeder, wenn er auf dem Wege, auf dem er nur Wenige um ihn her wandeln sieht, zagen will, „aufsehen zu der Stadt des lebendigen Gottes, zu dem himmlischen Jerusalem und zu der Menge vieler tausend Engel und zu der Gemeine der Erstgeborenen, die im Himmel angeschrieben sind, und zu Gott dem Richter über Alle und zu den Geistern der vollendeten Gerechten, und zu Jesus Christus, dem Anfänger und Vollender des Glaubens."

und Vorbereitung sind, ähnlich der alttestamentlichen Staatskirche, die übrigens als von Gott selbstgestiftete Theokratie für anderweitige menschliche Surrogate ein göttliches Recht nicht darbietet. Die Staatskirchen dürfen also das Christenthum selbst nicht in ihre Formen eingrenzen und bannen, oder es mit denselben zusammenwerfen,*) sondern sie müssen der selbständigen Entfaltung und Bethätigung der urchristlichen Eigenthümlichkeit ehrerbietig Raum lassen, wobei der apostolische Grundsatz zur Berücksichtigung kommt: „dem Gerechten liegt kein Gesetz ob." 1 Tim. 1, 9.

Der Pfarrer aber, der auf solchem kirchlichen Boden steht, muß, um eine richtige Stellung einzunehmen, vor Allem festhalten, daß unser **Pfarramt** nicht bloß der speciellen Gemeinde Christi angehört, sondern dem gemischten Weltacker Christi. Da sind nun drei Hauptelemente ineinander geschlungen, welche für sich einander nicht widersprechen, aber gehörig zusammen zu ordnen sind als Bestandtheile des einen göttlichen Reichsgebietes. Daraus ergeben sich drei Hauptstellungen für den Pfarrer.

a) Vermöge der bestehenden Verbindung der Kirche mit dem Staate, besonders in den gemischten Angelegenheiten, Ehe= und Schulsachen ꝛc., hat das Pfarramt das göttliche Amt des Staates nach der inneren Seite zu vertreten. Es hat also die geistigen und sittlichen Elemente des obrigkeitlichen Amtes, die geistigen Humanitätsinteressen, die öffentliche Moral und Religiosität zu pflegen, aber auch dieses nur mit der Macht des Wortes und Geistes

---

*) Ersteres ist ein unchristlicher Despotismus, Letzteres führt zur Heuchelei.

und nur mit pädagogischer Zucht. Sonst setzt sich das geistliche Amt in Widerspruch mit seinem vom weltlichen Amt wesentlich unterschiedenen Grundcharakter, ist und wird ein Zwitter, ist weder geistlich, noch weltlich.

b) **Auf dem kirchlichen Boden selbst** hat unser Pfarramt vermöge des fleischlichen Zustandes der Masse der Gebildeten und Ungebildeten **des göttlichen Gesetzes- und Prophetenamtes zu warten.** Es hat das A. T. zu handhaben, nicht in seiner theokratischen Aeußerlichkeit, sondern in seiner theokratischen Innerlichkeit, als Zuchtamt wider die Sünde und als Vorbereitung aufs Christliche, dessen Gut und Himmelreich für Alle als Zielpunkt in Verheißung und Vorbild zu zeigen ist.

c) Damit verbindet sich aber **das eigentliche neutestamentliche Evangelistenamt, Lehr- und Hirtenamt.** Hiebei gilt es zunächst auf dem allgemeinen Boden Jünger zu werben und heranzubilden nach der Methode des Herrn, wie sie in den Evangelien zu Tag tritt. Und sind wahrhaft Gläubige schon vorhanden, oder sind solche herangebildet, so sind sie zu weiden und zu leiten nach der apostolischen Methode, wie sie in den Briefen sich zeigt.*)

Diese Unterscheidungen sind nicht nach äußerlicher Unterscheidung der Zeit und des Orts, nach Klassen, Titeln und Formen zu machen, sondern mit dem Blick, der überall auf die wesentliche Beschaffenheit der Leute und der Dinge sieht und dann das äußerliche Verfahren nicht bestimmt nach äußerlichen Vorschriften, Gesetzen, sondern immer nach den

---

*) Vgl. Dr. J. T. Beck, Gedanken aus und nach der Schrift. 2. Aufl. S. 36. 44 f. 3. Aufl. S. 43 f. 51 f. Sacramentenlehre. S. 259 ff.

Lineamenten, die gerade für dieses Wesen, diesen Charakter, diesen Gegenstand in der Schrift, in ihren Lehren und Vorbildern gegeben sind. Das unter a) und b) genannte, das staatlich=moralische und das alttestamentliche Element dürfen wir nicht für nichts anschlagen und verwerfen, wenn es schon nicht das Rechte und Vollkommene im neutestamentlichen Sinn ist, so wenig als wir die alttestamentliche Herablassung Gottes verwerfen dürfen; nur das neutestamentliche Wesen und die Wahrheit des Christenthums dürfen wir nie aus dem bloßen Zuchtelement und staatskirchlichen Element machen, noch machen lassen. Aber es ist für die richtige Auffassung des Pfarramts, da dieses eben dem gemischten Acker der Welt angehört, nicht bloß der Gemeinde Christi, von wesentlicher Bedeutung, daß über dem letzteren Gesichtspunkte die beiden ersten nicht übersehen werden. Das göttliche Missionsrecht und Gesetzesrecht an die gemischte Welt, das wenigstens in Verheißung und Vorbild zu fassende Evangelium ist gerade ein theurer Segen für Land und Volk, ist Trost und Stärkung für so viele Schwache, Elende und Gebeugte, die nicht fern vom Reich Gottes sind, wenn schon noch nicht darin, ist Hammer und Schranke für so viele rohe Spötter, die ohne das Alles durchbrechen würden. Es soll dies Alles nimmermehr weggenommen werden von menschlicher Seite darum, weil nicht Alle das Joch Christi auf sich nehmen wollen und können. Nur soll und muß den Leuten bezeugt werden, daß sie mit ihrer äußerlichen Kirchlichkeit noch keine Gemeindegenossen und Knechte Jesu Christi sind, daß sie mit ihrem äußerlichen Christenthum, wenn es auch ernstlich ist, noch unter dem Gesetz sind und in der Verheißung, aber nicht schon im Wesen der Gnade stehen, daß sie noch nicht

Kinder der Freien sind, des oberen Jerusalems. Auch das Gesetz, und so auch ein gesetzliches Christenthum ist heilig, recht und gut, wenn es recht gebraucht wird, das heißt innerhalb seiner Schranken als Verschließung wider die Sünde und unter die Erkenntniß der Sünde, als Zuchtmeister und Vorbild auf Christum. Verwerflich ist es aber nur, wenn das gesetzliche Christenthum, als wäre es das Wesen in Christo selbst, an die Stelle desselben gesetzt wird zur Aufhebung oder Verdunkelung des wahren Heilsweges Christi, zur Dämpfung seines Geistes, als ein Bann für die Gläubigen.

Gegen solche Gesetzlichkeit streitet Paulus, während er davon abgesehen denen, die unter dem Gesetz sind, sich gleichstellen kann, um desto Mehrere zu gewinnen, das heißt eben um sie aus ihrem unfreien Zustand hinüber zu führen in den der Freiheit. Dieses können wir und sollen wir mit Paulus thun, ohne je das Andere zu lassen, den Streit gegen die falsche Deutung und Anwendung des Christenthums. So lange nun das göttliche Missions= und Gesetzesrecht in der Kirche bleibt, die Freiheit, zwischen äußerlichem und wesentlichem Christenthum, wahrem und falschem Gebrauch der Gnade und Mißbrauch derselben zu scheiden, schriftmäßig auf den gelegten Grund zu bauen und das Entgegengesetzte zu strafen, so lange dürfen die, die das Salz der Erde und das Licht der Welt sein sollen und wollen, auch der großen Kirche sich nicht entziehen, dürfen das gesetzliche Wesen, so wenig sie es dürfen bauen helfen, nicht unmittelbar stürzen wollen, sonst helfen sie den Zaun niederreißen, der allein noch das Auftreten und Eintreten des Menschen der Gesetzlosigkeit aufhält. 2 Thess. 2, 6—8. Was aber die Bildung von Vereinigungen im engeren Kreise betrifft, so ist auch hier Geduld und Ernst zu verbinden. Den Ausgangspunkt bilden, wie beim Herrn, die Jünger= schaften, und aus diesen sind Gemeinschaften oder Gemeinde= verbände zu bilden, nicht mit kühnlicher Uebereilung und in pleno, sondern mit vorsichtiger Beachtung der allmählichen inneren Reifung und Bewährung und mit Auswahl. Ferner haben sich wohl Alle, die in der That und Wahrheit auf dem von den Aposteln und Propheten gelegten Glaubens= grund stehen und bauen, wobei aber 2 Tim. 2, 19 ff. zu beachten, untereinander als Brüder anzusehen, aber dadurch ist noch nicht ausgeschlossen, daß nicht auch unter Gläubigen das Eigenmächtige und das Unnütze, das auf dem gemein= schaftlichen Grund oder unter dem Namen Christi aufgebaut ist und wird, mit dem Wort der ewigen Wahrheit gerichtet werden müsse. Dergleichen kann wohl selbst noch vertheidigt und aufgebracht werden von solchen, die im Uebrigen von Herzen an Christus gläubig sind, von Schwachen, die aus dem weltlichen Satzungschristenthum noch nicht hindurch= bringen können in das des Geistes und der Freiheit. Solche Schwache, bei denen es an Kraft (der Einsicht und der That) fehlt, müssen getragen werden (Röm. 14); man darf aber auch da, wie dies auch Paulus that, nicht auf= hören, die wahre Lehre in dieser Richtung als ein Licht hervorzustellen, damit auch die Schwachen in's Licht kommen. Außerdem aber müssen wir von den Schwachen wieder unter= scheiden die Gewaltthätigen und die Falschen, die das Licht nicht dulden wollen, aus ihrem Menschenwesen und Gesetzes= Treiben eine Knechtschaft auch für Andere machen und dem Evangelium seine Freiheit und freimachende Kraft nicht lassen wollen, daher schon die Lehre derselben nicht dulden und auch die, die nicht nach dem Fleisch, sondern nach dem Geist wandeln, bannen möchten. Gegenüber von solchen gilt die Stellung im Galater-Brief, namentlich Cap. 2, 4 ff. Dann muß auch noch das beachtet werden, daß keineswegs **jetzt die Stunde ist, neue Gemeinschaftsformen zu stiften;** dies darum, weil die Herzen in Erkenntniß und Glauben nicht nur überhaupt zu verschieden, sondern zertrennt sind. Diese innerliche Schwäche, Verwirrtheit und Zerrissenheit hat aber ihren Grund darin, daß auch die besseren Christen unserer Zeit das göttliche Wort viel zu leicht nehmen, ihm entfremdet sind durch falsche Mittler und Autoritäten, es nur stückweise und oberflächlich für die dringendsten augenblicklichen Bedürfnisse gebrauchen. Darum ist für jetzt das eine Nothwendige, wodurch alles Andere erst seiner Zeit in gesundes Leben und Wachsthum gebracht werden kann, wodurch allein eine wahre Geburt statt Mißgeburt ermöglicht wird, daß zuvor die Herzen erweckt und bereitet werden zu ernstlichem Suchen, Verstehen und Bewahren des reinen Schrift-Wortes, und daß letzteres nicht nur in abgerissenen Stücken, sondern wie es eine ganze und freimachende Wahrheit ist, wieder zur Erkenntniß und zum Leben in ·den Herzen gebracht werde; dann ist der Same vorhanden und der Boden, aus welchem das Weitere ohne menschliche Künstelei zustande kommt. Mark. 4, 24—32. So hat es der Herr selbst gemacht in einer durch Unglauben und Aberglauben heruntergekommenen Kirche, ehe er darauf dachte, die Heerde der Gläubigen, die er erst als Jünger suchte, bildete und zusammenhielt, in einer Gemeindeform zu sammeln. So wurde die Geistesausgießung vorbereitet, die dann die inneren Gaben und mit diesen erst die Aemter

und die Werke einer wahren Gemeinde ins Leben setzte.*)
Auf allen anderen Wegen werden gerade der Zertrennungen
immer mehr. Die Sammlung und Bildung der Gemeinde
macht aber auch bei solchen wichtigen Vorbereitungen nur der
Herr, wie im Anfang, theils durch innere Geistesbegabung,
innere Berufung, theils durch äußere Gestaltung und Drang
der Verhältnisse, wozu namentlich auch die Kreuzestaufe
gehört, unter welcher die ersten Christen zur reellen Gemein‑
schaft untereinander zusammengeschmiedet wurden.

§ 16. Die Fortbildungsmittel des christlichen Gemeindelebens.

Durch ihre administrative Einrichtung steht Kirche und
Gemeinde in der Welt als Bildungsanstalt für das Reich
Gottes, speciell für den Leib Christi**), sie bildet eine gött‑
liche Heilsanstalt oder Haushaltung ($οἰκονομια$) mit geord‑
neter Dienstverwaltung ($διακονια$). Hebr. 3, 6. 1 Tim. 3, 15.
Eph. 1, 9 f. 3, 2. 9 f. 1 Petri 4, 10. Wie nun die Ge‑
meinde für diesen reichhaltigen Bildungszweck, ihrer Constitu‑
tion gemäß, auch zu wirken hat, haben wir noch zu erörtern.

Die wesentlichen Fortbildungsmittel sind zusammengestellt
bei der apostolischen Stammgemeinde, Act. 2, 42: Festhalten
am apostolischen Lehrwort, Herzens- und Lebensgemeinschaft,
Sacraments- und Gebetsgemeinschaft.***)

---

*) Jetzt will man Aemter und Werke einsetzen und die inneren
Gaben sollen nachkommen.
**) Nicht aber ist die Gemeinde Verleiblichung, gar gottmenschliche,
des Reiches Gottes (Plitt).
***) Vgl. Pastorallehren S. 250 ff. und über die Sacraments‑
gemeinschaft Ethik I. S. 398 ff.

I. Allgemeines über die gottesdienstliche Verfassung der Gemeinde.

Auch die christliche Gemeinde concentrirt ihr lebendiges Verhältniß zu Gott in gewissen gemeinsamen Akten, in welchen sie ihrer absoluten Abhängigkeit von ihm, ihrer δουλεια den entsprechenden Ausdruck gibt, den Ausdruck des Dienstes: daher die Bezeichnungen ϑρησκεια, λατρεια, λειτουργια. Der Begriff des Dienstes ist allerdings Gott gegenüber nicht in dem Sinne zu verstehen, wonach damit ein Bedienen, ein Aufwarten, eine Dienstleistung für das Bedürfniß, für den Nutzen des Andern bezeichnet wird. Dies trifft natürlich nicht auf Gott zu: wie ausdrücklich Act. 17, 25 erinnert, vgl. Pf. 50, 8 ff. Sofern aber durch Dienen die Abhängigkeit von einer Person freiwillig und thatsächlich anerkannt wird, ist dieser Dienstbegriff gerade Gott gegenüber absolut begründet durch seine absolute Persönlichkeit und durch sein absolutes Verhältniß zu uns. Er ist der Schöpfer, der uns Alles gegeben hat und gibt; eben damit ist er die absolute Macht der Welt gegenüber, ist aber auch das höchste Gut und das höchste Gesetz. So ist die Unterordnung unter ihn oder das Dienstverhältniß gerade Grundbedingung unsrer wesentlichen und sittlichen Existenz und Vollendung. Die persönliche Unterordnung unter Gott in Dienstbarkeit kann nun in weiterem oder engerem Sinn sich bethätigen; im weiteren Sinn durch Unterordnung unsrer inneren und äußeren Thätigkeit im Ganzen unter den göttlichen Willen, das ist δουλευειν. Damit wird jede auch nicht auf Gott unmittelbar gerichtete Function (was auch ihr nächster Gegenstand sein mag) ein Mittel der unterwürfigen

Beziehung zu Gott, d. h. ein gottesdienstlicher Akt. Es liegt darin der mittelbare Gottesdienst, eben δουλεια, zusammenfallend mit der Frömmigkeit, ευσεβεια. Außerdem aber kann sich die Unterordnung unter Gott auch bethätigen durch unmittelbare Beziehung von Person zu Person, von Geist zu Geist. Dies ist der Gottesdienst im engeren Sinne. Der geistige Ausdruck solcher unmittelbar persönlichen Unterordnung ist die Ehrerbietung, auch φοβος in der Schrift genannt, und der unmittelbarste, concentrirteste Akt der persönlichen Ehrerbietung gegenüber von Gott ist die Anbetung. Dies ist die der absoluten Persönlichkeit Gottes allein entsprechende absolute Unterordnung in persönlicher Verehrung, daher der Ausdruck dafür die προσκυνησις, Niederwerfung ist. Anbetung ist also der Grundakt des Gottesdienstes. (Weiteres darüber s. unten beim Gebet.)

Allein Anbetung und Gebet überhaupt macht nicht den ganzen Gottesdienst aus. Zum gottesdienstlichen Verhältniß gehört wie zu jedem dienstlichen Verhältniß eine gegenseitige Beziehung zwischen dem Dienenden und zwischen dem Herrn, eine Wechselwirkung, und so auch von Seiten Gottes eine Thätigkeit, welche die menschliche Thätigkeit, die dienende, theils bestimmt, theils belohnt, wie es im Dienstverhältniß der Fall ist auf Seite des Herrn. Diese göttliche Thätigkeit, die den Gottesdienst bestimmende und belohnende, gibt sich beim christlichen Gottesdienst im göttlichen Wort und Sacrament, sofern beides theils als göttliche Willensoffenbarung und Verordnung die menschliche Thätigkeit bestimmt, theils als Gnadenmittel sie belohnt. Die Stellung der Gemeinde zu beidem ist nicht selbständig producirender Cultus, nicht eine Gabe, ein Opfer an Gott, sondern Reception des von Gott Dargebotenen und Befohlenen, Verarbeitung und Aneignung. — Nach diesen allgemeinen Vorbemerkungen fassen wir nun die Frage ins Auge:

1) **Welches ist das eigenthümliche Wesen und Gesetz des christlichen Gottesdienstes?** (Vgl. Christl. Reden, IV, Nr. 24, VI, Nr. 28 „Gott ist Geist.") Die Bestimmungen darüber sind kurz zusammengefaßt in der Grundstelle: Joh. 4, 23 f. Das Thema ist dort: Die von Christus ausgehende neue Anbetung, wie sie sich bestimmt nach dem geistigen Wesen Gottes, wie sie also auch nur möglich ist durch eine diesem geistigen Wesen entsprechende subjective Beschaffenheit und Thätigkeit. Als Gegenstand der neuen Anbetung wird Gott als der Vater bezeichnet; als Beschaffenheit derselben: Anbetung in Geist und Wahrheit; als der Moment, wo diese Anbetung eintritt: die mit Christus beginnende Neuzeit, die neutestamentliche. Vorher also, vor dieser Zeit ist Gott so, wie Christus es meint, nicht angebetet als Vater, nicht in Geist und Wahrheit. Es dürfen sonach diese Ausdrücke: Vater, Geist, Wahrheit nicht in bloß allgemeinem Sinne genommen werden, nicht in irgend einem vorchristlichen, auch nicht im alttestamentlichen, überhaupt nicht in außerchristlichem, sondern genau in dem Sinn, den die Worte erst durch Christum erhalten haben, d. h. in specifisch neutestamentlichem. Soll denn

a) **Gott angebetet werden eben als Vater** im Sinne Christi oder im Sinne des neuen Bundes, so muß der Vaterbegriff in der Besonderheit gefaßt werden, wie Christus selbst denselben betont in Stellen wie Matth. 11, 27: „Niemand kennt den Vater als der Sohn, und wem es der Sohn etwa will offenbaren;" vgl. auch Joh. 17, 6. 25 f.

1 Joh. 2, 23. Also: Gott, wie er als Vater des neuen Bundes in Christo sich offenbart, d. h. der Gott, der in Christo die Welt versöhnt und den Glaubenden das ewige Leben aus sich einzeugt, dies ist der Gegenstand, der im christlichen Gottesdienst seine Anbetung finden soll. Ebenso ist auch:

b) der Geist in dem mit Christus erst eintretenden neuen Offenbarungs-Sinn zu fassen: Joh. 7, 39, also Geist nicht nur im Gegensatz zum Räumlichen und Aeußerlichen der Anbetung, als das Inwendige überhaupt.*) Diese Innerlichkeit wird schon im Alten Testament für jede äußere Anbetung, wenn sie nicht verwerflich sein soll, gefordert. Vgl. Matth. 15, 7 f. Es ist vielmehr das neue Inwendige, das aus Gottes Geist gezeugte neue Personleben im Gegensatz zur $\sigma\alpha\rho\xi$, zu dem Personleben, wie es aus dem alten Lebenszusammenhang hervorgeht und auch in den geistigen Aeußerungen des $\nu ους$, in $διανοια$, $\varphi ρονημα$, $\vartheta ελημα$ bis in die $λειτουργια$ hinein eben als $\sigma\alpha\rho\xi$ sich eingestaltet und ausgestaltet. Vgl. besonders den Hebräerbrief, namentlich Cap. 9, wonach selbst der alttestamentliche Gottesdienst objectiv und subjectiv noch auf die Sphäre der $\sigma\alpha\rho\xi$ beschränkt war. Ebendarum ist eine Anbetung Gottes im Geist, wie sie der Herr meint, nicht etwas allgemein Mögliches, nicht etwas nur durch Gesetz und Liturgie Einführbares, sondern durch das, woran die neutestamentliche Geistesgabe gebunden ist, durch den Glauben an Jesum Christum und die daraus hervorgehende Wiedergeburt. Joh. 7, 39. Eph. 1, 13.

---

*) So erklärt auch Meyer: im Gegensatz zu leiblichen Akten, Gesten, Ceremonien sei es eine Anbetung, welche in der geistigen Natur des Menschen durch Gedanken, Gefühle, Erregungen vor sich gehe.

Hebr. 9, 1. 10 vgl. mit Vers 8. Durch diesen neuen Geist im Menschen wird erst das neue persönliche und ethische Verhältniß zu Gott gesetzt, wie es dem neuen Bund, dem specifischen Christenthum eigen ist, nämlich die kindschaftliche Stellung und Ansprache gegen Gott als Vater. Vgl. Röm. 8, 15.*) Eph. 2, 18. Die Anbetung Gottes als Vaters, wenn sie keine bloß formelle, sondern reale sein soll, setzt also voraus sowohl die objective Möglichkeit als die subjective Fähigkeit, im göttlichen Kindschaftsgeist zu sein oder zu leben, um in diesem Kindschaftsgeist auch selbstthätig zu beten. Weiter noch das dritte Moment:

c) die Wahrheit ist wieder im specifisch neutestamentlichen Sinn zu nehmen. Zwischen der neutestamentlichen Wahrheit und dem in ihr anzubetenden neutestamentlichen Vater ist eben der neutestamentliche Geist das Verbindungsglied, daher er als des Vaters Geist und als der Geist der Wahrheit bezeichnet wird. Er ist das der neutestamentlichen Offenbarung eigenthümliche Princip aus Gott, das in die ganze Wahrheit derselben einführt; vgl. Joh. 16, 13. Daher heißt er auch Eph. 1, 17 f.: „Geist der Offenbarung." Wahrheit in unserem Zusammenhang ist also wieder nicht bloß in subjectivem Sinn zu nehmen gleich Aufrichtigkeit, Redlichkeit, Wahrhaftigkeit, oder nur unbestimmt, wie Meyer, als Uebereinstimmung mit dem Wesen Gottes, sondern es ist zunächst die Wahrheit nach ihrer objectiven Seite, wovon Christus sagt: „Ich bin die Wahrheit;" „ich zeuge die Wahrheit, und bin eben dazu in die Welt gekommen;" „dein mir gegebenes Wort ist die Wahrheit;" „durch Be-

---

*) Der Herzensruf ist gemeint, nicht der Lippenruf.

harren in meinem Wort werdet ihr die Wahrheit erkennen, die wesenhaft frei macht."

Um nun aber in dieser objectiven Wahrheit, wie sie mit Christus kommt, etwas zu thun, speciell darin anzubeten, muß der Mensch erst persönlich in dieser Wahrheit stehen, und dieses persönliche Sein in der Wahrheit vermittelt eben der Joh. 4, 24 vor ihr genannte Geist, nämlich durch seine erleuchtende, heiligende und stärkende Innewirkung im Menschen. Dadurch begründet der Geist im Menschen eine aneignende Erkenntniß der neutestamentlichen Wahrheit, die Glaubenserkenntniß, ebenso die Liebe mit dem Gehorsam der Wahrheit, sowie den Genuß der Wahrheit, Friede und Freude in Hoffnung — alles das, wodurch der Mensch erst in der Wahrheit ist oder lebt und in dieser Wahrheit etwas thun kann, namentlich Gott als Vater anbeten. Geschieht dies in der Erkenntniß des Glaubens, im Gehorsams-Sinn der Liebe und im Friedenssinn der Hoffnung: dann ist es eine Anbetung Gottes in Geist und Wahrheit.

Durch die drei Begriffe, Vater, Geist, Wahrheit, die sich concentriren in Jesus Christus als dem Centralprincip der neutestamentlichen Offenbarung, ist also eben der Grundcharakter des echt christlichen oder des neutestamentlichen Gottesdienstes bestimmt. Das Specifische desselben, das ihn von jedem andern Gottesdienste unterscheidet, das außer in Christo gar nicht möglich ist, ist damit angegeben; nämlich Gegenstand des christlichen Gottesdienstes ist der Vater, das heißt: Gott wie er im Sohne ist, als die ins ewige Leben zeugende Liebe; ferner der heilige Geist des Vaters und des Sohnes, der Kindschaftsgeist, ist das innere Princip, die Kraft und Form, worin der christliche Gottesdienst sich vollzieht im Gegensatz zu äußeren liturgischen Mitteln und Formen. Endlich die Wahrheit, wie sie Christus in sich darstellt und aus sich heraus durch Wort und Geist mittheilt, dies ist der Gehalt, die Substanz des christlichen Gottesdienstes, ist das angeeignete und das fort und fort anzueignende Element, und so ist der christliche Gottesdienst Ausdruck und Organ der wahren Gottes-Erkenntniß, das heißt einer Erkenntniß, wie sie der objectiv göttlichen Wahrheit entspricht, sowie einer eben solchen Liebe und Hoffnung zu Gott. Ohne das fehlt dem Gottesdienst bei allen christlichen Worten das specifisch christliche Leben, das im Vater wurzelnde Geistesleben, das göttliche Kindschaftsleben; er ist in dieser Beziehung kraftlos und todt, ob er auch alle natürlich geistigen und liturgisch kirchlichen Belebungsmittel aufbieten mag.

Wie verhält es sich nun

2) mit der äußerlichen Einrichtung eines seinem principiellen Wesen entsprechenden christlichen Gottesdienstes?

Ungeachtet Anbetung im Geist Grundcharakter eines wahrhaft christlichen Gottesdienstes ist, muß derselbe doch auch äußerlich sich gestalten, einmal vermöge des natürlichen Gesetzes der organischen Wechselwirkung zwischen Innerem und Aeußerem (Luk. 6, 45. 2 Kor. 4, 13), dann auch vermöge des sittlichen Gesetzes, das zu Bekenntniß und Gemeinsamkeit verpflichtet, sofern dies der Ehre Gottes und dem Heil der Menschen zur Förderung dient. Zum Behuf dieser Aeußerungen muß nun auch der christliche Gottesdienst den wesentlichen Lebensformen des äußeren Lebens sich einordnen, muß sich fixiren in Räumlichkeiten, Zeiten und bestimmten Zusammenkünften; aber keineswegs ist er gebunden an eine Besonderheit des Ortes und der Zeit, an eine bestimmte Menge von Versammelten oder an einen besonderen Stand gottesdienstlicher Functionäre als an etwas Heiliges, das zum Wesen des Gottesdienstes gehöre; solche äußere Heiligthümer, selbst die göttlich verordneten des A. T. sind vielmehr als der Unmündigkeit angehörig durch ausdrückliche Bestimmungen für den christlichen Gottesdienst aufgehoben; sonach fällt Zeit, Ort, Personal der christlichen Freiheit zur Wahl anheim. Die hierher gehörigen Bestimmungen sind: Joh. 4, 21. Act. 2, 46. 5, 42. Matth. 18, 20. Luk. 17, 20 f. Act. 17, 24 f. Kol. 2, 16. Röm. 14, 5. 17 f. 10, 4. Gal. 4, 3—11. Hebr. 7, 12 f. 15 f. 18 f. Damit ist nun aber nicht der subjectiven Willkür in Beziehung auf die Aeußerlichkeit des Gottesdienstes Thor und Thür geöffnet; die Freiheit in Sachen des Christenthums ist nie eine unbeschränkte und am wenigsten eine Freiheit zur Unterjochung fremder Gewissen;*) vielmehr

a) **die gottesdienstliche Aeußerlichkeit im Ganzen** ist nach Punkt 1) vor Allem gebunden an das innere Princip des christlichen Gottesdienstes, d. h. es ist keine Aeußerlichkeit zulässig, welche Geist und Wahrheit im evangelischen Sinn als das innere Wesen und Gesetz des christlichen Gottesdienstes in seiner Entwicklung hemmt oder

---

*) Es ist ein arger und doch häufiger Trugschluß, ob ihn nun Einige oder Viele im Namen der Kirche machen, wenn es heißt: weil die Einrichtung des äußeren Gottesdienstes Sache der christlichen Freiheit ist, haben wir den Gottesdienst so und so einzurichten beschlossen — also müssen auch Andere oder Alle diese Einrichtung annehmen und befolgen. Dies heißt mit der christlichen Freiheit einen Spott treiben.

es gar verletzt. Die Aeußerlichkeit muß vielmehr das dem neutestamentlichen Geistesleben zur Förderung dienende Mittel sein und der wahrheitsgetreue Ausdruck desselben — bestimmter: das Aeußere des Gottesdienstes muß der **erleuchtenden, heiligenden und freimachenden Wahrheit**, wie sie in Christus speciell durch sein Wort geoffenbart ist, **dienstliches Organ** sein.

Davon ausgegangen muß, wie dies 1 Kor. 14, 26 ausgesprochen ist, Alles, was beim Gottesdienst geschieht, seinem Wesen und Inhalt nach zur Erbauung eingerichtet sein (die Erbauung ist zu verstehen im Sinn der neutestamentlichen $\delta\iota\alpha\kappa o\nu\iota\alpha\ \pi\nu\varepsilon\upsilon\mu\alpha\tau o\varsigma$ 2 Kor. 3, 6); es muß gründen und fördern im Geist und in der Wahrheit Jesu Christi und so Frucht schaffen für's ewige Leben. Was aber insbesondere die äußere Form betrifft, so gilt als Princip dafür nach weiteren Bestimmungen 1 Kor. 14, 40 mit 27—31. 35, daß Alles vorgehe in würdiger Haltung ($\pi\alpha\nu\tau\alpha\ \varepsilon\upsilon\sigma\chi\eta\mu o\nu\omega\varsigma$ V. 40) und in angemessener Ordnung ($\kappa\alpha\tau\alpha\ \tau\alpha\xi\iota\nu$). Sittliche Würde in Haltung und Handlung muß die ganze äußere Erscheinung begleiten, so daß der göttliche Geist des Friedens d. h. der inneren und äußeren Sammlung und Ruhe in Gott über dem Ganzen schwebt. V. 33. Dies Gesetz, das **Gesetz erbaulicher Ordnung und heiliger Sammlung oder Ruhe** bildet die allgemeine göttliche Kirchenordnung für den äußeren Gottesdienst, wovon auch keine vorgebliche Geistigkeit oder Freiheit entbindet. 1 Kor. 14, 31 f. 34. 36 f.

Was aber

b) **die gottesdienstlichen Handlungen insbesondere** betrifft, so sind wieder allgemein bindend nur diejenigen, die vom Stifter und von seinen Botschaftern, den Aposteln, in seinem Namen eingesetzt sind; diese haben allein Gesetzeskraft. Es sind die Grundformen, mittelst welcher der Geist und die Wahrheit Christi oder das Wesen des Reiches Gottes in den Menschen sich erbauen will und erbaut. So ergeben sich als die allgemeinen und stetigen Haupthandlungen des christlichen Gottesdienstes folgende: die Predigt des Evangeliums, sowohl für Ungläubige zur Bekehrung, als für die Gläubigen zur fortlaufenden Belehrung und Förderung im christlichen Leben. Mark. 16, 16, vgl. mit Matth. 28, 20. 1 Kor. 14, 24 f. Röm. 10, 14. Kol. 3, 16. In der letztern Stelle, womit zu vergleichen ist Eph. 5, 19, verbinden sich mit dem reichen und weisen Lehrgebrauch des Worts, also als daraus geschöpft, Gesänge, in denen sich Bekenntniß und Flehen, Lob Gottes und geistliche Lehre zur Erweckung und Erleuchtung des inneren Sinnes aussprechen. Matth. 28, 19. Joh. 6, 33 f. 1 Kor. 11, 23 ff. 12, 13. Weitere Grundhandlungen sind die schon behandelten, Taufe und Abendmahl, endlich die Gemeindezucht und gemeinschaftliches Gebet. Matth. 18, 15—17. 19. 1 Tim. 2, 1 f. Demnach hat die Gemeinde des Herrn in ihren Versammlungen dreierlei Hauptfunctionen zu verwalten: die prophetische Function durch Lehre und heiligen Gesang aus dem Wort Gottes, die priesterliche Function durch Sacrament und Gebet, die richterliche durch Schlichtung der Streitigkeiten und Unordnungen in der Gemeinde.*)

---

*) Dies sind die gottesdienstlichen Grundakte, welche der Geist des Christenthums in seiner ursprünglichen Organisation der Gemeinde sich geschaffen hat.

Aber diese gottesdienstlichen Akte sind nun nicht wieder, als wären sie an und für sich geistlose Formen, mit willkürlichen Aeußerlichkeiten, mit Ceremoniell zu überkleiden oder zu vermehren. Es sind dies menschliche Parasiten, die den Lebensstamm des Christenthums und seine geistige Befruchtungskraft überwuchern, das Produkt und Kennzeichen eines gesunkenen und kranken Glaubens, der statt in das dem Glauben zugewiesene Unsichtbare, Geistige sich zu erheben, sich in das Sichtbare, das Sinnenhafte versenkt, ein Standpunkt, auf welchem man vergißt, weß Geistes Kind der christliche Glaube und Gottesdienst ist. 1 Petri 2, 5. Röm. 7, 6. Phil. 3, 3. Das Christenthum vindicirt vielmehr

c) allem wahrhaft Göttlichen nach außen den **Charakter des Anspruchslosen und Einfachen**; so ist das Christenthum vorbildlich ausgeprägt in Christi ganzer Erscheinung von seiner Geburt an und ebenso an seiner ersten Gemeinde. Dies ist die dem Christenthum göttlich anerschaffene Gestalt. Alle Aeußerlichkeit, die nicht dem Innerlichen wesentlich ist, ihm nicht als natürlicher Ausdruck und Organ dient, weist das Christenthum zurück als Schauspielerei, $\dot{υ}ποκρισις$, und als ablenkend von dem Einen Nothwendigen. Matth. 6, 5 ff.*) 12, 34—36. 23, 25—28. Mark. 7, 4 ff. Luk. 10, 41 f.**) Alles was den äußeren Rangunterschied in die Kirche verpflanzt, sowie alles Klügelnde, Prunkende, Künstliche im Wort und in liturgischer Darstellung verschmäht es, und zwar nicht nur als überflüssig, sondern aus dem tiefsten, inneren Grund, weil es seinem $πνευμα$ als $σαρξ$ gegenüber-

---

*) Vgl. Christliche Reden V. Samml. Nr. 2.
**) Vgl. a. a. O. IV. Samml. Nr. 4.

steht oder gar sich ihm unterschiebt. Es ist dasselbe Widerspruch mit dem Wesen des Christenthums, indem dadurch, wie Paulus bemerkt, das Kreuz Christi zu nichte werde, d. h. nicht daß man vom Kreuz Christi nicht predigt, sondern sein Erlösungswerk, das eben nur heiligt durch Tödtung des Fleisches, des von den Sinnen - Erregungen abhängigen Seelenlebens und des weltlichen Complexes, dies kommt an den Seelen nicht zur Kraft, es wird der Geistessinn irregeführt und verderbt, indem er abgeleitet wird von der $\dot{\alpha}\pi\lambda o\tau\eta\varsigma$ $\varepsilon\dot{\iota}\varsigma$ $X\rho\iota\sigma\tau o\nu$, von der einfach geschlossenen Richtung auf den einfachen Christum als den, der ohne andere Zuthat alle Heiligung Gottes und des Menschen in sich befaßt, und von dem Anstreben dessen, was in Christo allein gilt, von der $\kappa\alpha\iota\nu\eta$ $\kappa\tau\iota\sigma\iota\varsigma$ und von der ethischen Richtung auf das von Gott Gebotene. 1 Kor. 1, 17. 2, 1. 4. (Was von den künstlichen Zuthaten zum Wort gesagt ist, gilt auch in Bezug auf die andern gottesdienstlichen Handlungen, Sacramente, Gebet u. s. w.). 2 Kor. 11, 2 f. vgl. 1 Kor. 7, 19. Gal. 6, 12. 14—16.

Niemals kann daher der wahre christliche Geist sich herbeilassen, ceremoniöse Einkleidung der gottesdienstlichen Grundformen selbstthätig zu fördern; er kann dieselbe nur, soweit er sie vorfindet, noch dulden und bis auf einen gewissen Grad sich accommodiren, wie die ersten Christen dem jüdischen Cultus und Luther dem katholischen gegenüber, dies aber nur so, daß dieser Zustand als eine Schwäche behandelt wird, nicht aber als etwas Nöthiges, als ein Vorzug oder gar Fortschritt, und daß er nicht als etwas allgemein Normales sich geltend machen darf. Es muß daher der Schwäche, die daran klebt, und noch vielmehr dem Zwang das göttliche Wort gegenübergestellt bleiben in seiner reinen Wahrheit, in welcher es allein die Anbetung im Geist aufrichtet; nur so können die für Letzteres Empfänglichen durch Belehrung und durch Rüge, keineswegs aber durch Ueberredung, Gewalt und Zwang aus dem Zustand der Schwäche befreit und aus dem Schatten ins Wesen eingeführt werden. 1 Kor. 9, 20—22 mit Gal. 2, 3—5.*) 5, 1 f. 6, 12. So wird auch in den symbolischen Büchern und in den ältern Kirchenordnungen den Pfarrern aufgegeben, das Volk fleißig zu unterrichten, daß der wahre Gottesdienst nicht in Beobachtung der Kirchenceremonie bestehe.**)

---

*) 1 Kor. 9: Den Juden, den noch in gesetzlichem Gottesdienst Befangenen, den Schwachen bin ich aus freien Stücken (V. 19) geworden als Schwacher, damit ich ihrer etliche gewinne, d. h. aus der Schwachheit herausführe zur Freiheit in Christo. Im Galaterbrief (Cap. 2) aber: denen, die den Gläubigen die Freiheit nehmen und die Aeußerlichkeit des gesetzlichen Gottesdienstes, wo er nicht oder nicht mehr bestand, neu einführen wollten, wichen wir nicht eine Stunde.

**) Vgl. namentlich auch Concordienformel, summarischer Begriff Punkt X und in der gründlichen Erklärung dazu X. Es sind dort zwei Hauptgrundsätze aufgestellt: 1) daß die Ceremonien, auch die zulässigen an und für sich kein Gottesdienst, auch kein Theil desselben seien. Dafür berufen sie sich auf Matth. 15, 9: „sie ehren mich umsonst mit menschlichen Aufstellungen oder Ordnungen." 2) daß, wo Verfolgungen der Ceremonien wegen eintreten, also bei Zwang=Anwendung nicht zu weichen sei. Dafür berufen sie sich auf Gal. 5, 1. — Wo man nun mit Berufung auf sogenannten altlutherischen Cultus zu abgekommenen Ceremonien zurückführen will, wird völlig übersehen, daß es etwas Anderes ist, Abgebrochenes wieder aufzubauen oder Bestehendes in temporärer und beschränkter Weise zu dulden. Vgl. Crusius, Moraltheologie I. S. 246. Eine treffliche Auseinandersetzung über herrschende falsche Begriffe vom Gottesdienst im Allgemeinen siehe Mosheim, Sittenlehre III. S. 346—355. Völlig falsch ist die Behauptung, daß die ceremoniöse Umkleidung des einfachen Christenthums ein Bedürfniß sei gegenüber theils der rohen theils der gebildeten Welt, ein unentbehrliches Mittel für christliche Bildungszwecke. Die Apostel hatten einerseits eine Weltcultur sich gegenüber mit ihren Geistes= und Bildungsansprüchen, andererseits

I. 2. Einrichtung des christlichen Gottesdienstes. 425

Wo nun der landesübliche öffentliche Gottesdienst nach dieser ursprünglichen Kirchenordnung nicht eingerichtet ist, sondern noch allerlei äußerliche Satzungen an sich hat,

---

jüdische und heidnische Volkshaufen, die sogar von Kindheit an an sinnliche Gottesdienste gewöhnt waren; aus beiden Lebensgebieten hatten sie Christen zu sammeln und gesammelt in ihren Gemeinden. Aber weder den Culturansprüchen der Einen in ihrer σοφια του κοσμου, noch den sinnlichen Cultusbedürfnissen der Andern in ihrer σαρξ opferten sie etwas von der Einfachheit des reinen christlichen Geistes und Gottesdienstes — sie stellten ohne rhetorische oder liturgische Künstelei den Einen wie den Andern die göttliche Weisheit in ihrer Einfalt gegenüber, wie sie die Aeonen umfaßt und Weise und Unweise zur höchsten Bildung erhebt. 1 Kor. Cap. 1 und 2. Sie halten an dem Princip der geistigen Anbetung; für diese ist eben die neue Bundesökonomie gestiftet, während es den dabei nicht Befriedigten überlassen bleiben soll, in einer andern Religionsform das Ihre zu suchen, ohne aber sich überreden zu dürfen, daß man Wesen und Kraft des Christenthums vereinigen könne mit dem Vormundschaftswesen des gesetzlich rituellen Judenthums oder mit der Ungebundenheit des heidnischen Naturcultus. Gal. 3, 2 f. mit 4, 9—11 und 5, 2—9. 1 Kor. 10, 20 f. 2 Kor. 6, 16. Alle grundsätzliche Hingebung an Aeußerlichkeiten, selbst an die göttlich gestifteten alttestamentlichen rügen sie als Zurücksinken aus der christlichen Realität in den bloßen Schatten. Kol. 2, 16 f. Hebr. 9, 9—11. 10, 1. Sie weisen weltliche Weisheit und äußere Heiligungsmittel rücksichtslos ab, damit dem Evangelium seine Wahrheit gesichert bleibe (Gal. 2, 4 f.), die Wahrheit, daß es die wirkliche Erfüllung sei, als die es sich ankündigt, d. h. das alles wahrhaft Gute in sich selbst einschließende Vollkommene, das eben daher keiner anderweitigen Ergänzungen bedürfe; es vereinigt in sich nicht nur buchstäblich, sondern geisteskräftig die einfältigsten Grundwahrheiten als Milch für Unmündige und Ungebildete wie die vollkommene Weisheit als Kraftspeise für Gebildete und Gereifte. Röm. 1, 14. Hebr. 5, 12—6, 2. Statt also im Widerspruch mit der apostolischen Grundregel das Christenthum dem Haufen zulieb zu versinnlichen oder den weltlichen Bildungsansprüchen anzuschmiegen, bleibt es immerdar nach beiden Seiten Recht und Pflicht, aus den Schätzen des göttlichen Wortes, des prophetischen und des apostolischen, seine mannigfaltige Weisheit um so treuer zu schöpfen und Alles gemäß den geistigen Altersstufen richtig zu vertheilen. Dadurch kommt statt der Verfestigung im Buch-

namentlich also noch dem Standpunkt des Gesetzes verfällt, dabei aber doch auf den göttlichen Grund bauen will und der christlichen Anbetung Gottes noch dient, wenn schon nicht in der wirklichen Weise des Geistes, sondern in Schwachheit; da ist dies einerseits ein Zeichen, daß der wahre Begriff der Gemeinde da nicht realisirt ist, und auch nicht realisirt wird, andererseits haben die echten Christen zu solchem Gottesdienst sich zu stellen, wie die ersten Christen zu dem jüdischen Tempel und Gottesdienst (Act. 2, 46. 3, 1). Sie haben nicht von der bestehenden Kirche als ganzer sich zu trennen — darum aber auch nicht Alles mitzumachen, sondern an das, was darin aus Gott und für Gott ist, mit Freiheit sich anzuschließen, d. h. mit der gewissenhaften Erwägung, daß vor Allem alles Gottesdienstliche als Mittel zum Zweck benutzt wird (es ist um meinetwillen da, nicht ich um seinetwillen), nämlich zunächst zur eigenen Erbauung (denn in geistlichen Dingen hat Jeder zuerst für seine eigene Seele zu

---

staben und im Fleisch die innere Befreiung zustande von den fleischlichen Gelüsten nach sinnlichem oder kunstreichem Gottesdienst, was den Weg des Geistes eben versperrt. Hebr. 9. Um aber diese Resignation des Christenthums gegenüber dem Aeußeren zu begreifen, ist nur immer festzuhalten, daß dasselbe keine Allerweltsreligion sein will im Gewand der alten Schläuche, daß es nicht bloß auf gute Wirkungen für dieses Leben abzielt, sondern auf das ewige Leben; es will eine neue Schöpfung, da der Mensch und diese ganze Welt vergeht. Dies vermittelt weder ein paganisirender Naturcultus noch eine judaistisch liturgische Gottesdienstordnung, sondern es hält solches ab davon und bildet eine Scheidewand (Eph. 2, 13—18); wo dagegen der Geist des ewigen Lebens gepflanzt ist, ist alles übrige Gute, das man durch andere Mittel erreichen will, in seiner inneren Kraft; während sonst alles Gute im alten Verderbensproceß des Fleisches wieder absorbirt wird. In Bezug auf ausschließliche Heiligkeit der Kirchen und ihren Schmuck vgl. Moser, Briefe über protestantisches Kirchenrecht, Nr. 16.

sorgen) und dann zu fremder Erbauung. Auf Kosten meiner eigenen Erbauung oder meiner nothwendigen Gründung und Förderung im Geist der Wahrheit Jesu Christi darf die Betheiligung an dem hergebrachten Gottesdienst nie gehen. (Sie hören des Hirten Stimme, die seine Schäfe sind.)

Unter dieser Voraussetzung ist die Theilnahme an den öffentlichen Versammlungen, bald mehr bald weniger, einer gläubigen Seele schon als Bekenntniß nothwendig, daß sie unter den Lüsten und dem Sorgengewühl dieser Welt Christi und seines Wortes nicht vergißt, noch sich schämt. Mark. 8, 38. Immerdar aber müssen diese Versammlungen der Art sein, daß der Gläubige da seine Heimath findet und Friedensbotschaft von Gott empfängt, nicht Menschen-Gedichte. Psalm 27, 4. 84, 3—5. 11 f. Jes. 52, 7. Röm. 10, 13—15.

Dabei haben die Geisteschriften namentlich auch das Recht, in häuslichen Kreisen, in kleineren und größeren Familienvereinen ($\kappa\alpha\tau$' $o\tilde{\iota}\varkappa o\nu$), gerade außerhalb der öffentlichen Kirche nach der reinen einfachen Ordnung Christi Versammlungen, ja Gemeinden mit eigenen Vorstehern zu bilden und eben diese Gemeinschaft als die eigentliche Kirche Christi Allem vorzuziehen (Act. 2, 42. 46 f.). Denn diese ist unmittelbar, wie wir fanden, nicht auf eine Weltkirche abgestellt. Als Haus oder Familie Gottes, noch nicht als Staat und Tempel Gottes, was dem kommenden Herrn vorbehalten bleibt, siedelte sie sich demüthig in häuslicher Einfachheit an neben der Tempelherrlichkeit der jüdischen Staatskirche, und die erste Christengemeinde, so innig sie im Geiste als ein Ganzes bestand, wollte so wenig diese Einheit in einer äußerlichen Repräsentation derselben, daß sie sich sogar in einer und derselben Stadt in mehrere Hausgemeinden theilte mit eigenen Vorstehern. Kol. 4, 15. Röm. 16, 5.*)

Wenn nun das A. T. mit seinen gottesdienstlichen Einrichtungen durchaus kein äußerlich verpflichtendes Religionsstatut für die Christenheit mehr ist, so fördert doch auch hierin wie in Allem die Triebkraft des Geistes eine dem Geist entsprechende Erfüllung derselben hervor, so daß der Gottesdienst der Christen die Grundsäulen des alttestamentlichen Cultus, den Sabbath mit seinem Festcyclus, die Bundessacramente und Opfer, die Lehre und Zuchtgemeinschaft in sich ausbaut, nur jedoch im Namen und im Geiste des Herrn, also in der Freiheit und im Wesen des Geistes, nicht in der buchstäblichen Aeußerlichkeit des A. T. und nicht im Zwang des Gesetzes, und dann anknüpfend an die hauptsächlichsten Stiftungs-Momente des Himmelreiches, an die göttlichen Heilsthaten, nicht wie im A. T. an die bloßen Naturthaten und die theokratischen Machtthaten Gottes. Nur in Uebereinstimmung mit dieser geistlichen Erfüllung begründet sich

d) die christliche Sonntags- und Fest-Feier. Wenn Christus sich als den Herrn des Sabbaths darstellt (Matth. 12, 8), so lehrt er doch nicht eine absolute Auf-

---

*) So sehr Beck diese Rechte betonte, so wenig hielt er für seine Person von separater Kirchenbildung, indem die Erfahrung ihn lehrte, daß meistens innerhalb solcher separirter Kirchen und Secten dieselben Fehler, die sie an den bestehenden evangelischen Kirchen tadeln, sich gleichfalls fänden und dazu noch andere, gegen welche die gesteigerte Einbildung wegen vermeintlicher Vorzüge und Reinheit sie blind mache.

Der Herausgeber.

hebung des Sabbathbegriffs, sondern es tritt auch hier wie gegenüber dem ganzen Gesetz der Begriff der Erfüllung ein. Aber der Begriff der Gesetzeserfüllung bezieht sich im neuen Testament nicht auf des Gesetzes Buchstaben, auf die im Gesetz vorgeschriebenen Aeußerlichkeiten, sondern auf des Gesetzes Wesensgehalt, auf den Nomos in seiner pneumatischen Innerlichkeit. Röm. 7, 14. Vgl. 2, 26—29. Die von Christus ausgehende Gesetzeserfüllung ist Erfüllung im Sinn des Geistes und der Wahrheit, involvirt eben daher auch eine relative Aufhebung (Röm. 10, 4: $\tau\varepsilon\lambda o\varsigma\ \nu o\mu o\upsilon\ X\varrho\iota\sigma\tau o\varsigma$), des Gesetzes Ende ist Christus eben im erfüllenden Sinn als das in und über dem Gesetz liegende Ziel. Dies gilt nun auch vom Sabbathgesetz als Theil des Ganzen. Es ist demnach ebensosehr die äußere Sabbath= knechtschaft als die libertinische Ungebundenheit ausgeschlossen. So weist denn der Herr

α) die jüdische strenge Feier theoretisch und praktisch zurück als ein Joch, welches die natürlichen Rechte und Be= dürfnisse der Menschen beeinträchtige und die freie Wirksam= keit des Geistes der Liebe und der Kindschaft beschränke. Matth. 12, 3—5. 7. 12. Joh. 7, 21—23. 5, 8—10. Den buchstäblichen Sinn des Sabbathgesetzes hatten diese vom Herrn geltend gemachten Freiheiten (Aehren ausraufen, Schaubrote essen, Bett heimtragen) gar nicht für sich. Es ist entnommen dem Geist des Gesetzes, wenn er sich für die Unschuld derselben auf Analogien beruft wie priesterliche Handarbeiten im Tempel, Beschneidung am Sabbath. Es lag dabei keine wörtliche Auslegung zu Grunde, keine stringente Beweisführung, sondern sie konnte nur gelten, wenn man auf den Beweis von Geist und Kraft in der Person Christi hin ihm das Zutrauen schenkte*), daß er auch über den Geist und Zweck des Gesetzes den richtigen höheren Aufschluß zu geben vermöge.

Dem richtigen Begriff von der Sabbathfeier unterlegt der Herr den Grundsatz, daß der Sabbath **um des Menschen willen** gemacht sei, und nicht der Mensch um des Sabbaths willen. Mark. 2, 27. Der Sabbath soll also nur ein Mittel sein zum Besten der Menschen und über diesen Begriff nicht ausgedehnt werden. Demnach hat sich jede kirchliche Festfeier anzuschließen und unterzuordnen den realen Lebensverhältnissen und Bedürfnissen der Menschen mit Berücksichtigung auch der leiblichen (V. 24. 26). Dabei finden wir nirgend weder vom Herrn noch von den Aposteln gesetzliche Anordnungen, wodurch bestimmte Wochentage, Monatstage, Jahrestage ausgewählt und fixirt würden für kirchliche Feier, daß sie also eine göttlich verpflichtende Geltung hätten, d. h. einen heiligen Character. Wir finden bloß historische Spuren von religiösen Versammlungen und dies theils am alten jüdischen Sabbathtag, theils am darauf folgenden Wochentag. Act. 20, 7: am ersten Wochentag. 1 Kor. 16, 2. Daß aber darin keine ausschließliche Auszeichnung dieser Tage lag, zeigt schon die ebenfalls historische Bemerkung Act. 2, 46, wonach die Versammlungen, sogar mit Sacramentsgenuß $\varkappa\alpha\vartheta'$ $\eta\mu\varepsilon\varrho\alpha\nu$ erfolgen. Daneben wird an andern Stellen mit ausdrücklichen Worten dem Wahn begegnet, als wenn die Auszeichnung bestimmter Tage verpflichtende Kraft habe. Vielmehr wird dieselbe nur, sofern sie noch bei Einzelnen, also als Privatgebrauch, in der Schwäche des Glaubens

---

*) „Hier ist mehr als Gesetz, mehr als Moses und Salomo!"

wurzelt, eben als individuelle Schwäche der Schonung von Seiten der Andern empfohlen (Röm. 14, 5 ff., vgl. V. 1), nicht aber ihnen befohlen, es ebenso zu halten. Dagegen abgewiesen werden schlechtweg die gesetzgeberischen Gelüste, die eine christliche Religionspflicht, eine göttliche Heilsordnung aus der Abgrenzung gottesdienstlicher Zeiten machen wollen. Gal. 4, 1—5. 9—11. Koloss. 2, 16., vgl. 14. Wo nun so ausdrücklich die didaktische Verwerfung der religionsgesetzlichen Bedeutung einer Sabbath- und Fest-Feier für Christen aufgestellt ist und zwar von der allein gültigen gesetzgeberischen Autorität, da gelten alle indirecten Beweisführungen, die man dafür versucht, nichts, selbst wenn sie nicht zu widerlegen wären. Diese Beweisführungen verkennen vor allem gerade die den neuen Bund vom alten specifisch unterscheidenden Grundbegriffe, so z. B. die Behauptung, daß ja die Sabbathfeier in den zehn Geboten stehe, also auch wie die übrigen Gebote fortdauernd gelten müsse. Dieser Schluß steht in directem Widerspruch mit dem bereits erwähnten principiellen Satz: $\tau \varepsilon \lambda o \varsigma \; \nu o \mu o \nu \; X \varrho \iota \sigma \tau o \varsigma$ und mit dem neutestamentlichen Begriff der Gesetzeserfüllung, wonach die dienstliche Gebundenheit an die äußere Satzungsform des Gesetzes aufgehoben ist, das $\delta o \nu \lambda \varepsilon \iota \varepsilon \iota \nu \; \varepsilon \nu \; \pi \alpha \lambda \alpha \iota o \tau \eta \tau \iota \; \gamma \varrho \alpha \mu \mu \alpha \tau o \varsigma$. Röm. 7, 5 f. Davon ist auch das Ganze der zehn Gebote nicht ausgenommen, sofern sie eben nach ihrem $\gamma \varrho \alpha \mu \mu \alpha$ in Betracht kommen (als äußerliche Religionsvorschrift). Aufgehoben sind sie in Christo zwar nicht ihrem innern Wesen nach, aber eben in ihrer nomistischen oder statutarischen Form als $\nu o \mu o \varsigma$ (vgl. 1 Tim. 1, 9, wo nicht vom Fluch des Gesetzes oder vom Ceremonialgesetz die Rede ist, sondern eben moralische Verbote aufgezählt werden), oder als ἐντολαι ἐν δογμασιν, wie diese bestehen als χειρογραφον, als δογματιζειν (Eph. 2, 15. Koloss. 2, 14. 20), als στοιχεια του κοσμου, als die elementaren Normen des diesseitigen Lebens. Gal. 4, 9 f., vgl. B. 3. Cap. 3, 23. 25. Also als äußerlich fixirtes Rechtsinstitut in ihrer staats= kirchlichen Zwangsform gehören nach diesen Stellen auch die zehn Gebote wie die andern Gesetzesbestimmungen dem christ= lichen Glaubensgebiet nicht an. Ehebruch, Diebstahl u. dgl. werden im christlichen Gemeindekreis allerdings moralisch nicht freigegeben, sondern der moralischen Gemeindezucht unterworfen, werden aber von der christlichen Gemeinde aus nicht wie im alten Testament mit juridischen Verboten und gerichtlichen Bestrafungen belegt, weil die neutestamentliche Gottesgemeinde nicht wie die alttestamentliche zugleich in theokratischer Staatsform existirt und existiren soll, bei welcher auch die zehn Gebote zugleich Staatsgesetze waren. In dieser Verkennung des dem Christenthum eignenden moralischen Richtens im Unterschied vom juridischen wurzelt auch der Anstoß in der Behandlung der Ehebrecherin von Seiten Christi Joh. 8, 1 ff., namentlich B. 10.*) Auch die Heili= gung des Gottesnamens wird aus den zehn Geboten im Christenthum nicht herübergenommen in seiner alttestament= lichen Jehovahform und mit seiner alttestamentlichen äußeren Heiligungsweise oder mit seiner gottesdienstlichen Form und strafrechtlichen Sanction. Ebenso wenig geschieht dies denn auch mit der alttestamentlichen Sabbathheiligung. Vielmehr das neutestamentliche Princip der Gesetzeserfüllung besteht,

---

*) Eine Ansicht, die die herrschende Weglassung der Stelle hinreichend erklärt, während der ganze Zusammenhang zwischen B. 1 f. und B. 12 gegenüber von Cap. 7, 44—53 den Zwischenakt fordert.

wie schon anfangs bemerkt wurde, darin, daß dem Gesetz durchaus sein innerer Wesensbegriff, sein δικαιωμα, sein moralisch-religiöser oder pneumatischer Gehalt entnommen wird zum Behuf geistlicher Erfüllung, nicht aber sein äußerlich formeller Begriff zum Behuf fortgesetzter formeller Erfüllung. Daher wird auch Röm. 13, 8—10 die Erfüllung der moralischen Einzelbestimmungen des Dekalogs, seiner ἐντολαι, eben auf ihr geistiges Princip reducirt, auf den Pflichtbegriff der Liebe, die Jakobus (2, 8—12) das königliche Gesetz der Freiheit nennt. So soll das δικαιωμα του νομου, seine wesentliche Rechtssubstanz, die geistig treue Ausführung finden, nicht nach dem Dienstgesetz des γραμμα, der buchstäblichen Vorschrift, sondern nach dem Kindschaftsgesetz der Freiheit, welches eben die Negation des ειναι ὑπο νομον ist. Gal. 5, 18. Röm. 7, 6. 8, 4. 15. Gal. 4, 21—5, 1. Die juridische Zwangsgeltung behält das Gesetz nur außerhalb des christlichen Glaubensgebiets, gegenüber von offenbarer Irreligiösität und Immoralität 1 Tim. 1, 8 f., vgl. 5—7. So verliert im Geistesbund des neuen Testaments namentlich alles, was zur äußerlichen Darstellung des alten Testaments gehört, seine religiös verbindliche Bedeutung und dazu gehört speciell die Unterscheidung zwischen heiligen und unheiligen Orten, Zeiten, Speisen, Geräthen, Personen. Alles dies sind Unterschiede, die dem äußern Naturleben angehören, sind kosmische Elemente, στοιχεια του κοσμου, an welche der religiöse **Naturdienst** gebunden ist (Gal. 4, 1—4); nur daß im alten Testament nicht der Natur als Gott gedient wurde, sondern **dem Schöpfer-Gott in der Natur.** Im Gegensatz dazu steht (Gal. 4, 5 ff.) der **Geistesdienst** des Kindschaftsbündnisses in Christo. So wenig daher der neutestamentliche Gottesdienst gleich dem alttestamentlichen gebunden ist an einen bestimmten heiligen Ort oder Tempel, an einen Priesterstand, an einen Beschneidungsritus, überhaupt an die alttestamentlich gesetzliche Cultusform, so wenig an einen bestimmten heiligen Tag mit seinem Sabbathcultus, sonst müßte man umnachläßlich auch vom Sonntag auf den gesetzlichen Sabbathtag zurückkehren, denn man darf nicht theilweise das Gesetz buchstäblich für verbindlich erklären und theilweise davon wegschneiden oder frei daran ändern. Gal. 5, 3. Jak. 2, 10. Auch das, daß die Sabbathfeier auf die Schöpfung bezogen wird, also auf etwas nicht bloß Nationales und Temporäres sondern allgemein Menschliches, auch das beweist wieder nichts für die im Christenthum fortdauernde Geltung der Sabbathordnung; sonst müßten auch die Opfer, die ebenfalls der ältesten vorgesetzlichen Zeit angehören, noch verbindlich sein. Davon aber auch abgesehen liegt in dieser Instanz wieder eine Verkennung der specifischen Bedeutung des Christenthums. **Nicht die alte, irdische Schöpfung, die veränderliche und vergängliche, sondern die neue geistige Schöpfung, die unbewegliche, die ewige, ist der Boden des Christenthums.** Jene wie das Gesetz, das die $\sigma \tau o\iota \chi \varepsilon \iota \alpha\ \tau o\upsilon\ \kappa o\sigma \mu o\upsilon$ sanctionirt, ist nur das Vorbild für das Christenthum, das in ihm aufhört. Hebr. 12, 25 ff., vgl. 2, 5. Für das A. T. und für die ganze vorchristliche Zeit fallen die göttlichen Naturwerke und Naturthaten als äußere Naturnormen unter das **gottesdienstliche Gesetzesprincip**; für das N. T. dagegen fallen die göttlichen Geistesthaten, die neuen Schöpfungsthaten unter das **gottesdienstliche Geistes**-

princip als innere Geistesnorm, wie auch an die Stelle des Natursacraments der Beschneidung das Geistessacrament der Taufe tritt als geistig moralische Beschneidung. Kol. 2, 11 ff. Phil. 3, 3. Und eben als dem Naturgebiet angehörig, den στοιχεια του κοσμου, ist der alttestamentliche Gottesdienst auch nothwendig gebunden an die Naturunterscheidungen der Zeit und des Raumes, an heilige und unheilige Tage und Orte; dagegen der dem Geistesgebiet angehörige neutestamentliche Gottesdienst erweist sich als solcher eben dadurch, daß er von jenen στοιχεια του κοσμου frei ist und frei macht, über die kosmischen Raum- und Zeitbeschränkungen geistig erhebt wie über die National- und Standesbeschränkungen. Es wird daher das Sabbathgebot auch nicht Einmal mitgenannt, wo die speciellen Gebote des Dekalogs im N. T. recapitulirt werden, sogar, wie Matth. 5, mit Verschärfung recapitulirt werden (Matth. 19, 17—19. Röm. 13, 9. 1 Tim. 1, 8 ff.); ebensowenig da, wo für die Gläubigen aus den Heiden um des guten Vernehmens mit den Juden willen die noch vorläufig zu haltenden Stücke aufgezählt werden; die Heidenchristen werden vielmehr angewiesen, sich sonst keine gesetzliche Pflicht aufbürden zu lassen. Act. 15, 5. 10 f. 19—21. 24. 28 f. 21, 24 f. Es gilt also auch hier Gal. 5, 1 f.: In der Freiheit, womit euch Christus befreit hat, bestehet und begebt euch nicht wiederum in's Knechtsjoch u. s. w. Was aber noch Matth. 24, 20 betrifft (wo der Herr von der Flucht der Jünger spricht, wenn sie den Gräuel der Verwüstung an heiliger Stätte sehen: „Bittet, daß eure Flucht nicht im Winter, auch nicht am Sabbath geschehen möge"), so ist hier der Sabbath mit dem Winter zusammengestellt, ist also gleich diesem erwähnt als äußeres

Flucht-Hinderniß, nicht als ein Gewissens-Hinderniß. Als Gewissens-Hinderniß gilt in solchem Fall sogar den Rabbinern der Sabbath nicht, indem sie an demselben um das Leben zu retten die Flucht freigeben. Allein mitten aus der jüdischen Bevölkerung heraus, unter welcher der Herr dort nach V. 16 die Seinen sich denkt, und durch das jüdische Gebiet hindurch gerade am Sabbath zu fliehen, noch dazu mit Zurücklassung der nöthigen Habe (V. 17), wodurch also die Flüchtigen auf fremde Unterstützung angewiesen waren: eine solche Flucht war gleich der im Winter mit besonderen Schwierigkeiten und Gefahren verbunden; dies eben von außen her, von Seiten der Juden, deren religiösem und politischem Kriegsfanatismus die dem Kampf mit den Heiden sich entziehende Flucht nur als Vaterlandsverrath erscheinen konnte, besonders auf Seiten der Christen, die ohnedies der Gesetzesverachtung beschuldigt und einer unpatriotischen Gesinnung verdächtig waren.

Nach dem Bisherigen ist gemäß dem echt evangelischen Princip die gottesdienstliche Feier des Christenthums mit ihren religiösen Versammlungen und Handlungen an einen bestimmten Tag ebensowenig als an einen bestimmten Ort religionsgesetzlich gebunden; vielmehr gilt das apostolische $\kappa\alpha\vartheta'\ \accentset{}{\eta}\mu\varepsilon\varrho\alpha\nu$ wie $\kappa\alpha\tau'\ \text{οἶκον}$. Act. 2, 46.*) Die Erfüllung der auf Gottes Namen und Tag bezüglichen Vorschriften besteht in einer **Heiligung oder Verherrlichung des**

---

*) Aber auch dies gilt nur als freies Ergebniß des Glaubens, nicht als Zwangsergebniß oder als erkünstelte Institution, auch nicht so, daß immerdar alle Glieder einer Localgemeinde an Einem Ort und zu Einer Stunde sich versammeln müßten — die apostolischen Gemeinden hatten an Einem Ort mehrere Hausversammlungen.

Namens Gottes wie an allen Orten so durch alle Tage hindurch mit Wort und That, im Allgemeinen ohne beschränkende Formalität, d. h. jeder Tag muß zu einem Tag des Herrn in Geist und Wahrheit geheiligt werden. 1 Kor. 10, 31. Kol. 3, 16. — Daneben kommt nun aber

β) der **Zweck der gemeinsamen Erbauung** in Betracht und in dieser Hinsicht ist es allerdings Aufgabe auch der christlichen Gemeinde, das geistige Freiheitsprincip zusammenzuordnen theils mit den allgemeinen Erbauungs= bedürfnissen der ganzen Genossenschaft bis auf die Schwachen hinab, theils mit dem äußerlichen Geschäftsleben und Ruhe= bedürfniß, welches beides seine Rechte behält wie seine Schran= ken. Aus diesem äußerlichen Ordnungszweck, aber nicht aus einem besondern Heiligkeitsbegriff und Heiligungs= zweck, ergibt sich nothwendig, daß **die gemeinsame kirch= liche Erbauung fixirt werde auf ausgewählte Tage und Stunden wie auf besondere Orte.** Für diese Auswahl besonderer Erbauungstage bieten dann als natürliche historische Anknüpfungspunkte sich dar die Haupt= thatsachen der göttlichen Reichsgeschichte, wie sie im Leben Christi und der Apostel sich darstellen, voran also die Auf= erstehung Christi als der Anbruch des neuen Bundes, als Inauguration der neuen Weltzeit oder, prophetisch gesprochen, Weltwoche, also der Sonntag. Act. 20, 7. 1 Kor. 16, 1 f. Nimmer aber darf diese Fixirung sich als eine der Sabbath= feier surrogirte gottesdienstliche Nothwendigkeit und als ein die Gewissen bindender Zwang geltend machen, so daß die Nichteinhaltung an und für sich, also abgesehen vom Manne, der es thut, und von dem Sinn, in dem er es thut, als ein religiöses Vergehen behandelt würde. Christus sabbathum abrogavit (28. Artikel der Augustana). Kol. 2, 16, vgl. 21 f. Die Fixirung kann nur als eine gesellschaftliche Ordnung gelten oder, wie unsre Reformatoren richtig sagten, als „eine feine äußerliche Zucht". Und diese Zucht darf um der Ordnung willen nur soweit in die äußerlichen Lebensverhältnisse gesetzlich eingreifen, d. h. gebietend und verbietend, als es nothwendig ist um den Zweck, die Erbauung, eben zu einem allen zuständigen Recht zu machen, zum öffentlichen Recht, dessen Ausübung gegen Störungen zu schützen ist; dagegen ein positiver Gottesdienstzwang darf nicht ausgeübt werden. Ueber das Weitere vgl. die symbolischen Bücher, Aug. Art. 28 und Apologie dazu; Luthers Vorrede zum kleinen Katechismus und im großen Katechismus das, was er über das dritte Gebot sagt; Bräm, Ueber das Wesen des Gottesdienstes nach biblischen Grundsätzen, namentlich Seite 55—57 (gut ausgeführt, wie die äußere Heilighaltung von Tagen vielfach auch das Predigen verderbt).

Nach den allgemeinen Bestimmungen über den christlichen Gottesdienst behandeln wir

II. **Die einzelnen gottesdienstlichen Bildungsmittel.**

1) **Das evangelische Predigtamt** (die Bildungswirksamkeit des Worts in der Gemeinde).

Stifter des Predigtamtes ist Christus, einmal sofern er das ihm vom Vater gegebene Wort in ein Zeugniß faßte zur fortwährenden Verkündigung für Gläubige und Ungläubige (Joh. 17, 8. 18. 20 f. Matth. 28, 19 f. Röm.

II. Die gottesdienstlichen Bildungsmittel.

10, 13 f.), sodann sofern er neben seinen Aposteln auch Propheten, Evangelisten, Lehrer als Diener bestellte für die fortlaufende Bezeugung seines Wortes, indem er sie mit dem Geist des Zeugnisses begabte. Vgl. zu Matth. 23, 34 noch 1 Kor. 12, 28. Eph. 4, 7. 11 ff. Sollen also die menschlichen Verkündiger als Christi Diener und Zeugen wirken, so müssen sie im Stande sein, das empfangene Wort nicht nur in irgend einer buchstäblichen Fassung wiederzugeben, noch weniger aber dürfen sie nach subjectivem Geist dasselbe meistern und formen; sondern von dem eigenen Geiste des göttlichen Worts müssen sie sich ergreifen und beseelen lassen, um nach dem individuellen Glaubensmaß wirkliche Verwalter oder Diakonen desselben zu sein. 2 Kor. 4, 13. Röm. 12, 3. Nur also, wenn und soweit das Predigtamt objectiv das vom Herrn gegebene Wort zur Substanz seiner Verkündigung hat und subjectiv zu Organen derselben geistig vom Herrn befähigte Diener — nur unter dieser Voraussetzung hat das Predigtamt die reale und persönliche Autorität der Stiftung durch den Herrn selbst, daß das Wort gilt: „wer euch hört, hört mich" (vgl. Gal. 1, 6—10. 1 Kor. 12, 3—6); und auf dieser Grundlage allein kann der Dienst des Wortes in der Gemeinde und in die Welt hinein sich fort und fort erbauen als ein wahrhaft geistliches Lehramt, d. h. als ein in Wort und Kraft des Geistes verwaltetes Amt. Demgemäß wurde auch von den Aposteln das Lehren geltend gemacht als ein besonders verantwortungsvolles Geschäft, das nicht jedem, der zu Christo sich bekennt, zuständig sei, namentlich nicht Neulingen und Frauen. Jak. 3, 1 ff., vgl. Matth. 12, 36 f. 1 Kor. 14, 34. 1 Tim. 2, 12. 3, 6. Es wurde daher in den einzelnen Gemeinden ein ordentliches Lehramt gegründet und dieses mit Männern besetzt, die nicht nur unbescholten vor der Welt, sondern die auch ausgerüstet waren mit den Eigenschaften des Glaubens, namentlich mit Festigkeit in dem apostolisch-prophetischen Gotteswort und mit geistiger Lehrgabe. Solche Lehrer konnten dann in Wahrheit gelten als bestellt vom heiligen Geist, als gesetzt vom Herrn der Gemeinde. Tit. 1, 5—9. 2 Tim. 1, 6 f. Act. 20, 28 f., vgl. Joh. 15, 16. Eph. 4, 4. 7. 1 Kor. 14, 28 f. mit V. 11. 2 Kor. 4, 13. So gewiß denn kein Mensch auf einen andern den heiligen Geist mit seinen besonderen Gaben, wie die Lehrgabe eine ist, übertragen kann, so gewiß können Menschen nicht Menschen für sich selber tüchtig machen zum Lehramt des Geistes, sondern nur auswählen und ausbilden auf Grundlage der wirklich vorhandenen Geistesbefähigung, die sich nach rein göttlicher Bestimmung auf die Individuen vertheilt, wie das natürliche Talent für diese und jene Kunst.

Diese menschliche Vocation*) erfolgt nach den biblischen Bestimmungen so, daß die schon bestellten Lehrer und Gemeindevorsteher die tauglichen Personen auswählen im Einverständniß mit der Gemeinde. Der Wahlmodus selber kann aber doppelter Art sein, theils, daß die Lehrer und Vorsteher den Vorschlag der neu Anzustellenden den betreffenden Gemeinden selbst überlassen und für sich die Bestätigung dazu geben, daß sie also nur das Bestätigungsrecht sich vorbehalten (Act. 6, 2 f. 5 f. Cap. 15, 22—27. 2 Kor. 8, 19 f. 21—23), oder, wo die Gemeinden noch nicht gehörig im Glauben erstarkt waren, ging die Initiative von den

---

*) Vgl. J. T. Beck, Pastorallehren des N. T's. S. 268—282.

II. Die gottesdienstlichen Bildungsmittel.

Vorstehern und Lehrern aus. Act. 14, 23. 2 Tim. 2, 2. Immerhin aber wurde dabei ohne Voreiligkeit eine ernste Prüfung eingehalten, welche Glauben, Leben und Lehrtüchtigkeit umfaßte. 1 Tim. 5, 22. 24 f. Cap. 3, 10. Auch wurde damit Gebet und Einsegnung verbunden. Das ganze Verfahren entspricht so der Freiheit gläubiger Gemeindeglieder mit Rücksicht auf ihre größere oder geringere Mündigkeit und ist gehalten im heiligen Geist einer erbauenden Ordnung des Friedens.

Allein dieses ordentliche Lehramt war darum kein Lehrmonopol, es nahm einmal **neben dem stationären** Element ein **bewegliches** in sich auf. Neben den an bestimmte Localgemeinden fixirten Lehrern sehen wir nämlich auch solche thätig, die theils in besonderen Aufträgen, oder auch inspectionsweise die verschiedenen Gemeinden besuchen, theils auch überhaupt für sich ohne besonderen äußeren Auftrag als prophetisch begabte Männer zur Auffrischung des Gemeindelebens und zur Bekämpfung der Gegner frei wirken. Act. 15, 22. 27. 29. Cap. 11, 22—26. 15, 32, vgl. mit V. 36 und 13, 1. 11, 27 ff. 18, 24 ff., vgl. 1 Kor. 3, 5 f.

Außerdem aber übten auch die übrigen mündigen Christen das Recht, in den Gemeindeversammlungen sich auszusprechen nach der individuellen Geistesgabe oder Befähigung. 1 Kor. 14, 26—32. Dies geschah theils durch lobpreisende Anbetung Gottes ($\psi\alpha\lambda\mu οι$), theils durch belehrenden Unterricht ($διδαχη$), theils durch Eröffnung innerer Geistesgeheimnisse ($\gamma\lambda\omega\sigma\sigma\alpha\iota$), theils durch Eröffnung der göttlichen Geheimnisse in der Schrift und in der Regierung Gottes ($\alpha\pi o\kappa\alpha\lambda v\psi\iota\varsigma$, das $\pi\rho o\varphi\eta\tau\varepsilon v\varepsilon\iota v$ hier einschließend, vgl. 29 f.

BB. 3. 32), theils durch erbauliche Erklärung fremder Geistes=
mittheilung, ἑρμηνεια). Dies Alles hat in ruhiger Ordnung
und Abwechslung unter Prüfung der Zuhörer und zur all=
gemeinen Erbauung zu geschehen, nicht in selbstgefälliger
Schwärmerei oder unfruchtbarer Unverständlichkeit. BB. 31.
6. 19. 29.

Die für die Gemeindevorträge im Allgemeinen gelten=
den Grundsätze sind hiernach:

a) das Walten des Geistes, d. h. des göttlichen Geistes
(nicht des subjectiven), soll nicht gedämpft werden, sondern
Freiheit haben sich zu äußern zur Erbauung; dann aber

b) Alles was geäußert wird, soll geprüft werden, ehe
es Geltung erhält und angenommen wird; endlich

c) alle Aeußerung und alle Prüfung soll gebunden sein
an die Quelle des christlichen Glaubens und der Gottselig=
keit, an das historische Offenbarungswort. Vgl. zu 1 Kor. 14,
26—33 noch Röm. 12, 7. 1 Thess. 5, 19—21. Gal. 1, 8.

Indem so eine freie Theilnahme der Gläubigen an der
öffentlichen Erbauung als Regel gesetzt ist, muß der Lehr=
vortrag mannigfaltiger und vielseitiger sich gestalten als
durch das bloße Wort eines Einzelnen; es wirkt da die
originelle Kraft besonderer Begabung, so daß die wesentlichen
Elemente der Erbauung, die Erkenntniß des göttlichen Worts
und die praktische Anwendung, die gemeinverständliche Aus=
legung desselben und die geistestiefe Versenkung in dasselbe
sich lebendig durchdringen. Die Leitung des Ganzen aber
innerhalb der erbaulichen Ordnung steht natürlicherweise
immer den ordentlichen Gemeindevorstehern zu, namentlich
dem bestellten Lehrer, sowie diesem auch immer seiner Stel=

II. Die gottesdienstlichen Bildungsmittel.

lung gemäß der Hauptvortrag zukommen muß, um welchen sich die Uebrigen ergänzend und vollendend anlegen. Die namhaft gemachte Anregung resultirt nothwendig aus dem Grundprincip der geistlichen Freiheit und Gleichheit innerhalb der christlichen Gemeinde. Soll sie aber nicht zur bloß unnützen, ja schädlichen Form werden, so setzt sie ein wahrhaftiges und kräftiges Gemeindeleben voraus oder wenigstens eine vorherrschend aus Gläubigen bestehende Gemeinde, so wie jene in den ersten Gemeinden gehandhabte Geisteskritik und Gemeindezucht, welche sich frei zu erhalten weiß von dem Eindringen geistlich todter oder falsch geistlicher Mitglieder und von ihrem Einfluß auf das Gemeindeleben — eine Zucht, welche überhaupt den entstehenden Unordnungen mit geistiger Uebermacht zeitig zu begegnen weiß. So unwidersprechlich daher für eine geistig mündige Gemeinde die Theilnahme an den öffentlichen Vorträgen als allgemeines Recht begründet ist und den geistig mündigen Gliedern der Kirche insbesondere keineswegs versagt werden kann, so wenig ist diese Theilnahme ein bloß formelles Recht, ein Recht, das eine Gemeinde oder Einzelne in derselben vermöge des bloßen Christennamens oder sonst auf äußere Titel hin für sich ansprechen dürfen. Wohl aber muß jederzeit von Allen, die beflissen sind, die Kirche zu ihrer Normalverfassung heranzubilden, auf eine solche geistige Mündigkeit oder vielmehr auf Bildung solcher geistig mündiger Vereine von Gläubigen innerhalb der allgemeinen Kirche mit Weisheit und Kraft von innen heraus hingearbeitet und das freie Vortragsrecht für geistig Begabte, wenn sie auch kein eigenes Lehramt haben, jedenfalls grundsätzlich festgehalten werden.

Was nun

2) den **Geist und Inhalt des christlichen Lehrvortrags** speciell betrifft, so bestimmt sich hier wieder Freiheit und Gebundenheit (oder Abhängigkeit) nach den allgemeinen Principien des christlichen Lebens, wie sie absolut gegeben sind in Christus, in seinem Wort und Geist.*) Hiernach muß der Lehrvortrag unabhängig sein von menschlichen Meinungen, von jedem Zeitgeschmack, von Schuluntersuchungen und -Streitigkeiten, von herrschenden Nützlichkeitsprincipien, wonach auch die Gottseligkeit des Christen zu einem Vehikel des Weltverkehrs und des äußeren Wohlstandes gemacht werden will, zu einem $\pi o \varrho \iota \sigma \mu o \varsigma$. Der christliche Lehrvortrag ist rein nur gebunden an das apostolisch prophetische Heilswort vom Herrn Jesus Christus und an seinen heiligen Geist der Gottseligkeit; das göttliche Wort ist die Substanz, sein Geist die Kraft, die alle Lehre durchdringen muß. Matth. 28, 20. Luk. 10, 16. Joh. 17, 20. Gal. 1, 6 f. 1 Petri 4, 11. 2 Tim. 4, 3—5. 1, 13. 1 Tim. 6, 3—5.

Um nun aber die neutestamentliche Wahrheit zur Erkenntniß zu bringen, hat die echte Predigt nach dem ihr vom Herrn gestellten Grundthema (Luk. 24, 46 f.) zweierlei mit einander zu verbinden: den gerichtlichen Ernst Gottes gegen die Sünde und seine die Sünde versöhnende Liebe, wie beides im gekreuzigten und im auferstandenen Jesus Christus zur Offenbarung kam. Röm. 4, 25.**) Dies ist die Grundlage der echten Geistespredigt. Auf derselben hat sie zu erbauen

---

*) Vgl. das Wesentliche schon bei Besprechung des allgemeinen Verhältnisses der Gemeinde zum göttlichen Wort. § 16, I.
**) Vgl. § 9. 2, b.

II. Die gottesdienstlichen Bildungsmittel. 445

das $\tau\eta\varrho\varepsilon\iota\nu$, das vor Augen und im Herzen Behalten aller Gebote des Herrn, wie sie von ihm den Aposteln anvertraut worden sind, oder den Gehorsam des Glaubens in der lebendigen Gemeinschaft Christi. Matth. 28, 20. Die christliche Predigt deckt aber namentlich die Sünde auf nicht im bloß gesetzlichen Sinn, nicht nur, wie sie thatsächlich in der Welt erscheint, sondern sie hat die Sünde zu enthüllen (vgl. Hebr. 4, 12) bis in ihre Vermischungen von Eigenleben und Geistesleben, scheidend Seele und Geist bis in ihre innerste Substanz (Mark) und Verzweigung (Gedanken) und bis in ihre geheime Werkstätte des Herzens. Die dem christlichen Lehramt gestellte Aufgabe ist aber auf Grund des göttlichen Wortes zu vollziehen im Geist der Kraft, der Liebe und der Zucht. 2 Tim. 1, 7. Zum Geist der Kraft gehört, daß man in Gott sich stärkt, um ohne Scham und Furcht vor Menschen das Zeugniß des Herrn in seiner die Sünde aufdeckenden und daraus rettenden Wahrheit geltend zu machen und darob auch zu leiden. Vgl. 2 Tim. 1, 8. Dazu kommt aber auch der **Geist der Liebe**, welche die Kraft ohne Selbstsucht und ohne Gefallsucht verwendet zur sorgfältigen Pflege des Guten, zur redlichen Bemühung um der Anvertrauten Wohl. Endlich gehört dazu der **Geist der Zucht**, der Nüchternheit, welche wachsam auf eigene Besserung bedacht ist und zugleich die Kraft bewahrt vor blinden Ausbrüchen, sowie die Liebe vor blinder Gefälligkeit, vor Parteilichkeit. Das so gestellte Wort des Lehrers vertritt dann der Herr mit seinem Ansehen und seiner Macht. Luk. 10, 16. 1 Thess. 2, 13. Mal. 2, 7. Vgl. K. H. Rieger, Betrachtungen über das Neue Testament, zu 2 Timotheus 1, 7.

3) **Die christliche Lehrthätigkeit in ihrem amtlichen Charakter nebst den darin liegenden Pflichten.**

Es kommt dem Predigtamt, seinem Ursprung und seiner Bestimmung nach

a) eine Würde zu, die es allerdings über alle sonstigen Aemter in der Welt stellt, womit aber seine äußere Stellung innerhalb der Welt keineswegs als eine bevorzugte gesetzt ist. Vielmehr gilt hier das Meisterwort Matth. 9, 35: „So Jemand will ein Erster sein (nämlich im Himmelreich), der sei ein Letzter (in der Weltstellung)." Die eigenthümliche Würde des Predigtamtes besteht darin, daß es nicht nur eine göttliche Anstalt überhaupt ist, wie z. B. das obrigkeitliche Amt, sondern es ist gestiftet durch Gottes persönliche Erscheinung in seinem Sohne, ferner durch die größte Gottesthat, durch die Weltversöhnung und Geistesausgießung. Es ist weiter ausgestattet mit dem höchsten Gottesgut, mit dem vollendeten Wort und Sacrament Gottes. 2 Kor. 5, 18—20. 3, 7 ff. 1 Kor. 4, 1. Ebenso hoch stellt dieses Amt sein Zweck, das göttliche Ebenbild in den Menschen wieder herzustellen, Gottesmenschen, d. h. heilige und selige Menschen zu bilden und den Leib Christi zu erbauen, also mit Einem Wort: die göttliche Vollendung der Welt zu vermitteln. 1 Tim. 4, 16. Eph. 4, 11 f. 2 Kor. 4, 1 ff. Daraus erhellt aber auch, daß die Würde des Amtes einerseits auf der Größe der göttlichen Erbarmung ruht, andererseits auf der Wichtigkeit des Berufes, auf der Größe der Arbeit und ihres künftigen Zieles, nicht aber auf eitler Ehre und Macht der Gegenwart oder auf Standesprivilegien. 1 Tim. 1, 12. 16. 1 Kor. 3, 5. 2 Kor. 4, 1. Matth. 9, 38.

II. Die gottesdienstlichen Bildungsmittel.

1 Tim. 3, 1. So kommt auch die individuelle Tüchtigkeit zu solchem Amt allein aus der göttlichen Geistesbegabung. 2 Kor. 3, 4 f. 1 Petri 4, 11. Also in subjectiver und objectiver Beziehung liegt dem Predigtamt die höchste göttliche Causalität und die höchste göttliche Teleologie zu Grunde. Darin liegt seine Würde. Damit steigert sich nun aber auch

b) die Anforderung an die Inhaber eines solchen Amtes oder die **Pflichtseite**. Der christliche Prediger hat, da er sich und die Gemeinde durch die höchste Liebe Gottes zur höchsten Bestimmung in Gott bringen soll, Achtsamkeit auf sich selber mit Einschluß des eigenen Hauses und Achtsamkeit auf seine Gemeinde mit einander zu verbinden. Er hat ebenso anhaltendes Lesen, d. h. Schriftstudium für seine eigene Person sich angelegen sein zu lassen, wie besondere Ermahnung der Gemeindeglieder ($\pi\alpha\varrho\alpha\varkappa\lambda\eta\sigma\iota\varsigma$) oder Privatseelsorge neben $\delta\iota\delta\alpha\sigma\varkappa\alpha\lambda\iota\alpha$, öffentlicher Lehrthätigkeit. 1 Tim. 4, 13—16. Act. 20, 18—35, vgl. eine schöne Stelle Sirach 18, 9—21, und namentlich 38, 25—39, 15. Soll nun aber der Prediger wirklich Haushalterstelle in der göttlichen Oekonomie versehen (1 Kor. 4, 1), so muß das Wort vom Reich Gottes mit seinen Geheimnissen die Schatzkammer sein, woraus er Alles schöpft, festen Glaubens, daß da ein unergründlicher Reichthum und volle Genüge liege für alle Zeiten und für alle einzelnen Fälle. Das Grunderforderniß und die Kunst, in welcher er unermüdlich sich übt, ist daher **haushälterische Treue**. Dazu gehört wesentlich, daß man eben nur als **Diener** sich hält, daß man also namentlich beim Hausherrn das Nöthige sich holt, nicht selbst Etwas schaffen will aus eigener und menschlicher Weisheit, da der Wesensinhalt des Reiches Gottes über ihrem Horizont liegt;

daß man ferner das den vorliegenden Bedürfnissen Entsprechende aufzusuchen sich angelegen sein läßt, und daß man endlich auch bei der Verwendung des Gewonnenen nicht nach der eignen subjectiven Ansicht verfährt oder nach der herrschenden Sitte nur, sondern es dem bestimmten Willen des Hausherrn gemäß zu verarbeiten bemüht ist, um es so anzuwenden, wie es dem Wesen des göttlichen Wortes und Dienstes, den verschiedenen Verhältnissen und Bedürfnissen der Angehörigen angemessen ist. Vgl. Luk. 12, 42. 1 Kor. 4, 1 ff. 2 Tim. 2, 15. 4, 1 f. Eph. 1, 8 f. 3, 8—10. 2 Kor. 2, 17. 1 Thess. 5, 14, vgl. mit Ezech. 3, 17 f.*) Die Untreue charakterisirt sich denn nicht nur durch eine Hintansetzung des göttlichen Wortes, sondern auch durch eine Auslegung und Anwendung desselben, wodurch es accommodirt wird theils den subjectiven Neigungen und Ansichten, theils dem herrschenden Geist, dem Zeitgeist, Kirchengeist, Volksgeist, Kastengeist, Parteigeist, Localgeist u. s. w. Bei solchen Accommodationen wird man ein Prediger $\varkappa\alpha\tau\alpha$ $\mathring{\alpha}\nu\vartheta\varrho\omega\pi o\nu$ (Gal. 1, 10 f.), ein $\mathring{\varepsilon}\varrho\gamma\alpha\tau\eta\varsigma$ $\delta o\lambda\iota o\varsigma$. 2 Kor. 11, 13. Es unterbleibt dann Wehr und Kampf gegen das speciell Verderbliche, gegen das, was in dem betreffenden Kreis dem Wort und Geist Gottes zuwiderläuft. Es bildet sich dafür ein klügelndes Hindurchschlüpfen zwischen den geheimen und offenen Schäden und zwischen dem göttlichen Zeugniß dawider, ein Uebertünchen oder auch Rechtfertigen des herrschenden Geistes, Lebens und Tones, ein Bestärken der Leute in ihren falschen Wegen und in ihrer Sicherheit. Vgl. Ezech. 13.

---

*) Dies Alles gilt auch für theologische Lehrfächer und für Schriftstellerei.

II. Die gottesdienstlichen Bildungsmittel.

Es ist freilich auch eine bloß äußerliche Treue gegen Namen und Wort des Herrn möglich, eine Bekenntnißtreue (Matth. 7, 21—23), die sogar von vielen und außerordentlichen Effecten begleitet sein kann, dabei aber doch als falsches Lehrtreiben zu strafen ist, wenn nämlich das Ethische im Christenthum zurückbleibt, wenn die göttlichen Gebote, die innere Heiligung und der thatsächliche Gehorsam hintangesetzt werden. Vgl. Matth. 7, 15. 21 ff. 15, 8 f. Tit. 1, 16. 2 Tim. 2, 19. 3, 5 ff. 4, 2 ff. Micha 2, 11. 3, 5 ff. Vgl. außer Beck, Christliche Reden II. Nr. 11: „Das falsche Prophetenthum", auch Karl Heinrich Rieger, Predigt am 8. Sonntag nach Trinitatis S. 436 ff. und die darauf folgende Betrachtung über denselben Text; Konrad Rieger, Kirchenpostille, Predigt am 8. Sonntag nach Trinitatis; Beck, Gedanken aus und nach der Schrift, 2. Aufl. S. 120 ff. S. 143 ff. 3. Aufl. S. 148 ff. S. 125 ff.

Die Untreue im Lehramt des N. T's. ist aber um so unverantwortlicher und nachtheiliger, da diesem Amt eben in dem ihm anvertrauten Lehrschatz zugleich Geist und Kraft offen steht, wodurch die, die das Amt führen sollen, wenn sie nur treu sind, sich selbst tüchtig machen können, und die, die sie hören und annehmen, selig machen. 2 Kor. 3, 4—6. Wo denn die Barmherzigkeit und Heiligkeit Gottes, in welche das Amt des N. T. hineingestellt ist, auch den Diener durchdringt, da wird ein unermüdlicher Fleiß erweckt zur innersten Charakter-Reinigung und zu untadelhaftem Wandel, sowie zu einem unverfälschten Vortrag der Wahrheit, der sich durchaus keinen andern Beifall sucht, als den der Gewissen (2 Kor. 4, 1 f.) — ein Vortrag, der theils weckend, richtend und strafend wirkt, theils heilend, stärkend und reinigend. 1 Thess. 2, 1—6.

Wie ist es aber mit dem Erfolg einer solchen treuen, pflichtmäßigen Amtsverwaltung? Darauf ist dabei nicht zu rechnen, daß nicht **Viele übrig bleiben**, denen das Licht des Evangeliums — sein Wahrheits = Leben — nicht aufgeht; es wird ihnen nicht innere Ueberzeugung und inneres Leben; ja es können an der ungeschminkten Wahrheit **Viele sich stoßen, statt sich zu erbauen**. 2 Kor. 4, 3 ff. Dabei aber steht der treue Haushalter des Wortes unanklagbar da; die so nicht zu Gewinnenden und Verlorenen verrathen und verurtheilen damit nur ihre eigene Verblendung durch das Zeit= und Weltgötzenthum. Dieser Unglaube darf also **nicht verleiten**, die im Wort selbst vorgezeichnete Bahn zu verlassen, als wären auf anderem Wege solche Widerstrebende doch zu gewinnen, wenn es nämlich wirklich ein Gewinn für das wahrhafte Christenthum und seinen ewigen Lebensweg sein soll und nicht ein Schein=Christenthum erzeugen soll mit seinen geistigen Verderbnissen. Alles was die Menschen in dem einzigen Anknüpfungspunkt für die göttliche Wahrheit, in ihrem Gewissen (2 Kor. 4, 2) der Natur des Heiligen gemäß wahrhaft anfassen und gewinnen kann, das ist aufgenommen in die göttliche Offenbarung, die der Welt eine gerechte, nicht eine leichtsinnige Versöhnung bringen will; andere scheinbare Gewinnungsmittel verderben das Heilige selbst und sein Heilmittel und ihr Resultat ist, daß sie gerade das Verderben vermehren und verewigen, statt daraus zu retten. Aber auch die **eigene Unvollkommenheit** darf den christlichen Lehrer, wenn er der Treue sich befleißt, nicht entmuthigen; das eigene Leben der treuesten

Lehrer bleibt allerdings immer zurück hinter der Reinheit und Fülle ihrer Lehre. Die Lehre ist in ihrer Reinheit und Vollkommenheit schon objectiv gegeben, die Reinigung und Vervollkommnung ihres Lebens aber ist als persönliche Aufgabe erst im Werden. Aber der treue Haushalter, der nicht sich selbst, sondern Christum predigt, wie er gepredigt ist durch seine für alle Zeit auserwählten Gesandten, darf sich damit beruhigen, daß, wie die Lehre nicht von ihm selbst ausgeht, so auch die Kraft derselben nicht von dem abhängt, was er selbst schon ist oder noch nicht ist, vorausgesetzt, daß er im Lichte der Wahrheit, die sein Mund verkündigt, fort und fort sich selber richtet, sich reinigt und vervollkommnet. 1 Joh. 1, 7 ff. 2 Kor. 12, 7—9. 11, 29. Wenn freilich solche Amtsverwaltung überall nie ohne Trübsal und Verfolgung ist, so gibt sie dennoch auch Muth und Kraft, dies zu ertragen und zu überwinden. 2 Kor. 4, 3—10. 6, 9 ff. Der Sieg bleibt einer solchen Lehrweise immer, aber ein Sieg in Christo (2 Kor. 2, 14), d. h. in der Aehnlichkeit seines Leidens und Auferstehens; also nicht, daß sie auf glänzende äußerliche Erfolge und Siege zu rechnen hätte, sondern auf die geistige Uebermacht und Unüberwindlichkeit der Wahrheit und ihres Königs unter dem äußerlichen Widerstand und dem äußerlichen Unterliegen. Eine solche Lehrweise verbreitet überall wenigstens den Geruch der Erkenntniß Gottes (2 Kor. 2, 14 bis Ende), d. h. sie verbreitet den unmittelbaren Eindruck der göttlichen Wahrheit, anziehend für die Einen wie das Leben selbst und sie belebend, für die Andern abstoßend wie der Tod als todtes Wesen und über ihre Feindschaft die Krisis bringend, in beiden Fällen Gott angenehm, weil so sein Sohn verklärt wird als das für den Hochmuth zum Fall und für den Demüthigen zum Auferstehen gesetzte Gotteszeichen, als der, welcher zum Gericht, d. h. zur Entscheidung zwischen Licht und Finsterniß, zwischen Leben und Tod in die Welt gekommen ist.

4) **Das Verhältniß der Gemeindeglieder zum Lehramt.** Sie sind um des Amtes willen gegen die Person rechtschaffener Lehrer verpflichtet zu Liebe und Friedfertigkeit, zu Ehre und Gehorsam, zu Fürbitte und Gutthätigkeit. 1 Thess. 5, 12 f. 1 Tim. 5, 17. Hebr. 13, 17. Eph. 6, 18 f. 1 Kor. 9, 14. Das Lehrwort aber haben sie, sofern es Gottes Wort ist, aufzunehmen mit einem sanften und sittlich ernsten Sinn, der auch die strafende Wahrheit sich gefallen läßt und auf persönliche Heiligung gerichtet ist, damit das Wort nicht unfruchtbar bleibe. Jak. 1, 21 f. 1 Thess. 2, 13. Damit aber ist nicht jedes Lehrwort eines Geistlichen oder jede Predigt als Wort Gottes zu verehren; vielmehr ist es eben Sache des Geistes der Wahrheit in den Gläubigen, daß sie **prüfen**, ob das Gelehrte der Schrift gemäß sei und ob der Geist der Lehre aus Gott sei. Vgl. 1 Joh. 4, 1 ff.*) Matth. 7, 13—15. Joh. 10, 27 und V. 5. Act. 17, 11 und Röm. 16, 17 f. Gal. 1, 6 ff. Kein menschlicher Rechtstitel, keine formelle Kirchlichkeit kann und darf den Fremdling auf dem Gebiete des Glaubens oder gar den Dieb, der nicht durch die Thüre eingeht, d. h. nicht mit dem biblischen Christus, mit seinem Evangelium zur Gemeinde kommt (Joh. 10, 1 f. 8—10), einer Gemeinde aufnöthigen, geschähe es auch nur moralisch durch Gewissens-

---

*) Es heißt da ein **Geist**, der bekennt — also kein bloßes Mundbekenntniß, sondern Geistesbekenntniß!

verpflichtung, Ueberredung; und kein einzelnes Glied ist durch eine vermeintliche Ordnung verpflichtet zum Hören. Solche vorgebliche Ordnung ist von der Schrift gerichtet als Unordnung, indem die Schrift gerade von den falschen Propheten wegweist, d. h. von jeder Lehrweise, die ihrem Geist oder Wort nach dem göttlichen Normal=Wort und Normal-Geist widerspricht. Alle Christen haben auch das Recht und die Pflicht der selbständigen und gegenseitigen Erbauung aus dem Worte Gottes, soweit dasselbe dem Einzelnen als gewisse Wahrheit sich aufschließt, durch gewissenhafte Betrachtung und immer gründlicheres Verständniß unter der Zucht des Lebens und des heiligen Geistes, der sich dem Betenden und Suchenden nicht verweigert und kein Ansehn der Person und des Standes kennt. Vgl. 1 Petri 2, 1—5. Hebr. 3, 13. Kol. 3, 16. Luk. 16, 27—31, vgl. noch Pf. 119, 18. 145—149.*)

III. Die Gemeinschaft der Heiligen.

Die Gemeinschaft der Heiligen besteht in einer brüderlichen Herzens= und Lebensverbindung auf dem Grund des göttlichen Wortes und des Glaubens daran. Act. 2, 42. 44 f. 4, 32. 5, 3—11. Sie bethätigt sich in gegenseitiger leiblicher Unterstützung je nach Bedürfniß ($\chi\rho\epsilon\iota\alpha$), richtig verstanden kann man sagen in Gütergemeinschaft, und in Gebetsgemeinschaft, und in Zuchtgemeinschaft; aber alles dies in neutestamentlicher oder evangelischer Weise d. h. in geistiger Form, nicht in äußerlicher Gesetzesform.

1) Zur christlichen Gütergemeinschaft vgl. J. T. Beck, Pastorallehren des N. T's. S. 255 ff. 268.

---

*) Ueber die Privaterbauung siehe Weiteres im III. Hauptstück.

273 f. Hier nur das Wesentliche: Schon das alttestamentliche Gesetz hat, und zwar gemäß seiner Eigenthümlichkeit in äußerlicher und gesetzlich zwingender Form die Idee geltend gemacht, daß **Gott der Eigenthumsherr des Landes und des Volkes mit aller seiner Habe ist**, der, der Jedem das Seine zutheilt zur bloßen Verwaltung und Nutznießung, und daß die aus dem geselligen Verkehr entstehenden Ungleichheiten des Besitzes sich wieder aufheben durch das Jubeljahr und zurückgeführt werden sollen in die ursprünglich festgesetzte Gleichheit. Diese Idee des Gesetzes hat der Glaube, eben wieder in seiner geistigen Weise, zur Anwendung zu bringen nach dem Gesetze innerlicher Freiheit; er hat zwar nicht absolut des selbständigen Besitzes sich zu entäußern, aber auch nicht als unabhängigen Eigenthümer sich zu betrachten, sondern als verantwortlicher Verwalter über anvertrautes Gottesgut, und so nach dem Princip der Selbstentäußerung in freiwilliger Liebe für die Ausgleichung der socialen Ungleichheiten zu wirken. Im **christlichen** Grundbegriff vom irdischen Besitzthum sind so zwei Einseitigkeiten **ausgeschlossen, einmal die Willkür des Eigenthumsbegriffs** — das absolute Eigenthumsrecht — es kann nicht Jeder mit seinem Gut es halten, wie er will, in Gnade oder Ungnade gegen Andere, sondern wie Gott es vorschreibt als der Eine Eigenthumsherr; aber auch nicht Andere, weder die ganze Gesellschaft noch Einzelne, sind Eigenthümer über fremdes Gut oder Verwalter (Disponenten) darüber; die Güter des Einzelnen sind **nicht Commun-Gut**, sondern Gottes-Gut, und der Besitzer ist je über sein Gut der **von Gott bestellte Eigenthumsherr**, damit aber auch nur der Gott untergeordnete und ihm verantwortliche **Haushalter**.

Jeder hat also in Bezug auf sein Eigenthum das nächste Nutznießungsrecht und Dispositionsrecht, jedoch in Uebereinstimmung mit den göttlichen Haushaltungsgesetzen der Gerechtigkeit und der Liebe. So ist es namentlich die Liebe, welche das sogenannte unbewegliche Gut beweglich macht, ohne darum fahrendes Gut daraus zu machen oder den Grundbegriff des Eigenthums selbst aufzulösen. In freier Resignation von Gotteswegen hat die Liebe Andern zu dienen nach Art und Maß ihres Bedürfnisses sowie des eigenen Besitzes, und nach der näheren oder ferneren Verbindung. (Genaueres bei der christlichen Gütigkeit.) Im christlichen Gemeindeleben umschlingt nicht nur Ein Lehrband und Glaubensband die individuellen Verschiedenheiten, sondern auch Ein Liebesband, Leid und Freud, Noth und Gut auf Alle vertheilend, Privatgut umsetzend als Gemeingut, Privatlast als Gemeinlast, alles in naturgemäßer, nicht affectirter Sympathie. Eph. 4, 16. 2 Kor. 8, 7—14.

2) Die Krone der Gemeinschaft der Heiligen ist das gemeinschaftliche Gebet nach allen seinen Formen als Lob, Bitte und Danksagung, das echte Dienstgeschäft des priesterlichen Volkes (1 Tim. 2, 1), das neutestamentliche Opfer an Gott neben den Opfern der $\varkappa οινωνια$ an Andere. Hebr. 13, 15 f. Es kommt hier zur Anwendung, was bereits unter I. über Anbetung im Geist und in der Wahrheit gesagt worden ist.*) Im Gemeindegebet muß das Bewußtsein sich bethätigen, daß Gott in Jesu Christo der Erste und der Letzte ist, der Schöpfer und der Richter, der Anfänger und der Vollender alles Guten, namentlich des ewigen

---

*) Vgl. auch Pastorallehren des N. Ts. S. 264 ff.

Heils. So muß das Gebet der ganzen gottesdienstlichen Verrichtung theils ihre Einweihung geben (daß Gott der Erste ist), theils ihren Alles versiegelnden Schluß (daß er der Letzte ist). Die Aufgabe des Gemeindegebets ist ebendaher, alle die gläubigen Herzensbeziehungen in sich zusammenzufassen, mit welchen es die gottesdienstliche Versammlung zu thun hat im Allgemeinen oder Speciellen. Einfachheit in Sinn und Wort gebietet dem Gemeindegebet sowohl die Rücksicht auf Alle, auch die niedrigsten Brüder, als die Rücksicht auf Gott den Höchsten, der die Menschen richtet, d. h. beurtheilt und behandelt nach der Herzensstellung, nicht nach der Wortstellung, nicht nach $\pi o\lambda v\lambda o\gamma\iota\alpha$ oder $\varepsilon v\lambda o\gamma\iota\alpha$, und der Gnade gibt den Demüthigen, nicht dem aufgeblasenen Hochgetöne.

Das Gebet ist aber nicht nur der unmittelbarste Glaubensakt gegenüber von Gott, sondern auch das Segensmittel, womit die christliche Liebe Allen dient, mit welchen und für welche sie lebt. Darum hat das Gemeindegebet namentlich die Fürbitte in sich aufzunehmen und dies zum Besten aller Menschen. Denn die Gläubigen vertreten als Priester vor Gott die ganze Menschheit, der sie angehören; insbesondere verwebt sich darein die Fürbitte für die Lehrer und Obrigkeit, denn in ihrer Hand concentrirt sich das allgemeine Wohl, das geistliche und leibliche. Röm. 15, 30. Kol. 4, 3. 2 Thess. 3, 1. Ebenso liegt auch den Lehrern wieder die specielle Fürbitte für ihre Gemeinden ob. Act. 6, 4. Eph. 1, 16 ff. Kol. 4, 12.

Was nun die stehenden Formulare für das Kirchengebet anlangt, so läßt sich nicht leugnen, daß diese Anordnung keineswegs dem wahren Gemeindebegriff entsprungen ist. Dieser hat zur Grundvoraussetzung geistliche Priesterlichkeit aller Glieder und geistige Mündigkeit vor Allem der Vorsteher und Lehrer. Namentlich ist es ein greller Widerspruch, einem Lehrstand das schwierige und verantwortungsvolle Lehrwort anheim zu geben, und dagegen das Gebet wörtlich ihm vorzuschreiben. Also in Gottes Namen mit Menschen zu reden, d. h. gerade zum höchsten Geschäft sind sie für mündig erklärt, dagegen für unmündig im kleineren, d. h. an Menschen Statt mit Gott zu reden, mit demselben Gott, in dessen Namen sie so eben geredet haben sollen und wollen. Ein Bedürfniß von Gebetsformularen kann nur stattfinden, sofern in einer Kirche und namentlich in ihrem Lehrstand das wahre Glaubensleben nicht vorhanden ist oder wenigstens nicht vorherrscht, dasjenige Leben, das auch das Gebet geistig aus sich selbst erzeugt; sofern weiter das Mitwirken aller geistig Befähigten ausgeschlossen ist, indem nur Einer das Wort führt für Alle in allen Stücken des Gottesdienstes, und dieser Eine oft seinem priesterlichen Beruf nicht gewachsen oder gar ihm innerlich entfremdet ist. Also nur in Voraussetzung einestheils noch dürftigen, anderntheils abnormen kirchlichen Lebens kann von Nothwendigkeit öffentlicher Gebetsformulare die Rede sein. Ueber solcher traurigen Nothwendigkeit muß man sich aber beugen, nicht pochen. Verkehrt ist es dagegen, eine Nothwendigkeit von Formularen für Erhaltung der wesentlichen Einheit der Gemeinde geltend machen zu wollen, als ob diese Einheit, namentlich Gott gegenüber, zu dem man betet, im Buchstaben bestände; Gott aber sieht das Herz an, Glaube oder Unglaube, des Herzens Einheit oder Uneinigkeit der Geister, die sich mit Formularen weder machen noch verdecken läßt, und Christus fordert προσκυνειν ἐν πνεύματι auf Grund der ἑνοτης πνευματος, nicht γραμματος. Aber allerdings ist es das Wort, das als Träger des Geistes überhaupt die Geisteseinheit zu vermitteln und auszudrücken hat. Dies einigende Wort aber für das Beten wie für Predigt und Glaube ist das göttlich gegebene. Eine bindende, normative Bedeutung auf dem christlichen Glaubensboden hat kein menschliches Wort, sondern nur das göttliche Geisteswort selber in seiner primitiven Gestalt, und so hat die heilige Schrift nach evangelischem Grundsatz die einzige Autorität auch für Formulirung von Kirchengebeten. Mögen denn solche durch einen mangelhaften Kirchenzustand gefordert sein, so müssen sie sich doch der Prüfung und beziehungsweise der Aenderung nach diesem evangelischen Kanon unterwerfen. Dies ist ein Urrecht, das kein erworbenes oder gemachtes Recht aufheben kann, und das Luther zusammenfaßt in dem schon angeführten Satz: dicere hoc est cultus Dei, est unius et solius Dei. Vgl. auch Luthers Vorrede zur Wittenberger Kirchenordnung, die es gleichfalls mit Gebeten zu thun hat. Es haben sich nun innerhalb der Christenheit eben aus und nach der Schrift allerdings Gebete formulirt, die im Wesentlichen als taugliche und würdige Hilfsmittel sich darbieten für das gemeinsame Gebet, es darf aber doch auch von ihnen nach dem Kanon 1 Tim. 1, 9 ernsthaften Christen und Geistlichen gegenüber kein buchstäblich=zwangsmäßiger und ausschließlicher Gebrauch gemacht werden. Dies widerspricht sowohl dem Grundbegriff der christlichen Freiheit wie dem fortdauernden Bildungstrieb des Glaubens und den wirklichen Bedürfnissen des concreten Lebens. Letztere namentlich in ihrer Verschiedenartigkeit und Veränderlichkeit lassen sich nicht ein für allemal für ganze Länderstrecken und auf ganze Generationen hinaus zum voraus bestimmen und stereotyp formuliren. Mögen also immerhin in verkümmerten Kirchenverhältnissen Gebetsformulare, welche im Ganzen dem Wort und Geist des Glaubens entsprechen, nothgedrungen als Ersatz des mangelnden Geistes, als Schutzwehr der Ordnung und als Mittel der Gemeinsamkeit verwendet werden, so dürfen sie keinenfalls den Geist des aus der lebendigen Schriftquelle schöpfenden Glaubens dämpfen; sie müssen namentlich der freien Modificirung nach concretem Bedürfniß und den Aeußerungen selbständiger Priesterlichkeit ihr unveräußerliches und unverjährbares Recht und so auch Raum lassen, nur daß immer die Schriftmäßigkeit auch dieser freien Bewegung zu überwachen ist, denn nur darauf beruht ihr Recht. 1 Kor. 14, 29. Ferner müssen solche Formulare ihrer inneren Einrichtung nach namentlich der Rücksicht Rechnung tragen, die ihre Anwendung allein entschuldigt, daß nämlich unsere gegenwärtige Kirche größtentheils keineswegs aus wahrhaft bekehrten und lebendigen Christen besteht und daher verschiedene religiöse Entwicklungsstufen in sich schließt. Darnach ist auch der Begriff der vom Kirchengebet zu fordernden Schriftmäßigkeit auszudehnen. Auch die Schrift selbst, nach welcher über den zuläßigen Inhalt von Gebeten wie von Predigten zu entscheiden ist, redet $\pi o \lambda v \mu \varepsilon \varrho \omega \varsigma$ $\varkappa a \iota$ $\pi o \lambda v$- $\tau \varrho o \pi \omega \varsigma$ (Hebr. 1, 1), hat einen vieltheiligen Inhalt und vielartigen Vortrag; sie predigt und betet nicht nur aus und für den christlichen Glauben, sondern in ihr läßt Gott sich herab zu einer Lehr- und Gebetssprache, wie sie schon den Elementen des allgemeinen Glaubens und den verschiedenen Vorstufen des christlichen Glaubens angehören, deren Glauben an Gott als Schöpfer, Gesetzgeber, Richter u. s. w. Es ist daher eine willkürliche Verengerung der Schriftmäßigkeit und eine Verachtung der göttlichen Weitherzigkeit und Herablassung, eine Verkennung des Entwicklungsganges der göttlichen Pädagogik in der Schrift, wenn man in unsern gemischten Volkskirchen, die ein Bethaus sein sollen für alles Volk und dazu auch für Heiden einen Vorhof offen halten sollen, das Predigen, Beten und Singen beschränken will auf den christlichen Glaubensumfang, und so Predigten und Gebete, die wenigstens mit Gottesfurcht und Rechtschaffenheit im Allgemeinen Ernst machen, aus der Kirche hinausweisen will gegen den göttlichen Grundsatz Act. 10, 34 f. Am wenigsten aber darf das specifisch christliche Innenleben in allgemeinen Gebeten (dasselbe gilt auch von Kirchengesangbüchern) ausschließlich oder auch nur vorherrschend den Ausdruck bestimmen; dazu können alle die Anfänger im Christenthum, die Halbgläubigen und die Gewohnheitskirchgänger nicht ohne Heuchelei oder Selbsttäuschung Ja und Amen sagen, es nicht als ihres Herzens Leben, theilweise nicht einmal als Herzensstreben mit Wahrheit vor Gott bekennen; und wenn der Mensch zum Selbstbetrug oder zum Heucheln verleitet wird in den heiligsten Momenten, in der Gebetssprache gegenüber dem allwissenden Gott, wie dann vollends vor Menschen in der täglichen Umgangssprache! So gewiß denn die Kirche in allen gottesdienstlichen Formen Alles ausschließen und verhüten muß, was Gott ein Greuel ist, seinen Namen und seine Gesetze entwürdigt, das Christenthum direct bestreitet oder auch einen dem Herzen noch fremden, christlichen Lippendienst begünstigt, so nothwendig muß auf der andern Seite der kirchliche Gottesdienst in sich zulassen, aufnehmen und herbeiziehen, was Gott selbst noch annimmt, d. h. was auch nur einer gottesfürchtigen und rechtschaffenen Gesinnung angehört. Act. 10, 35. Leute, die erst auf solcher Stufe stehen, müssen unter unsern Kirchenverhältnissen im stehenden öffentlichen Gebetsausdruck auch ihren Ausdruck finden, um sich in einer gemeinsamen Wahrheit zusammenfinden zu können mit denen, die im Glauben weiter gefördert sind, eben daher aber auch in Allem, was Gottes ist, freudig einstimmen können, wenn es auch noch nicht in's specifisch Christliche hineinreicht. Dann repräsentirt der Gottesdienst, speciell das Gebet die Einheit der Wahrheit statt der Einheit des Scheins. Das Intensivere und Bestimmtere des christlichen Gebets aber muß in unsern gemischten Kirchen mehr der freien Gebetshervorbringung anheimgegeben werden; wie denn solche, die im Glauben und in der Liebe Jesu Christi wirklich leben, selbst im Geist desselben zu reden wissen. 2 Kor. 4, 13. Namentlich muß das innigere Gebet im öffentlichen Gottesdienst sich beschränken auf diejenigen Momente, in welchen die Versammlung durch das entsprechende Lehrwort und Vermahnungswort auch intensiv gehoben oder christlich vorbereitet sein kann, so daß alle Redlichen, wenigstens ahnungsweise und optativ von Herzen sich anschließen können. Endlich erhellt aus allem bisher Gesagten, daß in einem kirchlichen Gebetbuch und so auch Gesangbuch eine große Auswahl von Formularen vorhanden sein muß.

Muster aber für das Gemeinschaftsgebet in jeder Beziehung, das zugleich die wahre wesentliche Einheit für alle Confessionen und Gläubige repräsentirt und unterhält und dabei namentlich auch die eben angedeutete Weite der Haltung darstellt, ist das Gebet des Herrn.

Vgl. Christliche Reden V. Nr. 9. Hier nur einige Andeutungen. Die Autorität des neutestamentlichen Wortes, namentlich des unmittelbar vom Herrn gestifteten Wortes, bringt es mit sich, daß das Vaterunser für das Beten der ganzen Gemeinde Quelle und Norm ist. Soll dies aber in der Weise geschehen, die dem Wahrheitsgeist der neutestamentlichen Anbetung entspricht, so darf das Vaterunser weder als bloß äußerliches Formular gebraucht werden, noch dürfen die gebräuchlichen Formulare unabhängig von demselben, d. h. ohne wesentliche Beziehung zu seinem Charakter sich bilden, sondern seine Worte sollen in's Herz aufgenommen werden, daß sie zu Geist und Leben werden in dem Betenden. Es legt den Glaubensinhalt dar, in welchem jedes echte Gebet sich bewegen muß, und zwar den Glaubensinhalt einmal nach seinen ewigen Grundsubstanzen: Name, Reich, Wille Gottes, dann aber auch nach seiner zeitlichen Entwicklungsordnung: Vergebung, Gnadenführung zur Ueberwindung der Versuchungen und völlige Erlösung; in der vierten Bitte stellt es die irdischen Lebensbedürfnisse im genügsamen Geist der Gottseligkeit zwischen hinein, stellt sie eben damit in die rechte Angemessenheit zum ewigen Gut und zu seinem Gesetz. Jeder einzelne Zug dieses Gebets enthält ein inhaltsschweres Samenkorn, und jeder Gedanke desselben kann im gläubigen Herzen eine Fülle von Geistesbewegungen hervorbringen, senkt sich allen Vorkommenheiten des inneren und äußeren Lebens ein, und nach den verschiedenen Zuständen, in welchen ein betender Geist diese Grundgedanken in sich aufnimmt und seine Erfahrungen wie seine Bedürfnisse darin niederlegt, darnach schließt sich auch jedesmal wieder eine neue Bedeutung auf, die wieder einen neuen Segen gibt. Der tiefste Beter

III. Die Gemeinschaft der Heiligen. 463

wächst daher über dieses Gebet nicht hinaus, sondern nur immermehr in dasselbe hinein. Dazu kommt nun aber bei all' diesem Reichthum des Inhaltes eine Einfachheit und eine geistige Weite, welche den Frommen auf jeder Stufe ein herzliches Mitbeten möglich macht. Die Kinder wie die Helden im Glauben, die Niedergebeugten wie die Fröhlichen finden sich hier zusammen je nach ihrem Bedürfniß und ihrer Empfänglichkeit, es sagt für keinen zu wenig und für keinen zu viel, wenn nur einmal Glaubensleben im Allgemeinen, oder Frömmigkeit vorhanden ist, und darum ist und bleibt es Muster für alle öffentlichen Gebete wie für alle Privatgebete.

Zu den Bildungsmitteln des christlichen Gemeindelebens gehört endlich noch

3) die Zuchtgemeinschaft.

Wir gehen aus vom sogenannten Amt der Schlüssel Matth. 16, 15—19. Hier wird in V. 19 nicht dem Simon in seiner menschlichen Individualität der Schlüssel beigelegt, sondern wie es V. 16—18 zeigt, ihm als Petrus, d. h. sofern die $\pi\varepsilon\tau\rho\alpha$, die Felsengrundlage des Gemeindebaues in ihm zum $\pi\varepsilon\tau\rho\varrho\varsigma$ sich personificirt, bestimmter: sofern die mysteriöse Grundwahrheit des Gemeindelebens, daß Jesus des lebendigen Gottes Sohn ist, eben in Petrus zuerst durchgebrochen war zu einer lebendigen Erkenntniß und zu offenem Bekenntniß gegenüber der Unsicherheit der öffentlichen Meinung über Jesus. Matth. 16, 13—16, vgl. Joh. 6, 66—69. Ein Primat bei Petrus ist also allerdings begründet, dies aber durch den Primat seiner geistigen Entwicklung, vermöge welcher er den bis dahin völlig unbekannten

Fundamentalartikel für den christlichen Gemeindebau zuerst erkannte und bekannte. Dem entspricht denn auch die Stellung, welche ihm der Herr eben als πετρος in der πετρα einräumte, d. h. im Fundament des Gemeindebaues als Grundstein, nicht aber in der Spitze des Gemeindebaues als Oberhaupt. „Auf diesen Felsen, sagt der Herr, baue ich meine Gemeinde," nicht: „über meine Gemeinde setze ich dich," nicht einmal: „du bauest sie auf mich oder gar auf dich." Dem entsprach weiter auch die Stellung, welche Petrus historisch einnahm. Weder er selber tritt als Oberhaupt der Gemeinde auf (1 Petri 5, 1 ff.), noch behandelt ihn als solchen der Herr (Matth. 16, 23. Joh. 21, 22), noch auch Paulus. Gal. 2, vgl. 2 Petri 3, 15 f. Wohl aber ist es eben Petrus, der, wie er zuerst im Jüngerkreis dem entschiedenen Glauben an den Sohn Gottes Bahn brach oder wenigstens zur distinctiven Confession verhalf, so nun auch in Israel (Act. 2, 14) und unter den Heiden (Act. 10. Cap. 15, 7) aufzutreten hatte als erster Verkündiger, als Grundzeuge des Glaubens an Jesus Christus als den Sohn Gottes. So erscheint Petrus thatsächlich als erste Unterlage (Begründer) des Gemeindebaues oder als erster Grundstein in dem Fundament der Kirche, nicht aber daß er für sich allein das ganze Fundament bildet; denn dieses bildet sich aus den Aposteln zumal und dies so, daß Jesus Christus allein der das Ganze verbindende Eckstein ist. Eph. 3, 20. Offenb. 21, 14. Darauf hin also, daß Petrus der Grundzeuge des göttlichen Sohnesglaubens ist, d. h. eben des Glaubens, auf welchem der Herr den Gemeindebau errichtet, spricht der Herr ihm auch zuerst die amtliche Function zu, die als Schlüsselgewalt bezeichnet, ist und die als

III. Die Gemeinschaft der Heiligen.

Himmelreichsgewalt eine geiftige Macht ift. Wie aber überhaupt der höchfte Geiftesprimat in der chriftlichen Gemeinschaft keinen Primat des äußeren Ranges und der Macht begründet, viel weniger ein ausschließliches Monopol (Matth. 23, 8 f.), so ift es auch mit diesem Schlüssel-Primat Petri. Der geiftige Grund desselben bei Petrus, die gläubige Erkenntniß der Gottessohnschaft in Jesus, wurde nicht nur allgemeines apoftolisches Eigenthum, sondern wurde und ift auch allgemeines Gemeindegut (Matth. 18, 17), bei derjenigen Gemeinde nämlich, die eben der Herr selber baut auf die gleiche Grundlage, wie sie in Petrus hervortrat (vgl. 2 Petri 1, 1), d. h. bei der Gemeinde, deren Glaube auch aus göttlicher Offenbarung entspringt (Matth. 16, 17), nicht von Fleisch und Blut aus, nicht von menschlicher Tradition aus. Dieser Gemeindebegriff bestimmt sich Matth. 18, 20 nicht nach der numerischen Größe oder nach äußerer Corporationsform, sondern nach der inneren Verbundenheit mit dem Herrn und nach seiner Gegenwart, d. h. nach der Gemeinschaft des heiligen Geistes. Röm. 8, 9. 1 Kor. 12, 3. An den Empfang des heiligen Geistes knüpft sich denn auch Joh. 20, 22 f. nicht mehr die bloße Verheißung, wie Matth. 16 und 18, sondern die wirkliche Uebertragung der Schlüsselgewalt an die Gesammtheit der Apoftel. Die Schlüsselgewalt ift also nicht an bestimmte Individuen gebunden oder an einen bestimmten Stand, sondern ift bei Individuen und bei ganzen Gemeinden an den Glauben gebunden, der auf göttlicher Offenbarung steht, bestimmter auf der Theilnahme am heiligen Geist.

Was nun weiter den Ausdruck „Schlüssel des Himmelreichs" betrifft, so liegt, wie auch das $οἰκοδομήσω$ (Matth.

16, 18) zeigt, die einfache Anschauung eines Gebäudes zu Grund und dies ist das Himmelreich, sofern es eben in einer vom Herrn aufgebauten Gemeinde als ein Haus Gottes auf Erden besteht mit eigenthümlicher Oekonomie.

Die Schlüssel ermöglichen nun die Oeffnung und die Schließung eines Hauses nach der damaligen Hauseinrichtung durch Lösen und Binden der Thüre. Jes. 22, 22. Offb. 3, 7. Die Schlüsselübergabe bezeichnet hiernach im Allgemeinen die Macht, aufzunehmen in das Haus Gottes oder davon auszuschließen, und zwar so, wie der Herr hinzusetzt, daß beides auch im Himmel Wahrheit hat, d. h. geistige und ewige Realität hat. In der Gemeinde wird hiebei eine Heilsökonomie und Heilsadministration vorausgesetzt, welche bis in den himmlischen Umfang des göttlichen Reiches ihre Wirkung hat, sofern nämlich die reine Verwaltung der göttlichen Versöhnungsanstalt in der Gemeinde statt hat als eine Verwaltung in Geist und Kraft der Versöhnung, nicht bloß im Buchstaben. 2 Kor. 3, 6, vgl. 5, 19 f. Im Zusammenhang damit involvirt daher das Lösen und Binden auch die Sündenerlassung oder -Behaltung und zwar im Verhältniß zum Himmel, nicht nur wie im alten Bund für's irdische Leben. Mit ihrer verwaltenden Macht verbindet also die Geistesgemeinde auch die richterliche Macht, d. h. die Entscheidung über Aufnahme in die ihr anvertraute Heils-Oekonomie und über das Bleiben darin oder die Ausschließung davon.

a) Die Aufnahme und das Verbleiben in der Heilsgenossenschaft der Gemeinde bestimmt sich nun nach Matth. 16 von dem Gesichtspunkt aus, ob das, was einer von Jesu sagt, also das Bekenntniß und die Lehre auf demselben Fels sich erbaue, welcher die ursprüngliche Grundlage des Gemeindebaues bildet, bestimmter also, ob das individuelle **Bekenntniß und Lehrwort** dem apostolischen Gemeindezeugniß von Jesu als dem Sohn des lebendigen Gottes entspricht, oder kürzer ob es dem **schriftmäßigen Gemeindeglauben gemäß** sei. Matth. 16, 14—19: auf diesen Felsen ($\pi\varepsilon\tau\varrho\alpha\nu$), d. h. auf das gläubige Bekenntniß zu mir als Gottessohn werde ich bauen meine Gemeinde. Vgl. Röm. 10, 13. 12, 6. Weiter fragt es sich nach Matth. 18, ob **das Betragen und Leben übereinstimme mit dem Liebesgesetz der Gemeinde**, in vorkommenden Fällen von ihr sich strafen und versöhnen lasse. Matth. 18, 15—18, vgl. 2 Thess. 3, 6. Es erhellt aber hieraus auch, daß sich das geistige Gemeindegericht nur beziehen kann auf das, was offenbar ist (1 Tim. 5, 24), auf Bekenntniß und Lehre, sowie auf Leben und Betragen. 2 Tim. 2, 16—19. 1 Kor. 5, 11. Dabei ist aber auf der anderen Seite wieder nicht zu übersehen, daß über dieses Offenbare, sofern es sich um die Zugehörigkeit zur Gemeinde im engeren Sinn handelt, vom Standpunkt des wahren Christenthums zu richten ist, also nicht nach dem bloßen Buchstaben und der äußeren Form, nach bloß äußerlicher Legalität oder Illegalität der Lehre, des Bekenntnisses, des Lebens, sondern nach einer geistlichen Prüfung des Aeußeren. Matth. 7, 15 ff. 1 Tim. 6, 3—5. 2 Tim. 3, 5. Tit. 1, 16 ꝛc.

Auf Grund dieser richterlichen Beurtheilung gibt es nun aber auch

b) Fälle, in welchen Individuen das Haus Gottes zu verschließen ist. Die Verschließung begreift zweierlei in sich. Entweder es ist einem Individuum der Eintritt in den christlichen Verband zu versagen, die **Aufnahme in die Gemeindegenossenschaft vorzuenthalten**, sofern es bei der betreffenden Person an den erforderlichen Vorbedingungen fehlt, namentlich an der gehörigen Werthschätzung des christlichen Gnadenguts, an der gläubigen Empfänglichkeit für das reine Evangelium. Matth. 7, 6. 10, 11. Act. 13, 45 f. 18, 5 f. 19, 8 f. 2 Joh. 10. Oder nach geschehener Aufnahme sind **Individuen wieder auszuschließen**, indem die christliche Gemeinschaft mit ihnen aufgehoben wird. Es soll geschehen bei hartnäckigem Ungehorsam und Verwerfen der evangelischen Ansprache (Matth. 18, 17, vgl. V. 16. 2 Thess. 3, 14), ferner bei einem Bekenntniß und einer Lehre, welche wider den Grund des christlichen Glaubens streitet, also bei Fundamental-Irrthümern (1 Tim. 1, 3—5 mit 2 Tim. 2, 16—18. 21. Röm. 16, 17 f. 2 Kor. 6, 14 ff. Tit. 3, 10), endlich bei einem offenbaren Sündenleben. 1 Kor. 5, 1. 11. 2 Thess. 3, 6. Als nähere Bestimmungen über die Anwendung dieser Bindegewalt (Kirchenzucht) finden sich in der heiligen Schrift folgende:

Der Zweck muß sein, nicht zu verderben, sondern zu bessern. Die Ausschließung soll also in Anwendung kommen nicht in Form einer feindseligen Behandlung, sondern in Form eines auf Seelenrettung berechneten **Zuchtmittels**, d. h. als **Besserungsmittel**, nicht als äußeres Strafmittel, viel weniger ist sie zur Rache gegen Feinde und Privatbeleidigungen zu gebrauchen. 2 Kor. 10, 8. 13, 10. 2 Tim. 2, 25, vgl. noch 1 Kor. 5, 5. Ferner soll der Ausschließung vorangehen wiederholte und verstärkte **Ermahnung**. Matth. 18, 15—17. 2 Thess. 3, 15. Tit. 3, 10 f. Bloße Schwachheits- und

III. Die Gemeinschaft der Heiligen. 469

Uebereilungsjünden sollen ohnedies getragen, durch geistige Einwirkung geheilt und nur mit sanftmüthigem Geist zurechtgewiesen werden. Röm. 15, 1 f. 7. Gal. 6, 1. 1 Theff. 5, 14. Es können ebendaher, auch wo es sich um Ausschließung handelt, Abstufungen stattfinden von der partiellen Entziehung des Gemeinschaftsgenusses bis zur Aufhebung alles christlichen Verkehrs, bis zum „Halte ihn als einen Heiden und Zöllner."*) In letzterer Bezeichnung liegt aber nach dem evangelischen Begriff vom Verhältniß zu Heiden nicht die Aufhebung des geselligen Verkehrs, namentlich nicht der bürgerlichen Gemeinschaft, wie dies nach dem jüdischen Begriff der Fall ist, sondern eben nur die Aufhebung der christlichen und kirchengemeindlichen Gemeinschaft; noch vielweniger sind die als Heiden zu Behandelnden damit dem äußeren Strafrecht zugewiesen, einem polizeilichen oder criminalistischen Ketzergericht. Denn die Heiden oder die Ungläubigen, die Nichtchristen, sind dem Evangelium nicht, wie dem theokratischen Gesetz, Gegenstände der Bestrafung, sondern der Erbarmung. Es darf also die Gemeindezucht in keiner Weise über das geistliche Verfahren und über die Gemeinde hinausgehen, daß sie sich vollziehen dürfte in juridischer Procedur; überhaupt nicht, daß sie mit weltlichen Mitteln hinübergreifen dürfte in die allgemein geselligen und bürger-

---

*) Wenn Nitzsch, System § 195, in keinem Fall die Kirchenzucht soweit gehen lassen will, daß auch der Zugang zur Predigt des Wortes abgeschnitten werden dürfe, so ist dies in solcher Allgemeinheit nicht richtig. Vgl. Matth. 7, 6. 10, 11. 14. Act. 13, 45. 18, 5 f. 19, 8 f. Der Zutritt zu dem auch für die ungläubige Welt bestimmten $\varkappa\eta\varrho\nu\sigma\sigma\varepsilon\iota\nu$, wobei hören kann, wer will, ist allerdings nicht aufgehoben, wohl aber die Theilnahme am eigentlichen Gemeindelehrwort, an der den Gläubigen bestimmten $\delta\iota\delta\alpha\sigma\varkappa\alpha\lambda\iota\alpha$.

lichen Verhältnisse, daß sie sich verbindet mit politischen Nachtheilen, mit Einbuße oder Entziehung der bürgerlichen Ehre, Freiheit, Existenzmittel u. s. w.; nicht einmal der allgemeine pflichtmäßige Verkehr ist dadurch aufgehoben, sondern nur der speciell christliche oder der brüderliche und vertrauliche Verkehr (wie er sich z. B. darstellt im 2. Joh.-Brief). Vgl. 1 Kor. 5, 10—13. Luk. 9, 53—56. 2 Thess. 3, 14 f. So war auch das apostolische oder kirchenregimentliche Einschreiten gegen Irrlehrer keine äußere Amtsentsetzung, sondern eine geistige Uebergabe an den Satan mit geistiger Abwehr ihres Einflusses auf die Gläubigen und mit moralischer Einwirkung auf letztere, daß sie selber von den Irrlehrern sich fern hielten. 1 Tim. 1, 20,*) vgl. B. 4. Cap. 5, 20. 6, 3—5. 2 Tim. 2, 16—26. 3, 13 f. 4, 2—5. 14 f. Tit. 1, 9—14. 3, 9—11. Die Uebergabe an den Satan zum Verderben des Fleisches (1 Kor. 5, 4 f.) bezieht sich auf die leiblich-seelischen Folgen der Ablösung vom Leib Christi, der Ausscheidung aus seiner Heilsgemeinschaft, wodurch der Mensch zur Zucht (1 Tim. 1, 20) wieder der kosmischen, der von diesem Aeon eben auf das Fleisch sich erstreckenden Macht des $\varkappa o\sigma\mu o\varkappa\rho\alpha\tau\omega\rho$ anheimfällt; es ist aber sowenig ein Hinausstoßen in die ewige Verdammniß oder ein durch den Apostel oder die Gemeinde vollzogener äußerlicher Strafakt, als dies Paulus bei sich selbst meint, wenn er 2 Kor. 12, 7 sagt: „es ist mir gegeben ein Pfahl in's Fleisch, ein Satanasengel u. s. w." Vgl. 1 Kor. 11, 30—32 die an den Mißbrauch des Abendmahls geknüpften leiblich-seelischen Folgen.

---

*) Vgl. dazu J. T. Beck, Erklärung der zwei Briefe Pauli an Timotheus S. 89 f.

Damit haben wir die objectiven Momente der richterlichen Gemeindegewalt bestimmt; gehen wir nun auch noch

c) auf die subjectiven Bedingungen derselben näher ein. Schon im Allgemeinen bei Matth. 16 und 18 haben wir gefunden, daß diese richterliche Macht ein in der göttlichen Offenbarung Jesu Christi wurzelndes Glaubensleben mit dem heiligen Geist desselben voraussetzt. Vgl. Joh. 20. Ohne dies ist auch die Ausschließung aus der Gemeinde kein geistiger, im Himmel giltiger Machtakt, sondern ein bloß äußerer Gesellschaftsausschluß, wie einen solchen jede Gesellschaft ausüben kann. Es muß eine reale, nicht bloß eine verbale Handlung im Namen des Herrn sein. Matth. 18, 20 mit 1 Kor. 5, 4 f. Wo also der göttliche Geist Jesu Christi, d. h. der Geist der heiligenden Wahrheit und der rettenden Liebe in einem Christen oder in einer Christengemeinschaft nicht lebt, da kann ihr Binden und ihr Lösen auch keine himmlische Kraft und Geltung haben. Es ist eine Handlung der Blindheit, des geistlichen Hochmuths, des Fanatismus, wobei man sich an der himmlischen Wahrheit selber vergreifen kann. Joh. 16, 2 f. mit 15, 21 f. 8, 48 f. 12, 42. Matth. 23, 13. Röm. 2, 17 ff. namentlich V. 27. Dagegen wo der Glaubensgeist Jesu Christi ist, da hat das Richten himmlisches Siegel ohne alle weltlichen Titel und Mittel, ohne äußerliche Majorität, Autorität und Exekutionsgewalt; und eben nach der wesentlichen, nach der innerlichen Seite, sofern es ein in Geist und Kraft des Herrn vollzogener Akt ist, können auch Einzelne diese Kirchenzucht handhaben ohne äußerliche Sanction. Matth. 18, 18—20. 1 Tim. 1, 20. Dies gilt namentlich bei heruntergekommenen kirchlichen Verhältnissen, wo die Kirchenzucht als äußerlicher Akt unmöglich gemacht wird.

Weil die früheren kirchlichen Ordnungen für Manche wieder wünschenswerth erscheinen, so vgl. Bretschneiders Briefe, Nr. 28—30 über Beichte, Abendmahl und Kirchenzucht, S. 379—408, und Nr. 26, S. 355 ff. Die Briefe datiren aus dem Jahr 1761, wo also die Revolution den Ordnungen noch keinen Stoß gegeben hatte.

Vorlesungen über Christliche Ethik.

Von

Dr. J. T. Beck,

weil. ord. Professor der Theologie in Tübingen.

Herausgegeben

von

Jul. Lindenmeyer.

Dritter Band.

Die ethische Erscheinung des christlichen Lebens.

Gütersloh.
Druck und Verlag von C. Bertelsmann.
1883.

Die ethische Erscheinung des christlichen Lebens.

Von

Dr. J. T. Beck,
weil. ord. Professor der Theologie in Tübingen.

Herausgegeben

von

Jul. Lindenmeyer.

Gütersloh.
Druck und Verlag von C. Bertelsmann.
1883.

Vorwort.

Hatte ich in den beiden vorigen Bänden schon neben zweckdienlichen Verkürzungen, deren sich meist der Selige das eine oder andere Mal bedient hatte, öfters auch die ursprüngliche Redaction, selbst aus den älteren Manuscripten des Autors, wieder hergestellt, wenn sie sachliche Bereicherung von Belang bot, so ist letzteres noch viel häufiger in diesem Schlußband geschehen, da gerade in diesem dritten Hauptstück Beck bei seinen Vorlesungen je länger je mehr von der Zeit gedrängt war.

Den Freunden echt biblischer Forschung dieses Werk nunmehr abgeschlossen vorlegen zu können, erfüllt mich mit Dank und mit Freude. Möge der Herr die treue Arbeit seines entschlafenen Zeugen segnen und ihr den Weg bereiten.

Schluchtern, den 6. März 1883.

Jul. Lindenmeyer,
Pfarrer.

Inhalts-Verzeichniß
des dritten Bandes.

Drittes Hauptstück.
Die ethische Erscheinung des christlichen Lebens.

	Seite
I. Die sittliche Selbstbildung des Christen	1 ff.

§ 17.
Begriff und Bedeutung der christlichen Selbsterziehung	1 ff.
1) Verhältniß des geistigen Lebens zur Sünde . . .	3—17.
2) Der christliche Charakter der geistlichen Zucht . .	17—19.

§ 18.
Die wachsame Selbstbeherrschung	19 ff.
1) Die christliche Wachsamkeit	19—25.
2) Die christliche Enthaltsamkeit	25—32.

§ 19.
Das Beten	32 ff.
1) Begriff, Nothwendigkeit und Bedingung . . .	32—38.
2) Die Mündigkeit oder Vollkommenheit des Gebets .	38—43.
3) Erhörbarkeit und Segen des Gebets	43—51.
Zusatz. Ueber Krankenheilungen durch Gebet und Zauberei	52—54.
4) Grundform des Gebets mit den Hauptformen . .	54—56.

§ 20.
Die treue Berufsthätigkeit oder die Arbeitsamkeit	56 ff.
1) Zusammenhang der Arbeit mit dem Begriff des geistigen Lebens	57—61.
2) Die Berufswahl	61 f.

Inhalts-Verzeichniß.

§ 21.
Die christliche Lebensordnung . . . . . . 62 ff.
1) Verknüpfung der geistigen Erziehungsmittel . . . 63—66.
2) Die Offenbarungen Gottes in Gewissen, Natur und Leben . . . . 66—74.

II. **Die sittliche Persönlichkeit des Christen** . . . . . . 74 ff.

§ 22.
Von der christlichen Weisheit . . . . . . 74 ff.
1) Die christliche Weisheit nach ihrem Wesen und Wirken . . . . 75—81.
2) Die inneren und äußeren Bedingungen der christlichen Weisheit . . . . 81—86.
3) Die Stellung der christlichen Weisheit innerhalb der Welt . . . . 86—109.
    a) Ihre Erscheinung als Thorheit . . . . . . 86 f.
    b) Reflex der göttlichen Wahrheit, Wahrhaftigkeit . 87—99.
    c) Eid und Gelübde . . . . 99—109.

§ 23.
Die christliche Rechtlichkeit . . . . 109 ff.
1) Wesen der christlichen Rechtlichkeit . . . . . 110 f.
2) Verhalten der christlichen Rechtlichkeit zu den Lebensgütern . . . . 111 ff.
    A. Verhalten zur Seele . . . . 112—115.
    B. Verhalten zum Leibe (Todesstrafe) . . . . 115—130.
    C. Verhalten zur Freiheit . . . . 130—142.

§ 24.
Die christliche Gütigkeit . . . . 142 ff.
1) Die Dienstfertigkeit . . . . 146—149.
2) Die Friedfertigkeit . . . . 149—156.

III. **Die christliche Gesellschaftsordnung** . . . . 156 ff.

§ 25.
Die christliche Eheordnung . . . . 160 ff.
1) Das Wesen der Ehe . . . . 161—164.
2) Die Dauer der Ehe . . . . 164—169.
3) Das gegenseitige Verhalten der Verehelichten . 169—171.
Zusatz. Ueber den Wittwenstand . . . . . . 171 f.

§ 26.
Die christliche Hausordnung . . . . 172 ff.
1) Das elterliche Verhältniß . . . . 173—179.

                                                                Seite
2) Das kindliche Verhältniß . . . . 180—185.
3) Das dienstliche Verhältniß . . . . 185—188.
Zusatz. Das Verhalten in Krankheiten und gegen
   Kranke . . . . 188—190.

§ 27.

Die christliche Volksordnung . . . . . .   190 ff.
1) Die Obrigkeit . . . . 196—199.
2) Die Unterthanen . . . . 199—204.

Drittes Hauptstück.

Die ethische Erscheinung des christlichen Lebens.

Wir fassen dabei das christliche Leben unter drei Gesichtspunkten ins Auge, wie es nämlich erscheint:
1) in der sittlichen Selbstbildung des Christen als Ascese; biblisch als Gymnastik der Gottseligkeit, als christliche Lebenszucht oder Selbstzucht;
2) in der sittlichen Persönlichkeit des Christen als christliche Tugend;
3) in der gesellschaftlichen Stellung als christliche Gesellschaftsordnung.

I. Die sittliche Selbstbildung des Christen.

§ 17. Begriff und Bedeutung der christlichen Selbsterziehung (Selbstzucht).

Sobald einmal der heilige Geist als Geist der Kraft im Menschen Lebensprincip geworden ist, und das neue Lebensgesetz eingepflanzt hat, wirkt er nicht nur als Geist der Liebe (2 Tim. 1, 7), daß er das christliche Leben in seinem organischen Verband, in der christlichen Gemeinschaft entwickelt, sondern er wirkt auch als Geist der Zucht ($\pi\nu\varepsilon\upsilon\mu\alpha$

σωφρονισμον), wie er in der angeführten Stelle ebenfalls bezeichnet wird. Er stellt so der objectiven Bildungsthätigkeit der christlichen Gemeinschaft zur Seite die eigene Selbstbildung zur Bewahrung, zur fortdauernden Erneuerung und Vermehrung des schon erhaltenen Geisteslebens, auch kurz der Heiligung. Vgl. 1 Theff. 4, 4.

Die Lehre von den für die sittliche, speciell christliche Selbstbildung erforderlichen Mitteln oder, wie man kurz sagt, von den Tugendmitteln befaßt man gewöhnlich unter dem Namen Ascetik. Ueber die Einwendungen von Schleiermacher, welcher derselben keine wissenschaftliche, sondern nur populäre Bedeutung zugestehen will, vgl. Schmid, Christliche Sittenlehre S. 64 f.

Alles sittliche Leben, namentlich das christliche als höchste sittliche Aufgabe bedarf, wenn es einmal besteht, von Seiten des Einzelnen selbst einer geordneten Entwicklung und eben daher bestimmter Mittel zu seiner Befestigung und Fortbildung; und dabei ordnet sich das Einzelne um gewisse Grundbeziehungen des sittlichen, speciell christlichen Lebens. Dies sind die Beziehungen theils zum sittlichen Subject an und für sich, theils zu Gott als dem Princip alles Guten, theils zur Welt als dem Object.

Diesen Grundbeziehungen des sittlichen Lebens entsprechen als pädagogische Mittel theils wachsame Selbstbeherrschung, um der eigenen Persönlichkeit die erforderliche sittliche Haltung zu bewahren, theils Gebet als die stetige freie Selbstvermittlung mit Gott, theils treue Berufsthätigkeit als die geordnete Bethätigung in und an der Welt. Dies sind die pädagogischen Mittel der eigenen Selbstbildung, die unmittelbar zur Bewahrung und

§ 17. Begriff und Bedeutung der Selbstzucht.

Fortbildung des sittlichen Lebens in Beziehung stehen, ohne daß damit gesagt ist, daß nicht alles sittliche Handeln selbst wieder mittelbar das sittliche Leben fördere, oder daß Selbstbeherrschung, Gebet und Berufsthätigkeit nur als sittliche Mittel Bedeutung, nicht auch an und für sich den Werth sittlichen Handelns haben.

Die Nothwendigkeit und Bedeutung dieser sittlichen Selbstbildung setzt sich uns namentlich in ihrer christlichen Beziehung auseinander, wenn wir das **Verhältniß des geistigen Lebens zur Sünde** genauer betrachten.

1) Dem neuen Leben der Wiedergeburt steht das alte Leben der Sünde in dreifacher Macht gegenüber. Der **Satan** ist das stetig thätige geistige Centralprincip alles Bösen. Matth. 13, 25 ff. 1 Petr. 5, 8. Luk. 22, 31. 2 Kor. 2, 11. Von ihm gehen gerade die geistigen Lügenkräfte aus, welche durch falsches Licht, durch Entstellung, Verdrehung und Nachäffung der Wahrheit in imponirenden Thaten und Lehren sich manifestiren. 2 Thess. 2, 9. 1 Tim. 4, 1. Darunter gehören auch die sogenannten geistlichen Anfechtungen, wo der Glaube zu kämpfen hat gegen τα πνευματικα της πονηριας. Eph. 6, 12. Geistige Gestaltungen, in denen das Böse auftritt, sind namentlich Zweifel am Wort Gottes, Unglaube und Aberglaube; ferner theoretische und praktische Fälschungen der Liebe, Demuth, Gerechtigkeit u. s. w. Wir haben also im Satan das dynamische Princip des Bösen, den Lügengeist im Gegensatz zum Wahrheitsgeist, dem dynamischen Princip des Christlichen. Dem dynamischen Princip des Bösen schließt sich nun an als substanzielle Macht desselben oder als Lebensstoff und -Nahrung der Sünde die Welt mit ihrem sinnlichen und

geistigen Gütercomplex und Uebelcomplex, mit ihrer irritirenden und deprimirenden Macht. 1 Joh. 2, 15—17. Jak. 4, 4. Joh. 17, 14. Endlich das Fleisch erscheint als das Organ, durch welches das dämonisch und das weltlich Böse sich des Menschen bemeistert, worin es seine Lebensenergie und seinen Lebensstoff oder, mit einem Wort, den Sündensamen bereits niedergelegt hat und neu einzusenken und fortzuentwickeln sucht. Röm. 7. Das Wort: $\peche$ $\sigma\epsilon\alpha\upsilon\tau\wp$ (1 Tim. 4, 16. Luk. 21, 34) ist daher die Grundregel christlicher Lebenszucht, und so gehört an die Spitze derselben die wachsame Selbstbeherrschung. Das Fleisch widerstreitet auch im Gläubigen und Wiedergeborenen dem Geist und seiner Willigkeit in doppelter Weise, theils mit seiner Schwäche für's geistige Leben, mit seiner Trägheitskraft und Stumpfheit dafür, theils, worin jene Schwäche eben wurzelt, mit seiner sinnlichen Stärke, seiner positiven Lustenergie oder Irritationskraft. Hierin liegt der immer noch nicht ausgerottete Same aller Sünde, der immer in bösen Früchten aufzuschießen bereit ist, selbst wenn er in gewissen Beziehungen jahrelang niedergehalten war oder noch nie gerade in solcher Richtung zum Ausbruch kam. Es bedarf nur der entsprechenden Situation und Lebenstemperatur, so wacht der Same auf und wird productiv. — Es wird nun aber, wenn auch die Möglichkeit von einzelnen Sündenfällen bei Wiedergeborenen noch zugegeben wird, oft behauptet (so namentlich von Rothe, Ethik, II. Band, § 798), „ein Wiederabfall der wirklich Bekehrten, ein wirkliches Herausfallen aus dem Gnadenstande oder eine den Verlust des neuen Lebens nach sich ziehende Sünde (eine Todsünde) sei unmöglich," und dies begründet Rothe damit: „durch die

Bekehrung sei im Individuum wirklicher guter und heiliger Geist zu Stande gekommen und wo dies sei, sei und bleibe der Geist wie unvergänglich so unverkehrbar und unverderbbar." Dies ist der Schrift gegenüber eine unwirkliche und vage Abstraction. Denn

a) vor Allem kennt die Schrift Geister und zwar unvergängliche Geister, die ursprünglich wirklich gut waren, darum aber doch verkehrt und verdorben worden sind und die nun gerade als Geister das potenzirte, unverbesserliche Böse sind. Im Begriff Geist, guter Geist, liegt also in der Schriftanschauung noch gar nicht der Begriff der Unverkehrbarkeit und Unverderblichkeit, sondern der Verkehrbarkeit, sofern es nicht der göttliche Geist unmittelbar für sich ist. Nun handelt es sich aber bei dem Wiedergeborenen gar nicht um den Geist für sich, bestimmter den heiligen Geist, sondern um das menschliche Individuum und um ein bestimmtes Verhältniß desselben zum empfangenen Geist. Der im Individuum zu Stande gekommene Geist gehört wohl der Person an, ist aber noch nicht die Person selber. Der Mensch hat den guten Geist in sich, ohne bereits selbst Geist zu sein, am wenigsten heiliger, unverderblicher Geist. Es ist durch die Wiedergeburt wohl eine Verbindung des göttlichen Geistes und der menschlichen Seele vollzogen; aber einerseits ist es nicht der Vollbegriff des Geistes, der sich mit der Seele verbunden hat, vielmehr nur $\dot{\alpha}\pi\alpha\varrho\chi\eta\ \tau o\upsilon\ \pi\nu\varepsilon\upsilon\mu\alpha\tau o\varsigma$, ein göttlicher Samen der geistigen Entwicklung und dies bei den Individuen nur in einem partiellen Maß ($\dot{\varepsilon}\kappa\ \mu\varepsilon\tau\varrho o\nu$, $\mu\varepsilon\varrho\iota\sigma\mu o\varsigma$); andrerseits ist die Verbindung erst im Centrum der Seele, im Herzen, angefangen, und dabei hat diese neue Verbindung sich gegenüber den alten Fleischesverband in schon ausgebildeter Stärke. In dem Gesagten liegen nun Momente genug, die einen Verlust des neuen Lebens für das Individuum als möglich erscheinen lassen. Es kommt nämlich weiter in Betracht, daß die Verbindung zwischen Geist und Mensch durchaus eine frei vermittelte ist und bleibt, nimmermehr eine Zwangsverbindung ist oder eine physische Verbindung wird. Schon dies Freivermittelte stellt die Verbindung unter den Begriff der Auflösbarkeit und zwar auf Seiten des Geistes und des Menschen. Daher ist in der Schrift nicht nur von einem Geben und Empfangen des Geistes die Rede, sondern auch von einem Wegnehmen und Weichen desselben. Pf. 51, 13. Joh. 15, 5 f. Ebenso ist menschlicherseits die Rede von einem Dämpfen oder Bewahren und Erneuern des Geistes (1 Thess. 5, 19. 23. 2 Tim. 1, 6 f.); ferner von Trübungen und Befleckungen des Geistes. Diese Trübungen und Befleckungen können dem inwendigen Geiste eben in seiner Verbindung mit dem psychischen Leben, also dem subjectiven Geistesleben sich ansetzen. Eph. 4, 30. 2 Kor. 7, 1. 1 Tim. 6, 5: $\delta\iota\varepsilon\varphi\vartheta\alpha\rho\mu\varepsilon\nu o\iota\ \tau o\nu\ \nu o\upsilon\nu$. Vgl. auch 1 Kor. 3, 16 f. Also so gewiß der heilige Geist in sich selber unverderbbar ist; so ist dagegen die subjective, die persönliche Verbindung mit dem heiligen Geiste möglicherweise lösbar und vergänglich, da sie eine stetig sittlich vermittelte Verbindung ist. Dazu kommt nun, daß, wie schon bemerkt wurde, das neue geistige Leben selbst erst etwas Centrales ist und relativ Unvollständiges, kurz etwas noch nicht Fertiges; es bedarf also der extensiven und der intensiven Fortbildung, des Fortschritts, und wo Fortschritt postulirt ist, ist auch noch Rückschritt möglich. — Das Bisherige ergibt sich aus dem Wesen der Wiedergeburt und aus dem durch sie gesetzten Lebensverhältniß. Fassen wir nun

b) noch besonders die der Wiedergeburt sich anschließende Entwicklung in's Auge, so bedarf es, wie schon beim ersten Punkt ausgeführt ist, für die geistige Fortbildung der Individualität die Ueberwindung des deprimirenden und irritirenden Antagonismus des alten Fleischeslebens, einer trägen Passivität und einer falschen Activität, wozu dann noch die trügerischen Einflüsse einer pneumatisch bösen Macht kommen. Dagegen reicht keine bloß moralische oder dialektische Action zu, sondern fort und fort gilt es jene ganz eigenthümliche freie Selbstbestimmung und Selbstthätigkeit, die dem Menschen vermöge seiner empirischen Beschaffenheit gerade am schwersten fällt, das Ausharren im Glauben. In seiner demüthigen Verleugnung, Unterwerfung und Hingebung des selbstsüchtigen Ichs an Gott, in seinem Festhalten des Unsichtbaren im Gegensatz zum Sichtbaren, darin geht die Selbstvermittlung mit der Gnade und ihrem Geist vor sich und dadurch allein wird das, was im neuen, geistigen Wesen erst angelegt ist, auch in Gesinnung und Handlung angeeignet, entwickelt und befestigt, wird so erst persönliche Tugend. 2 Petr. 1, 3 ff. Ist und bleibt so der Glaube die stetige Lebensbedingung des geistigen Lebens, so ist einerseits der Rückfall in den Unglauben Zerstörung des geistigen Lebens, ein Heimfall an den Tod; andererseits liegt die Möglichkeit dieses Rückfalls in dem vom Gebrauch der Freiheit abhängigen Wesen des Glaubens selbst, sowie noch darin, daß das gegenwärtige geistige wie physische Leben in einer veränderlichen Welt, in der Welt der Wechsel sich zu behaupten und zu entwickeln hat, noch nicht seinen Abschluß gefunden hat im Unveränderlichen und Unverderbbaren, in der Vollkommenheit. Man behauptet nun freilich weiter, im Fortschritt werde das Gute je länger je leichter, und so ein Rückfall wenigstens immer unwahrscheinlicher. Allein je mehr gegeben ist und wird, je mehr wird gefordert; mit dem Fortschritt steigert sich auch der Begriff und die Aufgabe des Guten und so steigert sich auch der Conflict mit neuen Seiten und Versuchungen des für sein Leben kämpfenden, alten sündigen Menschen. Indem nun die Erstarkung und Vermehrung des neuen Lebens nur allmählich vor sich geht unter stetig sittlichen Bedingungen und Forderungen, nicht nach physischen Entwicklungsgesetzen; indem ferner die Entwicklung auf jedem Punkte des Weiterschreitens abhängig ist von einer freien Selbstüberwindung (dem Schwersten für den Menschen, der eher alles überwinden kann als sich selbst), abhängig von immer neuer Verleugnung neu auftauchender Seiten und Formen des reagirenden fleischlichen Eigenlebens und falschen Geisteslebens: ist es auch immer wieder möglich, ja naheliegend, daß die Selbstverleugnung nicht durchgreift, gerade in dem Punkt nicht, wo es eine neue Partie des Eigenlebens gilt, die bisher noch verdeckt und conservirt war und die besonders tief wurzelt oder die gerade besonders gesteigert und begünstigt wird z. B. durch eine herrschende Zeitrichtung oder durch eine neue physische Entwicklungskrisis. Es gilt den Tod einer bisher noch unerkannten verschonten Schoßsünde, nachdem sie enthüllt worden ist; es gilt die Lösung einer neu erkannten Pflicht. So steht die Glaubenstreue des Subjectes immer wieder auf einer neu entscheidenden Probe.*) Kommt

---

*) Die falsche Passivität oder die falsche Activität kann siegen, indem der Mensch die eingewurzelte Anhänglichkeit an dasjenige Alte, das er

es nun zunächst auch nicht gerade zum Abfall, so wird doch schon durch den Stillstand in dem für das neue Leben unerläßlichen Wachsthum auch sein Bestehen gefährdet, sofern dieser Stillstand ein eigenmächtiger, ein selbst herbeigeführter ist. Es gibt nämlich auch naturgesetzliche Stillstände, Ruhepunkte, Sammelpunkte für weiteres Wachsthum, wie im physischen so auch im geistigen Leben, weil letzteres nur im organischen Verband des Geistes mit dem Physischen vor sich geht. Mark. 4, 26 ff. Christliche Reden VI. Nr. 8: Die göttliche Reichssaat.*) Die Gefahr beim eigenwilligen Stillstand ist um so größer, da mit demselben eben die Passivität sich in's Uebergewicht gesetzt hat, die Trägheit und diese einerseits der Macht des Fleisches und des Truggeistes freien Spielraum gewährt, andrerseits auch einen Stillstand oder eine Störung bringt in die Innigkeit des Verkehrs mit der göttlichen Gnade, von der sich allein das neue Leben fristet. Es bleibt daher nicht bei dem bloßen Stillstand, und es kann nicht dabei bleiben nach den allgemeinen Lebensgesetzen; denn indem das alte Leben gerade in dem Punkt, den es nun gilt, geschont und nicht geopfert wird, hat es eben damit gesiegt über den Geist, und mit diesem Sieg hat es auch angefangen, wieder die Stellung eines neuen Princips, einer herrschenden Macht einzunehmen.

---

bisher in Unwissenheit und so ohne fühlbaren Schaden hegen konnte, eben deßhalb nicht zum Opfer bringen will der neuen Einsicht und Pflicht oder sich der Schärfe des neu aufgegangenen Lichts verschließt.

*) Die Entwicklungsstadien vom Gras bis zum reifen Korn involviren naturgesetzliche Pausen; daher Luk. 8 „fruchttragen $\dot{\varepsilon}\nu$ $\dot{\upsilon}\pi o\mu o\nu\eta$". Wer also meint, er dürfe sich für sein geistliches Wachsthum keinen ordentlichen Schlaf und sonstige Ruhe gönnen, erntet die Folgen des Uebertreibens und der Ueberspannung.

Es verfolgt daher seinen Sieg, wenn die Ursache nicht im Entstehen beseitigt wird. Der eigene Bildungstrieb des alten Lebens verstärkt sich nämlich wieder progressiv nach den Gesetzen der Entwicklung, und während die Gnadeneinflüsse mit der Untreue sich mindern oder gar aufhören, kehren dagegen die geistigen Lügenkräfte oder die blendenden Einflüsse des Lügengeistes verstärkt wieder zurück. Matth. 12, 43—45. 2 Petri 2, 20. Offenb. 2, 5. 3, 2 f. So tritt also vom eigenwilligen Stillstand, vom bloßen Unterlassen und Geschehenlassen aus mit sittengesetzlicher Nothwendigkeit eine retrograde Bewegung ein unter der Macht eines Princips, unter welcher das schon errungene Geistesleben in der Seele mehr und mehr verkehrt wird in's Selbstische, in's Unreine, Unwahre und Falsche, und das heißt die Schrift Befleckungen des Geistes. So muß eine Erneuerung immer schwerer werden. Die Stufe aber, wo diese zur Unmöglichkeit wird, haben wir bereits § 4, 2 kennen gelernt in der ausgebildeten Sünde wider den heiligen Geist. S. Bd. I. S. 178 ff.*)

Rothe behauptet nun allerdings weiter, ein eigentlicher Abfall eines Wiedergeborenen würde ein völlig klares Selbstbewußtsein und eine völlig ungebundene Selbstthätigkeit voraussetzen, eine Vollendung der Wiedergeburt, die eo ipso die Möglichkeit eines Abfalls ausschließe.**) Aehnlich auch Martensen. Ein völlig klares Selbstbewußtsein und völlig ungebundene Selbstthätigkeit fällt gar nicht unter den Begriff

---

*) Bis in's Einzelne ist der Rückfall von Hirscher, Moral §§ 398 ff. beschrieben.

**) In dieser Schlußweise liegt wieder ein Rechnen mit bloßen Denkformen, statt die realen Lebensbegriffe zu Grund zu legen, namentlich einen präciseren Begriff der Wiedergeburt.

der Wiedergeburt, auch nicht als eine Vollendung derselben. In der Wiedergeburt vollendet sich eben nur eine Geburt; in und mit dem Lebensanfang eines neuen Menschen ist sie ein vollendeter, ein abgeschlossener Akt. Auf Grund hievon handelt es sich nun aber für den neu geborenen Menschen um eine persönliche Vollendung, resp. — um mit Rothe zu reden — um die Ausbildung eines völlig klaren Selbstbewußtseins und völlig ungebundener (besser freier) Selbstthätigkeit. Diese Vollendung des wiedergeborenen Subjects, nicht der Wiedergeburt, vollzieht sich aber eben nur unter den Krisen der Entwicklung durch ethische Glaubenstreue, also als sittlicher Proceß, nicht als Geburtsproceß, mit allmählich zu erreichendem Endziel; und eben auf dem Wege zum Vollendungsziel, auf dem Wege des sittlichen Processes kann man das Ziel verlieren. Dies erst dann nicht mehr, wenn das Ziel erreicht ist. Diese Erreichung aber, die Vollendetheit im Wissen und Thun, liegt jenseits dieser Lebenszeit. Phil. 3, 12—14. 2 Tim. 4, 7 f. 1 Kor. 13, 12. In der diesseitigen Wirklichkeit entwickeln sich beim Guten und beim Bösen des noch im Fleische befindlichen Menschen, wie dies auch noch der Wiedergeborene ist, noch keine absoluten Verhältnisse, wie völlig klares Selbstbewußtsein und völlig ungebundene Selbstthätigkeit, sondern immer nur relative, dies aber in Beziehung zum Absoluten. An dieses hat der Mensch mit seinem jeweiligen Selbstbewußtsein und Selbstthun stetig sich zu binden, um nicht zu verlieren, was er schon hat, und um zu gewinnen, was er noch nicht hat. Bei dieser Entwicklung fragt es sich eben nicht, ob der Mensch selbst schon im Absoluten steht, sondern wie er immer und immer wieder sich stellt zum Absoluten, zum Vollkommenen, in welchem er allein seine Vollendung finden soll. Es fragt sich, ob der Mensch mit dem ihm zu Gebote stehenden Bewußtsein und Thun den wirklich gegebenen Relationen, den individuell möglichen Beziehungen zu Gott und zu dem Geist unter den gegebenen Beziehungen zu Fleisch und Welt in der göttlichen Ordnung gerecht wird und bleibt oder nicht. Nur innerhalb dieser Ordnung kann der Mensch, auch der wiedergeborene, die Klarheit des Selbstbewußtseins, die Einsicht und die Kraft für das Gute immer völliger entwickeln; im Widerspruch damit vollzieht sich ebenso nothwendig die retrograde Bewegung. Das Gesetz, unter welchem alles Leben, auch das des Wiedergeborenen steht, ist eben das, daß es vom Kleinen in's Große geht — dies im Guten und im Bösen, in der Klarheit und Wahrheit des Selbstbewußtseins oder in der Verwirrung und Verkehrung desselben, in der Freiheit oder in der Knechtschaft der Selbstthätigkeit. Im Kleinen liegt daher die Entscheidung für den Fortschritt in's Große bis zur Vollkommenheit oder für den Rückschritt bis zur totalen Verkommenheit. Wer im Kleinen untreu ist, der wird es, wenn es dabei bleibt, auch im Großen und Ganzen. Dieses repräsentirt sich eben im Kleinen, und wer nicht hat oder nicht behauptet, was er im entscheidenden Moment vermöge der schon empfangenen Kraft oder der sich ihm neu anbietenden Kraft haben kann und soll, der verliert auch, was er schon hat. Dies sind Grundgesetze im physischen Leben, im intellectuellen, im allgemein sittlichen und im specifisch christlichen Leben. Unüberwindliche Helden besitzt diese Welt nicht, im Geistigen und Sittlichen so wenig als im Physischen. Es ergibt sich denn nach den Entwicklungsgesetzen alles noch nicht absoluten Lebens (unter b) sowie nach dem Wesen der

Wiedergeburt (unter a), daß bei Bekehrten und Wiedergeborenen, ob ihnen nun erst Kleines oder Großes anvertraut ist, allerdings ein wirkliches Herausfallen aus dem wirklichen, nicht bloß scheinbaren Gnadenstand mit Verlust des schon empfangenen Lebens vor sich gehen kann. Darauf führen auch

c) die directen Bestimmungen der Schrift. In der Schrift wird bei schon Bekehrten und Wiedergeborenen die Erreichung des Ziels, die unverlierbare Heiligkeit und Seligkeit durchaus abhängig gemacht vom Beharren und Wachsen im Glauben und durch denselben in der Gnade, von der stetig wachsamen Ueberwindung der äußeren und inneren Feinde des neuen Geisteslebens, und dies wird so ernstlich genommen, daß sich die dringendsten Ermahnungen und Warnungen anknüpfen. 1 Kor. 10, 11 f. vgl. mit 1—6. Röm. 11, 20—22. Kol. 1, 22 f. 2, 5—8. 1 Tim. 6, 11—14. 20 f. 2 Petri 1, 5—10. 3, 17 f. Hebr. 3, 12 f. 4, 1 und 11. Einem unverkehrbaren und unverderbbaren Geiste gibt man keine Warnungen, daß er nicht verliere, was er habe, so wenig man medicinische Regeln und Warnungen für Jemand nöthig fände, der gar nicht krank werden und sterben könnte. Dagegen findet es sogar ein Apostel Paulus für sich selbst nöthig gegen die Möglichkeit einer Verwerflichkeit sich auf's ernsteste zu wappnen. 1 Kor. 9, 27. Außerdem ist auch ein Abfall sogar bis zu dem Grade, wo er die Unmöglichkeit einer Neubekehrung und den Verlust des neuen Lebens, den Tod, involvirt, ausdrücklich namhaft gemacht, als etwas, das bedingungsweise wirklich eintrete. Hebr. 6, 4—8. 10, 26—29. 1 Joh. 5, 16 f. In letzterer Stelle wird die $\dot{\alpha}\mu\alpha\rho\tau\iota\alpha$ $\pi\rho\sigma\varsigma$ $\vartheta\alpha\nu\alpha\tau\sigma\nu$ bei einem Bruder vorausgesetzt, d. h., wenn wir 3, 13 f. vergleichen, bei einem, der aus dem Tode in's Leben der Wiedergeburt gekommen ist; also wird im Gegensatz hiezu eben ein Sündigen bezeichnet, welches bei einem Wiedergeborenen das neue Leben in seinem Princip aufhebt. Offenb. 3, 16.*) Hiergegen spricht nicht 1 Joh. 3, 6 und V. 9. 5, 18. Daß der Apostel mit dem Wort: „ein Wiedergeborener kann nicht sündigen" das Vorkommen einzelner Sünden nicht negirt, zeigt Cap. 1, 8 bis 2, 2, wo der Apostel sich selbst noch unter die ἁμαρτάνοντες subsumirt. Daß er aber auch nicht die Möglichkeit eines Rückfalls ausschließen will, ergibt sich

α) schon a priori aus 1 Joh. 5, 16, wo Johannes eben bei einem Bruder (V. 12 f. . 19. Cap. 3, 13 f.), bei einem aus dem Tode in's Leben Versetzten, einem Wiedergeborenen den Verlust des neuen Lebens durch Sündigen als einen praktisch möglichen Fall sich denkt, nicht bloß in der Idee ihn hypothetisch voraussetzt; er gibt dort Anweisung, wie es solchen Falls eben in der Praxis mit der Fürbitte gehalten werden soll, daß sie nämlich zu unterbleiben hat. Ferner

β) um einem wirklichen Eintritt des Lebensverlustes zu begegnen, weist er in seinem Briefe gerade Wiedergeborene warnend und ermahnend hin auf das subjective μενειν, auf das selbstthätige Beharren in Gott; also ist das Gegentheil beim Wiedergeborenen möglich, ein Herausfallen aus Gott, wie im Evang. Joh. Cap. 15 eine Abtrennung von Christo bei dem mit ihm lebendig Verwachsenen vorausgesetzt ist.

---

*) Abschwächungsversuche bei diesen Stellen haben ihren Grund keineswegs in den Textesworten selbst, sondern in dogmatischen Voraussetzungen und in unklaren Vorstellungen über Wiedergeburt. Vgl. den gewiß nicht rigoristischen de Wette zu Hebr. 6.

Das freiwillige, das ethische Beharren in Gott, in seinem Wort und namentlich in seinen Geboten ist auch dem Johannes wie dem Petrus und Paulus die Grundbedingung, wovon das objective Bleiben des göttlichen Lebens und Geistes im Menschen abhängig ist, sowie das Bestehen in Gottes Gericht. 1 Joh. 2, 5—7. 17. 24. 25. 28 f. 3, 24. 4, 12 f. Vgl. 2 Joh. 8 f. Dasselbe ergibt sich auch

γ) aus der Grundtendenz des Briefes. Johannes will in seinem ganzen Brief die Unverträglichkeit der christlichen Gottesgemeinschaft mit dem Wandel in Finsterniß, in Sünden darlegen. Cap. 1, 5 f. Er hebt deshalb die Kennzeichen der wirklichen Wiedergeburt und Gotteskindschaft hervor; daher so oft die Worte ἐν τουτῳ φανερον ἐστιν, ἐν τουτῳ γιγνωσκομεν. Denselben Zweck hat auch unsre Stelle Cap. 3, 6—10. 5, 18. Daher auch 3, 7: „Niemand mache euch irre. Wer die Gerechtigkeit thut, ist gerecht, wie er, der Herr, gerecht ist." Vgl. V. 10. Also die wahre Wiedergeburt und Kindschaft will Johannes von der bloß vorgeblichen unterscheiden, und daraufhin erklärt er V. 9: jeder, der aus Gott geboren ist, ἁμαρτιαν οὐ ποιει. Das hier wie V. 4 und 8 gebrauchte ποιειν ist nun aber nicht bloß ein vereinzeltes Thun schlechthin, sondern ein zusammenhängendes Thun mit Bewußtsein und Absicht. Vgl. Röm. 1, 32. 2, 3. Joh. 8, 34 f. 3, 21. Ποιειν wird, wie unser „machen" im Unterschied vom bloßen Thun, im Sinne gebraucht von „hervorbringen", „verursachen" und so auch von der Schöpfung. Daß aber auch das mit dem ἁμαρτιαν ποιειν abwechselnde (1 Joh. 3, 6. 5, 18) ἁμαρτανειν namentlich bei Johannes vom habituellen Sündigen, von einem Leben im Laster gebraucht wird, zeigt Ev. Joh. 5, 14: „Sündige nicht mehr" (zum 38 Jahre Kranken); 8, 11 (zur Ehebrecherin); 9, 2 f. (beim Blindgebornen); Röm. 6, 15, vgl. BB. 1. 12 f. 16. 19. 1 Kor. 15, 34, vgl. mit 33.*) Der Apostel will also sagen: der wirklich Wiedergeborene bleibt in Gott und führt kein Sündenleben, daß er des Herrn Gebot nicht hält (1 Joh. 2, 4), vielmehr (3, 7) er führt ein Leben der Gerechtigkeit, wandelt wie Christus gewandelt hat (2, 6), reinigt sich selbst (3, 3), bewahrt sich selbst (5, 18). Johannes erklärt also, daß Wiedergeborener sein und Uebelthäter, Sündendiener sein nicht neben einander bestehn könne, und zwar weil beides auf zwei entgegengesetzten Principien beruhe, die nicht zugleich im Menschen sein können, auf göttlicher Geburt oder auf teuflischer Geburt (2, 29. 3, 8 f.); sonach als principieller Gegensatz schließt eines das andere aus; ein wirklich Wiedergeborener kann, weil der göttliche Lebenssame in ihm ist und bleibt, nicht zugleich ein habitueller Sünder sein. 3, 9. Wer also in Sünden lebt statt in Gerechtigkeit, der zeigt eben damit, daß er in Gott nicht geblieben ist oder noch gar nicht wiedergeboren ist. Es ist dasselbe wie 1, 6 f. (Wer die Gemeinschaft mit Gott vorgibt und wandelt in Finsterniß statt im Licht, ist ein Lügner.) 2, 4 und 6. Was endlich noch Stellen betrifft, wo die Christen $\tau\epsilon\lambda\epsilon\iota o\iota$, $\alpha\mu\omega\mu o\iota$, $\alpha\gamma\iota o\iota$ heißen, so sind diese Prädicate, wo sie nicht auf bloße Bestimmung und Zukunft, auf das Ziel gehen oder wie $\alpha\gamma\iota o\iota$ auf das principielle Geheiligtsein in Christo (§ 5), nur in comparativem Sinne gebraucht, theils im Vergleich zur sündigen Welt, theils im

---

*) Am klarsten ist die Erklärung von Steinhofer zu unsrer Stelle 1 Joh. 3, 5—10. 19 f. Vgl. auch Roos in den Auslegungsschriften II. Th., S. 56; auch Einl. zum II. Hauptst., Punkt 1. Bd. II. S. 5 ff.

Vergleich zu den christlichen Anfängen, wie namentlich τελειοι, was die relative Vollkommenheit der Vorgerückteren bezeichnet. Phil. 3, 15. Hebr. 5, 14, vgl. V. 11—13.

2) **Der christliche Charakter der geistlichen Zucht.**

Eben in dem stetigen Conflict zwischen dem Fleisch, dem Organ für das weltliche und satanische Böse, und zwischen dem Geist, dem Organ für das Göttliche und Ueberweltliche, sowie in den möglichen Folgen dieses Conflicts liegt die sittliche Naturnothwendigkeit, theils den neuen Geist zu stärken und zu vervollkommnen durch positive Zucht, durch besondere geistige Uebungen, wie man sich auch für den physischen Kampf und Sieg durch entsprechende physische Uebungen stärkt, theils der fleischlichen Schwäche für's Gute und seiner Neigung zum Bösen zu begegnen durch negative Zucht, durch Bezähmung der Sinnlichkeit. Diese Nothwendigkeit existirt aber für den Gläubigen nicht bloß als etwas äußerlich Gebotenes, durch besondere Satzungen Fixirtes, sondern als eigene, spontane Willensrichtung, aus innerem Bedürfniß, d. h. als freie Selbstbestimmung ergibt sie sich aus seinem innersten Lebenscharakter, aus dem Geist des Glaubens und der Liebe, sofern er demselben treu bleibt. Vgl. § 9.

Der Mensch mit dem Gnadengeist in sich hat einen so unendlichen Lebenstrieb und ein so hohes Lebensziel, daß er sich immer noch, wenn er auch relativ unter die τελειοι gehört, im Abstand von dem Ziel findet und des geistigen Wachsthums bedürftig ist. Phil. 3, 12 ff. In Christus, in seiner Geistesfülle und seiner vollkommenen Mannhaftigkeit, in seiner vollendeten Lebensreife ist das Ideal, das der begnadigte Mensch kraft inneren Bedürfnisses ergreifen muß.

Eph. 4, 13. Und je mehr die Bildungsthätigkeit des Geistes im Menschen sich entfaltet, specificirt sich auch die allgemeine Sündenerkenntniß, in deren Licht dem Menschen die seine Natur durchdringende Sündhaftigkeit in ihren feineren Verzweigungen offenbar wird. Nach dieser Selbsterkenntniß, nach der darin hervortretenden individuellen Eigenthümlichkeit hat denn auch Jeder das besondere Maß und die besondere Art der einzelnen Zuchtmittel für sich zu bestimmen. Röm. 14, 2—6. 12. Ebenso ist es auch der Geist, welcher dieser ganzen äußerlichen Zucht seine geistige Innerlichkeit aufdrücken muß; nur indem der Geist des Glaubens und der Liebe, nicht die äußere Satzung oder Sitte, die Zucht bestimmt und sie in der Innerlichkeit erhält, wird sie zu keinem Schaugeschäft. Matth. 6, 1—5. 16. Die Zuchtübungen sind dem geistlichen Menschen nicht ein Ersatz der eigentlich guten Werke — ein Fehler mönchischer und theilweise mystischer Askese, die sich damit des Dienstes gegen die Menschen überhoben glaubte — sie sind nicht Surrogat des in Liebe thätigen Glaubens (Matth. 23, 23. Jes. 58), sondern ein Förderungsmittel desselben als Pflanzen und Begießen. Ebensowenig sind sie ein Ersatz des in Christi Gerechtigkeit wurzelnden Glaubens; sie haben für den Geistesmenschen nicht einen verdienstlichen oder versöhnenden Werth, als bewirkten sie in Kraft der Werkheiligkeit, der Selbstpeinigung und Abbüßung erst Gnade von Gott, als hätten sie den Werth von Gnadenmitteln. Dies so wenig als sie sich dem Glauben im Sinn der Unfreiheit aufladen, als äußeres Zwangsgesetz, als verpflichtende Sitte; nur als innere Frucht der Gnade und des Gnadengeistes und als freie Liebespflicht zur Bewahrung und

Benützung der Gnade für die Gottseligkeit erkennt sie der Gläubige bei sich und Anderen an; er gesteht ihnen bloß den Werth pädagogischer Mittel zu auf Grund der frei angeeigneten Pädagogik der Gnade. 1 Tim. 4, 1—3. 7. 1 Petr. 1, 13 f. 1 Kor. 9, 24 ff. Röm. 8, 13. 13, 14. Die Nüchternheit der christlichen Auffassung der Zucht besteht also kurz darin: sie ist dem Christen weder etwas zu Geringes in falscher Geistessicherheit und Prahlerei, noch etwas Unnöthiges oder Lästiges in falschem Freiheitsgefühl; ebensowenig aber bläht er sich auf darüber als mit einer Verdienstlichkeit. Der Christ verachtet weder die Zucht im Mißverstand der Gnade und der Freiheit, noch verachtet er der Zucht wegen die Gnade, noch läßt er sich unter dem Titel der Zucht die Freiheit rauben.

§ 18. Die wachsame Selbstbeherrschung oder Wachsamkeit und Enthaltsamkeit.

Selbst dem willigen Geist ruft der Herr Matth. 26, 41 das γρηγορειν zu, um nicht der Versuchung zu unterliegen. Damit verbindet sich (Luk. 12, 35 mit 37), daß die Lichter sollen brennend sein eben als Unterstützungsmittel des Wachens und Luk. 21, 36 findet sich die dem γρηγορειν entsprechende Aufforderung ἀγρυπνειτε, vgl. Mark. 13, 37. So ist Wachsamkeit, geistige Wackerheit und klare Umsicht, wie es bei brennendem Lichte ermöglicht ist, die erste Forderung, die der Herr an den Geisteswillen stellt gegenüber der Fleischesschwäche. Damit verbindet er noch namentlich als leiblich-seelische Bedingung die Bewahrung vor allen herzbeschwerenden Genüssen und Sorgen (Luk. 12, 35. 37), die Vermeidung dessen, was durch Betäubung, Ueberwältigung des Geistes oder Leibes die Herrschaft über das eigene Selbst aufheben kann, die Nüchternheit und Enthaltsamkeit. Also Wachsamkeit und Enthaltsamkeit gehören zusammen und beide Momente finden sich zusammengefaßt: 1 Petr. 5, 8. 1 Thess. 5, 6.

Zerlegen wir nun beides speciell:

1) Die christliche Wachsamkeit beruht (Luk. 12, 35. 37) auf dem inwendig brennenden Licht des Glaubens, indem dieser das göttliche Wort als Licht in sich nimmt und bewahrt, sowie auf dem daraus hervorgehenden hellen und vorsichtigen Geistesblick. 1 Thess. 5, 5 f. Eph. 5, 9. 15. Luk. 11, 34 f. Die Wachsamkeit setzt nun voraus das Erwecktsein vom Seelenschlaf. Bei letzterem ist des Menschen Geist und Sinn in sorgloser Ruhe, weder nach Innen noch nach Außen aufmerksam und gerüstet. Er ist verschlossen für geistige Wahrnehmung und Thätigkeit. Eph. 5, 14. Röm. 13, 11 f. Jes. 60, 1. Den Ausgangspunkt für die christliche Erweckung bildet der erste und der letzte Tag Christi. Der erste ist seine Erscheinung im Fleisch. Eph. 5, 14. Röm. 13, 12—14. Damit kam das strafende und seligmachende Licht der Wahrheit in die Welt, das eben der Glaube als innerliches Licht anzueignen und zu pflegen hat, daß das Licht für ihn brennt. Um aber den einmal Erweckten wach und den Sinn auf den Herrn fixirt zu erhalten, weist die Schrift hauptsächlich hin auf den letzten Tag des Herrn, mit welchem das Gericht kommt und die Vollendung. Luk. 21, 36. Matth. 24, 42. 25, 1 f. 1 Thess. 5, 1—8. Hiernach ist die geistige Wachsamkeit kein vorübergehender Einzelakt — dies ist die

Erweckung und das Aufwachen —, sondern Wachsamkeit ist der daraus hervorgegangene dauernde Gemüthszustand, in welchem der erweckte Geist hell und sorgsam des in Christo dargebotenen Heils wahrnimmt und in Aussicht auf den großen, Alles entscheidenden Erscheinungstag des Herrn eifrig bedacht ist, sein persönliches Heil zu besorgen und zu verwahren, um theils dem Feinde und der Gefährdung des Heils zu begegnen mit mannhafter Wehrhaftigkeit (1 Kor. 16, 13. 1 Thess. 5, 8 f. vgl. Eph. 6, 14 ff.), theils dem König und Richter des Heils bereit zu sein. Wesen und Zweck der Wachsamkeit weist also namentlich auf Vervollkommnung der **Erkenntniß**, um prüfen und unterscheiden zu können zwischen wahrhaft Gutem, Scheingutem und Bösem, namentlich auch zwischen echt Christlichem, unecht Christlichem und Widerchristlichem. Ohne diese sittliche Erkenntniß und Unterscheidungskraft schützt alle Wachsamkeit nicht vor Irrthum oder Mißgriff und vor Betrug. Phil. 1, 9 f. Eph. 5, 6. 10. 17. Hebr. 5, 14. Wachsamkeit erfordert ferner **Besonnenheit** d. h. das Beisammensein und Beisammenhalten der Gedanken (Luk. 12, 35. 1 Petr. 1, 13)*) und der psychologische Charakter der Wachsamkeit ist so eben ein in sich gesammelter und geschlossener Gemüthszustand, wie er gegenübersteht der Zerstreutheit und Sicherheit, der Stumpfheit und Trägheit.

Vor Allem ist also zur Wachsamkeit nöthig

    a) eine **Concentrirung des Geistes auf das eigene Innere** (1 Tim. 4, 16: $\overset{,}{\epsilon}\pi\epsilon\chi\epsilon$ $\sigma\epsilon\alpha\nu\tau\boldsymbol{\omega}$); denn hier

---

*) Die Lenden sind feste Punkte, um die das Kleid gesammelt wurde; also darf man Gedanken und Gefühle nicht flattern lassen, sondern muß sie sammeln um feste Punkte. Es ist die durchschneidende Differenz; hier Mannhaftigkeit, dort weibisches Wesen.

wurzelt die Realität aller sittlichen Verhältnisse; hier sind die sittlichen Kräfte zu wecken, zu pflegen, aufzubieten; hier entspinnt sich die Versuchung und entscheidet sich der geistige Kampf in Sieg oder in Niederlage; von hier bricht die Sünde hervor zur That; daher schon Prov. 4, 23: „behüte dein Herz mit allem Fleiß — da sind die Ausgänge des Lebens." Die sündigen Reizungen und Lockungen selbst, die Sollicitationen ($\pi\epsilon\iota\varrho\alpha\zeta\epsilon\iota\nu$ Jak. 1, 14 f.) kann die Wachsamkeit nicht durchaus verhindern, sofern dieselben immer noch im Fleische, in der alten Menschennatur ihren organischen Sitz haben und in der Weltumgebung den sie erregenden und nährenden Stoff. Aber nicht nur die Verstärkung der Gemüthsreizung der Lust von Außen kann die Wachsamkeit verhindern, sondern namentlich auch die spontane Aufnahme der Reizung in das $\nu o\epsilon\iota\nu$ d. h. ihre gedankenmäßige und planmäßige Gestaltung, und dies gibt der Reizung erst eine sündengebärende Gewalt; es ist der Empfängnißakt, das $\sigma\upsilon\lambda\lambda\alpha\mu\beta\alpha\nu\epsilon\iota\nu$. Also hier vor dem eigenen Sinn — $\nu o\upsilon\varsigma$ — vor dessen Thüre die Lust lagert als reizende Versucherin, hier steht die christliche Wachsamkeit auf der Hut, daß nicht die eigene, die spontane Gedankenthätigkeit sich der Lust hingebe zur Umarmung, zum $\sigma\upsilon\lambda\lambda\alpha\mu\beta\alpha\nu\epsilon\iota\nu$, ihr nicht nachhänge mit Wohlbehagen, wodurch dann der Wille ergriffen und hingerissen, der innere Mensch befleckt wird.*) Sobald

---

*) Die bloße Beobachtung der Lust in ihren Winkelzügen, womit sie den Sinn für sich zu gewinnen sucht, ist allerdings nicht an und für sich und nicht in jedem Fall der christlichen Wachsamkeit zuwider, z. B. bei schon Erstarkteren, um mit Rath und That Anderen dienen zu können; doch ist sie in den meisten Fällen gefährlich, kann also nur mit Vorsicht geschehen. Es erfordert um so größere Behutsamkeit und geistige Gerüstetheit, um aus dem Beobachter nicht ein Gefangener zu werden.

der Sinn aus seiner ruhigen Selbstbeobachtung sich verlieren will in das Wohlgefallen an der Lust, ist die Thüre zu schließen und vor der Versuchung zu fliehen durch Abwendung des Sinnes (Hiob 31, 7. Pf. 119, 37) — auch bei Büchern. Namentlich gegenüber seiner Lieblingssünde geberde man sich nicht als ein geübter Streiter oder kalter Beobachter, sondern suche sein Heil in der Flucht, was aber immer eine Flucht zum Herrn und zu seinem Worte sein muß. Hat die sündige Sollicitation einmal die Gedanken- und Gemüthsbewegungen in sich hineingezogen, so ist schon nicht mehr die bloße Versuchung da, sondern die Verführung ist wirksam und zwar um so wirksamer, je mehr nun das Sündige innerhalb des $νους$ geistige Art annimmt, sich nun mit dem Schein des Verstandes, der Bildung und des Guten umhüllt, um auch mit geistig bestechenden Scheingründen den selbständigen Willen für sich zu gewinnen. Geschieht dies, so ist die Sünde gereift zur todesschwangeren That; die Sünde ist innerlich realisirt, ist innere Willensthat, wenn auch noch nicht äußerliche Handlung; und der verführte, der innerlich gefallene Mensch ist von nun an immer neuen und verstärkten Versuchungen ausgesetzt. Matth. 26, 70. 71—74. 2 Sam. 11, 2. 4. 13. 15. 25. 27. **Die Wachsamkeit hat also vor Allem zu verhüten die Sicherheit und das Vertrauen auf sich selbst.** 1 Kor. 10, 12. Röm. 11, 20. Im Gegentheil Mißtrauen ins eigene unzuverläßige, betrügliche Herz und in die eigene bald erschöpfte Kraft sichert am besten vor dem Falle. Es wird dadurch der Seele nicht nur die Nothwendigkeit gegenwärtig erhalten, der Versuchung das Gebet entgegenzustellen und die Benutzung des göttlichen Wortes (Matth. 6, 13.

4, 7), sondern auch die Nothwendigkeit stetiger **Selbstprüfung**. Letztere ist ein wesentlicher Theil der Wachsamkeit, sofern diese selbst die auf das eigene Innere gerichtete Geistes-Concentrirung in sich faßt. 2 Kor. 13, 5. 1 Kor. 11, 28. 31. Gal. 6, 4 f. Die Selbstprüfung ist die Erforschung der sittlichen Beschaffenheit des inneren Zustandes und der Handlungsweise theils im Ganzen theils im Einzelnen, namentlich die Erforschung des Glaubensstandes. Da nun die Grundmacht der Sünde im Betrug besteht, ihre Hauptstärke in falschen und ungeläuterten Meinungen über Gut und Bös, Recht und Unrecht, über Christliches und Unchristliches u. s. w., Meinungen, die sich zu Schirmherren und Pflegern der unlautern Begierden aufwerfen, so ist die Kenntniß und Berichtigung derselben angelegentliche Sorge christlicher Wachsamkeit. Durch solche Selbstprüfung wird das Wachsthum am Geiste, an Erkenntniß, Liebe und Kraft der Wahrheit immer aufs Neue als Bedürfniß erkannt, um gegen die Versuchungen sich zu rüsten und das Böse mit dem Guten zu überwinden.

Sofern nun aber die Versuchungen auch von außen an das Innere herantreten, gehört weiter

b) **zur Wachsamkeit die Concentrirung des Geistes auf die Außenwelt.** Hierbei gilt es vor Allem scharfe Beobachtung der Personen und der äußeren Umstände. Die Aufgabe ist, daß dieselben nicht des Innern sich bemeistern, sei's zum Genuß, sei's zum Schrecken, Zorn u. s. w., überhaupt weder als Irritation und Verlockung noch als Deprimirung des Geistes, was eben eintritt bei der Zerstreuung und Sicherheit. Vielmehr gilt es, daß der Glaubensgeist des Aeußern Meister sei oder Meister werde zum Heil, und so gilt es genauer zu unterscheiden, wer und was in der Welt meinem Seelenheil wirklich frommt, oder nicht frommt, oder gar schadet. Der Herr schärft wiederholt die Mahnung ein: seid auf der Hut vor den Menschen theils im Allgemeinen, theils vor dieser und jener Klasse insbesondere, Pharisäer, Sadducäer, Scheinchristen, Scheinpropheten u. s. w. Matth. 10, 17. 7, 15. 16, 11. 24, 4. Den Menschen so wenig als uns selbst dürfen wir nur mit sicherem Vertrauen uns hingeben, weil Betrüglichkeit und Veränderlichkeit des Herzens und Beschränktheit der Kraft allgemein menschliche Beschaffenheit ist; das Mehr oder Minder der Behutsamkeit und Vorsicht hängt von dem individuellen Charakter und von den Einzeleigenschaften der betreffenden Personen ab. Der wachsame Christ weicht denn den für ihn Versuchung bringenden Personen, Dingen, Umständen, soweit er kann, mit Klugheit aus, setzt sich nicht ohne Beruf und gerechten Grund einer Versuchung aus.*) Wo aber der Versuchung nicht kann oder nicht darf ausgewichen werden, da wappnet sich der Christ noch besonders mit dem, was den Geist stählt, was Glaube, Hoffnung, Liebe und die dazu nöthige Erkenntniß stärkt zur $\upsilon\pi o\mu o\nu\eta$ und zur Ueberwindung. Für Letzteres gilt es einen Ernst, der auch das Liebste eher aufopfert, als Schaden an der Seele nimmt. Matth. 18, 7—9. Jak. 1, 12. Hebr. 10, 35 f. 1 Kor. 10, 13. 1 Petr. 1, 7. Eph. 5, 15 f. 6, 10 ff. Kol. 4, 5. Röm. 12, 11. Das eben Gesagte greift schon in den zweiten Punkt hinein:

---

*) Die Kirchengeschichte wie die Tagesgeschichte liefert Beispiele tiefen Falles bei unbesonnenem und unberufenem Aufsuchen von Leiden und Genüssen, auch bei guten Zwecken, wie bei dem verleugnenden Petrus.

2) **Die Enthaltsamkeit**, die mit der Wachsamkeit sich verbindet und sie bedingt. Sie ist eigentlich nur eine specielle Function der Wachsamkeit, nämlich die Wachsamkeit zur Bewahrung des christlichen Selbstes gegenüber von äußeren Reizen und Genüssen oder den Gütern der Welt. Das innere Princip der christlichen Enthaltsamkeit ist ebenfalls das $\pi\nu\varepsilon\nu\mu\alpha$ $\sigma\omega\varphi\varrho\text{ov}\iota\sigma\mu\text{ov}$ (2 Tim. 1, 7), der auf innere Wohlordnung und Gesundheit bedachte Geist, der also Ueberspanntheit nach rechts und links abweist, und der Charakter der Enthaltsamkeit ist $\nu\eta\varphi\varepsilon\iota\nu$, eine Nüchternheit, die Leib und Seele in ihren activen und passiven Beziehungen zu den Gütern der Welt innerhalb des rechten Maßes hält, so nämlich wie es den Gesetzen und Zwecken des christlichen Lebens entspricht. So vollzieht sich die christliche Enthaltsamkeit nicht zunächst nur in vereinzelten Enthaltungsakten von Essen und Trinken, sondern in einer **fortdauernden Bezähmung der Seele in leiblicher und geistiger Beziehung**. Diese Enthaltsamkeit ist die echte geistige Erfüllung des äußeren Fastengesetzes und umfaßt nicht nur Essen und Trinken, sondern das Genießen überhaupt, auch durch Sehen, Hören, Lesen — die sogenannten geistigen Genüsse, ebenso auch Kleidung, Spiel, Unterhaltung und Umgang; es gilt nach allen Seiten die inneren Regungen der Weltliebe und die äußeren Befriedigungen derselben sammt ihrer leichtsinnigen Erhebung abzuwehren. 1 Joh. 2, 15—17. Röm. 13, 13 f. 1 Kor. 9, 27. 10, 6 f. Das rechte Maß nun, innerhalb dessen Geist und Leib in ihren Beziehungen zur Welt zu halten sind, daß nicht Weltliebe entsteht, die Grenze zwischen Erlaubtem und Unerlaubtem bestimmt sich verschieden beim natürlichen und beim bekehrten

Menschen. Vgl. § 12, Zusatz II. III. über den Umfang der christlichen Verpflichtung und des Erlaubten (II. Bd. S. 143 ff.), sowie § 14, 3 über Weltverkehr und Weltverleugnung. (II. Bd. S. 247 ff.) Vermag schon der natürliche Mensch sich zusammenzunehmen und sich zu bestimmen nach Regeln der Gesundheit, der Ehre, des Vermögens u. dgl., auch nach allgemeinen und besondern Pflichtrücksichten, so übergeht die christliche Nüchternheit auch diese Rücksichten nicht (in vermeintlichem Glaubensschwung), soweit sie nämlich auf wesentlichen Naturrücksichten d. h. auf göttlicher Grundordnung beruhen. 1 Tim. 5, 23. (Gesundheitsrücksicht.) 1 Kor. 9, 15. (Ehrenrücksicht.) Der Christ aber bleibt bei solchen Rücksichten nicht stehen. Zwar stehen gerade ihm alle Gaben Gottes offen und er hat in seiner Erkenntniß der Wahrheit und nach dem Maß derselben am Worte Gottes und an der Danksagung auch die Heiligungsmittel für alle Genüsse. 1 Tim. 4, 1—5. 1 Kor. 10, 30 f. Aber er beschränkt den Kreis des Erlaubten für sich nach der Erwägung, ob und wie weit sich etwas vertrage mit der innern Gesundheit, mit seiner Geistesfreiheit und mit der Förderung in göttlicher Lebensgemeinschaft, mit der Ehre vor Gott und mit Gottes Ehre vor der Welt, mit dem Gewissen als dem Bewußtsein des heiligen Geistes, nicht nur als Gesetzesbewußtsein, mit dem Heil oder der Besserung des Nebenmenschen. 1 Kor. 10, 23 f. 31—33. 6, 12 f. 9, 24—27. Röm. 14, 14—16. Individuelle Eigenthümlichkeit, besondere Zeitumstände und Berufszwecke können ebenfalls manches sonst Erlaubte noch verbieten. Röm. 14, 12. Matth. 19, 10—12. 1 Kor. 7, 26. Cap. 9. vgl. Matth. 11, 18 f. In zweifelhaften Fällen, d. h. so lange keine $\pi\iota\sigma\tau\iota\varsigma$, keine sichere Ueberzeugung aus göttlichem Grunde vorhanden ist, ist es im Allgemeinen gerathener und besser, das Gewissen nehme es mit der Enthaltung eher zu genau als zu leicht. 1 Kor. 10, 12. vgl. Röm. 14, 23. Nur dürfen dadurch nicht anderweitige sittliche Gefahren herbeigeführt werden, wie ja auch Einsamkeit und leibliche Enthaltung, wie Fasten u. s. w., die Lüste und Versuchungen gerade steigern oder nur anders gestalten können durch Ueberreizung des Phantasielebens, des Selbstgefühls und Ehrtriebs. Immerhin soll dieses leibliche Leben seine gebührende Nothdurft empfangen oder die Berücksichtigung seiner wesentlichen Bedürfnisse; es darf daher aus der Enthaltsamkeit keine Lebensschwächung werden und weder in eine willkürliche Geistlichkeit ($\dot{\varepsilon}\vartheta\varepsilon\lambda o\vartheta\rho\eta\sigma\varkappa\varepsilon\iota\alpha$) noch in eine Abhängigkeit von menschlicher Bevormundung führen. Kol. 2, 16—23. Auch das Fasten im engeren Sinne, als zeitweilige völlige Enthaltung von Essen und Trinken und von andern Genüssen, hat oft in größerem oder geringerem Umfang im christlichen Leben seine Nothwendigkeit, seine Zweckmäßigkeit und seinen Segen. Allein immerhin muß auch das besondere Fasten, wie die ganze christliche Enthaltsamkeit, bestimmt werden im freien Liebesprincip (nicht im Zwangsprincip) nach den Zwecken der harmonischen inneren Lebensförderung und nach dem Maß der individuellen Kräfte und Bedürfnisse. Es muß also neben seinen sittlichen Gründen auch in Bezug auf seine Wirkung sein bestimmtes und zwar frei bestimmtes Maß und Ziel haben nach den individuellen Verhältnissen, nach dem Ernst und Bedürfniß der Situation. Matth. 9, 14 f. Act. 9, 9. 18 f. 14, 23. 1 Kor. 7, 5—7. 17. Das Opfer muß auch hier den Charakter innerer Wahrheit, der Freiheit und Freudigkeit haben (nicht des sauren Zwangs), wie Gott in Allem nur einen aufrichtigen und fröhlichen Geber lieb hat. Matth. 6, 16—18.

Was nun insbesondere noch den Umgang mit Andern betrifft, so athmet auch hierin der ganze Geist des Evangeliums durchaus nicht ein ängstliches, verschlossenes und einsiedlerisches Wesen, aber noch weniger ein leichtsinniges und zerstreuungssüchtiges oder ein zerstreuendes. Die christliche Bruderliebe und Menschenliebe läßt keine isolirende Scheidewand ziehen zwischen dem Christen und dem Leben um ihn; aber das Gesetz der Wachsamkeit darf seine Geltung nicht verlieren und die Zurückgezogenheit des Lebens für geistige Selbstbildung muß den Vorrang behaupten vor dem Princip der Geselligkeit, dies namentlich bei Neulingen oder Anfängern und immer wieder in allen wichtigen Momenten unseres inneren und äußeren Lebens. Matth. 4, 1. Mark. 1, 35. 6, 45 f. Gal. 1, 15—17. Die christliche Liebe bringt den Menschen in die zartesten Berührungen, aber auch oft in die einschneidendsten, in die hingebendsten, aber auch wieder in die abgemessensten, ja in abstoßende Stellungen — und das Rechte hier aufzufinden erfordert christliche Weisheit (siehe unten § 22). Matth. 9, 11—13. Eph. 5, 4—11. Die Wachsamkeit und das Streben des Christen nach dem Himmelreich darf aber doch nicht zur Weltflucht werden. 1 Kor. 5, 9 f. Das Himmlische und Geistige des Christenthums ist nicht etwas vom Leben in dieser Welt Abgerissenes und Abzureißendes, vielmehr hat es die Bestimmung, die natürlichen Lebensverhältnisse zu reinigen, zu durchläutern und zu befruchten. Matth. 5, 13 f. Darum erkennt es der geistige Mensch nicht nur als eine physische, sondern als eine moralische Unmöglichkeit, die Welt zu räumen und die an sie knüpfenden Lebensbande abzulösen. Auch weiß der Christ, daß die Welt nicht nur außer ihm ist, sondern auch in ihm und daß sie eben daher anders als durch bloß äußere Separation muß überwunden werden. So weiß er auch, daß die Mischung von Guten und Bösen, Gläubigen und Ungläubigen eben darum besteht, damit die Letzteren an jenen ein Licht und Salz haben, die Guten aber wiederum an den Versuchungen und Leiden, welche die Andern ihnen bereiten ein Ferment für sich selber haben, das sie vor dem innern Abstehen des Lebens bewahrt, eine Uebungsschule in der Selbstverleugnung und in der Treue gegen den Herrn, ein Warnungszeichen und einen Stachel, wodurch die moralische Gleichstellung mit der Welt verbittert und ein immer innigeres Umschlingen der Gnade, ein fortschreitendes Wachsthum im Geist und Kraft der Liebe und der Zucht zum Bedürfniß gemacht werden soll. Matth. 5, 13—16. Phil. 2, 12—16. Röm. 11, 22 f. 12, 2. 2 Tim. 1, 6—8. Bei dem Allem erfordert es aber immer neue Prüfung des Einzelnen, ob es mit seinem äußeren Verkehr wirklich christlich bestellt ist, und Vorsorge, daß es wirklich so wird und bleibt, daß nicht ein bloß eitles Vorgeben aus dem, was sein soll, gemacht werde. Und will man nicht vermessen sich selbst in Versuchung führen, so gebietet es eben die christliche Wachsamkeit im Allgemeinen, die Verbindungen und den Verkehr nicht über das Nothwendige, über das natürlich Wesentliche und von der Pflicht Gebotene hinaus zu führen; und Jeder insbesondere hat hierin nach dem Maß seiner Glaubens- und Geisteskraft die rechte Grenze zu suchen, was selbst bei einem und demselben Individuum temporär verschieden ist. Keiner wolle ein Arzt sein für Andere, solange die Krankheit in ihm selber noch nicht einmal die Krisis bestanden hat, oder zu einer Zeit, wo wieder kritische Momente eintreten. Keiner wolle in die Weite wirken, während die nächste Umgebung und der ordentliche Berufskreis, in welchem die Treue zuerst und zuletzt muß bewiesen werden, die ganze Kraft in Anspruch nimmt. Er wolle nicht Andere bessern, solange er selber noch am Balken der Sünde, an der Entwurzelung ihres Hauptstammes in seinem Innern zu arbeiten hat. Keiner wolle also die Welt aufsuchen und bekehren, solange und so oft der Geist in ihm nicht stärker ist, als der Geist in der Welt. Ueberhaupt jage Keiner dem Bekenntniß und Zeugniß nach, dem Wirken und Arbeiten nach Außen, in einer Weise, wodurch für seine eigene Lampe der Oelvorrath abnimmt und sich verzehrt, daß er an innerlichem Gehalt einbüßt, statt ihn zu vermehren, sich selbst aus den Augen verliert und vor dem unparteiischen Richter selber verwerflich wird, während er nach Außen prakticirt und predigt.*) Und weil Keiner zu gut ist, daß er nicht durch böses Exempel verführt, durch gutes aber gestärkt werden könnte, so hat jeder Christ für seinen näheren, von eigener Willkür abhängigen Umgang einerseits besonders solche zu meiden, welche das Gute oder gar das Christliche nicht mit innerem Ernst behandeln, den Grund desselben im Herzen auflockern, den Gott unterwürfigen Wahrheitssinn und Trieb für's Unsichtbare (1 Kor. 15, 33 f. Luk. 12, 1. 1 Tim. 6, 3—5) oder die den Christennamen, durch welchen sie sich von der

---

*) Vgl. Christliche Reden IV. Nr. 22, Gottes Knechte. Die großsprecherische Sprache ist „Weltverklärung", das Christenthum muß in alle Gebiete hineingebracht werden! Seid ihr die Leute dazu? Prüft euch doch!

Welt unterscheiden wollen, durch ein unchristliches Leben entehren. 1 Tim. 5, 24. 1 Kor. 5, 11. 2 Tim. 3, 1—5. Auf der andern Seite aber hat man nicht in eigenliebiger Selbstgenügsamkeit sich den pflichtmäßigen Beziehungen zur Gesellschaft zu entziehen oder weichlicherweise nur solche aufzusuchen, welche mit der natürlichen Eigenheit stimmen. Vielmehr ist der Umgang besonders zu pflegen mit solchen, durch welche der innere Mensch gewinnt.*)

In der Unterhaltung meidet der Christ nicht nur Lügen, schandbare Worte und Frivolitäten (Eph. 4, 25, 31. 5, 4. 1 Kor. 15, 33 f.), sondern er bemüht sich, Salz bei sich zu führen, geistige Würze und Schärfe und flieht schon alles faule und unnütze Schwatzen (Eph. 4, 29), auch wo es von Anderen ihm entgegenkommt (Matth. 12, 36), weil dadurch der innere Leichtsinn gereizt und genährt wird. 2 Tim. 2, 16.

§ 19. Das Beten.

An die wachsame Selbstbeherrschung, die $\pi\varrho o\sigma o\chi\eta$ schließt sich die $\pi\varrho o\sigma\varepsilon\upsilon\chi\eta$ als zweites geistiges Selbstbildungsmittel, wie beide auch in der Schrift meistens miteinander verbunden

---

*) Das vom Umgang Gesagte ist auch anzuwenden auf Lectüre und Correspondenz, was ebenfalls eine Conversation ist. Eine treffliche Predigt über das Lesen gefährlicher Bücher, Müslin, Predigten I. Th. Nr. 30. Er behandelt freigeistige Bücher, Bücher zur Entschuldigung und Rechtfertigung unkeuscher Liebe, Bücher, deren Erstes und Letztes nichts als Liebe ist. Müslin reicht noch nicht ins eigentlich Esoterische des Christenthums, dient aber der praktischen Erkenntniß und dem Leben. Besonders zu empfehlen sind seine „Aussichten in die Ewigkeit".

§ 19. Das Beten.

sind und einander gegenseitig bedingen.*) Bestimmen wir nun zunächst:

1) **Begriff, Nothwendigkeit und Bedingung des Gebets.** Was

a) den Begriff des Gebets betrifft, so ist zu verweisen auf das in § 12, 3. c. Ausgeführte, theils über die Andacht als Basis der Anbetung, theils über die letztere selbst. Hiernach können wir den Begriff des Gebetes kurz dahin zusammenfassen: Es ist der einzelne Akt der Anbetung, worin der Mensch dem persönlichen Gott als dem Gegenwärtigen persönlich im Glauben sich naht und nach seiner Seelenstimmung ihm sich mittheilt, wenn auch nicht gerade immer in bestimmtem Wortausdruck. Zu den tiefsten Gebetsmomenten gehört es vielmehr, wenn der Mensch mit Gott von Geist zu Geist verkehrt in so still inniger Berührung und Selbstmittheilung, daß die Geistesbewegungen nicht nur unaussprechlich sind im äußeren Wort, sondern auch nicht innerlich in wörtlicher Fassung sich ausprägen, wenn vielmehr nur der unmittelbarste Seelenausdruck an Gott sich wendet, in ihn eingeht und von ihm empfängt. Dies ist im Verhältniß zu Gott keineswegs etwas Ungenügendes, vielmehr ist es eben der Geistessinn, welchen Gott so zu sagen aus dem Herzen des Betenden herausliest. In Röm. 8, 26.

---

*) Grotius macht zu Luk. 21, 36: ἀγρυπνειτε οὖν ἐν παντι καιρῳ δεομενοι die Bemerkung: duas res nobis Dominus commendat, Christianis hominibus apprime necessarias, προσοχην και προσευχην. Et aliunde et hic discere est, quam apte conspiret cum humana diligentia auxilium divinum; qui vigilare jubetur, non agitur ut nervis alienis mobile lignum, qui precari, ostenditur opis divinae indigere, sine qua inanis est omnis hominum industria.

1 Kor. 14, 15. 2 Kor. 12, 4 sind zwei Momente herausgehoben, wo der Geist keine Worte findet, theils weil er unter überwiegendem Druck steht, theils weil er sich in besonderer Erhobenheit findet.

Auf den verschiedenen Stufen der Gottesgemeinschaft, auf welcher die Menschen stehen, ist das Gebet immer der Höhepunkt ihres Kommens zu Gott, ihres Verkehrs mit ihm, des προςερχεσθαι, der προςαγωγη, die concentrirte Bewegung des innersten Sinnes und Gemüthes auf Gott hin als den persönlich-lebendigen. Daher ist auch die charakteristische Fixirung dieser Bewegung eine verschiedene. Das Gebet erscheint als ein Hinzutreten zum Throne Gottes, wenn Gott den Gläubigen mehr in die Höhe gerückt ist, oder auch, wenn er in seiner unendlichen Erhabenheit angestrebt und angebetet wird. Wiederum erscheint das Gebet als ein freudiges Eingehen (εἰςοδος) in Gottes unmittelbare Nähe, wo der Mensch sich in Gott als seinem Schöpfer lebend und webend weiß, ihn nicht nur über Allem, sondern auch in Allem weiß, namentlich aber, wo der lebendige Weg in Christo dem Menschen offen steht. Vgl. Hebr. 10, 19 ff.*) Beides aber, Gott in seiner Nähe, in seiner allgemeinen und besonderen Gegenwärtigkeit, und Gott in seiner Ferne oder in seiner überweltlichen Erhabenheit festzuhalten, gehört zum Wesen eines an den wahren Gott gerichteten Gebets. Das Eine oder das Andere aber kann je nach Umständen vorschlagen.

Aus dem Bisherigen erhellt

b) daß das Gebet — abgesehen noch von dem Nutzen, den es mit sich führt — seinen selbständigen Werth hat als

---

*) Vgl. Christl. Reden, I. Sammlung, Nr. 44: Das Haus Gottes.

Gebetsakt unmittelbar, daß es **innere Nothwendigkeit** hat. Es hat seinen Zweck in sich selbst, nicht nur in etwas Anderem, als Mittel, es ist nämlich die wesentliche Form, in welcher der Mensch das Grundverhältniß zu Gott thatsächlich anerkennt, das der totalen Abhängigkeit von ihm; es ist der unmittelbarste persönliche Verkehr mit dem persönlichen Gott als dem höchsten persönlichen Gesetz und Gut, die bewußte, freie Einkehr unseres Selbstes (nicht nur einer Function desselben, wie Denken u. s. w.) in seinen Urgrund, in den Anfänger und Vollender unseres leiblichen und geistigen Lebens. Das Beten ist also einerseits die unmittelbarste Pflicht gegen Gott, andererseits der natürliche, nothwendige Ausdruck unseres Selbstbewußtseins, wenn und soweit dasselbe sich in der Wahrheit seiner göttlichen Bestimmtheit, d. h. in seinem eigentlichen Wesen erfaßt. Wo daher namentlich der Kindschafts-Geist vorhanden ist, da ist Beten so zu sagen der Pulsschlag seines Lebens: im Beten reflectirt sich der Kindesgeist selbständig und unmittelbar in den Vatergeist. Röm. 8, 15. Gal. 4, 6. Eph. 2, 18. — Auf dieser innern Nothwendigkeit des Gebets beruht es denn auch, daß es Gnadenmittel und Tugendmittel ist. **Gnadenmittel** ist es, sofern es nicht nur etwas von Gott uns Auferlegtes oder Verordnetes ist, sondern das von Gottes Gnade uns eingeräumte Vorrecht, unmittelbar über die ganze Welt hinaus, über die höchsten Geister hinaus an Gott selbst uns zu wenden mit unserer persönlichsten Mittheilung, woran sich dann die göttliche Selbstmittheilung an uns knüpft, der Gnadenerweis. Jak. 4, 8. Das Gebet vermittelt das Finden und das Haben Gottes in seiner persönlichen Lebendigkeit, nicht in bloßen Gaben oder gar Begriffen, während der äußere Lebensgenuß, der Genuß der allgemein nöthigen Lebensgüter (τα χρηστα), sowie der Genuß der allgemeinen Geduld Gottes, dem Grundverhältniß Gottes zu seiner ganzen Schöpfung oder seiner Schöpfer-Güte angehört und so nicht erst ans Gebet gebunden ist, — darein theilen sich auch Thiere. Matth. 5, 45. 6, 26. Dagegen das Finden und Haben Gottes selbst, sei es in und mit der Gabe, sei es ohne dieselbe, das was zur persönlichen Mittheilung Gottes an unsre Persönlichkeit gehört und so namentlich das geistige Leben aus Gott, das wahre, wesentliche Gottesgut, das Seelenheil ist durchaus bedingt vom Gebet. Matth. 7, 7—11 mit Luk. 11, 13. Joh. 14, 16. Röm. 10, 13. Jak. 1, 5. So ist das Gebet Gnadenmittel. Ebenso beruht auf der innern Nothwendigkeit des Gebetes, daß es Tugend= mittel ist, oder besser: Fortbildungsmittel unseres ganzen geistigen Lebens und Charakters. Luk. 21, 36. Eph. 1, 17. 3, 16. Namentlich auch Verwahrungsmittel und Ueber= windungsmittel. Matth. 26, 41. Eph. 6, 11. 18. 1 Petr. 5, 8. Es ist Tugendmittel, weil es unsern Geist concentrirt auf uns selbst und auf den höchsten, heiligsten Gegenstand, weil es die geistige Vereinigung mit Gott vermittelt und unter= hält, worin eben Wesen und Wachsthum unseres geistigen Lebens und so unserer Tugend wurzelt. Das Gebet ist die Pflege und Blüthe der gläubigen Gemeinschaft mit Gott, die Alles bedingt, namentlich die Mittheilung der Gnade Gottes und die Frucht derselben in uns.

Dies führt uns

c) auf die innere Bedingung des Gebetes. Alles Gebet beruht auf Glauben, zunächst im Allgemeinen auf Glauben als der freien Anerkennung des Grundverhältnisses zwischen Gott und uns, und zwar (Hebr. 11, 6) setzt es zum wenigsten diejenigen Stufen des Glaubens voraus, wo das persönliche Sein Gottes und sein vergeltendes Walten dem Menschen zur innerlichen Wahrheit und zum Gegenstand des Vertrauens geworden ist. Zu einer bloßen moralischen Ordnung, einer Idee betet man nicht. Gott ist damit anerkannt als der nach moralischen Gesetzen wirkende Weltregent, eben damit gilt der persönliche Verkehr mit ihm als moralisches Gesetz und Bedürfniß. Auf dieser Grundlage des Glaubens beruht allein der ächte Gebetstrieb. Der Glaube vernimmt göttlichen Gebetsruf im Odem Gottes in seiner Seele, in dem Leben und Weben der Schöpfung in Gott, im göttlichen Gnadenruf, wie er Versöhnung und Frieden entgegenbringt.

Das Gebet fällt also weg bei wirklich Ungläubigen, bei allen, die keinen persönlichen Gott haben oder die persönliche Einigung mit ihm moralisch verwahrlosen. Nichtbeten ist sowohl Folge als Ursache des Unglaubens, ist also seine sicherste Signatur. Dagegen fällt das Gebet nicht weg bei Schwachgläubigen, namentlich auch nicht bei Kindern, sofern sie bereits geistig erwacht sind. Sie sind vermöge ihres Alters nicht nur noch unberührt vom Unglauben, sondern tragen den Glaubenskeim im Allgemeinen (noch nicht einen bestimmten Glauben) in seiner lebendigen Frische in sich. Gerade die Kindernatur ist am meisten durchdrungen von der Ahnung des Unsichtbaren und seinen Eindrücken zugänglich; dazu kommt das Gefühl der Hilflosigkeit, eben damit der Abhängigkeit, das Bedürfniß der Stütze und die vertrauende Hingebung. Diese Elemente des Glaubens werden aber geheiligt, gesichert und entwickelt durch das Gebet, schon sofern es Glauben weckt und übt, noch mehr, sofern es Gnadenmittel ist. Es gilt auch hier, die Kleinen, denen das Reich Gottes zugehört, und deren Unschuld in der Unschuld der Engel geistig repräsentirt ist vor Gott, nicht zu verachten oder sie gar zu ärgern durch scholastischen Aberwitz, der ihnen das Reich Gottes verschweigt. Auf der anderen Seite, da aus dem Glauben alles Gebet resultirt, ist auch offenbar, daß dem vollkommensten Glauben das Gebet nimmermehr wegfällt als etwas Außerwesentliches und Entbehrliches oder gar Unwürdiges, vielmehr kommt ihm gerade das Gebet in seiner vollkommensten Weise zu. Je mehr der Glaube nach seiner receptiven Seite sich vervollkommnet, desto tiefer wird sein Bewußtsein und sein Bedürfniß Gottes, desto inniger, williger und freudiger sein Suchen und Aufnehmen Gottes, was gleich sehr den Drang des Gebetes verstärkt wie seine Uebung fördert; ebenso in der Selbstthätigkeit des Glaubens, die nie steigt ohne steigende Reception, steigert sich das Ergreifen Gottes, der Umgang mit ihm und der Genuß seiner unmittelbaren Nähe und eben damit die Kraft und Seligkeit des Aufschwungs zu Gott und der Vertiefung in Gott, das Eine correspondirend der Erhabenheit Gottes, das Andere der Nähe Gottes.

2) **Die Mündigkeit oder die Vollkommenheit des Gebetes.** Eben dann und da, wo der Glaube seine vollkommenste Vermittlung mit Gott hat, ist auch dem Gebet die vollkommenste Stufe vermittelt, also im Namen Jesu Christi. Vgl. Christliche Reden V. Nr. 7 (besonders S. 106 ff.). Diese Gebetsweise ist auch Joh. 16, 23—27 als Spitze des Betens dargestellt, indem dieselbe abhängig gemacht ist von der ausgebildeten gegenseitigen Vertrautheit

2. Die Vollkommenheit des Gebetes.

zwischen den Jüngern und dem Herrn, und unbedingte Erhörung zugesagt ist. Nähere Bestimmungen ergeben sich aus dem ganzen Context der vorangehenden johanneischen Rede. Vgl. Joh. 15, 7. 15 f. 16, 21 f. 26 f. 29 f., vgl. mit Cap. 14, 9—20. Hiernach ist als Zeit des Gebetes im Namen Jesu bei den Jüngern die Zeit der Geistesmittheilung bezeichnet, wodurch sie zugleich in ein geistiges Kindschaftsverhältniß zu Gott gesetzt sind und in eine erleuchtete Erkenntniß der göttlichen Heisökonomie. Es ist demnach dieses Gebet an den Vater unmittelbar gerichtet,*) sofern die Jünger auf dieser Stufe sich ihrer Einheit mit Jesu bewußt sind und seiner Einheit mit dem Vater. Es ruht also dieses Gebet auf einer Centralanschauung, in der wir uns mit Gott zusammenfassen in Christo als dem gegenseitigen wesenhaften Einigungsband zwischen uns und Gott (vgl. Joh. 17, 23 („ich in ihnen und du in mir"), daß wir in Jesu eben den Vater schauen in seiner Verbundenheit mit uns und uns in der Verbundenheit mit dem Vater.**)

Wo nun dieses Einheitsbewußtsein zwischen Gott in Christo und uns in Christo noch fehlt oder gerade niedergedrückt ist durch das Sündenbewußtsein, da dient der Herr

---

*) Vor Empfang des Geistes hieß es: „ich werde den Vater bitten, und er wird euch geben den Paraklet" — jetzt aber: „ich sage nicht, daß ich den Vater für euch bitten werde."

**) Jesus Christus muß uns nicht nur im Begriff, sondern im innersten persönlichen Bewußtsein aufgegangen sein als die lebendige persönliche Versöhnung, als der, in welchem Gottes Vaterschaft und Vaterliebe vollkommen geeinigt ist mit der menschlichen Natur und diese mit Gott. Mit dem unmittelbaren Gebet zum Vater im Namen Jesu ist also die Mittlerschaft Christi nicht beseitigt, auch nicht bloß als etwas außer uns Vorhandenes ergriffen, als äußere Mittlerschaft, sondern geistig verinnerlicht als etwas selbständig in uns Lebendes, kurz: der Christus für uns, der Mittler, ist wirksam als Christus in uns.

dem Glaubensgebet als Fürsprecher, der den Vater um unsertwillen bittet. Vgl. Joh. 16, 26 mit Cap. 14, 16. 17, 9. 20 f. Luk. 22, 32. 1 Joh. 2, 1. Christum also überhaupt nur zum Fürsprecher nehmen im Gebet, fällt nach Joh. 16, 26 noch nicht unmittelbar zusammen mit dem Gebet in seinem Namen. Diese Fürsprache soll eben hinführen, wie aus Joh. 17, 20, vgl. Cap. 14, 16. 20 erhellt, zu der inneren selbständigen Lebenseinheit mit Christo und mit dem Vater in ihm, bei der Christus uns innewohnt als der, in welchem sich Gott selbst mit uns vermittelt und verbindet, und in welchem wir uns selbst aus allen Zuständen heraus mit Gott vermitteln. Auch nicht darin besteht das Beten im Namen Jesu, daß man auf Befehl und Auftrag Christi betet; dies geschah von den Jüngern, seitdem der Herr das „Unser Vater" ihnen als Gebetsanweisung gegeben hatte, und doch sagt er zu ihnen: „bisher habt ihr nicht gebetet in meinem Namen." Nur wo die Vermittlung Christi, seine Vertretung durch die Innerlichkeit seines Geistes als Kraft und Leben in uns besteht, sonach auch sein Geistessinn, wie er in seinem Wort und Werk zum Ausdruck kommt, unser individuelles Bewußtsein und unser Wollen bestimmt, daß wir Jesum in Glaube und Liebe in uns haben als den Gott und uns in sich verbindenden Mittler, als den Versöhner: nur da hat sein Name, welcher sein Wesen und Werk in sich befaßt, Wahrheit und Kraft in uns, nicht nur für uns, und wir haben in der Kraft des Namens Jesus Christus die freie, der Erhörung gewisse unmittelbare Ansprache an den Vater.*) Also ist das Gebet im Namen

---

*) Wo also der innere Mensch nicht in Christo lebt und ihn als den Lebendigen präsent hat, wo sein Wort nicht geisteskräftig im Herzen

Jesu seiner Form nach das freie Kindschaftsgebet zum Vater unmittelbar, wie Jesus selbst dieses Urrecht hat als der erstgeborene Sohn. Wir beten an Jesu Christi Stelle, aber nur sofern er wirklich in uns ist und wir in ihm, nicht als könnten wir uns an seine Stelle setzen für uns selbst; wir beten zum Vater unmittelbar, aber nur wie der Vater in Christo selbst ist, nicht als wäre er von Christo zu trennen.

Es ist ein Gebet, welches das Verhältniß zu Christus gerade nach allen seinen Seiten in sich zusammenfaßt, ein Gebet zum Vater durch Christus, in Christo und auf Christum. Durch Christus, sofern nur der Glaube an Christus uns die Würdigkeit und Freudigkeit gibt, zu Gott selbst zu nahen und die Gewißheit, daß er mit seiner rechtfertigenden und verklärenden Gnade uns wieder nahe. Es ist aber auch ein Gebet in Christus, sofern die Liebe Christi die Seele dieses Gebetes ist, d. h. die Liebe, mit welcher der Vater den Sohn liebt, dieser uns liebt und wir ihn lieben. Joh. 15, 9. 17, 23. 26. Es ist endlich ein Gebet auf Christum, denn mit dem Glauben und der Liebe Christi verbindet sich noch die Hoffnung auf die göttliche

---

haftet, seine Wahrheit und sein Leben nicht innere Seelenkraft ist, wo vielmehr das eigene Herz uns verurtheilt wegen neu eingedrungener Sünde, daß wir erst wieder besondere Rechtfertigung bedürfen und besondere Erneuerung im Geiste unseres Gemüthes, da erkünstele man nicht ein Gebet im Namen Christi, in der Meinung, es bedürfe nur dieser Formel oder eines Schlusses, wie „um deines lieben Sohnes willen", vielmehr gilt es da unmittelbar an Christi Hilfe und priesterliche Vertretung sich zu wenden, wie die Jünger; z. B. „Herr, lehre uns beten", Herr, stärke uns den Glauben, zeige uns den Vater, hilf uns, wir verderben". In ihm ist Gott größer als unser Herz, daß es in seiner Fürsprache, seiner Vergebung und Mittheilung sich wieder stillen und neu füllen kann. 1 Joh. 2, 1 f. Röm. 8, 31—34.

Liebe, sofern sie selbst Alles auf Christum bestimmt hat und dieser Bestimmung gemäß Alles beherrscht, Alles in die Ausführung des seligmachenden Rathschlusses verflicht zum besten derer, die ihn lieben. Röm. 8, 38, vgl. 28—30. Unrecht haben also die, welche kein christliches Gebet anerkennen wollen als ein direct an Christus selbst gerichtetes. Diese haben nicht die ganze Wahrheit, da die Episteln das Beten unmittelbar zum Vater durch Christum oft genug erwähnen. Z. B. Eph. 1 und Cap. 3, 14. Noch weniger Wahrheit hat diejenige Partei, die gar kein unmittelbar an Christum gerichtetes Gebet anerkennen will, da gerade seine Anbetung und Anrufung als das unterscheidende Merkmal der Christen erwähnt wird und aus seinem Sohnes-, Herrn- und Mittlerbegriff folgt. Luk. 24, 52. Act. 1, 24 f. 9, 10—16. 1 Kor. 1, 2. Joh. 5, 23.

Seinem **Gehalt** nach ist das Gebet im Namen Christi die jedesmalige geistige Einstimmung mit dem göttlichen Willen, und zwar nicht im Allgemeinen nur, sondern wieder wie der Wille Gottes in Jesu als die vollkommene Liebe des heiligen und gerechten Vaters offenbar geworden ist. Dies gibt dem Gebet seinen höchsten ethischen Charakter und seine höchste, das Individuelle mit dem Universalen zusammenfassende Richtung auf den göttlichen Reichszweck und so die Gewißheit seiner Erhörung. Demgemäß sind denn auch Leiden und Sterben, die Wechselfälle des Menschenlebens überhaupt beim Gebet im Namen Christi nicht als ein bloßer Schaden zu behandeln, als ein Uebel, das nur weggebetet werden darf und muß, sondern nur als etwas, das sich durch das Gebet in Sieg und Gewinn (nicht in fleischlichem, sondern in geistlichem Sinn) verwandeln muß, indem das Gebet auch solchen Verhältnissen gegenüber nur Christum zu seinem Grund- und Zielpunkt hat, namentlich die Erfahrung der Auferstehungskraft Christi in Gemeinschaft seiner Leiden. Phil. 3, 7—11.

3) **Erhörbarkeit und Segen des Gebets.** Vgl. Christl. Reden V. 23: Bitten und Nehmen. Die allgemeine Zusage ist, daß dem Bitten ein Geben und Empfangen entspreche: „Bittet, so werdet ihr nehmen." Matth. 7, 7 ff. Dabei wird als Gegenstand eines erhörlichen Betens und als entsprechende Gabe bezeichnet im Allgemeinen $\tau\alpha$ $\dot{\alpha}\gamma\alpha\vartheta\alpha$; speciell geistige Güter. Matth. 7, 11. Luk. 11, 13. Jak. 1, 5 u. s. w. Die Erhörung des Gebetes, sofern man damit überhaupt Gutes bei Gott sucht, besteht also im Allgemeinen darin, daß der Mensch daraufhin entsprechendes Gutes von Gott empfängt. Fassen wir nun

a) **die subjective Möglichkeit der Erhörung** ins Auge, so müssen wir unterscheiden: absolut erhörbares Gebet, absolut unerhörbares und relativ erhörbares. Die Bedingung der Erhörung eines Gebetes überhaupt ist, daß es dem Alles bestimmenden Willen Gottes angemessen ist nach Inhalt und Geist. 1 Joh. 5, 14. Um denn beten zu können mit der Gewißheit der speciellen Erhörung muß das, was Wille Gottes ist, eben in dem concreten Fall, um den es sich handelt, erkannt sein, und mit dem klaren und festen Bewußtsein davon muß das Gebet übereinstimmen; wo es an jener speciellen Erkenntniß und Gewißheit fehlt, muß Ergebung in den unbekannten Willen Gottes an die Stelle treten, weil dieser, auch wo wir ihn nicht kennen, der absolut gute ist und bleibt. Jak. 1, 17. Matth. 7, 11. (Vgl. Hausbuch von M. F. Roos, am 31. Januar). Wo dagegen ftatt des gläubigen Anſchluſſes an den göttlichen Willen ſelbſtiſche Gedanken, eigenſüchtige Willensrichtung, ſündige Begierden, Wünſche und Abſichten Trieb und Gegenſtand des Gebetes ſind, iſt es umgekehrt abſolut unerhörbar, weil das Selbſtiſche der gerade Gegenſatz zum göttlichen Willen iſt (Jak. 4, 3 f. 6) oder die Erhörung wird zur Strafe, wenn der Menſch ungeſtüm darauf beſteht. 4 Moſ. 11, 18 ff. (Fleiſcheſſen gewährt bis zum Ekel) mit Pſalm 78, 29 ff. Hoſ. 13, 11 mit 1 Sam. 8, 5 ff. („Ich gab dir einen König in meinem Zorn.")*)

Dagegen Erbitten von unverdientem Uebel gegen Andere, Verwünſchung, Verfluchung von Unſchuldigen erhört Gott nicht. Pſ. 119, 28 („jene fluchen, du ſegneſt"). Num. 23, 12. Prov. 26, 2.

Länge der Gebete, Stärke der Ausdrücke dabei, Menge oder weltlicher und geiſtlicher Rang der Beter, äußerliche Feierlichkeit, Größe der Gegenſtände des Gebets, alles das kann wohl den ſinnlichen Eindruck bei den Menſchen ver= ſtärken, Fleiſcheserhebungen hervorbringen, aber nicht die geiſtige Macht bei Gott erhöhen und die Erhörbarkeit des Gebets bewirken, vielmehr nur beides ſchwächen. Matth. 6, 1 ff. 23, 12. Jeſ. 1, 15. Die Erhörbarkeit liegt vielmehr bei allem Gebet nur im Glauben, weil in ihm die ſich ſelbſt verleugnende Uebereinſtimmung mit dem göttlichen Willen im Allgemeinen und im Beſonderen geſetzt iſt. Vgl. Mark. 11, 24 mit Matth. 21, 22 („was ihr betet als Glaubende, d. h. eben gemäß dem Willen und Wort Gottes, werdet ihr empfahen"), als nähere Erklärung Joh. 15, 7. 16, 23.

---

*) Kann man alſo aus bloß äußerem Erfolg, der auf ein Gebet ein= tritt, auf die Güte der Sache oder der Perſon ſchließen?

3. Erhörbarkeit und Segen.

1 Joh. 5, 14 f.*) Der Glaube im biblischen Sinne ist nämlich kein selbstgemachter Gedanke oder Schluß und keine bloße Form der Ueberzeugung; es ist ein Geisteszustand, der von dem klar bezeugten Willen Gottes, also von dem Worte Gottes, speciell vom Geist und Sinn Christi bestimmt ist und hienach einen göttlich bestimmten und begrenzten Inhalt hat, einen anderen dagegen nicht hat und nicht haben kann. Der wahre Glaube, sofern er nicht Aberglaube oder Eigenglaube, d. h. Wahn ist, kann und darf nicht Alles glauben, sondern nur das von Gott und auf Gott Versiegelte, und dabei hat der wahre Glaube das im Wort Gottes Zugesagte richtig zu unterscheiden und zu theilen nach der Verschiedenheit der Voraussetzungen und Bedingungen, der Zeiten und Verhältnisse; z. B. die Erhörung der Bitten um Heilung, wie zu Jesu Zeit, ist dem Glauben nicht für alle Zeiten zugetheilt, wie umgekehrt dies mit den Strafen über Gottlose nicht der Fall war zu Jesu Zeit, während solche im Alten Testament dem Glauben eines Elias zustanden. Vgl. Christl. Reden, IV. Samml. Nr. 1 (Die Hilfe des Herrn). Im Allgemeinen ist es das Unsichtbare, Ueberweltliche und Ewige, was auf jeder Stufe des Glaubens auch für das erhörliche Beten sein Wesen und sein Gesetz zu bilden hat (Hebr. 11, 1); die unsichtbaren Güter und zwar in ihrer eigenthümlichen überweltlichen Ordnung und Oekonomie, die eben daher auch die Gesetze ihrer Vertheilung bestimmt. Dieses bildet den Glaubensinhalt überall und so auch den gläubigen Gebetsinhalt, dem die Erhörung zugesagt ist. Damit ist allerdings das Sichtbare und Zeitliche nicht ausgeschlossen, aber es findet dasselbe

---

*) Glaube besteht nämlich auch im Gebet, wie in allem Thun, nicht in einer blos fixen Ansicht, in einer steifen Zuversicht, Gott könne und wolle und werde erhören, was man nur eben betet mit dieser Zuversicht.

im Glaubensgebet nur seine Stätte wie im „Vater unser", d. h. beschränkt auf das tägliche Lebensbedürfniß und abhängig von dem auch im „Vater unser" Vorangestellten, von der Heiligung des Namens Gottes, von der Förderung seines Reiches und Realisirung seines Willens.

Das Glaubensgebet ist also charakterisirt durch die Sorge um das Reich Gottes und zwar nicht um das Aeußerliche, das Sichtbare desselben, sondern um sein inneres geistiges Wesen und Besitzthum, um die Gerechtigkeit, was eben die Heiligung des Namens Gottes und die Erfüllung seines Willens zusammenfaßt. Matth. 6, 31 ff. Röm. 14, 17. Dies ist im gläubigen Gebet das Erste, die Alles bedingende Hauptsache und darin ruht dann eben die Genügsamkeit oder Resignation in Bezug auf alles Uebrige, die ein weiterer Grundzug des Glaubensgebets ist.

In der wesentlichen Verbindung des Gebetes mit dem Glauben ist auch

b) der Segen begründet wie bedingt, welchen das Gebet theils als Tugendmittel hat, als geistiges Bildungsmittel, theils als Gnadenmittel, sofern es die göttliche Hilfe und Mittheilung vermittelt. Eine geistige Erziehungskraft liegt nämlich im Gebet, sofern es schon an und für sich den Glauben in immer neue Thätigkeit setzt und in Uebung erhält. Alle äußeren Veranlassungen sowie inneren Erregungen, seien sie freudiger oder leidiger Art (Jak. 5, 13), also namentlich die Hauptincidenzpunkte des Taglebens, Anfang und Schluß desselben, Arbeit und Ruhe, sowie Genuß wie Essen und Trinken, dies Alles darf keineswegs ein Hinderniß des Betens sein, sondern muß dem Glauben gerade der Anknüpfungspunkt für dasselbe sein; und Alles in stetigen

Zusammenhang mit dem Namen, Reich und Willen Gottes zu setzen und so mit unserem Heil, ist eben die stetige Aufgabe und Uebung des Gebetes, in welcher es den Glauben immer weiter fördert. So ist dem christlichen Glauben die Unablässigkeit des Gebetes zur Pflicht gemacht. Luk. 18, 1. Röm. 12, 12. Kol. 4, 2. 1 Thess. 5, 17 f. Es ist unter dieser Unablässigkeit des Gebetes eben die beharrliche Durchführung des persönlichen Verkehrs mit Gott verstanden durch alle Lebensverhältnisse, in Allem, was Sorge macht oder Befriedigung gewährt. Phil. 4, 6. Doch besteht die Segenskraft des Gebetes nicht in der bloßen Thätigkeit und Förderung des Glaubens für sich, sondern es kommt dazu, wie wir gesehen haben, ein bestimmter Erhörungssegen, ein dem Beten entsprechendes Geben von Seiten Gottes. Matth, 7, 7 f. Luk. 11, 9 f. Allem Mangel und Nothstand ist im Gebet der Zugang eröffnet zu den guten Gaben Gottes, dem Vertrauen ist seine entsprechende Belohnung gewiß (Matth, 7, 11. Jak. 1, 5 f. 17), wenn schon nicht das gerade vom Betenden Gedachte und Gewollte unmittelbar gegeben wird; nicht die Erfüllung des im buchstäblichen Sinn Betenden und des Erbetenen, sondern die Erfüllung im Sinne Gottes als des $\alpha\gamma\alpha\vartheta o\varsigma$ und im Sinn seiner Gabe als des $\alpha\gamma\alpha\vartheta o\nu$. Dies ist das Wesen der Erhörung. Matth. 7, 9—11. 20, 22. 2 Kor. 12, 7—9. Es gehört also nicht zum Erhörungssegen des Gebetes, daß es gerade augenblicklichen oder augenscheinlichen Erfolg habe, daß Maß, Zeit und Weise der Erhörung sowie die zu empfangende Gabe in concreto den menschlichen Ansichten von Hilfe, Gabe und Glück entspreche, vielmehr es kann und soll dieses eben nicht die bestimmende Regel des Gebetes sein und seiner Erhörung, weil ja das wahre Gebet die besonderen

Fälle Gott übergibt, dieselben also dem allgemeinen Reichsplan und Reichswalten Gottes einordnet, und dieser bestimmt sich nach Gesetzen, welche Zeit und Ewigkeit umfassen, wobei es gilt das Leben des Geistes zu pflanzen selbst auf dem Grabe des Fleisches. Der Sinn des Glaubensgebets besteht denn eben darin, in vertrauender Einstimmung mit der Kraft, Weisheit und Güte der göttlichen Bestimmung zu resigniren auf die individuelle und weltlich beschränkte Bestimmung. Es wird das Eigene abhängig gemacht von dem Göttlichen, das Aeußere von dem inneren Wesen, das Augenblickliche und Zeitliche von dem Ewigen. Daher auch in den Fällen, wo das Gebet scheinbar ohne objectiven Erfolg ist, vermittelt es in seiner vertrauenden Gottergebenheit dem Subject einen Frieden, wie er unerreichbar ist durch eigenes Sinnen und Ueberlegen, Wollen und Gelingen desselben, einen Frieden, der die innere Denk- und Willensthätigkeit bewahrt in Christo Jesu, d. h. im Mittelpunkt unseres wahren Heils und Lebens. Phil. 4, 7 mit Eph. 3, 20. Ja wo sein Name die innere Seele des Gebetes ist, ist die innere und ewige Wirkung (die äußere mag sein, wie sie will) Freude, das Endresultat vollkommene Freude. Joh. 16, 24.

Man hat nun aber schon dem Gebet alle Wirkung, die mehr als subjectiver Art sei, oder alle objective Erhörung abgesprochen, und dies führt uns

c) auf die objective Möglichkeit der Gebetserhörung.

Sofern die Frage zusammenhängt mit dem Verhältniß Gottes zur Welt überhaupt, namentlich zur menschlichen Freiheit und Thätigkeit, gehört die didaktische Erörterung der Dogmatik an; hier haben wir mehr nur die praktische Seite ins Auge zu fassen.

3. Erhörbarkeit des Gebets.

Für die Unmöglichkeit der Erhörung wird geltend gemacht einerseits die **Unveränderlichkeit** des **göttlichen Weltplanes** oder daß der göttliche Wille überhaupt durch den menschlichen nicht bestimmbar sei; andererseits die **Unveränderlichkeit** des **Weltlaufes**, indem da Alles seine natürliche Bedingung und Entwicklung habe. Was das Letztere betrifft, so ist es factisch unleugbar, daß die Welt auch bei ihrer physischen Gesetzmäßigkeit Veränderungen unterworfen ist; und zwar schon durch die Freithätigkeit des menschlichen Willens wird sie vielfach anders bestimmt, als sie ohne dieselbe, sich selbst überlassen, in ihrer physischen Gesetzmäßigkeit sich gestalten würde. Dahin gehören alle die technischen und Cultur-Veränderungen in der Welt, wie die geschichtlichen Entwicklungen.

Welt und Weltordnung erscheint auf die Einwirkung des menschlichen Willens bereits angelegt und berechnet. Hat aber der menschliche Wille, wenn auch nur in beschränkter Weise, bei seiner beschränkten Intelligenz und Kraft denn doch immerhin eine umgestaltende Macht über Naturgesetze und Weltlauf, so ist die Welt noch viel mehr den Gestaltungen der göttlichen Willensthätigkeit zugänglich zu denken, wenn man überhaupt im Ernst glaubt an einen wirklichen Gott und an ein göttliches Walten in der Welt. Was aber den göttlichen Willen selbst betrifft, so ist er nicht zu denken als ein der Welt äußerlicher Gedanke, Plan oder Beschluß, sondern eben das, was der immanente Lebensgrund und das immanente Gesetz des natürlichen Weltlaufs ist, ist als der göttliche Wille zu betrachten, als Wille des absoluten Wesens, das alles Leben innerlich bedingt. Die Gesetze des Weltverlaufs mit ihren Wirkungen sind also dem göttlichen Willen nicht äußerlich und fremd, sondern sind nur der temporäre Ausdruck desselben, der temporäre, nicht der ewige, sofern unser ganzer Kosmos, wie er jetzt ist, etwas Temporäres ist, noch nicht das Ewige, nicht das Unveränderliche, sondern das Veränderliche, das aber unter göttlichen Einwirkungen dem Endabschluß aller Veränderungen entgegengeführt werden muß. Auf Realisirung des göttlichen Willens ist der ganze Weltgang mit seinen Gesetzen und in seiner Veränderlichkeit selbst eingerichtet zu denken, wenn man einmal mit dem Glauben an Gott Ernst macht, und nur für diesen soll die Erhörung des Gebets denkbar gemacht werden, nicht für den Unglauben, der Gott als Gott nicht erkennt und anerkennt. Da nun im rechten, d. h. im erhörlichen Gebet der menschliche Wille eben durch den göttlichen sich bestimmt und nur mit diesem wirken will und kann, so kann man einerseits gegen die Gebetserhörung nicht den Einwurf erheben, es werde dabei der göttliche Wille als dem menschlichen unterworfen vorausgesetzt, vielmehr unterwirft der Mensch beim wahren erhörlichen Beten seinen Willen dem göttlichen. Andererseits ordnet auch der die ganze Welt bestimmende göttliche Wille eben die Sphäre der Freiheit, d. h. das sittlich vermittelte Geistesgesetz zusammen mit der Sphäre der Nothwendigkeit, d. h. mit dem unmittelbaren Naturgesetz, dies von Anfang an (bei der Schöpfung) und stetig. Gott hat in seinen Weltplan, in die unabänderlichen Weltgesetze mit dem ethischen Wesen eben auch die ethische Differenz aufgenommen, die Unterschiede, die hervorgehen aus der moralischen Angemessen= heit oder Unangemessenheit des menschlichen Verhaltens. Auf dieser moralischen Weltordnung beruht eben die Möglichkeit der Veränderungen, welche schon die menschliche Freithätigkeit und Cultur in der Welt hervorbringt durch ihr Gutes und ihr Böses, es beruht darauf eben der im Ganzen unveränderliche innere Causalzusammenhang zwischen Lastern und Uebeln einerseits und andererseits zwischen Fleiß, Mäßigkeit, Keuschheit und den davon abhängigen Gütern, wie in der Natur der Zusammenhang zwischen Saat und Ernte. Gerade im Gebet nun liegt das bedeutendste moralische Moment, weil in demselben die innerste und höchste persönliche Beziehung zu Gott gesetzt ist, zum Schöpfer und Vollstrecker der physischen und moralischen Weltordnung. Dies kann man nur verkennen, wenn man als Grundlage des Gebets, die namentlich seine Erhörung bedingt, nicht den Glauben erkennt oder das Wesen des Glaubens mißkennt. Der Wille des betenden Glaubens ist ein anderer, als der Wille des Unglaubens oder des Aberglaubens. Er ist, wie schon bemerkt, nie im Gegensatz zum Willen Gottes, daß er eigenwillig den göttlichen Willen bestimmen wollte, sondern der Glaube ist die freie Einigung mit dem Willen Gottes, wie er sich schon geoffenbart hat. Auf die Erziehung und auf die Segnung dieses Glaubens ist eben der Weltplan und Weltgang geordnet, weil der letztere auf Gott geordnet ist, wie von Gott aus. Je mehr denn der Mensch glaubt, desto mehr kann er empfangen, und je mehr der Mensch im Glauben betet, desto mehr ist er der Erhörung fähig, ist für die betreffenden Gaben als Gottesgaben empfänglich, desto größere Fülle empfängt er; da ist Gott für ihn und nichts kann wider ihn sein, auch das sogenannte Weltgesetz nicht.*)

---

*) Zu empfehlen für philosophisches Studium: Krause, Vorlesungen über die Grundwahrheiten der Wissenschaft, zugleich in ihrer Beziehung zu dem Leben, nebst einer kurzen Darstellung und Würdigung der bis-

Zusatz: Ueber Krankenheilungen durch Gebet und Zauberei.

Daß wunderbare Heilungen, d. h. Heilungen ohne Anwendung irgend welcher natürlichen Mittel durch bloße Anrufung Gottes vorkommen, ist nicht zu leugnen.*) Solche Wunderheilungen werden mißbraucht, wenn sie zur Nährung des Wunderglaubens ins größere Publikum gebracht werden und so die Meinung erweckt wird, als dürfte man das, was nur als unerkünstelte Frucht des inneren Glaubenslebens heilsam wirkt, zu einem bloßen Mittel für den Dienst der subjectiven Wünsche und Interessen herabwürdigen, und, was von Seite Gottes freier Gnadenlohn des Glaubens ist, als Anspruch und Forderung an Gott gestellt werden; dies heißt die Schrift: Gott versuchen; er soll seine Macht zeigen. Das ist es auch, was Gebetsheilung und Beschwörung oder Zauberei unterscheidet, die Deut. 18, 9—14 als abgöttischer Greuel absolut verworfen sind, als unverträglich mit dem Dienst des wahren Gottes. An die Stelle treuer und fester Hingebung an Gott und den Mittler unmittelbar tritt bei der Zauberei die Hingabe an die Person des menschlichen

---

herigen Systeme. Göttingen, 1829. Der erste Theil davon neu: Erneute Vernunftkritik. Prag, 1868. Das Eigenthümliche dieses scharf durchdachten Systems ist, daß es die Beschränktheit alles menschlichen Wissens anerkennt und Ernst macht mit Gott als Princip, statt zum Princip das Nichts zu machen, oder das Sein oder Werden oder Thun, oder das Ich, oder die Indifferenz des Subjects und Objects. Er geht wohl vom Ich aus als dem zunächst Gewissen, gewinnt nun aber durch Analyse des im Ich liegenden Erkennens und Erkannten den Gedanken: „Gott als das Wesen, worin das Ich und die Welt allein Wahrheit hat", und die Erkenntniß der Wahrheit ist ihm kein bloß logischer Proceß, sondern eine sittliche That. Vgl. die Vorrede des Herausgebers zur neuen Ausgabe.

*) Vgl. Moser's Erzählungen aus seinem Leben; bei Lesung der Erzählung vom Gichtbrüchigen wurde er von seinem Gichtleiden befreit.

Mittlers; V. 13 f.: „du sollst ohne Wandel sein mit deinem Gott. Diese Völker gehorchen Zauberern und Weissagern, aber dir hat es nicht also der Herr, dein Gott beschieden." Vgl. Act. 8, 9—11. Der zauberische Betrieb steht im Dienst der dämonischen Welt, der trügerischen Irrgeister, welche die von Gott zu Dienst gestellten Kräfte und Kraftmittel nur zum $\dot{\alpha}\varrho\pi\alpha\gamma\mu\sigma\varsigma$, zum selbstsüchtigen, schnellen Ansichreißen gebrauchen und dazu zu verleiten suchen (1 Mos. 3. Matth. 4) statt sie durch selbstverleugnenden Glauben zur Selbst-Veredlung zu verwenden und Weiteres zu erwarten als einen in Gottes freie Verfügung gestellten Segen. Erlaubt ist also der ungekünstelte, herzliche und unterwürfige Gebrauch des Namens Gottes zur Heiligung und Segnung (1 Tim. 4, 4 f.) mit oder ohne äußere Mittel (wie Handauflegung, Arznei) in der Kraft eines wartenden Glaubens, oder nach Umständen auch eines bevollmächtigten Heldenglaubens; aber nicht erlaubt ist der Gebrauch des Namens Gottes als handwerksmäßiges Kunst- und Zwangsmittel mit heidnischer Vielrednerei (Matth. 6, 7 f.) und Gaukelei. Eph. 4, 14. 5, 5 ff. Beim gläubigen Gebrauch des Namens Gottes findet sich ein innerliches, sittlich durch Glaube und Liebe vermitteltes und ehrerbietig dienstliches Stehen und Wandeln im Namen Gottes, beim zauberischen eine äußere augenblickliche Application des Namens, welche die göttliche Macht sich dienstbar machen will und eben daher von den dämonischen (teuflischen) Kräften unterstützt wird; dort gilt es etwas, das auf bescheidenes Bitten als freie Gnadengabe von Gott gläubig erwartet, heilig empfangen und bewahrt wird; hier etwas, das theilweise sogar frech gefordert wird, etwas, das Gott bei der Ehre seines Namens (so wahr er nicht soll zu Schanden werden) abgedrungen wird. Matth. 4, 3 f. 6 f., vgl. die Verschiedenheit Apostgesch. 19 auf Seiten des Paulus V. 8—12, wobei nicht zu übersehen V. 8 und 11; und auf der andern Seite V. 13—20, wobei nicht zu übersehen das „es unterwunden sich" V. 13. —

Der Zauberer läßt sich bezahlen oder sonst belohnen, beim Mann Gottes gilt für seine besonderen Kraftthaten: „umsonst habt ihr's empfangen, umsonst gebt es auch" (Matth. 10, 8); jener nimmt Ehre von Menschen und nimmt sich selbst die Ehre; dieser sucht Gottes Ehre in der That und Wahrheit. Act. 8, 9—13 u. V. 18—23. Joh. 5, 41. 44. 7, 18. Zur Stärkung 2 Kor. 12, 7—10. Vgl.: „Schriftgemäße Belehrung über Zauberei" von Schubert, Nördlingen, 1850.

Aus der Grundlage des Glaubens bestimmt sich endlich

4) **auch die Grundform des Gebets** nebst seinen wesentlichen **Hauptformen.** Phil. 4, 6. 1 Tim. 2, 1. Das Verhältniß des Menschen zu Gott, näher des Glaubens, der dieses Verhältniß praktisch anerkennt, zerlegt sich in verschiedene Beziehungen, und hiernach zerfällt auch das Gebet als Glaubensäußerung in verschiedene Formen. Der Glaube überhaupt hat in der eigenen Bezeugung Gottes als des Schöpfers und Herrn, Erlösers und Richters seinen Ursprung und seine Grundlage.

Entsprechend diesem Grundverhältniß des Glaubens wie dem reellen Abhängigkeitsverhältniß der Welt zu Gott überhaupt hat auch das Gebet

a) seine Grundform in der anbetenden Andacht ($\pi\varrho o$-$\sigma\kappa\upsilon\nu\eta\sigma\iota\varsigma$). Die **Anbetung** entsteht, indem sich der Glaube in Beziehung setzt zu der herrlichen Eigenthümlichkeit Gottes, zu der Majestät des göttlichen Wesens und Wirkens, oder überhaupt durch das Eingehen in die herrliche Offenbarungsgegenwart oder Selbstbezeugung Gottes. Darin liegt die Genüge aller Bedürfnisse und Wünsche, das höchste Gut, und daher ist der unmittelbare Ausdruck der anbetenden Erhebung zu Gott das **Loben und Preisen** ($ευλογειν$, $επαινειν$, $δοξαζειν$). Und da die göttliche $δοξα$ am Himmel, in dieser strahlenden Weltenfülle sich am vollkommensten manifestirt, so wird die Erhebung der Augen gen Himmel beim Gebet der natürliche Grundausdruck. Indem diese anbetende Erhebung in das herrliche Wesen und Walten Gottes Grundform des Gebetes ist, bildet sie gewöhnlich den Anfang und Schluß geordneter Gebete. Gott als der reiche überschwengliche Urheber und Geber von Allem, als der allein Gute, das höchste Gut und der Mensch als der bedürftige Sucher und Empfänger begegnen sich in dieser Grundform des Gebetes unmittelbar.

Sie setzt sich dann

b) durch bestimmte Reflexion des Beters auf die doppelte menschliche Beziehung zur göttlichen Güte auseinander in **zwei Hauptformen**, in das **Bittgebet**, reflectirend auf das menschliche Bedürfniß ($δεησις$, $αιτησις$), und in **Dankgebet** ($ευχαριστια$), reflectirend auf das von der göttlichen Güte Empfangene. Im Bittgebet wirkt der Glaube in seiner Receptivität, eben mit Beziehung auf unser eigenes oder fremdes persönliches ($εντυγχανειν$) Bedürfniß der göttlichen Güte, im Dankgebet in seiner durch den Empfang bedingten Selbstthätigkeit mit Beziehung auf unsern oder Anderer persönlichen Antheil und Genuß der göttlichen Güte. Das christliche Gebet insbesondere ist überhaupt nur der kindschaftliche Reflex der **erfahrenen** göttlichen Vaterliebe im Sohn und der daraus bereits **empfangenen** Segnungen. Im christlichen Gebet ist namentlich keine Bitte ohne Danksagung für die schon erhaltene und zum weiteren Empfang geöffnete Gnade in Christo. Kol. 1, 12 f. Phil. 1, 3; denn auch das, was dem Christen Bitten und Seufzen auspreßt, weiß er von der Alles bestimmenden Liebe Gottes so geordnet, daß es schon seinen geheimen geistigen Segen in sich trägt, seine Bestimmung und Einrichtung zum Guten. 1 Petr. 1, 6 f. Röm. 5, 1 ff.

Was aber

c) den Ausdruck des Gebetes in Worten betrifft, so müssen dieselben dem innern Glaubensgeist oder Bedürfniß entstammen und entsprechen, um wahr zu sein, um nicht unnütz, ja schädlich zu sein, um nicht dem Gericht zu verfallen, statt Gnade zu vermitteln. Matth. 6, 7 u. 12, 36 f. ($\pi\alpha\nu\ \dot{\varrho}\eta\mu\alpha\ \dot{\alpha}\varrho\gamma o\nu$). Im Glaubensbedürfniß und mit Glaubensernst können und dürfen dann auch gläubige Gebetsformulare gebraucht werden, um das schlafende Geistesgebet aufzuwecken, und das wachende zu unterhalten und zu stärken. Vgl. das über die öffentlichen Gebetsformeln Gesagte.

---

§ 20. Die treue Berufsthätigkeit oder die Arbeitsamkeit.*)

Das Christenthum, um sich im Menschen zu erbauen, nimmt denselben nicht aus der Welt. Joh. 17, 15. Das

---

*) Vgl. Christl. Reden V, Nr. 23: „Aeußere und innere Arbeit"; Roth: „Kleine Schriften pädagogischen und biographischen Inhalts", speciell

§ 20. Die treue Berufsthätigkeit.

Leben des Christen hat wohl seinen Ursprung und sein Ziel, sonach sein eigenthümliches Wesen über der Welt und so außer der Welt, allein seine Bethätigung und Entwicklung geht vor sich in der Welt und durch sie hindurch. (Arbeit nach Innen ist Bedingung der Gesundheit des geistigen Lebens, Arbeit nach Außen schließt sich daran an wie der Leib an den Geist.) So weist denn das Christenthum den Menschen auch nicht aus seiner irdischen Berufsthätigkeit, d. h. aus derjenigen Stellung, in welcher er gemäß seiner individuellen Kraft, Lebensstellung und Verbindung ordnungsmäßig zu arbeiten hat für seine irdische Existenz und als Glied des weltlichen Verbandes. Sofern nun dies Alles im Lichte der göttlichen Bestimmung aufgefaßt und behandelt wird, ist es Beruf auch im biblischen Sinn, oder der von Gott angewiesene Stand und Dienst. Vgl. 1 Kor. 7, 17—22 (Nicht einer Aenderung der äußeren Stellung bedürfe es, um sich in göttlichem Beruf zu wissen, sondern der Ausfüllung der vorliegenden Stellung mit Einhaltung der Gebote Gottes und der Treue gegen den Herrn). 4, 12, vgl. mit 2 Thess. 3, 7 f. 12. Auch in die irdische Thätigkeit will das Christenthum Geist und Leben des Glaubens bringen. Behandeln wir nun genauer:

1) den Zusammenhang der Arbeit mit dem Standpunkt des Christenthums namentlich mit dem Begriff des geistigen Lebens. Arbeit ist nicht jede Kraftanwendung zur Thätigkeit überhaupt. Es gibt

---

für Studirende im 1. Band die 12. und 13. Rede. Ein vielseitig durchgebildeter Philolog, zugleich aber gereifter Pädagog, der überall die sittlichen Grundlagen und Zielpunkte, und so Erziehung und Charakterbildung im Auge behält.

auch eine Kraftanwendung zu spielender, ungeregelter Thätigkeit; Arbeit aber ist Anwendung der Kraft zu geordneter Thätigkeit und zwar geordnet für nützliche Zwecke, zum Dienst des leiblichen und geistigen Wohles, und Arbeitsamkeit ist hiefür eben eine willige, eifrige und beharrliche Anwendung der Kräfte. Das Christenthum will nun aber weder nur geistige Arbeit oder Arbeit für höhere und innere Zwecke, und noch weniger nur Arbeit für die äußerlichen und irdischen Lebenszwecke; denn einmal faßt es Geist und Leib als ein organisch verbundenes Produkt der göttlichen Schöpfung. Beide gehören zusammen zu einem vollen und gesunden Lebensbegriff und zwar in der Art, daß der Leib vom Geist aus beherrscht und durchgebildet, der einstigen Verklärung entgegengeführt, nicht aber verkümmert oder vernichtet wird. Ebenso faßt das Christenthum die Erde und die äußere Welt nicht nur als Arbeits= und Erwerbsfeld für leibliche Bedürfnisse, sondern vor Allem als Offenbarungs=stätte Gottes, bestimmt für sittliche Ordnung, für Bethätigung und Entwicklung des Geistes und des Glaubens, kurz als eine geistige Schule. Darum darf der Christ nicht arbeiten für alle möglichen irdischen und weltlichen Zwecke, und nicht in jeder Weise, sondern das Object der Arbeit ist Befriedigung reeller Bedürfnisse, eigner und fremder, oder das Nöthige und Nützliche ($\tau\alpha$ $\chi\varrho\varepsilon\iota\alpha$) nicht aber Befriedigung der selbstischen Lebenstriebe, der Ehrsucht, Gewinnsucht u. s. w. Ferner ist zu arbeiten im Einklang mit der göttlichen Grundordnung, die eben die Befriedigung der Bedürfnisse sichert gegen Lüste, und endlich mit Unterordnung unter die geistigen ewigen Bedürfnisse, Zwecke und Güter. Also: **geistige Beherrschung des äußeren**

Lebens in der Welt zum Besten des inneren Lebens in Gott, dies ist der Gesichtspunkt der christlichen Arbeit.

Hienach wird im neuen Testament auch die irdische und körperliche Arbeit geltend gemacht in unmittelbar sittlicher Bedeutung, nämlich als Bedingung des rechtmäßigen irdischen Genusses („wer nicht arbeitet, soll auch nicht essen") und als Mittel wider das Böse, das aus dem Müssiggang, namentlich auch aus Unterlassung der physischen Anstrengung sich erzeugt; ferner in socialer Beziehung als Bedingung der Bewahrung der Selbständigkeit und der Ausübung der Liebespflicht. Act. 20, 35. Matth. 5, 7. Luk. 6, 38. 1 Kor. 3, 8. 2 Thess. 3, 7—12. 1 Thess. 4, 11 f. Eph. 4, 28. Jeder Mensch ist ein Bild Gottes, eine freie Persönlichkeit; äußere Unabhängigkeit ist für die Sittlichkeit zwar keineswegs die nothwendige Bedingung oder gar der Quell derselben, aber sie gehört zur ursprünglichen Bestimmung des Menschen und ist der natürliche Ausdruck und das äußere Förderungsmittel der sittlichen Unabhängigkeit, während die äußere Abhängigkeit die Versuchung einer ungöttlichen Menschenknechtschaft verstärkt.

Das Evangelium faßt aber die Arbeit noch höher; es heiligt sie wieder zu einem **Wirken im Bilde Gottes**. Joh. 5, 16 f. 9, 4, vgl. Psalm 123, 1. Hiezu erscheint der Mensch schon bei der Schöpfung bestimmt; und auch nachdem durch die Sünde die Arbeit zum Werk der Mühe und Noth geworden (1 Mose 3, 10. Pred. 6, 7. Spr. 12, 24), wissen doch schon die Frommen des alten Bundes ihre Arbeit zugleich zu heiligen durch Gebet und Opfer, wie sie wiederum den göttlichen Segen erwidern und versiegeln durch das

Werk ihrer Hände, den Fleiß. Pf. 90, 16 f. 118, 25. 127, 2. 128, 1 f. Die normirende Idee für alle christliche Arbeit auch beim geringsten Knechtsgeschäft ist daher die Beziehung auf Gott in der dankbaren Willigkeit, ihm als dem Herrn und Geber aller Güter zu gehorchen und zu gefallen. Eph. 6, 5 f. So weiht das Christenthum die Arbeit zu einem Gottesdienst, zu einem Arbeiten um Gotteswillen und mit der Richtung auf Gott. So erscheint die Arbeit als die nächste pflichtmäßige Bethätigung und Entwicklung des inneren Lebens oder des Glaubens innerhalb der Jedem zukommenden Sphäre, im Gegensatz zu einer Viel- und Großthuerei, die sich in fremde Sphären mischt ($\mathit{ἀλλοτριοεπίσκοπος}$) und nur dem eigenen Gutdünken fröhnt. Während die Sabbathstille im A. Testament der Arbeit nur äußerlich angehängt ist, und so es auch bei dem gesetzlichen Christenthum bleibt, verinnerlicht das Evangelium den Sabbath einerseits durch eine Andacht, die alle Momente des Tageslebens durchdringt, (also das eigentliche Sabbathgeschäft), andererseits durch die Anweisung, alle Arbeit zu thun $\mathit{μετα\ ἡσυχίας}$, mit stillem Herzen und Wesen, mit einem in Gott gefaßten Sinn (dies ist die Sabbathsruhe). Gegensatz ist die weltliche Unruhe, wo Sorgen und Lüste, Ehrgeiz, Geldgeiz, Genußsucht u. dgl. das Herz erregen und betäuben, wo oft noch ein äußerlich lärmendes Wesen die innere Zerstreuung verkündet und vermehrt. 1 Thess. 4, 11. vgl. Sir. 3, 23—25. 1 Tim. 2, 2. 5, 13. 2 Thess. 3, 11 f. Ein stilles Herz und Wesen ist eben die Gabe Gottes an den, der auch im geringen Tagesgeschäft getreu seinem Herrn anhängt und es nach seinen Geboten als einen Dienst vor ihm verrichtet. Luk. 16, 10 f. Jak. 4, 1—3. Eph. 6, 5—9. Arbeit und Sabbath ist dann beim geistlichen Menschen innerlich ineinander.*) Sein Arbeiten trägt Sabbathfeier in sich ($\dot{\eta}\sigma\upsilon\chi\alpha\zeta\varepsilon\iota\nu$), sein Sabbath ist Wirken ($\dot{\varepsilon}\rho\gamma\alpha\zeta\varepsilon\sigma\vartheta\alpha\iota$). Matth. 12, 7—13. Joh. 5, 9. 16.

2) **Wahl der Arbeit und des Wirkungskreises oder die Berufswahl.** Der Christ wählt sich, wo ihm die Wahl freisteht, von dem angegebenen Standpunkt aus Arbeit und Beruf, also nicht nach zufälligen äußerlichen Begünstigungen, am wenigsten nach Rücksichten des Glanzes, des Gewinnes und der Bequemlichkeit. Er wählt vielmehr vor Allem nach seiner besonderen Kraft und Gabe, denn dies ist die von Gott anerschaffene Bestimmung. Diese kann sich auch als eine gewisse innere Nöthigung oder unmittelbare Neigung zu erkennen geben, bedarf aber immer der ernsten Prüfung und Sichtung, und dabei kommt neben dem inneren Zug auch zur Erwägung die äußere Möglichkeit, Gott mit seiner Gabe zu ehren und den Menschen damit zu dienen, d. h. sich nützlich zu machen. 1 Kor. 7, 7. 17. 12, 4—7. 1 Petri 4, 10 f. Wo aber die Wahl nicht frei steht, da nimmt der Christ, was er arbeiten muß, als aus Gottes Hand, verrichtet es als dem Herrn, also namentlich innerhalb seiner Gebote, nicht gegen dieselben, und sucht, wie er ihm gefalle, ohne aber darum nicht nach Thunlichkeit Bedacht zu nehmen auf eine Arbeit oder einen Beruf, der seiner inneren Eigenthümlichkeit angemessen ist und für die göttlichen Dienstrücksichten ihn freier stellt. 1 Kor. 7, 17. 20—24. 31. Eph. 4, 1. 6, 6 f. Dagegen Berufsarten und Geschäfte, welche offenbar sündlich sind, sind als ungöttlich und ins Verderben

---

*) Es ist damit nicht gesagt, daß ein Sabbathtag aufgehoben sei für den Christen, es gehört dies zur allgemeinen Ordnung.

führend absolut ausgeschlossen, so gewinnbringend sie seien. Matth. 16, 26. Aber auch bei nicht offenbar und an und für sich sündlichen, immerhin jedoch versuchungsvollen Berufsarten und Geschäften hat der Christ namentlich zu prüfen, ob für seine Individualität die Versuchung nicht zu schwer sei, wenn sie es auch für anders Geartete nicht gerade ist. Das Heil der Seele als das Alles Entscheidende und das ewig Entscheidende geht dem Christen über Alles. Matth. 16, 26.

Nach dem Bisherigen faßt sich die christliche Arbeitsamkeit dahin zusammen: daß der Christ seinem ganzen irdischen Beruf und Geschäftsleben eine Gestalt zu geben hat, die dem Herrn wohlgefällig ist, dem Geiste diensam, und das Bild des Wirkens Gottes an sich trägt.

---

§ 21. Die christliche Lebensordnung.

Die Lebenszeit ist schon für jeden vernünftigen Menschen ein theuer werthes Gut, weil sie seine Selbstentwicklung und Vervollkommnung bedingt. Er sucht sie sich zum Besten zu verwenden und Alles zeitgemäß einzutheilen. Spr. 19, 8. 24, 8. Pred. 3, 1, vgl. Sir. 4, 23. Aber wenn sich dem natürlichen Menschen der Begriff des Guten und die Verwendung der Zeit bestimmt theils nach der ihn beherrschenden Eigenliebe oder Selbstsucht, theils nach dem ihn beherrschenden Augenblick oder Zeitgeist, ist dagegen vom Christen seine Lebenszeit erkannt als Gabe und Eigenthum des Herrn. Ihrer Flüchtigkeit sucht er ein ewiges Gut abzugewinnen. Röm. 14, 7. Hebr. 13, 14. Psalm 39, 5—8. 13.

§ 21. Die christliche Lebensordnung.

Das Eine Nothwendige, die Lebensordnung nach dem Willen Gottes zum ewigen Heil, muß daher als das Beste und Klügste Allem vorausgehen. Luk. 14, 16—21. 24. 26. Cap. 10, 41 f. Dazu reicht nun freilich augenblickliches, blindes und ungeordnetes Ansetzen nicht hin; dies erschöpft sich und verliert sich immer wieder. Die Erziehung aber für den Himmel, der Aufbau des geistigen Lebens ist nichts Geringeres, als ein Aufbau des Tempels Gottes in dem Menschen und ein beständiger Krieg gegen sündliche Mächte; es erfordert daher wie bei jedem Bau und Krieg Plan und Zusammenhang. Und so besteht und gedeiht ein christliches Leben nicht mit bloßen Einzelakten der Enthaltsamkeit, des Betens, des Arbeitens (d. h. immer nur anfangen), sondern es gehört wesentlich dazu:

1) daß diese geistigen Erziehungsmittel verknüpft werden zu einem ineinander greifenden Ganzen, das sich über den Tag vertheilt und von Tag zu Tag sich fortzieht. So schließt denn namentlich die christliche Lebensordnung durchaus die äußere Berufsarbeit nicht aus, als wäre sie an und für sich ein Hinderniß für das geistliche Gedeihen; sie ist vielmehr die thätige Bewahrung und Uebung des Glaubens im Kleinen (Luk. 16, 10); sie wird, wie schon § 20 gezeigt wurde, gefordert durch die organische Gebundenheit des Geistes an Leib und Leibesleben, durch das gegenseitige Zusammengehören beider Momente für einen gesunden und vollen Lebensbegriff. Allein die geistige Beherrschung des äußeren Tageslebens gehört nothwendig zu einer christlichen Lebensordnung. Diese fordert daher strenge Regel, darum aber keine pedantische, so auch genaue Zeitbenützung, daß namentlich für die erbauenden

Functionen die gebührende Zeit bleibt, und ihr Einfluß auch das äußere Tagesleben durchdringt. Mark. 1, 32—39. Es muß (Röm. 12, 1) die lebendige Leibesthätigkeit gottesdienstlich geweiht werden; sie darf also einerseits nicht als ἀφειδια σωματος (Kol. 2, 23) die Leibeskraft in übermäßiger Anstrengung untergraben und eben damit auch die innere Geistesbewegung in Gott lähmen oder verkehren. Dadurch wird Gott ein todtes Opfer gebracht, kein lebendiges, geistig beseeltes, λογικη λατρεια. Röm. 12, 1. Andererseits darf nicht in Weichlichkeit, durch προνοια της σαρκος εἰς ἐπιϑυμιας (Röm. 13, 14) Leib und Seele vergeilen, wodurch Gott gar kein Opfer gebracht wird. Nach der Angemessenheit zu diesem gottesdienstlichen Charakter des Tageswerks bestimmt denn auch der Christ Art und Maß seiner Erholung. Die Gegenstände derselben, wie überhaupt die des Genusses schöpft der Christ vor Allem aus den göttlichen Schöpfungsquellen, aus der Natur und den natürlichen Lebensbeziehungen innerhalb der göttlichen Ordnung. Vgl. 1 Tim. 4, 3—7. Matth. 6, 24 ff. und die Naturpsalmen; Gegenbild zu Matth. 6, zu der heiteren Genügsamkeit und dem friedlichen Gottesgenuß, wie dies das Naturleben darbietet, ist Luk. 16, 19 der reiche Mann.*) Bei der inneren Gemüthsruhe, welche der Christ durch seine Gemeinschaft mit Gott im Reiche der Natur und des Geistes in seine Arbeit verweben kann und soll, bei den geistigen Erquickungen, die ihm aus derselben Quelle und aus der brüderlichen Gemeinschaft zufließen, bedarf er so mancher

---

*) Eine gedankenreiche, nur theilweise manierirte und zu gefühlige Behandlung von Matth. 6 geben drei Reden von Kierkegaard: Was wir von den Lilien auf dem Felde und den Vögeln des Himmels lernen.

§ 21. Die christliche Lebensordnung.

Reiz- und Beschwichtigungsmittel gar nicht, die dem ungeistigen Menschen Bedürfniß sind und seinen Seelendurst doch nicht stillen. Was aber die gegenseitige Stellung von Arbeit und Ruhe oder Genuß betrifft, so ist dieselbe für den Christen kurz diese: daß ihm Arbeit das Vorherrschende, der Grundton des gegenwärtigen Lebens bleibt („ich muß wirken, so lange es Tag ist"), Ruhe der Grundton des zukünftigen („sie werden ruhen von ihren Werken"), und zwar die Ruhe als inneres Ergebniß des jetzigen Fleißes wie Ernte zur Saat steht. Hiernach erhält für ihn Erholung und Genuß die Bedeutung der Stärkung zu neuem Wirken und des Vorschmacks der künftigen Ruhe. So stellt sich denn der Christ in seinem Tagesgeschäft wie in seiner Tagesruhe nicht der Welt gleich, ihrem auf Sinnen-Reizung und -Befriedigung und auf geistige Selbstbespiegelung gerichteten Sinn und Treiben. Auch was ein sogenanntes weltliches Geschäft oder Vergnügen ist, seinem Gegenstand nach, soll doch seinem Impuls, Geist und Ziel nach etwas Göttliches werden, d. h. in Gott geheiligt werden; und eben um immer mehr und neu dem Tagesleben die gottesdienstliche Weihe aufzudrücken, erneuert der Christ seinen Sinn Tag für Tag und während des Tages in Gott. Er thut dies in der **andächtigen Selbsterbauung**, welche den Glaubensgeist aus dem göttlichen Wort in sich aufnimmt, das Glaubensbedürfniß durch **Selbstprüfung** erforscht und neu anregt, und durch Gebet in Lob, Danksagung und Bitte aus Gottes Fülle in Jesu Christo Gaben schöpft. Ebenso zieht sich durch das ganze Tagwerk im beständigen Verkehr mit Gott als dem Gegenwärtigen die **wachsame Selbstbeherrschung**, daß man vor Allem das göttliche Wort im Herzen bewahrt und bewegt und dabei achtsam ist auf seine Seele und auf den Weg, den man geht (Vgl. Pf. 119, 11. 101. 109), Reden und Thun nach dem erkannten Willen des Herrn und nach dem Trieb seines h. Geistes einzurichten bemüht ist. Pf. 128, 1 f. Kol. 3, 17. (In dieser Beziehung setzt das N. T. das Alte voraus.) Der Charakter der christlichen Lebensordnung ist also kurz gesagt: Rüstigkeit in dem, was zu thun ist, sodaß man die Zeit auskauft, und ruhige Sammlung, daß sich Brünstigkeit und Füllung im Geist durch andächtige Selbsterbauung verbindet mit Vorsicht und Weisheit, die alles gottesdienstlich verwendet. Röm. 12, 11. Eph. 5, 15—20.

Die christliche Lebensordnung nimmt nun aber auch noch für ihre geistlichen Erziehungszwecke

2) die Offenbarungen Gottes in sich auf, wie sie in Gewissen, Natur und Leben sich darlegen. Auch die Natureinrichtung, sowie die innerlichen Bezeugungen Gottes im Gewissen und die äußerlichen Lebens-Schickungen und Führungen Gottes sind dem Christen eine sittliche Bildungsschule, eine göttliche Erziehungsordnung, wodurch den objectiven und subjectiven Erziehungsmitteln der Gnade Bahn gebrochen und Nachdruck verliehen wird. Vgl. Jef. 40, 21. Act. 17, 27; auch Sirach 17. Selbst wo diese Bezeugungen wie Feuer an die Seele brennen, und eine richtende Gestalt annehmen, sind sie dem Christen nichts Frembartiges, das seine Ordnung zerstört oder hemmt, sondern er lernt sie einreihen in die zur Herrlichkeit bildende Leidens-ordnung Christi und die Schöpfertreue Gottes darin zur Ruhe seiner Seele herausfinden. 1 Petr. 4, 12 f. 17. 19. Hebr. 13, 5 ff.

a) Schon die Natur kommt vermöge ihrer Einrichtung der geistigen Pädagogik entgegen. Das religiöse und das sittliche Leben findet in ihr ebensowohl Anregung und Förderung, als Bewahrung und Bewährung. Im Allgemeinen ist es eine wahrhaft **gottesdienstliche Umgebung**, in welcher sich der Christ in der Natur befindet und zum Verkehr mit Gott hingewiesen wird. Sie legt dem gläubigen Sinn die herrliche Gegenwart und Wirksamkeit Gottes dar, den Reichthum, die Weisheit und die Gerechtigkeit seiner Güte. Pf. 104. Röm. 1, 19 f.; sie bildet auch die Unterlage für die nächsten und die höchsten Wahrheiten und Gesetze des geistigen überirdischen Reiches Gottes, des Himmelreiches. Matth. 13. vgl. Cap. 6, 26—30. Cap. 10, 29—31. Sie steht ferner **durch ihre Güter wie durch ihre Uebel in Correspondenz mit den sittlichen Lebensgesetzen**. So, um Einiges anzudeuten, ist der Bezug und der heilsame Genuß ihrer Güter bedingt durch Arbeit, durch Selbstthätigkeit des Menschen und zwar eine solche, die nicht ungebunden schalten und walten darf, sondern den Naturgesetzen, den Grundbestimmungen einer höheren Macht sich unterwerfen und anschmiegen muß. Es ist **das Gesetz des Fleißes** im unterwürfigen Anschluß an die Naturgesetze Grundbedingung für den Gewinn und den heilsamen Genuß der Naturgüter. Ihre Benützung ist geheiligt durch **das Gesetz der Vergeltung**, wonach der Mensch erntet, was und wie er sät oder arbeitet. Gal. 6, 7. 2 Kor. 9, 6. Dabei legt die Natureinrichtung auch dem Arbeitsamsten in seiner geistigen und körperlichen Thätigkeit **Geduldsproben** auf und gibt ihm seine **Abhängigkeit** zu erfahren von einem Gedeihen, das von oben herabkommen muß. Durch diese sich aufdrängende Abhängigkeit von höherem Segen, wie von höheren Gesetzen bildet die Natur zur ergebenen Unterwerfung unter eine höchste Macht. Jak. 5, 7. 1 Kor. 3, 7 f. Joh. 3, 27. Matth. 4, 4. Luk. 12, 24 f. Kommt nun aber die Natur der treuen Berufsarbeit segnend entgegen in ihren Gütern, so auch durch die Uebel, die sie zugleich in sich trägt, unterstützt sie die wachsame Selbstbeherrschung. Sie hält besonders in ihren Afterprodukten (Unkraut) dem Menschen die Nothwendigkeit einer Unterscheidung zwischen Gut und Bös vor, also Anregung der sittlichen Prüfung und Reaction, und führt ihn auf Vergleichung seines eignen Innern und seines Thuns mit lebendiger Bußpredigt. 1 Mos. 3, 17 f. 4, 12. Jes. 5, 1—7. Matth. 3, 10—12. 7, 16 ff. 13, 4 ff. 26. Weiter aber erweckt und unterstützt die Natur auch die Andacht. Wie sie nämlich vermöge einer durchschimmernden unvergänglichen Kraft, durch die sie immer wieder verjüngt wird, das Herz ermuntert und erhebt zu Vertrauen und Hoffnung, so beugt und zähmt sie auch das Herz durch die Vergänglichkeit, durch das immer neue Zurücksinken des Lebendigen in den Tod, das sich in ihr darstellt, ohne aber als Vernichtung zu erscheinen. Röm. 1, 20. 28, 19—21. Jak. 1, 9—11. 5, 1 ff. 1 Petr. 1, 24 ff. Endlich weist sie auch den menschlichen Leichtsinn und Muthwillen immer wieder in die Zucht und Schranken einer festen Lebensordnung hinein durch die strenge Ordnung, welche in ihrem Haushalt herrscht, in dem Alles seine gewisse Grenze hat und die Uebertretung derselben ihre unausbleibliche Strafe. Ps. 111, 3, vgl. auch Sirach 42, 24—26. Prov. 26, 3. Joh. 5, 14.

§ 21. Die christliche Lebensordnung. 69

Es kommen ferner

b) der Selbsterziehung des Menschen zu Statten die innerlichen und die äußerlichen Führungen Gottes oder **das Geschichtsleben im Kleinen und Großen.** Luk. 13, 1—5. 15, 12 ff. Wie Gott es ist, der den Menschen von Grund aus bildet, so fügt er seine Begabung, seine Lebenszeit und Schicksale zusammen als Ein System für die Bestimmung, ihn auf den ewigen Weg zu leiten. Pf. 139.

In allen Gewissen ist Gott selbst der Lehrmeister, durch seine innere Wahrheitsstimme, er erweckt sie auch durch Eindrücke und Erfahrungen seines Ernstes und seiner Güte und ladet immer wieder ein zur Ordnung des Lebens. Hiob 33, 15—30. Pf. 103, 2—4. Wer nun der innern Bezeugung und Leitung Gottes horcht und gehorcht, in dem bildet sich der Vaterzug, dessen Endziel Christus ist, Jer. 31, 3. 5 Mos. 8, 2. 5 f. Sprichw. 15, 31—33. Joh. 6, 44 f. 64 f. Act. 17, 23.

Was aber die **äußerlichen** Lebensführungen betrifft, so thun sie ebensowenig irgend einem Menschen Unrecht, als sie nach strengem Recht gehen. Röm. 9, 14. 1 Petr. 4, 1 f. Matth. 20, 13. 15. 13, 28—30. Luk. 6, 35 ff. 5 Mos. 32, 4. Pf. 103, 10. 116, 17 f. Hiob 5, 12. 18. 23, 14. 21, 28—31. Es reicht für die göttliche Lebensführung oder die Geschichte im Großen und Kleinen der Gesichtspunkt der Vergeltung, der ausschließlichen Gerechtigkeit, nicht aus, was eben der einseitige Gesichtspunkt des Judenthums war. Darunter bestände kein Sünder und die sittliche Bildung wäre damit abgeschnitten. Vielmehr als sittliche Bildungsschule ist die Lebensführung anzusehen, und so ist sie, wie alle Erziehung, modificirt durch das Gesetz der Güte, Geduld und Langmuth, darum aber nicht ausschließlich dadurch bestimmt, nicht in unsittlicher Weise, sondern die Geduld hat statt willkürlicher Ausdehnung ihre festen Grenzen, und zwar ebenfalls nach sittlichen Zwecken; es ist das Princip der Gerechtigkeit pädagogisch mit dem der Güte verbunden. Röm. 11, 22. 9, 22. 2, 3—5. 1, 18. Jes. 65, 1 f. 6.

Hiernach gibt es allerdings verschuldete Uebel und Schicksalsbestimmungen, bestimmte Strafen für unsittliches Leben, dies nämlich bei beharrlichen Verletzungen der Naturgesetze, d. h. der göttlichen Grundordnung. Gegen Unmäßigkeit, Unzucht, Gewaltthätigkeit ꝛc., namentlich auch gegen Irreligiosität reagirt eine vom Menschen unabhängige Macht. Aber auch individuell unverschuldete Uebel sind als Mittel der sittlichen Erziehung, als Züchtigung, da auch ihnen, wenn schon nicht specielle Vergehen, so doch die allgemeine Sündhaftigkeit gegenüber steht, berechnet auf Dämpfung der in der menschlichen Natur im Allgemeinen haftenden Sündentriebe, auf Weckung des Gewissens und des sittlichen Ernstes, des Suchens nach göttlicher Hilfe und des Eingehens in Gott.*)

---

*) Es dürfen übrigens auch **Strafleiden** und **Züchtigungsleiden** nicht so unterschieden werden, daß in jenen ausschließlich nur der Strafzweck, die Vergeltung, das Bestimmende wäre, in diesen nur der Liebeszweck, die Erziehung; auch die Züchtigung setzt noch Sünde voraus, so gewiß sie eben in der Form des Leidens sich vollzieht und alles Leiden in der Sünde wurzelt, auch hier gilt es also: Gericht über die Sünde, aber Grundbestimmung dabei ist nicht Rechtsvergeltung nach dem Gesetz der rächenden Gerechtigkeit ($\dot{\varepsilon}\varkappa\delta\iota\varkappa\eta\sigma\iota\varsigma$), die nach Verdienst vergilt, sondern Zuchtvergeltung, Vergeltung, sofern das Leiden nicht nach Willkür verhängt wird, sondern nach Gerechtigkeit, aber nach dem Gesetz der rettenden, bessernden und heiligenden Gerechtigkeit, die nach dem Begriff des $\sigma\upsilon\mu\varphi\varepsilon\varrho o\nu$, des Zuträglichen vergilt. Hebr. 12, 10. 1 Kor. 11, 32. Aber auch das ver-

§ 21. Die christliche Lebensordnung.

So ist auch die Geschichte des Menschengeschlechts im Großen keineswegs schon das Weltgericht, obgleich in ihr göttliche Gerichte vorkommen. Die Weltgeschichte ist wie das Leben des Einzelnen ein combinirtes System von göttlicher Gerechtigkeit und Güte oder speciell Geduld für den Zweck der Erziehung, eine Führung im Großen von unergründlicher sittlicher Güte und Weisheit nach einem ewigen Plan, der eben sich aufhellt und vollendet in Christus, in seiner $\dot{\alpha}\pi o\varkappa\alpha\lambda\upsilon\psi\iota\varsigma$, die wohl schon begonnen aber noch nicht abgeschlossen ist. Röm. 11, 32—36. Eph. 3, 9—11. Zur christlichen Geschichtsanschauung gehört es daher wesentlich, sie vom theokratischen Standpunkte der Schrift aus zu würdigen, d. h. vom Gesichtspunkt einer göttlichen Weltregierung und der daraus hervorgehenden Bildung eines göttlichen Menschengeschlechts, deren erster und letzter Zweck auf die Verwirklichung eines göttlichen Reiches gerichtet ist, in welchem das Princip der Gerechtigkeit und der Liebe zum Sieg durchgeführt erscheint. Hiernach ist es Gott, welcher den Völkern und Geschlechtern ihr Dasein und seine Grenzen bestimmt und zwar mit der Einrichtung, daß sie ihn suchen und finden sollen. Act. 17, 20 ff. 5 Mos. 32, 7 f. Er beruft und lenkt, erhöht und erniedrigt die Reichen mit ihren Machthabern, aber dies Alles nach sittlichen Heilsgesetzen. Luk. 1, 52. Dan. 2, 21. Pf. 33, 10 f. Röm. 9, 17. Jef. 44, 28. 45, 13.

---

schuldete Leiden andererseits ist nicht ausschließlich vom Strafbegriff bestimmt, sondern der Erziehungsbegriff ist noch einverwoben, wodurch die Strafe eine auf $\mu\varepsilon\tau\alpha\nu o\iota\alpha$ berechnete Modification durch Geduld und Langmuth erhält. Röm. 2, 4. 2 Petr. 3, 9. Grundbegriff beim verschuldeten Leiden ist der Strafbegriff ($\dot{\varepsilon}\varkappa\delta\iota\varkappa\eta\sigma\iota\varsigma$), beschränkt jedoch für die Besserung durch Gnade; beim Zuchtleiden ist Grundbegriff die Liebe, die positive Gnade, beschränkt für den Heiligungszweck durch Zucht.

Joh. 19, 11. Act. 4, 27 f. Auch der Krieg, diese Frucht der Hölle, ist in seiner Hand Läuterungsfeuer — Das Alte muß nach dem Plane Gottes das Neue vorbilden zur Lehre und Warnung der Nachwelt. 1 Kor. 10, 6—10. Röm. 15, 4. Keine Zeit ist ohne Aufruf zur Demuth, Genügsamkeit und Gottesfurcht und die Betrachtung der vorigen Zeiten zeigt immer den Grund alles Unglücks theils in einem Sinn, der sich abwendet von den Gesetzen des göttlichen Wortes oder der göttlichen Bezeugung überhaupt und dem strafenden Geist, theils in einem Leben, welchem eigenes Gutdünken und menschliche Autorität Gesetz und das Diesseits sein Reich ist. 1 Mos. 6, 3. Jer. 9, 12—16. 35, 17. 44, 4—6. Jes. 42, 18—25. Röm. 9. Cap. 11, 22. 1 Petr. 1, 17 f.

Wie nun Gott im Großen die Welt regiert zur Erziehung des Menschengeschlechts, so richtet er dazu auch die Lebensumstände des einzelnen Menschen ein durch besondere Führungen. Es ist Erfahrungssache: der Mensch kann sich nicht begegnen lassen, was er will, und Andere können mit einem Menschen auch nicht machen, was sie wollen, weder im Guten, noch im Bösen. Und das ist gut. Auch zur Regierung eines einzigen Menschenlebens, weil es nur ein Glied ist in unübersehlicher Kette, gehört Macht und Wissen, die in die Nähe und Ferne reichen. Pred. 8, 6—9. Vgl. auch Weish. 9, 14 f. Selbst bei dem besten menschlichen Wissen ist Irrthum und Leidenschaft; die Fehler und Mißgriffe würden ins Unendliche gehen, wenn der menschliche Wille auch nur in Bezug auf Ein Menschenleben der regierende wäre. Sir. 8, 6 f. So zeigt denn auch jedem Einzelnen der Rückblick auf das Ganze seines Lebensgangs, daß weder der eigene Wille noch fremder Wille dafür be-

§ 21. Die christliche Lebensordnung.

stimmend war, daß auch nur fatalistisch gefaßt die Verhältnisse immer mächtiger sind als die Menschen, und dieses weist auf einen Willen, welcher über dem Einzelwillen und über dem Gesammtwillen steht, der immer das wählt, was gerade diesem Menschen, um den es sich handelt, nach seiner Art zur Erziehung dient und nach seiner Vergliederung im Ganzen ihm die Erfüllung seiner Bestimmungen möglich macht. Vgl. Sprichw. 16, 9. 1 Mos. 45, 7 f. 50, 20. Gott als der Vater Aller ist des Menschen Führer, ist auch auf bösem Weg noch sein Geleitsmann. Ps. 4, 7. Jes. 48, 6 f. 17 f. Wunderbar namentlich führt er seine Freunde durch die Kämpfe der Welt; ihr Ringen nach dem ewigen Gut unterstützt, reinigt und vervollkommnet er durch alle Theile seiner Lebensfügung, bewährt sich ihnen als Versorger und Behüter im Sinne der Gottseligkeit und gewährt ihnen die Gnade, daß sie durch Gebet als eigentliches Charakterwerk Einfluß üben auf ihr Schicksal. Ps. 4, 4. 2 Kor. 4, 8 f. 6, 8—10. Ps. 23. Ps. 34, 19 ff. 145, 18 f. Selbstprüfung über das, was wir sind und was wir sein könnten, wie wir es geworden oder nicht geworden, dies offenbart uns immer neue Gottesweisungen auf den ewigen Weg. Jer. 6, 16 f. Ps. 139, 23 f. 2 Sam. 7, 18. Diese Weisungen verstärkt der Herr durch das, was wir Uebel und Leiden heißen. Auch in diesen ist sittliche Güte und Liebe. Jes. 45, 7. Klagl. 3, 22—33. Sie sind Erziehung, Böses erschwerend und beschneidend, Gutes erleichternd und zeitigend. Hiob 5, 12—18. Ps. 116, 7 f. 1 Petr. 4, 1 f. Sie sollen Gott verklären in dem Menschen und den Menschen in Gott. Joh. 9, 1—3. 11, 4. Hebr. 12, 5—11. Strenge gegen das eigene Selbst kann diese erziehende Strenge von außen oft ersparen, jedenfalls mildern. 1 Kor. 11,

30—32. Pf. 32, 3—6. Für den besten Christen aber sind Leiden in gewissem Maß unerläßlich zur Reinigung und Ueberwindung der alten Natur und zur Vervollkommnung in der Selbst- und Weltverleugnung, in der Sanftmuth und Demuth, ohne welche keine Freude ist. Hebr. 2, 10. 17 f. 5, 8. Matth. 11, 29. 16, 24. Auch soll sich darin die Kraft des Evangeliums beweisen und der eigenen Aufrichtigkeit im Christenthum. Jak. 1, 2. 12. In diesem Sinn ist der Weg der Trübsal ein Weg des Ruhms (Röm. 5, 3—5) und namentlich hat das Leiden um Zwecke und Wege des göttlichen Reiches willen in der Geistesgemeinschaft mit Christo (das Kreuz Christi) die reichsten Verheißungen. Luk. 12, 51—53. 2 Tim. 3, 12. Matth. 5, 10—12. 19, 29. 2 Kor. 4, 10, 16 f. Offenb. 2, 9 f.

Im Bisherigen (§ 17—21) haben wir das christliche Leben kennen gelernt, wie es in der fortlaufenden sittlichen Selbstbildung begriffen ist. Wir haben es nun noch darzustellen, wie es in der sittlichen Persönlichkeit des Christen in die Erscheinung tritt als ein bestehendes, als eine erworbene und thätige Fertigkeit oder als tugendhafter Charakter und zwar, wie bereits § 14 Zusatz bemerkt wurde, in der Form der christlichen Weisheit, Rechtlichkeit und Güte.

II. Die sittliche Persönlichkeit des Christen.
§ 22. Von der christlichen Weisheit.

Schon § 10, 1 (Bd. II, S. 36 ff.) haben wir die Weisheit überhaupt als praktische Wahrheit bestimmt, näher: als die selbständige Anwendung oder Verwirklichung der

Wahrheit in der subjectiven Sphäre und so als die sittliche Verständigkeit oder als das intellectuelle Geschick zum Gutesthun. Vgl. Seelenlehre § 19, 2; § 23, 3 b. Sofern nun aber der Grund und Inhalt aller Wahrheit in Gott liegt, und die zu realisirende Wahrheit eben das von Gott Gewollte und Geordnete ist, kann die Weisheit als subjective Eigenschaft auch bestimmt werden als die Fertigkeit, auf Grund einer wahren Erkenntniß Gottes den göttlichen Willen für die Einzelheiten des Lebens herausfinden und ins Werk zu setzen. Dies ist dann die Weisheit von Oben. Eph. 5, 15—17. Jak. 3, 13. Die Weisheit von Unten ist eben nur die Verkennung der absoluten Wahrheit, des göttlichen Willens, wo dann der Mensch stehen bleibt bei den bloß relativen Wahrheiten, bei den untergeordneten, beschränkten Gesichtspunkten, Gesetzen und Zwecken des diesseitigen Lebens. Die weltliche Weisheit haftet und bewegt sich daher im Sinnenweltlichen, in der zeitlichen und räumlichen Gebundenheit des Lebens, in seinen selbstischen und irdisch-socialen Gestaltungen.

Bestimmen wir nun:

1) **Die christliche Weisheit nach ihrem Wesen und Wirken** näher. Die in Christo als Gnade dargebotene Wahrheit muß nicht erst von uns durch eigne Thätigkeit, durch unser $\sigma o \varphi \iota \zeta \varepsilon \iota \nu$ zur Weisheit gemacht werden, sondern das Christenthum ist selber die bereits in Lehre und That mit den wirklichen Weltverhältnissen vermittelte Wahrheit, der auf das menschliche Leben angewandte und darin verwirklichte Gotteswille; es ist die Weisheit Gottes und zwar in der Form und Norm, welche die Vollendung des Lebens vermittelt, durch die man allein

zum Ziel kommt. 1 Kor. 1, 18 ff. vgl. mit 2, 6 ff. Neben dieser objectiven Gegebenheit vermittelt sich die christliche Weisheit selbst noch fort und fort mit den einzelnen Menschen in der Lebendigkeit ihres selbständigen Wortes und Geistes. So bietet das Christenthum nicht nur den Weisheitsstoff dar, sondern dynamisch bildet es auch die subjective Erkenntniß der göttlichen Wahrheit und Weisheit hervor und die zu ihrer inneren und äußeren Verarbeitung erforderlichen Fertigkeiten, die verständige Einsicht und besonnene Umsicht ($\sigma\upsilon\nu\varepsilon\sigma\iota\varsigma$ und $\varphi\varrho o\nu\eta\sigma\iota\varsigma$), und dies Alles wirkt die christliche Wahrheit von sich aus unter bloßer Voraussetzung der stetigen receptiven Hingebung und reproducirenden Thätigkeit des Glaubens. Daher sagt die Schrift, Christus sei uns gemacht zur Weisheit (1 Kor. 1, 30), alle Schätze der Weisheit liegen in ihm verborgen und zwar zugleich als $\gamma\nu\omega\sigma\iota\varsigma$ sich darbietend, also zur Erkenntniß verarbeitet (Kol. 2, 3), ferner sich darbietend zur immer voller werdenden $\sigma\upsilon\nu\varepsilon\sigma\iota\varsigma$ (ib. V. 2) und zur $\varphi\varrho o\nu\eta\sigma\iota\varsigma$ (Eph. 1, 8), und in seiner Erkenntniß gibt Gott den Geist der Weisheit (ib. V. 17), der zugleich offenbarend wirkt. Diese Weisheit, wie sie im Christenthum sich darstellt und im Glauben sich anzueignen gibt, ist nun aber eine vielgestaltige ($\pi o\lambda\upsilon\pi o\iota\kappa\iota\lambda o\varsigma\ \sigma o\varphi\iota\alpha$); es ist unergründlicher Reichthum in ihr, eine Fülle von göttlichen Gedanken und Wegen, welche die Eine Wahrheit in mannigfaltiger Wendung darstellen, nach der Vielgestaltigkeit des menschlichen Lebens und der menschlichen Verhältnisse, in welche diese Fülle eingegangen ist und eingehen will. Eph. 3, 10, vgl. mit V. 8. Röm. 11, 33. Daher gilt es auch die Erkenntniß des Willens Gottes nicht nur im Allgemeinen, sondern was je nach den verschiedenen Verhältnissen Wille

1. Wesen und Wirken der christlichen Weisheit.

Gottes sei. Dies ist eben Aufgabe und Resultat nicht des bloßen Vermuthens und Errathens, sondern der Erkenntniß des christlich Weisen, und die Durchführung dieses Willens in seinen speciellen Formen und in den speciellen Verhältnissen ist Aufgabe und Resultat der Praxis des christlich Weisen. Betrachten wir nun

a) **die christliche Weisheit näher nach ihrem Inhalt und ihre Fortbildung darin.** Die göttlichen Wahrheiten, die aller christlichen Weisheit zu Grunde liegen, drücken nicht wie menschliche Gedankengebilde nur ein beschränktes Maß oder nur Bruchstücke der Wahrheit aus, sie sind nicht abgegrenzt innerhalb eines individuellen, in Raum- und Zeitverhältnissen gebundenen, kurz eines endlichen Gesichtskreises, sondern als Erzeugniß des göttlichen Geistes umfassen sie das ganze Weltleben, wie das einzelne Menschenleben, in seiner Vollendung wie in seinen niedersten Anfängen ($\sigma\tau o\iota\chi\varepsilon\iota\alpha$). Dieser unendliche Inhalt pflanzt sich durch die Wirksamkeit seines eigenen Wortes und Geistes eben successiv im Wachsthum des Glaubens dem menschlichen Geiste ein, reinigt, erweitert, kräftigt so den Menschengeist selber von Wahrheit zu Wahrheit, und jede solche eingepflanzte Wahrheit ist ein lebendiges Samenkorn, das immer vollständiger seinen Inhalt entfaltet in dem treugläubigen Geiste. Vgl. Joh. 8, 31 ff. 14, 17. Die Erkenntniß ist daher bei Allen, welche die Offenbarung Jesu Christi einmal geistig in sich aufgenommen haben, schon in ihrem Anfang eine reiche, eben wegen ihres implicirten Inhalts, ein $\pi\lambda o\nu\tau\iota\sigma\vartheta\eta\nu\alpha\iota$, und strebt doch immer weiter der $\pi\lambda\eta\rho o\varphi o\rho\iota\alpha$ entgegen, der Vollträgigkeit. 1 Kor. 1, 5—7. Kol. 2, 2. So besaß Petrus, als er das noch von Niemand in der Welt ausgesprochene Bekenntniß von Christus (Matth. 18 und Joh. 6) ablegte, schon damals eine reiche Erkenntniß, wie sie die Weisesten der Welt nicht hatten; aber in immer vollerer Entfaltung schließt sich ihm in der Erkenntniß des Herrn die ganze belebende und sittliche Fülle der göttlichen Kraft auf und die Weisheit, Andere darein einzuführen. 2 Petr. 1, 2 ff. Und Paulus, der gegen die Ueberschwänglichkeit der Erkenntniß Christi Alles für Schaden achtet, bringt auch schon im Besitz apostolischer Weisheit immer weiter vorwärts und erstrebt in Erkenntniß seiner Auferstehungskraft und Leidensgemeinschaft das Vollkommene. Phil. 3, 7 ff. So redet der Herr von einem ersten Erkennen des Göttlichen in seiner Lehre, wie es bedingt ist von einem dem göttlichen Willen sich conformirenden Willen (Joh. 7, 17), sofort von einer weiteren Wahrheitserkenntniß, dem Beharren in seinen Worten, dessen Folge die sittliche Freiheit, das Freiwerden von Sünde ist (Joh. 8, 31 f.), weiter von einem Erkennen des Vaters in ihm und seiner im Vater, womit das ewige Leben zum Sein kommt im Menschen (Joh. 17, 3 ff.); ferner von einem Erkennen des Geistes, das von Wahrheit zu Wahrheit schreitet (Joh. 14, 16); und dieses Alles sind doch nur Mittelstufen, die erst vorbilden für ein Erkennen, das seinen Gegenstand so durchdringt, ihm so immanent ist, daß es das **durchschauende** Erkennen Gottes in sich reflectirt. 1 Kor. 13, 12. So erheischt also die christliche Weisheit eine beständige Fortbildung und hat eine unendliche Entwicklung vor sich vermöge des unendlichen Inhalts der göttlichen Wahrheit, in deren Erkenntniß, Aneignung und Verwirklichung die christliche Weisheit eben besteht. Aber ebenso:

b) macht auch das Leben und die Welt hohe Anforderungen an den Christen. Der Christ soll in der Welt leuchten als ein Licht, soll die Lichtkraft der göttlichen Wahrheit geltend machen zur Ueberwindung der Finsterniß, d. h. des Lügen- und Scheinlebens. Hiebei gilt es einerseits in den jeweiligen Umständen das dem göttlichen Willen gerade entgegenstehende Ungöttliche richtig zu erkennen, andererseits ebenso das dem göttlichen Willen entsprechende Gute, wie es das Böse überwindet, auszuwählen aus dem göttlichen Wahrheitsschatz, und mit den geeigneten Mitteln und Wegen es geltend zu machen, kindlich und mannhaft, oder das Gute und Wahre anzuwenden, ohne Trug und Falsch und doch besonnen berechnet auf die Personen und Verhältnisse. Matth. 10, 16. Röm. 16, 19. 1 Kor. 14, 20.

So durchläuft denn die christliche Weisheit

c) verschiedene Stufen. Es gibt nämlich eine Stufe der unmündigen Kindheit, wo der Geist noch nicht zum selbständigen Prüfen und Handeln entwickelt ist. Durch seine Bekehrung zu Christus hat der Mensch allerdings den Schritt aus der Thorheit in die Weisheit gethan; er ist dem Weg der Wahrheit zugethan im Allgemeinen, wandelt ihn aber vorerst ohne Abwägung der speciellen und graduellen Unterschiede, wie sie innerhalb der Wahrheit selbst und in den äußern Verhältnissen gegeben sind. Er unterliegt daher auch noch leicht der schlauen Schalkheitsmethodik der Menschen (1 Kor. 13, 11. Eph. 4, 14), den Bewegungen eines falschen Eifers, der Leichtgläubigkeit, der Parteilichkeit u. s. w. Auch die weitere Stufe, das Jugendfeuer, ist immer noch ein Neulingszustand; der Sinn, noch unbekannt mit den Gefahren des geistlichen Heerdienstes, begehrt zwar leicht das Höchste und wagt sich an das Schwerste, bläht sich aber ebenso leicht auf und überschätzt sich, fährt blindlings zu und bezahlt dem Feinde mit Schaden die Strafe. 1 Tim. 3, 6.*) Nur allmählich unter beständiger Erneuerung der Buße über den Fehltritten und unter fortlaufender Seelenreinigung am göttlichen Worte der Wahrheit, bildet sich die geistige Sinnesgeübtheit und die Erfahrung des geistlichen Mannes, die nun auch innerhalb des Guten und Christlichen selbst zu unterscheiden weiß das wohl oder übel Angebrachte, das καλον και κακον. Da lernt man nämlich mit verständigem Prüfungsblick und mit Abwägung der verschiedenen Verhältnisse den Gotteswillen herausfinden, nicht nur wie er überhaupt gut (καλον) ist, sondern wie er das Wohlangebrachte enthält (ευαρεστον) und das zum Ziel führende (τελειον). Man setzt sich zur Aufgabe durch alle Wechsel und Verschiedenheiten hindurch, ohne steife Einerleiheit nach dogmatischer oder kirchlicher Schablone, aber ebenso ohne Zweideutigkeit und betrügliche Veränderlichkeit **Glaube und Erkenntniß** in festgeschlossener Einheit (nicht Gegensatz von Glaube und Erkennen!) durchzuführen. Hebr. 5, 14, vgl. mit Phil. 1, 10. Röm. 12, 2. Kol. 1, 9—11. 1 Kor. 9, 20 ff. Dies ist die Weisheit von Oben. Sie verbindet in innerer Lauterkeit das Fernhalten unreiner Vermischungen mit Nachgiebigkeit und Friedfertigkeit gegenüber von Schwachheit und in bloß persönlichen Angelegenheiten, ist ἁγνη und

---

*) Es paaren sich einzelne Wahrheitsblitze und kräftige Gefühle für das Rechte noch vielfach mit Vorurtheilen, Fehlgriffen und Uebereilung, die höchste momentane Geisteswilligkeit mit fleischlicher Schwäche, welch' letztere oft als scheinbare Stärke auftreten kann, namentlich im Enthusiasmus. Petrus in seiner Jüngerzeit ist ein Beispiel.

2. Bedingungen der christlichen Weisheit.

εἰρηνικη, ἐπιεικης, verbindet Wohlgesinntheit mit kräftiger aber unbefleckter Wirksamkeit nach außen (μεστη ἐλεους και καρπων ἀγαθων), ist durchaus ohne Falsch und Parteilichkeit (ἀδιακριτος και ἀνυποκριτος), will den Frieden nicht mit Unrecht bauen, und so drückt sie ihrem Wirken und seiner Frucht das Siegel des unverlierbaren Friedens auf, nicht des selbstischen parteiischen Eifers, der Unordnung anrichtet. Jak. 3, 13—18.

Stellen wir nun noch:

2) besonders die inneren und äußeren Bedingungen der christlichen Weisheit zusammen. Eine auf Christum concentrirte Einfalt ist das Charakteristische der christlichen Weisheit; dadurch wird dieselbe immer größerer Vervollkommnung theilhaftig. Matth. 6, 22. 11, 25. 2 Kor. 11, 2 f. 1, 12 („Unser Ruhm ist Wandeln in Einfalt und Lauterkeit"). Kol. 2, 3—10. Eph. 3, 19. Diese einfache Geschlossenheit gebietet nämlich über die reichsten Bildungs- und Wirkungsmittel, zusammengefaßt in **Christi eigenem Lebensbild, in dem ihm zugehörigen göttlichen Wort und in dem durch ihn vermittelten freien Gebetszugang zu Gott.**

a) In Christi Lebensbild haben wir eben den vollkommenen Ausdruck seines Geistessinnes, und in seinem äußeren Leben durchläuft er alle wesentlichen Verhältnisse und Conflicte des Menschenlebens.*) Er stellt ein Musterbild

---

*) Vgl. J. J. Heß, Lehren, Thaten und Schicksale des Herrn, und besonders J. Lindenmeyer, Geschichte Jesu nach der heil. Schrift — ohne moderne Geschichtsmacherei, von biblischen Grundbegriffen aus ins Einzelne eingehend und von diesem wieder ins Ganze. — In den ungünstigsten Situationen und schwierigsten Versuchungen als Menschensohn

dar, das einerseits die universellste Stellung und Bedeutung in der Geschichte einnimmt, zugleich aber für die gewöhnlichsten und niedrigsten Lebensverhältnisse zureicht, indem es eben in diesen Verhältnissen das Große bewirkt und darstellt. 1 Petr. 2, 21, vgl. mit V. 18. Das Hineinleben in den Lebensgang Christi, die Verinnerlichung seines Handelns, Nichthandelns und Leidens schärft und befestigt immer mehr die Erkenntniß und Einsicht für das individuell Wahre und Rechte, sowie dessen richtige Anwendung auch in schwierigen und zweifelhaften Fällen des kleinen und großen Taglebens. Es wird durch das beständige Aufsehen auf Jesum Christum ebenso die Großthuerei vermieden, die in das Allgemeine, in das Unbestimmte zerflattert, wie die Mikrologie, die das Höhere und Höchste verliert über ihrer Mückenseigerei. In der Persönlichkeit Christi selbst treten die markirten Züge oder die Grundlinien eines Weisen im vollen Sinne hervor, so eine Klugheit gepaart mit höchster Einfalt, eine auf das Innerste concentrirte Einsicht und eine das Weiteste wie das Nächste umspannende Umsicht u. s. w. Diese einzelnen Züge von Weisheit fassen sich dann ferner bei Christus zusammen in einfache, aber inhaltsreiche Grundsätze, die der Herr als Lehren und Gesetze ausspricht, und von diesen sind wieder seine Handlungen eigentlich nur die Exegese, eine immer zutreffende Erläuterung und Anwendung. Je mehr daher das Leben Christi unser inneres, immer gegenwärtiges Lebens-

---

(denn er tritt hierin nicht als Gottessohn auf) weiß Christus das Wahre und Rechte gerade in seiner individuellsten Anpassung zu treffen, zu vermitteln und zu verwirklichen und eben dadurch es wieder in seiner generellsten Wahrheit hinzustellen, weil das Ganze des menschlichen Lebens nur der Individualisirung des Einen göttlichen Willens dient.

2. Bedingungen der christlichen Weisheit.

element bildet, und wir es mit den ausgesprochenen Grundsätzen oder Geboten des Herrn verbinden, bildet sich in uns ein Centralblick der Weisheit aus, ein Blick, der nicht über Einzelheiten, trügerischen Verhüllungen und verwirrenden Anläufen die besonnene Stellung im Mittelpunkt der Wahrheit verliert, und der von diesem Mittelpunkt aus Personen und Dinge beurtheilt und behandelt. Vgl. Matth. 9, 11—13. Mark. 3, 2—4. Matth. 12, 2—4. 24 ff. Cap. 5, 39 mit Joh. 18, 23. Luk. 14, 3—5. Joh. 9, 39 ff.

Zum Bisherigen kommt noch

b) **als Bildungsmittel einer ins Heil einführenden Weisheit die heilige Schrift im Ganzen**, in welche Christus (Joh. 5, 39, vgl. 2 Tim. 3, 15) selbst hineinweist. Sie bringt uns vor Allem eine reiche **Sammlung von Lebensbildern** aller Art, und diese stellen uns theils überhaupt musterhafte Züge eines weisen Benehmens dar, theils die Verwicklungen und Vermittlungen derselben unter Sünde, Thorheit und Scheinweisheit. Zur Beleuchtung aber nach beiden Seiten finden sich wieder **klare Lebenssprüche, Weisheitssprüche**, die selbst aus der reichsten Erfahrung abgeschöpft sind. (Vgl. die Sprüchwörter.) Diese zusammengestellt mit den Lebensbildern üben und schärfen unseren geistigen Sinn, lehren uns, sofern letztere abweichen oder einstimmen, das Gute und Böse immer schärfer und feiner auseinander scheiden und namentlich auch erkennen, wie die allgemeinen Wahrheiten nach Ort und Zeit, Personen und Umständen ohne Verletzung ihres heiligen Geistes und Gehaltes verschiedene Wendungen annehmen können, wie aber auch durch alle Verhältnisse und Wendungen hindurch das Unveränderliche und Stetige sich behaupten muß. Ueber dieser reichen Welt von Lebensbildern und ihrer Darstellung schwebt durchaus der heilige Geist, die Menschen strafend und Gott verherrlichend, der Gegensatz zum falschen Geist, welcher den Menschen erhebt und Gott preisgibt. Ebenso zieht sich durch das Ganze der Schrift der große Erziehungsgang, welchen die göttliche Weisheit selbst mit dem Menschen einschlug, und dieser Erziehungsgang legt eine Tiefe von Weisheit und Erkenntniß dar. Röm. 11, 33.*)

Selbst das alttestamentliche Gesetz bietet im Ganzen ein Vorbild voll pädagogischer Weisheit dar, namentlich auch für Behandlung häuslicher und bürgerlicher Verhältnisse; es lehrt, wie man die menschliche Herzenshärtigkeit und Schwäche einerseits noch tragen, andrerseits aber sie umschränken und in die Zucht nehmen muß, namentlich auf Christum hin. Es bildet das Bewußtsein für Recht und Gerechtigkeit in tiefem Zusammenhang mit Frömmigkeit und Sittlichkeit aus und schärft den Blick auf das, was in einzelnen Fällen des gemeinen Lebens Rechtens ist. 5 Mose 4, 6. Pf. 119, 98 ff.**) Selbst der ceremonielle Theil des Gesetzes kann Ideen und Fertigkeiten hervorbilden, die verschiedensten Lebensbeziehungen ebenso im Geiste der Freiheit und durch innere thatsächliche Gemeinschaft mit Gott gottesdienstlich zu machen,

---

*) Vgl. Roos Abhandlung: „Ueber die Localität in der Schrift"; Heß: „Lehre vom Reich Gottes" (2 Bände); ein Auszug daraus, aber mit selbständigen Zugaben ist: „Kern der Lehre vom Reiche Gottes" (1. Band); Köppen, „Die Bibel ein Werk der Weisheit Gottes"; Reuß, Elementa theolog. moralis; J. T. Beck, Christliche Lehrwissenschaft, besonders §§ 17. 24.

**) Vgl. Bernoulli, Göttliches Recht und der Menschen Satzung; Schnell, Israelitisches Recht; J. Lindenmeyer, Das göttliche Reich ꝛc. S. 84 ff.

2. Bedingungen der christlichen Weisheit.

wie sie es dort im Buchstaben und rituell sind. Diesen Gewinn zieht allerdings nur der Christ, welchem des Herrn Geist das Verständniß von Moses und den Propheten öffnet, daß er sie liest mit prophetischem Blick. 2 Kor. 3, 14 ff.

Nun bleibt allerdings wahr, daß gar Manches in der Schrift schwerverständlich ist und schon Weisheit voraussetzt, aber es fehlt auch gar nicht an solchem, das den einfachen Herzen Weisheit gibt und sie weiter führt. Und auch das Schwerverständliche wird verwirrend nur für die Ungelehrigen und Leichtfertigen, die den Stufengang überspringen und über ihr Maß hinausreichen wollen. 2 Petr. 3, 16. Wo dagegen der Kindessinn ist, der statt das Wort zu führen, lernen will und gehorcht, wo das primär Verständliche gewissenhaft gebraucht wird zur Selbstbelehrung und Selbstbesserung, nimmt eben in der Schrift ein heiliger Geist die Leser in die Schule, wie in keinem anderen Buche. Dann kann wenigstens kein lebensgefährlicher Mißverstand sich ansetzen, und bleibt man willig und offen für die weiteren Schriftzeugnisse, so erleuchtet und reinigt der heilige Geist seine Schüler von jenen Grundelementen aus immer weiter, schärft die Gewissen, erweckt und vermehrt die innere Lust, erneuert und erhöht die geistigen Fähigkeiten, treibt in's Thun und Ueben und scheidet damit das Unreife aus der Erkenntniß immer wieder aus. So hat man unter diesen einfachen und doch unendlich wirksamen subjectiven Bedingungen an der Schrift ein vollständiges Bildungsbuch der höchsten Weisheit und können ihre Jünger reifen zu Männern am Verstand. Dieses Ziel wird um so sicherer an der Schrift erreicht, da sie für jeden Mangel an Weisheit hinweist in's Gebet als weiteres Bildungsmittel.

c) **Das Gebet.** Jak. 1, 5. Vgl. oben § 19. S. 32 ff.

Wir betrachten nun:

3) **Der christlichen Weisheit Stellung innerhalb der Welt.**

Die christliche Weisheit muß es sich:

a) **vor Allem gefallen lassen, wie die göttliche Weisheit selbst nichts zu gelten, ja als Thorheit zu gelten.** 1 Kor. 3, 18. 1, 21. 25. Denn Wesen, Weg und Ziel der christlichen Weisheit haftet in einer Höhe und Tiefe des Lebens, welche für die Welt nicht nur etwas Unbekanntes und Unzugängliches ist, sondern ihr als das Gebiet der Schwärmerei erscheint. Andererseits ist die christliche Weisheit in ihrer ganzen Erscheinung schlicht und anspruchslos, verzichtend auf äußeren und geistigen, auch geistlichen Glanz der Welt. 1 Kor. 2, 1—10. Die göttliche Weisheit selbst setzt ja eben darein ihren Ruhm, herunter zu steigen zu den Geringen und Verachteten, ja in das Nichts, mit ihren höchsten und tiefsten Wahrheiten einzugehen in die einfachste Gedankensphäre der Unmündigen und des Volkes, sowie in die gewöhnlichsten Lebensverhältnisse, selbst in die niedrigst gestalteten, wie in die der Sklaven, um im Kleinsten das Größte zu vollbringen. Ebenso nun als Nachbild der göttlichen Weisheit übt auch die christliche Weisheit ihr Geschäft im Kleinen, ist bereit in die nächsten, einfachsten und niedrigsten Verhältnisse des inneren und äußeren Lebens einzugehen. Sie ist bemüht, ihren höchsten Beruf, daß nämlich Alles nach dem höchsten Willen gethan werde und nach der höchsten Weisheit, gerade in den anscheinenden Kleinigkeiten des täglichen Lebens zu erfüllen, den weitesten Horizont, den Gesichtspunkt der Ewigkeit gerade in das ordinäre Tagesleben

3. Stellung der christlichen Weisheit in der Welt.

überzutragen. Und so liest der christlich Weise namentlich auch die Schrift mit beständiger nächster Anwendung auf die Lebensstellung, in der er sich befindet, auf sein persönliches Leben, Geschäft und Amt. Aber eben durch diese Treue im Kleinen erschwingt er sich eine immer höhere Stufe der Wahrheit, im Kleinen ergreift und realisirt er das Höchste. Daß darin eine ungewöhnliche sittliche Größe liegt, sagt Jedem sein Gefühl.

Weiter ist es:

b) **in der Beziehung zur Welt der christlichen Weisheit wesentlich, daß sie nur Reflex der göttlichen Wahrheit sein will und soll,** eben damit auch als Wahrheit in die Erscheinung tritt, oder: daß sie nur in der Gesinnung und Form der Wahrheit mit Wort und Werk wirksam ist. Dies ist Wahrhaftigkeit, das Haften in der Wahrheit.

Die **Wahrhaftigkeit im Allgemeinen** besteht in der Gleichförmigkeit des äußeren Benehmens, namentlich des Redens und Handelns mit dem inneren Sein, d. h. mit dem wirklichen Sein, sofern es uns zum Bewußtsein geworden. Ueber das Psychologische vgl. Seelenlehre § 26. Beim Christen namentlich ist hiernach die Basis der Wahrhaftigkeit, daß das gottselige Wesen, d. h. der Glaube mit seiner Gottesfurcht und Gottesliebe inwendige Kraft, ein reelles Besitzthum des inneren Menschen ist, nicht ein bloßer Schein oder nur die Form des Guten und Christlichen im Auswendigen, in Worten, Werken, Geberden, Sitten; und dann daß die entsprechende Gesinnung nach außen sich nicht verleugnet, sondern bethätigt. 2 Tim. 3, 5. Röm. 2, 28 f. Luk. 11, 39 f. Gal. 2, 14. Die sogenannte feine Lebensart, die gute und fromme Sitte läßt die Reinigung des Herzens dahinten über dem äußeren Benehmen und gibt diesem einen falschen Schein der Reinheit. Mark. 7, 1—9. Jer. 2, 21 ff. Die Scheinsucht will Menschen-Ansehen und treibt daher Kunst; die Wahrhaftigkeit ist einfach, denn sie hat den in's Verborgene sehenden Gott vor Augen, nicht die auf das Aeußere sehenden Menschen (vgl. Matth. 6, 16 ff. 1 Thess. 2, 5. Kol. 3, 22), ist thätig und treu ohne Großsprecherei, daß Wort und That im Einklang sind (Pred. 5, 4. Spr. 25, 14. Sir. 4, 34), ist offen und gerade, aber mit Klugheit das Böse erkennend, durchschauend und überwindend im eigenen Herzen und an Anderen (Matth. 16, 16. Röm. 12, 21. Ps. 15, 1 f., vgl. Sir. 8, 22. Spr. 25, 28), ist freimüthig gegen sich selbst und Andere. Matth. 14, 4. 22, 17 ff., vgl. Sir. 4, 30. Der wahre Freimuth ist nur bei Demuth, die keine Ansprüche macht, und bei Sanftmuth, die Unrecht ertragen kann, der volle nur bei Sündenreinheit. Spr. 12, 17—20. Joh. 8, 46 f. Sir. 4, 27—30.

Betrachten wir nun die Wahrhaftigkeit genauer im geselligen Verkehr, und zwar:

a) sofern es sich um göttliche Wahrheiten handelt.

Alles was der geistigen oder übersinnlichen und sittlichen Objectivität des Lebens angehört, was Vernunft-Wahrheit und Gewissens-Wahrheit, rationelle und sittliche Wahrheit ist, das gehört für den christlichen Weltbegriff als der κτισις angehörig seinem Wesen nach zur göttlichen Wahrheit, und soll, wie es in unserem Bewußtsein von uns erkannt ist, bekannt und bezeugt werden überall, wo es nöthig und dienlich ist. Verleugnung und Verkehrung dieser objectiven

Wahrheiten ist ein Vergehen gegen die geistige und sittliche Grund = Ordnung Gottes. Namentlich aber ist die Verleugnung und Verkehrung der in Christo erschienenen Wahrheit, der höchsten Wahrheit, Versündigung an der höchsten Majestät und an der höchsten Gnade Gottes, der in der Erschließung dieser Wahrheit eben seine Verherrlichung bezweckt und darin das Heil der Welt. Es ist eben daher auch Versündigung an dem theuersten Gute der Menschheit, die in der göttlichen Wahrheit ihre einzige Erbauung findet, d. h. ihre bestimmungsmäßige und heilsmäßige Entwicklung zu Gott. Ein der gegebenen Wahrheit entsprechendes Bekennen ($\delta\mu o\lambda o\gamma\epsilon\iota\nu$) und Bezeugen ($\mu\alpha\rho\tau\upsilon\rho\epsilon\iota\nu$) erscheint daher im Christenthum als unbedingte Pflicht gegen Gott und den Herrn wie gegen Menschen, und bedingt wieder sein Bekenntniß zu uns, d. h. eben unser Heil. Matth. 10, 32 f., vgl. mit Mark. 8, 38. Röm. 10, 10. 1 Petr. 3, 15. Für die Wahrhaftigkeit unseres Zeugnisses genügt nun aber nicht, daß bloß sein Inhalt objective Wahrheit ist und dieser schlechthin nur ausgesprochen wird; dies können selbst Dämonen thun, die Geister der Lüge. Luk. 4, 41. Die Bezeugung muß auch **subjective** Wahrheit in sich haben, d. h. die objective Wahrheit muß als eine uns innerlich angehörige hervortreten, als von uns anerkannte Wahrheit. Nur als eine Bezeugung, welche die Herzensüberzeugung ausspricht, ist das Wahrheitszeugniß auch ein wahrhaftes Bekenntniß, ist Glaubenszeugniß; Röm. 10, 10 setzt daher dem $\sigma\tau o\mu\alpha\tau\iota$ $\delta\mu o\lambda o\gamma\epsilon\iota\nu$ voran: $\kappa\alpha\rho\delta\iota\alpha$ $\pi\iota\sigma\tau\epsilon\upsilon\epsilon\iota\nu$. Vgl. 14, 23. 2 Kor. 4, 13: „ich glaube, darum rede ich."

Ist hiernach die überzeugungstreue oder die dem Glauben des Herzens entsprechende Bezeugung der göttlichen Wahrheit im Allgemeinen unbedingte Pflicht, so fragt es sich nun aber den einzelnen Personen und Verhältnissen gegenüber bei der Mittheilung der Wahrheit näher um Form und Zeit der Mittheilung, Maß und Umfang derselben. Diese Momente sind keine selbständige und sich gleichbleibende Momente des sittlichen Lebens, sondern sind veränderlicher Art, den äußeren Beziehungen des sittlichen Lebens angehörig, ebendarum untergeordnet dem höchsten Zwecke des sittlichen Lebens, daß Gott dadurch verherrlicht, und der Nächste erbaut werde. Im Ganzen also bestimmt sich die Mittheilung der Wahrheit gegenüber den äußeren Verhältnissen nach einem pädagogischen Zweck. Diesem Zweck zulieb oder überhaupt um guter Zwecke willen darf allerdings keine einzige göttliche Wahrheit verändert und verkehrt, als etwas dargestellt werden, das sie in der Wirklichkeit nicht ist. Es darf keine Simulation stattfinden, das hieße (Röm. 3, 7 f.) Böses thun, damit Gutes herauskomme, ein Gutes, das immerhin nur ein augenblickliches Scheingut ist. Will man Böses zum Mittel oder gar zum Vater des Guten machen, so heißt dies soviel als das in der sittlichen Ordnung einander Entgegengesetzte vereinigen wollen, und damit wird das sittliche Grundverhältniß, welches Gutes und Böses, Wahres und Falsches u. s. w. als ausschließlichen Gegensatz aufstellt, zerstört unter sittlichem Schein. Daß dagegen ein Theil der Wahrheit verschwiegen werde, nicht Alles Allen auf einmal zu sagen ist, dies kann, ja muß nach Zeit und Umständen eben resultiren aus dem sittlichen Grundverhältniß, sofern bei demselben die Rücksicht auf die göttliche Ehre und auf das menschliche Heil, auf die Würde der Wahrheit, die nicht Jedem sich preisgibt, auf die menschliche Kraft und

Empfänglichkeit dafür maßgebend ist, wie denn auch das subjective Recht auf göttliche Wahrheit kein unbedingtes ist, sondern selbst ein sittlich bedingtes. Matth. 16, 20 (Verbot zu sagen, daß er der Messias sei). 17, 9 (das bei der Verklärung Geschehene zu verschweigen bis nach der Auferstehung). Joh. 16, 12 („ihr könnt's noch nicht tragen"). 1 Kor. 3, 2 und Matth. 7, 6. So ergibt es sich denn auch, daß ein Theil der Wahrheit in einer Form zu geben ist, in welcher sie verdeckt und verhüllt ist zur Vermeidung des Mißbrauchs, zur Anspornung des Fleißes, zur Erprobung des sittlichen Ernstes, zur Abweisung der Bosheit und Arglist; über diese Modificationen der Mittheilung der Wahrheit entscheidet eben die der Wahrheit angehörende Weisheit, welche die Verwirklichung der Wahrheit normirt. Matth. 13, 10—13 (Reden durch Gleichnisse). 22, 15—22. 26, 62 f. 27, 12 bis 14. Joh. 8, 19. 25 f. 18, 19—21. 19, 2—11. Damit aber auch dieses theilweise Verschweigen und Verhüllen den Charakter der Wahrhaftigkeit habe, muß ihm zu Grunde liegen ein der Wahrheit dienendes Herz und die angegebene pädagogische Rücksicht auf göttliche Ehre oder Würde und auf menschliches Heil, nicht eine selbstische Gesinnung oder schwächliche Accomodation. Auch darf das Schweigen nicht so sich geben, daß dadurch das der Wahrheit entgegenstehende Unwahre anerkannt oder gar hervorgebracht wird; so würde das Schweigen selbst Lüge, und weder Gottes Ehre noch des Nächsten Heil gefördert. Daher sind auch wieder andere Fälle, wo eine Wahrheit, die bis dahin aus weisen, sittlichen Gründen vorenthalten wurde, nun selbst mit Lebensgefahr rücksichtslos zu bekennen ist. Gilt eine Zeitlang das Wort: „wer nicht wider uns ist, ist für uns," so zu anderer Zeit:

„wer nicht mit mir ist (sich nicht zu mir bekennt), ist wider mich." Vgl. Matth. 10, 27 f. 26, 62—64. Hier hat das Bekenntniß und Zeugniß nöthigenfalls in seine höchste und letzte Form einzugehen, in die des Martyriums. Diese Dahingabe des Lebens muß aber ein Opfer sein, das der Ehre und dem Dienst des wahren Gottes für das wahre Menschenheil gebracht wird, sonst ist es ein Götzenopfer, ein fanatisches Opfer. Joh. 21, 19. Phil. 2, 17, vgl. mit 1, 20—24. 2 Tim. 2, 16.*)

Kann und muß nun aber nicht Allen Alles gesagt werden und nicht Alles zu jeder Zeit, so doch Jedem das, was und wie und wann es ihm dient, und was Allen dient, muß bei Gelegenheit auch Allen gesagt werden Vgl. Joh. 18, 20. 37. Zur Beurtheilung und zum Treffen des Richtigen in dieser Beziehung hilft nicht casuistische Moral, sondern es gehört dazu eine in Gott geheiligte Verständigkeit und Geduld des Glaubens, Haushaltertreue und Klugheit. Vgl. Luk. 12, 42. Offenb. 13, 10. 14, 12. Eine Verleugnung oder Verkehrung der göttlichen Wahrheit in Lagen der Noth, zum Schutz eigener oder fremder Person, eine sogenannte Nothlüge oder Dienstlüge darf da, wo es göttliche Wahrheit gilt, niemals stattfinden; es ist dies auf dem biblischen Standpunkte Abfall von derselben, Untreue gegen Gott, Verleugnung aus Liebe zur Welt, aus Sucht, das temporäre Eigenleben in der eigenen oder fremden Person zu conserviren, und zugleich ist es ein falsches Mittel, indem man gerade dadurch das persönliche Leben in seinem eigentlichen Wesens-

---

*) Z. B. für kirchliche Prätensionen, dogmatische Fictionen, Menschensatzungen, schwärmerische und sectirerische Eigenmächtigkeiten, bei gewaltsamer oder sonst unreiner Ausbreitung des Christenthums.

bestand beschädigt oder gar verliert. Vgl. Matth. 10, 32 f. 37—39. 2 Tim. 2, 12. Nur Beugung unter das strafende Licht der göttlichen Wahrheit und das Aufsuchen neuer, festerer Verbindung mit dem Herrn kann den Glaubensstand wieder herstellen. Vgl. das Beispiel des Petrus.

Es gibt nun aber

β) Lebensverhältnisse, wo wir es nicht mit der göttlichen Wahrheit an und für sich zu thun haben, sondern nur mit äußeren oder inneren Wirklichkeiten oder auch mit dem, was wir gerade denken, wissen, wollen in Bezug auf gewöhnliche, zeitliche Verhältnisse. Da hat die Wahrhaftigkeit nur die formale Bedeutung, daß ich, wo es nöthig und dienlich ist, etwas so bezeuge, wie es wirklich statt hat und 'in meinem Bewußtsein ist; aber wieder nicht, daß ich je alles bezeuge oder äußere, was ich höre, sehe, denke, was von außen oder innen mein Bewußtsein und Denken erfüllt. Hier ist die Pflicht des Bekennens und des Bezeugens nie eine absolute, weil wir nur zu Gott in einem absoluten Pflichtverhältniß stehen. Vielmehr eine die Zunge bezähmende Schweigsamkeit gehört in den gewöhnlichen Verkehrsverhältnissen zur christlichen Weisheit und Zucht. Jak. 1, 19. Cap. 3. Und namentlich unberufenen Eindringlingen gegenüber, bösen Planen und Versuchungen gegenüber darf und soll zu eigenem und anderer Schutz Herz und Mund so gut als das Haus verschlossen sein. Sprüche 11, 13. 20, 19. Die Rücksicht auf göttliche Ehre, auf eigenes und fremdes Heil, auf Fassungs= und Tragkraft muß hier sowohl beim Schweigen als beim Reden bestimmen, wo und wie es statt=zufinden hat. Pred. 3, 7. Sprüche 10, 19. 13, 3. 16, 26.

1 Petri 3, 10. Es ist jedoch nicht das auf Täuschung des andern berechnete Schweigen, das Schweigen des Versteckten, des Hinterlistigen, des Klüglings u. s. w. Sogenannte Nothlügen oder Dienstlügen, um sich oder Andern durchzuhelfen oder einen Dienst zu leisten, können daher auch in Bezug auf bloß factische Wahrheiten nicht als recht und gut gelten, da Alles unter der sittlichen Regierung eines wahrhaftigen Gottes aufzufassen ist, der die Lüge nie als Rechts- oder Heilsmittel anerkennen kann (Röm. 3, 5—8), vielmehr auch im gesellschaftlichen Verkehr sie absolut verbietet. Kol. 3, 9. Eph. 4, 25. Offenb. 22, 15. Die Nothlüge kann eben daher auch nicht als eine Nothwehr bezeichnet werden, da diese gebunden bleibt an die in der göttlichen Ordnung liegenden Rechtsmittel, und unter diese ist die Lüge, d. h. daß ich wissentlich Unwahrheit statt der Wahrheit setzen darf, in der Schrift nie eingereiht. Daher auch der Umstand die Sache nicht ändert, daß der Andere kein Recht auf eine bestimmte Wahrheit haben soll, und daß ich einem Dritten Schutz gegen ihn schuldig bin. Hat auch der betreffende Mensch kein Recht auf Wahrheit an mich, so doch Gott, der ein Gott der Wahrheit ist und nicht der Lüge. Nicht das Verhältniß von Mensch zu Mensch entscheidet principiell über sittliche Fragen, sondern überall das Verhältniß zu Gott, unter dessen sittlicher Regierung Alles steht. Sonst müßte, um sich oder Anderen in Nothfällen zu helfen, auch falscher Eid, Hurerei, Raub, Geldunterschlagung zu den sittlichen Noth- und Hilfsmitteln gehören. Dagegen gibt es namentlich als Nothwehr einzelnen Menschen gegenüber ein Recht, etwas völlig oder theilweise zu verschweigen, da eben nur Gott, kein einziger Mensch das absolute Recht hat, Alles zu

3. Stellung ꝛc. Wahrhaftigkeit.

wissen, und das Vermögen, Alles recht zu gebrauchen und zu tragen; so auch, sei es direct oder indirect, durch Unbestimmtheit des Ausdrucks, durch Verbindung mit anderen erlaubten Handlungen die Entdeckung zu verhindern, wo man diese nicht schuldig ist, wo kein besonderes Recht auf die Eröffnung stattfindet oder sogar Unrecht und Schaden durch die Entdeckung gefördert würde. 1 Sam. 16, 1—5. Jer. 38, 24—28. 37, 20. Act. 23, 6 f. 26, 5 ff. 24, 15. 20 f. Joh. 7, 2—10.*)

Worauf beruht nun aber die **absolute Verwerflichkeit der Lüge?** Sie widerspricht schon dem natürlichen

---

*) Wenn man in letzterer Stelle auch nicht die Worte Jesu nur von der Ablehnung einer sofortigen Theilnahme an der öffentlichen Festreise nach Jerusalem verstehen will, so bleibt es doch immer gegenüber einem Charaktermann wie Jesus eine böswillige Erklärung, schlechtweg eine Lüge ihm anzuheften, statt an die naheliegende Möglichkeit zu denken, daß Jesum sachliche Gründe zur Aenderung seines ersten Entschlusses veranlaßt haben. Wenn auch in V. 8 οὐκ ἀναβαινω gelesen wird statt οὐπω, wiewohl das Uebergewicht der Codd. für letzteres und nur das der Versionen für οὐκ ist, so hat das: οὐκ ἀναβαινω jedenfalls schon seine Bestimmung erhalten durch das V. 6 vorangestellte: ὁ ἐμος καιρος οὐπω παρεστι, was sogar V. 8 noch einmal an das: οὐκ ἀναβαινω angehängt wird. Das zweimal gesetzte οὐπω „noch nicht" erklärt das dazwischen gebrauchte οὐ, welches auch Mark. 7, 18 f. für das Matth. 15, 17 gebrauchte οὐπω gesetzt ist. Was hätte denn auch den Herrn seinen Brüdern gegenüber bestimmen können zu sagen: „ich gehe garnicht auf das Fest" statt gerade heraus: „ich gehe noch nicht!" Genau den Zusammenhang betrachtet, beziehen sich die Worte Jesu eben darauf, daß die Brüder V. 3 und 4 einen öffentlichen Schauzug nach Judäa vom Herrn verlangt hatten, also Anschluß an die Festkarawane. Diese Theilnahme am öffentlichen Festzug lehnt der Herr mit dem Wort ab: „ich gehe nicht auf dies Fest," nachdem er V. 6 gesagt hat, eben deshalb nicht, weil die ihm gelegene Zeit (καιρος) noch nicht da sei; und eben im Gegensatz zu der in der öffentlichen Form abgewiesenen Festreise steht V. 9 und 10 das spätere incognito Hinaufgehen. Vgl. die Commentare von Meyer und Godet zu der Stelle. Lindenmeyer, Geschichte Jesu. II. S. 1 f.

d. h. dem grundgesetzlichen Zusammenhang zwischen Innerem und Aeußerem und der Zweckbestimmung des Aeußerungsvermögens, daß es als Organ dem inneren Wissen sich anzuschließen, nicht aber als Widerspruch sich ihm entgegen zu setzen hat. Matth. 12, 34—39. 6, 22 f. Lug und Trug sind aber namentlich Folgen der Verkennung und Mißachtung Gottes, wie er selbst der Heilige, der Wahrhaftige und Gerechte ist. Sie mißhandeln, verkennen und und verkehren auch das Bild Gottes nicht nur in der eigenen Person sondern auch im Nebenmenschen, vermöge dessen kein Mensch als ein sittlich indifferentes Object zu behandeln oder zum Spielball einer falschen Intelligenz zu machen ist. Jak. 3, 9. Kol. 3, 9 f. Eph. 4, 24 f. Sprüche 12, 22. Pf. 5, 5—9. Dazu kommt die praktische Verderblichkeit der Lüge, sofern sie nicht nur in Anderen sittliches Aergerniß hervorbringt, sondern auch in der eigenen Person immer weiter wuchert, indem sie als ein Princip wirkt, das sich in immer neuen Gebilden vervielfältigt und steigert. Jer. 9, 5 und 8. Pf. 5, 10. 28, 3. 31, 19. 52, 4 ff. So ist die Lüge einerseits ein Band des Satans als des Urlügners (Joh. 8, 44) und andererseits Zerreißung oder Zerrüttung der natürlichsten und heiligsten Bande, der gliedlichen Gemeinschaft, wie sie gegenüber Gott und den Menschen durch Natur und Gnade gesetzt ist. Eph. 4, 25. Gerade also aus dem Wesen der Lüge ergibt sich, daß dieselbe durch keine eigene oder fremde Noth dem Begriff des Gebotenen oder auch nur des Erlaubten und Heilsamen (Plato faßt die Lüge als eine heilsame Arznei für das gemeinsame Beste) eingereiht werden darf, sondern sie muß (im besten Fall) eingereiht werden in den Begriff der Schwäche. Als solche findet sich die Nothlüge bei Abraham (1 Mos. 20, 2 ff.), bei den hebräischen Wehemüttern (2 Mose 1, 19), bei Rahel (1 Mose 31, 34 f.), bei Rahab (Jos. 2, 4 f.), mehrfach bei David, der dadurch jedesmal etwas verschlimmert (z. B. auf die Lüge vor dem Priester Ahimelech folgt der Priestermord), bei Petrus. Es ist immer Mangel an Einfalt im Vertrauen zu Gott und daraus entstehende Menschenfurcht und Kreuzesflucht, Mangel an Gebetsernst, an Wachsamkeit und Weisheit, die das Böse mit dem Guten zu überwinden weiß, statt vom Bösen sich überwinden zu lassen. 2 Kor. 6, 4 ff. Als sittliche Schwäche kann nun die Nothlüge wie alle Schwachheitssünden nach dem sonstigen Charakter der Person, nach dem Motiv und Zweck dabei übersehen und vergeben werden, aber nicht gerechtfertigt oder gar als eine fromme und edle That gerühmt werden.*)

Unter den Begriff der Lüge fallen übrigens solche Aeußerungen nicht, bei welchen es sich in erkennbarer oder in anerkannter Weise nicht um Mittheilung der Wahrheit oder um Geltendmachen einer Unwahrheit handelt wie bei harmlos erheiterndem Scherz, bei conventionellen Formen der Höflichkeit, wo Jeder weiß, daß es nur Höflichkeitsausdruck ist, der nur die Geltung in der Gesellschaft, nicht den per-

---

*) Glaubt man auch noch so viele Beispiele für zu rechtfertigende Unwahrheiten aus der Schrift zusammen bringen zu können, fest und klar ist der Thatbestand der, „daß die Schrift in ihrem doctrinellen Theil nichts weiß von erlaubter, edler und frommer Lüge." Krehl, Neutestamentliches Handwörterbuch S. 430. Harleß nimmt die Argumentation für die Nothlüge in der neuesten Auflage seiner Ethik ernst zurück. Vgl. Nitzsch, System § 172 Anm. Flatt, Christl. Moral S. 521 ff. Schmid, Christl. Moral S. 734 ff. Speners „Bedenken" im Auszug von Hennicke S. 103. — Weiteres ist schon bei der Collision der Pflichten gegeben.

sönlichen, sittlichen Werth der Betreffenden bezeichnen soll und will. So erwähnt es der Herr z. B. Luk. 22, 25 als eine in den Weltverhältnissen statthafte Sitte, daß, die Gewalt haben, gnädige Herren heißen, womit nicht gesagt ist, daß alle in der Wahrheit als solche anzuerkennen sind. Ebenso Matth. 26, 50 ist das Wort ἑταῖρε Convenienzsprache und eben darum nicht Lüge, nicht ist es Anerkennung als Freund. Nur muß auch hier der Geist der Zucht die sittliche Maßbestimmung üben, muß alles Unwürdige, Leichtsinnige, Schmeichlerische und Uebertriebene fern halten. So ist auch im Vertheidigungszustand bei Krieg und räuberischem und mörderischem Anfall überhaupt Verstellung und Nachstellung, List und Täuschung zwar nicht in jeder Form, aber im Allgemeinen erlaubt, da in der Person des Angreifers die Bestialität der Gewalt der Humanität entgegentritt, die sittliche Gemeinschaft und das Rechtsverhältniß radical von ihm zerrissen, Rechtsweg und Rechtsordnung aufgehoben und unmöglich gemacht wird. So gilt es, den thatsächlichen Ueberwältigungsversuchen mit allen Kräften entgegen zu treten, wobei nicht nur Hand gegen Hand kämpft, sondern auch Verstand gegen Verstand wie bei dem Kampf gegen die Raubthiere. Dagegen, sofern auch dabei nicht bloß die zur Bekämpfung roher Gewalt und Thierheit gehörigen Actionen in Frage kommen, nicht bloß die individuelle Rücksicht auf den Angreifer, sondern immer noch von der thierischen Action der wesentliche Habitus des Menschen als Mensch zu unterscheiden ist, behalten die allgemeinen Gesetze des sittlichvernünftigen Menschenverbandes ihre von Krieg und Frieden unabhängige Kraft, und so bleibt auch von der Nothwehr positive Lüge, Wortbruch und Treulosigkeit, wie alle

Grausamkeit und Rohheit ausgeschlossen um Gottes willen, wenn auch nicht um der betreffenden Individuen willen.

Wir reflectiren nun noch

c) auf die besondere Form, die das Bekenntniß der Wahrheit in Eid und Gelübde erhält.

Der Eid als ὅρκος ist eine besondere Art des Schwörens (ὀμνύναι), eine specielle Betheuerung. Betheuerung oder Schwur überhaupt ist Bekräftigung einer Aussage oder Zusage durch irgend welche Berufung auf etwas Theures, d. h. auf etwas Werthvolles und Werthgeschätztes, welches man als Pfand einsetzt für Einhaltung der Wahrheit, z. B. seine Ehre. Das Specifische*) des Eides aber ist, daß es sich da um den höchsten Schwur handelt, um Verbürgung der Wahrheit durch Hereinziehen absoluter Autorität und dies geschieht durch die Betheuerung in religiöser Form, d. h. unter feierlicher Berufung auf Gott. Gott ist nun aber nicht wie die Ehre etwas Sächliches oder vom menschlichen Urtheil Abhängiges, sondern ist Persönlichkeit und zwar die unabhängigste. Bei der Berufung auf Gott wird er also vorausgesetzt allerdings zunächst als Zeuge der Wahrheit (2 Kor. 1, 23); da aber Gott nicht als bloß passiver Zeuge zu denken ist, sondern als activer Vertreter der Wahrheit gegen ihre Negation, die Lüge, so kommt Gott, indem er als Zeuge für die Wahrheit

---

*) Ueber das bloß Generelle des Schwurbegriffs gehen manche Eidesdefinitionen nicht hinaus, namentlich die der Kantischen Moralisten. Auch de Wette nicht. Ueberhaupt wird Schwur und Eid meistens vermischt. Sinnlos ist vollends die bloße Formel: „ich schwöre", ohne Nennung des Gegenstandes, bei dem man schwört, mit dem die Wahrheit verbürgt sein soll.

aufgerufen wird, eben damit auch als Rächer der Unwahrheit in Betracht, ohne daß er besonders zur Rache aufgefordert wird. Beim Eid handelt es sich also um Gott nicht als bloße Gnadeninstanz, daß er mir helfe zur Wahrheitsbezeugung, sondern vor Allem als die höchste sittliche und richterliche Instanz. Ruth 1, 17. 1 Kön. 2, 23. 2 Kor. 1, 23. Eine Uebertreibung ist die Vorstellung, daß bei der Berufung auf Gott: Gott thue mir dies und das für den Fall der Unwahrheit, ein Verzicht auf die Seligkeit ausgesprochen, die göttliche Verdammung zu ewiger Höllenstrafe herbeigerufen und das absolute Verlorengehen entschieden sei. Nur das göttliche Gericht, die Bestrafung der Unwahrheit im Allgemeinen ist die Voraussetzung bei der eidlichen Beschwörung und damit die Vergeltung der eigenen Rede nach dem Maßstab der göttlichen Gerechtigkeit, der aber in dieser Zeit noch nicht absolute Verdammniß verhängt und noch Frist zur Buße läßt. Diese Beziehung auf die göttliche Instanz gehört zum Wesen des Eides, nicht aber, daß er immer die Form eines gerichtlichen Vorgangs haben muß. Meineid ist noch zu unterscheiden von falschem Eid. Falscher Eid kann nämlich die Beschwörung von etwas heißen, das der Schwörende irriger Weise für wahr hält. Besser würde man jedoch in diesem Falle sagen: ein irriger Eid, ein Fehleid. Meineid aber ist die Beschwörung von etwas, von dessen Unwahrheit der Schwörende das Bewußtsein hat; es ist absichtliche Fälschung. Daß nun der Meineid eine Verspottung Gottes ist, darf nicht erst weitläufig auseinandergesetzt werden. Ezech. 17, 19, vgl. Gal. 6, 7. Vgl. über die Materie des Eides Nitzsch „System" § 207; Harleß § 39.

Das vorausgesetzt, besprechen wir

α) die **Zulässigkeit des Eides**, ausgehend von dem Worte Christi Matth. 5, 33 ff., wobei sich zeigen wird, wie die Nicht-Unterscheidung von Schwur und Eidschwur verhängnißvoll ist. Schon von vornherein lassen es mehrfache Gründe nicht glaublich erscheinen, daß jene Worte eine absolute Verwerfung aller Betheuerung und namentlich des Eides enthalten. Es wäre damit der Eidesbegriff des alten Testaments, das den Eid als gottesdienstliche Handlung auffaßt (vgl. 5 Mos. 6, 13. 10, 20. Jer. 4, 1 f.) geradezu aufgehoben, was mit der Grundstellung des Herrn zum Gesetz (Matth. 5, 17—19) unvereinbar ist. Ferner finden sich nicht nur im alten Testament Schwüre Gottes selbst (23 mal: „so wahr ich lebe"), sondern diese Gottesschwüre werden auch im neuen Testament geltend gemacht. Act. 2, 30. Hebr. 6, 13. 16 f. 7, 21. Ja der Herr selbst gebraucht nicht nur vielfach Betheuerungen, die, wie schon $ἀμήν$, über das einfache $ναί$ hinausgehen, er acceptirt auch den gerichtlichen Eid, wie er nach damaliger Sitte abjurativ deferirt wurde. Matth. 26, 63 f. Dazu kommen nun noch ohne äußere Deferirung ganz spontane apostolische Schwüre,*) dies selbst gläubigen Christen gegenüber, sogar in Bezug auf äußerliche und individuelle Facta, da eben die christlichen Verhältnisse nicht dem vulgären Weltverkehr angehören. Röm. 1, 9. 2 Kor. 1, 23. 11, 11 und 31. Gal. 1, 20. Phil. 1, 8. 1 Thess. 2, 5 und 10.**) Endlich wird Jer. 23, 7 f. und

---

*) Haben mit solchen Schwüren die Apostel etwas Ueberflüssiges oder gar christlich Unerlaubtes gethan?

**) So ist es also falsch, zu sagen: „die Kirche kenne keinen Eid, nur der Staat," wie Nitzsch sagt, und wie Harleß: „nur aufgefordert dürfe man schwören."

Jes. 65, 16 das Schwören bei dem Gott der Gnade und der Wahrheit noch bis in die fernste Zukunft, ja bis in die höchste Stufe des göttlichen Reiches ausgedehnt als das feierlichste Bekenntniß des lebendigen Gottes.

Gehen wir nun aber auf den Zusammenhang unserer Stelle (Matth. 5) näher ein. Der Herr geht V. 33 aus von den ὅρκοι, von den bei dem Herrn geleisteten Schwüren, also von den Eiden, wie sie das Gesetz nicht nur zuläßt, sondern anordnet. 2 Mos. 22, 10 f. 5 Mos. 6, 13. 10, 20. Jer. 4, 2. Die einzige Restriction bei dem Gesetzeseid war, daß der Schwur bei dem Namen des wahren Gottes geschehe, und daß derselbe nicht gemißbraucht oder gemein gemacht werde, wie es geschieht durch unbedachtsames oder gar falsches Schwören, oder durch Nichthalten des eidlich Versprochenen. 2 Mos. 20, 7. 3 Mos. 19, 12. 4 Mos. 30, 3. 5 Mos. 23, 21 ff. Die Schwüre im Allgemeinen waren nun aber auch im Privatverkehr sehr verbreitet (vgl. 1 Mos. 24, 37. 50, 5. Matth. 14, 7), und die Pharisäer beförderten das leichtfertige Schwören durch laxe Grundsätze. Matth. 23, 16 ff. Die pharisäische Tradition verdrehte nämlich das in Matth. 5, 33 angeführte Gesetz in seiner zweiten Hälfte so, daß man auf τῷ κυρίῳ den Nachdruck legte, um andere den Namen des Herrn umgehende Schwüre für nicht verbindlich zu erklären.*) Jesus hat nun bei seinen Bestimmungen nach den zur Erläuterung gewählten Beispielen unverkennbar die Gott aus

---

*) Auch nach Andeutungen bei Classikern waren die damaligen Juden gerade wegen leichtfertigen Schwörens besonders übel berüchtigt. Joseph. Bell. Jud. II, 8. Vgl. auch thalmudistische Aussprüche, wie Schebuoth 4, 13: Si quis dicat: adjuro vos, praecipio vobis, interdico vobis, tum ecce ii, qui hoc modo adjurantur, obligantur. Si autem dicat: adjuro vos per coelum et terram, ecce non obligantur.

dem Spiel lassenden Privatschwüre im Auge,*) und so verlangt er, daß im täglichen Leben, wo die Juden mit Schwören bei Himmel, Erde, dem eignen Kopf das Schwören bei Gott umgehen wollten, überhaupt kein Schwur geschworen werde, und macht V. 35 f. die mit keiner Formel zu umgehende Grundbeziehung auf Gott geltend; ebenso Matth. 23, 20 ff. Eben nun gegenüber dieser listigen Entkräftung des Schwures im gemeinen Leben macht er in V. 37 sogar die Verbindlichkeit des bloßen „Ja" und „Nein" geltend, wie es im täglichen Leben vorkommt, und erklärt die Schwurzusätze zu Ja und Nein als aus dem Argen stammend, weil diese Zusätze einerseits gegen das Verbot des falschen Schwörens bei Gott sicher stellen sollten, andererseits doch den guten Glauben bei Andern erschleichen wollten. Jesus sagt also: „Ihr sollt im gewöhnlichen Privatverkehr, wo ihr eben den Namen Gottes nicht zu gebrauchen wagt, nicht nur nicht falsch schwören, ihr sollt da überhaupt nicht schwören, sondern euer bloßes Ja und Nein soll so bindend sein als irgend welcher Schwur.**) — Auch die Worte Jak. 5, 12, wo das ganze Capitel es durchaus mit dem socialen Tagesleben zu thun hat, haben nur den gewöhnlichen Privatverkehr im Auge mit seinen willkürlichen Betheuerungsformeln.

So stimmt denn die Praxis des Herrn und seiner Apostel mit seinen Worten überein, und das Schwören beim Namen Gottes oder der Eid erscheint zulässig in den

---

*) ὀμνύαι ist „betheuren, schwören" überhaupt, bedeutet daher auch in der classischen Sprache erst in der Verbindung mit ὅρκον und θεόν den religiösen Schwur, den Eidschwur.

**) Gilt es: ein Mann ein Wort, so noch vielmehr: ein Christ ein Wort.

öffentlichen Verhältnissen des Staats und der Kirche aber immer nur, soweit er nothwendig ist (Hebr. 6, 16f.), mit Ausschluß alles leichtsinnigen Gebrauches in Beziehung auf die Gesinnung, wie auf den Gegenstand und den Ausdruck oder die Form. An dieses Gesetz ist nun nicht nur der Christ für seine Person gebunden, sondern auch ein Staat, der gegen die christlichen Principien nicht verstoßen will. Er hat den Eid in diejenige Ordnung zu bringen, welche der Heiligung des göttlichen Namens angemessen ist.

Der Eid ist aber

β) auch nothwendig und unentbehrlich durch den Zusammenhang des christlichen Lebens selbst mit Sünde und Welt. Diese Nothwendigkeit geht namentlich daraus hervor, daß der eingerissenen Gottentfremdung auch die sociale Untreue mit und ohne Absicht sich zugesellt. Dies macht es eben nothwendig, daß in wichtigen Fällen der Mensch feierlich der richterlichen Macht des allwissenden Gottes gegenübergestellt wird, und daß so sein Gewissen für die besonnene Abwägung der Wahrheit erweckt und gestärkt wird, sowie dem Gewissen Anderer gegenüber die Wahrheit verbürgt wird.*) Bei Christen gehört es nun allerdings zur Pflicht und Frucht des Glaubens, daß ihr Reden und Thun im Allgemeinen im Namen Gottes sich heiligt; aber auch bewährte Christen sind immer noch der Schwäche und Uebereilung ausgesetzt, ja dem Herausfallen aus dem heiligen Geist, und so bedürfen auch sie, namentlich in besonders versuchlichen Fällen, des Eides als einer Zucht wider das eigene Herz oder Fleisch, und von Andern können sie, so lange sie

---

*) Vgl. Mosheim V. Th., 1. Hauptst. § 24, Anmerk.

Menschen sind, kein so absolutes Vertrauen beanspruchen, um sich der religiösen Verbürgung der Wahrheit Andern gegenüber zu entziehen, was selbst der Herr Matth. 26 nicht thut.*) Der Eid als besondere Schwurform kann nur wegfallen, wenn einmal Alles von Gott durchdrungen ist, Menschen und Welt; aber da ist auch alles Denken und alles Reden zu einem in Gott geheiligten Akt geworden, nicht erst, wie jetzt, ein noch zu heiligender, d. h. das Wesen des Eides ist in das ganze persönliche Leben übergegangen: es ist also die **erfüllende Aufhebung des Eides**.

Auf der andern Seite scheint der Eid da sich selbst als zweck- und wirkungslos **aufzuheben**, wo der Glaube an Gott aufgehoben ist.**) Aber die moralische Macht des Eides und seine religiöse Bedeutung beruht nicht bloß auf dem vorhandenen subjectiven Glauben,***) sondern vor allem auf dem von menschlichem Unglauben unabhängigen **objecti-**

---

*) Die **ängstliche Scheu** vor dem Eid, den h. Gott zum Zeugen zu nehmen, beruht auf der jetzt noch nicht reinen Liebe Gottes. Je mehr die Liebesverbindung mit Gott im Menschen sich vervollkommnet, je mehr wird es ihm zur Freude, sich vor Gott zu stellen und so auch nöthigenfalls auf Gottes Zeugniß sich zu berufen.

) So raisonnirt schon Plato, daß deßhalb weise Gesetzgeber die Parteien nicht mehr schwören lassen werden, damit nicht Viele meineidig werden. Da könnte man noch kürzer den Glauben an Gott ganz abschaffen bei zunehmendem Unglauben, damit nicht immer mehr Ungläubige werden, oder auch alle Ehegelöbnisse, damit nicht Ehebrecher werden. Allein der ganze Gesichtspunkt ist falsch. **In moralischen und religiösen Fragen entscheidet nicht der Erfolg, weder der günstige noch der ungünstige, sondern der wesentliche Zusammenhang mit objectiven Gründen.

***) Diese subjective Fassung der Bedeutung des Eides beherrscht namentlich die moderne Moral. Auch **Schmid** erklärt ohne Weiteres: „Der Eid ist nur als etwas Subjectives anzusehen, als Erklärung einer bestimmten Art des Bewußtseins im Menschen.

ven Dasein und Walten des angerufenen Gottes, sowie auf der objectiven Abhängigkeit der Welt und der Menschheit von Gott, wie sie namentlich in aller Menschen Gewissen liegt. Die religiöse Fähigkeit und Gebundenheit ist wesentliche Bestimmtheit der Menschennatur im Unterschied von der Thiernatur. Diese objective Gebundenheit muß gerade gegenüber dem subjectiven Unglauben und der zunehmenden Gottlosigkeit in öffentlicher Geltung behauptet werden von Seiten der staatlichen und kirchlichen Gesellschaft, wenn diese nicht der Auflösung in ein bloß thierisches, von Gewalt und List beherrschtes Zusammensein entgegengehen soll. Soll also nicht Gewissenlosigkeit und Gottlosigkeit, die Auflösung jedes humanen Vereins staatlich autorisirt werden, soll gerade der zunehmenden Gewissenlosigkeit gegenüber Wahrheit und Recht noch gesichert werden, so muß das verwahrloste und unterdrückte Gewissen eben geweckt und entbunden werden durch die potenzirteste Vergegenwärtigung Gottes, wie sie im Eid geschieht. Im Eid liegt kein Religions- oder Glaubenszwang; denn einmal involvirt das staatliche Recht der individuellen Religions- und Gewissensfreiheit nicht das Recht autorisirter Religionslosigkeit und öffentlicher Gottesleugnung, und der Endzweck des Eides ist nicht ein Glaubensbekenntniß abzufordern, sondern zur Sicherung von Wahrheit und Recht den Menschen der höchsten Autorität gegenüberzustellen, ob er sie glaube oder nicht. Der Eid ist das äußerste Mittel, den Menschen noch zu sich selbst zu bringen, ist das officielle Recursmittel an die höchste Rechtsinstanz, wo die übrigen Mittel unzureichend sind, an das allgemeine, unverwüstliche Gottesbewußtsein der Menschheit, an den Kern der Menschennatur. Und auch angenommen, der Eid wirke bei Vielen oder Wenigen nichts, so soll dadurch der Unglaube in seinem Widerstand gegen die höchste und heiligste Rechtsinstanz als maßlose Sünde ($\kappa\alpha\vartheta'$ $\dot{\upsilon}\pi\varepsilon\varrho\beta o\lambda\eta\nu$ $\dot{\alpha}\mu\alpha\varrho\tau\omega\lambda o\varsigma$ $\dot{\alpha}\mu\alpha\varrho\tau\iota\alpha$) aufgedeckt und gerichtet werden. Auch in seiner subjectiven Impotenz, wo der Eid nicht mehr wirkt, und gerade darin ist der Eid das factische Zeugniß, die öffentliche Ueberführung von der tiefen Corruption einer Person, einer Richtung, eines socialen Zustandes, sowie eine öffentliche Verurtheilung eines solchen Zustandes nicht nur vor dem Gewissensurtheil, sondern vor dem göttlichen Tribunal. Die Schrift nennt solches oft „ein Zeugniß über sie", wo die Fruchtlosigkeit der Anwendung göttlicher Wahrheitsmittel besprochen wird.

Nur so wird die solidarische Verantwortlichkeit, die Verhaftung der ganzen Gesellschaft für die Gottlosigkeit der einzelnen Glieder aufgehoben, wird dem moralischen Untergang, der Verwerfung des Ganzen vor Gott vorgebeugt. Eine staatliche Abschaffung des Eides ist also nicht zu rechtfertigen, doch ist auch ein staatlicher Zwang dazu in einzelnen vorkommenden Fällen der Eidesverweigerung nicht zu empfehlen, wohl aber die Bedrohung mit verschärfter Bestrafung bei etwaigem Bruch der Zusage oder falscher Aussage. So muß auch absolute Verweigerung des Zeugnisses, wo die Forderung durch wirkliche Rechtspflicht und Bedürfniß begründet ist, der Bestrafung unterliegen.

Also weder durch Glauben, wie bei den Christen, noch durch Unglauben, wie bei den Gottlosen und Gewissenlosen, verliert der Eid seinen heiligen Werth; seine Kraft beruht nicht auf menschlichem Glauben oder Unglauben, sondern darauf, daß eine übermenschliche Rechtsmacht die Welt beherrscht und richtet.

Soll aber der Eid nicht zum Schaden des Schwörers, sondern ihm zum Segen seine Heiligkeit behaupten, so sind die subjectiven und objectiven Erfordernisse einzuhalten, wie sie bündig Jer. 4, 2 zusammengefaßt sind. Der Eid muß nämlich geschehen בֶּאֱמֶת, in Aufrichtigkeit, ohne Mentalreservation und Zweideutigkeit, בְּמִשְׁפָּט (cum judicio), ohne Uebereilung, daß der Thatbestand richtig erkannt, Recht und Unrecht wohl erwogen und unterschieden werden kann und wird, וּבִצְדָקָה, in gerechter Sache.

Niemals aber darf der Eid auferlegt, acceptirt oder gedeutet werden als ein Zwangs- oder Sicherungsmittel für etwas, was nicht schon ohne Eid Pflicht und Recht ist, für etwas Ungerechtes und Ungöttliches. Es widerspricht dies dem wesentlichen Sinn des Eides, sofern er eine Berufung auf Gott ist, den Heiligen und Gerechten. Eben daher kann und darf der Eid für eine Person oder Sache nicht verbindlich machen in einem Sinn und Umfang, daß es wider Gott ist. Ich schwöre bei Gott, also nie wider Gott, und mit Gott kann kein Mensch wider Gott binden oder verpflichten. Das ist die wesentliche Präsumption eines Eides, die nicht erst besonders stipulirt werden muß. Daher ist jede Eidesdeutung in sich selbst null und nichtig, die den gebrauchten Worten einen widergöttlichen Sinn unterlegen will oder etwas dem göttlichen Recht und Gesetz Widersprechendes daraus ableiten. Dies ist eben durch den Eid als Eid negirt und verurtheilt. Etwas mit Unrecht Geschworenes muß daher, und zwar nöthigenfalls auch mit öffentlicher Anerkennung eigener Verschuldung, jedenfalls aber mit Bereuung, der richtigen Erkenntniß weichen, sonst wird die Verschuldung nur verdoppelt. 3 Mose 5, 4 ff. 1 Sam. 25, 21 f. 32—34. Matth. 14, 7—9. 15, 3. Vgl. Milton, „de doctrina christiana" S. 434 ff.; Spener, „Bedenken" S. 98—102, S. 94—97.*)

Was die Gelübde betrifft, so gehören sie nur dem alttestamentlichen Gesetz oder der Accomodation an dasselbe an (Act. 21, 20 ff.), nicht dem neutestamentlichen Glaubensstand. Vgl. Spener S. 97 ff. und Harleß § 39 S. 404 ff., auch Sailer II. § 204.

§ 23. Die christliche Rechtlichkeit.

Die christliche Rechtlichkeit bestimmt sich nach dem göttlichen Rechtsbegriff, wie die Weisheit nach dem göttlichen Wahrheitsbegriffe. Der göttliche Rechtsbegriff liegt im göttlichen Gesetz, wie es namentlich im göttlichen Wort dargelegt ist. Dieses göttliche Gesetz ist dem Christen das objective Recht, sofern es das Richtige (יָשָׁר, צֶדֶק, τὸ ὀρθόν) in sich begreift und zwar als das Regelnde oder Normirende (חֹק, νομος) mit vergeltender Folge oder mit richtender Macht (מִשְׁפָּט).

---

*) Eine sehr umfassende, nur nicht biblisch reine Behandlung der Lehre vom Eid findet sich in der Abhandlung von Göschel: Der Eid nach seinem Princip, Begriff und Gebrauch; theologisch-juristische Studien. 1837. Vgl. auch Göschel über diese Materie in Herzogs Encyklopädie, wo übrigens manches zu romantisch gehalten ist, namentlich der Eid nur auf die Gnade Gottes gestellt werden will.

Fassen wir nun ins Auge

1) **das Wesen der christlichen Rechtlichkeit im Allgemeinen.** Alles, was nach der göttlichen Ordnung, theils nach der allgemeinen göttlichen Weltordnung, theils nach der besonderen göttlichen Reichsordnung zum Bestehen und zur Entwicklung des geschöpflichen Lebens gehört, bildet das jedem Ding in seiner Art zuständige Recht, das ihm gesetzlich zugetheilte und verbürgte Richtige. Dies gilt nun nicht nur für das Verhalten gegen andere Menschen, sondern auch gegen die eigene Person, auch gegen Thiere und die Natur. Die Rechtlichkeit besteht so in einem Verhalten, welches Alles in seiner Art unter und in dem göttlichen Recht auffaßt und darnach behandelt. Das göttliche Recht ist nun aber positiven und negativen Inhalts; es setzt und bestimmt das Richtige oder Rechte als das Heilige und Gute, als die unverletzliche Bedingung des Wohlseins, und eben damit verwirft es das ihm Widersprechende als das Unrichtige und Unrechte, als Entheiligung und Zerstörung der Ordnung wie des Wohlseins, d. h. als Böses und Uebel zugleich, als dem Gericht übergeben.

Vor Allem gehört es demnach zur christlichen Rechtlichkeit, daß wir Alles, soweit es von Gott geschaffen und geordnet ist, also Alles seinem Grund, Wesen und Ziel nach als das göttlich Berechtigte für gut erkennen, daß wir Gottes Gerechtigkeit und Güte darin heilig halten. 1 Mose 1, 31. 1 Tim. 4, 4. Acta 10, 15. Das befaßt zweierlei: einmal, daß wir in Gottesfurcht und Liebe das Gute, wie es besteht, nicht verachten und verderben, um uns vor Schuld zu bewahren — dies die negative Seite der christlichen Rechtlichkeit, die Unschuld; dann aber auch als positive Seite, als

§ 23. Die christliche Rechtlichkeit.

Tugend, daß wir im Geist der Christusliebe das Gute als Werk der göttlichen Güte lieben, es pflegen und fördern in der Ordnung Gottes, also mit Unterscheidung vom Bösen. Micha 6, 8. Jak. 1, 17. Ps. 103, 1 f. 1 Thess. 5, 21. 1 Tim. 4, 4 f. mit Weish. 15, 12. Matth. 25, 14—30. 1 Kor. 10, 23, Es gilt also, gegen alles Leben, soweit es Werk und Gabe Gottes ($\kappa\tau\iota\sigma\mu\alpha$) ist, uns unschuldig und tugendhaft zu verhalten; zur weiteren Entwicklung dienen: Röm. 12, 6. 1 Petri 4, 10. 1 Kor. 3, 22 f. 6, 20. Röm. 13, 9 f. Phil. 4, 8. Luk. 12, 42—46. 1 Kor. 8, 12. Matth. 25, 40 und 45.

Bestimmen wir hiernach genauer

2) **das Verhalten der christlichen Rechtlichkeit zu den von Gott gegebenen Lebensgütern, zu den göttlichen Gaben.***)

---

*) Hier, wo es sich um das christliche Leben handelt, wie es in die sittliche Erscheinung tritt, haben wir es mit der Handlungsweise zu thun, zwar nicht so, daß wir dieselbe als etwas bloß Aeußerliches nehmen, wobei Denkweise und Gesinnung nicht in Anschlag kämen, das wäre vor christlichem Forum nicht mehr sittliche, sondern unsittliche Handlungsweise. Wir fassen das Handeln als Ausdruck der Gesinnung, sonach die Gesinnung selbst in der Form des Handelns auf; wir stellen aber die Gesinnung nicht erst besonders dar, sondern setzen sie und die ganze innere Lebensbildung, die eine so und so bestimmte Handlungsweise bedingt, bereits voraus, wie es im zweiten Hauptstück entwickelt worden ist; namentlich in der christlichen Selbstschätzung und Nächstenliebe liegen die inneren Voraussetzungen der christlichen Rechtlichkeit in ihrer concreten Erscheinung. Auch wurde im zweiten Hauptstück und im ascetischen Theil dieses dritten bereits alles dargelegt, was namentlich in Bezug auf Seele und Leib für die sittliche Bildung derselben vom christlichen Standpunkt aus zu geschehen hat. Alle diese Momente können hier also nur noch lehnweise berührt werden, und wir haben in Bezug auf Seele, Leib und Freiheit zunächst nur ins Auge zu fassen theils die mißbräuchliche Behandlung, welche die christliche Rechtlichkeit vermöge ihrer

Die von Gott in unserer eigenen Natur uns anvertrauten Stammgüter sind: A. **Seele**, B. **Leib**, C. **Freiheit**.

A. Die höchste Gabe Gottes ist die Seele. Sie ist Träger der ganzen Persönlichkeit; speciell ist sie einerseits in ihrer geistigen Anlage, in Gewissen und Vernunft das Abbild Gottes und das Gefäß für den Empfang des göttlichen Geistes, andererseits in Verbindung mit ihrer sinnenhaften Anlage ist sie das die Welt erschließende Organ. Vgl. Seelenlehre § 5 und § 8, 1 b. Seelenschaden kann kein Gut der Welt ersetzen, weil die Seele nur lebt von der geistigen Gemeinschaft mit Gott, aus dem sie stammt, weder von ihrem eigenen Geist, noch von einem äußeren Gut. Luk. 12, 15, vgl. 21. Matth. 16, 26. Pf. 49, 7—10.*) Die geistige **Bedürftigkeit** der Seele faßt sich zusammen in ihrem absoluten Gottesbedürfniß vermöge ihrer göttlichen Abkunft und ihrer Bestimmung für Gott, und eben darin besteht ihr unendlicher Werth; dies Alles erkennt namentlich der Christ vermöge seiner ganzen Glaubensstellung. Daraufhin erkennt es denn auch der Christ nicht nur als eigenes Seelenbedürfniß, sondern auch als ein Recht Gottes, das durch Schöpfung und Erlösung begründet ist, daß die Seele in Gott und für Gott bewahrt und entwickelt werde, damit sie Gottes vollkommenes Eigenthum und so selbst vollendet werde! **Sorge für die Seele** bei sich selbst und bei Anderen in ihrer Grundbeziehung zu Gott und eine derselben

---

Unschuld ausschließt, theils den förderlichen Gebrauch, welchen sie als Tugend einschließt. Positives und Negatives berühren sich aber so nahe, daß wir es nicht als förmlich getrennte Momente durchführen.

*) Es bleibt also ein wahres Wort (darzulegen in Kirche und Schule): Seele verloren, Alles verloren. Matth. 10, 28.

2. Verhalten der christlichen Rechtlichkeit zur Seele.

entsprechende Ausbildung der der Seele wesentlichen Anlagen — diese Seelsorge ist daher dem Christen etwas durch menschliches Bedürfniß und durch göttliches Recht Begründetes, nicht erst etwas von eigenem oder fremdem Belieben Abhängiges. Dem Leben der Seele in der Ordnung Gottes gerecht zu werden ist positiver Grundzug der christlichen Rechtlichkeit, ist in Bezug auf eigene Person und auf Andere ebenso Berechtigung als Pflicht. 1 Tim. 2, 4. Luk. 9, 56. Indem nun das **Urrecht** der Menschenseele ihr Recht auf Gott ist, als ihr Urprincip und ihr letztes Ziel, so ergibt sich daraus auch als **geistiges Grundrecht des Menschen**, das durch kein äußeres Verhältniß verkümmert werden darf, eben damit aber auch als **Grundpflicht** der christlichen Rechtlichkeit gegen die eigene Person und Andere, daß die ganze geistige Bildung im **sittlichen Geist der Gottseligkeit** bestimmt werde; das Gegentheil ist Verwahrlosung des Lebens der Seele und Unrecht gegen Gott und vor Gott. Phil. 4, 8 f. 3, 7 f. 2 Kor. 10, 5. Kol. 2, 8.*) Diese seelsorgerliche Unterordnung der ganzen geistigen Bildung unter Gott als Princip und Ziel steht gegenüber dem **eitlen Vernunftleben** ($\mu\alpha\tau\alpha\iota\sigma\tau\eta\varsigma$ $\tau\sigma\upsilon$ $\nu\sigma\sigma\varsigma$), wie es im Paganismus schon welthistorisch geworden und im Christianismus immer wiederkehrt. 1 Petri 4, 2 f. Röm. 1, 19—22. Zu Grund liegt die Anschauung vom menschlichen Geistesleben als einer selbständigen und einer eigenberechtigten Errungenschaft; sie ist Abfall von Gott und Princip alles Seelenverderbens. Jerem. 9, 23 f. Eph. 4, 17 ff. Vgl. auch Beck, Biblische Seelenlehre, Register unter $\mu\alpha\tau\alpha\iota\sigma\tau\eta\varsigma$.

---

*) Das Nähere über die geistige Bildung vgl. oben S. 81 ff.

Bei allem Glanz einer veräußerlichten Bildung, sei sie religiöser oder wissenschaftlicher Art, lebt die Seele dahin ohne Bewußtsein und Anerkennung des Lebens im Einen, wahrhaftigen Gott, wobei sie denn auch ihr höheres Selbst nicht nur nicht gewinnt, sondern mehr und mehr verliert. Es entsteht so jene Verbildung oder Afterbildung, welche das diesseitige, sterbliche Selbst und die diesseitige, vergängliche Welt zum Centrum und letzten Zweck des Lebensprocesses erhebt in Kirche und Staat, Wissenschaft und Kunst. Darunter setzt sich immer mehr eine Abstumpfung fest für das wahrhaft Göttliche und Ueberweltliche, eine Vermenschlichung und Verweltlichung desselben. Die geistigen Talente und Mittel werden verbraucht für den engeren oder erweiterten Egoismus, der auch als Patriotismus und Kosmopolitismus, als Eifer für Wissenschaft, Christenthum, Reich Gottes und Kirche nur eben das Eigene liebt und will (die Welt liebt das Ihre), und über einen auf das Diesseits beschränkten Socialismus nicht hinauskommt. Auf vermeintliche, oder auf nur untergeordnete Rechte hin wird das Göttliche in seiner höchsten und tiefsten Berechtigung verkannt, verleugnet, verletzt, theils fein, theils grob, theils direct, theils indirect. Der Mensch verfällt hiebei dem Fatalismus des Welt-Aergernisses ($\delta\epsilon\iota$ = fatal), wo er ebenso sehr Verführer ist, als verführt wird. Das wahrhaft Göttliche, das Ueberweltliche, Himmlische wird sogar zum Aergerniß, daß man nicht nur theoretischen, sondern auch moralischen Anstoß nimmt an seinem eigentlichen Wesen (Symptome jetzt schon), namentlich an seinem Weltgegensatz, und dadurch tiefer zu Falle kommt. Matth. 18, 7. 12, 24 f. 15, 12—14. 23, 13. Röm. 2, 19 ff. (Spiegel unserer Zeit). 2 Tim, 3, 1—5. 13.

2. Verhalten der christlichen Rechtlichkeit zum Leib.

Ueber Aergerniß im Allgemeinen siehe Nitzsch, § 171. Anm. Harleß, § 46, auch meine Christlichen Reden IV. Nr. 31 (das Aergerniß an Christus) und VI. 43 (das Aergerniß).

Unglaube, Aberglaube, Fälschung der göttlichen Wahrheit bis hinaus zur Lästerung ihres heiligen Geistes sind die finsteren Waffen dieses Gebiets, womit der hoffärtige eitle Sinn sich aufrecht hält, d. h. sich verstockt und Kinder der Hölle zieht, indem er eine Entleerung vom Göttlichen, die die einzige Grundlage des Personlebens ist, herbeiführt, die bis zur absoluten Selbstverzehrung fortschreitet. Vgl. Dogmatische Vorlesungen und Bibl. Seelenlehre über den Begriff שְׁאוֹל. 2 Theff. 2, 10—12. Jef. 5, 20. Jerem. 23, 14. Gal. 1, 9. Matth. 23, 15. Mark. 3, 28 und 30.

Insbesondere von ihrem seelsorgerlichen Princip aus verabscheut daher die christliche Rechtlichkeit alle Dinge, welche wider die Seele gehen, d. h. lebensgefährlich sind im geistlichen Sinn, den religiös-sittlichen **Unverstand und Afterverstand**, die Schalkheit und Heuchelei (1 Kor. 14, 20. Eph. 5, 8. 15. 17. Pf. 49, 21. Matth. 6, 23. Luk. 11, 35. 12, 1), **Unordnung und Unreinigkeit** der Gefühle und Triebe (Matth. 5, 28—30. Jak. 3, 14. 4, 1 ff. 1 Kor. 3, 3. Jerem. 23, 4—6), Gewissensbetäubung (1 Mose 37, 25 ff. Micha 2, 1. Matth. 24, 49 ff. 26, 59. 27, 24—26. Röm. 14, 22 ff.) und **ansteckende Ausbrüche des Bösen**, besonders des egoistischen Hasses und der unreinen Liebe. 1 Kor. 15, 33. Eph. 5, 4. Röm. 14, 13. 16, 17 f. Jak. 3, 6 und 9. Matth. 5, 22. Pf. 57, 5.

Ein weiteres Stammgut ist

B. der Leib. Er ist dem Christen seinem Grundbegriff nach σκευος (2 Kor. 4, 7), das Kunstwerk der göttlichen Plastik und Organ des geistigen Lebens, das bis in seine einzelnen Glieder seine weise bestimmte Einrichtung hat. 1 Kor. 15, 38. 1 Mose 2, 7. Hiob 10, 8 und 11. 1 Kor. 12, 14—26. Weiteres siehe Biblische Seelenlehre.

Als das von Gott geschaffene Organ des Personlebens steht denn der Leib, der eigene und der fremde, dem Christen unter dem heiligen Schutz und Gesetz des göttlichen Rechts; dies noch mehr durch seinen göttlich bestimmten Antheil an der Erlösung und Heiligung, am Sohn und Geist Gottes bis zur himmlischen Verklärung hinauf. 1 Kor. 6, 13 ff. Siehe Sacramentslehre. Vom Gesichtspunkt dieser göttlichen Rechte an den Leib und seiner Rechte an den Herrn und an den Geist wendet ihm der Christ eine Sorge ($\pi\varrho o\nu o\iota a$) zu, die sich mit der unter A) bezeichneten Seelsorge zusammenordnet, gleich weit entfernt von Ueberschätzung wie von Geringschätzung des Leibeslebens (Röm. 13, 14), womit § 13 und 14 (christliche Selbstschätzung, Menschenliebe) und § 18 und 20 (wachsame Selbstbeherrschung und Arbeit) zu vergleichen sind. Hienach ist dem Christen Alles eine widerrechtliche Verwahrlosung des Leibes selbst wie der Seele, was der Zusammenordnung beider zuwider ist in Nahrung und Kleidung, in Arbeit und Ruhe oder Genuß, durch zuviel oder zu wenig, durch Ueberreizung oder Abstumpfung in der Form von Lust oder von Unlust, Gram und Zorn. Alles dieses stört die gesunde Ebenmäßigkeit des inneren Lebens in Leib und Seele, wie dieselbe dem geistigen Gedeihen und der gesunden Gemeinschaft mit Gott theils zur Basis dient, theils sich als Rückwirkung davon bildet. Röm. 13, 14. 1 Kor. 9, 27. 1 Tim. 5, 8. Spr. 24, 13, auch Sir. 37, 30 f. 1 Tim. 5, 23. Luk. 21, 34, vgl. Sir. 38, 1—15.

2. Verhalten der christlichen Rechtlichkeit zum Leib. 117

Joh. 5, 14. 2 Mose 21, 26—36. Spr. 17, 22, vgl. auch Sir. 30, 22 und 26. Luk. 9, 55. 10, 33 ff. 3 Mose 19, 14. Grundzug der christlichen Rechtlichkeit in Bezug auf Leibesleben ist daher Maß halten, Mäßigkeit, d. h. eine Leibespflege, welche die gesunde Ebenmäßigkeit des ganzen inneren Lebens im Auge behält zum Dienst des geistigen Gedeihens in der gesunden Gemeinschaft mit Gott.

Betrachten wir speciell noch einige Hauptpunkte:

a) Die rechtliche Bewahrung und Pflege des Leibeslebens in **geschlechtlicher Beziehung**. Hier ist der entsprechende Begriff: die **Keuschheit**, wodurch eben die Mäßigkeit (wie sie oben bestimmt wurde) in ihrer besonderen Beziehung auf das Geschlechtsleben bezeichnet ist. Neben der allgemeinen Rücksicht auf Gesundheit und auf innere Wohlordnung schließt der Begriff der Keuschheit oder der geschlechtlichen Mäßigkeit namentlich in sich, daß der Genuß nur in ehelicher Form geschehe; damit ist ausgeschlossen die selbstsüchtige Einigung mit anderen Personen für den bloßen Zweck des augenblicklichen Genußes, sei es des bloß physischen, d. h. thierischen Bedürfnisses oder der geistig raffinirten lüsternen Spielerei. Matth. 5, 28. Alles dieses ist auf christlichem Standpunkt Hurerei, und letztere ist ebensowohl Entehrung der eigenen und fremden Persönlichkeit (Röm. 1, 24), indem die Persönlichkeit zum bloßen Werkzeug der sinnlichen Lust erniedrigt wird, wie Losreißung des geschlechtlichen Lebens von seiner sittlichen Grundbestimmung, von der Bildung des Familienlebens, das wieder die Fundamentalvereinigung sittlicher Zuchtmittel und Bildungsmittel, sittlicher Pflichten und Güter ist, der Stamm aller geordneten Genossenschaftsformen. Das eigentlich humane Geschlechtsleben ist daher gebunden an die Ehe, an die Stetigkeit gegenseitiger sittlicher Verbindung, speciell an fortdauernde persönliche Liebesverbindung statt der Vagheit der bloßen Lust- und Propagations-Verbindung, die den Menschen nicht über die niederen Organisationen des Pflanzen- und Thierlebens erhebt. Die sittliche Vollendung aber des ehelichen Verhältnisses, der persönlichen Liebes- und Familienverbindung ist die Monogamie. 1 Kor. 7, 2. Deßhalb darf man aber die Polygamie, die in der Gesetzessphäre des Alten Testaments etwas göttlich Geduldetes und Geordnetes ist (obschon nicht Verordnetes), nicht als geradezu unsittlich bezeichnen, sonst wären die Patriarchen u. s. w. Ehebrecher und ihre Kinder Bastarde gewesen. Vgl. 2 Mose 21, 10. 5 Mose 17, 17. 21, 15—17. 2 Sam. 5, 12 f. mit 12, 7 f. Nur dem höheren Standpunkt, der in die Urordnung Gottes zurückführenden christlichen Sittlichkeit entspricht die Polygamie nicht (Matth. 19, 3—5. 8 f. 1 Tim. 3, 2. Tit. 1, 6. Näheres unten bei der Eheordnung), wie sie auch die Störungen des persönlichen und Familienlebens vermehrt und verstärkt.*)

Auch die Verbindung unter verwandten Personen ist eben vom sittlichen Standpunkt aus zu beschränken, denn abgesehen von den moralischen Gefahren, welche dabei unvermeidlich sind, umfaßt das verwandtschaftliche Familienleben gewisse gleichartige, in sich selbst beschränkte geistige und körperliche Natur-Anlagen, die eben erweitert, gereinigt und

---

*) Was die staatliche Behandlung der Polygamie betrifft, wenn sie als Gesellschaftsstatut auftritt, nicht als freier individueller Fall: so gehört diese Frage nicht in die christliche Moral; nur muß man nicht gerade die Ächterklärung dagegen mit Moral und Christenthum rechtfertigen wollen, wenn diese in andern gesellschaftlichen Beziehungen nicht beachtet werden, z. B. bei Duldung von Bordellen, Wuchergeschäften ꝛc.

2. Verhalten der chriſtlichkeit Rechtlichkeit zum Leib.

vervollkommnet werden ſollen durch hinzutretende anderweitige eheliche Verbindung. Statt deſſen werden ſie durch Ehen innerhalb naher Verwandtſchaft entweder krankhaft geſteigert oder erſchlafft. Blut und Geiſt in ſeinen mannichfaltigen Exponenten wird nicht gehörig gemiſcht oder ausgeglichen, daher bei ſtärkerer Verbreitung ſolcher Verbindungen mit der Zeit nicht nur körperliche Entartungen, ſondern auch geiſtige ſich feſtſetzen. Darauf beruhen im Moſaismus, in deſſen localen und temporellen Particularbeſtimmungen immer Naturgeſetze das immanente Weſen bilden, die Verbote über Ehen unter Verwandten, und dieſe mußten unter den gegebenen Verhältniſſen um ſo ſtrenger ſein, weil die Verehelichung mit anderen Völkern auf's Engſte beſchränkt war. Nitzſch § 174. Anmerkung.

Uebrigens auch innerhalb der Ehe hat ſich der geſchlecht⸗ liche Umgang zu beſchränken eben nach der Rückſicht auf die geſunde Ebenmäßigkeit des inneren Lebens, alſo bei Chriſten namentlich im Geiſte der Gottſeligkeit, daß das unmittelbar Gottesdienſtliche und das Seelſorgliche ſein Recht behält. 1 Kor. 7, 3—5. 29. 1 Petri 2, 11 und 3, 7. Ueber die Beſchränkung des geſchlechtlichen Umgangs auch in der Ehe ſiehe Spener, Bedenken 157 ff.

Die Unkeuſchheit entwickelt ſich, wie alle Sünde, von innen heraus, von der ſinnlich ſeeliſchen Irritation ($\epsilon\pi\iota\vartheta\nu\mu\iota\alpha$) aus und ſteigert ſich von da in Geberde, Wort und That. Jak. 1, 14 f. Kol. 3, 5. Eph. 5, 3 f. Sie erfordert daher auch zur Ueberwindung ein Zuſammenwirken von geiſtlicher und leiblicher Diät. Habituelle Unkeuſchheit ſchließt vom Reich Gottes geradezu aus (1 Kor. 6, 9 f.), aber auch ſchon jeder einzelne Akt der Unkeuſchheit iſt eine Proſtitution oder eine Schändung des Leibes, indem derselbe zu einem Werkzeug thierischer Lust gemacht wird, ist ein Glied in einer Sündenverkettung, wodurch die göttliche Anlage und Bestimmung des Leibes entheiligt und zerstört wird. 1 Kor. 6, 12 ff.

Zur Stärkung und Sicherung gegen die Versuchungen der Unkeuschheit dient dann namentlich einerseits Beugung und Dämpfung des Fleisches und unermüdete Selbstzucht im Licht des göttlichen Wortes, andererseits fortdauernde Erhebung des Geistes namentlich in dem Gedanken, daß wir durch Abstoßung der vergänglichen und verderblichen Sinnenlust göttlicher Natur theilhaftig werden. 2 Petri 1, 4. Damit verbindet sich stetige Benutzung der Reinigungskraft des Blutes Christi, in welcher die geistig organische Kraft liegt gegen die sinnliche unseres Blutes, sowie Benützung der Heiligungskraft des heiligen Geistes, wobei dann an der vertretenden Kraft der Fürbitte Christi nicht zu zweifeln ist. 1 Joh. 1, 7—22. Eben nun zur Sicherung und Erhaltung der Keuschheit ist die Ehe ein allgemeines Recht der Menschen und der Christen ohne Unterschied der Armen und der Reichen, ja unter jener Voraussetzung eine allgemeine Verbindlichkeit und Regel (1 Kor. 7, 2. 9), es sei denn, daß durch natürliche Gabe oder durch geistige Gnadengabe die Keuschheit so gesichert ist in der Ehelosigkeit, daß die Leibes- und Seelenkräfte um so freier und völliger dem Dienste des Herrn gewidmet werden können. Matth. 19, 11—19. 1 Kor. 7, 7—9. 32—35. Ohne dieses eben genannte Moment ist die Ehelosigkeit schädlich und verwerflich (1 Tim. 5, 13—15), namentlich dann, wenn sie hervorgeht aus weichlichem Sinn und egoistischer Unabhängigkeitslust (1 Tim. 2, 15. 1 Mose 3, 16)

2. Verhalten der christlichen Rechtlichkeit zum Leib.

oder aus Menschenzwang, sei es auch unter religiösem Titel (1 Tim. 4, 1—3), aus ehrgeiziger Heiligthuerei und Aufgeblasenheit. Kol. 2, 18 und 21. Es kommen überhaupt hier zur Anwendung die über Pflicht und Erlaubtes, oder über die christliche ἐξουσια entwickelten Grundsätze. Bd. II. § 12, Zusatz III. S. 153 ff. Ueber Ehescheidung siehe unten bei der christlichen Gesellschaftsordnung.

b) **Die Bewahrung und Pflege des Leibeslebens im Verhältniß zum Tod.**

Der Tod ist auch dem Christen wie schon dem natürlichen Lebensgefühl ein Feind, der daher in der Harmonie der neuen Welt beseitigt wird. 1 Kor. 15, 26. Nur in Einheit mit dem Herrn und mit seiner Erlösungskraft ist er in Gewinn zu verwandeln, weil nur im Herrn ein neues Organ gewonnen wird für das ewige Geistesleben und die Entwicklung nach unten umgesetzt wird in die Entwicklung nach oben. Der Tod für sich ist das Produkt der Sünde und zwar das äußerste Produkt (τελος) derselben, der moralischen Desorganisation im Personleben und Weltleben, und Produkt der Reaction dagegen von Seite Gottes, d. h. seines Zornes, daher ist er κριμα, rechtlich von Gott geordnetes Verhängniß. Röm. 5, 12 mit 1, 18 und 6, 21 und 23. Im Gegensatz zum Tod ist das diesseitige Leben in der christlichen Erkenntniß göttliche Gnadengabe und Gnadenfrist als Vorbereitung für ein ewiges Leben und also entscheidend für die ganze Zukunft der persönlichen Entwicklung. Die Bestimmung über Leben und Sterben kann daher der Christ bei sich und bei Anderen nur als Majestätsrecht der göttlichen Macht erkennen, im allgemeinen Sinn gefaßt (daher auch Todesstrafe, wovon unten, nur aus dieser abzuleiten ist, nicht aus einem bloß menschlichen Titel). Röm. 14, 7—9. Eigenwillige Verkürzung und Zerstörung des eigenen oder fremden Lebens ist principieller Gegensatz gegen den Schöpfer, ist Verletzung des göttlichen Majestätsrechts und Ausfluß des satanischen Princips; der Mörder, auch der Selbstmörder und nicht weniger der Duellmörder verfällt eben damit dem Urmörder. Joh. 8, 40. 44. 1 Joh. 3, 12. Und sofern der menschliche Naturorganismus auch in seinem sündigen Stand noch das ursprüngliche Abbild des göttlichen Lebenstypus wenigstens anlagsmäßig in sich trägt, ist Menschenmord eine unmittelbare Verletzung des göttlichen Bildes und der dadurch gesetzten Heiligkeit der Menschennatur. Das göttliche Recht in allen Formen seiner Offenbarung verfällt daher den Mord des Nebenmenschen in die Blutrache, so schon 1 Mose 4, 14 f. 9, 5 f. 2 Mose 20, 13. 21, 12 und 14. Matth. 26, 52 mit 5, 18 f. 21 f. Röm. 13, 4. 8 f. 1 Tim. 1, 8 f. 11. Offenb. 13, 10.

Bei der angegebenen christlichen Ansicht von Tod und Leben ist das Recht auf Leben und Gesundheit ein allgemein menschliches Grundrecht kraft göttlichen Rechtes, eben damit aber dies auch nur im Sinn der Zusammenordnung mit der göttlichen Grundordnung und mit den geistigen Lebensbeziehungen der Seele zu Gott. Der Christ beharret also im Leben so, daß er sich darin weiß und hält als in einem göttlichen Beruf, den er unter keinen Umständen eigenwillig abbricht, verläßt oder versäumt. Andererseits erscheint dem Christen als etwas Widerrechtliches eine Liebe zum Leben und ein Lebensgenuß, wobei die göttliche Bestimmung verwahrlost, das diesseitige Leben nicht aufgefaßt wird als Fremdlingschaft und Pilgerschaft, als Vermittlung des höheren Lebenszieles, sondern lügnerischer Weise als Selbstzweck usurpirt wird. Joh. 11, 9 f. 2 Kor. 5, 6 ff. 1 Kor. 15, 32 mit Jes. 22, 13. 1 Petri 2, 11. 4, 2 f.

Es kann sogar zum göttlichen Beruf werden, das zeitliche Leben freiwillig aufzugeben, aber nur in passiver Weise, daß es nicht ein Todthun oder Todherbeiführen ist, sondern ein Leiden des Todes, und dies so, daß der Dienst und das Interesse des göttlichen Lebensberufs die Lebensaufopferung erfordert. Da gilt es, dasselbe dem Herrn zu lieb hinzugeben im gläubigen Bewußtsein, daß dies eine Verherrlichung Gottes ist und eine Aussaat, aus welcher eine unvergleichlich reiche Frucht für uns und Andere erwächst. Luk. 17, 33. Joh. 12, 23—25. 21, 18—22, vgl. mit 13, 36 f. Act. 21, 13. Phil. 2, 17 und 30. Offenb. 12, 11. Die Lebensaufopferung ist also jedenfalls eine Ausnahme auch auf dem christlichen Standpunkt, und muß ein $\mathring{\alpha}\pi o\vartheta\nu\eta\sigma\varkappa\varepsilon\iota\nu\ \tau\omega\ \varkappa\upsilon\varrho\iota\omega$ sein, nicht ein $\mathring{\varepsilon}\alpha\upsilon\tau\omega\ \mathring{\alpha}\pi o\vartheta\nu\eta\sigma\varkappa\varepsilon\iota\nu$, das dem $\mathring{\varepsilon}\alpha\upsilon\tau\omega\ \zeta\eta\nu$, den selbstgemachten Lebensansichten und Tendenzen entspricht. Es darf nicht ein selbstisches, eigenwilliges Sterben sein, wo man nicht dem Herrn, sondern nur falschen Ideen und Trieben oder Vorurtheilen der Zeit opfert. Eben daher darf und soll der Christ der Lebensaufopferung vorbeugen, so weit dieses keine Verleugnung der Wahrheit und Pflicht wird: so durch Flucht (Matth. 10, 23. 12, 14 ff. Act. 9, 24 f. 17, 10. 19, 29—31), ferner durch anderweitige rechtliche Vertheidigungs- und Rettungsmittel, z. B. Schweigen, Vorsicht in der Mittheilung, Apologie, Anrufung des gesetzlichen Schutzes. Vgl. Jesu Verbot, zu sagen, daß er Christus sei. Luk. 9, 21 f. Matth. 9, 30. 8, 4. 12, 16. Act. 23, 6. 16 ff. 25, 8—12. Vgl. auch die allgemeinen Regeln Matth. 7, 6 (das Heilige nicht vor die Hunde), Cap. 10, 16 (Klugheit bei Einfalt). 1 Petri 3, 15—17. Auch § 22, S. 88 ff. und Harleß über das Martyrthum. Sailer II, S. 102 ff.

Nothwehr ist eine Vertheidigung des eigenen Lebens, auch der sittlichen Leibesehre, der Keuschheit gegen gewaltsamen Angriff und zwar eine Vertheidigung, welche als dazu nothwendiges Mittel die Tödtung des Anderen zum Zweck hat oder sie zur Folge haben kann. Soll sie nun unter die rechtlichen Vertheidigungsmittel im christlichen Sinn gehören, so ist zu unterscheiden zwischen der doppelten Beziehung, welche der Christ theils als solcher einnimmt, als himmlischer Reichsbürger, theils als Weltbürger.*) Da wo der Christ ὡς Χριστιανος, d. h. in seiner unmittelbar christlichen Stellung und Function Angriffe auf sein Leben zu erdulden hat, darf dasselbe nicht durch Tödtung des Anderen unter dem Titel der Nothwehr von ihm geschützt werden; er begeht zwar damit keinen Frevel, aber christliche Rechtlichkeit ist es nicht; er hat in solchen Fällen als Vertreter der göttlichen Gnade zu handeln, also nach dem Princip der Gnade, wie es sich darstellt in Gottes Vaterliebe, die den eigenen Sohn wehrlos dahin gibt, und in Christi Selbstergebung, womit aber obige Restriction nicht

---

*) Ein Unterschied, den Luther einzig mit klarer Entschiedenheit ans Licht gestellt hat, theils in seinen Predigten, theils in seiner Auslegung der Bergpredigt, und den ihm nach Harleß geltend machte, während die sonstigen Moralisten der Bergpredigt gegenüber mit Limitationen sich behelfen. Vgl. die Auseinandersetzung in Luthardt, Die Ethik Luthers S. 76 ff., namentlich S. 81, Anm. 3.

aufgehoben ist. Nothwehr in dieser Stellung wäre Verletzung des göttlichen Rechts, das die Gnade an ihre Bekenner hat in allen den Fällen, wo es um ihre eigene, um der Gnade Sache sich handelt; da gilt das unbedingte Gesetz des Leidens. Matth. 26, 52 ff. Joh. 18, 36. 1 Petri 4, 16—19. Dagegen auf dem weltbürgerlichen Gebiet gilt gegen die Störung der socialen Ordnung und Sicherheit nicht das Evangelium, sondern das göttliche Gesetz, nicht das Princip der Gnade, sondern das Princip der Gerechtigkeit. Alle die äußere oder diesseitige sociale Ordnung und Sicherheit aufhebenden Frevelthaten, Mord und Raub und dergleichen bleiben unter das Gesetz gestellt, nicht unter die Gnade. Röm. 13, 1 ff. 1 Tim. 1, 6 ff. Hier ist die Nothwehr nicht bloß berechtigte Selbstvertheidigung mit Gewalt gegen Gewalt, oder bloß „Kampf für die heilige Sache der sittlichen Gemeinschaft", sondern sie ist Vollziehung des göttlichen Strafrechts gegen Gesetzesbruch, die dem unmittelbar davon Betroffenen zukommt, da nach Lage der Umstände nicht erst an die ordentlichen Vollstrecker des göttlichen Gesetzes recurrirt werden kann. 1 Mose 9, 5 f. Daß es nicht bloß eine Verkündigung ist: „Das Blut des Vergießers von Menschenblut soll durch Menschen vergossen werden", sondern eine gesetzliche Bestimmung, zeigt die beigefügte Begründung: „denn Gott hat den Menschen zu seinem Bilde gemacht." Lehrwissenschaft S. 330—35. 2 Aufl. S. 308 ff. Harleß § 49. Anm. 3. (Dort auch über den Zweikampf S. 492.)

Was weiter noch:

c) die Todesstrafe betrifft, so vergleiche über das Geschichtliche derselben: „Evangelische Kirchenzeitung" von Hengstenberg 1865, Nr. 41 ff.: „Die Obrigkeit trägt das

Schwert nicht umsonst," ferner eine tüchtige Widerlegung der modernen Bestreitung der Todesstrafe bei Kemmler: „Berechtigung der Todesstrafe mit besonderer Berücksichtigung der Schrift Mehring's." 1868. Vgl. auch Nitzsch, System § 173, Anmerk.; (falsch ist dort die Auffassung der Kain betreffenden Stelle als göttliches Verbot der Blutrache). Harleß § 49, Anmerk. 2. Marheineke, System der christlichen Moral S. 336—345. Zur Abkürzung setze ich voraus meine Christlichen Reden VI, 29 (Ende), wozu noch die Anmerkung gehört, die in den besonders gedruckten: „Fünf Reden zur Stärkung des Glaubens" S. 94 beigefügt ist.

Neben den gewöhnlich angeführten Schriftstellen sollte namentlich nicht vergessen werden die bestimmteste und ausführlichste in 4 Mose 35, 15 ff., besonders V. 31—34 aus Anlaß der Freistädte: „Ihr sollt keine Sühnung nehmen über der Seele des Todtschlägers, der des Todes schuldig ist, und soll des Todes sterben. Wer blutschuldig ist, schändet das Land, und das Land kann vom Blut, das darin vergossen wird, nicht versöhnt werden ohne durch das Blut dessen, der es vergossen hat." Vgl. auch 2 Mose 21, 12 bis 15: „Von meinem Altar weg sollst du den Mörder nehmen." Bei der Begründung der Todesstrafe ist principiell weder vom Zweck der Sicherheit auszugehen, noch der Abschreckung oder der Besserung, Zwecke,*) die auch durch andere

---

*) Dem ungeachtet bilden jene Zwecke auch hier, wie bei allen Strafen, einschlagende Gesichtspunkte, die damit, daß sie die entsprechende Wirkung nicht haben, nicht aufgehoben sind, da ein an und für sich guter Zweck in sich selbst seinen Werth hat, nicht vom Erfolg erst Werth erhält.

Strafarten erreichbar sind, auch nicht vom Recht der Gesammtheit der menschlichen Gesellschaft gegen das Individuum, — was die menschliche Gesammtheit dem Individuum nicht gibt, kann sie ihm rechtlich auch nicht nehmen.*) Auszugehen ist von dem göttlichen Majestätsrecht über Leben und Tod, das im Schöpferbegriff und im Richterbegriff ruht; ferner von der Heiligkeit der menschlichen Persönlichkeit als Repräsentanten des Göttlichen. Endlich ist auszugehen von der Heiligkeit des Gesetzes als der göttlichen Grundbedingung aller Ordnung und Wohlfahrt und von der Bestimmung des Staates, das göttliche Majestätsrecht und die Heiligkeit des Gesetzes nach Recht und Gerechtigkeit zu handhaben. Das Princip der Gerechtigkeit involvirt wesentlich die Vergeltung, d. h. eine Bestrafung, welche nach Art und Maß (qualitativ und quantitativ) entspricht der besonderen Art und Größe der Schuld, womit keine minutiöse Pedanterie gesetzt ist, sondern wesentlich treue Ausgleichung. Nur darin vollzieht sich das Grundgesetz der Gerechtigkeit, welches heißt: Suum cuique: Jedem werde das Seine, nach seiner That; Gut gilt es für Gut, Leben für Leben, gemäß dem Naturgesetz von Saat und Ernte. Beides, Strafe am Leben wie am Gut ist die moralisch-rechtliche Ausgleichung oder Sühnung der bezüglichen Schuld, nicht ist das Eine oder das Andere unmoralische Leidenschaft. Die Todesstrafe ist sowenig selber eine Verletzung des Gebots: „Du sollst nicht tödten!" als die Eigenthumsstrafe Verletzung des Gebotes: „Du sollst

---

*) Gut sagt Vilmar, Moral I. S. 387: „Außerhalb des Gottesamtes der Strafe, Mensch gegen Mensch gestellt, ist die Menschentödtung Sünde; innerhalb des Gottesamtes als Vollziehung der göttlichen Retributions-Gerechtigkeit ist sie Gottes Recht."

nicht stehlen!" In beiden Fällen behauptet das Gesetz im Namen des höchsten Gesetzgebers und Vergelters seine Existenz wider den seine Existenz untergrabenden Thäter, behauptet die Rechtserwiderung eben an dem Object, an welchem der Thäter sich vergriffen hat. Der äußersten Unthat oder Unrechtsthat entspricht die äußerste Strafe als Rechtsthat. Gegen diese objectiven Momente müssen subjective Gefühle zurücktreten. Gefühle, die das Leiden des Schuldigen, des Mörders, über das von ihm selbst ausgehende Leiden des Unschuldigen, seines Opfers, stellen, haben wohl die von sinnlichem Eindruck beherrschte Reflexion für sich; dagegen hat der ungesühnte Mord das die Reflexion überlebende Gewissen gegen sich; die Todesstrafe hat das erweichte Gewissen des Mörders selbst für sich. Man scheut sich freilich auch nicht, dieses moralische Grundgefühl für bloßen Ausfluß abergläubischer Schwäche zu erklären: allein was hat man dann für eine Bürgschaft dafür, daß andere Gefühle, namentlich die sentimentale Sympathie mit Verbrechern nicht Ausfluß physischer und moralischer Schwäche sei? Nicht das Sterben ist das höchste Uebel, sondern die ungesühnte Schuld; nicht das zeitliche Leben an und für sich ist das höchste der Güter, sondern die Aufrechthaltung des Gesetzes, das allein den humanen Lebensbestand gegen Verthierung sichert, sei es, daß es von dem Subjecte in sittlicher Selbstbestimmung eingehalten wird, oder an dem übertretenden Subjecte durch rechtliche Vergeltung sanctionirt wird.

Sagt man, die Strafe des Todes sei bei unverschuldeter Anwendung irreparabel, so gilt dies auch von der Strafe des Gefängnisses. Beiderlei Fälle erheischen nur genaue und sichere Begründung der Schuld und des Strafurtheils, aber

2. Verhalten der christlichen Rechtlichkeit zum Leib.

nicht Aufhebung der gerechten Strafart. Mißbrauch hebt den Gebrauch nicht auf. Was aber Besserung betrifft, so macht das Gesetz nicht sich selbst davon abhängig, sondern umgekehrt macht es Besserung, wenn sie sittlichen Werth haben soll, vor Allem abhängig von der Anerkennung seiner unverletzbaren Heiligkeit und von der Sühnung seiner Verletzung. So fällt auch Begnadigung oder Strafmilderung gar nicht in die Sphäre des Gesetzes, das eben bindet an das, was Rechtens ist, so auch nicht in die Befugniß des eben an das Gesetz gebundenen Richters, sondern des Gesetzes und des Richters Sache ist es, einfach das göttliche Recht, resp. die Todesstrafe zu handhaben, und Begnadigung der Sphäre der göttlichen Gnade zu überlassen, und diese weiß auch nach diesem Leben noch selbständig ihre Wirksamkeit zu ordnen. So hat denn selbst das Heidenthum erkannt, daß Begnadigung zu bewirken ist auf religiösem Wege durch priesterliche Vermittlung, speciell mit Sühnopfern, und dieselbe Vermittlung ordnet das göttliche Gesetz im Alten Testament an, jedoch nicht unterschiedlos, indem Sühnopfer nur statuirt sind für unabsichtlichen Todschlag aus Versehen; keineswegs aber gilt auch hier, auf dem Gnadenweg, absolute Straflosigkeit. Vgl. Oehlers Theologie des Alten Testaments § 99 und 108. Das Evangelium selbst knüpft den Gnadenweg mit seiner Vergebung nie an Nichtbefriedigung oder Schwächung des Gesetzes, sondern an Vollziehung des Gesetzes. Die von ihm dargebotene Versöhnung im Verhältniß zu Gott gründet sich auf eine streng gerechte, objective Sühnung und auf die bußfertige Aneignung derselben von Seite des Subjects; und auch für die socialen Vergehen im Verhältniß von Mensch zu Mensch hebt das Evangelium die äußere gesetzliche Sühnung keineswegs auf, vielmehr macht es die für die Verletzung geleistete Satisfaction zur Bedingung, wenn seine eigene Sühnung für das Subject gelten soll. Matth. 5, 21—26. Dort ist nicht nur die gesetzliche Todesstrafe nicht aufgehoben, sondern sogar die moralischen Ursachen des Todschlags, innere Actionen desselben, sind je nach dem Grad mit Todesstrafe bedroht bis zur äußersten der Ewigkeiten.*) „Das Gesetz", sagt der Herr, „kündigt den leiblichen Mördern den Leibestod an, ich aber den seelischen Mördern den seelischen Tod bis in die Gehenna hinein." Ist dies Aufhebung der Todesstrafe, und darf diese vom göttlichen Gesetzgeber selbst gegebene Auslegung über die Stellung des Evangeliums zum Gesetz als unverträglich mit der angeblichen Milde des Evangeliums umgestoßen werden? Matth. 5, 17—19. So wenig das Evangelium auf Grund seiner Gnade Ersatz des verletzten Eigenthums und Eigenthumsstrafen für den Dieb und Räuber aufhebt, so wenig Todesstrafe für den Todschläger. Vgl. die unter b) angeführten Stellen. Seine Liebes- und Gnadengesetze sind keine Staatsgesetze. Vgl. Bernoulli, „Göttliches Recht und der Menschen Satzung" S. 189; Schnell, „Das israelitische Recht in seinen Grundzügen." Basel.

Als letztes Stammgut des Menschen, das durch göttliches Recht geheiligt ist, haben wir noch

C) die Freiheit zu behandeln, und zwar hier die äußere in socialem Verhältniß. Diese faßt in sich das gleichheitliche Gemeinschaftsrecht unter einander, κοινωνια, und das Herrscherrecht oder Besitzrecht über die äußere Natur.

---

*) Ἔνοχος ἔσται εἰς τὴν γέενναν τοῦ πυρός.

2. Verhalten der christlichen Rechtlichkeit zur Freiheit.

a) Alle Menschen haben eine gemeinsame Natur als schöpferische Gottesausstattung, als Vatergut, die Natur, wie sie theils durch Ein Blut und Einen Geist das Wesen der menschlichen Persönlichkeit selbst bildet, theils wie sie als äußere Natur die Lebensgüter darbietet für die äußere Existenz und Entwicklung der Menschheit. So sind Alle, Hohe wie Niedere, wieder **Einem Gottesrecht verpflichtet**, dem Einen Recht, das Gott an sie hat, und hienach ist ihrer Aller Freiheit beschränkt durch die Macht, die Alles und Alle gesetzt hat. Eben darauf beruht aber auch als **allgemeines sociales Grundrecht** die wesentliche Gleichheit und Freiheit Aller in Bezug auf persönliche Geltung und persönliche Ansprüche an die Welt, **das gegenseitig gleiche göttliche Kindesrecht**. Mal. 2, 10. Röm. 3, 29. 10, 12. Act. 10, 26. 17, 26. Vgl. noch Weish. 7, 3 ff.

Allein durch dieselbe Naturausstattung und Naturordnung sind zugleich auch bei aller wesentlichen Gleichheit besondere Unterschiede gesetzt, in persönlicher und dinglicher Beziehung. Nicht Alle sind zu Allem befähigt und somit zu Allem berufen, sondern Jeder nur in relativem Maße. Einer ist somit zur Ergänzung des Anderen berufen und so auch daran gebunden, sich durch den Anderen ergänzen zu lassen und deßhalb haben Alle in ihrer natürlichen Freiheit auch den gemeinsamen Beruf des gegenseitigen Dienens. Es dürfen nicht die Einzelnen mit ihren natürlichen Rechten selbstisch sich ablösen von dem gemeinsamen Rechtsboden, von dem göttlichen Familienrecht. Dieses aber stellt Alle nicht nur nebeneinander aggregatmäßig wie einen Stein an den andern, sondern bestimmt sie zueinander und füreinander, Jeden in seiner Art. Die natürliche Freiheit des Einzelnen hat daher ein Doppeltes gleich sehr als göttliche Ordnung anzuerkennen, einerseits nach dem Maß der eigenen Befähigung thätig zu sein als Glied der göttlichen Familie, wie auf der anderen Seite nach dem Maß der eigenen Befähigung sich selber zu beschränken. 1 Kor. 12, 12. (Der Gemeindeorganismus ist nur die Vollendung und Verklärung des Menschenorganismus.)

Die Unterschiede und Ungleichheiten sind nun aber zweierlei Art. Theils nämlich sind sie in den **Natureinrichtungen unmittelbar** begründet zwischen Individuen, zwischen Nationen, Geschlechtern und Altersstufen.

Diese **unmittelbaren Naturverschiedenheiten** hat und weiß der Christ so aufzufassen, daß er die damit gesetzten Beschränkungen heilig hält als göttliche Schranken, sie aber zugleich durch die gegenseitigen Dienstbeziehungen der Liebe ausgleicht, so daß nicht die Gewalt oder die Künstelei, weder die physische noch die geistige, die Unterschiede tilgt, noch auch sie bis zum Gegensatz und Krieg auseinander treibt. Es gibt aber auch ferner Unterschiede und Ungleichheiten, die in der persönlichen und dinglichen Stellung zueinander erst entstanden sind und entstehen durch **geschichtliche Verhältnisse**, d. h. durch Einwirkung der menschlichen Freiheit bis zum Mißbrauch, wie Standes-, Berufs- und Vermögensunterschiede. Hier ist Gutes und Böses, Richtiges und Unrichtiges gemischt. Solche Unterschiede und Ungleichheiten sind der christlichen Rechtlichkeit weder etwas durch bloß menschliche Willkür Entstehendes und Bestehendes, noch etwas an und für sich von Gott Gesetztes, sondern etwas, das gegenüber der menschlichen Willkür und Sünde, die dabei Factoren sind, durch die göttliche Gerechtigkeit bestimmt ist.

Der Christ sieht darin zunächst eine Zuchtbestimmung gegenüber der menschlichen Herzenshärtigkeit und gemeinschaftlichen Sünde. Im Bewußtsein derselben ist dann das unabänderliche Uebel zu ertragen; dagegen das zu Grunde liegende oder damit sich verbindende Böse ist von der christlichen Rechtlichkeit nie zu rechtfertigen, zu schützen und zu stützen; sondern es gilt immerdar Heilighaltung des sittlichen Urtheils und der sittlichen Reaction. Namentlich dürfen die geschichtlichen Gesellschaftsbildungen mit ihren Vorrechten und Lasten die allgemein göttlichen Kindesrechte der Menschen nicht aufheben, und die christliche Rechtlichkeit hat also solchen Ungleichheiten gegenüber namentlich die **allgemein natürliche Freiheit** als göttliches Urrecht und ebenso **die höhere christliche Freiheit** in ihren wesentlichen Rechten **zu wahren und geltend zu machen** durch gesetzliche, d. h. aber vor Gott gesetzliche Mittel; denn es ist denkbar und der Fall, daß die menschlichen Gesetze auch die gottesgesetzliche Bewegung der Wahrheit für ungesetzlich erklären oder umgekehrt die widergesetzliche Bewegung, die revolutionären Wühlereien von oben oder unten, für gesetzlich. Zu den gottesgesetzlichen Schutz- und Wehrmitteln gehört namentlich geistliche Einwirkung mit klarer fester Gegenüberstellung des göttlichen Gesetzes und geistliche Bildung durch Besserung von innen heraus, durch Pflanzung und Uebung der Gesinnungen der Wahrheit, der Gerechtigkeit und Liebe, der inneren Unabhängigkeit des Charakters. Diese Mittel sind geeignet, die äußeren Ungleichheiten in freier Weise auszugleichen und wo dieselben nicht anschlagen, sind die anderen Mittel umsonst, denn nur jene heben den Grund der Zuchtbestimmung jener Ungleichheiten auf, ohne den sie nicht zu beseitigen sind: die unerkannten und unbeherzigten Sünden. Auf der anderen Seite verbinden diese Mittel Hohe und Niedere, Dienende und Herrschende in ihrem gemeinsamen göttlichen Beruf, im Pflichtbegriff. 1 Kor. 7, 20—24.

Nach den entwickelten allgemeinen Bestimmungen gehört es also speciell im socialen Verband zum Wesen der christlichen Rechtlichkeit, die Freiheit als eine durch göttliches Recht geheiligte Gabe in sich selbst und in Anderen zu heiligen. Dies geschieht nicht durch äußerliche Geltendmachung einer abstracten Gleichheit Aller, welche vermöge der natürlichen und historischen Verschiedenheit gar nicht möglich ist; sondern es sind innerhalb der wesentlichen Gleichheit Aller die natürlichen und geschichtlichen Unterschiede in ihrem göttlichen Ordnungscharakter für diese Welt zu bewähren im Sinn der gesetzlichen Zucht und der dienenden Liebe.*) Die christliche Rechtlichkeit vereinigt daher das Stabile oder Conservative und das Bewegliche oder Reformirende; sie ist nicht nur nicht eine Befehdung und Auflösung der geselligen Ordnung, sofern sie durch gegenseitige Beschränkung und Ergänzung besteht, sondern vielmehr ihre Begründung und Reinigung, ihre Sicherung und Fortbildung, und zwar ist sie dies für die gesellige Rechtsordnung in ihren individuellen, häuslichen und bürgerlichen Formen. Dagegen ist die christ-

---

*) So wird durch jene Unterschiede eben die in der wesentlichen Gleichheit Aller liegende Gemeinschaft Aller nur modificirt und bereichert, statt aufgelöst in eine Einerleiheit oder in eine Entzweitheit, in Despotie oder in Anarchie. — Ueber die Vereinigung der beiden Seiten, der dienenden Liebe und der gesetzlichen Zucht vgl. Harleß § 48 mit den Anmerkungen, namentlich Anm. 2. Nur unterscheidet Harleß das natürlich Geschichtliche und sündlich Geschichtliche in Standes- und Berufsverhältnissen nicht gehörig.

liche Rechtlichkeit die innere Zersetzung und Ueberwindung
aller Unordnung, wenn diese auch als menschliche Gesetzlichkeit
in der Form der Ordnung auftritt. 1 Kor. 7, 17. 20—24.
1 Petri 2, 12. 15 f. 3, 12—14. Als eine Entheiligung
des göttlichen Rechtes scheidet denn die christliche Rechtlichkeit
jeden selbstischen Gebrauch der Freiheit aus, wo die Un=
abhängigkeit der äußeren Lage, in der einer ist, oder der
Besitz der Macht sich entbunden glaubt von der dienenden
Rücksicht auf Andere, sich als Emancipation vom Gesetz ge=
bärdet, willkürlich sich wegsetzt über die Urrechte und er=
worbenen Rechte Anderer, über die Gewissen, über das geistige
und leibliche Interesse des Nächsten, oder wo gar Raub, Ver=
kauf oder gewaltthätige Behandlung an der Person Anderer
sich vergreift, oder wo man die eigene schwache und sündige
Natur ignorirend Ehre und Rechte eines höheren Wesens
prätendirt oder annimmt.*) Vgl. 1 Petri 2, 16. Gal. 5,
13—15. (Röm. 6, 20 f. 1 Kor. 8, 9—12). 1 Kor. 9, 19 f.
1 Tim. 1, 8—11. Matth. 7, 1—5. Act. 10, 26. 14, 14 f. —
Was speciell die Ehre und die Achtung des guten Namens
betrifft, vgl. unter der christlichen Selbstschätzung Bd. II,
§ 13 S. 243 ff. 275 und Nitzsch § 176. Ueber Sclaverei
vgl. Sailer II, S. 275—277; über das Duell 279—281.

Behandeln wir noch besonders

b) das christlich rechtliche Verhalten zur äußern Natur.

Der Christ weiß die äußere Natur mit ihren Gütern
und lebendigen Geschöpfen durch die Schöpfungsordnung dem
Menschen untergeordnet für sein leibliches Bedürfniß und

---

*) Das Weihrauchstreuen des politischen, wissenschaftlichen, ästhetischen,
hierarchischen und frömmelnden Cultus, den Menschen miteinander treiben!

Gedeihen sowie für die Entwicklung seiner geistigen Kräfte. Gen. 1, 28. 9, 2 f. Weisheit 9, 2. Pf. 8, 5. 7—9. Hienach ist uns sowohl die reelle Befähigung und Macht verliehen, wie die rechtliche Befugniß eingeräumt, die Natur für unsere Lebenszwecke innerhalb der göttlichen Ordnung zu beherrschen und so die hiefür erforderliche Natursubstanz uns anzueignen als ein uns dienstbares Eigenthum, nicht als eine uns beherrschende Macht. Diesem Recht entspricht aber die Pflicht der Arbeit in der Natur als göttliches Naturgesetz. Gen. 2, 15 f. 3, 19. 2 Thess. 3, 10. Dieses aus dem Herrscherrecht über die Natur fließende Eigenthumsrecht und Nutznießungsrecht, eben damit auch das Recht auf Arbeit mit genügendem Lohn, auf ehrlichen Erwerb selbstverdienten Brodes statt bloßen Gnadenbrodes — dieses Recht haben die Menschen untereinander anzuerkennen als ein gemeinsames göttliches Kindesrecht, als ein allgemein menschliches Grundrecht, und der Befriedigung dieses Urrechts müssen die erworbenen Rechte, seien sie auch rechtlich erworbene, nachstehen, weil es als Urrecht das primäre und fundamentale Recht ist.*) Daher ist das Armenrecht in der Schrift so heilig gehalten, und eben damit ist auch die Wohlthätigkeit nicht durchaus nur unter den Gesichtspunkt der Gütigkeit oder Mildthätigkeit

---

*) Unsere Zeit ist die Zeit des Kampfes zwischen den allgemeinen Urrechten und den besonders erworbenen Rechten und die Lösung dieses Kampfes ist unmöglich, wenn nicht die Urrechte gegenüber den andern auf ihre göttliche Basis, wodurch sie sittlich bestimmt und geheiligt und mit ihrer Pflichtseite zusammen genommen werden, zurückgeführt werden, sondern nur auf Grundsätze der Autonomie oder der socialen Gleichheit. Dabei fallen sie nur unter den aufreibenden Gegensatz des Egoismus.

gestellt, sondern auch unter den der Rechtspflicht und Schuldigkeit, soweit eben das für den Genuß der allgemeinen Menschenrechte Erforderliche als Erstes auch den Armen zugänglich zu machen ist. Pf. 12, 6: „Weil denn die Elenden (Niedrigen) verstöret werden, und die Armen seufzen, will ich nun auf, spricht der Herr, ich will Hilfe schaffen dem, den man anschnaubt." Pf. 82, 3—5: „Helfet dem Elenden und Dürftigen zur Gerechtigkeit, errettet den Geringen und Armen aus der Gewalt der Ungerechten — aber sie achten es nicht. Darum müssen die Grundfesten der Lande wanken." Sprüche 21, 23. Ezech. 16, 49. Amos 5, 4. 8, 4 ff. Alle Beachtung verdient es, mit welcher Sorgsamkeit das Alte Testament die Armen berücksichtigt.*) Das Gesetz weist 1) im **Ruhejahr** auch den Fremdlingen und Taglöhnern die Theilnahme an dem zu, was von selbst wächst (dies ist gesetzlich, nicht per misericordiam!). 3 Mose 25, 3—7. 2) **Alle drei Jahre** Antheil an dem 10. Theil des Einkommens. 5 Mose 14, 28 f. mit 26, 12—15. 3) Bei jeder Ernte: was am Rand der Felder steht und die **Nachlese** darauf. 3 Mose 19, 9 f. 5 Mose 24, 19—22. Dazu auch die Theilnahme an den Mahlzeiten beim Anfang der Ernte und beim Schluß. 5 Mose 16, 9—25 mit 16, 1—11. Luk. 14, 13 f. 4) Unterstützung durch **unverzinsliches Darlehen** und durch Annahme als Taglöhner mit **guter und schneller Bezahlung**. 3 Mof. 25, 25—40. 5 Mose 15, 4. 7—11. 24, 10—15. Dazu kommen 5) erst noch die **besonderen Aufforderungen** zur herzlichen Hilfe-

---

*) Siehe Gedanken aus und nach der Schrift. 2. Aufl. S. 111. 3. Aufl. S. 116.

leiſtung, Mildthätigkeit, Nachſicht überhaupt (5 Moſe 15, 7—11. 24, 10—15) neben den ernſthafteſten **Verwarnungen vor Härte, Unrecht.** 3 Moſe 25, 27—50. Sprüche 3, 27. 14, 31. 22, 9. 16. 22. 23, 27. 31, 9. Jeſ. 58, 7. Matth. 6, 27. 2 Kor. 8, 14 f. 9, 6 mit 12. 1 Tim. 6, 17 f. Gal. 6, 9. Endlich 6) wird beſonders der **Schutz und die Vertretung des Rechts der Armen** als eine **Sache Gottes** und **Pflicht der Richter** eingeſchärft unter ſtrenger Bedrohung. Hiob 29, 12—17. Pſ. 10, 2—14. 82, 1—8. Sprüche 22, 22 f. 31, 8 f. Jeſ. 10, 1—4. Amos 8, 4—12.

Beſonders über das **Betteln**, d. h. das Bitten um Almoſen ſiehe Chriſtliche Reden V. Nr. 3 und Gedanken 2. Aufl. S. 117 und 163. 3. Aufl. S. 121 f. 128.

Das Naturleben iſt nun aber nicht nur zur nothwendigen Erhaltung beſtimmt und eingerichtet, ſondern auch zur Erheiterung und Wohlfahrt des irdiſchen Lebens. Die Natur bietet in ſich einen Complex von Gütern dar, der für den Chriſten als Werk und Gabe Gottes gilt und ſo als Abſpiegelung der göttlichen Güte. 1 Tim. 4, 4. 6, 17. Act. 10, 11—15. 14, 17. Pſ. 33, 5. 34, 9—11.*)

Hiernach iſt der Chriſt auch berechtigt und verpflichtet für ſich und Andere **den Beſitz, den Erwerb und**

---

*) **Harleß** übertreibt, wenn er ſagt, das weltlich Gute werde erſt ein Gut durch die Beziehung auf Gottes Güte, aber dadurch wird es nur höheres Gut, Gottesgut, während auch dem, der es nur als Weltgut genießt, geſagt iſt: „Du haſt dein Gutes empfangen." Luk. 16, 25. Ebenſo: Es ſei kein Unterſchied zwiſchen Vergänglichem und Unvergänglichem, er liege nur im Subject. Dies ſteht in directem Widerſpruch mit 2 Kor. 4, 18. 1 Kor. 7, 31.

2. Verhalten der christlichen Rechtlichkeit zur Freiheit.

Genuß des irdischen Gutes im Namen Gottes heilig zu halten, zu sichern und zu fördern. 2 Thess. 3, 6—12. 2 Kor. 12, 14. 1 Tim. 5, 8. Das Heiligen in dieser Beziehung schließt aber wesentlich in sich, daß der Christ das irdische Gut in dankbarem Bewußtsein der göttlichen Gnade betend segne (Matth. 14, 18 f. Luk. 24, 30 und a. St.), dann aber auch, daß wir es behandeln im Bewußtsein von der Vergänglichkeit dieses ganzen irdischen Naturlebens und zwar von der Vergänglichkeit als eines Gesetzes der göttlichen Gerechtigkeit und Güte, die damit Zucht wider die Sünde und Erziehung für das Höhere in das irdische Gut legt. Wir haben es daher im sittlichen Geiste der Gottseligkeit den höheren Lebenszwecken bei uns und Anderen unterzuordnen und einzuordnen. Vermöge seiner Vergänglichkeit kann das irdische Gut das höhere Leben in Gott nicht nur nicht an und für sich vermitteln, sondern es ist selbst der Vermittlung des höheren Lebens bedürftig und gewärtig, nicht von uns aus, nicht von unserem Geiste (da reißt es uns mit sich hinein in seine Vergänglichkeit), sondern in der gläubigen Einheit mit Gott und seinen Gnadenmitteln, durch welche eben die Kraft des in sich selbst Unvergänglichen in das in sich selbst Vergängliche eingeht. Röm. 8, 19 ff. 1 Kor. 7, 30. 1 Joh. 2, 17. 1 Tim. 4, 5. Wir dürfen es daher weder mit unserer Arbeit noch gar mit der Frömmigkeit auf irdischen Gewinn und Reichthum anlegen. Der über das Nöthige hinausgehende Güterbesitz darf nach Jesu Christi Standpunkt, d. h. dem echt christlichen, nicht nur nicht zum unmittelbaren, zum unbedingten oder obersten Zweck gemacht werden, sondern auch nicht einmal zum untergeordneten, womit die Moralisten sich begnügen, um den Reichthum wenigstens zum bedingten Erwerbszweck zu erheben als Mittel für christliche und sittliche Zwecke, während das biblische Christenthum in der Armuth Viele reich machen lehrt. 2 Kor. 6, 10. Reichthum darf überhaupt nicht Gegenstand des Verlangens und Strebens sein, nicht Thätigkeitszweck (μη ζητειτε), vielmehr christlicher Thätigkeitszweck ist treue Berufserfüllung ohne Verachtung der auch nöthig werdenden körperlichen Arbeit. Der Berufstreue gehört dann aber auch die Zuversicht, daß Gott derselben ungesucht die Mittel für eigene und fremde Nothdurft beilegt. Matth. 6. Act. 20, 34 f. Eph. 4, 28.*) Das geistige, überirdische Gut, nicht das irdische, ist dem Christen der zu erstrebende Reichthum, der Reichthum im Himmelreich, in Gott, und ist so das Ziel unserer Thätigkeit, während das irdische Gut als eine ungesuchte segnende Beigabe der freien Macht des himmlischen Vaters anheimgestellt wird. Wie wir einestheils das Nöthige von der Liebe Gottes immer gewiß sein dürfen, müssen wir das Uebrige ebenso frei entbehren und hingeben können als eine bloße Zugabe, die für den Gottesmenschen durch Hoffnung auf den lebendigen Gott entbehrlich ist. Was aber über das Nöthige hinaus ohne äußeres Erstreben uns zufällt, haben wir dann als wahre Gottesgabe zu besitzen und zu genießen mit dankbarer Treue gegen Gott und mit Dienstfertigkeit gegen Andere. In diesem Sinn ist der Besitz von Reichthum nichts Unchristliches, während der angestrebte Erwerb desselben in keiner Weise unter die christ-

---

*) Hier ist die Arbeit betont als Mittel zu geben dem Dürftigen, nicht der Erwerb von Reichthum, — treue Berufsarbeit um Gotteswillen erhält den Segen als ungesuchte Beilage, Reichthumsgesuch sucht und prätendirt das Gut und fesselt die Seele.

2. Verhalten der christlichen Rechtlichkeit zur Freiheit.

lichen Zwecke im Neuen Testament gesetzt wird. Sonach gilt auch für die christliche Verwaltung der irdischen Güter, daß sie weder geizig noch verschwenderisch sei, sondern gehalten im genügsamen Geist der Gottseligkeit als eine Uebung der Liebe und der Verleugnung im Geben und Empfangen, im Haben und Entbehren. Vgl. Matth. 4, 4 mit Luk. 12, 21. Matth. 6, 19 f. 24. 32. 34. 1 Tim. 6, 6—11. 17 ff. 2 Kor. 9, 7 ff. Act. 20, 35. Phil. 4, 10—14. Spr. 10, 16.

Nach dem Bisherigen erscheint es als eine Verleugnung des Herrscherrechts über die Natur, wenn der Mensch von den Gütern derselben besessen wird, statt daß er sie besitzt zu seinem Dienst als Gottes Kind und Gast. Es ist gleich= sehr eine Verachtung der Güte Gottes, wenn der Mensch die irdischen Gaben in stolzer Selbstgenügsamkeit oder Un= zufriedenheit unbenützt läßt, wie wenn er in Muthwillen und Sorglosigkeit sie verschwendet und vergeudet (1 Kor. 10, 7. Joh. 6, 22. Sir. 28, 25. 5 Mose 20, 9. 22), oder mit der Seele an ihnen klebt und ihren Genuß Andern mißgönnt und vorenthält. Pred. 4, 4. 5 Mose 24, 19 ff., vgl. Sir. 14, 8. 10. 15. 17.

Vollends Eingriffe in fremden Besitzstand durch Ueber= vortheilung, Betrug, Diebstahl sind Ausflüsse gottentfremdeter Gesinnung. 2 Mose 20, 15 ff. 1 Kor. 6, 9 f. Eph. 4, 28. Tob. 2, 21. 4, 15. Jer. 22, 13. Jak. 5, 4. 3 Mose 25, 14. 1 Thess. 4, 6. 3 Mose 19, 35 f. 5 Mose 27, 17. Hiob 20, 15. 19. 18, 12 f. Spr. 11, 26. Ausführliche Darstellungen über Verschwendung, Diebstahl, Betrug u. s. w. geben die gewöhnlichen Moralsysteme. Vgl. noch das über $\varkappa o\iota\nu\omega\nu\iota\alpha$ Gesagte § 15.

Ueber die Beziehungen der Ethik zur Natur, wie sie bei Schleiermacher und Rothe sich finden, und wie ihre rein formalistische Fassung bösen wie guten Inhalt zuläßt, vgl. Thilo, Die Wissenschaftlichkeit der modernen speculativen Theologie S. 218—223. 231. 255 ff. Ueber Thierquälerei siehe Harleß § 45 und 50. Anm. 1. Ueber die Beschönigungen, womit die neuere Wissenschaft und Frömmigkeit das Streben nach äußeren Gütern nährt und stützt, spricht sich J. M. Sailer unübertrefflich schön aus Moral II, § 162. S. 236 ff.*)

§ 24. Von der christlichen Gütigkeit ($\dot{\alpha}\gamma\alpha\vartheta\omega\sigma\nu\nu\eta$).

In der christlichen Ethik unterscheiden wir Rechtlichkeit und Gütigkeit nicht wie Zwangs- und Liebes-Pflicht,

---

*) Nicht Wenige haben das unbedingte Streben nach Reichthum ꝛc. dadurch noch mehr begünstigt, daß sie das Gute mit lebhaften Farben schilderten, das der reiche Mann stiften kann. Allerdings ist der Reichthum in den Händen des Edeln, des Weisen, des Großmüthigen ein Werkzeug zur Darstellung sittlicher Ideen, indem sich in dem guten, weisen, großmüthigen Gebrauche desselben offenbaret a) die Erleichterung, Milderung des menschlichen Elends, b) die Förderung der Künste, der Wissenschaften, insbesondere c) die wissenschaftliche Bildung dürftiger Talente. Ja, er ist in dem Weisen eine wirkliche Darstellung sittlicher Ideen, z. B. der Herrschaft des Menschen über das Leblose. Aber dies Alles ist nur wahr von dem Reichen, nicht insofern er reich, sondern insofern er gut, edel, weise, großmüthig ist; denn der Reichthum ist ja in den Händen des Ehrgeizes ein Werkzeug zur Durchsetzung der ehrsüchtigen Entwürfe, in den Händen der Wollust ein Werkzeug zur Befriedigung des wilden Triebes, kurz: im Bösen ein Mittel zur Darstellung des Bösen.

Einige haben den profanen Sinn so weit getrieben, haben die Werthschätzung der zeitlichen Güter so hoch gesteigert, daß sie sogar den Geist der Religion darein gesetzt haben, daß sie uns tüchtig mache, die Erde

sondern da haben beide ihr Princip in der Liebe, nur wendet die christliche Rechtlichkeit die Liebe an vom Gesichtspunkt des Rechts oder der göttlichen Ordnung, weil diese dem

---

fleißig zu bauen, die reißenden Bäche abzuleiten, und die finstern Wälder zu lichten. Die Frömmigkeit ward also in dieser Betrachtung und in den Händen einer solchen massiven Tugendlehre weiter nichts, als ein überirdischer Dünger unserer irdischen Mistbeete. Kurz: die Religion ward blos Tugendmittel, so wie die Tugend ein bloßes Thun im Gebiete des Zeitlichen. Das hieße denn das Göttliche, das Ewige recht tief herabwürdigen, um es recht brauchbar, zum bloßen Mittel zu machen. Diese Evangelisten des Brauchbaren, entblößt von dem Adel des Ueberirdischen, vergruben sich und ihre Freunde wie die Maulwürfe unter die Erde. Und, wie sie kurz vorher keine Zeit mehr hatten, gen Himmel zu blicken, so können sie jetzt nicht mehr; denn das Auge war erblindet. Entblößt von dem reinen Anschauen des Guten, Wahren, Schönen, das nur im Innern lebt da, wo es ist, sind sie bloße Praktikanten des Aeußern geworden, Handlanger der Vergänglichkeit, lauter Organe des flüchtigen Staubes, der sich durch sie bewegte und gestaltete und in jeder Bewegung und Gestaltung sein Nichts in neuer Form offenbarte. Könnte die Weisheit ein Ohr in ihrem Innersten finden, sie spräche zu ihnen: Wenn die Mathematik dir nur deßhalb lieb ist, weil sie dein Mühlrad treibt; die Physik nur deßhalb, weil sie dir einen neuen Sparofen erfand; die Philosophie nur deßhalb, weil sie neue berühmte Namen in Meusels gelehrtes Deutschland liefert; die Poesie nur deßhalb, weil sie einen schönen Musen-Almanach erzeugt: so darf dir die Religion auch bloß deßhalb werth sein, weil sie einen kräftigen Kappzaum für deine unbändigen Neigungen, weil sie einen Käfig für die wilden Bestien, deine Leidenschaften, bereitet. Umgekehrt: Nicht groß ist die Religion, weil sie dein Herz zurechtsetzt, sondern weil sie groß ist, so kann sie auch deine Triebe theils ordnen, theils lenken, theils friedigen; weil sie göttliche Würde besitzt, so kann sie das Thier dem Menschengeiste, und den Menschengeist sich selber unterwerfen. O! die Religion ist nicht bloß groß als **Seele der Handlung**; ihr Großes besteht darin, daß sie der **Geist des Geistes** selber ist.

Der profane Sinn trieb seine Freunde so weit, daß, nachdem sie die Religion zum bloßen Mittel des Erdelebens gemacht hatten, sie nicht umhin konnten, es als strenge Selbstvervollkommnungspflicht des Menschen anzusehen, daß er immer mehr Ehre, mehr Hoheit zu erobern 2c. strebe: **Du sollst dich Tag und Nacht casteien, um mehr Geld, mehr Ehre, mehr Beifall, mehr Lebensgenuß einzuernten.** Du

Christen Bedingung, Voraussetzung und Ziel alles Guten ist, aller Lebenswohlfahrt, worauf die Liebe eben vermöge ihrer Rechtlichkeit gerichtet ist. Die christliche Gütigkeit aber

sollst! Daß die Selbstsucht darnach ringe, immer mehr Reichthum, mehr Ehre, mehr Weltbeifall, mehr Lebensgenuß einzuernten, das lehrt die Erfahrung, das liegt in der Natur der Selbstsucht. Aber, daß die Moral sich mit der Selbstsucht vereinige, daß sie lehre: du sollst immer noch mehr Ehre, mehr Reichthum, mehr Weltbeifall, mehr Lebensgenuß erringen, das ist so abenteuerlich, als lächerlich. Und nun erst der abenteuerliche Beweis dieses abenteuerlichen Lehrsatzes: Je mehr Reichthum, Ehre, Weltbeifall, Lebensgenuß, desto mehr Mittel zur Cultur und zur Beglückung des menschlichen Geschlechtes, desto mehr Stoff zum Wohlthun. Nun aber Wohlthun ist Gesetz der Vernunft, ist Gesetz des Christenthums, ist Religion der Welt: also ꝛc. Diese Beweisart fällt in eine zusammen mit jener Anrede des pädagogischen Trinkers an seinen Sohn: Mein Sohn! folge mir nach, trink oft und fleißig von dem Göttertranke (dem Burgunderweine), denn dieser Göttertrank ist ein souveränes Tugendmittel. Trink oft und fleißig davon! denn sieh! der Göttertrank stärkt, belebt den Körper; der neugestärkte, neubelebte Körper kann mehr arbeiten: mehr Arbeit schafft mehr Gewinn ins Haus: mehr Gewinn gibt mehr Stoff zum Almosen: Almosengeben ist Wohlthun: Wohlthun ist Liebe: Liebe ist Pflicht: Pflicht ist Religion. — — Welcher Kettenschluß! Und doch ist der große Sprung vom Burgunder-Trinken bis zum Wohlthun nicht größer, als vom Geldsammeln bis zum Wohlthun, vom Weltbeifall und Lebensgenuß bis zur alles beglückenden Menschenliebe.

Gleichen Werthes ist die Apologie, die der Weltgeist auf einem andern Wege für das Streben nach mehr Reichthum, Ehre, Weltbeifall, Lebensgenuß erfunden hat. Denn sagen sie: du kannst durch Erwerbsfleiß nicht reicher werden, durch Kunstfleiß nicht höher steigen im Staatskalender, durch Betriebsamkeit nicht mehr Publicität in der gelehrten Welt gewinnen, ohne an richtiger Kenntniß, an reifer Urtheilskraft, an Gewandtheit des Geistes, an Lebenskunde, d. i. an Cultur zuzunehmen. Nun Cultur ist Zweck.

Arme Tugendschule, die um den Menschen fertig zum Guten zu bilden, ihn mit allen Lasten, die ihm die Tugendfertigkeit erschweren, beladen zu müssen glaubt — und hernach, wenn statt der göttlichen Tugend, eine Fertigkeit im Bösen zum Vorscheine kommt, sich mit einem Paar Begriffe, die auf dem Wege nach Reichthum, Ehre, Weltbeifall, Lebensgenuß gefunden werden, zu trösten weiß — für die verlorne Mühe, und für die Ausbrüche des Lasters!

§ 24. Von der chriſtlichen Gütigkeit

wendet den Liebesbegriff an vom Geſichtspunkt des göttlichen Heils, ſeines Alles beſtimmenden geiſtigen Gutes und des dadurch beſtimmten leiblichen Gutes. Die chriſtliche Gütigkeit iſt alſo das vom göttlichen Heilsbegriff beſtimmte oder das von der göttlichen Heilsgüte beſeelte Benehmen. Sie hat es theils unmittelbar mit dem Wohlergehen des Nächſten zu thun, mit der Leibes- und Seelenwohlfahrt, und iſt dann **dienſtfertige Mittheilung**, $\chi\rho\eta\sigma\tau o\tau\eta\varsigma$; theils hat es die Gütigkeit mit Eingriffen Anderer in die eigene Wohlfahrt zu thun, hat fremde Verfehlungen, Beläſtigungen und Beleidigungen zu tragen und zu überwinden und iſt dann **Friedfertigkeit**, $\varepsilon\iota\rho\eta\nu o\pi o\iota\varepsilon\iota\nu$. Die Gütigkeit zerfällt alſo in Dienſtfertigkeit und Friedfertigkeit. Zum Weſen der chriſtlichen Gütigkeit gehört es in dieſen beiden Beziehungen auf das bedacht zu ſein, was Anderen gut iſt und frommt. 1 Kor. 10, 24. 33. Röm. 15, 1 f. (Das Gegentheil iſt: in Eigenliebe auf ſein Eigenes bedacht ſein, $\dot{\varepsilon}\alpha\upsilon\tau o\iota\varsigma$ $\dot{\alpha}\rho\varepsilon\sigma\kappa\varepsilon\iota\nu$, $\tau\alpha$ $\dot{\varepsilon}\alpha\upsilon\tau o\upsilon$ $\zeta\eta\tau\varepsilon\iota\nu$). Das Ziel der chriſtlichen Gütigkeit iſt nicht nur weltliches, äußeres, dieſſeitiges Wohlbefinden, ſondern Einführung ins wahre und geiſtige Gut ($o\dot{\iota}\kappa o\delta o\mu\eta$, $\sigma\omega\zeta\varepsilon\iota\nu$). Dadurch erhält das Chriſtlich-Gute den nämlichen ſeelſorgerlichen Grundcharakter, wie das Recht, wovon bereits bei der Menſchenliebe die Rede war. Die chriſtliche Gütigkeit befaßt alſo den freien Dienſt und Frieden gegen Andere in der Geſinnung Jeſu Chriſti und in der Richtung auf ihn. Damit iſt auch der durchaus ſittliche und heilige Charakter dieſer Gütigkeit geſetzt. Matth. 20, 25—28. Joh. 13, 13—17. Phil. 2, 4—8. Röm. 15, 3—8. 1 Kor. 9, 19—23. Gal. 6, 2. Aus Nitzſch gehört hieher §§ 180 bis 183. Harleß § 47 und 50.

1) Die Dienstfertigkeit besteht in wohlwollendem, liebendem Entgegenkommen gegen das, was Andere zu ihrem Wohlbefinden bedürfen, und dies um Christi willen. Matth. 25, 35 f. Luk. 3, 11. Ihr Object ist das wahre, wirkliche Bedürfniß ($\chi\varrho\varepsilon\iota\alpha$), nicht ein erkünsteltes Bedürfniß oder bloße Lust. Die gütige Befriedigung des Bedürfnisses bleibt aber nicht nur stehen bei der nothwendigen Gebühr nach Art der Rechtlichkeit, sondern nach dem Vorbild der göttlichen Güte dehnt sie sich, sofern es möglich ist, auch auf die Wohlfahrt und Erheiterung des Lebens aus (vgl. Matth. 20, 13 und 15, wo Rechtlichkeit und Güte neben einander); und zwar ist sie keine bloß müßige Empfindsamkeit oder bloße Gefälligkeit im äußeren Benehmen, sondern reelle Bethätigung gütiger Gesinnung. 1 Joh. 3, 17 f. Jak. 2, 16. Daher besteht die Gütigkeit auch nicht in bloß äußerer Dienstleistung, sondern als Ausfluß der Liebe ist ihr Dienen beseelt von sympathisirender Theilnahme an Freud und Leid, sei es mit oder ohne Worte. Röm. 12, 15: $\chi\alpha\iota\varrho\varepsilon\iota\nu\ \mu\varepsilon\tau\alpha\ \chi\alpha\iota\varrho\text{o}\nu\tau\omega\nu$, $\varkappa\alpha\iota\ \varkappa\lambda\alpha\iota\varepsilon\iota\nu\ \mu\varepsilon\tau\alpha\ \varkappa\lambda\alpha\iota\text{o}\nu\tau\omega\nu$. Vgl. Ps. 35, 13. Jak. 5, 14—16. Act. 3, 6. Spr. 10, 21. 16, 24. Es sind nicht gewisse Gegenstände und Formen von Dienstleistungen, auf welche die Dienstfertigkeit eingeschränkt wäre, sondern sie ist dienende Mittheilung, je nachdem man hat und es dem Bedürfniß der Andern frommt. So ist die christliche Dienstfertigkeit in Gesinnung und Aeußerung $\varepsilon\dot{\upsilon}\pi\text{o}\iota\ddot{\iota}\alpha$ und $\varkappa\text{o}\iota\nu\omega\nu\iota\alpha$ $\dot{\varepsilon}\nu\ \pi\alpha\sigma\iota\nu\ \dot{\alpha}\gamma\alpha\vartheta\text{o}\iota\varsigma$. Ebr. 13, 16. Gal. 6, 6. Leibliche und geistige Mittheilungen begegnen und ergänzen sich daher (Röm. 15, 27. 1, 11. 1 Kor. 9, 11), und zwar ist Wohlthat an der Seele der beste Dienst (Jak. 5, 20. 1 Thess. 4, 18. 5, 14 f.), auch wo er zunächst Betrübniß und Zorn

anrichtet. 2 Kor. 7, 8—12. Spr. 28, 23. Luk. 7, 37 ff. Joh. 8, 11.

Was nun aber die Personen betrifft, denen sie gilt, so dient die christliche Gütigkeit immerdar dem Nächsten, d. h. dem der in unserem Kreis uns am nächsten steht nach Natur, Gesinnung und geselliger Verbindung; im concreten Fall aber dem, der es seiner Lage nach am nöthigsten bedarf. Mark. 7, 27. Gal. 6, 10. Spr. 17, 13, vgl. Sir. 29, 22 f. (vgl. die schon oben citirte Rede, „die Wohlthätigkeit gegen Arme," V. Samml. Nr. 3, namentlich über das Bitten als Recht und Pflicht und über Unwürdige). Wo dringendes Bedürfniß ist, haben wir nicht erst zu warten auf Bitte oder zu Gericht zu sitzen über die Sünden der Unglücklichen. Auch dem Feind und dem Unwürdigen, der kein Recht an uns hat, gebührt eben vom Standpunkt der Güte aus wenigstens das Nothwendige. Matth. 6, 44 ff. Luk. 6, 31—38. Röm. 12, 20. (Daher ist unchristlich, was Sir. 12, 4—6 steht: „Gib dem Gottesfürchtigen, und erbarm' dich des Gottlosen nicht" ꝛc.). Vorsicht, die dem Mißbrauch der Wohlthat auf Seite des Feindes und Unwürdigen vorbeugt, ist nicht ausgeschlossen, ebenso wenig die Entscheidung zu Gunsten des Würdigen, wenn ich eben zwischen ihm und einem Unwürdigen die Wahl zu treffen habe, indem ich Beide nicht bedenken kann. Aus der Wohlthat aber eine Beschämung und Bedrückung für irgend Jemand zu machen, hebt den Charakter der Güte auf. Geht nun die Güte als solche über die bloße Rechtsforderung und über ihren Maßstab hinaus, so darf sie andererseits ihren Dienst nie üben auf Kosten der Rechtlichkeit, sonst ist es unsittliche Güte, und so muß ich erst gerecht werden, ehe ich wohlthätig sein darf, muß das Nothwendige und Unentbehrliche bedenken, ehe ich auf das eingehen kann, was erheitert u. dgl., muß das, was Pflicht der Gerechtigkeit gegen Andere ist, was meine Schuldigkeit ist, nicht als bloße Gnadensache ihnen gewähren wollen, muß erst die eigene Schuld der Dankbarkeit abtragen, ehe ich mir fremden Dank verdienen will, darf nie dem Einen dienen auf Kosten eines Andern, dem Fremden auf Kosten des Nächststehenden und nicht die, gegen welche ich die nächsten Pflichten habe, wie das eigene Haus, über meinem Wohlthun darben und zu Grund gehen lassen. 1 Tim. 5, 8; vgl. Act. 20, 34 f.*) Die Gütigkeit muß durchaus sittlich sein, d. h. immer im Dienst der Weisheit, Rechtlichkeit und Wahrheit handeln, darf auch mit vermeintlichem Gutesthun nicht übelthun, nichts sich erlauben, das dem Andern zum Uebel wird oder an sich nicht recht ist. Sie muß daher auch zu versagen, zu verzögern und vorzuenthalten wissen, wie sie unterscheiden muß, was unbedingt für Alle gehört und was nur bedingt für gewisse Personen, Lagen, Zeiten ꝛc. gehört. Sie darf also auch den Schein der Härte nicht scheuen und muß verzichten auf den Glanznamen eines ganz guten Menschen, oder eines allbeliebten und allbewunderten Menschenfreunds. Luk. 6, 26: „Wehe euch, wenn euch Jedermann wohlredet." Matth. 20, 22 f. („Ihr wisset nicht, was ihr bittet."); 16, 1—4. („Die böse Art sucht ein Zeichen."); 15, 22 ff. (Das kananäische Weib). Joh. 2, 4 (Weib, was habe ich mit dir zu schaffen? meine Stunde ist noch nicht gekommen."). Luk. 17, 7—9. („Wer ist unter euch, der einen Knecht hat ꝛc.?"). Luk. 12, 13 f.

---

*) Nach letzterer Stelle ist die Arbeit für die eigene und der Angehörigen Nothdurft das Erste, woran sich erst das Wohlthun anschließt.

("Sage meinem Bruder, daß er das Erbe theile ꝛc."). Matth. 25, 9. („Nicht also, daß nicht euch und uns gebreche") u. s. w. Die christliche Güte bestimmt sonach ihr Dienen nicht nach Menschen-Urtheil und nach dem eigenen Naturzug, sondern vor Gott, der Vermögen, Willigkeit und Gesinnung sowie den Begriff des wahrhaft Guten zum Maßstab seines Urtheils macht. Mark. 12, 41 ff. 2 Kor. 8, 12. 9, 6 f. Ueber die rechte Art des Wohlthuns vergleiche noch Matth. 26, 1—4. Spr. 3, 28. Sir. 4, 1 ff. 18, 15 ff. Die hier herausgehobenen Momente sind namentlich: Einfalt ohne Nebenzwecke, ohne Selbstgefälligkeit und Prahlsucht, ohne Saumseligkeit und mit Freundlichkeit. Vgl. meine Rede über Matth. 6, 1—18. V. Samml. Nr. 2. Zur weiteren Aufhellung J. M. Sailer II, § 176, S. 330 f. § 177. S. 343 und 345.

Die andere Seite der christlichen Gütigkeit ist:

2) die Friedfertigkeit, deren Aufgabe es ist, unter allen, auch schwierigen Umständen das Nöthige zu thun für Erhaltung des guten Vernehmens; eben deshalb ist nicht nur der selbstthätige Antheil an Friedensstörung zu meiden, eigenes Unrecht freiwillig und unverzögert, ohne Gerichtszwang zu versöhnen (Matth. 5, 23 f.), sondern auch den fremden Reizungen dazu zu begegnen. Namentlich also das Böse, womit Andere uns kränken in unserm persönlichen und dinglichen Recht oder Wohlbefinden, ist zwar nicht zu behandeln, als wäre es nichts sittlich Böses, kein Unrecht, keine Verletzung des Gesetzes; sofern es aber ein uns persönlich zugefügtes Uebel ist, ist es zu ertragen mit Ueberwindung des verletzten Ehrgefühls, d. h. in Demuth, und mit Ueberwindung der erregten Leidenschaft und Ungeduld, d. h. in

Sanftmuth und Langmuth.*) Wir haben also das Uebel nicht mit Gleichem zu erwidern, es nicht zu vergelten, d. h. wir sollen nicht selber richten; denn Vergelten (nicht bloßes Urtheilen, daß etwas Unrecht sei) ist eben Sache des Richters, und die Vergeltung hat der Christ bei den ihm widerfahrenden persönlichen Beeinträchtigungen Gott als dem unparteiischen Richter zu überlassen, während wir als Partei und Richter in Einer Person nur parteiisch vergelten könnten. Luk. 6, 37. Matth. 7, 1 f. Röm. 12, 16—19. 1 Petr. 2, 19—23. Wenn nun die Erwiderung des Bösen dem Christen verboten ist, so ist er darum doch nicht waffenlos und schutzlos dem Muthwillen preisgegeben, er stärkt sich vor Allem im Glauben an die göttliche Gerechtigkeit (Röm. 12, 19. 5 Mose 32, 39 f. vgl. Jak. 5, 9). Und dieser darf und muß er sogar in gewissen Fällen zum **Schutz des Guten und des Berufes** die Vergeltung ausdrücklich übergeben.**) 2 Tim. 4, 14 f. vgl. mit 1 Tim. 1, 19 f.; Act. 13, 8—11. Außer diesem negativen oder passiven Verhalten zu dem uns widerfahrenden Uebel gibt es aber für den christlich Fried=

---

*) Sanftmuth ist nicht, daß man keinen Zorn, auch keinen sittlichen Zorn hat, sondern daß man seinem Zorn nicht folgt, von ihm sich nicht beherrschen, nicht hinreißen läßt zu liebloser, feindseliger und ungerechter Behandlung des Andern.

Ueber die Beschränkung des Ausspruches Matth. 5, 38 ff. auf das Dulden des Unrechts in rein persönlichen Beziehungen und die Nicht= anwendbarkeit auf die Sphäre des Berufes vgl. Harleß, § 48. Anm. 2, auch Stier. Auch ist nicht zu vergessen, daß alle diese Bestimmungen über das christliche Verhalten unter dem in der Bergpredigt vorangestellten obersten Gesetz der Liebe stehen, Alles zu des Herrn Ehre und des Nächsten Heil auszurichten, daß es ein Salz und Licht für die Menschen sei, nicht aber das Böse bestärke und Seelenschaden anrichte.

**) Aus diesem Gesichtspunkt sind schon manche Psalmen zu ver= stehen.

fertigen auch ein positives oder actives Verhalten. Wir sollen um des Guten willen das Böse auch zu überwinden suchen mit den Kräften und Mitteln des Guten (Röm. 12, 20 f.), und wenn die reuige Erkenntniß der Schuld eintritt auf Seiten des Beleidigers, haben wir ihm auch zu vergeben. Luk. 17, 3 f. Vergeben besteht nämlich nicht nur darin, daß wir das Unrecht nicht juridisch, nicht als Rechtsverletzung oder Beleidigung vergelten, oder nur in Geduld es als Uebel ertragen; dies passive Verhalten der Friedfertigkeit gilt, auch ohne daß der Beleidiger sein Unrecht anerkennt; im letzteren Falle aber, der eben das Vergeben bedingt, besteht dann dieses darin, daß wir das erlittene Böse nun auch nicht mehr moralisch (nicht nur nicht juridisch) als Verschuldung behandeln oder in unser Verhalten einwirken lassen, vielmehr das gute Vernehmen und das vollständige Liebesverhältniß wieder eintreten lassen. Dies erst ist Vergebung, wie dies auch bei der göttlichen Vergebung stattfindet. Daher Eph. 4, 32: $\chi\alpha\rho\iota\zeta\varepsilon\sigma\vartheta\alpha\iota$. Zu der Ueberwindung des Bösen mit Gutem, zu dem activen Verhalten der Friedfertigkeit, gehört denn namentlich Versöhnlichkeit, dies so, daß wir nicht nur geneigt sind, Friedensanträge anzunehmen sondern auch von uns aus Friedensversuche zu machen. Matth. 5, 23 f. Fürbitte vor Gott, begütigende Worte, Wohlthaten dienen der Versöhnlichkeit; jedoch darf diese nie so sich gestalten, daß die christliche Friedfertigkeit indifferente Accommodation an das Böse wird, sondern in Einheit mit den Gesetzen der Wahrheit und Rechtlichkeit hat die Friedfertigkeit wie die Dienstfertigkeit ihr Gutes anzubringen, so wie es dem speciell vorliegenden Bösen als das speciell Gute entspricht und gehörig begegnet.

Nichts schlimmer, als Friedensvermittler, die das Schwarze ins Weiße malen und mit Hin- und Hermarkten zwischen Recht und Unrecht vermitteln wollen. Salz und friedfertiges Wesen müssen beisammen sein. Mark. 9, 50. Kol. 4, 6: „eure Rede bestehe allezeit in Freundlichkeit, mit Salz gewürzt, daß ihr wisset, wie ihr einem Jeden zu antworten habt." Böses ohne Unterschied nur mit lieblichen Worten tractiren, ist phlegmatisches oder weichliches Naturell, Laune, Schwäche, sittliche Indolenz und sittliche Lauheit. Vgl. dagegen: Eph. 5, 11 (sittliche Beleuchtung des Bösen). Luk. 14, 1. 3—6. Matth. 12, 24—31 (widerlegende Worte). Joh. 18, 22 f. (Berufung auf Beweis), Act. 22, 25 f. (auf politisches Recht); 24, 10. 13. 20 f. (Apologie); 25, 10. 16 (Erschütterung des Gewissens). Damit jedoch in dieser sittlichen Bestrafung und in der Abwehr des Bösen der Geist der Güte walte, nicht persönlicher Haß und Erbitterung das Handeln bestimme, muß sie geschehen in der Verbindung der Wahrheit und Rechtlichkeit mit der Liebe, des Freimuths mit der Sanftmuth, des Eifers mit der ausharrenden Geduld, auch nicht in Trotz oder Verzagtheit, sondern in fester Zuversicht auf den Herrn als den Vertreter des Rechts, nicht in der Absicht wehe zu thun, den Muth zu kühlen, sich Satisfaction zu verschaffen, sondern um das Böse aus der Mitte wegzubringen. Selbstsucht und Feindschaft jeder Art soll und kann im Christen durch Christi Tod getödtet werden. Eph. 4, 26. Gal. 4, 18. 1 Kor. 13, 5. Klage vor Gericht, dieses nächste Rechts-Mittel des bloß civilisirten Menschen ist für den Christen das letzte Mittel der Nothwehr, wenn die Handhabung der Zucht und Ordnung es nothwendig macht. Vgl. Matth. 18, 21 f.; 1 Kor. 6, 5—7; ferner

Bd. II, § 14, namentlich Punkt 3. S. 247 ff.; Christliche Reden V, 11. (Göttliches und menschliches Vergeben.); 48 (Liebe und Recht); Harleß § 48. Auch in rein persönlichen Beziehungen kann es nöthig werden, daß der Christ ungerechten Ansprüchen rechtlich begegnen muß, statt nur gütig nachzugeben, oder daß er, wo er nachgibt, ein Zeugniß damit verbinden muß, das die Sache ins rechte Licht stellt, die Mißdeutung und den Mißbrauch zur Ungerechtigkeit abwehrt, das Recht Gottes verwahrt, das Gewissen des Andern schärft und weckt.

Besondere Regeln in Bezug auf Friedfertigkeit f. Spr. 25, 8 vgl. mit Jak. 1, 19 f. Spr. 17, 14 mit Sir. 28, 10. 30, 26. Spr. 15, 1. Pred. 10, 4.

Die Theilnahme am Krieg ist für den Christen, sofern er in weltbürgerlichem Verbande steht (§ 23, 2), erlaubt und Pflicht, überall wo es sich um Geltendmachung des obrigkeitlichen Schwertes nach göttlicher Ordnung handelt, also um Vertheidigung gegen ungerechte Angriffe, um Aufrechthaltung der Ordnung und Sicherheit. Joh. 18, 36; Röm. 13, 4; 1 Mose 9, 6. Hier findet Nothwehr im Großen statt; wie diese und die Todesstrafe (vgl. oben § 23, 2 S. 125 ff.) ist aber der Krieg, auch der Defensivkrieg, nicht nach moderner Art zu begründen aus vagen Begriffen von „göttlicher Führung der Völkergeschicke," wie es auch Harleß thut, oder von göttlicher Mission eines Volks namentlich zur Kulturverbreitung, oder gar zur Verbreitung des Christenthums, oder nach Schleiermacher zur Züchtigung barbarischer und corrumpirter Staaten, welche sich für die politische Entwicklung der übrigen Völker unzugänglich machen. Hegel (Rechtsphilosophie § 324) verspottet sogar das Jammern über den

Krieg und canonisirt ihn wegen seiner luftreinigenden Eigenschaft. Alle solche, seien es idealistische, seien es naturalistische Auffassungen begründen für den Krieg noch keinen sittlichen Rang und Charakter. Diesen erhält er nur, wenn er in Wahrheit aus dem Princip der Gerechtigkeit hervorgeht als Vollziehung des göttlichen Strafrechts gegen gewaltsamen Angriff auf Leben, Sicherheit und Freiheit eines Volks. Ist dagegen Ehrsucht, Herrschsucht, Unterdrückung u. dgl. sowohl vom göttlichen Gesetz als vom Evangelium überhaupt verurtheilt, so sind vollends dafür unternommene Kriege zweifach verurtheilt mit ihren diesen Götzen dargebrachten Schlachtopfern und werden durch keine conventionelle Politik gerechtfertigt, die wähnt sich über die Gesetze der alle Menschen verpflichtenden Moral erheben zu dürfen. Pf. 68, 31: „Der Herr zerstreut die Völker, die Lust haben zu kriegen." Alle die Donnerstimmen der Propheten wider die erobernden Mächte, selbst wenn sie Vollzieher göttlicher Strafen, göttliche Gerichtswerkzeuge waren, gehören hieher. Vgl. Hab. 2, 6 ff. Solche Angriffskriege, die von Gott gebraucht werden, rechtfertigen die willkürlichen Angriffe und ihre Blutthaten nicht, so wenig als dies bei Mördern und sonstigen Uebelthätern der Fall ist, obwohl auch sie in der göttlichen Regierung gegenüber der sündigen Welt eine ethische Bestimmung haben. Und so wenig solche menschliche Uebelthaten wegen ihrer göttlichen Verwendung ein Werk Gottes zu nennen sind, so wenig sind ungerechte Kriege, wenn sie auch Werkzeuge Gottes sind, darum auch Werke Gottes. Ein Werk Gottes ist etwas von ihm Gemachtes; Uebel sind etwas von ihm Verhängtes, während sie selber Teufelswerke sein können. Nicht Alles, was in der Welt geschieht, ist ein

Werk Gottes; er wirkt in Allem, aber er bewirkt nicht Alles; deswegen werden von Gottes Werken unterschieden der Menschen Werke, die guten wie die bösen und wiederum werden von Gottes Werken unterschieden Gottes Zulassungen und Schickungen. Vgl. meine Gedanken aus und nach der Schrift, Anhang, S. 185 ff. 3. Aufl. S. 190 ff. Speciell die theokratischen Kriege (über die Kriegsregeln dabei: 5 Mose 20) beruhen auf ausdrücklichen Anordnungen Gottes als des speciellen Königs Israels und des Richters über die Völker (dies ist kein Mensch); sie sind also nicht Legitimationen für Weltkriege; oder sollen auch weltliche Königswahlen und Absetzungen auf Grund der Theokratie legitim sein? Viel Instructives bietet Luthers Heerpredigt wider den Türken (Zimmermanns Concordanz, Band III, unter Krieg S. 282 unten). Daß aber die Theilnahme an einem ungerechten Krieg durch das bloße Gebot der Obrigkeit gerechtfertigt sei, lehrt das Christenthum nirgends; vielmehr gehört es zu seinen principiellen Bestimmungen, daß jeder Einzelne für sein Thun und Mitthun verantwortlich sei. Röm. 14, 12. 23. Gal. 6, 5. 5, 8—10. 1 Tim. 5, 22. Sonst müßte auf obrigkeitlichem Befehl hin auch Mithülfe zu andern Ungerechtigkeiten, wie Güterraub, Weiberschänden, Hinrichtung von Unschuldigen u. dgl. keine Sünde sein. Eine sittliche Allmacht der Obrigkeit und eine stillschweigende Abladung der persönlichen Verantwortung auf sie*) kennt weder das Alte noch das Neue Testament; vielmehr fordert es durchaus Unterordnung des Gehorsams gegen Menschen unter den Gehorsam gegen die göttlichen Gesetze. Vgl. 2 Mose 1, 17.

---

*) Gegen Harleß, § 49. Anm. 2.

1 Sam. 22, 17 f. 2 Chron. 26, 18. 28, 19. Dan. 3, 18. 6, 8 f. Apostgesch. 4, 19. 5, 29. Ebr. 11, 23. Eine Unterwerfung, die sich nicht nur des eigenen Gewissens zu begeben hätte, sondern auch des Gehorsams gegen unzweifelhafte Bestimmungen des göttlichen Worts über Recht und Unrecht, widerspricht dem Axiom, Gott über Alles zu fürchten und zu lieben. Bethätigung an einem notorisch ungerechten Krieg kann also nur nach Fehlschlagen gesetzlicher Gegenmittel, nur gezwungen, nach Lage der Sache Entschuldigung finden, nimmermehr aber zu einer christlichen Pflicht werden.*)

III. Die christliche Gesellschaftsordnung.

Vorbemerkungen.

Wir verstehen darunter nicht die objective Ordnung der christlichen Gesellschaft selbst (dies wäre die schon behandelte christliche Gemeinde- oder Kirchenordnung), sondern die christliche Lebensordnung für die Subjecte innerhalb der menschlichen Gesellschaftskreise. Das Gebiet, innerhalb dessen sich die christliche Weisheit, Rechtlichkeit und Gütigkeit zu bethätigen hat, begreift gewisse gesellschaftliche Grundverhältnisse, welche Träger und Vermittler eines einheitlich gegliederten Zusammenlebens in dieser Welt sind. Die Bestimmungen, welche das Christenthum hierüber gibt und die denselben entsprechende Lebensordnung bilden die sittliche

---

*) Im Wesentlichen gut und praktisch fruchtbar ist Roos: „Soldatengespräche zur Pflanzung der Gottseligkeit unter den Soldaten," 1777; ferner die Hauptschrift hierüber von Luther: „Ob ein Kriegsmann in seligem Stande leben könne."

Gesellschaftsordnung des christlichen Lebens. Es sind nun hauptsächlich zwei der Welt wesentliche Formen, in welchen sich jedes diesseitige Zusammenleben ordnungsmäßig organisirt und zu organisiren hat, nämlich als Familien- und als Volksleben, oder die zusammenfassende Form davon: als das Haus und der Staat. Zu diesen beiden kommt aber noch als Grundlage die Ehe; sie ist die Wurzel aller socialen Verhältnisse, das Stamm-Verhältniß. Die sittliche Gesellschafts-Ordnung des christlichen Lebens setzt sich denn auseinander in eine evangelische Eheordnung, Hausordnung und Volksordnung. Die Kirchenordnung gehört gar nicht in dieselbe Kategorie mit diesen weltlichen Ordnungen, wie sie z. B. auch Harleß zum Schaden derselben behandelt. Beide, die weltlichen und die kirchlichen Verhältnisse beziehen sich zwar wohl auf dieselben Subjecte, und umfassen dieselben Verbindungsformen, indem auch der Begriff der Kirche alle ihre Angehörigen als eine Familie von Brüdern und Knechten unter Einem Vater und Herrn zusammenfaßt. Dabei ist einerseits die Ehe, die persönliche Liebesverbindung mit Gott in Christo als Stammverhältniß vorausgesetzt; andererseits ist die Form des Staats als die Vollendung im künftigen absoluten Gottesstaat aufgestellt. Aber eben schon darum, weil der Begriff der Kirche selbständig diese weltlichen Grundverhältnisse alle in sich subsumirt und ausbildet, darf die Kirche nicht als etwas Coordinirtes jenen Grundverhältnissen zur Seite gestellt werden. Außerdem aber findet noch ein wesentlicher Unterschied statt in Bezug auf ihr Bestehen und ihre Bestimmung; beiderlei Gesellschaftsformen bestehen zwar durch Gott, aber die weltlichen, Haus und Staat, unabhängig vom Christenthum, die kirchliche Form abhängig von demselben (vgl. Weiteres über das Verhältniß von Kirche und Staat Band II. § 15. II. Zusatz. S. 378 ff.). Die ersten sind göttliche Naturstiftung, aber nicht göttliche Bundesstiftung, wie die kirchliche; jene sind Darstellungs- und Entwicklungsformen des Fleisches, d. h. des sündigen, vergänglichen Lebens dieser Welt, auch mit Einschluß der geistigen Elemente; dagegen die kirchliche Gesellschaftsform hat den Geist der Gnade, das göttliche, unvergängliche Leben darzustellen und zu entwickeln. Und wenn Harleß zur Verwischung des Unterschieds zwischen Vergänglichem und Unvergänglichem sagt: auch die Güter und Gaben des heiligen Geistes seien vergänglich, so unterscheidet er nicht das objective Wesen vom subjectiven Besitz, der wieder durch subjective Schuld verloren gehen kann, und von der gegenwärtigen Besitzform, die allerdings vom Glauben einst ins Schauen übergeht, vom bloß innerlich Geistigen ins leiblich Geistige, dagegen das irdische Gut seiner eignen Natur und Beschaffenheit nach, abgesehen von subjectiver Schuld oder Unschuld, der Auflösung verfällt, und in seiner Natur umgeschaffen werden muß ins Unveränderliche. Das Göttliche, Ewige erzeugt sich nicht daraus, wie aus dem geistigen Gut der Gnade. So sind denn auch die weltlichen Gesellschaftsformen, wenn wir auf ihre Bestimmung sehen, nicht an und für sich Bildungsanstalten für das ewige Leben, nicht göttliche Lebens-Institute, obwohl auch nicht bloße Fleisches- und Welt-Institute, sondern sind göttliche Gesetzes- und Zucht-Institute für dies Weltleben zur Ordnung der irdischen Entwicklung der Menschheit, mit Einschluß auch ihrer geistigen und sittlichen Interessen, und zur Sicherung wider die Sünde. Daraus ergibt sich denn auch für die Verbindung der weltlichen

Gesellschaftsformen mit dem Christenthum, daß diese Verbindung keine unmittelbare sein darf, daß Ehe, Familie und Staat an und für sich nicht als dem Christenthum wesentliche Organismen und Organe behandelt werden dürfen, sonst wäre die Ehe ein Sacrament, und man dürfte nie um Christi Willen ehelos bleiben, Vater, Mutter, Weib, Kind, Vaterland verlassen. Nur unter subjectiven Voraussetzungen und Bedingungen, unter ethischen Vermittlungen sind diese socialen Formen wie das ganze kosmische Leben befähigt für die praktische Darstellung des Christlichen in ihnen; Ehe, Familie, Staat bieten nur einen Wirkungskreis dar für die ethische Bethätigung des Christenthums, nicht aber gehören sie demselben unmittelbar an als objective Selbstdarstellungen, als dem Christenthum wesentliche Erscheinungsformen (Harleß); diese findet das Christenthum seinem himmlischen Wesen gemäß nur im Himmel. Seine sittliche Regelung und Ordnung, sein Geistesgesetz, nicht aber sein geistiges Gnadengut, will und soll das Christenthum in den socialen Formen zur Darstellung bringen und dies durch die Freithätigkeit christlicher Subjecte, nicht durch christlich-objective Formen. Kurz: Das christliche Verhalten in den bestehenden weltlichen Gesellschaftsformen nach dem Princip des Glaubens und der Liebe (speciell der Weisheit, der Rechtlichkeit und Güte) stellt das Christenthum auf, nicht Verfassungsformen für Familie und Staat, nicht die göttliche Reichsverfassung mit ihrem göttlich geistigen Familien- und Staatsleben; dafür setzt es eine wesentlich andere, nicht nur ethisch andere Natur und Welt voraus.

§ 25. Die christliche Eheordnung,

d. h. also die Ordnung des christlichen Lebens in der Ehe. Wir besprechen:

1) **Das Wesen der Ehe.** Die Ehe beruht nicht erst auf christlicher Einsetzung, sie ist göttliche Naturstiftung, nicht christliche Bundesstiftung. 1 Mose 2, 18—25. Matth. 19, 4 f.*) Sie ist die wesentliche Form für die rechtliche Vollziehung der geschlechtlichen Vereinigung, wie dieselbe begründet ist in der menschlichen Natur, d. h. durch göttliche Schöpfung für das diesseitige Leben. Vgl. oben § 23. 2. B a. S. 117 ff. Diese göttliche Zusammenordnung der Geschlechter setzt bei den Menschen (1 Mose 1, 27 f.) nicht die bloß physische oder thierische Lebensgrundlage voraus, sondern die der Gott-Ebenbildlichkeit, und involvirt demgemäß auch die gleichartige Fortpflanzung (פְּרוּ, befruchtet euch), sofern diese bedingend ist für die Bildung einer die Erde erfüllenden Menschenfamilie („mehret euch und füllet die Erde") und für die ganze Entwicklung ihres die Natur beherrschenden geistigen Berufes („machet die Erde unterthan und herrschet"). Die Ehe ist so Stiftung der segnenden Schöpferliebe Gottes **) und Organ der nicht bloß thierischen sondern gottähnlichen Naturbestimmung der Menschheit. Die Ehe ist aber nicht nur Mittel für einen außer ihr liegenden Zweck, für Fortpflanzung,

---

*) Ohne kirchliche Copulation keine rechtliche Ehe!?

**) Leitet sich auch in ihr die in die Natur eingedrungene Sünde fort, so auch die anerschaffene göttliche Anlage der Menschheit durch alle, auch durch unwürdige Mittelglieder der Propagation bis zur Wiederherstellung und Vollendung der göttlichen Anlage und so bis zur Ausscheidung der Sünde. Luk. 20, 28—36. Cap. 3, 23—38. Matth. 1, 1 ff. Per malos nascuntur etiam electi. Bengel.

1. Das Wesen der Ehe.

Familienbildung u. s. w., sondern sie hat auch ohne jenes unmittelbar in sich ihren Zweck. 1 Mos. 2, 18 („Es ist nicht gut, daß der Mensch allein sei; ich will ihm eine Hilfe (עֵזֶר) machen als sein Gegenüber (כְּנֶגְדּוֹ)." V. 23 f.: „Das ist meines Wesens — Männin soll sie heißen. — Mann und Weib — beide ein Fleisch"). Indem das menschliche Person=leben selbst, nicht nur nach seinem leiblichen, sondern auch nach seinem geistigen Inhalt auf beide Geschlechter vertheilt ist, tragen die beiderlei Geschlechtsindividuen eine gegenseitige Bestimmung für einander unmittelbar in sich, eben zur vollen Constituirung des menschlichen Person=lebens für diese Zeit; nur indem sie sich aus ihrer Ge=spaltenheit ergänzen durch gegenseitiges Zubringen in Bezug auf ihre leiblichen und geistigen Eigenschaften, erhält die diesseitige menschliche Persönlichkeit ihren vollen Gehalt. Der bloße Fortpflanzungszweck ist allem Sexualleben, auch dem der Pflanzen, gemeinsam und wird durch jede Geschlechts=verbindung, auch durch Hurerei, erreicht. Familienbildung ferner im Allgemeinen findet sich auch schon auf dem Boden des Thierlebens; aber das specifisch Menschliche der Ehe ist eben das, daß sie, auch wo keine Fortpflanzung eintritt oder eintreten kann, zur wesentlichen selbständigen Bestimmung hat die Ergänzung und Vervollständigung der ge=schlechtlich gespaltenen Menschenpersönlichkeit in leiblicher und seelischer oder nach unserem Sprach=gebrauch: geistiger Personaleinheit. Dies ist aus=gesprochen in dem ἔσονται οἱ δυο εἰς σαρκα μιαν 1 Mos. 2, 24. Matth. 19, 4 f. oder bestimmter V. 6: οὐκετι εἰσι δυο, ἀλλα σαρξ μια. In letzterer Stelle ist σαρξ μια deutlich der Gegensatz zu δυο, zu zwei Individuen, bedeutet also Ein Personleben und geht nicht nur auf die physisch-geschlechtliche Vermischung, sonst wäre es Eph. 5, 31 nicht auch auf Christen und die Gemeinde angewandt. Ueberhaupt schließt σαρξ, als Gesammtprädicat von Menschen gebraucht, immer zugleich die geistige Naturseite ein, jedoch das Geistige nur als das durch die Leiblichkeit Bedingte und Bestimmte. So ist eine der göttlichen Naturstiftung entsprechende Ehe, d. h. eine heilige humane Ehe weder eine bloße Leibeseinigung (dies kommt nicht über die Hurerei hinaus, daher bei dieser 1 Kor. 6, 16 eben nur $\dot{\varepsilon}\nu\ \sigma\omega\mu\alpha$ statt $\mu\iota\alpha\ \sigma\alpha\rho\xi$ gesagt wird, Leibesvereinigung); ebenso wenig ist Ehe eine bloß geistige Einigung, platonische Liebe, und ähnliche Ueberspannungen christlicher $\dot{\varepsilon}\vartheta\varepsilon\lambda o\vartheta\rho\eta\sigma\varkappa\varepsilon\iota\alpha$ (Kol. 2, 18. 21. 1 Kor. 7, 3 f.), sondern naturgesetzliche oder schöpfungsmäßige Ehe ist eine leiblich bedingte und bestimmte Seeleneinigung, eine persönliche Einigung von Mann und Weib auf Grund leiblicher und seelischer Naturzusammenstimmung, d. h. der natürlichen Personliebe*) zwischen den Betreffenden.**) Die geistige Verbindung in Gott schließt sich für den Christen eben daran an, theils durch das dankbare Bewußtsein dieser Person-Zusammenfügung als göttlicher Stiftung, theils durch die heilige Versiegelung und Vollendung der Verbindung im Namen des Herrn. 1 Kor. 7, 39. Dagegen ist der religiöse Charakter der Ehe oder gar die christliche Glaubenseinheit der beiden Theile nicht die noth-

---

*) Vgl. dagegen die Loosungsehen der Brüdergemeinde.

**) Im concreten Falle also ist das keine rechte Ehe, die nicht hervorgeht aus gegenseitiger leiblich-seelischer Personliebe und die nicht zur Personeinheit in leiblich-seelischer Wirklichkeit sich gestaltet.

wendige Voraussetzung einer überhaupt legitimen oder berechtigten Ehe, sonst hätte das Fortbestehen der Ehe zwischen Gläubigen und Ungläubigen von den Aposteln müssen verboten werden, und die Auflösung der Ehe bei irreligiösen oder leichtsinnigen Personen überhaupt wäre nicht als Ehebruch aufzufassen. 1 Kor. 7, 12 f. Hebr. 13, 14.

Als eine Einrichtung, die dem Diesseits angehört, fällt nun die Ehe überhaupt unter den Begriff des Gesetzes, d. h. der äußerlichen Gesellschaftsordnung. Also hat namentlich die politische Gesetzgebung Pflicht und Recht, die Eheverhältnisse keineswegs ausschließlich der Kirche zu überlassen, sondern alle Ehen ohne Unterschied zu ordnen von dem Standpunkt des Rechts aus und der sittlichen Ordnung im Allgemeinen (s. § 15. II. Zus. Bd. II. S. 378 ff.). Dagegen der specifisch christliche Charakter der Ehe fällt dem rein kirchlichen Gebiet anheim, d. h. den ethischen Grundbestimmungen des Christenthums, wozu aber die Form der Copulation nicht wesentlich gehört. Von ihr oder sonstigen rituellen Bedingungen der Ehe weiß das Alte und Neue Testament nichts; und sofern die Betheiligung am Christlichen und Kirchlichen jedem Menschen frei steht, fällt die christliche Eheschließung nicht dem Zwang, sondern der individuellen Freiheit anheim; zur unerläßlichen Pflicht wird christliche Eheschließung nur, sofern es sich um Anspruch und Recht auf christliche Geltung der Ehe handelt. Diese aber erhält die Eheschließung nicht durch einen äußerlichen Ritus ihrer Vollziehung, sondern durch das Vorhandensein oder durch Erweckung christlichen Glaubens und christlicher Liebe. Ohne das sind auch christlich copulirte Ehen unchristliche.*) Eine christliche Weihe und Einsegnung der Ehe kann nach dem Gesagten von Seiten der Kirche nur durch geistige und moralische, nicht durch disciplinare Einwirkungen, nur durch Erweckung und Pflege von Glaube und Liebe bewirkt werden, die Copulationsform nur als gute Sitte und Ordnung paränetisch empfohlen, nie aber geltend gemacht werden als wesentliche Bedingung einer rechtsgiltigen Ehe, ohne welche eine gottgefällige und christliche Ehe unmöglich wäre.

2) **Die Dauer der Ehe.** Ohne die Einheit in Christo, dem einzigen Grund unauflöslicher Verbindung, begründet und verbürgt die Ehe noch nicht die ewige Verbindung der Personen über die Weltzeit hinaus. Das **Naturrecht der Ehe als besondere Verbindungsform reicht nicht in die Ewigkeit hinein.** Es gehört der σαρξ an, während in jenem Aeon nur die in Gott bestehende Geistesverbindung den Inhalt und die Form der individuellen Existenz und der Gemeinschaft bestimmt. Luk. 20, 30—36. Der Tod ist so **die natürliche und ebendaher göttliche Scheidung auch der göttlich zusammengefügten Ehe,** und da die letztere eine Verbindungsform ist, welche dem Bedürfniß und der Bestimmung des diesseitigen Lebens als berechtigte und bezweckte angehört, so berechtigt der Tod den überlebenden Theil zur Wiederverehelichung, ohne ihn aber dazu zu verpflichten, da die Ehe etwas in die Freiheit des Menschen Gestelltes bleibt. Röm. 7, 1—3. Dagegen ist der Mensch **von sich aus nicht berechtigt,**

---

*) Eine besonnene, biblisch gründliche Auseinandersetzung gegenüber den aufgeworfenen Streitpunkten findet sich von † Docent Wörner in Zürich im Appenzeller Sonntagsblatt 1874. Nr. 43—46: „Ueber die Form der Eheschließung."

2. Dauer der Ehe.

die ordnungsmäßig abgeschlossene Ehe aufzulösen, da sie ihrem Wesen nach die göttlich geordnete Personverbindung der Betreffenden ist. Matth. 19, 6. Mark. 10, 9—12. Luk. 16, 18. 1 Kor. 7, 10. Sofern aber die concrete und empirische Verbindung verunstaltet werden kann bis zum Widerspruch mit dem göttlichen Band selbst, so daß die Zwei nicht mehr Ein Fleisch sind, stellt die Schrift selbst eine **Auflösbarkeit der Ehe** neben die in der göttlichen Idee derselben liegende Unauflösbarkeit. Matth. 5, 32. 19, 9. 1 Kor. 7, 11. 15. Für die näheren Bestimmungen ist nun zu unterscheiden zwischen **activer und passiver Scheidung**, und wieder zwischen **Scheidung mit dem Recht der Wiederverheirathung oder ohne dies Recht**. In den obigen Aussprüchen des Herrn ist zunächst die Rede von dem activen oder selbstthätigen Scheidungsrecht: $\mathring{\alpha}\pi o \lambda v \varepsilon \iota v$, $\mathring{\alpha}\varphi \iota \varepsilon v \alpha \iota$, auch auf Seiten des Weibes (Mark. 10, 12. 1 Kor. 7, 11), und dabei ist es die Befugniß der Wiederverheirathung, um die es sich dort handelt: Matth. 19, 2 ff. 5, 32. Mark. 10, 12. ($\varkappa \alpha \iota\ \gamma \alpha \mu \eta \sigma \eta\ \mathring{\alpha} \lambda \lambda \eta v,\ \gamma \alpha \mu \eta \sigma \eta\ \mathring{\alpha} \lambda \lambda o v$.) Active Scheidung mit dieser Befugniß ist nun dem Christen nur eingeräumt für den Fall der Hurerei des andern Theils. Denn letztere ist factisch vollzogener Bruch der Ehe. Es wird durch Hurerei der innigste, centralste Einigungsakt zwischen Mann und Weib, wie er nur Recht und Siegel der ehelichen Verbindung ist, auf eine fremde Person übertragen und zu einem vagen Lustakt herabgewürdigt. Durch die Ehe ist zwischen den betreffenden Personen der gegenseitige Genuß der Geschlechtsgemeinschaft als ein jeden unehelichen Genuß ausschließender statuirt; durch die Hurerei wird diese Ausschließlichkeit aufgelöst, Mann vom Weib geschieden. Die Ehe hat aufgehört, wirkliche Ehe zu sein, besteht nimmer als solche; der vorletzte Theil ist aus Ehre und Pflicht ehelicher Gemeinschaft gesetzt; daher Paulus 1 Kor. 7, 10 wie Lukas und Markus die Hurerei als Ausnahme beim Scheidungsverbot nicht besonders zu nennen brauchten. Dagegen konnte andrerseits Paulus 1 Kor. 7, 15 vom gleichen Princip des factischen Bruches aus auch die eigenmächtige Verlassung als Scheidungsgrund für den verlassenen Theil aufführen, weil ja auch sie gleich der Hurerei factische Aufhebung der Ehe involvirt. So ist es denn auch nicht ohne Grund, wenn man von demselben Princip aus das Scheidungsrecht namentlich auch ausgedehnt hat auf mörderische Tendenzen, Lebensnachstellungen, Vergiftungsversuche u. s. w., da ja durch diese Mordlust das Eheleben in seiner Naturbasis angegriffen, eine radicale Zerreißung des Einen Fleisches thatsächlich angestrebt wird. Es wird nun zwar Matth. 5, 32 auch bei der entlassenen, also bei der passiv geschiedenen Frau ihre Wiederverheirathung dem Ehebruch gleich gestellt, dies aber so, daß es dem die Frau widerrechtlich entlassenden Mann in Rechnung gebracht wird, nicht der passiv geschiedenen Frau. Durch die eigenmächtige Entlassung der Frau ist nämlich die Ehe rechtlich nicht gelöst. Es ist ja durch die eheliche Personverbindung zu Einem Fleisch eine Natureinigung eingetreten, vermöge der Jedes dem Andern einverleibt ist und bleibt. Bloße äußere Trennung aber hebt diesen Naturverband nicht auf; ein neuer, mit einer dritten Person, wenn auch in ehelicher Form, ist eine Verunreinigung des bestehenden Naturverbands (5 Mos. 24, 4), während Hurerei eine Zerreißung des Bundes ist. Und so wird im Fall der Wiederverheirathung der Entlassenen bei ihr und bei dem sie heirathenden Mann ein Ehebruch, ein doppelter herbeigeführt, eben durch den sich activ scheidenden Mann (ποιει αὐτην μοιχασθαι, wovon dann das μοιχαται auf Seiten des die Entlassene Heirathenden die Folge ist). Der activen Scheidung, nicht der passiven, soll ihre Schuld nachgewiesen werden und zwar als eine, die sich multiplicirt. Im Weiteren ist nun noch zu beachten, daß der Zusammenhang der Stellen die willkürlichen Ehe-Trennungen und folgenden Neuverbindungen im Auge hat, wie das nachfolgende Verbot des Schwörens die willkürlichen Schwüre (Matth. 5, 31: ὅς ἂν ἀπολυσῃ, vgl. Mal. 2, 15 f.), wozu dann noch Matth. 19, 3 die nähere Bestimmung kommt κατα πασαν αἰτιαν; namentlich sind nach dem Zusammenhang mit Matth. 5, 27 ff. („wer auf ein Weib gierige Blicke richtet") solche Neuverbindungen gemeint, wie sie aus unzüchtigem Sinn durch Begehren nach einer andern Frau entstehen. Also Scheidungen und neue Heirathen, die nur als Mittel der Willkür, als Ausfluß der Lust und Unlust einander gegenseitig decken, sind für beide Theile nichts Anderes als Ehebruch.

So ist es denn nicht ein Widerspruch, sondern nur eine erklärende Erweiterung des Ausspruchs des Herrn, wenn 1 Kor. 7, 10 f. auch außer dem Fall des Ehebruchs, jedoch natürlich in Voraussetzung sonstiger triftiger Gründe, **selbstthätige Scheidung** eingeräumt ist, sogar dem im äußeren Rechte dem Manne nachstehenden Weib. Nur ist in solchem Falle Befugniß und Tendenz der Wiederverheirathung für den sich selbstthätig scheidenden Theil ausgeschlossen; vielmehr gilt es entweder unverheirathet bleiben oder Wiedervereinigung. Dagegen den passiv geschiedenen, den verlassenen Theil erklärt der Apostel gegenüber dem eigenwillig sich Scheidenden für nicht weiter gebunden. V. 15. Mit dem Ausdruck οὐ δεδούλωται dort bezeichnet der Apostel das Eheband als aufgelöst, wie denn in Vers 39 dem δεδούλωται offenbar δέδεται und dem οὐ δεδούλωται das ἐλευθέρα ἐστιν, ᾧ θέλει γαμηθῆναι entspricht. Vgl. auch Röm. 7, 2. Also der passiv geschiedene Theil ist zur Wiederverheirathung befugt, auch im Falle, wo sich der andere Theil keine Hurerei zu Schulden kommen ließ; und gilt dies gegenüber einem ἄπιστος, wenn er die Frau im Stiche läßt, so noch mehr gegenüber einem πιστος, den Paulus 1 Tim. 5, 8, wenn er die Seinen im Stich läßt, für einen Verleugner des Glaubens erklärt, schlimmer als ein Ungläubiger.

Was nun aber die Gültigkeit dieser christlichen Scheidungsgesetze, oder ihre verbindende Kraft betrifft, so ist nicht zu übersehen, daß Christus nicht als Moses, d. h. nicht als Staatsgesetzgeber seine Gebote stellt, sondern als Gesetzgeber für das Himmelreich. (Vgl. Luthers Erklärung der Bergpredigt.) Seine Ehegesetze sind wie die andern christlichen Gesetze Glaubensnormen für die freiwillige Jüngerschaft, sind also sittliche Geistesgesetze für freiwilligen Gehorsam, nicht Zwangsgesetze und Policeigesetze, am wenigsten für harte Weltherzen. Dabei hebt noch der Apostel und der Herr selbst besonders die Rücksicht auf die individuelle Kraft hervor: Matth. 19, 10—12. 1 Kor. 7, 17. Es gelten also hier die Bestimmungen über individuelle Pflichtunterschiede § 12 Zus. I. c. β. Bd. II. S. 138 ff. Der Staat aber hat ohnedies nach seinem biblischen Begriff eben die alttestamentliche Gesetzesrücksicht auf die menschliche Herzenshärtigkeit eintreten zu lassen (Matth. 19, 7 f.), und der gleiche Gesichtspunkt gilt für eine Staats= oder Nationalkirche. Die letztere hat immerhin mit sittlich religiöser Einwirkung und Abwehr dem Leichtsinn und der Zuchtlosigkeit zu begegnen, aber niemals entgegen der neutestamentlichen Gesetzeshandhabung mit äußeren Zwangsmitteln, z. B. mit Verweigerung der nachgesuchten Copulation, so lange diese in den staatskirchlichen Verhältnissen politische Bedeutung hat. Und müßte dann die Copulation außer den Ehebrechern nicht auch andern notorischen Lastermenschen, dem Säufer, Dieb u. s. w. verweigert werden? ebenso notorisch Unwürdigen Confirmation und Abendmahl, während umgekehrt unterschiedslos selbst das Sacrament zur allgemeinen Verbindlichkeit gemacht wird! Und wie kann man auch die Copulation als angebliche Einsegnung den schlechtesten Menschen zukommen lassen, nur bei Ehebrechern sie verweigern?! Dabei aber wieder ohne Copulation auch die bürgerlich giltigen Ehen als wahre Ehen nicht anerkennen wollen? Die Copulation ist aber, wie schon bemerkt, weder ein Sacrament, noch unbedingte Einsegnung, sondern sie ist oder soll sein Belehrung, Erweckung und Vermahnung, auch Einschärfung für eine rechtschaffene Ehe, und nur dadurch ist ihr Segen bedingt.

3) **Das gegenseitige Verhalten der Verehelichten.** Vgl. Luthers: „Hochzeitsgeschenk" von Brandt. 3. Aufl. Nürnberg 1852.

Beide Theile sind wesentlich gleich vor Gott, sind in Christo erschaffen, versöhnt und zu Einem Erbe berufen, daher auch im Verhältniß zu Gott und Christo beiden Theilen einander gegenüber die gleiche unabhängige Stellung zukommt (Gal. 3, 28. 1 Petri 3, 7); aber im Verhältniß zu einander und zur Welt sind beide wieder verschieden gestellt, schon durch ihre Natur und in Uebereinstimmung damit auch nach der Schrift. Einerseits haben beide zur gemeinsamen Grundpflicht Liebe, persönliche Hingebung, andrerseits kommt aber dem Manne der Frau gegenüber die Superiorität zu, die Würde des Herrn. Der Mann hat hiernach in der häuslichen und bürgerlichen Stellung das Wort zu führen und die Hand frei, selbst in göttlichen Sachen, so daß ihm das priesterliche Recht im Hause zukommt. Ihm gebührt die häusliche Leitung und Gesetzgebung, wobei aber selbstsüchtiges und herrschsüchtiges Wesen ausgeschlossen ist eben durch die eheliche Grundpflicht der Liebe, welche in der ehelichen Superiorität eingeschlossen, nicht ausgeschlossen ist. 1 Kor. 11, 3. 7—9. 1 Tim. 2, 8 vgl. mit Vers 11 f. Dem Weibe kommt bei seiner persönlichen und häuslichen Selbständigkeit keine eigenmächtige, selbstische Unabhängigkeit zu, noch weniger Herrschaft, weder mit Wort noch That; seine Macht besteht in Reinlichkeit, Scham und Zucht, in Pflichttreue und gottseligem Wandel (nicht gottseligem Schwatzen und Predigen), verbunden mit Anspruchslosigkeit und stiller Unterthänigkeit, die aber, wie die Superiorität des Mannes, eine von der Grundpflicht der Liebe beseelte Untergebung sein muß, nicht eine erzwungene, noch eine erheuchelte. Vgl. die Stellen 1 Tim. 2, 9—15. 1 Kor. 14, 34 f. Kol. 3, 18 f. Tit. 2, 4 f. und besonders 1 Petr. 3, 1—7, wo die echte Weiblichkeit treffend gezeichnet wird. Eben durch stille Unterthänigkeit in der Liebe herrscht die Frau ungesucht, während es die herrschsüchtige nicht dahin bringen kann noch soll. Spr. 12, 4. 31, 10—31. Sir. 9, 5 f. 26, 1—4. Speciell für die christliche Ehe gilt das vorbildliche Verhältniß zwischen Christus und der Gemeinde. Hiernach ist es eine im Herrn sich reinigende und heiligende Liebe, was einen Theil mit dem andern in der Ueberordnung wie in der Unterordnung verbindet als · gemeinsame Genossen der Einen göttlichen Gnade. Eben damit ist auch ihre gegenseitige Hingebung sittlich begrenzt, und für die Fehler eine heilende Behandlung erforderlich, eine ärztliche (nicht eine den Fehlern schmeichelnde, und nicht eine nur richtende). Vgl. Eph. 5, 22—29. 33 und meine Erklärung dazu.*)

Zusatz über den Wittwenstand.

Man darf wieder heirathen (in Bezug auf die Ausnahme, die man bei Geistlichen machen will, s. Becks Erklärung der Timotheusbriefe zu I. 3, 2), aber besondere äußere und moralische Rücksichten und individuelle Gründe können, auch wo die Ehe durch den Tod gelöst ist, das Nichtheirathen empfehlen, wiewohl nicht erzwingen (1 Kor. 7, 39 f.), hinwieder auch das Wiederheirathen dringend gebieten. 1 Tim. 5, 11—15. Eingezogenheit, Gottvertrauen und gottselige Dienstübung sind Zeichen und Erfordernisse eines christlichen Wittwenstandes. 1 Tim. 5, 5—7. Luk. 2, 37. Insofern gerade das Weib als der schwächere Theil der Ergänzung durch die Ehe am meisten bedarf, und so eine verwittwete Frau κ. ἐ. zu den Verlassenen, Verwaisten gehört, ist den Wittwen namentlich Recht und Schutz bei Gott zugesagt, zu dessen Güte es speciell gehört, daß er der Verlassenen sich annimmt. Pf. 68, 6. 146, 9. 2 Mof. 22, 22—24.

---

*) Noch nicht veröffentlicht.

Ebenso ist Ehre, Dienstleistung und Berathung von Seiten der Christen für die Wittwen als Gottesdienst besonders in Anspruch genommen. Jak. 1, 27. 1 Tim. 5, 3. Vgl. auch Sir. 4, 10. Kinder und Verwandte haben gegen sie die nächste Pflicht, die Pflicht der genügenden, nicht bloß nothdürftigen Versorgung, erst in Ermangelung dieser tritt die öffentliche Unterstützungspflicht ein. 1 Tim. 5, 11—16. Die Gemeinde hat sie dann aber auch zu verwenden nach ihren Fähigkeiten wie zu Krankendienst, Kindererziehung, aber mit Prüfung und Beaufsichtigung ihres Lebens und Charakters ohne dem Leichtsinn und der Trägheit mit Unterstützung Vorschub zu leisten. V. 9 ff.

§ 26. Die christliche Hausordnung.

Für die christliche Hausordnung im Allgemeinen gelten namentlich die § 23 entwickelten Bestimmungen über christliche Rechtlichkeit. Dazu vgl. Harleß § 53. Ein treffliches auf biblischem Grund aufgeführtes Schriftchen ist: Das christliche Hauswesen gegenüber seinen Verunstaltungen durch den Zeitgeist, mit besonderer Berücksichtigung der praktischen Bedürfnisse, von einem Familienvater. Zimmer, Frankfurt 1837. Baum, Biblisches Hausbuch; die Ehe, die Familie und das Hauswesen nach der heiligen Schrift, Leipzig 1865, gibt im Ganzen innerhalb des biblischen Rahmens ein schlicht und treu ausgeführtes Bild mit feiner Beobachtung, obwohl auch Manches künstlich herbeigezogen und übertrieben ist.

Im Familienleben ist wie in aller göttlichen Ordnung Würde und Bürde, Arbeit und Segen beieinander. Das dem ganzen Familienleben gemeinsame Gesetz ist wieder die

§ 26. Die christliche Hausordnung.

Liebe; diese bestimmt einerseits bei den Eltern das hoheitliche Verhältniß, andererseits bei den Kindern und Dienstboten das der Unterwerfung.

1. Das elterliche Verhältniß.

Kinder gelten in der ganzen Schrift nicht als Bürde, sondern als göttlicher Segen. Eine Menschenseele ist ein Acker Gottes, auf welchem ewige Früchte gebaut werden können und sollen. Eltern sind Mitarbeiter Gottes, die Kinder sind ihre Gemeinde („weide meine Lämmlein"), sind aber auch eine Schule für die Eltern selber. Gut erzogene Kinder sind die besten Werke eines Menschen, die ihm nachfolgen in die Ewigkeit (1 Tim. 2, 15); aber auch bei den ohne specielle Schuld mißrathenen Kindern bleibt das an ihnen geübte Gute nicht unbelohnt, und der an ihnen erlittene Verlust nicht unersetzt. Vgl. 5 Mos. 24, 16 und was Samuels Vater zu seiner kinderlosen Frau sagt (1 Sam. 1, 8): „bin ich dir nicht viel mehr denn zehn Kinder?" gilt noch viel mehr von Gottes Seite. — Kinderlose Eltern sind an fremde Kinder gewiesen. Matth. 18, 5.

Erziehung, die Pflege und Leitung für Entwicklung der menschlichen Bestimmung bei den Kindern, für Ausbildung zur persönlichen Selbständigkeit, physischer und geistiger, faßt das ganze Verhältniß der Eltern zu den Kindern zusammen.*) Christliche Reden, V. Nr. 14: Erziehung der Kinder für das Reich Gottes.

---

*) Praktisch und biblisch: Grobe, Werth und Weise der christlichen Kinderzucht. 3. Aufl. Kassel 1846. Luther, Anweisung zu einer christlichen Kinderzucht, Nürnberg 1850, Rawsche Buchhandlung. Ramsauers Leben, eine pädagogische Skizze. Sailer, über Erziehung. Zeller, Lehren der Erfahrung.

Die Basis nun der ganzen persönlichen Entwicklung ist die körperliche Seite der Natur — eine dieselbe vernachlässigende geistige oder geistliche Entwicklung, ein Nicht-Einhalten der natürlichen Abstufungen und Begrenzungen beeinträchtigt nicht nur die körperliche, sondern auch die geistige Gesundheit, namentlich auch die sittlich-religiöse. Luk. 1, 80. 2, 12. Es gehört schon zur Naturliebe, daß Eltern die Kinder nähren und kleiden (Matth. 7, 9. 2 Kor. 12, 14), nur daß dies nach dem einfachen Christensinn im Geiste gottseliger Genügsamkeit zu geschehen hat, nicht nach fleischlicher Lüsternheit und Hoffart. Dabei sind die Kleinen schon zu gewöhnen, nach dem allgemein-menschlichen Nahrungsgesetz nicht im Müssiggang ihr Brod zu essen, sondern sind vielmehr schon im Kleinen zur Arbeit anzuhalten. 1 Mos. 3, 19. Spr. 22, 6, vgl. Sir. 33, 28 f. Die Arbeit kann aber gemäß der Natur des an Geist und Körper unentwickelten Alters nur Entwicklung und Uebung der Kräfte zum Zweck haben, nicht Erwerb — darüber soll sie nicht hinausgehen, darunter nicht bleiben. Die Winke dafür liegen schon in der Natur. Der Kinder Glieder sind schwach, ihr Geist offen und beständig thätig, aber durch die Sinne und Glieder, ihr Herz weich, also gilt es Stärkung der Sinne und Glieder in Verbindung mit Entwicklung und Uebung des bildsamen Geistes und Herzens, aber nach den Bildungsgesetzen der christlichen Weisheit (§ 22) und Rechtlichkeit (§ 23). Diese geistige Bildung ist wegen äußerer Rücksicht nie zu versäumen und muß namentlich dem Volk ans Herz gelegt werden.

Vorbild der christlichen Erziehung ist die göttliche Menschenerziehung in dem Stufengang, wie die Entwicklung

1. Das elterliche Verhältniß.

der Offenbarung ihn darbietet, nebst den unmittelbar pädagogischen Bestimmungen der Schrift.*) Der stehende Charakter der göttlichen Erziehung im Allgemeinen ist die Vereinigung von Ernst und Güte, wobei ja nach Umständen die eine oder andere Seite vorzuschlagen, aber nie aufzuhören hat. 5 Mos. 8, 3—5: („Dein Gott hat dich gezogen, wie ein Mann seinen Sohn zieht. Der ewige Vater zog seinen Erstgeborenen mit Ernst und Güte.") Röm. 11, 22: („Schau an die Güte und den Ernst Gottes.") Grundstelle für eine solche Erziehung ist (s. meine citirte Predigt) Eph. 6, 4: Erweckung der Liebe durch leibliche und geistige Pflege (ἐκτρεφειν), Erweckung der Furcht durch Zucht (παιδεια) und religiöse Erziehung durch Bildung des Sinnes für den Herrn (νουϑεσια κυριου); dies sind die Hauptmomente. Ueber Furcht sagt Grobe schön: „mit der Sünde ist die Furcht in die Welt gekommen, um der Sünde willen muß sie in der Welt bleiben." Wenn also die Erziehung zunächst durch Liebe auf Liebe hinzuwirken hat, so hat sie andrerseits, damit die Liebe sittlichen Charakter behaupte, um der Sünde willen die Furcht damit zu verbinden, aber nicht als Zweck für sich, sondern nur als Mittel in Form der Zucht, und

---

*) Die Natur reicht als pädagogische Instructorin nicht aus. „Natürliche Gefühle und natürliche Vernunft sind gefährliche Irrlichter." Gibt es vielerlei Menschenworte über Erziehung, so gibt es ebenso viele Widersprüche. Viel experimentiren ist gerade auf diesem Gebiet eine mißliche Sache. Der Schaden ist leicht geschehen und schwer zu heilen, da er in dem empfänglichen, Alles sich assimilirenden Triebwerk der kindlichen Natur tief eingreift. Die biblische Erziehungslehre sollte in christlichen Kreisen früh erfaßt, in concreten Fällen durchdacht und angewandt werden, und in ihren wesentlichen Bestimmungen wie ein Erbgut sich in einem Hause fortpflanzen. 1 Tim. 4, 6. 2 Tim. 1, 5.

diese wirkt theils beschränkend gegen das Böse, durch Einfachheit und Nüchternheit in der ganzen Lebensweise, theils positiv bestrafend durch körperliche und geistige Züchtigung (Spr. 22, 15. 1 Petr. 4, 1), ohne durch Uebermaß und noch weniger durch Ungerechtigkeit, Erbitterung oder Muthlosigkeit zu erregen. Eph. 6, 4: μη παροργιζετε τα τεκνα υμων (Kol. 3, 21 μη ἐρεθιζετε), daß nicht Erbitterung und sclavische kleinmüthige Scheu (ἀθυμειν) in den Kindern erregt werde. Vgl. Spr. 19, 18 f. Es geschieht dies nicht nur durch übertriebene Strenge überhaupt, sondern namentlich durch launisches, willkürliches, eigenliebiges und eigensüchtiges Gebieten und Verbieten, durch Hemmung ihrer natürlichen Entwicklung, wo man die Kinder nicht mehr Kinder sein läßt, manierirte, überkluge, gesetzlich steife Alte aus ihnen machen will, ferner durch ungerechte Worte, durch Beispiel von Zwietracht und leidenschaftlichem Streit vor ihren Augen, durch Erregung des falschen Ehrgefühls und des Rachegeistes in ihnen.*)

Dagegen soll auch nicht Weichlichkeit in der christlichen Erziehung sich festsetzen und daher bedarf es Zucht (παιδεια), d. h. sittlich-ernste und nöthigenfalls strenge Behandlung des Leibes und der Seele zur Erweckung der Furcht und zur Verwahrung gegen das Böse. Die christliche Zucht hat aber nicht bei den bloß äußerlichen oder vereinzelten Erscheinungen des Bösen stehen zu bleiben, sondern, um es in

---

*) Auch in der Schule darf der aufkeimende männliche Trotz und Ehrgeiz und die aufkeimende weibliche Eitelkeit und Weichheit nicht, wie ein künstliches Lehr- und Strafsystem mit sich führt, gepflegt, muß vielmehr corrigirt, und Demuth eingepflanzt werden.

der inneren Wurzel zu fassen, hat sie hinzuarbeiten auf Brechung des Eigenwillens und der Störrigkeit, sowie auf Gewöhnung im Ertragen auch des Harten und Lästigen mit der Uebung, sich selbst Zwang anzuthun; denn eben theils die spröde Härte des Eigenwillens, theils die Weichlichkeit desselben bietet im Kind den Pflanzboden dar für die Entwicklung des Bösen, und läßt das Gute nicht aufkommen. Ohne Selbstverleugnung wird der Mensch namentlich nie tauglich zum wahren Christen. („Wer mir will nachfolgen, verleugne sich selbst.") Klagel. 3, 27: „es ist ein köstliches Ding einem Manne, daß er das Joch in seiner Jugend trage." Spr. 13, 24. 23, 12—14. 29, 15—17, vgl. Sir. 30, 1—13. 26, 13 f. Für diese Uebung in der Selbstverleugnung braucht man keine besonderen Lasten und Entbehrungen zu erfinden, was gewöhnlich nur den Ehrgeiz und die Schauspielerei groß zieht. Jedes Haus hat seine Last, jeder Tag seine Plage; davon lasse man die Kinder, wie es sich natürlich gibt, ihr Theil tragen ohne eine Parade, ohne etwas Besonderes daraus zu machen.

Muß nun das Böse bezwungen werden mit Zucht und Furcht, so darf dagegen **das christlich Gute nicht erzwungen** werden, denn das wirklich Gute kann nur aus eigenem Bewußtsein und Freiheit des Willens hervorgehen; das Gute kann und darf daher auch nicht andressirt werden, sondern ist zu pflanzen in Liebe und Weisheit. Auch die religiöse Erziehung hat zur Grundlage die göttliche Zucht, hat also mit den Geboten Gottes nebst dem darangeknüpften Lohn, unter Beleuchtung durch die biblische Geschichte, Grund zu legen und Furcht Gottes einzuprägen als Anfang der Weisheit. Ps. 111, 10. Spr. 9, 10. 1, 7:

„Die Furcht des Herrn ist Anfang zu lernen, die Ruchlosen verachten Weisung und Zucht." Nur so wird die sittliche Selbsterkenntniß, die Sündenerkenntniß und ein sittlich ernster Gottesbegriff, wie er der heiligen Majestät Gottes als Gottes und dem Sündenbewußtsein entspricht, im Kind begründet, und dasselbe vorbereitet für die Erkenntniß und Würdigung der zu den Sündern sich herablassenden Liebe Gottes. An die unmittelbaren Aussprüche der göttlichen Moral (die Gebote) schließt sich denn ferner eine nach der stufenmäßigen Entwicklung des Kindes sich bestimmende Auswahl von Lehrsprüchen und Geschichten, welche Gottes Macht und Güte verherrlichen, zur Furcht und Liebe Gottes das Herz stimmen. Pf. 78, 1—8. Der Gang der biblischen Offenbarung, wie er an der Geschichte derselben vom Alten Testament an sich entwickelt, bietet den natürlichen Leitfaden für diese Auswahl. Hiemit verbindet sich dann die **Milch des Evangeliums**, die Mittheilung der christlichen Grundthatsachen und Grundlehren, wie sie den Geist im Gegensatz zum Fleisch erwecken und das himmlische, das übersinnliche Leben in Aussicht stellen, es anbahnen und einpflanzen. 1 Petr. 2, 1 f. 1 Kor. 3, 1 f. Hebr. 5, 12. 6, 1.*)

Allein es ist wohl zu beachten, daß das Ganze der religiösen Bildung nicht ein bloßes Unterrichten und Lernen ist, sondern ein Erziehen zur Sinnesänderung und Glaubensübung; und so muß auch hier durch stetige Anknüpfung und Anwendung der religiösen Unterweisung auf die individuellen Charakterzüge und Lebensäußerungen des Kindes zuerst die Buße erweckt, nicht eine bloße Definition oder Beschreibung

---

*) Vgl. in Beck's **Leitfaden der christlichen Glaubenslehre** Andeutungen für Religionsunterricht. S. III ff.

der Sünde gegeben werden. Man hat sich also zu bemühen, die Kinder zur ernstlichen, reuigen Einsicht ihrer eigenen Fehler im Einzelnen und von da aus ihrer Sündhaftigkeit zu bringen, nicht durch allgemeine Declamationen, sondern durch Beobachtungen und Ueberführungen aus ihrem täglichen Thun und Reden, durch Hinweisung auf das Böse in demselben und durch Gewissensschärfung. Mit diesen Bußweckungen verbindet sich dann zugleich die Glaubensübung: es müssen die Herzen der Kinder in den concreten Fällen namentlich aus Anlaß ihrer Verfehlungen in Rapport gebracht werden mit dem das Böse strafenden Ernst und mit der dem Besserungstrieb entgegenkommenden Gnade Gottes, so daß sie auf herzliche Unterwürfigkeit unter diese hingeführt werden, Vergebung suchen und finden in der Versöhnung Christi, Kraft in seinem heiligen Geist der Kindschaft und Freudigkeit in der zugesicherten Erbschaft des Himmelreichs. Alles dies wird mit den steigenden Jahren weiter gepflegt durch eigentliche Lehren, die in die neutestamentlichen Gebote nun weiter einführen, und durch Hinleitung auf ein einfach selbständiges Gebetsleben, das in Gottes Gemeinschaft sie einführt. Matth. 28, 20. Act. 2, 42. 8, 15 ff. Es gilt bei allem diesen eine solche Verwendung der heiligen Schrift im Familienkreis, wie sie 2 Tim. 3, 15 f. angegeben ist. Wir sehen: Die christliche Erziehung erfordert Weisheit und Geduld, und statt die Einwirkung auf die Zöglinge, wo sie schwer hält, durch vieles Wortemachen und Künsteln verstärken zu wollen, rede man desto ernstlicher für sie und über sie mit Gott im Gebet (Joh. 17) und wirke auf sie durch Beispiel — dies sind die zwei nachdrucksvollsten Gewichte im Triebwerk der Erziehung.

2) **Das kindliche Verhältniß.**

Es kommt hier in Betracht das Verhalten der Kinder zu den Eltern und das der Kinder unter einander, oder das geschwisterliche Verhältniß.*)

a) Liebe zu den Eltern ist Naturausstattung, ist darum in der Schrift gar nicht besonders geboten; damit aber die natürliche Liebe eine sittliche werde, wird sie vom religiösen Standpunkt zunächst wieder verwahrt gegen selbstische Ausartung, dies durch die Forderung einer Furcht vor Vater und Mutter um Gottes Willen. 3 Mos. 19, 2 f. Diese Furcht hat ebenfalls eine natürliche Grundlage in der Abhängigkeit des unmündigen Alters und in der Scheu gegenüber der persönlichen Ueberlegenheit der Eltern, ist zugleich aber auch schon temperirt durch die natürliche Liebe und Anhänglichkeit. Näher ist daher die kindliche Furcht 2 Mos. 20, 12 als eine ehrende bestimmt, als Ehrfurcht (כַּבֵּד, τιμαν). Matth. 15, 3 ff. Eph. 6, 2. Alter, Bildung, Stand ꝛc. der Kinder heben dies Ehrfurchtsverhältniß nicht auf (1 Mos. 46, 29, vgl. Tob. 10, 9 ff.), denn das hoheitliche Verhältniß der Eltern beruht nicht auf ihrer und der Kinder accidentieller oder empirischer Subjectivität, sondern darauf, daß die ideale Realität der Menschennatur, die Gottebenbildlichkeit vom frommen Kind vor Allem in der Person von Vater und Mutter festgehalten ist, und daß in der elterlichen Stellung als solcher (abgesehen von der Individualität) die göttliche Ordnung ihr oberhoheitliches Grund-

---

*) Echtes Kinderverhalten gedeiht nur da, wo auf Seiten der Eltern eine Weihe ist durch den, der von Anfang an war, und auf Seiten der Kinder Erkenntniß Gottes. 1 Joh. 2, 13.

Verhältniß gerade zunächst ausprägt, und so auch anerkannt und praktisch geehrt haben will. Ebenso sind die Eltern auch diejenigen, welche den Kindern das persönliche Leben mit allen daran geknüpften Gütern und Beziehungen als eine Gabe Gottes principiell und ursprünglich vermittelt, wenn schon nicht geschaffen haben; die Eltern sind so für die Kinder die ursprünglichen Organe und Repräsentanten auch der göttlichen Schöpferliebe.*) Demnach erschließt sich die kindliche Pflicht theils zur **Dankbarkeit in herzlicher, dienstfertiger Theilnahme, in Pflege und Versorgung und in Herz erfreuender Tüchtigkeit** (1 Tim. 5, 4. Spr. 23, 25. Luk. 2, 51, vgl. Sir. 3, 14—18), theils zur **Unterwürfigkeit, die den Eltern freiwillig das Recht zu befehlen zuerkennt und in ihren Willen eingeht.** Eph. 6, 1. Kol. 3, 20. Spr. 23, 22. 2 Tim. 3, 1 ff. Wie nun aber aller Gehorsam gegen Menschen überhaupt nicht absolut ist, da kein Mensch dem andern gegenüber absoluter Herr oder absoluter Knecht ist; so kann und darf auch der kindliche Gehorsam nie wider den Herrn aller Herren und Eltern gehen, von welchem sich allein alle Autorität, auch die ganze Eltern-Autorität herleitet, sondern der Kindergehorsam darf (Eph. 6, 1) nur Gehorsam in dem Herrn sein, das ist christliche Rechtlichkeit. Autorität und Pietät des Fleisches darf nie streiten wider die des Geistes. Jedoch fällt diese fromme Beschränkung des kindlichen Gehorsams in keiner Hinsicht zusammen mit der Impietät der Selbstsucht, wo eine

---

*) Unsere so interessanten Roman-Räsonneurs und Wissenschaftsrühmer schälen freilich menschliches Ehe- und Eltern-Verhältniß von allen geistig humanen Grundlagen los, und es reiht sich so dasselbe in den Rahmen der pflanzlichen und thierischen Descendenz ein.

dünkelhafte Selbsterhebung, auch Störrigkeit und Ungehorsam die ehrerbietige Dankbarkeit und Unterwürfigkeit im Ganzen verdrängt, und gar bis zur Feindseligkeit oder Verachtung und Bedrückung der Eltern sich entwickeln kann. 2 Tim. 3, 1 ff. Spr. 19, 26.*) Der Geist Christi kann niemals das kindliche Verhältniß in seiner wesentlichen Ehrfurcht auflösen (Matth. 15, 4 ff. Joh. 19, 26 f.), wenn schon die relative Liebespflicht der absoluten Liebespflicht weichen muß, namentlich wo der Elternwille dem Wort Gottes, d. h. dem offenbaren Willen des gemeinsamen Herrn zuwider ist. Aber auch bei der nöthigen Verweigerung des Gehorsams soll Liebe und Ehrerbietung sich nicht verleugnen. Eine treffliche Stelle, auch mit Klugheitsregeln für Eltern ist Sirach 3, 4—18.

b) Das Geschwisterverhältniß. Das Verhältniß der Kinder unter einander prägt sich als geschwisterliches aus. „Was die Physis physisch bindet, soll die Liebe sittlich binden." (Sailer, Moral III. S. 260.) Die Blutsverwandtschaft überhaupt nach ihren verschiedenen Graden ist der nächste Lebenskreis, welcher von der allgemeinen christlichen Gottes- und Menschenliebe muß durchdrungen werden, so weit nicht der besondere Berufskreis darüber hinausweist. So ist Eintracht und Friede der Grundzug der geschwisterlichen Liebe. Pf. 133, vgl. Sir. 25, 2. Wo Bruderhaß, Zwist und Verfolgung, da ist das Princip und Gebiet der Finsterniß. 1 Joh. 3, 11 ff. Matth. 5, 22. Die Eigenliebe, die in rechtendem Geist über Andere sich selbst erhebt, ist der Friedestörer auch bei Geschwistern, denn bei ihnen berührt

---

*) Beispiele des erfüllten Fluches und des Segens f. 1 Sam. 2, 25 ff. 3, 11—13. 4, 16 ff. 1 Mose 45, 8. Jer. 35, 18 f.

sich nicht nur die natürliche Anziehung, sondern auch die egoistische Abstoßung am nächsten. Scharfes Aufmerken auf sich selbst und Strenge in Beziehung auf die eigene Pflicht, Verbindung von Güte mit Rechtlichkeit schafft auch hier Frieden (Matth. 7, 3 f. Luk. 18, 15 mit 21 f.), offene, nichts übereilende Erklärung gegen den fehlenden Theil bewahrt den Frieden oder erneuert ihn. Matth. 18, 15. Dabei aber muß man immer vergeben können, damit einem wieder vergeben werde. V. 21 f. Der Christ lernt und übt die allgemeine Menschenliebe und specielle Bruderliebe eben in der Geschwisterliebe, nicht im Gegensatz dazu, daher für diese keine besonderen Regeln gegeben sind, denn wer im Geringen nicht treu ist, ist es auch im Großen nicht.

Die natürliche Abstufung zwischen ältern und jüngern Geschwistern und zwischen den verschiedenen Geschlechtern setzt aber ungleiche Verhältnisse, und diese sollen durch die Liebe nicht verwischt, wohl aber ausgeglichen werden durch das Grundgebot der Liebe, daß gerade das Größere und Stärkere durch dienende Hülfe und durch Tragen des Andern sich auszeichne, statt durch Pochen auf Vorrechte. Auch werden die natürlichen Verwandtschaftsbande durch neuentstehende sociale Bande, wie der Freundschaft, Ehe u. s. w. nicht gelöst, weil jenes die primären sind, jene müssen sich mit diesen nur zusammenordnen, daß sie Erweiterungen und Bereicherungen der Familiarität werden. Die Geschwisterliebe bildet überhaupt die Grundlage und Vorbildung für das rechte Eingehen in die sonstigen Verhältnisse socialer Coordination. Daher auch das Christenthum mit dem Namen der Bruderliebe eben das richtige Verhältniß zum Nebenmenschen und speciell zu den Glaubensgenossen bestimmt.

Zusatz. Waisen und Alte. Auf Beide findet theils das elterliche, theils das kindliche Verhältniß seine Anwendung. Vaterlose, mutterlose, oder ganz elternlose Kinder haben ihren Versorger und Vater im Himmel, zu dem sie mit Bitten und Klagen immerdar kommen dürfen und der mit seinem Segen und seinem Recht zu ihnen als Verlassenen besonders steht. Ps. 68, 6. Sir. 35, 17. Joh. 14, 18. Alles Leid und Unrecht, das ihnen angethan wird, fordert Gott als Zeugen und Vergelter heraus. 2 Mos. 22, 22. 5 Mos. 27, 19. Mal. 3, 5. Dagegen ist es ein Gotteswerk und -Dienst, den Waisen in ihrer Noth beizustehn, wie denn die älteren Familien und Verwandtschafts-Glieder, und wo diese nicht können, die Familie im weiteren Sinn, die Gemeinde, an ihnen Vater- und Mutter-Pflicht üben soll in Güte und Ernst, während den jüngeren Geschwisterpflicht gegen sie obliegt. 5 Mos. 10, 18. Sir. 4, 10. Jak. 1, 27. Ueberhaupt Christo zu lieb und zu seinem Dienst ein verwaistes Kind aufnehmen, heißt ihn selbst aufnehmen. Luk. 9, 48. Matth. 25, 40. Den Waisen selbst sind durch die bezeichnete Stellung der Aelteren und Jüngeren zu ihnen auch ihre Pflichten gegeben.

Was die Alten, Betagten betrifft, so soll das Alter die Reife des Lebens, die nicht äußerlich mehr schimmert, aber in milder Harmonie abschließt, auch geistig repräsentiren. Hiob 12, 12. Weish. 4, 8 f. Spr. 6, 31. Das Wort Gottes macht denn auch allen Alten zur Pflicht, als lebendige Exempel und Zeugen eines wohlgeordneten Lebenshaushaltes zu leuchten und zu wirken unter den Menschen. Tit. 2, 2 ff.*)

---

*) Eine specielle Ausführung mit Rücksicht auf die den Alten eigenthümlichen Gebrechen und Versuchungen siehe bei Sailer, Moral III.

Wer frühe ein Schüler Gottes und überhaupt in seinem Dienst gereift ist, dem ist diese Welt namentlich im Alter ein Vorhof Gottes, und sein Leben versiegt nicht. Pf. 71, 17 f. 92, 14—16. Jede betagte Person ist um Gottes willen zu behandeln mit Ehrerbietung (3 Mos. 19, 32), in Fällen selbst, wo Tadel anzubringen ist. 1 Tim. 5, 1. Ihre Ansicht und ihr Rath sind zwar nicht blindlings hinzunehmen, aber wohl zu erwägen wegen ihrer Erfahrung und Ruhe (vgl. Sir. 8, 11), besonders in Streitigkeiten, wo der ungeduldige Trotz der Jüngern so leicht unverbesserlichen Schaden anrichten kann. Sir. 8, 11. 1 Kön. 12, 6 ff.

In die christliche Hausordnung reiht sich noch

3) das dienstliche Verhältniß. Das Verhältniß des Gesindes ist durch die wesentliche Gleichheit und Freiheit der Menschen nicht ausgeschlossen. Sofern dieselbe zugleich ihre natürlichen, geistigen und physischen Unterschiede mit sich führt, Unterschiede, die überhaupt ein Verhältniß der Ueberordnung und Unterordnung unter den Menschen begründen, sofern ist das Familienverhältniß zwischen Herr und Diener auch als ein **natürlich mögliches** gesetzt. Durch die empirische Naturentwicklung aber, wie sie durch die Sünde historisch bedingt ist, wird das Verhältniß modificirt. Da erweitern und verfestigen sich die natürlichen Unterschiede bis zu den socialen Gegensätzen des Besitzes, Standes u. dgl. und dies, so lange die Sünde nicht weg ist, mit Nothwendigkeit, vgl. § 23, 2, C. S. 130 ff. Dadurch tritt einerseits für das ausgedehntere und entwickeltere Hauswesen die Möglichkeit

---

§ 268. P. 14. S. 222 ff. Zu empfehlen ist auch M. F. Roos, Gespräche über das Alter.

186   Die chriſtliche Geſellſchaftsordnung. § 26.

und das Bedürfniß ein, den Familienſtand durch Zuziehung dienſtlicher Organe (für ökonomiſche Zwecke) zu verſtärken, andererſeits für die Aermeren und Geringeren die Möglichkeit und das Bedürfniß, durch eine ſolche Verbindung den eigenen Mangel auszugleichen. Die Moral findet das dienſtliche Verhältniß vor und hat es (§ 23. 2. C.) zu acceptiren als Etwas, das durch die ſündhafte Naturentwicklung im Zuſammenhang mit der göttlichen Gerechtigkeit gegeben iſt und zu ordnen iſt. Hiernach iſt daſſelbe dem Familienorganismus als ein eigenthümlicher Zweig in ſittlicher Geſtaltung einzuordnen. Dazu gehört vor Allem, daß kein Dienſt-Verhältniß auf eine die urrechtliche Freiheit aufhebende Form ſich gründen darf, auf Unterjochung, Menſchenhandel, Vererbung ꝛc. Dem ſittlichen Begriff des Chriſtenthums genügt nur die **freie Vereinbarung**, welcher wieder die **freie Löſung** entſpricht, ſo daß der Hausherr nicht der Beſitzer des Dieners iſt, dieſer nicht beſeſſene Sache, nicht der abſolute Diener, der Sclave, Leibeigene ja der Seelen-Eigene von jenem wird.*)
Was nun

    a) **das Verhalten gegen die Dienſtboten** betrifft, ſo gebührt ihnen, wie allen Menſchen, die ſchon ausgeführte allgemeine Pflicht der Gerechtigkeit und Gütigkeit. Kol. 4, 1 (το δικαιον και την ισοτητα). Eph. 6, 9. Jak. 5, 4. Im Blick der chriſtlichen Liebe namentlich wird der Dienende nicht nur

---

*) Alſo eben der Dienſt-Wechſel als giltige Form iſt das Sittliche an dieſem Verhältniß, während Schleiermacher gerade deßhalb es der Moral gar nicht zutheilen will. Indem das Evangelium den Herrn ihre Sclaven, wie es ſie antraf, zunächſt als durch den Herrn Gefreite moraliſch zur Seite ſtellt, hat es die altteſtamentliche Form des Dienſtverhältniſſes durchbrochen und die äußere Freiheit des jetzigen Geſindeſtandes hervorgerufen.

3. Das dienstliche Verhältniß.

nicht als der rechtlose, unpersönliche Knecht, als Sclave behandelt, sondern als Mitbruder, der an dem Recht des Einen Herrn und Heilandes betheiligt ist, sollte er ihm auch durch persönlichen Glauben noch nicht angehören. 1 Kor. 7, 22. Philem. V. 16. Dadurch wird die Stellung des Hausherrn und der Hausfrau eine Stellung des Hausvaters und der Hausmutter zu den Hausgenossen. Dies aber schließt innerhalb des häuslichen Berufskreises die göttlich geordnete dienstliche Form und die gebührende Dienstleistung nicht aus. Luk. 17, 7 f. 1 Kor. 7, 20. 24, vgl. Sir. 33, 26—31. Die besondere Behandlung, namentlich auch bei Fehlern im Dienste, richtet sich wie in anderen Verhältnissen nach der besonderen Gemüthsart und dem eigenthümlichen Charakter. Den Schwachheiten gebührt sanftmüthige Nachhilfe, dem Kleinmuth Aufmunterung und Trost, den Ungezogenheiten, wo es an gutem Willen fehlt, Vermahnung, die bis zu den betreffenden Strafformen gehen kann. 1 Thess. 5, 14. Den treuen, klugen und frommen Untergebenen gebührt herzlich anerkennende Behandlung. Luk. 12, 42. Sir. 7, 22 f. Das Seelenheil muß auch am Dienstboten den Christen vor Allem heilig sein. Das Gute und Christliche also werde gepflegt und gewahrt, namentlich auch durch Hausandacht, das Schlechte, auch wo es keinen schädlichen Einfluß auf den Dienst hat, wie Fluchen, Besuchen von Verführungsplätzen, in der Zucht gehalten. Ein Hauptgesetz einer christlichen Hausordnung ist also, daß auch Dienstboten zu Gottesfurcht und züchtigem Wandel angehalten werden. Act. 10, 2. 7. Diese sittlichen Rücksichten müssen denn auch so viel möglich bei der Wahl der Dienstboten leiten. Vgl. den Hausspiegel Ps. 101, 4 ff.

b) An den **Untergebenen** selbst preist schon das Alte Testament den Herzens- und Gewissenstrieb zur pünktlichen Erfüllung der Berufspflicht. 1 Mos. 24, besonders V. 56. Das Evangelium namentlich sucht sich seinen Ruhm gerade bei den Dienenden und verlangt hierzu ihrerseits gegenüber der Herrschaft willige, ehrerbietige Folgsamkeit und Treue. Durch Gottesfurcht und durch Liebesbeziehung des ganzen Dienstes auf den Herrn ist auch hier die Schranke gezogen gegen Augendienerei und gegen sündliche Menschengefälligkeit, überhaupt gegen absolute Unterwürfigkeit, welche den höchsten Dienstberuf, den göttlichen, beeinträchtigt. Tit. 2, 9 f. 1 Kor. 4, 2. Phil. 2, 4. Eph. 6, 5—7. Kol. 3, 22—24. 1 Petr. 2, 18.

Das dienstliche Verhalten findet noch besonders innerhalb und außerhalb der Familie seine Anwendung in Krankheit.

Zusatz. Ueber das Verhalten in Krankheiten und gegen Kranke.*)

Die Krankheit ist wie alles Uebel erst mit der Sünde in die Welt gekommen; sie gehört in der Schrift unter den Begriff des Todes, nicht des Lebens. Manche läßt sich jetzt noch verhüten durch arbeitsames und nüchternes, den göttlichen Naturgesetzen entsprechendes Leben, und durch würdigen Gebrauch der göttlichen Gnade zur Herzens- und Lebensreinigung. Joh. 5, 5. 14. 1 Kor. 11, 30. 2 Mos. 23, 25. Sir. 31, 27. 37, 33. Verdient, d. h. durch specielle Versündigung herbeigeführt, sind sie eine Zuchtruthe in der

---

*) Vgl. Beck, Christliche Reden. III. N. 37: Die Schule der Krankheit.

Hand Gottes, um den Menschen zu sich zu bringen und aus dem allgemeinen Verderben zu reißen. 1 Kor. 11, 32, vgl. V. 30. Unverdient in oben angezeigtem Sinne sollen sie den Glauben erproben, wecken und läutern, daß Gott mit seiner Heilsgnade sich verherrliche. Joh. 9, 3 f. vgl. Cap. 11, 4. Sie sollen den Menschen tüchtig machen zu einem besseren Leben, das Alles ersetzt. Matth. 20, 22. Ps. 80, 6 und V. 8. Zum rechten Benehmen in der Krankheit gehört daher vor Allem, daß man sie als einen Propheten Gottes aufnimmt, um das hier zu verlassende und dort zu erwerbende Haus zu bestellen, daß man daher vor Allem mit Gebet sich an Gott wendet als den Richter, Erquicker und Erretter. Jes. 38, 1—5. Ps. 41, 4 f. Dabei steige man hinab in die Seele und ihre Unruhe, um sich selbst zu erforschen und zu richten, aber im Glauben hebe man sich immer wieder hinauf zu Gott als demjenigen, der sich hier oder dort gewiß zu sehen gibt als Helfer für die, welche ihn treulich suchen. Ps. 42, 6 ff. Man versäume aber auch nicht getreu zu sein im Geringeren, d. h. im Gebrauch der menschlichen Pflege und Heilkunst (Jes. 38, 21); jedoch ohne göttlichen Segen heilt keine Arznei, und es gilt den Gedanken festzuhalten: Gott ist es, der überall in Allem waltet. Es gibt auch Krankheiten, welche nur der Gebetskraft und einem nüchternen Geiste weichen. Jer. 46, 11. Mark. 9, 17—19. Zu warnen ist einerseits vor Unglauben, daß Gott und Gebet nichts helfe, andererseits vor Aberglauben, daß Zauberformen und Herplappern von Gebeten etwas nütze; Sirach gibt 38, 1—15. 10, 9—16 gute Rathschläge.

Was das Benehmen gegen Kranke betrifft, so gebührt ihnen Mitleid und Hilfleistung ohne Ansehen der

Person und des Aufwands, den es kostet (Matth. 8, 5 f.), in Demuth und Geduld (Matth. 15, 22—28), nicht nur ein leiblicher Dienst ohne Menschenscheu und Verdrossenheit, sondern auch ein Dienen mit Theilnahme des Herzens und mit Glauben an den Herrn. Mark. 2, 1. Matth. 25, 36 vgl. Sir. 7, 39. Bei ansteckenden Krankheiten dürfen vor Allem nicht weichen, die ein geistliches oder weltliches Amt haben, die Vertreter der allgemeinen Ordnung und Wohlfahrt, die gerade da am nöthigsten sind. Joh. 10, 12. Röm. 13, 4. Ebenso wenig dürfen einander verlassen, die durch Familie oder Gewissenspflichten aneinander gebunden sind. Das Letztere gilt namentlich gegenüber von Verlassenen, die sonst der Pflege entbehren. Matth. 25, 45. 1 Joh. 3, 16. Wo aber Amt, Pflicht und Noth es nicht verwehren, ist Entfernung theils freigestellt, theils geboten zur Bewahrung seiner selbst und seiner Familie, und auch beim Bleiben ist neben allem Muth des Glaubens Vorsicht anzuwenden nebst dem, was zur Verwahrung dient; sonst ist es ein prahlerischer Glaube, der sich selbst in Versuchung führt. Vgl. Pred. 9, 10. 5, 14. 16 ff. Spr. 13, 16. Sir. 3, 27. Pf. 119, 10. 105. Pf. 41, 1 f. Pf. 91 (Stellen, in welchen Klugheit und gläubiger Muth gelehrt wird).

---

§ 27. Die christliche Volksordnung.

Bestimmungen für Organisirung der Staaten stellt das Christenthum nicht auf, so auch keine Bestimmungen über das Rechtsverhältniß zwischen Volk und Regierung. Das, was das Alte Testament an gesetzlichen Bestimmungen

§ 27. Die christliche Volksordnung.

bestehenden Formen und geschichtlichen Vorkommnissen darbietet, kann unmittelbar für nicht-israelitische Verhältnisse keine normative Geltung haben, dies nicht, sofern es resultirt aus dem eigenthümlichen Verhältniß Gottes zu Israel und Israels zur Welt; es finden sich da namentlich, was sonst nirgends sich findet, unmittelbar göttliche Entscheidungen und prophetische Ankündigungen, durch welche Gesetze und Einrichtungen, Personen und Ereignisse, Bestehendes und Neuentstehendes begründet und abgegränzt werden in ihrer Bedeutung, Sphäre, Dauer ꝛc. In den besonderen Bestimmungen und Vorkommnissen kommen aber allerdings auch moralische und politische Wahrheiten direct oder indirect zum Ausdruck, die ihrem Wesen nach über die theokratische Eigenthümlichkeit hinausreichen, nicht erst von dieser ihre Begründung erhalten, Wahrheiten, die an und für sich einen für alles Volks- und Staatsleben rechtsverbindlichen Inhalt darbieten. Es findet sich auch Solches, von dem man sagen muß, daß es, wenn es überhaupt einmal göttlich statthaft war, wenigstens nicht als absolut unstatthaft oder widergöttlich prädicirt werden kann. So weit kann denn auch das der alttestamentlichen Volksordnung Angehörige für anderweitige ähnliche Verhältnisse leitende Gesichtspunkte darbieten; aber nie kann darauf eine eigentlich christliche Volks- und Staats-Organisation gebaut werden, da das Christenthum kein Reich von dieser Welt zu seiner Aufgabe hat, sondern τo πολιτευμα ἐν οὐρανοις (Phil. 3, 20. Hebr. 12, 18 ff.), daher es sich grundsätzlich nicht befaßt mit corporativen Welt-Organisationen, nicht mit Verbindung eines Volkes Gottes zu besonderem staatlichem Gemeinwesen, wie dies das Alte Testament zur speciellen Aufgabe hatte; das Christenthum ordnet nur das Verhalten der Gläubigen innerhalb der bestehenden staatlichen Gemeinwesen, regelt ihr Privatverhältniß zur staatlichen Gewalt überhaupt. Statt in physisch und politisch abgeschlossene Volksverbände, in particularistische Christenstaaten nach alttestamentlicher Art sich abzugrenzen, oder nach paganisch-römischer Art ein vielartig zusammengesetztes Weltreich, ein christliches Universalreich hier anzustreben, setzt sich vielmehr das Christenthum dazu in erklärten Gegensatz. Joh. 18, 36, vgl. 3, 31. 6, 15 und Matth. 4, 8. 10. 20, 25 ff. Gal. 3, 28. Kol. 3, 11. Nicht nur gegenüber den Weltreichen, auch gegenüber dem alttestamentlichen Gottesreich declarirt sich das Christenthum als ein überweltliches Reich, das nur durch das Zeugniß der Wahrheit, ohne weitere Mittel, sich begründet, indem es sich auf diesem Weg innerhalb der Weltreiche und innerhalb des alttestamentlichen Gottesreichs eine Gemeinde von Auserwählten sammelt, die nach dem Gesetz des Geistes über alle politische und National-Unterschiede erhaben ist und durch dieselben unberührt sich hindurchzieht. Diese Gemeinde bildet den auserwählten Stamm eines zukünftigen Staates auf dem Boden der Welt, und zwar eines Universalstaates in christokratischer Form, welchen erst der wiederkommende Herr aufrichtet, und dessen Regierung eben der Gemeinde zugetheilt ist. Damit erst stellt sich der christliche Staat und die christliche Staatsordnung in der Welt auf.*) In Erwartung dessen haben die Christen für diese Welt-Zeit, die staatliche

---

*) Dies ist die große Erwartung der wahren Christen, die sich durch das ganze Neue Testament hindurchzieht, und dieselben als Leute der Zukunft unterscheidet von allen Standpunkten dieses Aeons, von allen Verbindungen der Gegenwart.

§ 27. Die chriſtliche Volksordnung.

Ordnung in ihrem Recht anzuerkennen und der Löſung der göttlichen Beſtimmung derſelben entgegenzukommen, wie dies § 15 beim Verhältniß zwiſchen Staat und Kirche und § 23 unter der chriſtlichen Rechtlichkeit dargelegt iſt.*) Dem ethiſchen Standpunkt gemäß (vgl. die Vorbemerkungen zu dieſem Hauptſtück) beſchränken wir uns auf kurze Darſtellung der chriſtlichen Rechtlichkeit, wie ſie ſich bethätigt in den der beſtehenden Volksordnung weſentlichen Formen des Regiments und der Unterthanſchaft.

Für ſeine Beſtimmungen über dieſe Bethätigung ſetzt das Chriſtenthum eben von dem ſchon angegebenen Geſichtspunkt aus keine beſondere Regierungsform voraus, macht auch nicht Anſpruch auf eine ſolche, ſondern nimmt jede, wie ſie beſteht. Röm. 13, 1: αἱ οὖσαι ἐξουσίαι ὑπο του

---

*) Zur Ergänzung verweiſe ich in Bezug auf die allgemeinen Begriffe von Nationalität, Staat, Patriotismus auf Marheinele, Syſtem der theologiſchen Moral S. 233. 237 ff. 530 ff.; in Bezug auf das chriſtliche Verhalten gegenüber den verſchiedenen Staatsformen, Wechſeln ꝛc. vgl. Harleß § 54, wo aber Manches bald zu caſuiſtiſch, bald zu abſtract gehalten iſt; namentlich mißlich ſind ſo unbeſtimmte vieldeutige Ausdrücke, wie Zerſtörung oder Erhaltung des Volksberufs, der nationalen Berufs-Eigenthümlichkeit des Volks, der Berufsziele menſchlichen und volksthümlichen Gemeinlebens, Führung göttlicher Gerechtigkeit und göttlichen Gerichts — mit dem Allem iſt nur ein Spielball gegeben zum Vertheidigen und Verurtheilen alles Beliebigen, aber keine praktiſche Klarheit und Definition; überhaupt wird den politiſchen Streitfragen eine Wichtigkeit beigelegt, welche der Herr in ſeinem eignen Verhalten wie in ſeiner und der Apoſtel Lehre nicht kennt Und indem dieſe Fragen über das Gebiet der Ethik und des Privatrechtlichen hinausgreifen, gehören zur Entſcheidung namentlich für die öffentlichen Stellungen höher und ſchärfer gefaßte Principien, als Harleß ſie gibt, während die individuelle Stellung bald zu caſuiſtiſch gebunden werden will, bald mit zu weitſchichtigen Allgemeinheiten abgefertigt iſt. Verſchwommenheit der Begriffe iſt aber das trübe Waſſer unſrer Zeit, das den Schalksgeiſtern ſo reichliche und bequeme Gelegenheit zum Fiſchen gibt.

θεου τεταγμεναι εισιν ist der zu Grunde liegende Gesichtspunkt. Eine übergeordnete Machtstellung überhaupt ist nicht Ausfluß menschlicher Willkür, sondern ist gegründet in den ursprünglichen Naturunterschieden und Natur-Ordnungen, wie sie schon in der anerschaffenen Zusammensetzung der Familie sich geltend machen, ist göttlichen Ursprungs. So ist auch die politische Regierungsgewalt schlechthin, die ἐξουσια an sich, d. h. das obrigkeitliche Amt, objectiv gefaßt, dem Christenthum eine göttliche Stiftung oder Institution: οὐκ ἐστιν ἐξουσια, εἰ μη ἀπο θεου,*) daher 1 Petr. 2, 13 κτισις genannt. Die staatliche wie die elterliche Regierungsmacht ist ein Theil der göttlichen Herrschermajestät, den Gott aus Gnade den Menschen überlassen hat, damit sie in den ihnen übergebenen irdischen Dingen (1 Mose 1, 28 ff.) sich selbst regieren können nach Gottes Bild und Gesetz. Von ἐξουσια, dem Amt an und für sich, werden aber Röm. 13, 1 die bestehenden Obrigkeiten oder die in concreto vorhandenen Gewalten unterschieden (αἰ δε οὐσαι ἐξουσιαι); diese kommen zwar nicht, wie das Amt, von Gott unmittelbar, sind nicht seine Schöpfung, immerhin aber sind sie begründet in einer göttlichen Fügung und Ordnung (ὑπο του θεου τεταγμεναι), sie haben ihre Stellung in der Welt von Gott erhalten. Von schlechten Obrigkeiten gilt also, was vom Uebel überhaupt gilt, namentlich auch vom Krieg: es ist nicht ἀπο θεου, nicht von Gott gestiftet; die eigenthümliche Art desselben, wodurch es eben Uebel ist, hat ihren Ursprung

---

*) ἀπο steht im Neuen Testament vielfach von der causa efficiens, worin etwas seinen Ursprung hat, und bezeichnet so bei einer Person etwas durch derselben Kraft und Willen Bewirktes, so oft: χαρις ἀπο θεου — ἀποστολος ἀπο θεου. Vgl. Grimm, Clavis N. T.

§ 27. Die christliche Volksordnung.

nicht in Gott, ist also nicht sein directes Werk, sondern ist kosmischen Ursprungs (vgl. den Gedanken 1 Joh. 2, 16), obgleich das, woran das Uebel in der Welt sich ansetzt, die κτισις im Allgemeinen, oder in unserem speciellen Fall das obrigkeitliche Amt ἀπο θεου, göttlichen Ursprungs ist. Aber das Uebel ist deßhalb auch nicht schlechthin ohne Gott, sondern durch Gottes Fügung, durch sein τασσειν, theils zur Strafe vorhanden, theils zur Besserung und Bewährung;*) vgl. Joh. 19, 11. Jes. 3, 4 ff.

Auf der andern Seite ist die subjective Schuld einer schlechten Obrigkeit durch ihre von Gott erhaltene Stellung nicht aufgehoben; sondern die Verwendung der obrigkeitlichen Stellung in das Eigene, die Willkür und amtliche Gewaltthat ist eben Entweihung des von Gott gestifteten Amtes, ist Amtsmißbrauch, Abfall von Gott. Denn die Machtinhaber, die Herrschenden (οἱ ἀρχοντες V. 3) sind nicht souveräne Besitzer der Regierungsmacht, sondern θεου διακονοι, und zwar (V. 4) εἰς το ἀγαθον. Vgl. Weish. 6, 1—4. Ebenso wenig aber ist das Volk der Souverän, sondern es ist Unterthan (πασα ψυχη ὑποτασσεσθω. Röm. 13, 1).**) Indem nun aber Amt und

---

*) Das Uebel gehört also nicht dem göttlichen Schaffen an, sondern dem Regieren, ist nicht von Gott hervorgebracht, sondern geordnet. So hat die göttliche Fügung in Bezug auf die bestehenden Obrigkeiten, wenn sie auch schlecht sind, ihre weisen und gerechten Gründe: ein verdorbenes Volk bekommt die Folgen seiner Sünde auch im obrigkeitlichen Amt zu fühlen, muß Menschenlaune statt Gottesgesetz, das es verwirft, zum Herrn haben; aber eben eine von Gott geordnete Menschenlaune.

**) Souveränetät des Volks ist ein Widerspruch in sich selbst, da der Begriff der Ueberordnung, der Herrschaft, gerade eine auszeichnende Einzelstellung einem untergeordneten Ganzen gegenüber stellt, auf letzteres übertragen also eine Verkehrung ist.

Amtsträger nicht zu identificiren sind, gehört es im Allgemeinen zur christlichen Rechtlichkeit oder δικαιοσυνη, daß weder die Herrschenden, noch die Gehorchenden mit der heiligen Autorität des Amts die unheilige Selbstigkeit der das Amt verwaltenden Person decken und sanctioniren wollen oder können, wie dies auch gegenüber der Vater=Autorität der Fall ist, — nur aus dieser Unterscheidung zwischen dem Amt und der amtlichen Person erklärt sich die vom Herrn eingenommene Stellung, wie zu Herodes (Luk. 13, 32, vgl. 23, 9), zu den Hohenpriestern (22, 52. Joh. 18, 19—23), zu Pilatus V. 33 ff. Matth. 27, 12—14.*) Aber andererseits wird auch über der Unheiligkeit der Person christliche Rechtlichkeit nicht die Heiligkeit des Amts außer Acht lassen. Joh. 19, 11. Act. 23, 5. 2 Mose 22, 28.

Aus diesen Principien ergeben sich folgende zwei Grundbestimmungen:**)

1) Jede Obrigkeit hat die göttliche Welt=Ordnung in ihrer Heiligkeit darzustellen, dies nicht als souveräner Machtinhaber (eine Stellung, die nur Gott selbst zukommt), sondern als verpflichteter Unterthan und Diener Gottes, d. h. seines Gesetzes; dann ist die Obrigkeit wahrhaft von Gottes Gnaden. Die Bestimmung und Aufgabe der Obrigkeit ist hienach namentlich, daß sie ohne Ansehen der Person, ohne Gunst oder Ungunst die gesetzliche und sittliche Ordnung handhabt, also das Gute und die Guten vertritt mit Schutz und Pflege, dem Bösen und den Bösen entgegentritt mit

---

*) Diese Unterscheidung begründet den christlichen Freimuth gegenüber dem Amt.

**) Vgl. Beck, Christliche Reden V. Nr. 7 über das Amt der weltlichen Obrigkeit, und II. Casualreden Nr. 18 und 20.

Furchterweckung und Rache, und zwar nicht auf Menschentitel hin, sondern eben im Namen Gottes als Vertreter seiner Grundgesetze, die von aller Menschen-Autorität unabhängig sind. Röm. 13, 3 f. 1 Tim. 2, 2. 1 Petri 2, 14. 3 Mose 19, 15. Pf. 72, 2. Gottes Ernst wider das Böse, und Gottes Güte über den Guten innerhalb dieser Weltverfassung zu vertreten, dies ist das der Obrigkeit übertragene Majestätsrecht des Herrn der Welt (vermöge dessen bezeichnet das A. T. Obrigkeiten als Elohim); nicht aber die Leute selig zu machen, zu Himmelsbürgern zu machen; also nicht Schrifterklärung, legislative Macht über den Glauben der Einzelnen und der Kirche — dies ist das Amt des Evangeliums und der Gnadenanstalt Gottes, und das geht frei durch aller Herren Länder. Vgl. Milton, De doctrina christiana p. 530 f. Luther über Unterschied zwischen geistlichem und weltlichem Regiment. Eine Verkehrtheit ist daher auf obrigkeitlichem Standpunkt milde Behandlung der Schlechten, oder die Behauptung, daß das Christenthum das Strafsystem allmählich abolire (vgl. oben bei der Todesstrafe). So lange Gesetzesbruch und Ordnungsbruch ist, fordert das Christenthum absolut Strafe. Milde und Gnade kann nur die Strafgewalt modificiren — aber nicht gesetzgebend oder gesetzaufhebend sein, — und nur unter der Bedingung, daß Nachlaß durch religiös moralische Sühnung dem Gesetz gegenüber ergänzt und so gerechtfertigt sei. Ein sittlich ernster Geist und eine starke Macht für diesen Zweck ist hienach Bedürfniß des obrigkeitlichen Amtes. Darum besteht auch für Christen, welche die erforderlichen Eigenschaften haben,

---

*) Die Pflichten der Unter-Obrigkeiten sind sehr praktisch behandelt bei Mosheim IX. b. S. 296 ff.

Recht und Pflicht, obrigkeitliche Aemter, soweit sie zur Handhabung der göttlichen Ordnung dienen, zu übernehmen, und im Geist der Rechtlichkeit sie zu verwalten. Dies dehnt sich aber nicht aus auf willkürlich geschaffene Aemter, die nur menschlichen Theorien, Zeitbestrebungen, particularistischen Interessen (welche nicht nur kleineren Staaten eigen sind) u. s. w. entstammen und denselben dienstbar sind.*) Mit ihrer Gewalt soll die Obrigkeit dem Herrn Ehre machen (Ps. 29, 1), darum hat bei ihm auch die höchste Obrigkeit anzuklopfen. 1 Kön. 3, 8 ff. Weish. 9, 4—7. 10. Ein Oberhaupt, welches Gott das Ohr leiht und ihn sucht, kann auch seinen Amtleuten die rechte Anweisung geben, den rechten Geist einflößen und sie unter eine allwissende Aufsicht stellen. 2 Chron. 19, 6 f. Nicht durch äußere Legalität, nicht durch formale Rechtsbegriffe und Rechtsverwaltung, sondern durch Handhabung der wesentlichen Gerechtigkeit, durch eine den realen Verhältnissen und Bedürfnissen nach den ewigen Grundgesetzen Gottes gerecht werdende Regierung wird Thron und Reich bewahrt; durch Uebermuth und Selbstsucht, politische und persönliche Immoralität werden sie

---

*) Betheiligung am Parteiwesen, vollends große Staats- und Kirchen-Politik treiben, demagogisches Rollenspiel ist durch den Geist Jesu Christi so wenig als durch sein Beispiel und Wort als etwas wirklich Christliches begründet zur Beförderung der allgemeinen Wohlfahrt; dagegen kann eine besonnene, in den Schranken der Rechtlichkeit und Lauterkeit bleibende Bethätigung an öffentlichen Angelegenheiten für ein zelne dazu Befähigte vom allgemein menschlichen oder patriotischen Gesichtspunkt aus zur moralischen Aufgabe werden, darum aber nicht zur christlichen Pflicht. Diese ist: daß Jeder innerhalb der Schranken seines Berufs bleibt, da das Gute und so das allgemeine Beste mit Fleiß und Umsicht fördert, nicht aber als $\allotrioepiskopos$ sich gerirt. 1 Kor. 7, 20—24. 1 Petri 4, 15 ff. Eph. 5, 15—17. Kol. 4, 5. 1 Thess. 4, 11 f.

2. Die Unterthanen.

untergraben und zertrümmert. Unrecht und Gewaltthat von oben herab wird gleich den Sünden des Volks bestraft. Staatsstreiche sind ein ebenso verderblicher Bruch der göttlichen Ordnung, wie Volks = Revolutionen. 1 Kön. 11, 9 ff. und sonst im A. T. Letztere sind in der Hand Gottes, der höchsten Obrigkeit, gerichtliche Zuchtmittel für langjährige Sünden der Gewalthaber und der herrschenden Stände, wenn auch die bei Empörungen mit Schuld sich beladenden menschlichen Werkzeuge der eigenen Strafe nicht entrinnen.*) Spr. 20, 28, vgl. Act. 12, 21—23. (Sir. 10, 1—5). Pf. 101, vgl. Spr. 22, 11. 18, 12. 15. 29, 14. 7, 15. 23. Pred. 10, 16 f., vgl. Jef. 3, 4—7. 12—15. Pf. 82. Micha 7, 2—4 und die Beispiele der jüdischen Geschichte.

2) Die Unterthanen haben (Röm. 13, 2) vor Allem im obrigkeitlichen Amt die göttliche Stiftung und Ordnung ($\delta\iota\alpha\tau\alpha\gamma\eta$ Röm. 13, 2), also die göttliche Autorität zu ehren, dies auch, wenn das Amt geschändet wird durch seine Inhaber. Vgl. das oben Bemerkte, Act. 23, 5 u. s. w. Hienach ist Auflehnung gegen die Obrigkeit ein Vergehen gegen die göttliche Ordnung, das die Strafe über sich selbst bringt (Röm. 13, 2: $o\iota\ \alpha\nu\vartheta\varepsilon\sigma\tau\eta\varkappa o\tau\varepsilon\varsigma\ \varepsilon\alpha\upsilon\tau o\iota\varsigma\ \varkappa\rho\iota\mu\alpha\ \lambda\eta\psi o\nu\tau\alpha\iota$), während Gutesthun in der Obrigkeit seinen von Gott geordneten Stützpunkt zu erkennen hat. V. 3: $\tau o\ \alpha\gamma\alpha\vartheta o\nu\ \pi o\iota\varepsilon\iota,\ \varkappa\alpha\iota\ \varepsilon\xi\varepsilon\iota\varsigma\ \varepsilon\pi\alpha\iota\nu o\nu\ \varepsilon\xi\ \alpha\upsilon\tau\eta\varsigma$. Es gilt dann, im Interesse und Geist der göttlichen Ordnung der Obrigkeit willige Folgsamkeit zu leisten (Röm. 13, 3 f.),**) darum

---

*) Will man Revolutionen deßhalb auch ein Werk Gottes nennen, wie man gegenwärtig in abstr. den Krieg nennt?

**) In Karl v. Mosers „Politische Wahrheiten" 2. Bändchen, Zürich 1796, findet sich eine gedankenreiche Abhandlung „über den

aber nicht unbeschränkte, sondern zu allem guten Werk, wie dies unter allen menschlichen Verhältnissen für den Christen sich von selbst versteht, und wie es Tit. 3, 1 ausdrücklich hinzufügt. Vgl. auch 1 Petri 2, 13 mit V. 15: $\dot{α}γαθο\-ποιουντας$ und mit V. 17: $τον\ θεον\ φοβεισθε,\ τον\ βασι\-λεα\ τιματε$. Ersteres bedingt das Zweite. Der christliche Gehorsam unterscheidet sich aber von dem bloß durch äußerliche Rücksichten geleiteten bürgerlichen Gehorsam durch das in Gott wurzelnde Gewissensmotiv; er ist freie Selbstbestimmung um Gottes willen. Röm. 13, 5: $δια\ την\ συνει\-δησιν$, vgl. V. 4. 1 Petri 2, 16: $\dot{ω}ς\ ελευθεροι$, aber zugleich $\dot{ω}ς\ δουλοι\ θεου$. Zu diesem Gewissensdienst gehört namentlich willige Darreichung der Abgaben für die Handhabung des Regiments (Röm. 13, 6. Matth. 17, 25—27. 22, 21), und überhaupt pünktliche Erfüllung der Schuldigkeit gegen die verschiedenen Aemter, in welchen die verschiedenen Aufgaben des Staatslebens repräsentirt sind. Röm. 13, 7. 1 Petri 2, 13 f. Dagegen zu offenbar schlechten und gottwidrigen Handlungen darf der Christ auch einer obrigkeitlichen Person nicht gehorsam sein, weil dieselbe in solchem Fall die göttliche Amtsdiakonie verkehrt in selbstischen Amtsmißbrauch, der unter der Decke obrigkeitlicher Autorität nur um so verderblicher wirkt, und dessen Unterstützung zum Mitschuldigen macht. Act. 4, 19. 5, 29. Hebr. 11, 23, vgl. 2 Mos. 2, 2. 2 Chron. 26, 18. 1 Sam. 22, 18 ff. mit

---

Gehorsam", mit vielartiger historischer Beleuchtung, und als Anhang eine Regentenpredigt von Lütkemann, dem Verfasser einer wieder neu aufgelegten, im Ganzen sehr guten Erbauungsschrift: Der Vorschmack göttlicher Güte.

Pf. 52. 1 Kön. 18, 3. Dan. 3, 18.*) Die Gegenwehr aber gegen obrigkeitliches Unrecht darf christlicher Seits nie eine gewaltsame sein, da diese selbst im Privatverkehr gegenüber von autoritätslosen Nebenmenschen dem Christen als solchem nicht zusteht. Matth. 5, 39—41. 26, 52. 1 Kor. 6, 7. 1 Petri 2, 18. Vgl. über Nothwehr oben S. 124. f. Ausgeschlossen ist dadurch aber nicht der gesetzliche Widerstand, wo es sich um die weltbürgerlichen Verhältnisse handelt, um Aufrechthaltung der göttlichen Grundgesetze und der Gesellschaftsordnung im Ganzen gegenüber von fortgesetzten Rechtsverletzungen derselben. Dagegen persönliche Beleidigung und Bedrückung müssen wir als Christen, wie vom Nebenmenschen überhaupt, so noch mehr von der Obrigkeit ertragen können. Matth. 5, 39—41. 26, 52. 1 Kor. 6, 7. Wohl aber ist auch hier der von Christus Matth. 18, 15 angegebene Weg einzuschlagen, die Klage bei höherer Instanz, wo die obgenannte Rücksicht nicht stattfindet; ja es ist dies Schuldigkeit, wo Andere, die wir zu vertreten haben, Noth leiden unter dem Unrecht der obrigkeitlichen Personen. Joh. 18, 8 f. Ueberhaupt eine Charakterfestigkeit, die ohne Ansehen der Person dem Guten treu bleibt, dem Bösen widersteht mit den Waffen des Guten, gehört wesentlich zur christlichen Rechtlichkeit auch in staatlichen Verhältnissen. Damit verbindet sich dann, auch der Obrigkeit gegenüber, das Gebet als eine Macht zu segnen und als eine Macht, dem Mißbrauch zu begegnen, es ist die Appellation an die

---

*) Ueber diesen Punkt findet sich eine genaue und klare Auseinandersetzung in Mosheims Sittenlehre IX. B. (Fortsetzung von Miller S. 277 ff., obgleich die vorhergehenden Bestimmungen über Pflichten der Unterthanen im Allgemeinen vag sind.

höchste richterliche Instanz, die dem Christen zu- und ansteht. 1 Tim. 2, 1 f. 4, 23 f. Act. 12, 5. 16, 25. So gilt auch gegenüber von schlechten Obrigkeiten Röm. 12, 19: „gebet Raum dem Vergelter," aber auch V. 21, Ueberwindung des Bösen mit Gutem. Legitimität oder Illegitimität nach menschlichen Begriffen, diese oder jene Staatsform macht für die bürgerliche Pflicht-Erfüllung des Christen keinen Unterschied. Matth. 22, 15 ff. Röm. 13, 1 (αἱ οὖσαι ἐξουσιαι ὑπο τοῦ θεου τεταγμεναι), vgl. Dan. 2, 37.*) Wohl aber gelten auch unter politischen Erschütterungen und Wechseln die unveränderlichen Gesetze der moralischen Vertheidigung des wenn auch besiegten Rechts, und des moralischen Widerstands gegen das wenn auch siegreiche Unrecht. Der Christ soll und darf bei politischen Erschütterungen und Aenderungen nichts gewaltsam aufrecht erhalten, das nicht Gottes wesentliches Recht für sich hat oder gar es wider sich hat; er darf nichts gewaltsam ändern, wenn es auch Unrecht hat. Das Verhalten des Herrn zu dem Conflict der legitimen Landesherrschaft und der illegitimen Römerherrschaft, seine Anweisungen an die Apostel für den Ausbruch des letzten jüdischen Kampfes geben Instruction. Immer soll und darf der Christ das Schlechte, das sich von oben her oder von unten her in irgend welcher Staatsform an göttliche Verordnungen und Institutionen anhängt, und die göttliche Ordnung aufhebt, innerhalb der Grenzen des Guten ohne Menschenfurcht bekämpfen, und mit den von Gott geordneten Mitteln mitwirken zur Erhaltung des Guten und zur Ver-

---

*) Vgl. Roos, Daniel als ein rechtschaffener Hofmann abgeschildert. Stuttgart 1774.

besserung; jedoch nur so, daß über dieser äußeren Thätigkeit nicht die ewigen Interessen, die eigenen und die fremden, verletzt werden und zu kurz kommen. Vgl. Beck, Christliche Reden IV, 2: „die alte Wahrheit für die neue Zeit" und II. unter den Casualreden die Rede an dem königlichen Geburtstag. — Dies sind Principien für das christliche Verhalten in der Privatstellung. — Für die Stellung eines Volkes als Ganzes, für Verfassungsfragen zwischen Volk und Regierung und die dabei vorkommenden Collisionen gibt es keine christliche Gesetzgebung, da diese sich nur auf das ethische Verhalten wirklich gläubiger Individuen und Gemeinden erstreckt. Für staatliche Rechtsfragen wäre auf die Rechtsgrundsätze des alttestamentlichen Gesetzes zu recurriren, und dies kennt jedenfalls keine unumschränkte Regierungsgewalt und keine Nullität der Volksrechte. 5 Mose 16, 18, vgl. 12, 1. 1, 9—18. 17, 14 ff. 1 Chron. 13 (14), 2. 1 Kön. 2, 1—4.*)

Das christliche Ideal einer wahren Volks= und Staats=Ordnung für diese Welt bestände einfach darin, daß für Regierung und Volk der Eine Wille Gottes, d. h. eben der höchste unfehlbare Wille mit seinen für alle Zeiten und Länder gültigen Gerechtigkeitsgesetzen (nicht das dem Reich, das nicht von dieser Welt ist, angehörige Evangelium) das gemeinschaftliche reale Gesetz wäre; dann geschähe der göttliche Wille auf Erden, statt bloßer Einzelwille oder menschlicher Gesammtwille, welcher

---

*) Vgl. Mosheim a. a. O. IX. Bd. S. 290 ff. Ein Gegengewicht gegen die absolutistischen Theorien bilden Milton's politische Schriften, wenn sie auch theilweise nach der anderen Seite zu weit gehen. Vgl. Weber, „Miltons prosaische Schriften über Kirche, Staat und öffentliches Leben seiner Zeit" aus Raumers historischem Taschenbuch. 1852.

letztere ohne dies immer nur eine Fiction ist. Wo Menschenwille regiert, sei es auch in legitimen Formen, da gilt: „so viele Köpfe, so viele Willen"; da ist oben und unten entweder die schlechte Freiheit mit ihrem: „ich thue, was ich mag", oder die starre Legalität mit ihrem: „ich thue, was ich muß", statt: „ich will und muß thun, was ich soll". Also Besserung des Willens, Unterwerfung unter die Gesetze des göttlichen Willens, sittliche Reform bei Obrigkeiten und Unterthanen wäre der rechte und unfehlbare Weg zur Staatsverbesserung und zur Volkswohlfahrt. Luk. 13, 1 ff. Matth. 21, 33 ff. Röm. 11, 22. 1 Kor. 10, 2—12. Jer. 22. (Vgl. Beck, Christliche Reden IV. Nr. 8: „Die Grundfehler unserer Zeit" und noch manche in diesem Band.) Bei Revolutionen und bei Reactionen gegen Revolutionen werden ohne sittlich ernste Reform nur andere Acteurs, Werkzeuge und Formen an die Stelle der früheren gesetzt, und dabei alte Sünden und alte Leiden durch neue vermehrt.

Schlußwort Dr. Beck's
vom Frühjahr 1877, als er die Vorlesung zum letzten Mal zu Ende brachte.*)

„Ich wünsche, daß Sie wenigstens das Hauptsächlichste nicht bloß gehört haben, sondern daß Sie es in Ihren Herzen bewegen, daß es ein Licht in Ihnen wird und ein Licht auf Ihrem Wege bleibt; denn Sie gehen verführungsvollen und schweren Zeiten entgegen. Und ich kann Sie nur trösten mit ewigem Trost. Es muß so gehen: wenn's mit der Welt am schlimmsten steht, dann kommt die beste Welt mit dem Erlöser; an den halten Sie sich persönlich und lernen Sie ihn immer mehr kennen in seiner Originalgestalt. Gehen Sie ihm nach, wie er ist und wie er handelt und spricht im Bilde derer, die seine Ohren- und Augenzeugen waren. Er hat gelebt; ein solches Bild kann kein Menschenpinsel malen; Niemand kam auf ein solches Bild. Gehen Sie auf den Kern los und darauf gründen Sie sich, dann haben Sie Felsengrund, an dem zerschellen alle Fluten — auch dieser Zeit! —"

*) Nach der Aufzeichnung eines Zuhörers.

Druckfehler.

Bd. I S. IX § 5 III lies statt c: 3.
Bd. II S. 34 Zeile 13 von oben lies statt ό: το

I. Register
erklärter oder beleuchteter Schriftstellen.

1 Mose 2, 18 ff. III 161.
2 Mose 20, 12 III 180.
Psalm 33, 6 I 137.
Matth. 5, 17 I 226.
    5, 21 ff. III 130.
    5, 23 f. III 151.
    5, 32 III 166.
    5, 33 ff. III 101 ff.
    5, 38 ff. III 150.
    6, 1 ff. III 140.
    12, 31 f. I 179 ff.
    13, 1 ff. II 309 ff.
    13, 19 ff. I 176 ff.
    16, 15 ff. II 463 ff.
    16, 24 f. II 16.
    19, 4 ff. III 161 f. 165 f.
    19, 30 I 147.
    20, 16 I 147.
    20, 26 f. II 275.
    22, 14 I 170.
    22, 21 II 379.
    22, 37 II 80 ff.
    23, 8 ff. II 267 f. 364.
    24, 20 II 435 f.
    25, 21 II 84.
    26, 26 ff. I 361 ff.
    28, 19 f. I 189. 304. 321 f. 330 ff. 369.
Marl. 3, 29 f. I 184.
    4, 26—28 I 139.
    10, 12 III 165 f.
    10, 14 ff. I 342. 348.
    12, 30 II 97.
    14, 22 ff. I 361 ff.
    16, 15 f. I 326. 332.

Luk. 1, 15 I 342.
    3, 16 f. I 128.
    8, 11 I 138.
    14, 26 II 198.
    15, 18 ff. I 219.
    17, 33 I 254 f.
    22, 19 I 361 ff.
    24, 46 f. I 197. 232 f.
    24, 49 I 123.
Joh. 1, 12 I 191 f.
    1, 14 I 162.
    1, 16 f. I 77.
    3, 3. 5 f. I 128.
    3, 5 I 249 f.
    4, 23 II 90. 414 ff.
    5, 16 f. III 59.
    6, 51 ff. I 369 ff. 382 ff.
    7, 2 ff. III 95.
    7, 39 I 124. 364.
    8, 1 ff. II 432.
    8, 37 ff. I 182 f.
    12, 5 f. II 27.
    14, 4—6 I 117 f.
    14, 19 f. II 40.
    15, 3 ff. I 194.
    16, 8 ff. I 129.
    16, 23 ff. III 38 ff.
    16, 25 II 40.
    17, 3 II 36.
    17, 6 ff. I 403.
    17, 26 I 145.
Act. 1, 15 ff. II 369.
    2, 16 f. I 125.
    2, 47 II 291 ff.
    2, 33 I 126.

I. Register erklärter oder beleuchteter Schriftstellen.

Act. 2, 36 f. I 334.
6, 1 ff. II 372 f.
8, 5 ff. I 335.
8, 16 f. I 335.
10, 2 ff. I 336 f.
11, 20 I 243 f.
15, 1 ff. II 348 f.
15, 7—9 I 253. 257.
16, 13 ff. 31 I 338.
18, 4 ff. I 339.
Römer 1, 16 I 260. 264.
2, 14 f. I 205. 208.
3, 7 f. III 90.
3, 23 I 163.
5, 15 ff. I 77. 260.
5, 20 I 148.
6, 2 II 14.
6, 3 I 90.
6, 4 ff. I 100. 122. II 18. 20. 23 ff.
6, 11 II 16.
6, 13 II 24.
7, 14 ff. I 227.
7, 18 ff. I 216 f. 219.
7, 22 II 197.
8, 1 f. I 92. 133 f.
8, 3 II 15.
8, 4 f. II 26.
8, 10 II 19.
8, 12 f. II 26.
8, 16. 26 I 132 f. II 52 f.
8, 17 II 29.
8, 19 ff. I 305.
8, 23 II 53.
8, 28 II 52.
8, 30 I 161 f.
8, 33 I 268.
8, 38 III 42.
9, 1 ff. I 150 f.
10, 4 II 429. 431 f.
11, 7 ff. I 178.
11, 32 I 152.

Römer 12, 1 ff. II 94 f. 133 f. 218 f.
III 64. 80.
13, 1 ff. II 382 f.
14, 3 ff. II 168.
14, 7—9 III 122 f.
15, 1 f. III 145.
1 Kor. 1, 23 I 177.
1, 30 I 81. 118. II 44. III 76.
2, 1—10 III 84.
2, 14 ff. I 265. 270.
3, 10 ff. II 341 f.
.4, 3 ff. II 224.
6, 11 I 257. 319 f.
6, 12 II 161 f. 169.
6, 15 ff. I 387.
6, 16 III 162.
7, 1 ff. II 128 ff. 138 ff.
7, 10 ff. III 165 ff.
7, 14 I 343.
7, 17 ff. III 57.
7, 21 ff. II 209.
9, 21 II 5 f. 161 ff. 167.
10, 16 I 383.
10, 23 I 162 ff.
10, 29 II 171.
11, 23 I 361 ff.
11, 27 ff. I 395 ff. 403 ff.
12, 4—6 I 79.
13, 1 ff. II 259 ff.
13, 12 III 78.
14, 26 ff. II 420 ff. 441 ff.
2 Kor. 2, 14 II 451.
3, 17 f. I 163. 266.
7, 9 f. I 219. 239.
Gal. 1, 8 f. II 369.
2, 19 II 18.
2, 20 II 55.
3, 2 f. II 425.
3, 23 I 189.
3, 27 f. I 332.
4, 1 ff. II 433 f.
4, 17 II 352.

I. Register erklärter oder beleuchteter Schriftstellen.

Gal. 4, 26 II 28.
    5, 17 II 10.
Eph. 1, 3 I 78.
    1, 4 f. I 142 f. 162.
    1, 17 ff. II 37 ff.
    1, 18 I 266.
    2, 5 f. II 23.
    2, 7 I 77.
    2, 15 I 323.
    3, 9—11 I 141 f.
    3, 16 f. II 57.
    4, 3 f. II 265 f. 347.
    4, 11 II 368 ff.
    4, 13 I 256. II 200.
    4, 14 ff. II 57.
    4, 15 f. I 118 f.
    4, 23 f. I 251 f. 273.
    4, 28 III 140.
    5, 2 II 61.
    5, 26 I 319.
    5, 29 I 385. II 193.
    6, 1 III 181.
    6, 4 I 349. III 175 f.
Phil. 2, 3 f. II 274 f.
    2, 12 f. I 271.
    3, 9 I 260.
    3, 10 f. II 23.
    3, 20 II 28. III 191 f.
    4, 7 f. II 96.
Kol. 1, 15 f. I 300 f.
    1, 20 I 303 f.
    2, 2 f. III 76.
    2, 6 I 195.
    2, 9 I 304.
    2, 17 I 293.
    3, 5 II 19.
    3, 9 f. I 273.
    3, 14 II 48.

Koloss. 3, 17 II 70.
1 Thess. 5, 14 II 272.
    5, 17 II 88.
1 Tim. 4, 1 ff. III 120 f.
    4, 4 II 165.
    5, 8 III 148.
Titus 2, 12 ff. I 100. 150. II 98. 277.
    3, 5 ff. I 318 f.
Hebr. 1, 3 I 302.
    2, 11 ff. II 244 f.
    5, 12—6, 2 II 137.
    6, 16 f. III 104.
    9, 8—10 I 291 f.
    9, 14 I 293. 381.
    10, 1 I 293.
    10, 15 ff. I 263. 293.
    10, 22 f. I 319 f.
    12, 17 I 187.
Jakob. 1, 14 f. III 22.
    3, 13 ff. III 80 f.
1 Petri 1, 13 ff. II 44.
    1, 23. 25 I 328.
    2, 9 I 163.
    2, 13 ff. III 194. 197. 199 f.
    2, 25 I 246.
    4, 14 ff. II 49 f.
2 Petri 1, 3 I 163.
    3, 16 III 85.
1 Joh. 1, 7 I 381.
    2, 8—10 II 240 f.
    2, 15 ff. II 251 ff.
    3, 6. 9 III 14 ff.
    3, 9 II 6.
    4, 17 II 84 f. 248.
    5, 6 ff. I 294.
    5, 16 f. III 13 ff.
    5, 19 f. II 36.
Offb. 3, 1 ff. II 345.

II. Sachregister.

Abendmahl, im Allgemeinen I 288; bibl. Benennungen I 355; alttestamentl. Vorbereitung I 356 ff.; Einsetzungsworte I 361 ff.; Kraft und Bedeutung I 289 f. 385 f.; Verhältniß der Speisung zu Christus I 369 ff.; Verhältniß der Speisung zu den Elementen I 383 ff.; Abendmahl als Communion I 387 f.; Verhältniß der bibl. zur luth. und calvin. Lehre I 388 ff.; Bedingungen des Abendm. I 398 ff.; ursprüngliche Feier I 400; ob es mit Ungläubigen genossen werden dürfe I 405 f.

Achtung, christl. des Nebenmenschen II 243 ff. 275.

Adiaphora II 143 ff.

Alte III 184 ff.

Altes Testament, Ordnungen dess. in wieweit noch zutreffend III 191.

Amt, weltliches II 382 f. III 125 ff.; Amt als solches und die vorhandenen Gewalten III 194 f.; Amt und Personen III 196; geistliches II 383 f.; Ämter in der Gemeinde II 368 ff. 374 ff. s. auch Predigtamt.

$\dot{\alpha}\nu\alpha\varkappa\alpha\iota\nu o\omega$ I 273.

Anbetung Gottes II 88 ff. III 54 f.; Christi III 42 f. auch Gebet.

Andacht II 89 ff.

$\dot{\alpha}\nu\vartheta\varrho\omega\pi o\varsigma\ \varkappa\alpha\iota\nu o\varsigma$ I 91. 251 ff.; $\dot{\alpha}\nu\vartheta\varrho.\ \nu\varepsilon o\varsigma$ und $\varkappa\alpha\iota\nu o\varsigma$ I 273 f. 323 f. II 348 f. Mensch, neuer.

Anfechtungen, geistliche III 3, s. Versuchung.

$\dot{\alpha}\pi\alpha\varrho\chi\eta$ I 256.

$\dot{\alpha}\pi\lambda o\tau\eta\varsigma\ \varepsilon\iota\varsigma\ X\varrho\iota\sigma\tau o\nu$ II 423.

$\dot{\alpha}\pi o\ \vartheta\varepsilon o\upsilon$ und $\dot{\upsilon}\pi o\ \vartheta\varepsilon o\upsilon$, Unterschied III 198 f.

Apostolat II 364. 368 ff. III 81.

$\dot{\alpha}\pi\omega\lambda\varepsilon\iota\alpha$ I 143.

Arbeit, vom christl. Standpunkt III 57 ff.

$\dot{\alpha}\varrho\varepsilon\tau\eta$ I 81.

Arme, gesetzliche Bestimmungen zu ihren Gunsten III 136 ff.

Auferstehen mit Christus II 22 ff.

Aufopferung für Andere II 272 f.

Augustin I 6 f. 141.

Autonomie I 208 f. II 172 ff. s. auch Freiheit.

Baco, Roger I 9.

$\beta\alpha\pi\tau\iota\zeta\varepsilon\iota\nu\ \varepsilon\iota\varsigma\ X\varrho\iota\sigma\tau o\nu$ I 323 f. Taufe.

$\beta\alpha\sigma\iota\lambda\varepsilon\iota\alpha$ II 381 f. Himmelreich.

Bekehrung I 242 ff. 253 f.; Zeit und Kennzeichen ders. I 274 ff.; Zeit I 283 ff.; Entscheidung für das Gesetz II 3.

Bekennen, das III 89 ff.

Bengel, I 30. 33.

Berufswahl III 61 f.

Berufung I 146 ff.; Gang ders. I 146 ff.; neutestamentl. I 165 ff. 190; fortgesetzte I 171; Gottes Geist und Hand wirkt mit I 169; Berufung und Unglaube I 173 ff.; Berufung und Glaube I 187 ff.

Beschränkung, nöthig im Gemeindeleben II 350 ff.

Besserung, verlangt I 166. II 248 f.; Besserungsversuche, wiefern werthvoll I 201; wodurch behindert I 216 f.
Bestimmung des Menschen f. Mensch. Bestimmung der Welt f. Welt.
Bestrafung des Bösen II 259. 271 f.
Beten, das III 32 ff. f. auch Anbetung; Begriff III 33 f.; Nothwendigkeit III 35; ist Gnadenmittel III 36; innere Bedingung III 37; Gebet im Namen Jesu III 38 ff.; Erhörbarkeit und Segen III 43 ff.; Hauptformen III 54 ff.
Bildung, christliche II 30 ff. III 113; falsche III 114 f.
Bildungsanstalten, religiöse II 390.
Bildungsmittel III 67 ff. 81 ff.
Bildungstrieb des neuen Lebens II 6 f.
Böse, wie zu behandeln III 150 ff.
Briefe, apostolische, an wen gerichtet II 33.
Bruder, Begriff II 234 ff. 265 ff
Bruderliebe II 261 ff. 455; Grund und Wesen ders. II 265 ff.
Brüdergemeinde I 30.
Bund, neuer I 293 ff. 360. 384.
Buße f. μετανοια.
Bußpredigt, alttestamentl. und neutestamentl. I 197. 228 f. 230 f. 232 ff.

Calvin I 141.
Casuistik II 173 ff.
Ceremonien II 423 ff.
Christ, Weltstellung III 79. 86 f. Wiedergeborener und Liebe.
Christenthum, Grundgedanke I 75 f.; Selbständigkeit I 86; Unterschied von allgemeiner Moral II 110. 115 ff. 156 f. 256; gesetzliches II 407 ff. f. Gesetzlichkeit; Fälschung des Christenthums II 355 ff. f. auch Heuchelei und Kirche.
Χριστος, ὁ I 125. 296.
Christus (f. auch Sohn Gottes), der persönliche Inbegriff der göttl. Offenbarung I 77 f.; der Mittler I 108 f. 113 f.; Benennungen seiner Mittlerschaft I 117; der principielle Grund der Vatergnade I 109; Centralpersönlichkeit I 125. 136; das organisatorische Centralprincip I 323; die substantielle Darstellung Gottes im Fleisch I 296; naturhafter Stellvertreter der Menschen I 259; Leiblichkeit I 363 ff. 373 f.; Blut I 379 ff.; Verhältniß zur Sünde II 15; Tod, Bedeutung desselben I 234 ff.; Auferstehung bedingt das neue Leben II 26; Verklärung I 365 f.; Gnadengegenwart I 304 ff.; Fürsprecher III 40; Christus mit Geist und Wort I 108 ff. 111; Christus für uns und in uns I 116 f. II 33; in uns II 8. 21 ff. 55 ff.; das Haupt I 110. 140 f.; das Haupt der Gemeinde II 358; der Weg I 90 f.; das Leben I 82; ethisches Princip I 81 f.; der Normaltypus des christl. Lebens I 94. 231; das Grundgesetz des neuen Lebens I 118 f. II 55 f.; Grundform desselben I 119 f.; das Vorbild I 93. 120 ff. 231. II 61 f. 248 f.; das persönliche Gnadengut I 325 f.; Inbegriff der Weisheit III 76; Uebertragung II 114; Christus mit

14*

seinem Gesetz verinnerlicht in uns I 94 f.; Lebenszusammenhang mit ihm II 55 ff.; Verähnlichung mit Christus I 162 ff.; Nachahmung Christi II 60; Abhängigkeit von ihm II 57 f.; sacramentliche Gemeinschaft mit ihm I 285 ff.
Collision der Pflichten II 175 ff.
Confirmation I 352 f.
Consilia evangel. II 113 ff.
Cullmann I 69 f.

Dankbarkeit II 70 ff.
Daub I 53 f.
δεχεσθαι und Compos. I 192.
Demuth, christl. II 205. 217 ff.
de Wette I 42 f.
διακονια II 362 ff. 372 f.
Dienstboten, wie zu behandeln III 186 f.
Dienstfertigkeit, christl. II 273 ff. III 145 ff.
Dienstliches Verhältniß III 185 ff.
δικαιοσυνη θεου I 93; δικαιοσυνη als ethischer Begriff II 277 ff. s. Gerechtigkeit.
δικαιουν I 259 f. 267 f.
δικαιωμα II 433.
δοξαζειν I 161 ff. 266 ff. 365.

Ehe III 117 ff.; unter Verwandten III 118 ff.; Ehelosigkeit II 128 ff. III 120; Ehe, Wesen ders. III 160 ff.; Dauer ders. III 164 ff.; Auflösbarkeit und Unauflösbarkeit III 165 ff.; Scheidungsgründe III 165 ff.; Eheordnung, christl. III 160 ff.; staatliche III 163 f. 168 f.
Ehre II 214 ff. 222 ff.; falsche II 252 ff.
Eid III 99 ff.; Nothwendigkeit III 104 ff.; wozu verbindend III 108.

Eigenliebe II 195.
Einheit, christl. des Geisteslebens II 265 f. s. Kirche.
Einzeugung des Geistes in den Menschen I 253 f.
εκκλησια II 289 ff. s. Gemeinde.
Elterliches Verhältniß III 173 ff.
Enthaltsamkeit III 26 ff.
Entwicklung des neuen Lebens II 13. 30 ff. III 7 ff.; Grundformen ders. II 13 ff.; der Tödtungsproceß II 14 ff.; der Belebungsproceß II 21 ff.; Erhöhung in das Himmlische II 27; Krisen III 8 ff. 30 f.
επιθυμια I 215 f.
επιστρεφειν I 242 ff.
Erbauung II 420.
Erbschaft II 29.
Erfolg, ob maßgebend III 106.
Erhöhung in das Himmlische II 27.
Erhörbarkeit des Gebets III 43 ff.
Erkenntniß, natürliche, Beschränktheit ders. I 84 f.; der Sünde, christl. I 237 f.; christliche II 36 ff. 67 f.; lebendige II 40 f.; Entstehung II 36 f.; Wachsthum III 77 f.; jenseitige Entfaltung II 39; Erkenntniß des Glaubens II 36 ff.; Werth ders. II 42 f.; Geringschätzung ders. II 41. 43; Erkenntniß und Glaube III 80.
Erläßlichkeit und Unerläßlichkeit II 127 ff.
Erlaubte, das II 153 ff.
Erleuchtung I 266. II 37. 41.
Erneuerung I 252 f. 270 ff. 385 f.
Erwählung I 172 f.; Erwählungsgnade I 146 ff.
Erziehung, christl. III 173 ff.
Ethik, Begriff I 1 ff.; Geschichte ders. I 5 ff.; Grundlinien ders. im Protestantism. I 19 ff.; Begriff und An-

lage vom bibl. Standpunkt I 75 ff.
84. 94 ff.; Grundgedanke I 55 f.;
philosophische und christliche I 1 ff.
96 f.; Verhältniß zur allgemeinen
Moral I 4 f. 86 ff. II 110. 115 ff.;
Genesis I 95 f.; Gliederung I 99;
Princip I 134 f.; Ethik und Dogmatik I 56. 75 f. 80 f.; Verhältniß
zum A. Test. I 103 f.; Pädagogik
derſ. I 100 ff. II 189.
Ethisches Princip I 81 f.; Bedingungen I 82. 121 f. 145. 153 ff.
306. 348. III 7 ff. 129. 149 f.;
Entwicklungsgang I 100 f.; Lebensanlage I 92; Ziel I 81 f. 93.
εὐσέβεια I 76 f. 83.
Evangelium I 138. 167; Kraft
I 190. 242. 244; universale Bestimmung I 142 f.; greift über den
Tod hinaus I 147 f.; Annahme
und Verwerfung I 154 f. ſ. Berufung.
Evangelisten II 371.

Fasten III 28.
Fälschung, geistige II 355 ff.
Feinde, wie zu behandeln II 236 f.
Fichte I 41.
Fides salvific. I 17.
Fleisch ſ. σαρξ.
Freiheit, die I 157 f. 208 ff. II
119. III 130 ff.; falsche I 174;
Freiheit des Wiedergeborenen I
272 f.; christliche II 155 f. 161 ff.
205 ff.; Gebrauch derſ. II 168 ff.
Freude des Glaubens und der Liebe
I 194. II 52. 83 ff.
Friede des Glaubens und der Liebe
I 194. II 52. 83 ff.
Friedensverhältniß zu Gott I
221. 264.
Friedfertigkeit III 149 ff.

Frömmigkeit II 97 ff.; falsche II
98 ff.; Wahrhaftigkeit derſ. II 98 ff.;
Uneigennützigkeit derſ. II 103 ff.
Furcht Gottes. Verhältniß zur Liebe
II 84 ff.
Führungen III 69 ff. 72 ff.

Gebet II 90 f. Anbetung; Gebetsgemeinschaft II 455 ff.; Formulare II 457.
Geduld II 51.
Gefühl II 77 f.; nicht maßgebend
I 240.
Gehorsam des Glaubens II 11; der
Liebe II 44 ff.; gegen Menschen,
Grenzen deſſelb. III 181 f. 200 f.
Geist in der alttestamentl Zeit I
124; heiliger, entbunden durch die
Versöhnung I 124. 364; principielle Stellung I 122 ff.; dyna-
misches Princip I 123. 133; Paraklet I 111; Geistesausgießung I
125 f.; heil. Geist als ausgegossene
kosmische Potenz I 127 ff.; wirkt
als Licht III 20; als Feuer I 127 f.
als Wasser I 128; weltrichtend I
129; Geisteszeugniß, allgemeines
I 129 ff.; Verhältniß des Geistes
zum Wort I 138. 309 f. ſ. Wort
und Evangelium; Verhältniß zum
Sacrament I 294. 296 f. 309 f.
318. 384 f.; Geist Gottes und
Christi, verschiedene Bezeichnungen
II 33 f. 38; verschiedene subjective
Wirkungen desselben II 34 f.;
Wirksamkeit in den gläubigen Individuen I 131 ff.; Geist als Lebensprincip der christl. Gemeinde
II 343 f.; hilft beten II 53.
Geist und Leiblichkeit, gewöhnlicher
Begriff I 294 f.; wahres Verhält-
niß zu einander I 296 f.; Geist

des natürl. Menschen I 255. 347. 368; Einzeugung des heil. Geistes in den Menschen I 253 f.; Verhältniß zum empfangenen Geist I 133. III 5 ff.; Kindesgeist I 132. II 4 f.; Geist als neues Personleben I 248 ff. 253 ff.; Geistesbewußtsein II 152.

Geistliches Denken I 271 f.; geistliche Gesinnung I 271 f.

Geistlichkeit, falsche III 28.

Gellert I 35.

Gelübde III 109.

Gemeinde Christi II 284 ff.; Begriff II 284 ff. 300 ff.; Stiftung II 289 ff.; Verfahren dabei II 295; Keimbildung II 293 ff.; Constituirung II 298 ff.; Stellung zu den Weltkirchen II 318 f.; Regierung II 286 ff.; Fortbau II 286 ff.; Fortbildungsmittel II 411 ff.; Einheit, wahre II 346 ff.; Selbständigkeit II 350 ff.; äußere Ordnung II 353 ff.; Gemeinde-Aemter II 368 ff. 374 ff. 438 ff. s. auch Verfassung und Kirche.

Gemeinschaft des Gebets II 455 ff.; der Heiligen II 453 f.

Genügsamkeit II 104.

Gerechtigkeit Gottes, richtende und segnende, aufbauende I 143. 150 ff.; 236 f.; 241; Mittheilung an den Menschen I 260 f. II 22 ff. Gerechtigkeit der Werke I 227.

Geschwisterverhältniß III 182 ff.

Gesellschaftsordnung, christl. III 156 ff.

Gesetz im Gewissen I 208 f.; dessen Autonomie und Theonomie I 208 f.; Postulate I 220. 222; Gesetz, alttestamentl. I 122 ff.; Grundlage desselben II 433 f.;

Gesetzesbegriff, paulinischer I 225; Verhältniß zum Gewissen I 222 f.; dreifaches Verhältniß des Menschen zum Gesetz II 2 ff.; Verhältniß des natürl. Menschen zum Gesetz I 89; Zustand unter dem Gesetz II 4; Widerstreit gegen das Fleischesgesetz I 216 ff.; Gesetzesbuße I 222 ff.; Gesetzesgerechtigkeit I 227; Gesetz, vorbildlich III 84; Gesetz und Gnade I 89. 225 f. II 350 ff.; Vollendung des Gesetzes im Christenthum I 92 f. 94. II 429; Geistesgesetz I 133 f. 136. 262 ff. II 5 f. 46 f. 239 f.; Verinnerlichung desselben I 94 f. 262 ff.; Zustand des Menschen im Gesetz Christi II 5 f. 161 ff.; Gesetz, in wieweit in Christo aufgehoben II 429. 431 ff.

Gesetzgeber, wer? II 384.

Gesetzlichkeit II 166 ff. 210 ff. 350 ff. 407 ff. s. auch Fälschung, geistige.

Geschichtsanschauung, christl. III 70 f.

Gesinnung, geistliche I 271 f.

Gewissen, das I 203 ff; Gewissen und Vernunft I 212 f. II 231; Gewissenhaftigkeit I 214 f. 218; Gewissenlosigkeit I 214; gutes und böses Gewissen beisammen I 218. II 84 f.; Gewissensbewußtsein noch kein persönliches I 182. 205; Vollendung des Gewissens im Christenthum I 262 ff. II 84 f.; gutes des Christen II 226 f.; Gewissenszeugniß, erhoben zum Geisteszeugniß im Christenthum I 93 f. auch Gesetz und Geist.

Gewissensfreiheit f. Gesetz im Gewissen, Autonomie und Geistes-

gesetz, auch Kirche und Staat; keine autorisirte Gewissenlosigkeit III 106.
Gewissenszwang verwerflich II 352 f. 393. 459.
Glaube im Allgemeinen I 187. 195 f.; Wesen I 297 ff.; der Verheißungsglaube I 188; Glaube im objectiven Sinn I 189 f.; subjectiver I 191 ff.; 258 ff.; als receptive Thätigkeit I 192. 196. 299; Verhältniß des Glaubens zur Buße I 198; Glaube als reproducirende Thätigkeit I 194 f. 196; das Gut des Glaubens I 194; sittliche Bedeutung des Glaubens I 195 f.; der rechtfertigende und verklärende Glaube I 197 ff. 232 ff. 257 ff.; Zurechnung des Glaubens I 222; der Bekehrungsglaube mit der Wiedergeburt ꝛc. I 248 ff.; Glaubensbewußtsein II 202 f.; Entwicklung des Glaubens zur Erkenntniß II 36 ff.; Entwicklung desselben in der Liebe II 43 ff.
Gleichheit III 131; der christl. Rechte und Pflichten II 208; brüderliche II 267 ff.
Gleichnisse vom Himmelreich II 309 ff. 320.
Gnade, Begriff I 75 f. 156. 159; geschichtliche Offenbarung in Christo I 77; Urprincip ders. im Vater I 108; Centralprincip ders. ist der Sohn I 110; Substanzialität ders. in Christo und Dynamik ders. aus Christo I 78. 95 f. 100 f. 117 f.; Universalität I 140 ff. 152; Gnade und Würdigkeit I 153 ff. 258 ff.; sittlicher Charakter I 92. 156; das Schöpferische ders. I 97 f. 151. 190; Wirkung I 82. 157. 190.

257 ff.; Gnade und Gesetz I 225 f. s. Gesetz; Verhältniß des Menschen zur Gnade I 155 ff. II 219 f. 288; Gnade und Gehorsam I 82. 153 ff.; Gnade, obrigkeitliche III 197.
Gnadengaben II 367 f.
Gnadengut, das, ist unsichtbar I 187 f.
γνωσις III 76.
Gott, Vater und Sohn I 108 f. II 67 ff.; Verklärung des Vaters in der Menschheit und der Menschheit in Gott I 109; Verklärung Gottes im Menschensohn I 114; Gott das versöhnende Subject I 114; der Sohn Gottes I 141. 300 ff. 303; Vater, Sohn und Geist I 322 f. II 417.
Gottesdienst II 414 ff.; leiblicher I 320; äußerliche Einrichtung II 418 ff.
Gottesdienstlichkeit, christl. II 98 ff.
γραμμα I 223.
Grundrechte III 131. 136.
Gut, zeitliches, Verhalten des Christen dazu III 138 f.
Gutes, christlich-, Entstehungsgrund I 3 f.; Abstufungen II 136 ff. III 80; darf nicht erzwungen werden III 177.
Gütergemeinschaft, christl. II 453 f.
Gütigkeit, christl. III 142 ff.

Harleß I 57 f.
Haß, ethischer II 254 ff.
Hausordnung, christl. III 172 ff.
Heilige, Begriff II 317 f. III 16 f.
Heiligung I 257 f. II 43 ff.; unterschieden von Reinigung I 257;

von Rechtfertigung, Verklärung I 266 ff.
Heiligungsernst, gegenseitiger II 271 ff.
Heirathen, ob oder ob nicht II 128 ff. 138 ff. s. Ehelosigkeit.
Herrlichkeit II 53.
Herz II 78. 81.
Heuchelei II 99 ff. 339. 352 f.
Himmelreich, überirdisches Lebenssystem I 78 ff. 93. 123 f. 141. II 383 f. s. Gleichnisse.
Hirscher I 54 f.
Hirten II 372.
Hoffnung, christl. II 50 ff.
Hofmann I 72.
Höflichkeitsformen III 97 f.
Humanität II 386 f.; im Christenthum erhöht II 243 ff.

Ich, doppeltes II 197 f. 199 f.
Jesus, Leben desselben III 81 f.
Indifferenz, moralische II 147.
Irrlehrer, apostol. Behandlung ders. II 469 f.
Jünger, Stand ders. I 230 f. II 33. 40.
Jüngerschaft II 293 f.

$Καλειν$ I 166 f. II 291.
Kant I 36.
Kantische Moralisten I 36 ff.
$κατακριμα$ I 144. 261.
$κατεργαζεσθαι$ I 227.
Keuschheit III 117 ff.
Kindschaftsbewußtsein I 133. II 4 f. 52. 199 f. s. Geistesbewußtsein und Wiedergeborener.
Kindliches Verhältniß III 180 ff.
Kirche II 281 ff.; Name II 281 f.; Begriff der Kirche bei den Reformatoren II 305. 324 ff.; Regierung II 286 f.; sichtbare und unsichtbare Kirche II 324 ff.; streitende und triumphirende Kirche II 334 f.; Einheit II 347 ff.; Entartungen ders. II 338 ff. 345. 355 ff.; Kirchenregiment II 358 ff.; Kirche und Staat II 378 ff.; Stellung zu einander II 393 ff.; Aufgabe der Kirche II 385 ff.; Stellung der Gläubigen zur Kirche II 402 ff.; 423 ff. s. auch Gemeinde.
$κλητοι$ und $εκκλεκτοι$ I 170. 172 f.
Klugheit III 90 ff, 124.
$κοσμος$ II 251.
Kranke und Krankheiten III 188 ff.; Krankenheilungen III 45. 52 ff.
Kreuzigung des alten Menschen II 17 ff.
Krieg III 153 ff.
Kritik, falsche II 283.
$κτισις$ III 194; $καινη$ II 384. 423.
$κτισμα$ II 165.

$Λαμβανειν$ I 192.
Lauterkeit, christl. II 62.
Leben, ewiges I 296; neues, hat sein Centralprincip in Christo I 110 f.; ist in ihm durchgebildet I 120.
Lebensanlage, neue I 91 f. 95. 97; Principien ders. I 106 ff.; Organisation I 262 ff. II 28. 44 ff.; Entwicklung II 6 f. 8 f. Wiedergeburt, Wiedergeborener und Mensch, neuer.
Lebensart, feine. Gefahren ders. III 87 f.
Lebensführungen III 69 ff. 72 ff.
Lebenssystem, überirdisches I 77 ff. 93. 123 f. II 28 f.
Legitimität und Illegitimität III 202.

Lehramt II 438 f.; Vocation II 439; Verhältniß der Gemeindeglieder zu demf. II 452.
Lehrer II 372. 374 f.
Lehrvortrag, Geist und Inhalt II 444 f.
Leib, christlich rechtliche Behandlung desselben III 115.
Leiblichkeit, Verhältniß zum Geist, gewöhnlicher Begriff I 294 f.; wahres Verhältniß I 296 f.
Leiden II 52. III 42 f. 73 f. 124 f.; Strafleiden und Züchtigungsleiden, Unterschied III 70 f.
$λειμμα$ II 360.
Licht II 30. 37 f. III 20.
Liebe Gottes, im alten Bund II 156 f.; Gnadenliebe Gottes in Christo II 45 f.; Liebe, Grundgesetz des christl. Lebens II 59 ff. 115 f. 433; persönlicher Charakter derf. II 76 f. 103 ff.; Verzweigung derf. II 64 f.; christliche ist eine reale Macht II 187 f.; falsche I 174; Gottesliebe des Wiedergeborenen II 15. 17. 45 ff. 61. 67 ff.; ist Christusähnlich II 61 ff.; psychologischer Charakter II 76 f.; inwiefern uneigennützig II 72 ff.; Genuß derf. II 82 f.; Christusliebe II 245 f.; Selbstliebe f. Selbstschätzung; Menschenliebe II 229 ff.; Naturbegriff II 230 f.; Heilsbegriff II 237 ff.; Stellung derf. in der Welt II 247 ff.
$λογος$ mit $ρημα$ und $πνευμα$ I 111. 300 ff. f. auch Sohn.
Lohnbegriff II 103 f.
Luther I 21.
Lüge III 90 ff.; Nothlüge III 94 f. 97.

$Μαθητευειν$ I 330 ff. II 295.
Martensen I 71.
Mensch, Abbild Gottes II 243; natürliche Würde II 190 ff.; Naturschwäche I 215 ff. 220. 227. 230; Natureinheit mit Christus II 244 f.; Bestimmung I 81 f. 93. 141. 385 f. II 30 ff. 199 f. 221 f.; Freiheit I 157. 208 ff. II 119; falsche I 174; Widerspruch des Menschen gegen das Gesetz I 88 ff. II 9; doppeltes Ich II 197; Mensch, alter II 9 ff.; wird gekreuzigt II 17 ff.; begraben II 20; neuer I 251. 271. 273 f. 385 f. II 28. 200 f. f. auch $ανθρωπος$; Verhältniß zur Gnade I 155 ff. 243; Anziehen des neuen Menschen II 25; Gleichgestaltung mit dem Bild des Sohnes Gottes I 162. 273; Mannesreife II 58.
$μετανοια$ I 199 ff.; Momente derf. I 199 ff.; $εις θεον$ I 202. 233 f.; $εις ζωην$ I 241; $μετανοια$ des natürlichen Menschen I 202 ff.; des Gesetzesmenschen I 222 ff.; vom Evangelium aus I 228 ff.; specifisch christliche I 232 ff.
Methode, sicherste für die Wahrheitserforschung I 67. 74 f.
Monogamie III 118.
Mosheim I 26.
Mörder III 122.
Mystik I 10 f. 13 f. II 65. 72. 79.

Nachahmung Gottes II 92 ff. 105.
Nachfolge Christi I 90 f. 118 ff.
Nächster, Begriff III 147.
Natur, äußere, pädagogische Wirkung derf. III 67 ff.; christliches Verhalten zu ihr III 135 ff.

Naturalismus I 31 f.
νηπιοι II 295. 300.
Nitzsch I 59.
νοειν I 193.
Nothlüge III 94 f. 97.
Nothwehr III 124 f.
Nüchternheit, christl. II 218. 229. III 26 ff.

Obrigkeit III 193 ff.; Pflichten und Rechte III 196 ff.
Oekonomie, neutestamentliche I 291 ff.
Offenbarung, alttestamentliche I 224 f.; Christus der persönl. Inbegriff der Offenbarung I 77 f.
Ordnung, äußere in der Gemeinde II 353 ff.

Pädagogik, göttliche I 100. 148 ff. III 67 ff. 70 ff.; christl. II 112. III 90 ff.
Petrus, Primat II 464.
Pfarramt II 405 f. s. Predigtamt.
Pflicht, christl. II 59 ff. 114 ff. 132. 149 ff. 158 ff.; Ausdehnung ders. II 123 ff.; Verpflichtung, active und passive II 3. 185 f.; Verpflichtungsgrund, christl. II 185 ff.
Pietismus, moderner, Charakteristik I 29 f.
πληρωμα I 369. II 7. 57 f. 200. 217 f.
πληρωσις I 86. 256. II 119.
πνευμα του νοος I 265. 270.
Politik, Verhältniß des Christen dazu III 198. 202 f.
Polygamie III 118.
πονηρον I 245.
Prädestination, sogenannte I 141 f. 145 f.

Predigt, Bußpredigt des Täufers I 228 f.; Jesu I 230 f.; Predigt der Apostel I 232 ff. 244.
Predigtamt II 438 f. Gemeindeämter und Pfarramt.
Priesterthum, allgemeines II 374 f. 376. 436. 441; Verhältniß zum Amt I 401 f.
Prophetie II 370 f.
Prothese I 140 ff.
Prüfung, sittliche II 63. III 21 s. Selbstprüfung.

Rationalismus I 31 ff.
Rechtfertigung, negative, entschuldende I 221. 261 ff.; positive, sittlich belebende I 220 f. 257. 260 ff.; ethisch judicielle I 257 ff.; Rechtfertigung, Heiligung, Verklärung I 266 f.; von einem principiellen Anfang fortlaufende I 267 f.
Rechtlichkeit, christl. III 109 ff.
Reformation, charakteris. I 14 ff.; Verhältniß zur Ethik I 18 ff.
Regierungsformen III 193 f.
Regierungskunst III 198 f.
Reich Gottes I 52 f. s. Himmelreich; Ueberweltlichkeit desselb. III 191 f.
Reichthum, Streben darnach verboten III 139 ff.
Reinhard I 40.
Religiöse Interessen, wie weit vom Staat zu pflegen II 387 ff.
ῥημα I 300. 327 f.
Reuß I 35.
Revolutionen III 199.
Richten, Begriff III 150.
Rothe I 64 ff. III 10 ff.
Ruhm, christl. II 215 ff. 222 f.
Rühmen, ob erlaubt II 225 f.
Rückfall des Wiedergeborenen III 75 ff.

Sabbathordnung II 428 ff.; Sabbathsruhe, christl. III 60.
Sacrament, Name I 285 f.; Begriff I 286 f. 307 f.; Kraft und Bedeutung für den Glauben I 289 ff.; Möglichkeit der realen Präsenz Christi I 300 ff.
Sailer, J. M. I 51 f.
Sanftmuth III 150.
σαρξ I 215 f. 220. 230. III 4. 162; Christi I 304. 363. 373 ff. s. Fleisch.
Satan, sein Geist ist kosmische Potenz I 127. III 3 f.
Schauspiel II 107 ff.
Schleiermacher I 43 ff. 60 ff.
Schlüsselgewalt II 463 ff.
Schmid, Christian Friedr. I 68.
Scholastik I 7 ff.; protestantische I 22 f.
Schrift als Bildungsmittel III 83 ff.; Schrift und Kirche II 283; Schriftchristenthum I 49 f.
Schwärmerei II 194. III 162 s. auch Mystik.
Schwarz I 52 f.
Schweigen III 90 ff.
Seele, christlich rechtliche Behandlung ders. III 112 ff.
Seelsorge III 112 ff.
Segen, alt- und neutestamentlicher I 225.
Selbstprüfung III 24. 65.
Selbstschätzung II 184 ff.; Grund ders. II 190 ff.; Wesen ders. II 203 ff.
Selbständigkeit und Selbstthätigkeit des Wiedergeborenen II 52 ff. 58 ff. 93 ff. 174 f. 221 ff. s. auch Freiheit und ethische Bedingungen.
Selbstsucht II 232 f. III 113 f.

Selbstverleugnung, christliche II 15 ff. 105. 198 f.
Selbstzucht, christliche III 1 ff.
Separatismus II 359 f.
Separiren, ob II 402 ff. 426 f.
σφραγις I 287 f.
Sittlicher Gegensatz II 254 ff.
Sittlichkeit, natürliche I 85; des Gesetzesmenschen I 227; christliche, Basis ders. I 95 f.
Sociales Leben, sein Naturgesetz II 233 ff.; Grundform desselben II 275 ff.; sociale Unterschiede unter den Menschen III 131 ff.
σωφροσυνη II 228 f. III 2.
Sohn Gottes, Schöpfungs- und Gnadenmittler I 141; das Urwort I 300 f.; das Gnadenwort I 303 f. Christus und Gott.
Sonntagsfeier II 428 ff. III 60.
σωζειν I 230 f. 262.
Souveränetät III 195.
Spener I 25 ff.
Staat, bibl. Begriff II 380 ff.; Aufgabe II 385 ff.; Staat und Kirche II 378 ff.; Stellung zu einander III 393 ff.
Sterben mit Christo II 14 ff.
στοιχεια του κοσμου II 433 ff. III 77.
Strafleiden, Unterschied vom Züchtigungsleiden III 70 f.
Supranaturalismus I 33. 39 f.
Sühnung I 114. 116.
Sünde als Weltschuld I 234 ff.; wider den h. Geist I 179 ff. 183 ff.
Sündenerkenntniß, wie bei den Kindern zu erwecken III 179; christliche I 237 ff.
Sünder, Begriff II 317.
συνεσις III 76.

συνιεναι I 193.
Symbole, Kirchenbegriff derſ. II 305 ff.; Aeußerungen über die Taufe I 351 f.
Symbolzwang, Speners Aeußerung darüber I 28.

Tanz ſ. Schauspiel.
Taufe, im Allgemeinen I 288; Kraft und Bedeutung für den Glauben I 289 f.; Name und ursprüngliche Form I 311; alttestamentliche Taufen I 312 f.; Bußtaufe des Johannes I 313 f.; Lehrtaufe durch die Jünger Jeſu I 314 f.; Geiſtestaufe, prophetiſch verheißen I 315 f.; Begriff und Wirkung I 317 ff.; Verhältniß zur Trinität I 321 ff.; Verinnerlichung Chriſti I 324 f.; Verhältniß zu Wort und Glaube I 326 ff.; Taufbefehl I 330 ff.; apoſtoliſche Praxis I 330 ff.; die Geiſtesmittheilung iſt der Zeit nach nicht an die Taufe gebunden I 335. 368; die kirchlich Getauften I 341; Kindertaufe I 345 ff.; Nothtaufe I 354 f.
τελειοι III 17.
τιμη II 275.
Tod, der III 121 ff.
Todesſtrafe III 125 ff.
Todt in Sünden I 85.
Tugend, ſpecifiſch chriſtliche I 94. II 117 ff.; höhere II 117 ff.

Uebel, Urſprung III 195.
Umgang III 29 ff.
Unabhängigkeit des Chriſten ſ. Freiheit II 209 f.
Undank II 71 f.

Unglaube, Weſen I 173 ff. 297 f.; Signatur III 37; inwieweit von der Gnade überſehen I 175; verſchiedene Arten I 176; Spitze deſſelben I 284 ff.; Unglaubensentwicklung in der Welt I 50 f.
Ungläubige, ob zur Kirche gehörig? II 302 ff.; ob ſie ſchwören ſollen III 105 ff.
Unkeuſchheit III 118 ff.
Unterſchiede, ſociale III 131; in dem Verhältniß der Chriſten zu einander II 267 ff.
Unterthanen, Pflichten und Rechte III 199 ff.
Unverbeſſerlichkeit I 154.
Unwiſſenheit, verſchuldete I 175. 181 f. 214; vorſätzliche I 182.
ὑπομονη II 11.

Vater ſ. Gott; Vater, Sohn und Geiſt I 322 f. II 417.
Vaterliebe Gottes in Chriſto II 67 ff. 238 ff.
Verähnlichung mit Chriſtus I 119 ff.
Verdammung I 143 ff. 159.
Verfaſſung der Gemeinde II 267 ff. 335; äußere II 361 ff.
Vergebung, ſittlich vermittelt, objectiv und ſubjectiv I 90. 114 f.
Vergeltung, dieſſeitige III 69.
Verheißung, darf nicht vom Gebot getrennt werden I 189.
Verherrlichung Gottes II 103 ff. 204 ff. 276.
Verklärung I 161 ff. 266 ff.
Verleugnung III 88 ff.
Verlorene I 154.
Vernunft I 212 f.; verdorbene III 113 f.; ihre Neubelebung I 265 ff.; Vernunftfreiheit I 213.

II. Sachregister.

Verpflichtung s. Pflicht.
Versöhnlichkeit III 149 ff.
Versöhnung, Wesen ders. I 113 ff.
234 f. II 238 f.; realpersönlich in Christus vollzogen und vorhanden I 90 f. 114 ff. 221; ethisch-rechtliche I 304; Versöhnung mit Gott II 85.
Verstockung I 178. 186.
Versuchung III 22 ff. 119 f.
Verträglichkeit, falsche II 342 f.
Verweltlichung des Christenthums II 355 ff. 423 f.
φιλειν II 262.
Vilmar I 71.
Vollkommenheit, ethische II 48. 121 ff.
Vorbestimmung s. Prothese.
Vorsicht s. Wachsamkeit.

Wachsamkeit II 85. III 19 ff.; gegenüber den Menschen III 25.
Wachsthum, Gesetze desselben III 19 ff.
Wahlfreiheit I 212 ff.
Wahrhaftigkeit III 87 ff.
Wahrheit, im neutestamentl. Sinn I 187; objective II 416 f. III 77. 88; Wahrheitserforschung, sicherste Methode ders. I 67. 74 f.
Wandel, neuer II 25.
Weisheit, göttliche I 358; christl. III 74 ff.; Stufen III 78 ff.; Charakter III 80 f.; Weltstellung III 86; Weisheit, praktische II 41.
Welt in historisch-ethischem Sinn II 105 f.
Weltanschauung II 211.
Weltbestimmung, göttliche s. Prothese.
Weltbeziehung, neue, des Wiedergeborenen II 27 ff. 254 ff.

Weltgesetze III 49 f. 67 f.
Weltkirche II 318 f. 321 f.
Weltliebe, sündige II 251 ff.
Weltstellung, christliche II 63 f. 93 ff. III 86.
Weltverleugnung II 250 ff.
Werke Gottes im Unterschied von seinen Zulassungen und Schickungen und von Werken der Menschen III 154 f. 194 f.; christl. II 222 f.
Widerstand, gesetzlicher III 201.
Widerstreit zwischen Gott und der menschlichen Lebensentwicklung I 112 f.; zwischen dem Menschen und dem Gesetz I 88 f.; Lösung I 89 ff.
Wiedergeborener, erhält Lebenseinflüsse von Christus II 7; Verhältniß zur Sünde III 2 f.; Antagonismus in ihm II 9. III 7; Geist des Wiedergeborenen III 5 f.; Gerechtigkeit desselben II 44 ff.; Selbstthätigkeit und Selbständigkeit II 52 ff. 58 ff. 93 ff. 174 f. 221 ff.; Abhängigkeit von Christus II 57. 59. 161. 203 ff. s. auch Wiedergeburt; Mensch, neuer; Gerechtigkeit und Liebe.
Wiedergeburt I 220; Begriff I 249 ff. 281 f. III 10 f.; psychologische Genesis I 253 ff.; Frucht ders. I 257 ff. II 52 ff.
Wille Gottes, unsere Richtschnur II 93 ff.; Wille Gottes, Menschenwille, Einzelwille und Volkswille III 203 f.
Wirken II 222 f. 288 f. Selbstthätigkeit.
Wissenschaft, falsche II 211.
Wohlgefallen Gottes, anzustreben II 93 ff.

Wort als ethisches Princip I 137 ff.;
unsere Stellung dazu ist das
Entscheidende I 279 f. 354. f.
λογος.

Wunder I 363 f. III 49 ff.

Wuttke I 68 f.

Würdigkeit I 153 ff.

Zauberei III 52 ff.
Zeitstellung in der ersten Hälfte
des 19. Jahrh.
ζωογονειν I 254. 296.
Zorn, sittlicher III 150.
Zucht, christliche III 176 f.
Zuchtgemeinschaft, christliche II
463 ff.
Zurechnung des Glaubens I 222.

Bei **C. Bertelsmann** in **Gütersloh** erschien ferner:

Beck, † Dr. **J. T.,** Prof. der Theol. in Tübingen, **Erklärung der zwei Briefe Pauli an Timotheus.** Herausg. von Jul. Lindenmeyer. VIII, 338 S. 8. 1879. Mk. 5. —

— —, **Pastorallehren des Neuen Testaments,** hauptsächlich nach Matth. 4—12 und Apostelg. 1—6. Herausgegeben von B. Riggenbach. XII, 312 S. 8. 1880. Mk. 5. —

— —, **Vorlesungen über christliche Ethik.** 1. Band. Die genetische Anlage des christlichen Lebens. Herausgegeben von Jul. Lindenmeyer. X, 407 S. 8. 1882. Mk. 6,75.

— —, Derselben 2. Band. Die pädagogische Entwicklung des christlichen Lebens. Herausgegeben von Jul. Lindenmeyer. VIII, 472 S. 1883. Mk. 7,50.

Lindenmeyer, Jul., Geschichte Jesu nach der heil. Schrift. In 2 Hälften. VIII und 198 S.; IV und 260 S. gr. 8. 1875. 1876. Mk. 6.

Zöckler, Prof. D. O., **Gottes Zeugen im Reich der Natur.** Biographieen und Bekenntnisse großer Naturforscher aus alter und neuer Zeit. 1. Teil: Die früheren Jahrhunderte (bis 1781). 364 S. 8. 1881. Mk. 4,50. — 2. Teil: Das letzte Jahrhundert (1781—1881). 352 S. 8. 1881. Mk. 4,50.

— —, **Die Lehre vom Urstand des Menschen,** geschichtlich und dogmatisch-apologetisch untersucht. 337 S. gr. 8. 1879. Mk. 5,40.

Coch, Dr., **Der evangelische Pfarrer.** Ein Beitrag zur Pastoraltheologie, besonders den jüngeren Amtsbrüdern überreicht. XVI, 500 S. gr. 8. 1882. Mk. 8.

Gerok, Karl, Von Jerusalem nach Rom. Die Apostelgeschichte in Bibelstunden ausgelegt. Zweite neu durchgesehene Auflage. 2 Bände. VIII, 428 und 476 S. 8. 1882. Mk. 6; in Leinwand geb. Mk. 8,40.

— —, **Pfingstrosen.** 7. Auflage. Auf Kupferdruckpapier mit 4 Lichtdruckbildern und 4 Holzschnitten. VI, 280 S. kl. 8. 1880. Eleg. geb. Mk. 5. —

Bei **C. Bertelsmann** in **Gütersloh** ist ferner erschienen:

Blaikie, W. G., Das Leben David Livingstones. Hauptsächlich nach seinen unveröffentlichten Tagebüchern und Briefen. Mit Genehmigung des Verfassers übersetzt und mit Erläuterungen und Zusätzen versehen von O. Denk. 2 Bände. Mit dem Bildnis Livingstones und einer Karte. 1881. Mk. 7,20; in Leinwand geb. Mk. 8,50.

Heldring, O. G., sein Leben und seine Arbeit, von ihm selbst erzählt. Aus dem Holländischen übersetzt von Rud. Müller. Mit einem Vorwort von Hofprediger D. Wilh. Baur. XVI und 416 S. 8. 1882. Mit Bildnis. Geheftet Mk. 6. —; gebunden Mk. 7. —

Was Wichern für Deutschland, das war Heldring für Holland, eine der bedeutendsten Erscheinungen auf dem Gebiete der inneren Mission, bahnbrechend besonders für die Magdalenensache.

Thomas und Felix Platter, zwei Lebensbilder aus der Zeit der Reformation und Renaissance, von ihnen selbst entworfen. Aus dem Schweizerdeutschen übertragen von J. K. Rud. Heman. Zwei Teile in einem Bande. Mit 3 Portraits, 3 Faksimiles und 3 Wappenbildern. 1882. Geheftet Mk. 5,40.

Zwei der interessantesten Biographieen des deutschen Mittelalters, zum erstenmale in das Hochdeutsche übersetzt.

Hamanns, Johann Georg, von Königsberg Lehr- und Wanderjahre. Jünglingen deutscher Art gewidmet. 1878. Mk. 1,50.

— —, **Dienst- und Ruhejahre.** Der Lebensgeschichte anderer Teil. 1879. Mk. 2,40.

— —, **Lehr- und Lebenssprüche.** Ein geordneter Auszug seiner sämtlichen Schriften. Seinem Volke gewidmet. Mit Hamanns Bildnis. 1879. Mk. 3. —

Anna Elisabeth von Droste-Hülshoff, Ein Denkmal ihres Lebens und Dichtens und eine Auswahl ihrer Dichtungen. Mit dem Bildnis der Dichterin und mehreren Landschaftsbildern. 1879. Mk. 4. —; gebunden Mk. 5. —